세월호,
다시 쓴
그날의 기록

세월호, 다시 쓴 그날의 기록

초판 1쇄 발행 2024년 4월 10일

지은이 진실의 힘 세월호 기록팀 **펴낸이** 박동운
펴낸곳 (재)진실의 힘 **출판등록** 제300-2011-191호(2011년 11월 9일)
서울시 중구 세종대로 19길 16 성공회빌딩 3층 전화 02-741-6260
truthfoundation.or.kr truth@truthfoundation.or.kr facebook.com/truthfdtion
기획 조용환 **진행** 임순영 **편집** 김현림 **디자인** 공미경 **제작·관리** 조미진
인쇄 한영문화사 **제본** 대원바인더리

ISBN 979-11-985056-1-3 03300

ⓒ 진실의 힘 세월호 기록팀, 2024

이 책 내용의 전부 또는 일부를 재사용하려면 반드시
지은이와 출판사 양쪽의 사전 동의를 받아야 합니다.

진실의 힘
세월호 기록팀

세월호,
다시 쓴
그날의 기록

진실의 힘

서문

미안하다.
잊지 않겠다.
진상을 밝히겠다.

그날 이후 우리는 이렇게 말해왔다. 진도 앞바다 배가 가라앉은 지점 위로 해경이 부질없이 쏘아대던 조명탄을 보며 우리는 '미안하다'며 울었다. 안산 화랑유원지 합동분향소에서 한눈에 담지도 못할 만큼 많은 영정 사진을 바라보며 '잊지 않겠다'고 약속했다. 새로 발견된 시신이 팽목항을 통해 들어왔다는 뉴스가 나올 때마다 '진상을 밝히겠다'고 다짐했다. 10년이 흐른 지금 우리의 울음은, 약속은, 다짐은 어떻게 됐는가.

우리는 무엇이 미안했을까. 세월호 참사 초기 많은 이들이 제 입에 밥 한술 떠 넣는 일조차 힘겨워했다. 꽃망울도 터뜨리지 못한 아이들, 수백 개의 우주가 순식간에 사라져버린 충격 앞에 우리는 '얘들아, 정말 미안하다'는 탄식만 반복할 뿐이었다. 그것은 단지 가라앉는 배 앞에서 허둥지둥 시간을 날려버린 해경을 대신해서 하는 사과가 아니었다. 선박을 안전하게 운항할 책임이 있는 청해진해운 임직원을 대신해서 하는 사과도 아니었다. 그것은 배 한 척보다 더 큰 무엇이 더 오랫동안 망가져 있었으며 그 잘못이 쌓이고 폭발하는 과정에 분명 우리 자신도 한몫을 했다는 깨달음이었다. 사회 전반의 부조리와 적폐, 국가권력의 무능과 무책임이 이 지경에 이르도록 내버려두었다는 자책이었다. 우리가 이런 세상을, 수백의 생명을 이렇게 허무하게 잃는 세상을 만들었다는 사실이 한없이 미안했다.

우리는 무엇을 잊지 않겠다고 말했던 것일까. 분명 우리는 인천에서 제주로 가던 여객선이 침몰해서 304명이 목숨을 잃었다는 사실을 잊지 않을 것이다. 그중 250명이 봄날 수학여행길에 오른 고등학생이었다는 사실도 잊지 않을 것이다. 참사를 수습하고 그 결과를 감당해내는 동안 희생자의 가족과 생존자 모두가 극심한 고통을 겪었다는 사실도 잊을 수 없을 것이다.

그러나 우리의 기억은 큰 사건과 그에 따르는 희생과 고통이 있었다는 사실 자체에 머무를 수 없다. 그것은 우리가 기억하려던 것의 일부일 뿐이다. 우리가 정말로 기억하겠다고 다짐한 것은 그 죽음이 결코 어쩌다 맞닥뜨린 불운이 아니었다는 사실이다. 그 죽음은 재수 없는 날 재수 없는 배에 올랐던 승객이 허망하게 당한 일이 아니었다. 그 죽음은 기업과 정부에 소속된 이들의 잘못된 판단과 행위가 쌓이고 쌓여 발생한 사건이었다. 구체적이고 집단적인 무능과 무책임의 결과였다. 그러므로 우리가 기억해야 하는 것은 참사가 일어나지 않을 수 있었다는 사실, 막을 수 있었다는 사실이다. 매년 4월 세월호를 말할 때마다 우리가 상기해야 하는 것은 죽음 그 자체가 아니라 죽음의 이유다. 참사를 기억하는 것은 그 죽음의 이유를 기억하는 것이고, 참사의 진상을 밝히는 것은 그 죽음의 이유를 밝히는 것이다.

세월호 참사의 진상, 즉 304명의 죽음의 이유를 밝히겠다는 우리의 약속은 얼마나 지켜졌을까. 지난 10년 동안 우리는 세월호 참사의 진상에 얼마나 다가갔을까. 10년 동안 드러난 참사의 진상은 한국 사회를 생명과 안전의 가치를 지향하는 곳으로 바꾸는 데 얼마나 기여했을까. 『세월호,

다시 쓴 그날의 기록』을 정리하면서 우리는 10년 전 진상규명의 다짐이 어떤 구체적인 활동과 결과로 이어졌는지 아프게 묻지 않을 수 없었다.

세월호 침몰 직후 우리 모두가 공유했던 깊은 죄책감은 진상규명을 향한 거대한 사회운동을 촉발했다. 유가족, 사회단체, 시민들이 거리로 나와 진상규명과 특별법 제정을 요구했고, 수백만 명이 특별법 제정을 위한 서명에 동참했다. 이것이 동력이 되어 최초로 대형 참사 진상규명을 위한 특별조사위원회가 생겨났다. 우리 모두가 세월호의 진실을 원했다. 모두 한마음으로 그런 것처럼 보였다.

그러나 우리가 밝혀낼 진상이 어떤 내용을 담고 있어야 하는지, 진상규명의 목적이 무엇인지에 대해 모두의 생각이 일치했던 것은 아니다. 세월호를 한국 사회의 근본적 변화를 추동하는 계기로 삼아야 한다는 초기의 문제의식은 언젠가부터 무고한 생명을 앗아간 가해자들을 찾아내 형사처벌하자는 주장 뒤로 밀려났다. '진상규명과 책임자 처벌'이라는 세월호 운동의 요구는 이내 진상규명과 책임자 처벌을 동일시하는 것으로 변했고, 때로는 진상규명의 가장 중요한 목적이 책임자 처벌에 있다는 인식으로 드러나기도 했다. '진상규명을 통한 책임자 처벌'과 '책임자 처벌을 위한 진상규명' 사이에는 미묘하지만 중요한 차이가 있었다.

특별법을 통해 구성된 조사위원회와 이를 지원하거나 감시했던 사회운동 진영 모두 세월호 참사 진상규명의 핵심을 더 많은 가해자, 더 나쁘고 강력한 가해자를 찾는 데에 두었다. 참사를 만든 사회에 대한 자책이 깊을수록, '잘못을 저지른 나쁜 놈들'을 찾아내고 처벌하려는 마음도 커졌을 것이다. 세월호 선원, 청해진해운 간부, 고박 업체 대표, 해경 현장 지휘관 등이 먼저 그 대상이 됐고 법적 처벌도 받았다. 하지만 그것만으로는 자책감을 모두 지울 수 없었다. 더 많이 잘못한 자들을 찾아 더 크게 단죄해야만 했다. 진상규명 활동에 뛰어든 조사위원회 안팎의 사람들은 무고한 생명을 앗아간 가해자들과 그들을 비호하는 권력에 맞서 싸우는 것을 존재의의로 삼았다.

이와 같은 정서는 4·16 세월호 참사 특별조사위원회(특조위)의 조사 활동이 박근혜 정부의 적극적 방해에 부딪히면서 더욱 강화됐다. 강제 종료된 특조위는 정부의 탄압을 받은 피해자, 불의에 맞서 싸운 정의로운 투사라는 이미지를 얻었다. 진실을 은폐하는 거대한 적을 상정하고 나면 세월호 참사의 진상규명은 아무리 노력해도 결국 실패할 것이 뻔한 일처럼 보였다. 조사 성과를 구체적이고 객관적으로 평가하는 것보다 참사의 모든 책임을 박근혜 정부로 돌리는 것이 더 많은 박수를 받았다. 어둠 속에 숨은 악당과 싸우기로 결심한 이들이 제기한 고의 침몰설이나 고의적 구조 방기설이 언론과 학계의 부실한 검증을 틈타 퍼져나갔다. 세월호 진상규명에 전력을 다하겠다던 정치인들은 그 과업이 표류하는 것을 방관했다.

세월호 참사를 야기한 무능, 무책임, 불법행위를 조사하겠다고 나선 위원회들이 보여준 무능과 무책임은 뼈아픈 것이었다. 세월호가 가라앉는 101분 동안 드러난 해경지휘부의 무능과 무책임을 낱낱이 조사하고 분석하는 대신 조사위원회는 국가 조직이 의도적으로 승객을 구조하지 않았다는 의혹에 몰두했다. 당시 지휘부의 무능과 무책임, 해경 조직의 구조적 문제점을 드러내는 해경 구성원들의 증언과 기록이 쌓이고 있었으나 형사처벌에 직접 도움이 되지 않는다고 보았기 때문인지 조사위원회의 주목을 받지 못했고, 결국 묻혀버렸다. 조사위원회는 또한 세월호를 그토록 위험한 상태로 운항했던 경위를 파고드는 대신 세월호와 충돌한 후 사라졌다는 상상 속 괴물체를 찾는 일에 예산과 인력을 투입했다. 끝내 입증하지 못한 무책임한 주장을 두고 벌어진 위원회 내부의 논란은 진상규명의 초점을 흐리고 많은 조사관들이 발로 뛰어 밝혀낸 중요한 사실들을 가려버렸다. 수백만 시민의 염원이 담긴 세월호 참사 진상규명의 책임을 맡은 조사위원회가 추구한 진상 혹은 진실은 과연 무엇이었는가.

그 진실을 제대로 밝힐 사명감과 역량을 조사위원회는 갖추고 있었는가. 세월호 조사위원회가 종료될 때마다 우리가 느낀 실망과 안타까움은 모두 박근혜 정부의 탓이었는가.

세월호 조사위원회를 돌아보는 우리의 안타까움은 조사위원회가 박근혜 정부와 해경의 최고위직 인사에게 세월호 참사의 책임을 물어 법적 처벌을 내리지 못한 것에서 기인하지 않는다. 물론 이들의 책임이 법정에서 제대로 다뤄졌는지에 관한 의문은 남아 있다. 그러나 우리를 더욱 안타깝게 하는 것은 세 차례의 세월호 조사위원회를 거치면서 참사의 진상규명을 통한 사회의 개선과 개혁을 더 이상 염원하지 않게 된 한국 사회의 분위기다. 수백 명이 죽어야 했던 이유를 밝힘으로써 조금이라도 더 안전한 사회를 만들 수 있다고 믿기는커녕 이제 공적 제도를 통한 진상규명의 요구를 짜증스러워하는 사회가 된 것은 아닌가. 세월호처럼 거대한 참사의 진상을 규명하는 것은 너무나 어렵고 번거로운 일이며, 한국 사회에는 그것을 해낼 역량이 없으며, 그런 노력을 통해 실제로 바뀌는 것도 별로 없다는 무력감을 우리는 이태원에서 목격하고 있다. 이태원 참사가 일어난 것은, 여러모로 아쉬움을 남긴 가습기살균제 사건과 4·16 세월호 참사 특별조사위원회(사참위) 종합보고서가 발간된 바로 다음 달이었다. 세월호 진상규명의 경험이 이태원의 진상을 규명하라는 목소리를 위축시킨 것은 아닌지 우리는 걱정한다.

2014년 4월 16일의 미안, 약속, 다짐으로 다시 돌아가야 하는 것은 바로 그 때문이다. 무고한 생명을 희생시키는 세상을 만들었다며 자책했던 우리에게는 그 부끄러운 세상의 단면을 마주하고 기록할 의무가 있다. 304명의 죽음과 그 죽음의 이유를 잊지 않겠다고 약속했던 우리에게는 그날의 기록을 읽고 나눌 의무가 있다. 참사의 진상을 밝히겠다고 다짐했던 우리에게는 지금까지 떠오른 진실의 조각들을 모으고 종합하여 참사로 고통받은 모든 사람에게 보고할 의무가 있다. 하나의 참사를 조사하고 기록하고 보고한다고 해서 그 아픔이 상쇄되는 것은 아니며, 미래에 있을지 모를 참사를 모두 막을 수도 없을 것이다. 그러나 지금도 어디선가 출항하고 있을 또 하나의 세월호를 멈추도록 하는 일은 10년 전 출항한 세월호의 침몰을 기록함으로써 시작할 수 있다. 생명과 안전을 지키는 이들이 또 비겁하게 판단을 미루고 실행을 미루다가 결국 모든 책임을 회피하는 사태를 막는 일은 과거의 무능과 무책임이 낳은 결과를 기억하는 사람만이 할 수 있다. 기록과 기억은 무력하지 않다.

세월호 참사 10년, 고통스러운 기억은 뒤에 묻어두고 이제 앞으로 나아갈 때라고 말하는 이들에게 우리는 당부한다. 이 고통의 기록을 정면으로 통과하지 않고서 우리는 그 어디로도 갈 수 없다. 참사의 기억은 미래로 향하는 우리의 발목을 잡는 것이 아니라 현실에 순응하려는 우리의 고개를 붙잡아 세운다. 이 책이 2016년에 기록했고 2024년에 새로 기록하고 있듯이, 세월호 참사는 규정을 지키지 않고 관행을 멈추지 않고 임무를 다하지 않은 이들, 자신이 누구인지도 모르는 이들이 만들어냈다. 우리가 이 기록과 기억에서 도망치려 할 때, 하던 대로 하고 살던 대로 살려 할 때, 한국 사회는 2014년 4월 15일 세월호가 출항했던 그 밤의 상태로 되돌아갈 수밖에 없다. 참사를 불러온 사회구조를 재생산하는 것은 그렇게 쉬운 일이다. 한국 사회는 세월호의 기록과 기억을 붙들고서만 앞으로 나아갈 수 있다.

우리는 이 책에 담은 참사의 기록이 충분하다고 생각하지는 않는다. 미처 기록되고 정리되지 못한 사실이 많이 남아 있을 것이다. 그래도 우리는 지금껏 참사 피해자들이 직접 감당해왔던 기록과 기억의 무게를 공동체가 나누어 안을 때가 됐다고 믿는다. 이것은 단지 피해자의 고통을 모두가 분담하겠다는 의미만은 아니다. 세월호 참사의 진상은 피해자들이 가진 기억의 총합을 넘어서는 사회적 기록이다. 참사의 기록은 우리가 항상 들춰보고 참조하는 사회적 유산이 될 것이다. 10년 동안 쌓인 참사의 기록에서 이 사회가 생명과 안전의 가치를 향해 나아가야 하는 이유를 찾아낼 때, 우리는 단지 피해자의 짐을 나눠 지는 것이 아니라 희망 또한 나눠 가질 것이다.

 희망. 이 책에 기록한 4월 16일 그날의 일을 처음부터 끝까지 읽어나가는 동안 희망이라는 말을 떠올리는 것은 불가능에 가깝다. 그날 우리는 모든 것에 실패했고 바닥까지 가라앉았다. 이것은 우리가 상상할 수 있는 수준을 훨씬 넘는, 가장 절망적인 하루의 기록이다. 그럼에도 희망을 말해야 한다면, 그것은 이 부끄럽고 참담한 실패의 기록을 회피하지 않고 읽어내려는 독자들의 마음에서 찾아야 할 것이다. 절망을 낱낱이 복기하려는 용기, 그것을 새로운 희망의 시작으로 삼아야 할 것이다.

차례

서문 5

세월호 사고 관련자 관계도 19 | 세월호 사고 관련 주요 재판 24 |
고소·고발 사건 결과 32 | 약칭 34 | 용어 설명 36 | 일러두기 38 | 화보 41

1부 그날, 101분의 기록

2014년 4월 16일, 병풍도 해상 ··· 51

1장 수학여행 ·· 55
늦은 출항 55 | 불꽃놀이 64

2장 사고 발생 ·· 66
맹골수도 66 | 급선회 70 | 첫 구조 요청 74 |
청해진해운이 맨 처음 한 일 87 | 기관부 선원, 도주 시작 92

3장 출동 ··· 95
쏟아지는 신고 전화 95 | 구명조끼 104 | "지금 침몰 중입니까?" 110 |
"나는 꿈이 있는데! 나는!" 118 | 움직이지 않는 선원들 121

4장 해경 — 127
헬기와 123정 127 | 승객들 138

5장 도주와 탈출 — 141
선장과 선원들 141 | 지켜만 보는 123정 153 |
소방호스의 기적 158 | 특공대 161 | "애기, 여깄어요" 164 |
창문을 깨다 168 | 침수 172

6장 전복 — 176
배에 들어오지 않는 해경 176 | "몰라요, 구조해준다는데" 180 |
어업지도선, 어선, 화물차 기사 186

2부 "대한민국에서 제일 위험한 배", 어떻게 태어났나

1장 비극의 시작 — 197
허위 계약서와 증선 인가 201 | 무리한 대출 213

2장 부실한 선박 검사와 운항 심사 — 218
방향부터 잘못된 증개축 219 | 부실한 선박 검사 227 |
한국선급의 변명 235 | 허울뿐인 시험운항과 운항관리규정 243

3장 무시된 경고 신호 — 265
누가 위험 신호를 읽어내야 했나 270

부록 먹이사슬 — 277
실소유자 유병언과 그 일가 284 | 청해진해운의 행방 291

3부 왜 침몰했나

1장 4월 15일 밤, 세월호는 여전히 취약하고 위험한 배였다 — 301
세월호의 화물칸 301 | 과적은 상습적이었다 303 |
화물 고박 불량도 상습적이었다 309 | 화물은 더 싣고 평형수는 빼고 317 |
사고 당시 세월호의 복원성 계산 322 | 결국 복원성이 문제였다 330 |
열려 있는 배 337 | 출항하지 말아야 했던 배 340

2장 마지막 항해 — 342
대각도 조타 가능성(1심 판결) 348 | 조타 계통 고장 가능성(2심 판결) 354 |
선조위의 솔레노이드 밸브 조사(2018년) 360 | 좌현 방향 횡경사와
화물 이동 368 | 네덜란드 마린 연구소가 재구성한 세월호의 전복 371 |
침수와 침몰 376

3장 잠수함 충돌설 ... 380

선조위의 외력설 조사 381 | 사참위의 잠수함 충돌설 조사 387 |
잠수함 충돌설의 기각 395

4장 세월호는 왜 침몰했는가 ... 403

부록 AIS 항적을 둘러싼 의혹과 해소 과정 ... 406

AIS 406 | 누락 구간과 급선회 시점 408 | 선수 방향에 대한 의혹 412 |
해경이 본 "이동 중" 416 | 세월호의 진짜 위치는 어디였나 419 |
AIS 항적 의혹의 해소 422

부록 세월호 CCTV를 둘러싼 의혹과 해소 과정 ... 425

DVR 수거와 CCTV 영상 복원 426 | 풀리지 않는 의혹,
"언제, 왜 꺼졌나?" 428 | 'DVR 바꿔치기 의혹'의 전개 433 |
'CCTV 영상 파일 조작 의혹'의 전개 438 | 의혹의 해소 441

4부 왜 못 구했나

아리아케호 449 | 콩코르디아호 450 | 그리고 세월호 454

1장 승객을 버리고 도주한 선원들 ... 456

세월호의 선원들 456 | 승객에 대한 선원의 의무 458 |
'선내 대기' 방송 460 | 선장의 도주와 선원들의 임무 470 |
선장을 대신한 간부 선원들의 책임 498

2장 진도VTS의 관제 실패 ... 510

변칙 근무 510 | 흘려버린 초기 대응 시간 515 | 늦은 상황 파악 520 |
관제 실패의 의미 525 | 진도VTS의 세월호 교신 527

3장 상황 파악 못 하는 상황실 ... 534

목포해경 상황실 534 | 무성의한 상황 파악 540 |
세월호와 교신하지 않은 목포해경 상황실 545 | '깜깜이' 출동한 구조세력 550 |
어선 타고 간 구조대와 특공대 563 | 지휘부 보고 늦춘 본청 상황실 571 |
탈출 문의 무시한 서해청 576 | 통신체계도 모르는 상황실 580 |
본청 상황실의 안이한 인식 583

4장 지휘부의 난맥상 ... 593

'배로 볼 수도 없는' 세월호 593 | 선장과 선원을 찾지 않다 597 |
'큰 배는 쉽게 침몰하지 않는다' 606 | 현장에 가지 않은 지휘관들 612 |
현장 보고 무시한 지휘부 618 | 지휘체계 없는 다단계 구조본부 627 |
혼돈에 빠진 통신체계 643 | '아수라장'이 된 본청 상황실 674 |
책임 떠넘기는 책임자들 685 | 해경이 본 해경지휘부 697

5장 구조 실패 — 702

123정의 가능성과 의문 702 | "어떻게 선원인 줄 몰라요?" 706 |
왜 가까이 가지 않았나 712 | 정말로 승객을 못 봤을까 723 |
123정은 더 잘할 수 없었나 738 | 김경일과 해경지휘부 재판 750

6장 정말 구할 수 있었나 — 764

구조세력과 시간 764 | 승객들은 탈출할 수 있었나 767

5부 다시 그날로 돌아가서

『세월호, 다시 쓴 그날의 기록』이 던지는 질문과 대답 787 |
왜 그날을 다시 기록하는가 798

감사의 글 811
『세월호, 그날의 기록』 후기 813
주 825

세월호 선장과 선원

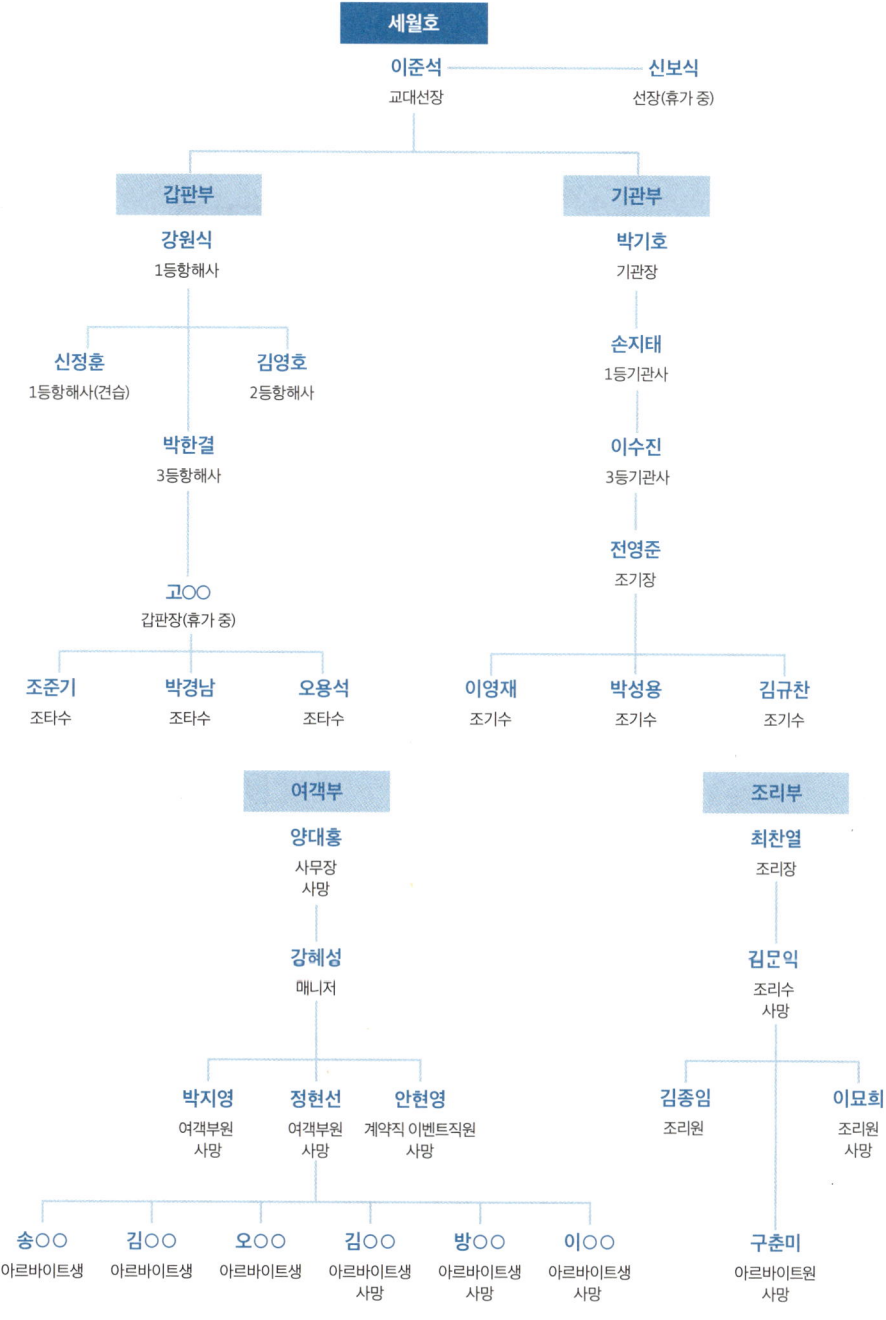

해경 지휘·교신 세력

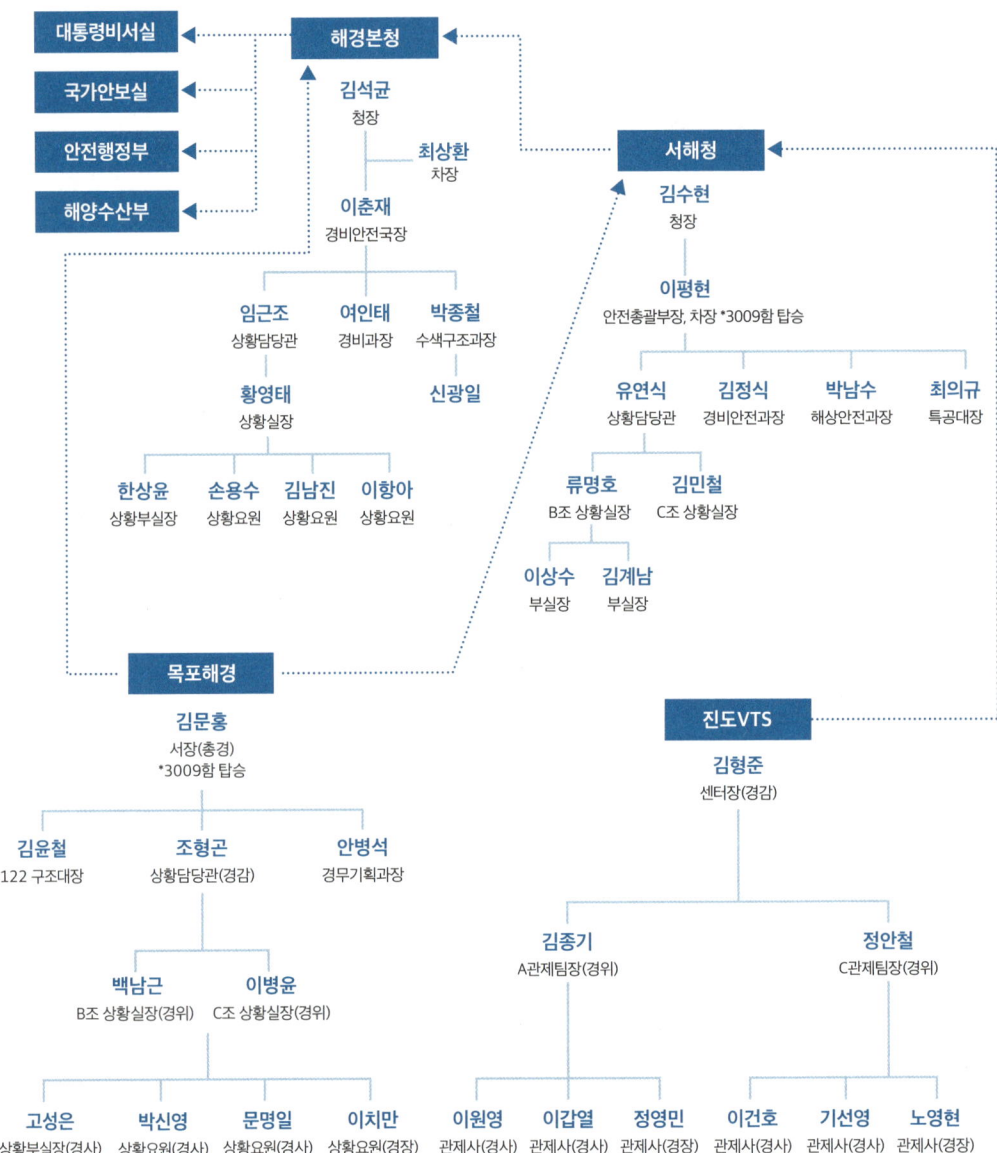

현장 구조세력

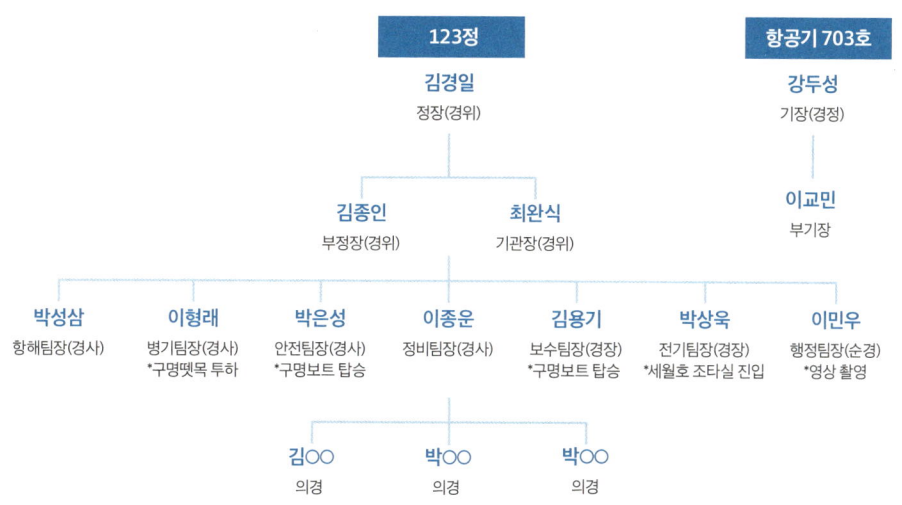

청해진해운과 세월호 인허가 기관 및 관리·감독 기관

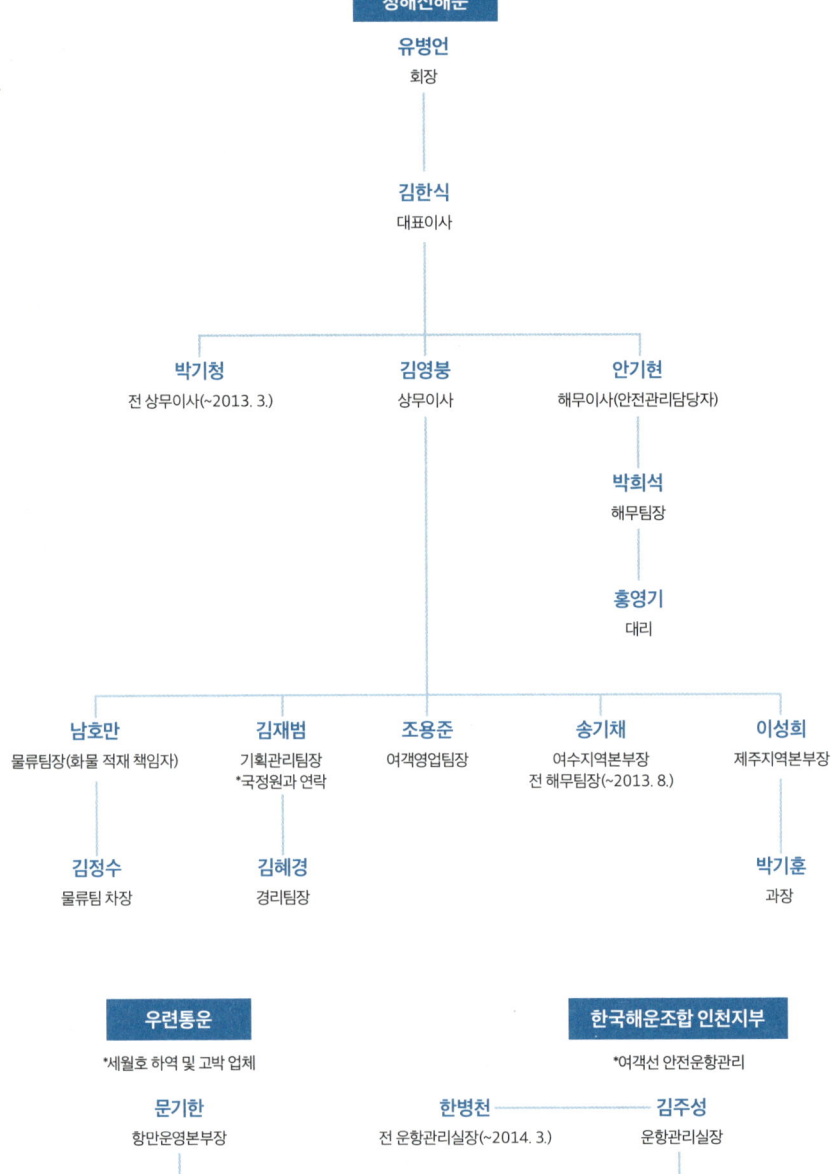

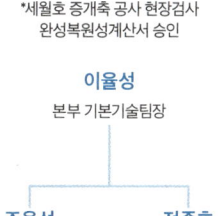

세월호 사고 관련 주요 재판

2024. 2. 29. 현재

사건 이름		법원	사건번호(선고일)	죄명
선원 사건	1심	광주지법 제11형사부	2014고합180, 384(병합) (2014. 11. 11.)	가. 살인 나. 살인미수 다. 업무상과실선박매몰 라. 수난구호법위반 마. 선원법위반 바. 특가법위반 사. 유기치사 아. 유기치상 자. 해양환경관리법위반
	2심	광주고법 제5형사부	2014노490 (2015. 4. 28.)	
	대법원	전원합의체	2015도6809 (2015. 11. 12.)	
123정 사건	1심	광주지법 제11형사부	2014고합436 (2015. 2. 11.)	가. 업무상과실치사 나. 업무상과실치상 다. 허위공문서작성 라. 허위작성공문서행사 마. 공용서류손상
	2심	광주고법 제6형사부	2015노177 (2015. 7. 14.)	
	대법원	제2부	2015도11610 (2015. 11. 27.)	
진도VTS 사건	1심	광주지법 제11형사부	2014고합263 (2015. 1. 29.)	가. 직무유기 나. 공용물건손상 다. 공용전자기록등손상 라. 허위공문서작성 마. 허위작성공문서행사
	2심	광주고법 제6형사부	2015노139 (2015. 6. 30.)	
	대법원	제2부	2015도10460 (2015. 11. 27.)	

청해진해운 사건	1심	광주지법 제13형사부	2014고합197, 209(병합), 211(병합), 447(병합) (2014. 11. 20.)	가. 업무상과실치사
				나. 업무상과실치상
				다. 업무상과실선박매몰
				라. 선박안전법위반
				마. 업무상횡령
				바. 배임수재
				사. 업무방해
				아. 특경가법위반(횡령)
				  - 업무상횡령만 인정
				자. 특경가법위반(배임)
				  - 업무상배임만 인정

	2심	광주고법 제6형사부	2014노509 (2015. 5. 12.)	
	대법원	제2부	2015도7703 (2015. 10. 29.)	
	파기환송심	광주고법 제4형사부	2015노525 (2016. 1. 6.)	가. 업무상과실치사 나. 업무상과실치상 다. 업무상과실선박매몰 라. 선박안전법위반 마. 업무방해
	대법원	제3부	2016도1417 (2016. 4. 29.)	

결과
이준석(징역 36년) 박기호(징역 30년) 강원식(징역 20년) 김영호(징역 15년) 박한결(징역 10년) 조준기(징역 10년) 신정훈(징역 7년) 박경남 오용석 손지태 이수진 전영준 이영재 박성용 김규찬(징역 5년) 주식회사 청해진해운(벌금 1000만 원)
이준석(무기징역) 강원식(징역 12년) 박기호(징역 10년) 김영호(징역 7년) 박한결 조준기(징역 5년) 손지태 이수진 이영재 박성용 김규찬(징역 3년) 박경남 오용석(징역 2년) 신정훈 전영준(징역 1년 6개월) 주식회사 청해진해운(벌금 1000만 원)
상고 기각
김경일(징역 4년)
김경일(징역 3년)
상고 기각
김형준(징역 10월에 집행유예 2년) 정안철 김종기 김옥석(징역 6월에 집행유예 2년) 이갑열(벌금 300만 원, 직무유기 선고유예) 이건호 기선영 전범승 이원영 김경식 노영현 양승인 정영민(벌금 200만 원, 직무유기 선고유예)
정안철 김종기 김옥석(벌금 300만 원) 이갑열 이건호 기선영 전범승 이원영 김경식 노영현 양승인 정영민(벌금 200만 원) 김형준(무죄)
상고 기각
김한식(징역 10년, 벌금 200만 원) 안기현(징역 6년, 벌금 200만 원, 추징금 5570만 원) 김영붕(금고 5년, 벌금 200만 원) 남호만(금고 4년, 벌금 200만 원) 김정수(금고 3년, 벌금 200만 원) 박희석(금고 2년 6월에 집행유예 4년, 벌금 200만 원) 신보식(금고 2년에 집행유예 3년) 문기한 이준수(금고 2년) 김수성(무죄) 전정윤(징역 3년)
김한식(징역 7년, 벌금 200만 원) 안기현(징역 6년, 벌금 200만 원, 추징금 5570만 원) 남호만(금고 4년, 벌금 200만 원) 김영붕 김정수(금고 3년, 벌금 200만 원) 박희석(금고 2년 6월에 집행유예 4년, 벌금 200만 원) 신보식 이준수(금고 2년에 집행유예 3년) 문기한 김주성(무죄) 전정윤(징역 2년, 업무방해 무죄)
상고 기각 전정윤(징역 2년, 업무방해 유죄 취지 파기환송)
항소 기각 전정윤(업무방해 유죄판결, 징역 3년)
상고 기각

사건 이름		법원	사건번호(선고일)	죄명
세월호 인허가 사건	1심	광주지법 목포지원 제1형사부	2014고합76, 80(병합) (2014. 12. 11.)	가. 특가법(뇌물) 나. 뇌물수수 다. 위계공무집행방해 라. 뇌물공여 마. 배임수재
	2심	광주고법 제6형사부	2015노6 (2015. 6. 23.)	
	대법원	제1부	2015도10459 (2016. 5. 24.)	
한국선급 사건	1심	광주지법 제13형사부	2014고합218 (2015. 2. 12.)	업무방해
	2심	광주고법 제5형사부	2015노176 (2015. 7. 21.)	
	대법원	제1부	2015도12094 (2018. 7. 24.)	
	파기환송심	광주고법 제1형사부	2018노318 (2019. 1. 31.)	
	대법원	제3부	2019도3060 (2019. 5. 10.)	
한국해운조합 사건	1심	인천지법 제13형사부	2014고합292, 581(병합) (2014. 10. 17.)	가. 업무방해 나. 사문서위조 다. 위조사문서행사 라. 위계공무집행방해
	2심	서울고법 제5형사부	2014노3310 (2016. 1. 7.)	
	대법원	제3부	2016도1401 (2016. 6. 23.)	
인선회 사건	1심	인천지법 제12형사부	2014고합322 (2014. 6. 26.)	가. 뇌물수수 나. 직권남용권리행사방해 다. 공전자기록등위작 라. 위작공전자기록등행사
	2심(확정)	서울고법 제1형사부	2014노2728 (2015. 1. 30.)	
오하마나호 과적 사건	1심	제주지법 제2형사부	2014고합94, 104(병합), 121(병합) (2015. 11. 12.)	가. 선박및해상구조물에 대한위해행위의 처벌등에관한법률위반 나. 업무방해 다. 특가법위반 (보복상해등)교사 라. 특가법위반(배임) 마. 업무상배임 바. 배임증재 사. 상법위반 아. 배임수재 자. 새마을금고법위반
	2심	광주고법 제주 제1형사부	2015노118 (2016. 5. 25.)	
	대법원	제2부	2016도8911 (2021. 3. 11.)	

결과
박성규(징역 5년, 벌금 7000만 원, 추징금 3558만 원) 박기청(징역 2년, 추징금 464만 원) 송기채(징역 2년, 추징금 4592만 원) 김봉섭(징역 2년, 벌금 2500만 원, 추징금 1000만 원) 김한식(징역 1년 6월) 장지명(징역 8월에 집행유예 2년, 벌금 300만 원, 추징금 108만 2900원) 조용준(징역 8월에 집행유예 2년) 이성일(징역 6월에 집행유예 2년, 벌금 50만 원, 추징금 24만 3250원)
송기채(징역 1년 6월에 집행유예 3년, 추징금 4592만 원) 박기청(징역 1년에 집행유예 2년, 추징금 464만 원) 조용준(징역 8월에 집행유예 2년) 장지명(징역 4월에 집행유예 1년, 벌금 100만 원, 추징금 31만 6700원) 이성일(선고유예, 추징금 11만 6700원) 박성규 김봉섭 김한식(무죄)
상고 기각
전종호(무죄)
항소 기각
업무방해 유죄 취지 파기환송
전종호(징역 1년에 집행유예 2년)
상고 기각
황정민(징역 6월에 집행유예 2년) 이성배(징역 6월에 집행유예 2년) 이주영(징역 6월에 집행유예 2년) 김주영(벌금 1600만 원)
황정민(벌금 1000만 원) 이성배(벌금 1000만 원) 이주영(벌금 1000만 원) 김영주(벌금 700만 원)
상고 기각
장지명(징역 1년 6월에 집행유예 2년, 벌금 6000만 원, 추징금 264만 6000원)
항소 기각
전경탁(징역 1년 6월) 명한영(징역 1년) 이성희 박기훈(징역 1년에 집행유예 2년) 오승집 강민호 김경호(징역 10월에 집행유예 2년) 박진환 신보식(징역 8월에 집행유예 2년) 조정현(징역 6월에 집행유예 1년) 강유찬 오명오 임희용 김영호 장삼종 정재욱(무죄)
항소 기각
상고 기각

사건 이름		법원	사건번호(선고일)	죄명
세월호 인양 언딘 사건	1심	광주지법 제11형사	2014고합437-1 (분리) (2014. 12. 11.)	가. 직권남용권리행사방해 나. 업무방해 다. 공무상비밀누설 라. 선박안전법위반 교사
	1심	인천지법 제13형사부	2014고합931 (2016. 10. 17.)	
	2심	서울고법 제2형사부	2016노3445 (2017. 5. 11.)	
	대법원	제2부	2017도75831 (2021. 3. 11.)	
민간구조사 구조활동 방해 사건 (홍가혜 보도 사건)	1심	광주 목포지원	2014고단612 (2015. 1. 9.)	정보통신망법위반(명예훼손)
	2심	광주지법 제1형사부	2015노200 (2016. 9. 1.)	
	대법원	제3부	2016도14678 (2018. 11. 29.)	
세월호참사 상황보고서 허위조작 사건	1심	서울중앙지법 제30형사부	2018고합306 (2019. 8. 14.)	가. 허위공문서작성 나. 허위작성공문서행사 다. 공용서류손상 라. 직권남용권리행사방해 마. 위증
	2심	서울고법 제13형사부	2019노1880 (2020. 7. 9.)	
	대법원	제3부	2020도9714 (2022. 8. 19.)	
	파기환송심	서울고법 제1-2형사부	2022노2167 (2022. 11. 16.)	
	대법원	제2부	2022도15409 (2023. 6. 29.)	
	1심	보통군사법원	2018고20 (2019. 10. 4.)	가. 허위공문서작성 나. 허위작성공문서행사 다. 공용서류손상 라. 직권남용권리행사방해
	2심	고등군사법원	2019노317 (2020. 7. 9.)	
	2심(확정)	수원지법 제6형사부	2020노2934 (2023. 1. 12.)	

결과
박종철 나호성(관할에 속하지 않음)
최상환 박종철 나호성(무죄)
항소 기각
상고 기각
홍가혜(무죄)
항소 기각
상고 기각
김기춘(일부 무죄, 일부 유죄: 징역 1년에 집행유예 2년) 김장수(무죄) 김관진(무죄) 윤전추(위증: 징역 8월에 집행유예 2년, 확정)
김기춘 항소 기각, 검사 항소 기각
김기춘 유죄 부분에 대해 무죄 취지 파기환송, 검사 상고 기각
김기춘 무죄, 검사 상고
상고 기각
신인호(무죄)
관할이송
항소 기각

사건 이름		법원	사건번호(선고일)	죄명
세월호참사 특별조사위원회 조사방해 사건	1심	서울동부지법 제12형사부	2018고합30 (2019. 6. 25.)	직권남용권리행사방해
	2심	서울고법 제13형사부	2019노1602 (2020. 12. 17.)	
	대법원	제2부	2020도18296 (2023. 4. 27.)	
	파기환송심	서울고법 제2형사부	2023노1251 (2023. 11. 9.)	
	대법원	제3부	2023도17075 (2024. 2. 2.)	
	1심	서울중앙지법 제31형사부	2020고합412 (2023. 2. 1.)	
	2심	서울고법 제3형사부	2023노505	
해경지휘부 사건	1심	서울중앙지법 제22형사부	2020고합128 (2021. 2. 15.)	가. 업무상과실치사 나. 업무상과실치상 다. 직권남용권리행사방해 라. 허위공문서작성 마. 허위작성공문서행사
	2심	서울고법 제2형사부	2021노453 (2023. 2. 7.)	
	대법원	제2부	2023도2364 (2023. 11. 2.)	
세월호참사 유가족 사찰 사건	1심	보통군사법원	2018고합30 (2019. 12. 24.)	직권남용권리행사방해
	1심	보통군사법원	2018고합31 (2019. 12. 24.)	
	2심	고등군사법원	2020노25 (관할이송)	
	2심	서울중앙지법 제2형사부	2020노184 (2020. 9. 18.)	
	대법원	제2부	2020도14068 (2021. 10. 14.)	

결과
김영석(징역 2년에 집행유예 3년) 윤학배(징역 1년 6월에 집행유예 2년) 이병기(징역 2년에 집행유예 2년) 안종범(무죄) 조윤선(징역 1년에 집행유예 2년)
원심파기 무죄, 윤학배(일부 파기 무죄, 일부 유죄 유지)
조윤선 일부 유죄 취지 파기환송, 검사 상고 기각
조윤선(징역 6월에 집행유예 1년)
조윤선 상고 취하
이병기 현기환 현정택 안종범 정진철 김영석 윤학배 이근면 조대환(모두 무죄)
진행 중
김석균 김수현 김문홍 이춘재 여인태 유연식 최상환 임근조 김정식 조형곤(업무상과실치사상 모두 무죄) 김문홍(직권남용, 허위공문서작성 및 행사: 징역 1년 6월에 집행유예 3년), 이재두(직권남용: 징역 6월에 집행유예 2년)
검사 항소 기각, 김문홍 이재두 항소 기각
상고 기각
소강원(징역 1년)
김병철(징역 1년에 집행유예 2년)
고등군사법원에서 서울중앙지방법원으로 관할이송
항소 기각
상고 기각

고소·고발 사건 결과

사건 이름	대상	수사기관	사건번호
세월호참사 고소·고발 사건	현장 구조세력	서울중앙지검 (세월호참사특별수사단) (2021. 1. 19.)	2019형제99308호 2019형제111959호 2019형제111961호
	응급헬기 구조세력	서울중앙지검 (세월호참사특별수사단) (2021. 1. 19.)	2019형제99308호 2019형제100750호 2019형제111959호 2019형제11961호 2020형제2026호 2020형제99307호
	감사원 감사축소 세력	서울중앙지검 (세월호참사특별수사단) (2021. 1. 15.)	2019형제111956호
	구난방해 수사외압 세력	서울중앙지검 (세월호참사특별수사단) (2021. 1. 22.)	2019형제99306호
	특조위 활동 방해 세력	서울중앙지검 (세월호참사특별수사단) (2021. 1. 19.)	2019형제111960호
	유가족 사찰 세력 (기무사)	서울중앙지검 (세월호참사특별수사단) (2021. 1. 15.)	2019형제111957호 2020형제1394호
	유가족 사찰 세력 (국정원)	서울중앙지검 (세월호참사특별수사단) (2021. 1. 15.)	2019형제59364호
	전원구조 오보 세력	서울중앙지검 (세월호참사특별수사단) (2021. 1. 19.)	2019형제99370호

죄명	결과
가. 살인 나. 업무상과실치사 다. 업무상과실치상 라. 직무유기 마. 직권남용권리행사방해 바. 허위공문서작성 사. 허위작성공문서행사 아. 공용서류손상	김석균 이춘재 김수현 황영태 고명석 김민철 류명호 김형준 정영민 백남근 이병윤 박신영 문명일 김종인 박성삼 최완식 이형래 박상욱 김재인 옥현진 강혜성(증거 불충분, 혐의 없음) 이주영(직무유기, 공소권 없음) 김경일(업무상과실치사 공소권 없음, 허위공문서 작성부분 혐의 없음) 박은성(허위공문서 부분, 기소유예)
가. 살인 나. 업무상과실치사	김석균 김수현 김문홍 이재두(증거 불충분, 혐의 없음)
가. 직권남용권리행사방해 나. 국회증언감정법위반 다. 허위공문서작성	김기춘(증거 불충분, 혐의 없음) 황찬현(혐의 없음, 공소권 없음)
가. 살인 나. 직권남용권리행사방해 다. 업무상과실치사 라. 업무상과실치상 마. 수난구호법위반	박근혜(혐의 없음, 일부 각하) 김기춘(증거 불충분, 혐의 없음) 김장수(증거 불충분, 혐의 없음) 우병우(혐의 없음, 일부 각하) 황교안(증거 불충분, 혐의 없음)
가. 무고교사 나. 직권남용권리행사방해 다. 416특별법위반 라. 업무방해 마. 공무상비밀누설 바. 직무유기	김영석 유기준 최경환 유일호(혐의 없음) 연영진(기소유예, 일부 혐의 없음) 김남규 박근혜 황교안 김재원 조대환 조윤선 김기춘 고영주 차기환 석동현 이병기 현기환 현정택 이헌(혐의 없음) 임현택(일부 혐의 없음, 일부 각하)
가. 직권남용권리행사방해 나. 업무방해 다. 개인정보보호법위반	박근혜 김기춘 김장수 김관진 한민구 김대열 지영관 소강원 김병철 손정수(증거 불충분, 혐의 없음)
가. 국가정보원법위반 나. 개인정보보호법위반 다. 신용정보이용법위반 라. 증거은닉교사	손윤근 정근채 조채환 남재준 김수민(혐의 없음, 공소권 없음)
가. 위계공무집행방해 나. 업무방해 다. 수난구호법위반	안광한 박상후 김장겸 이진숙 길환영 김시곤 장승준 이동원(증거 불충분, 혐의 없음)

약칭

기관 명칭

특조위 4·16 세월호 참사 특별조사위원회
선조위 세월호 선체조사위원회
사참위 가습기살균제 사건과 4·16 세월호 참사 특별조사위원회
국회 국정조사 특위 국회 세월호 침몰 사고의 진상규명을 위한 국정조사특별위원회
해경청(장), 본청(장) 해양경찰청(장)
서해청(장) 서해지방해양경찰청(장)
목포해경, 목포서(장) 목포해양경찰서(장)
제주청 제주지방해양경찰청
인천항만청 인천지방해양항만청
진도VTS 진도연안해상교통관제센터
해양심판원 해양안전심판원

보고서 명칭

가천대 보고서 가천대, 세월호 침몰 시 가상대피시나리오 기반의 승선원 탈출경로 및 탈출소요시간에 관한 연구(2014. 9. 18.)

감사원 보고서 감사원, 감사결과보고서-세월호 침몰사고 대응 및 연안여객선 안전관리·감독실태(2014. 10. 10.)

마린 선회 및 횡경사 보고서 마린(MARIN), 세월호 선회 및 횡경사 고속 시간 모의 실험 및 자유항주 모형시험 최종보고서(30561-3-SMB)(2018. 4. 30.)

마린 요약보고서 마린(MARIN), 세월호 모형 시험, 모의실험 및 모의항해-선회, 전복, 침수 및 침몰에 대한 조사 요약 보고서(30561-4-DIR)(2018. 4. 30.)

마린 추가시험 보고서 마린(MARIN), 세월호 추가 선회 및 횡경사 모형시험 최종보고서(30561-5-SMB)(2018. 7.)

사참위 종합보고서 사참위, 4·16 세월호 참사 종합보고서(2022. 9. 1.)

사참위 진상규명 소위 보고서 사참위, 4·16 세월호 참사 진상규명 소위원회 보고서(2022. 9. 1.)

사참위 해경 초동대응 조사보고서 사참위, 4·16 세월호 참사에서 해경 등 초동대응의 적정성 조사결과보고서병합(직나-1, 2)(2022. 3. 31.)

선조위 종합보고서(내인설) 선조위, 세월호 선체조사위원회 종합보고서(내인설)(2018. 8. 6.)

선조위 종합보고서(열린안) 선조위, 세월호 선체조사위원회 종합보고서(열린안)(2018. 8. 6.)

KRISO 보고서 한국해양과학기술원 부설 선박해양플랜트연구소(KRISO), 세월호 침몰 사고 원인 분석(선박 조종 및 침수, 침몰 시뮬레이션)(2014. 10.)

자문단 보고서 합동수사본부 전문가 자문단, 여객선 세월호 침몰 사고 원인 분석 결과 보고서(2014. 8. 12.)

해양안전기술 보고서 해양안전기술, 세월호와 수중체 접촉 시나리오에 의한 선체거동 추가해석 용역 보고서(2022. 5. 17.)

해양심판원 보고서 해양안전심판원 특별조사부, 여객선 세월호 전복 사고 특별조사 보고서(2014. 12. 29.)

법령·매뉴얼 명칭

세월호진상규명법 4·16세월호 참사 진상규명 및 안전사회 건설 등을 위한 특별법
세월호피해자법 4·16세월호 참사 피해구제 및 지원 등을 위한 특별법
세월호선조위법 세월호 선체조사위원회의 설치 및 운영에 관한 특별법
사회적참사진상규명법 사회적 참사의 진상규명 및 안전사회 건설 등을 위한 특별법
재난안전법 재난 및 안전관리 기본법
122구조대 규칙 122해양경찰구조대 운영규칙
VTS 관제규칙 연안 해상교통관제 운영 및 관리에 관한 규칙
해경 상황실 규칙 해상치안상황실 운영규칙
해경 항공 규칙 해양경찰 항공운영 규칙
해경 함정 규칙 해양경찰청 함정 운영관리규칙
해경 특공대 규칙 해양경찰특공대 운영규칙
122긴급전화 규칙 해양긴급전화 122 운영규칙
대형 해상사고 매뉴얼 주변 해역 대형 해상사고 대응 매뉴얼
진도VTS 상황대응 매뉴얼 진도연안 해상교통관제센터 상황대응 매뉴얼
진도VTS 현장 매뉴얼 진도연안VTS 현장 매뉴얼
수색구조 매뉴얼 해상 수색구조 매뉴얼
해상 치안상황 매뉴얼 해상 치안상황처리 매뉴얼
항공구조 매뉴얼 해양경찰 항공구조 매뉴얼
위기관리 매뉴얼 해양사고(선박) 위기관리 실무 매뉴얼

용어 설명

AIS(Automatic Identification System, 선박자동식별장치)
선박의 위치, 속력, 제원, 화물의 종류 등 각종 정보를 자동으로 송수신하는 장치를 말한다.

CVMS(Combined Vessel Monitoring System, 통합선박모니터링시스템)
전자지도에 함정, 항공기, 어선, 여객선 등의 위치를 표시해 관련 정보를 확인할 수 있는 시스템이다. 선박이나 항공기의 이름을 입력해 위치를 빠르게 확인할 수 있고, 어선의 경우 선장이나 선원 관련 정보도 확인할 수 있다.

KCG메신저
해경이 운영한 문자상황보고시스템의 프로그램을 말한다.

OSC(On-Scene Commander, 현장지휘관)
해난 현장에서 함정과 헬기 등 구조세력을 지휘하는 권한을 갖는 함정 또는 함정의 장을 말한다.

SSB(Single Side-Band, 어선공통망)
중단파(파장 50~200m의 전파)를 이용한 통신장비로 교신범위는 약 100해리이며 어선들이 주로 사용한다. 국제조난주파수 2183.4킬로헤르츠에 맞추면 해경, 항만관제센터, 인근을 지나는 선박과 교신할 수 있다.

TRS(Trunked Radio System, 주파수공용무선통신시스템)
휴대전화와 무전기가 결합된 형태로, 하나의 주파수 대역을 여러 사용자가 공동으로 사용할 수 있는 무선통신을 말한다. 해경지휘부와 상황실, 함정, 항공기가 동시에 교신할 수 있는데, 세월호 사고 당시 코스넷 대화방과 함께 해경의 핵심 통신망이었다.

VDR(Voyage Data Recorder)
항공기 블랙박스와 같이 해양사고의 정확한 원인 규명을 위해 선박의 항해 정보 등을 실시간으로 기록하는 장비를 말한다.

VHF(Very High Frequency, 초단파무선통신)
선박과 육지 사이에 음성통신을 할 수 있는 장치다. 해경 각 기관과 함정, 선박, 비행기가 수신·청취할 수 있는데 통신 가능 거리는 보통 25~30해리(약 45~56km)이다. 봄철에는 VHF 전파의 통달거리가 일시적으로 증가하는 현상이 있다.

VMS(Vessel Monitoring System, 선박모니터링시스템)
선박 AIS에서 발송되는 신호를 전자 해도에서 보여주는 장치를 말한다.

VTS(Vessel Traffic Service, 선박교통관제)
레이더, AIS(선박자동식별장치), VHF(초단파무선통신) 등으로 선박의 위치를 탐지하고 관찰해 충돌이나 좌초 등의 위험을 감지하고 항행 안전 정보를 제공함으로써 선박 교통의 안전을 도모하는 것을 말한다. 선박교통관제의 시행을 위해 설치·운영하는 기구는 해상교통관제센터라고 한다.

경사시험(Inclining Test)
선박 또는 부유식 해양 건축물의 경하상태에서 무게중심의 위치(G)와 경심(M, 메타센터) 사이의 거리를 확인하는 시험을 말한다.

경하상태(輕荷狀態)
평형수를 비롯해 승객, 화물, 연료유 등을 전혀 적재하지 않은 순수한 배의 상태를 말한다. 세월호는 일본에서 도입한 후 청해진해운의 증개축으로 경하상태에서 스스로 물 위에 떠 있을 수 없게 됐다.

고박(Lashing)
화물이나 컨테이너를 선박에 고정시키는 것 또는 화물을 컨테이너에 넣고 고정시키는 것을 말한다.

도수지시법 / 타각지시법
선박의 선장 또는 항해사가 조타수에게 항해 방향을 지휘하는 방법을 말한다. 도수지시법은 항해사가 코스를 불러주면 조타수가 자기 재량으로 조타기를 돌려 코스를 맞춰 운항하는 것이고, 타각지시법은 항해사가 조타기 작동 각도를 지정해주면 조타수가 그 각도대로 조타기를 돌려 운항하는 것이다. 세월호 사고 당시 항해사 박한결은 도수지시법으로 조타수 조준기에게 배의 방향을 바꾸도록 지시했다.

로로선(Roll-on Roll-off Vessel)
선박의 선수나 선미 또는 옆에 입구가 설치된 배를 말한다. 자체 이동 능력이 있는 자동차 또는 컨테이너 화물을 실은 트럭이나 트레일러 등의 운반기기를 선박에 싣고(roll-on) 내릴(roll-off) 수 있다. 세월호는 로로선이었다.

만재흘수선(滿載吃水線)
항해의 안전상 충분한 예비 부력을 가지고 화물 및 선용품을 최대로 적재했을 때의 한계표시로, 선박의 양측(좌·우현)에 특정한 선으로 표시한다.

복원성
수면에 평형상태로 떠 있는 선박이 파도, 바람 등의 외력에 의해 기울어졌을 때 중력과 부력이 서로 작용하여 원래의 평형상태로 되돌아오려는 성질을 말한다.

지능형해상교통관리시스템(Intelligent Transportation System, ITS)
AIS(선박자동식별장치)를 설치한 선박의 실시간 위치와 운항 정보를 볼 수 있는 장치로 이 정보를 분석해 선박의 비정상 운항이니 충돌을 예측할 수 있다.

코스넷(KOSNET, 광역위성통신망)
해경이 자체적으로 사용하는 광역위성통신망을 말한다. 해경은 코스넷을 이용해서 KCG메신저라는 프로그램으로 문자상황보고시스템을 운영했다. 카카오톡 대화방과 유사한 대화방을 개설하면 해경 상황실과 함정 등 지정된 상대방의 대형 스크린이나 컴퓨터를 통해 실시간으로 정보를 송수신할 수 있다. 코스넷을 활용한 문자상황보고시스템의 대화방을 이 책에서는 '코스넷 대화방'이라고 쓴다. 세월호 사고 당시 123정과 같은 100톤급 소형 함정에는 코스넷이 설치되지 않아 지휘·보고 체계에 심각한 혼란이 벌어졌다.

일러두기

1. 세월호 사고 당시 해경 각 기관의 통신기록에 표시된 시각에 작게는 1분, 크게는 약 13분에 이를 정도로 심각한 오류가 있어 해경의 대응 과정을 복기하는 데 큰 혼란을 일으켰다. 『세월호, 그날의 기록』이 처음으로 그 오류를 바로잡으려고 시도한 이래 사고를 조사한 여러 기관이 나름대로 그 시차를 정리하려고 노력했다. 개정판인 이 책 『세월호, 다시 쓴 그날의 기록』에서는 원칙적으로 사참위가 사참위 종합보고서에서 정리한 시간을 기준으로 초판 내용을 수정했다. 하지만 사참위 종합보고서에 정리한 시간도 실제 시간과 반드시 일치하는 것은 아니다. 검증 과정의 기술적 한계뿐 아니라 통신 당시 기계의 상태와 주변 환경에 따라 1분 내외의 시차가 있을 가능성이 있다. 참고로 사고 당시 만들어진 주요 해경 통신기록에 표시된 시간과 실제 시간의 차이는 다음과 같다.

기록물	실제 시각
해경 TRS	국정조사 제출 음성파일 생성 시각 + 1분 2초
해경 본청 경비전화	국정조사 제출 음성파일 생성 시각 - 12분 50초
해경-청와대 핫라인	국정조사 제출 음성파일 생성 시각 - 12분 50초
서해청 경비전화	검찰 제출 음성파일 생성 시각 - 40초
진도VTS	국정조사 제출 음성파일 생성 시각 - 1분 19초
제주 운항관리실 SSB	검찰 제출 음성파일 생성 시각 + 2분 1초
코스넷 대화방	서해청 컴퓨터 출력물 표시 시각

2. 세월호 승객들의 휴대전화 동영상, 카카오톡 메시지, 문자메시지에서 인용한 부분은 맞춤법에 어긋나는 표현이나 오탈자가 있더라도 원문 그대로 옮겼다. 다만, 띄어쓰기는 맞춤법에 따라 수정했다. 각종 조사와 수사, 재판 기록 역시 원문 그대로 옮기는 것을 원칙으로 하되, 최소한의 범위에서 띄어쓰기를 수정했고, 불가피한 경우 생략된 것으로 보이는 표현을 괄호([ ])에 넣어 보충했다.

3. 오랜 기간에 걸쳐 여러 건의 수사가 이루어지는 과정에서 하나의 문서가 여러 사건에 중복해서 활용된 경우가 많다. 특히 해경지휘부 사건 증거기록에는 선원 사건과 123정 사건의 수사기록 가운데 많은 문서가 중복해서 붙어 있다. 이 책에서는 해당 부분을 서술할 때 실제로 참고한 사건기록을 각주 또는 미주에 밝히는 것을 원칙으로 했다. 따라서 같은 문서가 어떤 부분에서는 선원 사건이나 123정 사건 수사기록으로, 다른 부분에서는 해경지휘부 사건 증거기록으로 인용되어 있는 경우가 있다.

4. 법률, 기관, 단체, 보고서 이름은 가독성을 위해 띄어쓰기를 했다.

5. 해경, 선원, 청해진해운 임직원 및 세월호 사건과 직무상 관련된 공무원과 공직자들은 실명 표기를 원칙으로 했다. 세월호 사건과 직접 관련이 없거나, 상급자의 지시에 따라 움직인 하급 직원으로서 법적·윤리적 책임이 있다고 보기 어려운 경우는 익명으로 표기했다.

2017년 3월 23일 1,073일 만에 다시 물 위로 올라온 세월호는 목포신항만으로 옮겨진 후
2018년 5월 10일 똑바로 섰다. 마침내 침몰 원인을 밝힐 수 있으리라는 기대와 희망이 생겼다.
배는 이유를 말하고 있었지만, 선조위와 사참위는 번번이 혼란스러운 답을 내놓았다.
(사진·선조위 종합보고서)

2013년 2월 26일 시험운항하는 세월호의 모습.
청해진해운은 일본에서 18년 이상 운항한 나미노우에호를 구입해 무리하게 증개축했다.
그 결과 세월호는 평형수를 싣지 않으면 스스로 물 위에 떠 있을 수 없게 됐다.
"배 아닌 배", "대한민국에서 제일 위험한 배"가 탄생한 것이다.
2014년 4월 15일 밤, 세월호는 여전히 취약하고 위험한 배였다. (사진·청해진해운)

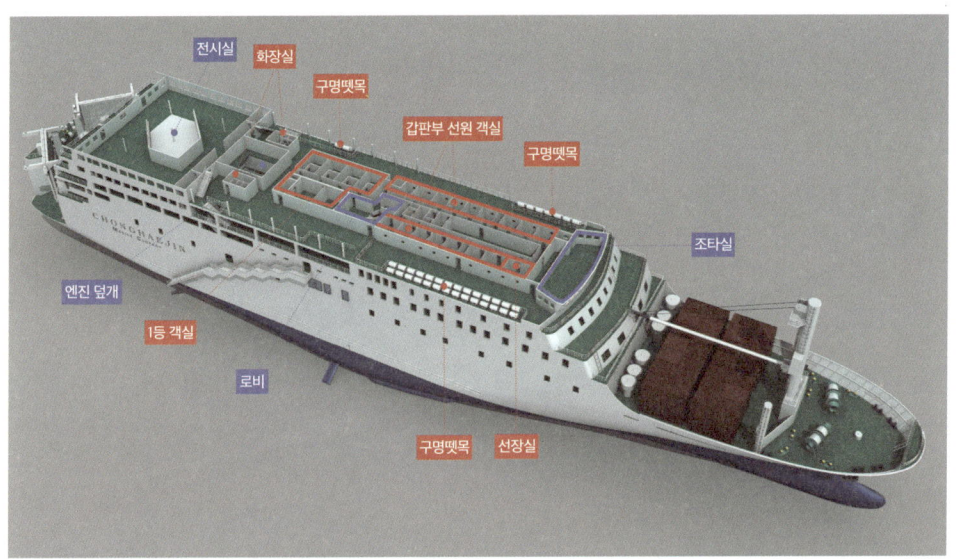
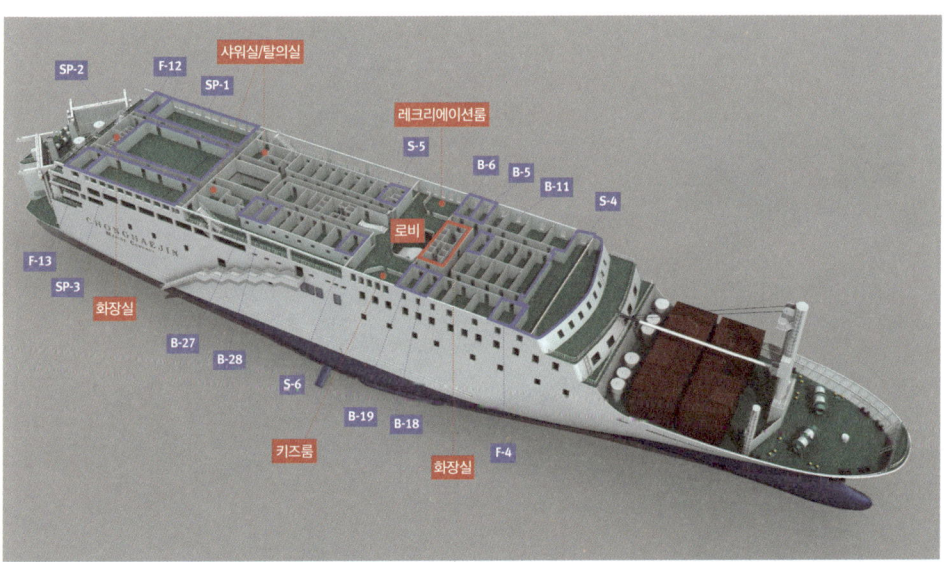

선교 갑판(5층, 위)과 A갑판(4층, 아래)

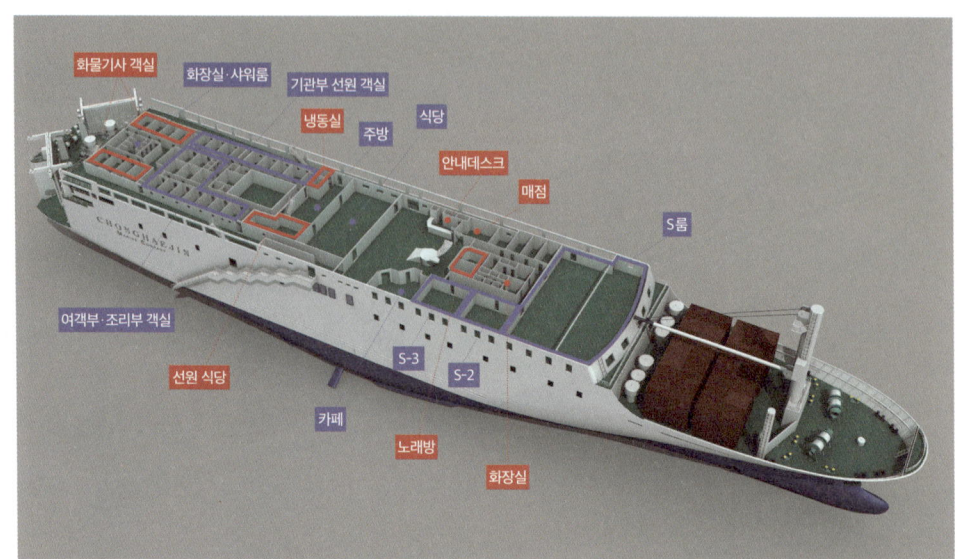
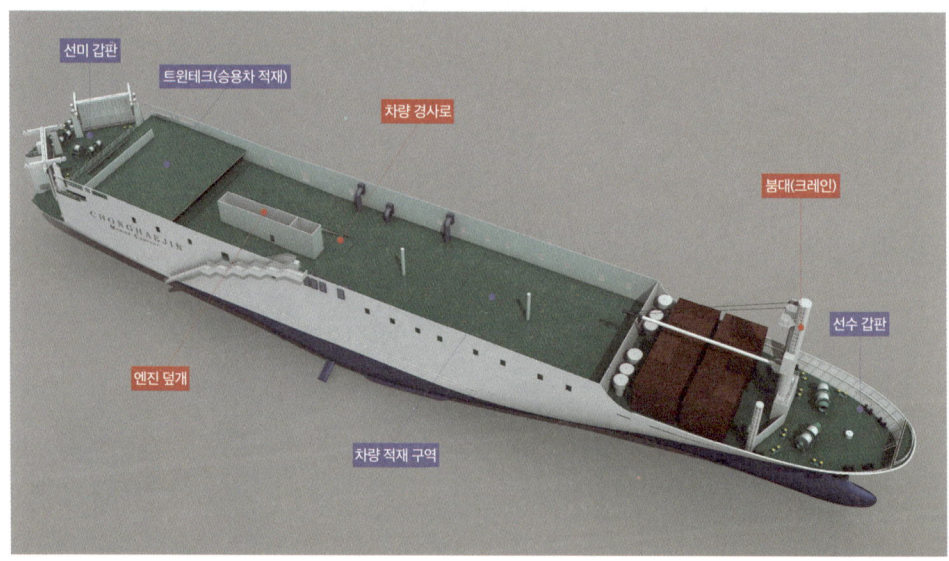

B갑판(3층, 위)과 C갑판(2층, 아래)

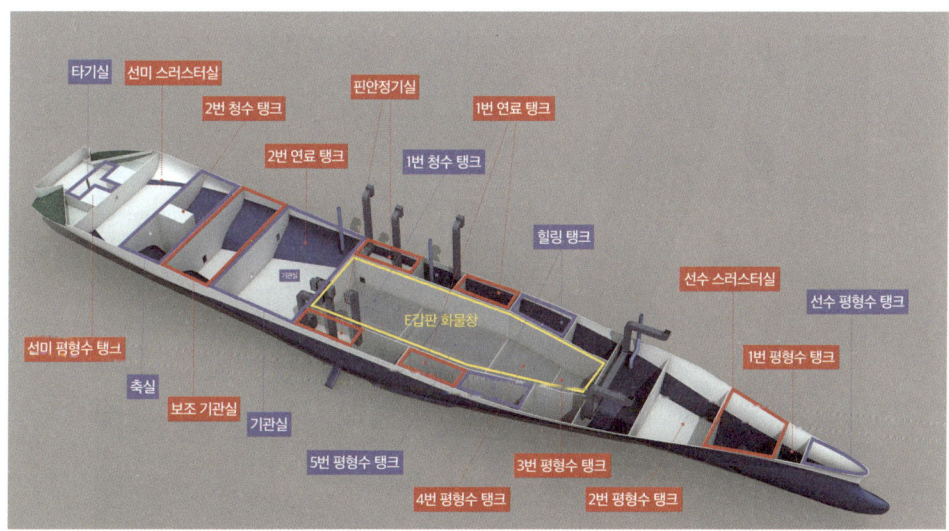

D갑판(1층, 위)과 E갑판(지하, 아래)

D갑판이 건현갑판으로, 그 아래 지하층이 수밀구획이다. E갑판에 있는 여러 종류의 평형수 탱크는 물을 채워 선체의 무게중심을 조절함으로써 복원성을 안정적으로 유지하는 역할을 한다. 그중에 특별히 선체의 앞뒤 기울기(트림)를 조절하는 것을 선수/선미 (평형수) 탱크라 하고, 선체의 좌우 기울기를 조절하는 것을 힐링 탱크라 한다. 운항 중 배의 좌우 균형이 맞지 않으면 조타실 엔진 텔레그래프의 단추를 눌러 힐링 탱크에 있는 물을 좌에서 우, 우에서 좌로 옮겨 균형을 맞추는데 선원들은 이것을 '힐링을 맞춘다'라고 한다.

9시 27분 헬기 511호기가 제일 먼저 세월호 상공에 도착했다. 9시 33분 헬기 513호기에 이어 34분 123정이 도착했다. 승객들은 해경이 구조해주기를 기다리면서 배 안에서 기다렸지만, 항공구조사들은 밖으로 나온 승객들만 한 명씩 구조바구니에 태워 올렸고, 123정은 도주하는 선장과 선원들을 옮겨 태웠을 뿐 승객을 적극적으로 구조하려고 하지 않았다. 선장과 선원을 찾지 않았고, 해경을 세월호에 올려 보내지 않았으며, 퇴선방송도 하지 않았다.

세월호가 침몰하던 마지막 순간, 어선들과 어업지도선 고속보트들이 위험을 무릅쓰며
세월호에 달라붙어 승객을 구하려고 안간힘을 썼다. 123정은 멀찍이 떨어져 이들이 구해 오는
승객을 받기만 했다. 세월호는 10시 30분 완전히 침몰했다. 배가 기울어지기 시작한 8시 49분부터
101분 만이었다. 구조된 인원은 172명. 304명이 희생됐다. (사진·국회 국정조사 제출 해경 동영상)

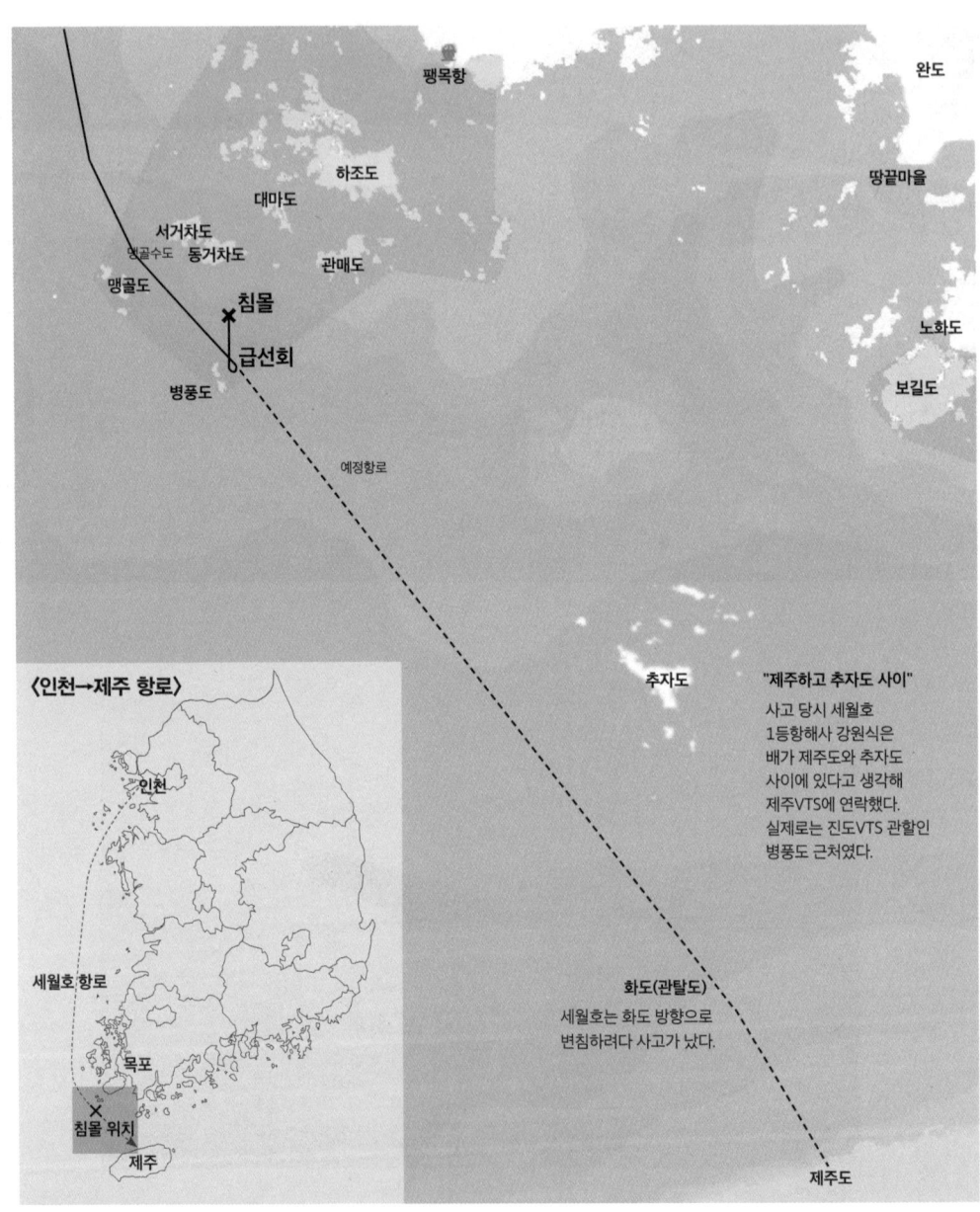

세월호 항로. 사고 지점은 바닷길로 목포에서 52해리(96km), 제주에서 47해리(87km) 떨어져 있다.

1부
그날, 101분의 기록

2014년 4월 16일, 병풍도 해상

"지금 기울기가 점점 더 기울고 있고요. 지금 보이시죠? 갑자기 70도 정도로 기울었거든요.* 나, 나, 진짜 어떻게 될지 모르겠습니다. 이 급박한 상황을 내가 KBS, SBS, MBC에 보내서 이 배를 고발하겠습니다. 진짜로 나 이 배한테 손해배상 청구받을 거예요."[1]

2014년 4월 16일 오전 9시 25분, 세월호 B-6호실에서 단원고 학생 김동협(17, 사망)이 생중계하듯 현장을 휴대전화로 찍고 있었다. 이때 멀리서 헬기 소리가 들렸다.

"야, 헬기 도착했다."[2]

세월호 4층 좌현에서 누군가 외쳤다. 4층 중앙 홀과 근처 복도에 모여

---

* 이 시각 세월호의 실제 기울기는 50도 정도였다.

있던 학생들이 술렁였다. "얘들아, 침착하게 있어." 단원고 교사 고창석 (40, 사망)이 학생들을 진정시켰다.

"타워, 여기 호텔 2. 현장 도착."[3]

접근 중인 헬기는 서해청 소속 511호. 해경이 현장에 처음 도착했다. 9시 26분, 부기장 김태호가 멀리 있는 세월호를 육안으로 확인하고 TRS(주파수공용무선통신시스템)를 통해 "도착"을 알렸다. 보고받은 서해청 상황담당관 유연식도 TRS로 지시했다. "현재 상태를 보고할 것."[4]

"야, 모터 소리 들린다. 근처까지 왔어."[5]

헬기 소리가 점점 가까워지자 4층에 있던 누군가 다시 외쳤다. 김동협도 해경의 도착 소식을 전했다. "지금 '웅' 소리가 들리기 시작했습니다. 해경이 오는 것 같은데요."[6] 이때 여객부 선원 강혜성(32, 생존)이 선내 방송을 했다. "선내 승객 여러분께 안내 말씀 드립니다. 해경 구조정 및 어선 접근 중, 10분 후 도착 예정입니다."[7] 김동협이 말했다. "10분 동안 여기서 기다리랍니다. 이 개자식들, 없애버릴 거예요."[8]

9시 27분. 511호가 세월호 바로 위까지 접근해 선체 주변을 한 바퀴 돌며 상황을 파악했다. 눈대중으로도 선체가 좌현으로 40도 넘게 기울어져 있었다. 우현 객실 창문은 하늘을 향했다. 물에 잠겨 있어야 할 파란 선체 바닥의 스크루도 수면 위로 드러났다.[9]

바다는 평온하고, 사람은 보이지 않았다. 구명조끼를 입고 바다에서 표류하거나 갑판에서 손을 흔드는 사람이 1명도 없었다. 배에서 떨어진 붉은색 컨테이너, 철근과 파이프, 종이 상자 등만 둥둥 떠다니고 있었다. 김태호가 TRS 송신기를 들었다. "타워, 여기 호텔 2." 목포해경 상황실이 응답했다. "아, 여기 타워."

"현재 여객선 40에서 45도로 기울어져 있고, 지금 승객들은 대부분 선상, 선상과 배 안에 있음."[10]

해경 본청, 서해청, 목포해경 등의 상황실마다 TRS를 통해 김태호의 목소리가 울려 퍼졌다. 9시 28분, 사고현장에서 지휘부에 보낸 첫 보고다. 목포해경 상황실이 다시 확인했다. "밖으로 나와 있는 사람은 없는지?" 김태호가 말했다. "해상에는 지금 인원이 없고, 인원들이 전부 선상, 선상 중간에 전부 다 있음."[11]

511호 전탐사(電探士) 이명중이 캠코더로 채증을 시작했다. 이때 세월호 선미에 솟아 있는 연돌(굴뚝) 옆 계단에서 주황색 물체가 움직였다. 구명조끼를 입은 남녀 두 사람인데, 한 명이 두 팔을 마구 흔들었다. 헬기가 천천히 선체로 다가갔다. 기장 양회철이 제자리비행을 하며 3~4미터 높이까지 접근했다. 현장 상황을 보고하고 2분이 지났지만 상황실에서 어떤 지시도 내려오지 않고 있었다. 양회철은 항공구조사 2명에게 내려가라고 지시했다.

잠수복을 착용한 항공구조사 김재현이 헬기 외부에 설치된 호이스트(인양 장치)에 가슴의 안전벨트 고리를 걸고 하강하기 시작했다. 다른 항공구조사 박훈식도 잇달아 내려갔다. 9시 32분, 김태호가 다시 상황을 보고했다.

"타워, 여기 호텔 2. 구조사 2명 함 내 진입 완료."[12]

박훈식이 짧은 머리의 50대 여성을 먼저 부축해서 헬기 쪽으로 이동시켰다. 헬기에 있던 정비사 김범준은 어른 한 사람이 겨우 앉을 수 있는 바스켓을 호이스트에 연결해서 아래로 내렸다가 여성이 바스켓에 올라타자 천천히 끌어 올렸다. 헬기에 올라탄 여성이 격앙된 목소리로 울먹이며 말했다.

"감사합니다, 감사합니다."

9시 34분, 해경이 처음 구조한 사람의 첫마디다. 곧이어 회색 티셔츠를 입은 맨발의 50대 남성이 같은 방법으로 헬기에 탔다. 이들은 세월호 3층 주방에서 빠져나온 조리부 선원 김종임(51, 생존)과 조리장 최찬열(58, 생존)이다. 김종임은 손에 작업용 흰색 목장갑을 낀 채 엉덩이까지 길게 내려온 흰색 조리복을 입고 있었다. 세월호 운항관리규정을 보면, 비상사태 시 조리부 직원은 여객부 선원과 함께 승객을 안전한 곳으로 유도하는 임무를 맡는다. 하지만 김종임과 최찬열은 가장 먼저 도주했다. 헬기 대원들은 처음으로 '구조'한 이 두 사람에게 아무것도 묻지 않았다.

1장
수학여행
2014년 4월 15일 오후 5시 20분~밤 11시

늦은 출항

인천항. 경기도 안산 단원고등학교 2학년 수학여행단이 연안부두에 도착했다. 학생 325명은 3박 4일의 제주도 여행으로 들떠 있었다. 7교시 정규 수업을 마친 뒤 단체로 버스를 타고 온 학생들은 항구에 내리자마자 '셀카'를 찍느라 분주했다.[13] 교사 14명이 연안여객터미널로 학생들을 이끄는 동안에도 재잘거림과 웃음소리가 그치지 않았다.[14]

단원고 교감 강민규는 터미널 대합실 한편의 약국에 들렀다. 소화제를 하나 사려다 오늘 안개 때문에 연안부두에서 출항한 배가 하나도 없다는 말을 들었다. 창문 너머 바다에 짙은 안개가 깔려 있었다. 강민규가 해경 파출소로 전화를 걸어 배가 출항할 수 있을지를 물었다. 어렵다는 답이 돌아왔다.[15]

그즈음 대합실 안내 전광판에도 '안개 대기'라는 빨간색 글자가 떴다.[16] 오후 6시 30분 출항 예정이던 세월호가 발이 묶였다는 소식에 대합실이 술렁거렸다. 일부 승객들이 매표소 직원에게 항의했지만 안개 때문에 어쩔 수 없다는 답변만 들었다. 몇몇은 구입한 표를 취소하고 자리를

떴다.[17] 강민규가 학교에 있는 교장과 행정실장에게 출항 지연 사실을 알렸다.[18]

교사들은 학생들에게 저녁 8시까지도 안개가 걷히지 않으면 수학여행이 취소될 수 있다고 말했다.[19] 여행 가방에 털썩 주저앉은 학생들 표정이 어두워졌다.[20] 학생들은 카카오톡(카톡)으로 소식을 전했다.

- 으앙 안개주의보 때문에 못 타고 있어
- 지금 안개 때문에 앞이 안 보인다고 한두 시간 더 기다려야 한대 일단 8시까지 대기래
- 안개 너무 쩔어서 배 안 떠
- 수학여행 못 갈 수도 있다능..ㅜㅠ
- 배 못 타면 아예 취소될 수 있나봐.
- 못 가면 진짜...김빠짐..
- 선생님 ㅠㅠ 지금 안개 때문에 저희 못 가고 있어요ㅠㅠ
- 안 가면 옷 사고 장기자랑 준비하고 한 애들은 뭐가 돼 진짜
- 하... 짜증나

분위기가 가라앉은 1층 대합실과 달리 터미널 2층은 몹시 어수선했다. 2층엔 해운사 사무실과 한국해운조합 인천지부 운항관리실이 모여 있다. 연안 여객선이 안전하게 출항할 수 있을지 점검하는 운항관리실은, 과적이 생기면 출항 정지를 요구할 수 있고 기상 상태가 나빠지면 여객선 출항을 통제하는 해양경찰서에 보고한다. 청해진해운 해무팀장 박희석을 비롯한 직원들이 번갈아 운항관리실을 찾아갔다. 언제쯤 출항할 수 있을지 물었지만 짙은 안개가 깔린 인천항 앞바다만큼이나 출항 여부가 불투명했다.[21]

청해진해운 사무실에 대표이사 김한식과 임직원, 단원고 교사들, 여행사 직원이 둘러앉아 대책을 논의했다.[22] 뾰족한 수가 없었다. 단원고 행정실장이 급히 제주도 항공편을 알아봤지만 여의치 않았다. 교사들은 각

반 회장을 불러 의견을 물었다. 학생들은 수학여행이 취소되면 다음 기회가 있는지 궁금해했다. 교사들로선 답변하기 곤혹스러웠다.

- 그럼 수학여행은 없는 거예요?
- 우리 학교 노 답
- 헐…

결국 안산으로 돌아갈 버스를 일단 대기시켜놓고 안개가 걷히기를 기다려보기로 했다. 밤 11시를 마지노선으로 정했다.[23]

청해진해운 내부에서는 의견이 엇갈렸다. 여객영업팀은 밤 11시까지 출항이 막히면 전액 환불하자는 의견을 냈다. 반면 물류팀은 시정주의보가 해제되면 새벽에라도 출항해야 한다고 주장했다.[24] 의견이 엇갈린 이유는 결국 '돈'이었다. 여객 운임 수입은 '미미'했지만, 화물의 경우 "출항하지 못한 손해가 컸"다.[25] 단원고 수학여행단이 안산으로 돌아가 버린다면 남은 승객이 고작 몇십 명에 그칠 터였다. 화물차 기사들은 화물 운임 외에는 1,500원짜리 표만 내고 탑승하기 때문에 여객 운임 매출이 얼마 되지 않았다.[26]

물류팀 사정은 달랐다. 출항이 취소되면 이미 실어놓은 화물과 차량을 모두 빼내야 했다. 화물과 차량을 이튿날 출항하는 오하마나호로 옮길 수 있을지도 미지수였다.[27] 화주나 화물차 기사들이 거센 항의를 쏟아낼 것이 불 보듯 뻔했다.[28] 평소보다 많은 화물을 실었으니 운임 수입 손실도 꽤 클 터였다.[29] 인천-제주 구간을 운항할 때 세월호의 화물 운임 평균 수입은 5000만 원 수준인데, 이날따라 6200만 원을 웃돌았다.[30]

세월호는 한 차례 운항할 때마다 6000만 원가량 돈이 들었다.[31] 청해진해운이 인천-제주 항로에서 함께 운영하는 오하마나호보다 기름값이 많이 들어 3000만 원쯤 됐다. 증개축 뒤에 배가 더 무거워졌기 때문이다. 낡은 배라 수리비도 만만찮았다. 여기에 선원들 임금까지 더하면 한 번 뜰 때마다 적자가 쌓이는 구조였다.32 청해진해운은 평소보다 매출을 더 올릴 기회를 놓치지 않으려 했다.

결국 승객은 밤 11시까지, 화물은 새벽까지 기다려보는 것으로 가닥이 잡혔다. 여객영업팀은 단원고 학생들을 일단 배에 태워 저녁 식사를 제공하자고 제안했다. 세월호 식당에서는 이미 500인분 식사 준비가 끝난 데다 승객들 불만이 커진 상태였다.33 표를 취소하려고 했지만 화물칸 안쪽에 실린 차를 빼내지 못한 승객도 몇 명 있었다.34

이보다 앞선 오후 5시쯤, 3등항해사 박한결(26, 생존)이 운항관리실을 찾았다. 선박운항관리자 전정윤에게 '출항 전 여객선 안전점검보고서' 두 장을 건넸다. 종이 사이에 먹지를 대고 써서 내용은 똑같았다. 보고서는 운항관리자가 확인하고 서명한 뒤 선박과 운항관리실에서 각각 보관한다.35

전정윤은 서류를 "눈으로 한번" 훑었다.36 선체, 기관, 통신, 화물 적재, 선박 흘수(吃水, 배가 물 위에 떠 있을 때, 물에 잠겨 있는 부분의 깊이. 수면에서 배의 최하부까지의 수직거리) 등 다섯 항목 모두 '양호'로 표기돼 있었다.37 제대로 점검했는지, 특이 사항이 없는지 묻지 않았다.38

현원·여객·일반 화물·컨테이너·자동차 등 숫자를 채워야 할 칸은 비어 있었다. 아직 승객이 다 탑승하지도, 화물이 다 적재되지도 않았기 때문이다. 박한결은 출항한 뒤에 운항관리실과 교신해서 승객 수와 화물량을 불러줄 참이었다. 그러면 전정윤이 빈칸을 채울 터였다.39

규정상 선장과 기관장은 출항 전에 선체와 기관, 통신, 화물 적재와 구명 설비 등 여객선의 전반적인 상황을 검사하고 점검보고서를 작성한 다음 운항관리자에게 제출해 확인받아야 한다. 결함이 있을 때는 시정 조치를 모두 끝내야만 출항할 수 있다. 하지만 세월호 선장 이준석(69, 생존)은 점검보고서를 "단 한 번도 신경 쓰지 않"은 채 항해사에게 일임했다.40 이 일은 관행적으로 3등항해사 박한결이 맡아왔다. 선배 항해사들은 "다 '양호'로 체크하면 된다"고 가르쳤다.41 박한결은 이런 식의 일 처

리가 문제 되리라고 "생각해본 적이 없었"다.⁴²

규정을 어긴 건 한국해운조합도 마찬가지다. 2011년 9월 27일, 한국해운조합이 점검보고서에 빈칸이 있으면 서명하지 말라는 '업무 지시'를 내렸다. 빈칸이 있는데도 운항관리자가 서명한 경우 "직무를 소홀히 한 것으로 판단"된다는 법 해석도 덧붙였다.⁴³ 당시 현대 설봉호 화재 사고가 발생했는데 실제 승객 수가 점검보고서에 적힌 것보다 많아서 뒤늦게 문제가 됐다.⁴⁴

그러나 전국적으로 형성된 관행은 쉽사리 바뀌지 않았다.⁴⁵ 4월 15일 오후 5시 무렵 세월호 점검보고서에는 분명 승객 수와 화물량이 빈칸으로 남아 있었으나 전정윤은 주저 없이 서명했다. 당연히 승객 수나 화물량을 직접 확인하지 않았다.⁴⁶

저녁 7시 10분 무렵, 승선 소식에 학생들이 환호성을 질렀다. 교사들이 출항이 확정된 건 아니라고 말했지만 학생들은 환하게 웃으며 배에 올랐다.⁴⁷ 집으로 카톡을 보내느라 바빴다.

- ㅋㅋㅋㅋㅋㅋㅋ 나 일단 배에서 밥 먹는데 근데 안개 안 걷히면 다시 집 갈 슈도 있대..
- 아 오늘 출발은 하나...
- 저녁 먹고 안개 지면 가고 안 지면 집
- 엄마 아직도 안개 많이 끼고 앞이 안 보여서 결정은 9시에 내린다고 하는데 자세히는 모르겠어
- 일단 배 탓어 출발할지 안 할지 물러
- 배는 탔는데 밥만 먹고 갈 삘

강민규가 다시 해경 파출소와 기상청에 전화를 했다. 여전히 안개로 시야가 막혀 출항이 어렵다는 말을 들었다.⁴⁸ 강민규는 교장에게 학생들의 승선 사실을 보고했다. 교장은 출항이 늦어질 경우를 대비해 여행사와

제주도 일정을 다시 협의하라고 지시했다.⁴⁹

인천항을 둘러싼 안개가 밤바람에 조금씩 흩어지고 있었다. 저녁 8시 30분쯤 당직 근무자로 운항관리실에 혼자 있던 전정윤은 연안부두 방파제 끝에 있는 적색 등주를 확인했다. 운항관리자들은 적색 불빛이 깨끗하게 보이면 시정 1킬로미터 이상이라고 판단했다.⁵⁰

이보다 앞서 저녁 7시 29분, 인천VTS(해상교통관제센터)가 인천 북항을 지나던 동인15호에 시정을 확인했다. "네, 수고하십니다. 지금 본선 위치에서 월미도 불빛이 보이네요. 한 7케이블(1.3킬로미터) 보이네요." 인천VTS는 인천항 주변을 운항하는 다른 선박 5척에도 시정을 확인했고, 모두 1킬로미터 넘게 트였다고 보고했다.⁵¹ 8시 30분, 전정윤이 인천VTS에 전화를 걸어 "시정이 호전되고 있는데 상황이 어떻습니까?" 하고 물었다.

"8시 35분경에 해제하겠습니다."⁵²

전정윤은 시정주의보가 곧 해제된다는 소식을 청해진해운에 전달했다.⁵³ 청해진해운은 곧바로 차량과 화물 적재 작업을 다시 시작했다. 승용차 15대가 선미 램프(자동차 출입문) 쪽에 더 실렸다.⁵⁴

세월호가 과적하지 않았는지를 확인해야 할 전정윤은 오후 5시 58분쯤 이미 '점검'을 끝냈다. 배에 올라 화물과 차량의 적재 상태를 직접 점검하는 대신 부둣가를 잠시 오가며 세월호의 만재흘수선(선박이 안전하게 항해할 수 있는 적재 한도를 표시하는 선)이 수면에 잠겼는지만 눈으로 확인하고 몸을 돌렸다.⁵⁵

배는 가득 차 있었다.⁵⁶ 학생들이 단체로 탑승하면서 승객도 평소보다 6배나 많았다. 세월호는 승객 443명, 선원 33명, 승용차 124대, 화물차 57대, 중장비 4대, 컨테이너 83개를 품고 있었다. 화물량만 해도 2,214톤으로, 운항관리규정의 최대 화물 적재량 1,077톤을 배 이상 초과했다.⁵⁷

인천VTS가 시정주의보를 해제했지만, 해경은 여전히 연안 여객선 출항을 통제했다. 8시 29분, 인천해경이 항만을 돌아보던 경비정 P-26으로부터 "시정 1킬로미터 이상"이라는 보고를 받았다.[58] 「해사안전법」 시행규칙에 따르면, 시정이 1킬로미터 이상 확보돼야 연안 여객선이 항구를 떠날 수 있다. 8시 45분부터는 출항 통제를 풀어달라는 민원이 인천해경 상황실(122)로 연이어 들어왔다.*

20:45 민원인-인천해경 상황실(122)
122: 인천해경 상황실입니다.
민원인: 네, 아 거 세월호 타고 제주도 가려고 그러는데요.
122: 네.
민원인: 지금 안개가 안 걷혀서 해제가 안 됐나요?
122: 네네, 지금 많이 날씨가 안 좋아서, 지금 시정 주의… 뭐지….
민원인: 아니, 시정은 뭐요? 여기 지금 다 보이는데.
122: 안쪽에만 보이고 조금 더 나오시면 아직 안개가 걷히지 않아서 날씨가 안 좋습니다. 조금 더 기다리셔야 될 것 같아요. 조금 더 기다리면 걷힐 것 같으니까 조금만 더 기다려주세요.
민원인: 아, 지금 이거… 계속(한숨). 어휴, 네.
122: 네.[59]

전정윤이 인천항에서 각각 15~55킬로미터쯤 떨어져 있는 부도 등대, 팔미도 등대, 덕석도 해경 피출소에 시정을 다시 물었다. 부도와 팔미도

---

* 인천해경 상황실(122)에 화물차 기사로 추정되는 이들의 민원 전화가 두 차례 더 걸려 왔다. 안개가 걷혔는데 왜 출항을 막느냐는 내용이었다. 2014년 1월 20일에는 세월호가 바람 때문에 제주에서 출항을 취소하려 하자 화물차 기사들이 소송을 하겠다고 나서기도 했다. 청해진해운은 결국 출항을 강행했다. 인천-제주 항로의 취소 사례가 잦아지면 화물차 기사들이 목포에서 출항하는 배로 이동할 가능성이 있었다. 청해진해운 사건, 경찰 수사보고(세월호 출항 통제(시정주의보) 해제 경위 등에 대한)(2014. 4. 30.), 122 세월호 출항 관련 녹취록, 수사기록 6905~6907쪽; 경찰 수사 보고(선사 측이 세월호 복원성 문제를 사전 인지한 정황 확인)(2014. 4. 28.), 세월호의 1월 20일 제주 지연 출항 경위서, 수사기록 5875~5876쪽.

에서는 여전히 시정이 500미터였다. 덕적도는 3킬로미터 넘게 트였다고 했다.[60] 전정윤은 인천항 부두에서 시정이 1킬로미터 이상이고, "남쪽으로 갈수록 시정이 좋아지고 있어 출항이 가능하다"고 판단했다.[61] 시정을 어디서, 어떻게 측정해서 출항 통제를 해제하는지에 관한 법 규정은 없었다. 운항관리실과 해경 상황실 근무자가 '판단'하면 그만이었다.[62] 전정윤이 인천해경 상황실에 전화했다. "운항관리실에서는 세월호의 출항을 긍정적으로 검토하는데, 해경 쪽에서는 어떻게 생각하십니까?"

인천해경은 운항관리실 의견을 "수용하겠다"고 답했다. 곧바로 전정윤이 퇴근한 운항관리실장 김주성에게 연락해 인천해경과 협의한 내용을 보고했다.[63] 김주성은 소주와 폭탄주를 마신 뒤 당구를 치고 있었다.[64]

한국해운조합 규정인 여객선 운항관리실 운영 기준에 따르면, 기상 악화로 여객선의 운항이 중단됐을 때 운항관리실장이 운항관리실을 '직접 지휘'하도록 되어 있다. 하지만 김주성은 이날 오후 6시에 퇴근해 한국해운조합 인천지부가 본부 직원들을 접대하는 저녁 식사 자리에 참석했다.[65] 그는 검찰에서 휴대전화로 지휘하는 것도 '직접 지휘'라고 주장했다. "휴대전화로 보고를 받아서 지휘를 하는 것이 가능하다고 생각"했고, "평상시에도 그렇게 해왔"다고 했다.[66]

전정윤과 해경의 협의 내용을 보고받은 김주성이 출항을 허가했다.[67] 청해진해운 사무실과 운항관리실을 오가며 출항 허가를 기다리던 해무팀장 박희석과 해무팀 대리 홍영기도 소식을 들었다. 두 사람은 세월호를 배웅하려고 부두로 발걸음을 옮겼다.[68]

출항 소식이 전해지자 학생들은 크게 기뻐했다. 환호성이 밤하늘에 퍼졌다.[69] 학생들의 손놀림이 빨라졌다.

- 꺄노 꺄하 배 간다 배가 가!!!! 배 가!!!!
- 지금 환호 쩌러

- 츠크츠크츠크

화물을 배에 실은 우련통운 직원들이 마침 퇴근하고 있었다. 세월호에 탄 학생들이 손을 흔들었다. 하나같이 환하게 웃는 얼굴이었다. 청해진해운과 우련통운 직원들도 손을 흔들었다.[70]

전정윤이 다시 부두로 나갔다. 만재흘수선과 선체 기울기를 마지막으로 확인했다. 이번에도 배에 들어가지는 않았다. '출항 전 안전 점검'이 끝났다.[71]

세월호가 묵직한 소리를 내며 선미 램프를 들어 올렸다. 배가 몸을 떨며 육지에서 떨어졌다. 어두운 밤바다로 하얀 선체가 조금씩 미끄러져 갔다. 밤 9시 무렵이었다.*

밤 9시 39분, 3등항해사 박한결이 VHF(초단파무선통신)로 전정윤을 호출했다. 앞서 운항관리실에 제출한 점검보고서의 빈칸을 채울 숫자를 하나하나 불렀다. "인원 474명, 여객 450명, 선원 24명, 일반 화물 657톤, 자동차 150대."[72] 컨테이너 적재량은 알려주지 않았다. 전정윤은 그 빈칸에 줄을 3개 그었다. '해당 사항 없음'이라는 뜻이었다.[73] 박한결이 불러준 숫자는 다 엉터리였다.

---

* 출항 당시 당직 항해사인 박한결은 안개가 많이 끼어 배가 출항하지 않으면 좋겠다고 생각했다. "그런 시정 거리에서 출항한 것은 처음"이었다. 당직 조타수 조준기도 안개 때문에 앞이 거의 안 보여 레이더에 의존해 항구를 빠져나왔다고 말했다. 2등항해사 김영호도 '내려가지 않았으면' 하고 바랐다고 진술했다. 안개는 국지적인 특성 탓에 1킬로미터만 이동해도 시정이 달라질 수 있다. 출항 당시에 시정 거리가 충분했는지에 대해선 명확하게 판단하기 어렵다. 선원 사건, 경찰 박한결 피의자 신문조서(2014. 4. 18.), 수사기록 19317쪽; 검찰 박한결 2회 피의자 신문조서(2014. 4. 28.), 수사기록 20670~20672쪽; 검찰 조준기 6회 피의자 신문조서(2014. 5. 7.), 수사기록 21135쪽; 검찰 김영호 2회 피의자 신문조서(2014. 5. 1.), 수사기록 8032쪽.

불꽃놀이

2학년 ○반 단체방*
- 10시부터 시작입니다~
- 불꽃놀이 고고싱
- 저희 방 다 왔슴돠
- 오키♥

옥상 갑판. 인천항을 떠난 배가 육지에서 제법 멀어질 무렵, 교사들의 카톡 메시지를 받은 학생들이 모여들었다. 밤하늘에 퍼지는 불꽃을 보며 마음껏 소리를 질렀다. 친구들과 짝을 지어 '셀카'를 찍으며 즐거워하고, 찍은 사진을 서로 돌려보며 또 즐거워했다.

- 배에서 폭죽이 펑펑
- 펑펑
- ○○이하고 나만 뛰어져 있네
- ㅋㅋ
- 안 친한 사이잼?
- 다시 찍자
- 이쁘게 모여서…
- 콜콜 다시 고고
- 다 붙이고
- ㅋㅋㅋㅋ

- 눈 부셔서 다 이상하게 나왔다 ㅠㅠ
- 그래?
- 되게 다 이쁘게 나왔다 생각했는데

---

* 단원고 학생 강혁의 휴대전화 포렌식 자료.

- 잘 나올 때까지 찍자 그럼
- ㅋㅋㅋㅋㅋ

- 파리 투나잇~! 했어 ㅋㅋ블

마지막 불꽃이 사라지고 흥분도 점차 가라앉자 교사들이 학생들을 불렀다. 밤 11시 인원 점검 결과, 이상 무. 점호를 마쳤지만 교사들은 제자들이 걱정됐다.

- 점호 이후에는 갑판 출입 차단이야 밖에 나오지 마~~
- 내일 7시 20분에 일어나면 돼~
- 내일 깨우러 갈게~ 잘들 자~
- 주무세요

- 키미테 모두 떼세요^^ 위험합니다. 방장들 키미테 붙인 학생 없는 거 확인한 방장은 답장하세요^^ 잘 때 좋지 않아요

배를 타고 가는 수학여행길, 학생들이 쉽게 잠들 리 없었다. 객실마다 친구들과 수다를 떨고 노래하고 춤을 추며 놀았다. 엄마들은 아이들이 궁금했다.

- 뭐해 울 이쁜 공주? 엄마 떨어져서 3일 지나 히는데 괜찮아? … 너가 없으니 ㅣ 허전하네 잘 자~~ 쪽
- 응 나도 사랑해 엄마 없어서 괜찮지 않아 재미있게 놀 거야 잘 자 쪽

학생들이 하나둘 잠들었다. 더러는 노느라, 더러는 친구들과 이야기를 나누느라 밤을 새웠다. 배는 쉬지 않고 남쪽으로 내려갔다.

2장
사고 발생
4월 16일 오전 7시 30분~9시, 기울기 0~46도

맹골수도

5층 조타실. 오전 7시쯤 눈을 뜬 3등항해사 박한결이 아침을 거른 채 서둘러 조타실로 올라갔다.* 당직 교대 시간은 8시지만 선원들은 30분씩 당겨서 교대했다. 박한결이 7시 34분쯤 조타실에 들어서고 2분 뒤 함께 당직할 조타수 조준기(56, 생존)가 들어왔다. 7시 38분,[74] 전임 당직자인 강원식(42, 생존)과 박경남(60, 생존)은 특별한 인계 사항이 없는지 별말 없이 조타실을 나갔다.

"속력 잘 나가네."[75]

---

* 선장은 당직 시간이 따로 없다. 다른 선원들의 경우 자정부터 새벽 4시까지는 2등항해사 김영호와 조타수 오용석이, 새벽 4시부터 오전 8시까지는 1등항해사 강원식과 조타수 박경남이, 오전 8시부터 정오까지는 3등항해사 박한결과 조타수 조준기가 당직을 서고 정오부터 다시 순서대로 당직을 섰다. 견습 1등항해사 신정훈은 업무를 익히기 위해 김영호와 당직했다. 평소 제주행 운항에서는 오전 7시 이전에 맹골수도를 지나기 때문에 강원식, 박경남이 당직이었다. 그러나 이날은 출발 시간이 두 시간 반 늦어진 탓에 다음 차례인 박한결, 조준기가 맹골수도 코스에서 당직을 서게 됐다.

교대 선장 이준석이 조타실에 들어서며 말했다. 세월호가 공식 취항하던 2013년 3월에 그는 정식 선장이었다. 1등항해사이던 신보식이 견습 선장을 거쳐 같은 해 8월에 정식 선장 자리에 오르면서 이준석은 계약직 교대 선장이 되었다. 그는 신보식이나 오하마나호 선장인 박진환이 휴가를 가면 교대 선장으로 일했다. 이때도 이준석은 4박 6일 휴가를 떠난 신보식을 대신해 선장으로서 승선했다.[76]

세월호는 전라남도 신안군 근처 해역을 최고 21.4노트*, 평균 19노트 정도로 운항하고 있었다. 구름이 조금 낀 날씨지만 파도는 잔잔했다. 흐리긴 해도 시정은 9킬로미터 정도였다. 박한결이 해상 레이더를 확인했다. 가까운 바다에 배도 많지 않았다.[77] 박한결은 해도(海圖)를 보고 항해일지를 열어 전임 당직자의 기록을 훑어봤다. 조타실 앞쪽 VHF 통신기 채널은 진도VTS와 교신 가능한 67번에 맞춰져 있었다.[78]

조타실 앞쪽 VHF는 인천항에서 출발할 때 채널 68번으로 인천VTS와 교신[79]하다가 진도 연안 해역에 들어서면 채널 67번으로 바꿔야 한다.[80] 제주항이 가까워지면 채널 12번으로 바꿔 제주VTS와 교신한다.[81] 그리고 조타실 뒤쪽 VHF는 비상사태에 대비해 국제비상주파수인 채널 16번에 고정되었다.

맹골수도 통과 9킬로미터 전[82]인 오전 8시 15분쯤 이준석이 선장실로 가려고 조타실을 나가면서 말했다.[83] "잘 보고 가라." 조타기는 (코스 유지 장치를 이용하는) 자동조타 상태였다.

"아저씨, 수동 잡으세요."

박한결이 조준기에게 지시했다. 선장 신보식이 평소 "맹골수도는 물살이 세고 좁아 위험한 곳이니까 타를 수동으로 잡고 미리미리 변침을 해

---

* 1노트(kn)는 시속 1.852킬로미터.

야 한다"고 가르쳤다.[84]

맹골수도 해역은 전라남도 진도군 서거차도와 맹골군도 사이를 지나는 폭 8킬로미터, 수심 30미터의 좁은 바닷길이다. 전라남도 해남군과 진도군 사이 울돌목 다음으로 조류가 세기 때문에 2007년부터 2013년까지 사고가 28건 발생했다.[85]

맹골수도에 들어가기 직전에 박한결이 300~400미터 거리를 두고 두라에이스호를 추월했다. 두라에이스호는 충청남도 서산에서 정유 작업을 끝낸 기름을 싣고 울산으로 가던 유조선이다. 평균속도가 12~14노트로 세월호보다 느렸다.[86] 박한결은 160도 정도이던 코스를 서서히 바꿔 맹골수도에 들어섰다. 코스는 137도 안팎으로 유지했다.[87]

청해진해운에 입사한 지 4개월 된 박한결은 세월호가 제주에서 인천으로 올라오며 맹골수도를 지날 때마다 당직이었다. 운항 횟수가 약 40회. 하지만 인천에서 제주로 내려가는 길에 당직을 서며 맹골수도를 지나는 것은 처음이었다.[88] 조준기도 이 구간에서는 1등항해사 강원식의 지휘 아래 조타해본 경험만 있었다. 박한결과 손발을 맞춰보기는 처음이었다. 전날 출항이 두 시간 반 늦어지면서 조타실 당직이 한 순번씩 밀린 탓에 생긴 일이었다. 또 평소엔 맹골수도를 통과할 때 신보식이 직접 지휘했지만, 이날 교대 선장 이준석은 조타실에 없었다. 8시 35분경 세월호가 맹골수도를 무사히 빠져나갔다. 코스 130도, 속도 19노트였다.

선장실로 내려가 있던 이준석은 오전 8시 26분에 청해진해운 물류팀 과장 하○○에게 전화했다. "지금 인천 날씨는 안개가 많이 끼었지? 아마도 11시 30분 정도 되면 안개가 걷힐 거야!"

이준석은 입항을 앞두고 날씨나 입항 시간을 알려주곤 했다. 평소 그는 인천항에 정박할 때면 물류팀 사무실로 가서 커피를 마시며 대화를 나누기도 했다. 부두가에 컨테이너로 만든 간이 사무실이 있었다.

"선장님, 그쪽 날씨는 좋습니까?"

"어, 시정 좋아!"
"몇 시쯤 입항할 것 같습니까?"
"12시 전에는 입항할 거야."[89]

이준석이 짧은 통화를 마친 뒤 청해진해운 제주지역본부* 과장 박기훈에게 전화를 걸어 메시지를 받았는지 물었다. 이준석은 세월호가 인천에서 제주도로 운항할 때마다 오전 6시에서 7시 사이에 제주지역본부장 이성희, 차장 이○○, 과장 박기훈에게 입항 시간을 문자메시지로 전했다. 도착 시간에 맞춰 화물 하역을 준비하도록 하기 위해서였다. 이날도 오전 7시 44분에 세 사람에게 "11시 45분 통과 예정"이라고 알렸다.** 박기훈이 "네, 받았습니다" 하고 답하자 이준석은 "알았다"라며 전화를 끊었다.[90]

오전 8시 37분, 이준석이 조타실에 다시 들어섰다. 이어, "와서 커피나 한잔하자"[91]라는 그의 전화를 받고 기관장 박기호(54, 생존)가 들어왔다.[92] 박기호는 조타실 맨 앞에서 밖을 내다보는 이준석에게 다가갔다. "선장님, 날씨도 좋은데 언제 목적지에 도착하는가요." "12시 정도에 도착해."[93]

두 사람은 박기호가 청해진해운에 입사한 2001년부터 10년 넘게 함께 일했다.[94] 박기호가 물을 끓이려고 조타실의 (방송 기기와 각종 경보 장치가 있는) 시스템 배선반 옆 커피포트 전원을 켰다.[95] 그러고는 브리지윙(bridge wing, 신호를 보내는 데 쓰도록 선박의 좌현이나 우현에 확장해 놓은 옥

---

* 청해진해운은 법인등기상 제주본부가 본사였지만, 실제로는 인천이 본사 구실을 하고 직원들도 그렇게 불렀다. 청해진해운 사건, 경찰 이성희 진술조서(2014. 4. 29.), 16쪽.

** 박기훈의 조서에는 '통과 예정'이라고 적혀 있지만 '도착 예정'의 오기로 보인다. 박기훈은 이 문자메시지를 받고 제주항에서 하역을 맡은 대한통운 관계자에게 "세월호가 11시 45분 입항 예정"이라고 전화했다. 청해진해운 사건, 경찰 박기훈 진술조서(2014. 4. 29.), 3쪽.

외 공간. 현장에서는 '윙브리지'라고도 부른다)으로 나가 밖을 휙 둘러보고 돌아왔다.[96] 조타실 뒤쪽 사무실에 있을 것으로 생각한 이준석이 보이지 않았다. "노인네 어디 갔노, 말도 없이."[97]

박기호는 문득 히터가 자주 꺼진다는 선원들 이야기가 떠올랐다. 5층에 올라간 김에 히터 상태를 확인하려고 같은 층에 있는 제1공조실로 갔다. 히터는 정상 작동되고 있었다. 하지만 기름에 찌든 걸레와 쓰레기봉투 같은 것들이 나뒹굴고 있었다. 청소를 해야겠다고 생각했다. 조타실로 돌아가려던 박기호가 공조실 맞은편에 있는 선장실 문을 살짝 열었다. 이준석이 반팔 러닝과 사각팬티 차림으로 침대에 기대 휴대전화를 만지작거리고 있었다. 눈이 마주쳤다. "아이고, 죄송합니다."[98]

민망해서 얼른 문을 닫고 조타실로 들어간 박기호가 휴대전화를 가로로 들고 만지는 시늉을 하며 박한결에게 말했다. "노인네, 방에서 이거 하고 있다. 너는 노인네한테 이런 것 가르쳐주지 마라."[99]

급선회

세월호는 병풍도를 지나고 있었다. 맹골수도는 엄밀히 말해 해도상 약 4.9킬로미터의 좁은 수로를 가리키지만, 선원들은 맹골수도를 빠져나와 병풍도와 관매도 사이 해역을 지나고서야 비로소 '맹골수도를 통과했다'고 생각했다.[100]

"아저씨, 140도요."[101]

8시 45분경 박한결이 조준기를 쳐다보며 변침을 지시했다.[102] 뱃머리를 오른쪽으로 돌려 화도로 가야 할 지점이었다. 이때 코스는 135도, 속도는 18노트였다.

"140도." 조준기가 답했다. 보통 항해사가 변침을 지시하면 조타수는 그 각도를 복창하며 조타기를 돌린다. 변침이 완료되면 변침 각도에 '서(Sir)'를 붙여 다시 보고한다. 조준기는 조타기를 우현 5도로 돌렸다가 중립으로 되돌리기를 몇 차례 반복했다.[103] 선장 신보식의 평소 지시대로 타를 조금씩 나눠 쓴 것이다. 세월호의 뱃머리가 천천히 오른쪽으로 돌아갔다. 8시 46분경 뱃머리는 140도로 정침됐다. 배의 코스가 맞춰지고 변침으로 기운 배가 바로 서서 타력이 0이 된 것이다. "140도, 서." 세월호는 침로 140도로 직진했다.

"아저씨, 145도요."[104]

조금 뒤인 8시 48분경 박한결이 조준기에게 다시 우현 5도 변침을 지시했다.[105] 조준기는 침로를 145도로 맞추기 위해 조금 전과 똑같이 조타기를 몇 차례 나눠 돌렸다. 뱃머리가 조금씩 오른쪽으로 돌아갔다. 이때 조준기가 혼자 중얼거렸다. "왜 이러지? 계속 흐르네." 앞서 140도까지 변침했을 때와 달리 이때는 자이로컴퍼스*의 눈금이 145도를 넘어서 계속 가고 있었다. 조준기가 선회 속도를 줄여보려고 조타기를 좌현 5도로 돌렸다. 하지만 뱃머리는 점점 더 빨리 오른쪽으로 돌아갔다.[106]

"어어, 안 돼! 안 돼! 안 돼!"

당황한 조준기가 소리를 질렀다. 박기호와 박한결이 동시에 조준기를 쳐다보며 소리쳤다.

---

* 나침반과 동일한 원리로 선박의 선수 방향을 측정해 AIS(선박자동식별장치) 단말기로 데이터를 제공해주는 장비.

"뭐가 안 돼?"
"아, 조타기가 안 돼요!"[107]

뱃머리가 오른쪽으로 계속 돌며 선체가 왼쪽으로 빠르게 기울어졌다. 박한결이 조준기에게 소리쳤다.

"아저씨, 반대로요! 반대로!"

이때 선수 갑판에 2단으로 쌓여 있던 컨테이너가 좌현으로 쏠리면서 '쿵' 소리를 냈다. 컨테이너 일부는 바다로 떨어졌다. 세월호가 순식간에 좌현으로 약 46도까지 기울어져버렸다.* 8시 49분이었다. 박한결이 선장실에 있는 이준석에게 상황을 알리려고 선내 전화를 들다가 좌현으로 미끄러졌다.

"힐링 조작 버튼**을 눌렀어요?"[108]

---

* 사고 직후 세월호 선체의 횡경사 각도는 침몰 원인과 경위를 유추할 주요 단서였지만, 참사 초기엔 이를 정확히 확인할 객관적 물증이 없었다. 따라서 초기 검경 수사에서는 생존자, 특히 선원들의 진술에 의존해 추정할 수밖에 없었다. 조준기는 세월호가 쓰러진 뒤 조타기 앞에 있는 경사계를 봤더니 최대 표시 각도인 좌현 30도를 가리키고 있었다고 진술했다. 그러나 세월호 조타실의 경사계는 좌우로 40도까지 표시되는 장비였다. 따라서 조준기의 진술은 세월호가 처음에 왼쪽으로 '최소한' 40도 넘게 기울어졌다는 뜻이다. 2017년 3월, 세월호 선체 인양 뒤 선조위가 화물칸에 실려 있던 차량들의 블랙박스에 담긴 영상을 복원해 분석한 결과, 세월호는 8시 49분 49초에 좌현으로 최대 51도까지 쓰러졌다가 곧 46도로 안정되며 표류하기 시작한 것으로 확인됐다. 이에 대한 자세한 내용은 3부에 있다.

** 세월호의 가장 아래 지하층인 E갑판에 있는 여러 종류의 평형수 탱크는 물을 채워 선체의 무게중심을 조절함으로써 복원성을 안정적으로 유지하는 역할을 한다. 그중에 특별히 선체의 앞뒤 기울기(트림)를 조절하는 것을 선수/선미 (평형수) 탱크라 하고, 선체의 좌우 기울기를 조절하는 것을 힐링 탱크라 한다. 운항 중 배의 좌우 균형이 맞지 않으면 조타실 엔진 텔레그래프의 단추를 눌러 힐링 탱크에 있는 물을 좌에서 우, 우에서 좌로 옮겨 균형을 맞추는데 선원들은 이것을 '힐링을 맞춘다'라고 한다.(45쪽 갑판 및 평형수 탱크 설명 참조)

파란색 일체형 작업복을 입은 2등항해사 김영호(47, 생존)가 조타실로 가장 먼저 들어서며 말했다. 박한결은 엔진 텔레그래프 왼쪽 옆에, 조준기는 조타기 앞에 있는 손잡이를 잡고 있었다.[109] 박한결은 울면서 아무 말 없이 고개를 옆으로 저었다.[110]

김영호가 조타실 입구 왼쪽에 놓인 해도대(항해용 지도를 올려놓는 책상)를 붙잡고 엔진 텔레그래프 쪽으로 가더니 5초 정도 버튼을 눌러 평형수를 좌현에서 우현으로 옮기려고 했다.[111] 하지만 힐링 탱크 속 평형수의 움직임을 알리는 눈금이 움직이지 않았다.[112] 평형수를 옮기는 방법으로는 배를 바로 세울 수 없게 되었다. 김영호가 조준기에게 물었다. "어떻게 된 거예요?"[113] "타가 내가 쓴 것보다 많이 돌았어. 배가 갑자기 확 넘어갔어." 조준기가 답했다.[114]

배가 처음 기울어졌을 때 이준석은 선장실에서 바지를 갈아입다가 문 쪽으로 넘어졌다. 긴박한 상황이라는 생각이 들어 바지를 입지도 못하고 팬티 바람으로 뛰쳐나왔다.[115] 그러고는 왼손으로 문틀을 잡고 오른손으로는 문손잡이를 잡은 채 조타실 출입문에 엉거주춤 서 있었다. 그는 조타수 오용석(58, 생존)이 뛰어올라 엉덩이를 밀어준 덕에 겨우 조타실에 들어섰다. 오용석은 조타수 박경남이 도와줬다.[116] 그 뒤 강원식이 조타실에 들어섰고, 전날 처음 세월호에 탄 견습 1등항해사 신정훈(34, 생존)도 필리핀인 가수 부부를 데리고 왔다.[117] 이 부부는 세월호 식당에서 공연하며 갑판부 선원들과 5층에 머물러왔다. 모두 8명인 갑판부 선원 전체와 가수 부부가 조타실에 보였다.*

"아직 엔진 돌아가고 있어? 빨리 스톱 엔진 해."

박기호가 좌현 엔진 정지 핸들을 아래로 잡아당기는 순간 이준석이 들

---

* 세월호 조타실의 구조 및 주요 설비는 이 책 4부 1장 491쪽 그림 참고.

어와 해도대를 잡고 지시했다.[118] 박기호는 우현 엔진도 핸들을 잡아 정 지시켰다.[119] "어, 이게 왜 중립에 안 놓여 있나요?" 오른쪽 엔진이 데드 슬로(dead slow), 즉 출력 25퍼센트로 약하게 작동하는 상태인 것을 본 김 영호가 말했다. 박기호가 레버를 완전히 당겨 중립에 놓으니[120] 그제야 엔진이 멈췄다.[121] 박경남도 나서서 힐링 버튼을 눌렀다. 작동되지는 않 았다. "힐링 펌프가 나갔습니다."

박경남의 말에 박기호가 대답했다. "발전기가 나갔습니다."[122] 박기호 는 조타실의 형광등이 꺼진 것을 보고 발전기 전원이 나갔을 수도 있겠 다고 생각했다.[123]

"이제 괜찮은 것 같지? 이제 돌아오는 것 같지?" 이준석이 물었다. 선 원들은 "더 기우는 것 같다"라며 불안해했다.[124] "이거 복구되지 못하겠 는데, 너무 많이 넘어갔는데." 오용석이 중얼거렸다.[125] 배는 서서히 기울 어지고 있었다.

첫 구조 요청

세월호 3층 로비. 갑판 이곳저곳에서 승객들이 커피를 마시거나 바다를 배경으로 사진을 찍으며 시간을 보내고 있었다.

이른 아침부터 부지런히 움직였던 승객들은 잠깐 자기도 하고 샤워도 했다. 환갑을 맞아 단체 여행길에 오른 초등학교 동창들은 마침 생일을 맞은 친구를 축하하는 파티를 열었다. 이삿짐을 싣고 떠나던 권○○(5, 생 존) 가족, 사위와 출장에 나선 이용주(69, 생존), 김동수(49, 생존)를 비롯한 화물차 기사, 수학여행 중인 단원고 학생과 교사 등이 저마다 다양한 사 연을 품고 제주로 향하고 있었다.

식당 조리부 선원들은 아주 바빴다. 전날 저녁에 이어 이날 아침에도 평 소보다 6배나 많은 500인분 식사를 준비해야 했다.[126] 아침밥을 먹으려는 학생들이 로비까지 길게 줄을 섰다.[127] 이미 식사를 마친 학생들은 옹기종기 모여 이야기를 나눴다. 8시 24분, 선생님은 제자들이 궁금했다.

- 얘들아 밥 먹었어?
- 네~~
- 네!
- 네~
- 네~

학교에 남은 친구, 후배 등과 카톡을 주고받으며 어젯밤의 여운을 즐기는 학생도 있었다.

- 우리 밤 샛어 ㅠ

- 후배, 굿모닝. 2학년, 굿모닝
- 형한테는 인사 받기 싫어 ㅋㅋㅋㅋ
- 인사 취소
- ㅋㅋㅋㅋㅎㅎㅎㅎ
- ㅋㅋㅋㅋ

- 보아라 사진들
- 아
- 개부럽네
- …ㅠㅠㅠ 부러워

- (사진을 올린 다음) 어제 불꽃놀이
- ㅎㅇ
- 흔들리지 말고 좀 찍어주지
- 아이구 예뻐라

단원고 교사 양승진(57, 실종)과 학생들은 식당과 로비 사이에 가로로 길게 놓인 소파에서 과자를 먹으며 수다를 떨고 있었다. 정○○(17, 생존)이 휴대전화를 떨어뜨렸는데, 전화기가 좌현 쪽으로 굴러갔다. 휴대전화를 주우려고 정○○이 몸을 일으키는 순간 배가 기울어졌다. 정○○은 균형을 잃고 굴러 넘어져서 좌현 쪽 안내데스크와 출입문 사이 벽에 부딪혔다. 양승진과 정○○은 그 상황이 우스워 마주 보며 웃었다.[128]

갑자기 배가 왼쪽으로 더 크게 기울어졌다.[129] 소파에 있던 양승진의 몸이 붕 뜬 채 안내데스크 옆 로비 출입문을 순식간에 지나 갑판 밖 바다로 떨어지고 말았다.[130] 소파에서 쉬고 있던 화물차 기사 심상길(55, 생존)도 밖으로 튕겨 나갔지만 가까스로 갑판 난간에 매달렸다.[131] 근처에 있던 학생 몇 명도 정○○ 옆의 출입문 밖으로 떨어져 난간에 부딪혔다. 소파가 좌현 출입문 쪽으로 쏠려 내려갔다. 정○○이 소파에 깔려 정신을 잃었다.[132]

로비에 있던 승객 최승필(48, 생존)이 입고 있던 운동복 바지를 재빨리 벗어 갑판에 매달린 심상길을 끌어 올렸다.[133] 최승필은 근처에 있던 단원고 김○○(17, 생존)과 소파를 움직여 좌현 출입문을 막았다. 그런 다음 갑판에 떨어진 학생들을 소파 위로 끌어 올렸다. 김○○이 기절한 정○○의 뺨을 때려 깨웠다.[134]

출입문 오른쪽 안내데스크 옆 매점에는 학생 2명과 화물차 기사 3명이 있었다. 배가 갑자기 왼쪽으로 기울어지면서 매점에 진열된 물품들이 바닥으로 쏟아지고 대형 온수통이 휘청거렸다. 뜨거운 물이 쏟아지면 학생들이 다칠 수 있었다. 화물차 기사들이 온수통을 붙잡았다. 선체가 크게 다시 기울어지자 온수통에 있던 물이 넘쳤다. 화물차 기사 최재영(49, 생존)과 윤길옥(49, 생존)이 다리에 화상을 입었다.[135]

3층 로비에서 우현 쪽 객실 복도 초입에 있는 S-3호실. 동창회와 환갑잔치를 겸해 제주 여행길에 오른 승객 17명 중 14명이 있었다.[136] 양쪽 선반에 있던 가방이 바닥으로 떨어지고, 객실에 있던 사람들이 좌현으로 굴러 처박혔다. 강인환(58, 생존)은 3층 로비로 나오다가 좌현 쪽에 있는 매점으로 미끄러져 떨어졌다. 손과 머리를 세게 부딪혀 피가 많이 났다. '어떻게든 살려면 밖으로 나가야 된다' 생각한 강인환이 가까스로 매점을 빠져나와 안내데스크 쪽에서 대기했다.[137]

매점에서 선수 쪽으로 뻗어 있는 복도 끝, S-1호실도 아수라장이었다. 방 오른쪽에 있던 사람들이 왼쪽으로 미끄러지며 쏟아졌다. 승객 이용주는 사람들에게 깔려 갈비뼈에 금이 가고 온몸에 멍이 들었다. 선수 쪽 창문을 보니 컨테이너 2개가 쿵쿵 소리를 내면서 바다로 떨어졌다.[138]

4층 중앙 홀에 있던 학생들도 좌현 쪽 레크리에이션룸으로 미끄러졌다. 중앙 홀 오른쪽에 있던 학생들은 가까스로 중앙 계단을 붙잡았다. 배가 기울어지자 키즈룸에서 선수 쪽으로 뻗은 복도로 학생들이 나왔다.[139] 우현 쪽 B-19호실 앞 복도에 있던 학생들이 계단에 있는 학생들 손을 잡아 복도로 끌어 올렸다.[140]

"으아, 기울어졌어!"
"야, 나 좀 살려 줘!"
"야, 이쪽으로 쏠려!"
"아! 내리고 싶어!"

여기저기서 학생들이 소리를 질렀다. "쏠림이 장난이 아니야. 그냥 힘 빼면 이 정도로 가." 복도 초입에 있는 B-19호실 학생들은 비스듬한 방 안에서 침대를 붙잡고 앉아 있었다. 단원고 학생 박수현(17, 사망)이 친구들의 모습을 휴대전화 동영상에 담았다. "방문 열어. 안에서만 열 수 있어! 아니, 밖에서 못 열어, 아예." 한 학생이 복도에서 다른 객실에 있는 학생들에게 말했다. 학생들이 농담을 주고받으며 깔깔 웃었다.

"아, 빨리 구하라고!"
"나 죽는 거 아니야?"

"여기 만약에 창밖이었으면 우리 죽었어."
"물 들어오면 진짜 재밌겠다."
"야, 물 들어오면 우리 진짜 나가야 돼……."[141]

같은 시각 키즈룸에서 선미 쪽으로 뻗은 복도 끝 우현에 자리한 다인실인 SP-3호실에서는 하늘로 향한 창문에 매달린 녹색 커튼이 흔들리고 있었다. 단원고 학생 김시연(17, 사망)이 흔들리는 커튼과 친구들의 모습을 동영상으로 남겼다.[142] "야, 너무 심해 이거!"

동영상 속 학생들은 창문 쪽으로 올라가려고 애를 썼다. 위에서 떨어진 담요와 상자에 파묻혀 "나 못 움직이겠어. 너무 무서워!" 하고 울먹이는 학생도 있었다. 한 사람이 미끄러지면 다음 사람이 "야, 내가 해볼게." 하며 뛰어올랐다. 장난스러운 비명 소리가 객실을 가득 채웠다. 위에서 떨어진 학생들과 아래쪽에 있던 학생들이 부딪치기도 했다. 일부 학생들은 좌현 쪽 출입문을 통과해 SP-2호실로 떨어졌다. SP-3호실에 있던 여행가방, 신발도 함께 쏟아져 내렸다.[143] 좌현으로 기운 채 빠르게 우선회하던 배가 멈췄다.[144]

"승객 여러분께 잠시 안내 말씀드리겠습니다. 현재 자리에서 움직이지 마시고 안전봉을 잡고 대기하여 주시기 바랍니다. 안전봉을 잡고 대기해주시기 바랍니다. 이동을 하시면 지금 위험하오니 안전봉을 잡고 대기해주시기 바랍니다."[145]

8시 52분, 3층 로비에 있는 안내데스크에서 여객부 선원 강혜성이 여객 구역을 대상으로 선내 방송을 했다. 방송이 조타실에서 직접 들리지는 않았다.* 안내데스크에는 강혜성과 여객부 선원 박지영(22, 사망), 레

---

* 외부 갑판에는 안내데스크 방송을 들을 수 있는 스피커가 설치돼 조타실에 안내 방송이 들리기도 했다. 1등항해사 강원식은 제주VTS와 (8시 55분경) 첫 교신을 하기 전에 안내데스크에서 나오는 '선내 대기하라'는 방송을 들었다고 진술했다. 선원 사건, 검찰 강원식 피의자 신문조서(2014. 4. 29.), 수사

크리에이션 담당 안현영(28, 사망)*이 있었다. 사무장 양대홍(45, 사망)은 객실을 순찰하는 중이었고, 여객부 선원 정현선(28, 사망)은 5층 여승무원 객실에 잠깐 올라가 있었다. 강혜성은 승객들을 안정시키기 위해 방송을 시작했다고 주장했다.[146]

안내 방송을 들은 승객들은 그대로 따랐다. 안내데스크 근처에선 서로 "움직이지 말라"고 큰 소리로 주의를 줬다. 학생들은 "움직이면 배가 더 빨리 기울 것" 같아서 가만히 있었다.[147] 카톡 메시지는 오갔다.

단원고 학생 최정수 카톡 메시지
- 배 침몰
- 존나 이런 경우가 어딨어?

- 야 진짜 진지하게 우리 침몰개빌 아니 진짜로 배 기울이고 조땟어

안내 방송이 나오자 4층 선미 우현 복도에서 장난치던 학생들 사이에도 정적이 흘렀다. 방송이 끝나자 학생들은 재난 영화를 떠올리며 한층 더 심각해졌다. SP-3호실에 있던 김시연의 휴대전화에 그 모습이 담겼다.

"이런 상황에서 그러지 않냐? 안전하니까 가만있으라고."
"어, 그러고 죽는 거야."
"자기들끼리 나오고."
"영화 보면 디 그러잖아. 지하철도 그렇잖아. 안전하니까 조금만 있어날라고 했는데 진짜 조금 있었는데 죽었잖아. 나머지 나간 사람들은 살고."
"구명조끼 미리 입어야 하는 거 아니야?"[148]

기록 20791쪽.

* 안현영은 승무원복을 입고 일했지만 선원은 아니었다. 계약에 따라 불꽃놀이 같은 이벤트를 맡은 개인사업자였다.

4층 선수 우현 복도에 있던 학생들이 투명 봉지에 든 구명조끼를 꺼내 입었다. "지금 이거 실전이야. 정말 장난 아니야." 학생들은 상황이 심상치 않다는 것을 느끼기 시작했다.

"야, 지퍼가 안 잠겨."
"나도 지퍼 고장 났어."
"지퍼가 왜 안 잠겨?"
"여기 구명조끼 한 개 없어요!"[149]

복도는 구명조끼를 주고받는 학생들, 조끼에 달린 호루라기를 불어보는 학생들로 북새통을 이뤘다. 4층 우현 쪽 복도에 있던 학생들은 4층 중앙 홀에 있는 학생들에게 구명조끼를 전달하기도 했다. 지퍼가 고장 난 구명조끼를 새 구명조끼로 갈아입는 학생도 있었다.

"야, 이거 뉴스 뜬다."
"안 떠 이런 걸로. 침몰 안 하면."
"침몰? 지금 침몰하는데?"
"침몰, 아, 안 할 거야. 안 해야만 돼."[150]

배가 기울어지면서 수면과 가까워진 좌현 쪽 학생들은 상황을 심각하게 받아들였다. 최덕하(17, 사망)는 4층 좌현 객실 복도에서 배가 기우는 것을 느꼈다.* 좌현에 있는 학생들은 창밖으로 바다가 바로 보여 심각성을 빨리 알아차렸다. 최덕하는 곧바로 119에 신고 전화를 했다. 세월호에서 보낸 첫 구조 요청이었다.

---

* 단원고 학생 최덕하는 B-11호실로 배정되었는데 S-4호실에서 시신으로 발견되었다. 김동협이 찍은 동영상에서 교사들이 주로 복도에 있었고 최덕하가 119상황실과 통화하다 교사를 바꿔줬다는 점에서 최덕하는 좌현 선수 쪽 객실 복도 어딘가에 있었을 것이다. 청해진해운 사건, 검찰 수사 협조 의뢰에 대한 회신(2014. 10. 13.), 김동협 휴대전화 동영상, 수사기록 18791쪽.

08:52 단원고 학생-전남 119상황실[151]

119(조상현): 119상황실입니다.

신고자(최덕하): 살려주세요.

119: 여보세요.

신고자: 여보세요.

119: 예, 119상황실입니다.

신고자: 여기 배, 배인데 여기 배가 침몰된 거 같아요.

119: 배가 침몰해요?

신고자: 예, 여기 제주도 가고 있었는데.

119: 예.

신고자: 여기 지금 배가 다 기울어져서 침몰하는 거 같아요 지금.

119: 잠깐만요. 잠깐만요. 자, 지금 타고 오신 배가 침몰한단 소리예요, 아니면 옆에 있는 다른 배가 침몰한단 소리예요?

신고자: 타고 온 배요. 타고 온 배가요.

119: 여보세요?

신고자: 예.

119: 지금 타고 있는 배가 침몰한다, 이 소리예요?

신고자: 예.

119: 잠깐만요, 제가 해경으로 바로 연결을 해드릴게요. 지금 배 이름이 뭐예요, 혹시?

신고자: 선생님 바꿔드릴까요?

119: 예, 선생님 좀 바꿔줘 보세요.

신고자: 예.

119: 여보세요?

교사: 여기 배가요, 침몰했어요.

119: 배가 침몰했어요? 배 이름이 뭐예요, 혹시? 여보세요. 여보세요. 자, 배 이름이 뭐예요? 제가 해경으로 바로 연결해드릴게요.

신고자: 잠깐만요.

119: 잠시만요, 지금.

신고자: 세월호요. 세월호.

119: 예?

신고자: 세월호요. 세월호.

119: 잠시만 기다려보세요. 제가 해경으로 바로 연결할게요.

신고자: 예. (옆 사람과 이야기)

최덕하는 사고 내용을 정확히 신고했다. '침몰', '제주도', '세월호' 등 핵심 정보를 다 말했다. 전남 119상황실은 2분 만에 상황을 파악하고 목포해경 상황실로 연락했다. 해상사고인 데다 신고자 휴대전화의 기지국이 '진도 조도 서거차도리'로 떴기 때문이다. 목포해경 상황실 부실장 고성은이 받았다. 그는 전임자와 교대해 근무를 막 시작한 참이었다.

08:54 단원고 학생-전남 119상황실-목포해경

목포해경(고성은): 감사합니다, 목포서 상황실입니다.

119(조상현): 예, 수고하십니다. 여기 119상황실인데요.

목포해경: 예, 예.

119: 지금 배가 침몰하고 있다고 저희한테 신고가······.

목포해경: 위치가 어디예요, 위치?

119: 지금 핸드폰 기지국 위치는 진도 조도요.

목포해경: 진도 조도로 나온다고요?

119: 예, 서거차도리.

목포해경: 서거차도리?

119: 예, 서거차도리로 지금 뜨고 있거든요. 신고자 전화번호 드릴게요. 010-XXXX-XXXX.

신고자(최덕하): 예, 맞아요, 맞아요.

목포해경: XXXX에 몇 번이요?

119: XXXX요. 지금 저 3자 연결되어 있거든요.

목포해경: 예.

119: 신고자분, 해양경찰 나왔습니다. 바로 지금 통화 좀 하세요.

전남 119상황실은 최덕하와 목포해경 상황실을 연결해 3자 통화를 시작했다. 그런데 119는 "배가 침몰한다"는 말만 전하고 그 배가 '세월호'이며 신고자가 승객이라는 사실을 알리지 않았다. 목포해경은 침몰하는 배가 어선이나 상선이고, 신고자는 선장이나 선원이라고 전제했다. 첫 질문부터 삐걱거렸다.

목포해경: 여보세요. 목포서입니다. 위치 말해주세요.
신고자: 잘 안 들려요, 잘 안 들려요.
목포해경: 위치, 경위도 말해주세요.
신고자: 예?
119: 경위도가 아니고, 저 배 탑승하신 분이에요, 배에 탑승하신 분.
신고자: 전화기, 핸드폰요?

전남 119상황실이 끼어들어 선장이나 선원이 아니라 "배에 탑승하신 분"이라고 알렸다. 그러나 목포해경 고성은은 귀담아듣지 않고 같은 질문만 반복했다.

목포해경: 여보세요? 여기 목포서 상황실입니다. 지금 침몰 중이라는데 그 위치 말해주세요, 위치. 배가 어디 있습니까?
신고자: 위치를 잘 모르겠어요, 지금 여기가.
목포해경: 위치를 모른다고요? 거기 GPS 경위도 안 나오나요? 경도하고 위도? 선박 위치?
신고자: 잠깐만 여기, 섬이 몇 개 보이긴 하는데.
목포해경: 예?
신고자: 그걸 잘 모르겠어요.
목포해경: 섬이 보이기는 하는데 모르겠다고요?

고성은은 목포해경 상황실이 떠나가게 "침몰 중"이라고 외쳤다. 상황실장 백남근이 다가와 "배 위치를 물어보라" 다그쳤다.[152] 고성은이 경위도에 이어 GPS에 대해 물었다. 최덕하는 당황했다. GPS와 경위도는 선원이라면 알 수 있어도 일반 승객은 알 수 없는 정보다. 선원이라면 배가 침몰할 때 해양사고 긴급전화(122)가 아닌 소방 긴급전화(119)로 신고하지도 않았을 것이다.

목포해경: 어디서 출항하셨어요?
신고자: 아, 어제, 어제…….
목포해경: 어제 출항했다고요?
신고자: 어제 8시인가, 그때 출발한 거 같아요.
목포해경: 어제 8시에 출항했다고요? 어디서? 어디서?
신고자: 인천항인가, 거기서 출발했을걸요.
목포해경: 인천항에서 출항했다고요?
신고자: 예.
목포해경: 배 이름이 뭡니까, 배 이름?
신고자: 세월호요, 세월호.
목포해경: 세월?
신고자: 예.
목포해경: 세월호? 세월호, 이게 상선인가요, 뭔가요?
신고자: 예?
목포해경: 이 배 종류가 뭐예요, 종류? 배 종류, 여객선인가요, 아니면 어선인가요?
신고자: 여객선일 거예요.
목포해경: 여객선이요?
신고자: 예.
목포해경: 여객선이고, 세월호고, 지금 침몰 중에 있다고요?
신고자: 예?
목포해경: 침몰 중에 있다고요, 배가?
신고자: 예, 그런 것 같아요. 지금 한쪽으로 기울어가지고…….

8시 56분이 되어서야 목포해경은 '침몰', '인천항 8시 출항', '세월호', '여객선'이라는 정보를 얻었다. 최덕하가 이미 전남 119에 알린 내용이다. 전남 119와 목포해경이 정보를 제대로 공유하지 않아서 최덕하는 똑같은 말을 반복해야 했다. 아까운 시간만 흘러갔다.

목포해경: 한쪽으로 기울어가지고 운항하고 있다고요? 옆에 혹시 누가 있습니까?
신고자: 선생님 계시기는 한데, 선생님이 정신이 없으셔가지고…….
목포해경: 선생님이 정신이 없으시다고요?
신고자: 제가 대신 전화드렸어요.
목포해경: 예, 저 이름, 전화하신 분 010-XXXX-XXXX 맞죠?
신고자: 예.
목포해경: 네, 지금 보니까, 8시에 인천항에서 뭐냐, 저.
119: 아, 여보세요?
목포해경: 예, 예, 알겠습니다.
119: 해경이요, 여기 119상황실인데요. 여기 전화가 계속 들어오거든요, 다른 전화도. 대부분, 지금 아까 제가 서거차도라고 말씀드렸죠? 다른 분들은 동거차도 쪽으로 해서 지금 신고가 계속 들어오네요.*
목포해경: 계속 들어와요?
119: 예, 신고가 계속 들어와요.
목포서: 예, 저희가 하나 콘택트했습니다.

'어제 8시에 인천항에서 출항한 세월호'라는 정보를 얻은 목포해경이 AIS(선박자동식별장치)를 확인했다. 배는 병풍도 북방 3.6킬로미터 해상을 18노트로 지나고 있었다. 그러나 세월호는 이미 엔진을 끈 채 표류하고 있었다.

세월호는 전에도 자주 기울어졌다. 그 석 달 전인 2014년 1월에도 왼쪽으로 기울어졌는데,[153] 그때는 힐링을 맞춰 배를 바로 세웠다.[154] 이번엔 달랐다. 평형수가 움직이고 있다고 알리는 눈금이 도무지 움직이지 않았다.[155] 엔진이 꺼진 세월호는 멈춰 선 채 기울어지고 있었다. 원래 복원성

---

* 세월호는 기운 뒤 표류했다. 조류가 센 지역이라서 몇 킬로미터를 흘러갔다.

이 나빴던 배는 다시 일어설 수 없을 것 같았다.

5층 조타실. 8시 55분쯤 갑판 스피커를 통해 "대기하라"는 목소리가 조타실로 들려왔다.[156] 강원식이 조타실 앞에 있는 VHF 통신기 채널을 67번에서 12번으로 바꿔 제주VTS를 호출했다.*[157] 강원식은 세월호가 제주 부근에 있는 것으로 생각했다.[158] 그러나 세월호의 실제 위치는 제주VTS에서 77킬로미터나 떨어진 곳이었다. 평소대로라면 세월호가 그 시각에 제주도 가까이 갔을 테지만 이번엔 출항이 평소보다 두 시간 반이나 늦었다. 강원식은 사고 발생 위치가 어디인지도 파악하지 않고 VHF 통신기를 들었다. 배가 멈춘 지점은 병풍도 북방 3킬로미터로 진도VTS 관할이었다. 18킬로미터 떨어진 진도VTS의 채널은 67번이었다. 제주VTS 관제사 김진이 수신했다.

08:55 조타실 앞쪽 VHF 채널 12번 세월호-제주VTS

세월호(강원식): 항무제주, 감도 있습니까? 항무제주, 세월호. 항무제주, 세월호 감도 있습니까?

제주VTS(김진): 예, 세월호, 항무제주.

세월호: 저기 해경에다 연락 좀 해주십시오. 본선 위험합니다. 지금 배 넘어가 있습니다.

제주VTS: 예, 귀선 어디십니까?

세월호: 여기…… 근방 같은데, 빨리 좀 어떻게, 조치 좀 빨리 해주십시오.

제주VTS: 예, 알겠습니다. 일단 해경에 연락드리겠습니다. 채널 12번 청취해주세요.

세월호: 지금 배가 많이 넘어가 있습니다. 움직일 수가 없습니다. 빨리 좀 와주십시오. 저희가 여기 병풍도 옆에 있습니다, 병풍도.**

---

* 세월호는 7시 6분에 진도VTS 관할구역으로 들어갔다. 규정상 당직 항해사 강원식이 진도VTS에 진입보고를 해야 했지만, 하지 않았다. 진도VTS도 세월호를 호출하지 않았다.

** 신정훈이 엔진 텔레그래프에 있는 GPS 플로터로 가서 세월호의 위치를 확인한 뒤 강원식에게 알

제주VTS: 예, 양지했습니다.[159]

8시 58분, 제주VTS가 제주해경 상황실로 연락했다. 제주해경 상황실은 ITS(지능형해상교통정보시스템)으로 세월호 위치를 확인했다. 침몰 위치는 목포해경 관할구역이지만 '인천항에서 제주항으로 가는 정기 여객선'이라는 사실을 알았다. 9시 1분, 제주해경이 목포해경 상황실에 알렸다. 목포해경은 "대응하고 있다"고 답했다.

청해진해운이 맨 처음 한 일

인천항 연안여객터미널. 오전 8시 55분경* 인천해경 상황실에서 운항관리자 전정윤에게 전화로 '세월호 위치'를 물었다. 전정윤은 곧바로 VMS(선박모니터링시스템)를 확인했다. 제주로 가야 할 세월호의 선수가 '북쪽'에 있었다. 속도도 정상이 아니었다.[160] 전정윤이 인천해경에 "정상적인 운항으로 보이지 않는다"고 말했다. 그러고는 "세월호에 무슨 일이" 있는지를 물었다. 인천해경이 답했다. "아직 모르겠습니다." 전정윤이 이준석에게 전화를 걸었지만 연결되지 않았다. 전정윤은 다시 청해진해운 전화번호를 눌렀다.[161] 막 인천 사무실에 출근한 해무팀장 박희석이 전화를 받았다. 전정윤이 "세월호가 정선한 것 같다"고 말했다.[162] 박희석이 전화를 놓고 운항관리실로 뛰어가려는데 옆에서 큰 소리가 들렸다. 해무팀 대리 홍영기였다. 9시 1분, 여객부 선원 강혜성의 전화였

려 주었다. 선원 사건, 경찰 신정훈 피의자 신문조서(2014. 4. 20.), 12쪽.

* 인천해경은 9시 5분에 목포해경을 통해 사고를 인지했다고 국회 국정조사 특위에 보고했다. 인천해경에서 '8시 55분경' 연락받았다는 것은 운항관리자 전정윤의 진술이다. 박희석은 홍영기가 강혜성의 전화를 받기 전에 전정윤의 전화를 받았다고 했다. 홍영기의 휴대전화에는 강혜성과 9시 1분에 통화한 기록이 있다.

다. "배가 기울었어요." "얼마나?" "20도, 30도, 이 정도요." 홍영기는 배가 섰는지를 물었다. "예, 배는 서 있고, 기울어져 있고, 해경 신고는 했고……."

홍영기가 강혜성에게 언제 신고했는지 묻는데 전화가 끊겼다. 홍영기는 상황이 심각하다는 걸 깨달았다. 다급한 마음에 휴대전화에 소리를 질렀다.[163] 청해진해운 직원들의 눈과 귀가 온통 홍영기에게 쏠렸다.[164] 조금 전 운항관리실과 통화한 박희석이 말했다. "배가 서 있단다." 박희석과 홍영기, 기획관리팀장 김재범이 동시에 같은 건물에 있는 운항관리실로 달려갔다. 여객영업팀장 조용준도 뒤따랐다.[165]

이보다 조금 앞선 8시 58분, 세월호 3층 안내데스크에서 강혜성이 박지영에게 자신의 휴대전화를 건네며 청해진해운 제주지역본부 박기훈에게 전화를 걸라고 했다. 박지영의 휴대전화에 신호가 잡히지 않은 탓이다. 안내데스크에 있던 노트북이 바닥으로 떨어지고, 서랍도 밀려 나왔다. 강혜성은 서랍이 더 빠지지 않도록 잡고 있었다.[166] 박지영이 박기훈에게 건 전화가 연결됐다. "배가 기울어서 이상해요." "조타실에서 조치할 거다. 침착해라."[167]

박지영과 통화한 박기훈은 제주지역본부장 이성희와 한국해운조합 제주지부 운항관리실로 뛰어갔다. 청해진해운 제주지역본부와 제주 운항관리실이 모두 제주항 연안여객터미널 1층에 자리 잡고 있었다. 제주 운항관리실장 오○○가 "세월호 조난 신고가 접수됐다"고 말했다. 제주 운항관리실 VMS에는 세월호 선수가 제주도 방향인 남쪽이 아니라 서쪽을 향하고 있었다. 속도도 정상 운항 속도인 18~20노트보다 훨씬 느린 2.7노트로 표시됐다.[168]

그 시각 인천지부 운항관리실에도 청해진해운 임직원들이 모여 있었다. 인천 운항관리자들은 무전과 통화로 분주했다. 조용준은 VMS를 확인했다. 세월호는 선수를 병풍도 방향으로 두었고, 속도는 1.8노트였다. 청해진해운 직원들이 선원들에게 계속 전화를 걸었다. 9시 6분, 몇 차례 시도한 끝에 조용준이 사무장 양대홍과 연결됐다. 배의 상황을 묻는 말에 양대홍이 답했다. "배가 기울어져 자리를 이동하기가 어렵다. 살피기가 어렵다. 오래 통화하기 어렵다."[169]

9시 15분, 인천 해무팀 홍영기가 강원식과 연결됐다. 옆에서 운항관리자 중 1명이 "안내 방송이 됐나 물어보라"고 소리쳤다. "고객들에게 안내 방송이 된 거죠?" 강원식은 방송장비 위치까지 이동할 수가 없다고 답했다. 홍영기가 안내 방송이 제대로 됐는지 계속 물었으나 강원식은 헐떡거리며 대답을 하지 못했다. 누군가가 양대홍에게 "승객들이 구명조끼는 착용했고, 여객 안내한다"는 이야기를 들었다고 말했다. 박한결과 통화한 사람도 있지만, 박한결이 계속 울고만 있어 별다른 대화를 나눌 수 없었다.[170]

청해진해운 인천 직원들은 사무실에서 TV만 지켜보고 있었다.[171] 승객을 대피시켜야 한다는 말은 누구도 꺼내지 않았다.* 쏟아지는 전화 문의에 응대하는 게 전부였다.[172] 제주 사무실 상황도 마찬가지였다. 이성희가 상황을 파악하려고 이준석에게 전화했지만 받지 않았다. 얼마 뒤 양대홍과 전화가 연결됐다.[173]

이성희가 상황이 어떤지를 물었다. 양대홍은 배가 30도 기울어졌다면서 해경 구조선이 10분 후에 도착한다고 답했다.[174]**

이성희는 이때부터 한 시간 넘게 사무실에서 TV 뉴스로 상황을 지켜

---

* 세월호 운항관리규정은 사고가 발생했을 때 선원뿐 아니라 청해진해운 직원이 할 일도 명시했다. 대표이사 김한식을 위원장으로 비상대책위원회를 구성하고, 각 부서마다 구조·조사·구호를 나눠 맡아야 한다. 구조 담당인 해무팀은 즉시 사고현장으로 움직여 구조활동을 돕고, 여객영업팀은 응급 환자 발생에 대비해 인근 의료 기관과 비상 연락망을 확보해야 한다. "여객의 안전과 선박의 피해 방지 및 피해 복구에 최선"을 다하기 위해서다. 청해진해운 사건, 운항관리규정(세월호), 수사기록 192~194쪽.

** 이성희는 경찰 조사와 청해진해운 사건 공판에서 양대홍과 9시 10분쯤 통화했다고 진술했다. 그러나 진도VTS가 '해경 10분 후 도착' 정보를 세월호에 전달한 시각이 9시 25분에서 26분 사이이고, 곧이어 안내데스크에 있던 강혜성이 안내 방송을 통해 이 정보를 승객들에게 전했다. 따라서 이성희와 양대홍의 통화는 9시 26~27분쯤 있었다고 보는 편이 타당하다.

봤다. 거래처를 비롯해 이곳저곳에서 전화가 밀려들었다. 전화는 꼬박꼬박 받았지만, 정작 인천 사무실에 따로 연락해서 조치 사항을 묻지는 않았다. 인천에서도 별다른 지시가 없었다.[175]

그런데 세월호에 실린 화물 얘기가 9시 21분에 나왔다. 제주지역본부 박기훈이 인천 물류팀 과장 김정수에게 전화로 물었다. "화물이 어느 정도 실려 있습니까? 고박은 잘돼 있습니까?" 김정수는 "화물은 많이 실려 있다"면서 고박에 대해서는 말하지 않았다. 박기훈이 전산으로 화물 목록을 확인했다. 철근 같은 중량물이 눈에 띄었다. 전체 화물 적재량도 3,700톤*이 넘었다.[176] 평소 화물량은 2,500~3,000톤 정도였다. 그는 '화물을 지나치게 오버를 하지 않았나' 싶었다.[177]

물류팀장 남호만도 김정수가 박기훈과 통화할 때 "세월호가 문제가 있어 컨테이너가 떨어졌다"고 하는 말을 옆에서 들었다. 적하운임목록에서 화물량을 점검했다. 화물량이 너무 많았다. 주임 구○○이 확인해보니 화물량에 오류가 있었다. 우련통운**에 연락해 1차적으로 화물량을 고쳤다. 남호만은 평소보다 화물을 너무 많이 실은 것이 찜찜했다. 9시 30분 무렵 남호만이 김정수에게 "승용차 대수라도 줄이면 부피 톤이 줄지 않겠느냐"고 제안했다.[178] 김정수가 우련통운 사무실로 찾아갔다. 물류팀 사무실과 우련통운 사무실은 부둣가에서 10미터 정도 떨어진 컨테이너에 있었다. 김정수가 화물전산종합프로그램 담당자에게 "승용차를 좀 낮춰서 백몇십 톤 정도 수정해달라"고 했다가 '좀 티가 날 것 같고 장비로 하는 게 낫겠다'는 생각이 들었다. "장비는 대수가 적고 단위가 커서 몇 개만 수정해도 100여 톤을 낮출 수 있었"기 때문이다.[179] 물류팀 사무

---

* 청해진해운은 화물량을 표시할 때 중량 톤수와 부피 톤수를 섞어 썼다. 철근처럼 부피 대비 무게가 많이 나가는 화물은 중량을, 다른 화물은 부피를 잰 것이다.

** 우련통운은 세월호와 오하마나호의 화물과 차량 하역 작업을 도급한 업체로 화물의 양과 운임을 정산하는 일도 맡았다. 매 운항 화물의 종류와 수량, 요금이 '화물전산종합프로그램'에 입력되었다. 청해진해운 사건, 경찰 윤○○ 진술조서(2014. 4. 21.)(계약서), 수사기록 2276~2281쪽.

실로 돌아간 김정수가 남호만에게 "승용차는 별 의미가 없을 것 같다"고 말했다.[180] 남호만도 동의했다.[181] 김정수가 우련통운에 다시 가서 "장비 중에서 적당히 100여 톤 낮추"라고 했다.[182]

우련통운은 김정수의 지시에 따라 세월호에 선적된 지게차와 굴착기 등의 무게를 줄였다. 총 4건 80.7톤을 축소했다. 조작에 걸린 시간은 1~2분. 우련통운 쪽에서는 사고가 난 상황에서 화물량 변경을 지시하는 게 이상하다는 생각도 들었으나, '을'인 하역업체로서 '갑'인 해운사에게 "내색할 수 있는 입장은 아니었"다.[183]

대표 김한식이 청해진해운 사무실에 나타났다.[184] 이미 9시 9분에 기획관리팀장 김재범에게 "세월호 남해안 진도 부근에서 선체가 심하게 기울어 운항을 못 하고 있다"는 보고를 받은 터였다.[185] 하지만 김한식은 사무실에 와서 아무런 지시도 내리지 않았다.[186] 출근한 지 10분도 안 돼 기자들이 몰려온다는 소식을 듣고 "좀 피해야겠다"라며 자리를 비웠다.[187]

9시 33분, 김재범이 국가정보원 인천지부 항만보안 담당자에게 문자를 보냈다. 청해진해운이 세월호 운항관리규정을 제대로 지킨 유일한 행동이었다.

- 세월호 남해안 진도 부근에서 선체가 심하게 기울어 운항을 못 하고 있습니다. 내용 파악 중에 있는 상황입니다.

9시 38분, 김재범이 국가정보원 담당자에게 다시 문자를 보냈다.

- 세월호 부근에 해경 경비정과 헬기 도착.[188]

같은 시각, 박기훈이 김정수에게 전화했다. "상황이 심각하게 흘러가니 화물에 대해서 마감 상태를 점검해봐야 될 것 같습니다." 김정수가 답했다. "안 그래도 우련에 점검하라고 했어."[189] 9시 43분에 박기훈이 다시 김정수에게 전화를 걸어 짧은 대화를 나눴다.

"화물량 다운시켰습니까?"
"응, 조치했어. 그쪽(제주지역본부) 분위기가 어때?"
"아직은 조용합니다."[190]

화물량 조작을 마치고 나서 9시 45분쯤에야 승객을 위한 대응을 시작했다.[191] 여객영업팀 차장 임○○이 나섰다. 구조자들이 나오면 이송이나 필요한 조치를 해야 하니 "사고현장으로 가야 되지 않겠냐"는 의견을 냈다.[192] 10시 무렵 여객영업팀 팀장 조용준, 차장 임○○, 주임 문○○ 등 3명이 진도로 출발했다. 출장 중이던 해무이사 안기현과 사고 지점에서 가까운 여수의 본부장 송기채도 현장에서 합류하기로 했다.[193]

기관부 선원, 도주 시작

지하층 기관실. 엔진 컨트롤룸에서 조타실 직통전화 소리가 크게 울렸다. 몇 분 전 배가 옆으로 쓰러진 뒤 엔진이 멎어, 엄청나게 시끄럽던 기관실의 기계들이 한순간에 조용해진 상태였다.[194] 조기수 박성용(59, 생존)이 가까스로 전화를 받았다. 기관장 박기호였다.[195] "기관실에 있는 사람들 모두 탈출해라, 기관실에 있지 말고."[196] 전화를 끊고 박성용이 문 쪽으로 가며 소리쳤다. "야, 빨리 나가야 해." 조기수 이영재(56, 생존)도 문 쪽으로 기어가고 있었다. 3등기관사 이수진(26, 생존)은 엄두가 나지 않아 머뭇거렸다. 또 전화벨이 울렸다. '저 전화는 받아봐야겠다.' 이수진이 탁자에서 손을 떼고 전화를 잡았다. 또 박기호였다.

"빨리 튀어 올라와!"[197]

사고 당시 5층 조타실에 있던 박기호는 선장 이준석의 지시가 없는 상황에서 기관부 선원들에게 탈출 지시를 내렸다.[198] 박기호는 9시경 "발전기를 살려야 되는 것 아니냐"는 이준석의 말을 듣고 조타실을 나섰다.[199] 쉽지는 않았지만 움직일 수 있었다.

기관실 선원들도 엔진 컨트롤룸에서 나와 3층으로 올라가는 계단의 난간을 붙잡았다. 배가 크게 기울어진 탓에 본래 가파르던 계단이 수직에 가까워졌다. 마치 절벽처럼 눈앞에 서 있는 계단을 이수진이 앞장서 오르고 박성용, 이영재가 따라 올라갔다.[200]

기관실 당직 선원들이 빠져나간 기관부로 바닷물이 조금씩 흘러들기 시작했다. 배가 단번에 46도까지 기울어져 2층 화물칸 왼편의 루버 통풍구*가 수면 아래로 잠기자 통풍관을 통해 해수가 기관부의 핀안정기실로 조금씩 흘러들게 된 것이다. 게다가 기관부의 여러 격실을 연결하는 수밀 맨홀과 수밀문이 7개가 모두 열려 있었다. 규정대로라면 운항 중에는 반드시 닫아둬야 했지만 선원들은 이동이 불편하다는 이유로 항상 열어둔 채 운항했다. 핀안정기실로 흘러든 해수가 기관부의 다른 구역에까지 차버리면 배는 가라앉을 수밖에 없었다. 하지만 박기호의 탈출 지시를 받은 기관부 당직 선원 세 사람은, 기관부에 물이 스며들고 있는지 확인도 하지 않고 수밀문과 수밀 맨홀을 닫지도 않은 채 바로 도주해버렸다.

3층 기관부 객실 복도에서는 1등기관사 손지태(58, 생존), 조기장 전영준(61, 생존), 조기수 김규찬(62, 생존)이 상황을 살피고 있었다. 이들은 당직이 아니라 객실에서 쉬고 있다가 배가 기울이지자 통로로 나온 것이다. 손지태가 기관실에서 올라온 선원들에게 "무슨 일 있냐"고 물었다.

---

* 루버 통풍구는 엔진과 발전기 등 매연 유발 장비가 있는 선박 하부 기관부의 상주 노동자에게 신선한 공기를 공급하는 환기통의 바깥쪽 개구부를 가리킨다. 일반적으로 운항 중 해수면보다 항상 높게 유지되는 상갑판 부근에 설치된다. 세월호는 화물칸 2층인 C갑판에 좌우로 3개씩 기관부로 이어지는 루버 통풍구가 있었는데, 그중 좌현 루버 통풍구 하나가 다소 낮게 설치돼 선체가 처음 46도 정도 기울어졌을 때부터 수면 아래로 잠겼다. 세월호의 침수 경위에 대한 상세한 설명은 3장에 있다.

누군가 "잘 모르겠다"고 했다. "어떻게 올라왔냐"는 물음에 "기관장님이 전화해서 탈출하라고 했다"는 답이 이어졌다.[201] 때마침 조타실에서 나와 3층 선원 객실 통로로 내려오던 박기호와 마주친 손지태가 말했다. "어디에서 내려오신 길입니까? 엔진은 누가 죽였습니까?" "내가 조타실에서 엔진을 죽였어."[202]

기관부 선원들이 저마다 방에 들어가 구명조끼를 찾아 입었다. 구명조끼를 찾지 못한 이수진이 울면서 나오자 박기호가 이수진의 구명조끼를 찾아 주었다.[203] "배가 복원될지도 모르니 좀 더 기다려보자." 박기호가 말했다.[204] 손지태는 아내에게 전화를 걸어 상황을 설명했다. 이어, 이수진이 손지태의 휴대전화를 빌려 집으로 전화했다.[205] "아빠, 배가 가라앉고 있어서 곧 죽을 것 같아. (울면서) 엄마 좀 바꿔봐. 엄마, 나 죽어." "그만해라." 박기호가 이수진의 손에서 전화를 빼앗았다.[206]

기관부 선원들은 배가 침몰하는 상황에서 승객들이 퇴선할 경우 운항관리규정에 따라 구명뗏목과 구명슈터(미끄럼틀)를 바다에 내릴 의무가 있다. 그러나 박기호를 비롯한 기관부 선원들은 3층 기관부 객실 복도에 모여 가만히 앉아 있기만 했다. 갑자기 손지태가 물었다. "기관장님, 방에 맥주 있습니까?" 이수진이 대답했다. "제 방 냉장고에 캔 맥주가 있어요." 손지태가 이수진 방에서 맥주를 꺼내 와 박기호와 한 캔씩 나눠 마셨다.[207] 박기호는 겁에 질린 이수진을 달래며 몇 모금 나눠줬다.[208]

가만히 앉아 있던 박성용이 중얼거리듯 말했다. "승객들은 다 어쩌고 있을까?" 하지만 아무도 대꾸하지 않았다.[209] 갑자기 박기호가 좌현 갑판 출입구로 가더니 문을 열었다. "이 문을 닫고 있으면 밖의 상황이 아무것도 안 보이니까 안 된다."[210] 이 문으로 나가 선수 쪽으로 20미터만 가면 승객들이 대기하고 있던 로비였다. 선미 쪽으로는 8미터만 이동하면 화물차 기사 객실이었다. 하지만 기관부 선원들은 열린 출입구를 통해 갑판 바깥쪽만 보고 있었다. "승객들은 움직이지 말고 대기하라"는 안내 방송이 반복되고 있었다.

3장
출동

오전 8시 56분~9시 24분, 기울기 46~52도

쏟아지는 신고 전화

3층 로비. "아저씨 한 분이 바다로 추락했으니까 빨리 구명보트*를 내려줘요."²¹¹ 승객 최승필이 여객부 선원들에게 소리쳤다. 추락한 사람은 단원고 교사 양승진이었다. 3층 로비에는 머리에 피를 흘리는 사람,²¹² 다리에 화상을 입은 사람, 골반을 다친 사람, 눈 밑이 찢어진 사람을 포함해 승객 20~30명이 모여 있었다.²¹³ 8시 56분쯤 사무장 양대홍이 무전기로 여객부 선원들을 불렀다. 박지영이 양대홍에게 안내데스크로 와달라고 요청했지만, "움직일 수가 없는 상태라서 가기 힘들다"는 답을 들었다. 양대홍은 무전으로 강혜성에게 "인전 방송을 하라"고 지시했다. 강혜성은 어떤 상황인지 되묻지 않고 느낀 대로 두 번째 안내 방송을 했다.²¹⁴

---

* 세월호의 구명 장비는 구명조끼, 구명뗏목, 구명슈터(미끄럼틀)가 전부였다. 구명보트는 없었다. 구명뗏목 대부분은 객실이 있는 3층과 4층이 아니라 조타실과 전시실이 있는 5층 선수 양쪽에 설치돼 있었다.

"잠시 안내 말씀드리겠습니다. 현재 계신 위치에서 움직이지 마시고 주변에 잡을 수 있는 봉이나 물건을 잡고 대기해주시기 바랍니다. 절대 움직이지 마시기 바랍니다."[215]

08:56 40대 남성과 전남경찰청 112상황실 통화[216]

112: 112 경찰입니다.

신고자: 여보세요?

112: 여보세요?

신고자: 지금 여기, 저…….

112: 경찰입니다.

신고자: 세월호, 세월, 세월호.

112: 어디요?

신고자: 세, 연안여객 세, 세, 세, 배 침몰, 침몰, 침몰 직전이라예, 침몰 직전.

112: 배가 침몰 직전이라고요?

신고자: 예예, 세월호, 세월호, 인천에서 제주 들어오는 거, 인천에서 제주 들어오는 거, 빨리. (아저씨…….)

신고자: 움직이면 안 된다고.

112: 여보세요?

신고자: 예예, 배가 침몰된다구요.

112: 예, 신고자분.

신고자: 예.

112: 지금 어디에서 제주 들어오는 배예요?

신고자: 인천 배, 인천 배, 인천에서 제주도 들어오는 거. 지금 배가예, 지금 45도 기울어져가지고.

112: 지금 사람이 몇 명이나 있어요?

신고자: 여기 학생들하고 이것저것 해서 1,000명 남짓 돼요, 학생들 1,000명.

112: 1,000명요?

신고자: 1,000명.

112: 1,000명 정도 된다구요?

신고자: 1,500명, 세월호 1,500명.

112: 100명 정도요?

신고자: 1,500명. 아 참, 몇 명? 500명? 총 500명 정도.

112: 500명 정도 된다구요?

신고자: 예예.

112: 해월호라구요? 해월호?

신고자: 세월호, 세월호.

112: 세월호요?

신고자: 예예예예.

112: 잠깐만 기다리세요.

신고자: 빨리 119 헬기랑 띄우고 빨리 하세요, 이거.

112: 해경에 연락 안 하셨죠?

신고자: 해경은 지금(……). 세월호, 세월호, 배가 침몰한…….

112: 인천에서 제주 가는 배요?

신고자: 예(……).

112: 지금 현재 어디쯤 왔어요?

신고자: 어디쯤 오다니, 어디쯤.

112: 어디에서 어디쯤이에요, 지금?

신고자: 추자도 사이, 제주하고 추자도 사이.* 추자도 넘언? 추자도 넘언?

112: 추자도 넘었어요?

신고자: 아직까지 안 넘었대요, 아직.

112: 추자도 안 넘었다구요?

신고자: 예예.

112: 잠시만요.

전남 119상황실에 최덕하가 처음으로 신고한 뒤 진남경찰청 112상황실로도 "500명 정도" 탄 "인천에서 제주도" 가는 "배가 45도 기울어" 있다는 신고가 들어왔다. 신고 전화를 받은 전남경찰청은 목포해경으로 연

---

* 화물차 기사를 비롯해 세월호에 자주 탑승하는 승객들은 당시 세월호 위치가 제주도와 가깝다고 생각했다. 전날 출항이 지연되지 않았다면 제주도에 도착할 시각이었다. 사고 지점은 병풍도 앞이고 추자도까지는 36킬로미터 가까이 남아 있었다.

결했다. "지금 배가 침몰 직전이어가지고 신고가 들어왔는데." 이미 신고를 접수한 목포해경 상황실은 "잘 받아서 처리 중"이라고 답했다. 전남경찰청은 "알겠다"며 20초 만에 전화를 끊었다. 신고자는 전남경찰청에 선내 상황을 자세히 설명했다. "좌현으로 한 30도, 45도 기울어져 있고", "점점 더 기울어지는 것 같기도" 하다고 했다. 당시 목포해경이 파악하지 못한 중요한 정보였다.

112: 여보세요? 신고자분, 너무 염려 마시고, 지금 해경에도 통보가 됐거든요.

신고자: 예.

112: 지금 상황이 어떤 상황이에요?

신고자: 지금 배가 몇 도 기울었지? (……) 30도에서 45도 기울어져 (누군가에게) 정면이 어디? 저기 정면? (여성이 대답) 선수, 선수에서 좌현으로 좌현으로예 한 30도, 45도 기울어져 있고 배 안에, 배 위에서는 사람들이 움직이고 있고.

112: (남성) 선수에서 좌현으로 30도 기울어져 있다. (여성) 35도 기울어져 있다고요? (남성) 선수?

신고자: 60도 아니지. 45도, 45도 정도. 40도 정도 기울(……) 40도예. 60도, 60도 정도 기울어졌어요. 점점 더 기울어지는 것 같기도 한데.

112: 점점 기울어지고 있다구요?

신고자: 예.

112: 어, 알겠습니다. 신고자분, 지금 해경에서 출동 중이고 조치하러 가고 있으니까.

신고자: 움직(……). 기울어져 버리니까 사람들이(……).

112: 알겠습니다.

신고자: 언제쯤 도착합니까, 언제쯤?

112: 네, 걱정하지 마시구요. 해경에 접수됐으니까 걱정 안 하셔도 됩니다. 여보세요?

신고자: (……)

112: 해경에서 헬기랑 바로 뜨니까 걱정 안 하셔도 돼요. 금방 갑니다, 금방요. 접수가 되어 있네요, 이미요.

신고자: 헬기 119하고 여러 대 떠야 될 텐데.

112: 네, 아니, 해경에서 출발했으니까 걱정 안 하셔도 된다구요. 이미 접수됐으니까요.

신고자는 해경이 언제쯤 도착하느냐고 다급히 물었다. 전남경찰청으로서는 알 수 없는 정보였다. 그런데 "금방" 도착할 거라고 얼버무렸다. 승객이 "500명 정도"라고 말했는데도 전남경찰청은 "해경이 출발했으니까 걱정 안 하셔도 된다"고만 되풀이했다. 다급한 신고자는 "피 흘리는 사람", "화상 환자"도 있다고 덧붙였다.

신고자: 예, 환자도 환자, 환자 어느 정도, 환자도 있어요, 환자예.
112: 환자 몇 명이나 있어요?
신고자: 눈에 보이는 사람이 피 흘리는 사람이 한 사람, 두 사람, 화상하고 발을 (……). 안의 상황은 파악이 안 되고.
112: 피 흘리는 사람 두 명 정도 있다구요?
신고자: (……).
112: 여보세요?
신고자: 예예.
112: 지금 많이 다쳤어요?
신고자: 화상.
112: 화상이요?
신고자: 예, 화상 환자.
112: 화상 환자도 있어요?
신고자: 예, (……).
112: 화상 환자는 몇 명이나 있어요?
신고자: 화상 환자(……).
112: 신고자분 전화가 자꾸 끊기니까.
신고자: 당연히 배니까 끊기죠.
112: 여보세요?
신고자: 예예.
112: 전화가 끊기니까 저희가 지금 목포서에서 출동 중이니까요.

신고자: 아니, 목포서가 빨라요? 여기는 제주해경이 빠르지. 추자도에 빨리 들어
왔으면 제주해경이 빠르지 목포서가 빨라요?
112: 아니, 신고자분, 그게 아니라 목포서에 통보를 한 상태이고 지금 거기서 출
동 중에 있으니까 조금만 기다려주세요.
신고자: 예.
112: 저희가 다시 통보할게요.

123정. 목포해경 상황실이 첫 출동 명령을 내린 구조세력은 소형 경비정인 123정이다. 8시 57분에 목포해경 상황실장 이병윤이 123정에 경비전화를 걸어 "350명이 탄 여객선이 침몰 중이니 즉시 이동하라"고 지시했다. 1분 뒤 다시 전화해 "병풍도 북방 2마일, 선명 세월호"라고 추가 정보를 전달했다.[217] 의경 3명을 포함해 대원 13명을 태운 100톤급 경비정 123정은 사고 해역과 22킬로미터 떨어진 전라남도 진도군 독거도 남동 2.4킬로미터 지점에서 경비 업무를 맡고 있었다. 최고 22노트로 항해하면 현장까지 30~40분 안에 도착할 수 있는 곳이었다.

당시 목포해경에 소속된 다른 함정들은 불법 조업 중인 중국 어선을 합동 단속하려고 배타적경제수역(EEZ) 경계에 몰려 있었다. 123정은 세월호 사고현장까지 한 시간 이내에 도착할 수 있는 유일한 해상 구조세력이었다.[218] 출동 지시를 받은 123정장 김경일이 선내 방송을 했다. "서거차도 인근 해상에서 여객선이 침몰 중, 전원 일어나서 인명 구조 준비하길 바람."

오전 9시 무렵. 당직자인 안전팀장 박은성과 의경 김○○, 박○○, 정비팀장 이종운을 제외하고 대원들은 침실에서 자거나 쉬고 있었다. 선내 방송을 듣고 병기팀장 이형래가 자리에서 일어났다. 잠결에 '여객선'이라는 말을 정확히 듣지 못했다. 이형래는 '작은 어선에 문제가 생겼구나.' 하는 정도로 대수롭지 않게 생각했다. 전날인 4월 15일에도 어선에 화재가 났다는 신고를 받고 급히 출동했더니 이미 불이 다 꺼진 뒤였다.[219]

조타실 하부, 대원들이 쉬는 침실에서 계단을 타고 올라가 오른쪽으로 돌면 조타실이 나왔다. 항해팀장 박성삼이 조타실에 들어서 사고 지점의 경위도를 전달받았다. 그가 항로를 계산해 "최대 속력으로 40분 걸린다"고 김경일에게 보고했다. 기관장 최완식은 기관실 조종 레버를 최대로 올렸다. 오전 9시 1분, 123정이 사고 지점을 향해 전속력으로 출발했다.

김경일은 조타실 가장 왼쪽, 해도대 앞에 서 있었다. "멍하니" 전방만 주시했다.[220] 김경일의 바로 왼쪽 선반에는 '해상 수색구조 매뉴얼', '중요 상황별 대처 매뉴얼' 등이 보였다. '해상 수색구조 매뉴얼'에는 김경일이 1년 전 500톤급 함정에서 근무할 때 써놓은 메모가 있었다.

- (구조 현장 출동 시) SSB(2116.4), VHF 16번, 핸드폰으로 조난선 현 실태 파악 보고.[221]

해상 수색구조에서 첫 번째 할 일은 '조난선과 교신해 상태를 파악하는 것'이다. 교신을 맡은 박성삼은 평소처럼 세월호와 교신을 시도했다. 자동 조타로 돌려놓았기 때문에 굳이 조타기를 잡고 있지 않고도 무전할 수 있었다. 9시 2분에서 3분 사이.* 박성삼이 VHF 채널 16번, 즉 국제비상주파수로 세월호를 세 번 불렀다. "세월호, 세월호, 여기 목포해경입니다. 감도 있습니까?"[222]

응답이 없었다. 그럴 만한 이유가 있다. 이 시각 세월호는 진도VTS와 교신하기 위해 채널을 16번이 아닌 67번에 맞춰둔 상태였다. 박성삼은 채널을 바꿔서 다시 교신을 시도하지는 않았다. 평소 123정은 진도VTS 관할구역에 진입한 선박과 교신하기 위해 VHF 채널을 67번에 맞췄다.

---

* 국회 국정조사 특위에 제출된 진도VTS 교신 녹취록에는 9시 3분에서 4분 사이로 되어 있다. 그러나 진도VTS 디브리핑 화면과 세월호 AIS 데이터를 비교한 결과, 교신 음성파일의 시간은 실제 시간보다 53초 정도 느린 것으로 나타났다. 따라서 123정이 세월호를 호출한 실제 시간은 9시 2분에서 3분 사이다.

다른 선박과 교신하는 일은 드문 편이었다. 사고 발생 전날인 4월 15일 새벽 5시부터 오전 8시까지는 한 차례도 교신하지 않았다.[223]

123정 부정장 김종인은 ITS를 들여다봤다. 123정 말고는 사고 해역 주변에 한 시간 안에 도착할 수 있는 경비함정이 없었다. 수백 명이 탄 여객선을 123정이 홀로 구조한다는 것은 불가능했다. 사고현장 인근에서 조업 중인 어선을 불러 모아야 했다. 김종인이 말했다. "SSB로 어선을 부르겠습니다." "그러면 그렇게 해봐." 김경일이 답했다. 9시 12분, 김종인은 김경일 바로 뒤 SSB(어선공동망) 통신기에서 비상 주파수인 2183.40킬로헤르츠로 교신에 나섰다.

"병풍도 근해 조업 중인 민간 어선에게 알립니다. 현재 여객선 350명가량 승선 침몰 중이라는 조난 통신 청취, 병풍도 근해 조업 중인 어선, 구조에 협조해주시길 바랍니다."[224]

SSB 교신을 끝내고 갑판으로 나온 김종인은 대원들에게 배 가장자리에 난간처럼 둘러쳐진 지주봉과 구명줄을 제거하라고 지시했다. 바다에 빠진 사람들을 쉽게 끌어 올리기 위해서였다. 지주봉을 고정한 나사를 하나하나 푸는 데 갑판 위 대원 8명이 모두 매달렸다.

123정 같은 100톤급 해경 경비정이 평소 수행한 인명 구조 훈련은 해상에 떠 있는 사람을 건져서 끌어 올리는 것뿐이었다. 이날 구조 준비도 훈련받은 대로 진행되고 있었다. 정장 김경일은 개별 임무를 부여하지 않았다.[225] 김종인이 조타실과 갑판을 부지런히 오갔다. 보수팀장 김용기, 안전팀장 박은성, 전기팀장 박상욱은 선미에 있던 구명보트에 바람을 넣고 연료도 보충했다. 배와 배를 잇는 정박용 홋줄을 묶어 '구조용 밧줄'도 만들었다. 물에 뜨는 고무로 된 펜더(완충 장비)나 구명조끼를 이 밧줄에 묶어서 바다에 표류하는 사람들이 최대한 많이 매달릴 수 있도록 했다. 구조 계획은 모두 세월호 탑승객들이 이미 해상으로 탈출해 있을 것이라는 가정 아래 짜였다.

선내 방송을 듣고 산소호흡기 같은 것을 점검한 뒤 조타실로 올라온 행정팀장 이민우에게 김경일이 증거 수집을 지시했다. 사고현장 증거 수집은 '홍보용 영상' 촬영을 위한 것이었다. 이민우는 배터리가 꽉 차 있고 크기도 작아서 촬영하기 편한 이형래의 휴대전화를 빌렸다. 증거 수집용 캠코더도 있었지만, 촬영한 영상을 바로 해경 상황실에 보내려면 인터넷 접속이 가능한 휴대전화가 훨씬 간편했다.[226]

헬기 511호. 9시 2분, 전라남도 영암군에 있는 서해청 목포항공대도 서해청의 전화를 받았다. "지금 여객선이 침몰 중입니다. 위치는 관매도와 맹골도 사이, 헬기 출동을 요청합니다." 여객선이 침몰하니 출동하라는 지시였다.[227] 목포항공대는 해상 구난구조용 헬기 3대를 보유하고 있었다. 그중 소형 헬기 511호, 512호는 1,500톤급 이상 함정에 착륙할 수 있으며 최다 탑승 인원이 12명이다. 이와 달리 방송장비가 달려 있는 507호는 16명까지 탈 수 있는 중형 헬기다. 사고 당일 507호는 청주공항 근처에서 부품 정비 중이라 출동할 수 없었다.

부기장 김태호가 목포항공대 1층 사무실에서 비행 장구를 챙겨 가장 먼저 헬기에 탔다. 기본 구조 장비인 호이스트, 바스켓, 구명뗏목, 들것, 플리어(열화상 카메라), EMS(응급의료 장비)는 헬기에 실려 있었다.

이어, 전탐사 이명중과 정비사 김범준도 헬기에 탔다. 전탐사는 쌍안경으로 해상 상황을 확인해 기장에게 전달하거나 증거 수집용 촬영을 한다. 정비사는 항공기 장비 관리와 호이스트 조작을 맡았다. 항공구조사 박훈식, 김재현은 개인 구조 장비인 헬멧, 로프, 오리발, 수경, 스노클도 챙겼다. 바다나 여객선 선체에 접근해 승객을 구조하는 게 항공구조사의 임무다.[228] 9시 10분, 511호가 이륙했다. 도착 예정 시간은 9시 26분이었다.

3층 로비 안내데스크. "어떻게 해야 하는지 조타실에 무전을 쳐봐라." 화물차 기사들이 여객부 선원 박지영을 다그쳤다.[229] "현재 이것이 무슨 상황입니까?" 박지영이 조타실에 여러 차례 무전을 쳤지만 아무도 응답하지 않았다.[230]

"배가 많이 기울었으니까 지금이라도 구명보트 내리고 승객들을 탈출시켜야 한다. 그러니까 방송을 해라." 최승필을 비롯해 승객들이 여객부 선원들에게 탈출 방송을 하라고 재촉했다. 욕을 하며 몰아세우기도 했다. 그러나 여객부 선원들은 '제자리에 있으라'는 안내 방송을 했다.

최승필은 아내를 찾으러 3층 좌현 선수 B-1호실로 이동하려다 열려 있는 매점 출입문으로 미끄러졌다. 가까스로 매점에서 나오는데 학생 2명이 서로 손을 잡은 채 최승필에게 따졌다.

"아저씨, 방송에 가만히 있으라고 하는데 왜 자꾸 움직이세요?"

"우리 와이프가 방에 있어서 구하러 가야 한다."

최승필은 객실로 갔다. 최승필의 아내는 이미 구명조끼를 입고 최승필 몫의 구명조끼까지 들고 복도에 나와 앉아 있었다.[231] 같은 시각 단원고 교감 강민규는 교사들에게 카톡을 보내 "침착하게 행동하고, 학생 인원을 파악하라"고 지시했다. 교사들이 학생들에게 다시 카톡을 보내 지시 사항을 전달했다.

- 다들 괜찮니? 움직이지 말고 있고, 조끼 입을 수 있으면 입도록.[232]

구명조끼

08:58~09:05

- 여기 배가 기울어져 가지고 다 한쪽으로 기울려졌어
- 계속 가만히 있으래

- 우리 지금 배 30도 기울음 물건 다 떨어지고

\- 우리 가만히 대기 중 바다에 잠길 뻔
\- 존나 방송으로 말하는데 배 졸라 위험한데

(단원고 이○○ 친구 단체방)

\- ㅠㅠ 배 쏠림

\- 나 살려줘

\- 지금 쏠렸어

\- ㄴㅏ 지금 죽기 시러 ㅜㅜ

\- 아무라 보라고!!!

\- ㅠ

\- 배 쏠렸다고 ㅜㅜ

\- ㅠ

\- 아 살려달라고

\- 지금 배 쏠렸다고

\- ㅅㅂ

\- 구명조끼 입어다고

\- 처음이라고

\- ㅅㅂ

(단원고 연극부 단체방)

\- 연극부 사랑함 다들 사랑해

\- 진짜 사랑해 우리 진짱·ㄱ을 거 같애

\- 얘들아 진짜 내가 잘못한 거 있으면 다 용서해 줘 사랑한다

(2학년 ○반 단체방)

\- 얘들아~ 움직이지 말고 있어

\- 네넹

\- 다들 괜찮기?

\- 갠찮아요

\- 지금 상황 어때?

\- 아직 다친 애들은 보이지 않습니다

- 얘들아, 우리 배가 전복하기 진전이야, 잘 지내….

5층 조타실. "승객들에게 라이프재킷이라도 입고 대기하도록 해야 하는 것 아닙니까?" 9시 5분쯤 조타실에 있던 누군가가 이준석에게 물었다. "그렇게 해." 이준석이 답했다. 승객을 위해 선장이 내린 첫 지시였다.

선내 방송을 맡아야 할 3등항해사 박한결은 여전히 좌현 출입문 근처에서 울고 있었다. 2등항해사 김영호가 박한결 대신 방송을 했다. 조타실 뒤편에 있는 시스템 배전반 세 번째 칸 상단의 방송 장치* 마이크를 잡고 말했다. "구명조끼를 입고 대기하라." 그러고는 무전기로 사무장 양대홍을 불렀다. "좀 전에 조타실에서 대기하라는 방송을 했는데, 방송이 나갔습니까?" 방송이 나오지 않았다고 양대홍이 답했다. 김영호가 "빨리 승객들에게 구명조끼를 입고 대기하라는 방송을 하라"고 지시했다.[233]

김영호는 양대홍에게 무전 지시를 하다 자신이 미처 '비상 버튼'을 누르지 않은 사실을 깨달았다. 선내 방송에 익숙하지 않아 저지른 실수였다. 다른 선원들은 방송 기기가 고장 난 것으로 오해했다.[234] 김영호는 양대홍이 지시를 이행했는지, 승객들이 구명조끼를 입었는지 확인하지 않았다.[235]

3층 로비. 김영호의 지시를 받은 양대홍이 무전기로 강혜성에게 지시했다. "구명조끼를 착용하도록 하고 안전 방송을 하라." 안내 방송이 계속 울려 퍼졌다.[236]

"선내 단원고 학생 여러분 및 승객 여러분께 다시 한번 안내 말씀드립니다. 현재 위치에서 절대 이동하지 마시고 대기해주시길 바랍니다. 현재 위치에서 절대 이

---

* 시스템 배전반의 장비로 선내 방송을 하려면 전원을 켜고 마이크를 든 뒤 빨간 글씨가 쓰인 비상 버튼을 눌러야 한다. 그 뒤 마이크 볼륨을 최대로 높이고 방송을 한다. 김영호는 전원을 켜서 '딩동댕' 소리가 나는 것은 확인했지만 비상 버튼을 누르지 않아 세월호 전 구역에 방송이 되지 않았다.

동하지 마시고, 구명동의가 착용 가능하신 승객분들께서는 구명동의를 착용해주시길 바랍니다. 다시 한번 안내 말씀드립니다. 구명동의가 착용 가능하신 승객 여러분께서는 구명동의를 착용해주시고, (……)에 계신 승객 여러분들께서는 절대 이동하지 마시고 대기해주시길 바랍니다."— 9시 6분 33초 안내 방송

"선내 다시 한번 안내 말씀드립니다. 구명동의가 손에 닿으시는 분들께서는 다른 승객분들에게 전달, 전달하셔서가지고 입으실 수 있도록 조치를 취해주시고, 현재 위치에서 절대 이동하지 마시고 대기해주시길 바랍니다. 다시 한번 안내 말씀드립니다. 현재 위치에서 절대 이동하지 마시고, 다른 승객분들께 구명동의를 전달하셔서 다른 분들도 구명동의를 착용할 수 있도록 도와주시길 바랍니다. 현재 위치에서 절대 이동하지 마시기 바랍니다."— 9시 7분 39초 안내 방송

안내 방송이 나오기 전부터 이미 승객들은 구명조끼를 입고 있었다. 단원고 학생 박수현의 휴대전화에도 그 모습이 담겼다.

"구명조끼 입어, 얘들아."
"없어? 이제? 구명조끼?"
"내 거 입어."
"너는?"
"나? 가져와야지."

"야, 다섯 개만 더 줘봐."
"하나 더 없어? 야! 끝에 봐봐, 끝에."
"야, 다 던져, 다!"

"밖에 애들 안 입었는데, 밖에 애들 안 입었어."
"야, 그런데 지금 밖에 상황, 베란다에 나가 있는 애들 상황을 몰라."
"꺼내 와, 꺼내 와."
"선장은 뭐 하길래."
"타이타닉 된 것 같아." (영화 <타이타닉> 주제가를 흥얼거림)

―09:02

B-19호실에서 학생들은 서로 장난스럽게 이야기하다가도 '마지막'이라는 말을 하며 엄마, 아빠에게 메시지를 남겼다. 김동혁도 그중 하나다.

"전화 안 터진다고?"
"어, 안 터져."
"아, 망했다. 이씨, 마지막 할 말을 남기고 죽어야 될 것 같은데."
"자, 지금 남겨, 남기려면."
"녹음, 녹음해."
"녹음이야 지금, 동영상이야."
"제발, 아, 살 수만 있다면, 엄마, 아빠 사랑해요. 씨발, 하하."

3층 로비에는 구명조끼가 없어 좌현 객실 복도에 있던 한 승객이 8인실로 들어가 구명조끼를 복도로 던졌다.[237] 복도에 있던 최승필이 받아서 3층 로비로 다시 전달했다.[238]
구명조끼가 부족하자 안내데스크 옆에서 대기하던 단원고 학생 김○○(17, 생존)이 여객부 선원 박지영에게 "누나는 왜 입지 않냐"고 물었다. "누난 너희들 다 탈출하고 나서 나갈 거야."[239] 구명조끼의 제조 연도는 1994년. 1997년생 학생들이 자기가 태어나기도 전에 만들어진 오래된 구명조끼를 입고 대기했다.

3층 선미 복도. 화물차 기사들은 공포에 떨었다.[240] 이들은 3층 선미 쪽 운전자 객실 구역에 있었다. "현재 위치에서 움직이지 말라"는 선내 방송이 흘러나왔지만 배를 탄 경험이 많은 화물차 기사들은 위태로운 상황이라고 판단했다. "이거 큰일이다. 죽게 생겼다." 이들은 가만히 있지 않았다. 죽기 살기로 문고리, 스위치, 볼트 등 손에 걸리는 건 다 붙잡고 우현으로 올라가 출입문을 열고 갑판으로 나갔다. 10~15명의 화물차 기사들은 난간을 붙잡고 서 있었다.[241] 9시 14분쯤 또다시 강혜성의 안내 방송이 들렸다. "현재 위치에서 절대 이동하지 마세요. 움직이면 더 위험하니까 움직이지 마세요." 한 화물차 기사가 답답한 듯 말했다. "이 새끼들이 씨발……. 승객도 마찬가지야. 이거, 이거 30분이면 뒈진다고. 그저 배 타는 학생들이나, 전혀 이거 모르고 있는 거야."[242]

4층 좌현 갑판. 선수 쪽에서 컨테이너 하나가 떨어지자 나머지 컨테이너들도 도미노처럼 쿵쿵 소리를 내며 떨어져 내렸다. 일반인 승객 김병규(53, 생존)와 아내도 이 소리를 들었다. 오전 8시 35분쯤 화물칸에 있는 반려견 케이지를 열어 사료를 준 뒤 3층 좌현 갑판으로 나온 참이었다. 두 사람은 4층 계단을 따라 올라가다가 혼자 울고 있는 조○○(8, 생존)을 만났다. 김병규 부부는 조○○을 데리고 4층 좌현 갑판에서 대기했다.[243]

9시 2분, 김병규가 112에 전화했다. "제가 탄 세월호가 침몰하고 있습니다. 구조해주세요."

09:02 신고자(김병규)-전남경찰청 상황실(112)[244]

112: 해경이 출동하고 있습니다, 지금.
신고자: 아, 출동을 하고 있어요? 긍까 신고가 됐냐고요.
112: 네, 신고는 됐습니다.
신고자: 아, 그믄 마냥 기다려야 되네요. 올 때까지?
112: 글죠, 일단은 해경이 가야 되니까. 저희는 육지 경찰이잖아요?
신고자: 네네, 그렇죠. 그래서 혹시나 뭐 기 전회번호를 해경, 경찰 전화를 모르니까.
112: 네, 해경은 122번이에요, 122.
신고자: 아, 122번이요?
112: 네.
신고자: 네, 알겠습니다.
112: 네.

경찰이 전화를 끊자 김병규는 122에 다시 전화를 걸었다. 목포해경 상황실은 "알고 있다", "조치하고 있다"는 말을 되풀이하며 "구명동의를 입고 차분하게 선장의 지시를 따르라"고 했다. 배에서는 "선내 대기하라"는 방송이 흘러나오고 있었다.

주변을 둘러보니 유리로 된 선내 출입문이 활짝 열려 있었다.[245] 유리문 너머에는 선내 방송을 듣고 대기 중인 학생들이 보였다. "구명조끼 세 개 좀 줘." 김병규가 유리문 안쪽에 있던 학생에게 소리쳤다. 부부는 학생들이 유리문 사이로 전해준 구명조끼를 조○○과 함께 입었다.[246]

"지금 침몰 중입니까?"

사고 해역을 관할하는 진도VTS는 세월호 사고를 까맣게 모르고 있었다. 오전 8시 49분, 세월호가 급선회하며 멈췄을 때 진도VTS 관제실에는 센터장과 관제사 8명이 있었다. 그러나 어느 누구도 세월호의 이상 항적을 발견하지 못했다. 사고가 나고 15분이 지난 9시 4분, 서해청 상황실장 김민철의 전화를 센터장 김형준이 받고서야 알게 됐다. 진도VTS는 부랴부랴 VHF 채널 67번으로 세월호를 불렀다. 응답이 없었다.

09:05 VHF 채널 67번, 진도VTS-두라에이스호
진도VTS(이원영): 세월호, 세월호, 진도연안VTS.
진도VTS: 세월호, 세월호, 진도연안VTS.
진도VTS: 두라에이스, 두라에이스, 진도연안VTS.
두라에이스호: 예, 말씀하세요.

세월호 조타실 앞쪽의 VHF는 제주VTS와 교신하느라 채널 12번에 맞춰진 상태였다. 제주VTS가 "해경에 통보했고 진도VTS랑 완도VTS와 통화 중"이라고 했다. 그제야 강원식은 진도VTS 관할 해역이라는 사실을 깨달았다. 강원식은 조타실 앞쪽 VHF 채널을 12번에서 67번으로 바꾸고 진도VTS를 불렀다.

09:06 VHF 채널 67번 세월호-진도VTS
세월호(강원식): 진도VTS, 세월호.
진도VTS(정영민): 세월호, 세월호, 여기 진도연안VTS. 귀선 지금 침몰 중입니까?
세월호: 예, 그렇습니다. 해경 빨리 좀 부탁드리겠습니다.

진도VTS는 세월호가 앞지른 유조선 두라에이스호에 급히 구조 협조를 요청했다. "두라에이스, 귀선 우현 전방 2.1마일에 세월호 여객선이 지금 침몰 중에 있습니다. 귀선 구조 협조 좀 부탁드립니다." 두라에이스호 선장 문예식이 응답했다. "예, 알겠습니다. 그렇게 하겠습니다. 어떻게 도와줄지 인폼(inform)을 주십시오." 두라에이스호는 울산으로 가던 항로를 바꿔 병풍도 부근에 멈춰 있는 세월호로 향했다.

앞서 두라에이스호는 세월호의 급선회를 목격했다. 선장 문예식이 맹골수도를 지날 때 레이더로 주변 선박의 움직임을 살펴본 것이다. 4킬로미터 전방에서 AIS가 꺼진 배*가 곡선을 그리며 항로를 바꾸는 모습이 보였다.** 그 배가 계속 돌면 두라에이스호와 충돌할 수 있다는 생각에 선장 문예식은 레이더를 자세히 살폈다. 배는 보통의 경우보다 "훨씬 큰

---

* 선장 문예식은 세월호 AIS가 꺼져 있었다고 진술했지만, 실제로는 세월호가 송출한 AIS 데이터를 두라에이스호가 수신하지 못한 상황으로 보인다. 세월호에 장착된 '클래스A' 등급 AIS 장비는 한번 꺼지면 재가동되기까지 1분 넘게 걸린다. 그런데 세월호 AIS 데이터가 출항 이후 침몰 전까지 1분 이상 누락된 적이 없었기 때문에 장비는 한 번도 꺼지지 않았다고 할 수 있다. 김성수, [세월호 CCTV 1차 분석] 실제보다 15분 21초 지연… 급변침 때 꺼졌다, 《뉴스타파》(2014. 9. 3).

** 세월호가 급선회 때 두라에이스호는 맹골수도를 지나고 있었다. 선장 문예식이 본 세월호는 두라에이스호에서 8킬로미터쯤 떨어진 곳에 있었다. 그 뒤 9시 5분쯤 진도VTS가 구조 협조를 요청했을 때 두 배 사이 거리는 4킬로미터 정도였다. 진도VTS 사건, 디브리핑 동영상.

급선회"를 하고 있었다. "우현 쪽으로 완전 전타로 선회하는 것으로 보였다." 하지만 문예식은 그 배가 두라에이스호를 추월한 세월호라고는 생각하지 못했다. "단순히 예부선(다른 배를 끌고 가는 예인선과 끌려가는 부선을 함께 일컫는 표현인데, 여기서는 부선을 의미함)인 줄 알았다. 예부선은 급선회하는 경우도 있으니까." 9시 5분, 진도VTS의 구조 협조 요청을 듣고서야 "AIS가 꺼져 있는 배가 세월호구나 하는 생각"을 했다.[247]

진도VTS는 세월호 주변을 지나는 잉샹(YING XIANG)호도 불러 항로를 바꿔 세월호 승객을 구조해달라고 요청했다. "Request you change course to Sewol. Please save the person passenger now."*

세월호가 다시 진도VTS를 호출했다.

09:09 VHF 채널 67번 세월호-진도VTS

세월호(강원식): 진도VTS, 여기 세월호.

진도VTS(정영민): 진도연안VTS입니다.

세월호: 배가 기울어서 금방 뭐 넘어갈 것 같습니다. 계속, 지금 한쪽으로 계속 천천히 넘어가고 있습니다.

진도VTS: 네, 지금 귀선 승선원들은 어떻습니까?

세월호: 승선원 지금 거의 움직이지 못하고 있습니다. 어떻게 해야 될까요? 바다에 빠져야 될까 어째야 될까 모르겠네.

진도VTS: 예, 지금 일단 두라에이스호가 접근, 빠르게 귀선한테 인명 구조 차 접근 중에 있습니다.

세월호: 본선은 지금 뭐 사람이 움직일 수가 없네요. 너무 기울어서 움직일 수가 없어요, 움직일 수가.

진도VTS에 "움직일 수 없다"고 말한 강원식은 휴대전화를 가지러 선

---

* "귀선 항로를 세월호 쪽으로 돌려서 승객을 구조해주시기 바랍니다."

원 객실로 갔다. 두라에이스호 선장 문예식은 사고현장에 도착하기 1.8 킬로미터 전에 쌍안경을 들었다. 세월호 선수 부근에 삼각형으로 보이는 물체가 4~5개 보였다. 구명뗏목으로 승객들이 탈출하는 것으로 생각하고 진도VTS에 보고했다.[248] "지금 보트로 막 탈출하네요. 저희들이 이러면, 그쪽에 접근해서, 완전히 접근하기는 힘들겠고 한 0.5마일(900미터) 앞에 있겠습니다." 진도VTS가 세월호에 연락해 확인에 나섰다.

세월호에서 박경남이 VHF 통신기를 잡았다. 조타수였지만 4급항해사 면허를 가진 박경남은 교신 방법을 알고 있었다.[249]

09:11 VHF 채널 67번 진도VTS-세월호

진도VTS(정영민): 세월호, 세월호, 진도연안VTS입니다. 지금 인명, 승선원들은 구조 보트에 다 타고 있습니까?

세월호(박경남): 예, 세월호입니다. 다시 말씀해주세요.

진도VTS: 예, 지금 승선원들은 지금 라이프래프트(life raft)나 라이프보트(life boat)에 타고 있습니까?

세월호: 아니, 아직 못 타고 있습니다. 지금 배가 기울어서 움직일 수가 없습니다.

진도VTS: 지금 승선원이 몇 명이나 있습니까?

세월호: 450명입니다. 여보세요? 예. 총인원 약 500명 정도 됩니다.

진도VTS: 예, 500명 양지했습니다. 지금 두라에이스가 가고 있습니다.

세월호: 예, 빨리 좀 와주십시오.

진도VTS: 예, 지금 어선들, 주변 어선들까지 다 연락을 취하고 있습니다.

세월호: 예, 알았습니다. 사람이 움직일 수가 없어서 그렇습니다.

두라에이스호가 좀 더 다가가 보니 삼각형 물체는 구명뗏목이 아니라 컨테이너 부유물과 스티로폼이었다.[250] 세월호는 좌현으로 45도 정도 기울어져 있었다. 문예식은 "복원력을 잃어 침몰할 수밖에 없다는 생각이 들어" 진도VTS에 말했다.[251] "사람들이 탈출할 수 있으면, 탈출하면 저희들이 구조를 하겠습니다."

두라에이스호는 길이가 105미터, 폭이 15미터로* 세월호에 탄 사람들을 충분히 수용할 수 있었다. 기름을 가득 실어서 해수면과 높이 차이도 1.5~2미터로 작았다. 세월호 승객들이 구명뗏목을 타고 두라에이스호로 다가오면 사다리를 내려 구조할 계획이었다. 선장의 지시를 받은 두라에이스호 선원 8~9명이 선수, 중앙, 선미에 배치돼 구조 준비를 끝냈다.[252]

09:13 VHF 채널 67번 진도VTS-세월호
진도VTS: 세월호, 세월호, 지금 승선원들 탈출이 가능하십니까?
세월호(박경남): 지금 배가 많이 기울어가지고 사람이 움직일 수가 없어가지고 탈출 시도가 어렵습니다.
진도VTS: 저희가 최대한 경비정들과 어선들을 최대한 연락을 취해서 그쪽으로 가고 있습니다.

이때까지도 좌현으로 탈출할 만한 상황이었다. 좌현 갑판까지는 물이 들어오지 않았기 때문이다. 박경남은 법정에서 "탈출 시도가 어렵다"고 말한 이유에 대해, 빨리 구조세력이 오기를 바라는 마음이었다고 주장했다.[253]

9시 10분, 선원 객실에 가서 휴대전화를 가져온 견습 1등항해사 신정훈이 제주 운항관리실로 전화했다. "인천에서 제주로 운항 중인 세월호인데, 배가 기울어서 현재 위험한 상태입니다." 운항관리실 직원이 놀라서 다른 직원을 바꿔주었다. "세월호인데 위험한 상태"라고 다시 말했다. 그러나 통화음이 들리지 않고 끊겨버렸다. 제주 운항관리실에서 SSB 통신으로 교신을 시도했다. 9시 15분이었다.

09:15 SSB 제주 운항관리실-세월호[254]
제주 운항관리실: 세월호 현재 상태 보고 바랍니다.

---

* 두라에이스호의 승선원은 12인, 배는 2,720톤이다.

세월호(신정훈): 현재 상태, 엔진 올 스톱 되어 있고, 발전기 꺼져 있습니다. 그리고 배가 지금 좌현으로 20도 이상 기울어가지고 그대로 지금 정지되어 있는 상태입니다.

제주 운항관리실: 지금 블랙아웃 상태고, 지금 수리하고 계신 중입니까?

세월호: 네, 지금 발전기 다 꺼져 있고, 사람이 지금 움직일 수 없습니다. 지금 수리 불가능합니다.

제주 운항관리실: 수리 불가능 양지했고요. 지금 해경에 구조 요청하셨습니까?

세월호: 네, 지금 진도VTS에 구조 요청했습니다. 최대한 빨리 구조 협조 바랍니다.

제주 운항관리실: 네, 혹시 화물이나, 좌현, 지금 상태가 화물이나 이런 게 떨어졌나요, 해수로?

세월호: 아직은 확인된 바는 없습니다.

제주 운항관리실: 네, 양지했습니다.

제주 운항관리실이 SSB 통신으로 계속 연락했다. 신정훈은 세월호 상황을 알렸고, 그 내용이 제주해경과 제주해경청 상황실을 거쳐 해경지휘부에까지 보고됐다. 제주해경청 상황실은 9시 25분 코스넷(문자상황보고 시스템)에 "세월호 좌현 20도 경사(제주 운항관리실 정보)"라고 올렸다. 이때 항해사 김영호가 진도VTS와 교신하고 있었다.

09:15 VHF 채널 67번 진도VTS-세월호[255]

진도VTS(정영민): 세월호, 세월호, 진도연안VTS. 세월호, 세월호, 진도연안VTS. 세월호, 세월호, 진도연안VTS 감도 있습니까? 세월호, 세월호, 진도연안VTS 감도 있습니까?

세월호(김영호): 예, 세월호입니다. 말씀하세요.

진도VTS: 지금 기울어진 쪽이 어느 쪽이고 지금 각도가 어느 정도 기울어졌습니까?

세월호: 천천히 말씀해주세요, 천천히.

진도VTS: 기울기 상태가 어떻습니까?

세월호: 지금 한 50도 이상 좌현으로 기울어져가지고 지금, 저, 사람들이 이렇게 좌우로 움직일 수 없는 상태입니다. 지금 승선원들은 라이프재킷 입고 대기하

라고 했는데, 사실 라이프재킷도 입었는지 확인이 불가능한 상태이고 선원들도 브리지에 모여가지고 지금 거동이, 움직일 수가 없는 상태입니다. 빨리 와주시길 바랍니다.

진도VTS: 네, 양지했습니다. 침수, 침수는, 물이 어느 정도 차 있습니까?

세월호: 그것도 확인이 안 되고 있습니다. 지금, 그, 데크에 컨테이너가 몇 개 빠져나간 건 선수에서 확인했는데, 지금 이동이 안 되어가지고, 지금 그러니까 브리지에서 좌우로 한 발자국씩도 움직이지를 못해가지고 벽을 잡고 겨우 버티고 있는 상태입니다.

진도VTS: 예, 지금 근처에 두라에이스가 접근 중에 있습니다.

세월호: 네, 알겠습니다.

두라에이스호: 진도VTS, 두라에이스호입니다.

진도VTS: 네, 말씀하세요.

두라에이스호: 저 배에서 사람들이 탈출을 안 하면 본선이 저 배에 얼롱사이드(alongside, 배의 옆으로 붙이기)를 할 수가 없습니다. 그러니까 일단은 저희들이 아무튼 최대한 안전거리 확보해서 주위에서 선회하면서 탈출자 있으면 인명 구조하겠습니다.

진도VTS: 예, 두라에이스 양지했습니다. 지금 탈출을, 탈출을 도저히 못 하는 상태니까요, 도착해서 탈출하시는 승선객들을 안전하게 구조하시기 바랍니다.

세월호 상황은 갈수록 나빠지고 있었다. 사고 직후 선체가 좌현 46도로 기울어졌을 때부터 화물칸 2층 통풍구로 흘러든 해수가 배 밑바닥을 점점 더 채우고 있었다. 세월호는 점점 더 가라앉으면서 왼쪽으로 기울어져갔다.[256]

헬기 513호. 9시 9분, 제주 북쪽 하늘에서 불법 어업을 단속하기 위해 비행하던 제주항공대 헬기 513호 기내가 갑자기 분주해졌다. 전탐사 심재우가 휴대용 비디오카메라를 챙기고 정비사 박순율은 호이스트 상태를 확인했다. 항공구조사 류규석만 영문을 몰랐다.

"무슨 일이야?" 류규석이 바로 옆에 있는 박순율에게 물었다. 프로펠러 소리 때문에 잘 들리지 않았다. 박순율은 류규석의 말을 입 모양으로 읽고는 헤드셋을 벗은 류규석 귓가에 크게 말했다.

"여객선이 침몰하는 곳으로 이동하고 있으니까 장비 착용하세요."

류규석은 "평소 헬기 내부 통신을 할 때도 상대방의 말소리가 작게 들렸다"고 했다. 기장석 바로 뒤에 있는 전탐사나 정비사가 지시 사항을 큰 소리로 류규석에게 전달했다. 출동 중에는 장비를 착용하느라 기내에서 헤드셋을 쓰고 있는 시간도 짧았다. 류규석은 급히 잠수복을 입었다.[257]

기장 고영주는 TRS 제주해경청 채널 26번에서 제주항공대 이상영의 출동 지시를 받았다. "진도 쪽 여객선 세월호 침수 중, 승선원 350명, 좌표는 34-11N, 125-56E, 헬기 지원 바람."[258] 고영주는 '여객선 침몰' 외 자세한 상황을 다른 대원들에게 전하지 않았다. 외부 교신은 기장과 부기장 이성환만 듣고 있었다. 박순율, 심재우, 류규석은 내부 교신만 되는 라인에 헤드셋이 연결돼 있었다.[259]

헬기 513호가 항로를 변경했다. GPS만 입력하면 자동차 내비게이션처럼 자동으로 최단 거리 비행을 할 수 있었다. 513호는 평소 청취하는 TRS 채널 26번에서 교신을 들었다. "인천에서 제주로 가는 여객선입니다." 고영주는 '여객선'이라는 말에 구조를 기다리는 인원이 꽤 많겠다고 예상했다.[260]

헬기 512호. 3009함에 탑재된 목포항공대 소속 헬기 512호는 오전 8시부터 불법 어업 중인 중국 어선의 위치를 확인하고, 9시 무렵 1508함에 있던 목포서장 김문홍을 태워 3009함에 착륙했다. 3009함은 가거도 북서 37킬로미터에 있었다.

512호 전탐사 최문일이 당일 업무 보고를 위해 3009함 조타실에 들렀다가 "상황이 발생한 것 같은" 심상치 않은 분위기를 감지했다. 그리고

"무슨 일인지" 알아보려고 목포항공대에 경비전화로 연락했다. 옆에 있던 헬기 512호 기장 김재전이 바꿔 받았다. 목포항공대 운항팀 최재영은 "여객선이 침몰한 상황인데 어떻게 할 거냐"고 물었다. "가, 말아?" 최재영은 답이 없었다. "알았다. 가겠다."

512호가 출동하기로 결정했다. 김재전은 항공구조사가 올려준 승객을 헬기에서 받는 것은 정비사가 더 잘할 수 있다고 판단해 전탐사 대신 정비사를 1명 더 태웠다. 조종사 2명, 정비사 2명과 항공구조사 1명이 탔다. 3009함 격납고에서 나온 512호가 갑판에서 이륙을 준비했다. 기장과 부기장이 조종기 전원을 켰다.

9시 17분, 512호가 이륙했다. 비행 중 목포항공대 대장인 511호 기장 양회철과 통화했다.[261] 이륙 후에는 항공대 대장의 지휘를 받아야 했다. 3009함에 있던 목포서장 김문홍은 헬기에 타지 않았다.

"나는 꿈이 있는데! 나는!"

09:05~09:13

- 아빠 배가 갑자기 너무 많이 기울어서 우리 위험한 거 같아

- 컨테이너 이런 것들 다 바다로 입수

- 컨테이너 다 떨궈졌다

- 선생님 갠찮으세요??
- 조끼 입으셨나요
- 응~~~ 입었어
- 얘들아~ 움직이지 말고 가만히 잇어~ 조끼 입을 수 있음 입고
- 얘들아 살아서 보자

9시 14분, 세월호 4층 좌현 B-6호실*에서 김동협이 휴대전화로 객실 내부를 찍고 있었다. 선체는 거의 50도까지 기운 상태였다.** 객실 주변 화장실에서 물이 쏟아져 복도 바닥으로 흘러내려갔다. 옆에 있던 학생들이 "화장실 물, 화장실 물!" 하고 외쳤다. 멀리서 "움직이지 마세요"라는 안내 방송이 들렸다. "지금 구조대가 오고 있대요, 해상구조대. 내가 왜! 수학여행을 와서!" 김동협이 장난스럽게 소리 지르자 주변 학생들이 웃었다. "나는 꿈이 있는데! 나는!"

09:14 김동협 촬영 동영상

김동협: 살고 싶은데!

다른 학생: 진정해, 살 수 있어.

김동협: 내가 진짜! (울먹인다.)

학생: 아, 그러지 마.

김동협: 이 쌍, 진짜, 이건 욕도 나오고! 씨발, 나 울 것 같은데!

학생: 마지막으로 영상 찍는 거야?

김동협: 나 진짜 뉴스에 나오면 이 영상 보낼 겁니다. 진짜 나 웁니다, 나. 아 씨, 나 개무섭습니다. 지금 지금 (구명조끼 보여주며) 나 이거 이거 이거 입고 있어요. 나 무섭다고요!

학생: 야, 구조대 온다 했잖아. (달래며) 말도 안 되는 소리 마.

김동협: 지금 구조대 와도 300명을 어떻게 구합니까!

학생: 야, 승객들 포함이야, 승객들.

김동협: 승객들 포함해서 한 1,000명 될 텐데!

---

* 김동협은 원래 B-7호실을 배정받았으나 사고 당시 B-5호실이나 B-6호실에 있던 것으로 보인다. B-7호실은 중앙 객실이라 창문이 없는데 동영상에서는 배가 기운 쪽으로 창문을 통해 빛이 들어오고 있었다. 따라서 김동협이 있던 곳은 좌현 쪽 객실이고, 방으로 화장실 물이 들어왔다는 점에서 화장실이 앞에 있는 객실이었을 것이다. 또한 김동협이 9시 52분쯤 객실에서 나와 복도로 이동해 찍은 동영상이 있는데, 이 위치도 B-5호실과 B-6호실 근처다.

** 김동협은 동영상에서 배가 60도 기울어졌다고 말했다. 그러나 선체 인양 후 화물칸 일부 차량의 블랙박스 영상을 복원해 분석한 결과, 9시 14분경 세월호의 실제 기울기는 50도 정도였다. 선조위 종합보고서(부속서I), 68~72쪽.

학생: 1,000명 아니고 한 500명에서.

김동협: 됐어요. 1,000명으로 잡아요! 이거 어떻게 합니까, 내가!

학생: 아니, 헬기가 오면 배를 이렇게 딱 잡아서 띄워주는 거 아닐까?

김동협: 아 씨, 왓 캔 아이 두? 헬기가 이걸 어떻게 잡아줍니까!

"어선이랑 해경이 오고 있대." 복도에서 누군가 소리쳤다. 이어, 교사 고창석의 목소리가 들렸다.* "어선이랑 해경이 지금 오고 있으니까……." 학생들은 교사의 지시에 알았다고 대답했다. 김동협은 영상 촬영을 계속했다.

김동협: 해경이랑 어선이 지금 오고 있답니다. 내가 왜 제주도를! 오하마나호를 안 타서**, 세월호를 타서, 내가 진짜 욕도 나오는데 어른들한테 보여줄 거라 욕도 못 하고! (흐느낀다.) 진짜 무섭고! 나는 지금 숨이 턱 끝까지 차오르는데 이거(구명조끼) 끈 꼭 묶었습니다, 저는. 난 살고 싶습니다. 네, 마지막으로, 아, 진짜 난, 나는 진짜 하고 싶은 게 많은데, 와, 진짜 나 무서워요. 지금 나 진짜 울 것 같애요. 나 어떡해요? 왓 캔 아이 두? (객실 모습 보여 주며) 지금 이렇게 보면 굉장히 편안한 거 같죠? 씨발, 니가 와 봐요. 진짜.. 화장실 문(……).

학생: 그만해, 그만.

김동협: 아! 짜으… 여기까지, 종료합니다. 나 살고 싶습니다. 네, 하나님 죄송합니다. 내가 헌금 많이 낼게요.

---

* 당시 4층 좌현 객실 복도에 있던 단원고 학생 양○○은 교사 고창석이 아이들을 위 복도에서 인솔했다고 진술했다. 선원 사건, 1심, 공판기일 외 증인 신문조서(2014. 7. 29.)(양○○ 증인 신문 부분), 3쪽.

** 단원고에서는 2012년과 2013년에도 인천-제주 항로를 통해 수학여행을 가면서 오하마나호를 탔다. 그 전 수학여행은 항공편만 이용했다. 단원고가 2013년 6월 5일에 수학여행 입찰 공고를 내면서 수학여행 일정표에 탑승 선박을 오하마나호로 적은 탓에 탑승 선박이 바뀐 게 아니냐는 의혹이 있었다. 경기도교육청이 국회 국정조사 특위에서 입찰 공고에 오하마나호로 적힌 것은 잘못된 기록이고, 2014년 4월 8일에 수학여행 참가 인원 변동에 따라 최종 변경 계약을 맺으면서 여객선명을 세월호로 정정했다고 해명했다. 학생들은 수학여행 일주일 전까지 탑승 선박을 오하마나호로 알고 있었다. 국회 국정조사 특위 조사록(2014. 7. 4.), 59~60쪽.

9시 17분, 다시 복도에서 교사의 목소리가 들려왔다. "얘들아, 지금 해경 오고 있어. 다 침착하게 있어." 곧이어 형광등이 꺼지고 비상등이 켜졌다.*

- 얘드ㄹ아 나 죽을지도 몰라
- ㅠ
- 지금 배 존나 기울었어ㅠ 존나 무서워 미친
- 지금 애들이랑 물건들이랑 다 밑으로 쏠려서
- 아 존나 무섭다
- 배에 있던 화물들 바다로 다 떨어지고 난리 남
- 방에 서서 있던 애들 누워 있던 애들 진짜 다 날아왔어
- 미친 지금 전기도 나감

움직이지 않는 선원들

9시 20분 무렵 조타실에서 선장 이준석이 "해경 오는 데 얼마나 걸리는지 물어보라"고 지시했다. 김영호가 조타수 조준기의 휴대전화로 해경 122에 전화했고, 신정훈은 뒤쪽 VHF로 진도VTS에 물었다.[262]

09:22 세월호-목포해경(122)[263]
신고자(김영호): 여보세요?
목포해경(문명일): 예, 해양경찰입니다. 말씀하세요. 여보세요?
신고자: 여기 지금.
목포해경: 세월호죠?
신고자: 예.

---

* 세월호의 주 발전기 2대가 각각 9시 17분과 21분에 정지했다. 곧 켜진 비상 발전기는 9시 49분에 정지했다. 선조위 종합보고서(내인설), 141~143쪽.

목포해경: 예, 말씀하세요. 지금 저희 경비정이 거의 지금 한 7~8마일 남았거든요?

신고자: 지금 저…….

목포해경: 전속으로 이동하고 있습니다, 지금 현재.

신고자: 예, 배 지금 바로 넘어갑니다. 지금 저기, 저…….

목포해경: 예, 알겠습니다. 지금, 전화…… 여보세요? 상황을 좀 말씀을 해주세요, 지금 현재 상황.

신고자: 지금 배가 지금 50도 이상 저, 저…….

목포해경: 50도 이상 기울었다고요? 예예. 여보세요? 예, 알겠습니다. 지금 귀선 상황 계속 신고를 받고 있거든요. 지금 이동 중이니까요. 조금만 기다리십시오.

신고자: 예.

목포해경: 지금 뭐 좀 안전, 최대한 안전하게 어디 좀 잡고 계세요.

목포해경 문명일은 신고자가 누구인지 묻지도 않았다. 세월호 2등항해사인 줄도 모른 채 "신고를 받고 있다"며 해경이 이동 중이니까 조금만 기다리라 하고는 전화를 끊었다. 목포해경 고성은은 선내 상황을 파악하려고 9시 10분부터 세월호 선장에게 전화를 걸었지만 연결되지 않았다. 엇박자였다.

09:20 VHF 채널 67번 진도VTS-세월호[264]

세월호(신정훈): 진도VTS, 세월호 감도 있습니까?

진도VTS(정영민): 네, 세월호 말씀하세요.

세월호: 네, 지금 해경 구조 작업하러 오고 있습니까?

진도VTS: 네, 해경 지금 전속으로 이동 중에 있습니다.

세월호: 예, 그 소요시간이 얼마나 걸릴까요?

진도VTS: 예, 잠시만 대기 바랍니다.

세월호: 항무제주, 세월호 감도 있습니까?

진도VTS: 아, 세월호, 세월호, 진도연안VTS.

세월호: 네, 말씀하십시오.

진도VTS: 세월호, 진도연안VTS입니다. 지금 두라에이스가 지금 접근 중에 있는

데 지금 얼롱사이드를 할 수 없는 상태라 지금 현재 대기하고 있습니다.

세월호: 네, 여기 세월호입니다. 해경 오는 데 얼마나 걸리겠습니까?

진도VTS: 네, 잠시만 대기 바랍니다.

세월호: 여기 세월호입니다. 해경 오는 데, 구조 오는 데 얼마나 걸리겠습니까?

두라에이스호(문예식): 네, 지금 귀선이, 귀선에 우리가, 우리 지금 두라에이스입니다, 앞에 있는, 바로. 귀선에 우리가 지금 얼롱사이드를 못합니다. 인근에 있다가 인명들이 탈출을 하면 인명 구조하겠습니다.

진도VTS: 네, 두라에이스 양지했습니다. 지금 전방에 잉상도 오고 있고요, 드래곤에이스11호도 오고 있습니다. 나중에 승객들이 탈출하면 즉시 구조할 준비를 하시길 바랍니다.

두라에이스호: 네, 그렇게 하겠습니다. 현재 상황은 지금 세월호 선수 쪽에 컨테이너 부유물도 있고 그래가지고 저희들이 도저히 접근이 불가능합니다. 지금 침몰하기 직전 같네요.[265]

두라에이스호는 세월호에 거의 300미터 거리까지 접근했다. 선장 문예식이 "침몰하기 직전"이라고 말한 것은 세월호가 "거의 복원력을 상실해 회복이 불가능한 심각한 상태"로 보였기 때문이다. 침몰하기까지 얼마 남지 않았다는 것을 알 수 있었다. 문예식은 세월호를 처음 봤을 때부터 승객들을 무조건 배에서 내리게 해야 하는 상황이라고 판단했다.[266] 그런데도 세월호는 해경만 찾아 의아했다.[267]

09:22 VHF 채널 67번 진도VTS-세월호[268]

진도VTS(정영민): 세월호, 세월호, 진도연안VTS.

세월호(신정훈): 네, 세월호입니다.

진도VTS: 네, 경비정들 오는 데 15분, 15분입니다. 지금 선내 방송이나 통해서 승객들, 승객들한테 전원 구명동의를 입으라고 지금 방송을 좀 해주십시오.

세월호: 예, 현재 그 방송도 불가능한 상태입니다.

진도VTS: 예, 그 방송이 안 되더라도 최대한 나오셔서 승객들한테 구명동의를 꼭 착용하고 옷을 두껍게 입으라고 최대한 많이 전파 좀 부탁드리겠습니다.

세월호는 계속 기울어지고 있었다. 선원들은 넘어지지 않으려고 핸드레일을 붙잡거나[269] 벽을 잡고 버티고[270] 있을 뿐 승객을 위한 조치는 하지 않았다. 앞쪽 VHF 통신기로 박경남이 진도VTS에 물었다. 교신 내용을 듣던 두라에이스호가 중간에 끼어들었다.

09:23 VHF 채널 67번 세월호-진도VTS-두라에이스호[271]
세월호(박경남): 진도VTS, 세월호 감도 있습니까?
진도VTS(정영민): 네, 세월호 말씀하세요.
세월호: 네, 본선이 승객들을 탈출시키면 옆에서 구조를 할 수 있겠습니까?
두라에이스호(문예식): 라이프링이라도 착용을 시키셔서 탈출을 시키십시오.[272]
세월호: 지금 탈출을 시키면, 지금 탈출을 시키면 구조가 바로 되겠습니까?
두라에이스호*: 맨몸으로 하지 마시고 라이프링이라도 착용을 시켜가지고 탈출을 시키십시오, 빨리!

세월호가 "승객들을 탈출시키면 구조가 바로" 될지를 묻자 진도VTS 센터장 김형준이 서해청 상황실로 전화했다.[273] 세월호의 승객 퇴선 여부를 어떻게 해야 할지 물은 것이다. 전화를 받은 부실장 이상수가 상황실장 김민철에게 보고했고, 김민철은 상황담당관 유연식에게 다시 물었다. 유연식은 퇴선 여부는 "현지 사정을 잘 아는 선장이 판단할 사항"이라고 말했다. 유연식의 '원론적인 답변이 김민철과 이상수를 거쳐 다시 진도VTS로 전달됐다.[274]

09:24 VHF 채널 67번 세월호-진도VTS[275]
세월호(박경남): 세월호 감도 있습니까? 여기 세월호입니다. 감도 있습니까?
진도VTS(정영민): 예, 세월호, 진도연안VTS입니다. 그 인명 탈출시키는 것은 선장

---

* 진도VTS가 검찰과 감사원, 국회에 제출한 교신 녹취록에는 '진도VTS'로 표시돼 있다. 언론은 녹취록을 보고 진도VTS가 세월호 탈출을 지시했다고 보도했다. 그러나 검찰의 음성 분석으로 진도VTS가 아니라 두라에이스호 선장 문예식이 "탈출을 시키십시오, 빨리!"라고 말한 것으로 확인됐다.

님께서, 선장님께서 지금 직접 판단하셔갖고, 지금 판단을 빠르게 하셔갖고 지금 하십시오.
세월호: 잘 안 들립니다. 천천히 다시 한번 반복해주십시오.
진도VTS: 예, 세월호, 진도연안VTS입니다. 지금 저희가 그쪽 상황을 모르기 때문에 선장님께서, 세월호 선장님께서 최종적으로다가 판단을 하셔갖고 지금 승객을 탈출시킬지 최대한 지금 빨리 결정을 해주십시오.
세월호: 그게 아니고, 지금 탈출하면 바로 구조를 할 수 있느냐고 물었습니다.
진도VTS: 아, 지금 경비정들이, 경비정이 10분 이내에 도착을 할 겁니다. 지금 화물선하고 접근을 지금 하고 있는 상태입니다.
세월호: 10분 후에 경비정이 도착한다고요?
진도VTS: 네, 10분 정도 소요됩니다, 10분.

"탈출을 시키십시오, 빨리!" 이렇게 소리친 두라에이스호 선장 문예식이 자기 말을 기억하지도 못할 정도로 상황이 급박했다.[276] 조타실 뒤쪽에서 VHF를 듣고 있던 신정훈은 "탈출시키라"는 두라에이스호의 외침을 진도VTS가 했다고 생각했다.[277] "탈출시키라", "선장이 빨리 결정하라"는 교신이 계속되자 김영호가 이준석에게 물었다. "어떻게 합니까?" 이준석은 "아무 말도 하지 않았"다.[278] 김영호가 양대홍에게 "10분 후에 구명정이 온다"고 무전기로 전했다.[279] 곧이어 안내데스크에서 강혜성이 안내 방송을 했다. "구조정 및 어선이 10분 후 도착 예정입니다." 배는 계속 기울어지고 있었다.

9시 25분, 1등 항해사 신정훈이 조타실 VHF 통신기로 해경을 불렀다. "해양경찰, 여기 세월호입니다. 감도 있습니까?"
123정 항해팀장 박성삼이 9시 2분쯤에 처음으로 세월호를 호출한 것과 같은 VHF 채널 16번이었다. 그러나 이번에는 123정이 응답하지 않았다. 123정 VHF 통신기는 채널 두 개를 수신하는 듀얼(dual) 기능이 있었다. 그래서 평소에는 진도VTS 채널 67번과 비상 채널 16번을 동시에 맞춰놓았다. 이날은 9시 2분에 채널 16번으로 세월호를 호출한 뒤 수동으로 이 기능을 다시 설정하지 않아 채널 16번만 들을 수 있었다. 하지만 정장 김경일을 비롯한 123정 대원들은 세월호의 호출을 아무도 듣지 못했다고 주장했다. 123정은 사고현장에 도착할 때까지 세월호와 단 한 차례도 교신하지 않았다.[280]

4장
해경

오전 9시 18분~9시 38분, 기울기 49~56도

헬기와 123정

"타워, 여기 호텔 2. 현장 도착 시간, 7분 후면 도착합니다, 7분 후."[281]

9시 18분쯤 헬기 511호의 부기장 김태호가 TRS로 도착 예정 시간을 서해청 상황실에 알린 뒤 현장 상황이 어떤지 물었다.

09:18 해경 TRS 헬기 511호-서해청 상황실[282]
헬기 511호(김태호): 현장 상황 어떻습니까? 현장에 우리 함정 나가 있습니까?
시해청 상황실: 함정 지금 접근 10마일(약 18킬로미터) 전에 있습니다, 가장 가까운 것이.
헬기 511호: 현재 침몰 상태입니까? 어떻습니까, 상태?
서해청 상황실: 침수 중인 상황입니다.

잠시 뒤 123정장 김경일이 TRS로 보고했다. "여기는 123. 현재 남은 거리 5마일. 한 15분 후면 도착합니다." 9시 20분, 서해청 상황실 상황담당관 유연식이 123정에 현장지휘를 지시하며 세월호 탑승 인원을 재전파했다.

"모든 지휘를 현재 대형 함정 도착 시까지 귀국이 하고, 질문이 다들, 인원이 450명이니까 일사불란하게 구명정 같은 거 (……) 준비하고. 그건 그렇고, (세월호와) 교신은 되고 있습니까?"

123정이 바로 답했다. "현재 교신은 안 되고 있음. 현재 목포 인근에 상선들이 현재 사고현장으로 이동 중에 있습니다."

09:26 VHF 채널 67번 세월호-진도VTS[283]
진도VTS(정영민): 세월호, 세월호, 진도연안VTS입니다. 일단은 1분 후에 헬기가 도착할 예정입니다.
세월호: 진도VTS, 세월호. 지금 잘 안 들립니다. 천천히 또박또박 말씀해주십시오.
진도VTS: 1분 후에, 1분 후에, 헬기, 헬기가 도착할 예정입니다.
세월호: 진도VTS, 세월호. 다시 한번 말씀해주십시오.
진도VTS: 예, 곧 있으면 헬기, 헬기가 도착할 예정입니다.
세월호: 승객이 너무 많아서 헬기 갖고는 어려울 거 같습니다.
진도VTS: 예, 헬기도 지금 도착할 거고요. 인근에 있는 선박들도 귀선 쪽으로 지금 접근하고 있습니다. 참고하십시오.
세월호: 예, 알겠습니다.

5층 조타실. 헬기가 곧 도착한다는 소식이 전해졌다. 선원들은 좌현 쪽으로 미끄러지지 않으려고 뭔가를 붙잡고 있었다.[284]

09:27 VHF 채널 67번 세월호-진도VTS-두라에이스호[285]
세월호(김영호): 진도VTS, 세월호 감도 있습니까?
진도VTS(정영민): 세월호 말씀하세요.
세월호: 네, 지금 저희가 육안으로는 확인하는데 AIS를 볼 수가 없는 상황이라, 본선 선수에 있는 빨간 탱커 같은데 이게 선명이 뭡니까? (안 들림) 본선 일단 좌현 쪽으로, 좌현 쪽으로, 선수 쪽 말고 좌현 쪽에서 대기해주시라고 부탁드리겠습

니다.

두라에이스호(문예식): 네, 좌현 쪽에서 지금 대기하고 있습니다. 근데 지금 들물이라서 지금 밀리고 있으니까 그래요. 귀선이 계속 밀리네요.

세월호: 네, 지금 좌현 쪽에 뭐가 대기하고 있죠? 육안으로 확인을 못 해가지고.

두라에이스호: 예, 두라에이스입니다. 헬기가 떠 있는데 참고하십시오.

거의 같은 시각, 제주 운항관리실이 SSB 통신으로 세월호를 불렀다.

09:27 SSB 제주 운항관리실-세월호

제주 운항관리실: 세월호, 세월호, 해운제주 감도 있습니까?

세월호(신정훈): 네, 세월호입니다.

제주 운항관리실: 네, 세월호, 해운제주입니다. 현재 상황 어떤가요? 보고해주십시오.

세월호: 네, 현재 상황은 지금 좌현 약 한 30도 정도 기운 상태에서 더 이상 기울지는 않고 정지해 있습니다. 그리고 (……)에 있는 발전기는 전부 다 꺼져 있고 사람들이 어떻게 움직이기는 힘든 상태입니다.

제주 운항관리실: 좌현으로 기운 이유가 지금 확인되지 않고 있습니까?

세월호: 네, 그렇습니다.

제주 운항관리실: 예, 양지했습니다. 주위 혹시 선박들, 구조 선박들 있습니까?

세월호: 네, 지금 화물선 한 척이 바로 앞에 있는데 배가 너무 기울어서 접근이 안 되는 상황이고 해경이 10분 안에 도착한다고 합니다.

제주 운항관리실: 네, 양지했습니다. 변동 사항 있으면 다시 한번 연락 부탁드립니다.

4층 좌현. 헬기 소리가 객실에서도 들렸다. 복도에서 교사가 "야, 움직이지 마!" 하고 소리치자 학생들도 따라서 "움직이지 마!" 하고 외쳤다. "네, 지금 '웅' 소리가 들리기 시작했습니다. 해경이 오는 것 같은데요." 김동협이 상황을 전했다. "한 놈이 자빠졌습니다, 지금. 퍽 소리가 났고요."286

세월호 선내에 안내 방송이 다시 울려 퍼졌다. 조타실에서 무전으로

"구조정과 어선이 10분 후 도착"이라고 전한 내용이었다.[287] 승객들은 "모터 소리가 들린다"며 귀를 기울였다.[288]

09:26 강혜성 안내 방송

"선내 승객 여러분께 안내 말씀드립니다. 해경 구조정 및 어선 접근 중, 10분 후 도착 예정입니다. (……) 하시고, (……) 기다리시기 바랍니다."

09:29 안내 방송

"지금 현재 위치에 (……) 어선들이 접근 중에 (……) 현재 위치에서 이동하지 마세요."

09:30 안내 방송[289]

"현재 위치에서 안전하게, 안전하게 기다려주시기 바랍니다. 현재 해경 헬기가 본선 접근 중입니다. (……) 기다려주시기 바랍니다."

09:20~09:31

- 배 쏠려서 지금
- 전파 안 터져

- 전부 사랑합니다.
- 여러분 사랑합니다
- 살아서 만나자 ㅋㅋㅋ
- 이따 만나자
- 부디

- 엄마 내가 말 못 할까봐 보내놓는다. 사랑한다.

- 만약에 나 죽으면 ㅋㅋㅋㅋㅋㅋㅋ 진심 장례식에서 울어줄 꺼지?
- 지금 장난 아니고 다 걸고 맹세하고 배가 존나 기울임 ㅋㅋㅋㅋㅋㅋ 기도해주라 장난 아니다

- 쌤미 배 타고 수학여행 가고 있는데 배가 많이 기울었어요 기도해주세요
- 누나 기도해줘 나 죽을 거 같애

- 꼭 기어 할 꺼에요, 진짜 살아서 감^^
- 야, 우리, 배 침몰된다.

123정. 9시 29분, 정장 김경일이 사고현장을 3.6킬로미터 앞두고 쌍안경으로 세월호 선체를 확인했다. 상공에 떠 있는 헬기도 보였다.[290]

"현재 본국 도착 2마일 전. 현재 쌍안경으로 현재 선박 확인 가능. 좌현으로 45도 기울어져 있고 기타 확인되지 않음."[291]

앞서 9시 27분쯤 세월호 선체 위에 도착한 511호에서는 전탐사 이명중이 휴대용 캠코더와 목포항공대 공용 휴대전화로 현장을 찍고 있었다. 세월호 상공을 한 바퀴 돌고 나서 부기장 김태호가 TRS로 현장 상황을 알렸다. 9시 28분, 첫 현장 보고다.

"현재 여객선 40에서 45도로 기울어져 있고, 지금 승객들은 대부분 선상, 선상과 배 안에 있음."
"해상에는 지금 인원이 없고, 인원들이 전부 선상, 선상 중간에 전부 다 있음."

"대형 여객선에서 일부 승객만 선상에 나와 있으니 나머지는 모두 선내에 있을 것"이라고 생각한 김태호는 항공구조사 박훈식, 김재현을 선체로 내려보냈다.[292] 항공구조사는 내려간 뒤에 헬기와 교신할 수 없었다. 상황에 따라 수영을 하며 구조 활동을 벌여야 해서 휴대용 TRS를 지급하지 않기 때문이었다. 헬기와 소통하는 것은 호이스트를 작동하는 정비사와 주고받는 수신호가 전부였다. 정확한 의사 표현에는 한계가 있었다.[293] 바스켓을 올려라, 내려라, 정지해라, 스트랩(의식 있는 환자를 끌어

올릴 때 쓰는 안전벨트)을 보내라는 정도의 의사소통만 할 수 있었다.[294]

항공기 계기판을 점검하던 김태호가 세월호 좌현 쪽에 서 있는 123정을 발견했다. 함정 규모가 작아서 "더 큰 함정이 올 것"이라고 생각했다.[295] 9시 33분에 TRS에서 123정장 김경일이 511호를 호출했다. "511호, 여기 P123." 그러나 기장 양회철과 김태호는 이 소리를 못 들었다고 주장했다.

4층 우현. 승객 김성묵(37, 생존)이 B-27호실에서 휴대전화로 바다 기울기를 쟀다. 45도가 나왔다. 답답한 마음에 혼자 우현 갑판으로 나갔다. 김성묵이 있던 객실에는 제주로 배관 설비 일을 하러 가던 일반인 승객 김홍경(58, 생존), 일행 2명과 함께한 윤칠상(56, 생존)도 있었다. 이들도 김성묵과 같이 나갔다. 옆방인 B-28호실에는 단원고 최○○(17, 생존)가 혼자 남아 있었다. 배가 기울어지면서 짐이 객실 문을 막아버려 방에 갇힌 것이다. 최○○가 짐을 치운 뒤 문을 두드렸는데, 마침 윤칠상 일행이 열어줘서 복도로 나왔다.[296]

4층 선미 B-27호실과 B-28호실은 오른쪽에 있기 때문에 배가 왼쪽으로 기울어지자 수면에서 가장 높은 위치가 됐다. 4층 A갑판에는 B-27호실에서 나온 일반 승객이 여러 명 있었다. 선내 방송은 계속 "움직이지 말라"고 했다. 이때 헬기 소리가 났다. 김성묵이 난간에 매달려 헬기를 쳐다봤다. 헬기에서는 사람이 내려오는 기색 없이 카메라만 내밀고 있었다. 김성묵이 주변 승객들에게 말했다.

"왜 저러고 있는지 모르겠네. 일단 왔으니깐 기다려보자."[297]

9시 32분, 제주항공대 헬기 513호가 현장에 거의 도착했다. 멀리 세월호가 눈에 들어오자 기장 고영주가 전탐사 심재우에게 승객을 찾으라고 지시했다. 먼저 도착한 511호가 배 중앙에서 바스켓을 내려 구조하고 있

었다. "현장 상황 보고하세요." TRS에서 제주해경청 항공대장 박성배의 목소리가 흘러나왔다.[298]

09:32 TRS 513호-제주항공대[진술 재구성][299]
513호(고영주): B511호가 우측 상단에서 호이스트로 구조 작업을 하고 있네요.
제주항공대(박성배): 선체는 몇 도 기울었어요?
513호: 선체는 좌로 50도에서 60도 정도 기운 상태로 침수되고 있습니다. 해상에 표류하는 사람은 없습니다.
제주항공대: 추가 지원 필요해요?
513호: 사람들이 계속 나오는 상황인데 팬서 헬기는 구조 인원이 제한적이니까 더 많은 사람을 실을 수 있는 카모프 헬기가 필요할 것 같습니다.

제주항공대는 뒤늦게 카모프 헬기 505호 출동을 준비시켰다.*
9시 34분, 5층 우현 난간에 있던 50대 여성 1명이 항공구조사의 도움으로 바스켓을 통해 511호에 탔다. 해경이 처음 구한 세월호 승선원, 조리부 김종임이다. 다시 내려진 바스켓에 50대 남성이 탔고, 곧바로 끌어 올려졌다. 김종임과 함께 도주한 조리장 최찬열이다. 9시 36분이었다.

511호가 승객을 한 사람씩 끌어 올려 태우는 모습을 보던 513호 기장 고영주는 '무엇을 해야 하는지 분명하다'고 생각했다. 511호가 세월호 상공에서 빠진 뒤 릴레이로 들어가면 된다고 본 것이다. 그래서 511호 작업이 끝날 때까지 멀찍이 떨어졌다. 세월호 선미 3층 난간에는 기운 벽에 두 발을 딛고 선 승객 4명이 있었다. 전남사 심재우가 촬영한 소형 캠코더 영상에도 승객들이 잡혔다. 513호는 511호 구조 장면을 촬영하며 세월호 주변에서 대기했다.

---

* 10시에 이륙한 제주항공대 카모프 헬기 505호는 10시 36분 현장에 도착했다. 제주항공대에서 현장까지는 93킬로미터로, 준비 시간까지 포함하면 45분 정도 거리다. 505호에는 스피커 장비가 있었다. 123정 사건, 검찰 고영주 진술조서(2014. 6. 10.), 수사기록 1633, 1635쪽.

123정. 9시 35분. 현장에 도착한 123정이 속도를 줄이며 세월호 좌현으로 다가갔다. 갑판에 서 있던 전기팀장 박상욱은 세월호와 가까워질수록 당황스러웠다. 예상보다 배가 너무 큰 데다 당장에라도 침몰할 것만 같았다. "그런 광경은 처음"이었다.[300] 갑판으로 나와 구조를 요청하는 사람은 1명도 보이지 않았다.

출동 내내 기관실에 있다가 가장 늦게 갑판으로 나온 정비팀장 이종운은 세월호 선수 좌현에 있는 컨테이너가 당장에라도 바다로 떨어질 것 같아 "긴 시간 동안 부력을 유지하는 것은 힘들 것"이라고 생각했다."[301]

아무런 지시도 받지 못한 의경 박○○는 평소와 다름없이 취사 업무를 하기 위해 홀로 취사실에 남았다.[302] 아침 식사 후 못 끝낸 설거지도 했다. 우연히 식당으로 내려간 병기팀장 이형래가 이 모습을 보고 말했다. "지금 이럴 때가 아니다. 우리 점심 못 먹으니 식사 준비도 할 필요 없다. 승객들이 쓸 체온 유지용 모포와 우리가 쓰는 이불이라도 가져와라." 그제야 박○○는 대원들의 선실을 오가며 모포와 이불을 챙겼다.[303]

세월호 좌현에서 100미터쯤 떨어진 위치에 123정이 멈춰 섰다. 세월호를 한 바퀴 돌아보지도 않고 선미 크레인으로 구명보트를 내렸다. 보수팀장 김용기가 구명보트 스타터 끈을 몇 차례 당겼지만 꿈쩍도 안 했다. 평소에는 한두 번 당기면 시동이 걸렸다.

"이거 왜 이래?" 구명보트 엔진에서 갑자기 흰 연기가 피어났다. 기온이 낮아 예열이 안 된 탓이었다.[304] 옆에서 지켜보던 이형래는 당황해서 "발을 동동 굴렀"다. "보트를 잘 내려라." 부정장 김종인은 조타실에서 마이크를 잡고 방송했다. 예기치 못한 상황에 당황한 해경 대원들은 그 말을 알아듣지 못했다.[305] 김용기가 20여 차례 스타터 끈을 힘껏 잡아당기고 나서야 엔진이 겨우 작동했다. 보트를 내리고 2분 12초 만이었다.[306]

보트에는 해경 대원 13명 중 2명, 김용기와 안전팀장 박은성이 탔다. 박상욱은 자신이나 이형래가 함께 타면 '더 많은 승객을 태우고 나올 수 없다'고 판단했다.[307] 조타실에서 교신하는 정장 김경일과 기관장 최완식, 항해팀장 박성삼 등 3명을 빼도 123정에는 8명이 남아 있었다.[308]

구명보트가 막 떠나려는데 조타실에 있던 정장 김경일의 휴대전화가 울렸다. 해경 본청 상황실이었다.

09:36 해경 본청 상황실(2342)-123정

김남진: 네, 정장님, 본청인데요. 지금 저 현재 상황을 좀 바로바로 보고 좀 해주세요.

김경일: 현재 지금 도착했는데요. 사람들이 하나도 안 보이고 헬기가 요 위에서 (구조 작업) 하는데, 계류할 수가 없네요. 그래서 현재 지금 사람들이…….

김남진: 영상 시스템 작동 안 됩니까?

김경일: 구명벌(구명뗏목) 투하도 없고, 구명벌 투하가 없는데, 현재 여기 지금 사람이 안 보여가지고요. 헬기 쪽으로 문의 한번 해볼랍니다. 아마 선상 안에 있는가 봅니다.

김남진: 아, 사람들이 전혀 안 보여요?

김경일: 예예, 지금 현재…….

김남진: 잠시만요, 잠시만요.

경비과장 여인태가 전화기를 바꿔 받았다.

여인태: 여보세요, 여보세요.

김경일: 예, 여보세요.

여인태: 예, 자, 잘 들으세요. 본청 경비과장인네요.

김경일: 예, 예.

여인태: 지금 현장 도착했죠?

김경일: 예, 도착했습니다.

여인태: 자, 그 배 상태 지금 어때요?

김경일: 현재 지금 좌현으로 약 45도, 50도 정도 기울었습니다.

여인태: 좌현 50도?

김경일: 50도 정도 기울어졌고요. 지금 우리 헬기 두 척이, 두 대가 지금 제일 상공

에서 인원을 구조하고 있습니다.

여인태: 자, 사람들 보여요, 안 보여요?

김경일: 사람들 하나도 안 보입니다, 지금.

여인태: 사람들이, 아니, 갑판에 사람들 한 명도 안 보여요?

김경일: 예, 안 보입니다. (저기, 저기 좀 봐요. 저기 봐요, 어이 저기 뭐여, 저기 한번 묶어 줘.)

여인태: 그럼, 갑판에 사람들 보여요, 안 보여요?

김경일: 현재 갑판은 안 보이고요. 사람이 간간이 보이는데 단정으로 구조해야 할 것 같습니다.

여인태: 사람들 전부 바다에 뛰어내렸어요, 안 내렸어요?

김경일: 바다에 사람이 하나도 없습니다.

여인태: 바다에도 사람이 안 보이고?

김경일: 예예.

여인태: 구명동의 보여요, 안 보여요?

김경일: 구명동의는 그대로 다 있습니다. 하나도 투하 안 했습니다.

여인태: 구명정은?

김경일: 네?

여인태: 구명정 같은 거 있어요, 없어요?

김경일: 다시 한번 말씀해주십시오.

여인태: 구명정, 구명정.

김경일: 구명정, 구명벌은 그대로 하나도 안 터지고 그대로 있습니다.

여인태: 자, 그럼 사람이 배에도 안 보이고 바다에도 하나도 없단 말이에요?

김경일: 네네.

여인태: 그럼 사람은 전혀 안 보이고 배는 지금 그……

김경일: 지금 배는 약 좌현으로 50도 정도 기울어졌고요.

여인태: 침몰, 침몰할 것 같아요, 안 할 것 같아요?

김경일: 현재 봐서는 지금 계속 더 기울어지고 있습니다.

여인태: 계속 기울어지고 있어?

김경일: 네네.

여인태: 아, 잠깐만…….

김경일: 그래서, 저희들이…….

여인태: 자, 그다음에, 여보세요?

김경일: 예.

여인태: 자, 정장님.

김경일: 예.

여인태: TRS 돼요, 안 돼요?

김경일: 다시 한번요.

여인태: TRS 돼, 안 돼?

김경일: TRS 되고 있습니다.

여인태: 자, 지금부터 전화기 다 끊고 모든 상황을 TRS로 다 실시간 보고하세요.

김경일: 네, 알겠습니다.

여인태: TRS 52번.

김경일: 네, 알겠습니다.

여인태: 우리 정장님이 (……) 갖고 TRS로 송신하고 무조건 실시간으로 계속 보고하세요.

김경일: 예, 알겠습니다.

    순간순간 점점 더 위급해지는 상황에서 해경 본청 상황실이 무려 2분 22초 동안 현장지휘관을 붙들고 보고를 받았다. 그 결과 사실상 모든 현장 정보가 전달됐다. 갑판과 해상에 "사람은 전혀 안 보이고", "구명정, 구명벌은 그대로 하나도 안 터지고", 배가 "계속 더 기울어지고" 있어서 "침몰할 것" 같다는 것이다. 그러나 이게 끝이었다. 여인태는 승객이 어디에 있는지 확인하라거나 대공 마이크로 퇴선 방송을 해보라는 지시는커녕 구명벌이라도 터뜨리라는 말조차 하지 않았다. 123정상에게 앞으로 계속 "모든 상황을 TRS로 다 실시간 보고"하라는 것이 유일한 지시 사항이었다.

승객들

4층 선미 우현 측 복도. "헬리콥터다." 9시 37분쯤 단원고 학생 박예슬(17, 사망)이 말했다. 4층 선미 우현 SP-2호실과 SP-3호실 사이 복도에서 구명 조끼를 입고 친구들과 누워 있던 박예슬은 친구 김영은(17, 사망)과 딱 붙어 앉아 자기들과 다른 친구들 모습을 번갈아 찍고 있었다. 휴대전화를 이리저리 기울이며 배의 기울기를 설명하려고 애썼다. "기울기를 어떻게 보여주지? 원래는 이건데……." 박예슬 왼편에서 최수하(17, 사망)가 울먹였다. "어떡해, 나 너무 무서워!" 그때 선내 방송이 울려 퍼졌다. "선내 안내 말씀드리겠습니다. 현재 구명동의를 착용하신 승객분들께서는 구명동의에 매여 있는 끈이 제대로 묶여 있는지 다시 한번 확인하셔서 잘 묶으시기 바랍니다." 박예슬이 웃으며 말했다. "와! 바다로 뛰어내린다! 와!" 하지만 최수하는 펑펑 울기 시작했다. "엄마, 정말 미안해! 아빠도 미안하고! 엉엉!" 박예슬이 또 웃으며 말했다. "살 건데 뭔 개소리야." 그러곤 휴대전화 렌즈를 향해 손을 흔들었다. "살아서 보자!"[309]

학생들은 손에서 휴대전화를 놓지 않았다. 신승희(17, 사망)도 휴대전화로 친구와 '셀카'를 찍으며 가만히 누워 있었다. 5미터도 안 되는 거리에 밖으로 나갈 문이 있었다. 이 무렵 누군가 "누가 바다로 뛰어내린다"는 말을 전했지만, 학생들은 움직이지 않았다.

4층 중앙 좌현 측 복도. 김성묵, 윤칠상, 김홍경 일행은 B-28호실에서 데리고 나온 학생 최○○와 4층 갑판으로 빠져나갔다. 최○○를 먼저 5층 갑판으로 올려 보냈다. 난간을 잡고 벽을 타듯 5층으로 올라가던 최○○를 511호 항공구조사들이 발견하고 바스켓에 태웠다. 김성묵 일행도 헬기 쪽으로 올라가려 할 때 선내에 있던 학생들 목소리가 들렸다. 반대편인 좌현 측 B-23호실 근처였다. 출입문을 통해 내려다보니 6미터쯤 밑에서 학생들이 웅크리고 앉아 있었다.

"여기 학생들 많아요, 도와주세요!"

많은 학생들이 있었다. 겁에 질려 엉엉 우는 학생, 구명조끼 끈을 묶지 않은 채 걸치고 있는 학생도 있었다. 김홍경이 "끈을 잘 묶으라"고 말했다. 세 사람이 객실 창문의 커튼을 뜯어 이어서 학생들에게 던졌다. 학생들은 구조될 순서를 기다리면서 얼굴을 내밀고 있었다.[310]

B-23호실에 있던 단원고 학생 이○○(17, 생존)는 창문의 절반 이상이 "파란색으로 칠한 것"처럼 물에 잠기고 나서야 방을 빠져나왔다.[311] 객실 복도는 칠흑같이 어두웠다.[312] 구명조끼를 입은 학생 20여 명이 벽에 등을 기대고 앉아 있었다. 이들은 모두 단원고 학생 신○○(17, 생존) 덕에 구명조끼를 입었다. 9시 5분쯤부터 신○○가 주변 객실 여섯 곳을 차례차례 들어가 침대 밑에 있는 구명조끼를 꺼내 복도로 던졌다.[313]

단원고 이○○는 바다가 잘 보이는 갑판으로 나가는 문 바로 앞에 앉았다. B-23호실 바로 옆이 좌현 갑판으로 통하는 출구였다. 바다가 점점 가까워졌다. 그러나 이○○는 배가 그쪽으로 기울어졌으니까 다른 쪽으로 나가야 한다고 생각했다. 그 출구는 "문이 처음부터 완전 활짝 열려 있어서 바다가 너무 잘 보였"고 배가 좌현으로 기울어지면서 바다 쪽으로 떨어질 것만 같았다. 우현으로 헬기가 왔으니 위로 나가야 한다고 생각했다.[314] 바다에 뛰어들자고 말하는 사람은 없었다. 헬기 소리가 들렸지만 바다에는 아무도 보이지 않았다.[315]

이때 신○○는 우현 갑판에서 김성묵을 비롯한 일반 승객들이 커튼으로 학생들을 끌어 올리는 모습을 보았다.[316] 정상적인 상황이라면 B-23호실에서 B-28호실로 이동하는 것이 전혀 어렵지 않을 테지만 배가 좌현으로 45도 이상 기운 상태에서 두 객실 사이를 이동하기란 미끄러운 암벽을 오르는 것과 비슷했다.

"헬기를 탈 거니까, 올라갈 자신이 있는 사람만 올라가자. 헬기를 탈 수 있는 사람

은 손을 들어!"³¹⁷

신○○가 복도에 있는 학생들을 향해 소리쳤다. "곧 있으면 배가 오니까 무서운 애들은 배를 타고 나가면 된다"고도 말했다.³¹⁸ 이○○는 손을 들었다. 헬기를 타겠다고 먼저 일어선 학생은 6명이었다. 다른 여학생들은 움직이기를 두려워했다. 가파른 복도를 올라가기가 쉽지 않아 보였다. 고소공포증 때문에 포기한 학생도 있었다. "아무래도 나는 못 타겠어. 다음 지시를 들을게."³¹⁹ 이렇게 말한 학생은 결국 탈출하지 못했다.

남학생들은 쉽게 커튼에 매달려 올라왔다. 그러나 여학생들에게는 무리였다. 김성묵과 일반 승객들이 커튼 여러 장을 더 연결해 학생들의 몸에 감고 끌어당겼다. 그러나 이○○는 커튼을 몸에 단단히 묶지 못한 채 위로 올라가다가 다시 B-23호실 쪽으로 굴러떨어졌다.³²⁰

헬기. 9시 43분, 밖으로 빠져나온 승선원 6명을 차례로 태운 511호가 세월호 상공을 벗어났다. 이들을 서거차도에 내려주고 돌아와야 다른 사람들을 더 구조해서 태울 수 있었다. 511호가 떠 있던 자리에 513호가 접근했다. 항공구조사 류규석이 선체로 내려갔다.³²¹ 현장에 도착하고 10여 분 만이었다. 류규석이 내려가기 직전에 정비사 박순율이 "안전하게 구조하라"고 말했다. 고영주는 고도를 유지하며 제자리비행을 하는 데 집중했다. 모든 교신은 부기장 이성환이 했다. 이성환은 "승객들이 다 나오지 못한 상황"이라는 걸 짐작했다. 그러나 승객 탈출 유도는 123정이나 선장의 몫이라고 생각했다.³²² 기장 고영주도 침몰하는 배가 "인천에서 제주로 가는 여객선"이라는 사실을 알았다.³²³

5장
도주와 탈출
오전 9시 35분~10시 7분, 기울기 53~69도

선장과 선원들

5층 조타실. 9시 35분경 조타수 오용석이 조타실에 설치된 핸드레일을 잡고 우현 출입문 쪽으로 갔다.[324] 조타실 우현 출입문을 열려고 해보다 여의치 않자 조타수 박경남을 불렀다. "위로 올라와라." "팔이 아파서 못 올라가겠다." 박경남이 거절했다.[325] 결국 오용석은 우현으로 나가기를 포기하고 내려왔다. 이번에는 1등항해사 강원식과 박경남이 좌현 구명뗏목을 터뜨리겠다며 좌현 쪽 출입문으로 갔다.[326] 조타실에 있던 구명조끼 3번 중 2벌은 박경남, 박한결이 입었다.

09:36 VHF 채널 67 진도VTS-세월호[327]
진도VTS(정영민): 세월호, 세월호, 진도연안VTS.
세월호(김영호): 예, 세월호, 세월호입니다.
진도VTS: 예, 지금 침수 상태가 어떻습니까, 침수?
세월호: 아, 침수 상태 확인 불가하고, 지금 일단 승객들은, 지금 해경이나 옆에 상선들은 옆에 거의 50미터에 근접해 있고, 지금 좌현에 좌현으로 해가지고 탈출할 수 있는 사람들만 일단 탈출 시도하라고 일단은 방송했는데, 지금 좌현으로

사실 이동하는 것도 쉽지 않습니다. 지금 그런 상황입니다.
진도VTS: 예, 양지했습니다.
세월호: 배가 한 70도, 60도 정도 좌현으로만 기울어져 있는 상태고 지금 항공기까지 다 떴습니다, 헬기랑.
진도VTS: 예, 양지했습니다.

박경남은 조타실 좌현 윙브리지에 자리를 잡고 바깥 상황을 주시했다. 123정에서 구명보트를 내리고 출발 준비를 하고 있었다.

3층 기관부 객실 복도. 기관부 선원들은 승객 구조 임무를 내팽개치고 있었다. 이수진은 헬기 소리가 우현 쪽에서 들리자 '저쪽 승객들이 있는 쪽을 구하고 거기부터 구조를 시작하고 있나 보다', '이쪽까지는 못 올 수도 있겠다'는 생각에 울음을 터트렸다.

"물이 더 들어오기 시작하면 여기서도 못 나가지 않을까요?"

밖을 보던 조기수 전영준이 말했다. 기관장 박기호는 잠시 생각하다 입을 열었다. "그럴 수도 있겠다. 그러면 일단 나가보자. 그런데 혼자 나가면 떨어지니까 위에서부터 손을 잡고 내려가보자." 박기호, 이수진, 손지태, 전영준, 이영재 순으로 손을 잡고 3층 좌현 갑판으로 나오자 100미터쯤 떨어진 곳에 123정 구명보트가 보였다. 이수진이 손을 흔들며 소리쳤다.[328] "여기예요, 여기!"

9시 38분. 해경 구명보트에 탄 김용기, 박은성이 123정 선수를 돌아 세월호로 다가갔다. 이때 선미 쪽 3층 좌현 난간에서 구명조끼를 입고 손을 흔드는 '사람들'이 보였다. 구명보트는 곧장 그쪽을 향해 세월호 좌현 중앙에 접안했다.[329] 구명보트가 멈춰 선 곳 바로 위 4층 좌현 갑판에도 '사람들'이 있었다. 일반 승객 김병규 부부와 조○○였다. 해경은 이들을 지

나쳤다.[330]

"여성분 먼저! 여성분 먼저!"[331] 박은성이 구명보트에 탄 채로 3층 갑판 난간에 기대서 있던 기관부 선원들에게 소리쳤다. 비스듬하게 기운 세월호 3층 좌현 갑판과 구명보트의 높이 차이는 1미터 정도였다. 김용기가 보트를 난간 옆에 붙이자마자, 앞에 있던 박은성이 이수진의 목덜미를 잡아채 끌어냈다.[332] 박은성은 세월호가 많이 기울어져서 더는 진입할 수 없다고 판단했다.[333] 해경 대원들이 다시 외쳤다.

"배 넘어간다고, 이 양반아!"[334]

9시 39분, 해경 123정의 첫 구조자는 기관부 선원 5명이다. 3등기관사 이수진과 조기수 이영재는 파란색 일체형 작업복을, 손지태는 황토색 분리형 작업복을 입고 있었다. 여기저기 까만 기름이 묻은 작업복이었다. 이수진은 "배가 넘어갈 것 같다", "다 못 태운다"는 해경의 말을 들었다. 구명보트를 타고 123정으로 가는 동안 해경이나 선원 중 누구도 말을 꺼내지 않았다. 123정에 도착하자 배 위의 해경들이 선원들을 끌어 올렸다. 한 해경이 이수진의 옷을 보고 물었다. "선원이십니까?" 옆에 있던 박기호가 말했다.

"모두 기관부 직원입니다."[335]

5층 조타실. 윙브리지에 있던 박경남이 구명보트가 기관부 선원들을 태우고 123정으로 돌아가려는 것을 목격했다.[336]

"아, 저기 봐라. 기관부 먼저 탈출한다."[337]

박경남이 소리쳤다.[338] 이때 제주 운항관리실에서 SSB 통신기로 세월호를 불렀다. 신정훈이 답했다. 세월호가 외부와 나눈 마지막 교신이다.

09:40 SSB 제주 운항관리실-세월호[339]
제주 운항관리실: 세월호, 세월호, 해운제주 감도 있습니까?
세월호(신정훈): 네, 세월호입니다.
제주 운항관리실: 네, 혹시 경비정, 해경 경비정 도착했나요?
세월호: 네, 경비정 한 척 도착했습니다.
제주 운항관리실: 네, 현재 상황 좀 정확하게 좀 다시 말해주시겠습니까?
세월호: 예? 뭐라고요?
제주 운항관리실: (다른 담당자가 바꿔 받음) 네, 선장님, 고생이 많습니다. 현재 진행 상황 좀 말씀해주세요.
세월호: 네, 경비정 한 척 도착해서 지금 구조 작업 하고 있습니다.
제주 운항관리실: 예, 지금 해경정이 바로 계류했습니까?
세월호: 네, 지금 경비정 옆에 와 있습니다. 그러고 지금 승객이 450명이라서 지금 경비정 이거 한 척으로는 부족할 것 같고 추가적으로 계속 구조를 하러 와야 될 것 같습니다.
제주 운항관리실: 예, 잘 알았습니다. 현재 더 이상 선체가 기울지는 않고 있죠?
세월호: …….

갑자기 교신이 끊겼다. 같은 시각 진도VTS도 VHF 채널 67번으로 세월호를 계속 호출하고 있었지만 응답이 없었다. 조타실의 선원들이 모두 좌현 출입문 근처로 모였다.[340] '승객은 어떻게 하나' 하는 말은 누구도 꺼내지 않았다.[341] 도주 준비가 끝났다.

3층 로비. 승객들은 배가 서서히 넘어가는 것을 느끼고 있었다. "구조하러 언제 오냐. 빨리 연락을 해라." 불안한 마음에 김정근(60, 생존)이 여객부 선원 강혜성과 박지영을 다그쳤다. "자꾸 애들 동요하니까 그냥 가만히 기다려. 그럼 구조하러 올 거 아냐?" 옆에 있던 노인이 잔소리를 했다. 박지영은 서서 계속 무전을 하고, 강혜성은 기운 바닥에 누운 채 안내

방송을 되풀이하고 있었다.³⁴² 9시 37분쯤 "구명동의 끈이 제대로 묶여 있는지 확인하라"고 방송한 데 이어 9시 42분쯤 또다시 대기하라는 안내 방송을 했다.

"현재 위치에서 이동하지 마시고 안전하게 대기하시기 바랍니다."

승객들은 이 지시에 따라 바닥에 등을 댄 채 조용히 해경의 구조를 기다렸다. 화물차 기사 최재영은 출입문을 통해 바다를 지켜보고 있었다. 어느새 좌현 갑판이 바다와 50센티미터 거리로 가까워졌다. "이거, 배 침몰할 것 같다." 최재영이 옆에 서 있던 동료 한승석(38, 생존)에게 말했다. 바다 쪽에서 모터 소리가 들리더니 해경 구명보트가 보였다. "해경이 도착했는갑다."³⁴³ 3층 로비에 있던 사람들이 술렁였다. 단원고 학생들은 교사 양승진이 바다로 떨어진 뒤 더는 추락하지 않도록 출입문을 막아놓은 소파에 발을 붙이고 누워 있었다.

구명보트. 구명보트는 기관부 선원들을 123정에 내려주고 다시 세월호로 향했다. 이때 바다에 빠져 있는 사람을 1명 구조했다. 조기수 박성용이었다.³⁴⁴ 앞서 박성용이 갑판에 나왔을 때 기관부 선원 5명이 구명보트에 타고 있었다.³⁴⁵ 박성용은 구조받지 못할까 봐 다급한 마음에 바다로 뛰어들었다. 하지만 구명보트가 멀어졌고, 박성용은 123정 쪽으로 50미터쯤 헤엄쳤다.³⁴⁶

승객 김병규는 박성용을 태우려고 구명보트가 다시 접근하는 것을 발견했다. 구명조끼에 달린 호루라기를 불었다.³⁴⁷ 구명보트가 비로소 김병규에게 다가갔다. 9시 41분, 123정 구명보트가 처음으로 승객을 구조했다. 3층 좌현 갑판에는 조기수 김규찬도 있었다. 김규찬은 파란색 작업복을 입은 다른 선원들과 달리 눈에 띄는 주황색 작업복을 입고 있었다. 바다에 빠지면 체온이 떨어질 것을 대비해 모자를 쓰고 흰색 마스크와

장갑도 꼈다.* 해군 시절부터 익힌 본능적 행동이었다.[348]

세월호와 멀리 떨어져 정지한 123정과 세월호 사이를 구명보트가 오갔다. 9시 43분, 구명보트가 세 번째 출발할 때는 이형래가 올라탔다. 보트에 타기 직전 이형래는 조타실에 들러 김경일에게 "구명벌(구명뗏목)을 터뜨려야겠다"고 말했다. 김경일은 "알겠다"고 답했다. 이형래는 오직 '구명벌을 터뜨려야겠다'는 생각만 했기 때문에 갈고리장대나 홋줄 없이 맨몸으로 세월호에 다가갔다.[349]

구명보트가 출발한 직후, 123정 대원이 조타실 윙브리지에 서 있는 박경남을 발견하고 손으로 가리켰다.[350] 구명보트에 탄 김용기도 조타실 윙브리지 쪽을 봤다. 김용기가 조타실 윙브리지 쪽을 향해 두 팔을 크게 흔들며 헤엄치는 동작을 했다.

4층 좌현 레크리에이션룸은 갑판이 없어서 창문 너머 바로 바다가 보였다. 승객들은 3층보다 더 빠르게 배가 기우는 것을 느꼈다. 해경 구명보트가 세월호로 다가오는 것도 잘 보였다.[351] 한 학생이 밖으로 나가는 유리문을 잡고 서 있었고,[352] 이를 본 김용기가 오른손을 빠르게 흔들었다. 내려오라는 신호였다.

구명보트가 세월호 좌현 갑판 가까이 붙었다. 이형래가 난간을 넘어 3층 좌현 갑판으로 올라갔다.[353] 배가 좌현으로 기울어져서 허리 정도 높이였기 때문에 구명보트에서 한쪽 다리를 걸쳐 바로 올라갈 수 있었다.[354]

눈앞에 3층 로비와 연결된 출입문이 있었다. 이 문은 "열려" 있었다. 문으로 들어가면 방송장비가 있는 안내데스크가 보였다. 그곳에 구명조끼

---

* 김규찬은 작업복 색깔 때문에 '오렌지맨'으로 불렸다. 모자와 마스크를 쓰고 흰색 장갑을 낀 모습에 '고도로 훈련된 폭파 요원'이라는 의혹이 일기도 했다. 김규찬은 선원 사건 피의자 신문에서 "배가 침몰하여 물에 빠져 헤엄을 치게 되면 체온을 유지해야 하기 때문에" 작업복을 입고 모자와 등산화를 착용했다고 진술했다. 검찰은 "김규찬은 세월호 조기수가 맞으며, 세월호 선체가 폭발한 흔적이나 증거는 없다"라고 발표했다. 선원 사건, 1심, 19회 공판조서(2014. 9. 30.)(김규찬 증인 신문 부분), 14~15쪽; 대검찰청 보도자료, 세월호 침몰 사고 관련 수사 설명 자료(2014. 10. 6.), 8~9쪽.

를 입은 승객 25명이 해경의 구조를 기다리고 있었다. 열린 문 앞에는 김
○○(17, 생존), 김○○(17, 생존), 정○○, 여학생 3명이 앉아 있었다.[355]

그러나 이형래는 곧장 오른쪽으로 몸을 돌려 5층 갑판과 통하는 계단
으로 갔다. 구명뗏목이 있는 5층 갑판까지 수월하게 올라간 뒤 다시 50미
터를 별다른 장비 없이 이동했다. 계단을 "성큼성큼 올랐"다.[356] 선미에
서 선수로 이동하는 것이 어렵지 않았다.[357] 3층에서 5층까지 이동하는
데 1분도 안 걸렸다.[358]

이형래가 지나친 출입문 앞에 앉아 있던 여학생들은 밖에서 해경이 말
하는 소리를 들었다. 김○○이 소리쳤다.

"살려주세요!"[359]

자기들이 외치는 소리를 밖에 있는 해경이 들을 수 있을 거라고 생각
했다.[360] 그러나 해경은 안으로 들어오지 않았고 구명보트는 출입문을
지나쳐서 123정으로 돌아가버렸다.[361] 갑판은 서서히 바다에 잠기고 있
었다.[362]

123정. 이형래가 5층 갑판으로 올라가 구명뗏목 방향으로 걸어가고 있
을 때 123정은 세월호 조타실 쪽으로 다가갔다. 선체는 56.2도까지 기운
상태였다.[363] 123정 항해팀장 박성삼은 세월호에서 가장 접안하기 쉬운
곳이 조타실이라고 생각했다.[364] 세월호가 기울어질수록 123정과 높이
차이가 줄어드는 만큼 접안이 쉬워졌다.[365]

9시 45분쯤 123정 선수가 세월호 5층 조타실 좌현 윙브리지에 거의 접
근했다. 이때 조타실 바깥쪽 출입문에 기대서 123정을 지켜보던 강원식
이 바깥으로 미끄러졌다. 출입문이 떨어져 나간 것이다.* 123정 선수 맨

---

* 세월호 조타실 좌현 출입문이 둘이다. 강원식이 기대서 있다가 아래쪽 경첩이 떨어진 것이 바깥쪽

앞에는 해경 박상욱과 이종운이 서 있었다. 박상욱이 세월호로 건너갔다. 내려오는 사람들을 돕기 위해 초록색 방수 비닐로 덮인 구조물에 발을 딛고 올라섰다. 바깥쪽 조타실 출입문 중앙에 있는 '통제구역' 표지가 보였다.366 강원식은 왼쪽 가슴에 '청해진해운'이 찍힌 회색 작업복을 입고 있었다.367

이때 선내에서 안내 방송이 들렸다. 강혜성의 목소리였다.

"안전하게 기다리시고 더 이상 밖으로 나오지 마시기 바랍니다."*

선내 방송에 반응하는 해경은 없었다. "펜더 대고! 펜더!" 123정 조타실에서 부정장 김종인이 갑판 위에 있는 '해경'을 향해 방송했다. 이와 동시에 의경이 노란색 펜더를 들고 선수로 뛰어나왔다. 배끼리 잘못 부딪치면 선수 부분이 파손될 수 있었다. 조타실에서 윙브리지로 미끄러져 내려온 박경남이 조타실을 향해 손짓했다. 그리고 윙브리지에 길게 드리워 있던 파란색 고무호스를 둘둘 감아 세월호 조타실 안으로 던져서 다른 선원들이 내려올 수 있게 했다.

앞서 구명보트에서 세월호로 올라간 이형래는 5층 좌현 선수 갑판에 있는 구명뗏목을 터뜨리려 안간힘을 쓰고 있었다. "장비가 없어서 맨손으로 하다 보니 핀이 잘 안 뽑혔다."368 선미 쪽 구명뗏목 3척을 손으로 터뜨리려다 실패했다. 선수 쪽 조타실 근처의 구명뗏목 2척은 발로 차서 바다로 떨어뜨렸다. 구명뗏목은 바다와 닿는 순간 자동으로 펼쳐져야 하

문이고, 123정 훗줄이 매인 것은 안쪽 출입문 근처다.

* 123정 촬영 동영상에서는 이 말만 들린다. 같은 시간대에 단원고 김동협이 촬영한 동영상을 보면 "현재 위치에서 안전하게 기다리시고 더 이상 밖으로 나오지 마시기 바랍니다. 현재 위치에서 안전하게 기다리시고 더 이상 밖으로 나오지 마시기 바랍니다"라고 방송한다. 123정 사건, 검찰 수사보고 (2014. 6. 12.), 123정 촬영 동영상, 수사기록 2172쪽; 청해진해운 사건, 수사보고(2014. 10. 13.), 김동협 휴대폰 동영상, 수사기록 18791쪽.

는데, 어찌 된 일인지 꿈쩍도 하지 않았다.* 이형래는 123정으로 다시 건너가 123정 난간 지주봉에 구명뗏목 줄을 묶은 뒤 계속 펼쳐보려고 했다. 결국 하나는 펼쳤지만, 다른 하나는 줄을 놓치고 말았다.**

가장 먼저 좌현 윙브리지에 내려와 있던 박경남과 조타실에서 미끄러져 떨어졌던 강원식이 123정으로 건너갔다. 이어, 조타실에서 선장 이준석이 고무호스를 붙잡고 내려왔다. 123정은 세월호와 홋줄로 묶이지 않은 상태라 계속 옆으로 흔들렸다. 세월호와 조금 거리가 생겼지만 이준석은 팬티 바람으로 왼쪽 다리를 길게 뻗어 123정에 올라탔다. 9시 46분, 침몰하는 여객선의 선장이 도주했다.

그다음 차례로 조타실에서 내려갈 사람은 박한결이었다. 그러나 파란색 작업복 차림의 박한결이 선뜻 움직이지 못했다. "뛰어내리세요!" 박상욱이 외쳤다.369 박한결이 머뭇거리자 뒤에 있던 김영호가 발로 밀어냈다.370 박한결은 미끄러져 내려와 주저앉은 채로 한동안 일어나지 못했다. 그러는 사이 123정은 세월호에서 잠시 멀어졌다.***371

---

* 팽창식 구명뗏목은 배가 침몰해 4미터 이상 잠기면 자동으로 떨어져 펼쳐지도록 설계돼 있다. 바다로 탈출한 승객들이 의지할 수 있는 마지막 구조 설비인 셈이다. 세월호 침몰 사고 때 팽창식 구명뗏목과 미끄럼틀은 제구실을 못 했다. 배에 실린 25인승 구명뗏목 44척은 1,000명 넘는 인원을 태울 수 있는 규모지만, 사고 당시 바다에서 펼쳐진 것은 2척밖에 없었다. 5~6층 건물 높이인 세월호 갑판에서 바다로 탈출하려면 미끄럼틀이 필요한데 4개의 미끄럼틀도 터지지 않았다. 부실한 점검 탓이다. 해양안전설비업체인 '한국해양안전설비'가 사고 발생 직전인 2014년 2월에 세월호의 구명뗏목과 미끄럼틀을 정비했다. 구명뗏목 하나를 점검하는 데 보통 3시간이 소요되지만, 세월호의 구명뗏목 44척을 점검하는 데는 이틀이 채 안 걸렸다. 미끄럼틀에는 아예 손도 대지 않았다. 그러고는 마치 징싱직으로 점검을 마친 것처럼 구명뗏목을 세척한 다음 용기에 넣어 탑재했다. 한국해양안전설비 사장 송주용은 「선박안전법」 위반 혐의 등으로 기소돼 징역 1년 6개월에 집행유예 3년을 선고받았다. 광주지방법원 판결문 2014고합224(2015. 2. 3.); 광주고등법원 판결문 2015노138(2015. 6. 9.).

** 터진 구명뗏목은 조류에 떠내려가지 않도록 123정에 묶었다가 구조 작업에 방해가 돼 끊어버렸다. 이형래는 "더 이상 탈출하는 사람도 없고 줄이 길게 늘어져 있으면 단정이 걸릴 수도 있"어서 줄을 끊었다고 말했다. 123정 사건, 검찰 이형래 진술조서(2014. 6. 4.), 수사기록 1050, 1054쪽.

*** 박한결을 태우지 않고 123정이 물러난 장면을 놓고 일각에서는 박한결이 조타실에서 뭔가를 가지고 나와 자신의 옷에 숨겼으며 해경이 이를 도왔다는 의혹을 제기했다. 이때 세월호와 멀어진 시간은 1분 남짓이다. 123정은 이 뒤에도 세월호에 접안했다가 멀어졌다. 3층 창문에서 승객을 구조할 때

123정이 세월호 선수 쪽으로 후진하면서 방송했다. "대기하세요, 대기하세요." 9시 48분쯤 123정 조타실에서는 TRS를 통해 목포해경 상황실장 이병윤의 지시를 듣고 있었다.

"파파123, 미인집 1번(목포서장) 지시 사항임. 귀국은 너무 과승으로 편승하지 말고 안전하게 서거차도*로 편승 조치 바랍니다."

400명 넘게 탄 배가 침몰 중인데 현장지휘자인 목포서장 김문홍은 123정에 너무 많은 인원을 태우지 말라고 지시했다. 123정의 최대 승선 인원은 50명이다. 정장 김경일이 TRS로 다급하게 보고했다.

"목포타워, 여기는 123. 현재 본국이 좌현 선수를 접안해가지고 승객을 태우고 있는데, 경사가 너무 심해가지고 사람들이 지금 하선을 못 하고 있습니다. 아마 잠시 후에 침몰할 것으로 생각됩니다, 이상."

1분쯤 뒤에 123정이 세월호 조타실에 다시 접안했다. 처음과는 달리 세월호와 나란히 섰다. 박상욱이 조타실을 향해 내려오라고 손을 아래로 흔들었다.[372] 필리핀인 여성 가수, 오용석, 김영호, 필리핀인 남성 가수가 차례로 나왔다. 선원들은 고무호스를 잡고 기울어진 윙브리지를 미끄러져 내려왔다. 조타실 사람들이 빨리 내려오지 않자 이형래는 "호스가 약해서 그런가 싶어" 길이 80미터의 홋줄**을 가지고 조타실에 오르려고 했다.[373] 윙브리지가 가팔라서 두 번 미끄러졌다.

도 123정은 계속 움직였고, 결국 홋줄로 세월호와 123정을 고정했다. 123정이 세월호와 반복적으로 멀어진 이유에 대해 해경은 "조류 때문에 123정이 밀렸다"고 주장했다. 김용기 3회 진술조서(2014. 7. 24.), 수사기록 3419쪽.

* 세월호 침몰 현장에서 서거차도까지는 약 8킬로미터 거리다.

** 이 홋줄은 123정이 항구에 정박할 때 배가 움직이지 않게 하는 데 썼다. 기둥이나 말뚝에 걸 수 있도록 홋줄 끝에는 원형 고리가 달려 있다.

"던져, 던져!" 호스를 잡고 내려가는 것이 어렵다고 생각한 신정훈이 조타실 입구에서 외쳤다. 이형래가 훗줄을 던졌다. 신정훈 옆에 있던 오용석이 조타실 안쪽 출입문 바로 옆 고리에 훗줄을 묶었다.[374] 신정훈이 훗줄을 잡고 내려왔다. 그러나 나머지 선원들은 훗줄 대신 이미 매여 있던 고무호스를 이용했다.

이형래가 조타실로 올라가지 못하자 박상욱이 나섰다. 고무호스를 붙잡고 가파른 윙브리지를 7초 만에 올랐다.[375] 조타실에는 아무도 없었다. 출입문에서 3미터 떨어져 있는 해도대에 선내 방송을 할 수 있는 전화기가 있었다. 전화기의 0번을 누르면 선내 전체에 방송이 됐다. 맞은편 방송 장비에는 빨간 버튼의 비상벨도 있었다.[376] 조타실 내부에는 핸드레일이 설치돼 있어 기울어진 상황에서도 이동할 수 있었다. 방송을 할 수 있는 조타기 옆 인터폰에 30초면 가 닿을 수 있었다.[377] 그러나 박상욱은 조타실 안으로 발을 내딛지 않았다.* 세월호가 빠르게 침몰하고 있어서 자칫 세월호와 함께 침몰할 수 있다는 생각 때문이었다.[378] 박상욱은 훗줄을 풀기 위해 조타실에 들어갔다고 주장했다. 그러나 123정은 훗줄을 거두어 가지 않았다.

123정이 세월호에서 멀찍이 물러났지만 마지막으로 조타실에서 나온

---

* 세월호 신징과 선원만 우선적으로 함정에 태운 다음 적극적으로 승객을 구조하지 않은 123정의 행위가 수많은 의혹을 증폭했다. 예를 들면, 123정이 세월호를 훗줄로 묶이 전복에 간여한 게 아니냐는 의혹이 있었다. 123정의 훗줄을 세월호 조타실에 묶은 뒤 전복되는 속도와 각속도가 크게 나왔다는 것이다. 동영상을 확인해보면, 당시 선원들은 이형래가 건넨 훗줄을 받아 조타실 입구에 매달았지만 이미 매여 있던 고무호스를 붙잡고 내려왔다. 그 뒤 박상욱이 조타실에 올라갈 때도 훗줄 대신 고무호스를 이용했다. 그래서 훗줄은 선원 구조용이 아니라 세월호를 빠르게 전복시키기 위해 걸었다는 주장이 나온 것이다. 박상욱은 자신이 잡고 올라간 것이 훗줄인지 고무호스인지 기억하지 못한다고 진술했다. 훗줄을 묶은 상태에서 123정이 무리하게 세월호를 당기는 듯한 모습은 동영상에서 보이지 않는다. 따라서 이 의혹은 근거가 약해 보인다. 하지만 123정은 함께 침몰할 수도 있다는 두려움 때문인지 시종일관 승객 구조에 소극적이었다. 모든 의혹은 이해할 수 없을 정도로 소극적인 123정의 태도에서 비롯했다. 123정 사건, 검찰 박상욱 2회 진술조서(2014. 7. 16.), 수사기록 2971~2974쪽; 박상욱 5회 진술조서(2014. 8. 4.), 수사기록 4301쪽.

조준기는 123정에 타지 않고 조타실 윙브리지에 기대서 있었다. 123정에서 갑판과 조타실을 오가던 부정장 김종인과 선수에 서 있던 해경들이 윙브리지에 남아 있는 조준기를 봤다.[379] 그러나 그에게 건너오라고 말하는 해경은 없었다. 세월호 조타실에서 내려온 박상욱이 조준기에게 물었다.

"뒤에 아무도 없어요?"
"예, 제가 마지막입니다."

구명조끼를 입지 않은 조준기에게 박상욱이 자신의 구명조끼를 벗어서 입혀줬다. 이때 조준기가 입은 주황색 작업복을 보고 "선원"이냐고 물었다. 조준기는 "선원"이라고 확인해줬다. 그리고 "어린 학생들이 많이 타고 있다"고 말했다.[380] 박상욱은 아무 말 없이 윙브리지에 있던 청해진해운 구명조끼를 꺼내 입었다. "뛰어내립시다."[381] 두 사람이 같이 바다로 뛰어들었다. 123정은 세월호에서 100미터 이상 멀어져 있었다.

선장 이준석은 곧장 다른 승객들이 있는 123정 하부 선실로 내려갔다. 그러나 다른 선원들은 갑판 선수를 돌아다녔다. 박경남은 123정에 올라탄 직후 해경 정복 차림을 한 기관장 최완식을 마주쳤다.[382] 최완식은 123정이 움직일 때는 기관 조종을 위해 조타실에 있다가 구명보트가 사람들을 태워 오면 갑판에 나가기도 했다.[383] 최완식이 박경남에게 말을 걸었다.[384]

"어떻게 돼요?"
"세월호 선원입니다."
"어떻게 돼요?"
"세월호 갑판부 조타수입니다."
"승객들이 지금도 남아 있습니까?"

"남아 있을 겁니다."

9시 49분, 선원들이 모두 123정에 오른 뒤 김경일이 TRS로 보고했다.

"여기는 123. 현재 배가 잠시 후에 곧 침몰할 것으로 생각됩니다. 일단 저희들이, 해상에 지금 현재 사람이 계속 뛰어내리고 있습니다. 먼저 구하고 나서 다시 계류하겠습니다, 이상."
"현재 배가 약 한 60도까지 기울어가지고 지금 함수 현측이, 좌현 현측이 완전히 다 지금 침수되고 있습니다, 이상."[385]

지켜만 보는 123정

세월호는 점점 더 기울어져 3층 좌현 출입문까지 바닷물이 들어갔다.[386] 조타실 선원들이 도주하던 9시 45분, 강혜성은 바깥 상황을 확인하지도 않은 채 다시 승객들을 주저앉혔다.

"현재 위치에서 안전하게 기다리시고 더 이상 밖으로 나오지 마시기 바랍니다. 현재 위치에서 안전하게 기다리시고 더 이상 밖으로 나오지 마시기 바랍니다."[387]

"나가자!"[388]

3층 로비. 출입문 밖을 보고 있던 최재영이 소리쳤다.[389] 여객부 선원 박지영도 승객들에게 "뛰어내리라"고 말했다.[390] 그러나 출입문을 막아둔 소파에 가로막혀 학생 김○○, 김○○, 정○○ 그리고 다른 두 학생이 바다로 뛰어내리지 못하고 있었다.

"비켜라, 아저씨가 먼저 뛰어내릴게."

9시 47분, 최재영이 소파를 밟고 바다로 뛰어들었다.[391] 그제야 3층 로비에 있던 학생, 화물차 기사, 일반 승객 등도 소파를 넘어 바다로 뛰어들었다. 최재영이 구명조끼를 벗어준 여학생 1명을 빼고 나머지 여학생들은 구명조끼도 입고 있지 않았다.

123정은 선장 이준석을 태운 뒤 뒤로 물러났다가 다시 조타실에 접안했다. 박한결이 123정으로 옮겨 타고 있었다. 세월호 좌현 30미터 전방에 해경 구명보트가 있었는데, 멀찍이 멈춰 있다가 조금 더 멀어졌다.[392] 최재영은 배가 기울어질 때 매점에 있던 온수가 넘쳐서 다리에 화상을 입은 상태였다. 고통스러운 몸을 이끌고 30미터 정도 헤엄쳐서 구명보트로 다가가 해경에게 자신이 나온 쪽으로 가자고 소리쳤다. 구명보트를 붙잡고 3층 안내데스크 출입문 쪽으로 갔다.[393]

배가 더 기울어지면서 순식간에 3층 출입문 안쪽으로 물이 차올랐다. 안내데스크 근처에서 대기하던 화물차 기사 윤길옥도 '그대로 더 있으면 죽을 것 같다'는 생각이 들어 안내 방송을 무시하고 배 밖으로 뛰어내렸다.[394] 구명조끼 탓에 오히려 몸이 위로 떠서 나가기가 쉽지 않았다.

"여기에 있으면 물이 차올라 도저히 안 되니 물속으로 들어가서 출입문으로 나가세요!"[395]

박지영이 다급하게 소리쳤다. 로비에 있던 승객 강인환도 좌현 출구로 잠수해서 탈출했다.[396] S-3호실에 투숙한 동창생 17명 중 강인환을 포함해 5명이 탈출했다. 단원고 학생 김○○, 김○○, 정○○도 바다로 뛰어내렸다. 그중 2명은 구명조끼를 입지 않았다. 멀지 않은 곳에 막 떠나려고 하는 구명보트가 보였다. 구명보트는 멈춰 있을 뿐 다가오지 않았다.[397] 학생들은 그걸 잡아야 살 수 있다는 생각에 필사적으로 헤엄쳐서 보트를 붙잡았다.

"탈 자리가 없으니까 옆에 달린 줄만 잡고 따라와라."

결국 2명만 타고 1명은 보트 옆에 달린 로프를 꽉 붙잡았다.[398] 구명보트는 그대로 123정으로 이동했다.[399]

9시 51분, 구명보트가 123정에 도착했다. 학생 1명을 포함해 승객 4명은 보트 옆면의 로프에 매달려, 보트에 탄 해경과 승객들이 이들의 팔을 붙잡고 있었다. 구명보트의 우측면이 123정과 맞닿았다. 오른쪽에 매달려 있던 학생이 123정과 보트 사이에 꼈다. 123정에 있던 해경들이 우르르 뛰어왔지만 이 상황을 알지 못했다. 배 사이에 끼어 있던 단원고 학생 김○○는 "이대로 죽는 게 아닌가 하는 공포감이 엄습했"다.[400]

"살려주세요!"

옆에 있던 학생도 외쳤다. "살려주세요!" 해경은 "들은 척도 안" 했다.[401] 결국 일반 승객과 학생들이 팔로 123정을 밀어 공간을 만들었다. 해경의 도움은 없었다. 화상 통증으로 누군가 몸에 닿는 것도 괴롭던 최재영은 자신을 부축하려는 해경의 손길을 거부했다. 123정으로 혼자 기어서 올라갔다.[402]

9시 52분, 세월호의 기울기는 65도를 넘어서고 있었다. 선내에서 구조를 기다리던 김동협이 다시 휴대선화 녹화 버튼을 눌렀다. 학생들은 벽을 밟고 바닥에 기대어 누운 상태 그대로였다. "상황 보이죠? 지금 물이 찼습니다. 배가 잠기고 있거든요. 배가 잠기고 있어요." 헬기 도착 전후로 다소 장난기 섞였던 목소리가 완전히 달라졌다. 당황하고 불안한 기색이 뚜렷했다. 한 여교사가 큰 소리로 외쳤다. "침착하세요! 얘들아, 조용히!"

이 시각, 123정장 김경일이 TRS로 보고했다.

"목포타워(상황실), 여기는 123. 현재 승객이 절반 이상이 지금 안에 갇혀서 못 나온답니다. 빨리 122구조대가 와서 빨리 구조해야 될 것 같습니다."

"123 직원들이 안전 장구 갖추고 여객선 올라가지고 승객들이 동요하지 않도록 안정시키기 바람."

서해청 상황실 고봉군이 TRS로 말했다. "본청 1번님(해경청장)하고 명인집타워 1번님(서해청장) 지시 사항"이라고 강조했다. 그러나 이미 김경일은 대원들을 선내에 진입시킬 수 없는 상태라고 판단하고 있었다. 선체가 기울어지는 속도가 급격히 빨라졌다. 잠시 후 김경일이 다시 TRS로 보고했다.

"현재 여객선 상태, 좌현 현측이 완전히 침수됐습니다. 완전히 침수돼가지고 현재 좌현 쪽에서는 더는 구조할 수 없고 현재 상태를 봐선 항공 헬기를 이용한 구조가 가능할 것 같습니다."

9시 55분, 기울기는 70도에 가까워졌다. 좌현 쪽 출입문이 다 물에 잠겨 승객이 나올 수도, 해경이 들어갈 수도 없게 됐다. 목포해경 상황담당관 조형곤이 지시했다. "그쪽에서 상황 봐가면서 정장님이 최대한도로 승선원을 구조할 수 있도록 그렇게 조치 바람."

"현재 경사가 너무 심해가지고 본함 직원을 승선시키려고 해도 올라갈 길이 없는데요. 일단 항공 지금 3대가 계속 구조하고 있습니다. 현재 가능한 저희 직원들을 승선시키려고 하는데 너무 경사가 심해 못 들어가고 있습니다."

달리 쓸 방법이 없던 123정장 김경일이 다시 똑같은 내용을 보고했다. 적절한 지시 사항을 찾지 못한 건 목포해경 상황담당관 조형곤도 마찬가지였다. "수신 완료. 주변의 어선들이나 동원 세력들이 최대한 많이 구조할 수 있도록……."

9시 59분, 3009함을 타고 현장으로 향하던 목포서장 김문홍이 TRS를 통해 처음으로 직접 지시를 내렸다. "배가 기울었으면 그 근처에 어선들도 많고 하니까 배에서 뛰어내리라고 고함치거나 마이크로 뛰어내리라고 하면 안 되나, 반대 방향으로."

09:59 TRS 123정-3009함

123정(김경일): 현재 좌현 현측이 완전히 침수돼가지고 현재 좌현 쪽으로는 뛰어내릴 수가 없습니다. 그리고 완전히 눕힌 상태라서 항공에 의한 구조가 가능할 것 같습니다.

3009함(김문홍): 그러니까 항공 구조도 당연히 하는데, 정장이 판단을, 잘 판단해가지고 우현 쪽으로 난간 잡고 올라가서 뛰어내리게 해서 바다에서 구조하는 방법을 빨리 검토해. 그렇게 해야지. 만약에 침몰돼 버리면 인명 피해가 크니까 뛰어내리도록 조치하라고, 응?

123정: 현재 여객선 내에 사람들이 다 있는데 아직까지 못 나오고 있습니다. 일단 1번님[목포서장]이 지시한 대로 좌현 쪽에서 한번 해상으로 (……) 해보라고 계도하겠습니다.

3009함: 차분하게, 차분하게 마이크를 이용해서 활용을 하고, 그다음에, 우리가 당황하지 말고 직원도 올라가서 하고, 그리 안 하면 마이크를 이용해서 최대한 안전하게 행동할 수 있도록 하시기 바랍니다.

하지만 123정은 여전히 세월호 선수와 100미터 정도 떨어져서 지켜보기만 했다. 김경일은 조타실에 있던 박성삼에게 "구조한 인원수를 확인하라"고만 지시했다. "하선하라"는 방송도, 접안도 시도하지 않았다. 8인승 구명보트만 세월호와 123정 사이를 분주히 오갔다.

소방호스의 기적

9시 48분쯤, 사고현장에 도착한 헬기 512호가 세월호 좌현 3층 복도에서 바다로 뛰어드는 사람들을 발견했다. 먼저 온 헬기들은 세월호 우현 상공에서 구조 중이었다. 잘못 접근했다가 헬기끼리 충돌하는 대형 사고 발생이 우려됐다.[403] 512호 기장 김재전은 "눈에 보이는" 승객들부터 구조하기로 결정했다.[404] 사람들이 표류하는 바다에 승무원 탈출용 구명뗏목을 떨어뜨렸다.[405] 구명뗏목은 헬기 바람에 밀려 세월호 쪽으로 떠내려갔다. 바다에 뛰어들었던 사람들이 하나둘 구명뗏목에 매달렸다.[406]

512호 항공구조사 권재준은 호이스트를 타고 바다에 뛰어내렸다. 511호와 달리 512호에는 항공구조사가 권재준뿐이었다. 항공구조사가 헬기당 2명 이상 타는 게 원칙이지만, 목포항공대 소속 항공구조사 4명 중 1명이 병가 중이었다. 권재준은 5년 넘게 특수부대에 복무한 경험 덕에 수영에 자신 있었다. 30미터 정도를 헤엄쳐 사람들이 탄 구명뗏목에 다가가 세월호 조타실 쪽으로 끌고 갔으며 구명보트가 다가오자 구명뗏목을 넘겨줬다.

좌현 5층 객실 난간에 여성 승객 2명이 매달려 있었다. 다른 승객들이 구명보트와 구명뗏목을 발견하고 바다로 뛰어들었다. 이 모습을 본 권재준은 배로 구조하는 편이 더 빠르겠다고 판단했다. 제자리비행을 하며 권재준의 구조를 지켜보던 512호에 대기할 필요가 없다고 수신호를 보냈다. 512호는 다른 헬기들이 떠 있던 세월호 우현 쪽으로 이동하고, 권재준은 세월호 좌현이 바다에 다 잠길 때까지 헤엄치면서 구조할 사람을 찾아다녔다.[407]

상공에는 항공기 1대가 떠 있었다. 인천항공대 소속 703호였다. 이어도에서 출발해 9시 33분쯤 사고현장에 도착했다. 703호에는 최대 17명이 타는 구명뗏목 5척이 실려 있었다. 그러나 703호는 주변 상공을 빙빙 돌며 항공관제만 했다. 3시간 가까이 현장에 있었지만 구명뗏목을 하나도 터뜨리지 않았다.

4층 우현 갑판. 일반 승객들이 커튼으로 학생들을 구조하는 데 화물차 기사 김동수가 합류했다.[408] 그가 갑판에 있는 수도용 고무호스를 가져다 B-23호실 쪽으로 던졌다. 커튼을 허리에 묶고 올라가다 굴러떨어진 학생 이○○가 다시 고무호스를 허리에 묶고 B-28호실까지 올라갔다.[409]

김동수는 고무호스가 자꾸 늘어나는 것 같아 옆에 있는 김성묵에게 소화전에서 소방호스를 찾아달라고 했다. 김동수는 좌현 쪽에 내려준 소방호스 한쪽을 갑판 벤치에 걸어서 지지대로 삼았다.[410] 객실마다 찾아다니며 친구들에게 구명조끼를 나눠준 단원고 학생 신○○가 소방호스에 매달려 올라왔다.[411]

헬기 511호 항공구조사 김재현이 세월호 선체에 처음 내려섰을 때 4층 우현 갑판 복도에서 구조 작업을 하는 남성 승객들이 눈에 띄었다.[412] 김동수, 김성묵이었다.[413]

김재현은 그들에게 다가가지 않고 먼 곳에서 6명이 탈 수 있으니 그 수만큼 올려보내라는 식으로 손짓했다.[414] 복도에 있던 김성묵이 김재현을 향해 오른손을 펼치고 왼손 엄지를 들어 보였다. "여섯 명요, 여섯 명?"[415] 김성묵이 확인했다. 그는 학생들을 먼저 올려 보냈다.[416]

해군 출신인 김재현은 잠수기능사와 구조다이버 자격증이 있는 전문가다.[417] 그가 4층 A갑판 복도로 내려가, 복도까지 탈출한 학생을 목말을 태워 난간으로 올려보냈다.[418] 그러나 "학생 한 명을 데려간 다음에는 내려오지 않았"고,[419] 4층과 5층을 잇는 계단 끝에 서 있었다.[420]

"한 명씩 올라와!"

계단 끝에서 김재현이 외쳤다. 출입문을 빠져나온 학생들은 혼자 힘으로 계단을 기어서 올라갔다. 김홍경이 "배 안으로 진입하지 않는" 항공

구조사들을 봤다. 왜 배에 들어가지 않는지 의아했다. '쟤네들 뭐 하는 건가', 김홍경이 생각했다. 하지만 같이 학생들을 끌어 올리자고 소리 지를 경황도 없었다.

항공구조사들은 일반 승객들이 학생들 끌어 올리는 모습을 보고만 있다가 어디론가 사라졌다 나타나기를 반복했다. 이때 김홍경이 '누군가에게는 알려야겠다'는 생각에 휴대전화로 현장 상황을 촬영했다. 김홍경은 머리 위쪽 난간을 붙잡고 선 채로 학생들 구하는 걸 지켜보는 항공구조사의 모습과 소방호스로 학생들을 끌어 올리는 4층 복도 쪽 상공에 떠 있는 헬기를 찍었다.[421]

511호 항공구조사 박훈식, 513호 항공구조사 류규석은 밖으로 빠져나온 사람들을 헬기 바스켓에 태우고 있었다. 박훈식이 난간 바로 옆에 서서 여학생 1명을 태우기 위해 헬기를 기다렸다. 체격이 건장한 박훈식은 해병대 출신이며 구조 임무 경력만 10년이었다. 25년의 잠수 경력도 있었다.[422] 그가 선 자리에서 왼쪽으로 다섯 걸음만 움직이면 4층 복도가 보였다.[423] 선내 상황을 확인할 수 있었지만, 그는 "보지 않았"다.[424] 5층 난간 안쪽에는 류규석이 중년 남성 승객과 붙어 서 있었다.

두 항공구조사는 헬기가 정원 5~6명을 채우고* 서거차도 파출소 옆 헬기장으로 떠나면 다음 헬기가 오기만을 기다렸다. 그러는 동안 박훈식은 헬기에 탈 학생과 한참 마주 앉아 있기도 했다. 그렇게 대기하다 헬기가 오면 바스켓에 승객을 1명씩 태웠다.[425]

"아저씨, 아저씨!"[426]

---

* 헬기의 최대 탑승 인원은 12명이지만 실제로는 8명 이내로 탑승한다. 헬기에 실린 장비 무게에 따라 탑승 인원의 변동이 생긴다. 최대 탑승 인원보다 중요한 것이 항공기 동력인데, 당시 511호 부기장 김태호는 동력이 한계치에 다다랐다고 생각했다. 기장 양회철도 공간이 부족하니 6명까지만 구조해 옮길 것을 제안했다고 말했다. 123정 사건, 검찰 김태호 2회 진술조서(2014. 7. 17.), 수사기록 3096쪽.

9시 58분 무렵 4층 우현 갑판 선수 쪽에 있는 키즈룸에서 한 남학생이 김동수를 불렀다. 김동수가 소방호스를 들고 남학생 쪽으로 뛰어갔다. 키즈룸에서는 4층 갑판 복도가 바로 보였다. 큰 창에서 햇빛이 들어와 다른 공간보다 환했다. 이곳에 손○○(17, 생존)를 비롯해 학생 4명, 동생 권○○과 놀던 권혁규(6, 실종), 화물차 기사 심상길 등이 소파를 밟고 함께 서 있었다. 손○○는 권혁규가 소파 아래로 떨어질까 봐 "애기야, 애기야 안 돼" 하며 챙기고 있었다.[427] 심상길은 배가 기울어지자마자 3층 로비에서 좌현 갑판으로 떨어졌다가 최승필의 도움으로 올라와 중앙 계단을 타고 4층으로 왔다.[428] 김동수가 소방호스를 갑판 펜스에 묶고 키즈룸으로 늘어뜨렸다. 키즈룸에서는 심상길이 소방호스를 받아 기둥에 묶었다.[429]

배가 좌현으로 기울어지면서 4층 중앙 홀은 깊은 계곡 같아졌다. 이 계곡의 깊이, 즉 우현 벽에서 좌현 벽까지가 22미터나 됐다. 키즈룸에서 소파에 발을 디디고 바닥에 누워 있던 학생들이 우현 출입문으로 나가는 데는 다섯 걸음이면 충분했다. 그러나 키즈룸에서 출입문까지는 계곡으로 변한 중앙 홀이 가로막고 있었다. 여길 통과하려면 징검다리가 필요했다.

김동수와 심상길, 두 사람이 소방호스를 디딤돌처럼 놓았다. 그제야 승객들이 소방호스를 잡고 간신히 출입문 쪽으로 건너갔다. 힘이 부족하면 소방호스에 몸을 지탱하지 못하고 22미터 아래로 떨어졌다. 김동수가 소방호스를 하나 더 꺼내 와서 승객들이 두 호스 사이에 몸을 끼울 수 있도록 단단히 묶었다. 그래도 몇몇 학생들은 자꾸만 미끄러졌다.[430]

특공대

3층 우현 난간 곳곳에서 승객들이 얼굴을 내밀었다. 헬기 511호는 3층 갑판 복도에 바스켓을 내려놓았다. 승객들이 항공구조사의 도움 없이도 바스켓에 올라탔다.[431] 이걸 본 항공구조사 박훈식이 류규석과 김재현에

게 3층으로 이동하라고 수신호로 지시했다.[432]

9시 59분, 류규석과 김재현이 5층 중앙 난간에서 선미 쪽 3층 난간으로 가기 위해 움직였다.[433] 3층 난간으로 가려면 4층 객실 창문 위를 가로질러야 했다. 아래로 떨어지지 않으려면 창에 바짝 붙어서 움직이는 수밖에 없었다. 항공구조사들이 두 발로 창틀을 딛고, 두 손은 창문과 외벽을 짚으면서 기다시피 이동했다.[434] 이들이 이동한 창문 아래는 SP-3호실이었다. 이 객실에 난 창문 12개 중 일부를 통해 SP-2호실을 볼 수 있었다. 가로 1.5미터, 세로 1미터 크기의 창문 밑에서 학생들이 "살려달라"고 소리치고 있었다.[435] 단원고 2학년 3반 학생 31명이 머문 방이었다.

4층 우현 선미. SP-3호실에 있던 학생 양○○(17, 생존)는 배가 기울어지자마자 객실 출입문을 지나 SP-2호실에 떨어졌다. 벽에 부딪히면서 왼쪽 머리와 볼에 피가 흘렀지만 통증을 느낄 새가 없었다. SP-3호실에 머무르던 학생들의 짐이 계속 SP-2호실로 쏟아져 내렸다.

SP-2호실과 SP-3호실은 50명을 수용할 수 있는 다인실이었다. 이층 침대가 있거나 중앙에 봉이 설치된 작은 객실들과 달리 양쪽 벽에 붙은 목제 캐비닛(옷장) 말고는 몸을 기대거나 발을 디딜 구조물이 전혀 없었다. 캐비닛을 밟고 올라서도 출입문까지는 닿지 않았다. 혼자 힘으로는 탈출하기 어려웠다.

"해경이 곧 도착한다"는 안내 방송이 나오자 양○○는 바로 옆에 있던 캐비닛으로 웅크린 채 들어갔다. 이때 SP-2호실 오른쪽에 고정돼 있던 캐비닛이 쿵 소리와 함께 떨어졌다. 아래에 있던 학생들은 피할 새 없이 그대로 캐비닛에 깔렸다. 비명과 울음이 동시에 터져 나왔다. 아파하는 친구들을 그냥 볼 수 없던 양○○가 캐비닛을 들어 올리려 했지만 꿈쩍도 하지 않았다.[436]

- 엄마 배가 많이 기울어졌어

- 엄마 우리 인터넷 실시간 검색에도 떳데 읽어봐 그리고 점점 더 기우는 거 같아

- 나 ○○이야 배가 침몰해 간데 ㅜㅜ 일단 구조가 달라고 잇고 걱정 마 그 대신 케리어랑 카메라 못 건질 수도 잇다구 ㅜㅜㅜㅜㅜㅜ 나 살 거임

- 아빠 지금 인터넷에 세월호 치면 우리 상황이 나와열 크크크 딸 무사할 꺼니까 걱정 마시고 사랑해♥♥

- 나 여기 우리 방 앞에 잇어
- 응 배야 나 지금 캐비낵 떨어져서 옆방 애들 거기에 깔엿어 나 그걸 눈으러 봣어 어떡해 나 진짜 나 무서워
- 물건이랑 다 떨어져 있어
- 지금 속보 떴어 아마 우린 듯

- 아빠가 속보 떳다고, 보라고 해서, 아니 숙소 안에, 다 잇어, 배터리 단다고, 지피에스 켜놓고, 배터리 다니까, 기다리래ㅜㅜ
- 휴대폰으로, 뭐 하지 말래, 나 무서워, 진짜 무서워, 괜히 배 타 가지고ㅜㅜ
- 집 가고 싶어ㅜ_ㅜ. 아 무서워

헬기 소리가 들렸다. 양○○가 있던 SP-2호실 출입문 쪽에서는 우현으로 난 창문으로 바깥이 보였다. "SP-3 창문에서 줄과 그 줄을 타고 내려오는 사람들"도 봤다. 학생들이 소리쳤다.

"살려주세요! 여기 애들 깔렸어요!"

계속 소리쳤지만 아무도 오지 않았다. 학생들은 "SP-3 창문을 보며 특공대원에게 계속 얘기"했으나 "특공대원"은 "양팔로 'X자'를 해 보였"다. 학생들은 'X자' 표시를 "소리가 들리지 않"거나 "아직 진입할 수 없다는 의미"로 이해했다.[437] 양○○가 있던 SP-2호실과 SP-3호실은 항공

구조사 김재현과 류규석이 지나갔다. 김재현은 다리에 '특공대'라는 글씨가 찍힌 검은 잠수복*을 입고 있었고, 류규석은 해경 마크가 새겨진 모자를 쓰고 있었다.[438] 시간이 흐르자 헬기에서 사람을 태우는 바스켓도 보였다. 양○○는 그 모습을 보면서 '빨리 여기에서 탈출하고 싶다'는 생각뿐이었다. 그러나 아무리 기다려도 해경은 오지 않았다.[439]

김재현은 5층에서 3층으로 이동할 때 승객을 전혀 못 봤다고 주장했다. 엎드린 채 창문에 붙어서 갈 때 우현 외벽을 봤을 뿐 객실 안쪽과 창문을 전혀 보지 않아서 객실인 줄도 몰랐다는 것이다.[440] 그 반면 류규석은 두 손으로 주위를 가리고 얼굴을 창문에 가까이 들이댔지만 침대가 있는 작은 객실에 아무도 없었다고 주장했다. 그는 단 "한 객실"만 들여다보았다.[441]

"애기, 여깄어요"

3층 우현 선원 식당. 10시 3분쯤 사무장 양대홍이 아내의 전화를 받았다.[442] 상황이 어떠냐는 질문에 양 사무장은 꼭 하고 싶은 말만 하고 끊었다.

> "배가 많이 기울어져 있어. 수협 통장에 모아둔 돈이 있으니까 큰아이 등록금으로 써. 지금 아이들 구하러 가야 해 길게 통화 못 해. 끊어……"[443]

세월호가 처음 기울어질 무렵, 양대홍은 4층 여객실을 순찰하고 있었다.[444] 객실을 돌아다니며 승객들에게 "괜찮냐"고 안전을 확인하고[445] 4

---

* 김재현은 당시 구조복을 지급받지 않아 서해청 특공대에 복무할 때 받은 특공대원복을 입고 있었다. 123정 사건, 검찰 김재현 진술조서(2014. 8. 13.), 수사기록 1542쪽.

층 선미 쪽 객실 복도에 서서 어딘가에 무전도 했다.[446] 9시 26분쯤엔 조타실에 들러, 출입문 근처에 서 있던 필리핀인 가수 부부에게 양손으로 안심하라는 손짓을 하면서 "곧 헬기가 도착하니 걱정하지 말라"고 했다.[447] 3층 선원 식당 입구에서 사무장의 목소리가 들리자 아르바이트 선원 송○○(19, 생존)이 소리쳤다.

"사무장님, 우리 어떻게 해야 돼요?"
"빨리 나가야 돼."

송○○은 배가 기울어지자 식당과 주방 사이 문턱에 몸을 기대고 30~40분간 대기하다 선원 식당으로 가서 조리부 아르바이트 선원 구춘미(43, 사망)와 5분 정도 대기하고 있었다.[448] 그런데 양대홍이 선원 식당에 들어서는 순간 물이 들어찼다. 그가 창문을 가리키고 "저기로 나가야 된다"면서 창문을 열었다.[449] 송○○은 양대홍이 밀어 올려줘서 나올 수 있었다. 이것이 양대홍의 마지막 모습이다. 그는 송○○을 따라 나오지 못했다. 곧이어 선원 식당에 물이 차올랐다. 양대홍은 이곳에서 무전기를 손에 든 채 발견됐다. 구춘미도 함께였다.

3층 선수 S-1호실 좌측에는 갑판으로 나가는 비상구가 있었다. 일반 승객 김도영(50, 생존)이 전날 이 문을 열어본 기억이 나서 열고 나가려 했다. 이때 다른 승객들이 놀라서 소리쳤다. "사람을 죽이려고 그곳으로 나가"냐면서 "나가지 말자"라고 했다. 김도영은 문을 열지 못했다.[450] S-1 객실 사람들은 누가 조금만 움직여도 배가 기울어진다며 신경을 곤두세웠다.[451]

S-1호실에는 석재 작업을 하러 제주도로 가던 김도영 일행 5명, 사위와 출장길에 오른 이용주를 포함한 29명이 있었다.[452] 배가 기울어졌을 때 부딪혀서 머리에 피가 나는 사람, 갈비뼈나 다리가 부러진 사람, 이가 깨진 사람들이 뒤엉켰다.[453]

9시 50분 무렵 배가 점차 더 기울어져서 객실 좌측 갑판으로 물이 들어오는 게 보였다.[454] "어차피 여기에서 있으면 죽으니까 다른 데로 가자."[455] 김도영이 말했다. "나갑시다!" 김도영 일행 5명이 소리쳤다.[456] 10명 정도가 좌측 출입문을 통해 기어 올라갔다.[457] 바닥이 양탄자 같은 재질이라 미끄러웠다. 목말을 태워 통로로 올려 보내기도 했다. 먼저 올라간 사람이 던져준 모포를 잡고 올라가기도 했다.[458]

3층 좌현 객실 복도로 나온 승객들은 바닥이 되어버린 벽을 밟으며 안내데스크가 있는 3층 로비로 갔다.[459] 복도에서 대기하고 있던 최승필 부부도 이들을 따랐다. 선수 쪽에 있던 승객들이 로비로 나왔을 때 이미 3층 로비는 무릎까지 물이 차 있었다.

승객들이 안내데스크에 있던 여객부 선원 박지영에게 "위로 올라가면 어떻겠냐"고 물었다. 박지영이 "올라가는 게 나을 것 같다"고 말한 뒤[460] 레크리에이션 담당 안현영에게 안내데스크 옆 매점 유리문 열쇠를 건넸다. 안현영이 유리문을 닫고 열쇠로 잠가 고정시켰다.[461]

"올라갈 수 있는 사람들은 올라가세요."

박지영이 말했다.[462] 김도영 일행이 먼저 유리문을 딛고 중앙 계단을 통해 4층으로 올라가려고 했다. 손이 닿지 않았다. 안내데스크에서 방송을 하던 강혜성이 의자를 넘겨주자 안현영이 유리문 위에 의자를 쌓아 올렸다.[463] 김도영이 가장 먼저 올라가고, 최승필 부부가 그 뒤를 따랐다.[464] 동그란 중앙 계단은 강화유리로 되어 있어서 마땅히 잡을 데가 없었다. 최승필이 부인에게 잡을 수 있는 건 무조건 잡고 자신의 머리를 밟고 올라가라고 했다.[465]

어느새 3층 로비에 물이 허벅지까지 차올랐다. 강혜성과 안현영이 로비에 있던 학생들과 박지영을 4층으로 올려 보냈다.[466]

중앙 계단을 타고 4층으로 올라간 승객들은 바로 탈출하지 못하고 중앙 천장에 있는 파이프를 붙잡은 채 버티거나[467] 우현 갑판으로 나가는 문과 연결된 소방호스에 의지해야 했다.[468]

최승필이 계단에서 대기하다 키즈룸 왼편 B-19호실 쪽 복도를 쳐다봤다. 30명 정도 되는 학생들이 B-19호실 쪽 복도에서 대기하고 있었다.[469] 좌현 쪽 사정을 모르는 학생들은 장난을 치기도 했다. 구명조끼를 입은 학생도 있었지만 입지 않은 학생이 많았다.

"아저씨가 있는 쪽으로 건너와."
"건너가면 무너질 것 같아요."

최승필의 말에 복도에 있던 학생이 대답했다. 그러고는 아이 1명을 최승필에게 건네며 "애기를 내보내달라"고 부탁했다.[470] 다섯 살배기 권○○였다.[471] 권○○는 세월호가 기울어지기 전 오빠 권혁규와 4층 키즈룸에서 놀고 있었다. 학생들 중 조○○(17, 생존)가 남매 중 오빠를 맡고, 동생은 나○○(17, 생존)가 맡았다.[472] B-19호실에 있던 박수현이 찍은 동영상에 9시 10분 무렵 객실 복도에서 학생들이 우는 권○○를 달래면서 구명조끼를 입혀주려 애쓰는 정황이 담겼다.[473]

남학생 1: 애기, 애기.
남학생 2: 아, 애기용이 있어? 따로?
여학생 1: 애기 줘, 애기, 애기.
여학생 2: 여기 발 대.
여학생 1: 애기 어떡해.
어린아이(권○○ 추정): 무서워.
여학생 1: 무서워? 어이구. 아, 애기 울어……. 어떡해. 울지 마. 괜찮아.
남학생 3: 야, 애기까지 있어. 애기까지 있어. 미치겠다. 아아, 실제 상황이야.
어린아이: (……) 무서워. 어지러워.
여학생 1: 어? 어지러워?

어린아이: (울먹임)

두 아이는 부모와 떨어져 있었다. 9시 29분쯤에는 권○○를 찾는 방송이 나오기도 했다. "권○○ 어린이! 권○○ 어린이! 지금 3층에서……." 학생들이 큰 소리로 권○○가 4층에 있다고 알렸다.[474] 9시 53분쯤 B-19호실 복도 쪽에서 권○○가 "뭐예요?" 하고 물으니 한 남학생이 "이거는 구명조끼"라고 설명했다. 위급한 상황에도 학생들은 어린 남매를 챙겼다. 10시 4분쯤 키즈룸에서 대기하던 학생 손○○가 3층에서 "애기! 애기!" 하며 남매를 찾는 남성에게 소리쳤다.

"애기, 여기요! 애기, 여깄어요! 애기 두 명 다 여기 있어요!"[475]

창문을 깨다

123정. 세월호를 탈출해 123정에 옮겨 탄 선원들은 조타실과 갑판을 오갔다. 의경이 선수에 있던 1등항해사 강원식에게 "뒤쪽으로 가라"고 하자 그는 자신은 선원이라고 했다. 그 뒤로는 123정을 이리저리 돌아다녀도 제지받지 않았다.[476] 일부 선원들은 123정 조타실에 들어가 구조 작업을 지켜봤다.[477]

선장 이준석은 3등기관사 이수진, 3등항해사 박한결과 해경 선실에 있었다. 한 해경이 이수진에게 "여성분들 물에 젖었으니까 이불로 덮어주고 진정"시키라고 말했다.[478] 이준석은 "넋이 나간 것같이" 혼자 가만히 앉아 있었다.[479]

10시 6분쯤 세월호 2등항해사 김영호가 123정 조타실로 갔다. 123정과 세월호의 거리는 60~70미터 정도였다. 좌현 객실이 바다에 잠겨가는 세월호 조타실 바로 아래 3등 객실에서 불빛이 반짝였다. 김영호가 "앞쪽으로 가보자"고 했다. 123정이 다가가 보니 주황색 구명조끼와 구명조끼에 달린 작은 손전등을 흔드는 사람들이 있었다.⁴⁸⁰

"저기, 저기!"⁴⁸¹

S-1호실이 물에 잠기고 있었다. 남은 사람들이 소화기로 창문을 깨려 했지만 되레 소화기가 터져버렸다.⁴⁸² 물이 목까지 찼을 때 창밖에 123정이 보였다. 이용주가 살려달라고 창문을 두드리며 구명조끼에 달린 손전등을 비췄다. 그러자 123정이 다가왔다.⁴⁸³

123정이 S-1호실 앞에 접안했다. 조타실에서 선원을 데리고 나온 뒤 첫 접안이었다. 123정 대원 박상욱과 이형래가 객실 유리창을 깨기 위해 갑판에 빼놓았던 지주봉으로 창문을 두세 차례 내리쳤다. 창은 금도 가지 않고 멀쩡했다.⁴⁸⁴ 작은 망치로 두드려도 소용없었다. 이때 옆에 있던 세월호 조타수 오용석이 해경에게 "해머를 가져다 달라"고 했다. 123정 기관장 최완식이 상부 갑판에 있는 기구 보관함에서 해머를 꺼내 오용석에게 건넸다.⁴⁸⁵ 해머로 창문을 깨는 데는 1분이 채 걸리지 않았다.

123정 대원 박상욱, 이형래, 이종운, 의경 김○○가 있었지만 창문 안에 있는 승객들의 손을 잡고 끌어낸 사람은 오용석이다.⁴⁸⁶ 깨진 창문으로 홋줄을 넣어 승객 2명을 어렵지 않게 끌어냈다. 그러나 세월호가 점차 가라앉으면서 홋줄로 남은 승객을 모두 끌어 올리기는 어려웠다. 세월호와 고정되지 않은 123정은 계속 조류에 밀렸다. 세월호와 살짝 부딪치기도 했다.

다시 갑판 선수로 간 최완식이 홋줄을 세월호 난간에 건 뒤 세월호 조타수 박경남에게 같이 줄을 잡자면서 반대편 줄을 건넸다. 박경남이 밧줄 걸이에 묶인 홋줄을 잡고 있다가 아예 고정하려고 했으나 해경이 "바로 풀 수 있게 그냥 잡고" 있으라고 했다.⁴⁸⁷ 선수 갑판에 고정되어 있어야 할 크레인 팔이 흔들리고 있었다.⁴⁸⁸

S-1호실에는 아직 승객 2명이 남아 있었다. 처음 창문을 깰 때는 창문 높이가 123정 갑판과 비슷했다. 그러나 세월호가 빠르게 물에 잠겨 높이가 낮아지면서 남은 승객 둘은 손으로 끌어 올릴 수 없게 됐다. 여성 승객이 나오기를 망설였다.[489] 오용석이 빨리 뛰라며 "시간이 없다"고 외쳤다. 그는 과거에 겪은 사고로 오른손 엄지와 검지 일부를 잃었다. 객실 창문을 깨다 다쳐서 발에는 피가 흐르고 있었다. 123정 갑판에 핏자국이 남았다. 해경이 이들에게 갈고리장대를 잡고 바다로 뛰어들게 했다.[490] 구명환도 던져줬다.

그 반면 세월호 1등항해사 신정훈과 2등항해사 강원식은 구조 작업을 하는 사람들과 거리를 두고 서 있었다. 갑판 오른편에 있던 강원식은 세월호 선수 3층 객실에서 뭔가를 본 듯 오른손으로 가리켰다. 그러다 창문으로 더 가까이 가서는 옆에 있던 의경 김○○에게 말하는 것 같았다. 김○○가 강원식이 가리킨 쪽을 힐끗 보다 이내 손에 쥐고 있던 홋줄을 풀었다.[491]

강원식이 박경남에게 다가가 창문을 향해 손짓했다. 박경남은 뭐가 있나 싶어 객실을 쳐다봤지만 "컴컴해서 내부는 보이지 않았"다. 강원식은 왼손으로 창문을 다시 가리켰다. 박경남이 고개를 빼고 쳐다보다 해경에게 "그쪽"으로 가보자고 했다. 그러나 해경이 "거기에 다시 배를 댈 수 없다"고 했다. 크레인 팔이 떨어져서 위험하다는 것이었다.[492]

강원식이 가리킨 객실은 80명까지 수용할 수 있는 S-4호실이었다. 단원고 2학년 7반 남학생 33명이 이 방에 배정됐다. 이 방에서 21명이 주검으로 발견됐다.*[493]

---

* 학생들이 좌현 객실 복도 쪽으로 나와 대기하고 있었으나 물이 차오르면서 객실로 빨려 들어갔을 가능성이 있다. 이○○(17, 사망)는 S-4호실에 있다가 9시 53분쯤 4층 중앙 홀 레크리에이션룸까지 나왔지만 결국 4층 선미 SP-2호실에서 주검으로 발견됐다. 레크리에이션룸에 물이 차면서 S-5호실 복도로 빨려 들어가 선미에 이른 것으로 보인다. 청해진해운 사건, 검찰 수사 협조 의뢰에 대한 회신 (2014. 10. 10.), 세월호 내부 수습 현황(2014. 10. 8.), 수사기록 19207쪽; 검찰 수사 협조 의뢰에 대

123정 조타실에 있던 항해팀장 박성삼이 급히 뛰어나와 123정과 세월호를 고정하고 있던 홋줄을 풀었다. 123정이 세월호와 멀어졌다. 앞서 유리창을 깨고 구조한 승객 2명은 123정과 세월호 사이가 어느 정도 벌어질 때까지 구명환에 매달려 있었다.[494] 123정의 마지막 승객 구조였다.

"아이고, 사람들 더 있는데 어짜까?"[495]

"승객" 또는 "작업복을 입고 갑판을 돌아다니던" 사람의 말을 이형래가 들었다. 하지만 조타실에 보고하지는 않았다.[496] 조타실에서도 이미 알고 있었다. 2등항해사 김영호가 다시 123정 조타실로 갔다. 해경 중 '누군가'가 그에게 물었다.

"저 안에 사람들이 많이 있겠지요?"
"예, 그럴 겁니다."[497]

전남 행정선이 먼저 구조된 승객들을 인계하기 위해 123정에 접안했다. 이때 강원식, 신정훈, 김영호, 박경남, 오용석 외 선원들이 전남 행정선으로 옮겨 탔다. 이준석*은 행정선 지하에서 그곳에 있던 바지를 챙겨 입었다. 목포어업정보통신국의 연락을 받고 출동한 어업지도선과 어선들이 하나둘 도착했다. 이들은 곧장 세월호 선미로 갔다.

한 회신(2014. 10. 10.), 세월호 침몰 사고 희생자 현황, 수사기록 19208~19217쪽; 수사보고(2014. 10. 13.), 김동협 휴대폰 동영상, 수사기록 18791쪽; 세월호 피해자 휴대전화 포렌식 자료.

* 세월호 우현에서 발견된 선장 이준석의 가방에서는 급여 통장이 나왔다. 2014년 4월 10일 청해진해운이 입금한 마지막 월급(3월 치)은 370만 1,700원이었다. 이문영, "부디 제자리로 돌려주세요", 《한겨레21》(2016. 1. 18.).

침수

4층 레크리에이션룸 좌현 갑판으로 통하는 출입문 앞에서 학생들이 교사 남윤철(35, 사망)[498] 의 지도를 받아 나갈 차례를 기다리고 있었다. B-6호실 복도에도 학생들이 빼곡하게 앉아 있었다.[499] 여객부 선원 정현선* 은 학생들을 좌현 갑판으로 나가도록 이끌었다. 레크리에이션룸 옆 출입문에 서서 빨리 나가라고 밀어주며 학생들을 내보냈다.[500]

4층 선미 SP-1호실. 단원고 2학년 1반 반장 유미지(17, 사망)가 친구들에게 구명조끼를 입혀주고 우는 학생들을 달래고 있었다.[501] 배가 기울어지고 바로 선내 방송이 나왔다. "현재 위치에서 안전하게, 안전하게 기다려주시기 바랍니다."[502] 위기감을 느낀 학생 이○○(17, 생존)가 말했다. "나갈까? 탈출할까?" 다른 학생들이 말렸다. "가만히 있어." 이○○가 잠시 머뭇거리다가 다시 말했다. "그냥 나갈까?" 선내 방송이 또 나왔다.

"방송에서 가만히 있으라잖아. 그러니까 가만히 있자."[503]

SP-1호실에서는 내부에 있는 캐비닛을 밟고 충분히 복도로 나갈 수 있었다. 그러나 학생들은 안내 방송을 따랐다.[504] "해경이 복도 쪽으로 들어와 객실 안에 있는 승객들을 끌어 올려줄 것으로 알고 계속 기다렸"

---

* 단원고 학생 김○○, 김○○는 선원 전용 통로에서 나와 레크리에이션룸으로 떨어진 여성 선원을 박지영으로 기억했다. 사고 직후 언론에 학생들의 탈출을 도운 여객부 선원으로 박 씨가 많이 조명되었기 때문으로 보인다. 그러나 박 씨는 10시 무렵까지 3층 로비 안내데스크 근처에서 승객들이 좌현으로 잠수해 탈출하게 하고 4층으로 올라가도록 의자를 쌓아 올려줬다. 한편 강혜성의 진술에 따르면, 사고 직전 정현선이 자신의 객실이 있는 5층에 올라갔다고 한다. 필리핀인 가수 부부가 5층 계단 근처에서 정씨와 마주쳤다. 이런 정황을 고려하면, 정 씨가 5층에 있는 객실에 갔다가 배가 기울어지자 선원 전용 통로로 4층으로 내려가 승객의 탈출을 도운 것으로 보인다. 선원 사건 1심 재판부도 이 장소에 있던 여객부 선원을 정현선으로 보았다. 선원 사건, 1심 판결문(2014. 11. 11.), 100쪽.

다.⁵⁰⁵ 아래로 떨어질까 겁이 난 학생들이 몸을 웅크려 캐비닛 안으로 들어갔다. 마침 헬기 소리가 나고 바다 쪽 창밖으로는 해경의 구명보트도 보였다.⁵⁰⁶

SP-1호실 창문은 어느새 바다에 잠기고 있었다. 배가 65도 정도 기울어졌다. 창문이 바다에 가까워지자 처음보다 배가 더 빨리 기우는 것을 느낄 수 있었다.

"물이 들어온다!"

창문이 바다에 잠기고 얼마 되지 않아 창문 틈새로 물이 스며들었다. 유미지가 제안했다. "구명조끼 때문에 방에 물이 차면 위로 뜰 테니 그때 위쪽에 있는 출입문을 통해 복도로 나가자."⁵⁰⁷ 물이 차오르자 구명조끼를 입은 학생들이 둥둥 떠올랐다. 먼저 복도에 나간 학생들이 손을 잡아주고 객실 안에 있는 학생들이 밀어줬다. 학생들이 서로 손을 잡고 객실을 탈출했다. 그런데 물이 들어오자 객실 캐비닛이 뒤집혔고, 그 안에 들어가 있던 학생 2명이 그대로 갇혔다. 오○○(17, 생존)가 그곳에 있었다.

"혼자 있었으면 무서웠을 텐데 둘이 남아서 다행이다. 살아서 다행이다. 울지 마라."

두 학생은 서로 다독이며 공포를 이기려 애썼다. 그러다 버티기만 해선 안 될 것 같아 캐비닛을 살짝 들어 올리자 머리끝까지 물이 들이쳤다. 오○○가 친구를 안고 헤엄쳐서 캐비닛을 빠져나왔다. 구명조끼 덕에 출입문 쪽으로 몸이 떠올랐고, 두 학생은 서로를 밀어주고 끌어주며 함께 복도로 나올 수 있었다.*⁵⁰⁸

---

* SP-1호실에서 캐비닛에 머리가 끼었다며 "살려달라"고 소리치던 학생 이○○(17, 사망)는 끝내 탈출

4층 중앙 홀 주변 복도는 정전으로 어두웠다. 교사 고창석의 인솔로 B-6호실에 있던 학생들이 중앙 홀 쪽으로 나왔는데, 배가 더 기울어지면서 4층 갑판도 물이 덮쳤다. 좌현 갑판으로 탈출하려던 학생 김○○(17, 생존)는 갑자기 들이치는 물살 때문에 나가지 못했다. 좌현 창문이 깨지고 갑판 쪽에서 물이 빠르게 쏟아져 들어왔다.[509]

3층에서는 유리창이 깨지는 소리가 크게 들렸다. 물이 순식간에 위로 치고 올라오면서[510] 3층에 있던 강혜성*이 4층 중앙 계단으로 떠밀렸다.[511] B-6호실 복도에서는 "물이 찬다", "살려 달라"며 학생들이 비명을 질렀다.[512] 4층 중앙 홀이 물에 잠기면서 구명조끼를 입은 학생들이 점차 우현 쪽으로 떠올랐다. 이어, S-5호실이 있는 복도에도 물이 밀려들면서 학생들이 선미 쪽으로 빨려 들어갔다. 헬기 타기를 포기하고 해경의 구조를 기다리던 여학생들이었다.

간신히 위기에서 벗어난 학생도 있다. 양○○(17, 생존)는 S-5호실 복도로 들어가는 유리문에 다리가 걸린 덕에 물살에 휩쓸리지 않고 우현 키즈룸 쪽으로 떠올랐다.[513]

4층 좌현 갑판에 물이 덮치기 직전 바다로 뛰어든 학생들은 다행히 배에서 빠져나와 수면 위로 떠올랐다. 바다에서 허우적거리던 구○○(17, 생존)는 10미터쯤 떨어져 있는 해경 구명보트를 발견했다. 수영을 못하는 친구 안○○(17, 생존)의 손을 꼭 잡고 구명보트를 향해 헤엄쳤다. 구○○은 배에서 탈출하던 중에 십자인대가 파열됐다. 힘은 부치고, 바닷물은

하지 못했다. 친구를 구하려고 SP-1호실에 다시 들어간 우○○(17, 사망)도 마찬가지다. SP-1호실에서 탈출한 학생들이 당시 상황을 기억했다. 123정 사건, 검찰 추가 증거 제출(2015. 6. 23.)(박○○ 진술서), 수사기록 6359쪽; 검찰 추가 증거 제출(2015. 6. 23.)(김○○ 진술서), 수사기록 6340쪽.

* 우현 갑판으로 통하는 "출구가 닫혀 있다"는 학생들의 말에 강혜성이 잠수를 해서 "걸쇠를 풀었"다. 화물차 기사 김동수를 비롯한 승객들이 소방호스를 내려 사람들을 구조하던 곳인데, 물이 차오르면서 물살에 문이 닫혔을 것으로 보인다. 구명조끼를 입지 않은 강혜성은 배 밖으로 쓸려 나오면서 의식을 잃었고, 10시 24분에 고속정이 구조해 123정에 태웠다. 선원 사건, 강혜성 진술조서(2014. 4. 29.), 7쪽; 123정 사건, 검찰 수사보고(2014. 6. 12.), 123정 촬영 동영상, 수사기록 2172쪽.

찼다. "이러다가 그냥 이렇게 바닷물에서 죽겠다는 생각이 들 정도였다."
그러면서 겨우겨우 구명보트에 도착했다. 두 학생을 끌어 올리던 해경이
말했다.[514]

"존나 늦게 올라오네, 씨발. 이 새끼 존나 무거워."
"죄송해요."

구○○는 달리 말을 할 수 없었다. 구명보트에 타고도 학생들은 진정하
지 못했다. 김○○(17, 생존)는 바다에 빠질까 봐 무서워서 노란색 펜더가
달린 줄을 몸에 감았다. 해경이 말했다.

"그거 빨리 놔라, 개새끼야."
"안 돼요. 죽을 것 같아요."

해경의 욕설이 계속됐다. 결국 김○○는 몸에 꼭 감고 있던 펜더 줄을
풀어야 했다. 어디 다치진 않았는지, 불편한 곳은 없는지 묻는 해경은 없
었다.

바다로 뛰어들어 탈출한 학생들이 123정 조타실 하부 선실에서 추위
에 떨었다. 모포와 이불이 태부족했다. 고○○(17, 생존)는 저체온증으로
입술이 파래졌다. 함께 있던 구○○가 앞서 욕설을 한 해경에게 물었다.

"친구의 상태가 이런데 어떻게 해야 할까요?"
"물이나 갖다줘."[515]

6장
전복
오전 10시 8분~10시 30분, 기울기 69~180도

배에 들어오지 않는 해경

10시 8분 무렵 어업지도선 전남201호가 세월호 선미에 붙었다. 사고현장에서 40킬로미터 떨어진 진도 갈명도 인근에서 불법 어업을 단속하던 이 배는 9시 25분쯤 본선의 출동 지시를 받았다. 어업지도선은 해양수산부 소속으로 불법 어업 단속과 해난사고 예방 임무를 맡았다.

고속정에 탄 항해사 3명은 해경 주도로 현장에서 이뤄지고 있는 구조 작업이 순탄치 않으리라고 짐작했다. 침몰하는 배에서 승객을 빨리 구하려면 해수면과 높이 차가 적은 소형 어선이나 구명보트가 필요하다고 판단했다. 201호처럼 후미 바깥쪽에 엔진이 달린 선외기식 배는 비교적 조타가 자유로웠다.[516] 인명을 구조하기 좋았다.

"저기 있는 배 아녀?"[517]

10시 6분쯤 항해사들이 기울어진 세월호를 발견했다. 좌현으로 68도 이상 기울어진 배의 갑판이 우뚝 서 있었다. 해경 구조세력은 123정과 구명보트, 헬기 2대였다. 123정은 세월호 선수 4층 창문을 깨고 있었다. 모든 어선이 세월호에 접안한 것은 아니었다. 10여 척은 세월호에 접근하지 못했다. 이 배들은 엔진이 안쪽에 설치돼 조타가 쉽지 않거나 헬기 바람에 크게 영향받는 10톤급 소형 어선이었다.

"아이고, 지금 그런 상황이 아닌데. 한 사람이라도 물에 빠지면 빨리 건져야 하는디. 큰 배들은 그걸 못하잖아. 그래서 급한 거여, 이게."[518]

어업지도선 전남201호 고속정은 곧장 세월호 선미로 달려갔다. 난간에 온몸을 기대고 한 발 한 발 내려오는 승객 7명이 보였다. 항공구조사 권재준은 바다를 헤엄쳐 선미로 가고 있었다. 어업지도선 항해사 박승기의 헬멧에 달린 불법 어업 단속용 스포츠 캠코더에 이 모습이 생생히 담겼다.[519]

10시 9분, 세월호 기울기 73.8도.[520] 박승기가 홋줄을 쥐고 세월호 선미 난간에 성큼 올라탔다. 그가 거의 눕다시피 난간에 매달린 승객을 일으켜 보트에 태웠다. 해수면과 4미터 정도 떨어진 난간을 붙잡고 있던 중년 남자 등 승객 7명을 차례로 구조했다. 창문을 깨고 승객을 구한 뒤 세월호에서 멀리 물러난 123정 대신, 가까이에 대기하던 행정선 진도아리랑호에 구조자를 옮겼다. 그리고 진도아리랑호에서 구명조끼 3벌을 챙겨 다시 세월호 선미로 갔다. 123정 구명보트와 어업지도선 전남207호 고속정도 도착했다.

"뛰어내려! 뛰어내리라고!"[521]

10시 13분, 세월호가 80도 넘게 기울었다. 3층은 이미 잠겼고 4층 좌측 벽도 해수면에 닿았다. 선미 출입문에 학생들이 보이기 시작했다. "뛰어내려라." 123정 대원 박은성, 김용기가 출입문 바로 앞에서 구명보트에 탄 채로 학생들을 향해 소리쳤다. 헤엄쳐 온 항공구조사 권재준도 있었다.

"한 명씩 나와라!"

해경이 말했다.[522] 학생들이 차례대로 걸어 나갔다.[523] 가까스로 SP-1 호실에서 나온 오○○(17, 생존)는 선미 출입문 안쪽에 있었다. 밖에는 검은색 구명보트에 서 있는 해경이 보였다. 훌쩍이던 학생들이 해경을 보고는 더 크게 울었다. "비상구에서 나가면 바로 손을 잡아"줄 만한 거리에 있었다.[524] 학생들은 파도가 치는 바다로 뛰어내리기를 머뭇거렸다. 해경은 뛰어내린 학생만 건져내고 있었다. 장○○(17, 생존)이 보기에는 해경이 "충분히 안으로 들어올 수 있었"다.[525] 하지만 이들은 "나왔다, 나왔다" 하고 소리치며, 쏟아져 나온 학생들의 구명조끼 어깨 부분을 잡고 보트로 끌어 올리기만 했다.[526]

"왜 들어오질 않는 거야?"[527]

출입문 안쪽 복도에서 줄지어 기다리던 학생들이 웅성거렸다. 해경이 1명씩 구조하는 사이 파도가 점점 높아졌다. 어느새 선체 3분의 1이 바다에 잠겼다. 엄청난 양의 바닷물이 선내로 쏟아져 들어왔다. 학생들은 순식간에 물살에 밀려 복도 쪽으로 휩쓸려 들어갔다. 벽에 있는 핸드레인을 붙잡은 몇몇만이 간신히 버텼다. 강한 수압 때문에 스스로 움직일 수가 없었다. 핸드레일을 붙잡고 헤엄치듯 발을 뻗어도 꼼짝할 수 없었다. 일부만 빠져나왔을 뿐, 대다수 학생들은 파도에 휩쓸리며 배 안으로 빨려 들어갔다.

설○○(17, 생존)도 그중 하나였다. 조금만 더 가면 세월호 밖이었다. 복도에 물이 차오르자 구명조끼를 입은 학생들의 몸도 같이 떠올랐다. 이제 천장이 된 우측 벽에 머리가 닿았다. 출입문을 빠져나가려면 잠수를 해야 했다. 몸을 가라앉히기 위해, 입고 있던 구명조끼를 벗으려 했지만 고정하는 끈이 풀리지 않았다. 최대한 물속으로 머리를 집어넣었다. 팔다리를 최대한 바다 쪽으로 뻗었다. 멀지 않은 곳에 보이는 해경이 잡아당겨 주기만을 기다렸다.

정신을 차려 보니 바다에 떠 있었다. "뒤로 돌아!" 해경이 외쳤다. 이내 몸이 들려 구명보트에 태워졌다. 상공에 떠 있는 헬기의 프로펠러는 굉음을 냈고, 해경 2명은 구명보트에서 연신 고함쳤다.

"조금만 더!"

곳곳에서 여학생들의 비명 섞인 울음이 터져 나왔다. 정신없는 와중에도 설○○는 자신이 빠져나온 비상구를 돌아봤다. 항공구조사 권재준이 출입문 바로 앞 난간에 매달려 있었다. 설○○는 잠수복을 입은 그 항공구조사가 "물살에 휩쓸려서 들어간 친구들을 구하러 갈 것"이라고 생각했다.[528] 20명이 넘는 여학생들이 서로 이름을 애타게 불렀다. 한 학생은 진정하지 못하고 우는 친구를 끌어안았다. 누군가 울먹이며 말했다.

"나만 나왔어!"[529]

10시 14분 무렵 선내에 물이 차오르며 세월호는 거의 90도까지 기울어졌다.[530] 쏴……. 바닷물이 매섭게 4층 중앙 홀을 쓸고 올라왔다. 선수 우현에 있는 B-19호실 복도로 물이 쏟아지면서 학생들은 선수 쪽으로 휩쓸려 갔다.* 3층에서 4층으로 올라온 최승필 부부를 비롯해 4층 중앙 홀에

---

* 4층 복도 초입 B-19호실에 있던 박수현이 선수 쪽 다인실인 S-4호실 바로 앞 F-4호실에서 발견됐다. 4인실인 B-18호실에서 발견된 학생은 16명이다. 청해진해운 사건, 검찰 수사 협조 의뢰에 대한 회신(2014. 10. 10.), 세월호 내부 수습 현황(2014. 10. 8.), 수사기록 19207쪽; 검찰 수사 협조 의뢰에 대한 회신(2014. 10. 10.), 세월호 침몰 사고 희생자 현황, 수사기록 19208~19217쪽.

있던 사람들은 물에 떠올라 4층 우현에 이르렀다.[531]

B-19호실 복도에 있던 학생 나○○(16, 생존)가 거센 물살을 가까스로 버텼다. 물살이 잠시 약해졌을 때 잠수를 해서 4층 중앙 홀 우현에 있는 키즈룸에 다다랐다. 이미 많은 학생들이 키즈룸에서 갑판으로 나가는 문 앞에 몰려 있었다.[532]

"P123, P123, 현재 여객선에 경찰관 몇 명 들어가 있습니까?"

세월호가 완전히 옆으로 누워버린 상황에서 서해청 상황실장 김민철이 TRS로 물었다. 123정장 김경일이 답했다. "약 80도 정도이기 때문에 저희 경찰들 다 나왔습니다. 현재 더 기울어져가지고 현재 90도입니다, 90도." 해경은 "기울기가 심해져서 다 나왔"던 게 아니다. 한 번도 선내에 진입하지 않았다.

"몰라요, 구조해준다는데"

"배가 많이 기운다. 배가 많이 기운다고! 배 기울어!"

전남201호 고속정. 10시 15분, 항해사 박승기가 다급하게 외쳤다. 해경 구명보트를 비롯해 세월호 선미에 몰려 있던 전남201호 고속정과 피시헌터호를 비롯해 모든 어선이 물러났다. 항공구조사 권재준도 손을 저었다. 선미 좌현 출입문은 아예 바다에 잠겼다. 전남201호가 세월호 선미에서 물러나 잠깐 멀어졌다가 이내 다시 접근했다. 그러다 세월호 선미 3층 난간에 있는 항공구조사 권재준을 발견했다.

"아저씨! 저 아저씨 나가야 하는데, 배가 뒤집어져 버리는데 계속 있네."

"어디? 저기 지금 올라가잖아."

헬기 513호가 4층 키즈룸 앞 갑판 복도까지 내려와 바스켓이 난간에 걸렸다. 화물차 기사 김동수가 근처에 있던 쓰레기통을 가져다 그 위에 올라섰다. 헬기 바스켓을 복도로 끌어 내린 다음 학생들을 태웠다. 구조하러 내려오는 해경은 없었다.

좌현 90도로 기울어진 선체의 우현 벽면을 평지처럼 밟고 걸어가던 항공구조사 김재현은 상체가 갑자기 기우는 것을 느꼈다.[533] 김재현과 박훈식이 급하게 손짓으로 헬기 512호를 불렀다.[534] 마지막 구조작전이었다. 512호가 세월호 선체와 닿을 정도로 가까이 다가가 제자리비행을 했다. 높이는 약 1미터. 승객이 랜딩기어(헬기 동체가 바닥에 잘 설 수 있도록 설치한 장비)를 붙잡자 항공구조사들이 엉덩이를 밀어 올려 차례로 4명의 승객을 태웠다. 헬기의 마지막 구조였다.

박훈식은 선수 쪽 우현, 김재현은 선미 쪽 우현을 확인한 뒤 "구조할 승객들이 보이지 않아 승객이 모두 탈출하거나 반대쪽인 좌현"으로 갔다고 생각했다. 김재현은 승객 중 전부는 아니라도 대부분은 탈출시켰다고 생각했다.[535] 박훈식과 김재현도 뛰어오르듯 헬기에 탔다. 선미 난간에 있던 권재준은 헬기에 오르는 대신 바다로 뛰어들어 어선에 탔다.

선미 우현 SP-3호실에서 복도로 나와 대기하던 학생들은 배에 물이 가득 차오를 때까지 상황을 모르고 있었다. 배가 뒤집히기 직전인 10시 15분 무렵에도 복도에 빼곡히 앉아 구조를 기다리고 있었다.[536] 배가 기울어지자마자 친구들의 모습을 휴대전화에 담은 김시연도 그랬다. 신승희도 같은 복도에서 친구들과 기다리며 10시 1분부터 10시 9분까지 '♡우리아빠♡'와 문자메시지를 주고받았다.

10:01~10:09 신승희 문자메시지

- 아빠 걱정하지 마 구명조끼 입고 난간 잡고 애들 다 뭉쳐 있으니까 배 안이야 아직 복도
- 걱정하지 마!!!
- 승희야 밖에 난간에 있어야 하는 거 아냐
- 안에는 위험해
- 움직이지 말래
- 안 돼 너무 심하게 기울어서 움직일 수 없어 더 위험해 움직이면
- 구조 중인거 알지만 가능하면 밖으로 나와서
- 아니 아빠 지금 걸어갈 수 없어 복도에 애들 다 있어서 그리고 너무 기울어서
- 가능하면 빨리 구조돼야 돼 얼마 안 가 가라앉기 시작하면 급속도로 내려간다구
- 구조될 거야 꼭 지금은 한 명 움직이면 다 움직여서 절대 안 돼

아빠는 배 안이 위험하니 밖으로 나가라고 했다. 배가 "얼마 안 가 가라앉기 시작하면 급속도로 내려간다"며 사태를 정확하게 예견해 밖으로 나가라고 거듭 권했다. 그러나 신승희와 친구들은 움직이면 더 위험하니 대기하라는 안내 방송을 따라 기다리는 쪽을 택했다. 김시연도 마찬가지였다.

10:04~10:14 김시연 카톡 메시지

- 저 지금 방 안에 있어요
- 카톡은 안 가지만
- 아… 시연아 괜찮아?? 왜 구조 안 돼?? 순서대로 하는 거야??
- ㅠㅠㅠㅠㅠㅠ
- 너희 괜찮아?
- 지금 구조 중인데 저희 학고-학생 말고 다른 승객들부터 구조 중인가 봐요. 커텐이 섰어요. 90프로 이상 기울었는데
- 지금 침몰 임박해서 뛰어내려야 된대. 뉴스 떴어… 어떻게 래

10시 13분, 단원고 학생 정예진(17, 사망)이 "괜찮냐"고 묻는 지인에게 카톡으로 답했다.

- 몰라요, 구조해준다는데.

단원고 학생 유예은(17, 사망)은 9시 55분부터 엄마, 아빠에게 구조 상황을 알렸다.

- 엄마, 나 지금 배 안인데 배가 90% 정도 기울어졌어. 지금 구조하려고 헬기 왔는데 너무 무서워.
- 엄마, 지금 해군들이 들어오고 있어. 조금 있으면 구조 될 거야. 엄마 보고 싶어
- 아빠, 지금 저희층 구조하고 있어요. 보고 싶어요. 사랑해요.

엄마, 아빠는 떨고 있는 딸을 다독였다.

- 침착해라, 예은아. 아빠 엄마가 기도하고 있으니까 아무 일 없을 거야. 사랑해.
- 네, 빨리 구조되서 갈께요.
- 예은아, 침착해야 돼. 사랑해 우리 딸.
- 저도 사랑해요.
- 울 이쁜 딸 조금만 기다리면 해군정 탈 수 있은 거야. 그런데 갑판 위로 올라온 거야 아니면 아직 객실인 거야. 구명조끼는?
- 아직 객실이요.
- 배에서 방송 나오는 건 없어? 객실에서 외부로 나가는 길은 확보되 있는 거지!

10시 15분. 엄마, 아빠의 휴대전화에 유예은의 메시지가 더는 찍히지 않았다.

세월호는 무서운 속도로 기울어 10시 17분쯤 기울기 108도에 다다랐

다.[537] 좌현으로 누운 상태를 넘어 아예 뒤집어지고 있었다. 그러자 우현 난간이 바다에 닿기 시작했다. 4층 우현 객실에서 대기하던 승객들은 물이 차오른다 싶기가 무섭게 배가 뒤집히는 걸 겪었다. 세월호 선내는 갑작스럽게 밀어닥친 해수가 파도쳤다. 거센 물살에 휩쓸린 승객들이 선체에 갇혔다.

- 지금 더 기울어.

박영란(17, 사망)이 마지막 메시지를 남겼다. 10시 17분이었다. 박영란은 20분 전부터 카톡을 보냈다.

- 엄마, 아빠… 배가 많이 기울어졌어요, 보고 싶어요ㅠㅠ
- 90% 이상, 기울었는데
- 너무 무서워

SP-2호실에 물이 차면서 양○○(17, 생존)는 캐비닛을 올라탔다. 차가운 바닷물 때문에 저체온증에 걸리지나 않을까 걱정됐다. 물이 차오르면서 복도로 나가기가 한결 수월해졌다. 그러나 캐비닛이 점점 가라앉았고 어느새 물이 명치까지 올라왔다. 이때 먼저 복도로 빠져나간 박○○(17, 생존)가 손을 내밀었고 양○○는 그 손을 잡았다. 다른 학생들은 양○○의 다리를 붙잡았다. 양○○는 친구들의 "필사적인 몸부림"을 느꼈다. 손을 놓친 학생은 빠져나오지 못했다.[538]

키즈룸 옆 출입문 위치를 알고 있던 양○○가 박○○와 복도에 차오른 물을 타고 이동했다.[539] 복도에 있던 최○○(16, 생존)도 물에 떠밀렸다. 선미 쪽 통로는 학생들이 많이 모여 있어서 나가기가 어려워 보였다. 원래 "물이 차면 우측 통로로 해서 갑판으로 나갈" 생각이었다. 하지만 막상 물이 차오르자 거센 물살 때문에 우측 통로로 나갈 수 없었다.[540]

다행히 키즈룸 옆 출입문이 보였다. 양○○, 박○○, 최○○는 키즈룸 옆 출입문으로 탈출했다. 문 바로 앞에 해경이 있었다. 양○○가 "살려달라"고 외치자 두리번거리던 해경이 뒤늦게 이들을 발견하고 끌어 올렸다.[541] 최○○와 물에 뛰어들었던 학생 1명은 빠져나오지 못했다.[542]

4층 우현 갑판 선미 쪽 복도에는 일반 승객 김홍경이 여전히 머물러 있었다. 배가 90도로 쓰러지는 순간 '쏴' 하는 소리와 함께 물이 객실 아래서부터 차올랐다. 찬물이 따뜻한 실내에 들어오면서 수증기가 피어올랐다. 학생들이 비명을 질렀다. 더는 구조할 수 없게 되었다. 승객들은 5층 객실 천장까지 물이 차오르는 걸 보고야 난간을 기어서 올라갔다. 더러 주르륵 미끄러지기도 했다. 김홍경도 미끄러졌다. 그 순간 '죽는가 보다' 생각했다. 헬기는 모두 떠났지만, 끝이 아니었다. 전남201호 고속정이 기적을 짧게 두 번 울렸다.

"저기 한 사람 있네!"[543]

세월호는 이제 우현 난간만 빼고 다 잠겼다. 거기 승객 2명이 서 있었다. 김동수, 심상길이었다. 전남201호 항해사가 이들 쪽으로 가자고 동료 항해사에게 빠르게 손짓했다. 하지만 난간과 바다의 높이 차이가 4미터 이상이었다. 항해사가 밀쳤다. "아니야, 배 뒤집어지고 나면." 두 사람을 태우려면 시간이 좀 더 필요했다.
"어, 어, 어! 저기!" 고속정 선미에 있던 항해사가 다급하게 외쳤다. 그가 손가락으로 가리킨 곳에 빨간색 구명환이 떠 있었다. "어이!" 그리고 바로 옆 5층 선원 객실로 들어가는 갑판 아래 남학생 2명이 매달려 있었다. "야! 야!" 전남201호 고속정에서 짧은 비명이 터져 나왔다. 선수에서 선미 쪽으로 급류가 흘렀다. 학생들이 두 손으로 난간을 꽉 붙잡고 있었지만, 행여 손에 힘이 풀리면 순식간에 물살에 휩쓸려 다시 세월호 5층 선내로 빨려 들어갈 터였다. 학생들은 자신들 쪽으로 오는 고속정을 보자마자 한 손을 내밀었다.

"야, 잡기만 해! 잡기만 해! 잡아! 잡아!"

항해사 2명이 동시에 학생들의 팔을 움켜쥐었다. 그러고는 곧바로 후진해 세월호와 멀어졌다. 물살이 약한 데 이르러서야 학생들을 배로 끌어 올렸다. 상황을 지켜본 123정 구명보트가 고속정에 접근했다. 123정 구명보트에는 김용기, 박은성밖에 없었다. 전남201호 항해사 박승기가 세월호 우현을 딛고 서 있는 김동수, 심상길을 가리키면서 해경들에게 말했다.

"아니, 저기 두 사람 더 있으니까……."

그러자 김용기가 고개를 돌려 두 사람을 쳐다봤다. 그제야 123정 구명보트가 방향을 돌려 갑판으로 다가갔다.

어업지도선, 어선, 화물차 기사

10시 17분쯤 세월호 기울기는 108도,[544] 뒤집어지고 있었다. 우현 5층 난간이 바다와 닿았다. 이제 남은 승객들이 빠져나올 수 있는 통로는 뒤집힌 우현 4층과 3층 갑판뿐이었다. 바로 이때 순식간에 승객 10여 명이 이곳을 통해 쏟아져 나왔다. 전남201호 항해사 박승기가 "4층 객실에 문이 하나 열려 있고 그곳에서 승객들이 많이 나오고 있"는 것을 목격했다.[545] 객실 유리창으로 학생들이 입은 주황색 구명조끼가 언뜻 보이기도 했다.[546]

전남201호와 123정 구명보트, 그리고 조금 떨어져 있던 소형 어선 여러 척이 일제히 달려들었다. 100미터 정도 떨어져 있던 123정에서 이 모습을 지켜보던 부정장 김종인이 확성기를 들었다. "어선들에 편승시켜, 어선들! 어선들에 편승시키라고!"*547 더는 승객을 태울 공간이 없던 123정 구명보트에서 기존 구조 승객들을 옆에 있는 어선으로 옮겨 태웠다.548 그러는 동안 전남201호는 세월호 외벽에 올라타다시피 다가갔고, 승객들이 곧바로 올라탔다. 항해사가 배에서 내려 아예 세월호 선체에 올라섰다. 그리고 5층 난간에서 올라오지 못하는 여학생을 건져냈다.

"애기요, 애기!"

전남201호에 먼저 탄 남학생이 소리쳤다. 권○○였다. 4층 중앙 홀에 물이 들어찰 때 승객들이 도와 가며 권○○를 난간 밖으로 올려보냈다. 권○○의 오빠 권혁규는 한 승객의 등에 업혀 있다가 키즈룸에서 우현 갑판 출입문으로 건너오던 중 소방호스 사이로 미끄러졌다. 그러고는 불이 꺼져 컴컴해진 좌현으로 떨어지고 말았다.549

가장 먼저 우현 난간으로 나왔던 김동수가 권○○를 받아 옆에 있던 학생 박○○(17, 생존)에게 넘겼다. 김동수는 권○○를 끌어안은 박○○가 바다에 떨어지지 않도록 뒤에서 껴안고 있었다. 전남201호 항해사가 권○○를 받아 배에 태웠다. 곧 바다가 4층 우현 갑판을 삼켜버렸다.550

---

* 『세월호, 그날의 기록』 초판(2016)에서는 김종인이 외친 소리가 "어선들 철수해, 어선들 철수하라고!"였다고 기록했다. 이 음성이 《JTBC》 보도(2014. 6. 18.)에서는 "어선들은 통제해. 어선들은 퇴수시키라고", 《뉴스타파》 영상(2014. 7. 24.)에서는 "어선들을 통제해, 어선들 퇴수시키라고", 단편 다큐멘터리 『부재의 기억』(2018)에서는 "Order the fishing boat to retreat. Retreat!"로 대중에게 전해졌다. 이런 과정 속에서 '해경이 어선들의 구조를 방해했다'는 일각의 주장에 강력한 근거로 작용하기도 했다. 그러나 2019년 12월 《뉴스타파》가 전문 기관에 분석을 의뢰한 결과 이 음성이 "어선들에 편승시켜, 어선들 어선들에 편승시키라고!"인 것으로 확인했다며 기존 보도 영상을 수정했다. 이 책의 필자들도 다시 검토한 결과 《뉴스타파》의 분석이 타당한 것으로 판단해 바로잡았다.

어떤 이는 출입문을 잡고 잠수하듯 밖으로 나왔다.551 난간을 기어 올라온 승객 20여 명도 물로 뛰어들었다. 김홍경도 이때 빠져나왔다. 어선 피시헌터호에는 10명이 매달렸다. 선미 쪽에서는 역시 어선인 태선호가 수압 때문에 깨진 객실 창문으로 빠져나오는 승객들을 끌어당겼다. 손이 닿지 않는 승객을 향해 긴 홋줄도 던졌다. 그 반면 승객을 태울 공간이 없는 123정 구명보트는 자꾸만 세월호와 멀어졌다. 학생들은 보트 줄을 잡고 필사적으로 매달렸다. 누군가는 물살을 피해 다시 세월호 선체로 기어 올라갔다.

아직 잠기지 않은 4층 B-19호실 창문에 흰색 물체가 여러 번 부딪치고 있었다. 침대용 은색 철제 사다리*였다. 박수현이 있던 곳이다. 탈출하려는 마지막 몸부림에도 두꺼운 창은 끝내 깨지지 않았다. B-19호실이 바다에 잠기기 직전까지 학생들은 창문으로 사다리를 던졌다.552 몇 초 뒤, 바닷물이 선수 우현의 'SEWOL'이라는 글자를 집어삼켰다.

10시 21분, 세월호가 왼쪽으로 돌아누우면서 선체 바닥을 드러내기 시작했다. 바닷물에 잠기는 객실 곳곳이 세찬 물기둥을 뿜어냈다. 상공에서 상황을 지켜보던 헬기 511호가 TRS로 보고했다.

"타워, 여기 호텔2. 배 90퍼센트 전복. 90퍼센트 전복. 침몰."

전남201호 고속정 승객들을 123정에 인계했다. 123정 선수 갑판에는 해경 5명과 세월호 1등항해사 신정훈, 2등항해사 김영호, 조타수 오용석

---

* 누군가 네모난 은색 철제 프레임을 창문으로 던지는 장면이 전남201호 촬영 동영상과 헬기 511호 촬영 동영상에 잡혔다. 그리고 B-19호실 내부를 촬영한 박수현의 동영상에서 객실 양쪽에 이층 침대와 은색 철제 사다리가 놓여 있다. 사다리는 손으로 들어 올리면 빠지게 돼 있다. 따라서 영상에 담긴 네모난 은색 철제 프레임은 그 사다리로 추정된다. 선원 사건, 검찰 세월호 녹취록(단원고 학생 동영상); 경찰 수사보고(2014. 4. 28.), 《JTBC》 동영상 파일 임의 제출에 따른 압수 및 분석에 대한, CD(휴대전화 촬영 동영상 파일).

등이 있었다. 1등항해사 강원식은 123정 우현에서 침몰하는 세월호를 바라보며 인천 운항관리실과 통화하고 있었다. 고속정을 본 해경들이 뛰어왔다.

"애기부터, 애기."

고속정에 타고 있던 승객들이 권○○를 먼저 올려 보냈다. 김동수는 학생들의 팔을 잡아주며 123정으로 옮겨 타는 것을 도왔다. 전남201호 항해사가 "내리세요" 하고 나서야 김동수가 움직였다. 고속정에서도 마지막으로 내린 것이다.[553] 123정에 올라탄 그가 눈앞에 있는 해경에게 말했다.

"저기 200~300명이 있으니 제발 빨리 구해주세요."
"특공대가 올 겁니다. 걱정하지 마세요."[554]

옆에서 이 말을 들은 강원식은 청해진해운 관계자에게 전화를 걸었다.

전남201호가 다시 세월호에 접근했다. 바다에 잠긴 선미 쪽에는 배에서 샌 검은 기름이 퍼져나갔다. 선체가 가라앉으면서 와류가 생겼다. 모든 것을 집어삼킬 듯 물살이 빠르게 움직였다. 그곳에 사람이 있었다.[555]

"줄만 잡아, 줄만!"

학생 박○○를 발견한 전남201호가 재빨리 홋줄을 던졌다. 배에 태우는 것보다 물살에 휩쓸리지 않게 하는 게 급했다. 세월호와 어느 정도 떨어진 뒤에야 박○○를 배로 끌어 올렸다. 10시 21분, 박○○가 4층 복도까지 빠져나왔지만 미처 어선에 타지 못했다. 세월호와 바닷물에 빠져 들어갔다가 구명조끼의 부력 덕에 다시 솟아올랐다.[556] 마지막 생존자였다. 그를 구한 것도 해경이 아니었다.⁵⁵⁷ 뒤집힌 세월호는 수면 위로 뱃머리만 남았다.

10시 24분, 해경 본청 상황실에서 청와대-해경청 핫라인(직통전화)이 울렸다. 9시 19분 《YTN》 보도로 사고를 안 청와대는 그 뒤 2~3분마다 전화해 현장 영상과 구조 인원수를 보고하라고 채근하고 있었다. 이번에는 해경청장 김석균에게 'VIP(대통령) 메시지'를 전했다.

10:24 청와대-해경 본청 상황실 핫라인
해경 본청: 예, 상황실장입니다.
청와대: 네, 청와대예요.
해경 본청: 예, 안녕하십니까?
청와대: 거기 지금 누구한테 보고하고 있어요, 상황실장은?
해경 본청: 예?
청와대: 상황실장은 실시간 상황을 누구한테 보고하고 있어요?
해경 본청: 지금 위기관리실에서 계속 전화가 와가지고 그쪽에 보고하고 있는데요.
청와대: 아니요, 청 내에서, 해경청 내에서.
해경 본청: 청 내에서 말입니까? 저희 상황담당관하고…….
청와대: 해경청장님 어디 계십니까?
해경 본청: 여기 상황, 저기, 위기관리실 회의실에 계십니다.
청와대: 회의실에 계십니까? VIP 메시지 전해드릴 테니까.
해경 본청: 예예.
청와대: 빨리 전해주세요.
해경 본청: 예.
청와대: (VIP 메시지 가져와 봐.) 첫째, 단 한 명도 인명 피해가 발생하지 않도록 하라.
해경 본청: 예.
청와대: 그냥 적어. 그다음에, 여객선 내에 객실, 엔진실 등을 포함해서 철저히 확인해가지고 누락되는 인원이 없도록 하라. 자, 그 두 가지 말씀하셨으니까 일단

청장님한테 메모로 빨리 넣어드리고.

해경 본청: 예예.

청와대: 업데이트 추가된 거 있어요? 아, 왜 자꾸 인원이 틀려?

해경 본청: 아, 예. 저희 아까 현장에서 저희 P정에서, 123정에서 구조한 거를 행정선에 인계한 거를 행정선에서 구조한 거로 파악을 했구요.

청와대: 그랬구나.

해경 본청: 예, 그래가지고 지금 헬기로는 현재 18명을 구조했습니다.

청와대: 예, 헬기 18명.

해경 본청: 예, 승객 100톤으로 52명 했구요.

청와대: 헬기 18명.

해경 본청: 예, 승객 52명요.

청와대: 승객.

해경 본청: 100톤짜리가 52명을 현재.

청와대: 다시 다시. 헬기 18명 그다음에 배로.

해경 본청: 배로 52명 구조해가지고 행정선으로 인계했구요. 그래서 현재 70명 구조한 것으로 파악이 됐습니다. 좀 더 세부적으로 더 파악을 해야겠습니다. 파악해서 보고드릴게요.

청와대: 이거 가지고는 안 되고, 가장 중요한 게 인원 파악이니까, 구조 인원 파악이니까, 인원 파악을 좀 잘해야 돼요.

해경 본청: 예, 알겠습니다.

청와대: 오케이, 그다음에 영상 시스템 몇 분 남았어요?

해경 본청: 거의 한 10분 정도면 도착할 것 같습니다.

청와대: 예?

해경 본정: 10문 이내에 도착할 거 같습니다.

청와대: 거, 지시해가지고 가는 대로 영상 바로 띄우라고 하세요. 그것부터 하라고 하세요, 다른 거 하지 말고.

해경 본청: 예.

청와대: 오케이.

10시 30분, 세월호가 아예 뒤집어져 선수 일부만 남긴 채 수면 아래로 잠겼다. 배가 기울어진 8시 49분부터 101분 만이었다. 구조된 인원은 172명. 헬기 3대가 바스켓으로 1명씩 끌어 올려 31명을 서거차도로 옮겼고, 123정이 선원 17명을 포함해 83명을 태웠다. 10시 전후에 도착한 어업지도선과 어선들이 마지막까지 남아 승객 58명을 구조했다.* 304명이 희생됐다.

---

* 해경이 집계한 구조 인원이다. 어선과 어업지도선이 구조해 123정에 인계한 숫자도 포함돼 있다.

2부
"대한민국에서 제일 위험한 배",
어떻게 태어났나

1978년, 배리 터너는 84건의 사고와 재난을 분석한 『인재(*Man-made Disasters*)』라는 기념비적인 책을 발간했다. 그는 이들 사례를 분석한 후, 재난에는 '긴 잠복기'가 있다는 것을 발견했다. 긴 잠복기가 있다는 것은 비극을 막거나 개입할 시간이 있다는 것을 의미한다. 그러나 모든 사고와 재난에서, 잠복기 동안 초기 경고 신호가 잘못 해석되거나 무시됐다.

세월호 사고에서도 재난을 만들어낸 긴 과정이 있다. 비극을 막을 수 있던 이들은 여럿이었다. 세월호의 증개축을 승인하고 배를 검사한 한국선급, 세월호의 운항관리규정을 승인한 인천해경, 매일 세월호 출항을 점검했던 운항관리자, 그리고 가장 결정적으로는 승객의 안전을 책임졌어야 할 정해진해운이 있었다. 참사를 막을 수 있던 많은 단계에서, 이들은 자신의 부주의나 형식적인 일처리, 경고 신호의 무시가 304명이 사망하는 대형 참사를 낳을 것이라고 진지하게 생각하지 않았다. 아찔한 순간이 있었지만 큰 사고로 이어진 적은 없으니까, 자신뿐 아니라 다른 사람도 안전점검을 다 형식적으로 하니까, 안전에 문제가 있을 수 있지만 법적으로는 문제가 없으니까 그렇게 했을 뿐이다. 그렇게 해서 "대한민국에서 제일 위험한 배"가 만들어졌다.

선원들은 "이 배가 대한민국에서 제일 위험"하다, "잘못하면 바로 뒤집어지는 배다"라며 서로를 조심시켰다.¹ 불안했던 선장·선원들은 때로 청해진해운 임직원 같은 의사 결정자들에게 우려를 전달했지만, 진지하게 받아들여지지 않았다. 타(舵, 배의 방향을 조종하는 장치)를 적게 돌리거나, 평형수를 넣었다 뺐다 하는 자구책은 이미 위험해진 배를 안전하게 만들지는 못했다.

1장
비극의 시작

청해진해운은 1999년부터 인천-제주 항로를 독점해왔다. 회사를 설립할 때 인천-제주, 여수-거문도, 여수-남면, 통영-욕지도 항로 등의 '해상여객운송사업 면허'를 세모해운으로부터 넘겨받았다.[2] 청해진해운은 인천-제주 항로에서 청해진고속1호, 춘향호*를 거쳐 2003년부터는 오하마나호를 월·수·금(인천항 출발 기준)에 단독 운항했다.[3] 인천-제주 항로는 사업성이 괜찮았다. 오하마나호가 단독 운항할 때 매년 흑자를 내자[4] 다른 해운사가 이 항로를 탐냈다. 2008년 8월 화·목·토에 여객선을 투입하겠다는 경쟁자가 나타났다.[5] 하지만 관할 관청인 인천항만청이 면허 신청을 반려했다. 당시 「해운법」 5조의 면허 발급 기준 가운데 '수송수요 기준(직취율)'**과 '선박계류시설 확보'를 충족하지 못했기 때문이다. 적

---

* 청해진해운 해무이사 안기현은 검찰에서 2000년경 청해진고속1호를 춘향호로 대체할 때 "얼마 동안 같이 운항"했다고 털어놨다. 해무팀장 송기채도 2003년 춘향호를 오하마나호로 대체할 때는 "춘향호와 오하마나호를 약 4개월 정도 같이 운항"했다고 진술했다. 해상여객운송사업 면허는 운항 선박을 특정해 발급되기 때문에 임의 복수 운항은 불법이다. 관리·감독 기관이 청해진해운의 불법 운항을 적발했다면 당시 「해운법」 21조에 따라 면허를 취소할 수 있었다. 청해진해운 사건, 검찰 안기현 5회 피의자 신문조서(2014. 5. 12.), 7쪽; 세월호 인허가 사건, 검찰 송기채 진술조서(2014. 5. 14.), 4쪽.

취율은 23.59퍼센트로 기준인 35퍼센트에 못 미쳤고, 기항지인 제주도는 선석(船席)이 부족하다며 제주외항 건설이 끝나는 2011년까지 여객선 취항을 미뤄달라고 요구했다.[6]

청해진해운은 경쟁자의 등장에 위기의식을 느꼈다.[7] 2009년 12월 "당연히 반려될 것으로 예상"하면서도 인천-제주 항로에 추가로 선박을 투입하겠다며 '사업계획변경(증선)'을 신청했다.

> 검사: 2009년에 인천-제주 노선에 대하여 사업계획변경(증선) 신청을 한 경위가 어떻게 되는가요.
> 조용준(여객영업팀장)*: 오하마나호를 2003년경부터 운항했는데 2005년경부터 인천-제주 간 여객이 상당히 큰 폭으로 증가를 했고, 화물에 대한 수요도 증가를 했습니다. 그러자 다른 해운사에서 인천-제주 간 노선에 진입하려고 하는 시도가 있었습니다. 그래서 저희 회사에서는 노선을 방어하는 차원에서 사업계획변경(증선) 신청을 제출하게 되었습니다.
> 검사: 청해진해운에서는 2009년 사업계획변경(증선) 신청을 할 때에는 증선을 할 의사가 없었다는 것인가요.
> 조용준: 네, 당시에는 특별히 증선을 할 의사는 없었고 다른 회사에서 들어오는 것을 방어하는 차원에서 신청을 한 것입니다.[8]

** 수송수요 기준은 '평균 승선 및 적취율' 또는 '평균 운송수입률'을 말하는데 해운업계에서는 '적취율'이라고 부른다. 해당 노선에 이미 취항하고 있거나 취항 예정인 여객선의 최대 운송 능력을 기준으로 계산한 예상 수입액과 해당 선박의 실제 운송 능력을 기준으로 한 수입액의 비율을 말한다. 예를 들어, 적취율 35퍼센트는 해당 항로에 이미 취항하고 있거나 신규 취항 예정인 선박 전체의 최대 수입 대비 해당 선박의 평균 수입이 35퍼센트라는 뜻이다. 적취율 규정은 해운사에 최소한의 수입을 보장해 무리한 항로 개설과 출혈경쟁, 과적 등을 막기 위한 것이다. 「해운법 시행규칙」 별표 1에 따라 재화중량톤수(안전한 항행이 가능한 최대 적재량), 화물 운임, 여객 운임, 운항 횟수 등을 토대로 계산한다.

* 2013년 8월 31일 청해진해운은 여객영업팀장 김재범과 기획관리팀장 조용준의 보직을 맞바꿔 인사 발령을 냈다. 더불어 해무팀장 송기채도 여수지역본부 본부장으로 자리를 옮겼고, 해무팀장은 여수지역본부 차장 박희석이 맡았다. 이 책에서 직함을 표기할 때는 인사 발령 시기를 기준으로 삼았다. 예컨대 2013년 8월 31일 이전에 김재범이 했던 일을 설명할 경우에는 여객영업팀장으로, 인사 발령 이후에 했던 일을 설명할 경우에는 기획관리팀장으로 적었다.

2010년 청해진해운에는 위기감이 고조됐다. 당시 국토해양부가 이미 운영 중인 항로에 추가 여객선을 도입할 때 적취율을 35퍼센트에서 25퍼센트로 낮추는 규제 완화를 추진했기 때문이다. 제주외항도 완공을 눈앞에 두고 있었다. 인천-제주 항로에 "다른 선사에서 쉽게 진입이 가능한 상황"이 닥쳐왔다.[9]

2010년 6월경 대표이사 김한식은 임직원들로부터 "다른 회사에서 화·목·토를 치고 들어온다는 말이 떠돈다"는 내용의 보고를 받았다. "경쟁체계가 되면 손님도 뺏기고 여객 단가도 낮아지는 등 출혈경쟁이 될 수밖에 없"었다.[10] 당시 내부적으로도 "인천에서 제주로 가는 화물의 수요가 많은데 오하마나호 한 척만으로는 그 수요를 다 소화할 수 없"다며 "노선을 복선화하고 배를 추가해야 할 필요성이 있다는 의견이 자주 나왔"다.[11] 김한식이 지시했다. "그러면 복선 운항이 가능한지 우선 허가청에 알아보고, 우리가 복선으로 할 때와 경쟁사랑 복선으로 할 때 손익에는 어떤 영향을 미치는지 알아봐라."[12]

며칠 뒤 "항만청에 알아본 결과 노선 허가 부분은 문제가 없"고, 선박을 구매해 복선으로 운항하면 "첫해에는 20억여 원의 적자가 나지만 3년 정도 지나면 수익으로 돌아선다"는 보고가 올라왔다. 보통 신규 선박을 투입하면 "첫해에는 감가상각 금액이 엄청 비싸"고 "홍보 부족 등으로 적자가 나는 것이 당연"했다. 해무이사 안기현과 상무이사 박기청은 선박 구매 계획도 짜 왔다. "대략 100억 원이면 살 수 있"고, "산업은행에 신규 대출을 신청하면 매수자금 조달이 가능힐 깃 같다"[13]고 했나. 김한식은 경기도 안성 금수원(기독교복음침례회 안성교회)으로 회장 유병언을 찾아갔다.

김한식-유병언 대화 [진술 재구성]
김한식: 경쟁사들이 우리 노선에 들어오려고 합니다.
유병언: 경쟁사가 들어오면 더 손해가 크나?

김한식: 예, 경쟁사가 들어오면 우리가 직접 하는 것보다 손해가 더 커집니다.
　　유병언: 그래? 우리가 하는 것보다 더 손해가 커? 그러면 우리가 하는 것이 낫겠
　　　네. 잘해봐.[14]

　2010년 7월경 중개업자가 "오하마나호를 팔았던 일본 선사(A-LINE) 측에 매물 선박이 있다"고 알려왔다. 청해진해운은 "유럽 선박에 비해 일본 선박을 선호"했다. 상대적으로 "부품 조달이 용이"했기 때문이다.[15] 안기현과 박기청 등이 일본 가고시마로 건너갔다.[16] 오하마나호(6,322톤)와 비슷한 크기의 나미노우에호(6,586톤)를 낙점했다.[17] 2011년 1월 당시 해무팀장 송기채, 여객영업팀장 김재범, 물류팀장 남호만 등이 다시 일본으로 향했다.[18] 2월, 임시 주주총회를 열어 "최종적으로 도입을 결정"했다.[19]

　나미노우에호는 1994년 일본 하야시카네조선소에서 건조된 로로선이었다. 로로선은 선박 램프(차량 출입문)를 통해 차량을 선박 화물 구역으로 직접 주행해 적재하는 구조의 배다. 나미노우에호는 선체 중심선에 타가 있고, 타 양쪽에 프로펠러 2개가 달려 있었으며, 선수에 1개, 선미에 2개의 램프가 있었다. 최대 속도는 23.55노트로 일본에서는 규슈와 오키나와 항로 등을 운항했다.[20]

　나미노우에호 도입이 결정됐지만, 2가지 문제가 남아 있었다. 우선 적취율을 계산해보니 기준인 25퍼센트*에서 오르락내리락했다. 다시 선박을 찾을 수 있는 상황도 아니었다. 선박은 "자동차와 달리 규격에 맞는" 매물을 "구하기가 힘"들었다. 청해진해운은 나미노우에호를 들여오는

---

* 당시 「해운법 시행규칙」에 의하면 기존 사업자가 해당 항로에 선박을 추가 취항할 경우 적취율은 25퍼센트였는데 신규 사업자가 해당 항로에 선박을 신규 취항할 경우 적취율은 35퍼센트여서 신규 사업자의 진입을 막고 있었다. 그런데 2012년 3월 14일부터 신규 사업자의 적취율도 25퍼센트로 낮아져 경쟁이 쉬워지게 됐다. 따라서 청해진해운은 그 전에 증선을 허가받아야 인천-제주 항로의 노선을 방어할 수 있었다.

것도 "운이 좋"다고 여겼다.[21]

> 검사: 나미노우에호 도입 당시 적취율에 문제가 있었다고 한다면 다른 배를 도입해도 될 것 같은데 굳이 왜 나미노우에호를 도입한 것인가요.
> 김한식: 그 당시 적당한 배가 없었고, 수리 문제도 있어 오하마나호와 같은 일본 배를 들여오려고 했기 때문에 기존에 오하마나호를 매매한 회사와 다시 계약을 체결했던 것입니다.[22]
> 검사: 적취율이 어떻게 문제가 되었는가요.
> 조용준: 기존 사업자가 증선을 하는 경우에는 적취율이 25퍼센트 이상이 되어야 증선 인가를 받을 수가 있습니다. 최근 3년간의 오하마나호 수송 실적이 적취율을 결정하는 중요한 요소입니다. 그런데 기준 일자에 따라 오하마나호 수송 실적이 조금씩 달라지고 그에 따라서 적취율이 25퍼센트가 되기도 하고 안 되기도 하는 문제가 있었습니다.
> 검사: 적취율이 25퍼센트가 안 되면 인가가 나오지 않기 때문에 적취율의 문제는 매우 중요한 것으로 보이는데 어떤가요.
> 조용준: 그건 맞습니다. 증선 인가에 있어서 적취율이 가장 중요한 문제인 건 맞습니다.
> 검사: 청해진해운에서 적취율 문제로 회의를 했는가요.
> 조용준: 네, 수차례 회의를 했습니다.
> 검사: 그 회의는 언제 했는가요.
> 조용준: 2011년 3월 이후부터는 매달 수송 실적이 나올 때마다 검토를 했던 것 같습니다.[23]

허위 계약서와 증선 인가

다음 문제는 배를 넘겨받는 날짜였다. 일본 쪽에서 대체 선박을 건조할 때까지 기다려달라고 요구해 인도일을 2012년 10월경으로 잡았다.[24] 그러면 2011년 10월 이후에나 사업계획변경(증선) 신청을 해야 했다. 「해운법 시행규칙」은 면허 신규 신청이나 증선을 승인할 때 선박 등의 시설을 "1년 이내"에 확보하라고 조건을 붙였다.[25] 청해진해운은 인천-제주 항로 방어를 위해 "급하게 면허 신청을 해야" 할 형편이라 기다릴 여유가 없었다.[26] 청해진해운은 적취율과 선박 인도일 문제를 두고 회의를 한 끝에 허위 매매계약서를 꾸미기로 모의했다. 2011년 3월 15일 A-LINE과 나미노우에호 매매 계약을 체결하면서 재화중량 톤수와 선박 인도 일자가 빈칸으로 된 계약서를 한 장 더 챙겼다. A-LINE은 빈칸 매매계약서에 서명했다.[27]

> 검사: 매매계약서는 어떤 내용으로 작성을 한 것인가요.
> 박기청: 2011년 3월 15일 A-LINE의 담당자가 인천 청해진해운 사무실로 찾아와서 계약 체결을 하였습니다. 당시 계약 내용은 재화중량 톤수는 '3,063톤[3,963톤]*'이고, 선박의 인도 일자는 '2012년 10월 1일~10월 31일'로 돼 있었습니다.
> 검사: 그런데 사실과 다르게 계약서 한 장을 더 일본 선사 측으로부터 받았나요.
> 박기청: 네, 그렇습니다. 당시 저희가 적취율 25퍼센트를 맞추기 위하여 세월호의 재화중량 톤수를 '3천 톤'으로 고쳐야 할 상황이었고, 선박의 인도 일자도 좀 앞당기려고 하였기 때문에 일부러 두 부분은 공란으로 하여 계약서 앞장만 다시 서명을 해서 추가로 받아두었던 것입니다.
> 검사: 적취율로 인해 재화중량 톤수를 고치려고 한 사실은 이해가 되는데, 선박의 인도 일자는 어떤 이유로 앞당기려고 하였는가요.
> 박기청: (중략) 저희가 회의를 열어 의논한 결과, 면허 인가를 받아도 6개월 정도 연기를 할 수 있다는 사실을 알고서 차후 여러 핑계로 연기를 한번 하자고 결정을 하고, 세월호를 원래대로 2012년 10월경에 받으면 증개축 공사 및 수리를 해야 하니까 그렇게 다 완료하면 출항은 2013년 1월경쯤에 할 수 있을 것으

---

* 진술조서에는 '3,063톤'이라고 적혀 있으나, 박기청이 숫자를 잘못 불렀거나 오기로 보인다. 실제 나미노우에호의 재화중량 톤수는 '3,963톤'이다. '3,063톤'은 청해진해운이 허위 매매계약서를 만들었을 때 적어넣은 숫자다. 세월호 인허가 사건, 검찰 김한식 진술조서(2014. 6. 3.)(매매계약서), 수사기록 4223쪽.

로 생각[하였습니다]. 2011년 7월경 면허 신청을 하고 6개월 정도 연기를 하면 2012년 1월경이 되고 그럼 그때부터 1년 안에 선박을 들여와 출항 준비까지 마치면 2013년 1월경이 맞춰질 것으로 예상하고 2011년 7월경 면허 신청을 하게 된 것입니다.[28]

조용준이 "최대한 흔적이 남지 않도록 노력을 해"가며 빈칸으로 받은 매매계약서를 조작했다. "컴퓨터를 이용하여 계약서에 기재된 글자와 같은 크기, 같은 글꼴"로 재화중량 톤수 '3,063톤', 선박 인도 일자 '2012년 7월 1일~7월 31일'을 인쇄했다. 그다음에는 "인쇄된 부분을 오려내어 계약서 위에 붙인 후, 복사기를 이용하여 복사"해 허위 매매계약서를 만들었다.[29] 청해진해운은 허위 사업계획서도 작성했다. 해운사가 사업계획 변경(증선)을 신청할 때는 항로 운영 능력을 확인하기 위해 사업계획서를 첨부해야 한다. 사업계획서에는 나미노우에호의 재화중량 톤수를 '3천 톤'으로 적었다.[30] 허위로 꾸민 매매계약서와 사업계획서에서조차 재화중량 톤수가 서로 어긋났다.[31]

인천항만청은 이를 바로잡지 못했다. 2011년 7월 25일 청해진해운이 신청한 사업계획변경(증선)을 9월 1일 조건부로 승인했다.[32] 재화중량 톤수를 3,000톤으로 계산해 적취율이 26.994퍼센트가 됐고, 승인일 기준 "1년 이내에 증선 선박을 투입하는 조건"이 달렸다.[33] 이후 과정은 청해진해운의 계획대로 진행됐다. 2012년 8월 14일 청해진해운은 조건부 허가 기한 만료를 보름 앞두고 "매도 회시의 대체 선박 긴조가 지연"됐다며 조건부 허가 기간을 1년 더 늘려달라고 요청했다.[34] 인천항만청은 "불가피한 사유"인지 검토한다며 증빙서류를 요구했다.[35] A-LINE과 작성한 양해각서를 제출하는 것만으로 조건부 허가 기간을 1년 연장받았다.[36] 2013년 3월 14일, 인천항만청은 청해진해운에 면허를 발급해 관련 인가 절차를 모두 마무리했다.[37] 증개축을 마친 나미노우에호는 세월호로 뒤바뀌어 있었다. 한국선급이 승인한 세월호의 재화중량 톤수는 3,794톤이었다.³⁸ 청해진해운이 인천항만청에 허위로 꾸며 제출한 매매계약서나 사업계획서와 700톤 넘게 차이가 났다. 이번에도 인천항만청은 그냥 넘어갔다.

감사원은 인천항만청의 청해진해운 증선 인가를 "부당 처리"라고 지적했다. ① 2011년 9월 11일 조건부 인가 ② 2012년 9월 5일 조건부 인가 기한 연장 승인 ③ 2013년 3월 14일 최종 면허 인가 등 전반적인 과정 모두 문제가 있었다.³⁹

우선 조건부 인가 당시 선박 검사 기관에 재화중량 톤수를 조회하면 청해진해운이 제출한 매매계약서나 사업계획서가 "사실과 다르다는 것을 쉽게 알 수 있는데도" 확인하지 않았다. 당시 나미노우에호의 실제 재화중량 톤수(3,981톤)로 계산해보니 적취율이 24.61퍼센트에 불과했다.⁴⁰

감사원은 조건부 인가 기한 연장도 승인하지 말았어야 한다고 지적했다. "당초 및 실제 건조 완료 예정일, 건조가 늦어진 사유 등 일본 선사 측의 객관적인 해명 자료"를 누락했는데도 "인가 취소 등의 조치는 하지 않"았다는 것이다. 감사원은 "관련 규정을 어기게 되었음은 물론"이고, "다른 경쟁 업체가 해당 항로에 면허를 신청할 기회"를 막은 것으로 "청해진해운에 특혜"라고 덧붙였다. 최종 면허 인가도 문제가 있었다. 증개축을 거친 세월호가 "선박 제원에 변화가 있음을 확인"했는데도 적취율을 "재산정하고 그 결과를 토대로 최종 인가 여부를 결정"하지 않았기 때문이다. 감사원이 증개축 뒤 바뀐 재화중량 톤수(3,794톤)와 여객 정원(921명) 등으로 계산한 적취율은 24.2퍼센트였다. 감사원은 "인가가 불가능한데도 이를 적정한 것으로 최종 인가 및 증선을 허용"했다고 지적했다.⁴¹

감사원은 증선을 조건부 승인한 당시 인천항만청장 문해남과 선원해사안전과장 박성규, 해사안전과 문병일에게 "엄중한 인사조치"가 필요하다고 지적하면서도 징계 시효가 끝났다는 이유로 '인사 자료 활용' 조치를 내렸다. 조건부 인가 기한 연장과 최종 면허 인가에 관여한 당시 인천항만청장 김수곤과 선원해사안전과장 김영소, 선원해사안전과 이인수, 박현우 등 4명에 대해서는 정직을 요구했다.[42] 이들 가운데 소청 심사를 요청하지 않은 이인수만 정직 1개월을 받고, 소청 심사를 거친 김수곤은 감봉 1개월, 김영소는 감봉 2개월, 박현우는 감봉 3개월로 징계 수위가 낮아졌다.[43]

해양수산부는 세월호 사고 후 제도를 정비했다. 2015년 1월 「해운법」 5조를 개정해 해상여객운송사업 면허 발급 기준 가운데 적취율을 폐지*하는 대신 결격사유를 강화했다. ① 다중의 생명·신체에 위험을 야기하거나 ② 고의나 중대한 과실 또는 ③ 선장의 선임·감독과 관련한 주의의무를 게을리해 사고를 일으킨 사업자는 면허를 취소할 수 있게 했다.[44]

면허를 발급받은 사업자가 여객선의 이력과 안전정보를 공개하게 하는 조항도 신설했다. ① 선령 ② 선박 검사 일자 및 선박 검사 결과 ③ 사고의 이력 ④ 그 밖에 안전과 관련된 정보** 등이다.

2015년 7월 해양수산부 훈령인 '내항해운에 관한 업무지침'도 개정해 해운사가 사업계획을 변경할 때 관할 항만청에 선박검사증서를 제출하게 했다. 이전에는 선박의 총톤수 등만 신고하면 됐다. 청해진해운이 세월호를 증개축해 최초 사업계획변경(증선) 신청 때와 달리 선박 제원에 변화가 있었는데도 인천항만청이 이를 바로잡지 못한 이유다. 감사원은

---

* 적취율 기준을 둔 취지는 해당 항로의 '최소 수입'을 보장하기 위해서다. 해운사 간 출혈경쟁을 막는 효과가 있었지만, 애초부터 경쟁이 없는 상황을 만들기도 했다. 적취율에 미달하면 항로에 선박을 도입하는 일 자체가 불가능했기 때문이다. 다만 적취율 폐지로 해운사가 몰리는 항로와 기피하는 항로가 뚜렷이 구분될 수 있다. 해양수산부는 대안으로 "비수익지역 운항 기피 방지 및 국가의 항로 관리 강화를 위해" 「해운법」 5조의 2(항로고시)를 신설했다. 해양수산부 보도자료, 세월호 후속조치법 개정안 국회 통과(2014. 12. 10.), 3쪽.

** 「해운법 시행규칙」 10조의 4(안전정보의 공개)에서는 '안전과 관련된 정보'를 구체적으로 여객 정원, 화물의 적재 한도, 위반 행위에 따른 처분 내용 등으로 정하고, 이를 사업자가 운영하는 홈페이지나 한국해운조합 홈페이지에서 "쉽게 확인할 수 있도록 조치"할 것을 명시했다. 더불어 6개월마다 공개 내용을 갱신해야 한다.

"면허가 신규로 발급되거나 기재 사항에 변동이 있을 경우 이를 즉시 반영"해 "면허 관리를 철저히 하"라고 권고했다.[45]

검찰은 인천항만청의 사업계획변경(증선) 인가를 '부실'이 아닌 '비리'로 봤다. 청해진해운 임직원들이 인가 신청 전 이미 적취율이 부족하다는 사실을 알았고, 이를 무마하기 위해 선원해사안전과장 박성규에게 500만 원을 줬다고 진술했기 때문이다.

검사: 피의자는 김한식 사장, 안기현 이사, 송기채 부장 등과 공모하여 조건부 면허를 받기 위해 인천항만청 선원해사안전과장 박성규에게 돈을 지급한 사실이 있는가요.
박기청: 예, 당시 회사 차원에서 결정된 일이었지요. 송기채 부장이 돈을 전달했습니다. (중략)
검사: 안기현은 당시 김한식이 "안전과장한테 500만 원을 줘야 한다고 하는데 그거면 되겠어?"라고 물었고, 피의자가 "줘야지, 뭐"라고 했다는데 어떤가요.
박기청: 맞습니다.
검사: 당시 피의자가 박성규에게 돈을 주어야 된다고 말했던 이유는 무엇인가요.
박기청: 그 당시 저희가 앞서 말씀드린 대로 적취율 문제로 계약서까지 공란으로 한 장을 더 받아 재화중량 톤수와 선박 인도 일자를 사실과 다르게 기재하여 면허 신청을 할 생각이었던지라 그런 부분을 혹시라도 당시 업무 담당자였던 박성규가 알고 면허를 반려할까 봐 미리 박성규에게도 눈감아달라고 할 생각으로 돈을 건네게 된 것입니다.
검사: 그럼 박성규가 피의자 측으로부터 세월호의 증선 면허 신청을 받을 당시 이런 계약서 허위 기재 내용을 알고 있었나요.
박기청: 그렇죠. 박성규는 처음부터 송기채 부장과 가까이 지내면서 저희와 조율을 많이 했었고 이런 사실을 알고 있었습니다. 이렇게 재화중량 톤수를 변경하는 것에 대해 사실 박성규가 방법을 일러준 것 같기도 하고, 저희가 조언을 많이 받았습니다.[46]

해무팀장 송기채는 박성규와 대학 동문으로 박성규가 2010년 인천항만청 선원해사안전과장이 됐을 때부터 알고 지내온 사이였다.[47] 청해진해운이 박성규에게 돈을 주기로 모의한 시기는 2011년 3월 초순경부터다. 당시 한국선급이 오하마나호 정기검사에서 지적한 사항을 무마해준 대가였다. 동시에 장래 세월호 증선 인가에서 도움을 얻을 목적도 있었다.

검사: 청해진해운에서 박성규에게 500만 원을 주기로 언제 어떻게 결정된 것인가요.

송기채: 2011년 3월 초순경 오하마나호 정기검사가 끝난 후 주간업무보고 자리에서 제가 오하마나호 건도 잘 해결되었고 앞으로 업무적으로 인사드릴 일도 있으니 감사 표시를 해야 한다고 건의했더니, 김한식 사장이 "도입선 면허 관계도 있고 하니까 송 부장(피의자)이 김혜경 부장에게서 500만 원을 받아서 전달하라"고 지시했습니다.

검사: 검찰에서 확인한 바에 의하면 세월호 도입 계약을 체결한 것이 2011년 3월 15일, 인천항만청에 증선 인가 신청을 한 날이 2011년 7월 25일, 조건부 인가를 받은 날이 2011년 9월 1일인데, 청해진해운 회의에서 박성규에게 돈을 주기로 결정한 때는 증선 인가 신청을 하기 전인데 도입선 면허 관계 때문에 돈을 줬다는 말인가요.

송기채: 증선 인가 신청을 한 날은 2011년 7월 25일이지만 청해진해운에서는 그 훨씬 이전부터 일본에서 배를 도입하기 위해 검선을 했고 도입 계약까지 체결한 상태였습니다. 즉, 배를 도입할 무렵부터 증선 인가를 염두에 두고 있었고 추후 증선 인가 신청을 해야 할 상황이었습니다. 도입선에 대한 증선 인가를 받을 때 도움을 받기 위해 미리 주무 과장인 박성규에게 돈을 주기로 한 것입니다.

검사: 오하마나호에 대해 한국선급으로부터 어떤 지적을 받았나요.

송기채: D데크 선미 철판이 노후되었기 때문에 교체하라는 지적을 받았는데 지적대로 교체를 할 경우 기관실 천장의 철판까지 교체해야 하는 상황이었습니다. 그런데 기관실 천장의 철판을 교체하려면 공사 기간이 많이 들고 비용도 많이 들었습니다. 그래서 저희의 요구사항은 선미 다른 곳의 철판은 교체하되 기관실 천장의 철판을 그대로 두고 철판 위에 새로운 철판을 씌우게 해달라는 것이었으며 이러한 내용을 박성규를 통해 한국선급에 부탁한 것입니다. (중략)

검사: 박성규에게 언제 어디서 부탁을 하였나요.

> 송기채: 오하마나호가 정기검사를 받던 중 지적을 당하자 제가 박성규 과장에게 전화를 해서 부탁을 했고 박성규가 한국선급에 이야기를 해줬는지 일이 잘 처리되었습니다.[48]

2011년 3월 3일 오하마나호 정기검사에서 당시 한국선급 여수지부 선박 검사원은 D데크 철판을 교체하라고 지적했다.[49] 송기채가 박성규에게 전화를 걸어 "부탁을 했"고, 박성규가 "내가 알아봄세. 일 처리 잘하고 연락 줘"라고 답했다.[50] 이튿날 선박검사원은 철판 덧씌우는 것으로 지적 사항을 바꿨다. 그러면서 송기채에게 "인천에서 내부적으로 코멘트 사항이 내려왔다"고 말했다. 송기채는 박성규가 도와준 것이라고 짐작했다. 처음 지적한 대로 철판을 교체하면 "비용은 2배 정도 들고 공사 기간은 2~3일 정도 더 걸"렸지만, "선박 안전 측면에서는 마모된 부분을 도려내고 새 철판으로 교체"하는 것이 더 좋았다.[51]

청해진해운은 증선 신청을 앞두고 박성규를 비롯한 인천항만청 선원 해사안전과 공무원들도 접대했다. "도입선이 있고 증선 신청할 계획"이라는 이야기도 꺼냈다.[52] 송기채는 이 무렵 박성규를 따로 만나 적취율 문제를 청탁했고, 박성규가 구체적인 대가를 요구해 박성규에게는 3000만 원, 선원 해사안전과 해무팀장 김봉섭에게는 1000만 원을 건넸다고 진술했다.

> 검사: 정리를 하면, 피의자는 2011년 9월 1일 증선 인가가 나자, 이에 대한 사례로 2011년 9월 중순경 박성규에게 3천만 원, 김봉섭에게 1천만 원을 주었고, 이런 사례는 청해진해운 임원회의에서 결정된 것이라고 하였지요.
>
> 송기채: 네, 그렇습니다.
>
> 검사: 그 전에 박성규 과장이 증선 인가 신청 전에 이러한 사례를 요구하지 않았나요.
>
> 송기채: (중략) 2011년 7월 초순경에 적취율 문제를 말씀드렸습니다. 우리가 적취율이 25퍼센트가 간당간당하다고 하니까, 박성규가 "그럼 안 되고 안정적으

로 26퍼센트 정도로 맞춰서 넣어라"라고 하였습니다. 그때 박성규 과장이 "잘 처리되면 세 장 정도는 준비하라"고 이야기를 하였습니다. 또 "김봉섭도 한 장 정도는 챙겨주라"고 하였습니다.[53]

대표이사 김한식도 검찰에서 이미 박성규에게 건넨 500만 원과 별도로 증선 인가 사례를 했다고 진술했다.

> 검사: 그래서 피의자는 사례를 얼마나 하기로 결정을 하였는가요.
> 김한식: 제가 금액을 정한 것은 아니고, 박기청 등이 제 방에 들어왔을 때 과장은 3천만 원, 계장(팀장)은 1천만 원 이렇게 사례를 해야겠다고 해서, 제가 최종 결정을 한 것입니다.
> 검사: 그럼 그런 최종 결정은 언제 하였는가요.
> 김한식: 증선 인가 난 다음에 했어요. 그리고 돈은 송기채 부장이 하루, 이틀 만에 다 주었을 것입니다. 오래 끌지는 않았어요.[54]

하지만 청해진해운 임직원의 진술 외에는 증거가 없었다. 박성규와 김봉섭에게 건넨 돈은 모두 현금이었고, 출처도 회사 비자금이었다.[55] 경리팀장 김혜경이 비자금을 관리했는데, 장부를 따로 만들지 않았다. 사용 내역은 김한식에게 보고한 뒤 곧바로 폐기했다.[56]

김봉섭은 체포된 뒤 "돈을 받은 사실이 있"다고 털어놨다가 검찰에서 번복했다. 처음에 자백한 이유에 대해선 "그날은 너무 피곤해서 빨리 집에 가고 싶어서 그렇게 말한 것"이라고 변명했다.[57] 박성규는 검찰에서 인천항만청 직원들과 식사 접대를 받은 사실만 인정하고 나머지 혐의를 모두 부인했다. 오히려 송기채가 500만 원을 건넸지만 거절했고, 오하마나호 중간 검사와 관련한 청탁도 "송기채 본인이 그렇게 생각"할 뿐이라고 주장했다.

> 검사: 피의자도 송기채가 돈봉투를 주려고 했던 사실은 인정하고 있지요.

박성규: 네, 그렇습니다.

검사: 결국 송기채가 피의자에게 돈봉투를 주려고 했던 것은 오하마나호 건으로 많은 도움을 받았기 때문으로 보여지는데 사실 아닌가요.

박성규: 저는 그렇게 생각하지 않습니다.

검사: 송기채 입장에서 아무런 도움을 받지 않았다면 굳이 송기채가 피의자에게 돈봉투를 전달하려고 할 이유가 있을까요.

박성규: 그건 잘 모르겠고, 송기채 본인이 그렇게 생각하는 것 같습니다.[58]

오하마나호 정기검사를 맡았던 선박검사원은 박성규의 "얼굴도 모른다"고 했다. 수리 방법 변경은 "청탁하고 무관"하며, "송기채가 수리 방법이 힘들다고 의논을 했기 때문"에 "검토를 하여 변경"해주었다고 말했다. 수리 방법 변경은 "검사원의 권한으로 가능"하다는 게 그의 주장이었다.[59] 감사원은 그를 징계하지 않았다. 검찰은 송기채와 박성규를 대질신문했다.

검사: 피의자는 오하마나호 수리 청탁과 관련하여 그에 대한 대가로 박성규에게 500만 원을 지급하였다는 것인가요.

송기채: 예, 그렇습니다. 회사 차원에서는 오하마나호 수리도 있지만 도입선 문제도 있어서 겸사겸사 주기로 결정을 했습니다. (중략)

검사: 피의자는 앞서 송기채의 진술을 다 들었는데 어떤가요.

박성규: 정말 어이가 없고 있을 수 없는 일입니다. (중략)

검사: 피의자는 박성규에게 증선 인가에 대한 사례를 한 사실이 있는가요.

송기채: 예, 있습니다. 박성규 과장이 적취율을 26퍼센트로 제출하라고 할 때, "잘되면 세 장 정도 챙겨주라"고 하면서 "김봉섭 계장도 한 장 챙겨주라"고 하여, 제가 박기청 상무와 사장님에게 말씀을 드렸고, 9월 1일 인가가 난 다음에 추석 지나서 저희 청해진해운에서 사례를 하기로 결정이 되어 제가 박성규 과장에게 3천만 원을 전달한 사실이 있습니다. (중략)

검사: 피의자는 송기채가 거짓말을 하고 있다고 생각하는가요.

박성규: 그렇습니다. 정말 어떻게 해야 할지 모르겠습니다.[60]

검찰은 박성규와 김봉섭을 뇌물수수 혐의로, 청해진해운 임직원들을 뇌물공여와 위계공무집행방해 혐의로 기소했다. 하지만 재판이 시작되자 상황이 바뀌었다. 직접 돈을 건넸다고 주장한 송기채를 비롯해 청해진해운 임직원들이 일제히 진술을 번복했다.

검사: 증인은 오하마나호 수리 청탁에 대한 사례 및 증선 인가에 대한 사례로 박성규에게 2011년 1월경 500만 원을 전달한 것 외에도 증선 인가 후 다시 박성규에게 3천만 원, 김봉섭에게 1천만 원을 전달한 사실이 있다고 진술하였지요.
송기채: 그와 같이 진술하였습니다.
검사: 증인은 검찰에서 그와 같이 진술한 이유가 무엇인가요.
송기채: 매일같이 새벽 1~2시까지 심야 조사를 받고 육체적으로나 정신적으로나 피곤한 상태에서 조서를 작성하는 대로 답변한 것 같습니다.
검사: 증인은 낮에 조사를 받았는데 맞는가요.
송기채: 보통 오후 2시경부터 시작합니다.
검사: 증인이 오후 2시경부터 조사를 받기 시작하여 10분도 되지 않아서 진술한 내용인데 어떤가요.
송기채: 계속적인 조사를 받아서 빨리 조사를 끝내고 싶은 심정에서 그와 같이 진술한 것입니다.[61]

변호인(박성규): 증인은 "2011년 7월 초순경 박성규에게 '적취율 25퍼센트가 간당간당한다'고 하니까 박성규가 '그럼 안 되고 안정적으로 26퍼센트 정도로 맞춰서 넣어라'라고 말하였는데, 그때 '잘 처리되면 세 장 정도는 준비하라. 김봉섭도 한 장 정도는 챙겨주라'고 말하였다"라고 진술한 사실이 있지요.
송기채: 제가 꾸며서 말한 허위 진술입니다. 거짓말 탐지기를 해도 됩니다.
변호인: 수사기관에서 증인이 구체적으로 한 진술이 허위라는 것인가요.
송기채: 예.[62]

변호인(박성규): 3천만 원과 1천만 원을 지급하기로 결정한 적이 있는가요.
김한식: 없습니다.
변호인: 송기채와 박기청은 증인에게 가서 보고하고, 이후 임원회의에서 결정되

어 돈을 지급하였다고 하는데 그런 사실이 있는가요.
김한식: 기억이 없습니다.
변호인: 증인은 3천만 원에 대해서 송기채와 김혜경을 증인의 방으로 불러서 쇼
핑백으로 전달한 사실이 있는가요.
김한식: 기억이 없습니다.
변호인: 증인은 기억이 나지 않는 것인가요, 그와 같은 사실이 없는 것인가요.
김한식: 그런 사실이 없습니다.[63]

1심은 뇌물수수와 뇌물공여를 모두 유죄로 판단했지만[64] 2심은 무죄로 뒤집었다.[65] 2심은 청해진해운 임직원들의 공무집행방해만 유죄로 인정했다. 청해진해운 임직원들이 허위 매매계약서와 사업계획서로 인천항만청을 속인 사실만 인정하고, 증선 인가 과정에서 박성규와 김봉섭에게 돈을 건넨 사실은 증거가 불충분하다고 봤다. 청해진해운 임직원들이 한 진술의 신뢰성을 의심한 것이다.

우선 500만 원을 두고는 송기채를 제외한 청해진해운 임직원들의 최초 진술이 일치하지만 ① 송기채가 박성규에게 1년에 걸쳐 나눠 건넸다고 진술*했는데 그 자체가 이례적이며, ② 돈을 줬다고 지목한 날짜 가운데 박성규가 지방으로 출장을 떠난 날이 있고, ③ 송기채가 청해진해운으로부터 500만 원을 받고도 박성규에게 전달하지 않았을 가능성을 배제할 수 없다는 점 등을 들어 원심판결을 깼다.

3000만 원과 1000만 원 뇌물수수 및 뇌물공여는 ① 수뢰자로 지목된 피고인들이 일관되게 부인하고, ② 청해진해운 임직원들의 검찰 진술을 뒷받침할 금융 자료가 없으며, ③ 재판에서 검찰 진술이 허위 자백이라고 번복한 점 등을 들어 신뢰성이 떨어진다고 판단했다. 특히 ① 송기채

---

* 송기채는 검찰에서 500만 원을 10여 차례에 나눠 건넸다고 말했다가 다시 한 번에 건넸다고 번복했다. 재판에서는 다시 나눠 건넸다고 주장했다. 세월호 인허가 사건, 검찰 송기채 10회 피의자 신문조서(2014. 6. 2.), 12~13쪽; 1심, 2회 공판준비기일조서(2014. 7. 21.), 공판기록 337~338쪽.

와 박기청이 자정 넘어까지 조사를 받은 사례가 많고, ② 검찰이 소환하고도 피의자 신문조서를 작성하지 않은 경우가 있으며, ③ 송기채가 구속 직후 접견이 금지되었다는 점 등을 들어 "정신적·육체적으로 압박을 느끼는 상태"에서 "허위의 진술을 하였을 가능성도 있다"고 봤다.[66]

대법원은 2016년 5월 2심 판결을 확정했다.[67] 결국 사업계획변경(증선)은 청해진해운 '유죄', 인천항만청 '무죄'가 됐다.

무리한 대출

청해진해운은 세월호 도입 이전에도 "간신히 현상 유지만 하고 있던 회사"였다. "자금 운영에 많은 어려움이 있"어 여러 은행에서 받은 대출금이 50억 원을 넘었다.[68] 그 대출금을 유지하기 위해 분식회계도 저질렀다. "경영 실적이 갈수록 악화돼 신규 대출이 불가능해지고, 기존에 받았던 대출도 은행에서 바로 상환하라고 할 수도 있고, 설령 상환을 하라고 하지는 않더라도 신용평가가 낮아져 이자율이 높아질 것을 우려하여 비용의 일부를 자산으로 계상한 것"이었다.[69] 2008년부터 2013년까지 이뤄진 분식회계 규모만 57억 원에 이른다.[70] 선박 구매를 결정했을 때도 대부분의 돈은 은행 대출로 마련할 계획이었다.

검사: 세월호 도입 자금은 어떻게 마련하기로 계획했는가요.
조용준: 계약금 11억 원은 회사 자체 자금(소형선 매각 대금)으로 충당하고, 2012년도에 지급할 잔금 100억 원 정도는 금융권 대출을 받아서 마련하고, 배를 국내에 들여왔을 때 검사비(수리비) 20억~30억 원은 회사 구조조정(선박 매각)을 통해 마련하기로 계획했습니다.
검사: 세월호를 도입하는 데 총 얼마의 자금이 들 것으로 예상했는가요.
조용준: 140억~150억 원 정도 예상했습니다.
검사: 회사 자체적으로 조달하는 자금 30억~40억 원, 금융권에서 대출받는 자금

100억 원 정도를 예상했는가요.

조용준: 예, 그렇습니다.

검사: 회사에서 30억~40억 원을 조달할 구체적인 방안이 있었나요.

조용준: 계약금 11억 원은 소형선을 매각한 대금으로 확보하고 있었고, 검사비 20억~30억 원은 부산 거가대교가 생기면서 부산-거제도 간 항로의 면허를 반납했는데 그곳을 운항하던 소형선, 고흥 녹동에서 거문도 간을 운항하던 소형선을 매각하여 자금을 마련할 계획이었습니다.[71]

청해진해운은 선박을 사려고 "자금을 탈탈 털"어 62억 2900만 원을 모았지만, 세월호 도입에 쓴 총액 172억 2900만 원의 절반에도 못 미쳤다.[72] 결국 2012년 9월 18일 한국산업은행에 100억 원 차입(대출) 신청을 냈다. 담보로는 나미노우에호를 비롯한 선박 4척을 제시했다.[73] 사업계획서에는 증개축 이전 나미노우에호 제원을 토대로 인천-제주 항로를 한 번 오갈 때마다 화물 4,138톤을 운송할 수 있다고 적었다.[74] 9월 24일, 산업은행은 대출을 승인했고, 10월 17일에는 세월호에 근저당권이 설정됐다.[75]

검사: 산업은행을 통해 선박 시설 자금을 조달하려던 이유는 무엇인가요.

김한식: 선박 시설 자금은 원래 산업은행만 취급합니다. 그리고 저희가 그 이전에도 산업은행에서 대출을 받아 선박을 수입하였는데, 연체 없이 이자와 원금은 제때 상환해나갔고, 또 그 당시 오하마나호 대출금은 모두 상환했기 때문에 신용평가는 좋은 상태였습니다. 그러고는 그 뒤 산업은행으로부터 세월호 매입선가의 80퍼센트인 80억 원을 대출받아 세월호를 수입했고, 세월호 수리 및 증개축 시에도 20억 원을 더 대출받았는데, 그 자금은 은행에서 직접 수리 업체에 지급되었습니다.[76]

2014년 10월 국회 국정감사에서 산업은행의 대출을 두고 부실 의혹이 제기됐다. 우선 대출을 승인하는 과정에서 내규를 어겼다는 지적이 나왔다. 청해진해운은 매출이 계속 감소해 대출 경고 대상인 '론 모니터링

세월호 도입 자금 조달 방법[77]

용도	내역	조달 방법	
		청해진해운 자체 자금	은행 대출
나미노우에호 구매	113억 7100만 원	33억 7100만 원	한국산업은행 80억 원
증개축 및 수리	58억 5800만 원	28억 5800만 원	한국산업은행 20억 원 하나은행 10억 원
총액	172억 2900만 원 (100%)	62억 2900만 원 (36.2%)	110억 원 (63.8%)

(Loan Monitoring)' 상태였는데, 내규에 정한 대출 심사 절차를 일부 생략했다는 것이다. 증인으로 출석한 산업은행장 홍기택은 "론 모니터링 해서 주의가 통보됐"지만, "제주도 관광 활성화"로 추후 "매출액이 증가될 것으로 생각을 했다"라고 말했다.[78]

담보로 지정된 세월호의 감정평가 시기와 방식도 도마 위에 올랐다. '선 대출, 후 감정평가'가 이뤄졌기 때문이다. 선박 구매 비용 80억 원은 2012년 10월 4일 인출됐는데, 담보물 감정평가서는 4개월 뒤인 2013년 2월 5일에야 만들었다. 앞서 산업은행은 같은 해 1월에 서류 심사를 했지만, 그 실체는 "유사·동종 가격의 인터넷 가격조사를 통한 유추"였을 뿐이다.[79]

뒤늦게 작성한 감정평가서의 산출 근거도 실제와 달랐다. 세월호 감정평가액을 127억 5000만 원으로 책정했는데, "화물 수송은 수송 톤수 및 매출액이 지속적으로 승가"하리라는 예상 넉분이었나.[80] 오하마나호를 기준으로 삼아, 인천-제주 항로를 한 차례 운항할 때마다 실을 수 있는 화물량을 2,586톤으로 추산했다.[81] 증개축 뒤 한국선급이 승인한 세월호 '완성복원성계산서'의 최대 적재 화물량 1,077톤의 2배 반이다.[82] 감정평가서에 의하면, 2013년 세월호는 화물 운송으로 140억 원가량 매출을 올려야 했다.[83] 하지만 그해 과적과 부실 고박을 반복하면서 올린 화물 운송 매출액은 100억 원을 조금 웃돌았다.[84] 담당 감정평가사는 "규정과 이

론에 비추어서 적정하게 평가했다"고 주장했다.[85]

산업은행장 홍기택은 연안해운 업계의 중고 선박 대출은 "통상적"으로 선 대출이 이뤄졌다고 주장했다. "일단 뱃값을 지불하지 않으면 배를 수주도 할 수 없고 아무것도 할 수 없"다는 이유에서였다.[86]

한국산업은행은 대출해준 돈이 제대로 집행되는지도 파악하지 않았다. 대출금 가운데 증개축 수리비는 청해진해운이 30퍼센트를 먼저 하청업체들에 지급하면 나머지 70퍼센트에 해당하는 20억 원을 한국산업은행이 집행하는 방식이었다.[87] 청해진해운은 하청업체들에 비용을 지급한 것처럼 허위 서류를 만들어 제출했지만 산업은행은 그대로 자금을 집행했다. 청해진해운은 6개 하청업체에서 1억 8750만 원을 빼돌려 운영자금으로 썼다.[88]

2014년 12월 금융감독원은 산업은행이 ① 청해진해운의 사업성과 채무 상환 능력을 면밀히 심사하지 않았고, ② 합리적인 이유 없이 증개축 이전에 세월호 감정평가를 했으며, ③ 향후 매출 및 수익이 증가할 것이라는 추상적·낙관적 전망에 근거해 대출했다고 지적했다. 국정감사에서 지적한 내용이 대부분 맞았던 것이다. 금융감독원은 산업은행에 경영 유의 2건과 개선 3건을 요구했고, 직원에게는 견책 1명과 조치 의뢰 2건을 결정했다.[89]

검찰 수사기록을 보면, 청해진해운이 산업은행에 대출 관련 '청탁'을 했는지 의심한 정황이 있다. 대표이사 김한식의 탁상 달력과 물류팀장 남호만의 수첩 등에서 "산업은행 인사"라는 메모가 발견됐기 때문이다.[90]

검사: 2010년 피의자의 탁상 달력을 보니, '5/18 산은 영업부 인사'라고 적혀 있던데, 그날 누구를 만나 어떤 부탁을 했는가요.
김한식: 아, 이건 그겁니다. 그날 제가 박기청 상무와 함께 산업은행 본점을 찾아가 인사를 한 것은 맞는데, 그것은 세월호 건과는 무관하게 제가 2010년 3월

15일 대표이사로 취임했으니까 인사차 방문한 것입니다. 그 뒤로는 간 적이 없고요.
검사: 그 당시 세월호 선박 시설 자금 대출을 부탁하기 위해 찾아간 것 아닌가요.
김한식: 그건 아닙니다. 은행이고 세무서이고 처음 본 날 어떻게 그런 인사를 해요? 그건 실례죠. 세월호 대출 건과는 전혀 상관없이 신임 사장으로서 우리 회사 담당인 산업은행 영업2팀 담당자(팀장, 부장, 차장)에게 인사를 하러 갔던 것입니다. 그날 그 사람들과는 차만 한잔 마시고 나왔습니다.[91]

검찰이 더 이상 수사를 했는지는 알 수 없다. 그 후 특조위가 산업은행의 세월호 구입 자금 대출 사건을 조사했으나 특조위 강제 종료로 중단됐다. 특조위는 중간점검보고서에서 산업은행의 세월호 구입 자금 대출에 대해 "담보가 취득되지 않은 상황에서 후취로 취급되지 않고, 선취로 담보 총액 대비 대출 금액을 높이고 결제 라인을 줄여주는 등의 특혜를 준 사실을 확인"했다고 밝혔다.[92] 2019년 10월 7일 사참위는 불법 대출의 상당한 개연성을 발견했다며 검찰 수사를 요청했다. 2019년 11월 구성한 검찰 세월호 참사 특별수사단은 2021년 1월 19일 '혐의 없음'으로 사건을 종결했다. 청해진해운 대출을 담당한 이들이 규정에 따라 대출했다고 주장했고, 전결권 범위는 여신 지침에 따라 결정됐으며, 대출 한도도 수익성 평가에 근거해 결정됐고, 또 이들이 대출을 통해 개인적 이익을 얻지 않았다는 이유였다.[93]

2장
부실한 선박 검사와 운항 심사

청해진해운은 나미노우에호 도입을 추진할 때부터 "증개축을 계획"했다.[94] 선박의 증개축은 복원성을 악화하고 안전을 위협할 가능성이 적지 않다. 복원성은 배가 기울어졌을 때 다시 원래 상태로 돌아오려고 하는 성질을 가리킨다. 선박은 파도와 조류 등에 영향을 받아 쉽게 옆으로 기울 수 있기 때문에 안전한 항해를 위해서는 복원성을 제대로 유지해야 한다. 복원성은 배 아래쪽이 무거울수록 좋고, 배 위쪽이 무거울수록 나빠지는데, 따라서 복원성 수치는 그 자체로 선박을 둘러싼 이해관계를 반영한다. 선주는 수익을 우선해 화물과 여객을 많이 싣길 바라고, 기술자들은 화물과 여객을 덜 싣더라도 안전을 고려해 설계하려고 한다. 첫 건조 시의 흘수(吃水, 배가 물 위에 떠 있을 때, 물에 잠겨 있는 부분의 깊이. 수면에서 배의 최하부까지의 수직 거리)는 서로 다른 이해관계를 갖는 양측의 요구가 합의점을 찾은 결과인데, 선박을 크게 뜯어고친다는 것은 이 합의를 깨는 것이다. 따라서 선박의 증개축 시 안전을 보장하기 위한 여러 단계가 설정되어 있다. 몇 달에 걸친 증개축 기간 동안 한국선급 검사원들이 상주하며 선박 개조가 문제없이 진행되는지 단계마다 계속 검사한다. 증개축이 종료되면 선박의 무게중심을 측정하는 경사시험을 진행한다. 선박설계사무소들은 그 과정에서 선사를 기술적으로 돕는 역할을 한다. 복원성 계산서 작성은 전문적인 영역이기 때문이다. 그러나 안전을 담보하기 위한 절차들은 현실성 없는 문서 작업이 되어버렸다.

방향부터 잘못된 증개축

청해진해운이 선박을 인천-제주 항로에 추가 투입하려고 한 까닭은 화물량이 늘었기 때문이다. 그러나 증개축의 주목적은 "여객 정원을 늘려 수익을 높"이기 위한 것이었다.[95]

검사: 세월호의 증축 및 수리 공사를 한 이유는 무엇인가요.
김한식: 증축 공사는 여객실도 늘리고 화물 적재를 늘려 매출을 늘리려는 목적으로 하였고, 수리 공사는 세월호가 일본에서는 가고시마에서 오키나와에 이틀에 걸쳐 3군데를 거쳐 가는 항해를 하였는데 한국에서는 인천에서 제주까지 하루에 바로 가는 항해를 하기 때문에 실정에 맞추어 수리를 한 것입니다.[96]

도입 목적과 증개축 목적이 달라진 배경에는 인천-제주 항로가 "제주도 여행의 붐"을 맞아 북적일 거란 기대가 있었다.[97] 상무이사 박기청은 나미노우에호의 여객 정원을 804명에서 "1,120명으로 늘리자"고 주장할 만큼 여객 수익에도 "신경을 많이 썼"다.[98] 화물차 기사를 위한 객실과 휴식 공간을 만들자는 의견도 내놨다. "화물만 실어놓고 비행기로 제주도를 가는 화물차 기사들을 유치"할 목적이었다.[99] 저가 항공 경쟁으로 항공권 가격이 내려갈 것을 예상하지 못한, 사후적으로 보면 잘못된 판단이었다.

검사: 피의자가 증개축을 주장하게 된 경위는 어떠한가요.
박기청: 영업상 여객 수입을 늘리기 위해 선미 객실 4층을 증축하게 된 것입니다.

검사: 사실 선박의 주된 수입은 화물 운송량에 달린 것이고, 여객은 별로 수익에 영향을 주지 않는 것이 아닌가요.

박기청: 주중에는 여객이 많지 않은 것은 사실입니다. 그러나 주말에는 사람이 많고 학생들이 확 타버리는 경우도 있고 (중략) 또 화물 기사들이 쉴 휴게 공간이 없으면 따로 비행기를 타고 와야 하는 등 비용도 들고 화물 기사들도 편하게 쉬어야 운전을 하니까, 화물 기사들에게 휴게 공간을 주기 위해서도 증개축을 하게 된 것입니다.[100]

2010년 7월 박기청과 안기현 등이 일본에 갔다. 나미노우에호를 둘러보고 증개축을 가늠해볼 작정이었다.[101] 이벤트홀로 쓰이는 선미 쪽 4층, 그리고 2층과 3층마다 하나씩 자리 잡은 회의실 공간에 여객실을 만들기로 했다.[102] 승용차를 주차하던 3층 선미(B갑판)에는 격벽을 세워 화물차 기사들을 위한 객실과 휴식 공간을 만들기로 했다.[103] 여객 정원은 "오하마나호(938명)와 비슷하게" 맞추기로 가닥을 잡았다.[104] 안기현은 계획대로 증개축이 가능할지 신성선박설계에 타당성 검사를 의뢰해 문제가 없다는 답변을 들었다.[105]

증개축을 보고하러 온 김한식에게 회장 유병언이 "이참에 사진 전시실도 하나 만드는 게 어떠냐"라고 물었다. 김한식은 "물어보는 게 아니라 사실상 지시"로 받아들였다.[106]

검사: 유병언 회장이 세월호에 사진 전시실을 설치할 것을 지시하여 세월호의 증축에 포함시켰다는 말인가요.

김한식: 예, 그렇습니다. 세월호가 2012년 10월경에 일본에서 도입되어 바로 영암에 있는 C.C조선에서 증개축을 하였는데, 그때 제가 회장님에게 "세월호가 증개축을 하고 있다"고 보고를 드리니까, 회장님께서 "사진 전시실을 하나 만들었으면 좋겠다"고 말씀하셨습니다. 그래서 제가 증개축을 담당하고 있던 박기청 상무, 안기현 이사, 송기채 부장에게 "회장님 말씀이니, 사진 전시실을 하나 만들어라"라고 지시하였고, 설계에 반영하였습니다.[107]

박기청은 "선미 4층 위에 한 층을 더 올리자"고 했다. "4층과 5층 사이에 구멍을 내서 큰 사진을 두 층에 걸쳐 걸 수 있게" 하자는 제안이었다.[108] 세월호 선미 4층을 1.9미터쯤 높여야 가능했다. 안기현은 "선박의 복원성에 문제가 생길 것"이라며 이의를 제기했다.[109] 안기현은 임원 가운데 유일하게 선원 경력이 있는 "선박 전문가"였다.[110]

검사: 전시실 증개축 경위를 좀 더 구체적으로 진술해보세요.
안기현: 사실 증개축을 반대했었습니다. "배가 어떻게 변할지도 모르겠고 18년이나 된 배를 돈을 들여서 뭐하겠냐? 호박에다 줄을 긋는다고 수박 안 된다"는 식으로 말을 했는데 이미 계획이 짜여 있는 것 같아서 계획대로 가는 것 같았습니다.[111]

결국 "윗선의 지시"를 꺾지 못했다. 안기현은 선미 4층의 천장이 높다는 점을 들어 배를 "50센티미터 정도 증개축해서 두 개의 층으로 나누자"고 대안을 내놨다. 아래층은 객실로, 위층은 사진 전시실로 만들자는 얘기였다.[112] 그 제안이 받아들여졌고 안기현은 세월호 공무감독*을 맡았다.[113]

청해진해운은 2012년 10월 4일 일본 가고시마항에서 배를 넘겨받았다. 다음 날, 당시 오하마나호 선장 이준석과 1등항해사 신보식이 조타기를 잡고 현해탄을 건넜다.[114] 배는 "너울성 파도를 만나도 그렇게 크게 흔들리지 않았"고 항해에 "별다른 문제가 없었"다.[115]

배는 증개축**을 맡기로 한 (주)C.C조선으로 향했다. 첫 작업은 수리할 곳을 파악하고 기존 구조물을 철거하는 일이었다. "작업 여건은 좋지

---

* 공무감독은 선박의 수리를 총괄하는 현장 책임자를 의미한다.
** 법원은 세월호 증개축 자체의 위법성은 인정하지 않았다. 청해진해운 사건, 2심 판결문(2015. 5. 12.), 64쪽.

않았"다. 겨울인 데다 청해진해운이 처음에 "너무 간단한 견적 의뢰서를 보냈"기 때문이다. 선주가 조선소에 견적을 의뢰할 때는 "자세한 수리 내용"을 보내주는 게 일반적인데, 2010년 9월 청해진해운이 보내온 견적 의뢰서는 내용이 엉성해서 C.C조선 대표이사 김○○은 수주를 기대도 하지 않았다. 그런데 2012년 10월 초순경 청해진해운이 수리를 맡기겠다고 갑자기 통보했다. "준비도 하지 않은 상태"에서 시작된 공사는 험난했다. 무엇보다 "선주 쪽의 잦은 작업 변경 지시"가 골칫거리였다. "본래 견적 의뢰서에 들어 있지 않던 수리"가 계속 늘어났다.[116] 청해진해운의 첫 추가 요구는 배 선수 우현 램프 철거였다.[117]

> 검사: 안기현의 진술에 의하면, 당시 피의자의 지시로 세월호 선수 우현 램프를 철거하고 배 앞부분에 컨테이너 14~15개를 더 실을 수 있도록 개조하였다고 하는데 어떤가요.
> 박기청: 제가 아이디어를 낸 것은 맞습니다. 일본에 가서 세월호를 매입할 당시 일본 회사도 세월호를 판매하고 새로 선박을 구매하였는데 그 선박을 보니 선수 우현 램프가 없길래 굳이 세월호에 이걸 둘 필요가 있나 싶어서 이 램프를 제거하면 화물 컨테이너를 더 실을 수 있겠다는 생각이 들어 의견을 냈습니다.[118]

> 수사관: 선수 우현에 철거한 카램프*의 무게는 얼마인가요.
> 조○○(C.C조선 생산부 과장): 당시 약 40톤 정도 된다고 들었습니다.
> 수사관: 이로 인하여 선수 우현에 약 40톤 정도의 중량이 없어지면 선박은 우현**으로 기울기 마련인데, 이를 방지하기 위해 좌현에 중량을 제거하거나, 우현에 중량을 추가한 공사 내용이 있나요.
> 조○○: 카램프 약 40톤을 제거하고 철판 10톤으로 밀폐시켰기 때문에 약 30톤의 중량이 빠져나갔지만 이를 보강하기 위한 일체의 공사는 틀림없이 없었습니

---

* 램프, 카램프, 카고램프는 모두 차량이나 화물을 싣기 위한 경사로를 가리키며, 선원들 사이에서 용어가 혼용되고 있는 것으로 보인다.

** 좌현을 잘못 말한 것으로 보인다.

다. 다만 카램프는 중심 쪽에 있었고, 밀폐용 철판은 선체 외판과 균형을 맞추기 때문에 무게중심에 얼마나 영향을 주었는지 판단하기 어렵습니다.[119]

안기현은 "좌현과 대칭이 되도록 수리를 해달라"고만 말했다.[120] 하지만 선수 우현 램프 철거에 대한 대책은 아무도 세우지 않았다. "필요 없는 것을 달고 다닐 필요가 없다"고만 여겼다.[121] 보다 못한 당시 1등항해사 신보식이 안기현에게 말했다.

신보식-안기현 대화 [진술 재구성]
신보식: 선미를 증축하는 것은 안정성에 문제가 생길 수 있다.
안기현: 위에서 하는 것이다. 관여하지 말라.
신보식: 선미를 증축했는데 선수 램프까지 제거하면 선박 안정성에 더 많은 문제가 발생할 수 있다.
안기현: 윗선에서 하는 지시 사항이라 나도 힘들다.[122]

내부 인테리어를 두고도 "마찰이 많았"다.[123] 유병언의 장녀 유섬나가 운영하는 (주)모래알디자인이 "디자인부터 감리까지 전담"했는데, "전시회를 해야 한다며 공정을 재촉"했다.[124] 청해진해운은 모래알디자인에 1억 6500만 원을 건넸다.[125]

검사: 모래알디자인이 공사에 참여를 하게 된 경위는 어떠한가요.
김한식: 유병언 회장님이 직접적으로 지시를 한 것은 아닙니다. 다만 관계사들은 관행적으로 공사가 있으면 모래알디자인에 공사를 몰아주고 있습니다. 저희들도 관행에 따라 모래알디자인을 공사 업체로 선정한 것입니다.[126]

모래알디자인은 "인테리어와 맞지 않는다"며 규정 시설인 비상등을 설치하지 말라는 요구도 했다. C.C조선으로부터 내부 인테리어를 하청 받은 (주)거성종합이 "그러면 안 된다"고 맞서 결국 시공을 했다. 이렇게

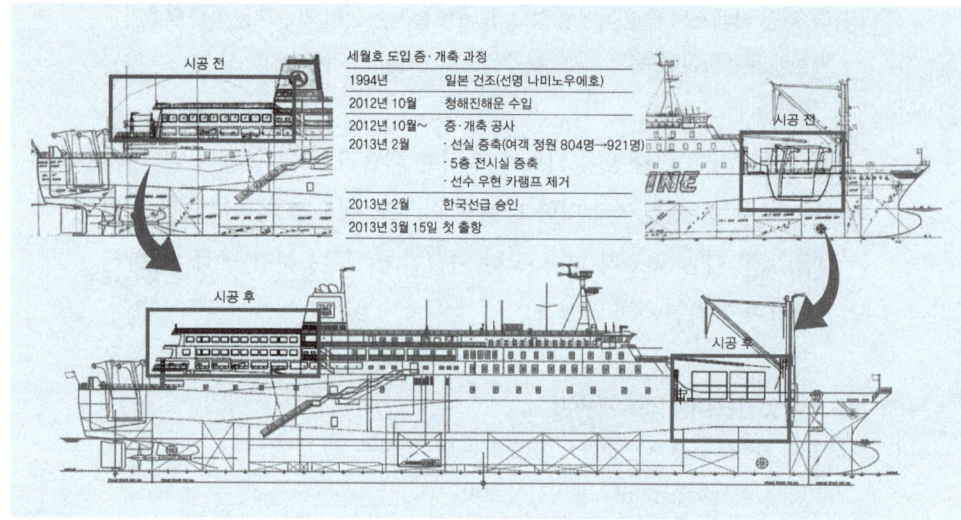

청해진해운은 2012년 10월~2013년 2월 세월호를 증개축했다. 유병언 개인 전시실을 만들고 여객실과 화물 적재 공간을 늘리기 위해서였다. B갑판(3층)의 선미 부분을 철거하고 A갑판(4층)의 선미 2.8미터, 갑판 5.6미터, 천장 1.6미터를 연장해 생긴 공간을 2개 층으로 만들었다. 아래층은 여객실로, 위층은 전시실 등으로 개조했다. 선수 우현 램프 40톤 상당을 철거했다. 선수 우현에 30톤(철거 40톤, 밀폐 10톤)의 중량을 추가하거나 좌현에 30톤의 중량을 감축하지 않아 좌우 불균형이 심화돼 복원성에 큰 영향을 미치게 됐다.
〔청해진해운 사건, 2심 판결문(2015. 5. 12.), 65~66쪽. 《한겨레21》, 1081호〕

까다로운 요구 때문에 세월호 5층 사진 전시실 공사는 취항 이후인 2013년 8월 말경까지 계속됐다.[127] 2월 말경 객실 쪽 인테리어 공사가 마무리될 즈음에는 "이미 내부 공사를 했던 것을 뜯고 재시공하라"는 지시도 내려왔다. 거성종합 직원들이 불만에 가득 차 "말을 안 들"었다. 중재에 나선 C.C조선이 "사정해" 겨우 공사를 이어갈 수 있었다.[128]

수리 내역이 수시로 변경되자, 도면 승인을 받는 게 문제가 됐다. 「선박안전법」 13조 3항에 의하면, 배는 "승인을 얻은 도면과 동일하게" 개조해야 한다. 도면 승인은 한국선급이 담당했다.[129] 선박 설계 용역을 맡은 신성선박설계는[130] 2012년 9월 28일 한국선급에 세월호 증개축 도면을 제출해 승인을 얻었다.[131]

증개축 내역이 바뀔 때마다 도면을 수정하고, 신성선박설계가 한국

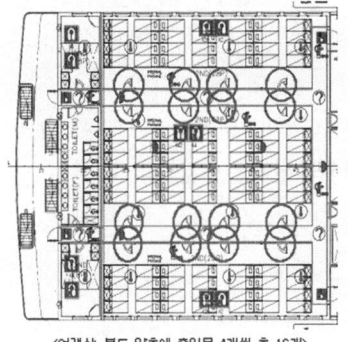
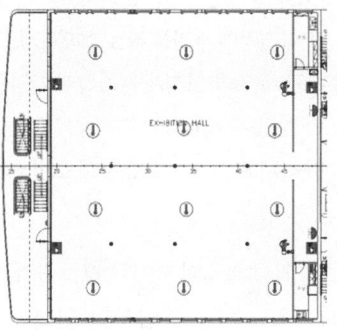
<여객실: 복도 양측에 출입문 4개씩 총 16개>   <전시실: 중간 구조물 없음>

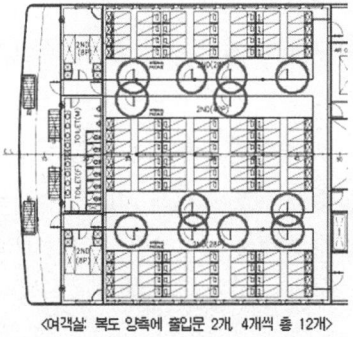
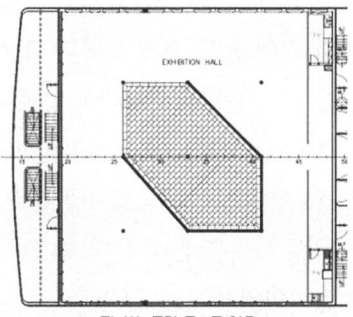
<여객실: 복도 양측에 출입문 2개, 4개씩 총 12개>   <전시실: 중간 구조물 있음>

한국선급이 최종 승인한 세월호 설계도면(위)에는 여객실 출입문이 16개이고 전시실에 중간 구조물이 없다. 그러나 실제 세월호의 출입문은 12개이며 전시실에 중간 구조물이 놓여 있다(아래). 세월호 침몰 후 실종자를 구조하러 선체에 진입한 잠수사들이 설계도면과 다른 출입문 때문에 어려움을 겪었다. (감사원 보고서, 149~150쪽)

선급에서 교체 도면을 재승인받는 일이 반복됐다. 너무 "여러 번"이었다.[132] 10월 24일 신성선박설계가 한국선급에 보낸 공문을 보면, "작업 공정이 촉박하오니 도면을 빨리 검토/승인 부탁"이라고 적혀 있다.[133] 도면 승인 과정이 번거로워지자 청해진해운은 "승인이 되지 않은 도면"으로 증개축을 진행해버렸다.[134]

수사관: 당시 선미 여객실 신설 수리 도면은 한국선급에서 승인된 도면이었나요.

조○○: 최초는 승인된 도면이었는데 중간에는 승인되지 않은 도면으로 수리를 했고 마지막에 수리를 완료할 때까지도 승인되지 않은 도면으로 수리를 했습니다.
수사관: 어떻게 그렇게 정확하게 기억을 하고 있는가요.
조○○: 당시 세월호의 여객실은 인천에 가서 최종 마무리를 하였기 때문에 승인이 나지 않은 도면으로 저희 조선소에서 수리를 한 것은 틀림없습니다.[135]

한국선급이 2012년 12월 3일 승인한 도면에는 세월호 4층 선미 쪽 객실에 모두 8개의 출입문이 있다. 좌현과 우현 객실에는 각 2개씩 4개, 중앙 객실에 좌우 통로 방향으로 각 2개씩 4개였다.[136] 청해진해운은 출입문을 12개로 늘리고, 이미 만든 출입문 위치도 바꾸라고 지시했다. 거성종합 직원들은 "실제 도면과 다른데 어떻게 할 거냐"고 물었다.[137] 안기현은 향후 승인을 받겠다고 답했다.[138]

하지만 2013년 2월 6일 한국선급이 최종 승인한 도면에는 출입문이 모두 16개였다.[139] 세월호가 침몰한 뒤 실종자 구조를 위해 선내를 수색하던 잠수사들은 큰 혼란에 빠졌다. 실종자 수색의 길잡이인 도면이 무용지물이었기 때문이다.[140]

증개축 기간은 길어지고 비용은 늘어났다. 계약상 공사 기간은 2012년 12월 11일까지, 공사비는 18억 원이었다. 계약을 두 차례 연장하면서 공사 마감일은 2013년 2월 16일로 밀렸다. 비용도 28억 2000만 원으로 불어났다.[141] 청해진해운이 선박 부품 업체 등에 지급할 금액까지 더하면 증개축 공사비는 51억 원을 넘었다.[142]

C.C조선도 자금 압박에 시달렸다. 계약상 공사비를 "출항 전 50퍼센트, 출항 후 2개월 이내 50퍼센트" 지급하기로 했기 때문이다. 대표이사 김○○은 애초부터 "불리한 계약"이라고 여겼지만, "을의 입장이다 보니" 어쩔 수 없었다. C.C조선은 공사비를 한 푼도 받지 못한 채 자재비와 인건비를 계속 지출했다. 김○○이 박기청과 안기현을 붙잡고 "공사비 좀 내려주라"며 사정하자[143] 청해진해운은 2012년 11월이 지나서야 9억

원을 지급했다. 잔금을 다 받은 날짜는 2014년 3월 31일이었다.[144]

C.C조선은 박기청과 안기현에게 '선물'도 했다. 박기청에게는 2냥짜리, 안기현에게는 1냥짜리 황금열쇠를 건넸다. "우리 조선소를 다시 찾아"달라는 의미였다. "을 중의 을"인 C.C조선은 "선주 측에 저자세로 들어가야" 수주를 할 수 있었다.[145] 안기현은 증개축 과정에서 발생한 고철 96.96톤을 판매해 얻은 3200만여 원도 가져갔다. 선주사가 고철 판매 대금을 요구하는 경우도 있었지만, 안기현은 이 돈을 배우자 명의 계좌로 받아 "개인적인 용도"로 썼다.[146]

부실한 선박 검사

중고로 도입해 증개축한 배는 반드시 선박 검사를 받아야 한다. 선박 검사를 담당한 기관이 한국선급이다. 선박 검사는 증개축이 완성된 뒤에 한꺼번에 받는 게 아니다. 증개축이 시작되면 한국선급 검사원들이 조선소에 상주한다. 승인받은 도면대로 증개축이 제대로 이뤄지는지 계속 점검해야 하기 때문이다. 이 검사를 통해 선박이 한국선급협회에 새로 가입하는 것이기 때문에 이 검사를 '입급 검사'라고 한다. 세월호는 2012년 10월 7일부터 2013년 2월 16일까지 증개축 및 입급 검사를 진행했다. 앞서 지적했듯이 선박 검사는 부실하게 진행됐다. 승인받지 않은 도면으로 작입하는 것을 잡아내시 못했기 때문이다. 가상 심각한 문제는 경사시험에서 발생했다.

몇 달 간의 입급 검사 과정 중 가장 중요한 절차가 경사시험이다. 한국선급은 2013년 1월 24일 전라남도 목포항 외항 부두에서 세월호 경사시험을 했다. 경사시험은 선박에 짐이나 평형수를 싣지 않은 상태(경하상태)에서 갑판에 중량물을 올려 배가 얼마나 기우는지 확인하여 선박의 복원성과 무게중심을 측정하는 시험을 말한다. 세월호처럼 '복원성에 영향을 미치는 중요한 개조'를 할 경우 복원성 시험, 즉 경사시험을 해야 한다.[147] 그 결과를 토대로 완성복원성계산서를 만들고, 선박의 재화중량톤수를 정한다.[148]

경사시험은 선박의 개조가 끝난 후 하는 것이 기본 원칙이다. 그러나 취항 일정 등을 맞추기 위해 시험을 서두르는 경우가 있는데, 이때는 검사원이 미탑재물(추가될 예정이지만 경사시험 당시 빠진 탑재물) 중량을 예상하여 반영한다. 미탑재물 중량은 최소한으로 해야 한다. 그래야 복원성계산서의 오류를 줄일 수 있기 때문이다. 그러나 세월호는 미탑재물 중량이 예외적으로 많은 상태에서 경사시험을 했다.[149]

세월호 사고 후 여러 기관의 조사가 진행되면서, 경사시험 시 계산되지 않은 미탑재물이 계속해서 발견되었다. 감사원은 시공업체 등을 조사해 한국선급이 완성복원성계산을 위해 계산한 미탑재물 수치보다 37톤이나 더 많은 자재가 인테리어 공사에 활용되었다는 점을 밝혔다. 한국선급이 승인한 복원성계산서보다 세월호의 실제 무게중심은 더 높았다는 뜻이다. 경사시험 계산서에는 계산 실수도 있었다. 한국선급은 증개축 과정에서 무게중심이 51센티미터 높아졌다고 계산했다. 그러나 감사원 조사 과정에서 다시 계산하니 세월호의 무게중심은 증개축 전보다 62센티미터 더 높아졌다.[150] 무게중심이 높아질수록 배는 넘어지기 쉬워진다. 안전을 담보할 방법은 평형수를 늘리고 화물칸의 짐을 줄이는 것뿐이다.

세월호가 인양된 후, 선조위는 감사원 조사에서 드러나지 않은 추가 미탑재물을 또 발견했다. 2017년 10월, 인양된 세월호에서 바다 공사용 자재로 추정되는 콘크리트 덩어리 및 타일 등이 다수 발견됐는데 이는 도면에 없는 것들이었다. 선조위의 종합보고서(내인설·열린안)는 이를 반영해, 증축으로 인해 세월호에 더해진 추가 중량이, 감사원이 지적한 82.781톤보다 19.718톤이나 더 많다고 보았다.[151]

완성 단계가 아닌 상태에서 경사시험을 실시한 것 외에도 문제는 더 있었다. 한국선급 검사원 전종호는 각 탱크의 용량을 사운딩(탱크에 자를

세월호 주요 제원 (개조 후)

선명	세월호	깊이	14m (건현갑판 7.67m)
국적	대한민국	폭	22m
선적항	인천광역시	무게중심(KG)	12.102m
선박 종류	로로 여객선	총톤수	6,825톤
최대 탑재 인원	956명(여객 921명, 선원 35명)	재화중량 톤수	3,674톤
선박 검사 단체	한국선급	추진기(inward)	2기
최대 속력/설계 속력	23.55노트/22노트	타(rudder)	1기

선조위 종합보고서(내인설), 25쪽 표를 일부 수정

넣어 탱크 안에 기름·물 같은 액체가 얼마나 있는지 측정하는 것)을 통해 확인하지 않았고, 경사시험 전에 측정한 흘수가 경사시험 후에도 유지되는지 확인하지 않았다.

경사시험 관련 실제 업무 대부분은 신성설박설계가 재하청을 준 하나선박설계가 진행했다. 하나선박설계는 대표 이호철의 '1인 사무소'였다.[152] 경사시험은 이호철이 주도했다. 신성선박설계와 C.C조선 직원들이 준비를 도왔다.[153] 안기현과 선장 이준석 등 선원들도 참여했다.[154] 한국선급 목포지부 선박검사원 전종호가 감독했다. 그러나 전종호의 감독은 엉터리였다.

2013년 1월 24일 세월호 경사시험 때 기초 자료는 하나선박설계 대표 이호철이 전날부터 당일 오전까지 계측했다. 검사원 전종호는 당일 오후 2시경 현장에 도착해 계측된 자료를 그대로 인정했다. 전종호는 검찰에서 경사시험이 "완벽하지는 않았던 것 같다"고 말했다. "모든 데이터를 검증하지는 않았"기 때문이다. 한국선급의 검사원이 데이터를 그대로 믿지 않고 직접 측정해야 하는 이유는, '을'인 선박설계회사가 화물을 많이 싣고 싶어 하는 선사의 요구에 따라, 겉으로 봐서는 알 수 없는 액체류 탱크 속 탑재물 중량을 실제보다 적게 적을 수도 있기 때문이다. 따라서 한국선급 검사원은 "평형수, 연료유, 청수 등 액체류는 대부분 배수량 계산에서 제외해야 하기 때문에 각 탱크의 잔량을 모두 확인해야 한다." "제대로 확인하지 않으면", "경사시험 결과에 오차가 발생할 수 있"다.[155]

전종호는 경사시험용 중량도 정확히 확인하지 않았다. 한국선급 검사 내규(경사시험 지침)에는 경사시험용 중량은 "검사원 입회하에 검정된 기기를 사용하여 계량된 것이어야 한다"라고 돼 있다.[156] 세월호 경사시험의 경우 모래 포대를 실은 지게차를 경사시험용 중량물로 사용했는데, 전종호는 이 중량을 직접 확인하지 않았다. 세월호 복원성 계산자가 인근 계량소에서 잰 다음 계량증명서로 확인해줬을 뿐이다. 흘수 확인 역시 제대로 하지 않았다. 한국선급 검사 내규에는 "경사시험 바로 전에 흘수 계측을 해야 하며, 계측된 흘수는 경사시험 후에도 재확인돼야 한다"라고 돼 있다.[157] 경사시험 앞뒤로 두 차례 재야 한다는 뜻이다. 그러나 전종호는 경사시험 전에만 보트를 타고 흘수를 쟀다. 경사시험이 밤 9시경에 끝나 재확인이 어려운 상황이었다는 게 이유였다.[158]

전종호가 액체류 탑재물을 규정대로 검증하지 않은 탓에 세월호의 정확한 무게중심이 얼마인지는 영원히 알 수 없게 되어버렸다. 일단 운항을 시작한 배의 경사시험을 다시 할 수 있는 길은 없기 때문이다. 부실한 경사시험은 세월호의 복원성 계산에 필요한 수치의 신뢰도를 떨어뜨렸고 이후 침몰 원인 조사에도 큰 제약이 됐다. 미탑재물의 무게는 감사원과 선조위의 조사에 의해 밝혀졌지만, 평형수와 연료유 등 탱크의 잔량, 중량물의 무게는 계속해서 논란이 됐다.

경사시험 열흘 후인 2013년 2월 4일 한국선급은 세월호의 완성복원성계산서를 승인했다.[159] 세월호는 다른 배가 돼 있었다. 여객 정원은 804명에서 921명으로 117명 늘었지만, 최대 화물 적재량은 2,437톤에서 1,077톤으로 반토막 났다.*[160] 무엇보다 복원성이 나빠져 평형수를 1694.8톤이나 실어야 하는 "비정상적인" 배로 바뀌었다.[161] 단순히 평형수를 많이 실어야 할 뿐만 아니라, 세월호는 한국선급에서 승인한 99척의 여객선 중 유일하게 경하상태 메타센터 높이(GM)값이 음수였다. 평형수를 싣지 않은 빈 배인 상태로는 바다에 뜰 수 없는 '배 아닌 배'라는 뜻이다.[162] 여객실과 사진 전시실을 만드는 바람에 생긴 일이었다.

> 수사관: 여객선실 증설과 선수 램프를 떼어내 [총톤수가] 186.86톤이 증가하였다면 복원성에 영향을 미치는가요.
> 이호철: 영향을 미치게 됩니다. 복원성 자료를 보면 경하상태에서 무게중심(V.C.G)이 위쪽으로 51센티미터 올라갔기 때문에 그만큼 복원성이 나빠지는 것입니다. (중략)
> 수사관: 사업성과 선박의 안전을 생각한다면 세월호와 같은 개조를 하는 것이 상식적으로 이해되는가요.
> 이호철: 안 됩니다. (중략)
> 수사관: 세월호의 복원력이 좋지 않다는 것을 알고 있었던 진술인이라면 세월호를 타고 여행을 할 생각을 하였겠나요.
> 이호철: 세월호에 승선할 만한 일이 없었습니다.[163]

> 검사: 세월호의 선미 여객실의 증축, 선수 램프의 철거, 여객 수의 증가는 복원성에 어떠한 영향을 미쳤는가요.
> 이호철: 일단 여객실 증가 부분에 대해서는 무게중심이 올라가기 때문에 복원성에 나쁜 영향을 미친 것이 확실합니다. 그러나 선수 램프 같은 경우에는 무게중심이 거의 중앙 정도에 있었기 때문에 무게중심이 올라가지는 않았을 것으로 판단됩니다.[164]

> 재판장: 검찰 측에서는 세월호의 경우에 선수 램프를 철거해서 좌우 균형이 맞지 않는다고 주장하는데, 그 구조 자체가 복원성에 영향을 미치나요.
> 이호철: 턴했을 때 안 좋은 쪽으로 영향을 미치는 것은 맞습니다.

---

* 선박의 복원성은 평형수, 청수, 연료유, 화물의 양은 물론, 화물의 적재 방법에도 영향을 받는다. 완성복원성계산서는 정해진 숫자를 단순히 통보하는 것이 아니라, 15개의 조건(경우의 수)을 제시하는데, 세월호의 경우 완성복원성계산서의 15개 조건 중 화물량이 가장 높게 표시된 것이 1,077톤이었다.

재판장: 그러나 매 항해할 때마다 조건이 다르다는 것이지요.
이호철: 예, 그렇습니다.[165]

청해진해운으로서는 "의아해"할 만큼 "생각을 못 했던" 결과였다. 최대 화물적재량 감소를 확인한 안기현이 신성선박설계 대표 윤영국에게 전화를 걸었다.[166]

안기현-윤영국 대화 [진술 재구성]
안기현: 어떻게 된 겁니까? 타당성 검사할 때에는 문제가 없을 거라고 하지 않았[습니까]. 배를 출항할 수 있게는 해줘야 할 것 아닙니까.
윤영국: 밸러스트[평형수]를 채워서 복원성을 유지해서 다니는 수밖에 없습니다.
안기현: 화물량은 왜 이리 적어요, 더 실으면 안 됩니까?
윤영국: 화물을 더 실으면 복원성 기준을 초과해 안정성이 위협을 받습니다.[167]

청해진해운은 회의를 열었다.[168] 안기현은 완성복원성계산서의 화물량을 형광펜으로 칠해 1,077톤이라는 숫자를 보여주며 말했다.[169] "복원성이 증축 후 문제가 생겼다."[170] 박기청은 "이것밖에 못 실으면 큰일"이라고 답했다. 다른 팀장들도 "그것밖에 안 되나", "그럼 어떻게 하나"라며 문제를 제기했다.[171] "나름대로 심각"한 논의가 이어졌다.

검사: 그래서 어떻게 되었는가요.
박기청: 그때 어쩔 수 없이 화물을 좀 더 실어야 한다는 내용으로 결론이 났던 것 같습니다. 화물을 더 싣기 위해서는 밸러스트[평형수]를 좀 빼야 한다고도 말이 나왔던 것 같습니다.
검사: 피의자는 결국 복원성에 대한 내용을 알고 있었으면서 수익을 위해 과적을 할 수밖에 없었다는 뜻이네요.
박기청: 네, 복원성도 사실 알고 있었습니다.*[172]

선원들은 경사시험 때부터 배의 변화를 감지하기 시작했다. 신보식은 이때부터 세월호가 "좌우로 조금 흔들린다는 느낌을 받았고, 평형수를 조금 더 채워야 안전하다는 느낌을 받았"다고 진술했다.[173]

> 검사: 진술인은 조금 전 평형수를 조금 더 채워야 안전하다는 느낌을 받았다고 진술하였는데 '조금 더'가 구체적으로 어느 정도의 양인가요.
> 신보식: 그게, 평형수를 더 채워야 안전하다는 느낌은 들었으나 구체적으로 어느 정도라고는 특정을 할 수가 없습니다. 조금 전에도 진술하였듯이 브리지[조타실] 데크에 있었다면 조금 더 정확하게 이야기를 할 수 있을 텐데 바닥에 가까운 D데크에 있어서 정확하게 이야기를 하기가 어렵습니다.[174]

일본에서는 4, 5번 평형수 탱크만 채우라고 했지만, 세월호 개조 후 신보식 선장은 2번 탱크를 추가하여 항상 2, 4, 5번 탱크를 채우고 다녔다. 그러나 이렇게 평형수를 채우고 난 뒤에도 문제가 해결되지 않는다고 느꼈다.

> 검사: 2, 4, 5번 밸러스트 탱크에 평형수를 채우고 난 뒤에는 세월호 운항에 아무런 문제가 없었나요.
> 신보식: 그것은 아닙니다. 출항해서 항해하다 보면 터닝하는 문제가 있지 않습니까? 인천에서 나와서 터닝하는 부분, 저뿐만 아니라 이준석 선장도 저에게 이야기를 했었습니다. 그래가지고 "아무래도 기울면 돌아오는 것이 좀 무리인 것 같

---

* 박기청은 나중에 재판에서 증개축으로 복원성이 악화됐다는 사실을 모른 채 2013년 3월 청해진해운을 퇴직했다고 진술을 뒤집었다. 안기현으로부터 완성복원성계산서를 보고받았다고 인정한 진술도 "교도소에서 제대로 쉬지 못하게" 해 "정신이 몽롱한 상태"에서 "잘못 진술한 것"이라고 주장했다. 세월호 인허가 사건, 1심, 5회 공판조서(2014. 11. 3.) (박기청 증인 신문 부분), 공판기록 1003~1005쪽. 박기청은 세월호를 증개축할 때 애초에 선미 4층 객실 위에 한 층을 더 올리자고 제안했고, 선수 우현 램프를 철거해 컨테이너 14~15개를 더 실을 수 있게 개조하도록 지시했다. 김한식의 진술에 따르면, 박기청은 회장 유병언과 고등학교 동창으로 "직함은 상무이나, 역할로 보면 부사장"이었고 실제로는 그보다 더 권한이 많았다. 반면 박기청은 유병언을 청해진해운 입사 후 "만난 적 없"고 금수원에서 설교하는 것만 들은 적이 있다고 주장했다. 세월호 인허가 사건, 검찰 박기청 2회 피의자 신문조서(2014. 5. 27.), 3쪽; 검찰 박기청 1회 피의자 신문조서(2014. 5. 27.), 7~8쪽; 청해진해운 사건, 검찰 김한식 8회 피의자 신문조서(2014. 5. 28.), 15쪽; 경찰 박기청 진술조서(2014. 5. 9.), 5~6쪽.

다"라는 이야기를 저에게도 하고, 저도 그렇게 느꼈습니다.[175]

이준석 역시 복원성이 나쁜 것은 공공연한 사실이었고, 신보식뿐 아니라 본인도 물류팀에 철근의 양을 줄여달라고 부탁한 적이 있다고 증언했다.

> 검사: 세월호의 복원성 문제, 화물 과적 등으로 인한 선박의 안전 운항과 관련된 점검에 관한 것도 회의 내용으로 다뤄져야 할 것으로 보이는데, 그와 같은 얘기는 없었는가요.
> 이준석: 복원력이 나쁘고 이런 것은 사실 공공연하게 모두 다 알고 있는 사실입니다.
> 검사: 회의에서 화물 과적 문제에 대해서 언급된 적이 있었는가요.
> 이준석: 오하마나호와 세월호 같은 경우에 과적 문제가 가끔씩 나오곤 했습니다.
> 검사: 과적이나 복원성 문제 얘기가 나왔을 때 어떤 조치가 이루어졌는가요.
> 이준석: 초창기에는 과적을 하고 싶어도 과적할 정도의 물량이 없었습니다. 어떤 때는 상당히 많은 물량이 생기고, 또 물량이 없을 때는 없고, 그래서 일주일에 세 번 다녀야 되는데 물량 충족이 안 되기 때문에 세월호는 일주일에 두 번만 다녔습니다. 가끔 신보식 선장도 과적 문제에 대해 얘기하고 그랬지만, 저도 물량이 많을 때는 물류팀 사무실에 가서 '안 그래도 복원력이 안 좋은데 더 약해지니까 중량물을 갑판에 싣지 마라'라는 식으로 한 번씩 얘기를 했습니다.
> 검사: 그런 얘기를 했을 때 어떤 조치가 이루어졌는가요.
> 이준석: 예를 들어서 철근 같은 경우에는 무거우니까 앞에 4개를 실을 것 같으면 2개 정도만 요구를 합니다. 예전에는 6대씩 무리를 했는데 4대 이상은 안 된다고 하면서 줄여달라고 한 적이 있습니다.
> 검사: 그러자, 줄여주던가요.
> 이준석: 처음에는 바쁘고 해서 넘어갈 때도 있었는데, 어떤 때는 5대가 올라갈 때도 있었습니다. 그래서 그다음부터는 절대 4대 이상 올리면 배를 출항하지 않겠다고 강하게 얘기해서 그다음부터는 지켜주고 있습니다.
> 검사: 지켜주더라도 과적 문제가 근본적으로 해결되는 것은 아니지요.
> 이준석: 예, 근본적으로 해결될 수는 없습니다.[176]

1등항해사 강원식 역시 증축 이후 배 상태가 안 좋아졌다고 느꼈다.

검사: 증축 공사로 인하여 세월호의 복원력에 어떤 영향이 생겼나요.
강원식: 처음에 수리가 끝나고 인천까지 운항할 때는 못 느꼈고, 나중에 운항하면서 중간쯤 제가 직접 키를 잡았을 때 배가 한쪽으로 넘어갔다가 올라오는 데 시간이 좀 걸렸습니다.
검사: 배가 한쪽으로 기울었을 때 다시 복원되는 데 시간이 많이 걸렸다는 뜻인가요.
강원식: 평상시 제가 승선했던 배들보다 더 걸렸습니다.
　(중략)
검사: 증인은 청해진해운 해무팀의 홍영기에게 "배가 많이 휘청거리니 날씨가 나쁜 날에 한번 타봐라. 우리는 죽겠다"라고 말한 적이 있지요.
강원식: 예.
검사: 어떤 의미인가요.
강원식: 날씨가 나쁜 날도 출항하니까 날씨가 나쁘면 실제로 타면서 느껴보라는 것입니다.
검사: 날씨가 안 좋은 날에는 흔히 말하는 롤링(선박의 좌우 움직임) 현상이 훨씬 더 심해진다는 뜻인가요.
강원식: 롤링도 심하고, 예, 그렇습니다.[177]

한국선급의 변명

상식적으로 생각해보면 세월호 과적은 충분히 예측할 수 있었다. 수십억 원을 들여 배를 증축했는데 적재 화물은 절반 이하로 줄고 평형수만 4.6배 늘려야 하는 상황을 선사가 순순히 받아들일 리 없었다. 승객 정원이 117명 늘었다지만 적재 화물이 줄면 수입이 크게 감소할 수밖에 없었다. 게다가 세월호는 선수 우현 램프를 제거하면서 그 자리에 컨테이너 24개를 추가로 적재할 공간을 만들었다. 누가 보더라도 기존 적재 화물량

(2,437톤)보다 더 많은 화물을 실으려고 세월호를 증개축한 것임을 알 수 있었다. 조선기술사는 검찰에서 "화물 1,077톤, 평형수 1,694.8톤"은 "선사 입장에서는 지키기 힘든", "비현실적인 조건"이라고 평했다.[178] 세월호 증개축을 감독한 한국선급* 선박검사원 전종호도 이를 인정했다.

> 검사: 증축을 통해 아무리 복원성이 약화되더라도 극단적으로 적재 화물량을 줄이고 요구 평형수 양을 늘리는 방법으로 선박 복원성 기준상의 요구 조건을 충족시킬 수 있을 것으로 보이는데 맞는가요.
> 전종호: 이론상으로는 가능할 것 같습니다.
> 검사: 이러한 승인 조건이 선주로 하여금 지킬 것을 기대하는 '현실적인 조건'이라고 할 수 있는가요.
> 전종호: 비현실적이라고 할 수 있습니다.
> 검사: 만일 선주가 증축을 통하여 과적을 할 의도가 보인다면 복원성 승인 절차에 참여하는 선급검사원으로서는 어떻게 조치하여야 하는가요.
> 전종호: (중략) 복원성 악화가 예상되므로 더욱더 경사시험을 철저히 했어야 한다고 생각합니다.[179]

복원성계산서를 승인하는 과정에서도 한국선급은 현실성을 전혀 고려하지 않았다. 복원성계산서 승인 업무를 담당하는 전문가라면 세월호의 적재도만 보아도 실을 수 있는 화물량이 비현실적으로 적다는 것을 알아차릴 수 있었다. 그러나 한국선급은 그런 판단을 하지 않았다. 아무리 비현실적인 조건이라도 수치만 맞춰서 승인하는 것이 한국선급의 관행이었다.

---

* 한국선급이 제정한 기본기술지침서를 보면, "복원성 자료를 승인할 때 해수 평형수를 영구적으로 적재하는 등의 제한 조건을 부과"할 수 있도록 돼 있다. 화물을 과적하고 대신 평형수를 빼내지 못하도록 평형수 탱크에 시멘트를 붓거나 철재를 고정해 평형수를 영구적으로 확보하는 것이다. 선박안전기술공단에서는 평형수 탱크를 봉인해 사고 예방 조치를 단행한 경우가 있었다. 하지만 한국선급에서는 그런 사례가 한 번도 없었다. 감사원 보고서, 187~193쪽.

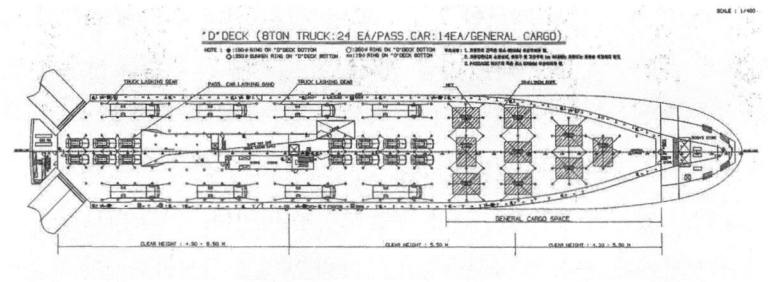

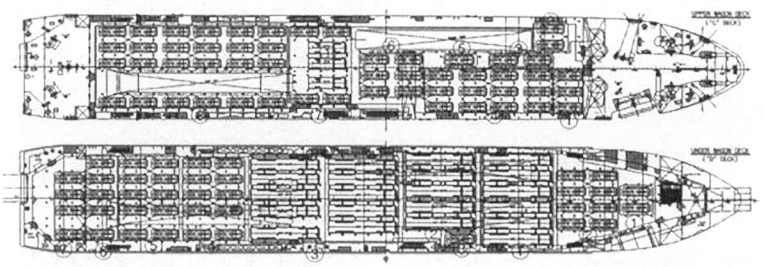

세월호 복원성계산서에 실린 화물 배치도(위, 선조위 종합보고서(내인설), 69쪽)와
한일카페리 화물 배치도(아래, 선조위 종합보고서(내인설), 70쪽)

    세월호의 화물배치도와 다른 선박의 화물배치도를 비교해보면, 세월호는 여유 공간이 많아 헐렁한 데 비해, 다른 선박은 매우 빼빼하게 짐을 실을 수 있게 되어 있다. 그러나 한국선급은 비현실적인 복원성계산서 승인에 대해 끝까지 잘못을 시인하지 않았다. 본인들이 승인한 복원성 기준을 지키는 것은 선사의 의무라고 앵무새처럼 주장할 뿐이었다.

    한국선급의 선박 검사와 복원성계산서 승인은 본래 선박의 안전한 운항을 담보하기 위한 절차다. 그러나 이것이 서류상 승인 규정만을 지키는 방식으로 진행되면서 안전을 위한 절차는 단순한 서류 작업이 되었다.

    오류도 있었다. 감사원은 한국선급이 ① 잘못된 경사시험 결과를 검증하지 않고, ② 신성선박설계가 제출한 자료가 규정에 어긋났는데 바로잡지 못했다는 점도 지적했다.[180] '선박복원성 기준'에 따르면 선수·선미의 흘수표*가 복원성 계산의 기준이 되는 선수·선미 수선(水線)**과 일치하지 않을 경우, 그 거리에 따라 경사시험 때 계측된 흘수를 선수 수선, 선미 수선에서의 흘수로 보정해 계산하도록 되어 있다. 세월호는 선미가 선수보다 더 잠겨 있는 선박이었다. 선미 흘수표가 선미 수선보다 앞(선수 방향)에 있는 구조***로, 선미 흘수 보정은 마이너스(-)가 아니라 플러스(+)가 되어야 했다.[181] 그런데 2013년 1월 28일 신성선박설계가 제출한 경사시험결과보고서는 선미 흘수선 보정치를 +0.077미터가 아닌 -0.077미터로 입력하여 선미 흘수 5.837미터가 아닌 5.683미터를 적용해 계산했다. 한국선급은 이를 제대로 확인하지 않은 채 1월 29일 보고서를 그대로 승인했다.[182]

세월호 선미가 실제보다 0.154미터 적게 물에 잠긴 것으로 계산되면서 세월호의 경하중량도 실제보다 가볍게 산정됐다. 선미 흘수 오차를 보정하면 세월호의 복원성은 경사시험결과보고서 계산 값보다 더 나빠지는 것으로 확인됐다.[183]

복원성을 계산할 당시 신성선박설계는 세월호가 출항할 때 연료와 청수의 적재량을 규정보다 줄여 자료를 제출했다. 이로 인해 세월호가 113.874톤의 화물을 추가 적재할 수 있는 것으로 계산됐다.[184] 신성선박설계는 세월호에 적재하는 10피트 컨테이너의 단위 무게도 5.65톤으로 산정했다가 임의로 3톤****으로 줄였다. 선수부 갑판에 적재할 수 있는

---

* 선박이 물에 떠 있을 때, 물에 잠긴 부분의 깊이를 나타내는 표.
** 선박 계산 시 흘수선의 기준이 되는 선으로서 계획 만재흘수선과 선체 앞쪽 끝이 만나는 지점의 수선을 선수 수선, 선박의 방향을 조정하는 타의 축을 기준으로 한 수선을 선미 수선이라고 한다.
*** 선박 계산 시 흘수 눈금을 읽을 수 있는 흘수표는 수선과 일치하는 지점에 있지 않으므로 흘수표에서 눈금을 읽은 후 수선의 수치로 보정해야 한다.
**** 제주도에서 인천, 부산 등으로 운항하는 선박에 적재되는 컨테이너는 대부분 10피트가 아닌 8피트 컨테이너이며 그 무게는 6톤 정도이다.

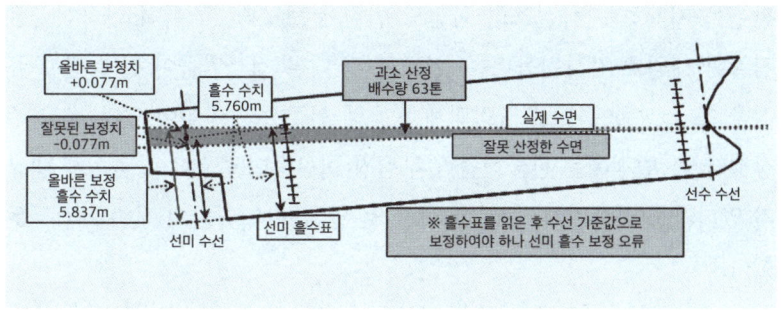

세월호의 흘수 보정 개념도(2013. 2. 4.)(사단법인 한국선급에서 승인한 세월호 완성복원성계산서 재구성, 감사원 보고서, 140쪽)

컨테이너 총무게를 162톤 줄이면서, 컨테이너 개수는 그대로 유지하려는 꼼수였다. 한국선급은 이 부분 역시 바로잡지 못했다.[185]

감사원은 완성복원성계산서 승인을 담당한 한국선급 기본기술팀장 이율성에게 정직을, 신성선박설계 대표이사 윤영국에게 조선설계기술사 자격정지 등의 조치를 요구했다. 징계는 감봉 3개월로 낮아졌다.[186] 윤영국은 조선설계기술사 6개월 자격정지로 처분이 끝났다.[187]

한국선급에서는 선박검사원 전종호만이 세월호 경사시험을 부실하게 감독하고 허위 검사보고서를 작성했다는 이유로 기소됐다. 그러나 2015년 2월 1심, 2015년 7월 2심까지 무죄가 선고됐다. 검찰은 한국선급의 선박 검사 업무를 방해한 혐의(업무방해죄)로 전종호를 기소했는데, 법리상 피해자가 된 한국선급은 2심까지 전종호의 무죄를 이끈 '숨은 공로자'였다. 한국선급은 2015년 2월 회장 명의로 탄원서를 보내 호소했다. "이 사건 업무방해의 피해자가 한국선급이라면 피고인(전종호)에 대한 형사처벌을 원치 않사오니 피고인에 대해 최대한의 선처를 베풀어주시기를 바랍니다."[188]

한국선급은 탄원서에서 "검사원이 제조 후 등록검사 시 확인해야 할 항목은 최소 300여 개 이상"이라며 "인간이다 보니 선박 검사를 수행하면서 실수를 범할 수 있다"라고 주장했다. 내규보다는 검사원의 재량과 관행을 지지하는 사실조회 회신도 법원에 보냈다.[189] 특히 한국선급은 검찰이 세월호 검사원을 구속 기소한 뒤 다른 검사원들이 선박 검사 규정을 "불필요할 정도로 경직되게 적용해 선주들과 마찰이 있다"라고 주장했다.[190] 법정에는 한국선급 업무팀장 이상락이 증인으로 출석해 내규가 있더라도 검사원이 "충분한 재량"을 발휘할 수 있다며 전종호를 두둔했다.[191]

1심 재판부는 세월호 검사원 전종호가 "검사 업무를 관련 규정에 따라 충실하게" 이행하지 않았지만 "한국선급의 업무를 방해하려는 고의가 있었"다고 볼 수 없다고 판단했다.[192] 한국선급의 사실조회 회신과 이상락의 법정 증언, 탄원서가 큰 영향을 미쳤다.

2심에서는 한국선급의 선급규칙팀 박준현이 증인으로 나왔다. 선급규칙팀은 선박을 검사하는 기준인 규칙을 개발하는 부서다. 박준현은 내규라는 것은 "못 지킬 수 있"다고 주장했다.

> 검사: 계속 의미 없는 규정이다, 현실성이 없는 규정이라고 말씀하시는데 그러면 규정들을 계속하여 존치시키는 이유가 뭐지요.
> 박준현: (중략) 관련 부서하고 협의를 해서 수시로 그렇게 불합리한 규정은 계속 업데이트를 하고 있습니다. (중략) 지금 와서 되새겨보면 여러 가지 좀 보완할 점이 많이 나타난 걸로 파악이 됐습니다. 그래서 현재 작업에 들어갔습니다.
> 검사: 왜 불합리하지요?
> 박준현: (중략) 현재 일반적으로 조선소, 해운업계 이런 데에서 쓰는 practice[관행]상, 절차상 크게 잘못되는 점이 없는데 저희만 까다롭게 갖고 있음으로써 고객[에] 불편을 끼치고 (중략) 불필요하다는 느낌이 든다, 이거죠.[193]

한국선급이 전종호를 옹호한 것은 어찌 보면 당연했다. 이 재판은 '피해자가 사라진' 재판이었다. 현행법상 전종호의 허술한 검사는 업무방해죄밖에 적용할 수 없었기 때문에, 참사의 진짜 피해자는 재판에서 사라지고, 전종호가 가해자, 업무방해를 받은 한국선급이 피해자가 되었다.

그러나 한국선급 입장에서 전종호는 조직의 관행에 맞게 일했을 뿐이었다. 한국선급은 그런 조직 구성원을 보호하려는 노력을 계속했고, 관행을 내규에 맞게 바꾼 것이 아니라 반대로 관행에 맞게 내규를 변경했다.

세월호 사고 이후 한국선급 검사 내규는 다음과 같이 완화됐다. '2015년 선급 및 강선 규칙'을 보면, 경사시험용 중량은 "증명된 중량계를 사용해 증명돼야 한다"라고 돼 있다. 원래 규정에 있던, 경사시험용 중량을 측정할 때 검사원이 입회·확인해야 한다는 의무를 아예 없앤 것이다. 내규대로 엄격하게 경사시험을 하지 않아 세월호의 복원성을 악화시켰던 한국선급이 참사를 계기로 내규를 강화하기는커녕 오히려 관행을 규정으로 탈바꿈시켜 정당화한 셈이다. 검찰은 법원이 "자의적인 한국선급의 사실 조회 결과를 맹신"해 무죄를 선고했다고 비판했다. "한국선급의 현 임직원은 세월호에 대한 검사를 제대로 하지 못한 것으로 인한 많은 비난이 쏟아지자 이를 모면하기 위하여 관련 자료를 미리 은닉하는 등 진실 발견을 저해하는 행동을 하였"다고 덧붙였다.*[194]

---

* 부산지방검찰청 해운비리 특별수사팀은 2014년 4월 24일 오전 부산 강서구에 있는 한국선급 본사 사무실과 전·현직 임원 사무실, 자택 등 6곳을 압수수색했다. 전현직 임원들이 회삿돈을 빼돌린 정황을 포착했기 때문이다. 그러나 한국선급은 이미 검찰의 압수수색 사실을 파악하고 있었다.
압수수색 전날인 4월 23일 오후 2시 21분 해운비리 특별수사팀에 파견된 수사관 최익준은 부산해양경찰서 정보과 소속인 이갑호의 전화를 받았다. 최익준은 1년 전 외숙부의 소개로 이갑호를 만나 매달 2~3차례씩 연락하며 가깝게 지냈다. 이갑호는 해운비리 특별수사팀이 한국선급에 대해 압수수색할 예정인지, 언제, 어디를 압수수색하는지 알아봐달라고 부탁했다. 검찰 수사관은 전화와 문자메시지로 수사 기밀을 알려줬다. "부산지검 특별수사팀 4월 24일 오전 10시 한국선급 압수수색 예성."
수사 기밀을 얻은 해경은 한국선급 법무기획팀장인 원영일에게 문자메시지를 보냈다. 두 사람은 8개월 정도 알고 지낸 사이였다. "부산지검에서 오늘, 낼 중 선급 및 해운조합 압수수색한다는 동향, 서울-부산-포항 지역, 특수부 주관." 이뿐 아니다. 이갑호는 5월 2일, 부산지검이 한국선급 임직원의 요트 탑승 내역을 확인한다는 얘기를 동료에게서 전해 들었다. 한국선급 임직원 7명의 원거리 수상레저 활동 신고 내역과 대상자들이 승선한 요트명, 동승자 명단, 출항 일시 및 장소, 입항 일시 및 장소 등 한국선급 임직원의 비위 사실을 검찰이 수사하는 과정에서 정보를 요청한 것이다. 이갑호는 부산지검이 경찰에 보낸 수사 협조 의뢰 공문을 팩스로 보내달라고 요청했다. 그 공문은 휴대전화 카메라에 찍혀 한국선급으로 고스란히 넘어갔다. 이갑호는 "이용 실적 없는 것으로 보고!"라는 문자메시지도 덧붙였다.
부산지검은 수사관 최익준과 해경 이갑호를 공무상 비밀 누설 혐의로 기소했다. 이갑호는 "문자메시지는 한국선급으로부터 고급 정보를 얻기 위한 방편"이라고 주장했다. 또 한국선급 법무팀장에게 보낸 경사시험의 잘못에 대한 한국선급의 제 식구 감싸기는 2018년에 제동이 걸렸다. 2018년 7월 24일 대법원은 전종호에 대한 원심 판결을 깨고 유죄 취지로 사건을 파기환송했다. 대법원은 업무방해가 "업무수행 자체가 아니라 업무의 적정성 내지 공정성이 방해된 경우"에도 적용된 판례가 있고, 업무방해의 고의 또한 "반드시 업무방해의 목적이나 계획적인 업무방해의 의도가 있어야만 하는 것이 아니"라, 업무를 방해할 수도 있다는 불확정적 인식과 예견, 즉 "미필적 고의"로도 인정될 수 있다며 전종호의 업무방해죄를 인정했다. 대법원은 또한 경사시험은 선박의 감항성을 위한 가장 기본적인 검사이므로, 경사시험 규정을 선박 검사원에게 일정한 재량을 부여하는 조항으로 해석할 수 없다는 등, 그동안 한국선급이 주장해온 바를 반박했다. 광주고등법원은 2019년 1월에 징역 1년, 집행유예 2년을 선고했고, 같은 해 5월 대법원에서 형이 확정되었다.[195]

해양수산부는 세월호 사고를 계기로 선박 검사 및 승인을 다룬 법령을 바꿨다. 2015년 1월 「선박안전법」을 개정해 해양수산부 장관의 허가가 없으면 선박 검사 뒤 "해당 선박의 구조배치·기관·설비 등의 변경이나 개조"를 금지하도록 했다. 또 해양수산부 장관이 선박의 변경이나 개조를 허가할 때 "해양수산부령으로 정하는 복원성 기준*을 충족하는 범위"

압수수색 일정이나 검찰의 협조 공문은 이미 언론 보도가 된 것이라서 실질적으로 비밀로 보호할 가치가 없다고 덧붙였다.
부산지법은 2014년 7월 최익준에게는 선고유예(유죄가 인정되지만 처벌할 필요성이 약해서 선고를 보류하는 것. 2년이 지나면 면소된다)를, 이갑호에게는 징역 8개월을 선고했다. 해경이 한국선급에 압수수색 일정을 누설할 것이라는 사실을 수사관 최익준은 미처 몰랐다는 게 법원이 선고유예 판결을 한 이유였다. 이갑호도 2014년 11월 2심에서 징역 8개월에 집행유예 2년으로 형량이 줄었다. 정보관으로서 의욕이 넘쳐 범행을 저질렀을 뿐 금품·향응 등 다른 대가나 이익을 받은 것으로 보이지 않는다는 점을 법원이 참작했다. 또 이갑호가 파면의 징계처분으로 경찰공무원의 지위를 잃게 된 것을 고려했다. 부산지방법원 판결문 2014고단 4231호(2014. 7. 11.); 부산지방법원 판결문 2014노2483호(2014. 11. 13.).

* 2015년 7월 15일 시행 「선박안전법 시행규칙」(해양수산부령 제151호) 별표 15의 2는 여객선의 복원성 기준을 "변경이나 개조 후 기선으로부터 경하상태에서의 무게중심까지의 수직거리가 변경이나 개조 전보다 늘어나지 아니할 것"이라고 정했다. 세월호처럼 증개축으로 선체의 높이를 올려 복원성을

에서만 가능하도록 했다.

더불어 한국선급 등 선박 검사 기관이 발급하는 선박검사증서*에 검사 결과를 기재하도록 했다. 어떤 기관에서, 어떤 형태의 선박 검사를 받더라도 그 결과를 선박검사증서에 기재하도록 한 것이다. 이는 세월호가 "복원성이 좋지 않아 특별한 관리가 필요한 선박"인데도 완성복원성계산서에 "화물 적재 조건 등 주의 사항이 기재되지 않아 화물 적재 조건 위반 등으로 인한 사고가 발생할 우려가 있다"는 감사원의 지적에 따른 것이다.[196]

선박 검사와 관련한 벌칙을 추가하고 처벌 수위도 높였다. 벌칙에 ① 선박 검사를 받은 후 해당 선박의 구조배치·기관·설비 등을 변경하거나 개조한 선박 소유자, ② 해양수산부 장관의 허가를 받지 아니하고 선박의 길이·너비·깊이·용도를 변경하거나 설비를 개조한 선박 소유자, ③ 거짓이나 그 밖의 부정한 방법으로 선박 검사를 받은 자 등을 추가했고, '징역 1년 또는 1천만 원 이하의 벌금'을 '징역 3년 또는 3천만 원 이하의 벌금'으로 강화했다(83조).

허울뿐인 시험운항과 운항관리규정

선박 검사 통과 후 취항하려면 시험운항을 진행하고, 운항관리규정을 승인받아야 한다. 조작한 시류도 증선 인가를 받고, 부실한 검사를 통과한 세월호는 이제 취항 전 마지막 단계를 앞두고 있었다. 전 인천해양항만청 선원해사안전과장 박성규는 특조위 제2차 청문회에서 증선 인가와 안전 업무는 별개라며, "이후에 관계기관 협의"나 "해경에서 운항관리

악화시키는 사례를 원천 차단한 것이다.

* 완성복원성계산서 등을 의미한다.

규정 심의를 하기 때문에" 부족한 부분은 다 보충이 된다고 주장했다.[197] 현실은 그렇지 않았다. 안전을 뒷전으로 한 부실 심사, 접대 요구는 취항 전 마지막 단계에서도 예외 없이 일어났다.

2013년 2월 15일 오후 6시경 인천해경 해상안전과장 장지명은 인천항에서 오하마나호에 올라탔다. 경사 이성일, 순경 김재학도 함께했다. 청해진해운에서는 상무이사 박기청, 해무이사 안기현, 해무팀장 송기채가 탔다.[198] "세월호 시험운항"과 "운항관리규정 현장 점검"을 위해 제주도로 가는 길이었다.[199]

시험운항과 운항관리규정 심사는 한 세트다. 청해진해운은 운항관리규정 심사를 요청하면서 '시험운항' 계획도 전달했다.[200] 인천해경 해상안전과 해상교통계 이성일과 "사전에 협의"한 사항이었다. 해상안전과는 운항관리규정 심사와 여객선 안전관리 업무를 담당했다. 이성일은 "심사 진행 과정 일체"를 맡고 있었다.[201] 사실 시험운항을 하라는 법률은 없다. 그러나 인천해경은 새로운 여객선이 출항할 때 관행적으로 시험운항을 해왔다.[202]

> 검사: 시험운항은 구체적으로 어떤 것인가요.
> 이성일: 선박에 승선한 후 항로를 운항하면서 선원들이 느끼는 선박의 상태, 항로상의 위험지역, 운항관리규정상 기준도 등에 대해 확인합니다.
> 검사: 운항관리규정을 심사하기 위해서 시험운항이 반드시 필요한 것인가요.
> 이성일: 법적 근거는 없습니다. 그러나 인천해양경찰서에서는 신규 취항 선박에 필수적으로 시험운항을 해왔습니다.[203]

시험운항은 애초 2월 18일로 예정됐다. 그런데 해경은 출장 일정을 2월 15일부터 4박 5일로 변경했다.[204] 세월호와 같은 항로를 운항하는 오하마나호 시험운항을 두 시간 동안만 진행했던 것과 크게 대조된다.[205] 장지명은 "시험운항이 운항관리규정 심사에 꼭 필요하다는 판단으로 추진했던 것은 아니"라면서도, 이례적으로 긴 일정을 "지시"했다.[206] 송기채는 "장지명 과장이 먼저 시험운항을 제안했을 때 접대를 요구한다는 것을 알았"다.

> 2월 18일 오후 4시 제주도에서 출발해 2월 19일 오전 9시 인천에 도착하는 것으로 시험운항 일정이 정해졌다면, 해경은 비행기를 이용해 제주도에 와서 세월호를 타고 시험운항 일정을 소화하면 되는 것이었습니다. 먼저 시험운항을 제안하고, 오하마나호를 타고 내려가겠다는데 무슨 말인지 왜 모르겠습니까. 다만 저희 선사 입장으로서는 을의 지위에 있으니 그냥 따를 수밖에 없었습니다.[207]

장지명은 '갑' 중에서도 '갑'이었다. 그는 인천항에서 출항하는 모든 선박의 해상 안전 지도 업무를 총괄했다. 여객선 안전관리, 유선 및 도선 사업 면허 관리, 파출소나 출장소 지휘 및 관리, 통고처분 등의 업무를 담당했다. 한국해운조합 인천지부 운항관리실 등을 지도·감독하는 것도 장지명의 몫이었고 "사고 선박에 대하여 어떤 처분을 할 것인가를 최종적으로 결정"하는 사람이었다. 그는 자신을 "선사 업주들의 사업에 중대한 영향을 미치는 존재"라고 표현했다.[208]

청해진해운은 장지명 등 해경의 제주 출장비를 전액 부담했다. 왕복 뱃삯과 식비, 술값 등을 다 냈다. 애초부터 장지명은 부하 직원들에게 "일체의 경비는 신경 쓸 필요 없다"고 말했다.[209] 이틀 숙박비 12만 원만 해경이 신용카드로 결제했다.[210] 2박 3일 동안은 제주도 관광에 나섰다. 해경은 청해진해운 차량으로 해안도로를 달리며 성산일출봉, 하멜 표류 선박, 제주해녀박물관 등 관광지를 누볐다. 관광지 입장료도 청해진해운이 냈다.[211]

> 감사원: 2013년 2월 16일 오전 9시경 제주항에 입항하여 오전 10시경 숙소로 출발하기 전까지 한 시간 정도 제주항 여객선 부두 등을 현장 확인하고, 같은 해 2월 17일 오전 11시경 세월호가 목포에서 수리를 마치고 제주항에 입항한 후

부터 점심 식사를 할 때까지 한 시간 정도 세월호의 제주항 여객선터미널 접안 과정을 살피는 등의 업무를 수행한 것을 제외한 나머지 출장 기간 동안 출장 목적과 관련이 없는 제주도 관광을 실시한 것은 공무원으로서의 성실의 의무를 태만히 하였다고 생각하는데 어떻게 생각하십니까?

이성일: 출장 기간 동안 출장 목적과 관련 없는 제주도 관광을 실시한 것은 공무원으로서 성실의 의무를 다하지 못하였다고 생각합니다. 다만, 상급자인 장지명 과장께서 관광을 실시하자고 지시하여 하급자인 저로서는 같이 갈 수밖에 없는 불가피한 사정이 있었습니다.[212]

검사: 피의자가 항로 점검을 하는 목적이 무엇인가요.

장지명: 항로상에 장애 요소가 있는지 등을 확인하기 위한 목적입니다.

검사: 피의자는 항로 점검이 항로상에 장애 요소가 있는지 등을 확인하기 위한 목적이라고 하나, 항로 점검이 진행되는 과정을 보면 사실상 선사 측으로부터 접대를 받은 자리로 보여지는데 어떤가요.

장지명: 배편을 이용해서 제주를 왕복하기 때문에 자연스럽게 제주에서 이틀 정도 여유 있는 시간이 생기게 되고, 그 시간에 청해진 담당자와 인근 관광과 식사 자리를 같이하게 된 것입니다.

검사: 피의자는 항로 점검 과정에서 자연스럽게 청해진 관계자들로부터 접대를 받게 된 것이라고 하나 항로 점검 행태를 보면 항로 점검을 빙자하여 제주도 관광을 한 것으로 보여지는데 어떤가요.

장지명: 관광을 목적으로 항로 점검을 한 것은 절대 아닙니다. 믿어주십시오.[213]

2월 17일에는 한국해운조합 인천지부 운항관리실장 한병천도 합류했다. 그는 세월호 운항관리규정 심사위원회 구성원이었다. 하지만 한병천은 해경을 접대하느라 바빴다.[214]

검사: 진술인의 주장에 의하면 2013년 2월 17일 저녁 약 20만 원 상당의 고기를 구입하여 장지명 과장 등에게 접대를 하고, 18일 이성일 경사에게 성게미역국을 접대하였다는 것인데, 그 이유는 무엇인가요.

한병천: 해경이 저희를 지도·감독하는 기관이다 보니 제가 접대를 하였습니다. 서

로 잘 지내면 분기별로 지도·감독을 받을 때 좀 더 부드럽게 해주지 않겠습니까. 다른 때도 경찰관들과 식사를 할 때 항상 저희가 계산을 해왔습니다.[215]

출장의 본래 목적에는 별로 관심이 없었다. 이성일은 제주항에서 출항 준비 상태를 지켜봤고 '차량적재도' 비치 여부만 확인했다.[216] 김재학 역시 시험운항에서 한 일이라곤 "조타실에서 항로를 본 것과 배를 둘러본 것이 전부"라고 털어놨다.[217] 장지명은 "포괄적인 점검을 실시하였"다고 주장했다.

> 검사: 피의자는 세월호 시험운항 과정에서 운항관리규정에 포함될 구체적인 사항에 대해 점검하거나 확인한 사실이 있나요.
> 장지명: 전부는 다 못 했지만 일부에 대해서는 확인을 했습니다.
> 검사: 어떤 부분을 점검하고 확인하였나요.
> 장지명: 세월호 출항 전에 출항 요원들의 준비 상태, 차량 적재용 램프 작동 상태, 배의 이안·접안 상태, 기타 항로상의 장애 요소 등을 확인하였습니다.
> 검사: 실제 위 부분을 점검하고 확인한 것이 사실인가요.
> 장지명: 저도 했고, 담당 직원도 한 것으로 알고 있습니다.
> 검사: 구체적으로 어떻게 점검하고 확인한 것인가요.
> 장지명: 일부는 육안으로 점검을 했고, 일정 부분은 선사 관계자로부터 설명을 들었습니다.
> 검사: 통상 시험운항에서는 어떤 것을 점검하도록 되어 있나요.
> 장지명: 시험운항이 운항관리규정 심사의 전제 조건으로 규정되어 있는 것은 없기 때문에 포괄적인 점검을 실시하였던 것입니다.[218]

시험운항에 동행한 순경 김재학은 장지명의 주장과 달리 청해진해운으로부터 운항관리규정에 대해 들은 것이 없다고 진술했다.[219] 장지명은 "운항관리규정 현장 점검"이라는 출장 목적이 무색하리만큼 세월호 운항관리규정을 시험운항이 끝나고서야 처음 봤다.[220]

장지명은 사촌동생의 취업도 부탁했다. 청해진해운 해무팀 대리 홍영기는 2013년 3월 인천해경 해상안전과 해상교통계장 이재현으로부터 전화를 받았다. "과장님[장지명]의 이종사촌 동생이 있는데, 과장님이 동생이 안정된 일을 했으면 하신다. 배를 태울 수 있는 방법이 없겠느냐." 홍영기가 확인해보니 윗선에서는 이미 알고 있었다. 2013년 5월 "오하마나호 조기원으로 취업시켰더니 나흘 만에 그만뒀다."[221]

"사교적·의례적" 관계

인천해경 해상안전과장 장지명에게 접대는 낯설지 않았다. 해운사 대표나 임원들과 평소에도 돈독한 관계를 맺어왔기 때문이다. 그는 청해진해운을 비롯한 인천 지역 8개 정기 여객선 업체의 친목 모임인 '인천연안여객선협의회(인선회)' 구성원들과 잘 어울렸다. 2014년 1월 동해해경청으로 옮길 때까지 10차례에 걸쳐 264만 원 상당의 접대를 받았다.[222]

장지명은 "사교적·의례적" 모임이라고 주장했지만 선사 임직원의 증언은 달랐다. "여객선 운항과 관련된 모든 지시는 해상안전과로부터 받기 때문에 선사 입장에서 좋은 관계를 유지하지 않을 수 없었다." 장지명에게 "눈도장을 찍고 나중에 불이익을 받지 않기 위하여 접대를 한 것이다."(연안여객선사 대표 김○○) 장지명을 "제외한 나머지 인천 관내 여객[사] 대표 내지 임원들이 돌아가면서 계산을 했다."(연안여객선사 상무 전○○) 때로는 다른 사람과 만나 술자리를 가진 뒤 여객사 대표를 불러 돈 계산을 하도록 한 정황도 발견됐다.[223]

장지명은 선사에 '보답'했다. 2013년 2월 대부고속훼리2호가 인천 옹진군 이작도 선착장으로 들어오다 선수 램프가 해수면 아래로 완전히 꺾이는 사고가 났다. 그대로 운항하면 파도의 저항 면적이 넓어져 램프가 떨어져 나갈 위험이 있었다.[224] 배를 그 상태로 움직이면 안으로 물이 들어가 전복될 수 있었다.[225] 인천해경 해상안전과 이성일은 대부고속훼리2호에 대기하라고 명령했다.[226] 운항 금지 공문도 선사와 운항관리실에 보냈다.[227] 그러나 선장과 선사 직원들이 대기 명령을 어기고 몰래 운항하다가 적발됐다. 이성일은 "경위서를 받았는데 벌금형 사안으로 판단되니 처벌하겠"다고 보고했다. 장지명은 "없었던 일로 [하]라"는 취지로 지시했다. "위험한 사고가 발생한 것도 아니니 내가

구두로 주의를 주고 돌려보내겠다." 대기 중이던 선사 직원들은 그냥 돌아갔다.[228]

2013년 8월에는 삼목-장봉 항로를 운항하는 세종5호의 우현 방향타가 떨어져 나갔다. 이를 확인한 이성일은 방향타를 수리할 때까지 운항을 정지하라고 명령했다. 인선회 구성원인 연안여객선사 대표 이○○가 장지명에게 청탁했다. "러더(방향타)가 고장"났지만 "양쪽 엔진을 이용해서 배를 조종할 테니 (중략) 여객선 운항을 재개해달라."[229] 장지명은 수락했다. 그는 이성일과 인천 운항관리자에게 전화했다. "내가 선주에게 들어보니 배가 갈 수 있다고 하고 저속으로 운항하겠다고 한다. 운항을 시켜라."[230] 이성일은 운항관리자들과 함께 "운항 정지 사유"라고 거듭 주장했다. 인천해경 해상교통계장도 "(방향타 탈락은) 안전 운항에 있어 중요한 결함 사항이므로 운항 중지를 하고 다른 배를 투입하든지 다른 방법을 택해야 한다"고 말했다. 장지명은 이러한 의견을 무시하고 사고 선박을 운항하도록 했다. 선박의 좌우 방향을 잡아주는 두 개의 방향타 중 하나가 없는데도 장지명은 재판에서 "안전에 문제가 없을 것이라고 판단했"다고 주장했다.[231]

2012년 8월 하모니플라워호가 정원보다 10명 더 많은 승객을 태우고 출항했다가 인천해경에 덜미가 잡혔다. 여름 피서철 특별교통안전대책 기간 중이었다. 인선회 회원인 상무 전○○가 장지명을 찾아왔다. "직원들의 경험이 별로 없"어 "발생한 사고이니 이번 일은 없던 일로 해달라". 장지명은 "없던 일로 하"도록 지시했다. "위험한 사고가 발생한 것도 아니"라는 이유에서였다. 공문도 거짓으로 작성했다. "특별교통대책본부 및 각 선사의 노력과 국민의 기초질서 의식 수준 향상으로 과승, 과적 및 위반 사례 없었으며……"라는 식이었다.[232]

장지명은 엄벌을 면하는 2가지 '행운'을 누렸다. 첫째, 검찰이 세월호 인허가 사건(제주 관광)과 인선회 뇌물 사건을 분리해 기소했다. 두 사건이 병합돼 기소됐다면 형량이 더 높아질 수 있었지만, 세월호 인허가 사건은 광주지법 목포지원에서, 인선회 사건은 인천지법에서 진행됐다. 장지명은 인선회 사건으로 구속됐지만 1심에서 징역 1년 6개월에 집행유예 2년을 선고받고 2014년 8월 풀려났다.[233] 같은 해 12월 세월호 인허가 사건에선 징역 8개월에 집행유예 2년을 선고받았으나, 2015년 6월 2심에서 징역 4개월에 집행유예 1년으

로 깎였다.[234]

둘째, 검찰은 인선회 사건에서 항소하지 않았다. 그 결과, 2심은 형량을 더 올릴 수 없게 됐다. 2심에서 장지명은 범행을 인정하던 1심에서의 태도를 바꿔 인선회가 베푼 향응은 "사교적·의례적"인 것이어서 뇌물수수죄가 성립하지 않는다고 주장했다. 형량(징역 1년 6개월, 집행유예 2년)도 너무 높아 부당하다고 했다. 하지만 대법원의 양형 기준을 보면 1심 형량은 오히려 낮은 수준이었다. 2심도 "1심이 선고한 형벌은 다소 가볍다고 보"인다고 밝혔지만 검찰이 항소하지 않아 1심 형량을 유지했다. 2심은 "현존하는 위험이나 사고가 발생하지 않은 이상 선박의 안전 수칙 위반 사실을 문제 삼을 필요가 없다고 생각하는 피고인의 안일한 업무 처리 방식은 언제든지 세월호 참사와 같은 커다란 비극을 초래할 가능성이 있"다고 지적했다.[235] 장지명은 해임 처분을 받았다.[236]

한편, 인선회 간사인 한국해운조합 인천지부장 이경호는 2014년 4월 18일 업무팀장 장재영, 관리팀장 이세출에게 지시해 지부 사무실에서 보관하던 인선회 활동 상황, 경비 지출, 세월호 운항 상태 등에 관한 파일과 문서를 파기했다. 1심 법원은 3명에게 모두 징역형을 선고했지만 2심은 벌금형으로 낮췄다.[237]

시험운항을 제대로 했다면 세월호의 문제점을 조기에 발견할 수 있었다.[238] 세월호는 한국선급이 승인한 도면과 객실 출입문 위치가 서로 다를 만큼 엉터리로 증개축했기 때문에 설계도를 들고 한번 둘러보기만 해도 문제를 발견할 수 있었다.[239] 또 세월호는 과도한 증개축으로 복원성이 악화해 일본 항해사가 조언한 4, 5번 밸러스트 탱크 외에 2번까지 평형수를 채워야 하는 상태로 변했다.[240]

변호인(강원식, 전영준, 김규찬): 2013년 2월경 세월호가 인천에 입항한 후 증인이 이준석 선장에게 "4번, 5번으로 부족하니까 2번 밸러스트 탱크에도 평형수를 채워야 한다"라고 건의한 사실이 있지요.

신보식: 예.

변호인: 그래서 결국에는 2, 4, 5번 밸러스트 탱크에 평형수를 채우고 운항을 시
작하였지요.

신보식: 예.

변호인: 2번 탱크에 추가로 평형수를 채워야 한다고 건의한 이유가 세월호 선미
증축으로 인해서 복원성에 문제가 있다고 느껴서 그렇게 건의를 한 것인가요.

신보식: 제가 항해를 해보니까 약간의 그런 문제가, 증축 그리고 선수의 카고램프
를 떼어버리고 해서 약간의 문제가 있는 것으로 판단해서 2번 탱크까지 채우자
는 이야기를 했습니다.

변호인: 그러면 2, 4, 5번의 탱크에 평형수를 채우고 난 뒤에는 선박을 운항하는
데는 큰 문제는 없었나요.

신보식: (이때 증인, 변호인의 질문을 듣고 나서 5초 정도 후에) 2, 4, 5번을 채우고, 또
상황에 따라서…… 기본적으로 2, 4, 5번을 채우자고 했습니다. 그리고 다른 탱
크에도 상황에 따라서 선수, 1번을 채우곤 하였습니다.[241]

청해진해운은 세월호의 완성복원성계산서를 전혀 고려하지 않은 채 엉터리로 운항관리규정을 작성했다. 청해진해운 해무팀 대리 홍영기가 당시 해무팀장 송기채에게 "오하마나호나 세월호가 톤수에서 크게 차이가 나지 않는데 어떻게 세월호에 컨테이너가 100개 정도 더 들어갈 수 있느냐"고 물었다. 송기채는 "일본에서도 그렇게 실었다"고만 답했다. 홍영기는 '컨테이너가 어디로 다 들어가나'라고 생각하면서도, 세월호 운항관리규정 화물 적재량에 컨테이너를 '247개'로 적어넣었다.[242]

두 사람은 2013년 2월 10일부터 날마다 업무 시간이 끝난 뒤 사무실에 남아 운항관리규정을 작성했다. 기본 틀은 오하마나호 운항관리규정에서 따왔다. 홍영기는 "송기채 부장님께서 알려주시는 대로" 운항관리규정을 세월호에 맞게끔 고쳤다.[243] 송기채는 상무이사 박기청의 '지시'를 받았다. 박기청은 완성복원성계산서에 맞춰 화물을 적재하면 "선사의 이익이 전혀 남지 않"는다고 판단했다.

검사: 피의자는 복원성 검사 결과를 알고 송기채에게 운항관리규정을 어떻게 작

성하도록 지시하였는가요.

박기청: 복원성 내용에 따라 화물을 적재하면 선사의 이익이 전혀 남지 않기 때문에 어쩔 수 없이 오하마나호 제원표를 참조해 세월호의 운항관리규정을 작성하라고 송기채에게 지시했습니다. 당시 컨테이너는 오하마나호보다 100여 개 정도 더 부풀려 기재하도록 시켰는데, 그 이유는 세월호를 일본에서 들여왔을 당시 세월호가 오하마나호보다 200~300톤 정도 더 크기 때문에…….

검사: 그럼 당시 송기채도 이처럼 복원성 결과가 나쁘다는 사실을 알고 있었는가요.

박기청: 그렇죠. 세월호를 증개축해서 복원성 검사하는 것에 대해 다 알고 있는데 제가 오하마나호 것을 사용하라고 한다 해서 그냥 사용할 리가 있겠습니까. 송기채도 저희가 복원성 문제로 오하마나호 자료를 이용해 허위로 운항관리규정을 작성하는 것을 알고 작성하였습니다.[244]

세월호 운항관리규정은 대표이사 김한식을 비롯한 임직원의 결재를 받았다.[245] 「해운법」 21조에 의하면, 해운사는 "여객선의 안전을 확보하기 위해" 운항관리규정을 작성해야 한다. 운항관리규정에는 항로, 화물 적재량, 선박의 안전관리, 비상사태 발생 시 조치 등 선박 운항의 전반적인 업무 수행 기준을 담는다. 해운사가 운항관리규정을 작성하면, 관할 해양경찰서는 한국선급 지부장, 한국해운조합 운항관리실장 등으로 심사위원회를 구성해 승인 여부를 결정했다.[246]

2013년 2월 12일 청해진해운은 인천해경에 운항관리규정 심사를 요청했다.[247] 운항관리규정의 별첨 자료인 '차량적재도', '화물고박장치도' 등은 빠져 있었다.[248] 해경이 고시한 '여객선 안전관리지침'에 의하면 "선박성능검사결과서 또는 선박안전관리증서 및 관련 자료"를 함께 제출해야 했다. 박기청은 "별첨 자료는 빼고 나중에 접수"하라고 송기채에게 지시했다.

송기채: 사실 위에서 '차량배치도, 화물고박장치도'를 인천해경에 제출하지 말라고 하였습니다.

검사: 그게 무슨 말인가요.

송기채: 2013년 2월 12일 박기청 상무 사무실에 가서 운항관리규정 초안을 보고했더니 "별첨 자료는 빼고 나중에 접수해"라고 하였습니다. 운항관리규정 화물 적재량과 '차량배치도, 화물고박장치도'상 화물 적재량이 다르니까 함께 제출하게 되면 운항관리규정이 허위로 작성되었다는 사실이 발각될까 봐 그랬던 것 같습니다.[249]

실제로 세월호 운항관리규정에 적힌 화물 적재량은 한국선급이 승인한 '차량적재도', '화물고박장치도'와 맞지 않았다.[250] 한국선급은 화물 적재량을 차량 89대, 컨테이너 54개로 승인했지만 운항관리규정에는 차량 148대, 컨테이너 247개로 부풀려놓았다.[251]

2013년 2월 19일 운항관리규정 심사위원회가 열렸다.[252] 4박 5일의 시험운항을 끝내고 세월호가 돌아오는 날이었다. 세월호는 오전 9시경 인천항에 도착했다.[253] 심사위원회를 준비하느라 홍영기는 "아침부터 점심도 먹지 않고 계속 [운항관리규정을] 제본"했다.[254] 시험운항에 참석한 송기채가 운항관리규정 별첨 자료를 늦게 줬기 때문이다. 항로도는 여전히 빠져 있었다. 송기채는 "오하마나호 항로와 같으니 그거 보고 그리라"고 말했다. 별첨 자료를 포함한 운항관리규정은 심사위원회 시작 시간이 거의 다 되어서야 완성됐다. 곧바로 송기채와 홍영기가 인천해경으로 향했다.[255]

오후 2시 심사위원회가 인천해경 2층 소회의실에서 열렸다.[256] 인천해경에서는 장시녕과 해상교통계장 이재현, 해상교통계 이성일이 참석했다. 서장 오상권은 '심사위원장'을 맡았으나, "인사만 하고" 자리를 떴다.[257]

장지명이 대신 심사위원회를 주관했다.[258] 유관기관 심사위원으로는 한국해운조합 인천지부 운항관리실장 한병천, 한국선급 인천지부장 이상우, 선박안전기술공단 인천지부장 나형진, 인천지방해양항만청 선박

팀장 정철락이 참석했다.259

이재현이 "운항관리규정의 항목을 하나하나" 읽어나갔다.260 한 항목을 다 읽으면 장지명이 심사위원들에게 "이견이 있으시면 말씀해주시고 없으시면 다음 장으로 넘어가겠습니다"라고 말했다.261

'여객선 안전관리지침'은 운항관리규정 심사위원회를 하기 전 "운항관리규정, 선박성능검사결과서 또는 선박안전관리증서 및 관련 자료"를 제출하도록 규정했다. 실무적으로도 심사회의 전 심사위원들에게 운항관리규정을 배포하는 게 일반적이었다.262

> 검사: 진술인은 세월호에 대한 운항관리규정 심사회의에 참석하기 전에 운항관리규정 초안에 대하여 검토를 해본 적이 있나요.
> 한병천: 없습니다. 세월호 관련 운항관리규정은 심사회의 때 경찰서 회의실에서 처음 봤습니다. 통상적으로 그전에 다른 선박에 대한 운항관리규정을 심사할 때는 선사 측에서 운항관리실에 검토를 해달라고 요청을 하면서 심사회의 전 복원성 자료와 차량적재도 및 화물고박배치도, 운항관리규정 초안을 미리 배포해줍니다. 그러면 저는 저희 조합 담당 선박 운항관리자에게 운항관리규정 초안에 기재된 차량, 화물 적재 방법이 한국선급에서 승인한 복원성 자료와 일치하는지 여부를 검토하도록 지시를 한 후 심사회의에 참석을 했는데, 세월호의 경우 무슨 이유인지 몰라도 심사회의 전 저희 운항실에 복원성 자료, 운항관리규정 초안, 차량적재도 및 화물고박배치도가 제출되지 않았습니다.263

중간중간 심사위원들이 지적하거나 궁금해하는 것은 송기채가 답변했고,264 홍영기가 대략적인 내용을 수첩에 옮겼다.265 이성일은 회의를 "녹취하지 않"고 "심사위원들이 지적하는 부분을 메모"한 내용만으로 회의록을 작성했다.266 회의록은 단 2장이었다.267 심사위원회는 1시간 30분 만에 끝났다. 홍영기는 특별한 지적이 없었다고 진술했다.

> 검사: 심사위원회에서 문제가 있다고 지적된 부분이 있었나요.

홍영기: 없었습니다.

검사: 세월호 수입 전의 일본 자료를 기초로 해서 화물 적재량 부분을 정한 운항관리규정이라면 당연히 화물 적재 부분에 문제가 있다고 지적이 되었어야 하는 것 아닌가요.

홍영기: 네, 이쪽에 문외한인 저도 딱 보았을 때 컨테이너 대수가 너무 많다고 생각을 했는데 전문가들이 모여서 심사를 했다면 당연히 지적을 했어야 한다고 생각합니다.

검사: 그런데도 아무런 지적 없이 심사를 통과할 수 있었던 이유는 무엇인가요.

홍영기: 서로 안면이 있었기 때문이 아닐까 하는 것이 제 개인적인 생각입니다.[268]

심사위원회는 청해진해운이 보완·변경 사항을 고치면 "재심의 없이" 운항관리규정을 승인하기로 결정했다.[269] 심사위원들은 검찰과 감사원에 당시 구체적으로 어떤 이야기가 오고 갔는지 대부분 "기억나지 않는다"고 말했다. 본인의 지적 사항 몇 개 정도만 떠올렸고 회의록에 "반영되지 않았다"고 주장했다.[270]

한병천: 심사회의 때 장지명 과장이 이 화물 적재량 항목과 관련하여 한국선급 이상우 지부장에게 한국선급에서 검사했던 복원성 자료와 크게 다른 부분이 있느냐는 식으로 물어봤더니, 그때서야 이상우 지부장이 목포지부에서 검사를 했기 때문에 크게 문제가 없다는 식으로 답변을 해서 이상이 없는 것으로 알고 그곳에 있던 다른 심사위원들이 별다른 이견을 제시하지 않았습니다.

검사: 경찰시에서 작성한 심사회의에 대한 회의록을 보면 위 화물 적재량에 대하여 장지명 과장이 거론을 했다는 내용은 없는데 어떤가요.

한병천: 이상우 지부장이 크게 문제가 없다고 해서 심사위원들의 이견이 없어 그대로 통과가 된 것으로 알고 있습니다.[271]

검사: 당시 심사위원회에 참석하였던 사람들의 진술에 의하면 진술인이 '차량적재도, 화물고박장치도'를 보면서 8톤 트럭 적재 가능 대수에 대해 확인했다고 하는데 어떤가요.

이상우: 제가 그런 말을 했을 수도 있지만, 현재로서는 기억이 나지 않습니다.
검사: 더 나아가 진술인은 '차량적재도, 화물고박장치도'를 지적하면서 '화물 추가 적재 시 소형차, 대형 트럭 등 추가 적재 시 별칙으로 도면을 첨부해야 한다'까지 지적하였다고 하는데 어떤가요.
이상우: 기억이 나지 않아 정확히 말씀드릴 수 없습니다. 그러나 현장에 있었던 사람들이 제가 그렇게 말을 했다고 한다면, 제가 당시 그렇게 이야기했을 수도 있겠죠.
검사: 진술인은 심사위원회에서 무슨 말을 했는가요.
이상우: 몇 가지 이야기는 했었던 것 같은데, 기억이 나지 않습니다.[272]

2013년 2월 21일 인천해경은 청해진해운에 심사 결과를 통보했다. 보완·변경 사항 12개 항목도 첨부했다. 지적 사항은 "올바른 용어 사용"과 "운항관리규정에 포함되어야 하는 사항 누락" 등이었다. 화물 적재량은 포함되지 않았다.[273]

청해진해운은 인천해경의 보완·변경 요구를 제대로 받아들이지도 않았다. 12개 항목에서 ① 2장에 용어('부적합 사항') 정의 추가 ② 6장 4항에 '선장이 직접 조선(操船) 구간 및 특별 조치를 하여야 할 구간' 구체적 명시 ③ 11장 3항 1호 '화물적재도'를 '차량적재도'로 변경 ④ 8장 5항 '위험물 적재 절차' 삭제 등 4개를 수정하지 않았다.[274]

"이렇게 구체적으로 명시한 것이 우리에게 무슨 이익이 있겠어." 송기채가 인천해경의 보완·변경 요구 중에서 '선장이 직접 조선 구간 및 특별 조치를 하여야 할 구간'을 손으로 가리키며 말했다. 운항관리규정을 수정하던 홍영기는 '심사회의에서 요구한 걸 임의로 기재하지 않을 사람이 아닌데, 위에서 무슨 소리를 들었나'라고 생각했다. 송기채는 "성격상 아주 작은 것도 위에 보고한 후에 결정"하는 사람이었기 때문이다.[275]

검사: 피의자는 '박기청 상무의 지시에 따라 심사회의 보안·변경 사항 중 일부만 수정하였다'고 했는데 무슨 말인가요.

송기채: 이성일 경사로부터 '여객선(세월호) 운항관리규정 심사 결과 보완·변경 사항 통보'를 받고, 제가 박기청 상무에게 찾아가 구두로 그 내용을 보고드렸더니 "그대로 하지 말고 송 부장이 알아서 회사에게 유리하도록 작성해서 제출하라"고 하였습니다. 그래서 제가 보완·변경 사항 일부만 수정한 것 입니다.

검사: 피의자는 인천해경에 운항관리규정 수정본을 제출하기 전 박기청 상무에게 보여준 사실이 있는가요.

송기채: 박기청 상무에게 수정된 내용을 구두로 보고하였더니, 박기청 상무가 추가로 몇 가지 규정에 대해 고칠 것을 지시하였고, 박기청 상무의 지시에 따라 수정한 후 그 수정본을 홍영기 대리를 통해 이성일 경사에게 메일로 제출하였습니다.[276]

추가 변경이 임의로 이뤄졌다. 운항관리규정 초안에는 "출항 30분 전까지 화물 적재 및 고박 완료 후 선수문 폐쇄"로 되어 있었는데 "시간은 돈"이라고 여겨 "출항 10분 전"으로 바꿨다.

홍영기: 조금이라도 화물을 더 많이 싣기 위해 바꾼 것입니다. 솔직히 말씀드리면 통상 10분 전까지 화물 적재를 하고, 심한 경우에는 출항하기 직전까지도 화물 적재를 합니다. 원래 화물 적재 후 차량 램프를 들어 올리면서 훅을 걸어야 하는데, 출항할 때까지 차량 등을 싣다 보니 그대로 출항하고, 해상에서 훅을 걸어 올리는 경우도 자주 있었습니다.

검사: 출항 30분 전에 마감하는 것과 출항 10분 전, 출항할 때 마감하는 것은 화물 적재량에 있어 차이가 많이 나는가요.

홍영기: 엄청납니다. '시간은 돈'이라고 생각하시면 됩니다. 제가 물류팀에 듣기로는 출항 직전에 도착하는 차량이 굉장히 많다고 들었습니다.[277]

운항 시간도 "13시간"에서 "13시간 30분"으로 수정했다. "세월호는 증축하면서 톤수가 더 나가니 속력이 안 나"올 것으로 예측했다. 운항 시간을 못 지키면 "민원이 많이 들어"왔다.[278] 같은 방식으로 청해진해운이 "최대한 회사에게 유리하도록" 변경한 내역이 7개 항목이다.[279]

운항관리규정 보완·변경 요구 사항

쪽 번호	선사 제출(안) "~을"	수정(안) "~으로"
3	제2장 (용어의 정의) ① (생략) ② "안전관리(해무)담당자"라 함은… ③~⑭ (생략) <신 설>	제2장(용어의 정의) ① (현행과 같음) ② "안전관리담당자"라 함은… ③~⑭ (현행과 같음) ⑮ "부적합 사항"이라 함은 관계법령 규정에서 요구하는 절차 조건의 누락, 업무 절차 이행 실적이 없거나 동일 지적 사항이 3회 이상 연속 반복되는 경우, 사고(선체, 기관 및 화물 사고, 인명 손상), 기기 및 장비의 부적절한 사용으로 인한 인명 피해나 재산상의 손해 또는 운항상 손실을 유발하는 경우, 지방해양항만청, 해양경찰서, 검사기관 및 기타 외부기관 점검 지적사항을 말한다. **올바른 용어 사용과 부적합 사항을 명확히 정의함**
6	2. 지도·감독 체제(조직도) [조직도: 최고경영자(대표이사) - 관리상무(안전관리총책임자) - 기획관리팀/기획팀장, 해무팀/해무팀장, 여객영업팀/여객·물류 팀장 - 선 박 / 선 장]	2. 지도·감독 체제(조직도) [조직도: 최고경영자(대표이사) - 기획관리팀/기획팀장, 안전관리담당자/해무팀장, 영업팀·물류팀/여객·물류팀장 - 선 박 / 선 장] **안전관리담당자는 신속한 안전 조치와 체계적인 안전관리를 위하여 최고경영자와 선박 간에 둔다.** **불필요한 용어(안전관리총책임자) 삭제**
7	2. 안전관리담당자의 직무와 권한 가.~라. (생략) 마. 위험물 취급과 관련하여 선박종사자에 대한 지도·감독으로 선박의 안전성 확보에 최선을 다한다.	2. 안전관리담당자의 직무와 권한 가.~라. (현행과 같음) 마. ----------제8장의 규정을 준수토록 선박종사자를 지도·감독하고---------- **위험물 취급 관련 지도·감독 사항 명시**
10	④ 선장이 직접 조선 구간 및 특별 조치를 하여야 할 구간 1.~2. (생략) 3. 협수로 항해 시 4. 해상교통 혼잡지역 및 어선 밀집지역 5. 기타 안전운항을 위해 필요할 시	④ 1.~2. (현행과 같음) 3. ----------------(인천항 동수로, 서수로) 4. ----------------------(선갑도) 5. ---------------- 선장이 필요하다고 판단할 시 **협수로, 혼잡지역 등 구간을 구체적으로 명시**
11	<신설>	⑧ 항해의 안전 확보에 필요한 운항 기준을 표시한 지도에 관한 사항 1.~ 해도 보유 및 보관, 소개정 등에 관하여 명시 **운항관리규정에 포함되어야 하는 사항 누락**

쪽 번호	선사 제출(안) "~을"	수정(안) "~으로"
13	제8장(위험물 등의 취급) ① (생략) ② 여객이 휴대하고 승선한 위험물은 선장 또는 선장이 지정한 자가 수거하여 '위험물 선박운송 및 저장규칙'에 적합한지 여부를 확인하고 안전한 장소를 지정하여 보관한다. ③~④ (생략) ⑤ 적재 절차	제8장(위험물 등의 취급) ① (현행과 같음) ②---------------------------------- ----------------'위험물 선박운송 기준 [별표10]'-- -------------③~④ (현행과 같음) <삭제> **휴대 위험물 적재 방법 명시, 불필요한 문구 삭제**
14	③ 일반 사항 1.~2. (생략) 3. 여객의 승하선 시설은 정기적으로 점검을 실시하고 특이 사항이 발생 시 안전 조치 후 안전관리담당자에게 즉시 보고한다.	③ 일반 사항 1.~2. (현행과 같음) 3. ----------------------------- ------------------. 선박사무장이 정기적으로 **점검 주체를 명시**
16	③ 차량의 적재 방법 1. 차량을 적재할 때는 승인받은 화물적재도에 따라 적재하여야 한다.	③ 차량의 적재 방법 1. ---------- -- 차량적재도 --------------------.
16	<신설>	제12장(선박의 정박 및 계류 등에 관한 사항) ① ~. 정박, 계류 시 안전 조치 사항에 대하여 명시 **운항관리규정에 포함되어야 하는 사항 누락**
17	③ 선박 정기점검 및 정비 1. 여객선 점검(월례·분기·특별점검)은 여객선안전관리지침 제3조(여객선의 점검)에서 정한 바에 따라 작성한 출항 전 점검보고서를 운항관리자에게 제출하여 서면 확인을 받은 후 출항한다.	③ 선박 정기점검 및 정비 1. 여객선 점검(월례 특별점검)은 ----------------------------- ----------------------------- ----------------------------- ----------------- **여객선안전관리지침 개정(분기점검 삭제)**
18	제13장(해양사고 기타 비상사태 발생 시의 조치) ① 승무원은 사고 처리에 있어서 다음과 같은 기본적인 자세로 임히여야 한다. 1.~3. (생략) 4. 선장의 대응 조치에 관한 판단을 존중할 것.	제14장(해양사고 기타 비상사태 발생 시의 조치) ① ------------------------------- 사항을 순수하여야 하다 1.~3. (현행과 같음) 4. 선장의 대응 조치 및 지시에 따를 것. **추상적인 문구 수정**
20	[비상배치도 및 임무] (생략)	[비상조직도 및 임무] 지도·감독 체제(조직도)와 일치 **비상조직도와 지도·감독 체제(조직도)상 일치**

홍영기는 수정을 끝마친 운항관리규정을 다시 제출하기 전 "문제가 될까 봐" 인천해경 이성일에게 전화를 걸었다. "송기채 부장과 이야기가 된 건가요?" 이성일은 "괜찮다"고 답했다.[280] 홍영기는 이성일이 "눈감아준 것"이라고 짐작했다.

> 검사: 운항관리규정을 변경할 경우 어떤 절차를 거쳐야 하는가요.
> 홍영기: 우선 선사에서 인천해양경찰서에 '운항관리규정 개서 요청서'를 제출하고, 인천해경에서 검토한 후 개서안에 대해 보내주면, 선사에서 수정을 해서 인천해경에 제출하면, 인천해경에서 [다시] 검토한 후 승인해줍니다. 그리고 변경하려는 사항이 중요한 사항일 경우 세월호 운항관리규정과 마찬가지로 심사회의를 개최하고, 그 회의 결과에 따라 변경하는 것으로 알고 있습니다.
> 검사: 진술인은 운항관리규정을 변경할 경우 위와 같은 절차를 거쳐야 하는데 임의로 변경한 이유가 무엇인가요.
> 홍영기: 청해진해운과 해경(이성일 경사) 양자 간 서로 업무 편의를 위해, 기존 심사회의 보완·변경 요구에 따라 수정안을 제출하면서 추가로 개서가 필요한 부분에 대해 개서 요청을 하지 않고 임의로 변경하고, 이성일 경사도 눈감아준 것입니다.[281]

이성일은 청해진해운이 보완·변경 사항을 일부 누락했지만 "심사위원의 의견을 반하지 않는다"고 주장하면서 임의로 수정한 내역은 "미처 발견하지 못했"다고 덧붙였다. 그러나 이성일은 홍영기로부터 수정된 운항관리규정을 받아 검토했고 심사위원회의 보완·변경 사항이 이행되지 않은 4개 항목 중 2개 항목을 스스로 고치기도 했다.[282]

2013년 2월 25일 인천해경은 청해진해운에 '운항관리규정 심사증명서'를 발급했다.[283] 3월 15일 세월호가 첫 출항에 나섰다.

감사원은 인천해경의 세월호 운항관리규정 심사 과정이 전반적으로 부실했다고 지적했다. ① 2013년 2월 12일 청해진해운이 심사를 요청했

세월호 운항관리규정 임의 수정 내역[284]

항목	수정	사유
4장 1항 3호	'주된 사업소 및 지점별 안전관리 관할구역 및 책임의 범위'에서 '본사: 전 항로/전 구간' 삭제	본사 책임 경감
4장 2항 1호	'안전관리총책임자: 관리상무' 삭제	박기청 지시
4장 2항 2호	'위험물 취급' 별도 규정 신설	인천-제주 항로 군병력 이용 대비(이성일 경사와 협의)
4항 3항 1호	'안전관리담당자 근무 지역'을 '본사'에서 '인천지점'으로 변경	등기상 본사가 제주
6장 1항 2호	'소요시간'을 '13시간'에서 '13시간 30분'으로 변경	승객 민원 대비
11장 1항 4호	'선장은 사전에 화물담당자와 협의하여 화물 적재량을 초과하지 않도록 조치한다'에서 '화물담당자'를 '당직사관'으로 변경	송기채 임의 판단
11장 3항 6호	'활어 운반 차량'에 대한 내용 추가	이성일 경사 요구
11장 6항 1호	'출항 30분 전까지 화물 적재 및 고박 완료 후 선수문 폐쇄'에서 '출항 10분 전까지 화물 적재 및 고박 완료 후 모든 수밀문 폐쇄'로 변경	수익 극대화 증개축 시 우현 선수문 철거

을 때, 규정이 명시한 선박성능검사결과서와 완성복원성계산서 등 필요한 자료를 제출받지 않았다. ② 인천해경 내부에서도 서류 제출 여부를 확인하지 않아 심사위원회에서 재화중량 톤수 등을 검증하지 못했다. ③ 심사 결과 보완·변경 요구 사항이 반영되지 않았음에도 바로잡지 않았다. 시험운항과 관련해서는 장지명 등이 출장신청서를 제출했을 때, 구체적인 업무계획이 없어 "청해진해운 등 직무 관련자들과 어울릴 가능성"이 있었는데도 적절한 조치를 하지 않았다고 지적했다.[285]

검찰은 제주 관광 건은 뇌물죄로, 운항관리규정 부실 발급에 대해선 위계에 의한 공무집행방해죄로 기소했다. 공무원과 청해진해운 임직원 양쪽의 책임을 묻는 재판이었다. 박기청은 송기채에게 운항관리규정을 부풀려 기재하도록 시켰다고 인정했던 검찰 진술을 법정에서 모두 부인했다. 본인은 "운항관리규정에 대해서 잘 모른다고 이야기"했다는 것이다.

더불어 "송기채가 맞게 작성해 왔을 것이라고 생각하고 결재"해 구체적인 내용은 "기억나지 않"는다고 말했다. 심사위원회가 요구한 보완·변경 사항을 임의로 변경하라고 지시한 사실 역시 "모르는 부분인데 지시를 할 수가 없"다고 주장했다.[286]

송기채 역시 재판에서 검찰 진술을 모두 부인하고 나섰다. 박기청이 운항관리규정을 허위로 작성하라고 지시하지 않았다는 것이다. 그는 "당시 심적으로 상당히 위축"돼 허위로 "진술할 수밖에 없었"다고 주장했다. 2013년 2월 12일 박기청이 운항관리규정 초안을 제출할 때 '화물고박장치도' 등 별첨 자료를 빼라고 지시했다던 진술도 뒤집었다. 운항관리규정에 심사위원회 보완·변경 사항을 반영할 때는 "윗선에서 지시하지는 않"고, 해경의 심사 기준에 맞았기 때문에 심사가 완료된 것이라고 반박했다.[287]

박기청과 송기채가 검찰 진술을 번복했지만 1심은 대부분의 혐의를 유죄로 인정했다. ①「해운법」 21조 2항은 해양수산부가 운항관리규정을 심사하고 변경이 필요하면 내항여객운송사업자에게 변경할 것을 요구할 수 있다고 돼 있다. 해운법 시행규칙은 운항관리규정의 변경을 요구받은 내항여객운송사업자는 정당한 사유가 없으면 운항관리규정을 변경해 해경청장에게 제출해야 한다고 돼 있다. ②「해운법 시행규칙」은 해상 안전을 위해 내항여객운송사업자와 내항여객운송사업의 종사자가 지켜야 하는 상황을 규정하는데 "좁은 수로 또는 선박의 왕래가 잦은 항로 등의 경우 항해의 안전 확보를 위하여 선장이 직접 선박을 조종하는 등 특별한 조치를 하여야 하는 구간"이 포함돼 있다. ③「선원법」 9조는 선장의 직접 지휘 의무 구간을 구체적으로 특정해 명시하지 않고 있다. 이에 운항관리규정 심사위원회는 구체적 지점(인천항 동수도, 서수도, 선갑도)을 특정해 선박의 안전 운항을 도모하는 취지로 보완·변경을 요구했다. 다른 여객선의 운항관리규정에는 협수로나 혼잡 지역 등의 구체적 지점을 명시한 사례가 있다. ④ 송기채는 박기청의 지시에 따라 홍영기를 통해 "선장이 안전 운항에 지장이 있다고 판단되어질 때"로 일방적으로 수정했다. 선장의 재량에 따라 직접 조종 여부를 결정할 수 있도록 했다. ⑤ 이성일은 홍영기로부터 수정된 운항관리규정을 받아 검토하면서 심사위원회의 요구대로 보완·변경되지 않은 사실을 발견했다. 그러나 전결권자인 장지명에게 아무런 보고도 하지 않은 채 '검토 결과 이상이 없다'는 의견으로 결재를 올렸다. 이러한 사정을 모르는 장지명이 운항관리규정을 승인했다.[288]

2심은 무죄로 뒤집었다. 청해진해운이 심사위원회로부터 보완·변경을 요청받은 부분을 고치지 않은 채 인천해경에 제출하고 이성일이 "보완·변경 사항 확인 검토 결과 이상 없"다고 보고해 장지명의 결재를 받은 사실은 인정했다. 하지만 이성일이 "위계행위로 인하여 공무집행을 방해하려는 의사가 있었다고 단정하기 어렵"다고 무죄로 판단했다.

> 피고인 이성일이 송기채 등 청해진해운으로부터 받은 향응의 정도가 크지 않고 2013년 2월 21일 피고인 송기채로부터 받은 수정안 중 심사위원회의 보완·변경 요구대로 이행되지 않은 항목 중 일부 항목은 위 요구대로 스스로 수정하기도 하였던 점 등에 비추어보면 이성일이 결재권자인 장지명을 속여서라도 청해진해운의 편의를 봐주기 위한 목적에서 '세월호 운항관리규정 심사증명서 발급 알림'을 위한 결재를 올렸다고 보기도 어렵다.

2월 16~18일 제주 관광에는 뇌물죄를 적용했지만 1심보다 인정 범위가 줄어들었다. 재판부는 2월 15일 오하마나호 승선, 2월 18일 세월호 승선과 식사 제공은 무죄라고 판단했다. 출장비는 국가가 부담하는 것이어서 해경이 직접 이익을 챙기지 않았고 오하마나호 승선 인원이 꽉 차지 않아 무임 승선해도 청해진해운의 손실이 아니라고 봤다. 또 해경이 세월호로부터 제공받은 식사와 술의 액수가 사회 상규에 반하는 정도라 보기 어렵다고 덧붙였다.

2심 결과 장지명은 징역 4개월에 집행유예 1년을, 이성일은 선고유예를 받았다. 이성일은 대법원에 상고했고, 검찰은 무죄 부분에 대해 상고했다. 2016년 5월, 대법원은 2심 판결을 확정했다. 이성일의 위계공무집행방해죄가 성립하지 않으면서 그에게 운항관리규정 수정안을 제출한 박기청, 송기채도 면죄부를 받았다.[289]

작성과 심사 모두 엉터리로 진행된 운항관리규정이 실제 배를 운항하는 과정에서 안전을 담보할 리 없었다. 특조위 조사에서 청해진해운 해무팀장이던 박희석은 운항관리규정을 아는 직원은 거의 없었고, 문서를 계속 구체화하는 것은 "페이퍼 행위"일 뿐이라고 진술했다.

조사관: 운항관리규정은 평상시에 어떻게 사용되었나요. 사무직과 선박직 통틀어 숙지한 직원이 몇 명 정도였다고 생각하나요.
박희석: 세부적으로는 거의 모르고 있다고 보시면 됩니다. 일이 발생하면 찾아볼 수는 있지만 숙지하고 그에 따라 운영하는 회사들은 없다고 보시면 됩니다.
조사관: 세월호 참사 이후에 운항관리규정이 문제가 되어 지금 더 구체적으로 규정이 바뀌었는데 이로 인해 상황이 나아졌다고 생각하는가요.
박희석: 운항관리규정이 구체적으로 바뀌었지만 지금도 전혀 나아지지 않았을 겁니다. 실정을 보시려면 연안부두에 가셔서 보시면 좋을 것 같습니다. 거기에 명시된 대로 할 시간이 없습니다. 현실과 너무 동떨어져 있습니다. 운항관리규정 구체화는 페이퍼 행위일 뿐이라고 생각합니다.[290]

3장
무시된 경고 신호

2013년 11월 28일 오후 6시 30분경, 세월호는 승객 117명, 차량 150대, 화물 776톤을 싣고 인천항을 출발했다. 이날 화물 운송 매출이 2014년 4월 15일보다도 많았던 점에 비춰볼 때, 실제로는 최대 적재 화물량을 크게 웃돌았을 것으로 추정된다. 다음 날 오전 8시 20분경 추자도 아래 화도 부근. 풍속은 초속 14~16미터, 파도는 4~5미터로 출렁였다. 세월호는 제주항을 향해 우회전하던 중 갑자기 좌현 쪽으로 15도 정도 기울어졌다. 파도를 맞으면서 순식간에 일어난 사고였다. 1층 화물갑판 컨테이너 위에 로프로 묶어놓은 화물이 쏟아지며 양주와 벽돌 등이 떨어져 깨졌다. 320만 원 정도의 손실이 발생했다.[291]

검사: 피의자는 2013년 11월 29일 오전 8시 20분경 화도 부근 해상에서 (중략) 사고를 보고받았지요.
김한식(대표이사): 해무팀장 박희석이 하루, 이틀 지난 후에 사고보고서를 갖다주었습니다.
검사: 위 사고의 원인은 결국 세월호 갑판의 화물이 고박을 제대로 하지 않았다는 것을 보여주는 것이 아닌가요
김한식: 예, 그렇습니다.

검사: 세월호의 고박이 제대로 되지 않는다는 점은 피의자가 잘 알고 있었지요.
김한식: 매일 그렇지는 않겠지요, 그날 그렇게 되었을 겁니다.²⁹²

검사: 피의자는 2013년 11월 29일 오전 8시 20분경 발생한 사고에 대하여 알고 있나요.
남호만(물류팀장): 네, 세월호가 좌측으로 순식간에 기울어 컨테이너 위에 쌓아둔 양주와 벽돌이 떨어져 밑에 있는 욕조 같은 것이 깨졌습니다.
검사: 당시 화물을 고박하지 않고 컨테이너 위에 쌓아둔 이유가 무엇인가요.
남호만: 저는 가는 로프 줄로 묶어놓은 것으로 알고 있는데 부실하게 한 것으로 알고 있습니다.
검사: 세월호가 아닌 오하마나호였다면, 당시 좌측으로 급격하게 기울었겠나요.
남호만: 저는 오하마나호에 비해 세월호가 흔들림이 많다고 생각하고 있었고, 김정수 차장도 세월호에 큰 트럭을 실으면 롤링이 심하다는 이야기를 한 것은 있어도 사고에 대하여 특별하게 이야기를 듣지 못했습니다.²⁹³

1등항해사 강원식은 사고 이튿날 보고서를 작성했다.²⁹⁴ 청해진해운 임원들은 "차량 수를 초과하여 적재하고, 고박이 불량하다는 것을 열람"했다.²⁹⁵ 대책은 "전혀 마련되지 않았"다. 하역회사 담당자를 불러 "고박을 잘하고, 컨테이너 위에 화물을 얹는 경우에는 그물을 치라고 이야기"했을 뿐이다. 그러나 이것도 규정에 어긋나는 지시였다.²⁹⁶

검사: 컨테이너 위에 일반 화물을 적재하는 것이 규정상 가능한가요.
김정수(물류팀 차장): 일단 세월호의 경우에는 D데크나 E데크에 컨테이너를 적재하는 것 자체가 금지되어 있으며, 그 컨테이너 위에 일반 화물을 적재한다는 것은 더더욱 할 수 없습니다.
검사: 컨테이너 위에 화물을 적재하고 로프로 한 번 둘러 묶는 것이나 두세 번 둘러 묶는 것이 무슨 차이가 있는가요.
김정수: 단순히 컨테이너 위에 화물을 올려놓은 것에 불과하여 컨테이너 윗면과 적재한 화물의 바닥면이 서로 고정되어 있지 않으므로 화물만 로프로 두세 번 둘러 묶는다고 하여 별달리 큰 차이가 있는 것은 아닙니다.²⁹⁷

2014년 1월 20일 오후 6시 30분경, 이번에는 제주항에서 문제가 불거졌다. 세월호는 출항에 실패했다. 예인선의 도움을 받았지만 부두에서 30미터 정도 이동하고는 꼼짝하지 않았다. 강한 바람 때문이었다. 최대 풍속은 초속 18~21미터였다. 세주해경은 기상이 더 나빠진다며 빨리 출항하라고 독촉했다. 세월호는 7시 50분경 2차 출항을 시도했다. 그나마 40미터 정도 갔다가 바람에 휩쓸려 돌아왔다. 1시간 뒤 3차 출항을 계획했지만 이번엔 해경이 막았다. 승객 106명을 내려주고 운임을 환불하라고 지시했다. 화물차 기사들이 거세게 항의했다. 다른 선박들은 어려움 없이 출항했기 때문이다. 기사들이 손해배상을 요구하자 청해진해운은 해경과 다시 협의했다. 밤 10시 30분경 가까스로 출항 허가를 받아 11시경 인천으로 떠났다.[298]

청해진해운 제주지역본부장 이성희는 '세월호 1월 20일 제주 지연 출항 경위서'에서 "[선박] 구조 변경으로 인한 선박 무게중심 이동" 때문에 "안전사고 위험"이 있다고 지적했다. 선박의 무게중심 이동이 "선박 불균형"은 물론 "평형수 적재 톤수 증가와 선박 속도 감소 원인"이라는 진단도 덧붙였다. 물류과장 박기훈은 "[화물차 기사들이] 강력하게 화물 손해배상을 요구해 위험을 감수한 출항"을 했다고 적었다. 교대 선장 이준석도 "안전상 선박 구조 개선이 시급"하다고 요청했다. 이성희는 해경과 제주 운항관리실 의견도 첨부했다. "선박의 구조상[증개축으로 표면적이 넓어져] 입출항 시 바람에 의한 안전사고 위험, 여객 민원 발생 및 화주 화물 보상 초래 가능."[299]

제주 지연 출항 경위서를 받은 뒤 관리자들이 해결책을 논의했다. "선장은 선장의 역할을 제대로 하고, 항해사는 항해사의 역할을 제대로 하고, 물류팀은 물류팀의 역할을 하자"는 결론이 나왔다.

검사: 선장과 항해사, 물류팀이 어떻게 해야 각자의 역할을 제대로 하는 것인가요.
김영붕(청해진해운 상무이사): 증축으로 인하여 세월호의 무게중심이 올라갔으므

로 선장을 비롯한 선원들은 평형수를 더 채워서 무게중심을 아래로 낮추고, 물류팀은 화물을 조금만 적재하기로 논의를 하였습니다. 그리고 세월호의 매각을 신속하게 추진하기로 했습니다.[300]

헛구호였다. 영업 적자를 메우기 위해 오히려 과적 운항이 일상화됐다. 세월호는 한 차례 운항할 때마다 비용이 6000만 원 넘게 들었다. 복원성이 나쁘고 속도도 느려 오하마나호보다 연료 소모가 많았다. 운항관리규정대로 화물을 적재하면 적자를 볼 수밖에 없었다.[301]

> 검사: 그렇다면 위 보고서가 2014년 1월 20일에 사고 발생 3개월 전에 작성되었는데, 피고인이 위 보고서를 보고도 아무런 조치를 취하지 않아서 세월호가 올해[2014년] 1월 20일 기준으로 이전이나 이후 사고 발생 시까지 계속 과적을 하면서 운항을 한 것이지요.
> 김한식: 결과적으로 그렇게 된 것으로 생각이 됩니다.
> 검사: 피고인은 주간회의 시에 물류팀으로부터 세월호의 주간 화물 적재 실적을 보고받았지요.
> 김한식: 예.
> 검사: 세월호 운항으로 인한 적자가 계속되었고, 이를 해결하기 위해서는 매출의 대부분을 차지하는 화물 적재를 늘리는 것 외에는 달리 방법이 없었지요.
> 김한식: 그렇게 봐야 되겠지요.
> 검사: 그런 피고인은 물류팀으로부터 주간 화물 적재 실적을 보고받을 때마다 화물 매출을 더 올리라고 독려를 하였지요.
> 김한식: 항상 저는 열심히 해달라고만 이야기를 하였습니다.[302]

이성희의 수첩을 보면, 세월호가 제주 출항 때 종종 어려움을 겪었음을 알 수 있다. 2013년 12월 9일 메모에는 "세월호 겨우 출항. 풍속 15미터 정도. 예인선 사용해도 힘드네"라고 적혀 있다. 같은 해 12월 11일 자 메모는 "강풍 초속 12~15미터. 세월호 1번 시도 후 접안. 해경 통제. 세월호 금요일 출항 결정"이라고 돼 있다.[303]

선원들이 몸으로 느끼는 위험 정도는 더 심했다. 조타수 오용석은 세월호가 좌우 균형이 맞지 않아 힐링 펌프를 "아주 많이" 작동해야 했다고 진술했다. 세월호는 "날씨가 나쁘고 화물을 많이 적재하였을 경우에는 20~30분에 한 번씩" 힐링 펌프를 작동했다.[304]

2등항해사 김영호는 세월호에서 일하기 시작하고 두 번째 당직 만에 배가 기울면 잘 돌아오지 않는 경험을 했다.

> 검사: 세월호의 복원성이 좋지 않다는 것을 어떻게 알게 되었나요.
> 김영호: 종전에 사고를 당한 이후에 느꼈습니다.
> 검사: 사고를 당한 이후라면 어떤 사고를 말하는 것인가요.
> 김영호: 1월에 있었던, 아까 회피 동작을 설명한 그때의 사고를 말하는 것입니다.
> 검사: 세월호의 복원성이 어떻게 좋지 않은 것으로 알고 있나요.
> 김영호: 제가 승무 경력이 많지는 않지만, 이전에 다른 배는 사고가 아니더라도 풍랑이나 파고가 많이 쳐서 3~4미터가 되었을 때에도 빨리 복원이 되어서 원상태가 되었는데, 세월호는 그때 사고를 겪을 때 돌아오지 않는 것을 보고 그렇게 느꼈습니다.[305]

선장 신보식도 세월호가 변침 과정에서 쉽게 기울어진다는 느낌을 "많이 받았"다고 진술했다. 일본에서 인수해 온 2012년 2월에는 없던 문제다.

> 검사: 세월호를 일본에서 인수하여 국내로 들여올 때에는 세월후가 쉽게 기운다는 느낌을 받지 못하였는데 인천-제주를 운항할 때에는 쉽게 기운다는 느낌을 받은 이유는 무엇인가요.
> 신보식: 일단 세월호를 증축했고, 선수 램프를 제거하여 앞뒤 무게가 맞지 않았기 때문입니다. 그리고 화물을 조금만 적재해야 하는데 너무 많은 화물을 적재한 탓입니다.[306]

2014년 3월 10일에는 제주항에서 화물을 실은 지게차들이 한쪽으로 들어가 화물을 적재하다가 배가 기울어진 일이 있었다. 지게차가 있는 쪽으로 배가 기울어졌고, 이 때문에 승객용 계단이 육상에 닿아 찌그러졌다.

검사: 지게차들이 한쪽으로만 지나다녔다는 것이 구체적으로 무슨 뜻인가요.
신보식: 배에서 이동하는 길이 양쪽으로 있는데 오른쪽은 배 안으로 들어가는 지게차들이 이용하고 왼쪽을 배 안에서 나오는 지게차들이 이용을 하는데, 배 안으로 들어가는 지게차들이 오른쪽으로 다니자 배가 기울어진 것입니다.
검사: 배 안으로 들어가는 지게차들이 오른쪽으로 다녀야지 오른쪽과 왼쪽 모두를 사용하면 배 안에서 나오는 지게차는 어떻게 하는가요.
신보식: 제 말이 그 말입니다. 배가 오죽 복원력이 좋지 않으면 아무리 썰물이라고 하더라도 세월호의 총톤수가 6,825톤인데 화물을 실은 지게차 몇 대가 다녔다고 하여 한쪽으로 기울어지겠습니까. 다 복원력이 좋지 않아 그런 것입니다.[307]

누가 위험 신호를 읽어내야 했나

잇따른 사고가 안전에 대한 경고 신호로 받아들여지지 않은 이유는 무엇일까. 신보식은 과적하면 안 된다고 "문제를 제기"해도 소용이 없었다고 진술했다. "해무팀과 물류팀에서 무시"했다는 것이다. 상무이사 김영붕으로부터는 "나대지 말라"는 핀잔만 들었다.[308] 해무이사 안기현도 "더 이상 문제를 제기하면 그만두게 할 것처럼 말"했다.[309] 안기현은 신보식의 주장을 부인했다.[310]

물류팀 차장 김정수 역시 신보식으로부터 "롤링이 심하다"는 이야기를 듣고 물류팀장 남호만에게 "무거운 차를 많이 실으면 안 될 것 같다"고 말을 꺼냈다. 남호만은 "그냥 기존에 하던 대로 화물을 적재하라"라고 답했다. 어차피 "화물 적재에 관해서는 물류팀이 왕"이었다. "청해진해운의 방침"은 세월호의 적자를 줄이기 위해 최대한 화물을 많이 싣는 것이었기 때문이다.[311]

청해진해운에게는 안전보다는 계속 쌓여가는 영업 적자가 골칫거리였다. 청해진해운은 세월호가 "흑자로 전환될 가능성이 없"다고 판단해 조심스레 선박 매각을 논의했다.³¹² 2013년 11월 18일 작성한 '제주항로 선박운영 구조조정안'을 보면 ① 오하마나호 단독 운항 ② 세월호 단독 운항 ③ 오하마나호와 화객선(여객과 화물을 동시에 운송하는 배) 운항 ④ 세월호와 화객선 운항 등 4가지 방안을 모색했다. 대다수 간부들은 ① 오하마나호 단독이나 ② 오하마나호와 화객선을 복선 운항하는 방안을 선택했다. 세월호 단독 운항은 거의 없었다. 45억 원의 영업 손실을 입더라도, 위험한 세월호는 매각하는 쪽으로 의견을 모았다.³¹³

김한식을 비롯한 차장급 이상 임직원들은 사직서까지 작성했다. "세월호 도입에 책임"을 지겠다는 의미였다. 김한식이 대표로 회장 유병언을 만났다. 하지만 그는 유병언에게 '제주항로 선박운영 구조조정안' 내용을 제대로 보고하지도, 사직서를 꺼내놓지도 않았다.³¹⁴ 김한식은 "오하마나호나 세월호 중 하나를 팔고 화객선을 하나 샀으면 좋겠다"고 보고했고, 유병언은 "먼저 선령이 25년을 초과하는 오하마나호를 매각하라"고 지시했다.³¹⁵

> 김한식: 저는 화객선을 새로 사는 것을 괜찮은 것으로 생각을 해서 금년[2014년] 1월 초순경에 유병언 회장에게 가서 "화객선을 하나 샀으면 좋겠다"고 말씀을 드렸습니다. 왜냐하면 여객은 별로 많지 않고 화물이 좀 있는 편이니까 화객선이 낫고, 지금 여객선인데 화객선으로 바꾸는 게 어떻겠냐는 생각이 들어서 말씀을 드렸더니 "오하마나호가 몇 년 됐냐"라고 물으시기에 "25년 됐습니다"라고 했습니다. "그러면 세월호는 몇 년 됐나" 해서 "20년 됐습니다. 5년 차이입니다"라고 했더니 "그러면 먼저 것부터 팔아야지"라고 말씀하셔서 그대로 와서 오하마나호를 파는 것으로 이야기했습니다.
>
> 검사: 피고인도 세월호를 매각하고 오하마나호와 화객선을 운영하는 안에 찬성하는 입장이었는데, 유병언 회장이 오하마나호를 매각하라고 지시했다는 것인가요.

김한식: 예, 다른 것은 물어보지 않으시고 내용연수(耐用年數)부터 물어보셨습니다. 그래서 "오하마나호는 25년 됐고 세월호는 20년으로 5년 차이가 난다"고 했더니 "먼저 것부터 파는 게 어떻겠냐"고 하시면서 팔라고 했습니다. 그때 이 구조조정안을 보여드리지는 않았습니다.

검사: 피고인이 지금 말한 유병언의 지시를 받고 청해진해운으로 돌아와서 오하마나호를 매각하라고 지시했을 때 청해진해운의 간부 사원들이 수긍을 하던가요.

김한식: 수긍을 하고 안 하고 간에 그때 기억으로는 김영붕 상무하고 임직원들 세 명인가 있을 때 얘기를 했습니다. "회장님 만나뵀더니 오하마나호부터 팔라고 하셔서 오하마나호부터 파는 것으로 결정됐다"고 이야기를 했습니다.

검사: 그러니까 그렇게 하겠다고 김영붕 상무 등이 하던가요.

김한식: 모르겠습니다. 제 앞에서는 별말이 없었습니다.[316]

해무이사 안기현은 2014년 설을 앞두고 일주일 간격으로 "오하마나호와 세월호를 같이 매물 시장에 내놓았"다. 김영붕이 "내가 책임을 질 테니 세월호도 같이 내놔라"라고 지시했기 때문이다. 그는 윗선의 결정을 어길 만큼 강하게 "세월호를 매각해야 한다는 생각을 가지고 있었"다.[317] 안기현 등은 2014년 4월 5일부터 3박 4일 동안 일본에 건너가 "새로 구입할 선박을 물색"하기도 했지만,[318] 정작 세월호의 화물 적재 목표를 낮추진 않았다. "별다른 문제가 발생하지 않을 것이라고 안이하게 생각"했기 때문이다.[319] 그 안이함이 "언젠가는 발생할 사고"를 재촉했다.[320]

기업에는 안전보다 이윤을 우선할 동기가 항상 존재한다. 안전을 약간만 희생시켜 이윤 중심의 운영을 하면 손익계산서에 즉시 반영이 되는 반면, 사고는 드물게 일어난다. 그렇기 때문에 최대한 공사 기간을 단축시키며 건물을 올리고, 신호를 좀 어기더라도 버스 운행 시간을 빡빡하게 짜고, 트럭이든 배든 화물을 더 싣고, 날씨가 좋지 않아도 타워크레인 작업을 하고 배도 띄우는 것이다. 그래서 정부는 기업의 이윤 추구 행위가 안전을 희생시키지 않도록 여러 안전장치를 둔다. 세월호 사고의 전조를 알아차릴 수 있었던 곳은 청해진해운만이 아니었다. 여객선의 안전

운항을 감독하는 운항관리자, 운항관리자를 감독하는 해경, 모든 선박사고를 조사하고 심판하는 해양심판원 등이 모두 전조를 잡아낼 수 있는 곳들이었다.

운항관리자는 모든 배가 출항할 때마다 과적 여부를 포함해 여객선의 안전 운항 전반을 감독해야 한다. 2014년 당시 「해운법」에 의하면 연안 여객선 해운사는 한국해운조합이 선임한 운항관리자로부터 안전 운항에 관한 지도·감독을 받아야 했다. 운항관리자는 화물의 적재 한도 초과 여부 확인부터 선원 교육에 이르기까지 '여객선 안전운항관리' 전반을 책임진다. 안전 운항을 저해하는 위험 요소를 발견하면 시정 조치를 요구하거나 해경에 출항 정지를 요청할 수 있다. 기상 악화 시 운항 여부도 결정한다.

4월 15일 세월호는 복원성이 좋지 않아 안전 운항이 어려웠지만 운항관리자 전정윤은 제대로 확인하지 않았다. '출항 전 여객선 안전점검보고서'(점검보고서) 작성은 그저 문서 작업일 뿐이었다. 전정윤은 점검보고서에 승객 수와 화물량을 적지 않은 채 세월호 출항을 허가했다. 출항 후 세월호 3등항해사 박한결이 운항관리실과 교신해 승객 수와 화물량을 불러주면 그제야 전정윤이 빈칸을 채워 넣었다. 박한결이 불러준 숫자는 모두 엉터리였지만, 전정윤은 그날 세월호에 한 번도 승선하지 않았기 때문에 그것이 엉터리인지도 몰랐다.

엉터리 운항점검은 4월 15일에만 벌어진 것도, 인천항에서만 벌어진 것도 아니었다. 세월호 사고를 계기로 운항관리자의 지도·감독이 전국 어느 곳에서도 제대로 이뤄지지 않고 있음이 드러났다. 검찰은 세월호의 마지막 출항 당시 과적과 부실 고박을 적발하지 않은 운항관리자 전정윤을 업무상 과실치사 혐의로 기소했다. 현원과 화물량을 빈칸으로 남겨둔 점검보고서를 제출받아 서명한 것에는 업무방해죄를 적용했다. '한국해운조합의 안전운항관리 업무'를 위계로 방해했다는 것이었다. 검찰은 점검보고서 허위 작성이 전정윤 개인의 일탈이 아니라 만연한 관행이라 보고, 전국의 운항관리자를 대상으로 수사를 벌였다. 수백 건에 달하는 상습 정원 초과와 점검보고서 허위 작성 사실이 밝혀지고, 2014년 4월 기준 73명의 운항관리자 중 19명이 구속되었다.[321] 세월호 출항 전 점검을 맡은 전정윤은 2016년 5월에 징역 3년이 확정됐지만, 운항관리자 중 일부는 1, 2심에서 무죄를 받은 후 무려 5년이나 지난 2021년 3월에야 대법원이 '유죄' 취지로 파기환송해,[322] 지방고법에서 벌금형을 선고받았다.[323]

운항관리자를 지도·감독해야 하는 해경도 별다른 조치를 하지 않았다. 청해진해운은 잦은 사고를 내고도 제재를 받지 않았다. 당시 해경이 고시한 여객선 안전관리지침 5조에 따르면 운항관리자는 ① 선장이 여객선 운항과 관련해 보고 사항*을 누락했을 때 ② 해양사고가 발생했음을 알았을 때 ③ 해양 기상 악화, 출항 전 또는 운항 중 불가피한 사유로 선박 운항이 불가능하거나 운항을 통제했을 때 관할 해양경찰서장에게 즉시 보고하고 대책을 강구해야 했다. 또 해양경찰서장은 지침 12조에 따라, 운항관리자가 직무 수행을 제대로 하고 있는지 지도·감독을 해야 했다.

2014년 7월 열린 국회 국정조사 특위에서 해경은 2013년 11월 29일 세월호 사고에 관한 청해진해운의 보고가 없었다고 해명했다. 또한 2014년 1월 20일 제주 지연 출항 당시에는 밤 10시경 기상이 호전돼 한국해운조합 제주지부 운항관리실과 제주해경에서 "운항 통제 기준상 적합하고 자체 이안 가능하다고 판단(해경, 운항관리실, 선사)**하여 출항을 허가"했다고 주장했다.[324]

---

* 당시 '여객선 안전관리지침' 별표 1에 의하면 ① 출항 또는 운항할 수 없는 경우 ② 비정상적인 운항이 발생된 경우 등을 의미한다.

** 해경은 당시 상황은 북서풍 초속 10~14미터 수준으로 세월호 운항관리규정의 운항 통제 기준(초속 21m)상 출항 허가가 적합했다고 밝혔다.

해양사고 조사기관인 해양심판원은 할 수 있는 일이 없었을까? 청해진해운은 해양심판원의 '단골손님'이었다. 감사원 보고서를 보면, 소속 여객선 4척이 2014년 이전 10년간 일으킨 해양 사고가 모두 11건이다. 특히 마지막 3년간(2011~2013년) 5건의 크고 작은 사고를 냈다.* 세월호의 쌍

청해진해운 과거 사고 내역

선명	사고 일시	개요
두둥실호	1995. 2. 23.	기관 고장
세모고속훼리3호	1997. 4. 29.	충돌
세모고속훼리5호	1998. 1. 15.	충돌
페레스트로이카호	2000. 2. 4.	기관 손상
데모크라시2호	2001. 1. 17.	화재로 침몰
데모크라시3호	2001. 3. 6.	화재
청해진고속훼리1호	2002. 4. 16.	제주항 방파제 접촉
순풍호	2002. 11. 23.	어선 충돌
청해진고속훼리1호	2003. 8. 27.	유조선 충돌
데모크라시1호	2005. 2. 25.	충돌
세월따라호	2006(연중).	잦은 고장
오하마나호	2006. 2. 7.	충돌
오하마나호	2006. 6. 1.	제주항 부두 접촉
오하마나호	2007. 2. 17.	충돌
데모크라시5호	2009. 10. 28.	추진기 고장
오하마나호	2011. 4. 6.	기관실 고장 회항
데모크라시5호	2011. 6. 21.	충돌
오가고호	2012. 7. 20.	충돌
데모크라시5호	2012. 10. 7.	주기관 정지
오하마나호	2013. 2. 3.	주기관 사용 불가. 임시 수리 뒤 입항
데모크라시5호	2013. 3. 28.	충돌

* [표] 청해진해운 과거 사고 내역에는 해경에 신고되지 않은 해양사고까지 포함했다.

둥이 배로 불리는 오하마나호(6,322톤, 1989년 건조)도 2011년 4월과 2013년 2월 기관 고장 등으로 회항했다.[325] 세월호 사고 20일 전인 2014년 3월 28일에는 데모크라시5호(396톤, 1994년 건조)가 어선과 충돌했다. 선원 6명과 승객 142명을 태우고 오전 10시 35분경 인천항을 떠나 백령도로 향하던 여객선은 안개 속에서 최대 속력(34노트)을 올리고 있었다. 애초 출항 시각(오전 8시)보다 2시간 30분이나 출발이 늦었기 때문이다. 20미터 앞도 보이지 않을 정도로 안개가 짙게 끼었지만 음향 신호 등 안전 운항 조치를 하지 않았다. 선장은 레이더도 제대로 살펴보지 않았다. 오전 11시 33분경 갑자기 우현 선수 쪽에서 어선이 나타났다. 급히 주기관을 정지했지만 속도가 줄지 않아 충돌했다. 어선이 약 7노트로 운항 중이라 인명 피해는 없었다. 우현 선수 쪽에 길이 약 5미터의 파공이 발생했다.[326]

감사원은 "특정 선사 소속 선박에서 이처럼 사고가 반복하여 발생하거나 단기간에 사고가 집중된다면 선사나 선주의 선박 운영 방식에 문제가 있거나 선박의 근본적 결함 등 해양 안전을 위협하는 요인이 잠재돼 있다"라고 지적했다. 또한 해양심판원이 "해양 사고의 원인과 빈도 등을 파악하고 분석할 수 있는 유일한 기관"이지만, "선사별 사고 빈도, 사고 유형 등에 대한 분석과 이에 대한 개선 요구 등을 하지 않"았다고 덧붙였다.[327] 청해진해운처럼 자주 사고를 일으킨 선사는 별도 관리와 조치가 필요했다는 의미다.

증선 인가부터 증개축, 운항관리규정 승인에 이르기까지 모든 단계에서 위험은 조금씩 커져갔다. 세월호 취항 후 1년여간 수많은 경고음이 울렸다. 위험 신호를 잡아냈어야 할 모든 사람과 기관의 태만과 부주의 속에, 2014년 4월 16일이 다가오고 있었다.

부록
먹이사슬

국가기관의 관리·감독은 제대로 이뤄지지 않았다. 부실하게 하기도 하고 청해진해운의 불법행위에 가담하기도 했다. 2014년 10월 감사원은 "세월호 도입 인가 부당, 선박 검사 및 운항 관리 부실 등이 사고 발생의 배경"이라고 지적했고,[328] 검찰도 수사 과정에서 구조적 비리를 확인했다.[329] 국가기관에 대한 로비는 당연시됐고, 오히려 로비를 적게 하는 게 청해진해운 직원들의 불만이었다.

> 변호인(이성일): 인천에서는 "김한식 사장은 해경이나 관공서에 돈을 주지 말라고 한다"는 소문이 있다고 하는데 어떤가요.
> 김혜경(경리팀장): 예. 저희가 사업을 하면서 로비를 많이 하지 않아서 지원들이 힘들다는 불만이 있고, 다른 업계에서도 "청해진해운은 너무 로비를 안 한다"는 이야기를 들은 적이 있습니다. 또한 저는 그런 자금이 나가지 않는 것으로 알고 있었습니다.[330]

다른 회사에 비해 로비를 많이 하지 않는다는 평이 있었다는 청해진해운은 명절마다 공무원들에게 상품권을 지급했다. "그런 자금이 나가지 않는 것으로 알고 있었"다는 김혜경은 실제로는 청해진해운에서 근무하며 설과 추석마다 10만 원짜리 백화점 상품권을 800만~900만 원씩 준비했다. 필요량을 보고한 만큼 팀장들에게 나눠줬고 청해진해운을 관리·감독해야 할 사람들 손으로 넘어갔다.[331]

> 검사: 청해진해운에서 공무원들을 상대로 금품이나 향응을 제공한 사실이 있는가요.
> 김영붕: 돈을 준 것은 제가 알지 못하며, 다만 설과 추석 명절 때 상품권을 구입하여 공무원이나 운항관리실에 준 것으로 알고 있습니다.
> 검사: 어떠한 방식으로 상품권을 구입하여 이를 교부하는가요.
> 김영붕: 설과 추석이 가까워지면 각 부서에서 팀장들이 각각 필요한 상품권에 대하여 결재 품의를 올리면 기획관리팀에서 이를 취합하여 저의 결재를 받고 김한식 대표이사가 최종 결재를 합니다. 물론 구체적으로 누구한테 상품권을 주는 것인지는 제가 알고 싶지도 않고 알려고도 하지 않았지만 감독을 하는 관청 공무원들이나 운항관리실, 그리고 거래 업체에 준다는 것은 누구나 알 수 있는 것입니다. (중략)
> 검사: 감독을 하는 관청 공무원들에게 상품권을 제공하는 것은 문제가 있는 것 아닌가요.
> 김영붕: 법의 잣대로 보면 그렇겠지만 명절 때가 되면 통상적으로 합니다. 기업의 입장에서는 안 할 수가 없으니까요.
> 검사: 명절을 빙자하여 감독을 하는 관청 공무원들에게 상품권을 제공하고, 평소 식사와 술을 하면서 친분을 다지는 방식으로 속칭 공무원들을 관리하여야 문제가 생길 경우 이를 해결하기 위한 뇌물을 제공할 수 있기 때문에 그런 것 아닌가요.
> 김영붕: 미래를 위한 투자라기보다는 한국적인 정서로 주는 것입니다.
> 검사: 피의자는 아무런 안면이 없는 공무원에게 어느 날 갑자기 뇌물을 제공하는 것이 가능하다고 생각하는가요.
> 김영붕: 그건 쉽지 않을 것입니다.[332]

청해진해운은 설을 앞두고 "공무원들 금품수수에 대한 단속이 심하"

므로 전달 시기를 앞당기거나 늦췄다.[333] "감사 인사차" 상품권을 전달한 대상은 해경을 비롯해 한국선급, 인천지방해양항만청, 한국해운조합 운항관리실, 해양심판원 등 관리·감독 기관 전반에 이른다.[334] 식사나 술도 "접대"했다.

> 검사: 7월 중 법인카드 내역을 보면, 2011년 7월 4일에도 ○○○횟집에서 216만 원이 결제가 되었는데, 이것은 무엇인가요.
> 박기청: 잘 모르겠습니다.
> 검사: 위 7월 4일 건도 관공서 등 공무원들에게 접대를 한 것으로 보이는데 어떤가요.
> 박기청: 접대를 한 것은 맞는데, 누구한테 한 것인지는 모르겠습니다.
> 검사: 보통 청해진해운에서는 접대를 하는 대상이 해양경찰 공무원, 항만청 공무원, 해운조합 직원, 한국선급 직원들 아닌가요.
> 박기청: 평소 해운조합은 접대할 것이 없고, 인천해양경찰과 항만청과 한국선급 직원들이 주로 대상이었습니다.[335]

> 안기현: 사실은 그날 저녁에 KR[한국선급] 통영지부장 이○○, 기관검사관 박○○, 조선소 공장장인 이○○, 홍영기 대리 총 5명이 저녁 식사를 하면서 술을 마시고 노래방에 가서 놀았습니다. (중략)
> 안기현: (2014년) 4월 2일 오후 6시 30분에서 7시 사이부터 통영 항남동에 있는 ○○이라는 일식집에서 술과 음식을 먹었고, 1차에서 한두 시간 마시고, 2차로 항남동에서 쭉 걸어가다 보면 ○○○○라는 노래방에서 노래 부르면서 술도 마시고 도우미 한 2명이 들어와서 같이 놀았습니다. 홍영기 대리는 1차만 마치고 피곤하다고 들어갔고 2차는 저, 이○○ 지부장, 박○○ 검사관, 공장장 이○○ 이렇게 4명이 갔습니다. (중략)
> 안기현: (비용은) 1차는 공장장 이○○이 냈고, 2차는 제가 냈는데 46만 원 결제를 했습니다.[336]

인사와 접대는 각종 인허가나 점검에서 힘을 발휘했다.

검사: 피의자는 세월호의 운항관리규정 심사와 관련하여 한국선급 2명, 인천해경 3명에게 식사 접대한 사실이 있는가요.

송기채: 네. 선사 직원들끼리 식사하고 인천해경 해상안전과장 장지명 등과 2차(유흥주점)에 가서 20만 원 정도를 결제한 적이 있는데, 정확한 시점은 기억나지 않습니다.

검사: 당시 누가 있었나요.

송기채: 3~4명 있었는데, 장지명 과장 이외에는 잘 기억나지 않습니다.[337]

검사: 인천으로 바로 갈 수 있음에도 임시검사를 앞둔 통영에 가서 검사 기관의 지부장과 검사관을 접대한 것은 앞으로 있을 임시검사를 원활하게 진행을 하고 편의를 제공받았으면 하는 취지도 포함되어 있는 것 아닌가요.

안기현: 네, 맞습니다. 겸사겸사해서 만난 것입니다. 만남 자체가 잘못된 것이면 잘못이지요.[338]

송기채: 선박의 중간검사나 정기검사를 매년 받는데 검사를 받을 때마다 200만~300만 원 정도를 사용했습니다. 선박 수리하는 데 편의를 봐달라고 한국선급 검사원에게 현금을 줄 때도 있고 식사나 술을 사는 경우도 있습니다.

검사: 현금을 줄 때는 얼마 정도를 주는가요.

송기채: 정기검사 기간이 보통 15일 정도이기 때문에 식사비나 술값으로 쓰는 돈이 100만~150만 원 정도 들고, 현금으로 많게는 200만 원, 적게는 50만 원 정도 줍니다. (중략)

검사: 진술인은 검사원에게 50만 원에서 200만 원을 줬다고 진술했는데, 주는 금액이 차이가 나는 이유는 무엇인가요.

송기채: 검사원들이 지적하는 내용에 따라 돈을 주는데, 수리하는 데 비용이 많이 드는 경우는 많이 주고 비용이 적게 드는 경우는 적게 줍니다.

검사: 검사원들에게 돈을 주면 효과가 있는가요.

송기채: 예, 지적을 하려다가 지적을 아예 하지 않거나 지적 사항을 줄여줍니다.[339]

청해진해운이 2001년부터 2013년까지 접대비 명목으로 사용한 돈만 9

억 4000만 원에 이른다.³⁴⁰ 물론 이 금액은 일부에 불과하다. 청해진해운은 선박 수리 업체나 부품 업체와 허위 거래 내역을 만들어 비자금도 조성했다.

> 검사: 한국해양안전설비의 업무일지와 기업은행 법인계좌에 의하면 2012년 11월 26일, 11월 28일 청해진해운에서 한국해양안전설비에 4600만 원을 입금하고, 11월 28일 그 돈 중 2000만 원을 해양안전설비로부터 청해진해운에서 되돌려받은 것으로 확인되는데 그와 같은 거래가 있었던가요.
> 안기현: 네, 그렇게 거래가 된 사실에 대하여는 압니다.
> 검사: 그와 같이 금융 거래가 이루어진 경위가 어떻게 되는가요.
> 안기현: (중략) 대출금은 대출을 신청한 청해진해운에 지급되는 것이 아니라 청해진해운의 거래처에 곧바로 지급되도록 되어 있습니다. 그렇기 때문에 청해진해운에서는 실제로 거래처에 지급할 금액보다 더 많은 금액을 거래처에 지급되도록 대출 신청을 하고 그 거래처에서 차액을 되돌려받습니다. (중략)
> 검사: 그렇게 장부에 계상되지 않는 돈을 만드는 이유가 무엇인가요.
> 안기현: 글쎄요. 회계 처리 하지 못하는 사용처가 있으니까 그러는 거 아니겠습니까.
> 검사: 그와 같은 돈으로 상품권을 구입하고, 대관 로비를 할 돈으로 사용하지 않는가요.
> 안기현: 아무래도 그렇지 않겠습니까.³⁴¹

여객선 매점에서 현금 매출액 일부를 떼거나 화물운송비를 누락하는 방법으로도 매달 1000만 원 넘게 빼돌렸다.³⁴² 비자금 사용처는 흔적을 남기지 않았다. 접대 대상이 "곤란을 겪을 수 있기 때문"이었다.

> 검사: 관계기관에 접대한 내역도 지출결의서에 기재되어 있는가요.
> 김혜경: 접대를 하는 상대방까지는 지출결의서에 기재하지 않습니다. 상대방을 기재할 경우 상대방이 곤란을 겪을 수 있기 때문입니다. 다만 담당자들이 지출결의서 결재를 올릴 때 포스트잇에 접대 상대방을 기재하여 결재를 올린 후 결재가 나면 포스트잇은 제거합니다.

검사: 그럼 지출결의서의 지출 내역에 의해 접대 상대방을 확인하기는 힘들다는 말인가요.
김혜경: 예, 그렇습니다.[343]

김혜경은 세월호 침몰 직후, 4월 19일과 20일 사이에 "비자금 관련 서류"를 문서 파쇄기로 폐기했다.[344] 대관 로비의 '유일한 증거'는 청해진해운 임직원들 진술뿐인데, 그조차 흔들렸다. 대상과 시기가 오락가락했고, 구체적인 내용은 "기억나지 않는다"며 오리발을 내밀었다. 재판에서는 "거짓 진술"이라고 말을 뒤집었다.

검사: 물론 시간이 많이 지나 기억이 잘 안 날 수도 있지만, 회사 대표 입장에서 인가를 받기 위해 담당 공무원에게 로비를 하였는데 그 사실이 잘 기억이 나지 않는다는 것은 쉽게 이해가 되지 않는데 어떤가요.
김한식: 맞는 말씀이지만 금액이 컸던 것은 기억이 나는데 구체적으로 얼마였는지는 잘 기억이 나지 않습니다.[345]
검사: 청해진해운에서 100만 원, 200만 원, 이렇게 그때 소액을 뿌리다가 이 건이 굉장히 큰 건이기 때문에 수천만 원 사례를 하게 된 것이고, 그래서 증인도 그러한 돈에 대해서 이렇게 비자금 계좌하고 회사 자금하고 돈의 액수가 크기 때문에 그렇게 더 해줬다고 얘기한 거 아닙니까.
박기청: 하여튼 돈 준 적이 없습니다.
검사: 증인은 돈 준 적이 없다고 그러는데, 그럼 송기채가 박성규가 뇌물을 요구한 정황이나 임원회의에서 논의하고 이를 주기로 결정한 과정, 이런 거 다 어떻게 진술했어요.
박기청: 그러니까, 사실 좀 잘못, 거짓 진술했다고 보면 됩니다.[346]

먹이사슬에 얽힌 공직자 중 유죄판결을 받은 이는 세월호 시험운항 당시 제주도 관광에서 접대를 받은 인천해경 장지명과 이성일밖에 없다. 인허가나 점검 관련해서 청해진해운에게 돈을 받은 것으로 지목된 나머지 공직자들은 대부분 기소조차 피했다. 기소된 경우에는 증거 불충분으로 무죄판결을 받았고 증거가 있는 경우에도 "사회 상규에 반하는 정도" 가 아니라는 이유로 무죄를 받았다. 범죄로 인정된 것은 쥐꼬리만큼이나 작았다. 막대한 액수의 부정한 돈이 조성되고 어디론가 흘러갔는데, 받은 사람은 없는 셈이었다.

청해진해운이 늘 '을'은 아니었다. 반대편에서는 '갑'이었다. 해무팀장 송기채와 해무이사 안기현은 선박 수리 업체나 부품 업체 등으로부터 금품을 받았다.[347] 거래 업체들은 "납품을 해서 돈을 받아야 하는 을의 입장"이라 청해진해운에 "매달릴 수밖에 없었"다. 특히 "납품 업체를 선정"하는 해무팀 "눈치"를 많이 봤다.[348] 심지어 "서로 말을 하지 않"아도 "암묵적으로" 돈을 건네기도 했다.[349] 송기채와 안기현은 주로 '대금 부풀리기'를 요구했다.

> 검사: 진술인이 송기채에게 준 돈은 어디에서 마련한 것인가요.
> 길○○(하청업체 대표이사): (중략) 송기채가 '견적서에 적당히 돈을 얹으라'고 방법을 알려주었고, 제가 청해진해운에 납품하는 부품의 단가 대금을 적당히 올려서 청구를 했습니다.[350]

> 검사: 공사 대금은 어떻게 부풀리는 건가요.
> 김○○(하청업체 대표이사): 예를 들어서 공사 대금을 300만 원 정도로 생각하고 안기현에게 전화를 하면 안기현이 '너무 많다, 좀 까라' 등으로 네고[협상]를 합니다. 그러면서 '250만 원으로 하고, 청구서는 350만 원으로 하라' 등으로 이야기를 합니다. 그러면 저희들은 350만 원을 청구하면서, 250만 원은 공사 대금이고, 100만 원은 안기현에게 송금해주는 방법입니다.[351]

대관 로비와 달리, 두 사람은 거래 업체들로부터 돈을 받은 흔적을 남겼다. 송기채는 본인 명의 계좌를, 안기현은 배우자 명의 계좌를 이용했다. 송기채가 2010년부터 2014년까지 거래 업체로부터 받은 돈은 4592만 원에 이른다. 안기현도 4년 동안 5570만 원을 챙겼다. 검찰은 두 사람을 배임수재죄로 기소했다. 송기채는 재판 과정에서 부정한 청탁의 대가가 아니라고 주장했다. 일부는 빌린 뒤 갚았고, 큰 액수는 리베이트였다는 것이다.[352] 안기현 역시 친분 관계에 의해 관행적으로 받았을 뿐이라고 항변했다.[353] 두 사람의 주장은 받아들여지지 않았다. 안기현은 상고를 포기했고, 송기채는 대법원까지 갔으나 결국 유죄가 확정됐다.[354]

실소유자 유병언과 그 일가

"청해진해운은 유병언 일가가 소유하고 있는 회사이다."[355] 법원은 일관되게 청해진해운의 실소유자로 '유병언 일가'를 지목했다. "세월호의 증개축으로 인한 복원성 악화, 복원성이 부족한 세월호의 계속 사용에 관한 책임"도 "유병언 일가 또는 그 측근들에게 있"다고 봤다.[356] 법원의 판단은 ① 청해진해운 소유구조 ② 증개축을 비롯한 주요 의사결정에 유병언의 개입 ③ 대표이사 김한식이 횡령과 배임으로 조성한 비자금을 유병언 일가에게 전달한 사실 등을 근거로 했다.

유병언 일가는 지주회사 격인 (주)아이원아이홀딩스를 통해 청해진해운 등 계열사를 지배했다. 아이원아이홀딩스는 유병언의 두 아들인 유대균(19.44퍼센트)과 유혁기(19.44퍼센트), 유병언의 개인 비서 김혜경(6.29퍼센트)이 대주주인 회사다. 아이원아이홀딩스가 (주)천해지 주식의 42.81퍼센트를 가지고, 천해지가 다시 청해진해운의 대주주(39.4퍼센트)가 되는 구조다. 대표이사 김한식도 청해진해운 주식 11.6퍼센트를 가지고 있었지만, 일부를 제외하곤 유병언의 차명에 불과했다.[357] 유병언은 사원번호 '1번'이자 '회장'으로,[358] 세월호 도입에서 증개축에 이르기까지 주요 의사결정에 개입했다.

검사: 피고인은 유병언에게 세월호 도입을 재가받는 등 주요 청해진해운 경영 상

황을 보고하여 허락을 받아 일을 처리하였지요.

김한식: 예, 그렇습니다.

검사: 청해진해운 대표이사인 피고인이 유병언에게 주요 경영 사항을 재가받아 일을 처리했고, 청해진해운 조직표에 유병언이 회장으로 기재되어 있는 것으로 봐서 유병언이 청해진해운을 실질적으로 경영하는 사람이었나요.

김한식: 그렇게 봐야 될 것입니다. (중략)

검사: 세월호를 도입하게 된 경위는 어떠한가요.

김한식: 제가 2010년에 단독 대표로 취임하고 나서 몇 개월 있다가 박기청 상무가 "우리가 월·수·금 다니는데 화·목·토가 남아 있으니까 다른 회사에서 새로 들어오려고 하는데 우리가 그걸 하면 안 되겠냐"고 하기에 검토해보라고 했습니다. 그랬더니 "한 3년 정도는 적자가 나고 그다음부터 괜찮으니 사는 게 좋겠다"고 해서 유병언 회장에게 이야기하기 전에 "그런 배가 있는지 알아볼 수 없느냐" 했더니 일본으로 가보겠다고 하고 갔다 왔습니다. 일본에 갈 적에 지금 기억으로는 박기청 상무와 안기현 이사, 송기채 부장이 갔다 와서 "괜찮은 배가 있으니 사면 괜찮겠다"고 해서 제가 유병언 회장에게 가서 감사 보고를 할 적에 따로 시간이 나기에 그 이야기를 했더니 "그래, 그렇다면 한번 해보지 그러냐"고 하셔서 구입하는 것을 추진한 것입니다.[359]

유병언 일가는 청해진해운으로부터 매년 수억 원씩을 챙겼다. 유병언 자신은 매달 1000만 원의 월급을 받았다.[360] 경리팀장 김혜경은 유병언이 회사에 모습을 드러내지 않아도 "실질적인 오너"라고 생각했다. (주)세모해운 시절부터 그랬다.

검사: 진술인은 어떤 근거로 유병언 회장이 청해진해운의 실질적인 오너라고 생각하는가요.

김혜경: 아, 그건 뭐 당연하지요. 청해진해운에서 유병언 회장에게 매월 1000만 원 정도씩 매년 1억 원 넘게 급여 명목으로 지급되고 있고, 급여명세서에는 '회장'으로 기재되어 있기 때문에, 당연히 청해진해운은 실질적으로 유병언 회장의 것이라고 생각하는 것입니다. 또한 청해진해운은 예전에 세모해운이었기 때문에 그렇게 생각하는 것입니다.[361]

유병언의 형인 유병일도 청해진해운 '고문' 자격으로 2010년 6월부터 2014년 4월까지 급여 1억 3500만 원을 챙겼다. 유병일은 4년 가까운 기간 동안 "여덟 번 정도" 출근했다.[362] 그는 "고문으로서 정기적으로 일을 한 것은 없"다면서도 "영업 홍보"를 맡았다고 주장했다.

검사: 피의자는 청해진해운의 고문으로서 실제로 어떤 일을 하였는가요.
유병일: 뭐 특별히 고문으로서 정기적으로 일을 한 것은 없고, 김한식 사장이 저한테 '영업 홍보'를 해달라고 하길래, 제가 다니는 교회들(전국적으로 기독교복음침례회가 60개 정도 됩니다)이나 교회 구역의 모임에 나가서 "내가 기독교복음침례회 사무국을 그만두고 청해진해운으로 옮겼으니 많이 이용해달라, 인천-제주 간은 월·수·금 운행, 제주-인천 간은 화·목·토 오후 7시 운행한다, 백령도에는 오전 8시 출발해서 오후 1시에 들어오는 데모크라시[5]호 등이 있다"고 말하였습니다. 그 외에 많은 홍보를 하였습니다.
검사: 그게 전부인가요, 뭐 청해진해운에 대한 경영 자문을 해준다거나, 청해진해운의 새로운 거래처를 확보한다든가 하는 일은 한 적이 없는가요.
유병일: 예, 그런 일은 한 적이 없습니다.
검사: 그렇다면 피의자는 청해진해운에서 일을 하지 않고서 고문료를 받아 간 것으로 보이는데 어떤가요.
유병일: 글쎄요, 저는 나름 일을 하였다고 생각합니다. 제가 아까도 말씀드렸지만 저는 제가 다니는 지방 교회들에도 가서 제가 청해진해운으로 옮기게 되었으니 많이 이용해달라고 홍보를 하였으니, 나름 일을 하였다고 생각합니다.[363]

청해진해운은 상표권 사용료와 경영 자문 수수료 명목으로도 유병언 일가에게 돈을 지급했다. 장남 유대균의 회사인 SPLUS는 '오하마나호' 등 선명과 청해진해운 회사 로고 등을 상표권 등록한 뒤 2010년 이후에만 사용료로 14억 9600만 원을 받아 갔다. 장녀 유섬나 역시 (주)모래알디자인을 통해 디자인 컨설팅 명목으로 1억 6500만 원을 챙겼다. 청해진해운은 아이원아이홀딩스에 4년 동안 경영 자문 수수료로 2억 6950만 원, 유병언의 차남 유혁기가 운영하는 Naeclear에 2년 동안 컨설팅 비용

으로 2억 6000만 원을 송금했다.[364]

> 검사: 위 기간 동안 청해진해운에서 유혁기 운영의 Naeclear로부터 받은 컨설팅은 어떤 것이 있는가요.
> 김한식: (조금 생각하더니) 글쎄요.
> 검사: 솔직히 말씀해보시지요. 거의 컨설팅 받은 것이 없었지요?
> 김한식: (고개를 끄덕이더니) 예, 뭐 사실 그렇습니다. 이제 와서 뭐…… 해외 해운업 잡지 몇 권 온 것 같기는 한데, 컨설팅을 받은 것은 없는 것 같습니다.[365]

> 김혜경: 사실 청해진해운에서 매년 유병언 일가에게 컨설팅, 상표권 비용 명목으로 나가는 돈이 많습니다. 이런 이유로 제가 회사에서 자금 업무를 담당하면서 다른 직원들에게 오히려 미안한 마음이 들기도 하였습니다. 차라리 그 돈을 회사 직원들 복지를 위해 사용하였으면 훨씬 더 좋을 텐데……. (중략)
> 검사: 청해진해운에서 아이원아이홀딩스로 매월 500만 원씩 보내는 경영 자문 수수료는 어떤 돈인가요.
> 김혜경: 예, 경영 자문 수수료는 아이원아이홀딩스에서 청해진해운 직원들이 업무에 참고할 수 있는 자료를 보내주는 대가로 알고 있습니다.
> 검사: '청해진해운 직원들이 업무에 참고할 수 있는 자료'란 구체적으로 어떤 것을 말하는가요.
> 김혜경: 개정 「세법」 중 특수관계인 간의 거래에 관한 내용이라든가, 주주총회 개최 일정, 방법 등 회사 업무를 보는 데 참고할 수 있는 자료를 말합니다.
> 검사: 그런데 그런 내용들은 직원들이 인터넷에서도 쉽게 찾아볼 수 있는 자료들 아닌가요?
> 김혜경: 예, 그건 검사님 말씀이 맞습니다.[366]

청해진해운은 유병언의 사진 작품을 구입하고 전시회를 지원하는 데도 수억 원을 썼다. 사진 7점을 1억 원에, 사진첩은 2720만 원에 사들였다. 유병언의 사진이 들어간 달력도 2012년부터 2014년까지 구입했는데 3000만 원을 웃돌았다.[367] 전시회를 지원하려고 주관사인 헤마토센트릭라이프연구소에 5억 4996만 원을 출자하기도 했다.[368]

검사: 피의자는 개인적으로 유병언이 찍은 사진이나 사진첩, 달력을 구입한 사실이 있는가요.
김한식: 전혀 없습니다.
검사: 왜 구입하지 않았는가요.
김한식: 뭐 제 생각에는 사진이나 달력 비용이 터무니없이 비싸다는 생각에, 돈 때문에 사지 않았습니다.[369]

검사: 피의자는 왜 대표이사로 취임한 이후 위와 같은 23억 5409만 1353원이라는 거액을 유병언 일가에 지급되도록 묵인하거나, 새로운 계약 행위를 한 것인가요.
김한식: 오너 측에서 가지고 가는 것을 제가 어떻게 하나요, 못 하겠다고 반대할 수가 없죠.
검사: 피의자는 청해진해운의 재산상 사무 처리 등 업무를 총괄하던 대표이사로서, 회사를 운영함에 있어 불필요한 비용을 지출하거나 과다 지출하는 등으로 피해 회사의 영업·재무 상태를 악화시키는 행위를 하지 말아야 할 임무가 있지 않은가요.
김한식: 단지 월급쟁이 사장으로서, 기존부터 지급되던 것을 못 하겠다고 반대할 수 없었고, 유병언*에게 고문료를 주라고 하는 것을 안 하겠다고 할 수 없던 상황이었습니다.
검사: 그로 인해 매년 청해진해운의 수익 구조가 매우 나빠졌는데 어떤가요.
김한식: 그렇죠. 참 후회스럽습니다.[370]

청해진해운 직원들도 회사의 "실질적인 사주"가 유병언이라는 사실을 "누구나 다 알고 있었"다.[371]

수사관: 그러면 선박 도입 계획은 유병언 회장의 결재를 받아서 이루어지는가요.
안기현: 유병언 회장은 금수원에 있으며 사무실에 별도 출근하지는 않는데, 김한식 사장이 별도로 보고하고, 세월호 구입 시에도 회장님의 결정을 받았다는 이

---

* 유병일을 잘못 말한 것으로 보인다.

야기를 하였습니다.

수사관: 그럼 중고선 도입 계획 등은 유병언 회장의 결재를 받으나, 실무적인 선박 도입 및 수리 관계는 회장의 결정을 받는가요.*

안기현: 네, 그렇습니다. 유 회장은 한 번도 사무실에 방문을 하지는 않았지만, 사업계획의 중요한 부분은 김한식 사장이 유 회장의 결재를 받습니다.

수사관: 그러면 김한식 사장은 바지 사장인가요.

안기현: 월급쟁이 사장이므로 바지 사장이 맞습니다.[372]

청해진해운은 여객선 매점에서 현금 매출액을 빼돌리거나, 화물 접수 실적을 일부 누락하는 방법으로 비자금을 조성했다.[373] 비자금은 "대부분 안성 금수원에 가는 용도"였고, 일부는 대관 로비처럼 "비용 처리할 수 없는 돈"으로 사용했다.[374]

검사: 매월 비자금을 입금하는 규모는 얼마나 되었나요.

김혜경: 1000만~2000만 원에서 많게는 2500만 원 정도였습니다.

검사: 비자금의 사용 내역 등을 기재한 장부는 있었는가요.

김혜경: 없습니다. 매달 메모를 해서 상무님과 사장님의 결재를 받아서 바로 폐기하였습니다.

검사: 증인은 비자금 계좌에서 김한식 대표가 돈을 찾아오라고 하는 경우 자금을 인출하여 가져다준 사실이 있는가요.

김혜경: 예.

검사: 김한식 대표가 돈이 필요하다고 할 때 그 용도에 대하여 증인에게 이야기를 한 적도 있는가요.

김혜경: 말한 적도 있고, 대부분 말하지 않습니다.

검사: 말하는 경우는 무엇인가요.

김혜경: 안성 금수원에 몇 번 가는 것은 이야기를 들었습니다.

검사: 안성 금수원에는 얼마의 금액이 어떻게 갔는가요.

---

* 조서의 내용인데, '중고선 도입 계획도 유병언 회장의 결재를 받고, 선박 도입의 실무와 수리 관계도 회장의 결정을 받는가'라는 뜻으로 보인다.

김혜경: 정확한 금액은 알지 못하고 5000만 원을 인출하여 간 적이 여러 번 있기 때문에 1년에 세 번 정도 간 것 같습니다.[375]

검사: 비자금은 주로 어디에 사용하였나요.
김한식: 일일이 기억할 수 없는데, 유병언 회장의 교회에 헌금한 것이 가장 많습니다.[376]

법원은 "김한식은 청해진해운의 자금을 횡령하거나 배임 행위를 통하여 청해진해운에 손해를 가하였고, 이러한 범죄행위로 조성한 비자금을 유병언 일가에게 전달함으로써 청해진해운의 자금난을 가중시켰다"라고 인정했다.[377] 하지만 금융 내역 등의 증거가 없고 오로지 청해진해운 일부 임직원들의 진술만 있어, 구체적으로 유병언에게 직접 비자금이 건네진 규모와 시기 등은 특정하지 못했다.[378]

김한식은 두세 달에 한 번씩 안성 금수원으로 유병언을 찾아갔다. 대략적인 사업 진행을 이야기하고 재가를 얻었다. 김한식은 유병언을 "경영자라기보다"는 "회사의 주인"으로 여겼다.[379]

검사: 피의자는 전 회에 유병언이 청해진해운의 회장인 것은 맞지만 청해진해운을 방문하거나 회사로 전화를 한 적이 없기 때문에, 유병언이 청해진해운의 경영에 관여하였는지 애매하다는 취지로 진술하였지요.
김한식: 예, 저도 그게 참 애매합니다. 한 번이라도 회장님께 결재 서류에 서명을 받은 적이 없었고, 또 서류상으로 되어 있는 것은 하나도 없으니까요. 그건 저희 회사뿐 아니라 모든 계열사들도 마찬가지였거든요. 다들 구두로만 보고를 드렸고, 구두로만 답변을 받았으니까요. 하지만 매월 회장으로 월급도 지급되고 직원들도 또한 회장님이라고 불렀으니까 회장이 맞긴 맞는데, 서류로 되어 있는 것이 하나도 없다 보니까 그 부분이 참 애매합니다.[380]

애매하지 않은 것도 있었다. 김한식은 세월호를 규정에 맞춰 운항하고 있는지 보고하지 않았고, 유병언도 확인하거나 지시하지 않았다.

검사: 피의자는 유병언 회장에게 세월호 항해와 관련하여 평소 선원들에 대한 안전관리교육(비상 상황 시 구조 조치 및 퇴선 훈련)은 안전관리규정에 따라 실시하고 있는지, 세월호가 복원성 자료에 기재된 톤수에 따라 평형수, 연료유, 청수 등을 적재하고 1,077톤 내에서 화물을 적재하여 항해하고 있는지, 선박이 출항하기 전에는 세월호에 화물이 적정하게 적재·고박되고 있는지 여부에 대하여 보고를 한 적이 있는가요.

김한식: 없습니다.

검사: 그렇다면 유병언 회장은 피의자에게 위와 같은 세월호의 안전 항해에 관한 사항을 확인해보라고 하거나, 어떤 지시를 한 적이 있는가요.

김한식: 전혀 없었습니다.

검사: 유병언 회장이 청해진해운의 명실상부한 회장인데, 그렇다면 유병언 회장이 세월호의 안전 항해에 관련된 사항에 대하여 대표이사인 피의자로부터 보고받거나, 보고를 받지 않더라도 확인하거나, 관련 사항에 대하여 지시를 내려야 하는 것이 아닌가요.

김한식: 예, 그렇습니다. 회장님은 전혀 관심이 없었습니다.[381]

청해진해운의 행방

청해진해운 임직원들은 2014년 4월 30일 자로 사직서를 제출했다.[382] 회사는 폐업을 피할 수 없고 권고사직으로 회사를 떠나야 실업급여를 받을 수 있기 때문이다. 기획관리팀장 김재범은 '사고 수습'을 위해 진도에 있던 해무이사 안기현에게 전화로 소식을 전했다.[383] 안기현은 경찰에서 낭시 김재범이 청해진해운의 '재기'에 대한 이야기를 꺼냈다고 진술했다.

수사관: 세월호 사고가 발생한 후, 회사 차원에서 회사의 존폐 위기가 찾아왔다고 생각하지는 않았나요.

안기현: 정확한 기억은 나지 않고, 저는 계속 진도에 있어서 자세한 것은 모르나, 회사 내부적으로 소수 인원만 남기고 '사직서를 쓰고 나가라'는 지시가 있었다

고 들었습니다. 김재범 부장에게 전화로 들었습니다. '권고사직'을 권한 것입니다. 아래 직원들에게 권고사직을 하면 국가에서 실업급여가 나오니 그렇게 지시를 한 것으로 들었습니다. 그러면서 김재범이 "조용해지고, 수습이 끝나면 회사가 재기할 수 있다. 그러니 수습을 잘하고 조용히 기다려보자"라고 했습니다. 그래서 저는 "이번 사고는 도저히 재기할 수 있는 그런 수준이 아니다"라고 했습니다.

수사관: 기획관리팀장인 부장 '김재범'이 피의자에게 "회사가 재기할 수 있다"고 말했다고 진술하였는데 청해진해운 자체의 자금 능력으로 가능한 것인가요.

안기현: 청해진해운의 자체로는 재기가 되지 않습니다. 가입되어 있는 보험 규모나 자산으로 봤을 때 도저히 재기할 수 없습니다.

수사관: 청해진해운의 자체로는 재기가 어렵다는 것을 김재범도 알고 있을 것임에도 김재범은 다른 방법이 있다고 생각하는가요.

안기현: 뻔하지요. 종교(구원파) 안에서 제3의 인물이 나타나겠지요. 언론에서 보니 지금 계열사들도 수사를 하고 있으니 계열사들의 지원을 받는다는 것은 어렵다는 것을 알 것이고, 그렇다면 종교 내부적으로 시간이 지나면 지원을 해서 재기를 한다는 의미이겠지요.

수사관: '구원파'에서 지원이 가능한가요.

안기현: 정확히는 모르겠으나, 청해진해운의 실제 경영주가 유병언이고, 유병언이 '구원파'의 실세이기 때문에 가능하다고 생각합니다.[384]

청해진해운의 재기를 예상한 김재범의 판단에 근거가 전혀 없지는 않았다. 그는 2006년 7월 1일 청해진해운이 (주)온바다를 인수할 때 청해진해운에 입사했다.[385] 온바다는 2001년 1월과 3월에 각각 데모크라시2호와 데모크라시3호를 화재 사고로 잃었다.[386] 인명 사고는 아니었지만, 경영이 어려워졌고 사업을 접었다. 안기현은 그 경험이 김재범에게 '부활'의 가능성을 보여줬을 거라고 추측했다. "이번에도 청해진해운이 정리되면 새로운 회사로 여객선 사업을 다시 부활시킨다는 의미 같습니다."[387]

청해진해운도 사실상 (주)세모해운의 재기를 통해 만들어진 회사다. 1986년 (주)세모는 한강 유람선 사업권을 따내며 해운 사업에 발을 들였다. 1995년에는 해운사업본부를 분리해 세모해운을 설립했다. 세모해운은 인수·합병으로 몸집을 키워 20여 개 항로에 27척의 여객선과 화물선을 운항했다.[388] 청해진해운의 간부급 직원은 대부분 세모해운 출신이다.[389] 당시에도 세모해운의 대표이사는 유병언이 아니었지만,[390] 실소유자가 누구인지는 "직원들 모두가 알고 있었"다.[391]

세모해운은 1997년 IMF 외환 위기 때 부도를 맞았다. 청해진해운과 온바다가 세모해운의 선박과 직원을 나누어 인수했다. 안기현은 청해진해운이 "유병언 회장의 측근"을 대표이사로 삼아 설립되었고,[392] 온바다 역시 "유병언 회장의 지배"*를 받았다고 말했다.[393] 2006년 청해진해운이 온바다를 인수했으니, 둘로 쪼개졌던 세모해운이 9년 만에 청해진해운으로 재기한 셈이다. 세월호 사고 후에도 청해진해운이 재기를 포기하지 않은 정황이 있다. 청해진해운이 인천-제주 항로와 더불어 운영해온 여수-거문도 항로의 면허를 2014년 5월 16일 여수항만청이 취소했다. 5월 12일 인천항만청이 세월호 사고 책임을 물어 청해진해운의 인천-제주 항로 면허를 취소하자, "면허 취소 후 2년이 지나지 아니한 자"를 결격사유로 규정한 해운법 19조 2항 2호에 따른 조치였다.

청해진해운은 2014년 5월 29일 여수항만청의 면허 취소가 부당하다며 서광주지법에 행정소송을 냈다. 하나의 면허를 취소당했다고 나머지 면허도 취소하는 것은 불합리하다는 것이었다. 법원은 청해진해운의 청구를 기각했다.[394] 청해진해운은 항소하지 않았다. 2015년 11월 19일 법무부는 청해진해운과 임직원 6명, 선상 및 선원 16명 등 22명을 상대로 1878억 원의 구상금 청구 소송을 냈다.[395] 사전에 가압류와 가처분 등 113건의 재산 보전 처분을 신청해 1669억 8000여 만 원을 묶었다. 여기서 925억 원가량은 유병언 회장의 재산(차명 포함)으로 알려졌다.[396]

---

* 청해진해운이 온바다를 합병하기 직전, 온바다의 최대 주주(45퍼센트)는 유병언의 장남인 유대균이다. 온바다 2005년 재무제표 감사보고서 참조.

나미노우에호 매매계약부터 세월호 취항까지

시기	사건	행위자	비고
2011. 3. 15.	나미노우에호 매매계약	청해진해운 A-LINE(일본)	재화중량 톤수와 선박 인도 일자를 빈칸으로 한 허위 매매계약서 추가 작성
2011. 7. 25.	내항여객운송사업계획 변경(증선) 인가 신청	청해진해운	조작된 매매계약서 제출
2011. 9. 11.	증선 인가 승인: 조건부	인천지방해양항만청	변조 자료 근거 증선계획 인가
2012. 8. 14.	인가 기간 연장 요청	청해진해운	
2012. 9. 5.	인가 기간 연장 승인	인천지방해양항만청	지연 사유 충분한 검토 없이 승인
2012. 9. 18.	차입금(대출) 신청	청해진해운 한국산업은행	세월호 도입 총액 172억 2900만 원의 58%인 100억 원 신청
2012. 9. 24.	차입금(대출) 승인	한국산업은행	부실한 심사로 대출 승인
2012. 10. 5.~ 10. 6.	나미노우에호 인수	청해진해운	
2012. 10. 12. ~2013. 2. 12.	증개축 및 한국선급 현장검사	청해진해운 C.C조선 한국선급	증개축 문제 바로잡지 못함 승인되지 않은 도면으로 증개축 진행
2013. 1. 24.	경사시험	청해진해운 한국선급 신성선박설계사무소 하나선박설계사무소	경사시험 데이터 기록 및 계측 소홀 미탑재물 중량 확인 소홀 선박검사 부실 진행 허위 검사보고서 작성
2013. 2. 4.	완성복원성계산서 승인	한국선급	
2013. 2. 12.	운항관리규정 심사 요청	청해진해운 인천해양경찰서	차량적재도, 화물고박장치도 등 첨부서류 누락한 채 심사 요청
2013. 2. 15.~ 2. 19.	시험운항	청해진해운 인천해양경찰서	향응, 현장점검 부실
2013. 2. 19.	운항관리규정 심사위원회 개최	인천해양경찰서(주관) 한국선급 인천지부 한국해운조합 인천지부 선박안전기술공단 인천지부 인천지방해양항만청 청해진해운	운항관리규정과 완성복원성계산서상 화물 및 차량 적재량 차이 미확인 보완·변경 사항 재심의 없이 승인
2013. 2. 19.	증선 인가 승인 신청: 본면허	청해진해운	증개축 이후 선박 제원 변경 미보고
2013. 2. 21.	운항관리규정 보완·변경 사항 통보	인천해양경찰서	
2013. 2. 25.	운항관리규정 심사증명서 발급	인천해양경찰서	보완·변경 사항 일부 누락 및 운항관리규정 임의 변경 발견 못 함
2013. 3. 14.	증선 인가 승인: 본면허	인천지방해양항만청	여객 정원, 재화중량 톤수 등 선박 제원 변경 검토 없이 승인
2013. 3. 15.	세월호 취항	청해진해운	

청해진해운은 여객선 운항사로서 재기하지는 못했지만, 현재 사업자 등록을 유지하고 이전에 청해진해운 여수지역본부장이었으며 구원파 일원인 채○○에 의해 1인 기업으로 운영되고 있다. 남아 있는 청해진해운은 "조사를 통해 다른 원인이 확인"되어 "청해진해운의 명예도 회복되기를 기대"하고 있다고 한다. 그는 "밑에서부터 제대로 과적을 해버리면 복원성이 더 좋아진다"며, 재판부가 판정한 침몰 원인을 인정하지 않는다.[397]

한편 정부는 세월호 사고에 대한 구상권을 선장·선원 및 청해진해운, 구원파, 유병언의 세 자녀 등에 청구하여 재판이 여전히 진행 중이다. 구원파에 대해서는 2019년 11월 1심에서 국가가 패소했으나, 유병언의 세 자녀와 청해진해운 임직원 등에 대해서는 2020년 1월에 1심에서 국가가 일부 승소했다. 서울중앙지방법원은 청해진해운 임직원들이 "화물 과적, 부실 고박, 선원들에 대한 안전 교육 및 훈련 미실시, 승객들에 대한 구호 조치 미실시 등" 참사의 발생 및 손해 확대에 주된 책임이 있다며 구상권 인정 금액의 70퍼센트를, 화물고박을 제대로 하지 않은 우련통운은 5퍼센트를 부담하라고 판결했다. 그러나 재판부는 "운항관리자들의 세월호 안전 운항 관리 소홀, 정부 소속 해양경찰청장, 해양경찰서장 및 한국해운조합의 운항관리자들에 대한 지도·감독 소홀, 정부 소속 김경일 123정장의 퇴선 유도 조치 소홀 등"도 고려해 정부도 25퍼센트를 부담해야 한다고 보았다.[398] 참사의 두 책임자인 기업과 국가가 서로 책임 비중을 둘러싸고 싸우는 모양세디. 이 가운데 청해진해운은 "우리는 거꾸로 피해 보상을 받아야" 한다며 구상권 청구 소송 방어를 위해 오늘도 일하고 있다.

3부
왜 침몰했나

2014년 4월 16일 오전 8시 49분, 세월호는 갑자기 우회전하는 동시에 바깥쪽인 좌현으로 기울어졌다. 화물칸에 실려 있던 컨테이너, 차량, 일반 화물들이 왼쪽으로 쏠렸고 그 힘으로 배는 더 기울어졌다. 기울어진 세월호에 바닷물이 들어오기 시작하면서 101분 만에 침몰했다.

세월호는 2014년 4월 이전부터 이미 "대한민국에서 제일 위험한 배"라고 불렸다. 그러나 전반적으로 위험한 배라는 평가를 받는다고 해서 그 즉시 배가 전복되고 침몰하는 것은 아니다. 2014년 4월 16일까지 여러 전조가 있었지만 세월호는 승객과 화물을 싣고 인천과 제주 구간을 오갔다. 배에 내재된 위험이 사고로 이어지는 것을 용케 피하면서 다녔다. 불안한 가운데 조심스럽게 운항했기 때문이라고 할 수도 있고, 그저 얼마간 운이 좋았다고도 할 수 있다. "대한민국에서 제일 위험한 배"를 겨우 지탱하던 운은, 안타깝게도, 오래가지 못했다.

늘 위험한 배였던 세월호는 4월 16일 아침 무엇을 계기로, 또 어떤 조건의 연쇄 속에서, 감당할 수 없을 만큼 기울어졌고 그 후 101분 만에 가라앉은 것일까? 2014년 4월 15일 화요일 밤, 마지막으로 인천항을 떠날 때 세월호는 어떤 상태였을까? 배의 무게중심은 얼마나 높았을까? 화물과 평형수는 얼마나 어떻게 실려 있었을까? 배의 기관실은 어떻게 관리되고 있었을까? 세월호는 그런 상태로 인천항을 출발해도 괜찮은 것이었을까? 지금까지의 수사와 재판 기록, 선조위(2017~2018)와 사참위(2018~2022)의 조사 결과, 그리고 국내외 전문 기관의 검증과 분석은 "대한민국에서 제일 위험한 배"가 결국 가장 비극적인 방식으로 침몰하게 된 경위와 이유를 드러내준다.

1장
4월 15일 밤,
세월호는 여전히 취약하고
위험한 배였다

세월호의 화물칸

세월호의 화물 적재 상태는 선박의 복원성에 영향을 미치는 중요한 요소 중 하나다. 그날 세월호에는 얼마나 많은 화물이 실려 있었을까? 이 간단한 질문에 정확하게 답을 하기가 어려웠다는 사실 자체가 세월호를 침몰하게 만든 구조적 문제를 드러내주고 있었다.

세월호가 가라앉아 있는 동안 경찰과 검찰은 세월호의 화물 적재량을 파악하는 데 어려움을 겪었다. 차량은 제조회사에 물어 무게를 확인했는데, 차종이 특정되지 않으면 인터넷 검색을 통해 비슷한 종류의 차량 중에서 가장 무게가 적은 것을 기준으로 계산했다. 인천항 부두의 CCTV도 활용했다. 시간대별로 세월호에 실린 차량을 하나하나 살펴봤다. 화물차량에 적재된 화물의 무게는 운송 회사마다 수차례에 걸친 전화 통화와 우편 진술서를 통해 확인했다. 하지만 일부는 누락됐고 사망자나 실종자의 소유 차량과 화물은 확인이 "불가"했다. 경찰의 수사 보고에도 "차량 공차 중량 및 화물 적재 중량을 정확히 알 수 없"다고 적혀 있다.[1] 결국 세월호 관련 재판에서 인정한 화물 적재량 2,142톤은 추정치에 지나지 않았다.² 세월호에 실린 화물의 실제 무게가 얼마나 되는지 정확하게 알 수 있는 방법이 없다는 사실 자체가 큰 문제였다.

    2015년 활동을 시작한 특조위는 검찰 추정보다 73톤가량 많은 약 2,216톤의 화물이 세월호에 실려 있었다고 보았다.* 세월호 인양 후에 화물량을 다시 조사한 선조위는 특조위 추정치보다 6톤 적은 약 2,210톤을 새로운 추정치로 제시했다. 선조위는 인양된 세월호 내부의 화물을 직접 꺼내고 확인하면서 총화물량을 다시 추정하고자 했다. 그러나 바다에 오래 잠겨 있었던 화물이 손상되기도 했고 펄을 완전히 씻어낼 수도 없어서 화물량 조사의 정밀도에는 한계가 있었다. 선조위는 또 침몰 해역 부근의 유실 화물도 조사했으나, 세월호 화물을 모두 찾아냈다고 확신할 수는 없었다. 차량 모델 차이를 반영하여 계산하고, 세월호에 화물을 실은 화주들의 손해배상 신청 자료를 검토하여 실제 값에 더 가까운 추정치를 내놓았다고 볼 수 있지만, 화물량을 완벽하게 확정하는 것은 가능하지 않았다.³ 사참위는 선조위의 화물 조사 결과를 검증하여 4톤 가까이 늘어난 약 2,214톤을 세월호의 화물 무게로 제시했다.⁴

    검찰과 조사위원회 세 곳에서 서류와 실물 조사를 통해 추정한 세월호의 화물량에 약간의 편차가 있지만, 이 수치들은 모두 4월 15일 세월호에 한국선급이 승인한 최대 화물 적재량(1,077톤)의 2배가량 되는 화물이 실렸음을 가리키고 있다.

---

* 검경합수부가 조사한 화물 중량은 2,142.694톤, 특조위가 조사해서 발표한 화물 중량은 2,215.8925톤이었다. 특조위, 진상규명조사보고서, 사건 2015-94-가-25(세월호 도입 후 침몰까지 모든 항해 시 화물량 및 무게에 관한 조사의 건, 2016. 6. 27.).

과적은 상습적이었다

세월호가 승인받은 것보다 훨씬 많은 화물을 싣고 출항한 것은 2014년 4월 15일 하루가 아니었다. 이는 취항 이후 상습적으로 일어났던 일이다. 청해진해운은 화물을 그저 많이 실으려 했을 뿐 도대체 얼마나 많이 실었는지 제대로 기록하거나 확인하지 않았다.

2013년 3월 15일 취항한 세월호는 화·목·토요일마다 오후 6시 30분경 인천항을 떠났다. 보통 이튿날 오전 8시면 제주항에 닿았고, 다시 오후 6시 30분경 인천항으로 출발했다.[5] 막상 운항을 시작해보니 세월호는 경제성이 없었다. 제주항에 자력으로 이·접안하기가 어려워 예인선 비용이 컸고, 속력이 나오지 않아서 기름값이 많이 들었다.[6] 청해진해운 기획관리팀장 김재범이 경찰에 세월호의 인천-제주 편도 운항마다 드는 비용을 설명했다.

> 선원 급여로 547만 원 정도이고, 선박비(소모품비, 운항관리비, 수도광열비 등)가 1188만 원, 유류비가 2970만 원, 수선비(수리비)가 189만 원, 감가상각비 1465만 원, 판관비(육상직 급여, 활동비 등) 610만 원, 영업 외 비용(금융이자 등) 144만 원가량 되어서 총 7113만 원이 소요됩니다.[7]

2014년 4월 15일 세월호가 한국선급이 승인한 최대 화물 적재량(1,077톤)보다 2배 넘게 과적했을 때 화물 매출액이 6270만 원이었다.[8] 인천-제주 항로를 한 차례 왕복할 때마다 보통 4000만 원이 넘는 손해가 났다.[9] 청해진해운이 세월호 운항으로 본 적자는 2013년에만 40억 원을 웃돌았다.[10] 해무이사 안기현은 "사고가 안 났다고 하더라도 청해진해운은 올여름을 못 넘겼을 것"이라고 말했다.

> 검사: 왜 그렇게 생각하였는가요.
> 안기현: 작년[2013년] 10월경부터 배 수리를 위한 계약금도 안 주고, 사장이 짜증

을 냈습니다. 지금도 배 수리 미수금이 많이 밀려 있습니다. 배 운항을 해야 하는데 수리를 안 할 수는 없지 않습니까. 계약금을 안 주고 수리 결재를 안 해줘서 사장실에서 그냥 나오기도 하고 그랬습니다. 김재범이 올해 연초부터 한 번씩 저에게 하는 말이 "이제 운영자금 대출이 더 이상 힘들어질 수도 있을 것 같다. 은행에서 이제는 더 힘들다고 한다"는 식으로 말했습니다. 저는 월급이 나오는 게 신기했습니다.[11]

회사 차원에서는 물류팀을 "엄청 쪼았"다.[12] 대표이사 김한식은 회의 때마다 "물류팀이 잘해야 된다, 물류팀 때문에 우리가 다 산다"는 식으로 강조했다.[13] 상무이사 김영붕도 물류팀장 남호만에게 "청해진해운에 일하는 사람이 너밖에 더 있느냐"고 말했다.[14] 물류팀에서 회사 매출의 70퍼센트 이상을 점유하고 있었기 때문이다.[15] 남호만은 정신적 압박을 많이 받았다고 주장했다.

검사: 피의자는 세월호의 화물 고박 부분 및 화물 적재 가능량 부분 등에 관하여 진술할 때 '매출 목표'를 계속 강조하는데 어떤가요.
남호만: 2013년 2월 세월호를 도입하고 출항한 이후 계속 회사가 경영상 어렵다, 연말 되면 봉급을 주지 못한다, 이대로 가면 회사가 얼마나 가겠느냐 등등의 이야기가 계속 나와 정신적 압박을 많이 받았고 저도 열심히 영업을 하였습니다. 2013년 중·후반까지 세월호에 화물 적재 영업이 잘되지 않아, 김한식 사장과 김영붕 상무가 계속 저에게 가만히 있으면 되겠냐, 외부 영업을 많이 해라, 한 배를 채워라, 배를 채워야 되지 않겠느냐는 등으로 말하여 정신적 압박을 많이 받았습니다.[16]

임원들은 반박했다.

검사: 남호만은 현재 세월호에 상습 과적을 한 혐의로 구속되어 있는데, 상습 과적을 피의자가 지시한 것인가요.
김한식: 아니요, 저는 그런 지시를 한 적이 없습니다.[17]

검사: 피의자는 세월호나 오하마나호에 화물을 과적하라고 지시 또는 독려하거나 이를 묵인한 사실이 있는가요.
김영붕: 없습니다. 전혀 없습니다. 부당한 지시를 한 적이 없습니다.
검사: 방금 전 진술한 부당한 지시에 있어 '부당'의 기준은 무엇인가요.
김영붕: 과적하라고 지시 또는 독려하거나 묵인한 사실이 없다는 뜻입니다.[18]

남호만은 직원들을 다그쳤다. "최대한 화물을 적재하라고 독려"했다.[19] "우리나라 카페리 중에서 규정대로 싣는 배가 어디에 있느냐? 규정대로 실으면 장사 하나도 안 된다."[20] 화물 운임이 떨어지면 "너희는 화물을 이것밖에 못 싣느냐"고 "질책"했다.[21] 직원들은 "본인이 그렇게 잘하면 직접 와서 한번 해보라"고 볼멘소리를 했다.[22] 남호만은 "새가슴이라 예약을 적게 받는다"거나 "스페이스 없이 꽉꽉 채워서 실으라"고 다그쳤다.[23] 남호만은 부인했다.

변호인(남호만): 피고인은 세월호 안에는 1년에 한두 번만 들어갔나요.
남호만: 예, 그렇습니다.
변호인: 피고인이 [물류팀 차장] 김정수에게 무조건 많이 실으라고 지시를 한 적은 없지요.
남호만: 세월호가 들어온 이후에는 그런 사실이 없습니다. 세월호와 오하마나호가 같이 운항해서 화물이 고르게 분포되어 있기 때문에……
변호인: 세월호 당시에는 그렇게 한 적이 없다는 것이지요.
남호만: 예.
변호인: "공간을 붙이라"는 것은 피고인이 세월호가 아닌 오하마나호가 단독 운항할 당시에 주로 한 말인가요.
남호만: 예, 그렇습니다.
변호인: 설령 피고인이 "붙여서 실으라"고 말한 적이 있다고 하더라도, 이는 화물 적재가 이루어진 후 직원으로부터 보고받고 나서 하는 말들이지요.
남호만: 예, 그렇습니다.[24]

우련통운 직원들은 남호만이 "무조건적인 강요"를 했다고 주장했다. "하역회사는 너희들 말고 얼마든지 많이 있다"며 압박하거나,[25] "지시에 따르지 않으면 가만두지 않겠다, 잘라버리겠다"고 화를 냈다는 것이다.[26] 우련통운은 인천항에서 세월호와 오하마나호에 차량과 화물을 하역하는 업체였다.[27]

남호만은 우련통운 직원들에게 "화를 낼 때도 있었"지만, "남의 회사 직원까지 자른다는 것은 있을 수 없다"고 항변했다.[28] 청해진해운과 우련통운은 분명 다른 회사였지만, 우련통운 직원들은 남호만의 폭언을 참을 수밖에 없었다. 이른바 갑을 관계였기 때문이다.[29] 남호만은 1~2년마다 반복되는 재계약의 결정권을 쥐고 있었다.[30] 우련통운 항만운영본부장 문기한은 "남호만 공화국"이라는 표현을 썼다. "남호만이라는 사람의 횡포가 심했다는 의미"였다.[31]

두 회사의 계약은 1999년으로 거슬러 올라간다. 그해 설립된 청해진해운은 세모해운을 흡수해 연안여객선 사업을 시작했다. 인천-제주 항로 등의 해상여객운송사업 면허, 선박과 직원 등을 대부분 그대로 옮겨 왔다.[32] 남호만도,[33] 세모해운과 우련통운 사이의 인천항 하역 도급계약도 마찬가지였다.[34]

검사: 우련통운은 청해진해운과 언제부터 화물 하역에 대한 계약을 체결한 것인가요.
문기한: 1998년경*부터 체결한 것으로 알고 있습니다.
검사: 매년 화물 하역에 대한 계약을 체결하는가요.
문기한: 1년간 체결하기도 하고, 2년간 체결하기도 합니다. 청해진해운에서 도급계약서를 작성하여 가지고 오면 저희들은 위 계약서상의 내용에 대하여 확인하지 않고 도장만 찍고 결재만 하는 형식입니다.
검사: 왜 이런 식으로 계약을 체결하는가요.

---

* 우련통운이 세모해운과 계약을 체결한 해를 말한 것으로 보인다.

> 문기한: 청해진해운 같은 선사 측은 '갑의 위치'에 있고, 저희 우련통운 같은 하역
> 회사는 '을의 위치'로 같은 지위에서 계약을 체결할 수가 없는 구조입니다. 선사
> 에서 일을 주어야 하역회사가 일을 할 수가 있거든요. 저희들은 선사 측에서 일
> 을 주지 않으면 아무것도 할 수가 없습니다.[35]

청해진해운은 우련통운에 하역과 더불어 고박까지 떠맡겼다.[36] 해운사는 보통 하역과 고박을 별도 전문 업체에 나눠 맡긴다. 항만운송사업법이 항만운송관련사업자를 업종별로 구분해 면허를 따로 발급해주기 때문이다. 청해진해운은 둘로 나뉠 계약을 하나로 묶어 경비 절감을 꾀했지만,[37] 우련통운은 고박 면허가 없었다.[38]

우련통운은 세월호와 오하마나호의 고박을 원광공사에 하도급했다.[39] 원광공사는 고박 전문 업체였다.[40] 실상은 "면허 대여"였다.[41] 한 차례 운항할 때마다 우련통운은 원광공사에 고박 대금으로 149만 원을 지불하고, 청해진해운이 산재보험료 등의 명목으로 27만 원을 덧붙여줬다. 원광공사는 그중에서 수수료 12만 원을 챙긴 다음, 인천항의 노무 공급 독점권을 가진 인천항운노조에 떠넘겼다.[42]

항운노조의 고박 작업을 관리·감독해야 할 원광공사 직원들은 "단 한 사람"도 현장에 나타나지 않았다.[43] 인천항 어디에도 "이런 케이스가 없었"지만, 원광공사로서는 "손 안 대고 코 푸는 꼴"이었다. 면허 대여는 7년 넘게 이어졌다.[44]

청해진해운은 우련통운에 이례적인 책임까지 지웠다.[45] 운항 중 화물이 손상되면 불가항력이나 천재지변이라도 30퍼센트를 배상하게 하고 9억 원의 보증금을 받았다.[46] 2013년 11월 28일 세월호가 파도에 밀려 좌현으로 기울어지는 사고가 일어나[47] 화물 일부가 파손되자 우련통운이 화주 배상 금액의 30퍼센트를 부담했다.[48] 해양심판원 국선심판변론인 고재성은 청해진해운 재판에서 그런 경우는 한 번도 못 봤다고 말했다.[49]

가장 큰 문제는 세월호에 로딩 플랜(loading plan, 화물 적재 계획)이 없었

다는 것이다. 로딩 플랜은 해운사와 선장, 1등항해사가 어떤 화물을 얼마나, 어떻게 적재할지 세우는 계획을 말한다. 우련통운에 하역을 도급한 해운사들은 모두 로딩 플랜을 토대로 적재와 고박 작업을 했지만, 청해진해운은 로딩 플랜을 제공하지 않았다.[50]

로딩 플랜은 보통 1등항해사가 작성한다. 세월호 1등항해사 강원식은 어떠한 화물이 운송되는지 목록을 받아본 적이 없어 짤 수가 없었다.[51] 청해진해운 물류팀이 화물 선적 의뢰를 출항 직전까지 받았기 때문이다. 오로지 "보다 많은 화물을 적재하는 것이 목적"이었다. 화물 적재 업무를 실질적으로 총괄한 물류팀 차장 김정수는 로딩 플랜이라는 단어를 검찰 수사 과정에서 "처음 들어"봤다.[52]

> 변호인(문기한, 이준수): 세월호의 경우 로딩 플랜 없이 피고인이 지시한 대로 화물이 선적되었지요.
> 김정수: 처음부터 해오던 것이기 때문에, 누가 지시를 한다기보다도 똑같은 형식으로 작업을 해왔기 때문에 작업하는 것은 그렇게 신경을 많이 안 썼습니다.
> 변호인: 피고인이 화물 선적 위치를 지시하였을 때 이준수를 비롯한 우련통운 현장감독들이 피고인의 지시를 거부하고 독자적으로 화물을 선적한 적은 없었지요.
> 김정수: 거부하거나 그렇게는 못 했을 것입니다.
> 변호인: 왜 그러한가요.
> 김정수: 아무래도 선사와 하역사, 그 차이는 있을 것입니다.[53]

로딩 플랜이 없었기 때문에 적재 화물량도 제대로 파악할 수 없었다. 검찰이 기소 단계에서 확정한 2014년 4월 16일 세월호의 화물량은 사고 전날 적재한 화물량과 정확히 일치할 수 없었다.

> 검사: 피고인은 4월 15일 화물 적재와 관련해서 조사를 받으면서 "2014년 4월 15일 세월호 출항 당시 적재한 화물의 양은 근래 들어서 가장 많은 양의 화물을

실을 때입니다"라고 진술했는데 맞는가요?
김정수: 저희는 톤수보다도 금액으로 하기 때문에 그런 취지로 말한 것 같습니다.
검사: 단지 운임이 많았다는 것인가요, 화물량 자체가 많았다는 것인가요.
김정수: 화물도 많았고 운임도 많았습니다.[54]

화물 적재 업무를 실질적으로 총괄한 김정수가 화물량을 톤수가 아닌 금액으로 가늠한 데에는 이유가 있다.[55] 청해진해운은 화물의 무게를 측정하지 않고 부피를 기준으로 운임을 정했던 것이다. 부피로 비용을 측정하는 게 선사 측에 더 많은 이익을 남기기 때문이었다.[56]

일반 화물은 줄자를 이용해 부피를 측정해서 운임을 계산하고, 철근같이 부피는 적고 무게가 많이 나가는 경우에만 무게를 기준으로 운임을 정했다. 승용차는 무게가 가벼우므로 중량은 무시하고 정해진 부피 톤수를 기준으로 계산했다. 화물차량은 화물 적재함의 길이에 따라 운임을 정했는데, 화물칸 내부의 화물량은 일체 고려하지 않았다.[57] 그러다 보니 화물의 '중량 기준'도 무게를 기준으로 삼는 중량 톤수(K/T)가 아니라 부피가 기준인 부피 톤수(MS/T)를 썼다. 화물량을 적는 '화물적하목록'에는 두 중량 기준이 함께 표시돼 있지만, 작성할 때 "중량 톤수는 부피 톤수를 5로 나눠 자동으로 입력"했다.[58] 세월호는 아무도 정확한 화물량을 알지 못하는 채로 운항되고 있었다.[59]

화물 고박 불량도 상습적이었다

화물의 양이나 무게 못지않게 중요한 질문은 화물이 어떻게 실려 있었느냐 하는 것이다. 항해 중 선박이 선회하거나 좌우로 기울 때 화물이 제자리에 머물지 못하고 미끄러지거나 넘어지면 선박을 더욱 불안정하게 만들 수 있기 때문이다. 따라서 선박 소유자는 「선박안전법」에 따라 화물을 적재하고 고정하는 방법을 정한 '화물적재고박지침서'를 마련해 해양수산부 장관의 승인을 받아야 하며, 실제로 승인받은 대로 화물을 적재하고 고정해야 한다. 청해진해운은 평소에도, 그리고 4월 15일에도, 세월호에 싣는 화물을 제대로 고박하지 않았다. 4월 15일 화물 적재와 고박 상황에 관해 묻는 검사에게 청해진해운 물류팀 차장 김정수는 다음과 같이 대답했다.

> 검사: 사고 발생 시까지 세월호에는 빈 공간이 없도록 화물을 가득 적재하였다고 하는데 맞나요.
> 김정수: 그것은 아니었습니다. 안개 때문에 화물이 많이 이탈되어서 큰 차, 4.5톤 이상의 차들은 다른 항로로 내려갔습니다. 그래서 공간 여유가 많이 있었고, 출항 시간이 임박하기 때문에 작업할 수 있는 시간이 많이 없어서 승용차 위주로 그냥 대충 실었던 것 같습니다. (중략)
> 검사: 세월호는 운항하면서 평균적으로 빈 공간이 없도록 화물을 가득 적재하였지요.
> 김정수: 가능하면 다 채워서 가려고 했습니다.
> 검사: 2014년 4월 15일에는 평소와 다르게 화물이 적게 실렸는가요.
> 김정수: 그렇지는 않았습니다.
> 검사: 마지막에 대충 실은 승용차들의 고박은 어떻게 하였나요.
> 김정수: 그때는 솔직히 많이 안 된 것들이 있었습니다. 그것은 제가 시인을 합니다.[60]

2014년 4월 15일, 세월호는 오후 1시경부터 화물과 차량 적재를 시작했다. 그날도 로딩 플랜은 없었고, 김정수가 작업을 총괄했다. 지게차가 필요한 컨테이너와 팔레트에 올린 화물을 "바짝 붙여" 먼저 실었다. 그다음에는 큰 화물차나 중장비를 안쪽으로, 승용차는 바깥쪽으로 주차했다.[61]

지하층 화물칸 E갑판은 선수 쪽부터 1톤짜리 사료 포대로 차곡차곡 채웠다.[62] 그다음에는 8피트 컨테이너(길이와 너비 2.44미터, 높이 2.62미터)를 일렬로 세웠다. 화물칸 벽과 컨테이너, 컨테이너와 컨테이너 사이에는 주먹 크기의 틈만 남았다. 그렇게 적재하니 화물칸에는 좌현 가운데 쪽 리프트에 화물 운반용 지게차를 겨우 태워 1층 D갑판으로 올리는 공간만 남았다.[63] 몇몇 컨테이너 위에는 목재나 합판을 올렸다.[64] 세월호 인양 후 선조위는 지하층에서 컨테이너 30개를 발견했는데, 이 화물칸에는 컨테이너를 고박하는 장치가 없었다.[65]

1층 D갑판 선수 쪽에는 건축자재나 가구 같은 잡화로 채운 8피트 컨테이너 7개를 실었다. 컨테이너와 컨테이너 틈새는 합판과 대리석 등으로 메웠다.[66] 그 뒤로는 화물차 29대와 승용차 24대를 빼곡하게 주차했다. 굴착기 등 중장비도 실었다. 한가운데에는 트레일러 3대를 붙여 세우고, 양옆에 철근을 쌓았다.[67] 트레일러 위에는 디스크 건조기가 실려 있었는데, 가장 큰 건조기는 무게가 52톤, 작은 건조기는 25톤이었다. 트레일러 무게를 포함하면 각각 73.48톤, 40톤이었다. 인천-제주를 왕복하는 오하마나호는 세월호의 마지막 출항 하루 전에 이 건조기들을 싣는 것을 거부한 바 있다. 선조위 조사에서 세월호 선장 신보식은 너무 큰 건조기를 실으면 한쪽으로 무게가 쏠려서 균형을 맞추기 어렵기 때문에 선적을 거부했을 것이라고 추측했다.[68]

2층 C갑판 선수 갑판 위에는 10피트 컨테이너(길이 3.05미터, 너비 2.44미터, 높이 2.62미터)와 8피트 컨테이너 총 45개를 우현 쪽에 3줄, 좌현 쪽에 3줄로 두 단씩 포개어 실었다. 양쪽으로 줄지어 세운 컨테이너 가운데에는 "트럭 5대 분량의 철근과 H빔"을 적재했다.[69] 선조위 종합보고서(내인설)는 이들 "컨테이너는 로프로 대충 감아놓기만 한 상태"였으며 "철근 등은 제대로 고박했는지는 알 수가 없다"라고 서술했다. 신보식은 선조위 조사에서 보통 컨테이너 사이로 철근을 넣는 바람에 고박 상태를 확인할 수 없었다고 진술했다.[70] 2층의 화물칸에는 승용차 65대, 화물차 33대 등을 다닥다닥 붙여 세웠다.[71] 2층 화물 고박 배치도는 트럭 적재를 허용하지 않고 있었다. 화물을 싣지 말아야 할 경사로에도 차량이 들어섰다. 2층에 실린 자동차들은 규정과 달리 제대로 고박되지 않았다. 고박 장치가 걸리지 않은 자동차가 절반 이상이었고, 고박한 자동차도 규정대로 좌우 2개씩 총 4개의 고박 장치가 아니라 2개만 사용했다. 트럭은 승인된 고박 장치가 아닌 체인을 사용해서 고박했고, 이는 20톤 이하의 차량만 감당할 수 있었을 것으로 보인다.[72]

2층과 3층 사이에 있는 트윈(tween) 갑판도 승용차 33대로 꽉 찼다. 원래 트윈 갑판에는 자동차를 최대 12대 적재하여 14.40톤까지 싣는 것으로 승인받았지만, 4월 15일 트윈 갑판에 실린 자동차 33대는 총 41.46톤이었다.[73] 전반적으로 한국선급이 승인한 세월호의 '화물고박장치도', '차량적재도'와는 "비교가 되지 않을 정도로 많은 화물"이었고 불량한 고박이었다.[74]

세월호에 화물을 제대로 고박하지 않은 것은 화물을 더 많이 싣기 위해서였다. "고박 규정을 다 지키면 적재 공간이 적게 나오기 때문"에 "규정대로 고박을 하지 않고 관행적으로 했던 것"이다.[75]

> 검사: 고박 규정을 다 지키면 적재 공간이 적게 나오는 이유는 무엇인가요.
> 남호만(물류팀장): 예를 들면, 선적 화물 중 가장 면적을 많이 차지하는 화물이 승용차인데, 승용차의 경우 규정대로 래싱 밴드 4가닥을 모두 고정시키면 2가닥만 고정시켰을 때보다 승용차 1대당 더 넓은 공간을 차지하기 때문입니다.[76]

세월호 운항관리규정은 승용차의 경우 60센티미터 이상의 간격을 두라고 명시했지만, "사람이 옆으로 비비고 지나다닐 공간밖에 안 남"게 차량을 바짝 붙였다.[77] 그러다 보니 규정대로 바퀴마다 쐐기(앞뒤로 움직이지 않게 고정하는 장치)를 박고, 래싱 밴드나 철제 체인(좌우로 움직이지 않게 고정하는 장치)으로 선체 바닥과 연결하는 게 불가능했다. 5톤 화물차의 경우 철제 체인 10가닥으로 선체 바닥에 고정해야 하지만 차량 앞뒤로 2가닥씩 4가닥만 사용했다. 승용차 역시 규정의 절반인 앞뒤 1가닥씩만 래싱 밴드를 썼다. 그마저도 제대로 안 했다. 수입차나 신형 차는 "기스(흠집) 우려 때문에" 쐐기만 박았기 때문이다.[78]

컨테이너는 규격부터 '화물고박장치도'와 어긋났다. 10피트 컨테이너만 사용해야 하는데 8피트 컨테이너도 실었다. 선체 바닥의 슬라이딩 트위스트 록(sliding twist lock, 컨테이너 아랫면 네 모서리를 선체 바닥에 고정하는 장치)이 규격과 달라 무용지물이었다. 한국선급은 2층 선수 갑판에만 컨테이너를 적재할 수 있도록 승인했기 때문에 다른 장소에는 이 장치가 아예 설치되지도 않았다. 설치된 슬라이딩 트위스트 록조차 일부는 파손돼 사용할 수 없었다.[79]

래싱 바(lashing bar, 철제 장대)를 이용해 컨테이너 앞·뒷면을 X자로 고정해야 하는 규정도 지키지 않았다. 컨테이너를 2단으로 쌓을 때는 트위스트 록(twist lock), 수평으로 연결할 때는 브리지 피팅(bridge fitting, 선적한 컨테이너가 흔들리지 않도록 고정하는 장치)을 사용해 컨테이너를 서로 연결해야 하지만 세월호에는 그러한 "자재 자체가 없"었다.[80] 디링(D-ring, 선체 바닥에 용접된 고리)은 오히려 꾸준하게 구입했는데, 적재량을 늘리기 위해서였다.

> 검사: 디링은 왜 추가로 설치하는 것인가요.
> 남호만: 승용차 싣는 자리에 화물차를 싣는 경우 디링 위치가 맞지 않을 수 있고, 그 반대의 경우도 마찬가지이며, 승용차 간 거리를 더 붙여 적재하는 경우 디링 위치가 맞지 않아 추가로 설치한 것입니다.[81]

규격에도 안 맞고 자재도 없으니, 컨테이너 고박은 20밀리미터 두께의 로프를 컨테이너 모서리 구멍에 연결해 묶는 방식으로 했다. 2층 선수 갑판에 적재한 컨테이너 45개는 "한 묶음"으로 연결했다. 지하층 화물칸에 실린 컨테이너는 로프로도 묶지 않았다.

수사관: 컨테이너는 어떻게 고박을 하나요.

이준수: (중략) [2단으로 쌓은] 컨테이너 45개를 한 묶음으로 생각하고 로프(20밀리미터)로 위 컨테이너 층에 한 줄을 둘러서 묶고, 아래 컨테이너 층에 한 줄을 둘러서 묶습니다. [그다음에] 위·아래층 로프를 상하로 연결하는 로프로 각각 연결해서 묶습니다. 이것이 컨테이너를 고박하는 방법의 전부입니다. 선저 부분 화물칸[E갑판]에 실린 53개의 컨테이너는 격벽이 있어서 로프도 결박하지 않았습니다.[82]

합판이나 철근 등 일반 화물은 컨테이너 안에 집어넣지 않았다면, 선체 바닥에 용접된 지지대 위로 올린 다음 X자로 묶어 고정해야 한다.[83] 하지만 철근이나 H빔은 철제 체인 몇 가닥으로 둘러 바닥에 연결하는 게 전부였다.[84] 철제 중량물이 아닌 일반 화물은 팔레트에 올리고 "팔레트를 컨테이너와 함께 로프로 연결"했다. "최대한 짐을 많이 넣으려고 그냥 막 많이 넣다 보니 래싱을 못 하는 경우"도 부지기수였다.[85]

검사: 화물의 고박을 제대로 하지 않으면 어떠한 문제가 발생하는가요.

김정수: 선박이 좌우로 롤링을 할 때 화물이 한쪽으로 쏠리게 되며, 그것이 심할 경우 세월호의 경우처럼 선박이 전도됩니다.

검사: 그러한 사정을 아는 피의자가 세월호의 고박을 제대로 감독하지 않은 이유가 무엇인가요.

김정수: 뭐라 할 말이 없습니다.

검사: 세월호 침몰 당시 촬영된 동영상을 보면 C데크[2층] 선수 갑판에 있는 컨테이너가 한쪽으로 쏠려 무너진 사실을 확인할 수 있는데 피의자는 이에 대하여 어떠한 생각이 드는가요.

김정수: 죄송하다는 말밖에 달리 드릴 말씀이 없습니다. 피해자들에게 죄스러울 뿐입니다.[86]

세월호를 방치한 건 청해진해운만이 아니었다. 물류팀 과장 하○○은 청해진해운 재판에 나와 "국정원, 해양경찰, 해양수산부, 운항관리실, 해운조합" 관계자로부터 "사고 당시까지 부실 고박이나 과적에 대하여 지적하거나 지적받은 사실"이 없다고 말했다.[87] 세월호 선장 신보식 역시 운항관리자에게 "규정대로 화물을 싣게 해달라고 말을 하였지만 소용이 없었"다고 주장했다.[88]

당시 해양경찰청이 고시한 '여객선 안전관리지침'에 의하면, 여객선은 월례점검과 특별점검을 받아야 했다. 월례점검은 한국해운조합 운항관리자가 하고, 특별점검은 명절이나 봄철 농무기(안개가 많이 끼는 기간), 겨울을 앞두고 해경과 항만청, 한국선급, 선박안전기술공단 등 관계기관들이 함께 했다. 청해진해운 해무팀장 박희석에 따르면, 이 기관들이 과적이나 고박을 지적한 적은 "단 한 차례도 없었"다.

검사: 운항 시 화물이 얼마나 되는지, 과적을 하는지 등에 관해 물어보거나 확인한 사실이 있나요.
박희석: 아니요, 없었습니다.
검사: 여객선 안전관리지침에 의하면 월례점검 항목에 화물, 고박 설비 정비 상태를 점검하도록 되어 있는데, 이에 대한 점검을 받은 사실이 있나요.
박희석: 제가 직접 본 적은 없지만 특별점검 시에도 고박 설비 정비 상태를 점검한 적이 단 한 차례도 없었고, 홍영기 대리로부터 월례점검 시 고박 설비 정비 상태를 점검하였다는 말을 들어보지 못했습니다.[89]

청해진해운은 2013년 3월 15일부터 2014년 4월 15일까지 모두 139회 운항에서 세월호 최대 적재 화물량 1,077톤을 넘겨 과적을 저질렀다. 과적으로 부당하게 얻은 추가 이익금만 29억 6000만 원에 이른다.[90] 검찰은 세월호 과적과 부실 고박의 책임을 묻기 위해 청해진해운의 대표이사 김한식, 상무이사 김영붕, 해무이사 안기현, 물류팀장 남호만, 물류팀 차장 김정수, 해무팀장 박희석과 세월호 선장 이준석, 1등항해사 강원식, 우련통운 항만운영본부장 문기한, 제주카페리팀장 이준수, 한국해운조합 운항관리자 전정윤을 업무상 과실 선박매몰죄의 공동정범으로 기소했다.

우련통운에 고박 면허를 대여해준 원광공사는 기소하지 않았다. "「항만운송사업법」 등 현행법상 처벌할 법적 근거가 없"다는 이유였다.[91]

1심은 청해진해운 임직원과 세월호 선장 이준석, 1등항해사 강원식, 우련통운의 문기한과 이준수, 운항관리자 전정윤에게 유죄를 선고했다. 법원은 특히 ① 청해진해운과 우련통운이 사실상 갑을 관계에 있었다고 하더라도 남호만, 김정수와 업무상 지휘·복종 관계라 보기 어렵고, ② 과적과 부실 고박을 시정하기 위해 청해진해운이나 우련통운 본사에 해결책을 건의한 사실이 없으며, ③ 우련통운이 과적과 부실 고박을 이유로 청해진해운과 계약 관계를 종결시키는 일이 불가능하지 않았다고 봤다.[92]

2심은 문기한과 이준수를 제외한 나머지 피고인들에게 유죄판결을 유지했다. 문기한은 무죄가 되었다. 문기한은 ① 우련통운의 제주카페리팀 업무를 총괄하지만 비중이 크지 않고, ② 직접 세월호에 승선해 화물 선적과 고박을 감독하거나 지시했다고 인정할 만한 사정이 없으며, ③ 청해진해운 물류팀이 실제 작업 현장을 지휘했다는 이유였다. 이준수의 경우 부실 고박만 유죄로 인정됐다. 과적은 ① 화물 접수, 중량 확인, 선적 여부 결정 등을 모두 청해진해운 물류팀이 했고, ② 과적 여부를 알 수 없었으며, ③ 계약에 따라 화물 적재를 담당하는 이준수에게 과적을 방지할 업무상 주의의무가 있다고 하기 어렵다고 보아 무죄를 선고했다. 다만, 부실 고박은 ① 일부 화물의 경우 이준수의 지시 아래 고박 작업을 했고, ② 세월호의 갑판에는 컨테이너 고박 장비가 없는데도 적재했으며, ③ 고박 장비 구매를 김정수에게만 요청했을 뿐 우련통운 본사를 통해 청해진해운에 전달하지 않은 점을 들어 책임이 있다고 판단했다.[93] 2015년 10월 29일 대법원은 2심 판결을 확정했다.

화물은 더 싣고 평형수는 빼고

세월호는 원래 최대 2,525.53톤의 화물을 실었을 때 최소 370톤의 평형수를 적재하는 배였다. 하지만 증개축을 한 뒤에는 화물을 싣지 않은 상태에서도 12개의 평형수 탱크 중 9개를 완전히 채워야 할 정도로 복원성이 나빠졌다.[94] 이에 따라 화물을 최대 1,077톤을 실을 때 최소 1,694.8톤의 평형수를 적재해야 선박 복원성 기준을 맞출 수 있게 되었다.* 물 위로 나와 있는 선체 부분이 증개축으로 더 무거워졌기 때문에 배 아랫부분에 평형수를 그만큼 더 실어 무게중심을 낮춰야 했던 것이다. 무리한 증개축 탓에 세월호가 실을 수 있는 최대 화물량은 절반으로 줄었고, 실어야 하는 최소 평형수 양은 네 배나 늘어났다.

세월호 정식 선장 신보식은 과적과 관련해 물류팀에 수차례 문제를 제기한 바 있다고 했다. "밸러스트 탱크 2, 4, 5번, 경우에 따라서는 1번 탱크까지 평형수를 채우고 운항을 하였는데도 복원성이 불안"했기 때문이다. 신보식은 물류팀 차장 김정수에게 여러 차례 화물 문제를 지적했다고 주장했다.

> 덩치가 크다고 짐을 많이 질 수 있는 것은 아니다. 화물을 많이 실으면 운항하는 것이 불안하다. 오하마나호와 똑같이 화물을 실으려고 하면 안 된다. 세월호는 증축을 했을 뿐 아니라 선수 램프까지 제거하였다. 오하마나호와 같이 생각하면 안 된다.[95]

신보식은 물류팀장 남호만에게도 우려의 목소리를 냈다가 오히려 "물[평형수]을 빼고 화물을 많이 실으면 좋은 것이 아니냐"란 말만 듣고 돌아섰다.[96] 청해진해운 재판에서 김정수는 신보식에게서 "그런 비슷한 취지

---

* 세월호의 복원성이 실제보다 좋은 것을 전제로 해서 산정한 잘못된 수치이다.

로 한두 번 이야기를 들었"다고 했다.⁹⁷ 하지만 남호만은 김정수로부터 신보식의 이야기를 전해 들은 적도 없고, 신보식이 직접 과적에 대해 항의하지도 않았다고 반박했다.⁹⁸

세월호 1등항해사 강원식도 해무팀 대리 홍영기에게 "날씨가 안 좋은 날 배 한번 타봐라. 우리는 죽겠다"라고 말했다. 홍영기는 배를 타본 적이 없기 때문에 그만큼 힘들다고 이야기하는 것으로만 알아들었다.⁹⁹ 애초부터 해무팀이 운항관리규정 준수 여부를 점검하고 관리해야 했지만, "물류팀이 화물을 적재하는 대로 두고 보고 있을 수밖에 없"었다.¹⁰⁰

검사: 왜 그렇게 방치해야 하는 건가요.
홍영기: 회사 이익의 70~80퍼센트를 물류팀에서 내기 때문에 해무팀에서 뭐라고 하지도 못합니다. 해무팀 안기현 이사도 물류팀 부장에게는 제대로 화물과 관련하여서는 한마디도 못 하는 입장이며, 물류팀장은 김한식 사장과 직대를 할 정도입니다. 심지어 선장들도 물류팀장에게는 과적을 해도 뭐라고 말을 못 합니다. 뭐라고 하면 난리가 난다고 하는데 어떻게 갓 대리를 단 제가 감히 무슨 말을 하겠습니까.¹⁰¹

변호인(안기현): 안기현이 화물 업무에 대해서 보고 라인에 있나요.
남호만: 그건 아닙니다.
변호인: 물류팀의 업무를 피고인 안기현이 간섭하거나 지시한 적이 있는가요.
남호만: 없었습니다.¹⁰²

일본에 이어 한국에서도 증개축한 세월호는 복원성이 나빠져 평형수를 1,694.8톤이나 실어야 하는 배가 되었다.¹⁰³ 세월호의 복원성 문제를 체감하고 있던 신보식은 2, 4, 5번만이 아니라 모든 평형수 탱크를 채우고 운항해야 한다고 생각했지만, 실제로 그렇게 하지는 못했다. 2014년 4월 28일 광주지검 목포지청에서 검사가 신보식에게 물었다.

검사: 진술인은 세월호를 운항하려면 밸러스트 탱크에 어느 정도 평형수를 채워야 한다고 생각하는가요.

신보식: 저는 증축 과정에서부터 참여했기 때문에 세월호의 복원성을 잘 알고 있습니다. 저는 밸러스트 탱크 전부에 평형수를 채워야 한다고 늘 생각했습니다.

검사: 그렇지만 진술인은 밸러스트 탱크에 전부 평형수를 채우고 세월호를 운항한 적이 없지 않은가요.

신보식: 그래서 날씨가 조금 좋지 않으면 걱정을 많이 하였습니다. 그래서 제가 박희석 차장이나 홍영기 대리, 김정수 차장에게 "날씨가 안 좋은 날에 직접 한번 타봐라. 그리고 한번 상태를 느껴봐라"라는 말을 수시로 했습니다.

검사: 진술인은 밸러스트 탱크에 전부 평형수를 채우고 운항할 생각을 한 적은 없었는가요.

신보식: (중략) 밸러스트 탱크 전부에 평형수를 가득 채워야 안전하게 운항할 수 있는데 그렇[게] 되면 만재흘수선을 초과하기 때문에 운항 자체가 안 됩니다.[104]

2, 4, 5번 밸러스트 탱크에 평형수를 채운 상태에서 최대 화물 적재량(1,077톤)을 초과하여 화물을 실으면 만재흘수선을 넘겨 운항관리자가 출항을 금지할 염려가 있었다. 그래서 남호만이 신보식에게 말한 것처럼 일단 "물을 빼고" 만재흘수선을 맞춰 출항했다. 그러나 그 상태로는 배가 불안정하므로 항구를 떠난 다음 밸러스트 탱크에 다시 평형수를 채우고 운항했다.

검사: 기본적으로 2, 4, 5번 밸러스트 탱크에는 평형수를 채웠는데 화물을 과적해서 많이 싣다 보니까 배를 운항하는 데 어려움이 있어서, 그런데 당장 부두에서 평형수를 더 채우게 되면 만재흘수선을 넘겨버리므로 그 경우 운항관리자가 운항을 통제할 우려가 있어서 결국 일단은 출항을 하고, 그리고 증인의 진술에도 있지만 인천대교를 지나서부터 1번 탱크나 다른 밸러스트 탱크에 평형수를 채우고 운항한 경우가 많았다는 것이지요.

신보식: 예.

검사: 운항 중에 밸러스트 탱크에 평형수를 채우면, 만재흘수선을 넘긴 상태에서

운항을 계속했던 것인가요.

신보식: 예.

검사: 다시 제주에 입항할 때가 되면 밸러스트에 채웠던 물을 빼서 마치 만재흘수선 초과 없이 운항한 것처럼 해서 제주항에 입항했던 것인가요.

신보식: 예, 그리고 제주항에 입항했을 때 지적도 몇 번 받은 적이 있습니다.

검사: 실제로 지적을 받은 적도 있는가요.

신보식: 예.[105]

일반적으로 선박이 화물을 과적했는지는 각 선박별로 정해진 만재흘수선을 넘었는가 넘지 않았는가를 기준으로 판단한다. 「선박안전법」 2조는 만재흘수선을 '선박이 안전하게 항해할 수 있는 적재 한도의 흘수선으로 여객이나 화물을 승선 또는 적재하고 안전하게 항해할 수 있는 최대한도를 나타내는 선'이라고 정의한다. 만재흘수선을 초과해 여객 또는 화물을 운송한 자는 3년 이하의 징역 또는 3천만 원 이하의 벌금으로 처벌하게 된다(「선박안전법」 83조 9항).

2015년 2월 17일 한국해운조합이 청해진해운 사건 2심 재판부에 제출한 '사실조회서 회신'을 보면, "화물의 적재 한도 초과 여부는 만재흘수선을 육안으로 확인하여 과적 여부를 판단"한다고 돼 있다.[106] 피고인들은 2심 공판에서 이것을 근거로 세월호 과적 사실을 부인하거나 과적 여부를 알 수 없었다고 주장했다. 세월호는 마지막 출항 당시 만재흘수선을 "넘지 않았"기 때문이다.[107]

2심 재판부는 피고인들의 주장을 받아들이지 않았다. 만재흘수선은 재화중량(화물, 승객, 평형수, 연료유, 청수 등의 총합) 초과 여부만 판단할 수 있을 뿐, 선박의 안전 운항을 "담보하지는 않는다"고 판단했다.

선박이 만재흘수선을 준수하였다는 것은 승객, 화물, 연료, 식량 등 선박이 적재할 수 있는 최대 재화중량을 초과하지 않았다는 것으로 '화물'이 선박 안전 운항을 위한 적정량 또는 최대치를 초과하여 선박에 적재되지 않았음을 담보하지는

않는다.[108]

이처럼 선박의 과적 여부와 만재흘수선 초과 여부는 긴밀하게 관련되어 있지만 서로 다른 문제다. 선박이 과적 상태에 있어도 평형수를 빼서 만재흘수선이 수면에 잠기지 않도록 조절하면, 실제로는 배가 더 위험한 상태인데도 「선박안전법」을 위반하지 않은 것처럼 만들어 항해할 수 있다.

세월호 1등항해사 강원식은 검찰에서 2014년 4월 15일 마지막 출항 때 "만재흘수선을 넘긴 것 아니냐고 지적할까 봐 선미를 띄우기 위해" 평형수를 조절했다고 털어놨다.[109] 세월호 선장 신보식 역시 청해진해운 1심 공판에서 만재흘수선이 잠기는 것을 막기 위해 평형수를 조절해왔다고 인정했다.

> 검사: 즉 피고인은 평형수를 복원성 자료에 나와 있는 기준보다도 더 많이 적재해야 안전하다는 것을 알고 있었지만, 화물을 이미 과적한 상태에서 평형수마저 많이 적재하면 만재흘수선을 넘겨버리게 되고, 그렇게 되면 출항 자체가 통제될 수 있기 때문에 평형수를 더 적재하지 않았던 것이지요.
> 신보식: 예, 그렇습니다.[110]

세월호에 화물을 많이 싣는 대신 평형수를 빼는 행위가 상습적이었고 4월 15일에도 마찬가지였다는 사실은 선장과 항해사 등의 진술을 통해 드러났다. 다만 사고 당시 세월호에 평형수가 얼마나 실려 있었는지 정확하게 알기는 어렵다. 선조위의 '내인설'과 '열린안' 종합보고서는 사고 당시 세월호에 실린 평형수 양을 서로 다르게 추정했다.* 두 보고서 모두

---

* 선조위는 세월호의 복원성 및 침몰 원인(특히 잠수함 충돌 등 외력이 작용했을 가능성)에 관한 내부 이견을 좁히지 못하여 결국 종합보고서를 '내인설'과 '열린안' 2가지로 나누어 발간했다(2018년 8월). '내인설'은 세월호의 낮은 복원성이 근본적인 침몰 원인이라고 보았고, '열린안'은 잠수함 등 외부 물체

1번, 2번, 4번, 5번(좌·우현) 탱크는 거의 차 있었고 3번 탱크(좌·우현), 6번 탱크, 선수 피크 탱크, 선미 피크 탱크는 거의 비어 있었다고 보았다. 주로 의견이 갈린 부분은 4번 탱크와 5번 탱크에 평형수가 얼마나 차 있었는지에 대한 추정이었다. 내인설은 4번, 5번 탱크가 95퍼센트 정도 찼다고 판단했고, 열린안은 두 탱크가 98퍼센트 정도 차 있었다고 판단했다. 국제해사기구(IMO) 규정에 따르면 전자의 경우에는 배의 복원성을 계산할 때 자유표면효과*를 적용해야 하고, 후자의 경우에는 자유표면효과를 적용하지 않아도 된다. 따라서 평형수 양 추정치에 따라 사고 당시 복원성 추정치도 조금씩 달라지게 된다.[111]

4번과 5번 탱크에 실려 있던 평형수의 양을 오차 없이 정확하게 밝혀내기는 어렵다. 그러나 세월호가 화물을 많이 실으면서 평형수는 적게 실었다는 사실은 변하지 않는다. 전체 평형수의 양을 선조위 종합보고서 '내인설'은 788.029톤으로, '열린안'은 799.02톤으로 계산했다. 화물은 2,210톤으로 추정됐다. 증개축 이후 세월호는 화물을 최대 1,077톤 실을 때 평형수를 최소 1,694.8톤 실어 복원성 기준을 맞추어야 했다. 이것도 세월호의 복원성을 실제보다 좋게 가정해서 나온 수치다. 이를 기준으로 삼아도 세월호에는 화물이 최대치보다 2배로 실렸고 평형수는 최소치의 절반쯤 실렸다.

사고 당시 세월호의 복원성 계산

지금까지 밝혀냈거나 추정한 정보를 모두 종합하더라도 사고 당시 세

충돌의 가능성을 배제할 수 없다고 보았다.

* 배가 기울 때 탱크 속 액체가 한쪽으로 이동하면서 동요 현상이 발생하여 배의 무게중심이 이동하는 효과.

월호의 복원성(GoM) 값을 오차 없이 정확하게 알아내기는 쉽지 않다. 복원성을 계산할 때 필요한 여러 수치를 도출하는 데에 이미 많은 가정과 판단이 들어가 있기 때문이다. 특히 화물량, 평형수, 청수, 연료유, 승객의 무게 등 운항 때마다 달라질 수 있는 수치들은 실제와 가까운 값을 추산할 수 있을 뿐이다. 선조위는 이러한 제약 속에서 사고 당시 세월호의 복원성 값을 계산해야 했다.

선박의 복원성

배는 흔들의자처럼 파도와 바람에 흔들려 한쪽으로 기울어졌다가도 다시 원래대로 돌아오도록 설계해야 한다. 배가 기울어졌다가 원래의 평형상태로 되돌아오려는 성질을 복원성이라 한다.* 선박의 안전성을 판단하는 중요한 기준이다. 복원성은 배의 무게중심이 낮을수록, 물에 들어가 있는 깊이가 상대적으로 깊을수록, 배의 가로 면적이 넓을수록, 배 안에 흔들리는 물체나 액체가 없을수록 좋다

복원성 관련 용어
① 배수량(W): 선박이 물에 떠 있을 때 그 선박이 밀어낸 물의 무게만큼 부력을 가진다. 선박이 밀어낸 물의 무게는 선박이 수면 아래 잠겨 있는 부분의 용적에 물의 밀도를 곱한 것과 같으며 이를 배수량이라고 한다.
② 무게중심(G): 선체의 전체 중량이 모여 있다고 생각할 수 있는 하나의 점을 말한다. 무게중심을 낮추면 복원성이 좋아진다. 이에 따라 신체 하부에 있는 평형수 탱크에 평형수를 적재해 무게중심을 낮추어 복원성을 개선하기도 한다.
③ 부력: 선박과 같이 물에 떠 있는 물체는 물에 잠겨 있는 부분의 용적에 상당하는 물의 무게와 동등한 크기의 힘을 수직 방향으로 받는데, 이 힘을 부력이라고 한다.

---

* '복원성'이란 수면에 평형상태로 떠 있는 선박이 파도·바람 등 외력에 의해 기울어졌을 때 원래의 평형상태로 되돌아오려는 성질을 말한다. 「선박안전법」 2조 8호.

④ 부심(B): 부심(부력중심)은 부력의 작용점으로 선체 중 물에 잠긴 용적의 중심이다.

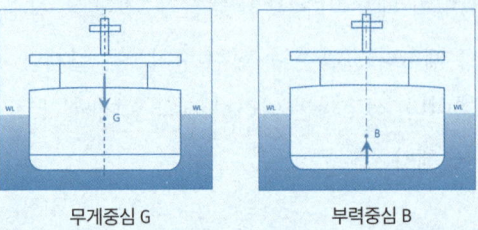

무게중심 G   부력중심 B

⑤ 부력과 중력: 물에 떠 있는 선체에서 중력은 아래쪽으로, 부력은 위쪽으로 작용한다. 선박이 물에 떠 있다는 것은 선박의 중량과 부력이 같다는 것을 의미한다.

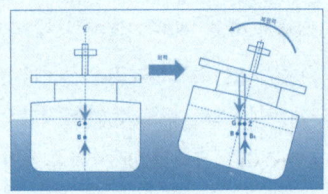

부력과 중력

⑥ 메타센터(경심, M): 선체가 어떤 각도만큼 기울어지면 부심 B는 B_1으로 이동하게 되는데, 배가 똑바로 떠 있을 때 부력의 작용선과 B_1으로부터 부력의 작용선이 만나는 점을 메타센터라고 한다. 보통 M으로 표시한다. 일반적으로 배가 15도 이내로 기울어질 경우 M의 위치는 변하지 않고 일정하다고 본다.

⑦ 메타센터 높이(GM): 선박의 무게중심(G)과 메타센터(M) 사이의 거리를 '메타센터 높이'라 하고 GM으로 표시한다.

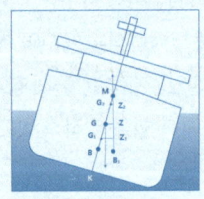

메타센터

⑧ GoM: 배 안에서 액체와 같은 물체가 흔들리면 무게중심을 상승시키는데 이는 배의 복원력을 악화시킨다. 이 악화된 값을 GM에 반영한 수치가 GoM이다.

⑨ 복원정(GZ): 선박을 안정된 위치로 되돌리려는 힘을 복원력이라고 하며, 초기 복원력을 구할 때 배수량(w)에 곱하는 거리가 복원정이다. 복원의 팔 또는 GZ라고도 한다. 지렛대를 생각하면 쉽게 이해할 수 있다. 복원정은 지렛대의 중간 지점에서 힘이 가해지는 곳까지의 거리에 비유할 수 있다. 지렛대와 같이 복원정이 길수록 복원력이 커진다. 배가 θ만큼 소각도 기울었을 때 GZ=GM× sinθ가 된다.

여객선의 복원성 기준

여객선은 선박안전법에 따라 해양수산부 장관이 고시하는 선박 복원성 기준*을 충족해야 한다. 복원성 기준은 여객선, 어선, 그 외 선박 등 선종별로 다른데, 여객선의 기준이 가장 엄격하다.[112] 선박 복원성 기준에 따르면 여객선은 6가지 조건을 충족해야 한다.**

① 모든 승객이 기울어진 쪽으로 다 몰려 있다고 가정했을 때 발생하는 힘(여객의 횡이동에 의한 경사우력정) 또는 배가 선회할 때 기울어지는 힘보다 배가 10도 정도 기울어졌을 때의 복원력이 더 커야 한다.[113] 이는 모든 승객이 한쪽 방향으로 몰리는 일이 생겼을 때 또는 방향을 바꿀 때도 배가 10도 이상 기울어져서는 안 된다는 뜻이다. 배가 기울어졌을 때 배를 세우는 힘보다 승객들이 한쪽으로 몰리거나 배가 선회할 때 기울어지는 힘이 더 크면 배는 복원성을 잃고 넘어지게 된다.

② GoM이 0.15미터 이상이어야 한다. GoM은 배의 안정성을 가늠하는 기준인데, 적어도 이 정도의 값은 되어야 배가 안전하게 운항할 수 있다는 경험의 반영이다.[114] 무게중심이 높을수록, 배의 흔들림에 따라 움직이는 액체나 물체가 많을수록 GoM은 작아진다.

③ 선박의 기울기에 따른 복원력의 크기를 연결한 곡선(복원정곡선)의 면적 비율이 1보다 커야 한다. 이는 복원성을 악화시킬 수 있는 요인이 추가로 작용하더라도 남아 있는 복원력이 있어야 한다는 뜻이다.[115] 동적 기준이라고도 한

---

* 사고 당시에는 2013년 5월 7일부터 시행된 해양수산부 고시 제2013-76호 '선박 복원성 기준'이 적용되고 있었다.

** 복원성 조건들은 복잡한 수식으로 되어 있어서 보통 컴퓨터 프로그램을 이용해 검토한다.

다.[116] 예컨대 바람이 불어 배가 좌현 쪽으로 기울어진 경우 원래 상태로 돌아오려는 힘이 너무 세면 오히려 배가 우현 쪽으로 더 크게 기울어져 침몰할 수도 있다. 흔들의자를 뒤로 당겼다가 놓았을 때 의자가 너무 빠르게 움직이면 오히려 앞으로 넘어지게 되는 것과 비슷하다. 이 조건은 배가 한쪽으로 기울어졌다가 복원력에 의해 평형상태로 돌아오는 힘이 너무 강해서 반대쪽으로 다시 기울어지면서 침몰하는 것을 방지하기 위한 것이다.

④ 바람이나 파도, 방향 전환에 의해 배가 기울어져도 배 안으로 물이 들어오면 안 된다.[117] 배에 물이 들어오면 배를 더 기울어지게 만들어 전복될 수 있기 때문이다. 따라서 배가 다른 원인 때문에 기울어지더라도 배 안에 물이 들어올 수 있는 기울기까지는 기울어지지 말아야 한다.

⑤ 복원정곡선과 횡축으로 둘러싸인 부분의 면적이 일정한 값보다 커야 한다. 앞의 4가지 조건을 만족시키면서도 복원정곡선이 이상하게 만들어지는 배를 설계할 가능성을 방지하기 위한 것이다.[118]

⑥ 최대 복원정 값이 25도 이상에서 발생하고 30도 이상의 기울기에서 복원정은 0.2미터 이상이어야 한다. 배가 기울어지더라도 기울기 25도까지는 복원력이 계속 커져야 하며 25도를 넘어도 일정한 각도까지는 어느 정도 이상의 복원력을 가져야 배가 안전하다는 뜻이다.[119] 배가 25도를 훨씬 넘는 각도로 기울어지게 되는 추가적인 요인이 발생할 경우에는 복원성 기준을 만족하는 배라도 전복될 위험이 있다는 뜻이기도 하다.

여객선 소유자는 운항하려는 선박이 복원성 기준에 적합한지에 관해 복원성 자료를 제출해 해양수산부 장관의 승인을 얻어야 한다(「선박안전법」 28조 2항). 이 승인 업무는 한국선급이 대행하고 있다(「선박안전법」 60조).

복원성 자료를 승인받으려면 복원성 검사를 받아야 한다. 일반적으로 복원성 자료는 화물이나 여객이 없는 상태에서 선박의 무게중심(G) 위치를 구하기 위한 경사시험을 하고, 이를 바탕으로 화물 적재 상황에 따라 출항과 입항 때 복원성 기준 만족 여부를 계산해 작성하게 된다. 즉, 복원성 자료는 선박의 특정한 상태가 아니라 표준적인 재화 상태를 가정해 작성하는 것이다. 선장은 출항할 때 화물의 적재 상태가 복원성 자료의 조건과 현저하게 다르거나 복원성 기

준의 충족 여부에 의심이 있을 경우 직접 복원성을 계산해서 확인할 필요가 있다.[120]

* 그림 출처: 「선박 복원성 실무」(해양심판원 해양수산종사자 교육 교재), 5~6쪽.

    선조위는 세월호의 무게중심을 계산하기 위해 우선 선원을 제외한 승객 443명의 무게와 배치를 고려했다. 선조위는 소지품을 포함한 승객 1명의 무게를 90킬로그램으로 추정하고, 세월호 4층 A갑판에 345명, 3층 B갑판에 98명의 승객이 있었다고 가정했다. 또 갑판별로 화물의 종류와 무게를 파악하여 계산에 반영했다. 출항 이후 사고 시점까지 복원성이 감소한 정도를 계산하기 위해서는 연료와 청수 사용량을 추정해야 했다. 선조위는 1명이 하루 동안 청수를 167킬로그램 사용한다고 가정했는데, 이는 세월호가 사고 이전인 4월 11일부터 15일까지 승무원과 승객 총 592명을 싣고 운항하는 동안 청수를 98.9톤 사용했다는 기록을 바탕으로 추산한 것이다. 이를 기준으로 삼아 4월 15일 밤 출항 이후 사고 당시까지 476명이 167킬로그램씩 사용한 것으로 계산하면 청수 소모량은 79.515톤이다. 또 선조위는 세월호가 출항 이후 연료유 약 24.2톤을 사용하여 사고 당시에는 약 177톤의 연료유가 남아 있었다고 계산했다.*

    복원성 값을 계산하는 데에 가장 큰 난관은 세월호의 무게중심 변화와 평형수 탱크의 자유표면효과 적용에 대한 판단이었다. 일본에서 건조됐을 때와 비교하여 증개축 이후 세월호의 무게중심이 얼마나 상승했는지

---

  * 선조위 종합보고서 '내인설'(64쪽)은 세월호가 4월 11일 청수 11톤을 공급받았다고 서술하고 있으나 이는 77톤의 오기로 보인다. 또 '열린안'(71쪽)은 사고 당시 연료유가 201.169톤 남아 있었다고 서술하고 있으나 이는 176.964톤의 오기로 보인다. 선조위 종합보고서(내인설), 64~65쪽; 선조위 종합보고서(열린안), 70~71쪽.

세월호의 경하중량 및 무게중심

	경하중량(톤)	무게중심(미터)
일본에서 건조 시 승인 결과	5,926.19	11.27
한국선급 승인 결과	6,113.030	11.777
경사시험 계산 오류 수정 및 감사원 흘수와 중량 보정 결과	6,213.000	11.889
선조위 발견 추가 중량 보정 결과	6,232.718	11.912
선조위 발견 경사시험 시 자유표면효과 오류 반영	6,232.718	내인설 12.102 열린안 11.912

선조위 종합보고서(내인설) 44쪽, (열린안) 45쪽의 표 정정 및 재구성

에 대해서 선조위 종합보고서 '내인설'(약 83 센티미터)과 '열린안'(약 64센티미터)은 서로 다르게 판단했다.* 한국선급 승인 결과에 비해서는 '내인설'이 약 32센티미터, '열린안'이 약 13센티미터 무게중심이 올라간 것으로 보았다. 한국선급이 실시한 경사시험의 오류가 무게중심 계산에 얼마나 영향을 미쳤는지에 대한 견해가 달랐기 때문이다(2부 참조). 또 앞에서 언급한 바와 같이 '내인설'과 '열린안'은 사고 시점에서 4번과 5번 탱크의 평형수 양과 자유표면효과 적용에 대한 해석이 서로 달랐다. 이에 따라 두 보고서는 세월호라는 같은 배에 대해 서로 다른 복원성 값을 제시했다.

세월호의 무게중심이 더 많이 올라가 있었다고 판단하고 평형수 탱크의 자유표면효과를 더 중요하게 고려한 '내인설' 보고서가 '열린안' 보고서에 비해 복원성 값을 조금 더 낮게 추정했다. 내인설 보고서는 인천항 출항 당시 세월호의 복원성을 GM 0.724미터, GoM 0.406미터로 계산했다. GoM은 GM에 자유표면효과로 인한 무게중심 이동을 반영한 값이다.

---

* 선조위 종합보고서(열린안)의 본문(45쪽)에는 무게중심이 일본 건조 시보다 64센티미터 상승했다고 표기되어 있으나, 바로 밑의 비교표에는 내인설과 같은 수치(약 83cm 상승)가 적혀 있다. 선조위 종합보고서(내인설) 초안을 '열린안'으로 수정하는 과정에서 미처 확인하지 못한 오류로 보인다.

출항 이후 연료와 청수가 줄어든 것을 반영하여 4월 16일 아침 사고 당시 복원성 값을 계산한 결과는 GM 0.626미터, GoM 0.306미터였다. '열린안' 보고서는 출항 당시 복원성을 GM 0.74미터, GoM 0.62미터로 계산했다. 사고 당시 복원성 값을 계산한 결과는 GM 0.64미터, GoM 0.51미터였다.[121] 복원성 값 계산에 들어가는 각종 정보의 근본적인 한계로 인해 사고 당시 세월호의 실제 GoM값을 완벽하게 확정하는 것은 불가능한 일이다. 또 세월호가 항해 중 선수 쪽이 아래로 내려갈수록(선수 트림) GoM이 빠르게 낮아지는 선형 구조였음을 고려하면 사고 당시 GoM값 계산에는 오차가 있을 수밖에 없다. 가령 화물의 실제 무게중심이 복원성 계산 때 가정했던 것보다 더 앞쪽에 있었다면 GoM값이 작아진다.[122]

이처럼 복원성 계산에는 불확실한 측면이 있지만, 선조위가 제시한 사고 당시 GoM값 2가지(0.306, 0.51) 모두 방향타의 각도, 화물의 움직임 등 여러 변수에 따라 사고를 유발할 수 있는 조건이었다. 복원성 수치가 낮으면 낮을수록 비교적 작은 방향타 각도에도 선체가 많이 기울어지는 경향이 있다. 둘 중 GoM값을 더 낮게 추정한 '내인설'은 세월호가 외부에서 가해지는 힘 없이 방향타와 화물 이동만으로 크게 선회하면서 기울 수 있었다는 입장이고, 그보다 GoM값을 높게 추정한 '열린안'은 세월호의 복원성이 치명적으로 낮지는 않았다면 선체가 사고 당시처럼 움직이는 데에는 방향타와 화물 이동 외에도 외부의 힘이 필요했을 것이라는 입장이다. 하지만 복원성 수치 2가지는 네덜란드의 해양연구소 마린(MARIN)이 수행한 모형시험 조건의 범위 안에 들어가 있었고, 마린은 세월호가 사고 당시처럼 움직이는 데에 외부의 힘은 필요하지 않았다고 결론 내렸다(3부 2장 참조).

결국 복원성이 문제였다

청해진해운 사건과 선원 사건 재판에서 법원은 복원성이 나빴기 때문에 세월호가 크게 기울어졌다고 판단했다. 세월호가 복원성이 좋은 배였다면 조타수가 이른바 '대각도 조타'를 했더라도 배가 크게 기울어지는 일은 없었을 것이라는 뜻이다. 이는 조타수의 대각도 조타가 아니라 선박 내부의 기계적 문제로 방향타가 돌아가는 경우에도 성립한다. 어떤 이유로든 방향타가 큰 각도로 돌아가더라도 세월호의 복원성이 좋았다면 배가 침몰할 정도로 크게 기울어지는 일은 없었을 것이다. 실제로 세월호 건조 당시 우현 35도의 최대 타각으로 선회시험을 했을 때는 선체가 좌현으로 넘어지지 않았고, 원을 한 바퀴 그리면서 돌아가는 항적을 만들었다.[123] 청해진해운 사건 2심 판결문은 이에 관해 다음과 같이 서술한다.

> 이 사건 사고 지점에서 변침하던 중 선수가 급격하게 우회두하면서 좌현으로 크게 횡경사가 크게 발생하였는데, 일반적인 선박의 경우 다른 선박이나 장애물 등과의 충돌을 피하기 위하여 35도 전타*를 하여도 항해의 안전성에 문제가 없으므로 위와 같이 발생한 횡경사는 복원성 악화 외에 달리 그 원인이 설명되지 않는다.[124]

세월호의 복원성은 왜 나빠졌는가. 법원은 ① 선미 쪽에 여객실 및 전시실을 설치한 증개축 등으로 인해 순수 무게가 증가해 무게중심이 높아진 것, ② 선수 우현에 있던 차량 진입로(램프)를 떼어내면서 좌우 30톤가량의 불균형이 발생한 것,** ③ 사고 전날 복원성 자료에 따른 적재 화물

---

* 조타기를 35도 끝까지 돌리는 것을 말한다.
** 선수 우현에 있던 차량 진입로(40톤)를 철거하면서 그 자리를 철판(10톤)으로 밀폐했다. 이에 따라 선수 우현이 좌현보다 30톤 가벼워졌다.

최대치를 초과해 화물을 싣고, ④ 평형수는 적재 최소치보다 더 적게 실은 것이 세월호의 복원성을 악화시킨 원인이라고 봤다.[125] 이 중에서 ①과 ②는 2014년 이전부터 세월호에 내재되어 있던 조건이고, ③과 ④는 2014년 4월 15일에 만들어진 조건이다. 그러나 ③과 ④도 2014년 4월 15일에 처음으로 혹은 우연히 벌어진 일이 아니며, 오랜 기간 상습적으로 해오던 일의 연장일 뿐이었다. 세월호의 복원성 악화는 우연이나 불운이 아니라 오랜 계획과 실행과 묵인의 결과였다.

세월호가 복원성 기준을 충족하기 위해 지켜야 할 복원성 자료는 정확하지 않았다. 복원성 자료를 승인받기 위해 경사시험을 할 때 세월호는 여전히 내부 인테리어 공사 중이었다. 세월호 증개축과 관련한 도면 승인과 복원성 자료 작성 등을 맡은 신성선박설계기술사사무소(신성선박설계) 대표 윤영국은 ① 세월호의 인테리어 공사 등 완공으로 발생할 일부 중량을 누락하고,* ② 세월호가 물에 잠기는 부분의 깊이를 보정할 때 보정치를 잘못 입력해 실제보다 더 가볍다는 전제로 경사시험 결과서를 작

---

* 한국선급은 인테리어 공사 등과 관련해 45.78톤의 중량이 추가되는 것으로 산정하고 경사시험 결과서를 승인했다. 그러나 인테리어 공사가 끝난 다음 실제로 추가된 중량은 82.78톤이었다. 37톤이 경사시험 결과서에 누락되고 그만큼 세월호의 중량이 적게 산정됐다. 누락된 중량 중 인테리어 공사로 인해 추가된 중량 27.17톤은 세월호의 4, 5층 갑판에 추가된 것으로 무게중심을 높였고 복원성에 특히 나쁜 영향을 미쳤다.

구분		추가 중량(톤)			비고
		경사시험	실제	누락	
1	인테리어 공사 (전시실)	0	21.592	21.592	• 전시실 면적(358.9m²) × 대리석 중량(60kg/m²)=21.534t • 카펫 면적(84m²) × 카펫 중량(0.7kg/m²)=58.8kg
2	인테리어 공사 (전시실 옆 화장실)	0	0.464	0.464	• 400×400mm 타일 중량(3.5kg/개), 총 21.2m²
3	인테리어 공사 (증설 여객실 외)	45.780	50.895	5.115	• 경사시험 시: 45.78t, 실제 탑재: 50.895t
4	페인트 구매 (경사시험 후 추가)	0	9.83	9.83	• 경사시험 이후 시공
	합계	45.780	82.781	37.001	

경사시험에서 누락된 중량, 세월호 인테리어 개조 공사 업체 자료 재구성(감사원 보고서, 169쪽)

성해 한국선급에 제출했다. 한국선급은 경사시험 결과서의 오류를 제대로 확인하지 않은 채 윤영국이 제출한 내용을 그대로 승인했다.[126] 한국선급은 세월호의 복원성을 실제보다 높게 보고 복원성 자료를 승인해준 셈이다.* 실제 세월호의 무게중심은 더 높았기 때문에 승인된 복원성 자료에 따라 화물과 평형수를 적재해도 복원성 기준에 못 미칠 가능성이 있었다.

증개축 과정에서 좌우 균형이 맞지 않게 된 것도 세월호의 안전성에 영향을 미쳤을 것으로 추정된다. 한국해양대학교 교수 공길영은 법정에서 증개축으로 인해 세월호의 복원성이 나빠졌다는 의견을 피력했다.

세월호는 5층을 더 증축하다 보니 상부 구조물이 더 무거워졌을 뿐만 아니라 바람의 영향도 많이 받고 복원성도 급격히 나빠졌습니다. 그리고 우현에 있는 램프도 제거하였는데 선박 설계자 입장에서 볼 때는 이를 제거하고 나면 선체의 좌우 균형이 무너집니다. 그래서 그 균형을 맞추려면 힐링 탱크[heeling tank]의 오른쪽에 항상 물을 더 넣고 있어야 하는데, 이것이 선박에는 굉장히 위험한 요소입니다. 왜냐하면 자유표면효과라고 하여 물을 풀[full]로 채워놓지 않으면 출렁출렁하여 복원성에 악영향을 많이 미칩니다. 그런데 항상 그런 상태로 배를 운항할 수밖에 없는 구조적인 모순이 우현 램프를 제거함으로써 만들어졌다는 부분도 선박의 위험 요소가 됐다는 것을 말씀드리고 싶습니다.[127]

조타수 조준기도 같은 취지로 증언했다. 항상 오른쪽 힐링 탱크에 물을 더 넣고 운항해야 했다는 것이다.

검사: 증인은 세월호가 다른 배에 비해서 기울었을 때 잘 돌아오지 않는다고 느낀 적이 있는가요.
조준기: 항해하면서 몇 번에 걸쳐 느낀 점은 있습니다.

---

* 잘못된 경사시험 결과서를 작성해 제출한 신성선박설계 대표 윤영국은 6개월 자격정지를, 세월호 경사시험을 맡은 선임검사원 전종호는 징역 1년에 집행유예 2년을 선고받았다.

검사: 어떤 경우였나요.

조준기: 인천에서 제주로 가는 경우에는 대부분 뒷바람으로 갑니다. 그러면 북서풍을 많이 받는데 배가 한쪽으로 바람을 받으니까 약간의 쏠림 현상이 생기는데, 어떨 때는 쏠림 현상에 약간의 차이가 생길 때도 있고 합니다.

검사 배가 좌현으로 쏠렸다는 것인가요, 우현으로 쏠렸다는 것인가요.

조준기: 조금씩 다른데 워낙 힐링이 맞지 않아서 매번 오른쪽으로 평형수를 많이 넘겼습니다.

검사: 배가 자꾸 좌현으로 기울어서 힐링 펌프를 작동시켜서 오른쪽으로 평형수를 넘겨서 오른쪽을 무겁게 해서 배를 반듯하게 바로 세우려고 했다는 것인가요.

조준기: 예.[128]

세월호의 좌우 균형이 맞지 않는다는 사실은 배를 운항하는 선원들이 실제로 보고 느낄 수 있는 정도였다. 선장 이준석은 청해진해운 물류팀 차장 김정수에게 배의 수평이 맞도록 화물을 실어달라고 하기도 했고, 조타수 오용석, 박경남은 조타할 때 좌현으로 배가 쏠리는 느낌을 받았다고 했다.*

변호인(이준석): 이준석은 세월호의 복원성이 좋지 않다는 취지로 증인에게 자주 얘기를 하였는가요.

김정수(물류팀 차장): 예, 복원성 좌우 균형이 많이 뒤틀린다고 했고, 그 점은 눈으로만 봐도 알 수 있습니다.

변호인: 복원성이 좋지 않다는 뜻은 구체적으로 무엇인가요.

김정수: 솔직히 그 당시에는 피우 수평민, 힌쪽으로 인 지우이고 물건만 골고루 잘 실으면 된다고 생각했습니다.[129]

---

* 한국해양대 교수 공길영은 좌현 쪽이 무거운 것이 선박의 복원성에 나쁜 영향을 주었지만 그것이 세월호가 좌현 쪽으로 기울어지게 된 결정적 요인은 아니라고 말했다.
변호인(전정윤): 세월호의 좌측이 무거워서 위와 같이 좌현 쪽으로 기우는 사고가 발생한 것으로 볼 수 있는가요.
공길영: 램프를 제거했다고 해서 그 정도의 영향을 받으리라고 생각하지는 않습니다.
청해진해운 사건, 1심, 14회 공판조서(2014. 10. 17.)(공길영 증인 신문 부분), 공판기록 4295쪽.

변호인(오용석): 피고인이 평소 세월호를 조타할 때 세월호는 다른 배와 다르다는 느낌을 받았지요.
오용석: 예, 좌현으로의 쏠림 현상을 항시 받았습니다.[130]

변호인(박한결): 이렇게 휘청휘청하거나 양호한 기상 상태에서도 아찔한 적이 여러 차례 있다고 하는데, 이 당시 피고인이 타를 대각도로 써서 이러한 상황이 발생하였나요.
박경남: 대각도는 아니고, 5도에서 10도 정도 썼을 때 배가 좌현으로 기우는 것을 느꼈습니다.[131]

이처럼 불안정한 상태의 배를 정기적으로 운항하기 위해서는 항상 조심스럽게 조타를 해야 했다. 세월호 침몰 나흘 후인 4월 20일 목포해경에서 한 참고인 진술에서 신보식은 평소 세월호 운항의 주의점에 대해 말했다.

문: 3항사 박한결의 진술에 의하면 진술인이 평소 세월호는 복원력이 나빠 한번 기울어지면 잘 세워지지 않으니 조심해야 한다고 말했다는데 사실인가요.
신보식: 정확한 날짜는 모르겠으나 조타실에서 3항사와 같이 항해를 하는 과정에서 3항사에게 그렇게 말한 것으로 기억합니다.
문: 진술인은 왜 그렇게 말한 것인가요.
신보식: 세월호 첫 운항 시기인 2013년 3월 19일경부터 세월호에 승선하고 있으면서 세월호 운항 도중 기상이 좋지 않아 좌우 롤링이 심할 때 배가 한쪽으로 기울어졌다 다시 복원되는 것이 느린 것을 여러 번 경험하였기 때문에 그렇게 말한 것으로 이러한 사항은 항해사들 및 승선원 대부분이 감지하고 있습니다.
(중략)
문: 세월호의 복원력이 좋지 않다면 세월호의 항해에 있어 주의할 점이 무엇인가요.
신보식: 변침 시 타각을 크게 사용하지 않아야 한다고 생각하며 만약 화물을 많이 적재된 상태라면 더욱더 변침 시 타각을 소각도로 조심하여 변침하여야 한다고 생각하며 만약 화물이 많이 적재된 상태에서 고속 항해 중 갑자기 타를 급하게

변침하면 제 느낌상 세월호가 이번과 같이 한쪽으로 심하게 기울어져 침몰까지 발생할 수도 있었겠구나 하는 생각입니다.

문: 평소 세월호 항해 중 변침 시 선체가 다른 선박보다 쉽게 기울어지기도 했는가요.

신보식: 위에 진술한 바와 같이 개조 후 선체가 기울어지면 복원이 아주 늦게 되는 것을 감지하였으나 이번 침몰 사고와 같은 상황이 오리라고는 생각하지 못하였습니다.[132]

4월 16일 사고가 일어난 맹골수도 부근에서는 특별히 조심해서 운항해야 했다.* 신보식은 조류가 센 협수로인 맹골수도를 지날 때는 항상 선장인 자신이 직접 지휘했다고 진술했다.

문: 3항사 박한결의 진술에 의하면 진술인이 박한결에게 "여기는 물살이 세고 좁아 아주 위험한 곳이니 타를 수동으로 잡고 미리미리 변침해야 한다"라고 말했다고 하는데 그렇게 말한 사실이 있는가요.

신보식: 제가 맹골수도를 통과할 당시에는 직접 조타실에 위치하여 선박 운항 지휘를 직접 하는데 제주에서 인천으로 운항 시 맹골수도 항로를 운항할 경우 21시 30분경에서 22시경 사이 통상적으로 맹골수도를 통과하기 때문에 그때 항해 당직사관이 3항사 박한결 당직 근무 시간이라서 제가 조타실에 배치하여 직접 지휘를 하면서 3항사 박한결에게 주의를 하라면서 그렇게 말한 사실이 있습니다.

문: 맹골수도는 어떤 항로인가요.

신부식: 맹골수도라 함은 맹골도와 서거차도 사이의 항로로서 항로 폭이 2마일 정도로 좁은 협수로, 조류의 흐름이 순간 최고 8낫트 정도까지 나가는 항로로서 우리나라에서 우수영 항로 다음으로 조류의 흐름이 강한 해역으로 항해 시 주의를 기울여야 할 장소이므로 그 항로 통과 시는 제가 직접 조타실에 올라가서 운항 지휘를 하였습니다.

---

* 원래 세월호 운항관리규정은 맹골수도를 통과하지 않고 우회해서 운항하는 것을 전제로 했으나, 실제로는 시간과 연료를 아끼기 위해 맹골수도로 다녔다.

문: 맹골수도 통과 시 타를 수동으로 잡는 이유가 무엇인가요.

신보식: 맹골수도는 항로 폭이 좁은 협수로로서 협수로 및 조류의 흐름이 강한 해역 통과 시는 자동타로 하였을 경우 좁은 해역이기 때문에 조류로 인하여 타효가 나빠지고 순간적으로 발생될 수 있는 우발 상황에 대비하기 위하여 협수로 통과 시 수동타로 전환하여 조타기를 조작합니다

문: 3항사 박한결의 진술에 의하면 맹골수도를 지날 때 항상 진술인이 항해 지휘를 하였다고 하는데 사실인가요.

신보식: 저는 제주에서 인천으로 운항하는 과정에서 맹골수도 통과하기 전 병풍도 5마일 전에서 통상적으로 조타실로 올라가서 제가 직접 지휘를 하고, 인천에서 제주로 운항하는 과정에서 맹골수도 통과하기 직전 1마일 전에 통상적으로 조타실로 올라가서 선장인 제가 직접 운항 지휘를 합니다.

문: 맹골수도 통과 시 항해 당직사관에게 항해 지휘를 맡기지 않은 이유가 무엇인가요.

신보식: 맹골수도는 협수로로서 협수로 항해 시 「선원법」상 선장의 재선 의무로서 선장이 선박을 직접 지휘 운항하도록 되어 있어 맹골수도 통과 시 항해 당직사관에게 운항 지휘를 맡기지 않은 것입니다.[133]

신보식은 또한 자신이 평소 박한결에게 "2도, 3도, 5도 이런 식으로 소각도로 변침을 하라고 교육을 시켜왔기 때문에" 사고 당일 맹골수도에서도 그렇게 했을 것이라고 추측했다. 3항사 박한결이 조타수 조준기에게 처음에는 135도에서 140도로 변침할 것을 지시하고, 그다음에 145도로 변침 지시를 했을 것이라는 얘기다.[134] 이는 세월호의 복원성 문제를 체감하고 있었던 선장과 선원들이 궁리하고 실행한 자구책 같은 것이었다. 근본적인 복원성 문제가 선사나 감독기관을 통해 해소되지 않는 상황에서 세월호가 운항 중 과도하게 기울거나 전도되는 것을 막기 위해 나름대로 비공식적 운항 수칙을 만들고 적용해온 것이다. 그러나 이러한 자구책은 결국 임시방편에 불과했고, 2014년 4월 15일까지 세월호가 큰 사고를 당하지 않은 것은 오히려 요행에 가까웠다.

열려 있는 배

2014년 4월 15일 출항 당시 세월호는 경사 위험에 취약한 배였을 뿐만 아니라 침수 위험에 속수무책인 "열려 있는 배"이기도 했다.[135] 이는 특히 선체 가장 아래쪽인 지하층 E갑판의 기관 장비 구획을 가리키는 말이다. 여기에는 타기실, 선미 스러스터(thruster)실, 축실, 보조기관실, 기관실, 핀안정기실 등이 있는데, 이들 사이에는 맨홀 5개와 수밀문 2개가 있었다. 선조위는 지하층 기관 장비 구획의 모든 맨홀과 수밀문이 열려 있는 것을 발견했다. 한국선급의 수밀문 규정은 항해 중 사용할 필요가 있는 경우 수밀문을 열어둘 수 있다고 하면서도 이를 "즉각적으로 폐쇄할 수 있도록 준비되어" 있을 것을 요구한다. 한 구역에 침수가 시작되더라도 그 물이 인접 구역으로 퍼지는 것을 막아야 하기 때문이다. 그러나 세월호의 수밀문과 맨홀은 바로 폐쇄할 수 없는 상태에 있었다. 수밀문과 맨홀의 열린 구멍 사이로 호스가 놓여 있어 폐쇄가 어려운 경우도 있었고, 맨홀 덮개가 제자리를 벗어나 옆면 벽에 고정되어 있는 경우도 있었다. 실제로 세월호 지하층이 침수되기 시작했을 때 모든 수밀문과 맨홀은 열린 채로 남아 있었다.[136]

세월호의 수밀문과 맨홀은 마지막으로 출항하던 2014년 4월 15일에만

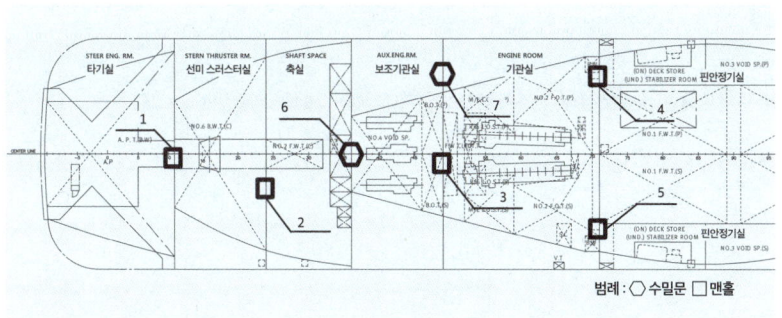

지하층 E갑판 기관 장비 구획 개구부 위치 (선조위 종합보고서(내인설), 177쪽 및 (열린안) 211쪽)

1. 타기실-스러스터실 맨홀　2. 스러스터실-축실 맨홀　3. 보조기관실-기관실 맨홀　4. 기관실-좌현 핀안정기실 맨홀

5. 기관실-우현 핀안정기실 맨홀　6. 축실-보조기관실 수밀문　7. 보조기관실-기관실 수밀문

기관 장비 구획 맨홀 및 수밀문 상태〔선조위 종합보고서(내인설) 178쪽 및 (열린안) 212쪽〕

열려 있던 것이 아니다. 선조위가 조사한 선원들의 진술을 보면 수밀문과 맨홀을 열어두고 다니는 것이 세월호의 운항 관행이었음을 알 수 있다.

> 기관실 수밀문 작동은 없습니다 …… 닫혀 있으면 출입이 불가능해 현장 업무에 있어서는 평소에는 닫을 수 있는 여건은 아니었습니다.(기관장 박기호)

> [수밀문이] 고장이 나서 잘 안 돼서 열어놨습니다. 발전기실[보조기관실]에서 밑에 들어가는 데도 있는데 거기를 체인블록 해서 당겨놨습니다. 열어놓고 다녔습니다. 엔진룸[기관실]에서 발전기실 가는 건 작동 잘 안 하게 해두었습니다. 닫혀서 안 열렸던 적이 있습니다.(조기수 박성용)[137]

이렇게 평소 수밀문과 맨홀을 열어놓고 다니던 세월호 기관부 선원들은 좌현으로 크게 기운 배를 빠져나올 때도 수밀문 닫을 생각을 하지 못했다. 항상 열어두었고 그것을 문제라고 인식하지도 못했으니 비상시 긴급 조치를 취하지도 못한 것이다.

> 조사관: 참사 당일 맨홀은 열려 있었습니까?
> 박성용: 기존과 같은 상태로 두었으니 열려 있었을 것입니다.
> 조사관: 기관실을 빠져나오면서 수밀문을 닫아야 한다는 생각은 하지 않았나요?
> 박성용: 특별히 생각하지 않았습니다.[138]

선장과 선원들이 수밀문과 맨홀을 모두 열어둔 채 세월호를 빠져나오고 얼마 지나지 않아 기관부의 열린 틈마다 바닷물이 흘러들어갔고 배는 빠르게 가라앉았다.

출항하지 말아야 했던 배

2014년 4월 15일 세월호는 복원성 자료에 따른 적재 가능 화물의 최대치 1,077톤의 2배 이상을 적재하고, 평형수는 최소치 1,694.8톤의 절반도 안 되는 양을 실은 채 출항했다. 여객선이 화물을 과적했는지 감시할 의무가 있는 운항관리자 전정윤은 세월호가 제출한 점검보고서에 현원과 화물량이 빈칸으로 되어 있는데도 이를 묵인하고 서명해주었다. 또 그는 세월호가 만재흘수선을 넘겼는지만 확인하는 것으로 화물량이 과적인지 아닌지를 판단했을 뿐 세월호 내부로 들어가 실태를 파악하지 않았다.

세월호는 당시 여객선 복원성 기준 여러 가지를 충족하지 못하는 상태였다. 우선 횡경사각 10도에서의 복원정이 선회에 의한 경사우력정 이상이어야 한다는 요건을 지키지 못했다. 배가 선회할 때 10도 이상 기울어지지 않아야 하는데, 세월호는 우측으로 선회하면서 그 이상 기울었다. 또 경사우력정에서의 횡경사각이 한계경사각을 초과하지 않아야 한다는 요건도 지키지 못했다. 침수로 인한 전복을 방지하려면 배 안으로 물이 들어오는 각도까지는 기울지 않아야 한다는 요건이었다.* 사고 발생 시각인 4월 16일 오전 8시 49분 세월호는 11시간 46분째 운항 중이었다. 선조위의 추정에 따르면 세월호는 항해하면서 연료유 약 24.2톤, 청수 약 79.5톤을 소모한 상태였다. 세월호의 무게중심은 출항 당시보다 더 올라갔다. 복원성 기준을 충족하지 못한 채 출항한 세월호의 복원성이 더욱 악화돼 있었다.

세월호의 증개축, 경사시험, 화물, 평형수 등을 조사한 선조위의 종합보고서(내인설)는 세월호가 2014년 4월 15일에 "출항하지 말았어야 할

---

* 선조위 종합보고서 '내인설'은 세월호가 여객선 복원성 기준 10개 중 7개를, '열린안'은 10개 중 3개를 준수하지 못했다고 판단했다. 선조위 종합보고서(내인설), 66~67쪽; 선조위 종합보고서(열린안), 77~78쪽.

배"라고 결론 내렸다. 복원성 기준을 지키지 못한 상태에서 화물 고박과 수밀구획 관리도 규정대로 하지 않은 채 그저 관행에 따라 출항한 것이 결국 큰 사고를 낳았다는 것이다. 선조위가 지적했듯이, "세월호는 출항 때마다 관행적으로 수많은 규정을 위반해왔다. 2014년 4월 15일도 다르지 않았다." 세월호의 마지막 출항은 우연이나 실수가 아니었다.[139]

2장
마지막 항해

4월 15일 마지막 출항을 할 당시 세월호의 조건은 그 전과 크게 다르지 않았다. 증개축으로 높아진 무게중심, 과도한 화물 적재와 부실한 고박, 평형수 감축 등 그동안 쌓여온 관행에 따라 위험한 상태인 배로 출항했다. 선체가 한쪽으로 크게 기울어지면 쉽게 자세를 회복하지 못하고 위험한 상황이 되리라는 점도 배를 운항하는 모두가 알고 있었다. 그저 그때까지 하던 대로 조심스럽게 배를 조종하면 사고 없이 제주항에 들어갈 수 있으리라 기대할 뿐이었다.

하지만 4월 15일 출항에는 평소와 다른 조건이 여럿 발생했다. 우선 세월호 운항을 책임지는 선장이 신보식에서 이준석으로 바뀌었다. 세월호의 정식 선장인 신보식은 4월 15일 아침 인천항으로 입항한 다음 휴가를 가기 위해 배에서 내렸다. 평소에도 세월호에 자주 승선하고 운항에 참여하던 이준석이 4월 15일 저녁 제주로 가는 항해의 선장을 맡게 됐다.

운항 일정에도 변동이 있었다. 원래 오후 6시 30분 출항 예정이던 세월호는 짙은 안개로 인해 오후 9시경에야 출항할 수 있었다. 출항이 2시간 반 정도 지연되면서 운항 구간별로 담당하는 항해사와 조타수의 배치도 달라졌다. 통상적으로 세월호의 운항은 항해사-조타수 세 조가 4시간마다 교대하며 맡았다. 오전 4시에서 8시까지는 강원식(1등항해사)-박경남(조타수), 8시에서 12시까지는 박한결(3등항해사)-조준기(조타수), 12시에서 오후 4시까지는 김영호(2등항해사)-오용석(조타수)이 당번이었다. 오후 4시부터는 다시 강원식-박경남 조가 맡아서 반복하는 방식이다. 다음 당번은 보통 교대 시간 30분 전에 조타실로 와서 업무를 넘겨받을 준비를 한다. 이 교대 일정에 따르면 보통 오후 6시 반에 세월호가 출항해서 인천대교 밑을 통과하여 팔미도를 지나는 혼잡 구간에는 강원식-박경남 조가 조타실을 지켜야 한다. 그러나 4월 15일 세월호가 출항한 오후 9시경에는 박한결-조준기 조가 당직이었다. 다만 평소 신보식이 출항 때에는 과거 조타 실수 경험이 있는 조준기에게 조타를 맡기지 않도록 했기 때문에 이날도 초반에는 박경남이 조타를 맡았고 인천대교를 지날 무렵 조준기가 넘겨받았다.

운항 초반을 맡은 조가 강원식-박경남에서 박한결-조준기로 바뀌면서 이들의 업무 일부가 평소와 다르게 진행됐다. 오후 10시에 하는 선상 불꽃놀이는 평소라면 출항 후 3시간 반이 지났을 때 시작하게 되지만, 4월 15일에는 출항 한 시간 후에 시작했다. 보통은 충남 해안을 지날 때 불꽃놀이를 했지만 이날은 경기도를 다 지나지 않은 지점에서 불꽃이 터졌다. 출항 때 조타실을 맡은 박한결-조준기 조의 당직 시간이 아직 끝나지 않은 시점이었다. 이때 조타수 조준기는 조타실에서 나와 불꽃놀이가 열리는 밖에서 대기했다. 불꽃놀이 뒷정리를 해야 했기 때문이다. 이후 조타실 당직이 박한결에서 김영호로 넘어간 것은 사성이 넘어서였다. 승객 중에 체한 사람이 있어 응급처치 자격증이 있는 김영호가 내려가서 돌보고 올라왔기 때문이다.[140]

출항 지연으로 당직 구간이 변경되면서 다음 날 아침 맹골수도를 지날 때 조타실을 맡는 조도 강원식-박경남에서 박한결-조준기로 바뀌었다. 인천-제주 항해 중 가장 조심해야 하는 구간을 3등항해사와 조타수가 맡았다. 맹골수도는 "폭이 좁고, 조류가 빠르기 때문에 선장이 브리지(조타실)에 재석하여 항해 지휘를 해야 하며, 타를 수동으로 조작하고, 감속 운항을 해야" 하는 곳이다. 사고 후 검찰에서 한 진술에서 선장 신보식은 젊은 항해사로서 박한결의 역량을 대체로 높게 평가하는 편이었지만 맹골수도를 박한결이 혼자서 책임지고 통과하는 것은 쉽지 않다고 보았다.

> 검사: 세월호가 침몰하기 이전에 피의자 박한결이 당직 항해사로서 세월호를 운항하여 맹골수도를 통과한 사실이 있는가요.
> 신보식: 혼자서는 없습니다. 제가 함께 있는 상태에서 통과한 적은 있습니다.
> 검사: 그렇다면 피의자 박한결의 항해사 경력으로 보아 세월호를 지휘하여 맹골수도를 통과하는 것은 무리가 아닌가요.
> 신보식: 무리입니다.[141]

검사는 신보식에게 조타수 조준기가 맹골수도에서 타를 잡는 것은 괜찮은지도 질문했다. 신보식은 이전에 세월호가 인천항을 떠나 항해 중일 때 자신이 "212도를 명령했는데 조준기가 타를 230도까지 돌린 적이 있어 일주일 이상 타를 잡지 못하게 한 적이 있고, 그 이후로도 출·입항 때에는 타를 잡지 못하게 하고 있"다고 언급했다. 그러나 그것은 더 정교한 제어가 필요한 입항과 출항 때에 해당하는 조치였다고 덧붙이면서 조준기의 맹골수도 조타 자체를 문제 삼지는 않았다.[142]

4월 16일 오전 7시 30분경 3등항해사 박한결이 조타실로 들어와서 1등항해사 강원식으로부터 당직을 넘겨받았다. 곧이어 조타수 조준기와 교대 선장 이준석도 조타실로 들어왔다. 이준석은 8시 15분에 맹골수도를 5마일 앞두고 조타실을 나가 선장실로 갔다. 신보식이 맹골수도를 지날 때는 선장이 조타실에서 직접 지휘를 해야 한다고 말한 것과는 다른 상황이었다. 인천과 제주의 청해진해운 담당자와 짧은 통화를 한 이준석은 세월호가 맹골수도를 빠져나간 이후인 8시 37분에 다시 조타실로 들어왔다. 그러나 조타실에 온 기관장 박기호가 물을 끓이고 커피를 타는 사이에 이준석은 또 선장실로 갔다.

8시 46분경 세월호가 병풍도 인근을 지나고 있을 때 박한결은 조준기에게 140도로 변침할 것을 지시했다. 인천-제주 항해 시 통상적으로 변침하도록 설정된 지점이었다.

> 검사: 맹골수도를 지나 어느 지점에서 변침을 하는가요.
> 신보식: 맹골수도를 진입할 때 각도를 135도로 잡고 진입하며, 맹골수도를 지나 병풍도 북동쪽 1마일 지점에서는 다시 각도를 145도로 잡고 운항합니다.
> 검사: 각도를 135도에서 145도로 한 번에 변경하는가요.
> 신보식: 아닙니다. 그렇게 한 번에 변경하면 배가 전도됩니다. 그래서 조금씩 변침을 합니다. 140도로 먼저 변침을 하고, 그다음 145도로 변침을 합니다. 각도를 조금씩 세심하게 변경을 해야 하기 때문에 타를 수동으로 잡는 것입니다.[143]

세월호의 선수가 140도를 가리키자 박한결은 조준기에게 145도로 변침할 것을 지시했다. 잠시 후 "조타기가 안 돼요"라는 조준기의 말과 함께 배가 우현으로 빠르게 선회하면서 좌현으로 크게 기울어졌다. 이때가 8시 49분이었다. 배가 기운 후 조타실로 가장 먼저 들어온 2등항해사 김영호에게 조타수 조준기는 "타가 내가 쓴 것보다 많이 돌았다. 배가 갑자기 확 넘어갔다"라고 말했다. 배가 기울 때 선장실에 있던 이준석은 속옷 바람으로 조타실에 왔다.

당시 조타실에서 선원들이 한 행위(조타 명령과 함께 조타기를 조작한 것)와 배의 실제 움직임(급격한 우현 선회와 좌현 횡경사)은 어떤 방식으로 연결되어 있었을까. 바로 이것이 세월호의 침몰 원인을 밝히는 데 중요한 질문이 되었다.

배가 우현으로 빠르게 선회했다는 것은 선체 뒤편에 있는 방향타(러더, rudder)가 오른편으로 움직여서 물의 흐름을 바꿈으로써 선수를 오른쪽으로 밀어주는 효과를 발생시켰다는 뜻이다. 방향타는 물속에 잠겨 있지만 물 위에서 배의 움직임을 보면 방향타가 어느 방향으로 움직였는지 짐작할 수 있다. 선체 외부에서 선수를 우현으로 미는 미지의 힘이 있었던 것이 아니라면, 선박의 우선회를 설명하는 것은 방향타가 오른쪽으로 돌아간 현상을 설명하는 것부터 시작해야 한다.

이는 자동차가 급격하게 우회전했다면 차체 아래에 있는 자동차 바퀴가 꽤 큰 각도로 오른쪽으로 돌아갔다고 짐작할 수 있는 것과 비슷하다. 차 바퀴가 오른쪽으로 돌지 않았는데 자동차가 오른쪽으로 빠르게 회전하려면 차 왼편에서 다른 자동차가 달려와 충돌하거나 차를 날릴 정도의 강한 바람이 불어와야 한다. 다른 차가 와서 충돌했거나 강풍이 불었다고 의심할 만한 근거가 없다면 자동차의 급격한 우회전을 설명하기 위해서는 우선 바퀴가 왜 오른쪽으로 많이 돌아갔는지 살펴야 한다.

자동차의 바퀴가 오른쪽으로 많이 돌아간 현상에 관한 가장 평범한 설명은 운전자가 운전대를 오른쪽으로 많이 돌렸다는 것이다. 운전석에 앉아 있는 운전자가 운전대를 오른쪽으로 돌리면 그 신호가 자동차 내부 장치를 통해 바퀴에 전달되어 바퀴가 오른쪽으로 돌아가도록 설계되어 있으므로, 바퀴가 오른쪽으로 돌아갔다면 운전자가 운전대를 오른쪽으로 돌렸을 것이라는 간단한 추론이 가능하다. 운전자가 실수로 혹은 의도적으로 운전대를 큰 각도로 돌렸고 그에 따라 바퀴가 돌아갔다는 뜻이다.

만약 운전자가 운전대를 큰 각도로 돌렸다고 보기 어려운 정황이 있다면, 이때 의심해볼 수 있는 것은 운전대의 회전을 바퀴로 전달해서 바퀴를 돌아가게 하는 시스템이 정상적으로 작동하지 않았을 가능성이다. 발생 확률이 높은 현상은 아니지만, 운전대 조작 신호를 원래 설계된 대로 정확하게 바퀴로 전달하지 못하는 문제가 있었다는 추론이다. 이 경우 운전자가 운전대를 큰 각도로 돌리지 않았는데도 이 조작 신호를 전달하는 시스템의 오류로 인하여 바퀴가 큰 각도로 돌아갈 수도 있다.

세월호의 경우에도 선체가 급격하게 우선회할 만큼 선미의 방향타가 큰 각도로 돌아간 것을 설명하기 위해 ① 조타수기 실수 또는 고의로 운전대(조타기)를 큰 각도로 돌렸을 가능성과 ② 조타수의 운전대(조타기) 조작 신호를 선미의 방향타에 전달하는 시스템에 오류가 있었을 가능성이 검토됐다.

세월호 침몰 다음 날인 2014년 4월 17일, 해경수사본부는 세월호 사고 원인을 발표하면서 조타수의 대각도 조타 가능성을 지적했다.

> 세월호가 완만하게 항로를 변경해야 하는데 조타수가 급격하게 뱃머리를 우현으로 돌렸다.[144]

해경은 3등항해사 박한결의 지시로 조타수 조준기가 병풍도 근처에서 변침하던 중 실수로 조타기를 오른쪽으로 크게 꺾어 배가 좌현 쪽으로 급속히 기울어졌다고 했다. 이러한 추론은 선원들에 대한 1심 재판에서도 적용됐다.

선장 신보식도 사고 나흘 후인 4월 20일 해양심판원 조사에서 사고 당시 조타수의 실수가 있었을 것이라고 추측했다. 조준기의 과거 조타 실수 경험을 떠올린 것이었다.

조사관: 이번 사고의 원인을 무엇이라고 생각하십니까?
신보식: 무리한 조타기 작동에 의한 변침이 아닌가 생각됩니다.
조사관: 왜 그렇게 생각하십니까?
신보식: 맹골수도에서 135도에서 146도로 변침하는 부근인데 제가 3항사에게 항상 2~3도의 소각도로 변침하도록 교육을 하였고 조타수가 변침 과정에 조류 영향으로 타를 많이 사용하지 않았나 생각됩니다. 그 이전에도 인천 출항 시 인천대교 부근에서 변침할 때 사고 당시 조타수가 타를 잘못 사용하여 급격히 오른쪽으로 선회한 적이 있습니다. 그래서 제가 바로 갑판장으로 교체하여 타를 잡도록 하였습니다.
조사관: 평상시 전속으로 항해 중에 전타 사용에 대하여 어떤 지침이 있었는지?
신보식: 전타를 사용해서는 안 되고 소각도로 변침하도록 교육을 시켰습니다.
(중략)
조사관: 당직 타수는 타기 오작동의 가능성을 언급하고 있는데 어떻게 생각하십니까?

> 신보식: 그 이전에 무전압 경보가 발생하여 제가 하선 전에 수리를 하였다고 기관장으로부터 보고를 받았기 때문에 타기 고장 가능성은 낮은 것으로 생각합니다.[145]

반면 2015년 4월의 선원 사건 2심 판결은 조타수의 대각도 조타 때문에 우선회가 시작됐다고 확정할 수 없다고 보았다.

> [세월호가] 급격하게 우선회하기 시작한 원인은 밝혀지지 않고 있다.[146]

2심은 사고 당시 조타기나 프로펠러가 정상적으로 작동했는지 확신할 수 없는 상황에서 조준기와 박한결이 잘못해 사고가 났다고 단정하기 어렵다고 판단했다.* 2015년 11월 12일 대법원은 세월호 사고 원인을 알 수 없다는 2심 판단을 받아들였다.[147]

급격한 우선회를 유발할 만큼 방향타가 많이 돌아간 원인이 조타수의 대각도 조타에 있었는지, 아니면 조타수의 조타 신호를 선미로 전달해서 방향타를 움직이는 시스템 문제에 있었는지 파악하는 데에는 오랜 시간과 많은 노력이 필요했다.

대각도 조타 가능성(1심 판결)

검찰은 사건 초기부터 "조타수의 대각도 조타 가능성과 미숙한 3등항해사의 지휘 소홀" 때문에 세월호가 급하게 우회전했고, 이로 인해 선체가 좌현으로 기울어졌다고 보고 박한결과 조준기를 기소했다. 검찰이 제시한 가설은 다음과 같다.

---

* 박한결과 조준기가 잘못해서 사고가 난 것인지, 기기가 고장 나서 사고가 난 것인지, 아니면 둘 다 원인인지, 둘 다 사고 원인이 아닌지 아직은 알 수 없다는 뜻이다. 선원 사건, 2심 판결문(2015. 4. 28.), 57쪽.

피고인 박한결은 (중략) 피고인 조준기에게 145도로 변침할 방위각만 불러줌으로써 피고인 조준기가 5도를 넘어 대각도로 조타기를 조작할 수 있게 변침을 일임* 하면서 피고인 조준기가 어느 방향으로 몇 도 타각을 사용하는지, 세월호가 선수 방향대로 진행하고 있는지 확인하기 위한 전방 견시를 하지 않은 잘못을 범하고, 피고인 조준기는 그 지시에 따라 우현 변침을 시도하던 중 원하는 대로의 변침이 이루어지지 않자 당황하여 임의로 조타기를 우현 측으로 대각도로 돌리는 잘못을 저지르는 바람에 선수가 급속도로 우회두하면서 외방경사**의 영향으로 선체가 좌현 측으로 급속히 기울어졌다.[148]

조타수 조준기가 어떻게 조타를 하는지 항해사 박한결이 제대로 확인하지 않았고, 그사이 조준기가 조타기를 큰 각도로 돌리는 바람에 배가 빠르게 오른쪽으로 돌면서 원심력에 의해 왼쪽으로 기울어졌다는 뜻이다.

1심 법정에서는 항해사 박한결의 항해 미숙이 사고에 영향을 미쳤는지가 주요 쟁점으로 떠올랐다. 선장 이준석이 사고 발생 시각에 조타실에 없었고, 입사 4개월 차인 3등항해사가 항해를 지휘했다는 점이 사고 원인으로 제기되었기 때문이다. 배가 좌현으로 기울어지기 시작했을 때, 박한결이 조타수 조준기에게 "반대로요"라고 지시했는지 "포트"***라

---

* 박한결은 도수지시법으로 항해를 지휘했다. 항해 지휘법에는 도수지시법과 타각지시법이 있다. 도수지시법은 항해사가 코스를 불러주면 조타수가 자기 재량으로 조타기를 돌려 코스를 맞춰 운항하는 것이다. 타각지시법은 항해사가 '스타보드(우현) 5'와 같이 조타기 작동 각도를 지정해주면 조타수가 그 각도대로 조타기를 돌려 운항하는 것이다. 공판 초기 공개된 박한결의 기톡 내용에서 박한결의 선배는 타각지시법이 아닌 노수지시법으로 항해 지휘를 한 것이 잘못이라고 지적했다. 검찰도 박한결이 타각지시법이 아닌 도수지시법으로 변침을 지시한 것이 운항 과실이라는 취지로 기소했다. 그러나 1심 법원은 세월호의 항해사들이 평소 타각지시법과 도수지시법을 함께 사용했고, 변침을 지시할 때 도수로 지시할지 타각으로 지시할지는 항해사의 재량에 속한다고 판단했다. 박한결이 조준기에게 도수지시법으로 지휘한 것 자체는 항해 지휘상의 과실이 아니라는 판단은 대법원도 받아들였다. 선원 사건, 박한결 카카오톡 메시지 내역, 12쪽; 1심 판결문(2014. 11. 11.), 56~57쪽.
** 선체가 회전할 때 회전하는 방향의 반대쪽으로 경사가 발생하는 현상을 말한다.
*** 배 위에서 뱃머리를 바라볼 때 배의 우현을 스타보드(starboard), 좌현을 포트(port)라고 한다. 항해사가 '스타보드', '포트'라고 지시하면 조타수가 어느 방향으로 조타기를 돌려야 하는지 명확하게 인식할 수 있지만, '반대로'라고 하면 상황에 따라 어느 방향으로 조타를 지시하는 것인지 모호할 수 있다.

고 지시했는지도 논란의 대상이 됐다.

> 검사: 피고인은 조준기가 타를 우측으로 사용하는지 좌측으로 사용하는지 확인도 하지 않고 어떻게 왼쪽으로 타를 사용하라는 "포트, 포트"라는 지시를 하였나요.
> 박한결: 배가 좌현으로 기울고 우회두하니까 그냥 무조건 왼쪽으로 가야겠다는 생각에 그렇게 했습니다.
> 검사: 당시 조타실에 있었던 조준기나 박기호 둘 다 피고인이 "반대로, 반대로"라고 하였다고 진술하는데, 피고인은 정말 "포트, 포트"라고 한 것이 맞나요.
> 박한결: 예, 제가 조사받을 때도 말했는데, 몇 도라고 말을 못 해서 그냥 무조건 왼쪽으로 가야겠다는 생각에 그렇게 말했다고 했습니다.[149]

박한결은 "반대로요"라고 지시한 것이 아니라 "포트[좌현]"라고 지시했다고 주장했다. 조타수가 헷갈릴 만한 지시를 내리지 않았다는 의미다. 조준기는 "반대로"라고 지시한 것으로 들었지만, 좌현으로 돌리라는 뜻으로 이해하고 조타기를 좌현으로 돌렸다고 주장했다. 좌우 방향을 헷갈려 우현 쪽으로 조타기를 크게 돌린 적이 없다는 것이다. 박한결이 했다는 말("포트")과 조준기가 들었다는 말("반대로요")의 표현은 다르지만, 그 의미는 동일하게 이해했다는 얘기다.[150]

> 검사: 피고인은 이번 사고가 처음 발생하여 세월호가 좌현으로 기울기 시작하였을 때 혹시 박한결이 대처를 잘못한 것이 있다고 생각하는가요.
> 조준기: 아닙니다.
> 검사: 그러면 대처를 잘했나요.
> 조준기: 3항사의 지시 사항에 문제점은 없었습니다.
> 검사: 대표적으로 "반대로"라는 말을 했다고 하지만 박한결은 "포트, 포트"라는 말을 썼다는데 증인*이 들었다는 "반대로"라는 말은 정식 항해 용어는 아니지요.
> 조준기: 그렇습니다.

---

* '피고인'을 잘못 말한 것이다.

검사: 당직사관이 그런 용어를 써도 괜찮은 것인가요. 위급한 순간에 좌현인지 우현인지 헷갈릴 수 있는 "반대로"라는 말을 써도 괜찮은 것인가요.

조준기: 그렇지 않습니다. 3항사 본인은 "포트, 포트"라고 말을 했다고 하는데, 저는 "반대로요, 반대로요"라고 들었습니다.

검사: 피고인은 그 말을 듣고 어떤 조치를 취했는가요.

조준기: 좌현 5도로 잡았던 키를 15도까지 돌렸습니다.*

---

* 조타수 조준기는 수사 과정에서 사고 당시 조타기를 어떻게 조작했는지에 관해 진술을 여러 번 번복했다. 조준기는 사고 당일 경찰 조사에서 3등항해사 박한결의 140도 변침 지시에 따라 조타기를 우현으로 5도 돌렸다가 0도로 맞추는 방식으로 변침을 했다고 주장했다. 그런데 정침이 되지 않고 배가 오른쪽으로 빠르게 돌자 박한결이 "반대로요"라고 지시했고, 이에 조준기가 조타기를 좌현 5도로 돌린 뒤 15도로 더 돌렸으나 배가 계속 오른쪽으로 돌았다고 했다. 2014년 4월 18일 신분이 피의자로 전환된 조준기는 첫 피의자 신문에서 사고 당시 코스 140도에서 정침이 되지 않자 우현 5도로 조타기를 돌렸다가 우현 15도로 더 돌렸다고 진술을 바꿨다. 구속전 피의자 신문을 받은 다음 날인 2014년 4월 19일에는 조타기를 좌현 15도로 돌렸다며 번복했다. 그 후 조사에서는 배가 오른쪽으로 많이 돌자 '좌현 15도'로 변침했다고 일관되게 주장했다. 그러나 2014년 4월 27일 검찰 조사에서는 자이로컴퍼스의 방향을 혼동해 '우현 15도'로 변침한 것 같다고 다시 말을 바꿨다. 그러고는 사고 당시 조타와 관련한 질문을 받으면 일관되게 '좌현 15도'로 변침했다고 또 다르게 진술했다. 법정에서도 마찬가지였다. 조준기는 135도에서 140도로 변침할 때 문제가 생겼다고 진술했던 반면, 박한결은 세월호의 급선회가 발생한 시점이 140도에서 145도로 변침 명령을 내린 이후라고 일관되게 진술했다. 검찰 수사가 마무리된 이후인 2016년 3월 특조위 제2차 청문회에서는 조준기도 "135도에서 140도로 돌 때는 타를 조금씩 써서 돌아갔는데 140도에서 145도로 갈 때 (타가 제대로 안 먹었다)"라고 진술했다. 이를 종합해보면, 조준기는 초기 검경 조사 당시에는 사고가 발생한 시점의 변침 명령이 145도였음을 제대로 기억하지 못했던 것으로 보인다.

변침 시 조타기 조작과 관련한 조타수 조준기 진술			
일시	진술	140도[실제로는 145도] 변침 시 조타기 타각	박한결의 '반대로요' 지시 후 조타기 타각
2014. 4. 16.	진술조서	대각도 조타한 사실 없음, 우현 5도 사용	선수가 빠르게 돌자 좌현 15도 조타
4. 18.	경찰 1회		우현 15도
4. 19.	2회		좌현 15도
4. 22.	3회		좌현 15도
4. 27.	검사 1회	우현 5도 사용	우현 15도
5. 1.	3회		좌현 15도
5. 3.	4회	우현 5도보다 키를 더 많이 썼을 수도 있음	좌현 15도
5. 9.	8회	우현 5도 사용	좌현 15도
5. 13.	10회	우현 5도	좌현 15도
9. 12.	청해진해운 사건 1심, 8회 공판		좌현 15도
10. 1.	선원 사건 1심, 20회 공판	우현 5도	좌현 15도
10. 6.	선원 사건 1심, 21회 공판	우현 5도	좌현 15도

검찰은 조준기가 대각도 조타를 해서 세월호가 기울어지게 되었다는 가설을 증명하기 위해 합동수사본부 전문가 자문단 보고서와 선박해양플랜트연구소(KRISO) 보고서를 법원에 제출했다. 자문단 보고서와 KRISO 보고서 모두 조타수의 '대각도 조타'를 주요 사고 원인으로 지목해 검찰이 제시한 '조타수의 대각도 조타' 시나리오를 뒷받침했다. 자문단 보고서의 결론은 다음과 같다.

> 여객선 세월호가 맹골수도 남쪽 부근에서 제주항을 향해 우변침하다가 급격한 우선회와 대각도 좌현 경사를 일으켰다. 당직 조타수가 전속 항해 중 복원성이 극히 불량한 세월호를 조타 미숙으로 대각도 조타한 것이 직접적으로 주된 원인이었다.[151]

세월호가 초기에 왼쪽으로 크게 기울어진 이유는 조타수가 조타기를 큰 각도로 돌렸기 때문이라는 뜻이다. 자문단 단장 허용범은 법정에서 "대각도 조타"란 "15도 정도"를 말한다고 설명했다.

> 변호인(박한결): 통상 몇 도 이상 타각을 사용하는 경우를 대각도 조타라고 할 수 있는가요.
> 허용범: 정의는 없습니다. 대각도 조타와 대각도 변침은 다른데, 대각도 조타는 키를 대각도로 썼다는 것이고 대각도 변침은 배 선수를 대각도로 돌렸다는 것입니다. (중략) 어디서부터 대각도 조타로 보느냐 하면 15도 정도를 봐야 합니다.[152]

KRISO 보고서도 마찬가지였다. 세월호 출항 당시 복원성이 어느 정도였을지, 조타수가 조타기를 어떻게 돌리면 세월호의 AIS 항적과 비슷한 결과가 나올지, 배가 몇 도 정도 기울어졌을 때 화물이 움직이는지, 침수는 어떻게 진행되는지에 관한 시뮬레이션 결과를 KRISO 연구원 이동곤이 설명했다.

검사: 위와 같은 시뮬레이션 분석 과정을 모두 거쳤는데, KRISO에서 결론적으로 시뮬레이션을 통하여 확인하였던 결과는 무엇인가요.

이동곤: 본 사고 선박은 출항 당시 우리나라에서 요구하는 안전 법규를 위반한 상태로 출항하였습니다. 그 근본적인 원인은 평형수를 아주 적게 실었고, 화물은 아주 많이 실어서 복원성이 굉장히 안 좋아졌습니다. 다시 말씀드리면 KG*가 증가한 상태에서 배를 운항하였고, 화물을 제대로 고박하지 않아서 작은 경사에도 화물이 움직이는 조건이었습니다. 이런 상태의 선박이 화물을 싣고 운항하다가 대전타를 하거나 조타를 잘못하여 일정 수준 이상의 횡경사가 일어났고 연쇄적으로 화물이 이동함으로써 초기 약 30~35도 정도의 횡경사가 발생하고 난 이후 침수가 진행돼서 침몰하였다는 결론에 도달하였습니다.[153]

조타수가 조타기를 크게 돌렸거나 조타를 잘못해 배가 기울어지게 됐다는 뜻이다. 이에 덧붙여 이동곤은 조타기를 "초반에는 우현 10도, 중반에는 15도, 후반에는 20도 정도로 계속 유지해서 갔을 경우가 뜯어서 맞추어보면 AIS와 가장 근접하다"라고 했다.[154] 검찰은 "KRISO에서는 (중략) 공소사실과 동일한 내용의 결론을 분석 결과로 내놓았"다고 주장했다.[155]

1심 재판부는 검찰의 주장을 받아들여 조타수 조준기와 3등항해사 박한결에게 업무상 과실 선박매몰죄를 적용해 유죄를 선고했다. "조준기가 적어도 15도 이상의 타각을 40초 동안 유지하는 것과 대등한 정도의 대각도 타각을 사용하였음을 인정할 수 있다"라며 KRISO 보고서를 근거로 인용했다. 또 재판부는 선원들의 진술**을 토대로 이렇게 추정하기도

---

* KG: 배의 중심선(Keel Line)과 선박의 현재 상태 무게중심(G)을 수직 방향으로 연결한 선을 뜻한다. 화물 적재량과 연료유 등이 고려된다.

** 선원 사건, 검찰 강원식 7회 피의자 신문조서(2014. 5. 13.), 수사기록 9781쪽의 다음 내용이다.
검사: 급격한 변침 과정에서 조타수가 항해사의 지시를 잘못 알아들었다는데 이에 대해 아는 사실이 있나요.
강원식: 배를 멀리 보면서 타를 잡아야 하는데 자이로 도수만 보고 타를 잡게 되면 초보자 같은 경우에 가장 많이 실수를 하는 게, 실제 배는 우현으로 도는데 도수는 왼쪽으로 돌다 보니 그 도수를 잡는다

했다. "피고인 조준기는 5도 변침을 시도하다가 우선회가 예상보다 빠르게 진행하자 당황하여 좌현 방향으로 타를 쓰려고 하였으나, 자이로컴퍼스의 회전판이 가리키는 방향을 착각*하여 우현 방향으로 타를 더 크게 썼거나 미드십(midship, 조타기 중립)을 하기 위해 타를 반대로 쓰던 중에 피고인 박한결의 '반대로요'라는 말을 듣고 착각하여 다시 우현으로 대각도의 타를 사용하였을 것으로 판단할 수 있다."156

조타 계통 고장 가능성(2심 판결)

2심에서 조준기와 박한결의 변호인은 전문가 증인을 불러 조준기가 대각도 조타를 했을 가능성이 낮다는 사실과 조타기 조작과 무관하게 방향타**가 움직였더라도 방향타가 중립에 위치할 수 있는 가능성,*** 기타 다른 기기 결함이 있었을 가능성을 증명해 보이고자 노력했다. 1심 재판부가 "조준기보다 먼저 조타를 했던 박경남, 오용석이 이 법정에서 세월호의 조타기에 별다른 이상이 없었다고 진술"하고 "조준기도 사고 지점에 이르기 전에 조타기의 휠이 움직이지 않는 등 조타기 자체의 고장은 없었다고 진술"한 점, "AIS 자료에 의하더라도 세월호가 사고 지점까지

고 오른쪽으로 타를 더 돌리는 경우가 있습니다. 그렇게 되면 우측 대각도로 변침이 되어 이번 사고와 같이 위험한 상황에 빠질 수가 있습니다. 아마도 조타수 조준기도 그런 실수를 하지 않았을까 하는 생각도 없지 않아 있습니다.

* 자이로컴퍼스는 자석 대신에 고속으로 회전하는 자이로를 이용하여 진북을 지시하는 것으로, 자이로스코프라는 3축의 자유로운 고속 회전체를 이용한 컴퍼스이다. 전기에 의해 북쪽을 가리킨다. 자이로컴퍼스는 선수가 돌아가는 방향의 반대쪽으로 돌아간다.

** 세월호의 방향타는 선미에 있는 2개의 프로펠러 사이에 1개 설치되어 있다. 넓은 판처럼 생겼다. 조타실에 설치된 타각지시기는 이 방향타가 움직인 방향을 나타낸다.

*** 사고 당시 세월호를 촬영한 영상들을 보면 세월호의 방향타는 중립 부근에 위치하고 있었다. 선조위는 침몰 직전 세월호의 방향타가 좌현 8도를 향하고 있었다고 판단했다.

항로를 따라 정상적으로 변침한 사실"을 근거로 조준기의 조타 실수가 있었다고 인정했기 때문이다. 또 1심 재판부는 사고 당시 세월호의 방향타가 중립에 있었던 점을 들어 기계 결함 가능성을 배척했다.[157] 조준기의 조타와 관계없이 방향타가 우현 방향으로 고정돼 배가 우회전했다면 사고 당시 방향타가 중립이 아니라 오른쪽으로 돌아가 있어야 한다는 취지였다.

첫 번째 증인 김진동은 조타수가 대각도 조타를 했을 가능성이 낮다고 주장했다. 인천해양심판원 전 원장으로 연안선 안전관리 업무를 하는 그는 해양심판원에서 별도로 진행되는 심판 절차*에서 3등항해사 박한결의 심판 변론인이기도 했다.

변호인(박한결): 혹시 당직 조타수가 대각도 타각을 했다고 판단하십니까.
김진동: (중략) 대각도라는 개념은 일반적으로 선박에서는 20도 내지 35도 전타할 경우를 대각도로 하지, 여기서 대각도라는 것은 일정한 각도를 지칭하지 않았기 때문에 조금 애매모호하다, 조금 추상적인 용어다 이렇게 저는 생각합니다. 그러나 (중략) 일반적으로 대각도 전타는 충돌에 임박할 경우 아니면 사용하지 않습니다. 왜 사용하지 않느냐면 이 대각도 전타하면 전 선원들이 놀래가지고 다 뛰어 올라옵니다. 경사가 되니까는. 그래서 저도 배를 10여 년 탔지만 대각도 전타한 적은 충돌에 임박해갖고 딱 한 번 한 적뿐이 없습니다. 그래서 세월호 같은 경우는 보통 항해사나 선장들은 대각도 전타하는 경우가 거의 없습니다. (중략) 그다음에 이 세월호가 사고 지점에 우현 1마일 옆에 병풍도가 있었는데, 이 배의 성능이나 상태로 봐가지고 대각도 우전타하다면 병풍두와 가까워지기 때문에 무서워서 심리적으로나 현실적으로 전타가 불가능합니다. (중략)[158]
검사: 증인은 사고 당시 대각도 전타할 상황이 아니었다는 것을 근거로 제시하고

---

* 세월호 전복·침몰 사고와 관련해 세월호 선원들은 법원에서 재판을 받고 해양심판원에서 심판을 받았다. 해양심판원의 심판은 「해양사고의 조사 및 심판에 관한 법률」에 따라 해양사고의 원인을 밝히고, 사고 원인에 책임이 있는 관련자에게 징계, 시정 권고 또는 명령, 요청 등을 하는 절차이다.

있는데 박한결, 조준기 피고인은 변침점인 병풍도 부근에서의 편각 발생도 제대로 인식하지 못하고 변침하다가 제대로 조타가 되지 않자 당황하여 자이로스코프를 착각하여 원래 돌리던 방향으로 15도 더 돌렸다는 조준기 피고인의 진술*은 가능한 것 아닙니까?

김진동: 제가 보건대는 저는 반대로 생각합니다. 그것은 본능적으로 배가 오른쪽으로 돌아가면 왼쪽으로 조타하는 것이 선원의 반사조건적인 본능이지, 넘어가는 것이 안 되는데 거기다 돌린다는 것은 있을 수 없는 일입니다.[159]

두 번째 증인으로 나온 기관장 경력 30년의 정대진은 조타기의 솔레노이드 밸브(solenoid valve, 전기신호로 작동하는 방향 제어 밸브) 고장 가능성을 제기했다.

변호인(박한결): 원격제어 전동유압 조타장치가 고장이 나서 조타기를 움직여도 타[방향타]가 반응하지 아니한 경우가 발생할 수 있습니까?

정대진: 조타실에서 타를 돌린다는 것은 여기에 있는 솔레노이드 밸브에 전기적 신호를 주는 것입니다. (중략) 그러니까 여기 전기적 신호를 주는 그 계통에 이상이 있으면 그냥 제멋대로 돌아갈 수 있습니다. (중략) 이 탱크 안에 이 필터에 보면 이렇게 기름이 변질되어서 슬러지(sludge, 찌꺼기)가 많이 있습니다. 이 슬러지들이 계속 오랫동안 순환하면, 솔레노이드 밸브 안에 스풀(spool, 밸브 안에서 좌우로 움직이는 장치)이라고 양쪽으로 움직이는 것이 있습니다, 거기에 부착이 되면 어느 날 고착이 됩니다. 그러면 어느 한쪽으로 고착이 되면 타가 계속

---

* 선원 사건, 검찰 조준기 피의자 신문조서(2014. 4. 27.), 수사기록 20560쪽의 다음 내용이다.
검사: 박한결이 "아저씨, 반대로요, 반대로요"라고 했을 때 피의자는 원래 잡고 있던 방향으로 더 돌린 것인가요, 아니면 그 방향에서 다시 꺾어 반대 방향으로 더 돌린 것인가요.
조준기: 분명한 것은 제가 그때 5도로는 부족해서 15도를 더 돌렸는데, 반대 방향으로 다시 꺾지는 아니하고 원래 잡고 있던 방향으로 15도를 더 돌린 것이며, 당시 상황으로 보면 제가 좌현으로 착각하고 우현으로 5도를 돌려 잡고 있던 상태에서 우현으로 15도를 돌렸던 것 같습니다.
검사: 그렇다면 당시 왜 그렇게 타를 돌린 것인가요.
조준기: 저는 키를 잡고 갈 때 기본적으로 자이로컴퍼스를 보면서 잡고 가는데 그때 자이로컴퍼스의 하얀 판이 왼쪽으로 도는 것을 보고 있긴 했습니다. 제가 자이로컴퍼스와 조타기의 방향을 착각했던 것 같습니다.

돌아가게 됩니다. (중략)

변호인: 그러니까 슬러지가 생기면 그것이 어떻게 작용을 해가지고 조타기를 움직여도 타가 안 움직이냐, 제가 그것을 여쭙는 것입니다.

정대진: 이것이 아까 설명드린 솔레노이드 밸브입니다. 그리고 이 가운데 있는 부분이 스풀인데 이 스풀이 좌우로 움직여서 좌현, 우현 방향을 정해줍니다. 그런데 이 부분에 오일이 계속 출입을 하기 때문에 그 슬러지가 조금씩 부착되어가지고 오랫동안 노후선, 특히 15년 이상 20년이 되면 어느 날 자꾸 그것이 누적되어가지고 안 움직이게 될 수 있습니다. 여기 보면 아주 작은 전류로 움직여요. …… 슬러지가 끼면 한쪽 방향으로 고착이 되어버려가지고 타*를 아무리 돌려도 소용이 없습니다. 그러니까 계속 타는 돌아가는 것이지요.[160]

정대진은 솔레노이드 밸브가 고착되면 조타수가 조타기를 조작하지 않더라도 마치 대각도 조타를 한 것처럼 배가 움직일 수 있다고 주장했다. 검사는 솔레노이드 밸브가 고착되어 배의 방향타가 우현으로 돌려진 것이라면 엔진이 정지된 뒤에도 방향타가 우현으로 돌려져 있어야 하는데, 세월호의 방향타는 중앙에 위치하고 있었다는 점을 들어 정대진의 주장을 반박했다.** 또 검사는 "세월호에 사용된 조타 설비의 제작회사의 직원한테 전화로 확인해보았는데, 이물질에 의한 솔레노이드 고착 현상은 증인의 말씀처럼 바로 사라지지는 않는다고 했는데, 맞겠지요?", "아울러 제가 한국기계연구원 선임연구원하고 자문단위원회에도 조타기 전문가가 있어서 전문가들하고 위원들한테 확인한 바에 의하면, 계속 사용하고 있던 조타기에서 솔레노이ㄴ 밸브 고착 현상이 갑자기 발생할 가능성은 극히 적다고 했는데 어떻습니까?"[161]라고 질문한 뒤, 전기를 차단하면 조타기가 돌아갔을 때 미쳤던 유압이 계속 작용하기 때문에 다

---

* 여기서 '타'는 조타기의 뜻으로 사용한 것으로 보인다.

** 검찰은 이를 뒷받침하기 위해 해양심판원 보고서 111쪽을 인용·제출했다. 선원 사건, 2심, 검사 박재억 의견서(2015. 4. 7.), 공판기록 12549쪽.

시 조타기에 전원을 넣어 돌리지 않는 이상 방향타가 중립으로 돌아가지 않는다고 주장했다.

정대진은 조타기가 우현 방향으로 고정되어 배가 돌아갔다면 방향타가 중립에 있는 상황을 설명할 수 없다고 한 1심에 대해, 전원이 차단된 후에는 방향타가 자동으로 중립 상태로 돌아오게 되므로 모순되지 않는다고 증언했다. 2심 재판부는 검사에게 솔레노이드 밸브를 조사했는지 물었다.

재판장: 그러면 조타기가 고장 났는지 여부를 배가 침몰한 다음에 그것을 꺼내서 분석해보면 혹시 알 수 없습니까? 침몰한 배에서 솔레노이드 밸브[나], 아니면 조타에 관련된 기계장치 그 부분을 다 사후적으로 검사해서 알 수 없습니까? 사고 원인이 조타기 고장인지 아닌지.

정대진: 지금 제가 드릴 수 있는 말은, 알 수 없습니다. 왜냐하면 지금 침몰된 지 1년이 다 되었지 않습니까. 침몰되지 않았더라도 원래 조타실 내에는 그 장비들의 환경 조건이 실내입니다. 그런데 지금 1년 물속에…….

재판장: 지금 비록, 만약에 사고 난 즉시 관련 기관이나 제조회사에서 바로 수거해 가지고 측정했다면 조타기 이상 유무를 알 수 있습니까? 지금이야 어렵겠지요.

정대진: 수중에서 그것 분해를 해가지고 어떻게 알겠습니까. 어떻게 그것이 가능하겠습니까.

재판장: 검찰에서는, 그때 합동수사본부 거기에서는 조타기 관련 솔레노이드 밸브 이야기가 나오는데 수거는 해보았습니까?*

검사: 안 했습니다. 기본적으로 관련자들이 조타기 작동과 관련된 사람들이 조타기가 실제로 작동이 안 되었다라고 주장하는 사람들이 없었습니다.

재판장: 조타기 제조회사야 당연히…….

검사: 조타기 제조회사가 아니고 조타와 관련된 피고인들이 그렇게 진술했었습니다. 그런 부분에다가 조타기 제조회사나 저희가 알기로 솔레노이드 고착이 생긴다면 나중에 추후에 '0'으로, 중립으로 있는 상황에 대해서 솔레노이드 밸브 고착하고는 양립될 수 없는 부분이기 때문에 그 부분은 확실히 해결이 되었다

---

* 2심 재판에서 솔레노이드 밸브 등 조타기 결함에 대한 문제 제기가 이어지고 있는데, 수사 단계에서 조타기 관련 장치들을 수거해서 조사해보았느냐는 뜻으로 보인다.

라고 설명을 하고 있는 것입니다.* 그런데 증인은 전기가 꺼지면 자동으로 '0'으로 돌아온다라고 이야기를 하는데, 모든 전문가들은 그렇지 않다라고 이야기를 하고 있습니다.162

검찰은 "조타기 고장이 없었다"는 선원들의 진술과 조타기에 고장이 있었다면 사고 당시 방향타가 중립 상태에 있을 수 없다는 점에 착안** 해 사고 직전까지 조타기가 정상 작동했다고 보고 수사를 진행했다. 오히려 조타 실수를 한 조준기가 조타기를 0도로 맞추어놓았을 가능성을 제시했다.163 그러나 2심 재판부는 검찰의 가설을 받아들인 1심 판결을 뒤집고 박한결과 조준기의 업무상 과실 선박매몰죄 부분에 무죄를 선고했다. 2심에서 증언한 전문가들의 의견을 받아들인 것이다.

2심 재판부는 조준기가 사고 당시 대각도로 조타를 할 만한 특별한 이유가 없다고 봤다. 오히려 조준기가 박한결의 지시에 따라 140도에서 145도로 변침을 시도하던 중 자신이 사용한 조타기의 타각보다 더 많은 각도의 타효가 발생해 세월호가 급격하게 우선회했을 수 있다며 솔레노이드 밸브의 고착 현상과 같은 조타기 고장이 발생했을 가능성을 언급했다. 또 사고 당시 조타기가 정상적으로 작동했다고 하더라도, 세월호는 프로펠러가 2개이고 방향타가 하나인 이른바 '2축 1타선'인데 2축 1

---

* 자문단 보고서는 조타기, 주기관, 발전기 등의 상태가 사고의 한 원인이 됐는지를 검토했다. 자문단 보고서는 사고 당시 기관실 로그북이 없어 정확하게 평가할 수는 없지만 세월호가 사고 발생 전까지 정상적으로 항해하고 있었고, 선원들의 진술에도 기관 고장에 관한 것이 없으므로 적어도 주기관, 주발전기 및 이들을 지원하는 보조기기에 이상이 없다고 판단했다. 또 "사고 이전까지 조타기에 문제가 없었"고, "선체 넘어지고 나서 전원 공급 중단 알람이 울려 내가 껐다"는 박한결의 진술과 사고 직후 방향타가 중립 상태에 놓인 것은 조타기를 사용한 증거로 볼 수 있다는 점을 들어 변침할 때는 조타기 시스템 및 발전기에 이상이 없었던 것으로 판단된다고 밝혔다. 자문단 보고서, 66~68쪽.

** 합동수사본부 전문가 자문단 단장 허용범은 선원 사건 1심 법정에 나와 조타기는 사람이 돌리지 않으면 움직이지 않는다고 증언했다. 한쪽으로 돌렸는데 스티어링 기어(방향타를 움직이는 엔진)가 고장이 나 더 이상 움직이지 않고 고정된 경우는 있을지 몰라도 한쪽으로 돌려놓은 것을 가만히 두었더니 저절로 중립 상태로 움직인다는 것은 있을 수 없는 일이라고 말했다. 선원 사건, 1심, 15회 공판조서 (2014. 9. 16.)(허용범 증인 신문 부분), 52쪽.

타선의 경우 엔진 이상 등으로 좌현 쪽 프로펠러만 작동하고 우현 쪽 프로펠러는 작동하지 않는 현상이 발생했다면, 추진력 차이로 인해 세월호가 급격하게 우선회할 수도 있다며 엔진에 이상이 있었을 가능성도 제기했다.*164 재판부는 세월호가 갑자기 우회전하게 된 원인이 무엇인지 단정할 수 없다면서 배의 인양 필요성을 언급했다. "세월호를 해저에서 인양하여 관련 부품들을 정밀히 조사한다면 사고 원인이나 기계 고장 여부 등이 밝혀질 수도 있다."165

대법원은 검사의 상고를 기각했다. 사고 당시 세월호의 조타기나 프로펠러가 정상적으로 작동했는지에 대해 합리적인 의심이 있다는 2심 판단을 수긍한다는 것이다.

결국 사건 초기 해경수사본부가 사고 원인으로 지목하고 검찰이 받아들인 "조타수의 대각도 조타 실수" 가설은 인정되지 않았다. 조타기 등 기계 결함이 없었다는 점을 확인하기 전까지는 세월호의 급선회 이유를 '아직 모른다'고 본 것이다. 업무상 과실 선박매몰죄에 대해 박한결과 조준기는 무죄가 확정됐다.**

선조위의 솔레노이드 밸브 조사(2018년)

4월 16일 오전 8시 49분경 세월호의 방향타가 우현으로 크게 돌아간

---

* 선원 사건 2심 재판에서 특별히 다루어지지는 않았으나 증거로 제출된 자문단 보고서에서 언급한 적이 있다. 한국해양대학교 항해학부 교수 공길영도 청해진해운 사건 공판에서 2축 1타선인 세월호의 방향타를 돌리는 스티어링 기어에 문제가 생겨 조타수가 의도한 것보다 더 많이 방향타가 돌아갔을 가능성이 있다고 증언했다. 자문단 보고서, 21쪽; 청해진해운 사건, 1심, 14회 공판조서(2014. 10. 17.), 공판기록 4270쪽.

** 피해자들을 배에 두고 구호 조치 없이 먼저 도주한 부분에 대해 박한결과 조준기는 유기치사상죄와 「수난구호법」 위반죄로 각각 징역 5년을 선고받았다.

것이 조타수의 실수인지 조타 장치의 문제인지 판정하는 일은 세월호 선체가 인양된 이후에 비로소 가능해졌다. 세월호가 바닷속에 가라앉아 있는 상태에서는 조타 장치에 기계적 문제가 있었는지 조사할 수 없었기 때문이다. 선조위는 2017년 봄 인양된 후 목포신항에 거치된 세월호 내부로 들어가 조타 시스템을 조사하기로 결정했다. 2018년 1월 말에서 2월 초 사이에 세월호 선미에 있는 타기 펌프를 밖으로 빼낸 후 이를 분해하여 솔레노이드 밸브 고착 여부를 조사했다. 타기를 제조한 일본 가와사키중공업 관계자가 직접 분해 작업에 참여했고, 선조위 조사관과 세월호 유가족 등이 그 과정을 참관했다.

세월호 선미에 있는 타기 펌프는 조타실에서 내린 조타 명령을 전기신호로 받아서 이에 따라 유압 장치를 구동하여 방향타를 좌우로 움직이는 설비다. 분해 조사 결과 세월호의 타기 펌프 두 대 중 좌현 쪽에 있는 2번 타기 펌프의 B측 솔레노이드 밸브가 고착된 상태인 것으로 드러났다. 이는 오랜 기간 사용한 솔레노이드 철심 내부에 이물질이 생성되면서 드물게 발생할 수 있는 현상이다. 타기 펌프에서 유압에 따라 A, B 양방향으로 움직이는 파일럿 밸브가 A쪽으로 밀린 상태, 즉 방향타를 우현 쪽으로 밀어주는 상태에 있을 때 B측 솔레노이드 밸브가 고착되면 이 밸브는 다시 중립 위치로 돌아오지 못하게 된다. 밸브가 중립 위치를 벗어나 한쪽으로 밀린 상태를 유지하면 방향타는 처음 압력이 가해진 방향으로 계속해서 돌아간다. 우현 조타 명령이 내려진 상태에서 2번 타기 펌프 B측 솔레노이드 밸브가 고착되자, 세월호의 방향타는 처음 조타수가 의도했던 각도보다 우현 쪽으로 더 많이 돌아갔을 것으로 추정할 수 있었다.

그러나 솔레노이드 밸브 고착이 발견된 타기 펌프가 4월 16일 아침에 문제를 일으켰다고 곧바로 확정하기는 어려웠다. 고착이 발견된 2번 타기 펌프는 통상적으로 제주에서 인천으로 갈 때 사용하는 '인천행' 펌프였기 때문이다. 솔레노이드 밸브 고착은 작동 중인 펌프에서 발생한다. 따라서 제주를 향해 운항 중이던 세월호가 맹골수도를 지날 무렵 '인천

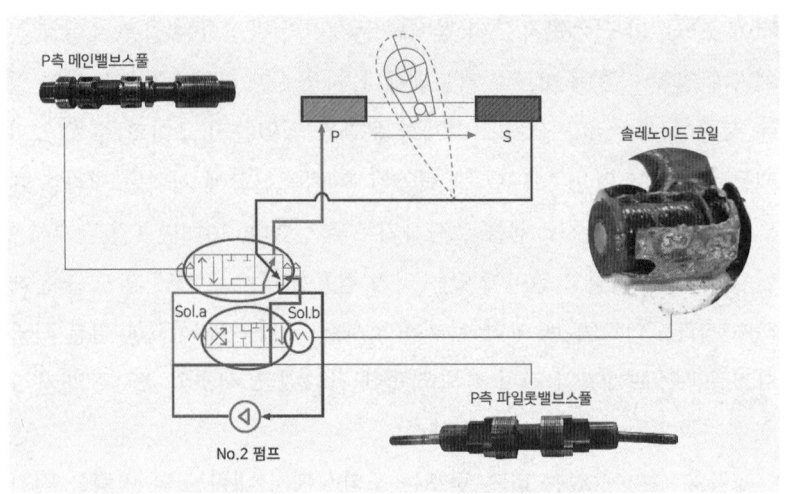

B측 솔레노이드 고착이 발생한 세월호 2번 타기 펌프의 개략적인 구조
(선조위 종합보고서(내인설), 85쪽)

행' 타기 펌프가 작동 중이었다는 사실을 먼저 확인해야 그 시점에 장치 이상으로 우선회가 시작됐다는 추론을 할 수 있었다. 문제가 발견된 '인천행' 타기 펌프와 별문제가 없었던 '제주행' 타기 펌프가 4월 15일 인천항 출항 때부터 4월 16일 아침에 이르기까지 각각 어떻게 사용되었는지 따져봐야 했다.[166]

선조위 종합보고서(내인설)는 평소와 달랐던 출항 과정을 되짚어보면서 그날 조타실에서 선장 또는 항해사가 2대의 타기 펌프를 어떻게 작동했는지 추적했다. 세월호에서는 통상적으로 주위에 오가는 선박이 많아 복잡한 입출항 구간에서 신속하고 섬세한 조종을 하기 위해 타기 펌프 2대를 모두 가동했다. 또 날씨가 좋지 않을 때에도 2대를 함께 사용했다. 항구를 빠져나온 다음 평이한 구간에 들어가면 타기 펌프 2대 중 하나를 끄고 1대만 가동하는 것이 보통이었다. 이때 인천에서 제주로 가는 항해에서는 '인천행'이라고 표시된 타기 펌프를 끄고 '제주행'이라고 표시된 타기 펌프만 계속 가동한다. 제주에서 인천으로 가는 항해에서는 이

와 반대로 '제주행' 펌프를 끄고 '인천행' 펌프를 계속 사용한다. 신보식은 항해가 안정적인 단계에 들어가면 타기 펌프 하나를 선장이 직접 끄곤 했다. 반면 이준석은 직접 펌프를 끄는 것이 아니라 항해사들이 끄도록 두는 편이었다. 그렇다면 4월 15일 밤 인천항을 출발한 세월호가 혼잡 구간을 빠져나온 다음 선장 또는 당직 항해사가 보통 때처럼 '인천행' 타기 펌프를 끄고 '제주행' 타기 펌프만 사용하여 운항했는지, 아니면 '인천행' 펌프를 끄지 않은 채 펌프 두 대가 모두 가동 중인 상태로 다음 날 아침 병풍도 인근까지 운항했는지 확인해야 했다.[167]

선조위(내인설)는 선원들의 진술을 종합하여 4월 15일 밤 선장이나 항해사가 인천행 타기 펌프를 끈 일이 있었는지 분석했다. 우선 이날 승선한 선장 이준석은 평소 타기 펌프를 직접 끄지 않고 항해사들에게 맡기는 편이었으니, 출항 후 누군가 타기 펌프 하나를 껐다면 선장이 아닌 항해사였을 확률이 높다. 보통 때에는 3등항해사 박한결이 오후 6시 반 출항을 준비하기 위해 오후 4시에서 4시 반 사이에 조타실로 가서 타기 펌프 2대를 켰다. 좌우 35도까지 최대로 조타 신호를 넣어 방향타가 잘 반응하는지 확인한 후 타기 펌프 2대는 출항 때까지 켠 상태로 둔다. 이후 제시간에 출항을 하게 되면 당직을 맡은 1등항해사가 배를 운항하는데, 이 경우 항구를 벗어난 다음 타기 펌프를 끄는 일도 1등항해사가 하게 된다. 1등항해사 강원식은 보통 팔미도 밑에서 또는 인천과 평택 방향이 갈라지는 곳에서 펌프 하나를 끈다고 진술했다.[168] 그러나 4월 15일에는 박한결이 타기 펌프를 켜서 출항 준비를 한 이후 출항이 지연되면서 출항 구간 당직도 1등항해사가 아닌 박한결이 맡았다. 즉, 평소라면 타기 펌프 하나를 끄는 지점까지 박한결이 조타실을 담당한 것이다. 박한결은 평소에 출항 이후 타기 펌프 끄는 일을 한 적이 없었다. 입출항 때 타기 펌프를 2대 가동한다는 것은 알고 있었지만, 누가 언제 1대를 끄는지는 잘 알지 못했다. 박한결은 선조위 조사관이 4월 15일 밤에 타기 펌프를 끈 적이 있는지 묻자 "지금은 잘 기억이 안 납니다"라고 대답했다.[169]

3부 왜 침몰했나

4월 15일 출항 시 당직이 아니었던 1등항해사 강원식은 선조위 조사에서 출항 후 타기 펌프를 끈 일이 없다고 진술했다. 4월 15일 밤 12시부터 16일 오전 4시까지 당직이었던 2등항해사 김영호는 자신이 근무하는 동안 타기 펌프 조작이 없었다고 진술했다. 그러나 입출항 시에는 타기 펌프가 2대 모두 켜진 상태라는 사실을 잘 알지 못했던 김영호는 보통 항해 중 타기 펌프를 하나만 켜고 다니므로 그날 자신의 당직 중에도 '제주행' 펌프 하나만 켜져 있었을 것이라고 답하기도 했다. 16일 오전 3시 반에 김영호로부터 당직을 넘겨 받아서 7시 반에 박한결에게 다시 넘겨준 강원식은 사고 직전까지 타기 펌프를 "아마 1대 썼지 않을까 싶습니다"라고 짐작하면서도 "혹시 2개가 돌아갔다고 하더라도 특별히 인수인계 사항이 없으면 저는 그냥 갔을 거 같습니다"라고 했다.[170]

선원 진술을 바탕으로 선조위(내인설)는 4월 16일 사고 직전까지 세월호의 타기 펌프 2대가 모두 작동하고 있었다고 추론했다. 출항할 때 펌프 2대를 모두 켠 것이 확실하며 이후 1대를 끈 사람은 없었다는 것이다. 선조위 종합보고서(내인설)는 다음과 같이 정리한다.

일정, 날씨, 선원 등 모든 것이 정상적으로 돌아가는 항해였다면, 인천항을 떠난 후 배가 안정적으로 항해하기 시작했을 때 선장이나 항해사가 타기 펌프 하나를 껐을 것이다. 제주로 가는 항해였으므로 통상적으로는 '인천행' 표지가 붙어 있는 2번 타기 펌프를 끄고, '제주행' 표지가 붙어 있는 1번 타기 펌프만 작동시켰을 것이다. 하지만 4월 15일 밤에 조타실에서 타기 펌프 하나를 끈 사람은 없었던 것으로 추정된다. 규정 위반이나 실수로 인해 그런 것은 아니었지만, 4월 16일 아침 사고 직전 세월호에서는 '제주행' 1번 타기 펌프와 '인천행' 2번 타기 펌프가 모두 돌고 있었다. 그리고 2번 타기 펌프의 B측 솔레노이드에 고착 현상이 발생했다.[171]

인양된 선체에서 솔레노이드 밸브 고착 현상이 발견됨에 따라, 세월호의 갑작스러운 우선회는 조타수가 조타기를 비정상적으로 큰 각도로 돌렸기 때문이 아니라 조타수가 통상적인 우현 조타를 한 상태에서 선미 쪽에 있는 방향타를 좌현 또는 우현으로 밀어주는 장치 내부에 고장이 생겼기 때문일 가능성이 높아졌다. 조타실에서 내린 조타 명령을 물속에 있는 방향타에 전달하는 계통에 문제가 생겨 우현 방향 큰 각도까지 방향타가 움직였고, 이에 따라 우현으로 선회하면서 좌현 쪽으로 기울어지기 시작한 것이다. 이때가 오전 8시 49분경이었다. 그러나 타기 펌프 내 솔레노이드 밸브 고착이 세월호의 방향타를 우현 방향으로 돌게 하고 그것이 선체의 우현 방향 선회와 좌현 방향 경사를 유발했다는 설명이 설득력을 얻으려면 세월호가 이미 크게 기운 이후 목격된 현상과도 부합해야 했다. 즉, 박한결과 조준기에 대한 재판에서도 언급된 것처럼, 선체가 크게 기운 상태에서 침몰하기 전에 세월호의 방향타가 우현 쪽으로 돌아가 있는 것이 아니라 거의 중립 위치[선조위 분석에 따르면 좌현 8도]에 있었던 것으로 촬영된 영상을 설명할 필요가 있었다. 솔레노이드 밸브 고착으로 인해 세월호의 방향타가 조타수의 의도와 무관하게 오른쪽으로 돌았다면, 어떻게 침몰 직전에는 방향타가 좌현 8도 위치에 올 수 있었던 것인가?

선조위 종합보고서(내인설)는 "사고 시점에 2번 타기 펌프가 작동 중이었으며, 배가 크게 기운 다음 2번 펌프가 꺼졌고, 그 이후 타가 좌현 쪽으로 움직였다"는 시나리오를 제시했다. 즉, 누군가 고착이 발생한 인천행 2번 타기 펌프를 꺼서 우현 쪽으로 돌아가 있던 방향타를 다시 움직일 수 있게 됐다는 것이다. 선조위(내인설)는 당시 조타실에 있던 선원들 중에 박한결이 2번 타기 펌프를 껐을 것으로 보았다. 박한결이 2014년 5월 2일 광주지검에서 "시스템 배전반 위에 있는 타기 알람만 시끄럽게 계속 울려 제가 일어나서 시스템 배전반으로 가 빨간색 버튼을 눌렀는데, 그 버튼이 정지 버튼이어서 다시 그 위에 있는 빨간색 경보음 정지 버튼 2개를 누르자 조용해졌습니다"라고 진술한 바 있기 때문이다.[172] 횡경사 발생 이후 박한결의 행동을 포함하여 선조위(내인설)가 제시하는 사건의 순서는 다음과 같다.

솔레노이드 고착 발생 당시 1번과 2번 타기 펌프가 모두 작동 중이었고, 고착으로 인해 통제를 벗어난 상태로 우선회가 발생한 시점에서 좌현 조타를 시도했으나, 결국 세월호는 우현으로 돌면서 좌현으로 기울었다. 배가 기운 다음에 조타실 왼쪽 출입문 쪽으로 가 있던 3등항해사 박한결이 알람 정지 버튼을 끄려다가 2번 타기 펌프 정지 버튼을 누르자 솔레노이드 고착의 영향은 사라졌고, 고착되지 않은 채 작동 중이던 1번 펌프에 좌현 조타 신호가 전달되어 타가 좌현 쪽으로 이동했다. 이는 배가 우현으로 선회하는 가운데 좌현으로 넘어졌는데도 침몰 직전에는 배의 타가 좌현으로 이동해 있었다는 사실을 설명해준다.[173]

사참위의 솔레노이드 밸브 고착 문제 조사

선조위 활동 종료 후 세월호 침몰 원인 조사를 이어간 사참위는 선조위(내인설)의 솔레노이드 밸브 고착 조사 결과를 검증하고자 했다. 기관실 타기 펌프 내 솔레노이드 밸브가 고착된 것이 세월호의 급격한 선회와 경사를 야기한 원인이 될 수 있는지 의문을 제기한 것이다. 특히 솔레노이드 밸브 고착으로 인해 방향타가 우현 35도까지 돌아갔다면, 세월호가 침몰하기 직전 방향타가 (우현이 아닌) 좌현 8도에 놓였던 것을 어떻게 설명할 수 있는지에 집중했다. 세월호 참사 진상규명을 담당한 사참위 내 진상규명 소위는 세월호 타기 장치와 유사한 모형을 제작했고, 모형의 방향타가 우현 전타 이후 좌현 8도에 도달할 수 있는지 여러 시나리오를 통해 실험했다. 타기 장치 모형실험, 영상 및 사진 분석, 선원 진술 등을 바탕으로 사참위 진상규명 소위는 솔레노이드 밸브 고착이 세월호가 급격히 우선회한 원인이었다는 선조위 조사 결과를 반박했다.

사참위 종합보고서는 "복원성이 취약한 세월호가 솔레노이드 밸브 고착을 계기로 급히 우선회하며 좌현으로 기울었다는 내인설 보고서의 설명 중 솔레노이드 밸브 고착이 우선회를 유발했다는 부분의 가능성이 매우 낮다"라고 서술했다. 이와 함께 세월호 솔레노이드 밸브가 눌린 채 발견된 것은 선조위가 파악한 대로 기계 내부의 오일 슬러지가 흘러들어가 밸브를 고착시켰기 때문이 아니라는 판단도 제시했다. "횡경사 발생 시점과 선체 인양 시점 사이에 알 수 없는 외부 충격으로 인해 일어났다고 볼 수 있다"는 것이다. 즉, 사참위 진상규명 소위는 솔레노이드 밸브 고착을 세월호 우선회를 촉발시킨 원인으로 보는 것이 아니라 우선회 시작 이후에 발생한 외부 물체 충격의 결과로 보았다.

솔레노이드 밸브 고착과 세월호 우선회의 관계에 관한 사참위 진상규명 소위의 조사 결과는 사참위 전원위원회의 만장일치 의결을 이끌어내지는 못했다. 전원위원회에 참석하는 위원 6명 중 4명이 진상규명 소위의 조사결과보고서 채택에 찬성하고 2명이 보고서 채택에 반대했다. 격론 끝에 사참위 전원위원회는 진상규명 소위의 조사 결과에 동의하지 않는 위원 2명의 견해를 정리하여 사참위 종합보고서에 소수의견으로 기재하기로 합의한 후 진상규명 소위의 조타 장치 조사결과보고서를 통과시켰다. 소수의견을 낸 위원 2명은 조타 장치 모형실험 결과에 대해 진상규명 소위와 다른 해석을 제시했다. "솔레노이드 밸브 고착에 관한 재현실험에서 정상 조타 시 솔레노이드 고착이 발생하는 경우 우현 전타 현상 발생에 대한 반복재현성이 검증되었다"는 것이다. 또 만약 솔레노이드 밸브에 외부 충격이 가해졌다면 타기 장치 전체가 손상을 입었을 것이나, 실제로는 이와 같은 손상이 보이지 않는다는 점 등을 들어 진상규명 소위의 조사 결과를 반박했다.

사참위 외부에서도 조타 장치 모형실험에 대한 문제 제기가 있었다. 사참위가 제작한 타기 장치 모형이 선박 건조 이후 20년 이상 사용하여 낡은 세월호 타기 장치의 작동 조건을 제대로 재현할 수 없다는 지적이었다.[174] 대한조선학회 해양안전위원회 위원장으로서 사참위의 침몰 원인 조사 결과에 대한 공학적 검토와 조선학회 공식 의견서 작성을 주도했던 인하대 교수 정준모는 "사참위에 의하여 수행된 타기 시험은 공학적으로 큰 의미를 가졌다고 보기 어렵다"고 평가한다. 오래된 작동유가 오염되거나 성질이 변함에 따라 타기가 고착되고 오작동할 가능성이 있는데도 사참위의 모형실험은 이를 배제한 채 설계됐기 때문이다.[175] 다만 대한조선학회 해양안전위원회가 사참위의 요청에 따라 솔레노이드 밸브 관련 조사 결과를 검토하던 중에 이 내용을 담은 조사결과보고서가 사참위 전원위원회에서 (소수의견 기재를 조건으로) 의결됐고, 조선학회는 의견서에 이에 대한 평가를 담지 않기로 했다.

타기 펌프 내 솔레노이드 밸브 고착은 세월호의 우선회를 촉발했다는 점에서 의미 있는 현상이지만, 그렇다고 해서 세월호 침몰 혹은 세월호 참사의 핵심 원인이라고 할 수는 없다. 선조위 종합보고서(내인설)는 솔레노이드 밸브 고착이 "작은 소동으로 끝날 수도 있는 일"이라고 평가한다.

4월 16일 오전 8시 49분경 발생한 세월호의 빠른 우선회는 솔레노이드 고착으로 인한 타기 장치 이상으로 시작되었다. 3등항해사의 지시에 따라 우현으로 5도만큼 변침하려 했던 조타수는 타가 자신의 의도와 달리 우현으로 계속 돌고 있음을 인지하고 당황했다. 좌현의 2번 타기 펌프의 B측 솔레노이드가 고착되어 타를 우현으로 미는 압력이 계속 가해진 결과였다. 이 변침 과정에서 조타수가 잘못을 저질렀다고 볼 수 있는 근거는 없다. 우선회하는 선체를 되돌리기 위해 3등항해사의 지시에 따라 좌현으로 조타를 했다고 하더라도 타가 우현으로 계속 돌아가면서 배가 선회하는 것을 막을 수는 없었다. 뱃머리가 오른쪽으로 돌면서 선체가 좌현 쪽으로 기울어지기 시작했다. 그래도 아직 대형 사고가 발생한 것은 아니었다. 배가 좌현으로 잠시, 약간 기울었다가 다시 직립하면 작은 소동으로 끝날 수도 있는 일이었다. 하지만 배는 좌현으로 기우는 힘을 이겨내지 못하고 빠르게 넘어져버렸다. 그리고 다시 일어나지 못했다. 왜 그랬을까?[176]

좌현 방향 횡경사와 화물 이동

조타 실수 때문이든 조타 장치 이상 때문이든 세월호의 방향타가 우현 쪽으로 과도하게 돌아간 것 자체는 곧바로 사고로 이어지지 않는다. 복원성 기준을 준수하는 배라면 대각도 조타 상황에서도 옆으로 몇 도 정도 기울었다가 곧 자세를 회복할 수 있다. 그러나 선장과 선원을 포함하여 세월호의 운항에 관련된 이들에 대한 조사 결과를 정리하고, 또 무게중심과 화물 적재 상태 등 출항 당시 세월호의 조건을 종합해보면, 세월호의 복원성은 방향타가 큰 각도로 움직여 배가 선회하는 것을 견뎌낼 수 없는 정도였다. 우선회와 함께 배가 좌현으로 빠르게 기울어졌을 때, 부실하게 고박된 채 세월호 화물칸에 실렸던 화물들이 좌현 쪽으로 미끄러지기 시작했다. 화물 쏠림은 세월호가 복원성을 잃고 전복되는 데 결정적인 역할을 했다. 당시 많은 승객과 선원이 화물칸에서 차량이 미끄러지는 소리를 들었거나, 2층 선수 갑판에 2단으로 쌓여 있던 컨테이너가 바다로 떨어지는 것을 목격했다.

세월호 참사 직후부터 화물 이동은 선체 전복과 침몰의 주요한 원인으로 주목받았다. 합동수사본부 전문가 자문단 보고서[177]는 세월호가 복원성이 불량한 상태에서 급격하게 선회하면서 왼쪽으로 크게 기울어졌고, 그 바람에 부실하게 고박된 컨테이너 등 화물이 왼쪽으로 이동해 기울기를 더 심화시켰다고 설명했다. 2014년 12월에 나온 해양심판원 보고서도 세월호가 계속 빠르게 우선회하면서 좌현으로 과도한 외방경사가 발생했고, 이로 인해 고박 상태가 불량한 화물 등이 쏠리면서 선체가 좌현으로 더 경사되었다고 설명했다.[178]

해양심판원 보고서는 선원들의 초기 진술과 합동수사본부가 조사한 화물량을 기준으로 한 시뮬레이션 결과를 비교·분석했다. 그 결과, 세월호는 사고 초기 급격한 우선회로 15~20도가량 기울어졌을 것으로 추정했다. 횡경사 20도까지는 아직 세월호가 완전히 복원성을 잃었다고 보기 어렵다. 그런데 배가 20도가량 기울어지자 선수 갑판에 2단으로 쌓여 있던 컨테이너가 옆으로 미끄러지며 바다로 추락했다. 고박을 제대로 하지 않았거나 고박 장치가 부서진 화물, 차량도 차례로 좌현으로 쏠리거나 넘어지고, 짐이 많이 실려 무게중심이 높은 트럭 등도 미끄러졌을 것이다.[179] 선체의 횡경사와 화물 이동을 직접 기록한 영상이 없는 상태에서 내놓은 분석이었다.

보다 자세한 화물 이동 경위는 세월호 인양 후 선조위 조사를 통해 밝혀졌다. 선조위는 우선회 시작 후 채 1분이 안 되는 시간 동안 세월호가 45도 이상 좌현으로 기울었음을 밝혀냈다. 인양된 세월호에서 수거한 차량 블랙박스 영상 등을 복구하여 배의 경사 정도를 확인할 수 있었다. 블랙박스 영상은 또 세월호가 큰 각도까지 빠르게 기울어지는 과정 중에 화물이 이동했음을 보여주었다. 횡경사가 약 20도에 도달했을 때 화물이 처음 좌현 쪽으로 이동하기 시작했으며, 이렇게 이동된 화물이 횡경사를 더 심화시킨 것이다. 세월호의 부실한 화물 고박은 결국 배가 회복 불가능한 정도로 기울어지는 데 직접적인 영향을 미쳤음이 드러났다.

선조위는 차량 블랙박스를 총 26대 수거했고, 그중 17대에서 영상을 추출할 수 있었다. 이 중에서 사고 시점의 영상이 들어 있어서 횡경사와 화물 이동 분석에 활용할 수 있었던 것은 7대였다. 복구된 블랙박스 영상은 화물이 있던 2층 C갑판과 트윈 갑판을 찍은 것들이었고, 그 아래층 화물칸인 1층 D갑판을 직접 찍은 영상은 나오지 않았다. 이들 블랙박스 영상에 기록된 시간 정보가 모두 달라 이를 동기화할 필요가 있었는데, 다행히 한 대에 녹음된 《KBS》라디오 방송 시보를 기준으로 삼아 각 블랙박스 영상의 시간을 보정할 수 있었다. 또 이를 바탕으로 인천항만 CCTV와 세월호 선내 CCTV 영상의 시간도 비교할 수 있게 되었다.[180]

선조위는 약 20도 횡경사에서 처음으로 화물 이동이 시작된 곳은 1층 D갑판이라고 판단했다. 최초 이동 장면이 블랙박스 영상에 직접 포착되지는 않았지만 화물이 움직이면서 내는 굉음과 소음이 블랙박스 음향 분석을 통해 드러났다. 선조위의 의뢰를 받은 조사 기관 브룩스벨(Brookes Bell)은 세월호 선내 CCTV 영상에 담긴 화물의 위치와 고박 상태 등을 분석하여 1층 컨테이너 뒤에 놓여 있던 대형 건조기, 트레일러, 철근 묶음 등이 처음 이동했을 것이라고 결론 내렸다. 이 화물들을 부실하게 잡아주던 고박 장치들이 약 20도 횡경사에서 파손되었을 가능성이 있다는 것이다. 철근 더미의 고박이 풀려 좌현으로 움직이면서 다른 화물들을 연쇄적으로 이동시켰다. 1층 D갑판에서 처음 화물이 이동하기 시작한 다음 2층 C갑판에서는 대규모로 화물이 이동했다. 2층의 화물 이동은 블랙박스 영상에서 직접 확인할 수 있다. 트럭과 승용차가 이동하는 모습, 이동식 크레인이 전복되는 모습, 좌현 통풍구로 물이 들어오는 모습 등이 영상에 담겨 있었다. 이미 20도가량 기울어진 선체 내부에서 많은 화물이 좌현으로 이동하자 배는 짧은 시간 내에 45도까지 크게 기울고 말았다.[181]

세월호 선미 쪽 좌현 타기 펌프의 솔레노이드 고착이 선박의 우선회를 유발했지만, 그것을 세월호 침몰의 근본 원인으로 볼 수는 없다. 선조위 종합보고서(내인설)는 세월호가 돌이킬 수 없는 정도로 기울고 마침내 침몰한 것은 순간적인 조타 장치 고장보다 훨씬 더 길고 복잡한 과정이었으며 더 많은 사람과 기관이 개입한 사건이었음을 강조한다.

4월 16일 오전 8시 49분경 세월호가 좌현 45도까지 기울게 된 이유를 찾으려면 그 전날인 4월 15일 인천항에서 이루어진 고박 작업 현장으로 거슬러 올라가야 한다. 아마 그보다 더 오래전으로, 또 다른 장소로도 거슬러 올라가야 할지도 모른다. 만약 세월호가 비손상 복원성 기준을 지키면서 항해했다면 갑작스러운 솔레노이드 고착으로 방향타가 우현 끝까지 돌아갔다고 해도 화물 이동을 유발할 정도로 배가 기울어지지는 않았을 것이다. 브룩스벨의 계산은 적정한 적재 조건에서라면 최대 횡경사가 10도 미만이었을 것이라고 예측한다. 또 화물이 적절하게 고박되어 있었더라면 20도까지 기운 배가 추가로 더 기울어지는 힘을 받지는 않았을 것이다. (중략) 브룩스벨은 "모든 규정들을 지켰다면, 조타기 고장은 선박을 표류시키는 정도의 결과만 낳았을 것입니다. 즉 사상자 없이 구조되었을 상황이 거의 확실합니다"라는 결론을 내렸다. 문제는 지킬 수 있는 규정을 지키지 않았다는 것이다.[182]

네덜란드 마린 연구소가 재구성한 세월호의 전복

복원성 기준을 지키지 못하고 화물이 제대로 고박되지 않은 배에서 방향타가 일정 수준 이상 우현으로 돌아가자 선체가 우현 쪽으로 빠르게 선회하면서 좌현 쪽으로 크게 기울었다. 이것이 선체 증개축 과정에 관한 조사, 화물 적재 및 고박 상태에 관한 조사, 평형수 상태에 관한 조사, 조타 장치에 관한 조사, 선내 CCTV와 차량 블랙박스 영상에 관한 조사, 선원들의 운항 관행 및 참사 당일 행동에 관한 조사를 종합하여 얻을 수 있는 세월호의 선회와 경사에 대한 포괄적인 설명이다. 사고 당시 복원성 값을 오차 없이 확정하기 어렵고, 세월호 선미의 타가 정확히 몇 도 돌아갔는지 확정하기 어렵지만, 이러한 조건들이 결합하여 4월 16일 세월호의 비정상적인 움직임을 만들어냈다는 것이다.

이러한 경향을 확인할 수 있도록 해준 것은 선조위에서 네덜란드의 마린에 의뢰하여 실시한 모형시험과 컴퓨터 시뮬레이션이었다. 마린은 세월호를 25분의 1로 축소한 모형을 제작하여 여러 조건을 바꾸어가며 선회와 횡경사 움직임을 시험했다. 세월호의 GM값을 오차 없이 확정할 수 없는 상태에서 마린은 0.06미터에서 0.6미터까지 5가지 GM값을 설정했다. 선조위 종합보고서의 '내인설'과 '열린안'이 사고 당시 GoM값으로 제시한 0.306미터, 0.51미터를 포함하는 구간이었다. 타의 각도도 5도, 15도, 20도, 25도 등을 다양한 순서로 조합해서 시험했다. 이 밖에도 초기 속도, 화물 이동, 외력의 영향을 검토할 수 있도록 모형시험을 설계했다.[183]

마린의 시험 결과는 GM값이 작고 타각이 클 때 횡경사 각도가 증가하는 경향을 보여주었다. 마린의 시험 이전에 행해진 조사를 통해서도 예상할 수 있는 결과였다. 마린은 화물 이동이 시작되는 18도 횡경사에 도달하는 조건들을 파악했다. GM이 0.6미터일 때는 18도 횡경사에 이르지 않는 경우가 많았지만 GM이 0.45미터일 때는 타각이 20~25도만 되어도 횡경사 18도에 도달했다. GM 0.45미터 조건의 몇몇 시험에서는 타각이 12도에서 15도 사이일 때도 18도 이상 기울어졌다. 마린은 "이러한 횡경사각은 국제 규정에 따라 예상할 수 있는 횡경사각을 초과한다"라고 지적했다. GM이 0.34미터 또는 0.19미터일 때는 타각이 15도만 되어도 횡경사가 쉽게 18도에 도달했다. GM이 0.06미터인 경우에는 타각 5도에도

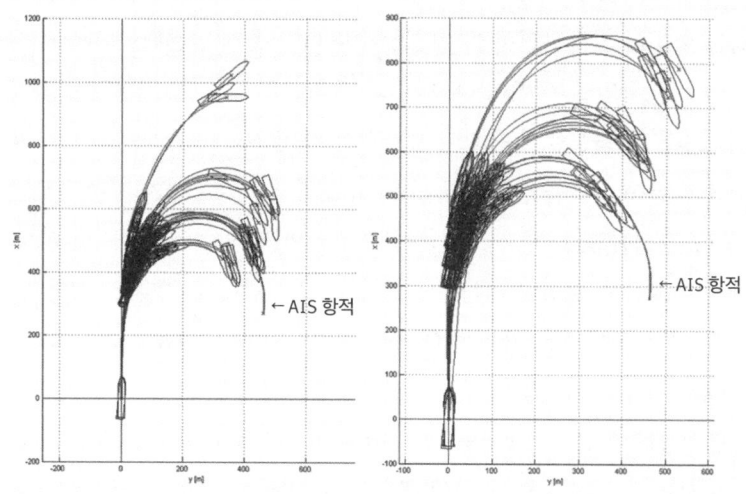

세월호 AIS 항적과 모형시험 항적 비교 예시(마린 요약보고서, 19쪽)

네덜란드 마린의 세월호 모형시험 현장(마린 제공)

3부 왜 침몰했나 373

18도 횡경사가 발생했다. 선체가 일단 좌현으로 18도 이상 기울고 나면 화물 이동이 시작되면서 이것이 선체를 더 기울게 만든다는 사실을 모형시험으로 확인할 수 있었다. 마린의 요약보고서는 "임계횡경사 18도에서 처음으로 화물들이 움직이기 시작할 때 횡경사는 33도로 증가하였고, 이는 다른 화물들을 움직이게 했으며, 횡경사를 45도까지 기울게 만들었다"라고 서술했다.[184] 선조위 종합보고서의 '내인설'과 '열린안'이 계산해서 내놓은 복원성 수치는 서로 약간 달랐지만(0.306미터와 0.51미터), 마린은 이를 모두 포함하는 범위에서 모형시험을 실시했고 그 시험 조건 내에서 세월호의 거동이 충분히 설명되었다고 보았다.

배의 움직임은 이 밖에도 여러 변수의 영향을 받는 것으로 드러났다. 모형시험은 대체로 배가 선미 쪽으로 0.5미터 기운 조건(선미 트림)에서 실시했지만, 만약 배가 선수 쪽으로 0.5미터 기울어 있던 것(선수 트림)으로 가정하면 이는 복원성을 감소시키는 효과를 냈다.* 마린에서 테스트한 가장 높은 GM값인 0.6미터 조건에서 선미 트림을 설정하면 횡경사가 12도까지만 발생했지만, 선수 트림을 설정했을 때는 모형 배가 25도까지 기울었다. 12도에서는 화물 이동이 시작되지 않지만 25도에서는 화물이 이동하게 된다. 이와 유사하게 선미 트림을 선수 트림으로 바꾸어 설정하면 0.45미터였던 모형 배의 GM이 0.23미터로 감소하는 것을 볼 수 있었다.[185]

마린은 또 세월호 선체의 독특한 기하학적 구조가 복원성에 미치는 영향을 밝혀냈다. 선수가 좁고 선미가 넓은 구조, 그리고 횡경사 10도에서 물에 잠기기 시작하는 선미 차량 램프 공간의 모양 때문에 "배가 일단 10도 정도로 기울고 나면 그 이후에는 대략 30도까지 비교적 빠르게 기운다"는 것이다. 이것 또한 세월호의 큰 횡경사를 설명하는 데 고려할 만한

---

* 선박은 기본적으로 선미 트림이 되도록 설계하고 운항하며, 세월호도 4월 15일 저녁 선미 트림 상태로 출항했다.

요소였다.[186]

마린의 모형시험은 '그렇게 큰 배가 그렇게 급격하게 돌면서 넘어질 수가 있는가'라는 상식적인 질문에 대한 답을 제공했다. 복원성이 낮은 세월호의 방향타가 일정 각도 이상으로 돌아갔을 때 화물 이동을 유발하고 결국 선체를 전복시킬 만큼 큰 각도로 기울어질 수 있음을 모형 배의 움직임을 통해 확인한 것이다. 누가 보기에도 이상한 모양인 세월호의 AIS 항적을 세월호의 25분의 1 크기인 모형 배가 재현했다. 2020년 여객선 안전 분야 국제 학회에서 발표한 논문에서 마린은 세월호 모형시험의 "조사 결과는 세월호의 낮은 초기 횡복원성과 적정한 타각이 조합되었을 때 AIS 항적과 비슷한 항적을 만들었고, 차량과 화물이 이동하기 시작하는 임계 횡경사각 18도를 만들어낼 수 있다는 것을 보여주었다"라고 결론 내렸다(앞의 항적 비교 그림). 이와 함께 마린이 선조위의 의뢰를 받아 모형시험을 실시한 모든 복원성 조건(0.06~0.60미터)에서 세월호는 여객선의 복원성 관련 국제 규정(IMO MSC Intact Stability Code 2008)을 만족시키지 못했음을 지적했다.[187] 세월호의 복원성 문제가 결국 횡경사와 침몰에 이르는 과정의 출발점이었다.

선조위는 세월호가 빠르게 선회하면서 기울어지도록 한 "결정적인 원인, 단 하나의 원인"을 집어내는 대신 "여러 원인의 연쇄와 결합"에 주목했다. 솔레노이드 밸브 고착과 같은 이상 현상이 하나의 계기나 발단이 되었다고 하더라도 "그보다 더 중요한 이상 현상은 배 자체였고, 그것은 육지에서 많은 사람과 기관이 오랫동안 키워온 문제였다"는 것이다. 4월 16일 세월호가 왜 넘어졌는지에 대해 선조위는 다음과 같이 정리했다.

넘어진 세월호를 설명하기 위해서 우리가 주목해야 할 것은 결정적인 한순간이 아니라 여러 원인의 연쇄와 결합이다. 통상적으로 배의 복원성과 솔레노이드, 화물 고박 사이 필연적인 인과관계나 연쇄관계는 없다. 어느 하나가 다른 하나보다 반드시 먼저 일어나는 일도 아니고, 어느 하나가 다른 하나와 반드시 결합해서 일어나는 일도 아니다. 어떤 것은 순간적으로 발생한 불운이라고 할 수도 있지만, 다른 것들은 무지와 무능과 무책임으로 인해 오랫동안 천천히 생겨난 현상이다. 하지만 잘못된 관행과 실수와 불운이 겹칠 때 이런 일이 연달아 발생하거나 함께 발생하여 최악의 결과를 낳을 수 있다. 그날 세월호에서 여러 원인이 결합하는 것을 막고 그 비극적인 연쇄를 끊기 위한 시도는 없었거나 실패했다.[188]

침수와 침몰

선조위 종합보고서(내인설/열린안)는 "좌현 45도가량의 초기 횡경사가 세월호 참사와 같은 대규모의 인명 피해로 이어져야 할 필연적인 이유는 없었다"라고 서술한다.[189] 선체가 갑작스럽게 우현으로 선회하면서 좌현으로 크게 기울어졌다고 해도 그 배가 수많은 승객을 태운 채 바닷속으로 가라앉는 일은 당연하지 않다는 것이다. 배가 45도 이상으로 기운 오전 8시 49분 직후부터 승객들이 구조를 기다리면서 머물렀던 3층 B갑판과 4층 A갑판은 10시 30분경 배가 130도 가까이 기울면서 모두 침수됐다. 이 101분 동안 바닷물이 세월호 안으로 어떻게 들어와서 퍼져나갔는지, 왜 101분 만에 배 안에 남아 있는 승객들을 삼켜버렸는지 밝혀내는 것은 선체가 인양된 이후에 비로소 가능해졌다.

선조위 종합보고서는 세월호의 수밀성을 유지하지 않고 열린 채로 운항했던 관행이 불러온 결과에 대해 다음과 같이 정리했다.

일단 선내로 유입된 바닷물은 열려 있던 맨홀, 수밀문, 풍우밀문을 통해 세월호 전체로 흘러들어갈 수 있었다. 전체적으로 보았을 때, 세월호 선내에 물이 들어갈 수 없는 구획은 없었다고 말해도 무방할 것이다. 이는 세월호가 2014년 4월 16일 운항 당시 침수 구획 및 수밀성에 대한 해양수산부 및 한국선급에서 정한 기준을 지키지 않았음을 보여준다. 이렇듯 '열려 있는' 세월호의 구획은 이 선박의 침수와 침몰 과정에 결정적인 영향을 미쳤다.[190]

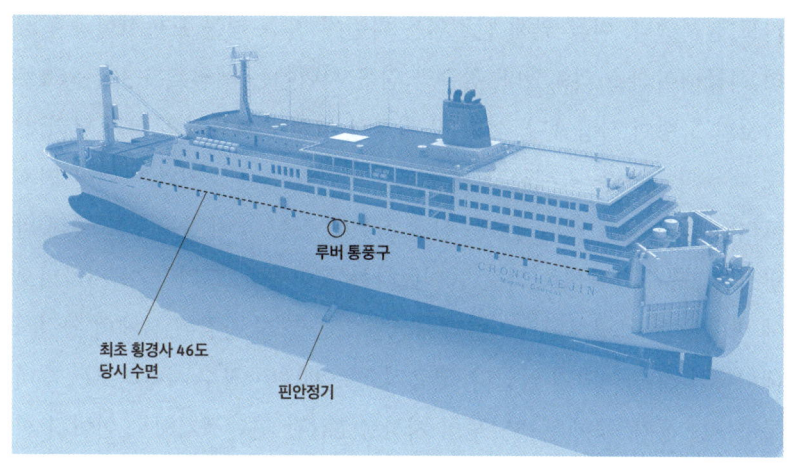

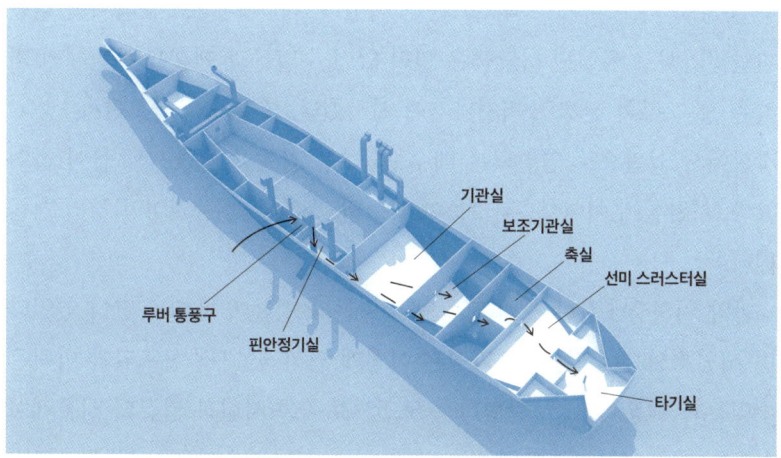

세월호 초기 침수 경로. 선조위 제작 세월호 이미지 활용

    101분 동안 구조를 기다리던 승객 중 세월호 선체가 이처럼 침수에 무방비 상태였다는 사실을 알았던 이는 없었을 것이다. 수밀문과 맨홀을 닫아야 할 선원들은 서둘러 배를 빠져나갔고, 열린 채 방치된 세월호는 빠르게 물에 잠길 수밖에 없었다.

    선조위는 세월호의 침수 구획과 수밀성에 문제가 있었음을 밝히는 데에서 더 나아가 선체에 바닷물이 최초로 유입된 경로를 밝히기 위한 조사도 실시했다. 이를 위해 선조위는 마린에 침수·침몰 모형시험과 컴퓨터 시뮬레이션을 의뢰했다. 침수와 침몰 시험에는 세월호를 30분의 1로 축소한 모형이 사용됐다. 선회 및 횡경사 시험에 사용한 모형과 달리 선체 내부의 구조를 자세하게 재현한 모형이었다. 선조위와 마린이 먼저 고려한 최초 침수 시나리오는 선체 좌현에 있는 루버 통풍구를 통해 바닷물이 2층 C갑판으로 바로 들어왔다는 것이었다. 그러나 이 시나리오에 바탕을 둔 모형시험과 시뮬레이션은 침몰 당시 관찰된 선체의 횡경사 데이터와 잘 들어맞지 않았다. 최종적으로 채택된 침수 시나리오는 루버 통풍구를 통해 들어온 바닷물이 지하층 E갑판 핀안정기실로 이어진 환풍 통로를 타고 아래로 내려가는 것이었다. 이 시나리오에 따르면 일단 핀안정기실로 유입된 바닷물은 열려 있던 수밀문과 맨홀을 통과해서 지하층 장비 구획 전체로 퍼져나가기 시작했다. 횡경사가 커지면서 2층 C갑판에서 외판으로 연결되는 배수구와 2층 창문을 통해서도 물이 들어왔다. 기관실에 이어 1층과 2층이 침수되고 결국 배는 선미 쪽부터 침몰했다.[191]

만약 지하층 E갑판 장비 구획의 수밀문과 맨홀이 제대로 닫혀 있었다면 세월호의 침수와 침몰 과정은 어떻게 달라졌을까? 선조위와 마린은 수밀문과 맨홀이 모두 닫혔다는 조건으로 모형시험과 컴퓨터 시뮬레이션을 추가로 실시했다. 최종 채택된 침수 시나리오대로 바닷물이 좌현 핀안정기실로 유입되었을 때 수밀문과 맨홀이 모두 닫혀 있었다면 선체가 좌현으로 65도 기울어진 상태에서 실제보다 더 오래 머물렀을 것이라는 분석이 나왔다. 마린은 정확한 시간을 제시하지는 않았지만 세월호의 수밀성이 유지되었을 경우 선체가 침몰에 이르기까지 더 오랜 시간 떠 있었을 것이라고 결론 내렸다. 선체가 65도 횡경사 상태에서 떠 있는 동안 과연 어느 정도 구조나 탈출이 가능했을지 확실히 말하기는 어렵다. 그러나 8시 49분에 발생한 45도가량의 최초 횡경사가 304명의 희생을 야기하지 않았을 가능성이 있었다는 것은 분명하다.[192] 선조위 종합보고서(내인설/열린안)는 "E갑판 기관 장비 구획의 수밀성이 제대로 유지되었더라면 2014년 4월 16일과 같은 참사는 피할 수 있었다"라고 말한다.[193]

열린 수밀문과 맨홀은 누가 언제 시작했는지도 정확히 지목할 수 없는 관행의 일부였다. 선원 중 누구도 주의를 기울이지 않은 채 수밀문과 맨홀을 열어두고 다녔고, 이들은 기울어진 배에 물이 들어오기 시작한 상황에서 모든 문을 열어둔 채 기관실을 탈출했다. 304명의 생사를 가른 결정적 순간 중 하나였다.

3장
잠수함 충돌설

지금까지 정리한 것이 현재까지 밝혀진 세월호의 선회, 경사, 전복, 침몰에 관한 종합적 설명이다. 복원성이 치명적으로 낮았던 세월호의 조타장치에 이상이 발생하여 선회와 경사가 시작되고, 불량하게 고박된 화물이 이동하고, 수밀문이 열려 있던 공간으로 물이 들어차기 시작했다. 8시 49분 무렵 약 45도로 급하게 기운 배는 약 101분 만에 침몰하고 말았다.

그러나 이와 같은 설명을 모두가 쉽게 받아들였던 것은 아니다. 출항 전후 배의 상태와 조타 장치 이상 등 선체 내에서 벌어진 일련의 과정으로 세월호의 침몰을 다 설명할 수 없으며, 세월호 침몰 과정에 아직 밝혀지지 않은 선체 외부의 요인이 작용했으리라는 의혹이 끊이지 않았다. 선조위와 사참위 등 공식 조사위원회 내부에서도 이러한 의혹을 토대로 조사 방향을 설정하려는 움직임이 있었고, 이는 세월호 침몰 원인 조사를 훨씬 길고 복잡한 과정으로 만들었다.

해가 떠 있고 기상 상황이 나쁘지 않은 바다에서 큰 배가 빠르게 회전하면서 기운 다음 마침내 물속에 잠겨버렸을 때, 그 원인에 대한 의문이 폭발적으로 터져 나온 것은 어쩌면 당연한 일이다. 배가 승객을 태운 채

가라앉아버림으로써 선체의 상태에 대한 신속한 조사가 불가능한 상황에서 세월호의 침몰 원인에 대한 다양한 분석과 추측이 쏟아져 나왔다. 그중에서도 세월호 침몰 후 여러 해가 지나도록 꾸준히 제기된 것은 세월호가 (정체를 알 수 없는) 외부 물체와 충돌해서 침몰했다는 가설이다. 출항과 침몰 당시 배의 조건과 움직임에 대한 데이터를 분석해보니 세월호가 침몰 과정에서 외부 물체와 충돌했을지도 모른다는 의심이었다. 그러나 외부 물체 충돌가설(외력설)은 세월호 선체를 직접 조사할 수 없는 상황에서는 검증할 수 없는 의혹으로만 존재했다.

2017년 3월 말 세월호가 인양되면서 비로소 세월호 선체에 남아 있을지 모르는 증거를 확인해 외부 물체 충돌가설을 검증할 수 있는 길이 열렸다. 선조위는 인양 직후부터 이에 대한 조사에 나섰고, 선조위의 조사 내용을 이어받은 사참위도 외부 물체 충돌가설을 검증했다. 두 조사위원회의 예산과 인력의 적지 않은 부분이 외부 물체 충돌, 더 구체적으로는 잠수함 충돌의 흔적을 찾는 일에 투입됐다.

선조위의 외력설 조사

인양된 선체 외부에 대한 조사를 처음 실시한 것은 선조위의 의뢰를 받은 해양선박 조사 및 컨설팅 업체 브룩스벨이었다. 인양되어 화이트말린호에 실린 세월호가 목포신항에 도착하여 육상으로 옮겨지기를 기다리는 중이던 2017년 4월 6일에 외부 손상 상태에 대한 조사가 시작됐다. 브룩스벨의 조사 결과를 한 문장으로 요약하면 "세월호에서 외부 물체로 인한 어떠한 손상의 증거도 발견하지 못했"다는 것이었다. 세월호가 외부 물체와 충돌한 후 침몰했다면 운항 중 수면 아래 잠겨 있던 선체 부위에 충돌에 의한 손상이 있었을 텐데, 그와 같은 충돌 흔적을 선체에서 찾아볼 수 없었다는 것이다. 브룩스벨은 "잠수함이나 이와 비슷한 외부 물체 또는 외력 접촉과 일치되는 증거가 선체가 물에 잠기는 부분에는 전혀 없었다"라고 보고했다. 눈에 띌 만큼의 선체 손상을 일으키지 않고서는 세월호에 큰 선회와 횡경사를 발생시킬 만한 힘을 가할 수 없다는 가정에 바탕을 둔 조사 결과였다.[194]

선조위는 브룩스벨이 실시한 외부 손상 조사와 별도로 세월호 선체가 변형되었거나 충격으로 구멍이 난 곳이 있는지도 조사했다. 인하대학교 교수 이장현과 연구진은 세월호 선체의 변형 상태를 조사하여, 대부분의 변형이 좌우대칭으로 발견되어 외부 충격을 의심할 수 없으며, 일부 존재하는 비대칭 변형은 선체를 거치할 때 자체 무게에 의해 생긴 처짐 현상이라고 보고했다. 즉, 세월호 외판의 변형 상태에서도 외부 물체에 의한 충격의 증거가 나오지 않았다. 이와 함께 세월호 좌현 아래쪽의 탱크에 대한 조사에서도 외부 충격의 결과로 의심할 만한 구멍(파공)이 발견되지 않았다.[195]

만약 운항 중인 세월호 선체에 충돌한 외부 물체가 있었다면, 가장 유력한 후보로 삼을 만한 물체는 잠수함이다. 해수면 아래에서 세월호 선체를 밀어서 우현 방향 선회와 좌현 방향 횡경사를 동시에 발생시키는 큰 힘을 가할 수 있는 다른 물체는 상상하기 어렵다. 선조위가 4월 16일 당시 세월호 침몰 지점 주변의 잠수함 작전 현황을 조사한 것은 혹시 있었을지 모르는 충돌의 주체를 확인하기 위한 것으로 보인다. 선조위는 이 조사를 위해 해군에서 자료를 넘겨받기도 하고 해군본부를 직접 방문하기도 했다. 해군의 잠수함 항박일지에는 4월 16일 당시 해군 잠수함 14척 중 3척이 작전 중이었던 것으로 기록되어 있으나, 3척 모두 세월호 침몰 지점으로부터 100해리(1해리는 1.852킬로미터) 이상 떨어져 있었다. 선조위는 또 4월 15일부터 7월 30일 사이에 고장 정비를 받은 잠수함이 없다는 사실도 확인했다. 세월호와 충돌한 잠수함이 있다면 그로 인한 손상에 대해 수리를 받았을 것이라는 가정으로 실시한 조사였다. (잠수함이 아니라) 해군의 유도탄 고속함인 한문식함은 4월 16일 당시 침몰 현장에서 74킬로미터 떨어진 흑산도 근해에 있다가 구조활동을 위해 출동한 것으로 파악됐다. 역시 운항 중인 세월호와 직접 접촉했을 가능성은 없었다. 서해에서 실시하는 연합훈련도 사고 당일에는 없었던 것으로 밝혀졌다. 한미연합사는 리처드함이 사고 당시 한반도 서쪽 공해상에서 정찰 항해를 하던 중 세월호 구조 신호를 받고 현장으로 출동했다고 확인해주었다. 이와 같은 사실을 종합하면, 선조위는 세월호와 충돌했을 것으로 의심할 만한 해군 잠수함이나 함정을 찾지 못했다.[196]

선체에 남은 충격 흔적이나 사고 당시 주변에 있던 잠수함을 찾지 못한 상황에서 선조위가 마지막까지 추가 검증 대상으로 남겨둔 것은 세월호의 좌현 핀안정기에 잠수함과 같은 외부 물체가 와서 부딪쳤다는 가설이다. 이는 세월호 인양 당시 좌현 핀안정기가 최대 회전 각도인 25도를 크게 넘어서는 50.9도만큼 회전한 상태로 발견되었다는 사실로 인해 제기되었다. 선체의 측면에서 외부로 뻗어 나와 배의 균형을 잡는 데 도움을 주는 핀안정기가 정상적인 동작 중에 돌아갈 수 있는 범위보다 더 크게 회전한 것은 외부 물체와 충돌한 결과일 수 있다는 것이었다.(377쪽 그림 참조) 이 시나리오에서는 잠수함 등의 외부 물체가 운항 중인 세월호에 접근하여 좌현 핀안정기에 부딪치면서 충격을 주고, 이것이 세월호의 선회와 횡경사를 발생시키게 된다.[197]

잠수함이 핀안정기에 부딪쳤다는 가설을 검증하려면 충돌 순간 핀안정기에 가해지는 힘에 대한 분석과 시뮬레이션, 모형 배에 그와 같은 힘을 가할 때 배의 움직임에 생기는 변화에 대한 실험 등이 필요하다. 선조위는 2018년 초에 마린에 의뢰한 1차와 2차 모형시험에 핀안정기에 외력을 가하는 설정을 포함시킨 데 이어 2018년 6월에는 외력가설을 중점적으로 검증하기 위한 3차 모형시험을 의뢰했다. 마린은 좌현 핀안정기에 외력이 작용하는 것과 유사한 효과를 내도록 모형 배의 우현 방향에 윈치(winch)를 설치하고 모터를 돌려 모형 배에 연결된 줄을 당기는 방식으로 실험했다. 마린이 이해한 바에 따르면, "선조위는 어떠한 외력이 AIS 선수방위각 신호로부터 계산된 선회율과, 기록된 영상으로부터 도출된 횡경사각의 조건에서 세월호의 선회를 야기할 수 있는지 여부에 대해서도 조사하고자 하였다." 모형 배에 외력을 가했을 때 세월호의 AIS 항적에서 도출할 수 있는 움직임, 특히 뱃머리의 방향이 바뀌는 빠르기를 나타내는 선회율(ROT, Rate of Turn)이 재현되는지 살펴본 것이다.[198] 복원성과 화물 이동 조건만으로는 AIS 항적상 세월호가 순간적으로 매우 빠르게 선회한 듯 보이는 현상(높은 선회율)을 모형 배가 충분히 재현하지 못한 것 같으니, 선체 바깥에서 작용한 미상의 힘이 있었다고 보아야 한다는 논리였다.

3차 모형시험 결과에 대한 마린의 분석은 외력의 가능성을 찾고 있던 선조위 위원과 조사관들에게 실망스러운 것이었다. 세월호의 핀안정기가 크게 회전했지만 파손되지는 않은 상태였으므로, 모형 배에 가할 외력의 크기는 핀안정기를 파손시키는 힘보다 작아야 했다. 현실적으로 가할 수 있는 힘의 크기를 계산한 다음 마린은 다양한 조건에서 항해 중인 모형 배에 외력을 가하는 시험을 했다. 시험 결과, 마린은 "모형시험에서 수행된 어떠한 시험 조건으로도, 선조위가 AIS 선수방위각 데이터 분석을 통해 제공한 선회율보다 큰 선회율은 발생하지 않았다"라고 보고했다. 좌현 핀안정기에 외력이 작용했다고 의심할 만한 근거가 없다는 뜻이었다. 마린은 1차와 2차 모형시험에서 얻었던 결론이 여전히 유효하다고 밝혔다. 즉, "세월호의 낮은 초기 횡복원성과 적당한 타각 사용의 조합은 세월호의 AIS 항적과 닮아 있는 선회 궤적을 만들고 횡경사가 임계값 18도에 이른다는 것"이었다. 외력을 도입할 필요 없이 복원성, 방향타의 움직임, 화물 이동으로 세월호의 침몰을 설명할 수 있다는 뜻이다.[199]

외력 검증 모형시험 결과를 선조위에 보고하면서 마린은 중요한 지적을 하나 덧붙였다. "보고서에서 다뤄진 모든 변수들과 조류와 같은 불확실성들은 모형시험과 AIS 데이터 간의 완벽한 상관관계는 기대될 수 없음을 시사하고 있다"는 것이다. 이는 선조위가 세월호 AIS 항적의 선수방위각 정보로부터 선회율이라는 새로운 데이터를 도출한 다음, (외력이 적용되지 않은 조건의) 모형시험 데이터가 AIS에서 도출한 선회율에 도달하지 않았다는 이유로 사고 당시 외력이 작용했다고 추정하는 것에 대한 우려 혹은 경고였다. "마린의 전문 지식에 따르면, AIS 데이터는 조심스럽게 분석해야 한다. ······ 이미 잡음과 동요가 섞인 원본 데이터에서 선회율과 같은 새로운 신호를 도출할 경우에는 각별한 주의를 기울여야 한다."[200] 세월호가 동역학적으로 복잡하고 빠르게 선회하는 와중에 기록된 선수방위각 정보를 가지고서, 그것의 변화율을 한 번 더 계산하여 얻은 선회율은 불확실성이 크고 신뢰할 수 없는 수치라는 것이 마린의 지적이다. 그러므로 선조위처럼 선회율을 모형시험 데이터를 평가하는 기준으로 삼아서는 안 된다는 것이었다.*

선조위 활동 종료 후 마린은 세월호 모형시험 결과를 종합하여 2020년 여객선 안전 분야 국제 학회에 논문을 제출했고, 여기에서 외력 충돌가설에 대한 결론을 재확인했다. 우선 마린은 세월호 AIS 데이터를 선조위 외력 검증 태스크포스가 한 것처럼 사용해서는 안 된다는 점을 다시 강조했다.

AIS는 선박의 안정적 상태의 조건을 모니터링하기 위한 시스템이다. 센서, 데이

---

* AIS 데이터는 항해 중인 선박의 각 시점별 선수방위각(뱃머리의 방향) 정보를 포함하고 있으나, 뱃머리가 회전하는 속도(선회율)는 AIS 데이터에 들어 있지 않다. 선회율은 선수방위각 정보를 가지고 그 변화율을 추가 계산(미분)하여 얻을 수 있다. AIS 데이터에 들어 있는 선수방위각은 완벽하게 정확하지 않고 오차가 있는 수치이므로, 그 각도가 매 순간 변하는 빠르기를 계산한 선회율은 더욱 오차가 크고 불확실한 정보가 된다. AIS에서 선수방위각을 제공하는 장치인 자이로컴퍼스는 배가 빠르게 회전하고 기울수록 오차가 커지므로 세월호처럼 급격하게 움직인 경우에는 더욱 주의해야 한다. 따라서 선수방위각을 추가 계산해서 얻은 선회율 수치를 가지고 세월호의 뱃머리가 실제로 그런 빠르기로 회전했다고 말할 수는 없다. 마린은 선조위의 외력설이 신뢰할 수 없는 선회율 수치를 기준으로 삼은 다음, 모형 배의 움직임이 그런 선회율을 보이려면 외부에서 별도의 힘을 가해야 한다고 추론한 것이 합리적이지 않다고 지적한 것이다.

터 수집, 샘플링 및 전송의 한계 때문에, 이번 사건과 같이 빠른 선회와 큰 횡경사가 일어나는 동안의 선박의 역동적 움직임을 정확하게 묘사한다고 생각할 수 없다. 이러한 이유로 본 조사에서 AIS 데이터는 주로 선박의 위치 추적을 위해 참고되었다. 보정된 AIS 데이터를 통해 도출된 선회율은 신뢰할 수 없는 값으로 고려되었다. 조류처럼 여러 변수와 불확실성이 연관되어 있으므로, 모형 시험과 AIS 데이터 사이의 완벽한 연관성은 기대할 수 없을 것으로 보인다.[201]

바로 이어 마린은 세월호 모형 배에 윈치를 설치하고 줄을 걸어 힘을 작용시켰던 외력 검증 시험의 결론을 다음과 같이 정리했다.

> 윈치에 가해지는 힘의 크기, 방향, 지속시간을 어떻게 조합해도 선체조사위원회의 외력 검증 TF가 선박 AIS의 선수방위각 원자료에서 도출한 높은 선회율을 얻을 수 없었으므로, 그처럼 높은 선회율을 유발한 외력이 있었다는 가설은 기각되었다.[202]

그러나 2018년 당시 선조위는 외력가설 기각이라는 마린의 분석 결과를 수용하는 쪽(내인설)과 그렇지 않은 쪽(열린안)으로 갈라졌고, 마린의 결론은 잠수함 충돌설을 가라앉히지 못했다.

잠수함이 핀안정기 부근에 충돌해서 세월호가 침몰했다는 가설을 입증하지 못했을 때 대안이 될 수 있는 가설은 세월호가 침몰할 때 핀안정기가 해저면 바닥을 뚫고 들어가면서 힘을 받아 과도하게 회전했다는 것이다. 또는 침몰 이후 해저면 상에서 수평으로 약간 이동했을 때 핀안정기에 힘이 가해졌을 수도 있다. 즉, 좌현 핀안정기 상태에 변화가 생긴 것은 침몰 이후의 일이며, 따라서 세월호의 침몰 원인과 관계가 없다는 설명이다. 이러한 가설을 검증하려면 핀안정기가 바닥에 닿을 때 선체의 상태, 핀안정기가 접촉한 해저면의 성질 등에 대한 분석과 추정이 필요하다. 선조위는 이에 대한 연구용역을 시행했지만, 좌현 핀안정기 회전 상태에 대한 2가지 가설 중 하나로 최종 결론을 내리지는 못했다.[203] (이후 사참위도 이와 관련한 연구용역을 시행했다.)

지금까지 정리한 선조위 조사 결과는 세월호가 운항 중에 외부 물체, 즉 잠수함과 충돌해 침몰했을 가능성이 거의 없다는 결론으로 이어진다. 세월호 선체에 잠수함의 충돌을 의심할 만한 흔적이 없고, 실제 사고 당시 세월호 가까이에 잠수함이 운행했다는 기록도 없으므로 외부 물체가 선체에 부딪친 것이 세월호 침몰의 원인이라는 가설은 기각할 수 있다. 해외 전문 기관인 마린의 모형시험 결과도 세월호 침몰을 설명하기 위해 외부 물체 충돌가설을 도입할 필요가 없음을 확인해주었다. 핀안정기 상태에 대한 견해가 엇갈릴 수 있지만, 핀안정기를 변형시키고 선체를 기울게 한 다음에 현장을 빠져나간 잠수함의 실체를 지목하거나 확인하지 않는 한 핀안정기 자체에 대한 논란은 침몰 원인을 설명하는 데에 영향을 미치지 못한다.

그러나 선조위는 잠수함 충돌가설에 대한 최종 결론을 내리지 않은 채, 잠수함 충돌가설을 기각하고 복원성 등 세월호 자체의 문제를 침몰 원인으로 지목하는 '내인설'과 외부 물체 충돌 가능성을 여전히 열어놓은 '열린안' 보고서를 함께 발간했다(2018년 8월). 침몰 원인 규명 과제를 이어받은 사참위도 여전히 잠수함이 핀안정기에 충돌했을 가능성을 열어두고 조사했으나, 오랜 시간과 많은 예산을 투입했음에도 결국 외부 물체 충돌설 혹은 잠수함 충돌설을 입증하는 데 실패했다.

사참위의 잠수함 충돌설 조사

2018년 12월부터 조사 활동을 시작한 사참위는 선조위의 종합보고서 2가지(내인설/열린안) 중에서 외부 물체 충돌 가능성을 제기했던 '열린안'의 입장을 바탕으로 세월호 침몰 원인 조사를 이어갔다. 즉, 선조위 '내인설' 보고서가 네덜란드 마린 등의 분석 결과를 받아들여 외부 물체 충돌설을 기각했던 것을 수용하지 않고, 잠수함 충돌 가능성을 열어놓은 채 침몰 원인을 계속 조사해야 한다는 입장이었다. 사참위에서 세월호 참사 진상규명을 맡은 진상규명 소위는 이러한 관점에서 선조위의 조사 결과를 검증하기 위한 연구용역과 자체 조사를 실시했다. 사참위 진상규명 소위에서 설정한 세월호 침몰 원인 관련 조사 과제는 크게 3가지였다. '조타장치 고장에 따른 세월호 전타 선회 현상 검증'(조사과제 직나-8), '세월호의 변형·손상 부위 확인 및 원인 조사'(조사과제 직나-9), '세월호 급선회와 횡경사 원인 검증 및 복원성과의 관계 분석'(조사과제 직나-10). 세 과제는 서로 연결되어 잠수함 충돌이라는 잠정 결론으로 향하고 있었다.

 사참위 진상규명 소위는 선조위 당시에도 논란이 되었던 좌현 핀안정기의 과도한 회전을 잠수함 충돌의 결과로 볼 수 있는지 조사했다. 우선 세월호가 침몰 후 해저에 닿을 때나 그 이후 조류의 흐름에 따라 수평으로 이동할 때 핀안정기가 힘을 받아 과도하게 회전했을 가능성은 매우 낮다고 판단했다. 그런 다음 외부의 힘이 작용해 핀안정기가 회전했을 가능성을 적극적으로 조사했다. 진상규명 소위는 핀안정기를 회전시키는 데 필요한 힘의 크기를 계산하는 한편, 세월호 내부 차량 블랙박스 장치에 녹음된 소음이 핀안정기가 변형될 때 발생하는 소음과 유사한지 검토했다. 또한 핀안정기실 근처에 보이는 손상을 잠수함 충돌의 결과로 설명하려면 어떤 크기의 힘이 어떤 방향으로 가해졌어야 하는지 추정했다.[204]

 그러나 이런 조사 결과를 정리한 사참위 종합보고서는 핀안정기 과회전에 관한 여러 실험, 시뮬레이션, 분석이 세월호에 잠수함 충돌로 인한 힘이 작용했음을 입증하기에는 한계가 많았음을 인정했다. 외부 물체 충돌을 전제로 한 음향 분석 설계의 문제, 공기 중 소음과 수중 소음의 차이에 대한 이해 문제 등 차량 블랙박스에 녹음된 소리를 통해 핀안정기 과회전을 잠수함 충돌과 확실히 연결하기는 어렵다는 것이었다. 또 핀안정기실 주위를 변형시킬 만한 힘이 핀안정기 자체에 가해질 경우 실제와

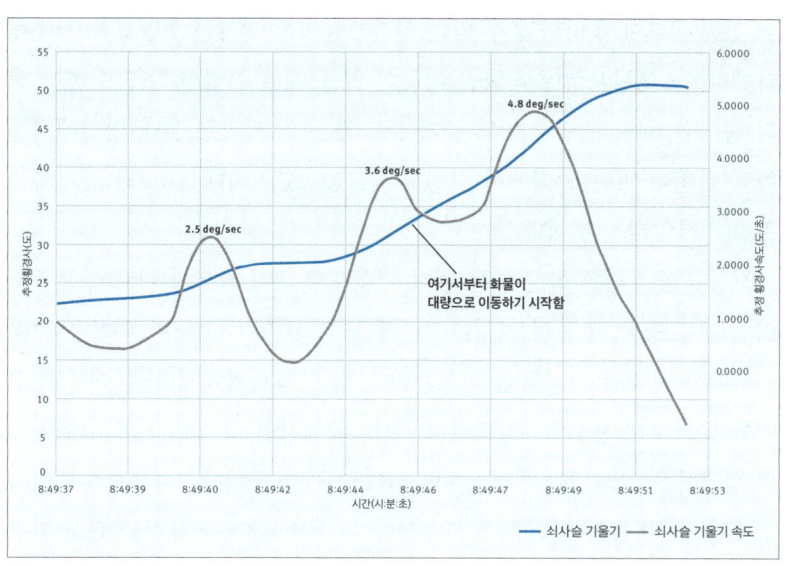

사참위 진상규명 소위가 제시한 사고 당시 세월호의 횡경사 각도(파란색) 및 횡경사 속도(회색) 추정 그래프(사참위 진상규명 소위 보고서, 104쪽)

다른 큰 변형이 생기는 등 세월호의 물리적 손상을 통해 잠수함 충돌을 확인하려는 논리에도 허점이 있었다.[205]

사참위 진상규명 소위는 또 세월호 화물칸에 달려 있던 쇠사슬의 기울기 변화를 분석해서 세월호가 좌현으로 기우는 과정에 외부 물체 충돌이 있었다고 추정했다. 세월호가 옆으로 기우는 속도(횡경사율, 횡경사 속도, ROH, Rate of Heel)가 시간에 따라 변화하는 그래프를 그려놓고 횡경사율이 크게 변해서 정점을 찍은 두 지점을 분석해보았더니, 그중 뒤의 것은 대량 화물 이동 때문이라고 할 수 있지만 앞의 것은 화물 이동으로 설명할 수 없다는 것이 진상규명 소위의 주장이다. 사참위 분석에 따르면 화물 이동이 시작되기 이전에 횡경사율이 먼저 정점을 찍은 지점에서는 그 횡경사율 값이 초당 3.6도였다(위 그래프 중 가운데 봉우리 부분). 그런데 마린의 자유항주모형시험(free running model test) 데이터를 보면 화물 이동이 없는 상태에서 나타날 수 있는 횡경사율의 최대치는 초당 0.88도에 불과했다.[206] 모형시험에서 화물 이동이 없을 때는 횡경사 각도가 가장 빨리 증가할 때도 초당 0.88도 증가에 그쳤는데, 세월호 선내 영상에서는 화물 이동이 없는 상태에서 횡경사 각도가 초당 최대 3.6도나 증가하는 순간이 있었다는 것이다.*

진상규명 소위는 화물 이동 없이 이렇게 횡경사 각도가 빠르게 증가하려면 외부 물체 충돌이 있었을 것이라고 추론했다. 그러한 추론을 뒷받침해주는 근거로 진상규명 소위는 마린의 모형시험에서 화물 이동과 외력을 동시에 적용했을 때 그릴 수 있는 횡경사율 그래프가 실제 세월호의 횡경사율 그래프와 패턴이 비슷하다는 점을 들었다. "자유항주모형시험 중 화물 이동과 외력을 동시에 적용한 시험 결과가 횡경사 속도 피크(peak, 정점)를 두 차례 보였다는 점에서 사고 당시 세월호의 횡경사 속도 변화와 유사한 경향을 보였다고 할 수 있다." 마린에서 세월호 모형에 외력을 가했을 때 횡경사율 그래프가 두 번 정점을 찍었으니 그와 비슷한 그래프 모양을 만든 실제 세월호에서도 외부 물체 충돌이 있었을 것이라는 주장이었다.[207]

잠수함을 찾아내려는 사참위의 노력을 가장 직관적으로 보여주는 것은 잠수함 충돌 시뮬레이션이다. 좌현 핀안정기와 그 주변에 생긴 손상이 잠수함 충돌로 발생한 것으로 가정하고, 시뮬레이션을 통해 세월호의 실제 상태에 부합하는 결과를 만들어내는 잠수함의 조건을 파악하려 했

---

* 사참위가 잠수함 충돌의 증거로 활용하려 했던 횡경사율에도 선조위가 사용한 선회율과 유사한 문제가 있다. 사참위는 추가 복원한 선내 CCTV 영상에서 매점 벽에 걸려 있던 전화선과 벽면 사이의 각도를 포착하고 또 화물칸 영상에서 쇠사슬이 기울어지는 각도를 포착하여 각 시점별 선체의 기울기(횡경사 각도) 데이터를 얻어냈다. 그러나 물 위의 선체 운동은 전후, 좌우, 상하로 복합적이므로, 영상에서 포착한 선체의 기울기 값에는 상당한 오차가 있을 수밖에 없다. 이런 횡경사 각도 데이터를 추가 계산(미분)해서 선체의 횡경사율(매 순간 횡경사 각도가 변하는 빠르기)을 구하면 그 오차가 훨씬 커져서 신뢰할 수 없는 값이 되어버린다. 더 자세한 설명은 다음 절 '잠수함 충돌설의 기각' 참조.

다. 사참위 조사 활동 종료 직전인 2022년 5월 중순에 사참위에 제출된 해양안전기술 보고서를 보면, 사참위는 수심 1미터, 4.8미터, 5미터, 7미터 등에서 "잠항"한 "수중체"가 좌현으로 10도 또는 20도 기울어져 있는 세월호 선체에 15도 또는 30도 전방에서 충돌하는 시나리오, 10도 또는 20도 후방에서 추돌하는 시나리오를 설정했다. 수중체의 속도도 11노트, 17노트, 22노트로 다양하게 설정했다. 용역 수행 기관은 시뮬레이션에 사용할 잠수함의 모델로 장보고함I을 선정했다. 2014년 당시 한국에서 운항했던 잠수함이다("잠수함의 제원 및 재질은 극비이므로 인터넷과 잠수함 서적 등을 통하여 자료를 구하였다"). 핀안정기실 선미 횡격벽인 71번 프레임을 기준으로 10.5미터, 17.5미터 앞쪽에 있는 86번 프레임과 96번 프레임 부근을 "충돌 목표 지점"으로 잡았다. 추가 시뮬레이션에서는 충돌 위치를 68번 프레임, 72번 프레임, 88번 프레임 등으로 바꾸었고, 핀안정기에 직접 충돌하는 시나리오도 추가했다.[208]

그러나 1차, 2차 및 추가 시뮬레이션에서 세월호의 좌현 핀안정기와 그 주변의 현재 상태에 부합하는 결과를 내는 잠수함 충돌 시나리오는 존재하지 않았다. 사참위에 제출된 용역연구 보고서는 시뮬레이션 결과를 다음과 같이 정리하고 있다.

- 유체-구조 연성해석기법을 이용한 1차 및 2차 충돌 시뮬레이션 결과 세월호와 잠수함의 충돌 후 세월호의 선체 횡동요는 크게 증가하지 않는 것을 확인할 수 있었고, 선체 외판에 최대 0.74m 정도로 실제와 다른 손상이 발생하는 것을 확인할 수 있었다.
  (중략)
- 잠수함의 수심이 낮아서 잠수함의 선체와 세월호의 핀안정기가 직접 충돌하는 경우 과도한 변형과 손상이 발생하여, 세월호 핀안정기 내외부 개방 및 정도 검사에서 손상이 발견되지 않았던 결과와는 다르게 나타났다.
- 세월호와 잠수함의 후방 추돌을 고려하는 경우 잠수함과 세월호의 충돌 각도가 20°를 이루면, 선체와 추돌 후 더 이상 진행을 못 하거나 세월호에서 멀리 벗어

나며 핀안정기에 추가적인 접촉은 발생하지 않았다.
- 세월호와 잠수함의 충돌각도 10°의 후방 추돌을 고려하면 잠수함이 세월호 선체와 접촉 후 잠수함이 계속하여 진행하며 핀안정기와 약 22MN의 충격력으로 접촉이 발생하였으나 선체 외판과 내부재의 손상이 실제보다 크게 나타났다.[209]

즉, 잠수함 장보고I에 준하는 수중체를 세월호에 여러 각도에서 또 여러 수심에서 충돌시키는 시뮬레이션을 해보았지만 실제 세월호에 남아 있는 손상과 유사한 결과가 나오지 않았다는 것이다. 시뮬레이션상에서 잠수함은 세월호에 충돌한 후 횡경사를 별로 증가시키지 못하거나, 충돌 후 튕겨져 나가거나, 실제보다 과도한 손상을 일으키는 것으로 나타났다. 잠수함의 충돌로 인해 세월호가 좌현으로 넘어가는 일도 없었다. 적어도 이 시뮬레이션 연구는 잠수함 충돌 가설을 지지해주는 증거가 되지 못했다.

그러나 수중체 충돌 시뮬레이션 연구를 의뢰했던 사참위 진상규명 소위는 직접 연구를 수행한 기관과 매우 다르게 자의적으로 결과를 해석했다. 세월호 관련 조사 결과를 정리하여 발간한 소위원회 보고서에서 진상규명 소위는 "다양한 추돌 시나리오를 시뮬레이션한 결과 세월호의 핀안정기 격납고 변형 상태와 손상 범위, 손상 경향이 현재 상태와 유사한 결과는 아래 그림에서 보는 것처럼 15노트의 속도로 항해 중이던 세월호에 17노트의 속도로 20도의 각도로 다가와 좌현 핀안정기실 부근에 추돌한 시나리오이다"라고 설명했다. 여러 충돌 시나리오 중에서 세월호의 현재 상태에 부합하는 시뮬레이션 결과가 있었다는 것이다. 여기서 언급한 "아래 그림"은 용역 보고서에서 결과를 정리한 1번부터 8번까지 사례 중 7번(Case 7)인 것으로 보인다. 그러나 연구 수행기관이 사참위에 제출한 용역 보고서는 7번 시나리오를 포함하는 후방 추돌 시뮬레이션에서는 "잠수함이 세월호 선체와 추돌 후 더 이상 진행을 못 하거나 세월호에

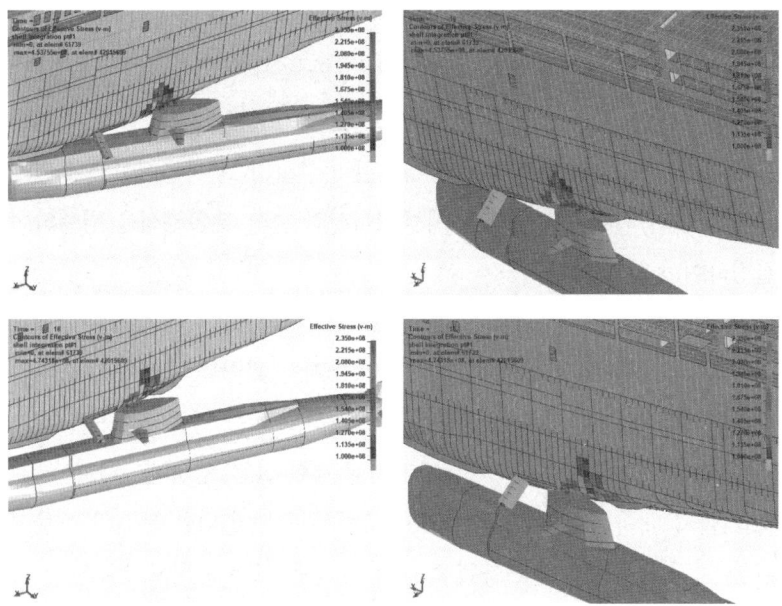

사참위 진상규명 소위가 제시한 수중체 추돌 시뮬레이션 사례
[사참위 진상규명 소위 보고서, 79쪽. 용역 수행 기관인 해양안전기술(연구책임자 이상갑)이
사참위에 제출한 시뮬레이션 영상에서 추출한 이미지임]

서 멀리 벗어나며 핀안정기에 추가적인 접촉은 발생하지 않았다"라고 서술한 바 있다. 시뮬레이션상 잠수함이 세월호 침몰에 영향을 줄 수 있는 방식으로 움직이지 않았다는 뜻이다.[210]

같은 시뮬레이션 결과를 두고 사참위 진상규명 소위는 "핀안정기 격납고의 변형 상태, 손상 범위, 손상 경향 등이 수중체가 추돌하는 경우 현재 상태와 유사한 결과가 나오는 것을 확인할 수 있었다"라고 보고서에 적었다. 여기서 한 걸음 더 나아가 "따라서 해당 부분 손상의 원인으로 외부 물체와의 충돌을 배제하기 어렵다"는 판단까지 내렸다. 연구용역을 수행한 기관은 "본 용역을 통해서 원인 특정이 불확실한 세월호 선체의 손상과 일치하는 시뮬레이션 결과를 얻을 수 없었기에 선체 손상에 대한 원인을 정확하게 특정할 순 없었"다고 했지만, 사참위 진상규명 소위

는 이를 잠수함 충돌 가능성을 배제할 수 없다는 결론으로 연결시킨 것이다. 그러면서 다음과 같이 더 많은 연구와 조사가 필요하다는 말을 덧붙였다. "다만, 접촉에 의한 손상은 접촉 물체의 무게, 속도, 각도, 위치 등에 따라 재앙 수준의 손상부터 경미한 손상까지 그 시뮬레이션 조건에 따라 좌우되기 때문에 방대한 시뮬레이션과 손상 부위분석을 병행하여 결정하여야 할 것이다."211

이처럼 사참위에서 세월호 침몰 원인 조사를 맡았던 진상규명 소위는 다양한 경로를 통해 잠수함 충돌설을 주장하고 이를 입증하려 시도했다. 조타 장치 모형을 사용한 우현 전타 현상 재현 실험, 영상에 기록된 세월호 기울기 데이터 분석, 핀안정기와 주변부 손상에 대한 분석과 시뮬레이션, 차량 블랙박스에 기록된 소음 분석 등은 모두 세월호가 취약한 복원성과 조타 장치 이상 등 선체 내부의 문제로 인해 급격하게 선회하고 기운 것이 아니라는 주장으로 향하고 있었다. 선조위 '내인설' 보고서가 지목한 침몰 원인과 과정을 하나씩 반박하고, 외부 물체 충돌 가능성을 시사한 '열린안' 보고서의 입장을 강화하는 방식이었다.

그러나 진상규명 소위의 조사 결과를 검토하고 의결하는 사참위 전원위원회에서는 이 같은 조사의 가정, 설계, 해석에 관한 논란이 빈번했고, 조사결과보고서 의결은 수차례 지연됐다. 앞서 인용한 것처럼 조타 장치 이상에 관한 조사결과보고서는 반대 의견을 병기하는 조건을 달아 겨우 통과됐고, 횡경사 속도나 선체 외부 손상에 대한 조사결과보고서는 그 해석과 결론에 상당한 수정을 가하는 조건으로 통과됐다. 그 결과 진상규명 소위가 작성한 보고서에는 외력을 강하게 주장하고 싶지만 전원위원회 결정에 의해 그렇게 하지는 못하게 된 입장에서 어쩔 수 없이 사용한 표현들이 여럿 보인다. 가령 "이러한 요인으로는 외력의 가능성도 있지만 여러 가지 조사의 한계로 인하여 다른 가능성을 배제할 정도에 이르지는 못하였다", "사참위는 핀안정기에 대한 조사를 통해 [핀안정기 과회전이) 침몰 이전에 외부 물체와의 충돌에 의해서 발생했을 가능성도 있다고 파악했지만 다른 가능성을 배제할 정도에는 이르지 못하였다"라는 식이다.[212] 이러한 진통에는 조사 결과 의결 직전에 사참위에 제출된 '대한조선학회 공식 의견서'와 네덜란드 마린의 모형시험 보고서가 큰 영향을 미쳤다.

잠수함 충돌설의 기각

사참위는 조사 활동 기간 막바지에 이르러 대한조선학회에 세월호 침몰 원인 조사 결과에 대한 검토를 공식 요청했다. 구체적으로는 사참위 진상규명 소위의 침몰 원인 관련 조사결과보고서 초안 3건에 대한 검토를 요청한 것이었다. 대한조선학회는 회원 30여 명이 참여하는 해양안전위원회에서 사참위 조사 내용을 검토하고 이에 관한 의견서를 작성하기로 했다. 그러나 대한조선학회가 검토 의견서를 작성하고 제출하기 전에 세 과제 중 하나인 솔레노이드 밸브 고착 관련 조사결과보고서가 사참위 전원위원회를 통과했다. 이에 따라 대한조선학회 해양안전위원회는 솔레노이드 밸브 관련 의견은 공식 의견서에 담지 않기로 하고, 나머지 두 과제에 대한 검토 의견을 작성하여 이를 2022년 6월 17일 사참위에 제출했다. (이 의견서에 담긴 내용은 그보다 앞서 5월에 해양안전위원회 위원장 등이 사참위 전원위원회에 출석하여 발표했다.)

대한조선학회 공식 의견서의 요지는 세월호 침몰 과정에 잠수함의 충돌이 영향을 미쳤다는 가설을 기각해야 한다는 것이다. (대한조선학회는 "미상의 수중체"와 같은 모호한 표현을 쓰지 말고 "잠수함"이라고 구체적으로 표현해야 한다고 지적한다. "대상 해역에서 세월호의 횡경사 및 손상을 유발할 만한 수준의 수중체는 잠수함 외에는 불가능"하다는 것이다.) 대한조선학회는 사참위의 구체적 조사 결과에 대한 검토에 앞서 사고 해역의 수심과 조류

조건, 잠수함의 조종 특성과 선체 구조 등을 언급하면서 당시 잠수함이 세월호에 충돌했을 가능성을 부정했다. "대한조선학회 해양안전위원회의 전문성을 바탕으로 판단할 때 좌초설과 외력설의 가능성은 기술적으로 현저히 낮으며 내인설의 가능성이 매우 높다고 본다"는 것이었다.[213]

이어 대한조선학회는 핀안정기 과회전에 대한 조사 결과(직나-9)를 검토하면서 사참위가 핀안정기를 '탄소성체'가 아닌 '강체'로 간주하여 분석한 것의 문제를 지적하고, 이를 통해 산출한 회전력을 "신뢰하기 어렵다"라고 보았다. 핀안정기의 특성에 관해 물리적으로 불가능한 가정을 해석에 포함함으로써 결과적으로 잠수함 충돌설에 유리한 결론이 제시됐다는 것이다. 또 핀안정기가 해저면에 들어간 상태에서 선체가 이동하는 시나리오를 분석할 때 사참위가 수평 이동 상황만을 고려하고 핀안정기가 회전하면서 이동하는 상황을 반영하지 않은 것도 문제라고 지적했다. 이에 대한 계산이 빠지면서 "핀안정기 과회전의 원인을 가장 가능성 있게 설명할 수 있는 시나리오가 배제되었다"는 것이다. 사참위가 세월호 외부의 찢김 손상을 제대로 분석할 수 있는 조사를 하지 않은 점, 격납고 주변의 손상 원인을 분석하는 데 사용한 방법이 적절하지 않았다는 점도 지적했다. 이와 같은 검토를 통해 대한조선학회는 사참위가 핀안정기 과회전에 대한 분석을 통해 잠수함 추돌이나 충돌을 의심하는 것에는 과학적 근거가 부족함을 분명히 했다.[214]

세월호의 횡경사와 복원성 문제에 대한 사참위의 조사 결과(직나-10)에 대해서도 대한조선학회는 비슷한 취지의 검토 의견을 제출했다. 사참위는 세월호와 세월호 모형의 횡경사율(ROH)에 대한 정량적 분석을 토대로 외력의 작용을 주장하고 그 시점을 추정하였으나, 대한조선학회는 이처럼 큰 각도로 배가 기울어진 사건에서 자유항주모형시험 결과를 사참위의 방식대로 해석하여 결론을 도출하는 것은 합리적이지 않다고 지적했다.

대각도 횡경사 문제 그리고 대각도가 아니더라도 화물 이동 효과를 포함하는 문제의 경우 자유항주모형시험 결과 또는 자유항주모형해석 결과는 정량적이라기보다 정성적 참고자료로 활용되었어야 했음에도, 사참위는 세월호 쇠사슬 기울기 및 전화선 기울기 분석을 통하여 얻은 세월호의 ROH가 재현되기 위해서는 외력의 필요성을 주장하였다. 그러나 모형시험을 통하여 얻은 ROH, ROT가 실선의 궤적에 부합하지 않는다고 외력을 추정하는 것은 오히려 비과학적이고 비공학적이다. 세월호의 ROH, ROT를 자유항주모형시험에서 재현하려면 외력이 필요하다는 논리는 성립되지 않으며, 애초에 현저히 낮은 가능성의 외력설을 검증하기 위하여 네덜란드 해양연구소(MARIN)에 윈치 하중을 추가하는 등의 용역은 필요하지도 않았다.[215]

사참위가 중요하게 의존했던 ROH 관련 해석이 애초에 적절하지 않은 추론 방식이었다는 점을 대한조선학회가 강조하여 지적했다. AIS가 제공하는 선수방위각 정보와 마찬가지로, 선내 영상에서 얻은 횡경사 각도 정보도 선체 움직임의 전반적 특성과 경향을 파악하는 자료 정도로 사용하는 것이 타당함에도, 사참위는 이것의 변화율을 추가 계산한 ROH를 마치 정량적으로 중요한 의미가 있는 수치인 것처럼 사용하는 오류를 범했다는 것이다. 또 외력의 근거를 찾기 위해 마린에 추가 실험 용역을 의뢰한 것도 ROH 데이터의 부적절한 해석에 따른 불필요한 조치였다는 것이 대한조선학회의 판단이었다.

이와 같이 사참위의 침몰 원인 관련 조사 과제 셋 중 둘에 관해 매우 비판적인 검토 의견을 서술한 다음, 대한조선학회는 사참위의 의뢰로 모형시험을 실시한 "MARIN의 보고서 내용 및 결론에 대하여 전적으로 동의한다"는 의견을 표명했다.[216] 마린은 세월호의 침몰을 설명하기 위해 잠수함과 같은 외력을 도입할 필요가 없다는 입장을 2018년 선체조사위원회에 보고서를 제출했을 때부터 일관되게 견지해왔으며, 2022년 사참위의 의뢰로 외력 관련 모형시험을 했을 때도 그 입장은 전혀 변하지 않았다.

마린은 대한조선학회가 공식 의견서를 최종 제출하기 전인 2022년 5월 하순에 사참위에 보고서를 제출했다. 총 114회에 걸쳐 여러 조건을 바꾸어가면서 모형시험을 실시했고, 이를 바탕으로 "낮은 GM과 방향타 사용, 그리고 화물 이동이 모형 세월호의 빠른 선회와 극도의 횡경사를 만든 주요 요인"이라고 결론 내렸다. 2018년에 선조위에 제출한 보고서, 그리고 2020년 국제 학회에서 발표한 논문과 같은 결론이었다. 그러면서 외력가설 자체의 문제점도 지적했다. "외력 자체의 정확한 성격과 동역학에 관한 명확한 가설이 만들어지기 전에는 가설적인 외력의 영향을 적절하게 평가할 수 없다. 더욱이 모형시험은 과도한 횡경사가 외력을 도입할 필요 없이 내적 요인에 의해 충분히 설명될 수 있음을 보여준다." 잠수함 충돌가설이 애초에 과학적으로 엄밀하게 검증할 수 있는 상태로 제시되지도 않았으며, 지금까지의 각종 실험과 분석 결과는 잠수함 충돌가설을 도입해야 할 이유가 없다는 결론으로 이어진다는 것이다.[217]

마린은 특히 사참위가 세월호 선내 영상에서 횡경사 각도 정보를 얻어내고 그로부터 횡경사율을 도출하여 분석 대상으로 삼은 것에 큰 문제가 있다고 지적했다. 대한조선학회의 검토 의견과 같은 취지의 비판이다. 쇠사슬 움직임을 찍은 영상에서 얻은 횡경사 각도 정보에 이미 오차가 포함되어 있으므로 그 각도가 변하는 빠르기(횡경사율)는 더욱 불확실성이 큰 데이터라는 것이다. 마린의 견해에 따르면, 세월호 선체의 횡경사율 그래프가 정점을 찍는 패턴을 모형시험의 횡경사율 그래프와 비교하여 외력의 존재를 유추하는 것은 적절한 분석 방법이 아니다.

세월호에는 횡경사 각도 기록 장치가 없었다. 위원회는 [영상과 같은] 2차적인 자료에서 일련의 횡경사 각도들을 추정했다. 이는 예전 위원회[선조위]에서 모형시험을 할 때 추정한 것과 다르며, 이것만 봐도 횡경사 각도를 파악하는 데에는 어찌할 수 없는 불확실성이 있음을 알 수 있다. …… 게다가 일련의 횡경사 각도들이 추정치라는 사실은 그것의 도함수(derivative)인 횡경사율을 특히나 신뢰할 수 없게 만든다. 횡경사 추정치에 작은 오차만 있어도 그로부터 전혀 다른 횡경사율 수치가 나오게 된다. 이런 이유 때문에 일련의 횡경사 각도에서 도출한 횡경사율을 믿을 만한 데이터로 간주하지 말 것을 강력하게 권고한다.[218]

이는 2018년 선조위가 AIS 항적에서 세월호의 선회율(ROT)을 도출하여 이를 모형시험의 선회율과 비교하고 그로부터 외력 가능성을 주장했던 것과 유사한 상황이다. 선회의 속도에서 횡경사의 속도로 그 방향이 바뀌었을 뿐 선조위(열린안)에서 외력을 추정했던 방식과 사참위 진상규명 소위에서 외력을 추정한 방식은 서로 닮았다. 마린은 AIS에서 선회율을 도출하여 사용하는 것이 위험하다고 지적했던 것과 마찬가지로 선내 쇠사슬 기울기 영상 등에서 횡경사율을 도출해서 사용하는 것이 위험하다고 강조한다. 마린의 주의 사항을 받아들이면 사참위 진상규명 소위가 횡경사율 그래프를 가지고 외력의 존재를 추론한 방법 자체의 근거가 사라진다.

서로 독립적으로 세월호 관련 분석을 수행하거나 그 결과를 검토한 마린과 대한조선학회는 외부 물체 충돌가설에 관해 일치된 견해를 내놓았다. 세월호 침몰에 외부 물체 충돌이 영향을 미쳤다는 주장은 명확한 논리를 갖추지 못했으며, 이를 입증할 수 있는 과학적 근거도 없다는 것이다. 사참위의 세월호 진상규명국은 4년 가까운 시간 동안 외부 물체 충돌가설을 지지하고 입증하기 위해 수많은 조사 활동 및 연구용역을 실시했으나 결국 그 가설을 입증하는 데 실패했다. 이 과정에서 실험 실세 및 분석이 부적절했거나, 데이터를 잘못된 방식으로 활용했거나, 외부 물체 충돌이 있었을 것이라는 결론을 먼저 상정하고 논리를 구성해가는 오류를 범했다는 점이 대한조선학회와 마린의 검토를 통해 드러났다. 외부 물체 충돌설을 지지하는 방향으로 설계된 사참위의 세월호 침몰 원인 조사는 오히려 이제 외부 물체 충돌설을 기각할 수 있다는 결론을 가리키고 있었다.

모든 조사 결과를 종합하고 이를 정리하여 종합보고서를 발간할 책무가 있는 사참위 위원들은 세월호 진상규명국의 조사 내용과 결과의 문제점을 상당히 인지했을 것으로 보인다. 사참위 세월호 종합보고서 침몰 원인 부분의 결론을 정리하면서 위원들은 지금까지 제기된 여러 문제점들을 인정하고 언급했다. 이때 대한조선학회와 마린의 견해가 중요하게 활용됐다. 우선 소음 분석, 기울기 분석, 시뮬레이션 등 "여러 조사 활동에서 얻은 결과들 사이에서 서로 다른 불일치 또는 모순이 발견되었다"라고 인정했다. 또 개별 조사 결과들을 외부 물체 충돌이라는 결론으로 이어주는 추론 과정에서 "어떤 결론을 단정하기에 충분히 설명되지 않는 다른 가능성도 함께 제기되었다"라고 판단했다. 또 복원성 수치를 추정한 다음 이로부터 세월호의 횡경사를 설명하는 과정에서 외력의 존재를 의심했으나, "이는 추정에 추정을 더한 것이라는 점을 유의할 때 확인된 결과로 인정하기는 어려웠다"라고 서술했다. 침몰 상황 중 일부를 설명해주는 조사 결과가 그 밖의 다른 상황을 설명하는 데에는 실패하는 문제점도 지적됐다.[219]

하지만 사참위 위원들은 이와 같은 심각한 문제와 한계를 인정하면서도 이를 바탕으로 외부 물체 충돌설을 명확하게 기각하는 결론으로 나아가지는 않았다. 대신 사참위 위원들은 종합보고서에 세월호 침몰 원인 조사 결과를 다음과 같이 기재하기로 합의했다.

> 사참위는 그동안 조사 활동에서 얻은 결과들을 검토하고 또한 대한조선학회 자문 결과와 마린 연구소의 세월호 모형 자유항주시험 보고서 등을 종합할 때, 사참위 조사 결과가 외력 충돌 외의 다른 가능성을 배제할 정도에 이르지 못했으며 외력이 침몰의 원인인지 확인되지 않았다는 최종 결론에 이르렀다.[220]

즉, 사참위의 조사를 통해 잠수함 충돌가설을 입증하는 데에 실패했다는 점을 인정하면서도, 이제 그 가설을 기각할 수 있다고 선언하는 대신 그 가설의 진위를 최종적으로 확인할 수는 없었다는 모호한 진술을 내놓은 것이다. 대한조선학회와 마린 연구소 등 공신력 있는 전문 기관들이 외부 물체 충돌가설을 기각해야 한다고 조언했으나, 사참위는 직접 세운 가설을 스스로 기각하는 주체가 되기를 주저했다.〔이에 대해 대한조선학회 회장 및 대한조선학회 해양안전위원회 위원장을 역임한 울산대 명예교수 조상래는 "수중체 핀안정기 충돌 시나리오의 가능성을 끝내 부정하지 않는 사참위 보고서의 결론 부분에도 불구하고 이제는 수중체 충돌 시나리오를 사고 원인 후보에서 제외해야 한다"라고 논평했다.〕[221]

외부 물체 충돌설은 세월호와 같은 대형 참사의 진상규명 과정에서 불가피한 데이터, 자료, 기억의 틈을 비집고 등장했다. 사고 당시 배에 타고 있었던 사람들이 보고 듣고 경험한 기억이 완벽할 수 없다는 한계, 3년 가까이 바닷속에 있다가 인양된 세월호를 아무리 열심히 조사해도 사고 당시 배의 조건을 완벽하게 파악할 수 없다는 한계, 아무리 정교한 모형을 만들어 수조에서 시험을 해도 세월호의 항적과 영상 기록에서 보이는 것과 똑같은 각도와 속도로 움직이지 않는다는 한계는 세월호 침몰 원인 조사에서 누구도 어찌할 수 없는 제약이었다. 재난 조사의 근본적 한계 안에서 구할 수 있는 최선의 데이터를 구하고 분석하여 최선의 설명을 도출하려고 애쓰는 대신, 여기저기 보이는 빈틈을 단번에 메꾸고 명쾌한 설명을 제시해줄 무언가를 찾아 나선 이들이 발견한 것이 세월호 밖 정체불명의 물체 또는 힘이었다. 이들이 원했던 궁극의 침몰 원인은 선조위 시절에는 물리적 실체도 없이 신비한 작용을 하는 "외력"이라고 불렸고, 사참위에 이르러서는 비로소 컴퓨터 시뮬레이션 속에서 잠수함의 형체로 등장했다. 세월호가 우리의 기억이나 우리가 만든 그래프에 딱 들어맞게 움직이려면 그때 세월호 옆에 딱 적당한 크기와 재질의 잠수함이 딱 적당한 속력으로 움직이다가 세월호 좌현의 핀안정기 근처에 딱 적당한 힘으로 와서 부딪쳐야만 했다.

그러나 세월호를 전복시킬 만한 큰 힘을 가하면서도 세월호 외판이나 핀안정기를 크게 망가뜨리지는 않는 잠수함, 세월호를 우현으로 빠르게 회전시키는 동시에 좌현으로 빠르게 기울게 만드는 잠수함, 오래 누적된 복원성 문제를 가려버릴 만큼 명확한 충돌의 증거를 남긴 잠수함은 현실에 존재하지 않았다. 그런 잠수함은 빈틈없이 완벽해야 했기에 존재할 수 없었다. 지금껏 밝혀진 세월호 선체의 상태에 모두 부합하는 잠수함을 정의하고 구현하는 일은 컴퓨터 시뮬레이션으로도 불가능했다. 세월호를 침몰시킨 잠수함은 오직 상상의 세계에서 존재했을 뿐 컴퓨터가 가상(假想)으로 만들어낼 수조차 없는 모순덩어리였다.

4장
세월호는 왜 침몰했는가

　세월호는 "대한민국에서 제일 위험한 배"이자 "열려 있는 배"였기 때문에 침몰했다. 세월호는 운항 중 발생할 수 있는 작은 실수, 착오, 고장, 오작동에도 배 전체가 크게 영향을 받아 정상 상태로 돌아오지 못할 만큼 취약한 배였다. 정상적인 배라면 충분히 감당하고 대응하여 무사히 지나갔을 일시적 문제들이 2014년 4월 16일 세월호에서는 최악의 결과로 이어지고 말았다.

　세월호는 타기 펌프에서 생긴 작은 고장 때문에 침몰한 것이 아니다. 4월 16일 아침 세월호의 빠른 선회와 경사는 선미의 방향타가 오른쪽으로 돌아가면서 시작됐고, 방향타가 평소보다 큰 각도로 돌아간 것은 솔레노이드 밸브의 고장으로 촉발됐지만, 세월호는 정상 조타 범위 내의 선회도 감당하지 못할 정도로 복원성이 나쁜 배였기 때문에 침몰했다. 세월호의 침몰은 솔레노이드 밸브가 아니라 배 전체의 문제였다. 세월호의 취약한 복원성을 잘 알고 있던 선장과 선원들은 5도 이내의 소각도 조타를 하는 등 사고를 당하지 않기 위한 자구책을 써왔으나 배 자체의 근본적인 문제가 해결되지 않은 상태에서는 언제라도 큰 사고가 발생할 수 있었다. 또 실제로 사고가 발생했을 때 이들이 평소처럼 기관실 각 구역을 활짝 열린 상태로 둔 채 승객들을 버리고 배를 빠져나옴으로써 세월호의 전복은 304명의 생명을 앗아간 참사로 확대됐다.

세월호의 침몰은 기술적인 사고일 뿐만 아니라 사회적이고 역사적인 사건이었다. 세월호 침몰의 책임은 4월 16일 아침에 고착된 솔레노이드 밸브에 물을 것이 아니라 4월 15일 밤 지극히 위험한 배를 출항시킨 사람과 조직과 제도에, 일본에서 들여온 배를 결국 그런 상태가 되도록 만든 사람과 조직과 제도에 물어야 한다. 경찰과 검찰의 수사와 법원의 판결, 해양심판원 조사와 감사원의 감사, 특조위(2015~2016), 선조위(2017~2018), 사참위(2018~2022)의 조사, 브룩스벨과 마린 등 해외 전문 기관의 조사와 시험, 대한조선학회의 공식 자문 의견 등 현재까지 축적된 모든 데이터와 분석은 4월 15일 밤에 어떻게 세월호 같은 배가 출항할 수 있었는지, 그런 배가 출항할 때 과연 어떤 결과를 낳을 수 있는지 알려준다.

세월호의 침몰을 보고 모든 국민이 깜짝 놀랐다. 어떻게 사방이 환한 아침에 평범한 날씨의 바다에서 그렇게 큰 배가 속절없이 침몰할 수 있는지 아무도 이해하지 못했다. 그러나 세월호를 겪어서 알고 있던 사람들에게 세월호의 침몰은 이해할 수 없는 일, 말도 안 되는 일이 아니었다. 그들이 알고 있던 그 상태의 세월호가 어느 날 아침 침몰했다는 것은, 너무나 안타깝게도, 말이 되는 일이었다. 충분히 그럴 법한 일이었다.

2014년 4월 28일, 세월호 선장 신보식은 광주지검 목포지청 검사에게 이렇게 말했다.

> 검사: 조금 전에도 말하였듯이 선박은 어느 정도의 위험을 감수하고 운항할 수밖에 없는데 안기현 이사나 김정수 차장 등은 세월호의 복원력 문제를 항해에서 통상적으로 감수해야 하는 수준 정도의 위험으로 생각한 것이 아닌가요.
>
> 신보식: (중략) 아무리 뱃사람이라지만 이건 좀 너무하다 싶은 생각이 들 때가 한두 번이 아니었습니다. 이러다가 세월호가 넘어가는 것 아닌가 이런 생각도 한두 번 한 것이 아닙니다. 그래서 지속적으로 회사 측에 세월호의 문제에 대하여

이야기도 하고 물론 세월호가 전도될 수 있다는 직접적인 말은 하지 않았지만 복원력에 문제가 있다고 수차례 이야기를 했고, 선박 복원력에 문제가 있다는 말은 결국 배가 전도될 수 있다는 말이며, 특히 안기현 이사는 증축 과정을 총괄하였기 때문에 그런 문제를 충분히 알고 있었고, 물류팀 김정수 차장도 제가 물류팀에 수차례에 걸쳐 화물을 많이 적재하면 안 된다고 말하였기 때문에 그 사실을 충분히 알고 있었습니다. 그리고 김정수 차장은 부두에서 하역작업을 오랫동안 하였는데 부두에서 하역작업을 하는 사람들 모두가 세월호에 짐을 실을 때 롤링이 너무 심하다고 이야기를 하였기 때문에 세월호의 복원력에 문제가 많다는 것은 충분히 알고 있었습니다. 그리고 한국선급에서 발행하는 세월호의 선박검사증서가 조건부로 발행되었고, 그 조건에는 밸러스트 탱크에 평형수를 모두 채우고, 재화중량은 정확하게 기억은 나지 않지만 870톤(실제로는 1,077톤) 이하로 적재하라고 하였는데 밸러스트 탱크는 전부 채우지 않았고, 재화중량은 보통 3,000톤 정도이니 문제가 발생할 수밖에 없습니다. 세월호 운항은 처음부터 적자가 예상되는 일이었습니다. 재화를 3,000톤 정도 싣고도 그렇게 적자가 발생하는데 870톤 이하로 재화를 실으면 그 적자는 더욱 걷잡을 수 없습니다. 그래서 위험하다는 것을 모두 알고도 재화를 그렇게 많이 실은 것입니다. 언젠가는 발생할 사고였습니다.[222]

그들은 모두 알고 있었다.

부록

AIS 항적을 둘러싼 의혹과 해소 과정

AIS

선박의 사고 원인을 분석하기 위한 가장 방대하고 정확한 데이터는 VDR(항해기록장치)에 담겨 있다. 선박 VDR은 항공기 블랙박스와 같다. 선박의 위치, 속도, 침로, 조타실 근무자의 음성, 다른 선박과의 교신 음성, 레이더 데이터, 수심, 방향타 사용 내역, 엔진 사용 내역, 풍향, 풍속, AIS 정보, 선체 개구부 상태, 방화문의 개폐 상태 등을 실시간으로 기록한다.

그러나 세월호에는 VDR이 없었다. 당시 국제 항해 여객선은 '선박설비기준'에 따라 VDR을 의무 설치하게 되어 있었지만 국내 항해 여객선에 대해서는 기준이 없었기 때문이다.* 따라서 세월호 사고 당시 당직 조타수의 조타 내역을 포함한 객관적 운항기록은 존재하지 않는다. 이런 경우 사고 경위 분석의 보조 수단이 될 수 있는 것이 AIS 항적 데이터다.

---

* 정부는 세월호 참사 후 2014년 9월 11일 「선박설비기준」을 개정해 국내 항해에 사용되는 총톤수 300톤 이상의 여객선에도 '간이항해자료기록장치'를 설치하게 했다(108조의 7, 4항).

AIS는 해상인명안전협약*에 따라 여객선, 국제 항해에 종사하는 총톤수 300톤 이상의 선박 및 국내 항해에 종사하는 총톤수 500톤 이상의 화물선에 설치해야 하는 항해 설비다.** AIS 자료는 크게 정적(static) 자료와 동적(dynamic) 자료, 항해 관련(voyage-related) 자료로 구성된다. 정적 자료는 선명, 호출부호, IMO 번호***, 선박 길이와 너비, 선종 및 안테나 위치 등 개별 선박의 고유 정보다. 동적 자료는 선박 운항에 따라 시시각각 변하는 것으로, 선박 위치, 침로,**** 대지침로,***** 속력 등을 말한다. 항해 관련 자료는 흘수, 위험물 정보, 목적지와 도착 예정 시간 등이다. AIS는 이런 정보를 표출하기 위해 선박의 GPS, 자이로컴퍼스 등과 연동하거나 수동으로 미리 입력해야 한다.[223]

　　국내 연안을 운항하는 선박들에 장착된 AIS 장비는 위 데이터들이 담긴 전파 신호(메시지)를 수 초 간격으로 쏘아 올린다. 메시지들은 선박 인근(섬, 육상)의 여러 기지국들이 수신한 뒤 각 기지국을 관할하는 항만 및

---

* 해상인명안전협약(International Convention for the Safety of Life at Sea, 1974)의 정식 명칭은 '1974년 해상에서의 인명 안전을 위한 국제 협약'이며 흔히 'SOLAS 협약'이라고 부른다.

** 국내 기준까지 적용하면 연해 구역 이상을 운항하는 총톤수 150톤 이상의 여객선, 총톤수 50톤 이상 선박, 총톤수 10톤 이상 어선도 AIS를 의무 설치해야 한다. 「선박안전법」 30조 및 「선박설비기준」 108조의 5.

*** 국제해사기구(IMO, International Maritime Organization)가 부여하는 선박 고유의 일련번호. 선박 건조와 함께 부여받은 IMO 번호는 선박의 국적, 이름, 소유권, 유형 등이 변경되어도 선박의 전체 수명 동안 변경되지 않는다. 세월호의 IMO 번호는 IMO9105205였다. 국제 항해에 종사하는 총톤수 100톤 이상의 여객선 및 300톤 이상의 화물선은 IMO 번호를 선박 내·외부에 반드시 표기해야 하고 선박증서에도 의무적으로 기재해야 하지만, 세월호는 내항 여객선이어서 이에 해당하지 않았다.

**** 선수, 즉 뱃머리가 향하는 방향을 말한다. 선수 방향 또는 헤딩(Heading)이라고도 한다. 배를 중심으로 360도 원을 그리면 북쪽은 360도 혹은 0도, 남쪽은 180도, 동쪽은 90도, 서쪽은 270도다. 예를 들어 뱃머리가 정남쪽을 향한 상태인 경우, 침로는 180도가 된다.

***** 특정 시점에서 배의 무게중심이 가는 방향, 즉 실제로 배가 움직이는 방향이다. 예를 들어, 뱃머리가 180도를 향해 있더라도 동쪽에서 서쪽 방향으로 바닷물이 세게 밀려오는 상황이라면, 뱃머리는 정남을 향해 있지만 실제 배가 움직이는 방향은 남남서쪽이 된다. 조류의 세기에 따라 배가 움직이는 항로와 뱃머리가 가리키는 방향이 달라질 수 있는 것이다. 특정 시점에서 배가 실제로 움직이고 있는 방향이 대지침로이고, 뱃머리가 가리키는 방향이 침로이다.

연안의 VTS로 송출한다. 메시지 데이터는 VTS의 관제 화면에 실제 선박의 움직임을 반영한 아이콘 형식으로 표시된다. 관제사들은 관제 화면을 주시하며 선박들과 무선 교신하는 방식으로 관제 활동을 한다. 각 VTS가 받은 메시지 데이터들은 대전 정부통합전산센터의 GICOMS(General Information Center on Maritime Safety & Security, 해양안전종합정보시스템) 서버로도 보내진다. 해수부와 해경, 해운조합, 국정원 등 관계기관들이 이를 공유해 VMS 화면에서 선박들의 움직임을 실시간으로 확인할 수 있다. 또 특정 선박이 쏘아 올린 메시지는 주변의 다른 선박들도 수신해 선박들이 스스로 사고를 예방하며 운항할 수 있도록 도움을 준다.

누락 구간과 급선회 시점

해양수산부는 사고 다음 날인 2014년 4월 17일 세월호의 AIS 데이터로 작성한 항적도를 공개했다. 이 데이터는 정부통합전산센터의 GICOMS 서버에서 추출한 것이었다. 그런데 4월 16일 오전 8시 48분 37초부터 8시 52분 13초까지(3분 36초)의 항적이 누락돼 있었다. 누락 구간이 발생한 주요 원인은 사고 당일 오전 3시 37분부터 9시 30분까지 GICOMS 서버의 AIS 데이터베이스에 선박 항적 정보 저장이 지연되는 현상이 발생한 것*이라고 해양수산부는 설명했다.[224]

4월 21일 해양수산부는 목포VTS에 저장된 세월호 AIS 원문 데이터를 입수해 누락 구간을 보완한 두 번째 항적도를 발표했다.[225] 그러나 이 항적도에도 4월 16일 8시 48분 37초부터 8시 49분 13초까지(36초)의 항적

---

* GICOMS의 안정적 운영을 위해 2014년 4월 1일 AIS 데이터베이스 서버의 통합 게이트웨이 이중화 작업을 했는데, 그 과정에서 신규 통합 게이트웨이의 일부 포트에서 데이터 전송량이 불규칙적으로 증가해 항적 정보 저장이 지연됐다는 것이다. 해양심판원 보고서, 105쪽.

은 누락된 상태였다. 한편 4월 25일 《YTN》은 진도VTS의 관제 영상을 언급하며 "세월호의 AIS는 한 번도 끊긴 적이 없다"라고 보도했다.[226] 이에 해양수산부는 4월 26일에 다시 진도VTS에 저장된 세월호 AIS 원문 데이터를 입수해 누락 항적 일부를 추가 보충한 최종 항적도를 발표했다. 그러나 4월 16일 8시 48분 44초부터 8시 49분 13초(29초)까지 구간의 항적은 여전히 누락돼 있었다.

누락 구간이 존재하게 된 경위에 대해 검경합수부 자문단 보고서는 세월호의 AIS 신호가 사고 당일 여러 차례 소실됐다면서 그 이유로 수신국의 수신 상태나 선박의 송신 상태에 문제가 있었을 가능성을 제기했다. 현재의 AIS는 수신 오류가 종종 발생하며, 어떤 이유에서건 선박에서 송신한 AIS 신호를 잘못 처리할 가능성이 있다는 것이다. 또 세월호는 사고 당시 급선회 직전에는 약 17노트의 속력으로 운항 중이었기 때문에 6초 간격*으로 메시지를 송신했다. 그러다가 빠르게 우선회하면서 송신 간격이 2초로 축소돼 3배 빠르게 자주 송신하게 됐는데 이것이 수신국의 수신 조건을 달라지게 만들었다고 설명했다. 송신 주기의 급변으로 수신에 오류가 발생할 수 있다는 것이다. AIS 신호가 일부 누락된 것은 AIS 자체의 시스템상 오류일 뿐 세월호 사고와 무관하다는 것이 자문단 의견이었다.[227]

해양심판원 보고서는 이 시간대에 사고 해역을 운항한 선박 4척의 AIS 항적을 분석한 결과, 두우패밀리호는 정상이었으나 삼영호와 202동경호 등 2척에서 30초 이상 AIS 위치 자료가 수신되지 않았고, 나머지 1척인 두라에이스호에서도 20초 이상 수신되지 않는 구간이 있었다고 설명했다. 비슷한 시간대에 같은 해역을 운항한 다른 선박에서도 유사한 현상

---

* AIS 메시지는 3노트 미만으로 정박 중인 경우 3분 간격으로, 0~14노트로 운항 중인 경우 정침 상황이면 10초 간격, 변침 상황이면 3.3초 간격으로 전송된다. 14~23노트로 운항 중인 경우에는 정침 상황이면 6초, 변침 상황이면 2초 간격으로 전송된다. 23노트를 초과할 경우에는 항상 2초 간격으로 전송된다.

이 발생한 것을 볼 때 VHF 전파 방해나 AIS의 기계적 특성 등에 의해 가끔 발생할 수 있는 현상이라고 판단했다.[228]

2014년 9월 30일경 해양심판원은 세월호의 레이더 항적 데이터*를 이용해 누락된 29초 구간의 항적(대지침로와 위치)을 복원했다. 이에 따르면 세월호는 AIS 신호가 누락된 29초의 항적 부분 중 8시 49분 9초까지의 구간에서는 배의 이동 방향이 눈에 띄게 바뀌지 않았으나 8시 49분 9초부터 8시 49분 13초까지 구간에서 침로가 오른쪽으로 11도 정도 돌아간 것으로 나타났다.[229] 이는 당시까지 8시 48분경으로 추정됐던 세월호의 급선회 시점이 실제로는 8시 49분대였다는 사실을 말해주는 것이었다.

해양수산부가 발표한 최종 항적도에는 각 지점마다 AIS 데이터가 적혀 있다. 연도-월-일 시:분:초:속력:선수방향:위도/경도 순이다. 예컨대 아래 항적도의 '2014-04-16 08:49:36: 16 : 178 : N 34°9′38″ / E 125°57′56‴'는 표시된 지점에서 세월호가 2014년 4월 16일 오전 8시 49분 36초에 시속 16노트로 남쪽(178도)으로 운항 중이었으며 그 지점의 위도는 북위 34도 9분 38초, 동경 125도 57분 56초라는 뜻이다.

세월호는 사고 시점으로 추정되는 8시 49분경부터 회전 속도가 빨라져 1초에 최대 2도를 도는 속력이 나오다가 8시 49분 44초, 45초, 47초 지점에서 선수 방향이 199도, 213도, 191도로 바뀌며 1초에 15도, 14도, 그

---

* VTS의 레이더는 안테나에서 발사된 전파가 목표물에 반사돼 오는 시간차를 측정해 목표물까지 거리를 계산하고 안테나의 방향으로 목표물의 방위를 결정한다. 레이더 항적은 선박의 실제 이동 방향과 위치를 나타낼 뿐 선박의 뱃머리 방향을 실시간으로 표시하지는 못한다. 진도VTS 레이더의 안테나는 약 3초에 한 바퀴씩 회전하므로 중간에 장애물이 없다면 선박의 위치를 AIS보다 더 짧은 간격으로 얻을 수 있는 이점이 있다. 반면 VTS는 레이더 반사파 영상 면적의 중심을 선박의 위치로 인식한다. 따라서 선박의 위치는 동일하더라도 뱃머리 방향이 바뀌면 레이더의 반사파 강도나 면적도 바뀌어서 VTS가 인식하는 선박의 위치에 약간의 오차가 발생한다. AIS는 선박의 위치가 AIS 안테나 위치로 설정된 값에 의해 동일하게 반영되므로 선수 방위가 바뀌더라도 선박의 위치에는 변화가 없다. 해양심판원 보고서, 109쪽.

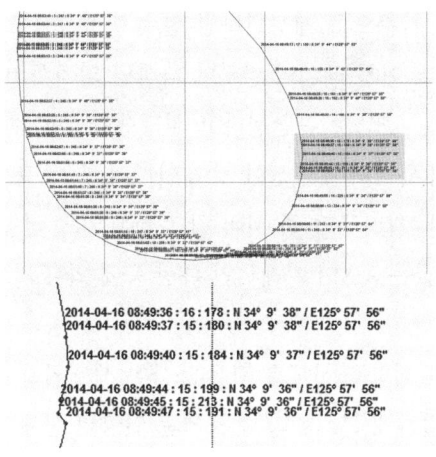

4월 26일 해양수산부가 최종 발표한 항적도[230]

리고 반대로 11도를 도는 항적을 보였다.

자문단 보고서는 이러한 선수 방향의 급변을 배의 무게중심이 움직이는 방향을 나타내는 대지침로와 비교해 설명했다. 해당 구간의 대지침로는 182, 184, 182로 나타나 선수 방향 199, 213, 191에 비해 차이가 작았다. 이를 근거로 자문단 보고서는 당시 세월호의 실제 위치에는 큰 변화가 없었고 단지 선수 방향만 초고속으로 우선회한 것 같은 항적이 나타났다고 봤다. 이 구간에서 세월호가 원심력에 의해 크게 기울어져 화물이 쏟아진 것으로 판단했다. 화물이 쏟아지는 충격으로 배의 선수 방위를 나타내는 자이로컴퍼스에 오류가 생겨 마치 세월호의 선수 방향이 좌우로 급격히 변화한 것처럼 잘못된 AIS 신호를 송신한 것으로 추정했다.[231]

해양심판원 보고서는 아주 짧은 시간에 선수 방위가 이상 급변하는 구간의 항적을 진도VTS의 레이더 항적과 비교한 결과, 두 항적이 유사한 운동 성향을 나타내므로 세월호의 항적에 특이점이 없다고 기술했다. AIS 유지보수 업체의 의견에 따라 세월호 AIS 항적의 순수 방위 이상 급변 구간(08시 49분 44초부터 46초까지, 선수 방향 199도→213도→191도로 급변)을 수신 시간 기준으로 재정렬하면 선수 방향 191도→199도→213도로 나타나게 된다. 이를 레이더 항적에 나타난 위치와 비교해볼 때 이상 항적 구간은 없는 것으로 판단된다고 설명했다. 이러한 오류는 세월호 사고와 관련되어 특이하게 발생한 것이 아니라, 선박 측 AIS 송신부, AIS 기지국의 수신부, 기지국과 주 서버 간의 네트워크 전송 등에서 일시적으로 발생할 수 있는 AIS의 기계적인 특성 등에 의한 것으로 추정된다고 봤다.[232]

2017년 인양된 세월호 선체를 직접 조사한 선조위가 사고 당시의 AIS 항적을 더욱 정밀하게 분석했다. 선조위는 인양된 선체의 화물칸에 실려 있던 차량들의 블랙박스 영상을 일부 복원해 시간대별 선체의 좌현 횡경사 추이를 확인했다. 횡경사에 따른 AIS 안테나 위치 변화를 반영해 기존 AIS 항적도의 선체 위치 정보를 소폭 보정했다. 또한 자이로컴퍼스가 정상 작동하는 횡경사 45도 이내 구간의 선수 방향만을 유효한 값으로 적용하고 자이로컴퍼스가 이상 방위 동작 현상을 보이는 구간에 대해선 오차 범위를 반영한 추정값을 산출했다. 그 결과, 선수 방향이 초당 3.0도 이상 변화하는 '급격한 선회'는 8시 49분 36초경부터 발생했으며, 이로 인한 선체 횡경사는 8시 49분 49초에 최대값인 51도에 다다랐다가 곧 46.7도에서 안정된 것으로 분석했다.[233]

선수 방향에 대한 의혹

사고 10일 뒤 해양수산부가 최종 발표한 세월호의 AIS 항적도는 사고 시점으로 추정되는 2014년 4월 16일 오전 8시 48분 13초부터 8시 53분 49초까지 약 5분간만 나타나 있었다. 세월호는 8시 53분 49초경 선수 방향이 247도로 남서쪽을 가리키고 있었다.

당시 세월호 승객과 선원들의 진술을 종합해보면 오전 8시 52분 무렵 세월호는 급격한 우선회를 멈추고 엔진도 정지되었으며 좌현으로 기울어지는 힘도 어느 정도 안정기에 접어들었다. 이 시각 단원고 학생 최덕하가 119에 최초로 사고를 신고했고, 여객부 선원 강혜성이 안내방송을 시작했다. 그 후 세월호는 자체 동력으로 움직인 게 아니라 조금씩 기울어지면서 조류에 밀려간 것으로 추정됐다.

2014년 7월 해양수산부가 국회에 제출한 세월호 AIS 데이터(엑셀 파일)에 따르면, 세월호는 사고 후 오전 9시 4분 13초경까지 선수 방향이 244도 내외를 유지하며 남서쪽을 향하다가 점차 선수 방향이 남쪽으로 돌아가게 되어 9시 14분경에는 187도가 된다. 즉, 세월호를 기준으로 남서쪽에 있는 병풍도를 바라보며 선수 방향이 거의 남쪽을 향하게 된 것이다.* 사고 직후에는 세월호가 J자 형태로 우선회하며 선수가 남서쪽을 향하다가 다시 왼쪽으로 돌아 남쪽을 바라보며 조류에 밀려 후진하는 형태로 북쪽을 향해 올라간 것으로 보였다.[234] 물 위에서 엔진이 멈춘 배가 오른쪽으로 돌아가다가 관성을 거슬러 왼쪽으로 돌아갔다는 건 물리법칙상 납득하기 어려운 일이었다. 일부 관련 진술들과도 부합하지 않았다.

> 수사관: 진술인은 동 선박[세월호]의 침몰 사고에 대하여 최초 알게 된 때가 언제인가요.
> 전정윤(인천 운항관리실 운항관리자): 2014년 4월 16일 08시 55분경에 인천해경서 상황실에서 세월호 위치를 물어보길래 운항관리실 안에 설치되어 있는 VMS를 통해서 세월호의 위치를 확인해보니 이 배의 선수 방향이 제주 방향이 아니고 북쪽을 향해 있고 속력이 정상이 아니어서 이상히 여기고 선장에게 전화했는데 [연결이] 안 되어 김○○ 운항관리자가 1항사하고 연락되어 사고 소식을 알게 되었습니다.[235]

---

* 2014년 4월 16일 오전 9시 10~20분경 세월호에 다가가던 두라에이스호의 선원이 세월호 모습을 촬영했다. 이때 세월호의 선수 방향은 남쪽이고, 남서쪽에 있는 병풍도를 등지고 있다. Paula Hancocks, South Korean ferry rescuers; So many lives could have been saved, 《CNN》(2016. 1. 4.).

운항관리자 전정윤은 오전 8시 55분경 인천해경의 전화를 받고 VMS를 확인해보니 세월호의 선수 방향이 북쪽을 향해 있고 속력도 정상이 아니었다고 했다. 공개된 AIS 자료에 따르면 당시 세월호는 선수 방향이 남서쪽(247도)이고, 대지침로는 북쪽(4도)이었으며, 속력은 2.4노트였다. 공개된 AIS상으로는 세월호의 선수 방향이 북쪽을 가리킨 일은 4월 15일 밤 9시 출항부터 침몰 직전인 4월 16일 오전 10시 13분경까지 한 번도 없었다.[236]

박기훈(청해진해운 제주지역본부 과장): 제주 운항관리실이 저희 사무실에서 통로를 따라 25미터 정도 가면 있는데 제가 상황이 급하다고 판단돼서 저와 이성희 본부장과 운항관리실로 뛰어가보니 좌측에 50인치 되는 AIS 모니터에 세월호 선수 부분이 정상적이라면 남쪽으로 되어 있어야 하는데 서쪽으로 향하여 있었고, 속력이 18~20노트 되어야 정상인데 2.7노트로 기록되고 있었습니다.
수사관: 진술인이 운항관리실에 도착한 시간이 몇 시였나요.
박기훈: (중략) 09시 02분이나 되었을 겁니다.[237]

오전 9시 2분경 박기훈은 제주 운항관리실의 VMS에서 세월호가 서쪽으로 향하고 있고 속력은 2.7노트였던 것을 확인했다고 했다. 공개된 AIS 자료에 따르면 그 시각에 세월호는 선수 방향 245도, 즉 남서쪽을 가리키고 있었고 속력은 1.7노트였다.[238]

더욱 이해하기 어려운 부분은 오전 9시 21분 32초에서 44초까지의 구간이었다. 경위도상 위치 변화가 미미하고, 속력도 일정하며, 대지침로도 여전히 북쪽을 가리켜 세월호는 북쪽으로 표류 중인 상황이었다. 그런데 해당 시점에 세월호의 선수 방향이 203도(남남서)를 가리키고 있다가 12초 만에 511도(남남동)를 가리키는 것으로 나타나 있었기 때문이다. 엔진이 정지된 세월호의 선수 방향이 갑자기 크게 바뀐 것처럼 AIS 자료가 송신된 이유가 무엇인지, 선수 방향이 남남서쪽에서 남남동쪽으로 바뀌었다면 왜 151도가 아니라 여기에 360도가 더해진 511도로 표시되었는지 의혹이 제기됐다.

이런 의혹들은 특조위 조사 과정에서 상당 부분 해소됐다. 연구용역을 진행한 목포해양대 교수 임남균은, 세월호 AIS 항적 데이터들 가운데 위치와 속력 정보는 신뢰할 수 있지만 급선회에 따른 큰 횡경사로 인해 선수 방향 정보를 제공하는 자이로컴퍼스가 제대로 작동되지 않았을 가능성이 크다고 판단했다. 이에 따라 공개된 AIS 항적상 위치와 속력 정보, 그리고 당시의 조류 정보 등을 입력해 세월호의 거동을 산출하는 시뮬레이션 프로그램을 적용한 결과, 공개된 AIS 항적도와는 다른 보정 항적도를 산출할 수 있었다. 보정 항적도는 사고 이후 세월호를 외부에서 촬영한 사진과 영상에 나타난 실제 선수 방향, 그리고 여러 진술에서 언급된 선수 방향과 대부분 일치했다.[239]

이후 2018년 선조위는 세월호에 장착된 것과 동일한 자이로컴퍼스 장비를 이용한 실증 실험을 통해 선수 방향 정보의 오류가 나타나는 메커니즘을 검증했다. 횡경사가 45도를 넘어서면 자이로구(球)가 내부 구조물과 지속적으로 접촉하게 되어 정상 상태일 때의 작동 오차 범위를 넘어서는 오차가 발생한다는 점을 확인했다. 이에 따라 선조위는 세월호가 급선회한 후의 선수 방향 정보는 신뢰성이 없다고 판단했다.[240]

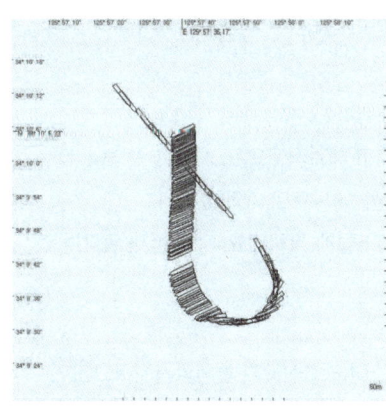 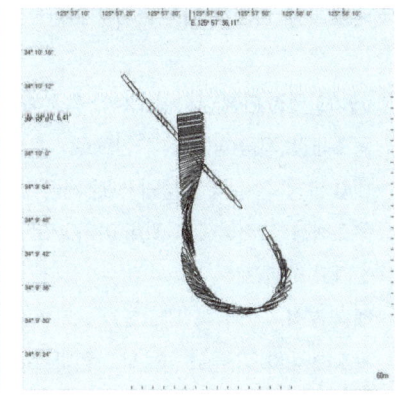

정부 발표 세월호 AIS 항적도   선수각 보정 후 세월호 AIS 항적도

9시 21분경부터 AIS 신호가 끊긴 10시 13분경까지 계속해서 선수 방향 정보로 표시된 '511'은 선수 방향 표시가 아니라 일종의 약속된 기호로 확인됐다. 국제통신연합 규약에 따라 제작되는 AIS 장비는 선수 방향 정보를 0~359도로만 표시하며, 자이로컴퍼스가 '작동 불능(not available)'이어서 선수 방향을 표시할 수 없을 경우 '511'이라는 수치를 송신한다.[241]

해경이 본 "이동 중"

사고 당일 오전 9시 3분경 해경 본청은 세월호가 18노트로 이동 중이라고 생각했다. "AIS에는 그렇게 찍"혀 있었기 때문이다.

09:03 해경 본청 상황실(2142)-목포해경
해경 본청: 세월호 지금 현재 18노트 이동 중인데요?
목포해경: 아, 예. 그런데 계속 거기서 전화가 오니까요. (중략) 일단 저희들이 계속 조치하고 있습니다.
해경 본청: 세월호 거기로 가면 안 될 거 같은데. 우리 100톤(123정) 쪽으로 이동시키는 게 낫지 않아요?
목포해경: 아, 네. 가까운 데로 근접하게 이동을 시키겠습니다.
해경 본청: 가까운, 가장 가까운 연안으로 가라 그래.[242]

09:03 해경 본청 상황실(2242)-목포해경
목포해경: 지금 침몰, 뭐 좌현으로 기울었다고 해가지고요, 조치하고 있습니다.
해경 본청: 거 실제 침몰인가요? 지금 보니까 18노트로 나와 있어서.
목포해경: 그러니까요, 저희 여기 AIS에는 그렇게 찍히네요. 지금 현재 뭐 기울었다고 하네요.
해경 본청: 아, 기울었다고요?
목포해경: 예, 기울고 침몰하고 있다고 그런 식으로 신고가 들어와가지고요.[243]

목포해경은 9시 5분경 강혜성의 122 신고를 접수할 때도 세월호의 AIS 신호를 보며 속력이 "좀 많이 나오고 있다"고 말했다. 하지만 당시 세월호는 1.7노트의 속도로 조류에 밀려 서서히 북상하고 있었다.

09:05 강혜성-목포해경 상황실(122)
목포해경: 그런데 왜 지금 배 속력은 없었습니까, 속력은?
신고자(강혜성): 지금 엔진을 다 끈 것 같아요. 엔진 돌아가는 소리는 안 들리거든요.
목포해경: 아, 그래요? 근데 속력이, 지금 저희가 파악했을 때는 속력이 좀 많이 나오고 있거든요. 여보세요?
신고자: 지금 가고 있지는 않아요, 엔진을 꺼서.[244]

이런 진술들을 볼 때 해경 본청과 목포해경의 VMS에는 세월호가 여전히 정상 운항을 하고 있는 것처럼 표시됐던 것으로 보인다. 이는 해경 본청과 목포해경이 사고의 심각성을 다소 늦게 깨닫게 하는 한 요인이 됐을 수 있다. 해당 기기의 오류나 부정확한 작동 때문이었을 가능성이 높아 보였지만, 각종 조사와 수사 과정에서 원인이 명확하게 밝혀지지는 않았다.

그러나 관련 업계에서는 이런 현상이 어렵지 않게 설명된다고 말한다. VMS 장비에 탑재된 '항로 예측(prediction)' 기능 때문이라는 것이다. VMS 장비들은 특정 선박의 AIS 신호가 정상 간격으로 수신되지 않을 경우, 마지막 신호가 수신된 시점 이전의 운항 상태를 토대로 선박의 항로를 예측해서 표시한다. 예컨대 18노트의 속력으로 남동쪽으로 직진하는 'A선박'은 정상 상태에선 6초 간격으로 AIS 신호를 송신해야 한다. 그러나 기상(주로 구름)이 좋지 않거나 주변 해상에 선박들이 과도하게 밀집해 있으면 전파 간섭이나 충돌 등에 의해 송신한 전파 메시지들이 기지국에 제대로 수신되지 못하는 일이 빈번하게 발생한다. 때론 기지국에 수신된 AIS 메시지 데이터가 서버로 저장되는 과정에서 누락되기도 한다. 이렇게 되면 VMS 장비는 서버로부터 데이터를 읽어 올 수 없어 상당 시간 동안 A선박의 운항 상태를 화면에 표시하지 못한다. 이럴 때 '항로 예측' 기능이 작동한다. A선박으로부터 수신한 마지막 메시지 데이터를 토대로 A선박이 18노트 속력으로 남동쪽으로 계속 운항하고 있는 것으로 '예측'해 화면에 표시해주는 것이다.* AIS 신호가 얼마나 오래 수신되지 않으면 항로 예측 기능이 작동하는지, 또 이 기능이 일단 작동을 시작하면 얼마나 오랫동안 예측 항로를 지속적으로 보여주는지 등은 각 VMS 장비의 개별 설정 내용에 따라 달라진다.

이를 토대로 앞선 진술들을 볼 때, 사고 당시 제주와 인천 운항관리실의 VMS 장비와 해경 본청 및 목포해경 VMS 장비는 각각 항로 예측 기능의 지속 시간을 달리 설정해둔 상태였을 가능성이 높다. 세월호 사고 당시 제주와 진도VTS 유지·보수를 담당했던 업체 관계자는 "VTS를 포함해 국내 모든 관련 기관에 설치된 VMS 장비들은 GMT사가 제작한 것인데, 2009년 무렵 이 장비들의 항로 예측 기능이 일단 시작되면 10분 이상 지속되도록 기본 설정돼 있었던 사실이 확인됐다. 선박 운항을 실시간으로 관제해야 하는 VTS의 관제화면에 일종의 '가상 항적'이 지나치게 오래 나타날 경우 관제에 큰 혼선을 야기할 수 있다고 판단돼 내부적으로 여러 논의를 거친 끝에 결국 2분 이내로 단축 설정해 운영**하기로

---

* 차량 내비게이션 장비에도 이 기능이 탑재돼 있다. 어떤 차량이 시속 60킬로미터 속력으로 터널에 진입하면, GPS 신호는 끊기지만 내비게이션 화면에는 차량이 계속해서 시속 60킬로미터로 터널 구간을 달리고 있는 것으로 나타난다. 터널 안에서 속력을 시속 100킬로미터로 크게 높여도 내비게이션 화면에는 계속 시속 60킬로미터로 주행하는 것처럼 나타난다. 내비게이션 장비가 GPS 신호가 끊기기 전 마지막 상태를 토대로 차량의 경로를 예측해 보여주기 때문이다. 시속 100킬로미터로 속도를 높인 차량이 터널을 빠져나와도 내비게이션 화면 속 차량은 여전히 터널 속을 달리고 있다. 그러다 GPS 신호가 다시 수신되는 순간, 내비게이션 화면 속 차량은 '순간 이동'하듯 실제 위치로 옮겨진다.

** 2014년 당시 진도VTS의 WIS5060(선박 AIS와 레이더 데이터를 통합해 관제 화면에 표시해주는 시스템) 기술관리 설명서 중 '설정' 항목에는 데이터가 업데이트되지 않을 경우 항로 예측 기능이 120초 동안 실행되도록 되어 있었다. KONGSBERG Norcontrol, *WIS5060 Technical Maintenance Manual*, 11쪽.

결론 내렸던 적이 있다"고 밝혔다.* 이에 따라 선박들의 실시간 움직임을 상시 관제하는 전국 VTS와 항만 운항관리실은 VMS 장비의 항로 예측 기능 지속 시간을 단축 설정해 운영하기 시작했다. 이에 반해 특정 상황 발생을 보고받은 뒤에야 VMS를 보며 대응하는 각급 해경 상황실은 VMS 장비의 항로 예측 기능 관련 초기 설정을 굳이 바꾸지 않은 채 운영하던 중 세월호 사고에 직면했던 것으로 보인다.

세월호의 진짜 위치는 어디였나

사고 이후 세월호는 서서히 북상했다. 공개된 세월호 AIS 자료를 보면, 세월호는 오전 8시 50분 37초에 북위 34도 9분 31초, 동경 125도 57분 48초의 위치 정보를 송신했다. 이 시각 이후로는 계속 북상했다. 오전 9시 00분 24초에 북위 34도 10분, 동경 125도 57분 36초가 되고, 점차 북상해 9시 31분 53초에는 북위 34도 11분, 동경 125도 57분 31초가 된다. 이후 10시 13분 3초에 세월호는 북위 34도 12분 21초, 동경 125도 57분 24초 지점까지 계속 북쪽으로 밀려 올라갔다.[245]

그런데 진도VTS의 교신 중 언급된 세월호 위치가 AIS 데이터와 일치하지 않는 경우가 여럿 확인됐다. 9시 28분경 진도VTS는 구조세력을 불러모으면서 세월호가 "병풍도 북동방 1.7마일 해상"에서 침몰 중이라고 했다가 잠시 후 9시 30분에는 "병풍도 북방 1마일 해상"이라고 바꿨다. 9시 32분경에는 "병풍도 북방 2.5마일"이라고 위치 정보를 변경했다. 9시 41분경에는 세월호가 "병풍도 북동방 약 1.6마일 해상 북위 34도 11분, 동경 125도 57분 해상"에 있다고 구조세력에 알렸다. 이 위치는 항공기

---

* 2020년 6월 10일 전화 인터뷰 내용을 재정리.

703기 영상에 나타난 그 시각 세월호 위치와 같다. 진도VTS가 불러준 세월호 위치 정보 가운데 유일하게 정확한 것이다. 그런데 이처럼 제대로 된 위치 정보를 불러놓고서는 곧바로 9시 44분부터 54분까지 "[북위] 34도 10분, [동경] 125도 57분"이라고 또 잘못된 위치를 불렀다. 그런 다음 10시 10분에 "북위 34도 12분, 동경 125도 57분"이라고 불렀다.

진도VTS가 계속해서 위치 정보를 오락가락하며 관제하니 9시 50분경 주변에 있던 두라에이스호가 정정해주기도 했다.

"정확한 위치를 불러드릴게요. 계속 이동을 하고 있습니다, 들물에. 현재 위치는 34도 11.4분, 125도 57.3분입니다. 북방 1마일 근해입니다. (중략) 진도 병풍도, 병풍도 북방 1.7마일, 1.7마일, 이상."

위치 정보를 정정해준 두라에이스호의 교신을 듣고 나서도 진도VTS는 여전히 세월호의 위치 정보를 틀리게 불렀다. 진도VTS가 세월호 위치 정보를 제대로 부른 것은 10시 10분경이 돼서였다. 같은 시각 공개된 AIS 자료와 같았다.

진도VTS가 실시간으로 세월호 위치 정보를 확인하며 관제했다고 전제한다면 이후 공개된 AIS 데이터의 위치 정보와 차이가 있었다는 점은 의문일 수밖에 없었다. 이런 가운데 2014년 10월 14일 세월호 유가족대책위원회가 진성준 국회의원실을 통해 사고 당일 세월호의 거동을 추적한 해군 레이더 항적을 입수해 공개했다. 해군 레이더 항적은 AIS 항적과 형태는 유사했지만 동일 시간대의 위치 정보들이 서쪽으로 200~500미터나 치우쳐 있었다. 또한 AIS 항적에서 나타난 급선회 지점 이전에도 급격한 선회를 한 것으로 보이는 지점들이 여럿 있었다. 이에 따라 세월호의 위치가 사실은 더 서쪽으로, 병풍도 가까이 치우쳐 있었음에도 AIS 항적도를 조작해 실제보다 더 동쪽에, 즉 병풍도에서 멀리 떨어져 있는 것처럼 만든 게 아니냐는 의혹이 제기됐다.*

그러나 이는 레이더와 AIS의 작동 원리가 다른 데서 비롯된 현상이었다. AIS 데이터에 담긴 위치 정보는 운항하고 있는 선박의 GPS를 기반으로 하기 때문에 오차가 크지 않다. 반면 레이더는 특정 지점에서 발사한 전파(빔)가 표적에 반사되어 돌아오는 시간으로 거리를 인식하고, 반사파의 면적으로 형상을 인식해 그 중심점을 위치로 특정한다. 따라서 동일한 위치에 있는 선박이라도 반사면이 넓은 옆면을 인식할 때와 반사면이 좁은 앞면 또는 뒷면을 인식할 때의 위치 정보가 서로 다르게 표시되기도 한다. 또 레이더에서 발사한 빔이 퍼지는 상하 및 좌우 폭(빔폭)의 정도에 따라 두 개의 표적이 가까이 있으면 하나로 인식해 중간 지점에 위치를 표시하는 등 여러 양상의 위치 오차를 수반하게 된다.

실제로 탐사보도 매체 《뉴스타파》는 선박의 AIS 항적과 레이더 항적의 편차가 세월호에서만 나타난 현상이 아님을 실증 교차검증을 통해 확인했다. 급선회 사고 당시 세월호를 추적했던 해군 레이더의 위치는 40

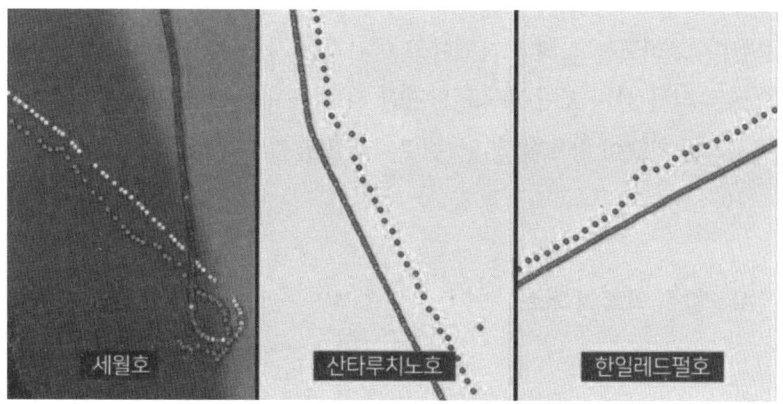

세월호와 다른 여객선 2척의 AIS 항적과 레이더 항적 편차 (《뉴스타파》 보도 영상 캡처)

* 이 의혹은 다큐멘터리 감독 김지영이 2014년 9월 《한겨레TV》「김어준의 파파이스」에서 처음 제기한 뒤 2018년 4월 영화 「그날, 바다」(김어준 제작, 김지영 감독)를 통해 공식화됐다.

킬로미터 이상 떨어진 추자도 기지에 있었다. 목포-제주도, 완도-추자도-제주도 구간을 각각 오가는 2척의 정기 여객선에 대해 특정한 날짜의 AIS 항적 데이터와 추자도 기지 레이더 항적 데이터를 입수해 비교했다. 두 선박 모두 추자도 기지에서 바라볼 때 레이더 항적이 AIS 항적보다 '왼쪽'으로 수백 미터 떨어진 형태로 나타났고 추자도와 멀어질수록 편차가 컸다. 또한 레이더 항적에는 마치 급격한 방향 선회를 한 것처럼 꺾인 부분이 여럿 존재했다. 세월호 레이더 항적과 AIS 항적의 편차는 다른 선박에서도 공히 나타나는 현상일 뿐이었다.[246]

이를 종합할 때, 사고 직후 진도VTS와 두라에이스호가 세월호 위치 정보를 AIS 장비에서 읽었는지 아니면 레이더 장비에서 읽었는지에 따라 거리상 몇백 미터의 편차가 발생할 수 있었다. 그러나 이 편차가 구조세력의 사고현장 도착을 지연시키는 등의 영향을 미쳤다고 보기는 어렵다. 육상에서는 화재가 난 건물의 정확한 위치가 특정될 수 있는 반면 해상에서는 조난선박이 엔진을 멈춰도 조류와 바람에 의해 위치가 계속해서 변한다. 따라서 해상 구조세력들은 일단 '대략적인' 위치를 전달받고 출동한다. 그러고는 거의 도착했다고 여겨지는 시점부터 쌍안경이나 육안으로 주위를 살펴 조난선박을 발견한 뒤 접근하게 된다. 해상의 육안 가시거리는 기상이 양호할 경우 1킬로미터를 훌쩍 넘는다.

AIS 항적 의혹의 해소

참사 초기부터 제기된 세월호 AIS 항적 관련 의혹들은 이제 모두 해소됐다. 인양된 선체를 직접 조사한 선조위는 2018년 정부 GICOMS 서버에 수집된 AIS 데이터를 네덜란드 민간 항적 정보 업체 메이드스마트가 인천항과 목포항 수신기로 수집한 데이터, 그리고 사고 당시 세월호 인근을 지나던 두우패밀리호에 수집된 데이터와 비교한 결과 모두 일치했음을 확인했다. 선조위는 "정부가 관할하는 VTS에서 수신된 AIS 데이터는 손을 댈 수 있다고 해도 해외 민간 업체의 데이터까지 모두 똑같이 바꿔놓을 수는 없는 노릇"이라며 "세월호 AIS 데이터에는 조작이나 편집의 흔적이 없다"라고 결론지었다.[247]* 세월호 유가족들의 요청으로 AIS 조작 관련 수사를 벌인 검찰 세월호 특별수사단도 2021년 1월 "항적 자료 조작을 위해 민간을 포함한 다양한 출처의 AIS를 조작하는 것은 사실상 불가능"하다며 '혐의 미확인'** 결론을 내렸다.[248]

그럼에도 선조위 이후 진상규명 과업을 이어받은 사참위는 AIS 항적 조작 가능성을 계속 조사했다. 사참위는 2020년 12월 참사 당일 해양수산부 상황실의 VMS 화면에 오후 4시 이전과 이후 서로 다른 세월호 AIS 항적이 표출되었던 사실을 확인했다며 '조작 가능성'을 제기하는 중간 조사 결과를 발표했다.[249] 하지만 《뉴스타파》의 보도에 의하면 사참위가 말한 오후 4시 이전 항적은 세월호가 아니라 두라에이스호의 것이었다.[250]

그 후 사참위 진상규명국은 세월호 AIS 데이터들의 소스 파일까지를 전수 분석한 결과, 국제 규격에 맞지 않는 데이터들이 다수 포함돼 있어 사후 조작이 의심된다는 내용의 조사결과보고서를 전원위원회에 상정했다. 그러나 조사위원들은 이 보고서가 기존 검경합수부와 해양심판원, 선조위, 검찰 특수단의 조사 결과를 뒤집을 만한 근거를 갖추지 못했다며 채택하지 않았다.*** 이에 따라 사참위 종합보고서에는 AIS 조작 의혹

---

* 선조위에 앞서 《뉴스타파》도 동일한 방법으로 검증 취재를 벌여 AIS 조작은 없었다고 보도했다. 김성수, 누구의 '인텐션'인가?… 세월호 항적조작과 앵커설 검증, 《뉴스타파》(2018. 7. 13.).

** 검찰 특수단은 AIS 항적 조작에 대한 정식 수사 의뢰나 고소가 없었음에도 세월호 유가족들이 의혹을 제기하고 있는 점을 감안해 수사를 벌였다. AIS 항적 조작은 없었다는 결론과 함께 조작의 주체를 지목할 수도 없는 사안이라는 점에서 '혐의 없음'이 아니라 '혐의 미확인'이라는 표현으로 공식 발표했다.

*** 전원위원회는 조사결과보고서에 언급된 '국제규격에 맞지 않는 데이터 사례'들이 AIS 장비와 송수신 네트워크상에서 일정하게 발생하는 기계적 오류일 뿐 의도적 조작의 흔적으로 볼 수 없다고 판단했다. 이는 2014년 검경합수부와 해양심판원, 2018년 선조위, 2021년 검찰 특수단의 판단과 동일한

에 관한 진상규명국의 조사 내용과 견해가 일절 수록되지 않았다.*

것이었다.

* 사참위 조사위원 문현웅은 진상규명국의 'AIS 등 증거조작' 조사결과보고서의 채택 여부를 논의하는 과정에서 "위원회가 공식적으로 '불채택'이라는 선택을 통해서 '증거 조작이 아니다'라는 의사를 명확히 표현해줄 필요가 있다"고 말했다. 사참위, 제148차 전원위원회 회의록(2022. 5. 24.), 25쪽.

부록
세월호 CCTV를 둘러싼 의혹과 해소 과정

　세월호 선내에는 모두 64개의 CCTV 카메라가 설치돼 있었다. 대형 객실과 복도, 갑판, 기관실, 화물칸 등 선내 곳곳을 비춘 CCTV 영상들은 DVR(Digital Video Recorder, 영상저장장치) 속 2개의 하드디스크에 저장됐다. DVR은 3층 로비 안내데스크 안쪽 서랍장 위에 올려져 있었다. CCTV 영상을 볼 수 있는 모니터는 안내데스크 벽면과 조타실, 기관실 등 3곳에 있었다.

　참사 초기, 세월호 선내 CCTV 영상에 대한 유가족과 대중의 관심은 지대했다. 세월호 침몰 전까지의 모든 CCTV 영상이 저장돼 있다면, 사

 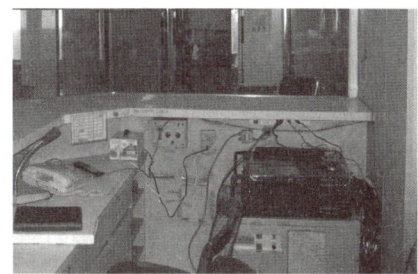

세월호 3층 로비 안내데스크(왼쪽) 및 데스크 안쪽에 놓여 있는 DVR

고 경위와 해경 구조의 적정성, 실종자들의 마지막 위치 등을 파악할 수 있을 것이라 기대했기 때문이다. 그러나 참사 2개월여 뒤 수거돼 다시 2개월에 걸쳐 복원된 DVR 하드디스크에는 세월호가 급선회하기 전까지의 CCTV 영상만 남아 있었다. 출항 전 화물칸 CCTV에 포착된 화물 내역과 적재 위치, 부실한 고박 장면 등은 검찰 수사에서 중요한 참고자료가 되긴 했지만, 전체적으로는 '진상규명의 핵심 증거물'로 기능하지는 못했다. 오히려 DVR 수거 과정, 그리고 CCTV 영상의 편집·조작 여부를 둘러싼 의혹이 끊임없이 제기되면서 그 자체가 진상규명의 주요 과제 중 하나가 되었다.

DVR 수거와 CCTV 영상 복원

참사 후 2개월을 넘긴 2014년 6월 22일, 세월호 침몰 해역에선 당시까지 11명이던 실종자들의 시신을 찾기 위한 수중수색이 계속되고 있었다. 밤 11시경 언딘리베로 바지선에서 입수한 해군 SSU 잠수조가 세월호 3층 안내데스크 주변에 있던 DVR을 수거해 11시 41분경 복귀했다. 해경이 이를 전달받아 마대자루 속에 넣어 바지선 갑판 한쪽 구석에 보관했다. DVR과 함께 수거한 노트북과 디지털카메라, 그리고 앞선 잠수조들이 수거한 여행용 캐리어 등 각종 승객 유류품과 함께였다. DVR은 다음 날 오전 11시 20분경 목포해경 전용 부두 내 유류물처리반에 인계됐다.[251]

당시 바지선 위에서 구조 당국의 실종자 수색 작업을 촬영하고 있던 독립 다큐멘터리 피디들이 유가족들에게 DVR 수거 소식을 전했다. 6월 23일, 유가족들은 곧장 목포해경으로 달려갔다. 유가족 법률대리인인 변호사 배의철과 디지털포렌식 전문가인 한양대 교수 김인성이 동행했다. 검찰 수사관도 DVR을 증거물로 압수하기 위해 목포해경에 도착했다. 아직 법원으로부터 압수영장을 발부받지는 않은 상태였다. 유가족들은 법원에 DVR 하드디스크에 대한 증거보전을 신청했다. 유가족과 검찰 측이 법원 판단을 기다리는 동안 김인성은 DVR 하드디스크의 부식을 막기 위해 당장 보존 처리를 진행해야 한다는 의견을 냈다. 양측이 모두 동의했다. 김인성이 DVR에서 하드디스크를 분리한 뒤 해수 염분을 제거하기 위해 극초순수액에 담갔다.[252]

6월 24일, 광주지방법원 목포지원은 유가족의 증거보전 신청을 먼저 인용했다. 법원은 김인성을 촉탁인으로, 하드디스크 복원 전문업체인 청주의 명정보기술을 촉탁법인으로 지정해 DVR 하드디스크에 저장된 데이터를 복원해 제출하라고 명령했다. 6월 25일, DVR 하드디스크가 명정보기술로 옮겨졌다. 김인성의 관리 감독과 유가족들의 감시 아래 복원 작업이 시작됐다.

두 달 넘게 바다에 잠겨 있던 DVR은 전원을 공급해도 작동하지 않았다. '물리적 복구'가 우선이었다. 기술진은 하드디스크를 열어 플래터(데이터가 저장되는 원판 형태의 디스크)를 분리했다. 현미경으로 플래터의 표면 상태를 분석했다. 내부로 침투한 펄 때문에 생긴 크고 작은 흠집들과 염분에 의한 부식으로 함몰된 부분 등 각종 손상이 관찰됐다. 극초순수액과 약품 등으로 세척 작업을 진행했다. 이 플래터를 정상 작동(회전하는 플래터 표면에서 헤드가 움직이며 자기 배열 정보를 읽어내는 것)하는 다른 하드디스크 장비에 옮겨 달았다. 현장에선 이를 '작업용 하드디스크'라고 불렀다.

 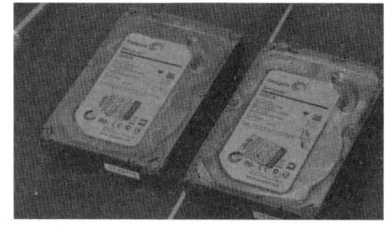

목포해경에 인계된 DVR과 김인성이 분리한 2개의 하드디스크

 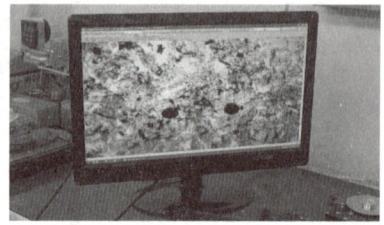

하드디스크 내부의 플래터 및 현미경으로 살펴본 표면 상태

일단 데이터를 읽을 수 있는 상태가 됐다. 그러나 플래터 표면 손상이 심해 작동이 언제 멎을지 알 수 없는 상황이었다. 데이터를 읽어내는 시간도 오래 걸렸다. 포렌식 도구인 PC-3000 프로그램으로 F 드라이브(4월 10일~16일 영상)의 데이터를 읽어내는 데만 1주일 이상 걸렸다. 다행히 C, D, E 드라이브 속 데이터까지 모두 읽어낸 뒤에 작업용 하드디스크에 에러가 발생하며 작동이 멎었다.* 두 달 가까이 걸린 모든 복원 과정은 현장에 설치된 4대의 CCTV로 녹화됐다. 김인성은 복원한 데이터를 USB 저장장치에 담아 8월 22일 광주지법 목포지원에 제출했다.[253]

풀리지 않는 의혹, "언제, 왜 꺼졌나?"

법원은 복원된 DVR 하드디스크 파일을 제출받는 자리에서 유가족들의 참관하에 CCTV 영상을 상영했다. 하지만 기대와 달리 사고 발생 순

---

* 세월호 DVR 내부의 하드디스크는 2개(각 2TB)였다. 각 하드디스크는 4개씩의 구획(파티션)으로 나뉘어 있었다. 이 가운데 2014년 명정보기술이 복원한 것은 C, D, E, F 드라이브로 분할 구성된 하드디스크 1개였다. C 드라이브에는 시스템 운영 프로그램(윈도즈와 DVR 소프트웨어)이 설치돼 있었고, D 드라이브에는 2014년 2월 28일~3월 24일, E 드라이브에는 3월 24일~4월 10일, F 드라이브에는 2013년 12월 24일~12월 31일 및 2014년 4월 10일~4월 16일 사이의 CCTV 영상이 각각 저장돼 있었다. 세월호 특검 보도자료, 4·16 세월호참사 증거자료의 조작·편집 의혹 사건 수사결과(2021. 8. 10.), 41쪽.

간과 그 이후 장면이 담긴 영상은 남아 있지 않았다. 그런데 이상한 점이 있었다. 마지막 영상이 끊긴 시각이 4월 16일 오전 8시 30분 59초였다. 당시까지 AIS 항적 분석을 토대로 추정된 세월호 사고 시각은 8시 48분 대였다. 이보다 18분가량 앞선 시각에 CCTV 녹화가 중단됐다는 것이었다. 사고가 발생할 것을 사전에 알고 있던 누군가가 진상을 감추기 위해 전원을 미리 차단한 게 아니냐는 의혹이 제기됐다.[254]

유가족대책위는 복원된 DVR 하드디스크 파일을 탐사보도 매체 《뉴스타파》에 제공해 분석 취재를 의뢰했다. 《뉴스타파》 분석 결과 CCTV 영상에 표시된 시각은 실제보다 15분 21초 느리게 흘러가고 있었다.* 따라서 마지막 CCTV 영상이 끊긴 실제 시각은 8시 46분 20초였다.** 또 DVR 운영체제 프로그램의 '활동로그' 기록을 분석한 결과, DVR이 마지막 작동한 시각은 CCTV 영상 기준으로는 8시 33분 38초, 실제 시각으로는 8시 48분 59초였다. CCTV 영상이 끊긴 시각과 DVR 활동 중단 시각이 2분 39초 차이가 나는 이유는, 촬영된 영상이 파일로 변환되는 도중에 DVR 전원이 차단돼 저장이 이뤄지지 않았기 때문으로 분석됐다. 당시까지 사고 발생 시점이 8시 48분대로 추정되고 있었던 만큼, DVR 전원이 8시 48분 59초에 끊긴 것은 사고 당시의 충격 때문이라는 분석에 무게가 실렸다.[255]

---

* 세월호가 출항해 1시간쯤 지나 진행된 선상 불꽃놀이 장면이 기준이 됐다. 첫 번째 불꽃이 터진 시각이 CCTV 33번 카메라 영상에서는 밤 9시 47분 26초로 표시돼 있었지만 희생된 단원고 학생의 휴대전화 복구 동영상 속에선 10시 2분 47초였다. 김성수, [세월호 CCTV 1차 분석] 실제보다 15분 21초 지연… 급변침 때 꺼졌다, 《뉴스타파》(2014. 9. 3.).

** 이 무렵 검찰도 세월호 CCTV 영상에 표시된 실제 시간을 분석하고 있었다. 검찰은 출항 전 세월호 선미 램프를 통해 진입하는 차량의 모습을 포착한 인천항 CCTV와 비교해 세월호 CCTV 영상의 표시 시각이 실제보다 약 16분 40초 느린 것으로 분석했다. 그러나 이는 인천항 CCTV의 표시 시각이 실제와 차이가 있는지를 검증하지 않은 채 내린 판단이었다. 선원 사건, 검찰 감정서(2014. 9. 30.), 별첨 2, 세월호 선내 CCTV 영상의 타임코드 분석자료; 세월호 선내 CCTV(화질 개선), 수사기록 13958~13960쪽; 선조위는 《뉴스타파》와 유사한 분석 방법을 통해 시간 편차가 15분 23초였다고 판단했다. 선조위, 블랙박스·항만CCTV·선내CCTV 동기화 분석 용역결과보고서(2018).

《뉴스타파》 보도로 세월호 CCTV 관련 의혹은 일단락된 듯 보였다. 그러나 1년여 뒤인 2015년 11월 5일 유가족들(416가족협의회)이 세월호 특조위에 CCTV 의혹에 대한 조사 신청서를 제출했다. DVR 전원이 꺼진 '원인', 그리고 CCTV 영상 시각 기준 오전 7시 17분 전후로 약 1분 동안 64개 채널 전체의 영상이 누락돼 있는 이유* 등을 조사해달라는 것이었다.[256] 특조위는 12월 28일 제22차 전원위원회에서 조사 개시를 결정했다.[257]

조사 과정에서 DVR 전원 차단 시점에 대한 새로운 의혹이 제기됐다. 특조위 제2차 청문회에 증인으로 출석한 세월호 여객부 선원 강혜성이 선체가 크게 기울어진 뒤에도 CCTV 영상이 켜져 있었다고 증언했다. 강혜성은 탈출 직전까지 CCTV 모니터와 DVR이 있는 안내데스크 인근에서 대기했다.

김서중(특조위 비상임위원): 아무래도 제일 CCTV를 가까이 볼 수밖에 없었던 강혜성 증인께 묻겠습니다. 당시 CCTV 영상을 보면서 언제쯤 CCTV가 꺼지거나, 마지막으로 기억나는 CCTV 영상, CCTV 상태가 어땠습니까?

강혜성(세월호 여객영업부 직원): 일단 사전에 정확한 시간은 제가 기억은 확실히 못 한다고 미리 말씀을 드리고요. 제가 마지막으로 CCTV를 봤던 시간은 배가 기울고 나서 안내데스크에 있는 서랍장들이 쏟아져 내릴 때 그것을 제가 붙잡고 있다가 (양대홍) 사무장하고 연락을 하기 위해서 사무장이 CCTV 영상을 통해서 보이는가를 확인을 했습니다. 그 시간이 대략 한 9시 조금 넘었던 시각이고요, 대략적으로. 그 이후로는 제가 CCTV 화면은 보지 못했고, 꺼졌다라고 판단되는 부분은 배가 기울었던 시점에서 순간적인 정전이 있었습니다. 그 시점에 CCTV가 꺼진 게 아닌가, 저는 그렇게 생각을 하고 있습니다.[258]

---

* 세월호 CCTV 카메라는 '동작감응형'이어서 영상 프레임 내에 움직이는 피사체가 있을 때에만 녹화 기능이 작동하고 그렇지 않을 때는 화면에 'No Signal'이 표시되면서 녹화도 중단된다.

이어 특조위 제3차 청문회에서도 또 다른 생존자가 같은 취지의 증언을 했다.

류희인(특조위 비상임위원): 증인은 안내데스크 인근에 정확히 어느 위치에 있었나요?

강병기(세월호 생존 탑승자): 안내데스크 앞에 바로 거기에 서 있었습니다. (중략)

류희인: 증인은 이 자리에서 모니터를 보셨다고 했는데, 원래 화면으로 보이는 이 CCTV가 증인의 오른편에 위치하게 됩니다. 아, 죄송합니다. 배가 기우는 다급한 상황에서 증인은 왜 CCTV 화면, 어떤 상황에서 CCTV 화면을 보시게 된 거죠?

강병기: 저희 장인하고 같이 갔었거든요. 그래서 장인을 보려고 CCTV를 보게 됐습니다.

류희인: (장인과) 같이 계시다가, 그러면 본인만 안내데스크 쪽으로 기어서 나오시고?

강병기: 예, 바깥의 상황 보고 다시 들어온다고.

류희인: 장인은 그냥 안에 선실에 계셨군요?

강병기: 예.

류희인: 그 장인을 CCTV로 확인하려고, 혹시 볼 수 있을까 해서 그 화면을 주시하셨다는 말씀입니다. 그래서 장인을 찾으셨나요?

강병기: 안 보이셨어요.

류희인: 그때 화면 중에서 어떤 장면을 보셨는지 혹시 기억하시는 것 있으십니까?

강병기: 그때 까만 게 나오는 게 몇 개가 있고, 사람들이 움직이는 게 몇 개가 보였었어요, 몇 명이.

류희인: 까만 게 보였다는 것은 화면이 나오지 않고 꺼져 있었다는 거죠?

강병기: 예, 예.

류희인: 대략 몇 개 정도……? 많았습니까?

강병기: 숫자는 잘 모르겠고, 좀 많았었어요.

류희인: 그러면 거기 계시면서 CCTV 화면이 켜져 있는 것을 마지막으로 보신 것은 언제쯤입니까?

강병기: 그때가 9시 30분경인가 40분경에 봤습니다. (중략)

류희인: 그러면 최종적으로 우리가 증인한테 확인할 수 있는 것은, 최소한 9시 30

분까지는 CCTV가 계속 작동되고 있었다는 거죠?

강병기: 예.259

세월호 DVR은 작동 구조상 모니터가 켜져 있다면 본체에서 녹화도 되고 있어야 하는 장비다.260 따라서 강혜성과 강병기의 증언대로라면 DVR에는 세월호가 급선회하고 쓰러지던 순간은 물론, 9시 27분 해경 헬기 511호가 도착한 이후의 선내 상황들이 모두 녹화되었어야 한다. 특조위는 DVR 수거 이후 데이터가 삭제나 편집됐을 가능성을 의심했다.

류희인(특조위 비상임위원): 앞서 증인의 증언과 지금 설명해주신 참고인의 설명을 종합하면 당시 모니터 화면은 정상적이었고, 그리고 정상적이었다면 나오는 화면은 당연히 DVR에 데이터로 저장되어야 된다고 얘기하고 있습니다. 그런데 실제는 그렇지 않았습니다. 이것은 어떤 경우에, 어떤 가능성이 있는 거예요? 이런 상황이 나올 수 있는 것은.

신현철(엔에스뷰* 대표): 저장을 정상적으로 했고, 그다음에 인양해서 복구할 때 복구 시점에서 100퍼센트 복구를 못 했을 경우가 있을 수 있고요. 그다음에 삭제가 가능할 수도 있고 그렇습니다. 삭제는 DVR 운영 중에는 삭제하기 힘듭니다. 컴퓨터의 바탕화면으로 나가야 되니까. 지워졌으면 복구 과정에서 복구가 안 됐거나, 사후에 지워졌거나 하는 두 가지 가능성이 있습니다. (중략)

류희인: 대표에게 계속 묻겠습니다. 혹시 복구를 못 할 가능성하고, 또 데이터를 의도적으로 누군가가 삭제하는, 즉 편집하는 가능성은 없습니까?

신현철: 가능성은 있습니다.

류희인: 그것은 기술적으로 가능합니까?

신현철: 복구한 데이터가 DVR이 동작하는 과정에서 한 게 아니라 복구하고 난 다음에 지워졌다면 그것은 데이터만 있는 거니까 데이터를 지워버리면 삭제됩니다.261

---

* 세월호 DVR 소프트웨어를 개발한 업체다.

일부 생존자와 전문가의 증언이 이어지면서 사고 발생 이후까지 CCTV 영상이 정상적으로 저장되었음에도 누군가 사후에 조작했을 수 있다는 의혹이 강화됐다. 그러나 박근혜 정부의 지속적이고 노골적인 조사 방해에 시달리던 특조위가 2016년 9월 강제 해산되면서 관련 조사는 더 이상 진행되지 못했다.

'DVR 바꿔치기 의혹'의 전개

특조위에 이어 2017년 선조위가 출범했다. 선조위의 법적 책무는 인양된 세월호 선체 조사를 통한 침몰 원인 분석, 당시까지 9명이던 미수습 실종자의 유해 수색, 그리고 선체의 활용 방안 마련이었다. 이에 따라 선조위가 활동한 2018년 8월까지 CCTV와 DVR 관련 의혹들은 공식적 조사 의제가 되지 못했다.

관련 조사를 이어간 것은 2018년 12월 조사 활동을 시작한 사참위였다. 2019년 3월 사참위는 세월호 DVR 수거 과정에 대한 조사 내용을 '중간발표'했다. 핵심은 2014년 6월 22일 밤 해군 SSU 잠수조가 수거한 것은 껍데기뿐인 '가짜 DVR'이라는 것이었다. '진짜 DVR'은 이미 상당 기간 전에 은밀하게 수거해 하드디스크 저장 데이터들에 대한 편집과 삭제 작업을 진행했을 것이며 그 기간에 '가짜 DVR'을 대신 물속에 넣어 뒀을 것으로 추정했다. 그리고는 6월 22일 '가짜 DVR'을 건져 올린 직후 바지선 위에서 (내부 데이터 조작이 완료된) '진짜 DVR'과 다시 '바꿔치기'해서 증거물로 제출했을 것이라는 내용이었다. 이에 따르면 6월 22일 밤 해군 잠수조는 DVR을 정상적으로 수거했다는 근거를 남겨놓기 위해 '가짜 DVR' 수거 장면을 수중촬영하는 '쇼'를 벌인 셈이었다.

사참위가 제시한 근거는 2가지였다. 첫째, 수거 장면이 촬영된 수중 영상 속에서는 DVR의 오른쪽 손잡이 안쪽 고무패킹이 떨어져 나간 상태

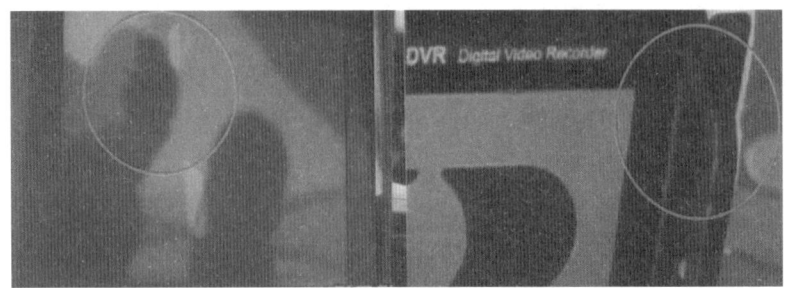
수거 중 수중영상(왼쪽)과 수거 후(오른쪽)에 포착된 DVR 손잡이 고무패킹 부분

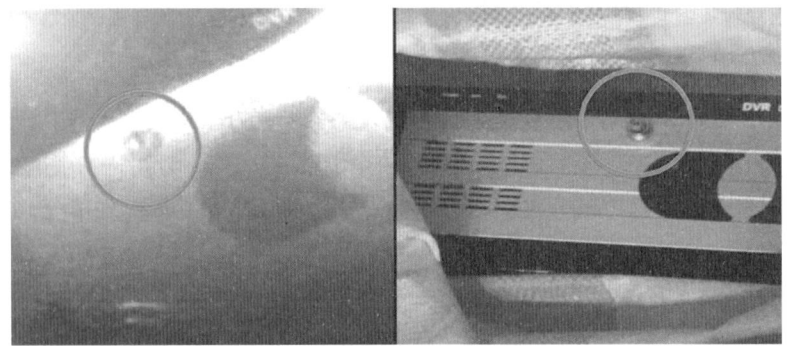
수거 중 수중영상(왼쪽)과 수거 후(오른쪽) DVR 전면 열쇠 구멍 방향

였으나, 바지선 위에 올려진 뒤 촬영된 영상에서는 이 고무패킹이 정상으로 부착된 상태로 확인됐다는 점이다. 수중에서 붙어 있던 고무패킹이 수거 과정에서 떨어져 나갈 수는 있어도 반대의 경우는 불가능하다는 것이었다. 둘째, DVR 전면부 덮개의 열쇠 구멍이 수중촬영 영상에서는 닫힌 상태인 '수직방향'이었으나 바지선 위에 올려진 뒤 25분 정도 지나 촬영된 영상에서는 열린 상태인 '수평방향'인 것으로 확인됐다는 점이다. 따라서 수중에서 촬영된 DVR은 바지선 위에 올려진 뒤 증거물로 제출된 DVR과 서로 다른 장비라는 게 사참위의 잠정 결론이었다.[262] 사참위는 검찰에 이 의혹에 대한 수사를 요청했다.

그러나 사참위의 이른바 'DVR 바꿔치기 의혹'은 일반적 상식으로는 납득하기 어려운 시나리오를 전제로 하고 있었다. 수심 40미터 아래 잠겨 있는 DVR을 미리 은밀하게 수거하기 위해서는 2명의 잠수사를 포함해 바지선 위의 감독관과 잠수 장비 운용 인력 등 적어도 10명 넘는 인력이 동원될 수밖에 없다. 수거된 DVR의 하드디스크를 복원해 내부 파일들을 편집·조작하는 데 필요한 인력까지 감안하면 수십 명의 '공범'이 필요하다. 사실상 보안 유지가 불가능한 규모의 인력이다. 그런 위험을 무릅쓰고 해경과 해군 등 국가기관들이 증거물을 조작하는 범죄를 기획하고 실행할 만한 '동기'가 무엇인지를 유추하기가 쉽지 않았다.*

2019년 8월 《뉴스타파》가 'DVR 바꿔치기 의혹'을 정면으로 반박하는 검증 보도를 내놨다. 취재진은 세월호 DVR 제작 업체에 의뢰해 동일한 장비를 제작했다. 제작된 DVR 손잡이를 분리해 가압수조에 넣고 세월호 DVR이 잠겨 있던 수심 40미터와 같은 수압 조건(5기압)을 만들었다. 손잡이 고무패킹이 강한 수압으로 움푹 눌려 들어갔다. 《뉴스타파》는 사참위가 "수중에서 떨어져 나가 있었다"라고 발표한 우측 손잡이 고무패킹은 실제로는 "수압에 의해 눌려 있었"던 것이라고 판단했다.

이는 DVR 수거 직후 바지선 위에 있던 해군 관계자가 촬영한 사진 3장을 《뉴스타파》가 입수해 분석하면서 더욱 확실해졌다. DVR이 바지선에 올려진 시각은 10시 41분이었고 3장의 사진들은 각각 10시 42분, 10

---

* 사참위와 유사한 'DVR 바꿔치기' 시나리오를 처음 제기한 것은 2015년 10월 한 인터넷 방송이있다. 수거된 DVR을 바지선 위에서 처음 촬영한 독립피디 임유철은 방송에 출연해 당시 현장에서 많은 의혹을 느꼈다고 말했다. 당일 DVR 수거 계획에 대한 사전 브리핑이 없었다는 점, 다른 때와 달리 현장 인력들의 복명복창이 전혀 없어 잠수사 입수 자체를 알 수 없었다는 점, DVR이 바지선에 올려지고 얼마 지나지 않아 촬영했는데 외관이 지나치게 깨끗했다는 점, DVR을 바지선에서 해경이 인계받아 뭍으로 싣고 나갈 때 어디로 가는지 물어도 알려주지 않았다는 점 등이었다. 이에 대해 또 다른 출연자인 다큐멘터리 감독 김지영은 이렇게 말했다. "제 생각은 그래요. 확률적으로 보면, 누군가 미리 내려가서 그걸(DVR) 다 분해하고 끄집어 올려서 가져간 다음에 어떤 삭제라든가 조작의 조치를 끝낸 다음에 다시 그 자리에 가서 바닥에 떨궈놓는 게 아닌가. 그 뒤에 해군이 가서 '해체했습니다' 그러면서 아무것도 안 찍고 오디오 보고도 안 하고 쓱 그때 발견된 것처럼 가지고 온 것이 아닌가. 이 확률이 가장 높지 않을까 생각합니다.", 《한겨레TV》 「김어준의 파파이스」 68회(2015. 10. 2.).

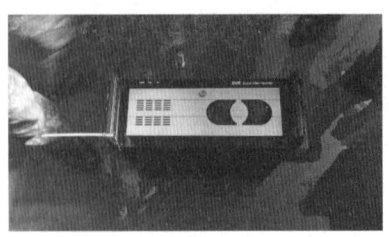 

바지선 위 해군 관계자가 수거 1분 뒤(왼쪽)와 11분 뒤(오른쪽) 촬영한 DVR 모습

시 50분, 10시 52분에 촬영된 것이었다. 사진 속에서 우측 손잡이 안쪽 고무패킹은 부분적으로 눌려 들어가 있는 상태였다. 수중에서 압착돼 있던 고무패킹이 물 위로 올려져 압력이 약해지자 원래 상태를 회복해가고 있는 모습이었다. 이 사진들 속의 DVR 전면부 덮개 열쇠 구멍 방향도 수중에서와 똑같이 수직 방향으로 유지돼 있었다. 당시 바지선 위에 있던 구조 당국 관계자는 《뉴스타파》와의 인터뷰에서 "DVR을 수거해 세척 작업부터 했고, 이후 해경에게 인계하는 과정에서 누군가 전면 덮개를 열어보려다가 '툭' 소리와 함께 덮개가 개방됐다"고 말했다. 열쇠 구멍 방향이 바뀐 것은 수거 이후에 힘을 가하는 과정에서 덮개 내부의 걸쇠가 파손되어 발생한 일이라는 뜻이었다.

《뉴스타파》는 DVR 오른쪽 손잡이 모서리 부분에 있는 4~5개의 작은 흠집들에도 주목했다. 영상 전문가 분석 결과 수중 영상에 포착된 흠집과 수거 이후 촬영된 영상 속 흠집은 크기와 형태, 간격 등이 동일했다. 둘이 같은 장비라는 결정적인 증거였다.[263]

《뉴스타파》는 사참위가 발표한 'DVR 바꿔치기' 의혹에 대한 검증을 넘어, 기존에 제기됐던 DVR 전원 차단 시점과 이유도 분석해 제시했다. 세월호 DVR 하드디스크에서 복원된 운영체제 프로그램 속에서 '달러로그파일' 영역*을 분석한 결과, DVR이 작동을 멈춘 정확한 시점은 8시 34분 24.0625초였다. 앞서 2014년 《뉴스타파》가 DVR의 활동로그 기록을 분석해 확인한 8시 33분 38초보다 다소 늦은 시점이었다. DVR 장비에 설정된 시간을 실제 시간으로 환산한 결과 DVR 작동 중단 시점은 8시 49분 49초였다. 이 시점은 선조위가 화물칸 차량 블랙박스 영상 분석을 통해 확인한 세월호 급선회 당시 선체의 최대 횡경사 시점과 정확히 일치했다. 그러니까 세월호가 급선회하며 크게 쓰러져 가장 많이 기울어진 순간 외부 충격에 의해 DVR 전원이 차단됐다는 의미였다.[264]

《뉴스타파》는 선체가 쓰러진 뒤에도 CCTV 화면이 켜져 있었다던 일부 생존자의 진술도 검증했다. 생존자 강병기는 해경 헬기가 도착한 직후인 9시 30분경에도 안내데스크 벽면 모니터에 CCTV 영상이 켜져 있었다고 진술했다. 그러나 2018년 선조위 조사 결과, 세월호 주발전기는 9시 21분경 꺼졌다. DVR은 주발전기에만 연결돼 있었기 때문이 9시 21분 이후로는 전원이 공급될 수 없었다. 따라서 9시 30분경 CCTV 화면이 켜져 있을 순 없었다. 강병기는 또 안내데스크 벽면 모니터뿐만 아니라 천장에 달린 모니터에서도 CCTV 영상을 봤다고 말했다. 그러나 안내데스크 천장 모니터는 운항 관련 정보와 승객 공지사항을 전시하는 용도였을 뿐 CCTV 영상을 표출하는 데 사용된 적이 없다.

강혜성은 배가 쓰러진 뒤인 9시 10분경 사무장 양대홍의 위치를 파악하기 위해 벽면 모니터에 표출된 CCTV 영상을 봤다고 진술했다. 그러나 강혜성은 세월호가 쓰러진 시점을 8시 30분경이었다고 진술하는 등 사고 당시 상황에 대한 여러 기억들이 객관적 사실과 어긋나 있는 상태였다. 이에 따라 《뉴스타파》는 두 생존자가 의도적으로 거짓 증언을 한 것은 아니지만 사고 당시의 기억이 왜곡되어 있을 가능성이 높으며, 이는 재난·참사 생존자들 다수가 겪는 현상이라는 전문가의 판단을 덧붙여 보도했다.**[265]

---

* 달러로그파일($LogFile) 영역에는 컴퓨터의 시스템이 종료되거나 전원이 차단되는 순간 가동하고 있던 모든 활동 내역이 시간과 함께 기록된다. 다시 시스템을 운영할 때 과거 작업 내역을 불러내 연속성이 있도록 하기 위해 필요하다.

2019년 11월 검찰 세월호 특별수사단이 공식 출범했다. 특수단은 앞서 사참위가 수사를 요청한 DVR 바꿔치기 의혹을 조사했다. 2020년 2월 특수단은 416가족협의회 유가족들에게 비공개로 수사 결과를 전달했다. 혐의점을 찾을 수 없다는 것이었다. 사참위에도 같은 내용이 전달됐다. 유가족들과 사참위는 특수단에 당장 수사 결과를 발표하지 말고 추가 수사의 여지가 있는지 검토해달라고 요청했다.[266]

'CCTV 영상 파일 조작 의혹'의 전개

2020년 9월 사참위는 법원에 보관되어 있던 DVR 하드디스크 복원 파일들이 조작된 것으로 판단된다는 중간 조사 결과를 발표했다. 사참위 설명에 따르면, 2014년 당시 DVR 하드디스크 데이터 복원에 사용된 포렌식 도구는 PC-3000 프로그램으로, 원본 디스크 속의 모든 개별 데이터들을 하나로 묶은 '덤프 파일(Dump File)'을 생성해준다. 이 과정을 '이미징(Imaging)'이라고 한다. 사참위는 2014년 당시 명정보기술이 세월호 DVR 하드디스크를 PC-3000으로 이미징해 덤프 파일을 생성한 뒤, 그 가운데 4월 10일부터 16일까지의 CCTV 영상 녹화 파일과 DVR 운영체제 파일을 추출했으며, 이를 7ZIP 프로그램으로 압축해 USB 저장장치에 담아 법원에 제출한 것으로 파악했다. DVR 하드디스크의 데이터를 처음 읽어낸 이미지 덤프 파일은 당시 법원 촉탁인으로 지정돼 복구 작업을 관리·감독한 당시 한양대 교수 김인성이 별도의 하드디스크로 옮겨 개인적으로 보관하다 2016년 특조위에 제출했다. 그런데 사참위가 법원에

** 생존한 화물기사 한승석이 촬영한 휴대전화 동영상을 보면, 당시 안내데스크 주변에는 강병기와 강혜성 외에도 10여 명이 대기하고 있었다. 이들 대다수가 CCTV 화면을 볼 수 있는 위치였음에도 "켜져 있었다"라고 진술한 사람은 없었다.

제출된 파일과 김인성이 보관했던 이미지 덤프 파일을 각각 확보해 분석하는 과정에서 이상 흔적이 발견됐다. 법원 제출 파일은 이미지 덤프 파일의 일부를 추출해 압축한 것이므로 당연히 양쪽의 파일이 완전히 같아야 하지만 실제로는 차이가 있었던 것이다.

구체적인 차이점은 데이터 저장의 최소 단위인 섹터(Sector) 간의 비교를 통해 확인됐다. 세월호 CCTV 영상은 1분 단위로 끊어서 저장됐다. 따라서 4월 10일부터 16일까지의 영상은 수십만 개에 달했다. 각각의 영상은 수십 개의 문자와 숫자로 조합된 고유의 소스 파일(Source File) 형식으로 하드디스크 플래터의 특정한 섹터에 저장됐다. 정상적이라면 1개의 섹터 속에 여러 개의 소스 파일이 담길 수는 있어도 동일한 소스 파일이 여러 섹터에 중복 저장될 수는 없다. 그런데 복원 후 법원에 제출된 CCTV 영상 파일들 가운데 서로 다른 2개의 섹터 속에 똑같은 소스 파일이 존재하는 경우가 무려 1만 8,353건이나 발견됐다. 그중 74퍼센트가 세월호 출항 및 사고 발생일인 2014년 4월 15일과 16일의 CCTV 영상 소스 파일들이었다. 사참위는 이를 의도적 조작의 흔적이라고 판단했다. 누군가 특정 섹터에 담겨 있던 특정 파일을 다른 섹터로 '복사해 덮어쓰는' 작업을 벌인 결과라는 것이었다.[267]

사참위는 다른 영역의 데이터가 덮어쓰여진 섹터에 본래 어떤 데이터가 있었는지를 확인하기 위해 이미지 덤프 파일도 분석했다. 법원 제출 파일이 누군가에 의해 조작됐더라도, 이 파일의 출처 격인 이미지 덤프 파일에는 덮어쓰여지기 전의 본래 데이터가 남아 있을 것이기 때문이었다. 그런데 이미지 덤프 파일 속의 해당 섹터들은 모두 배드 섹터(Bad Sector)*를 의미하는 '0'의 값으로 채워져 있었다. 영상으로 재생될 수 없

---

* 하드디스크의 섹터가 물리적 또는 논리적으로 손상을 입어 제대로 판독할 수 없는 현상 또는 해당 섹터를 말하며 '불량 섹터'라고도 한다. 물리적 손상은 섹터들이 위치한 원판형 디스크인 플래터의 일정 부분이 애초에 불량이거나 외부 충격을 받을 경우, 논리적 손상은 악성코드 등 소프트웨어에 의해 주로 발생한다.

는 형식이었다. 사참위는 이 역시 조작의 흔적이라고 판단했다. 누군가 법원 제출 파일뿐만 아니라 이미지 덤프 파일에도 손을 대서 배드 섹터 영역을 '0'으로 채워놓았다고 본 것이다.[268]

사참위는 복원된 DVR 하드디스크의 C 드라이브 속 파일들(운영체제인 윈도즈와 DVR 구동 소프트웨어)에 대해서만 별도의 분석 조사를 진행했다. 누군가 영상의 소스 파일을 편집·조작했다면 그와 관련된 활동 내역이 운영체제 기록에 남을 수밖에 없으므로 조작 사실을 숨기기 위해서는 운영체제 파일에도 손을 댔을 것이라고 추정했기 때문이다. 이를 위해 역시 법원에 제출된 C 드라이브 복원 파일(파일명: 1ST_PART.BIN)과 김인성이 보관하다 특조위에 제출한 이미지 덤프 파일의 C 드라이브 영역을 상호 비교했다. 그 결과 C 드라이브 파일들도 65곳의 섹터에 서로 다른 데이터가 담겨 있는 등 차이가 있었다. 사참위는 법원 제출 파일은 이미지 덤프 파일로부터 추출된 것인 만큼, 복원 이후 법원 제출 이전 단계에서 조작이 이뤄졌을 가능성이 있다고 판단했다.[269]

사참위가 문제 삼은 내용은 또 있다. 법원에 제출된 복원 파일의 출처에 해당하는 이미지 덤프 파일 속에 CCTV 영상이 아닌 엉뚱한 파일들이 뒤섞여 있었다는 것이다. 2016년 특조위는 김인성으로부터 이미지 덤프 파일을 제출받아 인케이스(Encase) 프로그램으로 재차 포렌식했다. 이론적으로는 두 파일이 동일해야 했다. 그러나 사참위가 두 파일을 비교해봤더니 김인성이 제출한 이미지 덤프 파일 속에 선상 불꽃놀이 행사 등을 위해 사용된 것으로 추정되는 음악 파일(MP3) 26개의 일부와 오하마나호 홍보 동영상 등이 뒤섞여 있었다. 이 파일들은 DVR과 함께 수거된 안내데스크 노트북 속에 담겨 있던 데이터의 일부였다. DVR과 노트북은 어떤 이유로도 상호 연결돼 사용된 적이 없다는 점에서 동일한 파일이 양쪽에서 나올 수는 없었다. 사참위는 이 역시 DVR 하드디스크 복원 파일을 조작하는 과정에서 남겨진 흔적으로 추정했다.[270]

사참위는 이와 함께 해경이 2014년 작성한 '현장지휘본부 문서 정리 현황' 문서 속에서 '0509 DVR 인양 후 인수인계 내역'이라는 기재 내용을 확인했다고 밝혔다.271 상세 내용 없이 제목만 있었지만, 6월 22일보다 훨씬 앞선 5월 9일 이전에 구조 당국이 DVR을 은밀하게 수거해 하드디스크 내 파일들을 조작한 증거라고 판단했다.272 2020년 9월 사참위는 DVR 하드디스크가 조작됐다는 의혹에 대해 특별검사 수사를 요청했다. 앞서 검찰 특수단이 수사한 'DVR 바꿔치기 의혹'도 특검이 재차 수사하도록 요청했다.*

의혹의 해소

2021년 5월 '4·16세월호참사 증거자료의 조작·편집 의혹 사건 수사를 위한 특별검사'의 수사가 시작되었다. 특검은 90일 동안 해경 본청과 해군본부, 해양수산부, 대검찰청 증거 관리 서버, 대통령기록관 등 10곳을 압수수색하고 사건 관련자와 참고인 78명을 조사했다. 100일의 수사를 거쳐 8월 10일 발표한 최종 수사 결과는 '어떤 혐의점도 발견할 수 없다'는 것이었다. 사참위가 제기한 모든 의혹을 기각한 것이다.

DVR 하드디스크의 복원 파일들이 조작됐다는 의혹에 대한 특검 수사는 관계자 대면조사를 통한 복원 과정 역추적과 기술적 프로세스에 대한 재연 검증을 축으로 이뤄졌다. 이를 통해 사참위가 조사 과정에서 설정한 몇 가지 '전제조건'들이 사실과 달랐음을 확인했다. 세월호 DVR 하

---

* 사참위가 2019년 검찰에 수사 의뢰했던 'DVR 바꿔치기' 의혹은 2019년 11월 출범한 검찰 특수단이 2개월여의 수사를 거쳐 '무혐의' 결론을 내렸다. 김성수, 세월호 특수단, 경빈 군 헬기 이송 지연 '무혐의' 내부 결론, 《뉴스타파》(2020. 3. 3.). 그러나 사참위가 2020년 9월 'CCTV 영상 파일 조작' 의혹과 'DVR 바꿔치기' 의혹을 묶어 특별검사 수사를 요청함에 따라 검찰 특수단이 2021년 1월 최종 수사 결과 발표에서 'DVR 바꿔치기' 의혹 관련 수사 결과를 공식 발표하지 않은 채 특검팀에 이첩했다. 서울중앙지검 보도자료, 세월호참사 특별수사단 수사결과(2021. 1. 19.), 10쪽.

드디스크를 물리적으로 복구해 여기에 담긴 파일들을 PC-3000 프로그램으로 이미징한 덤프 파일을 만든 뒤 이로부터 추출한 데이터들을 USB 저장장치에 넣어 법원에 제출했다는 게 사참위가 파악한 복원 절차였다. 이 과정을 거친 것이 틀림없다면 이미지 덤프 파일과 법원에 제출된 파일이 서로 다를 수는 없었다. 그러나 특검은 2014년 당시 복원 파일의 추출 경로와 방식이 사참위가 전제한 것과 달랐다는 명정보기술 관계자의 진술을 확보했다. 통상적으로는 이미지 덤프 파일을 생성하고 이로부터 개별 파일을 추출하는 순차적 단계를 밟지만 2014년 당시엔 복원을 최대한 서둘러달라는 세월호 유가족들의 요청에 따라 두 단계를 '동시에 진행'했다는 것이다. 이미징 기능과 추출 기능을 동시에 진행하는 것은 PC-3000 프로그램이 제공하는 기능 중 하나였다.[273] 물론 이론적으로는 이미징과 추출을 동시에 진행하더라도 순차 추출할 때와 결과물이 같아야 하지만, 통상적인 방식이 아니었던 만큼 예기치 않은 문제가 발생했을 가능성을 검토해볼 필요가 있었다.

특검은 명정보기술 관계자의 진술에 따라 2014년에 파일을 추출한 것과 동일한 방식으로 재연 테스트를 실시했다. 그 결과, 이미지 덤프 파일과 개별 파일을 순차적으로 추출할 때는 문제가 없었지만 동시에 진행할 경우 '0'의 값으로 표시되어야 할 배드 섹터 영역에 주변부 섹터들의 값이 채워지는 '이상 현상'이 나타났다.*[274] 특검은 이 같은 현상이 법원에 제출된 복원 파일 중 4월 15일과 4월 16일 영상 파일들 속에서 특히 많이 관찰된 이유에 대해 "누군가 인위적으로 배드 섹터를 만들었다기보다는 비정상적인 항해나 갑작스러운 DVR 종료, PC-3000을 이용한 복원 과정

---

* 《뉴스타파》도 특검과 동일한 방식의 재연 검증 테스트를 진행해 같은 결과를 얻었다. 《뉴스타파》 검증에 자문을 제공한 고려대 정보보호대학원 교수 이상진은 이에 대해 "이미징과 추출을 동시 진행할 때 발생한 이상 현상은 PC-3000 프로그램의 2014년 당시 버전이 가지고 있던 일종의 '버그(bug)' 때문으로 판단된다"라고 분석했다. 김성수, 세월호 특검 "CCTV 조작 없다"… 본질은 '사참위 부실조사', 《뉴스타파》(2021. 8. 13.).

에서 배드 섹터가 생겼다고 보는 것이 상당하다"고 적시했다.[275]

특검은 또 이 같은 배드 섹터 영역들이 CCTV 영상의 재생에 실제로 어떤 영향을 미쳤는지도 분석했다. 그 결과, 해당 프레임 또는 전후 프레임 영상이 세월호 참사 관련 주요 장면에 해당하거나 해당 프레임이 다른 프레임으로 대체된 것으로 볼 만한 장면은 확인되지 않았다.[276] 결국 특검은 "(법원 제출 복원 파일들의) 배드 섹터 부분에 주변부 값이 저장되는 것은 PC-3000을 이용한 복원 과정에서 나타나는 현상"이며 "사참위 주장과 같이 조작되었다고 보기 어렵다"라고 결론 내렸다.[277]

특검이 바로잡은 사참위 조사의 또 다른 잘못된 전제가 있었다. 사참위는 2014년 당시 PC-3000 프로그램으로 이미징한 덤프 파일을 김인성이 보관하고 있다가 2016년 특조위에 제출해 인케이스(EnCase) 프로그램으로 재차 포렌식했으므로 두 파일의 내용이 똑같아야 한다고 전제했다. 그럼에도 김인성이 제출한 파일들 속에는 엉뚱한 동영상과 음악 파일들이 섞여 있었으므로 조작 가능성이 높다는 것이었다.

이를 검증하기 위해 특검은 김인성이 특조위에 파일을 제출하기 전 어떤 방식으로 보관했는지를 상세히 수사했다. 그 결과, 김인성은 명정보기술 컴퓨터에서 이미지 덤프 파일을 별도의 하드디스크로 옮겨 담은 뒤 2년에 걸쳐 개인적으로 보관하던 도중 여러 다른 저장장치로 복사해 옮겼다. 특조위에 제출한 파일도 여러 단계의 복제 저장물 중 하나였다. 이때 사용한 저장장치들도 새 제품이 아니라 대부분 각종 세월호 관련 자료 등을 보관하다가 포맷하기를 수차례 반복한 것이었다. 특검은 이처럼 이미지 덤프 파일이 2년에 걸쳐 여러 저장장치로 옮겨지는 과정에서 '오염'이 발생했다고 판단했다. 포렌식 도구인 PC-3000과 인케이스 프로그램의 작동 방식이 달랐던 것이 결정적인 원인이었다. 특검의 확인 결과, PC-3000은 '읽지 못한 영역'을 '0'의 값으로 처리하며 복원 파일을 추출하지만 인케이스 프로그램은 저장매체를 포맷하더라도 남겨지는 일부 데이터들을 '읽지 못한 영역'과 함께 추출했다. 그러니까 김인성이 포맷과 복사를 반복하며 보관하던 저장매체에 노트북과 DVR 복원 데이터를 담아 특조위에 제출했고, 특조위가 이를 PC-3000이 아닌 인케이스 프로그램으로 재차 이미징함으로써 노트북 데이터의 일부였던 동영상과 음악 파일 일부가 DVR 데이터의 '읽지 못한 영역'에 뒤섞여 추출되었던 것이다. 결국 특검은 파일의 보관 과정에서 발생한 문제였을 뿐 조작과는 무관하다고 판단했다.[278]

특검은 사참위가 제기한 'DVR 바꿔치기 의혹'도 모두 기각했다. 2014년 6월 22일 수중에서 수거하는 동안 촬영된 DVR과 바지선 위의 DVR이 서로 다른 장비였다는 사참위 주장에 대한 특검의 수사 결과는, 앞선 《뉴스타파》 검증 보도의 결론과 동일했다. 우측 손잡이 안쪽 고무패킹은 수압에 의해 압착된 것일 뿐 떨어져 나간 것이 아니었고, 전면 덮개 열쇠 구멍이 돌아간 것은 바지선에 올려진 후 충격에 따른 것이었다고 결론 내렸다. 특검은 해경이 2014년 작성한 '현장지휘본부 문서 정리 현황' 문서 속에서 '0509 DVR 인양 후 인수인계 내역'이라는 문서 이름이 등장하게 된 경위도 수사했다. 그 결과, 해경과 해군, 대통령기록관, 해양수산부 등을 압수수색해 확보한 모든 문서 속에 2014년 5월 초에 DVR이 수거되었다는 내용은 등장하지 않았음을 확인했다. 2014년 5월 초순 해경의 TRS와 VHF 음성 파일, 해군 상황실 음성 파일과 문자정보망 등 모든 교신 기록 속에서도 세월호 3층 안내데스크 수색이나 유류품 수거 관련 내용은 없었다. 또한 특검은 '0509 DVR 인양 후 인수인계 내역'이라는 내용이 담긴 문서의 속성 정보, 그리고 이 문서를 작성했던 컴퓨터의 로그 파일 등을 확인한 결과, 해당 문서가 실제로 작성된 시점은 DVR 수거 이후 한 달 가까이 지난 2014년 7월 19일 이후였음을 확인했다. 이에 따라 해당 문서의 '0509'라는 날짜 표기는 단순한 '오기'였던 것으로 판단했다.[279]

세월호의 DVR과 CCTV 관련 의혹이 제기되고 확산된 배경에는 침몰 원인을 명확하게 설명하기 어려웠던 참사 초기의 답답한 상황이 있었다. 선박 사고의 핵심 물증은 선체 그 자체일 수밖에 없었지만 사고 후 7개월 이상 이어진 실종자 수색 작업 국면에서는 인양을 공론화하기가 쉽지 않았다. 수색이 종료된 2014년 11월 이후론 세월호 정국을 서둘러 마무리하려는 정부가 인양에 부정적이었다. 검찰은 세월호가 조타수의 '조타 미숙'으로 쓰러져 침몰했다는 납득하기 어려운 결론을 내고 수사를 마무리했다. 이런 상황에서 진실이 담겨 있으리라 기대했던 CCTV 영상을 복원했지만 사고 순간의 장면은 없었다. 사회적 의혹이 커졌고 유가족들도 의혹을 풀어달라고 요구했다. 이에 대한 조사에 나섰던 특조위마저 정부의 활동 방해로 조기 해산됐다.

2017년 초 드디어 세월호 선체가 인양되고 선조위가 활동을 시작했다. 선체 화물칸의 차량 블랙박스 영상을 복원했다. 선내 CCTV 복원을 통해 알고 싶었던 '사고 순간의 세월호 내부 모습'을 비로소 모두가 확인할 수 있었다. 블랙박스 영상에 담긴 정보들은 선조위 조사의 핵심 물증이 됐다. 그럼에도 의혹은 잦아들지 않았다. 선조위 이후 출범한 사참위는 DVR 하드디스크에 남겨진 전원 차단 시점 데이터보다 사고 이후에도 CCTV 영상을 봤다는 일부 생존자 진술을 더 신뢰했다. 과거 정부의 특조위 박해와 조기 해산의 배경에 '숨겨진 진실'이 있을 것이라는 미련을 버리지 못했고 CCTV 조작을 밝혀내는 것이야말로 진실의 문을 여는 열쇠라는 집착에서 벗어나지 못했다. 결국 사참위는 활동 기간의 대부분을 DVR 바꿔치기와 CCTV 영상 파일 조작 의혹 조사에 매달렸다. 그 기간 중 검찰 특수단과 특별검사 수사를 통해 모두 근거 없다는 결론이 내려졌지만 사참위 진상규명국은 이를 수용하지 않고 '조작 가능성이 있다'는 내용의 조사결과보고서를 작성했다. 그러나 사참위 조사위원들은 결국 이 보고서를 채택하지 않았다. 검찰 특수단과 특별검사 수사를 뒤집을 근거가 없다는 이유에서였다.[280]

사참위의 세월호 CCTV 의혹 조사 과정에서 일부 성과는 있었다. 사참위는 폴란드 포렌식 업체에 의뢰해 세월호 DVR 하드디스크의 원본 플

오전 8시 49분 31초 매점 온수통을 붙잡고 있는 승객들(왼쪽)과 로비에서 넘어지는 학생(오른쪽)

래터 속 데이터들에 대한 재복원을 시도했다. 그 결과, 종전에는 실제 시각 기준 8시 46분 23초까지만 복원됐던 CCTV 영상을 사고 시각에 근접한 8시 49분 31초까지 추가로 복원할 수 있었다.[281] 추가 복원된 3분 8초 분량의 CCTV 영상을 통해 생존자들이 진술했던 선체 급경사 당시의 선내 정황들이 모두 사실로 확인됐다. 배가 기울어지며 3층 매점에 진열된 물품들이 쏟아져 내리고 대형 온수통이 쓰러지는 것을 승객들이 가까스로 붙잡는 장면, 식당에 쌓여 있던 식판과 공연용 장비들이 쓰러지는 장면, 로비 소파에 앉아 있던 여학생이 일어서려다 앞으로 고꾸라지는 장면 등이었다. 또 매점 벽면에 붙어 있던 전화기 줄이 벽면과 이루는 각도를 분석해 선체가 왼쪽으로 기울기 시작한 시점과 시간별 기울기 추이 등을 기존보다 한층 정확하게 확인할 수 있게 된 것도 성과 중 하나였다.

4부
왜 못 구했나

세월호 참사 후, 외국에서 일어났던 두 해난사고가 주목을 받았다. 2009년 일본의 아리아케호와 2012년 이탈리아의 코스타 콩코르디아호 사고다. 세월호를 포함해 모두 연안에서 운항하던 여객선이 쓰러져 조난된 사고였다. 세 사고의 대처 양상은 달랐다. 그 차이가 결과를 좌우했다.

아리아케호

2009년 11월 13일 새벽 5시 6분, 일본 도쿄에서 가고시마로 가던 7,910톤급 여객선 아리아케호의 선미 좌현을 큰 파도가 강타했다. 배는 왼쪽으로 급선회하면서 오른쪽으로 25도 기울어졌다. 1등항해사 등 선원들이 조타실 우현 쪽 벽으로 나뒹굴었다. 컨테이너를 고정한 체인이 끊어지며 화물들이 오른쪽으로 쏠려 40도까지 기울어졌다.

배에는 21명의 선원과 7명의 승객이 타고 있었다. 5시 14분경 선원들이 가까스로 제자리를 찾았고 하나둘 조타실에 모였다. 선장이 선원들에게 조타, 교신, 승객 안내 등의 역할을 지휘했다. 5시 20분경 배가 30~35

도 기울어졌음을 확인한 선장은 5시 22분경 해상보안청에 헬기 구조를 요청하고 국제 VHF로 조난신호를 보냈다. 이어 선내 방송으로 조타실 바깥에 있던 선원과 승객들에게 배의 상태를 설명하고 해상보안청에 구조를 요청했음을 알린 뒤 구명조끼 착용을 지시했다. 5시 30분경 선장의 지시로 선원들이 승객 전원의 안전과 구명조끼 착용을 확인했고 5시 40분경에는 승객들을 갑판 쪽 통로로 안내했다. 7시 4분경 해상보안청 헬기가 도착해 승객 7명 전원을 구조했다. 다음으로 선원들이 헬기에 올랐다. 선장은 10시 21분 마지막으로 구조됐다.

사고 발생부터 구조 요청까지 16분이 걸렸다. 신고 후 승객 전원을 구조하는 데 2시간 20분이 걸렸다. 하지만 배가 급격히 기울어지기 시작한 6시 이전에 승객을 모두 갑판 쪽으로 대피시켰기에 사망자는 없었다.

일본 국토교통성은 2011년 펴낸 조사보고서에서 선사가 화물을 안정적으로 고정하지 않은 것을 사고의 핵심 원인으로 지목했다. 그러나 평소 선원들이 비상배치표에 따른 훈련을 충실히 수행했고 사고 직후 선장의 지휘에 따라 비상 대응이 적절하게 이뤄졌다고 평가했다. 사고 직후 승객과 선원들에게 실시간 배의 상태와 구조 요청 상황을 설명한 것도 적절한 조치였다고 기재했다. 이에 따라 해상보안청 헬기가 도착할 때까지 탑승자들이 패닉에 빠지지 않아 구조작업이 무난하게 이뤄질 수 있었다고 했다.[1]

콩코르디아호

이탈리아의 호화 여객선 코스타 콩코르디아호(Costa Concordia, 11만 4147톤)는 2012년 1월 13일 밤 9시 45분경 토스카나제도 질리오섬 근처에서 암초와 충돌한 뒤 곧 정전됐다.[2] 항로를 벗어나 해안선 가까이 운항한 게 화근이었다. 승객(3,216명)과 선원(1,013명)을 합쳐 탑승자는 4,229

명이나 됐다. 9시 48분경 좌현 바닥에 구멍이 생겨 물이 들어오고 있음이 확인됐다. 그러나 선내에는 "정전이 되어 상황을 통제하고 있다"는 거짓 방송이 울려 퍼졌다. 승객들에게 "객실로 돌아가 있으라"고도 했다. 이때 한 승객의 어머니가 리보르노 해안경비대에 신고했다. 10시 12분경, 사실 관계를 확인하기 위해 경비대원 알렉산드로 토지가 선장 프란체스코 스케티노와 교신했다. 사고 발생 후 27분, 객실 침수가 확인된 지 12분이 지난 시각이었다. 선장 스케티노는 비상상황이 아니라고 주장했다. "정전이 됐고 배 상태를 확인 중"이라며 구조 요청을 하지 않았다.

그러나 경비대원은 자신의 판단으로 긴급 출동 경보를 울렸다. 경비정 G104에 즉각 출동해 콩코르디아호의 상태를 확인하라고 지시했다. "정확히 무슨 일 때문인지는 몰랐지만 선박에 급박한 일이 있다는 걸 느꼈습니다." 배의 공식 신고가 없었고 선장은 비상상황이 아니라고 주장했지만 해안경비대가 스스로 판단해 구조작전을 시작한 것이다. 구조세력이 출동한 지 10분이 지난 10시 26분경에야 콩코르디아호로부터 구조 요청이 왔다. 사고 발생 41분 후였다.

10시 38분경 경비정 G104가 현장에 도착했다. 선원들은 우왕좌왕하고 승객들은 겁에 질려 있었다. 선장 스케티노는 배가 20도 정도 기울어지자 퇴선명령을 내렸다. 사고가 발생한 지 1시간 9분 뒤였다. 스케티노는 수천 명의 승객을 내버려둔 채 구명보트로 탈출했다. 밤 0시 42분경 해안경비대장 그레고리오 데 팔코가 도주한 선장 스케티노를 찾아 전화했다.

경비대장(데 팔코): 리보르노 경비대장 데 팔코입니다. 선장님 맞아요?

선장(스케티노): 안녕하세요, 데 팔코 대장님?

경비대장: 당신 이름이 뭡니까?

선장: 스케티노 선장입니다.

경비대장: 스케티노라고요? 스케티노, 내 말 잘 들으세요. 배에 사람들이 갇혀 있어요. 지금 당장 보트로 여객선 우현 이물 쪽으로 가세요. 거기 도선사용 사다리가 있으니까 그걸 타고 배로 올라간 다음 사람들이 몇 명 있는지 보고하세요. 알

앉아요? 지금 녹음하고 있어요, 스케티노 선장.

선장: 대장님, 그런데 드릴 말씀이 있어요.

경비대장: 크게 얘기해요. 마이크에 손을 대고 더 크게 말해요. 들려요?

선장: 지금 보트가 기울어져서요.

경비대장: 알겠는데, 잘 들어요. 지금 이물 쪽 도선사용 사다리로 내려오는 사람들이 있으니까 그 사다리를 타고 배로 올라가서 몇 명이나 배에 남아 있는지 보고해요. 그 사람들에게 뭘 해줘야 하는지도 보고하고. 알겠어요? 어린이가 몇 명인지, 여성이 몇 명인지, 도움이 필요한 사람이 몇 명인지, 정확하게 몇 명인지 보고하란 말이에요. 알아들었어요? 스케티노, 잘 들어요. 당신 지금 바다에서 혼자 도망쳤는데, 정말로 가만두지 않을 거야. 반드시 대가를 치르게 할 겁니다. 배로 올라가란 말이에요.

선장: 대장님, 제발.

경비대장: 쓸데없는 소리 하지 말고 지금 배로 올라가요. 아직 사람들이 배에 남아 있다고 하잖아요.

선장: 지금 구명보트에 있어요. 여기서 다른 데로 안 갈게요.

경비대장: 선장, 지금 뭐 하는 겁니까?

선장: 구조 작업을 지휘하고 있어요.

경비대장: 보트에 타고 구조를 지휘한다고? 배에 타요. 배에 타서 구조를 지휘하란 말이에요. 지금 거부하는 겁니까?

선장: 거부하는 게 아니고.

경비대장: 선장, 지금 배에 타길 거부하는 겁니까? 도대체 이유가 뭡니까?

선장: 지금 다른 구명보트가 멈춰 있어서 갈 수가 없어요.

경비대장: 더 이상 변명하지 말고 배로 올라가. 이건 명령이야. 당신이 배를 포기했으니까 지금부터는 내가 책임자야. 배에 타. 알겠어? 내 말 듣고 있는 거야? 가란 말이야. 배에 탄 다음 나한테 전화해. 내가 보낸 항공구조대가 거기 있어.

선장: 대장님이 구조대를 보냈어요?

경비대장: 항공구조대가 이물 쪽에 있어. 빨리 가. 이미 사망자들이 나왔단 말이야.

선장: 몇 명이나 있는데요?

경비대장: 나도 몰라. 한 명 있다고 들었는데 사망자가 몇 명인지 당신이 알려줘야 할 거 아니야, 빌어먹을!

선장: 그런데 지금 어두워서 아무것도 보이지 않네요.

경비대장: 지금 뭐라고 했어? 스케티노, 집에 가고 싶은 거야? 어두워서 집에 가고 싶은 거야? 이물 쪽 사다리 타고 올라가서 지금 할 수 있는 일이 뭔지 보고하란 말이야. 사람들이 몇 명 있는지, 지금 뭘 해야 하는지. 지금 당장!

선장: 지금 부선장과 같이 있는데요.

경비대장: 뭐? 지금 부선장도 같이 있다고? 그럼 부선장과 같이 지금 당장 배로 올라가! 알겠어?

선장: 대장님, 저도 배로 가고 싶긴 한데, 여기 다른 보트도 있고, 다른 구조대도 있고, 멈춰서 기다리고 있어서.

경비대장: 지금 똑같은 얘기 한 시간이나 하고 있잖아? 당장 배로 가. 배를 타란 말이야. 거기 몇 명 있는지 곧바로 보고해!

선장: 알겠습니다.

경비대장: 지금 당장 올라가란 말이야![3]

스케티노는 콩코르디아호로 돌아가지 않았다. 구명보트에 있다고 말했지만 실제로는 이미 질리오섬 바위에 건너가 있었다. 하지만 리보르노 해안경비대가 구조작전을 성공적으로 이끌었다. 계속 배와 연락하며 구조작전을 지휘했다. 이탈리아 해안경비대와 해군 부대, 다른 정부 부처와 민간의 지원도 요청했다. 구조작전에는 경비정 25척과 선박 14척, 예인선 3척, 헬기 8대가 동원됐다. 이튿날 새벽 6시 17분까지 밤새워 진행한 구조작전에서 4,197명을 구조했다.

해안경비대가 직접 구조한 인원만 1,270명이었디. 사고 사흘째인 1월 15일에도 생존자 3명을 추가로 구조했다. 사망자는 32명이었다. 스케티노는 징역 16년 1개월을 받았다. 승객 32명을 사망에 이르게 한 혐의에 10년, 여객선 좌초를 초래한 혐의에 5년, 4,200여 명의 승객과 선원이 탄 배를 버린 혐의에 1년이 각각 선고됐다. 나머지 1개월은 항만 당국과 허위 교신을 한 혐의에 대한 것이다.[4]

이탈리아 국토교통부가 2013년 펴낸 조사보고서는 리보르노 해안경비대와 다른 유관기관의 정보 공유가 빠르고 효율적이었으며, 수색 전문 인력의 수와 분포가 응급 상황을 처리하기에 충분해 비극적 사고임에도 희생자가 비교적 많지 않았다고 평가했다. 다만 사망자 대부분이 선장과 선원들의 비상 대응 실패로 사망했다고 지적했다.

신속한 조치로 대부분의 승객을 구조했을 뿐 아니라 도주한 선장에게 "지금부터는 내가 책임자"라고 밝히며 "당장 배로 돌아가라"라고 명령한 데 팔코 해안경비대장은 '국민 영웅'으로 떠올랐다. "어서 배로 돌아가, 멍청아"라고 적힌 티셔츠가 인기를 얻기도 했다. 그는 "어떤 해안경비대라도 당연히 해야 할 일을 했을 뿐"이라며 영웅 칭호를 거부했다.[5]

그리고 세월호

2014년 4월 16일 진도 앞바다에서 세월호가 쓰러진 뒤 어떤 일이 있었는지 우리는 알고 있다. 해경에 처음 신고한 건 선원이 아닌 승객이었다. 선장과 선원들은 배의 상태를 파악해 승객들에게 알리고 비상 갑판으로 이동하도록 유도하기는커녕 "움직이지 말고 대기하라"는 방송만 반복했다. 그리고 해경 헬기와 경비정이 도착하자 수백 명의 승객을 버려둔 채 가장 먼저 도주했다. 콩코르디아호 선장과 똑같은 모습이었다.

더 불행했던 건 그날 세월호 현장에 데 팔코 경비대장 같은 해경이 아무도 없었다는 점이다. 배와 승객의 상태를 파악하기 위해 선장과 직접 교신한 해경은 없었다. 도주하는 선장에게 "당장 배로 돌아가라"고 소리친 해경도, 선장을 대신해 절실한 마음으로 구조를 진두지휘한 해경도 없었다. 도리어 무능하고 무책임한 선장과 선원들을 경비정과 헬기에 태워 도주할 수 있도록 만들어준 것이 그날의 해경이었다.

선원과 해경이 제 역할을 다한 아리아케호 사고에선 아무도 사망하지 않았다. 선장이 승객을 버리고 도주했음에도 해안경비대가 적절하게 대응한 콩코르디아호 사고에선 희생을 최소화할 수 있었다. 세월호 현장에선 선원도 해경도 있으나 마나였다. 304명이 숨졌다. 그날 선원과 해경은 무엇을 하고, 무엇을 하지 않았을까? 그 이유는 무엇일까?

1장
승객을 버리고 도주한 선원들

세월호의 선원들

 선원은 선박의 승무원이다. 「선원법」에 따르면 선원은 선장과 해원(海員)으로 나뉜다. 선장은 선박의 운항 관리 책임을 지는 선원으로 해원을 지휘·감독할 뿐만 아니라 징계할 수 있는 권한도 가진다.

 해원 조직은 기본적으로 갑판부와 기관부로 이루어지는데, 갑판부는 1~3등항해사와 조타수, 갑판원으로 구성된다. 1등항해사는 갑판부 책임자로 항해사와 갑판부원 관리, 선박의 안전과 규율·위생 관리, 화물의 적재 계획과 하역 감독, 식수·평형수 등의 운용과 관리, 입출항 시 선수부 작업 등의 업무를 맡는다. 2·3등항해사에겐 항해 기기의 정비와 관리, 입출항 시 선장 보좌와 안전점검보고서 작성 임무가 부여된다. 조타수는 선장 또는 당직 항해사의 조타 명령에 따라 선박의 방향을 바꾸는 조타기의 조작을 담당한다. 갑판원은 항해사의 지시를 받아 각종 비품 청구와 행정 업무 등을 수행한다.

 기관부는 기관장과 1~3등기관사, 조기장, 조기수로 편성된다. 기관장은 기관부 지휘와 함께 선내 정비와 교육을 담당하고 해양 오염 방지 관리 책임도 진다. 1등기관사는 기관사와 기관부원 관리, 주기관 등의 기기와 윤활유를 담당한다. 2등기관사는 발전기 관련 기기, 3등기관사는 보일러 관련 기기를 담당한다. 조기장과 조기수는 1등기관사의 지시에 따라 기관사를 보좌해 기관의 안전점검, 보수, 정비 업무를 맡는다.

세월호는 1주일에 두 차례씩 승객 수백 명과 화물 수천 톤을 싣고 제주와 인천을 왕복 운항하는 장거리 카페리 여객선이어서 조리부와 여객부도 있었다. 조리부는 승객과 선원들의 식사 제공을, 여객부는 승객에 대한 서비스 업무를 담당했다.

사고 당시 세월호의 정식 선장은 신보식이었다. 하지만 사고 전날인 4월 15일에 휴가 중이었다. 신보식을 대신해 '교대 선장' 이준석이 승선했다. 2년 전 청해진해운이 일본 선사로부터 세월호를 중고선으로 사들일 당시엔 이준석이 정식 선장, 신보식이 1등항해사였다. 두 사람은 함께 일본으로 가서 세월호를 몰고 왔다. 증개축을 마친 세월호는 2013년 3월 취항했다. 이준석은 8월까지 세월호 선장으로 근무하다 정년퇴직하고 그때까지 견습 선장으로 함께 근무하던 신보식이 선장직을 이어받았다. 이준석은 청해진해운과 촉탁 계약을 맺고 세월호 선장 신보식이나 오하마나호 선장 박진환이 휴가 등으로 자리를 비울 때 업무를 대신했다.

사고 전날 세월호에는 1등항해사가 2명 승선했다. 세월호 취항 때부터 1등항해사이던 강원식과 이날 처음 세월호에 탄 견습 1등항해사 신정훈이었다. 2등항해사 김영호와 3등항해사 박한결을 비롯해 조타수 조준기, 박경남, 오용석이 당직 조를 짜 교대로 조타실 근무를 섰다. 갑판장 고영진은 휴가 중이어서 승선하지 않았다.

기관부에는 2등기관사가 공석이었다. 기관장 박기호는 역시 이날 처음 세월호에 탄 조기장 전영준에게 2등기관사 역할을 맡겼다. 1등기관사 손지태, 3등기관사 이수진, 그리고 조기수 이영재, 박성용, 김규찬이 교대로 당직을 섰다.

조리부는 조리장 최찬열, 조리수 김문익, 조리원 김종임과 이묘희, 4명이었는데, 이날은 승객이 많아 아르바이트 조리원 구춘미가 함께 배에 올랐다.

여객부는 사무장 양대홍과 매니저 강혜성, 부원 박지영·정현선 등 4명의 정규직 선원이 승선했다. 이벤트 담당 안현영은 개인사업자로 동승했고, 매점과 카페 운영, 식당 배식, 선상 레크리에이션 진행 등을 맡은 아르바이트 직원 6명과 식당에서 노래 공연을 하는 필리핀인 부부 가수 2명도 함께 탔다. 이들은 정식 선원은 아니었다.

일반적으로 선원들은 자기 부서에선 부서장을 중심으로 강한 위계질서 속에서 일하는 반면 다른 부서 선원들과는 거의 교류가 없다시피 생활한다. 기본적으로 갑판부(조타실 및 갑판)와 기관부(기관실), 조리부(식당), 여객부(객실)의 업무 공간이 철저하게 분리된 데에 기인한다. 교류 부족은 각각의 업무 특성이나 고충에 대한 상호 간 이해도 어렵게 만든다. 부서 간 갈등이나 반목이 표면화되는 경우도 적지 않다. 이처럼 부서 단위로 이질적인 선원들이 일상 업무를 효과적으로 수행하기 위해서, 특히 비상상황에서 일사불란하게 움직이도록 하려면 선장의 강력한 권위와 지휘 통제력이 필수적이다. 그러나 사고 전날 출항한 세월호에는 평소 선원들을 지휘하던 정규 선장 신보식이 없었다. 은퇴한 교대 선장 이준석은 피라미드형 지휘 체계의 꼭짓점이 되기엔 권위가 부족했다. 이를 보완하거나 대체해야 할 선원은 1등항해사 강원식이었다.

승객에 대한 선원의 의무

운항 중인 선박이 처할 수 있는 비상상황으로는 좌초, 충돌, 침수, 화재, 폭발, 선내 소요 등이 있다. 세월호 같은 여객선에서 비상사태가 발생할 경우 최우선의 목표는 승객의 안전이다. 「선원법」*과 「국제해사협약」**은 선박의 총지휘자인 선장의 의무로 '여객' 또는 '인명'의 안전을 위한 각종 조치를 수행할 것을 포괄적으로 규정하고 있다.

선장과 해원을 포함하는 '선원의 의무'는 선원으로서 마땅히 갖추어야 할 인명, 선박 및 환경에 대한 책임 있는 직업적 윤리의식을 말하겠지만, '선장의 의무'처럼 국내법과 국제협약에 명확하게 규정되어 있지는 않다. 그러나 승객 안전을 위한 선장의 조치 사항들이 해원들에 대한 지휘를 통해 구현되므로 사실상 모든 선원이 선장과 같은 의무를 가진다고 봐도 무리가 없다.

비상 상황에 처한 대형 여객선 승객의 안전이 선원에게 달려 있다는 건 굳이 법 조항과 규정들을 끌어오지 않아도 상식에 속한다. 선원들이 없다면 승객들은 배가 어떤 상황에 처했는지부터 파악하기 어렵다. 해경 등 구조세력과 소통하거나 민간 어선들에 도움을 요청할 수도 없다. 구조정이 올 때까지 기다릴 대기 갑판의 위치도, 대기 갑판까지 가려면 어떤 통로와 출입문을 통과해야 하는지도 알기 어렵다. 바다로 뛰어내려야 하는 상황이 되어도 비상 사다리나 미끄럼틀(슈터), 구명뗏목 등의 위치도 모를뿐더러 설령 찾아낸다고 해도 작동시키기 어렵다. 그날 세월호의 선원들은 어땠을까?

---

* 선장은 선박이 항구를 출입할 때나 좁은 수로를 지나갈 때 또는 그 밖에 선박에 위험이 생길 우려가 있을 때에는 선박의 조종을 직접 지휘하여야 한다. 「선원법」 9조; 선장은 화물을 싣거나 여객이 타기 시작할 때부터 화물을 모두 부리거나 여객이 다 내릴 때까지 선박을 떠나서는 아니 된다. 「선원법」 10조.

** 선장은 비상시 여객의 보호와 안전을 위한 예방 대책, 충돌 또는 좌초 후에 취해져야 할 초기 조치, 그리고 해상에서의 인명 구조, 조난선에 대한 지원 및 선내에서 발생한 비상사태 대응을 위한 절차를 알아야 한다. 선원의 훈련·자격증명 및 당직근무의 기준에 관한 국제협약(STCW) 강제기준(Code A) II/1; 선장은 선박, 선내의 인명 또는 화물의 당면한 안전을 위하여 또는 해상에서 조난을 당한 선박이나 인명을 구조하기 위하여 필요한 일체의 작업을 수행하도록 선원에게 요구할 수 있다. 선원의 훈련·자격증명 및 당직근무의 기준에 관한 국제협약(STCW) 강제기준(Code A) III/1.

'선내 대기' 방송

제주를 향하던 중 갑자기 왼쪽으로 크게 기울어진 세월호 선내는 아수라장이 됐다. 사고 발생 3분여 만인 8시 52분경 단원고 학생 최덕하가 전남119로 신고 전화를 걸었다. 목포해경과 연결된 3자 통화가 이뤄진 건 8시 54분경. 이 무렵부터 세월호 선내에서 안내방송이 시작됐다. 3층 안내데스크에 있던 여객부 매니저 강혜성의 목소리가 울렸다. "현재 자리에서 움직이지 마시고 안전봉을 잡고 대기하여 주시기 바랍니다. 이동을 하시면 위험하오니 안전봉을 잡고 대기해주시기 바랍니다." 비슷한 내용의 방송이 서너 차례 반복됐다. 강혜성은 개인적 판단에 따른 조치였다고 진술했다.[6] 처음 배가 기울어질 때 단원고 교사 양승진이 3층 안내데스크 옆 좌현 출입구 밖으로 떨어져 바다에 빠진 상황이었다. 4층 중앙계단에 있던 사람들도 3층 로비 좌현으로 떨어지고 있었다.[7] 이런 상황을 안내데스크에서 목격한 강혜성이 일단 승객들의 안전을 확보하기 위해 "움직이지 말라"고 방송했다는 것이다.

안내방송은 조타실에서도 할 수 있었다. 8시 58분경 조타실에서 선장 이준석이 2등항해사 김영호에게 "승객들 구명조끼 입고 선내 대기하라고 방송하라"고 지시했다. 비상사태에서 총 지휘자인 선장이 승객의 안전과 관련해 내린 처음이자 마지막 지시였다. 김영호는 조타실 뒤편 시스템 배전반에 부착된 방송시스템 전원 버튼을 누르고 이준석의 지시대로 말했다. 그러나 방송은 나가지 않았다. 비상 버튼을 누르지 않았기 때문이다. 김영호는 사무장 양대홍에게 무전기로 연락해 "방송이 나갔느냐"고 물었다. 양대홍이 들리지 않았다고 대답하자 김영호는 안내데스크에서 방송을 하라고 지시했다. 4층에 있던 양대홍은 강혜성에게 무전으로 연락해 방송을 지시했다. 이에 따라 강혜성은 "대기하라"는 안내방송을 반복했다.[8]

9시 26분경 조타실에 있던 2등항해사 김영호가 진도VTS로부터 해경 구조정이 10분 후에 도착할 예정이라는 정보를 들었다. 이번에도 양대홍에게 무전으로 지시해 승객들에게 방송으로 전달했다. 하지만 승객들이 어떻게 해야 하는지에 관한 지시는 없었다. 그 후부터 안내데스크에 있던 강혜성과 박지영은 여러 차례 조타실에 무전을 시도해 "어떻게 해야 하느냐, 퇴선해야 하느냐"며 승객들에 대한 조치 사항을 조타실에 문의했지만 어떤 회신도 받지 못했다.[9] 3층 안내데스크에 물이 차 들어오기 시작한 9시 50분경까지 "대기하라"는 방송이 계속된 이유다.

승객 안내방송에는 크게 세 가지 문제가 있었다. 첫째는 선장 이준석이 "선내 대기하라"고 지시했다는 점이다. 이준석은 법정에서 '선내 대기'가 '대피 장소로 대피하라'는 지시였다고 주장해 그 성격을 둘러싸고 논란이 벌어졌다. 둘째는 일부 승객들이 자발적으로 퇴선을 시작한 시각까지도 강혜성이 "더 이상 밖으로 나가지 마시기 바랍니다"라는 안내방송을 되풀이하며 발목을 잡았다는 점이다. 마지막으로 '선내 대기' 지시가 곧 '대피' 지시였다는 이준석의 변명을 받아들인다 해도 '선내 대기' 지시 후 마땅히 해야 했던 퇴선명령을 하지 않았고 선원들의 임무 수행도 없었다는 점이다.

승객들은 선체 기울기가 약 46도였던 사고 직후 비상대기 갑판에 나가 구조를 기다리는 대신, 배에 물이 쏟아져 들어올 때까지 객실이나 객실 주변 복도에서 대기했다. '선내 대기' 방송을 무시하고 그 전에 밖으로 탈출한 사람은 살았고, 선원들의 안내와 해경의 구조를 기다리다 때를 놓친 사람은 희생됐다.

'선내'는 어디인가

이준석은 자신이 "선내 대기하라"고 지시한 것은 '선실 내'가 아니라 대피 장소로 대피하라는 뜻이었다고 주장했다. 그러나 곧 꼬리를 내렸다.

검사: 피의자가 생각할 때도 승객들이 객실에서 빠져나오는 것이 상당히 어려울 것으로 생각하였다고 하면서도 왜 승객들을 선내에 대기하라고 지시한 것인가요.

이준석: 제 뜻은 선내가 아니라 탈출할 수 있는 곳이라고 생각하고 방송을 했는데, 듣는 사람으로 하여금 선내 대기하라고 하여 상당히 혼란을 준 것 같습니다.

검사: 피의자의 의도가 대피 장소에 대피하라는 의도였고, 객실에 있는 승무원들도 그와 같은 의미로 이해했다면 승무원들은 피의자의 지시를 받고 승객들을 대피 장소로 대피시켜야 할 것 같은데 승무원들은 왜 승객들을 대피 장소로 대피시키지 않은 것인가요.

이준석: 제가 그 당시 대피 장소로 대피하라는 말을 하지 않고 선내 대기하라고 말을 한 것이 큰 실수였습니다.

검사: 통상 선내 대기하라고 하면 승객들이 있는 선실에서 대기하라는 의미로 보여지는데 어떤가요.

이준석: 네, 그렇게도 인지가 되겠습니다.[10]

세월호 좌현 객실은 우현 쪽으로 출입문이 있고, 우현 객실은 좌현 쪽으로 출입문이 있다. 세월호가 좌현 쪽으로 기울어진 탓에 좌현 객실에 있던 승객이 방에서 나오려면 우현 방향, 즉 위쪽으로 올라가야 했다. 배가 기울어질수록 경사가 심해져 나오기가 힘들어졌다. 선장과 선원들은 승객들이 객실에서 나오게 한 다음 갑판까지는 안 나가더라도 최소한 비상구 가까운 곳에서 대기할 수 있도록 유도해야 했다.

이준석의 지시를 받은 2등항해사 김영호는 무전기로 "구명조끼를 입고 선내 대기하라"고 지시했다. 그 지시를 받은 강혜성은 한술 더 떠 "현재 위치에서 절대 움직이지 마시고", "선실이 더 안전하겠습니다" 등의 안내방송을 거듭 쏟아냈다. 강혜성은 김영호의 지시를 '선실 내'로 받아들인 것이다. 조타수 오용석도 선장이 "선실 내에서 대기하라는 방송을 하라"고 지시했다고 진술했나.[11] 조준기 또한 "신징은 승객들에게 니오지 말고 선실에서 대기하라고 했다"고 말했다.[12]

검사: 피의자는 사고 직후에도 배의 경사가 심해 이동하기가 어려웠다고 하였지요.

이준석: 네, 그렇습니다.

검사: 그런 상황이라면 넓은 선내에 대기하고 있는 승객들은 더 이동하기가 어려웠을 것으로 생각되는데 어떤가요.

이준석: 네, 그렇게 생각됩니다.

검사: 사고 직후 배에 익숙한 선원들조차도 이동하기가 어려운 상황에서 승객들로 하여금 계속 선내에 대기토록 시키면 나중에 구명정이 도착한다고 하더라도 승객들 입장에서는 배를 빠져나올 수 없는 것 아닌가요.

이준석: 네, 그렇습니다.

검사: 그런데 왜 승객들로 하여금 계속 선내에 대기토록만 지시를 한 것인가요.

이준석: (이때 피의자가 묵묵부답하며 아무런 대답을 하지 않음)[13]

조타실에서는 안내데스크에서 하는 방송을 직접 들을 수 없었다. 하지만 조타실 옆 외부 갑판으로는 선내 방송이 흘러나왔다.[14] 강원식은 "선내 대기하라"는 안내데스크 방송을 조타실에서 들었다고 했다.[15] 조타실에 있던 이준석도 "선내 대기하라"는 방송 외에 "선실이 더 안전하겠습니다"라는 안내방송이 계속되고 있다는 사실을 알았을 가능성이 있다.

이준석과 선원들이 조타실에서 탈출하던 9시 45분경에도 조타실 옆 갑판의 스피커에서 "더 이상 밖으로 나오지 마시기 바랍니다"라는 선내 방송이 울려 퍼졌다.[16] 이준석은 그런 안내방송을 시정하지 않았다. 탈출한 후에도 해경에게 선내 상황을 알리지 않았고 승객을 구소하려는 어떤 시도도 하지 않았다. 이준석의 진술은 뒤늦게 만들어낸 궤변으로 볼 수밖에 없다.

승객 주저앉힌 반복 안내방송

강혜성은 세월호가 기울어지며 로비에 있던 많은 사람들이 나뒹구는 모습을 목격하고는 자신의 판단으로 "현재 위치에서 움직이지 말라"고 안내방송을 시작했다. 얼마 뒤 "승객들 구명조끼 입고 선내 대기하도록 방송을 하라"는 김영호의 무전 지시가 양대홍을 거쳐 전달돼 방송이 이뤄졌다.[17] 9시 26분경에도 김영호가 "구조정 및 어선이 10분 후 도착한다"는 진도VTS의 교신 내용을 역시 양대홍에게 무전으로 전달해 강혜성이 안내방송으로 전파했다. 강혜성은 그 이후로는 조타실이나 양대홍으로부터 어떤 지시도 받지 못해 "대기하라"는 방송을 계속할 수밖에 없었다고 주장했다. 하지만 그가 한 안내방송은 지시받은 내용의 단순 반복 이상이었다.

> 검사: 진술인이 방송을 하고 안내데스크에 있는데 해경이 왔다는 것인가요.
> 강혜성: 정확하게 말하면 밖의 상황을 보기 위해 안내데스크 맞은편으로 넘어와 있을 때였습니다. 시간은 정확지 않은데 9시 20 몇 분쯤 헬기 오는 소리를 들었구요. 그리고 9시 30분이 좀 넘었던 것 같은데…… 바깥쪽에서 안내데스크를 봤을 때 바로 왼쪽에 있는 외부 출입문 부근에 있던 학생 한 명이 해경이 왔다고 하더라고요. 그래서 해경이 도착했다는 것을 알았습니다.
> 검사: 해경이 도착한 이상 진술인이 방송을 하여 승객들을 비상대기 장소로 이동시키거나 퇴선을 하게 했어야 하는 것 아닌가요.
> 강혜성: 제 임의대로 할 수 없고 지시를 받고 해야 할 위치라서요. 퇴선명령이 없어 하지 못했습니다. 퇴선명령은 선장이 하고 최하 1등항해사가 할 수 있으니까요. 계속 조타실에 연락했는데 받지도 않고 저희한테 연락이 오는 것도 없고 그래서 기다릴 수밖에 없었어요.
> 검사: 헬기와 경비정이 도착한 이후, 그러니까 해경이 도착한 이후 마지막 방송을 하였는데 그때까지도 승객들에게 선내에 대기하라고 하였다는 것인가요.
> 강혜성: 퇴선명령이 없어 대기하라고만 했습니다. 선장도 해경도 퇴선명령을 하지 않았으니까요. 명령이 있을 때까지 저도 승객들과 같이 기다렸습니다.[18]

강혜성은 9시 27분경 헬기가, 9시 35분경 123정이 도착한 사실을 알고 있었다. 그런데도 세월호가 50도가량 기울어진 9시 28분에 "선실이 더 안전"하니 밖으로 나오지 말라는, 상황과 정반대의 안내방송을 반복했다.[19]

검사: 증인은 선장이나 선원들은 전문가들이니까 그 사람들이 알아서 구조 조치를 취해줄 것이라고 믿고 기다렸다는 것인가요.
오○○(단원고 학생): 예, 그리고 방송에서 선실이 더 안전하다고 했어요.
검사: 이번 세월호 사건에서 펴지지 않아서 문제가 된 동그란 구명뗏목이라는 것이 있는데, 그 구명뗏목이 펴져서 바다에 떠 있었다면 증인은 탈출했겠나요.
오○○: 펴져만 있었다면, 나가라는 방송과 도움이 있었으면 충분히 나갈 수 있는 그런 상황이었어요. 저희끼리도 도와줘서 나갔는데 어른의 도움으로 못 나갈 리가 없잖아요.[20]

오○○은 창문으로 구명뗏목이 떠 있는 것을 보았다면 탈출을 시도했을 것이라고 증언했다. 그는 "선실이 더 안전하겠습니다"라는 안내방송을 믿고 객실 안에서 대기하다가 마지막 순간에 선미 출입구를 통해 겨우 탈출했다.

배는 점점 더 기울어져 9시 45분경에는 강혜성이 있던 3층 로비의 좌현 출입문으로도 바닷물이 들어왔다.[21] 그런데도 강혜성은 오히려 "현재 위치에서 대기하시고, 현재 위치에서 안전하게 기다리시고, 더 이상 밖으로 나오지 마시기 바랍니다"라고 방송했다.[22]

시간별 강혜성의 안내방송 내역(승객 휴대전화 동영상에 근거함) ①

시간	안내방송	상황
08:52:29 ~08:52:49	"승객 여러분께 잠시 안내 말씀드리겠습니다. 현재 자리에서 움직이지 마시고 안전봉을 잡고 대기해주시기 바랍니다. 안전봉을 잡고 대기해주시기 바랍니다. 이동을 하시면 지금 위험하오니 안전봉을 잡고 대기해주시기 바랍니다." ②	단원고 학생 최덕하, 전남119에 최초 신고 전화.
08:53:19 ~08:53:46	"선내 승객 여러분께 다시 한번 안내 말씀드리겠습니다. 현재 있는 자리에서 이동하지 마시고 (안 들림) 바랍니다. 현재 있는 자리에서 이동하지 마시고 안전봉을 잡고……."	
08:53:53 ~08:54:03	"현재 (안 들림) 자리에서 이동하지 마시고 (안 들림) 현재 위치에서 움직이지 마시기 바랍니다."	

08:54:39 ~08:54:57	"다시 한번 승객 여러분께 안내 말씀드립니다. 현재 계신 위치에서 (안 들림) 현재 계신 위치에서 (안 들림) 현재 자리에서 이동하시면 위험하오니 (안 들림)"	
08:56:08 ~08:56:21	"승객 여러분께 다시 한번 안내방송 드립니다. 현재 계신 위치에서 움직이지 마시고 주변에 잡을 수 있는 봉이나 물건을 잡고 대기해주시기 바랍니다."	양대홍, 강혜성에게 '안전방송' 지시.③
08:57:22 ~08:57:27	"(안 들림)께 안내방송 드립니다. 현재 위치에서 절대 움직이지 마시기 바랍니다."	
09:06:33 ~09:07:14	"선내에 단원고 학생 여러분 및 승객 여러분들께 다시 한번 안내 말씀드립니다. 현재 위치에서 절대 이동하지 마시고 대기해주시기 바랍니다. 다시 한번 안내 말씀드립니다. (안 들림) 절대 이동하지 마시고 구명동의가 착용 가능하신 승객 여러분께서는 구명동의를 착용해주시기 바랍니다. 다시 한번 안내 말씀드립니다. 구명동의가 착용 가능하신 승객 여러분들께서는 구명동의를 착용해주시고 (안 들림) 승객 여러분들께서는 현재 위치에서 절대 이동하지 마시고 대기해주시기 바랍니다."④	
09:07:39 ~09:08:16	"선내 다시 한번 안내 말씀드립니다. 구명동의가 손에 닿으시는 분들께서는 다른 승객들께 전달, 전달하셔가지고 입으실 수 있도록 조치를 취해주시고 현재 위치에서 절대 이동하지 마시고 대기해주시기 바랍니다. 다시 한번 안내 말씀드립니다. 현재 위치에서 절대 이동하지 마시고 구명동의가 가까운 곳에 있으신 분들께서는 전달, 다른 승객분들께 구명동의를 전달하셔서 다른 분께도 구명동의가 착용할 수 있도록 도와주시기 바랍니다. 현재 위치에서 절대 이동하지 마시기 바랍니다."	
09:14:12 ~09:14:21	"(안 들림) 현재 위치에서 절대 이동하지 마세요. 움직이지 마세요. 움직이면 더 위험하니까 움직이지 마세요."	
09:14:38 ~09:15:01	"단원고등학교 학생들에게 다시 한번 안내 말씀드리겠습니다. (안 들림) 위치에서 이동하지 마시고 (안 들림) 바랍니다."	
09:15:38 ~09:15:40	"현재 (안 들림) 해경 구조정과 (안 들림) 어선들이 (안 들림)"	
09:26:37 ~09:26:48	"선내 승객 여러분께 안내 말씀드립니다. 해경 구조정 및 어선 접근 중. 10분 후 도착 예정입니다. (안 들림)"⑤	
09:28경	"선실이 더 안전하겠습니다."⑥	헬기 511호 도착.
09:28:43 ~09:29:23	"(안 들림) 권○○ 어린이! 지금 3층에서 (안 들림) 움직이지 말고 기다려주시기 바랍니다." "현재 위치에서 (안 들림) 안전하게 (안 들림) 현재 해경 (안 들림) 접근 중이오니 현재 위치에서 이동하지 마세요."	
09:29:43 ~09:30:01	"(안 들림) 안전하게 안전하게 기다려주시기 바랍니다. 다시 한번 말씀드립니다. 현재 해경 (안 들림) 어선 접근 중입니다. (안 들림) 안전하게 기다려주시기 바랍니다."	

09:37:53 ~09:38:19	"선내 안내 말씀드리겠습니다. 현재 구명동의를 착용하신 승객분들께서는 구명동의에 매어 있는 끈이 제대로 묶으시기 있는지 다시 한번 확인하셔서 잘 묶으시기 바랍니다. 다시 한번 안내 말씀드리겠습니다. 구명동의를 착용하고 계신 승객분들께서는 구명동의에 매어 있는 끈이 잘 묶여 있는지 확인을 다시 한번 하시기 바랍니다."⑦	김종임·최찬열 헬기 탑승. 기관부 선원들 구명보트 탑승.
09:42:46 ~09:42:53	"현재 위치에서, 현재 위치에서 이동하지 마시고 대기해주시기 바랍니다."	
09:45:35 ~09:45:48	"현재 위치에서 대기하시고 더 이상 밖에 나오지 마시기 바랍니다. 현재 위치에서 안전하게 기다리시고 더 이상 밖으로 나오지 마시기 바랍니다."	선장, 갑판부 선원 123정 탑승.

① 승객들이 휴대전화로 촬영한 동영상에서 청취된 내역들을 정리한 것이다. 실제로는 방송했지만 누락된 것이 있을 수 있다. 사참위 조사결과보고서[23]와 방송 보도[24] 종합.

② 강혜성: 배가 갑자기 기울었기 때문에 제 판단에 추가 사고를 방지하고자 그렇게 방송했습니다. 선원 사건, 검찰 강혜성 진술조서(2014. 5. 4.), 수사기록 8880쪽.

③ 검사: '안전 방송 하라'는 것이 어떤 의미인가요.

강혜성: 그 당시 정확한 의미는 생각하지 못했고, 그냥 승객들에게 안심시킬 수 있도록 방송하라는 의미로 받아들였습니다. 선원 사건, 검찰 강혜성 진술조서(2014. 5. 4.), 수사기록 8881쪽.

④ 강혜성은 배가 쓰러진 지 17분이나 지나서야 '구명동의 착용'을 언급하는 방송을 시작했다. 강혜성은 9시 4분경 122에 휴대전화를 걸어 목포해경 문명일과 통화했다. 문명일이 "지금 저희 경비정 있는 대로 다 이동하고 있거든요. 좀만 참으시고 다들 구명동의를 입으시라고 다 전파를 해주십시오"라고 말하자 강혜성은 "지금 입을 수 있는 상황이 안 돼요. 배가 기울어서 움직일 수가 없어요"라고 대답했다. 이때까지도 구명동의 착용 조치를 전혀 생각하지 않았다는 뜻이다. 이 무렵 조타실에 있던 선장 이준석이 "구명조끼 입고 선내 대기하라"고 2등항해사 김영호에게 지시하자 김영호가 무전으로 사무장 양대홍에게 알렸고 양대홍이 다시 무전으로 안내데스크에 전달한 것으로 보인다. 그제야 강혜성이 "구명동의를 착용하라"는 방송을 시작한 것이다. 그러나 단원고 학생 박수현이 촬영한 휴대전화 영상을 보면 이미 8시 57분경부터 객실에 있던 학생들은 구명동의를 스스로 꺼내 입고 주변 친구들에게도 전달하기 시작했다.

구명동의 착용조차 선원의 지시가 아니라 승객들 스스로 판단하고 움직인 결과였다. 선원 사건, 검찰 강혜성 진술조서(2014. 5. 4.), 수사기록 8881쪽; 검찰 김영호 피의자 신문조서(2014. 4. 29.), 15쪽; 122신고 접수 녹취록, 수사기록 3639~3693쪽; 선원 사건, 검찰 세월호 녹취록(단원고 학생 동영상); 경찰 수사보고(2014. 4. 28.), 《JTBC》 동영상 파일 임의 제출에 따른 압수 및 분석에 대한, CD(휴대전화 촬영 동영상 파일).

⑤ 위 시간대에 2등항해사 김영호가 여객부에 무전으로 "10분 후 구조정 도착"이라고 알렸다. 선원 사건, 경찰 신정훈 2회 피의자 신문조서(2014. 4. 21.), 수사기록 979쪽.

⑥ 강혜성은 이 방송에 대해 자신의 목소리가 아니라고 주장했다. 해경 지휘부 사건, 검찰 강혜성 피의자 신문조서(2019. 12. 30.), 수사기록 12493쪽.

⑦ 강혜성: 구명동의 착용법을 모르는 승객이 대다수이기 때문에 끈을 제대로 묶었는지 한 번 더 확인하라는 취지에서 방송하였습니다. 선원 사건, 1심, 24회 공판조서(2014. 10. 13.)(강혜성 증인 신문 부분), 4쪽.

방송 횟수도 문제였다. 동영상 등 기록에 남은 것만 해도 50분 남짓한 시간 동안 무려 10번 이상 "움직이지 말라", "절대 이동하지 말라", "밖으로 나오지 말라"고 되풀이했다. 실제로는 "선내 대기하라"는 방송이 더 많았을 것으로 추정된다. 위급 상황에서 선원들의 지시를 기다리고 따를 수밖에 없는 승객들에게 이처럼 반복적인 대기 방송은 탈출 의사를 포기하게 만드는 강력한 억제력으로 작용했다. 탈출하려고 하다가 안내방송을 듣고 스스로 포기하거나 다른 승객들의 만류로 더 이상 움직이지 않은 승객이 많았다.

김도영: (중략) 그 옆을 바로 보면 비상구가 하나 있습니다. 그 비상구가 안 열리는데, 제가 그 전날 열리는지 열어보았습니다. 위를 열면 열리더라고요. 그런데 배가 반대로 서니까 그것을 열어버리면 거꾸로 사람이 문을 못 닫습니다. 제가 그곳으로 나가려고 했더니 노인분들이 "사람을 죽이려고 그곳으로 나가려고 하느냐, 나가지 말자"라고 하여서 결국 못 나가는 식으로 끝냈습니다.[25]

일반 승객 김도영은 비상구가 설치돼 있는 3층 선수 쪽 객실에서 대기하고 있었다. 그는 출구를 알고 있어 빠르게 갑판으로 나갈 수 있었지만 다른 승객들이 문을 열지 못하게 했다. 그러나 위기감을 느낀 김도영은 일행을 데리고 객실을 빠져나와 4층으로 탈출했다. 4층 선미 쪽 객실 복도에 있던 학생들은 복도 끝 출입문만 열면 밖이었지만 "움직이면 더 위험하니 대기하라"는 안내방송에 따라 친구들과 함께 끝내 기다리는 쪽을 택했다.

단원고 학생 고(故) 신승희 카카오톡 메시지(선체 기울기 약 70도)

[10:01] 신승희: 아빠 걱정하지 마. 구명조끼 메고 난간 잡고 애들 다 뭉쳐 있으니까. 배 안이야. 아직 복도.
[10:02] 아빠: 승희야 밖에 난간에 있어야 하는 거 아냐? 안에는 위험해.
[10:04] 신승희: 안 돼. 너무 심하게 기울어서 움직일 수가 없어. 더 위험해 움직이면.
[10:05] 아빠: 구조 중인 거 알지만 가능하면 밖으로 나와서.
[10:06] 신승희: 아니 아빠 지금 걸어갈 수가 없어. 복도에 애들 다 있어서. 그리고 너무 기울어져서.
[10:07] 아빠: 가능하면 빨리 구조돼야 해. 가라앉기 시작하면 급속도로 내려간다구.
[10:09] 신승희: 구조될 거야 꼭. 지금은 한 명 움직이면 다 움직여서 절대 안 돼.

검찰은 강혜성을 기소하지 않았다. 퇴선 여부를 판단하고 지휘해야 할 선장이 단 한 차례 "대기하라"는 지시만 했기 때문에 말단 실무자인 강혜성이 규정이나 의무를 명확히 위배했다고 보기에는 어려움이 있다. 또한 적극적으로 도주하지 않았고 마지막에 몇몇 승객의 탈출을 돕기도 했다는 점에서 다른 선원들과 차이가 있었던 것도 사실이다. 하지만 강혜성은 사고 초기 지시받은 수준을 넘어 매우 강도 높게 반복적으로 승객들의 탈출 의지를 꺾는 방송을 했다. 시간이 지나고 상황이 크게 변해 누가 봐도 탈출하지 않으면 안 되는 급박한 시점까지도 강혜성은 임의로 승객들의 탈출을 가로막는 방송을 계속했다. 매우 심각하고 중대한 판단 착오였다. 그런 면에서 검찰이 강혜성의 책임을 일방적으로 면제해준 것은 적절했다고 보기 어렵다. 최소한 과실치사 혐의로 재판에 넘겨 법원의 판단을 구해야 했다.

선장의 도주와 선원들의 임무

무슨 말이 오갔나

선장 이준석은 퇴선명령을 하지 않은 채 9시 45분경 도주했다. 하지만 그는 퇴선명령을 했다고 주장하면서 시기와 내용을 매번 번복했다. 진도 VTS가 "구명정 도착 10분 전"이라고 알려준 9시 26분경 퇴선명령을 했다고도 하고, 조타실에서 도주하기 직전인 9시 45분경 했다고도 했다. "구명조끼를 착용하고 선내 대기하라"는 지시가 곧 퇴선 준비를 하라는 지시였다고도 주장했다.

검사: 그럼 피의자는 1항사 강원식으로부터 10분 후에 구명정이 온다는 연락을 받고 2항사 김영호를 통해 승객들에게 퇴선 준비하라는 이야기를 하였다는 말인가요.
이준석: 네, 그렇습니다.
검사: 퇴선 준비를 어떻게 하라고 하였나요.
이준석: 구명조끼를 착용하고, 선내 대기를 하라고 했습니다.
검사: 퇴선 준비를 하라고 한 것이 승객들로 하여금 "구명조끼를 착용하고 선내 대기를 하라"는 것이었다는 말인가요.
이준석: 네, 그렇습니다.[26]

검사: 조타수 조준기 진술에 의하면 해경 경비정이 오는 것을 보고 1항사 강원식

이 피의자에게 "이제 퇴선해야 되겠습니다"라고 이야기하자* 피의자가 "그럼 영업부에도 연락하고 퇴선하라"고 하여 퇴선하게 된 것이라고 하는데 어떤가요.

이준석: 네, 맞습니다. 경비정이 오는 것을 보고 제가 퇴선명령을 한 것은 사실입니다.[27]

5층 조타실에는 선장 이준석, 1등항해사 강원식과 신정훈, 2등항해사 김영호, 3등항해사 박한결, 조타수 박경남, 오용석, 조준기와 필리핀인 가수 부부가 있었다. 선장 이준석이 "퇴선하라고 해"라는 말을 했다고 진술한 사람은 이준석을 포함해 강원식, 신정훈, 조준기, 김영호, 5명이었다. 나머지 5명인 박한결, 박경남, 오용석, 필리핀인 가수 부부는 이준석이 그런 말을 한 적이 없다고 했다.

강원식: 당시 2등항해사 김영호가 진도VTS와 교신을 마치고 이준석 선장에게 "퇴선할까요"라고 묻자 이준석 선장이 "퇴선하라 해"라고 하자 2등항해사 김영호가 사무장에게 무전기로 연락한 것입니다.

검사: 피의자 김영호가 사무장 양대홍에게 무전기로 "라이프재킷 입고 밖으로 나가라"고 말한 다음 브리지 데크에 있던 승무원들은 어떠한 행동을 하였는가요.

강원식: 특별한 것 없이 그냥 그대로 있었습니다.

---

* 조준기는 시종일관 강원식과 이준석이 이런 말을 주고받았다고 주장했다. 하지만 조준기도 그것이 승객들에 대한 '퇴선명령'은 아니라고 생각한 것으로 보인다.
검사: 강원식 1항사가 "이제 퇴선해야 되겠습니다"라는 것이 승객들에 대해 하는 말인가요, 선원들에 대해서 하는 말인가요.
조준기: 저는 꼭 누구라고 표현을 못 하겠는데요, 구명정이 왔으니까 선장님에게 보고를 한 것으로 저는 생각합니다.
선원사건, 검찰 조준기 6회 피의자 신문조서(2014. 5. 7.), 수사기록 2002~2003쪽.
검사: 또한 선장 이준석은 당시 자신이 스스로 퇴선한 것이 아니라 2항사가 불러서 퇴선 시점이 온 것으로 생각하고 내려갔다고 하는데 어떤가요.
조준기: 당시 선장이 말을 한 것이 선장의 명령이라고 볼 수는 없습니다. 강원식 1항사의 '경비정도 왔으니 이제 나가봐야겠습니다'라고 말한 것에 대한 대답이라고 저는 봅니다.
선원 사건, 검찰 조준기 10회 피의자 신문조서(2014. 5. 13.), 수사기록 2871쪽.

검사: 승무원들이 그냥 그대로 그 자리에 있으면 승객들은 어떻게 퇴선을 하는가요.

강원식: (이때 피의자는 묵묵부답)

검사: 피의자 이준석이 피의자 김영호에게 "퇴선하라 해"라고 한 말이 승객들에 대한 퇴선명령이라고 보는가요.

강원식: 일단 승객들에게 그 말이 전달이 되지 않았고, 사무장 양대홍이 대답을 하지 않아 그 말이 전달되지 않았다는 것은 저도 알았고, 이준석 선장도 당연히 알았을 것이고, 직접 연락한 2등항해사 김영호도 물론 알았습니다.[28]

강원식은 김영호가 무전기로 사무장 양대홍에게 "라이프재킷 입고 밖으로 나가라"라는 무전을 했지만 연락이 되지 않았다고 주장했다. 반면 박한결은 이준석이 "퇴선하라"는 말을 한 적도 없고, 김영호가 양대홍에게 무전으로 전달한 적도 없다고 말했다.

검사: 피의자 이준석, 강원식, 신정훈, 김영호는 이준석이 퇴선명령을 내려 김영호가 무전기로 퇴선하라고 말을 하였다는데 어떤가요.

박한결: 이준석은 퇴선하라고 명령한 적이 없고 김영호가 무전기로 퇴선하라고 한 적도 없습니다.

검사: 훈련 시나리오에 따르면, 선장이 퇴선명령을 내리는 경우 선장을 비롯한 선원들이 모두 비상 대피 구역으로 가 구명벌(구명뗏목), 사다리, 슈터 등을 내려 승객들을 탈출시키는 역할을 해야 하는 것이지요.

박한결: 네, 그렇습니다.

검사: 그럼 선장과 강원식 등 퇴선명령을 하였다고 주장하는 사람들이 경비정에 바로 타고 탈출한 것은 어찌 된 일인가요.

박한결: 그냥 해경이 알아서 승객을 구출할 것이라고 생각한 게 아닌가 싶습니다.

검사: 당시 해경 소형 경비함 1척이 왔는데, 그 경비함에 몇 명이나 탈 수 있다고 생각했나요.

박한결: 20~30명 정도 탈 수 있을 거라고 생각됩니다. 당시 구명벌이 필요한 상황이었습니다.[29]

선원 사건 2심 재판부도 이준석이 퇴선 지시를 하지 않았다고 판단했다. 이유는 이렇다. ① 이준석과 선원들이 탈출할 때에도 선내 대기 방송이 나왔는데* 이준석이 퇴선을 지시했다면 방송을 한 직원들에게 전달되지 않았을 이유가 없다. ② 퇴선 지시에 따른 구체적인 조치를 하지 않았다. ③ 퇴선 지시를 들었다는 강원식, 김영호, 조준기, 신정훈의 진술은 서로 내용이 일치하지 않고 수시로 변한다. 퇴선 지시 없이 탈출한 사실을 은폐하려는 동기가 있어 믿기 어렵다. ④ 퇴선 지시가 없었다고 한 박한결, 박경남, 외국인 가수 부부의 진술이 신빙성 있다. ⑤ 9시 37분〔9시 36분〕 김영호가 진도VTS와 교신하면서 "지금 탈출할 수 있는 사람들만 일단 탈출을 시도하라고 일단은 방송했는데"라고 말했지만 사실과 다른 것으로 보인다. 설령 이준석의 퇴선방송 지시가 인정되더라도 그 명령에 수반된 조치가 전혀 이뤄지지 않아 형식적으로 무의미한 퇴선방송 지시에 불과하다.

사고 직후 힐링 펌프를 돌려 배를 바로 세우려는 시도가 실패한 다음부터 도주할 때까지 40여 분 동안 선장과 선원들이 승객 구호와 관련해 어떤 말을 주고받았는지는 수사와 재판 과정에서 제대로 확인되지 않았다. "경황이 없어"서 "미처 생각하지 못했"다고만 진술했기 때문이다. 그러나 마지막 순간 선장과 선원들 사이에 어떤 식으로든 '퇴선'을 의미하는 말은 오고 갔다고 보는 것이 합리적이다. 승객과 배를 내버린 채 도주하면서 서로 간에 최소한의 의사소통은 했을 것이고, 그 과정에서 자신들의 행위를 '퇴선'이라는 표현으로 포장했을 수 있다. 하지만 이것은 선장의 승객 구조 의무라는 규범적 측면에서 말하는 '퇴선명령'과 전혀 다르다. 2심 판결은 이준석이 "퇴선명령을 하지 않았다"라고 한 다음 "설령

---

* 세월호 선원들이 탈출한 9시 45분경에도 선내에서는 "더 이상 밖으로 나오지 마시기 바랍니다"라는 안내방송이 있었다는 점에서 여객부에 퇴선 지시가 전달되었다고 볼 수 없다. 청해진해운 사건, 수사보고(2014. 10. 13.), 김동협 휴대폰 동영상, 수사기록 18791쪽; 123정 사건, 검찰 수사보고(2014. 6. 12.), 123정 촬영 동영상, 수사기록 2176쪽.

퇴선방송 지시가 있었다고 인정되더라도", "형식적이고 무의미한 지시"라고 하면서 '퇴선명령'은 없었다고 판단했다. 당연한 판단이었다.

하지만 도주 당시 선장과 선원들 사이에 이루어진 의사소통의 사실적 측면을 좀 더 세심하게 판단하지 않고 "퇴선명령을 하지 않았다"고만 단정한 것은 아쉬움을 남긴다. 이준석과 선원들 사이에 오고 간, 도주에 관한 의사소통의 내용과 성격을 분명히 하지 않았기 때문이다.

이것은 뒤에 살펴볼 것처럼 최종적으로 대법원 다수의견이 앞뒤 모순을 일으키는 원인으로도 작용했다. 이준석의 살인죄를 인정할 때는 퇴선명령을 하지 않았다고 한 반면 강원식과 김영호의 살인죄를 부인할 때에는 선장의 퇴선명령에 따랐다고 했기 때문이다. 전자는 규범적 측면에서 승객을 향해야 했던 것이고, 후자는 선원들과 함께 도주하는 과정에서 한 의사소통을 말한다. 그렇다면 후자는 강원식과 김영호의 살인죄를 면제하는 근거가 아닌 이준석과 이들 사이의 '공모'를 인정하는 증거로 삼는 것이 더 타당했다.

퇴선명령

퇴선명령이란 무엇인가. 비상사태가 발생했을 때 선장의 책임은 어디까지인가.

> 승객 등에 대한 퇴선방송 지시가 있었다면, 선장의 퇴선명령에 수반되는 조치, 즉 해경이나 두라에이스호 등 구조세력에 대한 승객 구조 요청, 세월호 운항관리규정 비상부서배치표의 퇴선 상황에 따른 조치, 퇴선명령에 따라 승객들이 원활하게 유도되고 있는지에 대한 확인 등이 이루어져야 함에도 피고인 이준석이 주장하는 퇴선방송 지시 직후 및 세월호 퇴선 이후에 이와 같은 조치가 전혀 이루어지지 않았고, 오히려 피고인 이준석 등이 승객들보다 먼저 퇴선하였다.[30]

이렇게 법원이 지적했듯이 선장은 선박의 최고 책임자로서 비상사태가 발생했을 때 선원들을 적절하게 지휘해야 한다. 퇴선을 해야 한다면 선장은 퇴선명령을 해야 한다. '퇴선명령'이란 승객들에게 "밖으로 나가라"고 말하는 것만을 의미하지는 않는다. 우선 ① 선원들에게 운항관리 규정에서 정한 비상부서배치표상 임무를 다하도록 명령하고, ② 승객들을 퇴선 장소인 비상대기 갑판으로 유도한 다음, ③ 구명뗏목과 미끄럼틀을 터뜨려 퇴선 준비를 하고, ④ 승객들을 해상으로 퇴선시킨다. 이런 일련의 과정이 이루어져야만 퇴선명령을 제대로 했다고 할 수 있다.

비상사태 시 선원의 임무

한국해양수산연수원*이 발행한 교재 『여객선』에 따르면, 비상사태가 발생할 경우 선원들은 ① 승객들에게 자신의 여객 구역으로 돌아가 다음 안내를 기다리도록 지시하고 동요하지 않게 해야 한다. ② 선장이 퇴선 결정을 하면 승객들에게 만일의 경우를 위하여 안전한 갑판으로 대피가 불가피한 상황이라고 알린다. ③ 질서를 해치는 개인행동은 금지한다는 것 등 강력한 메시지를 전달한다. ④ 선내 방송으로 사고 발생 사실과 구조 상황을 반복해서 알린다. ⑤ 선장과 기관장, 1등항해사, 사무장은 대피하지 못하고 남아 있는 승객이 있는지 확인하기 위해 객실과 선원 거주 구역을 수색해야 한다. ⑥ 마지막으로 퇴선 준비가 끝나면 승객들이 바다로 뛰어내리도록 안내한다.[31] 따라서 선장이 "총원 퇴선! 비상부서 배치!"를 명령하면 선원들은 비상부서배치표의 '퇴선' 부문에 정한 바에 따라 각자의 임무를 수행해야 한다.[32]

승객을 비상 대피 장소로 유도해야 하는 조리장 최찬열과 조리부 선원

---

* 「한국해양수산연수원법」에 따라 설립된 기관. 선원의 교육·훈련, 선박 운항 및 어업에 관한 신기술의 개발, 해기사 국가기술자격검정 등에 관한 업무를 수행한다.

운항관리규정, 비상부서배치표, '퇴선' 부분에 정한 역할과 실제 행동

직위	이름 (나이)	비상사태 시 역할	실제 행동	탈출 여부
선장	이준석 (69)	선내 총지휘	승객들에게 선내 대기 지시만 하고 선원들과 도주해 승객들을 선내에 갇히게 만듦.	도주
1등 항해사	강원식 (42)	현장지휘 우현 미끄럼틀	최초 구조 요청을 진도VTS가 아닌 제주VTS로 해 사고 사실 전파에 차질 빚음. '해경 올 때까지 승객들 선내 대기' 결정 주도.	도주
1등 항해사	신정훈 (34)	견습 항해사로 첫 승선해 역할 규정 없음	제주 운항관리실과 교신. 조타실 탈출 전 마지막 교신에서도 배를 떠난다는 사실과 승객 상황을 보고하지 않음.	도주
2등 항해사	김영호 (47)	좌현 미끄럼틀	진도VTS와 교신. 여객부에 선내 대기 방송 무전 지시.	도주
3등 항해사	박한결 (26)	선장 보좌 비상 통신	비상부서배치표상의 의무 실행하지 않음. 조타실 좌현 출입구에서 울기만 함.	도주
갑판장	고영진	좌현 미끄럼틀	휴가로 승선 안 함.	-
1등 조타수	박경남 (60)	조타 요원 신호 담당	진도VTS와 교신. 가장 먼저 조타실에서 도주.	도주
2등 조타수	오용석 (58)	좌현 구명뗏목	2등항해사가 VHF 교신 시 통신기 전달 및 GPS로 위치 알려줌. 도주하는 선원 위해 출입문에 고무호스 묶어줌.	도주
3등 조타수	조준기 (56)	우현 구명뗏목	조타기 잡고 서 있기.	도주
갑판원	-	우현 비상 사다리	-	-
기관장	박기호 (54)	기관실 총지휘	조타실에서 엔진 정지. 기관실에 있던 기관부 선원 도주시킴. 3층 기관부 객실 복도에서 대기하다 도주.	도주
1등 기관사	손지태 (58)	우현 미끄럼틀 구명뗏목	3층 기관부 객실 복도에서 대기하다 도주.	도주
2등 기관사	-	좌현 미끄럼틀 구명뗏목	-	-
3등 기관사	이수진 (26)	기관장 보좌	3층 기관부 객실 복도에서 대기하다 도주.	도주
조기장	전영준 (61)	우현 미끄럼틀 구명뗏목	3층 기관부 객실 복도에서 대기하다 도주.	도주
1등 조기수	이영재 (56)	좌현 미끄럼틀 구명뗏목	3층 기관부 객실 복도에서 대기하다 도주.	도주

2등 조기수	박성용 (59)	좌현 비상 사다리	3층 기관부 객실 복도에서 대기하다 도주.		도주
3등 조기수	김규찬 (62)	우현 비상 사다리	3층 기관부 객실 복도에서 대기하다 도주.		도주
기관원	-	좌현 구명뗏목	-		-
사무장	양대홍 (45)	승객 유도 안내방송	5, 4, 3층 다니며 승객들 탈출 유도.		사망
사무원	강혜성 (32)	승객 유도	'선내 대기' 안내방송. 4층으로 승객 유도.		탈출
	박지영 (22)	승객 유도	3층 안내데스크에서 조타실에 무전. 3층 좌현 출입문으로 승객 탈출 유도. 승객들 4층으로 이동 대피 유도.		사망
	정현선 (28)	승객 유도	4층에서 승객들 좌현 출입문 탈출 유도.		사망
조리장	최찬열 (58)	승객 유도	곧바로 도주.		도주
조리수	김문익 (61)	승객 유도	3층 기관부 복도로 떨어짐.		사망
조리원	이묘희 (56)	승객 유도	3층 기관부 복도로 떨어짐.		사망
	김종임 (51)	승객 유도	곧바로 도주.		도주

* 나이는 세월호 사고 시점 기준

    김종임은 배가 기울어지자마자 도주해 9시 34분경 승객과 선원을 통틀어 제일 먼저 헬기에 올라탔다.[33] 구명뗏목과 미끄럼틀을 터뜨려야 하는 기관부와 갑판부 선원들은 9시 39분과 9시 45분 각각 구명보트와 123정에 옮겨타 도주했다.[34]

    선장 이준석은 비상부서배치 명령을 "깜빡했다"고 변명했다.[35] 도주한 선원들은 선장의 지휘가 없었기 때문에 임무를 생각하지 못했다고 주장했다. 강혜성은 퇴선명령이 없다는 이유로 끝까지 '선내 대기' 안내방송을 되풀이해 탈출하려는 승객들을 주저앉혔다. 여객선 선원의 임무를 수행한 사람은 사무장 양대홍과 여객부 말단 직원 박지영, 정현선, 안현영밖에 없었다. 하지만 이들도 선내 대기 지시 때문에 마지막 순간이 되어서야 승객들을 탈출시키다 끝내 희생됐다.[36]

> 검사: 만약 해경 고무보트가 오거나 구명보트가 이 바다 앞에 있었다면 뛰어들었을 것 같은가요.
> 이○○(단원고 학생): 저는 뛰어내렸을 것 같아요.
> 검사: 그런데 학생들이 좌측 좌현 출입구를 봤을 때 구명보트나 보트가 없어서 그쪽으로 나갈 생각을 못 한 것인가요.
> 이○○: 그게 아니라 저 위쪽으로 헬기가 왔다고 했어요. 그래서 저 위쪽으로밖에 못 나가는 줄 알았기 때문에 '저 위쪽으로 나가야지' 생각했어요.[37]

이○○은 구명보트가 보였다면 뛰어내렸을 것이라고 증언했다. 그는 3층 좌현 복도에서 대기하다가 일반 승객들이 내려준 고무호스로 허리를 묶고 우현으로 올라가 헬기로 탈출했다. 상당수 승객들이 물이 차오르자 두려운 마음에 바다로 뛰어내리기보다는 위층으로 이동하거나 우현 쪽으로 올라가는 방법을 선택했다. 적극적으로 승객들을 퇴선시키는 것까지는 하지 않더라도, 최소한 구명 장비만이라도 바다에 투하했다면 더 많은 승객들이 알아서 좌현을 통해 바다로 탈출했을 것이다. 파도만 넘실대는 검푸른 바다와 구명뗏목이 떠 있는 바다는 탈출하려는 승객에게 하늘과 땅만큼이나 다른 곳이다. 침몰하는 배에서 구명 장비를 터뜨리는 것은 고도의 전문 지식이 필요한 일도 아니었다. 기본 중의 기본이었다. 선장의 퇴선명령과 비상부서배치 명령이 없었다는 이유로 아무것도 하지 않고 도주한 선원들의 책임은 결코 가볍지 않다.

퇴선 훈련

비상사태에 선원들이 임무를 제대로 수행하려면 반복 훈련이 필요하다.*[38] 그러나 세월호 선원들은 퇴선 훈련을 제대로 받아본 적이 없다.

세월호 운항관리규정에 명시된 '선박 비상 대응 훈련 및 교육 시행 주기'

구분			시행 주기	대상자	교관
선내 숙지 훈련			수시	전 선원	선장
해상 인명 안전 훈련 및 대응 훈련	소화 훈련 (필수) 인명 구조, 퇴선, 방수		매 10일	전 선원	선장
해양사고 대응 훈련	선체 손상 대처 훈련 충돌 및 좌초, 추진기관 고장, 악천후 대비 등		6개월	전 선원	선장 기관장
	인명사고 시 행동 요령	해상 추락	6개월	전 선원	선장
		밀폐 공간에서의 구조	6개월	전 선원	선장
	비상 조타 훈련		3개월	전 선원	선장
기름 유출 대처 훈련			매월	전 선원	오염방지관리인
선박의 안전, 여객 및 선원의 안전을 위협하는 대테러 훈련·교육, 해상안전 관계 법령			매 3개월	소집 교육	오염방지관리인

　세월호 운항관리규정에는 "선장은 비상시에 조치하여야 할 선원의 임무를 정한 비상부서배치표를 게시하고 비상시에 대비한 선내 비상 훈련을 매 10일마다 실시하고 훈련 실시에 관한 내용을 항해일지에 기록·유지한다"라고 되어 있었다. 선박 비상 대응 훈련 및 교육 시행 주기도 정했다. 매 10일마다 소화, 인명 구조, 퇴선, 방수 등의 훈련을 해야 했다.
　이준석은 검찰에서 자신이 정식 선장일 때 퇴선 상황에 대비한 훈련을 했다고 주장했지만** 실제로는 선원들의 훈련을 직접 주재한 적이 없었

---

* 검사: 주기적이고 반복적인 교육과 비상 훈련을 실시하는 이유가 무엇인가요.
이윤철(한국해양대학교 해사수송과학부 교수): 선내에서 비상상황이 발생하게 되면 모든 인간이 그렇듯이 당황하게 됩니다. 그래서 여객선뿐만 아니라 상선, 실습선, 군함도 비상 훈련을 주기적으로 반복적으로 하고 실제 비상상황이 발생하게 되면 감각적으로 그것을 실행에 옮기게 됩니다.
선원 사건, 1심, 17회 공판조서(2014. 9. 23.)(이윤철 증인 신문 부분), 4쪽.

** 검사: 평상시 퇴선 상황 발생에 대비하여 훈련을 한다고 하지 않았나요.
이준석: 네, 훈련을 했습니다.
검사: 피의자가 퇴선 상황 발생에 대비하여 정말 퇴선 훈련을 하였다면 세월호 침몰 상황에서 당연히

다.³⁹ 신보식이 정식 선장이 된 뒤에도 소화 훈련과 퇴선 훈련을 한 달에 1.5회꼴로 했을 뿐 인명 구조나 방수 훈련은 전혀 하지 않았다. 청해진해운은 항만청 등에서 점검 나올 것에 대비해 3등항해사 박한결에게 모든 훈련을 실시한 것처럼 항해일지에 기록해놓도록 지시했다.⁴⁰

훈련을 거의 받지 않은 선원들은 비상시 자신의 역할을 알지 못했다. 1등기관사 손지태는 비상사태 때 우현 슈터(미끄럼틀)와 구명뗏목을 투하할 책임이 있었지만 자기 임무는 물론 '슈터'가 뭔지도 모르고 있었다.* 조타수 조준기의 임무는 구명뗏목을 바다로 투하하는 것이지만 훈련할 때 그 앞에 가기만 했을 뿐 실제로 터뜨려본 일은 없었다.** 여객부 선원

구명뗏목을 투하하라고 지시를 하였을 것으로 보여지는데 어떤가요.
이준석: 그 당시 깜빡했습니다.
검사: 선장으로서 승객 구호 의무를 최우선해야 하는 사람이 구명뗏목을 투하하는 것을 깜빡할 수 있다고 생각하나요.
이준석: 그 당시에 해경에 구조 요청을 신경 쓰다 보니 미처 그것까지 생각하지 못했습니다.
선원 사건, 검찰 이준석 4회 피의자 신문조서(2014. 4. 30.), 수사기록 7899쪽.

* 검사: 퇴선 시 피의자의 임무는 무엇인가요.
손지태: 잘 모르겠습니다.
검사: '우현 슈터, 뗏목 담당'이라고 되어 있는데 어떤가요.
손지태: 몰랐습니다.
검사: 양 현에 슈터가 있다는 것은 알고 있나요.
손지태: 슈터가 뭐지요?
검사: 비상시 갑판에서 바다 쪽으로 작동시켜 승객들이 안전하게 대피할 수 있도록 하는 장치인데 모르나요.
손지태: 처음 듣습니다.
검사: 세월호에 슈터가 설치되어 있다는 사실을 몰랐나요.
손지태: 네, 몰랐습니다.
선원사건, 검찰 손지태 피의자 신문조서(2014. 4. 30.), 수사기록 7960쪽.

** 검사: 구명벌 작동에 대해서도 훈련한 적이 있나요.
조준기: 다시 회수하려면 애먹기 때문에 터뜨리는 것까지는 안 했고요, 그 앞에까지 가서 서는 것을 매달 했던 것 같습니다.
검사: 침몰 대비 훈련도 받은 사실이 있나요.
조준기: 그런 것은 따로 받지 않았습니다.
선원 사건, 검찰 조준기 2회 피의자 신문조서(2014. 4. 28.), 수사기록 20641쪽.

들도 마찬가지였다. 강혜성은 승객들을 비상 대피 장소로 이동시키는 것까지만 훈련받았을 뿐 그 후 어떻게 하는지 몰랐다.* 훈련이 안 된 선원들에게 비상부서배치표는 있으나 마나 했다.

훈련만 충분했다면 결과는 달랐을까

하지만 훈련 부족이 사고 당시 선원들의 행동을 모두 설명하지는 못한다. 선장의 퇴선명령이나 비상부서배치 명령이 없었는데도 조타실에 있던 기관장 박기호는 배가 기울어진 직후인 오전 9시경 기관실에 직통전화를 걸어 기관부 선원 3명을 탈출시켰다.[41]

> 검사: 피의자는 같은 직원들인 기관실 승무원들만 걱정이 되고 승객들은 걱정이 되지 않던가요.
> 박기호: (눈물을 흘리면서) 정말로 어찌해야 할 바를 몰랐습니다. 정말로 저의 아들 딸보다 어린 애들인데…… 제가 미쳤는지 정말로 누워 있어도 잠이 오지 않고 있습니다…….
> 검사: 그렇다면 피의자가 기관사 직원을 챙긴 마음으로 승객들의 안전 및 탈출을 생각하였다면 선장을 포함한 항해사들에게 '비상벨을 울리든지 탈출을 위한 안내방송을 해야 되지 않냐'고 말을 해야 하지 않는가요.
> 박기호: 예, 그렇습니다. 제가 당시 아무런 생각이 없었습니다. 정말로 죄송합니다.[42]

---

* 검사: 선박 퇴선 시 비상탈출 장소에 승객들이 대피하고 나서는 어떻게 하나요.
강혜성: 그 이후에는 어떻게 하는지 훈련을 받지 않았기 때문에 잘 모릅니다.
검사: 비상탈출 장소에 모여 승객들이 퇴선을 하기 위해서는 어떻게 해야 하나요.
강혜성: 퇴선명령이 나올 때까지 대기하는 것으로 알고 있습니다.
검사: 그럼 비상 대응 훈련 시에는 승객들을 비상탈출 장소로 대피시키는 것까지만 훈련을 받고 그 이후 상황에 대해서는 훈련을 실시하지 않는다는 말인가요.
강혜성: 가상으로 훈련을 받는 것이기 때문에 저희 승무원들의 경우에는 지정된 비상탈출 장소로 승객들을 안전하게 대피하는 것까지만 훈련을 실시하고 있습니다.
선원 사건, 검찰 강혜성 진술조서(2014. 5. 4.), 수사기록 8872쪽.

박기호가 사고 직후 기관실에 있던 선원 3명에게 즉각 탈출을 지시한 건 승객 구호가 뒷전이었다는 의미 이상으로 심각한 문제적 행위였다. 배가 단번에 45도 이상 기울어진 채 표류하는 상황에서 기관부 선원들이 제일 먼저 확인할 것은 침수 여부였다. 바깥의 바닷물이 어딘가로 새어 들어오고 있다면 배의 가장 밑바닥인 기관부 구역부터 물이 차오르게 된다. 침수 속도에 따라 배가 얼마나 빨리 침몰에 이르게 될 것인지 예측할 수 있다. 이는 구조세력에게 즉각 전달해야 할 필수 정보다. 기울어진 상태로 계속 떠 있게 될 배와 침수가 진행 중이어서 곧 침몰할지 모를 배에 대한 구조계획은 완전히 다를 수밖에 없기 때문이다.

세월호는 8시 49분경 왼쪽으로 45도 이상 급격히 기울어지면서 화물칸 2층인 C갑판의 좌현 루버 통풍구가 수면 아래로 잠기며 침수가 시작됐다. 통풍구로 들어온 물은 밑바닥인 좌현 핀안정기실로 흘러들어갔다. 거기가 끝이 아니었다. 기관부에 있는 핀안정기실, 타기실, 기관실, 발전기실 등 여러 격실 구획들은 수밀문과 수밀 맨홀을 통해 연결되어 있다. 이 수밀문과 수밀 맨홀들은 운항 중에 반드시 닫아놓아야 한다. 어느 한 격실에서 침수가 발생하더라도 다른 격실로 확산되지만 않으면 배의 부력을 계속 유지할 수 있기 때문이다. 세월호는 7개의 기관부 수밀문과 수밀 맨홀을 항상 열어둔 채로 운항했다. 배의 안전보다 선원들의 통행 편의가 중요했다는 얘기다. 그날도 기관부 수밀문과 수밀 맨홀들은 모두 열려 있었다. 사고 직후 좌현 핀안정기실로 흘러들어오기 시작한 물이 기관부 전체를 침수시키는 건 시간문제였다.[43] 박기호의 탈출 지시를 받은 기관부 선원 3명은 침수 여부를 확인하지도 않았을뿐더러 수밀문과 수밀 맨홀도 닫지 않은 채 그대로 도주했다. 그 순간부터는 세월호가 곧 침몰하게 되리라는 사실을 누구도 알 수 없게 됐다.*

박기호는 발전기를 보호하러 가겠다며 조타실에서 나간 뒤 3층 기관부 객실 복도 쪽으로 내려갔다. 박기호의 전화를 받고 기관실을 탈출한 이수진, 박성용, 이영재도 기관부 객실 복도로 올라왔다. 손지태, 전영준, 김규찬은 객실에서 쉬다가 복도로 나왔다. 이렇게 모인 기관부 선원 7명은 9시 39분경 해경 구명보트를 타고 도주했다. 조리부 선원 김종임과 최찬열도 사고가 나자 즉각 식당에서 빠져나가 우현 갑판으로 탈출했다. 기관부와 조리부 선원들은 도주 과정에서 승객 구호는커녕 도움이 필요한 동료들마저 버려둔 채 자신들의 살길만 찾았다. '각자도생' 그 자체였다.

조리부 선원들. 조리장 최찬열은 3층 승객 식당에 있다가 배가 기울어지자 좌현으로 굴러떨어졌다. 식사를 마치지 못한 승객 7~8명도 식탁과 의자, 식기들과 뒤엉켜 좌현으로 굴렀다.[44] 최찬열은 장화와 양말을 벗고 맨발로 바닥을 기어오르려 애쓰며 주방에 있는 조리부 선원들을 향해 "빠져나가라"라고 소리쳤다. 식당 오른쪽 벽에서 늘어져 내린 공연용 마이크 줄을 붙잡고 올라가 가까스로 식당 출입문에 닿았다. 문 바깥의 로비에는 많은 승객들이 모여 있었다. 안내데스크에선 강혜성이 "대기하라"는 방송을 하고 있었다. 하지만 최찬열은 조용히 우현 갑판 출입문을 향해 기어올라가 밖으로 빠져나갔다.[45]

> 검사: 진술인은 갑판으로 나오면서 방송을 들었나요.
> 최찬열: 예, 제가 주방 쪽을 향하여 빨리 구명조끼를 입고 대피하라고 소리를 지를 때 영업부의 강혜성이 "여러분 움직이면 더 위험하니까 그 자리에 있어라"라는

---

* 기관장 박기호와 기관부 선원들이 수밀문과 수밀 맨홀을 열어둔 채 도주해 세월호 침몰을 앞당겼고 결과적으로 수많은 승객을 구조하지 못하게 만들었다는 점은 수사와 재판 과정에서 전혀 다뤄지지 않았다. 2017년 3월 인양된 세월호 선체를 선조위가 직접 조사하고서야 기관부의 7개 수밀문과 맨홀이 모두 열린 상태였다는 사실이 확인됐는데, 세월호 선원들에 대한 재판은 이미 끝나버린 뒤였다. 이 문제는 2021년 검찰 세월호 특수단이 해경 지휘부 10명을 기소하면서 다시 쟁점이 됐다. 해경 지휘부는 승객들을 구조하지 못한 건 세월호처럼 큰 배가 그렇게 빨리 침몰할 것이라고 예상할 수 없었기 때문이라는 주장을 반복했다. 배가 빨리 침몰하도록 만든 기관부 선원들에게 구조 실패 책임을 떠넘긴 셈이다. 그러나 당시 해경 구조세력 가운데 누구도 선장이나 선원과 교신해 침수 여부와 상황을 확인하려고 시도하지 않았다. 자세한 내용은 이 책 4부 4장을 참조.

선내 방송을 하였습니다. 하지만 저는 강혜성의 방송이 잘못되었다는 생각이 들어서 강혜성의 방송을 무시하고 조리부원들에게 빠져나가라고 소리 지른 뒤 저도 식당에서 빠져나간 것입니다.

검사: 영업부에서 대기하라고 방송을 하였는데도 대기하지 않은 이유는 무엇인가요.

최찬열: 영업부 강혜성이 방송을 하였는데, 저는 평소 강혜성이 보통 사람에 비하여 판단력이 떨어진다고 생각을 하였고, 당시 배가 좌현으로 침몰하고 있으므로 선내에 대기할 것이 아니라 선실 밖으로 대피를 해야 할 상황이었습니다.[46]

검사: 로비에 사람이 있는 것은 보았다는 것이지요.

최찬열: 예, 제가 나오면서 로비 쪽을 한번 쳐다보았는데 사람들이 있었습니다.

검사: 진술인은 로비에 있는 사람들에게 선실 밖으로 대피하라고 하였는가요.

최찬열: 사람들에게 빨리 선실 밖으로 나가라고 말을 하려고 하였지만 선장의 퇴선 지시가 없는 상태에서 나가라고 하였다가 사람이 다치게 되면 제가 책임을 져야 할 것 같아서 대피하라는 말을 하지 못하였습니다.[47]

배가 기울어지며 식당 내 주방도 난장판이 됐다. 싱크대 위에 쌓아둔 식판과 식기들이 쏟아져 내리고 냉장고 문이 열리며 음식물과 재료들이 바닥에 나뒹굴었다. 가스레인지에 올려져 있던 기름솥이 뒤집혔다. 뜨거운 기름이 조리수 김문익의 다리를 덮친 뒤 주방 바닥을 덮으며 흘러내렸다. 조리원 김종임은 주방 왼편 퇴식구 앞 싱크대에서 동료 조리원 이묘희와 함께 식기를 정리하고 있었다. 두 사람은 쏟아져 내리는 식기와 집기, 음식물과 기름을 피해 재빨리 싱크대 위로 올라갔다. 싱크대 옆 좌현 출입구 바깥으로 갑판에서 떨어진 컨테이너들이 바다 위를 떠다니는 게 보였다. 김종임이 이묘희에게 말했다. "언니, 아무래도 잘못되는 거 아니야? 우리 빨리 나가야 하는 거 아니야?" "그래, 그런 것 같다." 가까워진 바닷물을 본 두 사람은 무조건 높은 곳으로 올라가야 한다고 생각했다. 싱크대에서 내려와 주방 오른편을 향해 필사적으로 바닥을 기어오르기 시작했다. 앞장섰던 이묘희가 자꾸만 아래로 미끄러져 내려왔다. "나는 못 올라가겠다. 네가 먼저 올라가라." 김종임은 두세 번 미끄러지긴 했지만 가까스로 선원식당 입구까지 기어 올라갔다. 올라가는 도중 주방 출입문을 붙들고 서 있는 배식 보조 아르바이트 직원 송○○이 보였다. 김종임은 송 씨를 그냥 지나쳐 선원식당으로 들어갔다. 선원식당에는 아르바이트 조리원 구춘미가 있었다. 김종임과 구춘미는 선원식당의 반대편 문으로 갔다. 거기를 나가면 여객부 선원들의 객실이 모여 있는 우현 측 복도가 있었다. 복도를 따라 선미 쪽으로 3미터만 가면 우현 갑판 출입문으로 빠져나갈 수 있었다. 복도는 선원식당 출입문에서 기역자로 꺾여 기관부 객실이 모여 있는 좌현 측 복도로 이어지는 구조였다. 배가 왼쪽으로 45도 이상 기울어진 탓에 자칫하면 이 연결 복도를 통해 8미터 아래로 굴러떨어질 수도 있었다. 떨어지지 않으려면 바닥이 되어버린 벽과 벽 사이의 1.5미터 공간을 건너뛰어야 했다. 구춘미가 "나는 못 하겠다"라고 말했다. 김종임도 잠시 주저했지만 결국 혼자서 우측 복도로 건너왔다.

그때 연결 복도 너머 좌현 측 복도에서 누군가 울고 있는 소리가 들렸다. 3등기관사 이수진이었다. 잠시 후 다른 기관부 선원들의 목소리도 들렸다. 김종임이 소리쳤다. "어떻게 해야 하나요? 여기서 어떻게 나가야 돼요?" 이수진이 물었다. "누구신데요?" "저 조리원인데요." 잠시 후 기관장 박기호의 짜증 섞인 목소리가 들려왔다. "지금 조리부까지 어떻게 신경을 써! 알아서 나가라고 해!" 김종임은 말없이 선미 방향으로 기다시피 이동하기 시작했다.[48]

앞서 3층 로비 우현 출입문을 통해 갑판으로 나온 조리장 최찬열은 선미 쪽으로 15미터를 이동해 다시 안으로 들어가는 출입문을 열었다. 출입문 바로 옆 여객부 객실에서 구명조끼를 꺼내 입을 생각이었다. 배가 기울어져 있어 미끄럼틀을 타듯 3미터를 내려가 객실 통로에 닿았다. 여객부 객실에 차례로 들어가 구명조끼를 찾았다. 그때 밖에서 김종임이 기관부 선원들에게 외치는 소리가 들렸다. "여기서 어떻게 나가야 돼요?" 최찬열은 구명조끼 하나를 꺼내 입고 복도로 나왔다. 김종임이 자기 쪽으로 기어 오고 있었다. 김종임에게 "빨리 구명조끼를 찾아 입으라"라고 말했다. 김종임도 여객부 객실에서 구명조끼를 꺼내 입었다. 최찬열이 김종임에게 물었다. "다른 조리부원들은 어떻게 됐어?" "빨리 나가야 된다고 말해주고 내가 먼저 나왔어요."[49] 주방에는 화상을 입고 쓰러진 조리수 김문익과 힘에 부쳐 위로 기어오르지 못한 조리원 이묘희, 아르바이트 직원 송○○이 있었고, 선원식당에는 연결 복도를 건너오지 못한 아르바이트 직원 구춘미가 남아 있었다. 구명조끼를 챙겨 입은 최찬열과 김종임은 4명의 동료들에게 돌아가지 않았다.

두 사람은 최찬열이 들어왔던 우현 출입문을 통해 다시 갑판으로 나가려고 했다. 들어올 때는 미끄러져 내려왔지만 다시 올라가기는 쉽지 않았다. 이미 50도 가까이 기울어진 바닥을 2미터 이상 올라가야 출입문에 손이 닿을 수 있었다. 최찬열이 김종임을 밟고 먼저 올라간 다음 김종임을 끌어 올렸다.[50] 출입구 바깥에 옥상층인 5층 갑판까지 통하는 계단이 있었다. 두 사람은 조금이라도 높은 곳으로 가기 위해 계단을 올랐다. 4층과 5층 우현 갑판 중간 계단에 자리를 잡고 숨을 돌리며 대기했다.[51] 헬기가 오면 가장 빨리 눈에 띌 수 있는 위치였다. 갑판 스피커를 통해 승객 안내방송이 또 들려왔다. "현재 위치에서 이동하지 마시고 대기하시기 바랍니다." 9시 28분경, 현장에 가장 먼저 도착한 헬기 511호가 세월호 상공을 선회하다가 이들을 발견했다. 9시 34분경 김종임이 모든 승객과 승무원을 통틀어 첫 번째로 헬기에 올라탔다. 기장을 향해 "감사합니다, 감사합니다"라고 말하고 창가 자리에 앉았다. 9시 36분경 최찬열이 두 번째로 헬기에 올랐다. 두 사람은 헬기 안에서 점점 기울어지는 세월호를 내려다보고 있었다. 배 안의 승객들 상황이 어떤지는 물론이고 함께 탈출하다 남겨진 조리부 동료들에 대한 이야기도 입 밖에 꺼내지 않았다. 하지만 법정에서는 이렇게 말했다.

검사: 증인은 헬리콥터로 구조되면서 세월호에 내려와 있던 해경이나 아니면 헬리콥터에 탄 뒤에 그곳에 있던 해경에게 '선내에 대기하라는 방송으로 인해서 지금 세월호 승객들이 밖으로 나오지 않고 있다, 안에 승객들이 있다'라고 말한 적이 있나요.
김종임: 없습니다. 제가 그 부분이 제일 안타깝습니다. 저는 놀라서 그렇게 나왔다고 치지만, 그분들은 이런 구조를 많이 하셨을 텐데, 저에게 한 번이라도 물어봐주었으면…… (흐느끼며) 저에게 한 번이라도 물어봐주셨으면…… 저는 정신이 없어서 나왔다 치고, 저에게 안 물어보았습니다. 제가 그것이 제일 안타까운 부분입니다.[52]

기관부 선원들. 김종임과 최찬열이 헬기에 올라타려 안간힘을 쓰고 있던 즈음, 기관부 선원 7명은 3층 좌현 기관부 객실 복도에 모여 앉아 좌현 갑판 출입문을 열어둔 채 바깥 상황을 주시하고 있었다. 갑자기 기관장 박기호의 방 출입문 옆에서 '쿵' 소리가 났다. 우현 복도에서 굴러떨어진 조리원 이묘희였다. 얼마 지나지 않아 이번엔 조기수들 방이 모여 있는 복도 옆에서도 '쿵' 소리가 났다. 조리수 김문익이었다. 식당 주방에 남겨졌던 두 사람은 김종임이 혼자 도주한 것과 같이 선원식당을 통해 우현 복도로 탈출하는 길을 뒤늦게 따라나섰던 것으로 추정된다. 처음보다 배가 더 기울어진 탓에 기관부 선원들이 모여 있던 좌현 복도 쪽으로 8미터 정도를 굴러떨어진 것이다.

1등기관사 손지태가 쓰러져 있는 이묘희에게 다가갔다. 꼬여 있는 두 다리를 펴주려고 손을 대는 순간 이묘희가 "악! 허리!" 하며 비명을 질렀다. 깜짝 놀란 손지태는 고개를 돌려 박기호에게 "식당 아줌마 같은데 허리를 다친 것 같다"고 했다. 그러고는 이묘희의 뒷목을 받쳐 들고 고개를 똑바로 돌려줬다. 이묘희가 신음 소리를 냈다. 박기호는 "다친 부위를 다시 한번 확인해 보라"고 지시했다. 손지태가 이묘희의 어깨를 잡고 흔들었다. 반응이 없었다. 박기호가 "뇌진탕이 온 게 아니냐"라고 말하자 손지태는 이묘희의 팔다리를 조금 주물렀다. 여전히 아무 반응이 없었다.

다시 박기호에게 보고했다. "꼼짝도 하지 않습니다."53 손지태는 이묘희를 데리고 나가려면 들것과 밧줄이 필요하다고 생각했다. 자기 방에 들어가 침대 매트리스 커버 4개를 가지고 나와 엮으면 8미터 정도 밧줄을 만들 수 있을 것 같다고 박기호에게 말했다. 박기호는 "지금 들어가면 다시 못 올라온다"고 대답했다. 손지태가 방 안을 내려다봤다. 방바닥이 절벽 같았다. 내려갔다가 정말 못 올라올 수도 있겠다는 생각이 들었다. 손지태는 다시 복도 벽에 등을 기대고 앉았다.

조기수들 방 쪽으로 떨어진 김문익은 머리에 피를 흘리고 있었다. 조기수 이영재가 다가가 몸을 흔들어봤지만 가느다란 신음 소리만 냈다. 조금 떨어져 김문익의 상태를 보고 있던 이수진은 아예 고개를 돌렸다. 기관부 선원들은 김문익을 조금 옆으로 옮겨 눕혀놓기만 했다.

몇 분 뒤 좌현 갑판 출입구 밖을 보고 있던 조기수 전영준이 "더 있다 간 여기서도 못 나가는 게 아니냐"고 말했다. 그러자 박기호가 "밖으로 나가자"고 말했다. 위에서 한 사람씩 손을 잡아주며 밖으로 내보냈다. 이영재는 갑판으로 나가는 순간까지도 김문익의 신음 소리를 들었다. 가장 먼저 나간 이수진이 123정 구명보트를 발견하고 소리를 질렀다. 7명의 기관부 선원들이 옮겨 탔다. 불과 몇 미터 떨어진 곳에 동료 선원 2명이 다친 채로 누워 있다고 해경에게 알린 사람은 없었다.*

이묘희와 김문익은 기관부 선원들이 버려둔 곳에서 시신으로 수습됐다. 김종임과 최찬열이 도주하며 선원식당에 남겨둔 구춘미도 마찬가지였다. 배식 아르바이트 직원 송○○만이 선원식당에 물이 차 들어오던 순간 사무장 양대홍의 도움으로 간신히 빠져나왔다.54 수백 명의 승객은 고사하고 눈앞의 동료들마저 외면한 채 도주해버린 선원들이 선장의 퇴

---

* 손지태는 기관부 선원들이 이묘희와 김문익을 그대로 두고 탈출하는 도중 박기호가 "의미심장하게 큰 소리로 함구하라는 취지가 담긴 3글자를 이야기하였다"고 진술했다. 선원 사건, 1심, 검찰 손지태 6회 피의자 신문조서(2014. 5. 13.). 수사기록 9827쪽.

선명령이 있었던들 과연 그에 상응하는 행동을 했을까? 위급 상황에서 개인의 목숨부터 생각하는 건 인지상정이지만, 그런 이유 때문에 승객의 생명을 지킬 의무가 있는 선장에게 선원들에 대한 강력한 지휘통제권을 부여하는 것이다. 그날, 세월호에는 통솔력 있는 선장도, 책임감 있는 선원도 없었다.

선택의 순간

세월호의 책임자인 선장 이준석과 갑판부 선원들이 침몰하는 배에 승객을 남겨둔 채 도주한 이유를 어떻게 설명할 수 있을까? 이들은 처음부터 계획적으로 승객을 버린 것일까? 승객을 구하는 것이 선원의 가장 중요한 임무라는 것을 몰랐던 것일까? 아니면 당황한 나머지 그 생각을 못했던 것일까? 또 다른 이유가 있었을까?

1등항해사 강원식은 "경비정에 승선하고 난 다음에"야 비로소 "승객들에 대한 생각이 났"다고 주장했다.

> 검사: 세월호 침몰 당시 동영상을 보면 2014년 4월 16일 09시 45분경 피의자를 비롯한 조타실 선원들이 해경 경비정에 승선하는 장면을 확인할 수 있는데 피의자는 당시 승객들이 어디에 있다고 생각하였는가요.
> 강원식: 그때 당시에는 승객들에 대한 생각이 없었습니다. 해경 경비정에 승선하고 난 다음 그때서야 승객들이 생각났습니다.
> 검사: 피의자는 세월호 1등항해사로 비상시 승객들의 안전을 최우선으로 해야 할 임무가 있는데 해경 경비정에 탑승하고 난 다음 비로소 승객들이 생각났다는 말인가요.
> 강원식: 네, 경비정에 승선하고 난 다음 승객들에 대한 생각이 났습니다.[55]

이준석도 마찬가지였다. 승객을 대피하도록 조치하지 않은 이유는 "경황이 없었"기 때문이라고 변명했다.

> 검사: 피의자는 구조될 당시 배 안에 많은 승객들이 있는 것으로 생각했다고 하면서도 탈출 이후 승객들을 구호하기 위한 어떤 조치도 취하지 않은 것은 무엇 때문인가요.
> 이준석: 경황이 없었습니다.[56]

그렇지 않았다. 도주하기 전에 승객에 대해 "생각을 하지 못"한 게 아니었다. 당연히 승객의 탈출을 생각했다. 오전 9시 5분경 조타실에 있던 선원 중 누군가가 이준석에게 물었다. "승객들에게 라이프재킷이라도 입고 대기하도록 해야 하는 것 아닙니까?" 이준석이 동의하자 2등항해사 김영호가 선내 마이크로 "구명조끼를 입고 대기하라"고 방송을 시도했다가 실패한 뒤 무전기로 사무장 양대홍을 불러 "빨리 승객들에게 구명조끼를 입고 대기하라는 방송을 하라"고 지시했다.

오전 9시 10분경, 조타수 박경남은 진도VTS가 "지금 승선원들은 라이프래프트나 라이프보트에 타고 있습니까?"라고 묻자 "아니, 아직 못 타고 있습니다. 배가 기울어서 움직일 수가 없습니다"라고 대답했다. 승선원 수를 "450명"이라고 했다가 곧 "총인원 약 500명 정도"라고 고쳐 말하기도 했다. "450"은 승객 숫자고 "총인원 약 500명"은 선원들을 합친 숫자다.

9시 15분경, 2등항해사 김영호는 진도VTS에 "지금 승선원들은 라이프재킷 입고 대기하라고 했는데 사실 라이프재킷도 입었는지 확인도 불가능한 상태이고 선원들도 브리지에 모여서 지금 거동이 움직일 수 없는 상태입니다. 빨리 와주시기 바랍니다"라고 말했다. 이동이 어렵다는 김영호의 말과 달리 그 무렵 강원식은 자신의 방으로 가 휴대전화를 들고 조타실로 돌아왔다. 청해진해운 대리 홍영기에게 전화를 걸어 상황을 보고했다. 중간에 선장 이준석을 바꿔주기도 했다.[57] 통화가 끝나자 여러 선원이 이준석에게 "어떻게 해야 하느냐"고 물었다. 이준석의 대답은 "해경이 언제 오는지 물어봐라"였다. 김영호가 조준기의 휴대전화로

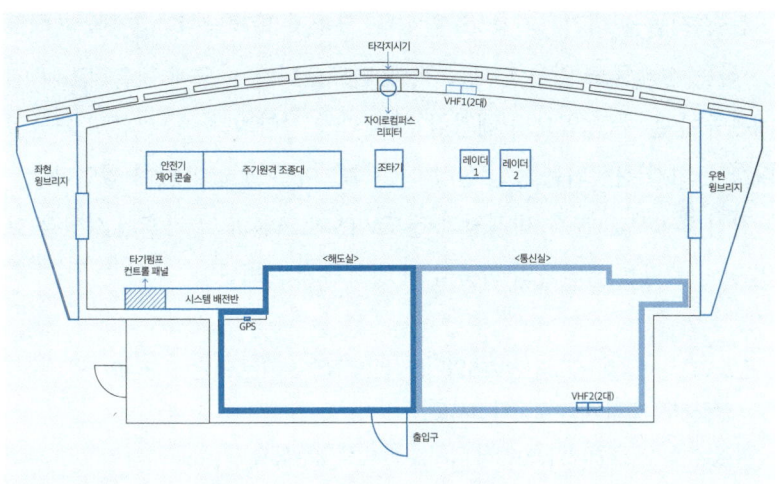

선장 이준석 등 선원 8명이 모여 있다가 도주한 세월호 조타실

122에 전화를 걸었다. 목포해경 상황실은 "7~8마일 남았다"고 대답했다. 신정훈은 뒤쪽 VHF로 진도VTS에 물었다. "경비정 도착 15분 전입니다. 방송하셔서 승객들에게 구명동의 착용토록 하세요"라는 대답이 돌아왔다. 하지만 신정훈은 즉시 "현재 그 방송도 불가능한 상태입니다"라며 거부했다. 앞쪽 VHF 채널로 교신을 듣고 있던 박경남이 "본선이 승객들을 탈출을 시키면 옆에서 구조를 할 수 있겠습니까?"라고 진도VTS에 질문했다. 그러자 근처에서 대기하던 두라에이스호 선장 문예식이 끼어들어 "라이프링이라도 착용시키고 띄우십시오, 빨리!"라고 소리쳤다. 박경남은 문예식의 독촉에 응답하시 않은 재 "지금 탈줄을 시키면, 탈출을 시키면 구조가 바로 되겠습니까?"라고 재차 물었다.

이 교신 직후 조타수 오용석이 두라에이스호의 제안대로 "당장 승객들을 바다에 뛰어들게 해야 하는 게 아니냐"라고 말했다.[58] 하지만 1등항해사 강원식, 신정훈과 2등항해사 김영호는 두라에이스호가 너무 멀리 떨어진 상태여서 승객들을 내보내도 제대로 구조가 되기 어려울 것이라며 '현실성 없는 제안'이라고 의견을 모았다.[59] 강원식은 "해경이 오기 전까지는 승객들을 대기시키자"고 말했다. 그러자 박경남이 "수영을 제대로 못 하는 승객들도 있을 텐데 물속에 빠뜨렸다가 파도에 휩쓸리거나 저체온증이 올 수도 있으니 해경이 올 때까지 기다리는 게 낫다"고 거들었다.[60] 논의가 진행되는 동안 선장 이준석은 아무 말 없이 앉아 있었다.*

잠시 후 9시 23분경, 박경남과 진도VTS의 교신과 그 직후의 상황을 보면 당시 조타실 선원들의 의중이 더 명확하게 드러난다.

> 진도VTS: 세월호, 진도연안VTS입니다. 인명 탈출시키는 것은 선장님이 직접 판단하셔서 빨리 지금 결정하십시오.
> 박경남: 잘 안 들립니다. 천천히 다시 한번 반복해주십시오.
> 진도VTS: 세월호, 진도연안VTS입니다. 저희가 그쪽 상황을 모르기 때문에 선장님께서 최종적으로 판단을 하셔서 승객 탈출시킬지 빨리 결정을 해주십시오.
> 박경남: 그게 아니고 지금 탈출하면 바로 구조를 할 수 있느냐고 물었습니다.
> 진도VTS: 경비정이 10분 이내에 도착을 할 겁니다.
> 박경남: 10분 후에 경비정이 도착한다고요?
> 진도VTS: 네, 10분 정도 소요됩니다. 10분.

진도VTS의 관심은 "인명", 즉 승객의 탈출이었다. 계속 승객의 탈출 문제를 제기하면서 선장에게 "빨리 결정을" 하라고 요구했다. 10분 후 경비정이 도착한다는 사실도 알려줬다. 그런데 그 말을 들은 김영호가 승객 탈출을 어떻게 할지 묻자 이준석은 계속 "아무 말도 하지 않았"다.

---

* 박한결은 "선장 이준석은 없는 거나 마찬가지였고 특별히 그 상황에서 주도적으로 무얼 하겠다고 하는 선원들도 없었습니다. 배가 기울고 조타실에 모였을 때부터 누구 하나 나서서 주도적으로 역할을 분담시킨다든지 어떻게 해야겠든지 하는 것이 없이 계속 우왕좌왕하고 있어서 진도VTS가 승객들을 구호하라고 지시를 내렸어도 어떤 행동을 하는 사람이 없었습니다. 다들 해경이 오기만을 기다리는 분위기였습니다"라고 진술했다. 선원 사건, 검찰 박한결 5회 피의자 신문조서(2014. 5. 3.), 16쪽; 무기징역 복역 중 진행된 사참위 조사 과정에서도 선장 이준석은 자신이 그때 "왜 그렇게 멍하게 있었는지 후회"스러울 뿐이며 무기징역을 받은 것에 대해 "아무 불평불만이 없고 당연하다고 생각"한다고 진술했다. 사참위 해경 초동대응 조사보고서, 476쪽.

일단 김영호는 양대홍에게 무전으로 경비정 도착 시간을 전달했고, 강혜성이 "구조정 및 어선이 10분 후 도착 예정입니다"라고 방송했다. 승객에게 탈출에 대비하라고 알린 셈이다. 그러고 나서 강원식과 신정훈, 김영호 등 3명의 항해사가 의견을 나눈 뒤 결론을 내렸다 '해경이 올 때까지 승객들을 대기'시킨다는 것이었다.[61]

여기서 의아한 점이 있다. 만약 이준석과 선원들이 처음부터 승객을 버리고 자신들만 도주할 의도였다면 안내방송을 통해 경비정의 도착 예정 시각을 승객들에게 알린 것은 어색하다. 구조 관련 정보를 최대한 숨겨야 자신들이 먼저 탈출하는 데 유리할 것이기 때문이다. 그렇다고 승객들의 탈출을 최우선으로 여긴 행동으로 보기도 어렵다. 배가 침몰하고 있는 급박한 상황에서 450명이 탈출하려면 경비정이 도착하는 즉시 구조해야 하고 그러려면 승객들이 갑판으로 나가 대기해야 한다. 당시 배가 왼쪽으로 50도 이상 기울어져 선내 이동이 쉽지 않은 상태였으므로 10분 뒤 경비정이 도착한다는 사실을 파악했다면 곧바로 승객들에게 갑판으로 이동하라고 지시해야 했다. 하지만 조타실 선원들은 단지 경비정 도착 예정 시각만을 알렸다.

경비정 도착 10분 전 선장 이준석과 조타실 선원들의 이런 모호한 행동이 어떤 의도에서 비롯된 것인지 수사와 재판에서는 밝히지 못했다. 선원들 모두 경황이 없어 승객들을 어떻게 할지 전혀 논의하지 않았다는 진술로 일관했기 때문이다. 이는 선원들 입장에서 어느 정도 합리적 선택일 수 있었다. 어떤 이유에서든 해경이 도착할 때까지 승객들을 갑판으로 이동시키지 않고 제자리에 대기시키자는 논의 또는 결정이 있었다고 진술한다면 그것은 살인이나 유기치사의 고의를 입증하는 근거가 될 수도 있었기 때문이다. 조타실 선원들이 해경 도착 전까지 승객들을 선내에 대기시키자고 결정한 속내는 대법원 판결 후 진행된 세월호 특조위 조사 과정에서야 비교적 뚜렷이 드러났다.

조사관: 해경이 올 때까지 기다리자는 결론이 날 때까지 어떤 논의가 있었나요.

조준기: 박경남이 괜히 밖에 나가면 파도도 세고 발 헛디디면 빠질 수 있는 게 맞다고 의견을 냈습니다. 강원식도 두라에이스호가 오고 어선들이 보이니 해경도 곧 올 거라고 했습니다.

조사관: 또한 '주변 해역을 순찰하는 규모가 있는 배가 오면 충분히 승객과 선원 모두 구조할 수 있을 것이라고 생각했다'고 진술했는데, 그런 근거가 무엇인가요. 그 배가 해경선이어야 할 이유는 여전히 설명이 안 되는데요.

조준기: 해경 구조사가 구조 역량이 뛰어나 잘 해결할 거라고 생각했습니다. 저희 선원들은 해경이 오면 해경이 승객을 구조할 때 우리도 구조되자는 생각에 암묵적으로 동의하고 있었습니다.

조사관: 해경선이라 하더라도 승객이 물에 뛰어내려야 구할 수 있지 않은가요.

조준기: 네, 해경이 와도 대피나 퇴선을 시켰을 것 같습니다.

조사관: 그럼 물에 빠진 승객을 구하는 것은 지금 옆에 있는 두라에이스호든 나중에 도착할 해경이든 달라질 것이 없지요.

조준기: 전문 구조사 유무입니다.

조사관: 당시 조타실에서 두라에이스호의 구조 의사를 '현실성이 없다'는 내용으로 의견이 모아졌다고 했는데, 어떤 이유로 '현실성이 없다'고 의견을 모았나요.

조준기: 네, 그때 당시에는 그 부분에 대해 정상적인 결정을 못 내렸다고 생각합니다. 두라에이스호의 구조 의사에 응답하지 않은 것은 항사(강원식, 신정훈, 김영호)들이 책임을 지지 않기 위해서였다고 생각합니다.

조사관: 선내 대기와 해경의 도착이 어떤 상관이 있는가요.

조준기: 해경이 와야 승객 구조에 대한 책임 소재가 선원들에서 해경으로 달라지니까 그런 것이지요.[62]

조타실 선원들도 해경의 구조 능력을 믿었다. 전문적인 구조 요원들이 10분 뒤 도착한다는데 굳이 민간 상선인 두라에이스호를 믿고 승객들을 먼저 퇴선시켰다가 부상자나 사망자가 발생하면 그 책임을 자기들이 지게 될 것이라고 생각했다. 이 결정에 선장 이준석은 개입하지 않았다. '사관'들, 그러니까 1등항해사 강원식과 신정훈, 2등항해사 김영호가 결정했고, 다른 선원들이 동의했다. 그러면서 해경이 도착하면 승객들과 함께 자신들도 구조될 수 있으리라 기대했다.

9시 27분 헬기에 이어 9시 35분 123정이 도착하자 선원들은 동요하기 시작했다. 앞서 진도VTS의 말을 들었을 땐 "일단 1대가 오고 다른 경비정들도 순차 도착"할 것이라고 생각했다. 그런데 실제론 100톤급 소형 경비정 1척이 전부였다.

> 조사관: 해경이 올 때까지 기다리자는 의견이 모아졌다고 하는데, 해경이 오면 어떻게 될 것으로 예상했나요.
> 조준기: (조타실 선원들이) 123정 한 척만 올 것이라고 생각하지는 못했습니다. 선원들은 그 지역을 순찰하는 더 큰 해경 배가 올 것이라고 예상하고 있었습니다. 그런 배가 오면 충분히 승객과 선원 모두 구조할 수 있을 것이라고 생각했습니다. 드러내놓고 말하진 않았지만 다들 그렇게 생각했습니다.[63]

> 조사관: 조타실 선원들로서는 이미 해경에 구조 요청 후 승객 규모에 대하여 밝혔으니 당연히 그에 걸맞은 규모 또는 수의 경비정이 올 것으로 여겼던 것이지요.
> 신정훈: 네, 이미 승선 인원을 말했으므로 당연히 큰 배가 오거나 많은 배가 올 거라고 생각했습니다.
> 조사관: 진술인은 작은 123정을 보고 어떤 생각이 들던가요.
> 신정훈: 세월호 밖으로 나와 보니 해경도 별로 없고 승객들도 별로 안 나와 있어서 놀라고 당황했습니다.[64]

선원들은 헬기와 123정으로 선원까지 합쳐 "총인원 약 500명 정도"를 구소하는 선 불가능하다고 생각했다. 9시 40분경 신정훈이 제주 운항관리실과 교신했다. 조타실을 빠져나가기 전에 한 마지막 교신이었다.

> 신정훈: 경비정 한 척 도착해서 지금 구조 작업 하고 있습니다.
> 제주 운항관리실: 예, 지금 P정이 계류했습니까?
> 신정훈: 네, 지금 경비정이 옆에 와 있습니다. 그러고 지금 승객 450명이라서 지금 경비정 이거 한 척으로는 부족할 것 같고, 추가적으로 구조를 하러 와야 될 것 같습니다.

해경이 퇴선을 명령하면 선원들의 순서는 늦어질 수밖에 없다. 승객들이 탈출하기 시작하면 선원들이 먼저 나갈 수 없기 때문이다. 선원들의 순서는 승객들을 다 내보낸 뒤에야 오게 돼 있다. 그런데 옆에 와 있는 경비정은 승객도 다 태울 수 없는 소형이었다. 배는 점점 기울어지는데 시간이 없었다. 승객을 탈출시키기 시작하면 선원들에게 기회가 없다는 뜻이었다. 운이 좋다고 해도 할 수 있는 것은 바다로 뛰어드는 것뿐이었다. 구명뗏목도 터뜨리지 못한 상황에서 조타실에 있던 10명 중 구명조끼를 입은 사람은 3명밖에 없었다. "매우 위험"했고 "죽는다고 보는 것이 맞을 것" 같았다.

> 검사: 당시 조타실에 있는 모든 사람들에게 구명조끼가 돌아가지 않는 상황이었고, 앞서 이야기한 것처럼 09시 30분이 넘은 시점부터 배가 급격히 기울어 있어 빨리 탈출을 해야 할 상황이었으며, 승객들과 함께 탈출할 경우 경비정 한두 대 정도로는 빠르게 구조를 받기가 어렵기 때문에 만약 승객들에 대한 퇴선 지시를 하여 다수의 사람이 한꺼번에 탈출을 하면 선원들 중 사망자가 나올 가능성이 높아 보이는데 어떤가요.
> 신정훈: 맞습니다. 당시 상황으로 보았을 때 만약 승객들과 선원들이 한꺼번에 바다로 뛰어든다면 구명조끼를 착용하지 못한 선원들 가운데 사망자가 나올 가능성이 있었습니다.[65]

곧 몰려올 어업지도선들과 어선들, 그리고 당시 수온이 12.6도여서 바닷물에 떠 있으면 3시간 정도는 버틸 수 있다는 점을 생각하지 못했다. 선원들은 생존 기회가 없다고 판단했다. 그런 위협을 느낄 수 있는 상황이었다.

바로 그때 기관부 선원들이 도주했다. 기관장 박기호의 지시를 받고 일찌감치 기관실을 떠나 3층 복두에서 기다리던 기관부 선원 7명은 3층 선미 난간에서 제일 먼저 123정 구명보트를 타고 도망갔다. 조타실에서 그 모습을 본 선장과 간부 선원들은 기로에 섰다. 승객 구조와 도주 중에 선택해야 했다.

> 검사: 피의자는 세월호가 바다 속으로 침몰하는 것이 기정사실이라고 생각하였음에도 승객들의 안전을 위하여 별다른 조치를 취하지 않은 이유가 무엇인가요.
> 강원식: 저 자신도 잘 모르겠습니다.
> (중략)
> 검사: 피의자는 세월호가 수심 40미터의 바다 속으로 침몰하는 것이 기정사실이고 그렇게 확신을 하였음에도 승객들에게 대피명령을 내리지 않고 승객을 구조하기 위한 조치를 전혀 취하지 않은 것은 승객들의 죽음을 방치한 것으로밖에 보이지 않는데 어떠한가요.
> 강원식: 네, 맞습니다.
> (중략)
> 강원식: (이때 피의자는 15분 정도 침묵하다가) 저도 그 아이들이 죽기를 바란 것은 아닙니다.
> 검사: 피의자는 그 상태에서 승객들에게 대피명령을 내리지 않는다면 승객들이 그대로 수장되어 죽는다는 사실은 알고 있었지 않은가요.
> 강원식: (이때 피의자는 고개를 숙이며 조그만 목소리로) 네, 그 상황이면 수장됩니다.[66]
> 검사: 피의자는 우선적으로 소수 인력의 해경이 도착하면 승객들을 우선 구조할 것이고, 피의자들을 비롯한 선원은 세월호에 남아 승객의 퇴선 유도 등 구호 활동을 해야 하므로 나중에 구조될 것을 염려한 것 아닌가요.
> 강원식: 그런 생각은 한 적이 없었습니다. 해경이 빨리 그리고 많이 왔으면 하는 생각만 있었습니다.
> 검사: 신속하게 그리고 많은 인력의 해경이 도착하시 않는 경우는 어떻게 하려고 하였는가요.
> 강원식: 그런 것까지는 생각하지 않았습니다. 그냥 빨리 그리고 많이 왔으면 하는 생각뿐이었습니다.
> 검사: 피의자는, 승객들이 먼저 구조되고 나면 세월호가 완전히 침몰할 단계에 이르러서야 피의자를 비롯한 조타실 선원들이 구조될 것을 염려하여 승객들보다 앞서 해경 경비정에 승선하려고 한 것 아닌가요.
> 강원식: 그것은 아닙니다.

검사: 당시 세월호의 승객과 승무원들을 한꺼번에 충분히 구조할 정도가 되려면 어느 정도 규모의 해경 경비정이 필요하다고 생각하였는가요.

강원식: 해경 경비정이 많이 오면 좋을 것이라고 생각하였는데 어느 정도까지인지는 생각하지 않았습니다.

검사: 피의자를 비롯한 조타실 선원들은 오랜 항해 경험 및 교신 내용을 통하여 세월호 승객 및 승무원들을 한꺼번에 충분히 구조할 정도의 해경 경비정이 도착할 수 없다는 사실을 알고 있었던 것 아닌가요.

강원식: 그렇게까지는 생각하지 않았습니다. 해경이 빨리 그리고 많이 왔으면 좋겠다고 생각했지만 그렇게까지는 생각해보지 않았습니다.[67]

선장을 대신한 간부 선원들의 책임

3층 로비 안내데스크에 있던 여객부 선원 강혜성은 선장의 퇴선명령이 없었기 때문에 선내 대기 방송을 계속했다고 주장했다.[68] 검찰은 선장 이준석과 1등항해사 강원식, 2등항해사 김영호, 기관장 박기호를 살인죄로 기소했다. 승객들을 퇴선시키지 않고 도주한 것에 살인의 '미필적 고의'*가 있다는 것이다.

법원의 판단

1심 재판부[69]는 살인죄에 대해 모두 무죄를 선고했다.** 이유는 다음

---

* 어떤 행위를 할 때 그 행위로 발생할 결과를 적극적으로 의도하지는 않더라도 그런 결과가 발생할 수도 있다는 점을 인식하고 또 그런 결과가 발생하는 것을 용인하는 내심의 의사를 말한다. 예를 들면, 적극적으로 다른 사람을 다치게 할 생각은 없지만, 누군가 다칠 수도 있고 그래도 할 수 없다고 생각하면서 여러 사람이 모여 있는 곳에 돌을 던져 그 돌에 맞은 사람을 다치게 했다면 미필적 고의에 의한 상해죄가 된다.

** 1심 재판부는 살인죄를 무죄로 판단하는 대신 승객들을 갇히게 해 사망에 이르게 한 점에 대해 유기치사죄를 적용했다. 유기치사는 승객을 구조할 의무가 있는 선원들이 승객의 사망 가능성을 인식하

과 같다. ① 조타실에 있던 선원들이 진도VTS와 교신한 내용을 보면 승객들과 함께 구조되기를 희망했다. ② 해경이 구조를 시작한 것을 확인하면서 해경에 의한 구조 작업이 순조로울 것이라 기대했다. ③ 해경 123정이 도착할 무렵 이준석이 2등항해사 김영호에게 승객들을 퇴선시키라는 지시를 했고 김영호가 무전기에 대고 탈출시키라는 취지의 말을 한 사실이 인정된다. ④ 선원들이 승객들보다 먼저 구조받기 위해 탈출을 모의한 증거가 없다.[70] 다친 선원을 내버려두고 도주한 박기호의 경우 ① 조타실을 나올 때 강원식이 외부에 구조 요청을 하는 것을 알았다. ② 다른 피해자들의 상태를 알지 못했고 ③ 기관부 선원들이 탈출할 때 해경 구조 헬기가 구조 작업을 시작해 해경이 승객들을 구조할 것으로 기대할 수 있었다.*

2심 재판부[71]는 선장 이준석에 대해서만 살인죄를 인정했다. 살인의 미필적 고의를 인정한 이유를 보자. ① 이준석은 선장으로서 승객 구조를 위한 핵심 역할을 수행해야 한다. ② 이준석은 사고 직후 조타실로 올라와서 항해사들의 제안에 소극적으로 몇 가지 지시를 했을 뿐 적극적인 지휘를 전혀 하지 않았다. 해경 구조대가 도착하면 어떻게 승객을 구조할지 논의한 적도 없고, 진도VTS가 탈출 결정을 내리라고 요구할 때도 아무런 지시를 하지 않아 선장의 역할을 포기했다. ③ 승객들은 스스로 탈출할 수 있었는데도 이준석의 지시로 한 선내 대기 방송에 따라 배 안에 대기하며 구조를 기다렸다. ④ 간단하고 쉬운 방법으로 퇴선명령을 할 수 있었는데도 하지 않았다. ⑤ 퇴선 후에도 해경에 신분을 밝히지 않

면서 구호 조치를 하지 않고 내버려둬 결국 사망하게 한 것으로, 살인의 미필적 고의가 인정되지 않는 경우를 말한다.

* 검찰은 세월호에서 도주하면서 3층 기관부 객실 복도에 크게 다친 조리부 선원 김문익, 이묘희가 있다는 사실을 해경에게 알리지 않아 이들을 사망에 이르게 했다는 이유로 기관장 박기호를 살인죄로 기소했다. 1심 법원은 박기호에게 김문익, 이묘희에 대한 살인죄를 인정했으나, 2심은 미필적 고의를 인정하기 어렵다며 무죄를 선고했다. 이 판결은 대법원이 확정했다.

았고 승객을 구조할 조치도 하지 않는 등 철저한 무관심으로 일관했다. ⑥ 이는 살인의 실행 행위와 같고 실제로 작위에 의한 살인과 같은 결과를 초래했다.[72]

　강원식, 김영호는 퇴선 후 구조활동에 참여한 사실을 근거로 살인의 미필적 고의가 인정되지 않는다며 무죄를 선고했다. 대신 강원식에게는 1등항해서로서 화물의 과적과 부실 고박을 방지할 감독 의무를 이행하지 않은 업무상 과실로 세월호를 침몰하게 하고도 승객을 구조하지 않고 탈출한 점에 대해 「특정범죄가중처벌 등에 관한 법률」 위반(도주선박)죄*를 적용했다. 김영호의 경우에는 승객을 구조할 법률상, 계약상 의무**가 있음에도 승객을 구조하지 않고 도주한 것을 유기치사상죄로 인정했다.***

　대법원은 2심의 손을 들어주었다. 이준석에 대해서는 일치된 의견으로 살인죄를 인정했다. ① 선장은 승객을 구조하는 핵심 역할을 수행해야 하고, 퇴선명령 등을 통해 승객들이 사망하지 않도록 적극적으로 방지할 의무가 있다. ② 이준석은 선장으로 승객을 퇴선시킬지, 언제, 어떻게 퇴선시킬지 등을 결정하고, 선원들이 승객 퇴선을 위한 임무를 수행하도록

---

* 검찰은 2심에서 강원식의 살인 및 살인미수의 점에 대한 예비적 공소사실이던 유기치사, 유기치사상죄를 제2예비적 공소사실로 변경하고, 제1예비적 죄명으로 「특정범죄가중처벌 등에 관한 법률」 위반(도주선박)의 점을 추가해서 공소장을 변경했다(2015. 4. 7.). 재판부가 제1예비적 공소사실인 도주선박죄를 유죄로 선고함으로써 제2예비적 공소사실인 유기치사, 유기치사상죄에 대해서는 유무죄를 판단하지 않았다.

** 법률상 의무는 「수난구호법」 18조 1항 단서의 "조난사고의 원인을 제공한 선박의 선장 및 승무원은 (중략) 조난된 사람을 신속히 구조하는 데 필요한 조치를 하여야 한다"라는 조항이고 계약상 의무는 세월호 운항관리규정에 정한 승객 구호 의무를 말한다. 세월호 운항관리규정 14조 1항은 비상사태 발생 시 승무원의 준수 사항으로 "1. 인명의 안전 확보를 최우선으로 할 것. 2. 사고 시 사고 처리 업무는 모든 업무에 최우선하여 시행한다. 3. 사태가 낙관적이어도 항상 최악의 사태를 염두에 두고 조치를 강구할 것. 4. 선장의 대응 조치 및 지시 사항을 따를 것. 5. 육상 종업원은 육상에서 취할 수 있는 모든 조치를 강구할 것"을 정했으며, 3항은 "1. 인명의 안전 확보를 위한 최우선적인 조치를 취한 후 사고 확대 방지 및 여객의 불안을 제거하기 위한 필요한 조치를 강구함. (중략) 3. 선원은 비상부서배치표에 의한 임무를 성실히 수행한다" 등의 내용을 정했다.

*** 세월호 2등항해사 김영호 외에 나머지 선원들에게도 유기치사상죄가 적용되었다.

지휘하고 통제할 수 있는 유일한 권한을 가진 사람이다. ③ 사고 당시 이준석이 김영호에게 선내에 대기하라는 방송을 지시하면서 승객들은 각자의 인식과 판단에 따라 스스로 탈출할 수 있었음에도 방송에 따라 구명조끼를 입고 선내에 대기하며 다음 지시를 기다리고 있었다. ④ 이준석은 선내에 대기 중인 승객들의 퇴선조치 없이 경비정으로 탈출했다. ⑤ 퇴선한 뒤에도 아무런 조치를 하지 않아 승객들이 세월호에서 탈출할 수 없게 되는 결과를 초래했다. ⑥ 이는 적극적으로 승객들을 물에 빠뜨려 익사시키는 행위와 다름없고 승객들이 사망에 이를 수 있음을 예견하고도 용인하는 내심의 의사에서 비롯된 것이다.[73]

선장 이준석과 함께 살인죄로 기소된 1등항해사 강원식과 2등항해사 김영호에 대해서는 의견이 나뉘었다. 대법원 소수의견은 살인죄를 적용해야 한다고 했지만 다수의견은 인정하지 않았다. 다수의견은 간부 선원으로서 승객을 사망에 이르게 한 잘못이 있지만, 선장인 이준석과 같이 사태를 지배하는 지위에 있지 않았기 때문에 이준석의 살인 행위에 공모하고 가담했다고는 볼 수 없다고 했다.

다수의견은 다음과 같은 이유를 들었다. ① 퇴선조치는 선박의 총책임자인 선장의 전문적인 판단과 지휘에 따라야 하는 것이며 다른 선원들이 함부로 간섭해서는 안 된다. ② 사고 당시 선장의 지휘 명령 체계가 그대로 유지되고 있었으므로 이들은 선장의 상황 판단과 지휘 내용에 의존하며 후속 임무를 수행해야 했다. ③ 이준석이 명시적으로 퇴선조치에 대한 거부 의사를 밝힌 것도 아니었다. ④ 선장인 이준석을 무시하면서까지 독단적으로 퇴선조치를 강행해야 할 만큼 비정상적으로 상황이 전개되고 있다는 점을 쉽게 인식할 수 있었다고 보기 어렵다. ⑤ 이들은 당시 도착한 해경 123정을 중심으로 한 체계적인 구조 작업이 개시된 후에야 피고인 이준석의 퇴선명령이나 해경의 구조 유도에 따라 세월호에서 퇴선했다.

대법원 다수의견이 놓친 것

간부 선원인 강원식과 김영호에게 살인죄의 성립을 부인한 다수의견과 달리 대법원 소수의견은 살인죄의 책임을 물어야 한다고 했다.[74] 이유는 다음과 같다.

① 1등항해사 강원식, 2등항해사 김영호는 선박이 조난사고를 당한 비상 상황에서 선장을 보좌해 선원들을 지휘하고 유사시 선장의 직무를 대행할 책임이 있다.* 조난을 당한 승객의 생명과 신체의 안전을 보호할 법적 지위와 작위의무가 선장에 준한다.

② 승객의 인명에 급박한 위험이 발생해 선장이 혼자 그 역할을 수행하기 어려운 경우에는 선장의 구조 지휘에 관한 업무를 적극적으로 보좌해 선원들을 직접 지휘할 의무가 있다.

③ 선장이 조난 상황에 비추어 당연히 해야 할 지휘를 누락한 것이 분명한 경우에는 구체적인 구조 조치를 적극적으로 건의·촉구할 조리상 의무**가 있다. 간부 선원은 일반 선원들과 달리, 선장의 포괄적이고 절대적인 권한에 일방적·수동적으로 종속되는 지위에 있는 것이 아니다. 선장을 가까운 거리에서 보좌해 다른 선원들을 지휘하면서도 유사시 선

---

* 「선원법」은 선장에게 인명 구조 등에 필요한 처치 의무와 그 의무 위반에 따른 벌칙 조항을 두고 있는데, 이 벌칙 조항은 선장의 직무를 대행하는 사람에게도 적용된다(「선원법」 180조). 선장이 부득이한 사유로 직무를 수행할 수 없을 때에는 1등항해사가 그 직무를 대행하게 되어 있다(「선박직원법」 11조 2항). 또 선장은 선박이 항구를 출입할 때나 좁은 수로를 지나갈 때 또는 그 밖에 선박에 위험이 생길 우려가 있을 때에는 선박의 조종을 직접 지휘해야 한다(「선원법」 9조). 다만, 휴식을 취하는 시간에는 1등항해사 자격을 갖춘 직원이 이를 대행할 수 있는데, 연안여객선의 경우 3급항해사 자격을 갖춘 사람이 이에 해당한다(「선원법」 60조 3항, 「선박직원법 시행령」 3조의 6). 세월호에서는 강원식, 김영호가 이 자격을 갖춘 사람에 해당하므로 특수한 경우에 선장의 선박 조종 지휘를 대행할 수 있다. 선원 사건, 대법원 판결문(2015. 11. 12.), 42~43쪽.

** 조리(條理)란 사물의 본성, 자연의 이치, 이성의 규범 또는 법의 일반 원칙을 말한다. 「민법」 1조는 "민사에 관하여 법률에 규정이 없으면 관습법에 의하고 관습법이 없으면 조리에 의한다"라고 정해 조리를 보충적 법원(法源)으로 인정하고 있다. 여기서 '법원'이란 재판의 기준이 되는 법의 존재 형식을 말한다. '조리상 의무'란 법령에 명시되어 있지는 않지만, 도덕이나 윤리적 의무가 아니라 법적 의무다.

장의 직무를 대행해야 하고 평상시에도 이를 대비해야 하는 특수한 지위에 있다.

④ 강원식은 화물의 과적과 평형수 감축 적재를 묵인하고, 부실한 화물 고박을 알면서도 조치를 하지 않았다. 이는 세월호가 복원성이 현저히 악화된 채 출항하게 해 전복 위험성을 높였다. 김영호는 사고 당시 진도 VTS와 교신해 구조세력이 어떤 규모로 언제 도착하는지 알았다. 그러면서 선장의 지시에 따라 선내 대기하라는 방송을 하도록 전달해 승객들을 대기하게 함으로써 대부분이 침몰하는 선내에서 빠져나오지 못하고 익사하게 될 위험에 빠지게 했다. 따라서 이들은 단순히 간부 선원으로서만이 아니라 위험을 발생시킨 자로서 이를 제거하고 결과 발생을 방지할 의무도 있다.

⑤ 강원식, 김영호는 이준석이 승객 구조와 관련한 선장의 역할을 전면적으로 포기하고 방기하는 비정상적 상황*을 보면서도 대피명령과 퇴선명령 등 구조 조치를 지시하도록 건의하거나 촉구하지 않았다.

⑥ 갑판부 선원들과 승무원들에게 퇴선 준비 등 구조 임무를 수행하도록 직접 지휘할 수도 있었지만 하지 않았다.

⑦ 해경 123정이 도착할 무렵 배가 곧 침몰할 것을 알 수 있었고 승객들이 탈출하지 않으면 익사할 수밖에 없는 상황에서 해경에게 승객들의 상황에 관한 정보를 제공하지도 않았다.

---

* 당시 「선원법」에 의하면 선장은 선박에 급박한 위험이 있을 때 인명, 선박 및 화물을 구조하는 데 필요한 조치를 다해야 하며 화물을 싣거나 여객이 타기 시작할 때부터 화물을 모두 부리거나 여객이 다 내릴 때까지 선박을 떠나지 말아야 한다(「선원법」 10조, 11조). 선장이 급박한 위험에서 인명 구조 조치를 하지 않은 경우 5년 이하의 징역에 처하고(161조), 재선 의무를 위반할 경우 500만 원 이하의 벌금에 처했다(164조 4호). 선박에 급박한 위험이 있는 경우 선원이 선장의 허가 없이 선박을 떠나면 1년 이하의 징역에 처하게 되어 있었다(166조 1호). 세월호 사고 후 법이 개정되어 선장은 선박에 급박한 위험이 있을 때 인명 구조 조치를 다하기 전에 선박을 떠날 수 없다는 조항이 추가되고(11조 2항), 급박한 위험에서 선장의 구조 조치 의무와 재선 의무를 나머지 선원들에게 준용하는 조항이 신설됐다(11조 3항).

⑧ 이들은 선장을 통하지 않고도 자신의 의무를 이행할 수 있었으므로 사태를 지배하는 지위에 있었다고 평가할 수 있다. 그런데 아무것도 하지 않고 선장 및 선원들과 함께 퇴선해 그 후의 퇴선명령 가능성마저 봉쇄했다.

⑨ 이들이 퇴선을 단행한 것은 승객들의 사망이라는 결과를 용인하는 의사로 평가할 수 있고, 작위에 의해 익사시키는 것과 같은 규범적 가치가 있으므로 이준석의 살인 행위에 공모하고 가담한 것으로 보아야 한다.

당시 승객을 버려두고 도주한 선장과 선원들의 행위를 부작위에 의한 살인의 미필적 고의를 가지고 묵시적으로 공모한 것으로 볼 것인가 아니면 단순한 유기 행위로 볼 것인가는 쉽게 판단하기 어렵다. 하지만 다수의견이 제시한 근거에는 의문이 있다.

무엇보다 곧 침몰할 것이 예상되는 배에 승객을 방치한 채 도주하는 순간 "선장의 지휘 명령 체계"는 선장 자신에 의해 무너졌다고 판단하는 것이 옳아 보인다. 이것은 또 규범적 측면에서 보면 "명시적으로 퇴선조치에 대한 거부 의사를 밝힌 것"과 다를 바가 없다. 다수의견이 인정했듯이 승객을 버려두고 도주한 선장의 행위가 살인에 해당한다면, 살인 행위를 저지르는 선장의 지휘에 선원들은 복종할 의무가 없다고 보아야 한다. 오히려 그것을 저지하기 위해 노력할 의무가 있다고 보는 것이 타당하다. 선장의 지시에 복종할 선원들의 의무는 어디까지나 선장이 자신의 책임을 제대로 이행한다는 전제에서 성립하는 것이지 승객에 대해 살인죄를 저지르는 상황에서까지 관철될 수 있는 것은 아니다. 위급한 상황에서 승객을 구조할 선원의 의무는 선장에게 복종할 의무보다 당연히 우선한다.

또한 이준석이 김영호에게 선내에 대기하라는 방송을 지시해 승객들이 다음 지시를 기다리고 있었으므로 "이준석이 당시 사태의 변화를 지배하고 있었다"라는 판단도 수긍하기 어렵다. 사고 직후 이준석이 조타실로 들어와 엔진 정지와 힐링 펌프 조작, 안내방송 실시 등을 지시하며 지배적 권한을 행사했던 것은 사실이다. 그러나 배가 복원되지 않은 채 시간이 흘러갈수록 이준석은 "없는 것이나 마찬가지"라고 표현될 만큼[75] 어떤 판단도 하지 않고 아무런 지시도 주체적으로 하지 않았다. 「선원법」에 따라 1등항해사가 지휘를 대행할 수 있는 상황이었다. 실제로 이후 특조위 조사 과정에서 확인된 것처럼 강원식과 김영호는 진도VTS와 두라에이스호 등과의 교신 이후 해경이 도착하기 전까지 승객들을 선내에 그대로 대기시키기로 하는 결정을 주도했다. 상황 변화에 따른 승객 구호 관련 결정을 "지배했던" 것은 이준석이 아니라 강원식과 김영호였다.

강원식과 김영호가 "해경 경비정 등 구조세력이 사고현장에 도착하여 해경을 중심으로 한 체계적인 구조 작업이 개시된 후에야 피고인 이준석의 선원들에 대한 퇴선명령이나 해경의 구조 유도에 따라 세월호에서 퇴선하였"다고 한 것도 의문이다.[76]

선원들의 승객 구조 의무는 해경 등 구조세력이 도착할 때까지만 부과되는 게 아니다. 다수의견이 말한 "선박공동체 전원의 안전이 종국적으로 확보될 때까지 적극적·지속적으로 구조 조치를 취할 법률적 의무"는 선장만이 아니라 선원들에게도 있다. 다수의견 스스로 밝힌 바와 같이 "모든 승무원은 선박 위험 시 서로 협력하여 조난된 승객이나 다른 승무원을 적극적으로 구조할 의무가 있"다.[77] 해경이 도착해 구조 작업을 시작했다고 해서 승객들을 버려둔 채 도주한 책임이 가벼워질 수는 없다. 오히려 해경과 협력해 승객들의 "안전이 종국적으로 확보될 때까지 적극적·지속적으로 구조 조치를" 계속해야 했다.

"해경을 중심으로 한 체계적인 구조 작업이 개시"되었다고 한 판단은 사실에도 어긋난다. 해경의 구조 실패는 대통령의 해경 해체 선언을 불러올 정도로 국민적 분노를 불러일으켰다. 대법원은 2015년 11월 27일 부실 구조로 승객들을 숨지게 한 혐의(업무상 과실치사죄)로 123정장 김경일에 대해 징역 3년을 확정한 바 있다.[78]

첫째, 이준석은 '퇴선명령'을 하지 않았다. 오전 9시 23분 선장에게 빨

4부 왜 못 구했나   505

리 인명 탈출을 결정하라고 하는 진도VTS의 교신을 들은 김영호가 "어떻게 합니까"라고 물었지만 이준석은 끝내 아무런 대답도 하지 않았다. 이준석이 퇴선명령을 했다고 강원식을 비롯한 5명의 선원들이 주장했지만, 그 말을 믿을 수 없다는 것은 이미 2심 판결이 구체적으로 밝혔다. 다수의견도 이준석이 해경 123정 도착 전에 퇴선에 관한 교신과 건의를 모두 묵살했다고 인정했다.[79]

그럼에도 피고인 이준석은 9시 34분경 세월호의 침수한계선이 수면에 잠겨 복원력을 완전히 상실하고 9시 35분경 해경 경비정이 사고현장에 도착한 후에도 퇴선명령 등 퇴선을 위한 기본적인 조치조차 취하지 않았고, 피고인 강원식, 김영호 등 나머지 선원들도 그와 같은 상황을 방관하고 있었다. 이어서 다수의견은 이준석이 퇴선을 지시하지 않았다고 본 2심 판단을 명시적으로 지지했다.

> 원심 판결 이유를 원심 및 제1심이 적법하게 채택하여 조사한 증거들에 의하여 살펴보면, 원심이 그 판시와 같은 이유를 들어 피고인 이준석이 퇴선 방송 지시를 하지 아니한 채 퇴선하였다고 판단한 것은 정당하고, 거기에 상고이유 주장과 같이 논리와 경험의 법칙을 위반하여 자유심증주의의 한계를 벗어나는 등의 잘못이 없다.[80]

결국 이준석의 퇴선명령에 따라 강원식과 김영호가 퇴선했다는 다수의견의 판단은, 그런 명령을 한 적이 없다고 한 스스로의 판단과 충돌하고 있다.

문제는 여기서 그치지 않는다. 도주 당시 이준석이 무슨 말을 했든, 그것이 승객들에 대한 '퇴선명령'이라고 할 수 없다는 점은 분명하다. 하지만 선장과 선원들이 도주하는 과정에서 의사소통하면서 자기들의 행동을 '퇴선'이라고 표현했을 가능성은 있다. 근거를 제시하지 않아 정확한 뜻을 파악하기 어렵지만, 강원식과 김영호의 살인죄를 부정하기 위해 다수의견이 언급한 "선장의 퇴선명령"은 바로 그 의사소통을 의미하는 것으로 보인다. 그런데 선장과 선원들 사이에 '퇴선명령'과 같이 적극적으로 의미를 부여할 수 있는 대화가 오고 갔다고 보면 더 심각한 모순이 생긴다.

이준석이 선원들에게만 퇴선명령을 했다면 불법이다. 당시 상황에서 선장의 퇴선명령이 적법하려면 오로지 승객들을 구조하기 위한 것이어야 하며, 승객들을 퇴선시키는 데 필요한 행동을 하라고 선원들에게 명령하는 것이어야 한다. 다수의견이 이준석의 퇴선을 두고 살인 행위로 평가했듯이, 이준석이 선원들에게만 퇴선을 명령했다면 그것은 승객에게 남은 마지막 구조 기회까지 박탈하는 범죄행위일 뿐이다. 선원들은 그 명령에 복종할 의무가 없고, 복종해서도 안 된다.

다수의견이 강원식과 김영호의 살인죄를 부인한 제일 중요한 근거는 이준석의 살인 행위에 "공모·가담하였다고 단정하기" 어렵다는 것이다.[81] 그런데 강원식과 김영호가 이준석의 '퇴선명령'에 따라 퇴선했다면 그것은 오히려 강원식과 김영호가 이준석과 공모했다는 근거가 되어야 한다. 앞뒤가 맞지 않는다.

둘째, 이들이 "해경의 구조 유도"에 따라 퇴선했다는 것도 사실에 부합한다고 보기 어렵다. 이준석, 강원식, 김영호의 탈출 부분에 관해 대법원은 다음과 같은 사실을 인정했다.

> 피고인 이준석과 피고인 강원식, 김영호 등 갑판부 소속 피고인들은 09시 37분경 이후 진도VTS로부터의 교신에 응답하지 않은 채 해경 경비정이 세월호에 다가오기만을 기다리면서 (중략) 승객 등을 구조하기 위한 아무런 조치를 취하지 않았을 뿐만 아니라, 승객 등의 상황에 대하여 확인하거나 승객 등의 구조 방법에 대한 논의조차 하지 않다가, 09시 39분경 피고인 박기호 등 기관부 소속 피고인들이 퇴선하는 것과 전방에 경비정이 다가오는 것을 보자, 곧바로 조타실 좌측에 있는 출입문을 통해 차례로 윙브리지로 나간 후, [09시 45분경] 세월호의 조타실 앞에 도착한 해경 123정 경비정에 탑승하면서 자신들이 선장 또는 선원임을 밝히지 않

고 퇴선하였고, 퇴선 이후에도 해경에게 승객 등이 선내 대기 중인 사실 등을 알려주지 아니하였다.[82]

해경 123정이 선장과 선원들을 제일 먼저 구한 것을 두고 많은 의혹이 제기됐다. 그들이 선원인 것을 알았다고 볼 수 있는 여러 정황이 있지만, 정장 김경일을 비롯한 123정 대원들은 끝까지 몰랐다며 부인했다.* 9시 39분경 조타실 좌현에서 밖을 쳐다보던 박경남이 박기호를 비롯한 기관부 선원들의 도주 장면을 보고 소리쳤고, 마침 123정에서 박경남을 봤다. 123정이 다가와 조타실 옆에 배를 대자 박경남, 강원식, 이준석, 박한결, 김영호 순으로 도주했다.

이들이 선원인 줄 몰랐다는 해경의 변명을 받아들인다면, 해경은 선원들에 대해 적극적으로 "구조 유도"를 한 것이 아니다. 일반 승객으로 잘못 알았던 것이다. 선원인 줄 알았다면 해경은 승객을 내팽개치고 도주하는 이들을 결코 먼저 구조해서는 안 됐다. 이들을 돌려보내 배에 남아 있는 마지막 승객까지 구조하도록 해야 했다. 이준석을 비롯한 선원들이 123정으로 도주하면서 선장과 간부 선원인 사실을 적극적으로 밝히지 않았고, 123정 승조원들 또한 그들이 선원인 것을 몰랐다고 극구 부인하는 것도 그 때문이다.

결국 강원식과 김영호의 살인죄를 부인한 대법원 다수의견은 잘못된 사실에 기초하거나 논리적으로 모순되는 점들이 적지 않다. 이런 지적은

---

* 사참위는 123정 승조원들이 구명보트로 최초 구조한 기관부 선원 7명이 123정으로 옮겨 탄 시점부터 선원임을 인지한 것으로 판단했다. 그럼에도 선원들에게 세월호에 승선할 수 있는 출입문 위치나 승객의 상태 등 선내 상황을 물어보았다고 진술한 승조원은 없었는데, 123정 승조원들이 대형 여객선 승객 구조 경험이나 훈련이 전무했던 것과 관계된 것으로 보았다. 실제로 당시 123정과 헬기 등 해경 구조세력은 선내에 대기 중인 대부분의 승객에 대한 조치를 하지 않은 채 갑판이나 바다로 빠져나와 있는 일부 승객들을 '눈에 보이는 대로' 구조하기에 급급했다. 반대로 세월호 선원들은 승객들을 선내에 대기시킨 채 본인들만 먼저 배 밖으로 탈출했기 때문에 123정의 우선적 '구조' 대상이 됐다고 했다. 사참위 해경 초동대응 조사보고서, 385~395쪽.

이준석뿐만 아니라 강원식과 김영호도 모두 살인죄로 처벌받아야 했다고 주장하기 위함이 아니다. 살인죄 적용 여부를 떠나 당시 조타실에 있던 선장과 선원들의 행동 및 그 이유가 일관된 논리로 설득력 있게 설명될 수 있을 때만 수백 명의 희생이 어디서 비롯되었는지에 관한 '진상'이 사회적으로 정립될 수 있다는 사실이 중요하다. 어쩌면 참사 이후 10년이 지나도록 선원들과 해경이 모종의 공모를 통해 승객들을 희생시켰다는 유의 각종 의혹이 온전히 사라지지 않았던 것은 선원들의 과실에 대한 법원의 판단이 내적 정합성을 갖추지 못한 상태로 종결된 데에도 원인이 있다고 할 수 있다.

2장
진도VTS의 관제 실패

변칙 근무

4월 16일 8시 49분, 진도VTS 관제 모니터. 남녀 한 쌍의 아이콘이 진도군 병풍도 옆에서 오른쪽으로 돌았다. 배의 속력과 방향을 나타내는 실선(벡터)이 점차 줄어들었다. 속력이 2노트로 뚝 떨어졌다. 8시 51분 아이콘이 오던 쪽으로 방향을 바꾸어 느리게 움직였다. 8시 54분 실선이 사라졌다. 세월호였다.[83]

6,000톤급 여객선에 실선이 없어진다는 것은 기관 고장이나 사고를 의미했다. 관제사가 추적 관찰했다면 문제가 생긴 것을 쉽게 알 수 있었고[84] 당연히 배를 호출해 교신해야 했다.[85] 그 시각 진도VTS 관제실에는 관제사 8명 등 10명이 있었지만* 아무도 이상 징후를 감지하지 못했다.[86] 9시 4분 목포해경 상황실이 경비전화로 "세월호가 침몰 중"이라고 알려줄 때까지 15분간 모르고 있었다.

---

* 센터장 김형준, C조(전일 근무) 정안철, 이건호, 노영현, 기선영, A조(당일 근무) 김종기, 정영민, 이갑열, 이원영, 순경 김병선.

그날 오전 7시 6분, 세월호가 진도VTS 관할구역인 전라남도 신안군 흑산도 근처 해상에 진입했다. 2섹터 관제구역이었다.[87] 진도VTS는 관제구역을 1·2섹터로 나눠 관제사 2명이 한 섹터씩 책임관제했다.* 관제 면적이 3,880제곱킬로미터로 부산항VTS의 20배, 제주VTS의 6배여서 1명이 전체를 관찰하는 게 불가능했다.[88] 다양한 축척으로 관제구역의 해도를 볼 수 있는 27인치 관제 모니터는 1섹터 관제석에 4대, 2섹터 관제석에 3대가 설치돼 있었다. 이 모니터에 AIS(선박자동식별장치) 신호와 레이더로 확인한 선박 위치가 아이콘으로 표시됐다.[89] 세월호 같은 여객선의 아이콘은 남녀가 손을 잡고 나란히 서 있는 모습이다. 다중 이용 선박이라는 뜻이다. 아이콘 앞에는 실선이 뻗어 나왔는데 항해 방향을 뜻했다. 배의 속력이 빨라지면 선이 길어지고 느려지면 짧아졌다. 배가 멈추면 없어졌다.[90]

7시 6분 세월호는 2섹터 관할구역에 들어오기 직전 홀리페어리호와 교차했다. 홀리페어리호에 설정된 도메인 워치(domain watch, 선박 주변 일정 거리 안에 물체가 들어오면 경보가 울리는 장치)가 붉은색으로 깜박거렸다. 두 배가 근접했다는 경고였다.[91] 진도VTS는 세월호나 홀리페어리호를 호출하지 않았다.[92] 세월호를 관찰해야 할 C조 2섹터 관제사 기선영은 "유연하게 근무"했다. 화장실에서 얼굴도 씻고 관제석과 업무용 컴퓨터 사이를 왔다 갔다 했다.[93] 대신 1섹터 관제사 이건호가 1·2섹터 전체를 관찰했다. 그는 세월호가 2섹터 관제구역으로 진입하는 모습을 기억

---

* 2010년 4월 19일 진도VTS 관할 해역에서 제5만천호와 상선이 충돌했는데 여러 사람이 동시에 관제해 책임 한계가 불명확했다. 이를 계기로 해경은 진도VTS의 관제구역을 2개로 분할하고, 섹터별로 책임관제사를 지정해 관제업무를 강화하도록 했다. 유조선 통항 금지 해역(대략 우이도-서거차도-동거차도-자개도)을 기준으로 그 안쪽을 1섹터, 바깥쪽을 2섹터로 분리해 관제사 2명이 각 섹터를 관제하는 구역책임제를 시행했다. 진도연안VTS 근무 방법 개선(안) 하달(2010. 4. 22.); 진도VTS 사건, 1심 판결문(2015. 1. 29.), 8쪽.

하지 못했다. 상황 대기자 노영현과 전체 관제사 정안철은 사무실 뒤쪽에서 쉬고 있었다.[94]

진도연안해상교통관제센터(진도VTS)

선박교통관제(VTS, Vessel Traffic Service)란 레이더, 선박자동식별장치(AIS), 초단파무선통신(VHF) 등으로 선박의 위치를 탐지하고 통신해 동정을 관찰하고 항행 안전 정보를 제공해 선박 교통의 안전을 도모하는 것을 말한다. 「해사안전법」과 「개항질서법」에 따라 도입했는데 「해사안전법」은 '선박교통관제'(36조), 「개항질서법」은 '해상교통관제'(28조)라고 했다. 선박교통관제를 시행하는 구역을 관제구역이라고 하는데, 당시 항만 해역은 해양수산부 소속 항만VTS가, 연안 해역 중 선박 교통량이 많은 해역은 해경 소속 연안VTS가 관할했다. 관제업무는 ① 선박의 좌초·충돌 등의 위험을 관찰해 사고 예방 관련 정보 제공, ② 혼잡한 교통 상황을 예방해 항만 운영의 효율성을 높이기 위한 정보 제공, ③ 선박 교통 안전을 위한 조언·권고 또는 지시로 이루어진다.

세월호 사고 해역은 연안VTS인 진도VTS의 관제구역이었다. 진도VTS는 서해청 경비안전과 소속으로 경비안전과장의 지휘를 받았고 VTS 관제규칙[*], 진도VTS 상황대응 매뉴얼(2010. 7.), 진도VTS 현장 매뉴얼에 따라 업무를 수행했다. 항만VTS에 적용한 「개항질서법」은 선박이 항만의 항계에 출입 또는 이동할 때 보고할 의무를 부과했는데(28조, 48조 1항 4호, 시행규칙 11조) 연안VTS에 적용한 「해사안전법」은 관제구역에 정박하거나 통항하는 선박은 "관제사와 상호호출 응답할 수 있는 관제통신을 항상 청취"할 의무만 부과했을 뿐 관제구역 출입과 이동을 보고할 의무는 부과하지 않았다(36조, 110조 1항 15호).

진도VTS는 "관제 대상 선박은 무선통신망 또는 공중통신망을 사용해 서비스 해역 진·출입 전 자신의 항행 정보를 진도VTS VHF 채널 67번으로 보고하여야 한다"라고 홍보했고 관제구역에 진입할 때 보고하지 않는 선박을 발견하면 연락해서 "항상 진입 보고하라"고 당부했기 때문에 두라에이스호를 비

---

[*] 2012. 6. 4. 시행 해양경찰청 훈령 제915호.

롯한 상당수의 선박은 진도VTS 관제구역에 진입할 때에도 반드시 보고해야 하는 것으로 알고 그렇게 했다. 하지만 법적으로는 그럴 의무가 없었고 세월호는 진도VTS 관제구역에 진입할 때 보고하지 않았다. 항만VTS와 연안VTS에 달리 적용된 보고 의무의 차이는 진도VTS 관제사들의 직무 태만과 결합해 세월호 사고에 대한 구조세력의 대처 방향을 처음부터 비틀어지게 만든 중요한 원인이 됐다.

관제사 4명은 1섹터 책임 관제 → 2섹터 구역 관제 → 상황 대기(상황 접수 및 보고 등) → 전체 관제(1·2섹터 관제사가 자리를 뜨는 경우 대신 관제)를 돌아가며 맡았다. 낮(오전 9시~오후 6시)에는 1시간마다, 밤(오후 6시~다음 날 오전 9시)에는 1시간 30분마다 바뀌었다. 한 팀이 24시간 일하고 48시간 쉬었다. 그러나 진도VTS 관제사들은 변칙으로 근무했다. 밤에는 1명에게 모든 관제업무를 떠맡겼다. 1섹터 관제사가 전체 관제구역을 다 볼 수 있게 모니터 화면을 조정해 혼자 관찰하고 선박과 교신했다. 팩스를 보내고 자동 선박안내 방송시스템을 조작하고 해상교통일보도 작성했다. 나머지 3명은 쉬거나 잤다.[95] 관제구역이 2배로 늘어나면 관제사의 시선이 분산된다. 선박의 움직임이나 위험 상황을 정확히 감지하기 어려워진다. 충돌 위험지역을 관찰하거나 특정 선박과 교신하다 보면 나머지 구역 관제는 소홀해질 수밖에 없다.[96] 모니터를 보지 않고 자는 경우도 많았다. 의자에 기대거나 책상에 엎드려 졸았다.[97] 아예 관제석을 빠져나와 행정실 컴퓨터 의자나 1섹터 뒤쪽 소파에 눕기도 했다.

세월호 사고 직전, 야간 변칙 근무가 들통났다. 3월 28일 새벽 2시 35분 밀매도 인근 해상에서 화물선과 예인선이 충돌했다. 당직 관제사가 어선 2척이 나란히 가는 것으로 착각해 사고를 막지 못했다. 사고 직후 서해청은 진도VTS를 조사해 구역 책임관제 불이행을 확인했다. 기선영 등 관제사 3명에게 경고 조치가 내려졌다. 재발 방지 교육도 했다. 하지만 진도VTS는 변칙 근무를 고치는 대신 더욱 조직적이고 은밀한 방법으로 대응했다.[98] 당시 변칙 근무가 드러난 것은 1섹터 관제사가 2섹터 관제구역의 선박과 교신한 뒤 교신일지에 직접 적었기 때문이다. 서해청 경고 후 1섹터 관제사는 메모를 남겨 나중에 2섹터 관제사가 교신일지에 자신의 이름으로 적게 했다. 2섹터 관제사가 관제한 것처럼 보이도록 공문서를 허위로 작성한 것이다.

4월 16일에도 평소처럼 1섹터 관제사 이건호가 전체 관제구역을 혼자 관찰했다. 세월호는 7시 6분 진입보고를 하지 않았고 이건호도 호출하지 않았다.[99] 세월호와 교신하지 않아 '무교신 깜깜이 운항'이라는 비판이 일자 센터장 김형준은 진입보고가 의무사항이 아니라고 변명했다. 연안 VTS라서 통과 선박이 보고하거나 관제에 따라야 할 의무가 없다는 것이다. 또 '국제 VTS 지침'을 보면, AIS가 정상 가동하는 선박에 한해 진입보고를 생략할 수 있다고 주장했다.[100]

진도VTS는 진입보고를 하지 않은 세월호를 호출하지는 않았지만 7시 8분에 도메인 워치를 설정했다. 마우스를 세월호 아이콘 위에 갖다 대고 클릭한 뒤 메뉴에서 도메인 워치 기능을 선택한 것이다.[101] 세월호 아이콘에 동그라미가 그려졌다. 다른 선박과 구별돼 관제가 쉬워졌고 다른 배가 반경 500미터 안에 들어오면 경보가 울렸다.[102] 오전 7시 33분경 팀장 정안철이 1섹터 관제석에 와서 이건호와 교대했다. 정안철도 이건호처럼 1·2섹터 전체를 관제했다. 2섹터 관제사인 이건호는 행정석 의자에 가서 쉬었다. 상황 대기자 기선영, 전체 관제사 노영현도 관제석에 없었다. 8시 15분경 이건호가 정안철에게 다가가 말했다. "볼일 있으면 잠시 보고 오시죠."[103] 8시 18분, 2섹터 관제화면에 맹골수도를 지나는 세월호가 잡혔다.[104] 남녀 아이콘은 가느다란 선을 길게 뻗은 채 남쪽으로 향하고 있었다.[105] 2섹터 관제석에는 아무도 없었다.[106] 10분이 지나도록 정안철이 돌아오지 않자 이건호가 1섹터 관제석에서 전체 구역을 살폈다.[107] 정안철은 '우수 관제 사례'를 작성하고 있었다.

8시 25분경 센터장 김형준이 출근했다. 센터장이 출근하는데 2섹터 관제석이 비어 있자 퇴근을 준비하던 상황 대기자 기선영이 대신 앉았다. 8시 30분경이었다. 그는 2섹터 모니터를 슬쩍 보기도 했지만 주로 근무일지에 적혀 있는 교신 횟수 등을 메모하며 통계자료를 작성했다.[108] 8시 35분경 출입문 벨이 다시 울렸다. 오전 9시부터 근무할 A조 근무자 4명이 들어왔다.[109] 진도VTS 관제사들은 출퇴근할 때 팀별로 카풀을 했다. 인수팀 근무자는 7층 관제실로 들어오며 "수고하십니다"라고 인사했다.[110]

흘려버린 초기 대응 시간

병풍도 북쪽에서는 맹골수도를 빠져나온 세월호가 항해하고 있었다.[111] 이건호는 모니터에서 세월호를 봤지만 별다른 이상 징후를 발견하지 못했다. "충돌이나 좌초 등 사고 발생 가능성이 적다고 생각"해 더 이상 관찰하지 않았다. 그는 "1분 정도만 더 관제 모니터를 응시하였다면 세월호의 이상 징후를 발견할 수 있었을 것"이라고 말했다.[112] 8시 49분, 세월호가 변침했다. 속력은 17노트, 방향은 150도였다. 아이콘에서

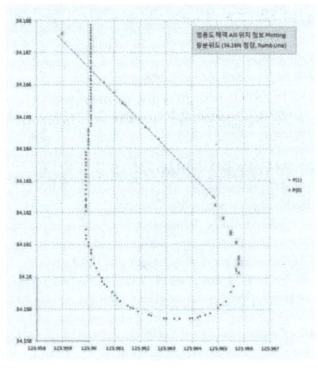

AIS 데이터 기준 세월호 위치 정보
(선조위 종합보고서, 부속서-1, 35쪽)

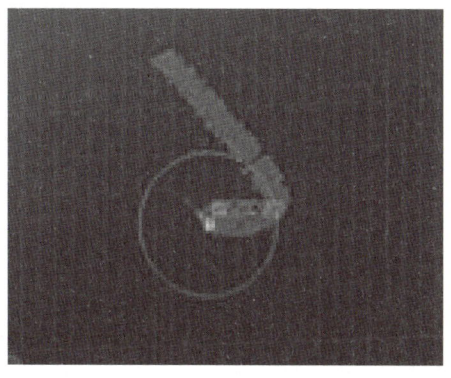

세월호 사고 당시 실제 레이더 관제영상
(국회 국정조사 특위, 해양경찰청 제출, 진도VTS 관제영상)

뻗어 나온 실선이 오른쪽으로 돌았다. 24초 만에 180도로 바뀌었고 속력이 15노트로 줄었다. 8시 50분, 다시 8노트로 속력이 줄었고 방향은 240도로 더 크게 돌았다.[113]

관제사들은 인수인계를 하고 있었다. 원래는 8시 45분까지 ① 해상 교통 상황 및 선박 관제 현황, ② 기상 상태 및 특보 사항, ③ 관제 시스템 운영 상태, ④ 각종 지시 사항 및 기타 관제업무에 필요한 사항 등을 인수인계한 다음 9시까지 15분 동안 합동으로 관제한 후 교대해야 하지만(VTS관제규칙 17조), 합동관제는 없었고, 합동관제를 해야 할 시간에 인수인계를 대충했다.* 보통 전날 근무자 중 전체 관제 흐름을 아는 1섹터 관제사가 했지만, 그날은 8시 15분경부터 전체 구역을 관제한 2섹터 관제사 이건호가 인계를 맡았다. 이건호 옆에 이원영이 앉고 김종기, 이갑열이 다가왔다. 정영민은 어선위치발신장치(V-PASS) 모니터 앞에서 인수인계를 지켜봤다.[114] 요지는 "관제구역 내 선박 특이사항 없"다는 것이었다. 새벽에는 시정이 좋지 않지만 '지금은 괜찮고 해상 특보상황도 없다'고 덧붙였다.[115]

세월호가 병풍도 북쪽에서 크게 돌다가 멈췄다. 8시 52분경 속력 5.2노트, 선수 방위 245도를 유지한 채 350도 방향으로 움직이더니 8시 55분경부터 속력을 잃고 표류했다. 선체 이동 방향은 3도쪽이었다. 그 상태가 지속됐다.[116] 누가 봐도 이상한 상황이었지만[117] 그 모습을 관찰하는 관제사는 없었다.[118]

이건호는 결재서류를 작성하려고 1섹터 관제석을 떠났고 이원영이 관제를 시작했다.[119] 그는 1섹터 관제구역만 관찰했다.[120] 세월호가 있던 2

---

* 진도VTS A팀과 C팀은 감사원 감사에 대비해 4월 16일 정상적인 합동관제를 한 것처럼 꾸몄다. 세월호 사고를 인지하지 못한 진도VTS에 비판이 쏟아지자 해경 본청은 관세사들의 행동을 분 단위로 기재한 '시간별·개인별 업무 내용'을 제출하라고 지시했다. 관제사들은 업무 내용을 거짓으로 작성하고 그 문서대로 근무한 것처럼 입을 맞추는 연습을 하고 거짓말을 했다. 진도VTS 사건, 검찰 김종기 3회 피의자 신문조서(2014. 7. 15.), 수사기록 2620쪽.

섹터 관제석에는 기선영이 앉아 교신일지를 작성했다. 정영민이 옆에 서 있었다.[121] 정영민은 근무시간이 오전 9시부터여서 기선영에게 비켜달라고 말하지 않았다.[122] 인수팀 전체 관제사 이갑열이 기선영의 오른쪽에 앉자 기선영이 일어나 업무용 컴퓨터 쪽으로 자리를 옮겼다. 아직 근무일지에 넣을 통계자료를 다 작성하지 못했기 때문이다.[123]

9시경 2섹터 인수 관제사 정영민이 1섹터와 2섹터 관제석 사이에 서 있다가 "잠깐 화장실 다녀올 테니 관제를 봐달라"고 이갑열에게 부탁했다. 정영민은 모니터 커서로 어선이 밀집해 있는 관매도 남쪽을 가리키며 말했다. "이곳만 잘 봐주면 될 것 같아요." 관제 모니터에 사고 해점인 병풍도 부근이 보였지만 이갑열은 표류하는 세월호를 발견하지 못했다.[124] 그는 "멍한 상태로 관제 모니터를 응시했던 것 같다"고 말했다. 3분 후 정영민이 돌아왔다. 이갑열은 2섹터 관제석을 떠났다. 센터장 김형준이 관제석 쪽으로 다가와 정영민의 어깨를 두드리며 물었다.[125] "요즘 어떻게 지내?" 정영민이 고개를 돌려 "네, 잘 지냅니다"라고 말했다.[126]

"세월호, 세월호, 여기 목포해경입니다. 감도 있습니까."
"세월호, 세월호, 여기 목포해경. 감도 있습니까."
"세월호, 여기 목포해경입니다. 감도 있습니까?"[127]

9시 2분~3분경 350명이 탄 여객선이 침몰한다는 사고 소식을 듣고 출동 중이던 123정이 VHF로 세월호를 세 차례 불렀다.* 진도VTS 관제실

---

* 123정이 세월호를 호출할 때 세계 공통의 조난통신 전용 채널인 VHF 16번으로 했는지 진도VTS 채널인 VHF 67번으로 했는지는 분명하지 않다. 해경의 통신망 운용규칙에 의하면 각급 구조조정본부와 지부, 출동 중인 구조대는 VHF 16번 채널을 포함한 조난통신 주파수를 1일 24시간 연중무휴 운용해야 한다(11조 2항 7호 다목). 123정 무선전화운영일지에는 09:00~09:02 VHF 67번으로 호출했다고 기재되어 있고 박성삼이 작성한 상황근무일지 기사에도 VHF 67번으로 기재되어 있는데, 감사원 조사에서 VHF 16번으로 확인했다고 되어 있다. 박성삼은 검찰에서 김경일의 지시로 VHF 16번 채널로 세월호를 호출했다고 진술했으나 김경일의 지시 없이 박성삼이 알아서 한 것으로 보인다. 해경지휘부 사

은 VHF 16번과 67번을 모두 열어놓고 있었다. 그러나 진도VTS 관제 동영상에는 세월호의 호출 소리가 들리지 않았다. 이갑열은 "정확히는 알 수 없지만 16번 채널의 VHF 음량을 낮춘 상태이거나 거리가 멀어서 수신 감도가 좋지 않을 수 있다"고 말했다.[128] 기선영은 교신일지를 마무리하고 소지품을 챙겨 퇴근했다. 7층 관제실을 나가면서 시계를 보니 9시 5분이었다. 다른 팀원들은 먼저 1층에 내려가 있었다. 팀장 정안철의 차를 타고 함께 출발했다.[129] 그 직전 9시 4분 상황관제석 앞 왼쪽 경비전화가 울렸다. 목포해경 상황실에서 온 전화였다. 이갑열이 받았다.[130]

"세월호가 침몰 중인데 상황실에서 호출을 하여도 응답이 없습니다. 진도VTS에서 호출을 한번 해주시기 바랍니다."

8시 52분 단원고 학생 최덕하의 최초 신고 전화를 받은 전남소방본부 119종합상황실을 통해 사고를 파악한 목포해경이 123정을 출동시키고 코스넷 대화방으로 해경 본청과 서해청 상황실에 보고하는 등 초동조치를 한 다음 진도VTS에 알려준 것이다. 이번에는 오른쪽 경비전화가 울렸다. 센터장 김형준이 받았다. 서해청 상황실이었다. "세월호 침수라고요?"[131] 양쪽 통화를 듣던 1섹터 관제사 이원영이 세월호를 호출했다.[132]

"세월호, 세월호, 진도연안VTS."
"세월호, 세월호, 진도연안VTS."

응답이 없었다. 1섹터 관제사 이원영은 관제 모니터에서 세월호를 금방 찾지 못했다.* 2섹터 관제사 정영민이 세월호 아이콘을 찾았다.[133] 세

건, 광주지검 수사보고(2014. 7. 18.), 증거기록 4권 4608~4616쪽; 박성삼 진술조서(2014. 6. 4.), 증거기록 6권 6427쪽; 김경일 3회 피의자 신문조서(2014. 8. 5.), 증거기록 6권 6381쪽 참조.
* 진도VTS 현장 매뉴얼에 의하면 해양수산부가 운영하는 해운항만물류정보시스템(PORT-MIS, Port

월호와 가장 가까운 선박은 두라에이스호였다.[134] 유조선은 울산으로 향하고 있었다.[135] 정영민이 호출했다.[136] "두라에이스호, 지금 귀선 우현 선수 세월호 육안 확인되십니까?" "예, 우현 쪽에. 예예, 확인됩니다."[137] 바로 그때 세월호가 진도VTS를 불렀다. "진도VTS, 세월호." 9시 7분이었다. 정영민이 물었다.[138]

"귀선 지금 침몰 중입니까?"
"예, 그렇습니다. 해경 빨리 좀 부탁드립니다."[139]

이건호는 C조 관제사들과 퇴근하다가 9시 12분경 목포해경 상황실의 전화를 받았다. '배 하나가 침수되고 있다. 알고 있나?' 이건호는 "모른다"라고 하고 전화를 끊었다. 진도VTS에 전화했지만 계속 통화 중이었다. A조 관제사들도 휴대전화를 받지 않았다. 진도읍 쪽으로 향하던 차를 돌렸다. 9시 50분경 진도VTS에 도착했다.[140] 전쟁터와 다를 바 없었다. 세월호 선원들은 진도VTS와 교신을 끊고 123정으로 도주한 뒤였다.

오전 8시 45분~9시 사이, 관제사가 8명이나 있었지만 관제에 소홀했다. 두 조가 합동 근무를 해야 하는 15분간 아무도 2섹터 관제 모니터를 보지 않았다. 정영민은 검찰에서 "교대 근무 시간 및 교대 이후에도 1·2섹터 관제를 제대로 하지 못한 것 같다. 합동 근무에 관해 별도의 교육을 받은 사실도 없고 합동 근무의 개념에 대해서도 잘 알지 못했다"고 변명했다.[141]

Management Information System)을 통해 여객선과 같은 다중 이용 선박의 본선, 선장, 항해사 등의 비상연락망을 확인할 수 있었다. 긴급상황 시 진도VTS와 선박 사이에 VHF 통신이 되지 않을 경우 PORT-MIS를 이용해서 비상연락망을 확인해 연락해야 했다. 하지만 진도VTS가 세월호를 호출하는 데 실패했을 때, 그리고 세월호 선장과 선원이 123정으로 도주해 교신이 되지 않았을 때 PORT-MIS를 통해 선장과 항해사 등의 비상연락망을 확인하려고 시도한 흔적은 없다. 당시 제일 먼저 세월호와 교신한 제주VTS는 부근에 있는 두라에이스호를 호출했는데 응답이 없어 PORT-MIS에서 연락처를 찾아 통화를 시도했다. 진도연안VTS 현장 매뉴얼, 26~35쪽; 해경지휘부 사건, 김진 진술조서(2014. 6. 12.), 증거기록 24권(별책 5권) 3364쪽.

2014년 2월 5~17일 촬영된 진도VTS 관제실 CCTV를 보면 오전 8시부터 9시까지 2섹터 관제석이 비어 있거나 관제사가 앉아 있더라도 모니터를 바라보지 않는 상황이 여러 차례 발견된다.[142] 그날, 2섹터에 100여 척의 배가 있었지만 관제 대상 선박은 세월호를 포함해 18척에 불과했다. 대형 해상사고를 일으킬 수 있는 주요 추적 관찰 대상인 여객선과 위험화물운반선은 4척뿐이었다. 감사원은 "한 사람도 아닌 두 사람이 합동으로 관제업무를 수행하면서 세월호의 이상 징후를 발견하지 못했다는 것은 납득하기 어렵다"라고 지적했다.[143]

검찰은 진도VTS 관제사 13명을 직무유기 혐의로 기소했다. 법원은 무죄를 선고했다. 1심 재판부는 야간 변칙 근무에 한해 직무유기를 인정하면서, 세월호 사고 시점에 2섹터 관제를 충실히 하지 않은 것은 직무유기가 아니라고 했다. 이건호나 정영민이 "근무를 소홀히 한 정도를 넘어 자신이 담당하는 구체적인 직무를 의식적으로 포기하였다고 보기 어렵다"라고 했다. 누군가 2섹터를 관제했다고 해서 세월호의 이상 항적을 당연히 발견할 수 있는 것도 아니라고 덧붙였다.[144] 2심은 1심이 유죄로 인정한 야간 변칙 근무까지 포함해서 모두 무죄를 선고했고[145] 대법원은 2심 판결을 확정했다.[146]

늦은 상황 파악

"여보세요, 여기 목포해경 상황실입니다. 지금 침몰 중이라는데 그 위치 말해주세요, 위치, 위치. 배가 어디 있습니까?"[147]

8시 54분, 목포해경 상황부실장 고성은이 큰소리로 외쳤다. 전남소방본부 119종합상황실에서 연결한 신고 전화로 '3자 통화'를 하고 있었다. 상황실 B·C조 근무자 10명*과 상황담당관 조형곤이 들었다. B조 상황실장 백남근이 다가와 '배 위치를 물어보라'고 재촉했다.[148] 고성은이 다시 물었다.

08:55 신고자-전남 119상황실-목포해경
목포해경(고성은): 위치를 잘 모른다고요? 거기 뭐 GPS 경위도 안 나오나요? 경도 하고 위도, 선박 위치.
신고자: 여기 섬이 이렇게 보이기는 하는데.
목포해경: 예?
신고자: 섬이 보이기는 하는데 모르겠다고요.[149]

고성은은 침몰하는 배가 여객선이며 신고자가 승객이라는 사실을 몰랐다.[150] "통상 선박 사고 신고는 선박 관계자가 하기 때문"이었다. "신고자가 배 위치에 대하여 전혀 알지 못하는 것을 보고, 일반인이라는 것을 깨달았"다. 고성은은 배 이름과 종류, 출항 장소와 시간을 물었다.[151] 신고자는 전날 저녁 8시경**에 인천에서 출항한 여객선 세월호라고 답했다.[152] CVMS(통합선박모니터링시스템)로 진도 앞바다를 지나는 세월호를 찾았다. 제일 가까이 있는 경비함정이 123정인 것도 확인했다. 2분 7초 만이었다.[153] 8시 49분에 파악해야 했던 사고를 6분 이상 지난 8시 55분 36초에야 파악한 것이다.*** 진도VTS의 관제 실패가 일으킨 직접 결과

---

* 오전 8시 30분부터 9시까지는 전일 근무조(5명)와 당일 근무조(5명)가 인수인계를 하며 합동 근무한다. 상황담당관은 이날 오전 6~7시에 출근했다. 세월호 사고 신고 접수 당시 목포해경 상황실에는 전일 근무조인 B조와 당일 근무조인 C조가 함께 있었다. 이날 B조 5명은 퇴근하지 못하고 오후 6시까지 계속 근무했다.

** 실제 출항 시간은 9시다. 단원고 학생들은 저녁 식사를 위해 오후 7시 10분에 승선했다.

*** 사고를 처음 신고한 단원고 학생 최덕하의 전화를 받은 전남 119상황실이 목포해경 상황실을 호출해 3자 통화를 시작한 시각은 8시 54분이다. 감사원은 이를 근거로 진도VTS가 8시 50분에 세월호 사고를 인지했다면 초동대응 시각을 4분 정도 앞당길 수 있었다고 했다. 그러나 진도VTS 관제 시각과 실제 시각은 2분 정도 차이가 난다. 또 전남 119상황실이 최덕하로부터 알게 된 정보를 제대로 전달하지 않는 바람에 목포해경은 사고 선박이 상선이나 어선인 것으로, 신고자인 최덕하를 선장이나 선원인

였다. 차차 살펴보겠지만, 그 여파는 컸다.

고성은이 신고자를 선원으로 생각해 경위도를 물어보고 위치를 파악하는 데 시간이 걸린 것에 대해 비판이 제기됐다. 하지만 당연히 선장과 선원이 해야 하는 조난신고를 승객이 대신한 걸 고성은이 미리 알 수는 없었다. "해상에서 정확한 위치를 파악하기 위해서는 경위도를 물어보는 방법밖에 없"다는 상황실장 백남근의 말을 탓하기는 어렵다.[154] 고성은은 8시 57분경까지 신고자와 통화하며 배의 상황을 물었다. 신고자는 "350명 이상"이 탔고[155] 주요 탑승객은 제주로 수학여행을 떠난 안산 단원고 학생이라고 했다.[156] 고성은은 신고자를 "최백하"라고 적었다.*

세월호의 위치를 확인한 목포해경 B조 상황실장 백남근은 8시 57분 C조 상황실장 이병윤에게 가장 가까이 있는 경비함정 123정을 출동시키라고 지시하고 목포해경 전용부두에 있는 대기 함정들을 출동시키는 한편 목포어업정보국에 연락해 사고 해상 부근에서 조업 중인 어선들에게 구조를 요청하게 했다. 코스넷 대화방을 열어 본청과 서해청 및 경비함정들을 초대해 상황을 전파하고 소속 함정들에게 출동을 지시하고 TRS로 상황을 전파했다. 목포운항관리실과 진도VTS에도 협조를 요청했고 진도해경파출소와 진도군청에 어선과 관공선 동원을 지시하거나 요청했다. 9시 5분에는 상황보고서 1보를 해군 3함대 등 유관기관에 전파했다.

것으로 착각해 사고 상황을 파악하는 데 다시 2분 이상 걸렸다. 목포해경이 세월호 이름을 확인한 것은 8시 55분 36초였다. 그러고 나서 CVMS에서 세월호를 찾았으므로 진도VTS의 업무 태만으로 잃어버린 시간은 최소 6분 이상이다. 해경 전체 관점에서 세월호 사고와 위치를 확인한 시각으로 따지면 6~7분 정도 지연이지만, 여기에는 그보다 훨씬 더 큰 의미가 있는데 뒤에 설명한다. 감사원 보고서, 15쪽; 사참위 해경 초동대응 조사보고서, 158~159쪽에 인용된 녹취록 참조.

* 전남소방본부 119상황실과 목포해경 상황실, 그리고 최덕하 사이의 3자 통화 녹취록에는 신고자 이름과 세월호 승객 숫자를 말하는 내용이 나오지 않는다. 고성은에 의하면 8시 56분 57초경 전남119 담당자가 다른 신고 전화를 받기 위해 빠져나가면서 녹음이 중단된 가운데 고성은과 신고자의 통화가 계속 이루어졌다. 해경지휘부 사건, 고성은 진술조서(2014. 7. 1.), 증거기록 24권(별책 5권) 3966쪽.

제주VTS의 오류

세월호 1등항해사 강원식은 8시 55분 제주VTS를 호출했다. 세월호가 멈춘 지점은 진도VTS 관할구역으로 진도VTS와는 24킬로미터 떨어진 반면 제주VTS와는 87킬로미터나 떨어져 있었다.* 그 전날 늦게 출항한 것을 미처 생각하지 못한 채 배가 제주도 근처에 있다고 착각한 강원식은 VHF 채널을 12번으로 바꿔 제주VTS를 불렀다.[157] 관제사 김진이 수신했다.**

08:55 VHF 채널 12번 세월호-제주VTS

세월호(강원식): 항무제주, 세월호 감도 있습니까?

제주VTS: 예, 세월호, 항무제주.

세월호: 아, 저기 해경에 연락해주십시오. 본선 위험합니다. 지금 배 넘어갑니다.

제주VTS: 귀선 어디십니까? 예, 알겠습니다. 해경에 연락하겠습니다.

세월호: 지금 배가 많이 넘어갔습니다. 움직일 수가 없습니다. 빨리 좀 와주십시오.

1등항해사 신정훈이 엔진텔레그래프에 있는 GPS플로터로 가서 배의 위치를 확인한 뒤 강원식에게 알려주었다.[158] "병풍도 옆에 있습니다." 8시 56분, 관제사 김진은 제주해경 상황실(122)에 사고를 알렸다. "지금 세월호가 병풍도 동쪽 1마일 부근에서 기울어져 멈춰 있습니다. 구조 요청 바랍니다."[159]

김진이 제일 먼저 해야 했던 일은 진도VTS에 알리는 일이었다. 조난통신을 수신한 무선국은 "조난을 당한 선박이나 항공기를 구조하기 위하여 가장 편리한 위치에 있는 무선국에 통보하는 등 최선의 조치"를 해야 하는데, 세월호를 구조하는 데 가장 편리한 위치에 있는 무선국은 제주해경이 아니라 진도VTS였기 때문이다.*** 또 세월호에 비상 주파수인 VHF 16번 채널로 교신하도록 지

---

* 통상 VHF 통신기의 전파 통달거리는 25~30해리(약 45~56km)여서 제주VTS는 평상시에 교신이 불가능한 거리에 있었다. 그날은 봄철에 통신거리가 일시적으로 증가하는 현상 때문에 교신이 이뤄졌다.

** 제주VTS는 항만VTS라 해양수산부 소속이었다.

*** 당시 「전파법」(2013. 3. 23. 시행 법률 제11712호) 28조 2항. 이 의무를 위반하면 200만 원 이하의 과태료를 부과했다(91조 1호). 제주VTS 관제사 김진은 목포해경이 VHF로 세월호를 호출하는 것

시했다면 구조세력의 초기 대응이 더 신속하게 이루어질 수도 있었다.

김진은 제주해경 상황실과 1분 7초나 통화했다. "세월호가 인천에서 내려오는 여객선이며 선체가 기울어져 항해가 불가능한 상태"라고 전하고 "VHF 채널 12번으로 연락 중"이라고 덧붙였다. 8시 58분, 제주VTS는 지능형해상교통관리시스템(ITS)으로 세월호 위치가 목포해경 관할임을 확인하고서도[160] 계속 세월호와 교신을 이어가면서 채널 21번으로 바꾸라고 지시했다.*[161] 제주VTS와 세월호가 교신하는데 제주해경 상황실이 전화로 추가 정보를 요청했다.[162] 제주VTS는 "거리상[87킬로미터] 감도가 멀어 교신이 잘 안 됐다. 진도VTS에 확인하라"고 했다. 제주해경은 그제야 진도VTS에 전화를 걸었지만 연결이 되지 않았다. 목포해경 상황실에 전화를 걸었다. 9시 1분, 제주해경 상황부실장 우승일은 "세월호가 기울어져 있다는 통보를 받았다. 목포해경 관할인데 알고 있느냐"고 물었다. 목포해경 상황실은 "알고 있다. 세월호와 연락 시도하고 구조세력 파견 등 대응하고 있다"라고 답했다. 전화를 끊은 우승일은 진도VTS를 통해 세월호 상황을 파악하라고 지시했다. 제주해경 상황실은 휴대전화로 진도VTS에 두 차례(9시 2분, 9시 3분) 전화했지만 통화 중이어서 연결되지 않았다.[163]

을 들었기 때문에 해경 소속 진도VTS는 당연히 알고 있을 것으로 생각했고, 세월호 침몰 지점이 어느 VTS 관할인지 정확히 알지 못해 인근에 있는 완도VTS에 연락했다고 변명했다. 해경지휘부 사건, 김진 진술조서(2014. 6. 12.), 증거기록 24권(별책 5권) 3362쪽.

* 채널 12번은 제주에 입출항하는 여러 선박이 사용해 혼신과 통신 간섭이 많았다. 제주VTS는 "긴박한 상황에서 세월호와 명확한 의사소통을 위해" 혼신이 없는 채널 21번으로 변경하라고 요청했다고 변명했다. 그러나 21번은 평소에 사용하지 않는 예비용 채널이라서 녹음이 되지 않았다. 한편, 제주VTS 관제사 김진은 검찰에서 "퇴선할지도 모르니 승객들로 하여금 구명조끼를 착용하고 퇴선 준비를 하라"라고 교신했다고 주장했고, 선원 사건 1심 법정에서도 "인명들 구명조끼 착용하시고 퇴선할지도 모르니까 준비 좀 해주십시오"라고 교신했다고 증언했다. 이 내용은 제주VTS 무선통신일지에 다른 교신 내용 사이에 추가로 적혀 있었는데 녹음 파일에는 녹음되어 있지 않았고 세월호 선원들도 그 말을 듣지 못했다고 주장했다. 선원 사건 1심 재판부는 김진의 진술을 믿기 어렵다고 판단했다. 국회 국정조사특위, 해양수산부, 'VHF 21번 채널 교신 기록'을 작성하게 된 경위; 국회 국정조사특위, 제주VTS와 세월호·해경 간 교신·통화 내역; 해경지휘부 사건, 김진 진술조서(2014. 6. 12.), 증거기록 24권(별책 5권) 3361쪽; 광주지방법원 2014고합180, 384(병합) 판결문 26쪽 각주 19 참조.

관제 실패의 의미

해경의 늑장 부실 대응의 시초는 진도VTS의 관제 실패였다.[164] 문제의 본질을 파악하지 못한 검찰은 잔가지를 붙잡아 진도VTS 관계자들을 기소했고 법원은 면죄부를 안겨줬다.[165] 진도VTS의 근무 환경은 세월호 사고 후 훨씬 좋아졌고 그것으로 끝이었다. 아무도 관심을 갖지 않았다.

진도VTS가 세월호의 이상 징후를 감지하지 못한 것이 의미하는 바는 무엇일까? 당장 해경 구조세력의 최초 대응 시간을 6분 이상 낭비했다는 점을 들 수 있지만 그것은 시작에 불과했다. 결과론(hindsight)의 관점에서 보면 진도VTS가 할 일을 제대로 해서 6~7분 일찍 대응했다고 해도 뭐가 달라졌을까, 결국 마찬가지 아니었을까 하는 냉소적 시각에서 벗어나기 어려울 수 있다. 하지만 이 문제를 깊게 들여다볼 필요가 있다. 세월호의 비극을 이해할 수 있는 단서가 숨어 있을 수 있기 때문이다.

돌이켜 보면 2014년 4월 16일 아침 8시 49분에는 아직 결정된 것이 많지 않았다. 그 시점에서 결정된 것은 세월호가 점점 더 기울어져 결국 침몰하게 되어 있다는 것밖에 없었다. 세월호가 갑자기 우회전하면서 왼쪽으로 크게 기울어지던 순간 배의 운명은 결정됐지만, 배에 탄 승객들의 운명은 그렇지 않았다. 잠재되어 있던 여러 가능성이 깨어나 꿈틀거리기 시작했다. 전원 또는 거의 전원 구조부터 우리가 아는 참사의 결말, 그리고 그 사이에 수많은 가능성이 있었다. 그것들 가운데 어느 것이 현실로 바뀔지는 그 사태에 개입할 사람들이 어떻게 하느냐에 달려 있었.

아직 선장과 선원들이 모든 것을 포기하기 전이었다. 기관장 박기호가 기관실에 전화해 탈출하라고 지시하지도 않았다. 선장과 1, 2등항해사를 비롯한 간부 선원들이 조타실에 모여들고 있었다. 진도VTS 관제사들이 즉시 이상 징후를 파악해 세월호와 교신했다면, 그래서 자동조난신고장치(DSC)조차 작동할 생각을 하지 못하고 배가 어디에 있는지도 모른 채 우왕좌왕하던 선원들에게 배의 위치를 알려주면서 선내 상황을 물어보고 선장과 선원들이 해야 할 일을 주도적으로 논의했다면, 상황은 완전히 다른 방향으로 진행됐을 수도 있다. 특히 선장과 선원들이 도주하는 것을 막을 수 있었을지 모른다. 적어도 9시 4분경 진도VTS가 목포해경 상황실로부터 뒤늦게 소식을 듣고 허둥대며 교신한 것과는 다른 방향으로 상황이 전개됐을 가능성을 배제할 수 없다.

진도VTS가 즉시 세월호를 호출해 조난통신채널인 VHF 16번으로 교신했다면 해경 구조세력의 상황 파악과 대응도 훨씬 빨리 이루어질 수 있었고, 단원고 학생 최덕하를 선원으로 착각해 시간을 낭비한 목포해경 상황실의 오류를 피할 수 있었다. 첫 단추를 제대로 끼웠다면, 다음 단계에서 해경 구조세력의 대응도 다른 모습으로 전개됐을 가능성이 있다. 그랬다면 헬기 512호에 타고 있던 목포서장 김문홍이 3009함에 내리지 않고 곧장 현장으로 날아갔을지도 모른다.* 당연히 해야 했던 역할이라는 관점에서 보면 진도VTS의 관제 실패로 잃어버린 시간은 6~7분이 아니라 15분 이상이다. 진도VTS가 9시 5분경에야 세월호를 호출했기 때문이다. 단지 양으로만 따져도 재난 초기 그 시간이 얼마나 중요한지는 말할 필요도 없다. 그리고 그보다 훨씬 더 중요한 것을 잃었다.

시작부터 조금씩 다른 대응의 효과가 쌓여 결과가 달라진다. 각자 맡은 일을 제대로 하는 것이 중요한 이유다. 얼핏 사소해 보이고 대세에 지장이 없을 것 같은 작은 행동이 잠재되어 있던 다양한 가능성에 영향을 미치고 그 효과가 누적되면서 결과가 만들어지는 것이다.** 재난이 일어났을 때 최대한 빨리 현장에 있는 당사자와 연락해 상황을 파악하는 것이

---

* 이 점에 관하여는 이 책 4부 4장 '현장에 가지 않은 지휘관들' 항목, 612~618쪽 참조.

** 과실범의 공동정범 이론도 이런 문제의식에 기초하고 있다. 2명 이상의 사람이 서로의 의사 연락 아래 공동으로 어떤 과실 행위를 해서 범죄가 되는 결과를 발생하게 할 경우, 각자의 과실이 개별적으로는 결과 발생의 직접 원인이 되지 않더라도 과실범의 공동정범으로 처벌할 수 있다는 것이다. 대법원은 1962. 3. 29. 선고 61도598판결 이래 일관해서 과실범의 공동정범을 인정하고 있고 검찰 특별수사단이 2020년 2월 18일 해경지휘부를 업무상 과실치사상 등의 죄로 기소할 때도 이 이론에 기초했다.

중요한 이유다. 당장 대응할 수 있는 시간도 앞당길 수 있지만, 그렇게 해서 구조세력의 상황 판단과 대응 방향은 물론 관련된 행위자들의 태도와 행동에 차례로 영향을 미치면서, 사태 전개 과정에 변화를 일으키고 결과까지 좌우할 수 있기 때문이다.

다시 강조하지만, 2014년 4월 16일 아침 8시 49분에는 결정된 것이 없었다. 이쪽 끝에서 저쪽 끝까지, 다양한 가능성이 있었을 뿐이다. 사태에 개입할 행위자들의 작은 행동 하나하나가 다음 단계에 영향을 미치고 그 영향이 쌓이면서 결말이 조금씩 모습을 드러내고 현실화될 터였다. 바로 그 최초의 시점에 진도VTS의 관제 실패로 말미암아 천금보다도 귀한 초기 대응 시간을 최소 6분, 최대 15분 이상 허비했다. 첫 단추를 잘못 끼우면서 다음 단계에 연쇄적으로 나쁜 영향을 끼친 것이 결과에 큰 영향을 끼쳤다. 최초의 시간에 열려 있던, 반드시 붙잡아야 했고 붙잡을 수 있던 최선의 선택지들이 사라져버렸다.

진도VTS의 세월호 교신

9시 6분경, 호출에 응답하지 않던 세월호가 진도VTS를 불렀다. 그때부터 9시 36분경까지, 무려 30분에 걸쳐 세월호와 진도VTS 사이에 교신이 계속됐다.

"배가 기울어서 금방 뭐…… 넘어갈 것 같습니다. 계속 지금 한쪽으로 계속 천천히 넘어가고 있습니다."(9시 9분)

"[라이프래프트 및 구조보트에] 아니, 아직 못 타고 있습니다. 지금 배가 기울어서 움직일 수가 없습니다."(9시 11분)

"네, 450명입니다…… 총인원 약 500명 정도 됩니다."(9시 12분)

"배가 기울어가지고 사람들이 움직일 수가 없어가지고 탈출 시도가 어렵습니다."(9시 13분)

"지금 한 50도 이상 좌현으로 기울어져가지고 선원들이 이렇게 좌우로 움직일 수 없는 상태입니다. 지금 선원들은 라이프재킷 입고 대기하라고 했는데 사실 라이프재킷도 입었는지 확인이 불가능한 상태이고 선원들도 브리지에 모여가지고 지금 거동이 움직일 수가 없는 상태입니다. 빨리 와주시기 바랍니다."(9시 16분)

"[물이 얼마나 차 있는지] 그것도 확인이 안 되고 있습니다. 지금 데크에 컨테이너가 몇 개 빠져나간 거는 선수에서 확인이 됐는데 지금 이동이 안 돼가지고 지금 브리지에서 좌우로 한 발짝씩도 움직이지 못해가지고 벽을 잡고 겨우 지탱해 있는 상태입니다."(9시 17분)

"현재 방송도 불가능한 상태입니다."(9시 23분)

선원들이 상황을 과장했지만, 9시 20분경까지 중요한 정보가 거의 전달됐다. ① 선체가 좌현으로 50도 이상 기울어졌고 계속 넘어가고 있다, ② 승선 인원이 500명 정도며, ③ 승객들에게 구명동의를 입고 대기하라고 했으나 확인은 불가능하고, ④ 이동이나 탈출이 어렵고, ⑤ 선원들이 조타실(브리지)에 모여 있다는 것이었다.[166]

진도VTS는 해경 구조세력과 세월호를 잇는 단 하나의 끈이었다. 진도VTS가 얼마나 정확하게 정보를 파악해서 해경지휘부와 구조세력에 제대로 전파하는가, 해경이 그 정보를 토대로 어떤 계획을 세워 실행하는가가 운명을 좌우할 열쇠였다. 진도VTS는 세월호에서 얻은 정보를 서해청에 전화로 보고했다.* 본청 상황실과 출동 중인 123정, 헬기 511·512·

---

* 진도VTS가 세월호와 교신해서 파악한 정보를 목포해경 상황실에 어느 정도로 제공했는지는 분명하지 않다. 진도VTS가 목포해경 상황실과 통화한 것은 9시 4분(약 1분 59초 통화), 9시 7분(약 46초), 9시 15분(약 1분 35초), 9시 18분(약 3분 4초)이다. 9시 4분 통화는 목포해경이 처음으로 사고를 알려준 것이고, 9시 7분 통화는 진도VTS가 세월호와 교신한 직후이므로 세월호와 교신이 되고 있다는 정보 공유일 가능성이 있다. 사참위는 9시 15분과 9시 18분 통화에서 세월호가 계속 넘어가고 있고(9시

513호 등 구조세력에게는 전파하지 않았다. 진도VTS가 저지른 또 하나의 잘못이었다. 진도VTS 상황대응 매뉴얼에 의하면 사고 선박과 교신하는 과정에서 파악한 정보를 상황실은 물론 출동 중인 구조세력에게도 제공해야 했다.167

> 감사원: 진도VTS에서 출동 중인 함정에 사고 선박으로부터 추가로 파악한 정보를 제공할 의무가 있는 것 아닙니까?
> 김형준(진도VTS 센터장): (중략) 진도연안VTS에서 사고 사실을 최초로 접수한 경우에 추가 정보를 파악하면 상황실이나 경비 함정에 정보를 제공하는 것으로 알고 있었는데 금번 사고는 상황실에서 진도연안VTS에 사고 내용을 통보해주었기 때문에 상황실에만 정보를 제공했던 사항입니다.168

거짓말이다. 진도VTS가 먼저 인지했든, 상황실을 통해 접수했든, 추가 정보를 파악하면 서해청과 목포해경 및 출동한 구조세력에게 제공해야 했다. 진도VTS 상황대응 매뉴얼의 '상황 처리 종합 체계도'에 따르면 초동단계에서 상황 전파 우선순위 1순위는 "경비함정 등 직접 행동을 취할 부서"였다. 상황실과 유관기관 등 "협조 및 지원을 요하는 부서"는 2순위, "지휘 및 참모 계통"은 3순위였다. 대응 단계에서 할 역할에도 "인근 함정 및 선박에 사고 관련 정보 제공"이 포함돼 있었다.*

진도VTS의 보고를 받은 서해청 상황실도 같은 잘못을 저질렀다. 그 중

9분 교신 내용), 많이 기울어져 움직이기 어려우며(9시 13분 교신 내용), 좌현으로 50도 이상 기울었다는 정보(9시 16분 교신 내용)를 공유했을 것으로 보았다(사참위 해경 초동대응 조사보고서, 238~240쪽). 하지만 목포해경 상황실과 진도VTS 모두 승객 구조의 관점에서 정보를 적극적으로 파악하려고 시도하지는 않았다.

* 진도VTS의 상황 처리 원칙은 "지휘관의 입장에서 판단하고 조치"하는 것인데, 가장 우선적 고려 사항이 "현재 가장 시급히 해야 할 일은 무엇인가?"와 "어디까지 보고하고 전파할 것인가?"였다. '주요 사고 유형별 처리 요령'에서도 사고 선박에 필요한 지시를 한 다음에 할 일로 서해청 "상황실 즉보 및 관할 해경서 상황실 통보, 긴박한 상황 시 직접 행동을 취할 최인근 경비함정 등에 출동 구조 요청"을 열거했다. 진도VTS 상황대응 매뉴얼, 5~16쪽; 진도VTS 현장 매뉴얼, 51쪽 참조.

요한 정보를 뭉개버렸다. 본청, 목포해경, 현장 구조세력, 누구에게도 전하지 않았다. 서해청장 김수현은 "진도VTS가 세월호와 교신을 통하여 취득한 정보를 123정이나 B511헬기에 전달을 하도록 지시를 했어야 하는데 그것을 놓쳤"다고 인정하면서 "그때는 조금 있으면 123정이 세월호 침몰 현장에 도착을 하므로 시각적으로 직접 확인한 123정으로부터 보고를 받는 것이 낫다고 판단"했다고 변명했다.[169] 잘못된 판단이었다. 정보를 전달해야 123정이 미리 상황을 파악해 구조계획을 세울 수 있었다.

진도VTS가 세월호와 교신하는 동안 상황을 파악하지 못한 본청 상황실은 목포해경에 세월호와 교신할 것을 주문하고 있었다. 본청 상황실장 황영태는 9시 14분 목포해경에 "진도VTS하고 세월호하고 교신"이 되는지 물어보기도 했다. 진도VTS와 서해청이 세월호와 교신하고 있음을 본청과 구조세력에게 신속하게 알렸다면, 뭔가 전기가 마련되었을지도 모를 일이었다. 9시 34분과 36분, 본청 상황실은 진도VTS에 직접 두 차례 전화를 걸었지만 "먹통으로 연결이 안 되"었다. 그 외에도 진도VTS와 세월호의 교신에 관해 짚어야 할 문제들이 있다.

첫째, 진도VTS에서 세월호와 교신한 관제사는 정영민이었다. 센터장 김형준은 옆에서 교신 내용을 들으면서 중요한 내용을 서해청 상황실에 전화로 보고했다. 김형준은 「진도 여객선[세월호] 전복사고 관련 조치 보고」('조치 보고')라는 4월 17일 자 문건[170]을 근거로 "거의 실시간으로" "거의 바로바로" 중요한 내용을 서해청에 보고했다고 주장했다. 하지만 서해청 상황담당관 유연식은 진도VTS로부터 두 번밖에 보고받지 않았다고 주장했다.[171] 양쪽의 주장은 엇갈리는데 통화 내역이 남아 있지 않아 진상을 밝히는 것은 불가능해 보인다. 감사원은 김형준이 "대충 5~6번 정도 보고를 했다는 걸로 정리"한 반면 사참위는 김형준이 실시간으로 서해청 상황실에 주요 정보를 보고한 것으로 추정했다.[172]

둘째, 김형준이 실시간으로 보고했다는 내용이 얼마나 충실했는지 의문이다. 정영민이 사용한 VHF 통신기는 스피커폰 형식이라 옆에서 들을 수 있었다고 하지만, 김형준이 얼마나 정확하게 들었는지 알 수 없다. 또 서해청에 전화로 보고하는 동안 이뤄진 교신 내용은 들을 수 없었을 것이다. '조치 보고' 문건에 있는 것들은 "거의 다 보고를 했다"는 것이 김형준의 주장이지만, 그 내용은 "당시에 직원들이 작성한 메모와 기억을 토대로" 작성한 것으로, 실제 보고 내용 그대로라고 보기 어렵다. 김형준 자신도 "중간에 교신 내용을 듣지 못하거나 잠시 다른 업무로 자리를 비우거나" 한 사실을 인정했다.* 예컨대, 선원들이 '브리지', 즉 조타실에 모여 있다는 교신은 극히 중요한데도 '조치 보고' 문건에 나오지 않는다. 선원들이 조타실에 모여 있다는 것을 김형준이 보고하고 전파했다면 해경지휘부와 123정장 김경일이 선장과 선원을 찾는 데 생각이 미쳤을 것이고, 123정이 선장을 찾았을 것이다. 그랬다면 구조는 완전히 다른 방향으로 전개될 수 있었고, 마땅히 그래야 했다. 교신 내용의 양적 누락 못지않게 중요한 것이 전체적인 맥락인데 김형준 자신이 상황을 제대로 인식하지 못해 정확한 보고를 하지 못했을 가능성도 있다. 같은 표현이라도 급박한 상황을 제대로 인식하고 하는 것과 그렇지 않은 것은 전혀 다른 의미로 전달될 수 있는 것이다. 해경지휘부 사건 재판에서 김형준이 한 증언을 보면 이는 단순한 기우에 그치지 않는다.

---

* 김형준의 진술은 다음과 같다. "저는 정영민의 바로 옆에서 함께 교신 내용을 듣고, 다른 선박에 구조 요청을 하도록 지휘하거나 서해청에 세월호 상황을 전화로 보고하고 그랬습니다. VHF 통신기는 핸드폰보다 조금 큰 스피커폰 형식으로 관제 모니터 옆 책상 위에 놓여 있는데, 다른 관제사들에게 방해를 줄 수 있어 소리를 크게 해놓고 교신을 하는 것은 아니었지만, 교신 내용의 대부분은 저도 들을 수 있었습니다. 제가 교신 내용을 듣지 못하거나 잠시 다른 업무로 자리를 비우거나 하면 정영민이 세월호 상황을 저에게 보고하였고, 저도 정영민에게 상황을 묻기도 하였습니다. 대부분은 정영민 옆에서 교신 내용을 듣고 상황을 주시했던 것으로 기억합니다." 김형준이 "교신 내용을 듣지 못하거나 잠시 다른 업무로 자리를 비우거나" 한 경우 정영민이 얼마나 정확하게 보고했는지도 의문이지만, 정영민이 보고하는 동안은 교신을 어떻게 했는지도 의문이다. 해경지휘부 사건, 김형준 진술조서(2019. 12. 9.), 증거기록 12권 9754쪽.

문(재판장): 50도 정도가 기울면 침몰할 수밖에 없는 상황이라는 이야기가 있습니다. 그래서 50도라는 이야기가 구체적으로 언급되었다면, 당시 상황은 매우 심각하다고 판단할 수 있었을 것 같은데, 어떠하였나요.
답(김형준): VTS에서는 눈으로 직접 확인하는 부분이 아니라, 무선통신 교신만으로 확인되는 부분이기 때문에 제가 그런 부분들까지는 전문적으로 판단하지 못하였습니다. 하지만 그런 상황들은 교신이 되면서 상황실로 보고하였습니다.[173]

셋째, 김형준은 정영민과 세월호의 교신에 적극적으로 개입해 교신을 더 충실하게 만들 필요가 있었다. 정영민은 승선 인원이 몇 명인지, 배가 얼마나 기울어졌는지 물어 파악하고 승객들에게 구명동의를 입게 하라는 등의 권고를 했지만, 전반적으로 소극적이었다. "움직일 수 없는 상태"라는 세월호 조타수 박경남의 과장된 주장에 대해 실제 상황이 어떤지 구체적으로 캐물어야 했다. 움직일 수 없다면서 선원들이 어떻게 조타실에 모였는지, 선장과 선원들이 무엇을 하고 있는지, 해경이 도착하면 제일 먼저 해야 할 일이 무엇인지, 어떻게 협력할지 물어야 했다. 그렇게 적극적으로 질문했다면 선원들의 태도에 변화가 생겼을 수도 있다.

넷째, 두라에이스호 선장 문예식과 교신해 세월호의 상황을 객관적으로 파악해야 했다. 문예식은 "거의 3,000톤급 이상의 선박들만 운항하는 선장"으로 맹골수도만 20년 정도 운항한, 경험 많은 선장이었다. 그는 해경이 현장에 도착하기까지 세월호의 상황을 눈으로 확인한 유일한 전문가였다. "육안으로 세월호를 보니까, 한눈에 봐도 세월호가 복원력을 상실하여 침몰할 수밖에 없겠다는 생각이 들었"고 "외관상으로 세월호를 보았을 때 계속 기울고 있었"다. "승객들을 무조건 퇴선시켰어야 하는 상황"이었다. 그래서 승객들을 탈출시키라고 계속해서 권고했다. 9시 22분경 "지금 침몰 직전 같"다고 한 다음 세월호와 진도VTS의 교신에 끼어들어 "라이프링이라도 착용시키셔서 탈출시키세요." "맨몸으로 하지 마시고 라이프링이라도 착용을 좀 해가지고 탈출을 시키십시오, 빨리!"

라고 소리쳤다.[174] 진도VTS는 문예식을 통해 세월호 상황을 더 구체적으로 파악하기는커녕 그냥 흘려보냈다. 김형준은 문예식이 교신한 내용을 서해청 상황실에 보고하지 않은 것이 확실하다. 그걸 제대로 전달했다면, 해경지휘부가 상황의 심각성을 인식하는 계기가 됐을지도 모른다. 진도VTS가 세월호와 한 교신은 내용도 충실하지 않았지만, 김형준의 부실한 보고로 무의미하게 유실되고 말았다. 그렇게 또 하나의 기회가 사라졌다.

3장
상황 파악 못 하는 상황실

목포해경 상황실

코스넷 대화방

목포해경 상황실이 사고를 파악하고 초동조치를 한 다음 상황요원 이치만은 9시 직전 코스넷에 접속했다.[175] '여객선 신고 관련'이라는 이름으로 대화방을 개설해* 본청, 서해청, 제주청, 남해청,인천해경, 완도해경 상황실과 3009함 등 일부 함정을 초대했다.[176] "현재 여객선 침몰 중이라는 신고 관련입니다. 현재 동원 선박 이동 지[시] 중. 세월호 여객선 약 300여 명 승선 인근 한정 진도파출소 이동 지시."

"이메이트(코스넷)에 나오는 목포서 저 말이 훈련이야 실제야?"

---

* 코스넷 대화방을 비롯한 해경의 통신체계에 관하여는 이 책 4부 4장 중 '해경의 통신체계' 항목, 643~646쪽 참조.

9시 직후 해경 본청 상황실 전면 상황판(멀티큐브) 우측 하단의 코스넷 대화방에 올라온 문자를 본 상황실장 황영태가 말했다.[177] 황영태는 목포해경에 전화했다.[178] 목포해경 상황실장은 "목포 동거차도 남서방 약 1.7마일"에 "세월호라는 여객선이라고 나오"는데 "확인 중"이라고 했다. 황영태는 서해청 상황실에 전화했다. 서해청 상황실장 김민철은 9시에 목포해경에서 사고 소식을 보고받았다.[179]

09:02 해경 본청 상황실(2142)-서해청*

본청: 관매도 남서방 거기서 세월호라는 선박, 여객선이 침몰하고 있다는데 그 뭐 된 거 맞나요?
서해청: 예, 지금 방금 저희도 연락받았습니다.
본청: 그래요?
서해청: 예, 지금 파악해가지고 바로 보고 드리겠습니다.
본청: 아니, 거 지금 해가지고⋯⋯ 그 근처에 가까이 있는 함정이 뭐 있어요?
서해청: 현재 지금 중국 어선 특별단속이라 지금 다들 저기 하는데.
본청: 아니, 그 작은 중소형 함정도 있을 거 아니에요?
서해청: 예, 100톤급 하나 있습니다. 지금 바로 그쪽, 그쪽으로 이동하도록 하겠습니다.
본청: 예.

---

* 서해정 컴퓨터에서 출력한 코스넷 대화방 기록에는 목포해경 상황실이 '여객선 신고 관련'이라는 대화방을 연 시각이 9시 2분으로 표시되어 있다. 그런데 사참위가 해경의 통신기록을 보정한 결과에 의하면 황영태가 코스넷 대화방을 보고 목포해경 상황실에 전화를 건 시각은 09:00:40, 서해청에 전화를 건 시각은 09:01:50이어서 앞뒤가 맞지 않는다. 검찰도 이 문제를 인식했는지 해경지휘부 사건에서 본청 상황부실장 한상윤에 대한 진술조서에 목포해경 상황실이 코스넷 대화방을 열고 문자를 올린 시간을 "08:57~58"로 표시해 놓았는데[해경지휘부 사건, 한상윤 진술조서(2019. 12. 4.), 증거기록 11권 8982쪽.] 근거는 분명하지 않다. 이처럼 기록에 표시된 시간과 실제 상황의 선후가 뒤바뀐 경우가 가끔 나타나는데 이는 〈일러두기〉에서 설명한 것처럼 당시 여러 종류의 통신수단을 사용하는 과정에서 기계적으로 생긴 오차와 그것을 비교·검증해 보정하는 과정의 기술적 한계 때문으로 보인다. 이 책에서는 목포해경 상황실이 코스넷 대화방을 연 시각을 9시경으로, 황영태가 서해청에 전화를 걸어 세월호 사고에 관해 대화한 시각을 9시 2분으로 정리했다.

세월호 항로는 중형 함정(200톤)을 한 척씩 배치해야 하는 곳이다. 그러나 이날 서해청 소속 중형 함정은 모두 중국 어선 불법조업 특별단속에 동원돼 사고현장에서 멀리 떨어져 있었다.[180]

목포해경 상황실이 코스넷 대화방을 개설한 것은 해경의 '해상 치안상황관리 선진화 방안'에 따른 것으로 필요하고 적절한 일이었다. 하지만 중요한 문제가 있었다. 첫째로 진도VTS를 대화방에 초대하지 않았다. 코스넷 대화방 개설자가 참여자를 초대하면 상대방 컴퓨터에 '딩동'이라는 알람이 울리면서 대화창이 자동으로 열린다. 초대받지 않으면 알 수 없다. 목포해경 상황요원 이치만이 진도VTS를 초대했더라면 진도VTS가 세월호와 교신하며 얻은 정보를 해경 구조세력 전체에 실시간으로 전파할 수 있었다. 정보의 누락이 발생할 염려도 적어 지휘·보고 체계의 혼란도 막을 수 있었다. 진도VTS를 초대하지 않음으로써 해경지휘부, 현장 구조세력, 세월호와 민간 선박 사이의 교신을 매개하는 연결점 역할을 할 수 있고 또 해야 했던 진도VTS가 핵심 통신망에서 배제됐다.* 9시 4분 목포해경 상황실이 경비전화로 진도VTS에 세월호 소식을 알려주기도 했으니 진도VTS의 존재와 역할을 모르는 것도 아니었다. 진도VTS를 초대하지 않은 것은, 눈에 띄지 않지만, 구조작전에 큰 차질을 일으켰다.** 다음으로 현장지휘함이 될 123정이 대화방에 초대받지 못했다. 100톤급 소형함정인 123정에는 코스넷이 설치되지 않았다. 123정이 핵심 통신망에서 배제됨으로써 지휘부와 123정 사이에 지휘와 보고를 신

---

* 진도VTS는 코스넷 대화방이 개설된 것을 모른 채 경비전화를 이용해 서해청 및 목포해경 상황실에만 1:1 보고했을 뿐 다른 구조 세력에게 전파하지 않았다. 해경지휘부 사건, 김형준 진술조서(2019. 12. 9.), 증거기록 12권 9765쪽 참조.

** 코스넷 대화방 기록을 보면 오전 9시 48분 여수연안VTS가 입장한 기록이 나온다. 목포해경 상황실이 초대한 것인지, 여수연안VTS가 스스로 참여한 것인지 분명하지 않은데, 가장 중요한 진도VTS가 빠진 채 여수연안VTS가 참여한 것은 이해하기 어렵다. 이 문제에 관해 조사가 이루어지지 않았다. 해경지휘부 사건, 광주지검 수사보고서(문자상황보고 내용 첨부, 2014. 6. 11.), 증거기록 20권(별책 1권) 2723쪽; 박신영 진술조서(2014. 7. 1.), 증거기록 24권(별책 5권) 4029쪽 참조.

속하고 정확하게 연결하는 것이 필수 과제가 됐다. 각급 상황실이 그 역할을 해야 했지만 제대로 하지 않았고, 지휘·보고 체계에 심각한 혼선을 빚었으며 결국 구조 실패의 주요 원인이 됐다. 해경지휘부는 그런 문제를 생각조차 하지 않았다.*[181]

> **해경의 체계와 임무**
>
> 해양경찰은 해양에서 국민의 생명·신체·재산을 보호하는 경찰이다. 경찰청 소속으로 출발했으나 1996년 해양수산부 소속 기관으로 독립했다. 국민의 생명·신체·재산에 피해를 주거나 줄 수 있는 재난 상황에서 인명 구조와 응급처치 등 긴급 구조를 육지에서는 소방방재청이 맡는데, 해양에서는 해양경찰청이 맡는다.**
>
> 해양경찰청장 소속으로 동해, 서해, 남해, 제주 등 4개 지방해양경찰청과 인천직할해양경찰서가 있고 지방해양경찰청장 소속으로 해양경찰서가 있다. 세월호 사고가 일어난 병풍도 해상은 서해지방해양경찰청('서해청') 소속 목포해양경찰서('목포해경' 또는 '목포서') 관할 해역이었다.*** 각 지방청과 인천직할해양경찰서 산하에는 항공단과 특공대****를, 해양경찰서 산하에는 122해양경찰구조대(122구조대)*****를 두었다.

---

* 코스넷 대화방의 전반적 문제점에 관한 것은 이 책 4부 4장 '혼돈에 빠진 통신체계' 항목, 643~673쪽 참조.

** 당시 「재난 및 안전관리기본법」(2014. 2. 7. 시행 법률 제11994호) 3조 6, 7호, 49~57조, 「소방기본법」(2013. 3. 23. 법률 제11690호).

*** 「해양경찰청과 그 소속기관 직제」(2014. 3. 31. 시행 대통령령 제25244호) 2조, 22조, 23조, [별표 1] 참조.

**** 해양경찰특공대는 해양 테러 및 특수범죄 진압을 주 임무로 하지만 해난구조 업무 지원도 임무에 포함되어 있다. 해양경찰특공대 운영 규칙(해양경찰청 훈령 제924호) 6조 1항 6호.

***** 122구조대는 "인명 구조를 위한 수색구조에 관한 사항"을 주 임무로 한다. 구조요원은 잠수특기자를 우선 선발하되 해경, 군, 소방 등 관련 기관에서 구조 관련 전문기술훈련을 2년 이내 2주 이상 이수한 사람 또는 그에 맞는 능력을 가진 사람으로 잠수 훈련을 거쳐 선발한다. 122구조대 운영 규칙 3조 1항 1호, 12조.

해수면에서 일어난 "수난구호에 관한 사항의 총괄·조정, …… 지휘·통제 …… [를] 위하여" 해양경찰청(본청)에 중앙구조본부를 두고 지방청에 광역구조본부, 해양경찰서에 지역구조본부를 둔다(「수난구호법」 5조). 각 구조본부에는 "조난사고와 그 밖에 구조·구급이 필요한 상황의 발생에 대비하고 신속한 구조 활동을 위한 정보를 수집·전파하기 위하여 종합상황실을 설치·운영"했다(「수난구호법」 8조). 각급 상황실은 상황담당관, 상황실장, 상황요원으로 구성되며 24시간 운영했다.

세월호 사고의 경우 해경 본청과 서해청, 목포해경에 중앙·광역·지역구조본부가 모두 설치됐다. 조난이 발생할 경우 현장의 수난구호 활동은 관할 지역구조본부장이 하는 것이 원칙이지만, 재난의 규모와 성격에 따라 광역구조본부장과 해경청장이 지휘할 수 있다. 세월호 사고는 "인명 또는 재산의 피해 정도가 매우 크거나 재난의 영향이 사회적·경제적으로 광범위"한 "대규모의 수난"에 해당해 중앙구조본부장인 해양경찰청장이 직접 현장지휘를 할 사고였다. 그 지휘권은 현장에 출동한 해경 구조세력뿐만 아니라 구조 요청을 받고 달려온 어업지도선 등 행정선은 물론 두라에이스호 같은 민간 상선과 어선에도 미쳤다. 세월호 사고에서 현장에 제일 먼저 도착한 123정장이 현장지휘관(OSC, On-Scene Commander)이 됐는데, 이는 수색구조 매뉴얼에 따른 것으로, 「수난구호법」에 따라 구조본부장들이 갖는 현장지휘의 개념과 차이가 있다.*

---

* 당시 「수난구호법」 17조에서 말하는 각급 구조본부장의 '현장지휘'와 123정장을 '현장지휘관'이라고 할 때의 '현장지휘' 개념에 혼동 가능성이 있다. 「수난구호법」의 '현장지휘'는 "조난 현장에서의 수난구호활동의 지휘"를 말하며(1항) "조난 현장에서의 인명의 수색구조" 등의 사항을 대상으로 한다(2항). 원칙적으로 지역구조본부장인 관할 해양경찰서장이 현장지휘를 할 권한이 있으나 조난의 규모와 성격에 따라 지방해양경찰청장 또는 해경청장도 현장지휘를 할 수 있다. '현장지휘'란 수난에 대한 수색구조활동을 직접 지휘하고 책임을 진다는 의미로 보이며, 반드시 수난이 발생한 현장에 가서 지휘를 하라는 뜻은 아닌 것으로 보인다. 지휘관의 판단에 따라 "종합정보가 더 많이 오"는 상황실에서 할 수도 있고 "현장에 가서 지휘하는 게 낫겠다 하면 현장에 갈 수도 있"다. 한편 수색구조 매뉴얼은 임무조정관이 현장에 출동한 함정 가운데 하나를 '현장지휘관'으로 임명하거나 현장에 제일 먼저 도착한 함정이 '현장지휘관'의 역할을 하도록 하고 있는데, 이는 「수난구호법」에 따라 현장지휘권을 가지는 각급 구조본부장이 현장에 가지 않고 '현장지휘'를 할 경우에 구조본부장의 지시에 따라 현장에서 진행하는 수색구조활동을 총괄하는 지휘관을 의미하며, 「수난구호법」 17조 5항에서 말하는 "조난 현장에서 수난구호활동에 임하는 수난구호요원"의 책임자로 볼 수 있다. 수난구호요원은 "현장지휘관의 지휘·통제에 따라야 한다." 「재난안전법」과 시행령에 따라 안전행정부령으로 제정된 긴급구조대응활동 및 현

수난구호에는 「재난 및 안전관리기본법」(「재난안전법」)과 「수난구호법」, 「해사안전법」, 「선박안전법」, 「선원법」, 「전파법」 외에 일반법인 「경찰관직무집행법」이 적용됐다. 해경의 규정으로는 해상상황실 규칙, 해경 항공 규칙, 해경 함정 규칙, 122긴급전화규칙, 122구조대 규칙, 통신망 운용 규칙, 국제 조난 및 안전통신 운용규칙이 있었다. 선박의 조난통신에 관해서는 중앙전파관리소가 정한 무선국의 운용 등에 관한 규정도 적용된다. 또 해경은 국내법과 국제규범*을 반영한 수색구조 매뉴얼을 비롯해 해상 치안상황 매뉴얼, 항공구조 매뉴얼, 위기관리 매뉴얼, 대형 해상사고 매뉴얼** 등을 작성해 업무지침으로

장지휘에 관한 규칙은 중앙통제단장, 시·도 및 시·군·구 지역통제단장, 현장지휘관의 체계를 도입했다. 이때 현장지휘관은 실제로 현장지휘를 하는 지휘관으로 중앙 또는 지역통제단장이 될 수도 있고, 그들의 위임에 의하여 현장지휘를 하는 소방관서의 지휘대장 또는 선착대의 장이 될 수도 있는데, 「수난구호법」에 따른 해경의 체계보다 혼동의 염려가 적다. 해경도 「재난안전법」의 적용 대상인데, 두 법이 서로 다른 용어를 사용하는 것은 적절치 않아 보인다. 이 점에 관해서는 이 책 4부 4장 중 '구조계획 없는 구조본부', 630~633쪽 참조.

* UN해양법 협약(UNCLOS, United Nations Convention on the Laws of the Sea), 해상에서의 인명 안전을 위한 국제 협약(SOLAS, International Convention for the Safety of Life at Sea, 1974), 해상수색 및 구조에 관한 국제협약(SAR, International Convention on Maritime Search and Rescue), 국제 항공 및 해상 수색구조 매뉴얼(IAMSAR 매뉴얼, International Aeronautical and Maritime Search and Rescue Manual) 등을 말한다 IAMSAR 매뉴얼은 국제해사기구(IMO)와 국제민간항공기구(ICAO)가 공동으로 작성한 것이다.

** 국가위기관리기본지침(대통령훈령 제229호)에 근거해 만든 것으로 우리나라 주변 해역에서 선박, 항공기, 다수 인명의 조난 등 대형 해상사고가 발생할 경우 범정부적으로 대처하는 체계와 기관별 활동을 정리한 매뉴얼이다. 세월호 사고 당시 이 매뉴얼이 막상 승객 구조와 관련된 내용을 담고 있지 않아 부실하다는 지적과 함께 노무현 정부에서 국가안전보장회의사무처가 만든 '대규모 인명피해 선박시고 대응 매뉴얼(해상)'이 이명박 정부 들어와 "각 무저 캐비닛에 처박혀 죽은 문서"가 됐고 "결국 (세월호 참사라는) 나쁜 결과가 나왔다"라거나 '노무현 지우기'라는 주장이 있었다. 하지만 '대규모 인명피해 선박사고 대응 매뉴얼(해상)'의 내용은 '주변 해역 대형 해상사고 대응 매뉴얼'과 거의 비슷했고, 그 이름과 달리 '대규모 인명피해 선박사고'에서 승객을 구조하는 데 필요한 지침을 특별히 담고 있지는 않았다. '대규모 인명피해 선박사고 대응 매뉴얼(해상)'이 '주변 해역 대형 해상사고 대응 매뉴얼'로 바뀐 경위는 분명치 않으나 그것이 '노무현 지우기'라거나 그로 인해 "(세월호 참사라는) 나쁜 결과가 나왔다"라는 식의 보도는 사실과 다르다. 국가안전보장회의사무처가 '대규모 인명피해 선박사고 대응 매뉴얼(해상)'을 만든 법적 근거도 분명하지 않다. 송호진, 이명박·박근혜의 '노무현 지우기' 위기관리 매뉴얼까지 지웠다, 《한겨레》(2014. 4. 29.), https://www.hani.co.kr/arti/politics/politics_general/634992.html; 김영빈, 대규모 선박사고 대응 매뉴얼 "해경 문서보관실 방치", 《미디어인천신문》(2014. 5. 14.) 참조.

삼았다.* 함정훈련교범에도 관련된 부분이 있다. 관련 법률과 규칙, 매뉴얼은 해경의 의무와 책임을 분석하고 평가하는 근거로 활용됐다.

무성의한 상황 파악

9시 4분 세월호 여객부 선원 강혜성이 목포해경 상황실로 전화했다. 세월호 3층 안내데스크에서 나와 로비 바닥에 기댄 채 122로 전화를 걸었다.[182] 상황요원 문명일이 받았다. 당시 목포해경 상황실은 세월호 선장을 찾고 있었다.[183]

09:04 세월호 선원-목포해경 상황실(122) [음성]
목포해경 (문명일): 예, 목포해경입니다. 해양경찰입니다. 말씀하십시오.
신고자 (강혜성): 여기 진도하고.
목포해경: 예, 진도하고.
신고자: 진도하고 추자도 사이에
목포해경: 세월호요?
신고자: 예, 세월호인데요.
목포해경: 세월호 누구십니까? 세월호에?
신고자: 세월호 안내소 직원입니다.
목포해경: 직원이에요, 직원?

---

* 당시 「재난안전법」에 의하면 재난관리책임기관은 재난을 효율적으로 관리하기 위하여 유형에 따른 위기관리 매뉴얼을 작성·운용해야 하는데 매뉴얼은 ① 국가적 차원에서 관리가 필요한 재난에 대하여 재난관리 체계와 관계 기관의 임무와 역할을 규정한 문서로 위기 대응 실무 매뉴얼의 작성 기준이 되며, 재난관리주관기관의 장이 작성하는 위기관리 표준 매뉴얼, ② 실제 재난 대응에 필요한 조치 사항 및 절차를 규정한 문서로 재난관리기관의 장과 관계 기관의 장이 작성하는 위기 대응 실무 매뉴얼, ③ 재난 현장에서 임무를 직접 수행하는 기관의 행동 조치 절차를 구체적으로 수록한 문서로 위기 대응 실무 매뉴얼을 작성한 기관의 장이 지정한 기관의 장이 작성하는 현장 조치 행동 매뉴얼, 3가지로 구분했다.

신고자: 예.

목포해경: 그 혹시 사람 같은 거 빠졌습니까? 지금 현재?

신고자: 예. 지금 사람이, 배가 기울어서 사람이 한 명이 바다에 빠졌어요.

목포해경: 한 명이 바다에 빠졌어요? 지금 구명동의나 그런 거 빨리 다 여객선······.

신고자: 지금 저희가 배가 40도, 45도 지금 기울어서 도무지 움직일 수 있는 상황이 안 돼요.

목포해경: 움직일 수 있는 상황이 아니에요? 그러면 지금 빠진 사람은 어떻게 됐습니까? 지금 현재?

신고자: 일단은 저희도 볼 순 없어요. 빠진 상황만 알아요, 지금.

목포해경: 아, 빠진 상황만 안다구요?

신고자: 예, 지금 어떻게 되셨는지, 지금.

목포해경: 예, 지금 경비정이 이동하고 있거든요, 지금 전속으로.

신고자: 예.

목포해경: 그 상황을, 그 최대한 지금 빠진 사람을 그래도 좀 구조해야 되지 않습니까, 지금?

신고자: 예.

목포해경: 그거 좀 조치 좀 취해주십시오. 그걸 어떻게 파악을 하셔가지고.

신고자: 지금 저희가 움직일 수 있으면 상황 파악을 하겠는데, 움직일 수가 없어요. 배가 지금 45도 정도 기울어 있어서.

상당히 과장하긴 했지만 강혜성은 중요한 선내 상황을 알렸다. "한 명이 바다에 빠"졌고 "40도, 45도 기울"어졌고 "도무지 움직일 수 있는 상황이 안"된다고 했다. 바다에 빠진 한 명은 교사 양승진(실종)이었다.

목포해경: 그런데 왜 지금······ 지금 배 속력이 어떻습니까? 지금 배 속력은?

신고자: 지금 엔진을 다 끈 것 같아요. 엔진 돌아가는 소리가 안 들리거든요.

목포해경: 아, 그래요? 근데 속력이 지금 저희가 파악했을 때는 속력이 좀 많이 나오고 있거든요? 여보세요.

신고자: 지금 가고 있지는 않아요, 엔진을 꺼서.[184]

목포해경 상황실은 세월호가 "속력이 좀 많이 나오고 있"는 걸로 알고 있었다.[185] CVMS에 세월호가 "이동 중"으로 표시되고 있었기 때문이다. 본청 상황실도 그랬다. 9시 2분, 상황실장 황영태는 목포해경에 전화해 "세월호가 지금 현재 18노트로 이동 중"이니 "가장 가까운 연안으로" 보내라고 지시했다. 상황부실장 한상윤도 "실제 침몰인가, 지금 보니까 18노트로 나와 있어서"라고 했다. 목포해경 상황실은 "여기 AIS에도 그렇게 찍히"는데 기울어진다는 신고가 들어왔다고 답했다.[186] 당시 세월호는 병풍도 북쪽에서 멈춘 채 표류하고 있었다.*

목포해경: 예, 알겠습니다. 지금 저희 경비정 있는 대로 다 이동하고 있거든요. 좀만 참으시고 다들 구명동의를 입으시라고 다 전파를 해주십시오.
신고자: 지금 입을 수 있는 상황이 안 돼요. 배가 기울어서 움직일 수가 없어요.
목포해경: 움직일 수가 없어요? 예, 알겠습니다. 그러면 최대한 안전할 수 있게, 그쪽 그 언제든지 하선할 수 있게 바깥으로 좀 이동할 수 있게 그런 위치에서 지금 좀 잡고 계세요, 일단은. 여보세요.
신고자: 지금 선내에서 움직이지 마시라고 방송을 계속하고 있구요.
목포해경: 예, 예, 그렇게 해주세요, 예, 예.
신고자: 예, 예, 지금 밖으로 이동할 수 있는 상황이 안 돼요. 배가 많이 기울어져 있어가지고.[187]

배가 많이 기울어져서 움직이지 못할 정도라면 승객이 바다로 탈출할 수 있도록 갑판으로 비상 집결시키는 게 원칙이다.[188] 구명동의를 입도록 전파하라는데도 강혜성은 "입을 수 있는 상황이 안 돼요"라며 "움직일 수가 없"다고 또다시 상황을 왜곡했다.** "언제든지 하선할 수 있게

---

* 그 시각, 목포해경 상황실 AIS에 세월호가 18노트로 이동 중인 것으로 나타난 이유는 이 책 3부 [부록] AIS 항적을 둘러싼 의혹과 해소 과정 중 '해경이 본 "이동 중"' 항목, 416~419쪽 참조.
** 강혜성은 8시 52분부터 승객들에게 선내 대기를 요구하는 방송을 했는데 9시 6분에는 구명동의를 착용하고 선내에 대기하라고 방송했다. 문명일이 "다들 구명동의를 입으시라고 다 전파를 해주십시

바깥으로 좀 이동할 수 있게 그런 위치에서 지금 좀 잡고 계세요"라는 문명일의 말에 "지금 밖으로 이동할 수 있는 상황이 안 돼요"라면서 거꾸로 "선내에서 움직이지 마시라고 방송을 계속하고" 있다고 했다. 매우 중요한 정보였다. 승객의 퇴선을 준비해야 할 상황인데 오히려 선내에서 움직이지 말라고 지시하고 있다는 사실이 알려진 것이다. 그러나 "유관기관 등에 상황 전파를 해야 된다는 생각"에 정신이 팔린 문명일은 강혜성의 말을 제대로 듣지 않은 채 아무 생각 없이 "그렇게 해주세요"라고 했다. 상황실장에게 보고하지도 않았다. "같은 내용의 신고라고 생각"했기 때문이다.[189] 상황담당관 조형곤은 강혜성이 122로 신고했다는 것을 "침몰 3일 후 즈음에 보고를" 받았다.[190]

문명일의 안이한 태도는 다른 전화를 받을 때에도 마찬가지였다. 9시 14분 단원고 여학생으로 보이는 승객이 "배가 기울어져가지고 갇혔거든요"라고 했을 때 '갇혔다'는 상황이 무슨 뜻인지 묻는 대신 "지금 저희 경비정이 다 가고 있습니다"라며 말문을 막는 듯한 태도로 대했다. 9시 21분 세월호 2등항해사 김영호가 걸어 온 전화도 그런 태도로 날려버렸다. 전화를 건 사람이 선원인지, 승객인지도 확인하지 않은 채 "세월호죠?"라고 먼저 묻고는 경비정이 가고 있다면서 더 이상 얘기를 들으려고도 하지 않았다. 김영호가 "배 지금 바로 넘어갑니다" "배가 50도 이상 저저……"라며, 위급한 상황을 드러내는 말을 했지만, "예 알겠습니다"를 반복하며 말을 막았다.[191] 더 들을 것도 없는, 같은 내용의 반복이라고 생각한 것이다. "그저 중복신고라고만 생각해서 더 정보를 알아봐야 한다는 생각을 미처 못했"다.[192]

122 신고가 들어오면 해경은 큰 소리로 전화를 받아야 한다. 신고 전화를 받는 동시에 그 내용을 다른 근무자가 파악해 초동조치를 하고 상

오"라고 이야기한 영향으로 보인다.

황을 전파하기 위해서다. 그러나 문명일은 큰 소리로 받지 않았다. 상황실 직원들도 분주한 터여서 그 내용을 듣지 못했다.[193] 초기 신고 전화들을 통해 참사의 가능성을 암시하는 위기 징후가 전달됐지만, 상황요원 문명일은 제대로 파악하지 못했고, 지휘부에 보고하지도 않았다. 상황실에서는 "시스템상 새로운 사실은 모두 보고를 하여야 하는 것이 원칙"이다.[194] 하지만 새로운 사실이 있어도 제대로 포착해내지 않고 흘려버리면 방법이 없다.

> 사고 발생 3일 후에 [강혜성과 통화한] 녹취 파일 들어보았습니다. 직접 들어보니 제가 방송 이야기도 들은 것으로 되어 있었고 나가라고도 이야기를 했었구나 했었습니다. 듣고 보니 큰일났구나 라고 생각을 했고, 너무 경황이 없는 와중에 통화를 하다 보니 제가 대응을 잘못했구나라고 생각했습니다.[195]

또 다른 상황요원 박신영도 같은 잘못을 저질렀다. "해경 경비함정이 조치를 취하고 있다는 사실을 빨리 전해주고자 하는 마음이 앞"선 나머지 신고자들로부터 세월호 상황을 파악할 생각을 하지 않았다.

> 예전에 세월호와 같은 대형 해양 사고를 접해보지 않은 상황에서 제 업무 처리가 미흡한 점이 있었습니다. 신고자의 말을 충분히 먼저 들었어야 했는데, 해경 경비함정이 조치를 취하고 있다는 사실을 빨리 전해주고자 하는 마음이 앞섰으며 당시 제가 판단했을 때 신고자에게 해드릴 수 있는 말씀은 충분히 전했다고 생각했습니다……[196]

문명일의 진짜 잘못은 강혜성과 김영호의 전화를 흘려버린 것이다. 빨리 선장과 선원을 찾아내야 하는 상황이었다. 강혜성은 "안내소 직원", 즉 세월호 선원이라고 알려주었는데도 선장과 항해사 등이 어디서 무엇을 하고 있는지 물어보지도 않은 것은 이해하기 어렵다. 강혜성은 선내 방송을 한 당사자였고 방송을 하고 있다고 말하기도 했다. 선장과 항해사를 찾는 방송도 할 수 있었다. 무슨 수를 써서라도 선장이나 항해사를 찾아야 했다. 2등항해사 김영호는 조타실에서 선장 이준석, 1등항해사 강원식과 함께 있었다. 신분을 물어봤다면 밝혔을 것이고, 김영호를 통해 선장을 찾았다면 사태가 다른 방향으로 풀려나갈 가능성이 있었다. 참사로 이어지는 고리를 차단할 수 있는 절호의 기회가 목포해경 상황요원들의 무성의한 대응으로 허무하게 사라졌다.*

세월호와 교신하지 않은 목포해경 상황실

어떤 이유에서든 현장에 출동한 구조세력이 해야 할 일을 제대로 하지 못할 때, 그것을 바로잡아 임무를 수행하게 만들거나 대신해서 보충하는 것이 상황실의 역할이다. 현장에 출동한 123정과 3대의 헬기, 1대의 초계기는 모든 면에서 역량이 부족했지만, 그들이 할 일을 제대로 하고 있는지 관심을 기울인 곳은 없었다. 특히 목포해경 상황실은 본청 상황실장 황영태가 세월호와 교신하라고 네 번이나 지시했지만 말로만 "예, 예" 했을 뿐 아무것도 하지 않았다.

09:03 해경 본청 상황실(황영태)(2142)-목포해경 상황실(이병윤)
해경 본청 상황실: 세월호 거기로 가면 안 될 것 같은데. 우리 100톤 쪽으로 이동

---

* 서해청장 김수현은 목포해경의 122 신고 접수 내용을 보고받았다면 어떠한 조치를 했을지 묻자 "신고자와 통화를 유지하면서" "실종이나 추락한 사람이 더 없는지, 배가 기울어진 정도라든지를 확인하고, 신고자 외에 선장이나 선원 같은 배의 책임자들과 연락을 해서 배의 상태에 대해서 어떻게 대비를 할 것이냐, 배수 작업을 할 수 있느냐, 대피 계획은 어떠냐를 파악해야 되지 않을까 생각"된다고 답했다. 목포해경 상황실이 코스넷 대화방에 올린 정보를 바탕으로 목포해경이나 서해청 상황실에 세월호와 연락하도록 지휘하지 않는 데 대해서는 "그때 제가 경황이 없어 놓쳤던 것" 같다면서 "알았더라면…… 신고자나 선원들과 연락을 하도록 했을 것"이라고 주장했다. 해경지휘부 사건, 김수현 피의자 신문조서(2019. 12. 20.), 증거기록 15권 11716~11717쪽.

시키는 게 낫지 않아요?

목포해경 상황실: 예. 가까운 데로 근접하게 이동을 시키겠습니다.

해경 본청 상황실: 123정하고 교신 좀 해보라 해요.

목포해경 상황실: 예.

09:11 해경 본청 상황실(황영태)(2142)-목포해경 상황실(백남근)

해경 본청 상황실: 선장하고는 교신해봤나요?

목포해경 상황실: 예. 아직 못 해봤습니다. 거기 정신이 없는 모양입니다. 그래갖고 승객이 신고를 한 겁니다.

(중략)

해경 본청 상황실: 일단 그거[경비정과 행정선 등 동원] 하는데 정확하게 해가지고 침수 중이라고 해도 배가 완전히 침몰 가능성이 있는 건지 아니면.

목포해경 상황실: 아, 그래서 지금 확인 중에 있습니다.

해경 본청 상황실: 선장하고 직접 교신을 해봐요.

목포해경 상황실: 예, 예, 알겠습니다.

09:14 해경 본청 상황실(황영태)(2142)-목포해경 상황실(이병윤)

해경 본청 상황실: 선장하고 통화해봤어요?

목포해경 상황실: 통화가 지금 안 되고 있습니다. 그래서 계속 하고 있습니다.

해경 본청 상황실: 선장, VTS하고, 그러면 진도VTS하고 세월호하고 교신이 안 돼요?

목포해경 상황실: 교신을 지금 의뢰해놨습니다. 지금, 되는대로 지금 빨리 연락해 달라고 VTS에 연락하라 했습니다, 지금. (중략)

해경 본청 상황실: 아, 선장하고, 일단 중요한 게 가장 급한 게 선장이 봐가지고 선장이 아주 위험한 상황이다 하면…… 응? 응?

목포해경 상황실: 예, 예, 그렇게 하겠습니다.

해경 본청 상황실: 응?

목포해경 상황실: 예.

해경 본청 상황실: 응? 그 선장하고 교신하고 나면요, 혹시 배 침수 같으면 우리 그 구명벌 있잖아요.

9시 18분 목포해경 상황실은 코스넷 대화방에 "세월호 관계자 전화 통화 결과, 현재 침수 중이며 침몰 위험으로 구조 요청한다는 사항입니다"라고 적었다. 황영태가 확인하자 목포해경 상황실은 구조 요청자가 선장이 아니라 승객이라고 정정했다.

09:19 해경 본청 상황실(황영태)(2142)-목포해경 경무기획과장
해경 본청 상황실: 세월호 선장하고 통화한 거 맞냐고요?
목포해경: 선장은 지금 현재 통화가 안 되고, 승객 중에 한 사람이 우리들한테 전화해가지고 지금 좌현 50도로 기울어가지고.
해경 본청 상황실: 좌현 50도요?
목포해경: 예. 그리고 구명정을 내릴 수가 없답니다. 지금.
해경 본청 상황실: 선장이랑 통화를 해야지.
목포해경: 그러니까 지금 선장은 통화가 우리가 해도 안 되고.

황영태가 좀 더 분명하게 구체적으로 지시하지 않은 것은 문제가 있었다. 황영태는 "세월호 선장하고 전화를 했는지 여부 및 세월호 선장하고 직접 통화를 하여 정확한 상황을 파악하라고 이야기를 하였"다고 주장했지만,[197] 그의 말은 애매했다. 목포해경 상황실은 구체적 지시로 받아들이지 않았다. 목포해경 상황실 B조 실장으로, C조 실장 이병윤과 함께 초동대응을 지휘한 백남근은 황영태와 이병윤의 통화는 물론 9시 11분 자신이 황영태와 통화하며 "선장하고 직접 교신을 해봐요"라는 말에 "예, 예, 알겠습니다"라고 대답한 것도 기억하지 못했다.[198]

> 저는 본청에서 목포서(목포해경) 상황실로 세월호와 교신을 하라는 지시를 한 것은 모릅니다. 저는 근무 교대를 했기 때문에 후임 근무자들을 지원 근무하는 성격이었습니다. …… 상부 지시 사항에 대해서는 제가 들은 바가 없습니다.

이병윤은 "제가 즉시 나서서 할 수 있는 역량은 조금 부족하여 조형곤 상황담당관이나 백남근 실장이 지시하는 사항을 실행하는 정도의 수준"이었고, "123정이 사고 지점으로 가고 있는 상황이라, 가까워지면 123정이 세월호와 교신이 되지 않을까 싶은데, 당시 저희는 123정이 현장에 도착하면 어느 정도 상황이 파악이 될 것으로 생각하여 지켜보고 있었"다거나 진도VTS가 교신하는 것을 알았기 때문이라고 변명했다.[199]*

본청의 지시가 없어도 목포해경 상황실 스스로 세월호와 교신해야 했다. 목포해경은 지역구조본부로 현장 구조를 책임지기 때문에 진도VTS와 처지가 달랐다. 세월호와 교신해 상황을 파악하고, 승객을 구조할 방안을 협의하며 선장과 선원들이 제 역할을 하게 만들어야 했다. 목포해

---

* 목포해경 상황실 고성은은 세월호와 교신해야 한다고 생각해 목포 운항관리실에 선장 연락처 수배를 요청했으며, 9시 10분경 '선장'의 전화번호를 받아 두 번 걸었는데 받지 않자 "더 이상 연락을 시도할 필요성을 느끼지 못하여 더 시도해보지 않았"다고 주장했다. 하지만, 사실인지는 분명하지 않다. 해경지휘부 사건에서 법원은 "목포해양경찰청 상황요원 고성은은 9시 10분경 운항관리실을 통해 선장 휴대전화 연락처를 확인한 뒤 두 차례 통화를 시도했으나 연결이 되지 않았"다고 했고(해경지휘부 사건 1심 판결문, 68쪽), 사참위도 목포해경 상황실이 9시 3분(약 2분 20초) 목포 운항관리실과, 9시 6분(약 26초) 인천 운항관리실과 통화한 내역을 기초로 세월호 선장의 전화번호를 문의했을 것이라고 봤다(사참위 해경 초동대응 조사보고서, 163쪽). 그러나 목포해경 상황실이 목포 및 인천 운항관리실과 통화한 내용은 "상황전파 및 협조요청"에 관한 것일 가능성이 있고, 고성은이 "9시 10분경 목포 운항관리실로부터 선장의 연락처"를 받았다고 주장한 통화 내역은 나타나지 않는다. 단원고 학생 박수현의 아버지 박종대는 인천과 제주를 운항하는 세월호는 출항 당시 선장과 선원 정보를 인천 운항관리실에 통보하므로 인천 운항관리실은 선장과 선원의 연락처를 갖고 있지만, 운항 노선과 무관한 목포 운항관리실은 관할 노선이 아닌 선박의 선장과 선원 정보를 알기 어렵다고 지적했다. 한편, 고성은의 주장이 사실이라 하더라도, 고성은이 전화를 건 것은 이준석이 아니라 휴가 중인 정식 선장 신보식이었을 가능성이 크다. 엉뚱한 데 전화를 걸다가 포기한 셈인데 이 부분에 대해 조사가 제대로 이루어지지 않았다. 고성은이 전화했다고 주장한 시간에 신보식은 인천해경 상황실과 통화하고 있었다. 세월호와 연락할 수 있는 전화번호를 알려달라는 말에 신보식은 3등항해사가 당직자라고 생각해 박한결의 휴대전화 번호를 알려줬다. 전화를 끊은 신보식은 박한결에게 전화했는데 박한결은 울면서 아무 말도 하지 못했다. 9시 15분 1등항해사 강원식은 청해진해운 해무팀 대리 홍영기와 3분 14초간 통화했다. 홍영기에 따르면 강원식은 세월호가 "어디에 걸친 것 같"다고 말했다. 2014. 4. 29. 수사보고서; 해경지휘부 사건, 고성은 진술조서(2014. 6. 9.), 증거기록 23권(별책 4권) 2413~2415쪽; 고성은 진술조서(2014. 7. 1.), 증거기록 24권(별책 5권) 3971, 3975쪽; 고성은 진술조서(2019. 12. 9.), 증거기록 12권 9737~9738쪽; 조형곤 진술조서(2014. 6. 11. 증거기록 23권(별책 4권) 2941·2942쪽; 청해진해운 사건, 검찰 홍영기 진술조서(2014. 5. 8.), 수사기록 21200~21201쪽; 선원 사건, 검찰 강원식 4회 피의자 신문조서(2014. 5. 3.), 수사기록 20981쪽; 경찰 신보식 진술조서(2014. 4. 20.); 수사기록 19399쪽; 경찰 신보식 3회 진술조서(2014. 4. 29.), 수사기록 19889쪽.

경이 세월호와 교신할 수 있는 방법은 여러 가지가 있었다.*200 인천 운항관리실을 통해 선장 및 항해사의 휴대전화 번호를 확인해 연락할 수도 있었다. 123정에도 선장 및 선원과 교신하라고 지시해야 했다.

목포해경은 세월호와 직접 교신할 수 있는 VHF 67번 채널 대신 16번을 켜놨다고 했다. 진도VTS 채널인 67번으로 돌려봤다면 진도VTS와 세월호의 교신을 들을 수 있었는데 그 생각도 하지 않았다. "경황도 없어 구조세력 상황을 전파하기에 급급했"다.[201] 그런데 9시 25분 세월호가 채널 16번으로 "해양 경찰"을 호출했을 때에는 123정과 마찬가지로 듣지 않았다.[202] "당연히 볼륨은 정상 상태로 유지"했다면서도 상황담당관 조형곤, 상황실장 백남근·이병윤은 세월호가 "해양경찰을 불렀는지 아무도 몰랐"다.[203] 조형곤은 10시가 가까워질 때까지 세월호 상황에 관해 보고도 받지 못했고 승객 숫자를 포함해 상황을 파악하지 못했다. 그저 "구조세력만 많이 보내면 모두 구조가 될 줄 알았"다면서 세월호와 교신은 "정장이 스스로 했어야 한다"라고 주장했다.

조형곤은 "사고를 접수한 후 초동조치를 신속하게 하였기 때문에 우리는 최선을 다했다"라고 주장했다.[204] 하지만 목포해경 상황실의 역할은 초동조치로 끝나지 않는다. 세월호 선장과 선원들을 찾아 교신하려고 노력하면서 123정에도 그렇게 지시했더라면, 상황은 다른 방향으로 전개될 수 있었다. 현장에 출동하는 구조세력에게 추가 정보를 알려주고 해야 할 일을 지시하는 것은 상황실의 당연한 임무다. 목포해경 상황실이 해야 할 일을 하지 않음으로써 123정은 '깜깜이' 상태로 현장에 도착했다. 목포해경 상황실이 할 일을 했다면 123정이 선장과 선원들을 도주하게 만드는 일은 일어나지 않았을 것이다. 목포해경 상황실이 저지른 또

---

* 세월호 1등항해사(견습) 신정훈은 SSB(어선공통망)로 제주 운항관리실과 교신했다(9시 15분, 9시 27분, 9시 40분). 123정은 출동하면서 SSB로 주변 어선에게 구조를 요청했다. 2014. 4. 29. 수사보고서; 해경지휘부 사건, 고성은 진술조서(2014. 6. 9.), 증거기록 23권(별책 4권) 2413~2414쪽.

하나의 큰 잘못이었다.

'깜깜이' 출동한 구조세력

123정

8시 57분 목포해경 상황실의 출동 지시에 이어 58분,[205] 123정 함정용 휴대전화가 다시 울렸다. 정장 김경일이 받았다. 목포해경 상황실장 이병윤은 침몰하는 배가 세월호, 승객은 "350명"*이라고 말했다. 사고 지점을 병풍도 북방 2마일로 수정했다.[206] "전속으로 이동해 구조하라"고 지시했다.[207] 123정은 세월호 침몰 해역에서 약 22킬로미터 떨어져 있었다.**[208]

123정은 길이 32미터, 폭 6미터의 100톤급 소형 경비정으로 승선원은 정장 김경일 포함 해경 10명***과 의경 3명에 불과했다. 정원이 몇 명인지는 논란의 여지가 있지만**** 세월호 승객을 옮겨 태우기에는 너무 작았다. 통신장비는 경찰지휘망과 군경합동통신망 외에 VHF 항무통신망,

---

* 8시 58분 목포해경 상황실이 최초로 파악한 세월호 승선원은 350명이었다. 9시 6분, 450명으로 수정했고 오전 9시 42분 474명, 오후 3시 54분 459명, 저녁 7시 59분 462명, 밤 11시 49분 475명으로 계속 바뀌었다. 정확한 인원(476명)은 사고 후 3일이 지난 4월 19일에 확정됐다. 국회 국정조사 특위, 목포해경 제출, 목포해경 상황보고서 1~40보.

** 123정의 임무는 연안 3구역(진도 북단-신암 비금도 좌측 끝단-관매도 끝단-완도해양경찰서 관할선을 이은 범위)에서 해상 경비, 해난구조, 해양오염 방지, 해상 범죄 조사와 해상 대간첩작전을 수행하는 것이다. 해경지휘부 사건, 김경일 진술조서(2014. 6. 4.), 증거기록 6권 6331쪽.

*** 123정 승선원은 '현장 구조세력' 조직도, 이 책 21쪽 참조.

**** 123정의 정원이 몇 명인지는 분명하지 않다. 이는 123정의 소극적 구조활동 및 선원들의 도주 이유와 관련되는데, 해경은 123정 정원이 50명이라고 주장했다. 하지만 긴급 구조 상황에서는 정상적인 운항 상황을 전제한 정원은 의미가 없고 훨씬 더 많은 사람을 태워도 된다는 주장도 있다. 이 점은 이 책 4부 5장 중 '123정은 더 잘할 수 없었나' 항목, 740쪽 각주 * 참조.

TRS, SSB, 함정용 휴대전화, 소형 무전기가 있었다. 조타실에서 방송하면 선내·외에서 들을 수 있는 스피커가 선수와 선미에 하나씩 달려 있었고 8인승 고무보트 1대, 20인승 구명벌 1개, 구명조끼 27개, 20~30미터 줄이 달린 구명환 4개와 구명볼 2개, 구조용 줄사다리 1개, 3미터 길이의 보트훅 2개, 구조용 단가와 들것, 산소소생기, 자동제세동기를 1대씩 갖추고 있었다.[209]

정장 김경일은 출동하는 동안 TRS 교신기를 손에 붙잡고 있었다. 목포해경 상황실과 함정은 2개월 전인 2월 17일 서해청이 주관한 가상 침몰 사고 대응훈련을 받았다. 123정을 포함한 목포해경 상황실은 평가 항목 중 가장 배점이 높은 '현장 상황 보고·전파'에서 10점 만점에 3점을 받았다. "TRS, 문자시스템으로 현장 상황 보고를 철저히 하라"라는 지적을 받았다.[210]

"현장 상황 보고를 철저히" 하려면 현장 상황을 파악해야 한다. '함정 훈련교범'에 의하면 출동하는 함정은 무엇보다 먼저 조난선 및 인근 선단 선박과 교신해 조난선의 제원 등 일반 사항, 조난선에서 요구하는 최우선 조치, 구명동의 착용 등 안전조치 정보를 파악해 상황실에 보고하고 지시를 받아야 한다.[211] 또 조난선과 교신을 위해 조난통신 주파수인 VHF 16번 채널과 SSB 2,182메가헤르츠를 계속 들어야 한다.* 조난선박과 교신을 설정해 상태를 파악하는 것은 기본적인 것이므로, 상황실도 지시해야 하지만, "구조를 위해 출동한 함정은 상황실의 지시 여부를 불문하고 사고 선박과 교신을 하여 현재 상태를 파악하기 위하여 노력해야" 한다.[212] 123정 스스로 세월호와 교신해야 했다는 뜻이다.

123정 항해팀장 박성삼은 9시 2분에서 3분 사이 세월호를 세 번 호출

---

* 통신망 운용 규칙 11조 2항 7호. 해상 치안상황 매뉴얼도 "최근접 경비함정, 어업정보통신국, 인근 조업·통항 선박 등 가용수단을 최대한 동원하여 조난선박과 교신 설정, 현재 상태 확인"을 초동조치의 주요 항목으로 명시했고(102쪽), 해상치안상황실 운영규칙 별표 7 '해상SAR 업무 절차도'도 같은 내용을 그림으로 표시했다.

했으나 응답하지 않자 더 이상 교신을 시도하지 않았다. 9시 19분, 123정이 TRS로 "현재 남은 거리 약 5마일, 약 20분, 15분 후 도착 예정"이라고 보고했다. 9시 20분, 서해청 상황실과 TRS로 교신했다.

09:20 TRS 서해청 상황실-123정
서해청: 그 배하고 교신되고 있습니까?
123정: 현재 교신은 안 되고 있음. 현재 목포 인근 상선들이 현재 사고현장으로 이동 중에 있습니다.
서해청: 방송을 해가지고 인근 선박들 전부 동원될 수 있도록 좀 해주십시오.
123정: SSB 및 항무를 이용해가지고 인근 선박에 구조 요청 현재 진행하면서 현장까지 이동 중에 있습니다.

세월호와 교신이 되지 않는다는 123정의 답변을 듣고 서해청 상황실은 "계속 시도하라"라고 지시하지 않았다.[213] 123정도 교신이 "안 되고 있"다고 대답했으면 계속 시도해 결과를 보고해야 했지만 하지 않았다. 서해청이 묻지 않아도 가장 우선해서 해야 할 일이었는데 그냥 손을 놓고 말았다. 123정 조타실에 있던 해경 4명의 평균 근무경력은 27년, 과거 조난선박과 교신이 안 되면 선장이나 선원의 연락처를 알아내 연락하곤 했다.[214] 그러나 그날은 누구도 시도하지 않았다.

"해양경찰, 여기 세월호입니다. 감도 있습니까?"

9시 25분경 세월호 1등항해사 신정훈이 해경을 불렀다. 9시 2분과 3분 박성삼이 세월호를 호출했다는 VHF 채널 16번이었다. 이번에는 123정이 응답하지 않았다. 김경일은 이유를 설명하지 못했다.

세월호가 호출한 내용이 어지간하면 들렸을 텐데……. 제가 TRS를 들고 있었고 어지간하면 들렸을 텐데요. 소음 때문에, 소음도 아닐 테고…….[215]

당시 조타실에는 김경일과 부정장 김종인, 기관장 최완식, 항해팀장 박성삼이 있었다. 김경일은 VHF 통신기와 가장 가까운 곳에 있었다.[216] "거의 현장에 도착"[217]해 "쌍안경으로 세월호의 모습을 살피고 있을 때"라서 "정신이 없어 VHF를 못 들었"다고 둘러댔다.[218] 다른 대원들도 세월호의 VHF 교신을 듣지 못했다고 주장했다. 박성삼은 검찰에서 "VHF 통신기 옆에 상갑판으로 통하는 출입문이 열려 있었는데 소음 때문에 세월호로부터의 호출을 듣지 못"했다고 말했다.[219] 2심 증인 신문에서는 "여러 가지 상황이 존재해서 못 들었"다고 진술했다.

9시 25분경 123정은 세월호와 4킬로미터 이내에 있어 통신 상태가 양호했을 것이다. VHF 통신기는 조타실 왼편 정장석 바로 뒤에 있어 김경일이 손만 뻗으면 닿았다. 박성삼이 서 있던 중앙 조타기와는 1미터쯤 떨어져 있었다. 전문가들은 "조타실에 4명이 있는데 아무도 VHF를 듣지 못했다는 것은 잘 이해가 안 되는 상황"이라고 말했다.[220] 해군협회 정책위원 심동보는 "볼륨을 줄여놓지 않았다면 무전 소리를 듣지 못했다는 것은 말이 되지 않"는다고 했다.[221] 한국해양대학교 해사대학장 이은방도 VHF 채널 16번은 긴급통신에 사용하므로 사고현장으로 출동하는 해경은 당연히 청취해야 한다고 했다.[222]

왜 VHF 교신을 듣지 못했을까? VHF 통신기 전원을 끄거나 소리를 줄였을 가능성이 있다. 박성삼은 재판에서 휴대전화나 TRS보다 VHF 교신 소리가 훨씬 크다고 인정했다. 검사가 "다른 소음 때문에 못 들었다는 깃은 납득하기 어렵다"고 하자 "그서는 뭐라 제가……"라고 얼버무렸다.[223] 123정은 9시 6분부터 20분경까지 SSB로 어선들에 구조를 요청하고 9시 2분에 48초, 9시 6분에 46초, 9시 35분에 28초 동안 함정용 휴대전화로 목포해경 상황실과 통화했다. 9시 19분에는 서해청 상황담당관 유연식과 TRS로 교신했고, 9시 29분에는 TRS로 도착 전 상황 보고를 했다. VHF는 9시 직후 세월호를 3회 호출한 것 외에는 사용하지 않았다.[224] 상황실과 연락하는 데 VHF 소리가 방해된다고 느낀 것은 아닐까?

헬기와 초계기

세월호와 교신하지 않은 것은 헬기 511·512·513호와 초계기 703호도 마찬가지였다.* 이들은 서로 다른 장소에서, 다른 시간에 사고현장으로 출발했다. 사고를 알려준 주체도 모두 달랐다. 하지만 대원들의 진술은 똑같았다. ① 세월호 탑승객 수를 몰랐다. ② 세월호 선내 상황을 알려준 주요 TRS 교신을 듣지 못했다. ③ 배에 탈출하지 못한 사람이 많이 남아 있다는 사실을 10시 이후 알게 됐다.

9시 3분경 목포항공대로부터 서해청 상황실의 출동 지시를 전달받은 헬기 511호는 9시 10분경 이륙해 제일 먼저 현장에 도착했다. 기장 양회철과 부기장 김태호는 "여객선이 침몰하고 있으며 그 위치가 어디인지에 대한 정보만 받"고 출동했으며 "가는 동안 여객선의 구체적인 상황에 대해 교신을 받지 못"했다고 주장했다.[225] 서해청에서 추가 정보를 받지 못했고 가는 동안 VHF를 16번에 맞추었기 때문에 VHF 67번 채널을 이용한 진도VTS와 세월호의 교신을 듣지 못했다는 것이다.** 양회철은 현장에 도착해서도 VHF 16번 채널로 세월호와 교신을 시도했는데 응답이

---

* 헬기 511호기와 512호기는 서해청 목포항공대, 513호기는 제주청 제주항공대 소속으로, 모두 '팬더'라고 부른다. 정원은 12명이나 보통 6~8명이 탑승한다. 511호기에는 기장, 부기장, 항공구조사 2명, 전탐사 1명, 정비사 1명이, 512호기에는 기장, 부기장, 항공구조사 1명, 정비사 2명이, 513호기에는 기장, 부기장, 항공구조사 1명, 전탐사 1명, 정비사 1명이 탑승했다. 구조 장비로 승강장치(호이스트), 구조 바구니(레스큐 바스켓), 구명벌 1개, 구명동의 등을 탑재하며 최대 항속거리는 850킬로미터, 체공 시간은 3시간이다. 방송장비는 없었다. 초계기 703호기는 해경 본청 직속 인천해경 소속으로 고정익 항공기다. 순찰을 주 임무로 하며 25인용 구명벌 1~2개를 싣고 있었다. 해경 항공기 제원과 구조장비는 항공구조 매뉴얼, 41~57쪽 참조.

** 양회철과 김태호는 9시 5분과 7분 목포해경 상황실이 TRS로 소속 함정들에 출동 명령을 하면서 "세월호 여객선 350명 승선"이라고 한 것과 9시 20분 서해청 상황담당관 유연식이 TRS로 123정에 현장지휘를 지시하면서 "인원이 450명"이라고 알려준 것을 듣지 못했다고 주장했다. 9시 5분과 7분 교신은 출동 명령을 받고 헬기에 시동을 걸던 시간이라 들을 수 없었고, 9시 20분 교신은 이동 중 헬기 승무원들에게 임무를 부여하던 중이었는데 헬기 511호를 호출하는 교신이 아니라 놓쳤을 수도 있다는 것이다. 해경지휘부 사건, 김태호 1회 진술조서(2019. 12. 9.), 증거기록 12권 9584~9588쪽.

없었다고 주장했다. 양회철이 VHF 16번으로 세월호와 교신을 시도한 것은 잘못이라고 할 수 없다. VHF 16번은 국제공통 조난주파수로 모든 항공기, 선박, 그리고 구조세력이 공통으로 사용하는 것이기 때문이다. 하지만 서해청 소속으로 진도VTS의 채널을 알고 있었을 양회철이 VHF 16번으로 교신이 되지 않을 때 67번 채널로 시도해보지도 않은 것은 아쉬운 대목이다.[226]*

"진도 쪽 여객선 세월호 침수 중, 승선원 350명, 좌표는 34-11N, 125-56E, 헬기 지원 바람."

헬기 513호는 9시 9분 제주항공대에서 출동 지시를 받았다.[227] 하지만 기장 고영주는 경위도 좌표만 받았고 승객 수 정보는 받지 못했다고 주장했다.[228] "현장에 대한 정보가 없으면 정상적인 임무 수행을 하기가 어렵"기 때문에 "저희가 먼저 항공기 및 함정 등 주변 세력과 교신을 하려고 수차례 시도를 하였으나 연결되는 데가 없었"고 "세월호와도 이성환 부기장을 통해 교신을 시도하였으나 교신이 되지 않았"다고 주장했다. 고영주 역시 VHF 16번에 맞춰놓았다.

헬기에는 VHF 채널을 기본적으로 국제 조난주파수 채널인 16번 채널에 맞춰져 있습니다. VHF 16번 채널은 모든 항공기, 선박, 목포해경 및 해경 상황실이 공통으로 사용하는 주파수입니다. 그러다 보니 VHF 16번 채널에 집중하려고 하였었고 진도VTS에서 세월호와 67번 채널로 교신하리라고는 생각을 하지 못했습니

---

* VHF 16번 채널을 켜놓았다는 양회철의 진술이 맞다면 9시 24분경 세월호 신정훈이 VHF 16번 채널로 해경을 호출했을 때 123정과 마찬가지로 듣지 못한 점은 설명하기 어렵다. 다만, 검찰이 이 문제에 관해 구체적으로 묻지 않았기 때문에 경위를 알 수 없다. 헬기의 통신 환경이 선박보다 열악한 것은 사실이다. 양회철은 "채널을 67번에 맞췄다면 사고 선박에 탄 탑승객 수를 사전[에] 알 수 있었을 텐데…… 아쉬운 점이 있습니다"라고 말했다. 해경지휘부 사건, 양회철 피의자 신문조서(2019. 12. 9.), 증거기록 12권 9664쪽.

다. 또한 진도VTS가 67번 채널을 사용하고 있다는 것을 잘 몰랐던 것도 사실입니다.[229]

그보다 앞선 9시, 헬기 512호는 목포서장 김문홍을 태우고 3009함에 내렸다. 3009함은 해상특수기동대*와 고속 구조정이 있는 3,000톤급 함정으로 사고현장에서 120킬로미터가량, 2시간 30분 거리에 있었다. 헬기로는 30~40분 거리였다. 512호는 3009함은 물론 목포항공대에서도 지시를 받지 않았다. 전탐사 최문일이 3009함 조타실에서 사고 소식을 듣고 목포항공대에 연락했다. 기장 김재전은 "병풍도 근해에서 여객선이 침몰했으니 구조하러 가야 한다. 511호기는 이미 출발했다. 상황실에서 배에 대해 전달받은 다른 내용은 없다"는 말만 듣고 출동했다. 헬기 결박장치를 풀고 시동을 걸었다. 보통은 기기가 안정될 때까지 10~15분 정도 기다렸다가 출발하는데 상황이 급박해 7분 만인 9시 17분 이륙했다.[230] 출동 중에 현장 상황을 물었지만 "(3009함도) 상황에 대해서 아직 파악을 못하고 있는 상태"였고 "현장 좌표만 받았"다.[231] 3009함은 이미 오전 9시에 세월호 "탑승객 350명 이상"이라는 사실을 보고 받은 상태였다. 여객선이 침몰하고 있다고 해서 "단지 조그만 연안 여객선이 침몰하고 있다는 것으로" 알았을 뿐, 사람이 몇 명이나 있는지, 그들이 갇혀 있는지 모른 채 출동했다. 가는 동안 초계기 703호기 외에는 목포해경, 서해청 상황실, 세월호와 교신을 시도하지 않았다. 먼저 도착한 511호, 703호, 513호가 이미 했을 것으로 생각했기 때문이었다. 123정이 OSC(현장지휘관)로 지정된 것을 몰랐기 때문에 교신하지 않았다.[232]

511호 기장 양회철은 그래도 '사람이 많다'는 것은 짐작했다. "여객선"

---

* 당시 3009함에는 구조장인 경위 이보현 등 6명의 해상특수기동대원이 타고 있었다. '3009함 총원명부'와 '3009함 개인별 업무분장' 참조. 해경지휘부 사건, 수사보고(2019. 11. 27.), 증거기록 8권 7552, 7557쪽.

이 "40도, 45도 정도 기울어져 있는데 사람들이 밖으로 1명도 안 나온다는 것[이] 이상"했다.[233] 513호 기장 고영주도 여객선이 침수한다는 연락을 받고서 "여객선이라는 표현 속에 인원이 꽤 되겠다는 생각"을 했다.[234] 해경 헬기는 TRS를 주 통신망으로 사용했다.[235] TRS는 헬기, 함정, 상황실이 동시에 교신할 수 있는 무선통신기이기 때문이다.[236] 잡음이 적고 잘 들렸다.[237]

9시 45분과 52분 123정장 김경일이 세월호 선내 상황을 전했다. 역시 TRS였다.

> "현재 승선객이, 승객이 안에 다 있는데 배가 기울어가지고 현재 못 나오고 있답니다. 그래서 일단 이곳 직원을 한 명을 배에 승선시켜가지고 안전 유도하게끔 유도하겠습니다."(9시 45분)
> "현재 승객 절반 이상이 지금 안에 있는데 갇혀서 못 나온답니다. 빨리 122구조대가 와서 빨리 와서 빨리 구조해야 될 것 같습니다."(9시 52분)[238]

두 헬기 모두 123정의 보고를 "듣지 못했다"라고 주장했다. 512호 기장 김재전은 "511호가 현장에 도착"했다는 교신은 들었지만 "승객이 선내에서 빠져나오지 못한다"는 내용은 "못 들었다"고 주장했다.[239] "현장에 도착해 구조사가 하강을 하고 바스켓을 내려 구조활동을 해야" 했다. "서로 큰 소리로 구조활동과 관련한 말을 주고 받"느라 "현장 도착 이후에는 무전에 거의 신경을 쓰지 못했다."[240]

김재전은 VHF 채널 16번으로 맞췄고 "진도VTS에서 맹목송신으로 '병풍도 근해에 여객선이 침몰하고 있으니 그쪽으로 가서 구조활동을 하여달라'는 방송이 계속 들렸다"라고 진술했다. 부기장 김태일도 "진도VTS가 불특정 다수 구조세력에게 구조활동을 요청하는 방송을 계속했기 때문에 그 내용을 들었다"고 말했다.[241] 당시 진도VTS와 제주VTS는 채널 16번으로 구조를 요청하며 세월호 탑승 인원이 "300명", "450명", "500명"이라는 사실을 계속 알렸다.

"진도VTS에서 알립니다. 현재 병풍도 근해 승객을 400명 태운 여객선이 침몰 중에 있습니다. 인근에 있는 선박들은 병풍도 근해 쪽으로 접근하셔서 인명 구조에 협조를 바랍니다, 진도VTS."(9시 29분)

"각국 각선 여기는 진도연안VTS, 현재 병풍도 북동방 약 1.6마일 해상 북위 34도 11분, 동경 125도 57분 해상에 450명 이상 승선한 여객선 세월호, 세월호가 좌현 60도 이상 기울어진 상태로 침몰 중에 있습니다. …… 진도연안VTS."(9시38분)

검사: 일단 상황실에 승객이 몇 명이나 있는지 확인부터 해야 하는 것 아닌가요.
김태호(511호 부기장): (이때 진술인은 묵묵부답)
검사: 승객이 아직 선내에 있으면 항공구조사를 선내에 진입하도록 하여 승객들이 밖으로 나올 수 있도록 해야 하는 것 아닌가요.
김태호: 승객이 450명 정도 있었다는 사실과 승객들이 갇혀 있다는 사실을 알았다면 항공구조사를 선내에 진입하도록 하였을 것입니다.
검사: 진술인을 비롯한 헬기 탑승자들은 모두 '승객이 450명 정도가 있었다는 사실을 알았다면 선내로 진입하였을 것이다'라고 이야기를 하지만 몇 명의 승객이 있는지 알아볼 생각조차 하지 않은 이유는 무엇인가요.
김태호: (이때 진술인은 묵묵부답)[242]

헬기 기장과 부기장들이 세월호 승선 인원을 몰랐다고 하는 데에는 석연치 않은 점이 있다. 헬기 소음과 TRS 통신의 혼신 가능성, 비좁은 세월호 상공에서 복수의 헬기가 구조하는 과정에서 조종의 어려움 등 여러 정황을 고려하더라도 승선 인원을 명시한 여러 차례의 TRS를 하나같이 듣지 못했다는 것은 선뜻 납득하기 어렵다. 헬기들 스스로 상황실에 물어볼 수도 있었는데 하지 않았다. 그에 대해 납득할 만한 설명도 내놓지 못했다. 목포해경 상황실장 백남근은 의문을 제기했다.

여객선 침몰사고현장으로 이륙하는 헬기가 승선 인원을 모르고 어떻게 구조활동을 한다고 갈 수 있겠습니까. 승선 인원을 모르면 구조가 모두 되었는지 여부를 확인할 방법이 없는데……[243]

서해청 상황담당관 유연식도 헬기 "기장들의 신빙성이 떨어진다"고 주장했다.[244] 이 문제에 대해 조사가 제대로 이루어지지 않았기 때문에 진실을 알 수는 없다. 하지만 당시 헬기들에 출동을 지시했고 또 지휘할 권한을 가지고 있던 서해청 상황실이 헬기들에게 명확하게 상황을 알려주고 임무를 부여하지 않은 것은 엄연한 사실이다. 서해청 상황실장 김민철도 해난사고에서 출동 요원들에게 상황실에서 선박 상태와 탑승 인원 정보를 알려주게 되어 있다는 점을 인정했다. 그런데도 정보를 전파하지 않은 이유는 "저도 잘 모르겠습니다"라거나 "경황이 없어 놓친 것 같습니다"라고 둘러댔다.[245]

오전 7시 18분, 김포공항을 이륙한 703호기는 서해 배타적 경제수역에서 불법조업 하는 중국 어선을 감시하다가 VHF 16번으로 조난통신을 듣고 지휘함에 보고한 후 방향을 돌렸다. 가던 중 인천해경의 위성전화를 받았으나 도착할 때까지 세월호 상태나 구조에 관해 지시받은 것이 없었다. "여객선인지 어선인지 함정인지"도 몰랐고, VHF로 "진도VTS에서 세월호를 계속 찾고, 서로 교신이 되었다가 안 되다 하는 것"만 들었다. 123정이 OSC로 지정된 것도 몰랐다. 703호는 본청 직할인 인천해경 항공대 소속으로 본청만 지휘할 수 있었다.[246] 하지만 본청 상황실은 어떤 정보도 제공하지 않았다.

703호는 레이더에서 두라에이스호를 세월호로 착각했다가 세월호를 발견했다. "세월호는 40도 정도 기울어져서 한쪽 면이 거의 수면에 붙어 있었"고 사람은 보이지 않았다. 기장 강두성은 세월호를 식별하고서야 대형 여객선임을 알게 됐고, "패닉 상태"에 빠졌다. 배가 "어마어마하게 컸"고 "정말 당황스러웠"다. "무의식적으로 'on guard'*라고…… 선포하고, 현장에 있던 다른 헬기들을 불렀는데 …… 그때부터 1,000피트 상공으로 올라가…… 관제하며 헬기끼리 충돌되지 않도록 조정해주는 역할을 했"다. "30분 이상 헬기 충돌 방지 조정만 하다가 골든타임을 날려버렸"다.247

허탕 친 전남 소방헬기 1호

전남 119종합상황실('119상황실') 소속 소방헬기 1호는 너무 늦게 출동했다. 119상황실은 8시 52분 단원고 학생 최덕하의 최초 신고에 이어 8시 55분 바다에 "한 사람이 빠진 것 같다"는 신고 전화를 받았다. 긴급 구조가 필요한 상황이었지만 소방헬기를 즉시 출동시키지 않았다. 신고를 접수한 조상현은 "해상 구조의 경우 해경 소관이라 지원 요청이 없는 한" 119상황실이 "임의로 움직이는 것이 옳지 않다고 생각"했다.248 종합상황실장 최동철, 상황팀장 김창수, 상황조정관 김선옥도 「재난안전법」과 「수난구호법」에 따라 해경에 사고 소식만 전파하면 된다고 오판했다.**249
119상황실은 9시 3분에 목포해경 상황실이 헬기 지원을 요청해오자 비로소 소방항공대에 기상 상황 등 운항이 가능한지 물었다. 소방헬기 1호 기장 신화철이 확인하니 항공대가 있는 영암 내륙 지역은 짙은 안개로 이륙이 불가능했고 해안인 진도 쪽은 시계가 양호했다. 낮이 되면 영암 지역도 안개가 옅어질 것으로 예상돼 9시 30분 이후 출동 가능하다고 통보했다. 119상황실은 9시 13분에 출동을 지시했고250 소방헬기 1호는 9시 37분 이륙했다.*** 안개 때

---

* "경계 근무 중"이라는 뜻의 군사용어다.

** 「재난안전법」과 「수난구호법」은 해수면의 수난구호를 해경이 수행하도록 정했다. 하지만 감사원은 「소방기본법」과 「119구조·구급에 관한 법률」 등에 따라 119상황실이 위급한 상황을 접수했을 때에는 소관 업무가 아니더라도 전남소방본부에서 사용 가능한 최대한의 인력과 장비를 신속하게 출동시켜야 했다고 지적했다. 감사원 보고서, 62~67쪽.

*** 전라남도의 항공안전 표준 매뉴얼과 항공구조구급대 운영규정, 소방헬기 운영 매뉴얼에 따르면 119상황실은 소방헬기의 신속한 긴급 운항을 위해 수시로 소방항공대에 기상 상황을 확인해야 하며, 소방헬기는 비행 지시 후 10분 안에 이륙해야 한다. 그러나 소방항공대 정비사 등 직원들은 "위급한 상황에 맞지 않게 걸어 다니면서 구명복 구명정 등 필요 장비를 싣는 등"으로 시간을 끌었다. 당시 소방항

문에 속도를 못 내는 바람에 평소보다 10분 정도 더 지연됐다.

소방헬기 1호는 해상 구조가 처음이었지만 상황을 파악해 구조계획을 세웠다. 9시 5분 119상황실이 제주도 수학여행 가는 배가 침몰 중이고 몇백 명이 타고 있다는 것을 알려줬고 9시 12분 구조대원 최남곤이 다시 119상황실에 전화해 배가 45도 정도 기울어져 있다는 정보를 확인했다. 구조대원 최남곤과 양창민은 잠수복을 갈아입고 휴대용 무전기와 휴대전화도 챙겼다.* 최남곤이 휴대전화로 검색했다. "300~400명이 탄 여객선 침몰 중."

기장 신화철은 선내 진입을 예상했다. "통상적으로 생각할 때 선박 내에 수백 명이 있다고 하니깐 …… 분명히 못 나온 사람들도 있을 것이다. …… 그렇게 예상을 했고, …… 도착할 경우 바로 선내 진입을 할 수도 있기 때문에 구조사 두 명(최남곤, 양창민)에게 잠수복(웻슈트)을 입으라고 했었던 것이고요. 그리고 가면서 망치 등을 이용해서 선박의 강화유리 등을 깨는 방법을 설명을 했었습니다." 최남곤과 양창민은 "현장에 투입된다면 망치와 로프를 이용해서 승객실 강화유리를 깬 후 우현 5층 난간에 묶어 늘여뜨려 놓자고 계획을 세웠"다.251

10시 10분경, 사고현장에서 2킬로미터 상공에 진입했다.252 해경 헬기 2대가 세월호 상공에서 구조작업을 하고 또 한 대는 서거차도에 있었다. 초계기 703호는 상공을 돌며 헬기 3대를 통제했다. 세월호 주변에는 해경 함정과 어선 수십 척이 있었다. 기장 신화철과 부기장 김현옥은 세월호에 수백 명의 승객이 타고 있다는 것을 해경도 "당연히" 알고 있을 것으로 생각했다.253

부기장 김현옥은 해경과 교신을 시도했다. 신화철은 출동 전 "우연한 기회로",254 국제 해상 수색구조 매뉴얼을 보고 국제 항공 비상주파수가 123.1메가헤르츠라는 걸 알았다. 소방헬기 1호가 사고현장 동쪽에서 대기한다고 알리지 해경 헬기가 답했다. "해경 헬기 3대가 인명 구조 중이니 선남 헬기는 관매

공대 정비사 등이 "위급한 상황에 맞지 않게 걸어 다니면서" 시간을 끈 것이 짙은 안개로 이륙이 불가능했기 때문인지, 근무를 태만히 했기 때문인지는 분명하지 않다. 감사원 보고서, 63쪽.

* 해경은 헬기에 탑승한 항공구조사들에게 휴대용 무전기를 지급하지 않았다. 그래서 항공구조사들이 일단 조난선박에 내려가면 간단한 수신호 외에는 헬기와 연락할 방법이 없었다. 반면 소방헬기 구조대원들은 휴대용 무전기를 지급받았다. "구조를 위해 하강했을 때 헬기 내에 있는 기장, 정비사 등과 통화하고 현장에 필요한 지시를 받기 위해"서였다. 해경지휘부 사건, 최남곤 진술조서(2014. 7. 21.), 증거기록 24권(별책 5권) 2696쪽.

4부 왜 못 구했나   561

도에서 대기하라."

소방헬기 1호는 "해경 헬기 구조에 방해가 되지 않게" 관매도 인근 해상 수색에 나섰다.[255] 10시 47분경 123.1 메가헤르츠에서 해경 헬기 교신이 들렸다. 헬기 인명 구조는 완료했고 1대가 철수한다는 내용이었다. 소방헬기 1호가 "연료 보급을 위해 기지로 복귀해도 되느냐"라고 묻자 "그렇게 하라"고 했다. 119상황실과 항공대도 "현장에 헬기가 많으니 1호는 복귀하라"고 지시했다. 1호는 소방항공대에서 연료를 넣은 뒤 11시 30분경 다시 현장으로 돌아왔다. 비상상황에 대비해 서거차도에 구조대원 양창민을 내려줬다.

소방헬기 1호는 구조 작업에 참여하지도 못했다. 현장에 출동한 구조세력 가운데 세월호 상황을 파악해 승객을 구조해야 한다는 점을 인식하고 "선내 진입"까지 준비한, 유일한 헬기였다. 건물에서 화재가 발생하면 "건물 밖이나 옥상(에) 대피"시키는데 "일단은 밖으로 나오게 해야 헬기가 접근하든, 저희 구조대원이 접근을 하든 구조를 할 수가 있"기 때문이고 "화재 현장이든 침몰하는 배든 마찬가지"라고 생각한 것이다.[256] 그런 소방헬기 1호가 아무 역할도 하지 못한 채, '깜깜이 출동'을 해서 제 발로 나온 사람만 바구니에 태우며 시간을 보낸 해경 헬기들에 막혀 허탕을 치고 말았다.

어선과 행정선들

조류가 빠른 해역에서는 소형 어선이 구조에 더 적합할 수 있다. 실제로 10시 이후 승객을 구조한 어선들은 주로 5톤 미만의 소형 어선이었다.[257] 진도군 조도면 동거차도, 서거차도, 대마도에 있던 소형 어선들은 15~20분이면 사고현장에 갈 수 있었다. 하지만 연락이 제대로 되지 않았다. 어촌계를 통한 구조 지원 요청이 신속하게 전달되지 않았고, 123정은 SSB로만 요청했기 때문이다. 통신장비는 5톤 이상 어선만 의무적으로 설치하게 돼 있었다.[258]

동거차도에 있던 에이스호(4.48톤) 선장 장원희는 9시 20~30분쯤 동막리 어촌계장으로부터 "병풍도 부근에서 11명이 탄 낚싯배가 침몰 중이다. 구조를 가라"는 전화를 받았다. 장원희는 같은 어촌계 소속 진도호 선장 장원길과 함께 9시 35분에 출발했다. 장원길은 9시 40분경, 정확한 위치를 알기 위해 목포해경 상황실(122)에 전화를 걸었다. 상황실은 계속 경위도만 불러줬다. "섬 주민이다. 병풍도 어디 쪽이냐"고 물어도 마찬가지였다. 승객이 많이 탄 여객선이라는 것도 알려주지 않았다.

에이스호가 현장에 도착한 시간은 9시 50분경. 정확한 위치를 몰랐지만 "근처에 헬리콥터가 떠 있기에 저 배인가 싶어서" 접근했다. 가서 보니 낚싯배가 아닌 거대한 여객선이었다. "무슨 상황인지 모르고" 현장에 도착한 탓에 배 밖으로 나와 있는 사람이 보이지 않고 헬기로만 사람을 구조해 "전원 구조된 것으로 생각"했다. 해경 경비정이 있어서 마음대로 세월호에 올라가 구조할 수도 없었다.[259]

대마도에 있던 피시헌터호(1.11톤) 선장 김현호는 9시 43분, 조도면 이장단 단장 정순배로부터 긴급 문자메시지를 받았다. "긴급 상황 맹골 근처 여객선 침몰 중. 학생 500여 명 승선. 어선 소유자 긴급 구조 요청. 정순배."[260]

행정선 전남 707호, 드래곤에이스 11호, 에이스호, 진도호, 전남207호, 전남201호, 아리랑호, 피시헌터호 등 30여 척이 10시 전후로 도착했다. 이들은 세월호가 가라앉기 직전 마지막 10여분 동안 위험을 무릅쓰고 승객을 구했다.

어선 타고 간 구조대와 특공대

상황 파악을 제대로 하지 못한 목포해경과 서해청 상황실이 우왕좌왕하면서 망쳐버린 대표적인 사례가 122구조대와 서해청 특공대 출동이었다. 침몰 중이거나 막 침몰한 배에서 사람을 구조하려면 잠수 능력이 있고 인명 구조 훈련을 받은 122구조대와 특공대의 역할이 필수적이었다.

최우선적으로 이들을 현장에 보내야 했다. 대형 해상사고 매뉴얼에 해경 스스로 강조해놓은 것처럼 "신속한 현장 이동"이야말로 이들 구조대의 생명이었다.²⁶¹ 제일 바람직한 것은 승강장치가 있는 헬기에 태워 보내는 것이었다. 20~30분 정도면 도착할 수 있었다. 헬기가 도저히 불가능하면 목포에 있는 해경 또는 해군 함정을 타고 전속력으로 이동해야 했다. 바닷길로는 약 52마일(약 96킬로미터)로 두 시간 정도 거리였다. 122구조대와 특공대는 전용 헬기나 함정이 없었다. 122구조대 전용 단정(短艇)이 있었지만 장거리 이동은 어려웠다.²⁶²

목포해경 122구조대

9시 4분 목포해경 122구조대장 김윤철은 상황실장 백남근의 TRS 교신을 들었다. 여객선이 침몰하고 있으니 모든 선박이 집결하라는 지시였다. 상황실에 전화했다.

"122구조대는 차량으로 출동해."

122구조대가 있던 삼학도 부두에서 차량으로 출동하라는 것은 진도 팽목항이나 서망항으로 가서 배로 갈아타라는 것이었다. 70킬로미터 정도 떨어진 팽목항까지만 차량으로 1시간 20분 이상 걸렸다.²⁶³ 목포해경 상황실장 백남근은 122구조대가 차를 타고 가면, 진도파출소를 통해 '알아서' 민간 어선을 수배해 출동할 것이라고 판단했다.²⁶⁴ 백남근 옆에서 통화를 들은 상황담당관 조형곤도 '차량으로 이동하는 것이 더 빠르겠다'고 생각했다.²⁶⁵ 122구조대는 9시 5분 출발했다.*

---

* 앞에서 본 것처럼 헬기 511호는 9시 3분경 목포항공대로부터 서해청 상황실의 출동 지시를 전달받고 9시 10분경 이륙해 제일 먼저 사고현장에 도착했다.

목포해경과 서해청 상황실이 조금만 신중하게 생각했다면 122구조대는 목포항공대에서 9시 10분경 이륙한 헬기 511호에 탈 수 있었다. 헬기 이륙 시간을 다소간 조정하더라도 그렇게 하는 게 최선이었다. 그랬다면 122구조대가 제일 먼저 현장에 도착해, 구조작전을 다른 방향으로 나아가게 할 수 있었다. 122구조대 사무실에서는 문만 열고 나가면 해경 함정들이 보였다. 그날도 당직함 513함을 비롯한 함정 9척이 정박하고 있었다. 513함은 목포해경 상황실 지시로 9시 20분 사고현장으로 출항했다. 122구조대원 7명이 잠수·구조장비*를 싣고 팽목항으로 떠난 지 15분 후였다. 513함은 11시 10분경 현장에 도착했다.** 122구조대장 김윤철은 513함이 "부두에 정박해 있는지 몰랐다"라고 진술했다.***

　구조대는 출발한 지 40여 분 후 진도파출소에 전화를 걸었다. "팽목항에 도착하기 40~50분 전인데 목포 122구조대가 출동할 수 있는 선박이 있나요?" 진도파출소에서 답했다. "여기 있는 순찰정, 연안구조정은 전부 출동했어요." 민간 어선이라도 찾아달라고 요청했으나 어선들도 이미 다 출동한 상태였다. 사무실에 있던 구조대장 김윤철이 진도수협에 전화해 어렵게 어선 1대를 수배했다.[266] 비상소집한 비번자 3명은 9시 43분에

---

* 잠수장비 6세트, 공기통 12개, 탐색줄 25미터짜리 2개, 스포츠 캠코더 1개, 구급가방 1세트, 방수장비 1세트, 로프 2개, 부이 5개.

** 결과본으로 보면 목포해경 122구조대가 513함에 탑승했더라도 세월호가 침몰한 후에 도착했으므로 승객 구조에 도움이 되지 않았을 수 있다. 하지만 출동 당시에는 알 수 없는 상황이었으므로 목포해경 상황실은 어떻게든 122구조대가 가장 빨리 도착할 수 있는 대안을 찾아야 했다. 헬기를 수배해서 태워야 했고, 헬기 탑승이 도저히 불가능하면 513함에라도 태워 전속력으로 이동하게 해야 했다. 수중 수색 또한 일찍 도착한 만큼 더 빨리 시도할 수 있었다. 513함 출항과 도착 시간 및 거리는 해양경찰청, 세월호 구조 과정 복기 및 개선대책(2018. 3.), 해경지휘부 사건, 증거기록 17권 12325쪽 참조.

*** 사고 직후 해경이 작성한 '초동조치 및 수색구조 쟁점'이라는 문서에는 122구조대가 513함에 타지 않은 이유를 "당시 기상 고려 기동버스가 보다 신속할 것으로 판단"이라고 해놓았다. 거짓말이다. 여러 정황을 보면 상황실장 백남근과 122구조대장 김윤철은 513함을 타는 것을 생각도 하지 않았던 것으로 보인다. 이 문서는 122구조대의 현장 도착 시간도 11:20이라고 사실과 다르게 적었다. 해경, 초동조치 및 수색구조 쟁점(2014. 5. 30.), 해경지휘부 사건, 증거기록 4권 4581쪽.

차량으로 출발했다.

9시 52분경 123정 정장 김경일은 122구조대가 와야 한다고 외쳤다. 그 시각, 구조대는 길에서 헤매고 있었다. 10시 35분에야 팽목항에 도착해 나머지 대원을 기다렸다. 11시 5분 모든 대원이 모여 어선 남일호를 타고 팽목항을 떠났다.[267] 11시 30분경, 기상 상태가 좋지 않아 어선이 더 이상 이동할 수 없었다. 마침 지나가는 120정이 보였다.[268] 구조대원들이 손짓으로 120정을 불렀다. 장비를 다시 옮기고 30분을 더 가서 12시경 사고 해역 부근에 다다랐다.

"목포 122구조대가 20분 후 사고 해역에 도착할 예정이니 1508함에 있는 단정 2대를 120정으로 보내주기 바람."

다시 1508함 단정으로 갈아탄* 122구조대는 12시 19분경 현장에 도착했다. 차량 → 어선 → 경비정 → 단정을 타고 3시간 10분 만에 도착했다. 513함보다 1시간 10분이나 늦었다.[269] 세월호는 침몰한 지 오래였다.

서해청 특공대

9시경 업무 인수인계를 마친 후 차를 마시고 있던 서해청 상황실 B조 상황실장 류명호와 C조 상황실장 김민철은 부실장 김계남으로부터 사고 보고를 듣고 "빨리 특공대하고 항공대에 연락을 해라"라고 지시했다. 류명호는 "그 상황에서 특공대와 항공대가 가장 우선적으로 투입되어야 된다고 판단했기에 그런 지시를" 했다. "특공대가 평소 훈련한 대로 출동

---

* 목포해경 112구조대원 한원산은 감사원 1차 확인서 작성 당시 120정과 1508함 단정으로 갈아탔다는 사실을 말하지 않았다. 당시 122구조대가 사고현장에 늦게 도착했다는 비난이 쏟아지는 상황에서 차량, 민간 어선, 경비정으로 갈아탔다는 사실을 밝히기가 부담스러워 민간어선으로 현장까지 바로 갔다고 이야기하는 것으로 김윤철과 합의했다. 감사원, 김윤철·한원산 문답서(2014. 5. 19.), 14쪽.

지시만 하면 알아서 준비를 해서 출동할 것으로 생각했"다.270 하지만 특공대에 전달된 것은 '출동 준비' 지시였다.

09:04 서해청 상황실-서해청 특공대
서해청 상황실: 지금 인천에서 제주 가는 여객선인데, 세월호라고 세월호, 300명 이상 승객이 편승해 있는데 여객선이 침몰 중에 있다고 지금 보고를 받았거든요, 목포에서.
서해청 특공대: 예, 예.
서해청 상황실: 우선 참고하시고 준비하셔야 될 게 있으면 준비를 좀 일단 해놓으시는 게 나을 것 같아서요.
서해청 특공대: 예, 알겠습니다.

특공대 행정팀장 고병술은 대장 최의규에게 보고했다. 최의규는 상황을 파악하려고 고병술과 4층 상황실로 갔다. 해상 사고가 발생하면 122구조대는 즉각 출동하고 특공대는 상황실의 통제를 받아 출동한다고 최의규는 주장했다. 서해청장 김수현, 경비안전과장 김정식, 상황담당관 유연식, 상황실장 김민철이 있었다. 최의규는 상황판에서 함정, 헬기 출동 상황을 20여 분간 지켜봤다. 9시 35분경, 화면에 세월호 영상이 떴다. "예사롭지 않"았다. 최의규는 휴대전화로 특공대 장민수에게 출동을 지시했다. "지금 삼학도 부두로 이동해서 출동하는 함정이 있으면 편승해서 같이 현장으로 가." 상황실의 출동 지시는 없었다.

9시 35분 스타렉스 차량을 타고 출발한 특공대는 9시 50분경 해경 전용 삼학도 부두에 도착했다. 해경 함정이 모두 출동해 "타고 나갈 함정이 없"었다. 최의규는 상황실을 둘러보며 말했다. "특공대 타고 갈 헬기 부를 수 없습니까?"271 아무도 대답하지 않았다. 그 시각, 코스넷 대화방에서 본청 상황실이 물었다. "서해청 특공대 도착 시간." "전남경찰청 헬기라도 협조받을 수 없어요?" 최의규가 다시 물었다. 파견 나온 전남경찰청 소속 경찰이 나섰다. 전남경찰 헬기가 10시 24분까지 올 수 있다고 했다. "헬기가 오기까지 시간 여유가 있으니 특공대가 서해청 헬기장으로 와줬으면 한다."[272] 특공대는 서해청으로 돌아왔다. 20분을 더 기다려야 했다.

10시 20분 서해청에 도착한 전남경찰 헬기는 7명의 특공대와 잠수장비, 수중 수색 장비를 싣고 10시 24분 이륙했다. 하지만 경찰 헬기에는 승강장치가 없어 사고현장에 특공대를 내려줄 수 없었다.[273] 결국 10시 45분 서거차도 방파제에 착륙해 특공대원 7명과 장비를 내려줬다. 구조된 승객들을 태워 들어온 어선 제7유진호를 타고 사고현장에 도착한 시각은 11시 28분경이었다.[274]

서해청 특공대가 전남경찰 헬기에 탑승하던 시각, 군산항공대 헬기 502호기가 122구조대원 2명을 태우고 서해청 헬기장으로 날아오고 있었다. 서해청 상황실이 군산항공대에 "서해청으로 헬기를 돌리라"고 지시했기 때문이다.[275] 헬기 502호를 돌린 이유는 서해청장 김수현을 태우기 위해서였다. 하지만 10시 30분에 도착한 502호에는 김수현이 타지 않고 서해청 정보수사과장 구관호와 최의규가 탔다. 최의규는 10분 전에 도착한 전남경찰 헬기에 특공대를 태워 보내고 돌아서던 중 구관호의 제안을 받고 헬기 502호에 몸을 실었다. 구관호와 최의규가 탄 502호에는 승강장치가 있었다. 서해청 헬기장에서 전남경찰 헬기에 탄 특공대보다 10분 늦게 출발한 구관호와 최의규는 11시 5분 현장에 도착해 특공대를 기다렸다.[276]

전용 항공기나 함정이 없는 122구조대와 특공대가 "긴급 대응 태세"를 유지해서 "신속 현장 이동"하려면 목포해경과 서해청 상황실이 이동편을 마련해주어야 한다.「수난구호법」이 말하는 광역·지역구조본부의 "소속 구조대의 편성·운영 및 구조활동에 관한 지휘·통제" 임무가 바로 그것이다. 하지만 목포해경과 서해청 상황실은 항공과 122구조대, 특공대를 체계적으로 운영하지 않고 제각각 따로 놀게 내버려두었다.[277]

본청 및 서해청 상황실에서 세월호 사고현장으로 헬기들을 출동시키면서 동원 가능한 항공세력 전체를 한꺼번에 출동시킬 것이 아니라 먼저 출동해서 인명 구조할 항공 세력과 특공대 등 지원세력을 태울 항공 세력을 구분해서 순차적으로 출동시켰어야 했는데 그렇게 하지 않은 것이 구조를 많이 하지 못한 것이 아쉽게 느껴집니다.(목포해경 상황실장 백남근)[278]

목포해경 상황실이 지휘·통제를 제대로 했다면 목포항공대에서 9시 10분 이륙한 헬기 511호가 122구조대를 태우고 갈 수 있었다.* 헬기 511호가 불가능했다면 이웃 군산과 여수에 있는 항공기라도 신속하게 출동시켜 122구조대와 특공대를 태워 가게 해야 했다. 그랬다면 훨씬 더 빨리 도착할 수 있었다.[279] 항공기 이용이 정 불가능했다면 목포해경 전용부두에서 9시 20분 출항한 상황 대기 함정 513함에라도 편승하게 해야 했다.

서해청 상황부실장 이상수는 "손발이 안 맞은 것 같"다면서 "일단 상황실에서 출동 준비 지시를 한 후 이동 수단 등에 대해 지시를 하지 않은 점이 미흡한 점은 인정"했다.[280] 상황실장 김민철은 특공대를 탓했다. 특공대에 출동 준비만 지시하고 이동수단을 마련해주지 않은 것에 대해 "저희가 특공대원들의 이동수단 등에서 명확히 지시해야 하는 규정은 없"다고 주장했다. 하지만 서해청 상황실은 9시 22분 상황보고서 1보에 사실과 다른 내용을 적었다.[281]

> 항공단장(목포, 군산항공단장)은 …… 목포항공대 헬기는 항공구조사 및 특공대 요원 편승 이륙 구조지원
> 특공대장은 특공대 요원 비상소집 목포 헬기 편승 조치

김민철은 "저희가 사실과 다르게 보고서를 작성한 것 같"다고 인정했

---

* 헬기 512호는 목포에서 65해리 떨어진 3009함에 있었으므로 목포까지 가서 122구조대나 특공대를 태우고 가기에는 시간이 너무 많이 걸렸다.

다. 그러면서도 "관행적으로 이렇게 보고서를 써왔던 것을 그냥 작성했던 것"이라고 둘러댔다. "관행적으로 이렇게 보고서를 써왔던" 이유는 무엇일까? 상황이 발생했을 때 당연히 그렇게 해야 하기 때문일 것이다. 해야 할 일이 무엇인지 알면서도 실제로는 하지 않았고, 보고서에는 한 것처럼 썼다.

서해청 상황실장은 보고도 허위로 했다. 9시 56분 본청 상황실장 황영태가 경비전화로 서해청 상황실에 연락했다.[282]

09:56 해경 본청 상황실(황영태)(2142)-서해청 상황실장
서해청 상황실: 감사합니다. 상황실장입니다.
본청 상황실: 예, 그 헬기 이동할 때 그 122구조대도 이동시키는 거죠?
서해청 상황실: 예, 예. 그렇게 하고 특공대도 편승해가지고 보냈습니다.

서해청 경비안전과장으로 광역조정관인 김정식은 "사고가 발생하면 특공대 투입은 기본"이라고 했다. 특공대가 이동 편을 마련하지 못해 우왕좌왕하다가 두 시간이 지나서야 도착한 데 대해 "아쉬운 부분입니다. 사고 초기에 특공대가 신속하게 현장에 도착했더라면 많은 승객들을 구했을 것으로 생각됩니다"라고 하면서도 특공대를 탓했다. "특공대에서 이동 수단을 마련하여 현장으로 이동할 줄 알았고, 만약에 특공대에서 이동 수단을 마련하지 못했다면 상황실에 연락을 하든지 해야 되는데 그렇게 하지 않았다"는 것이다. "특공대가 다시 돌아오지 않고 상황실로 연락을 했으면 해군에라도 연락해서 배를 구했을 것"이라고 주장했다. 상황실도 탓했다. "그건 상황실에서 1차적으로 챙겨야 하는 업무"였다는 것이다. 자기는 책임이 없다는 것이었다.*[283]

---

* 당시 「수난구호법 시행령」 5조 5항에 의하면 광역구조본부의 광역조정관은 "소속 본부장을 보좌하고, 본부장의 명을 받아 소속 구조대 및 직원을 지휘·감독하며, 본부장이 부득이한 사유로 직무를 수행할 수 없을 때에는 그 직무를 대행한다." 특공대의 이동 편을 마련하는 것이 "1차적으로" 상황실의 업

세월호 사고 직전인 2014년 3월 해경은 '2014년도 수난대비집행계획'을 수립했다. 「수난구호법」 4조에 따라 5년 단위로 만드는 '5개년 수난대비기본계획(2013)'의 집행계획이었다. 2014년 해경의 재난 대응 기본방침은 "사고 발생 초기 가장 빠른 세력 투입, 신속 생명구조"였다. "거리·해역별 차별화된 수색구조 방식"을 택해 연안에서 24마일 이상인 곳은 함정과 항공기를 이용한다고 했다. 추진 전략의 하나로 "효율적인 구조세력 운용 및 긴급 대응 태세 유지"를 명시하면서 "122구조대 신속 대응 태세 유지"를 강조했다. "상황 발생 시 재박함정 이용, 구조대 신속 현장 이동"한다는 것이었다.[284]

말은 그럴듯했으나 실천은 없었다. 제일 먼저 현장에 가야 했던 122구조대와 특공대가 우왕좌왕하며 차량과 어선을 타고 헤매다가 뒤늦게야 도착한 한심한 모습은 무능한 해경의 민낯을 드러냈다. 세월호 사고를 참사로 이어지게 만든 또 하나의 고리였다.

지휘부 보고 늦춘 본청 상황실

코스넷 대화방 문자를 보고 사고를 알게 된 본청 상황실장 황영태는 초동조치를 한 다음 상황담당관 임근조에게 보고했다. 황영태는 경비안전국장 이춘재에게 보고하러 갔으나 자리에 없어 돌아왔다. 해경청장에게 보고해야 할 임근조는 보고하지 않고 상황을 좀 더 파악해보라고 지시했다. 이미 파악한 정보만으로도 "상당히 급박한 위기상황"임을 알 수 있었지만 임근조는 상황을 파악하지 못했다.

인지를 했더라면 당연히 조치를 했었을 것인데, 인지했는지 여부가 기억이 나지

무라 하더라도 광역조정관으로 광역구조본부 직원을 지휘·감독해야 하는 김정식 역시 책임이 있다.

않습니다.²⁸⁵

상황을 파악하지 못했으니 지휘부에 보고할 수 없었다. "총경급 상황 담당관이 사안 파악을 제대로 못 하고 청장님께 보고를 드리는 것은 우리 조직 문화상 있을 수 없기 때문"이었다.²⁸⁶ 임근조가 보고를 늦추는 바람에 해경지휘부가 상황실에 도착하는 시간이 크게 늦어졌다. 해경차장 최상환과 경비안전국장 이춘재는 차장실에서 일일회의를 마치고 나오다가 마침 부속실 TV에 나오던 《YTN》 뉴스를 보고 소식을 들었다. 9시 19분이었다.²⁸⁷ 김석균은 청장실에 있다가 뒤늦게 임근조의 보고를 받고 9시 28분경에야 상황실에 있는 위기관리회의실에 도착했다.²⁸⁸ 본청 상황실이 사고 소식을 확인한 때로부터 해경청장이 올 때까지 무려 25분 이상 흘러갔다.*

재난이 일어난 것을 사람이 인지하더라도 즉각 필요한 행동을 시작할 수 있는 것은 아니다. 상황을 이해하고 적응하는 시간이 필요하기 때문이다. 해경지휘부 역시 일상 업무를 처리하다가 예상치 못한 여객선 사고 소식을 들은 다음 필요한 행동을 시작하는 데 상당한 시간이 걸렸을 것이다. 그런 점에서 임근조가 상황을 더 파악한다는 이유로 보고를 늦춘 것은 큰 잘못이었다. 어차피 김석균이 지휘해야 하는 사고였다. 최대

---

* 해경과 김석균은 9시 5분경 집무실에서 임근조의 보고를 받고 9시 10분경 상황실에 도착해 중앙구조본부를 가동했다고 주장했다. 많은 의문이 제기됐지만 해경과 김석균은 본청 상황보고서를 근거로 시종일관 그렇게 주장했다. 그러나 해경지휘부 사건 수사 과정에서 빨라도 9시 28분 이후에 상황실에 있는 위기관리회의실에 도착했음이 밝혀졌고 김석균도 인정했다. 뒤늦은 대처에 대한 책임을 모면하기 위해 거짓말을 한 것인지, 상황보고서를 보고 착오를 일으킨 것인지는 명확하게 밝혀지지 않았다. 다만, 착오였다면, 많은 의혹이 제기되는데도 여러 해에 걸쳐 사실관계를 확인해보지 않고 잘못된 주장을 계속한 것을 이해하기 어렵다. 한편 서해청장 김수현은 9시 3분경 여객선 조난을 보고받고 9시 5분경 상황실에 도착했다고 주장했다. 초반에 김수현이 상황실에 없었다는 진술도 있지만, 여러 정황을 보면 김수현의 주장이 사실로 보인다. 사참위 해경 초동대응 조사보고서, 205~208쪽; 해경지휘부 사건, 김수현 피의자 신문조서(2019. 12. 20.), 증거기록 15권 11698쪽 참조.

한 빨리 보고해서 지휘부가 상황을 파악하고 지휘할 준비를 할 수 있게 해야 했다.

부족한 점은 있었지만 본청 상황실이 나름대로 초동대응을 하고 있었다. 그런데 지휘부가 오면서 상황실의 역할이 달라졌다. "중앙구조본부가 가동이 되면 그때부터는 중앙구조본부 체제로 편입이 되어서 구조본부에서 결정된 사항들을 전달하는 것이지 상황담당관 명의로 지시를 내릴 수 있는 것이 아"니기 때문이다.[289] 임근조는 "청장님 등이 상황실에 오시고부터는 상황실에서는 적극적으로 나서서 할 수 있는 상황이 아니"게 됐다고 말했다.[290]

아직 상황을 파악하지 못한 지휘부는 지휘할 준비가 되지 않았는데, 상황실의 역할이 바뀌면서 지휘 공백이 발생했을 수 있다. 9시 20분경 이춘재가 왔을 때와 9시 28분경 김석균이 왔을 때 모두 그랬다. 처음부터 목포해경에게 선장과 교신하라고 반복해서 주문한 황영태가 9시 20분 이후 이 문제를 놓아버린 것도 그것 때문일 가능성이 있다.

> 검사: 김석균 청장과 김수현 차장*이 상황실에 나와서 직접 상황 파악을 하거나 지휘를 한 사실이 있는가요.
> 임근조: 상황실과 위기관리회의실을 왔다 갔다 하셨는지는 잘 모르겠고, 청장, 차장님이 상황실에 나와서 지휘를 했는지는 기억이 없습니다.[291]

> 제가 봐도 사고 초반에 신속하고 효율적으로 각 과장이나 직원들에게 임무가 전파되었어야 하는데, 그러지 못하고 혼란스러운 시간이 계속된 것으로 기억합니다. 우왕좌왕하는 분위기로 상황실 전체가 통제되지 않고 있었습니다.(본청 수색구조과장 박종철)[292]

이춘재와 김석균의 진술에도 그런 정황이 나타난다. 이미 상당한 시간

---

* 해경 차장은 최상환이고 김수현은 서해청장이었다. 검사의 착오다.

4부 왜 못 구했나

이 지나고 상황이 진행된 뒤였지만, 곧바로 필요한 행동을 할 수 있을 만큼 즉각적으로 준비가 이루어질 수 없었다.

> 상황실에 09시 20분경 임장해서 상황 파악을 하고, 선장과 교신을 해봐라, 동원 세력이 어떻게 되냐고 파악하고 있는 도중에 …… 그리고 나서 25분경에 헬기가 도착했고, 28분경에 청장이 상황실에 임장해서 청장에게 그때까지의 상황을 보고하는 과정에, 30분경에 123정이 도착했습니다. 저나 청장 입장에서는 구조대 도착 전에 교신 유지라든가 이런 것을 처리할 수 있는 시간적 여유가 거의 없었다고 볼 수 있겠습니다.(이춘재)[293]

> 그때는 전체적인 상황이 잘 파악되지 않았고, 제가 임장하였을 때도 경비국장이 브리핑한 것으로 기억하는데, 경비국장도 세세하게 모르는 상황이어서 제가 상당히 역정을 낸 기억이 있습니다. 그래서 어떤 상황을 구체적으로 알고 구체적으로 몰랐다는 것은 말씀드리기가 어렵습니다. …… 저뿐만 아니라 우리 상황실에서도 큰 여객선이 침몰하고 있다는 정도만 알았고, 구체적인 상황을 몰랐습니다……. (김석균)[294]

임근조가 보고를 미루는 바람에 뒤늦게 도착한 지휘부는 상황에 적응하지 못했다. 마침 123정과 헬기들이 현장에 도착하고 있었다. 빨리 구조계획을 세워 작전을 지휘해야 할 시간이었다. 그런데 그동안 초동조치를 지휘하던 황영태는 지휘할 수 없게 됐다. 황영태-임근조-이춘재-김석균으로 지휘·보고 단계가 복잡해지면서 상황실에서 파악한 정보를 보고하는 과정에서 누수가 발생할 가능성이 높아지고 시간은 더 많이 소모됐다. 지휘·보고 과정에 본청, 서해청, 목포해경 상황실과 3009함까지 이 사람 저 사람이 끼어들어 혼선을 초래했다. 해경은 사공이 많은 배가 되고 말았다.

수백 명이 탄 여객선이 침몰하는, 당연히 해경청장이 지휘해야 할 중대한 해난사고가 발생했는데* "총경급 상황담당관이 사안 파악을 제대로 못 하고 청장님께 보고를 드리는 것은 우리 조직 문화상 있을 수 없"다는 생각이 앞서 보고를 늦춘 관료주의가 일을 그르쳤다. 근본적으로는 조직을 경직되게 운영한 김석균의 책임이지만, 임근조의 책임도 적다고 할 수 없다. 임근조는 즉시 김석균에게 보고해야 했다.

임근조가 보고를 늦춤으로써 생긴 문제는 또 있다. 그날 아침 목포서장 김문홍을 태우고 3009함에 내린 헬기 512호는 9시 17분 이륙해 현장으로 갔다. 9시 37분, 지휘부가 도착한 다음 본청 상황실이 코스넷 대화방에 "목포서장도 현장 복귀 지휘할 것"이라고 지시했다. 임근조가 보고를 미루지 않았더라면, 김석균과 이춘재가 사고 초기에 상황을 파악했을 것이고, 이른 시간에 목포서장에게 현장에 가라고 지시할 수 있었을 것이다. 김문홍이 헬기 512호를 타고 현장에 가서 지휘했다면 운명의 물줄기는 반대 방향으로 흘렀을 가능성이 있다.** 이춘재도 임근조가 즉시 보고해서 지휘부가 9시 10분경에 상황실에 임장했다면 "바로 그 직후에 서해청장이나 목포서장에게 현장지휘 지시를 내렸을 것"이라고 말했다.[295] 가지 않은 길 끝에 무엇이 있었을지 알 수 없지만, 임근조의 관료주의적 오판은 참사로 치닫는 흐름을 돌릴 수 있는 절호의 가능성을 막아버렸다.

> 당시 이러한 상황을 인식하고 있었으면 즉시 국장님이나 청·차장님께 보고를 했을 텐데, 당시 상황을 인식하지 못했던 것 같습니다.[296]

너무나 늦은, 임근조의 후회다.

---

* 해경청장이 지휘해야 했다는 말은 현장 구조활동을 반드시 김석균이 직접 지휘해야 했다는 뜻이 아니다. 물론 그렇게 할 수도 있지만, 상황 파악 미흡이든 경험 부족이든, 어떤 이유로든 직접 지휘하는 것이 바람직하지 않다고 생각했다면, 경비안전국장 이춘재, 서해청장 김수현, 목포서장 김문홍, 123정장 김경일 등에게 지휘권을 위임할 수 있었다. 권한 위임 역시 지휘체계의 통일성을 유지하는 중요한 방법이다. 어느 쪽이든 선택해서 지휘·보고 체계를 단일화하고 모든 구조세력에게 확실히 알려야 했다. 최고책임자가 해야 할 가장 중요한 역할이다.

** 이 문제는 이 책 4부 4장 중 '현장에 가지 않은 지휘관들' 항목, 612~618쪽 참조.

탈출 문의 무시한 서해청

9시 24분경 진도VTS가 서해청 상황실에 가장 중요한 보고를 했다. 세월호가 승객을 "지금 탈출을 시키면 …… 구조가 바로 되겠습니까?"라고 물어온 것이다. 센터장 김형준은 진도VTS가 판단할 수 없는 중요한 사항이라고 생각해 서해청 상황실에 보고했다.[297] 상황부실장 이상수가 받았다. "통화를 대기한 상태에서 끊지 말라고 하고 보고 후에 알려준다"고 한 다음 바로 뒤에 있던 상황실장 김민철을 통해 상황담당관 유연식에게 보고했다.

"진도VTS에서 전화가 왔는데 세월호 인원의 퇴선 여부를 물어보고 있습니다."
"현장을 잘 아는 선장이 판단하도록 하라."

유연식이 즉각 지시했다. 이상수는 그 지시를 "그대로 진도VTS에 전달"했다. 진도VTS는 세월호에 전달했다.[298]

09:25 VHF 채널67번 세월호-진도VTS
진도VTS: 세월호, 진도연안VTS입니다. 인명 탈출시키는 것은 선장님께서 빨리 직접 판단하셔갖고, 지금 판단을 빠르게 하셔갖고 지금 하십시오.
세월호: 잘 안 들립니다. 천천히 다시 한번 반복해주십시오.
진도VTS: 세월호, 진도연안VTS입니다. 지금 저희가 그쪽 상황을 모르기 때문에 선장님께서 최종적으로 판단을 하셔갖고, 지금 선장님이 탈출시킬지 최대한 지금 빨리 결정을 해주십시오.

돌이켜보면 "상황을 잘 몰라서 단순하게 답변한 것 같"았다. 9시 13분경 이미 123정이 TRS로 세월호와 교신이 되지 않는다고 보고했으므로 세월호가 승객의 탈출을 문의한 사실을 전파해야 했지만 유연식과 김민철은 지시를 하지 않았고 이상수도 코스넷 대화방이나 TRS로 공유하지 않았다.²⁹⁹ 서해청장 김수현은 나중에야 얘기를 들었다.* "저와 유연식 총경하고 몇 사람이 함께 여담식으로 가벼운 대화"를 하면서 논의한 결과 "그건 우리가 결정할 문제가 아니라 현장을 잘 아는 선장이 결정할 문제라는 것으로 중론이 모아졌"다. 김수현은 "진도VTS로부터 보고 받은 내용들을 봤을 때 상황이 많이 위험하다는 부분은 추측이 되었"다면서도 그랬다.³⁰⁰

> 검사: 상황이 많이 위험하다고 추측하였다는 것인데, 어떠한 상황으로 생각하였다는 것인가요.
> 김수현: 진도VTS에서 계속 위험하다고 보고를 하니까 많이 위험할 수 있겠구나라고 생각은 하였지만, 배는 복원력이 있도록 건조되기 때문에 만 톤에 가까운 큰 배가 쉽게 전복되거나 빨리 침몰할 거라고는 생각하지 못했습니다. 혹시 침몰을 하더라도 며칠은 걸릴 거라고 생각했습니다. (중략)
> 검사: 세월호가 이미 50도 정도 기울었고, 선장이 비상탈출 여부를 문의할 정도의 상황에서 퇴선 외에 다른 어떠한 구조 방법이 있는가요.
> 김수현: 현실적으로 다른 방법은 없죠. 그렇지 않으면 공중에서 한 명씩 한 명씩 구하거나 잠수를 해서 구해야 하는데, 그건 너무 느리고 위험하기도 하거든요. 다만, 퇴선 여부는 선장이 결정해야 한다고 생각합니다.
> 검사: 세월호가 전복될 것이라고 예상하였고, 선체가 전복되면 퇴선 외에는 다른 구조 방법이 없다는 것도 알았다면, 바로 퇴선 유도나 권고를 해야 했던 것 아닌가요.
> 김수현: 말씀드렸듯이 그렇게 빨리 전복되리라고는 생각하지 못했습니다.³⁰¹

---

* 상황담당관 유연식은 상황실장 김민철에게 선장이 판단하도록 하라고 지시하면서 서해청장에게 보고하지 않았다. 김민철이 보고했을 거라고 생각했다는 것이다. 마침 그때 김수현이 김민철을 불러 "상황실에 비인가자가 많으니 퇴출시키라"라고 지시했다. 김민철은 세월호의 퇴선 문의 사항을 보고하지 않았다. 유연식의 말을 듣고 보니 "그건 선장이 판단할 부분이 맞다고 생각"했기 때문이라는 것이다. 결국 김수현은 상황이 끝난 다음 듣게 된 것 같다. 김민철은 당시 "상황이 위험한 것 같다는 생각이 들었다"고 말했지만 이상수는 "세월호가 그렇게 급격하게 침몰하리라고는 아무도 생각하지 못하는 분위기"였고 "막연히 침몰하지는 않을 것이라고 다들 인식"했다고 말했다. 해경지휘부 사건, 이상수 진술조서(2019. 12. 1.), 증거기록 9권 8343쪽; 김민철 진술조서(2019. 12. 1.), 증거기록 9권 8459~8461쪽; 유연식 피의자 신문조서(2019. 12. 3.), 증거기록 10권 8698쪽.

안이했다. "그렇게 빨리 전복되리라고는 생각하지 못했"고 "퇴선 여부는 선장이 결정해야" 할 일이라는 고정관념에서 한 치도 벗어나려고 하지 않았다. 승객 퇴선 문의를 "여담식으로 가벼운 대화" 소재로밖에 다루지 않았다. 유연식과 김수현이 진도VTS를 통해 세월호에 비상탈출을 지시했다면 어땠을까? 최종 결정은 선장에게 위임하더라도 상황이 어떤지 다시 한번 확인해보라는 지시라도 했더라면 어땠을까? 그런 내용을 곧 도착할 123정과 헬기들에게 알려주고 확인하라고 지시했다면 어땠을까? 상황은 다른 방향으로 전개됐을 수 있다. 선장과 선원들의 도주를 막았을 수도 있고, 적어도 123정이 그들의 도주를 도와주는, 터무니없는 일만은 벌어지지 않을 수 있었다. 서해청 지휘부의 오판으로 또 하나의 중요한 기회가 사라졌다. 경우의 수가 더 줄었다.

두라에이스호 선장 문예식이 "침몰하기 직전 같"다면서 승객들에게 라이프링이라도 착용시켜서 빨리 탈출시키라고 거듭 소리치는 상황에서 세월호가 승객을 "지금 탈출을 시키면 구조가 바로 되겠습니까"라고 물은 것의 의미는 말할 필요도 없다. 당장 승객을 탈출시켜야 할 상황이었다. 뻔한 상황에서 선원들은 왜 진도VTS에 물었을까? 진도VTS는 왜 직접 탈출시키라고 지시하지 않고 서해청에 물었을까? 서해청은 왜 다시 선장에게 떠넘겼을까? 분명히 알 수는 없지만 단서가 있다. 감사원 조사에서 진도VTS 관제사 정영민이 말했다.[302]

> 지금에 와서는 결과만 놓고 보기 때문에 당시에 세월호 선장에게 승객들을 퇴선시키라고 지시했어야 한다고 쉽게 얘기할 수 있지만 반대로 진도VTS에서 세월호 선장에게 승객들을 퇴선시키라고 지시했는데 세월호가 침몰하지 않는 상황이 발생하여 결국 진도VTS의 지시에 따라 퇴선한 사람들이 죽거나 실종되었다고 가정할 때 그때 책임은 누가 지겠습니까?

김수현도 같은 뜻으로 말했다.

해경이 퇴선을 명령하여 그로 인해 사망 같은 2차 피해가 발생하더라도 민형사상의 책임을 지지 않도록 면책을 시키는 법제화가 되지 않는 한, 같은 상황이 발생하더라도 해경이 적극적으로 퇴선명령을 하기는 어렵다고 생각합니다.[303]

책임 문제였다. 객관적 상황에 비추어 해야 할 일을 했지만 예상이 빗나가 엉뚱한 결과가 빚어졌을 때 누가 책임질 것인가였다. 진도VTS는 그 책임을 감당할 수 없다고 생각해 서해청에 넘겼다. "제가 혼자 임의로 결정할 수는 없는 사항"이라거나 "중요한 부분"이라는 김형준의 말[304]이 그런 뜻으로 보인다. 서해청도 책임을 지려고 하지 않았다. 공을 되돌려 보냈다. 책임을 지지 않으려니 지휘도 할 수 없었고, 하려고 하지도 않았다. 본청에 보고하거나 현장 구조세력에게 알려주기라도 해야 했지만 그마저도 하지 않았다. 그러면서도 김수현은 서해청 직원들과 진도VTS를 탓했다.

그건 제가 따로 지휘를 하지 않더라도 서해청 직원들이 당연히 본청에 보고를 하고 다른 구조세력들에게도 전파를 해야 하는 내용인데, 직원들이 그걸 하지 않았다면 당연히 감찰이나 징계 대상이죠. 그건 너무나 당연한 거거든요. 다만, 직원들이 그렇게 보고나 전파를 했는지 안 했는지 제가 따로 확인을 하지는 않았었습니다. 당연히 해야 하는 기본적인 사항이기 때문에 따로 확인할 필요는 없다고 생각했습니다. …… 진도VTS와의 교신 내용을 보고 받아서 세월호가 50도 정도 기울어서 퇴선을 해야 한다는 상황은 파악이 되었고, 퇴선 준비가 이루어지지 않고 있다는 것도 추측은 하고 있었습니다. 다민, 그런 내봉들을 진도VTS나 서해청 직원들이 나븐 구조세력들에게 전파를 했어야 하는데, 그렇게 하지 않은 부분은 저도 의아합니다. 그건 기본적인 일이라서 제가 따로 전파를 하라고 지시를 하지 않았지만, 직원들이 당연히 전파를 할 줄 알았습니다.[305]

통신체계도 모르는 상황실

본청, 서해청, 목포해경 상황실은 123정에게 필요한 정보를 제공하거나, 파악하도록 지시하는 대신 현장에 도착하기 전부터 영상을 보내라는 지시부터 쏟아냈다. 코스넷 대화방에 지시를 올렸지만, 응답이 없자 전화로 독촉했다. 9시 34분, 123정이 도착했다는 소식을 들은 본청 상황실장 황영태가 목포해경 상황실에 경비전화를 걸었다.

> 목포해경: 예, 목포 실장입니다.
> 황영태: 그 123정 현장 도착했죠?
> 목포해경: 예, 도착했습니다.
> 황영태: 그 원거리, 아, 그거 영상 시스템 돼요, 안 돼요, 123정?
> 목포해경: 예, 123정. (다른 사람에게: 야, 123정 영상……) 지금 가동시키겠습니다.
> 황영태: 예? 아, 가동 지금까지 안 하고 뭐 했어요, 그거?
> 목포해경: 아, 지금 저 이제 도착했습니다.
> 황영태: 빨리 그거 바로 해요.
> 목포해경: 알겠습니다.

본청 상황실장도, 목포해경 상황실장도 123정에 코스넷 대화방과 영상 시스템이 없다는 걸 모르고 있었다. 서해청 상황실장 김민철도 몰랐다. 123정에 영상 송출 장비가 있는 줄 알고 "코스넷 문자 대화방에 영상을 전송하라고 올리라고 지시를 하고 그랬"다. "그 무렵에 소형 경비정에도 설치를 진행하고 있는 상황이어서 123정에도 있을 거라고 생각을 했었고, 혹시 없으면 목포서에서 알려줄 거라고 생각했는데, 따로 얘기를 안 해줘서 잘 몰랐"다. "서해청에서는 영상 장비가 어디에 설치가 되고 안 되었는지를 파악을 하지 못하는 상태"였다.[306] 본청, 서해청, 목포해경 상황실을 통틀어 그 모양이었다. 간혹 아는 사람도 있었지만 정보가 체계적으로 전파되지 않다 보니 '봉숭아 학당'과 다를 바 없는 상황이 벌어졌다.

9시 36분 본청 상황요원 김남진은 123정장 김경일에게 경비전화를 걸어 "영상 시스템 작동 안 됩니까?"라고 다시 물었다. 9시 40분경 상황실장 황영태는 서해청 상황실에 전화를 걸어 사고현장 사진을 영상으로 보내라고 요구했다. 서해청 상황실장 류명호는 123정에 ENG카메라가 없는 걸 알고 있었다. 그 사실을 알려주자 황영태는 '3G 모바일'로 보내라면서 화를 냈다.[307]

류명호(서해청): 예, 감사합니다. 상황실장입니다.
황영태: 예, 본청 실장인데요.
류명호: 예, 예.
황영태: 현장 사진이나 혹시 올라왔어요?
류명호: 아직 안 올라왔습니다. 지금 이제 123정에 ENG카메라가 없습니다.
황영태: ENG 없으면 비디오 그거 3G 모바일 있잖아요.
류명호: 예, 예. 알겠습니다. 그렇게 조치하겠습니다.
황영태: 아니 현장에 30분 동안, 40분 동안 가서 그 준비도 안 하고 뭐하는 거예요, 그게?
류명호: 예. 조치를 하겠습니다. (중략)

9시 7분과 48분 목포해경 상황실이 123정에 코스넷이 설치되어 있지 않다고 코스넷 대화방에 보고했지만 본청 상황실은 끝까지 코스넷 대화방에 123정을 상대로 한 지시를 쏟아냈다. 본청 상황부실상 한상윤과 상황요원 이항아의 진술이다.

검사: 당시 본청 상황실의 코스넷은 누가 올렸나요.
한상윤: 손용수 요원과 김남진 요원, 이항아 요원이 돌아가며 올렸습니다.
검사: 본청 상황실에서는 코스넷을 통해 123정을 호출하고, 123정에 ENG 영상을 송출하라고 지시한 사실이 있는데 어떤가요.
한상윤: 네. 있습니다. 그런데 123정이나 헬기에는 코스넷이 안 되는데……

검사: 그런데 왜 코스넷으로 연락하였나요.

한상윤: 김남진 같은 경우는 상황실이나 함정 수색 경력이 거의 없고, 수사와 정보만 했었습니다. 그래서 123정에 코스넷이 없다는 사실을 모르고 올렸을 수도 있습니다. 그런데 김남진이 올렸는지는 정확하지 않습니다.

검사: 진술인은 본청 상황실에서는 코스넷을 주로 보고 있었다고 하였는데, 코스넷으로 123정에 지시하는 것을 진술인이 보았다면 123정에는 코스넷이 없다고 알려줘야 했던 것 아닌가요.

한상윤: …… 정신이 없어서…….

검사: 09시 07분경 목포서에서는 코스넷으로 123정에 코스넷이 미설치되었다는 사실을 전파하고, 그럼에도 본청 상황실에서 계속하여 코스넷으로 123정과 헬기에 지시를 하자 09시 48분경 재차 123정 코스넷이 안 된다는 사실을 알렸습니다. 그럼에도 계속 본청 상황실에서는 123정과 헬기에 코스넷으로 지시하고 있는데, 도대체 어떻게 된 것인가요.

한상윤: ……. 308

검사: 코스넷은 누가 올리는가요.

이항아: 보통 저와 박재형이 상황실장이 지시하는 내용을 듣고 문자방에 문자를 올립니다. 코스넷 문자는 상황실 누구나 올릴 수 있게 되어 있습니다. (중략)

검사: 위 지시는 상황실장의 지시를 말하는 것이지요.

이항아: 예, 황영태 실장의 지시를 받아 문자를 올립니다.

검사: 본청 상황실에서는 코스넷을 통해 123정을 호출하고, 123정에 ENG 영상을 송출하라고 지시한 사실이 있는데 어떤가요.

이항아: 제가 그랬는지, 김남진이나 손용수 요원이 그랬는지 오래되어서 잘 기억이 나지 않는데…… 이건 좀 부끄럽습니다. 123정은 코스넷도 없고 ENG 영상 시스템도 없습니다.

검사: 09시 07분경 목포서에서는 코스넷으로 123정에 코스넷이 미설치되었다는 사실을 전파하고, 그럼에도 본청 상황실에서 계속하여 코스넷으로 123정과 헬기에 지시를 하자 09시 48분경 재차 123정 코스넷 안 된다는 사실을 알렸습니다. 하지만 계속 본청 상황실에서는 123정과 헬기에 코스넷으로 지시하고 있는데 도대체 어떻게 된 것인가요.

이항아: 죄송합니다. 할 말이 없습니다……. 309

본청 상황실의 안이한 인식

세월호가 침몰할 때까지 해경 본청과 서해청, 목포해경 상황실은 상황을 파악하지 못했다. 사고 초기 승객들과 선원들의 신고 전화, 진도VTS가 세월호와 교신해서 파악한 정보들이 어떻게든 전파됐고, 곧이어 123정과 헬기들이 도착해서 위급한 상황을 직접 확인해 보고했지만, 각급 상황실은 상황을 파악하지 못했다. 세월호가 완전히 뒤집혀 가라앉은 다음까지 변하지 않았다.

시각	발신	수신	정보 내용
09:09	세월호	진도VTS	배가 기울어서 금방 뭐 넘어갈 것 같습니다. 계속, 지금 한쪽으로 계속 천천히 넘어가고 있습니다.
09:15	세월호	진도VTS	선원들도 브리지에 모여서 …… 움직일 수 없는 상태……. 지금 한 50도 이상 좌현으로 기울어져…….
09:19	서해청	본청	좌현으로 약 40도 경사졌는데 지금…….
09:19	목포해경	본청	지금 좌현 50도로 기울어가지고…….
09:20	이춘재 상황실 도착		
09:22	세월호	목포해경 (122)	배 지금 잘하면 넘어갑니다 …… 배가 지금 50도 이상…….
09:23	두라에이스	진도VTS	지금 침몰하기 직전 같으네요.
09:28	헬기511	해경 (TRS)	현재 여객선은 40에서 45도로 기울어져 있고…….
09:28	김석균 상황실 도착		
09:29	123정	해경 (TRS)	좌현으로 45도 기울어져 있고 기타 확인되지 않음.
09:36	세월호	진도VTS	지금 배가 한 70, 60도 정도 좌현으로 기울어져…….
09:37	123정	본청 (여인태)	지금 좌현으로 약 45도, 50도 정도 기울었습니다. 지금 계속 더 기울어지고 있습니다.

본청 상황실장 황영태는 "영상을 볼 수 없어 현장 상황을 정확히 알 수 없었"다고 주장했다. "사람마다 보기에 따라서는 약간 기울어도 많이 기울었다고 보는 사람도 있고 느끼"기 때문에 "상황실에서는 그게 사실인

지 아닌지 확인할 수 없었"다고 변명했다.³¹⁰ 현장에서 오는 정보를 체계적으로 정리하고 분석해서 의미를 정확하게 파악해 지휘부에 보고하고, 지휘부의 지시를 현장에 전달하는 게 상황실의 역할이었다. 지휘부의 눈과 귀, 손과 발의 역할을 해야 하는 상황실이 상황 파악을 못하는데 구조계획을 제대로 세워 지휘하는 걸 기대할 수는 없었다. 본청 상황실의 상황을 드러내는 몇 가지 장면을 보자.

"승객이 겁이 나서 그렇게 할 수도 있는 거고"

09:15 해경 본청 상황실(2142)-목포해경
해경 본청: 아, 정확하게 그 배가 이제 침수돼서 배가 기울어지니까 승객이 겁이 나서 그렇게 할 수도 있는 거고.
목포해경: 예, 계속 이렇게 확인 중에 있습니다. 일단 조치는 해놨고요. 동원할 선박은 다 동원시켜 놨고, 일단.
해경 본청: 아, 선장하고 일단 중요한 게 가장 급한 게 선장이 봐가지고 선장이 봐가지고 아주 위험한 상황이라 하면은…… 어…… 어…….
목포해경: 예, 그렇게 하겠습니다.

황영태는 위급한 상황을 전달하는 승객들의 아우성을 "겁이 나서" 과장한 것으로 치부했다. "일단 중요한 게…… 선장이 봐가지고 아주 위험한 상황이라 하면은……"이라고 한 대목은 승객들 말을 믿을 수 없으니 선장의 말을 들어봐야겠다는 것으로 보인다. 그렇다면, 어떻게든지 선장과 연락해 정확한 상황을 파악해보라고 구체적으로 지시해야 했는데, 그러지도 않았다. 승객들 말을 받아들이지 않을 명분으로 해본 소리일 가능성을 부인할 수 없다. 본청 상황실의 안이한 태도는 계속 이어졌다.

09:21 중앙119-해경 본청 상황실(2242)

중앙119: 지금 뉴스 속보 보고 전화드렸거든요. 어떤 상황인지.
해경 본청: 예, 지금 우리가 지금 가고 있구요. 인근 함정이 지금 아직 현장은 도착

은 안 했어요. 그래서 지금 그쪽으로 가고 있는 상태고.
중앙119: 이게 뭐 무슨 사고가 난 건지 안 난 건지, 아직 확실하시지는 않은 거죠?
해경 본청: 일단은 뭐 침수가 됐다가 침몰 위기가 있는 모양인데 지금 날씨도 좋고 인근 함정도 있기 때문에 최대한 가서 구조를 해야지요.

9시 36분 현장에 도착한 123정과 헬기로부터 그동안 전달된 정보를 재확인하는 정보가 들어왔다. 본청 상황실은 귀담아듣지 않았다. 여객선이 "약간 기운 상태"로 "침몰 위험까진 없"다고 낙관했다. 인원이 많이 탔지만 "인근 배들이 있기 때문에", 구조에 문제가 없다고 "추측"했다. 옆으로 기울어진 상태라도 큰 배는 자체 부력이 커서 "그대로 침몰은 안 될" 것이라고 했다.

09:36 중앙재난안전대책본부(중대본)-해경 본청 상황실(2742)
중대본: 지금 상황이 어떤가요?
해경 본청: 지금 저희들도 파악을 하고 있거든요. 지금 여객선이 침수, 약간 기운 상태구요. 아직까진 침몰 위험까진 없는 것 같은데 이것도 추정인 것 같습니다. 현재 지금 파악하고 있는 상태입니다.[311]

09:38 국가안보실-해경 본청 상황실 핫라인
청와대: 배가 어떤 상태인가요?
해경 본청: 배가 지금 해상 추락자는 없는 거로 일단 파악은 되고 있고요.
청와대: 해상 추락자 없고?
해경 본청: 네, 지금 해가지고 현재 지금 상황을 파악 중에 있습니다.

"우리가 다 했으니까"

9시 39분 경찰청이 해경 본청에 연락해 "도와드릴 것 없느냐"라고 물었다.

09:39 경찰청 위기관리실-해경 본청 상황실(2442)

경찰청: 진도 상황 관련해가지고 혹시 해경 함정하고 헬기 몇 대 정도 나갔습니까?
해경 본청: 현재 헬기 2대, 그다음에 경비정 1척, 상선 3척 정도 있습니다.
(중략)
경찰청: 현재 침몰된 상황이 급박한 겁니까, 아니면.
해경 본청: 아, 지금 현재 옆쪽에 붙어 있으니까요. 가능합니다.
경찰청: 구조가 전부 다 가능하고.
해경 본청: 지금 예, 지금 가능합니다.
경찰청: 전부 가능하고 저희 육경에서 뭐 도와드릴 거 없습니까?
해경 본청: 아, 지금 육경이죠? 우리가 다 했으니까. 뭐 이쪽 육경에서 저 뭐야…… 우리 해경하고 해군하고 다 하고 있으니까요, 뭐 그건 없습니다.

당시 현장에 도착한 것은 123정과 헬기 511호, 513호와 초계기 703호였다. 곧 도착할 함정은 더 이상 없었다. 때마침 두라에이스호가 왔기에 망정이지 해경 구조세력은 어떤 면에서도 역량이 부족했다. 그런데도 낙관했다. 상황이 심상치 않음을 보여주는 여러 정보가 전달됐음에도 승객 대피와 구조를 위한 조치를 아무것도 하지 않았으면서 구조가 "전부 가능"하다고 큰소리쳤다. "도와드릴 거" 있냐고 묻는데 "우리가 다 했으니까" "우리 해경하고 해군하고 다 하고 있으니까" 도와줄 것 없다고 잘랐다. 이 대화를 한 상황요원 손용수의 개인 문제라고 보기 어렵다.* 본청 지휘부와 상황실이 전반적으로 안이한 분위기에 빠져 있지 않았다면, 일선 상황요원이 이렇게 말할 수는 없었을 것이기 때문이다.

---

* 이 통화를 한 본청 상황요원 손용수는 당시 상황보고서를 만드는 데 정신이 없어서 TRS도 듣지 못했고 누가 알려주는 사람도 없어서 "제대로 된 상황 파악이 되지 않은 상황"이었고 "상황이 그리 시급한지 몰랐"는데 전화가 걸려 오자 "눈치가 보이기 때문에 받지 않을 수도 없는 상황이어서 전화를 받고 제 개인적인 생각을 말했던 것"이라고 변명했다. 하지만 단순히 사실관계를 일부 틀리게 설명한 정도를 넘어 구조가 "전부 가능"하고 "우리가 다 했다"는 식으로 대답한 것은 이해하기 어렵다. 해경지휘부 사건, 손용수 진술조서(2019. 12. 5.), 증거기록 11권 9152쪽.

"그대로 침몰은 안 될 겁니다"

세월호의 상황이 심상치 않다는 것은 승객들과 선원들이 목포해경과 진도VTS에 전달한 정보만 제대로 파악해도 알 수 있었지만 해경은 안이했다. 그런 가운데 9시 36분 본청 경비과장 여인태가 경비전화로 123정장 김경일과 통화해 현장 상황을 직접 보고받았다. 배가 50도 정도 기울어졌고 계속 기울어지고 있는데 승객들의 대피를 준비하는 흔적은 없었다. 구명뗏목조차 펼치지 않고 있다는 정보가 올라왔다.*

김경일은 "배가 좌현 50도 기울었"다고 한 다음 "침몰할 것 같아요, 안 할 것 같아요?"라는 여인태의 질문에 "현재 봐서는 지금 계속 더 기울어지고 있습니다"라고 대답했다. 다른 누구도 아닌 '현장지휘관'의 보고였다. 그보다 더 중요하고 확실한 정보는 있을 수 없었다. 필요하면 추가로 더 물어보는 한이 있더라도, 해경지휘부는 김경일의 보고를 토대로 상황을 파악하고 대책을 세워야 했다. 그런데 그러지 않았다. 여전히 안이했고 상황을 파악하지 못했다.

09:40 안전행정부-해경 본청 상황실(2242)

안행부: 기상은 지금 보니까 파도는 별로 없네요.

해경 본청: 예, 예. 파도는…….

안행부: 그러면 구명벌이나 이런 거 타고 내리면 천천히 내리면 크게 문제는 없을 수 있겠네요?

해경 본청: 지금 인근 배들이 있기 때문에. 지기 뭐.

안행부: 구조는 뭐 문제없겠네요. 그렇죠?

해경 본청: 예. 일단은 그렇게 추측되는데 또 상황이 또 어떻게 될지 뭐라고 말씀 못 드리겠습니다.

안행부: 구조만 잘되면 문제없겠네요.

해경 본청: 그렇죠, 그렇죠. 인원이 많이 타가지고요. 그래서 좀 그렇습니다.

---

* 9시 36분 여인태와 김경일의 통화는 1부 4장 중 '123정' 항목, 135~137쪽 참조.

09:45 해양수산부-해경 본청 상황실(2442)
해수부: 지금 그게 침몰이 완전 될 것 같아요? 빠른 시간 내에?
해경 본청: 아마 그 상태에서 침몰, 완전 들어가지는 않을 건데, 그런데 선박 상태가 옆으로 기울어진 상태고 부력을 이용해가지고 하면 그대로 침몰은 안 될 겁니다.
해수부: 아, 그러면 사람들은 어디 있어요, 지금?
해경 본청: 지금 사람들은 바깥에서 나오고 있어가지고 그 현장에서 우리 경비정이 구조 중에 있습니다.

현장지휘관이 본청 경비과장에게 보고한 내용이 지휘부와 상황실에 제대로 전달되지 않았다. 상황실은 여전히 "아마 그 상태에서 침몰, 완전 들어가지는 않을 것", "그대로 침몰은 안 될" 거라는 안이한 태도에 빠져 있었다. "사람이 배에도 안 보이고 바다에도 하나도 없"다고 보고했는데도, "지금 사람들은 바깥에서 나오고 있어가지고 그 현장에서 우리 경비정이 구조 중"이라고 했다. 그 시각 123정은 선장과 선원을 찾는 대신, 도주하는 선장과 선원들을 옮겨 태우는, 결정적이고 치명적인 잘못을 저지르고 있었다. 위험을 느끼고 스스로 빠져나온 소수의 승객들이 "바깥에서 나오고" 있을 뿐, 거의 대다수는 선내 대기방송에 발목을 잡혀 배 안에 갇혀 있었다. 어떤 경우에도 400~500명에 이르는 승객을 구조하는 것은 123정의 능력에서 벗어난 일이었다. 승객들이 모두 갑판으로 나와 있거나 구명벌을 타고 있다고 해도 간단한 일이 아닌데, 본청 상황실은 아무 생각이 없었다.

정작 문제의 핵심을 파악하고 있는 건 안전행정부였다. "기상은 파도는 별로 없"으니 "구명벌이나 이런 거 타고 내리면 천천히 내리면 크게 문제는 없을 수 있겠"다고 했다. 맞는 말이었다. 그날 기상 조건은 모든 악조건을 덮을 수 있을 만큼 좋았다. 특히 바다가 잔잔했고 물살도 약했다. 수온도 12.6도로 그렇게 낮지 않았다. 구명벌을 띄우고 승객을 대피시키는 과정에서 큰 위험을 감수하지 않아도 됐고, 구조할 시간을 확보할 수 있었다. 스스로 말했듯이 "인근 배들이" 있기 때문에 충분히 구조할 수 있었다. 그래놓고는 아무것도 하지 않았다.

"진작 좀 내려서 그림이 됐어야 되는데"

10시 30분 배가 침몰했다. 침몰을 앞두고 헬기와 123정이 연이어 절망적인 상황을 보고했다.

10:15 123정 TRS

"약 80도 정도 기울었기 때문에 저희 경찰들 다 나왔습니다. 현재 침수가 돼가지고 현재 90도입니다, 90도."

10:23 헬기 511호 TRS

"타워 여기 호텔2, 511호기, 여객선, 여객선 90퍼센트 이상 침몰, 90퍼센트 이상 침몰"

10:29 123정 TRS

"목포타워, 여기는 123…… 현재 약 선수 부분 약 4미터, 4미터, 그리고 길이로 약 10미터 정도 남고 나머지는 다 침몰 중입니다. …… 현재 선저가 하늘을 본 상태에 있고요."

10:31 123정 TRS

"현재 전남707이 47명이고 …… 지금 현재 본함에도 한 20명 정도 있는 것 같습니다. 지금 인원 파악되는 대로, 파악되는 대로 연락드리겠습니다. 그리고 현재 그 인근에서 어선들이 지금 많이 구조했거든요. 인원 총계 되는 대로 다시 보고하겠음. 이상."

뒤늦게 달려온 어선들과 행정선들이 해경보다 더 많은 사람을 구하는 상황이었기 때문에 구조 인원 집계가 제대로 될 리 없었다. 하지만 누가 봐도 배 안에 많은 승객이 남아 있는 건 틀림이 없었다. 10시 35분, 본청 경비안전국장 이춘재가 서해청 상황담당관 유연식과 통화했다.

10:35 본청(이춘재)-서해청(유연식) 경비전화(2042)
서해청: 예, 상황담당관입니다.
본청: 예, 지금 저 여객선에 우리 항공구조단이 못 내려갑니까?
서해청: 아직 못 내리고, 앞에 선수만 남아 있나 본데.
본청: 네.
서해청: 지금은 내리질 못할 것 같습니다.
본청: 아, 그러니까 진작 좀 내려서 그림이 됐어야 되는데 지금 그게 문제란 말이에요. 못 올라가면 우리가 올라가갖고 유도한 걸 보여줬어야 되는데.
서해청: 지시는 해놨는데 아직 이행을 안 하고 있는 것 같습니다.
본청: 지금 거기 승객들은 거의 다 나왔어요? 배에서?
서해청: 예, 그런데 지금 119에서 학생 하나가 안 나왔다고 119 쪽으로 전화가 왔다고 했는데 지금 확인이 안 되고 있습니다.
본청: 그러니까 그러면 대부분 다 나왔다는 얘기예요? 선내에는 없다는 얘기예요?
서해청: 예. 그전부터 계속 기울어지면서 사람이 나와 있었기 때문에, 내부 수색은 정확하게 안 했는데, 거의 다 나온 걸로 지금 확인이 되는데, 문이 안 열린다는 전화는 한 번 받았다고.

본청 경비안전국장과 서해청 상황담당관, 구조작전의 실질적 책임자들이다. 세월호가 침몰한 최후의 순간까지도 상황을 파악하지 못했다. 구조했다고 보고된 숫자는 아직 100명을 밑돌고 있었다. 그런데 뜬금없이 "선내에 일단 사람들이 거의 없는 걸로" 보고 "거의 다 나온 걸로 지금 확인"이 된다고 주고받았다. "119에서 학생 하나가 안 나왔다고" "문이 안 열린다는 전화는 한 번 받았다고" 지나가는 말처럼 이야기했다. TRS와 코스넷 대화방과 경비전화를 통해 본청과 서해청 상황실로 전달된 그 많은 보고는 어디로 갔으며, 이들은 뭘 하고 있었던 것일까?

상황을 파악하지 못한 정도를 넘어 정반대로 인식하고 있던 이춘재가

"지금 저 여객선에 우리 항공구조단이 못 내려"가냐고 물었다. 혹시라도 배에 남아 있을지도 모르는 승객을 구하기 위해, 비록 늦었지만, 마지막까지 어떻게든 노력하라는 지시였을까?

"그러니까 진작 좀 내려서 그림이 됐어야 되는데 지금 그게 문제란 말이에요."

가라앉아버린 배에 승객이 갇혀 있을 가능성, 혹시라도 갇혀 있을지 모르는 승객을 구하는 것은 안중에 없었다. "거의 다 나온 걸로 지금 확인"됐으니, 해경이 대단한 역할을 한 것처럼 홍보할 수 있는, 그럴듯한 '그림'이 필요했던 것이다. 그러자 항공구조단이 떠오른 것이다. 그런데 너무 늦었다. 그걸 깨닫자 "항공구조단을 진작 좀 내려"보내지 않은 게 "문제"라고 생각했다. 이춘재는 '그림'을 확보하지 못한 게 정말로 아쉬웠던 것 같다.*

"우리가 올라가갖고 유도한 걸 보여줬어야 되는데."

상황 파악 못 하는 본청 상황실의 모습은 그걸로 끝이 아니었다. 11시 1분 뉴스에서 세월호 승객을 전원 구조했다는 오보가 나왔다. 본청 상황실에 있던 사람들이 모두 일어나 박수를 쳤다.** 세월호가 침몰하고 30

---

* 이 책에서 다루지 않지만, 해경은 그날 오후 3시경부터 실제로 진행하지도 않는 수색 작전을 과장해 홍보했고, 언론은 "지상 최대의 구조작전"이라며 허위 보도를 했다. 이춘재와 유연식의 대화를 보면 해야 할 일은 제대로 하지 않으면서 홍보는 과잉으로 하는 해경의 행태가 우연히 일어난 일이 아님을 알 수 있다. 사참위 종합보고서, 본권 II, 147~151쪽 참조.

** 4월 16일 11시 1분 7초에《MBN》이 "단원고 측 학생 모두 구조"라는 자막을 방송했고《MBC》는 11시 1분 26초에 "안산 단원고 학생 338명 모두 구조"라고 자막 방송했다. 이미 10시 47분부터 "해군, 탑승객 전원 선박 이탈, 구명장비 투척 구조 중"이라는 자막을 방송하던《KBS》는 11시 26분 10초에 "경기 교육청 대책반, 단원고 학생 전원 구조"라는 자막을 방송했다. 《MBC》는 11시 24분, 《MBN》은 11시 27분, 《KBS》는 11시 33분 정정보도를 했다. 해경 본청 상황실에서 어떤 오보 방송을 보고 박수를 쳤는지는 분명하지 않다. 서울중앙지검 2019년 형제99307호 불기소결정서(2021. 1. 14.) 참조.

분이나 지났는데도 희대의 오보를 믿고 박수를 칠 정도로 여전히 상황을 파악하지 못하고 있었다. 본청 정보수사국장이던 이용욱의 말이다.[312]

> 필요한 정보가 즉시성 있게 청장에게 보고될 만큼 체계적이[지] 못했고, 산발적으로 지시와 보고로 세월호의 당시 상황을 파악하지 못했고, 오히려 언론 보도를 보고서야 세월호의 상황을 파악했던 것을 보면 당시 본청 상황실에서 세월호 상황 파악이 제대로 이루어졌다고 보기는 어려울 것 같습니다. …… 당시 실제 무척 혼란스럽고 상황이 잘 통제되지 않았고, 언론에서 전원 구조되었다는 오보가 나자 전원 일어나서 박수를 쳤다가 나중에 오보라는 사실을 알고 김석균 청장은 사고 현장으로 떠나고 그런 상황이었습니다.

4장
지휘부의 난맥상

본청 경비안전국장 이춘재는 9시 20분경, 청장 김석균은 9시 28분경 위기관리회의실에 뒤늦게 도착했다. 헬기 511호에 이어 123정이 현장에 도착하고 있었다. 본격적으로 구조작전을 시작해야 할 시점에 공이 지휘부로 넘어왔다. 김석균의 지휘 아래 해경지휘부가 상황을 어떻게 파악하고 어떻게 움직이느냐가 운명을 가르게 됐다.

'배로 볼 수도 없는' 세월호

현장에서는 세월호가 빨리 침몰할 수도 있음을 경고하는 정보가 계속 전달됐다. 본청 상황실장 황영태의 말처럼 일반 승객은 "겁이 나서 그렇게 할 수도 있는 거"라고 여기더라도 세월호 선원, 부근에서 지켜보던 두라에이스호 선장 문예식, 현장에 도착한 123정장과 헬기 511호 기장에 이르기까지 급박한 상황을 전달했다. 배가 40~50도 기울어졌다고, 여러 사람이 일치해서 숫자로 표현했다. 문예식은 "지금 침몰하기 직전"이라고 말했다.

해경들도 인정했다. 40도 이상 기울어진 배는 "곧 뒤집어진다고 보시면" 된다, "살릴 수 없"다, "배로 볼 수도 없는" 상태였다, "배로 안 봐버"린다, "배가 아니"다, 승객은 "40도 훨씬 전에 탈출시켜야" 한다. "한번 넘어갔을 때 바로 돌아오지 않으면 침수도 되고, 배 안에 물건들이 넘어간 쪽으로 쏠리면서 무게중심이 더욱 나빠져 결국 돌아올 수 없게" 되기 때문이다. "배가 똑바로 서지 못한다는 것을 인식한 순간 바로 퇴선조치"를 해야 한다. 그 상황에서는 "무슨 방법을 써서라도 빨리 승객들을 탈출시키는 방법밖에 없다." "세월호의 경우는 순수한 여객선이 아니라 화객선이라고 하여 화물도 같이 있기 때문에" 복원력이 더 떨어지므로 "40도 기울었다는 것을 인식하는 순간 바로 배를 포기하고 승객을 탈출시킬 계획을 짜야" 한다고 했다.

검사: 선박이 얼만큼 기울면 복원력이 상실하나요.

배안선(3009함 항해팀장): 40~50도 넘어가면 소위 말하는 '전복' 그러니까 곧 뒤집어진다고 보시면 됩니다. 롤링게이지(기울기측정기)라고 배마다 있는데 40도 이상은 표시도 안 되어 있습니다.

검사: 40도까지는 괜찮다는 것인가요.

배안선: 전혀 아닙니다. 40도가 되는 것도 이미 배를 살릴 수 없다고 봅니다. 배로 안 봐버립니다. 40도 정도 기울면 못 일어나고 그럼 배가 아니지요. 복원력이 상실되었다고 하더라구요. 배 타는 다른 사람들에게도 물어보십시오. 일반 항해사는 좌우 5도 이내로 항해합니다. 최고로 파도가 클 때 15도 정도 넘어가는 경우가 있는데 그때는 아직 복원이 됩니다.

검사: 40도 넘어갔다가 복원되는 경우 없나요.

배안선: 없습니다. 제가 알고 있기로는 사례가 없습니다. 제가 22년 동안 함정을 타면서 20도 이상 넘어간 적이 단 한 번도 없습니다.

검사: 그럼 승객들은 언제부터 탈출시켜야 하나요.

배안선: 40도 훨씬 전에 탈출시켜야지요. 제가 실제 탈출시킨 적이 없긴 한데, 15도만 되도 냉장고 넘어지고 난리 납니다. 그리고 무슨 몇 도냐도 중요한데, 배의 복원력이라고 하는 것은 기울어졌다가 곧바로 돌아오는 것을 말합니다. 15도

기울어졌다가 '확' 돌아와야 되는 것이지, 바로 돌아오지 않으면 결국은 침수, 전복되어 결국 배가 가라앉게 되는 것입니다. 한번 넘어갔을 때 바로 돌아오지 않으면 침수도 되고, 배 안에 물건들이 넘어간 쪽으로 쏠리면서 무게중심이 더욱 나빠져 결국 돌아올 수 없게 됩니다.

검사: 그렇다면, 세월호의 경우 최초 좌현으로 기울어져 있는 상태가 계속되는 것을 본 순간 승객 탈출 준비를 해야 했던 것 아닌가요.

배안선: 당연합니다. 바로 배가 똑바로 서지 못한다는 것을 인식한 순간 바로 퇴선 조치를 시켰어야 하는 것입니다. 제가 상선도 타보고, 군함도 타보고 다양하게 타봤습니다.[313]

검사: 배가 한번 45도 기울어지면 다시 평형을 회복할 수 있는가요.

이평현(서해청 안전총괄부장): 함정 경험이 좀 있는 사람이라면 배가 40~50 정도 기울어지면 복원력이 상실된다는 것은 누구나 아는 사실이고, …… 롤링게이지의 맥시멈이 40도인데, 이 기울기를 넘어가면 원래 상태로 되돌리기가 사실상 불가능하다고 보시면 됩니다. 어선같이 작은 배면 몰라도, 6,000톤급 정도 되는 배면 복원은 불가능합니다. 그래서, 그 정도 기울기면 무슨 방법을 써서라도 빨리 승객들을 탈출시키는 방법밖에 없다고 보여집니다.[314]

검사: 선박이 40도 이상 기울어지면 어떻게 되나요.

김도훈(본청 수색구조과): 더 이상 복원될 수 없습니다. 여객선 같은 경우는 15~20도면 회복이 어렵습니다. 세월호의 경우는 순수한 여객선이 아니라 화객선이라고 하여 화물도 같이 있기 때문에 더 복원력이 떨어집니다. 사실 세월호가 40도 기울었다는 것을 인식하는 순간 바로 배를 포기하고 승객을 탈출시킬 계획을 짜야 합니다. 진직에 탈출시켜야 됩니다. 제가 예전에 인천 1002 경비함을 운항 중 풍랑을 만나 배가 15도 정도 기울었는데, 그때 승조원들이 굴러 다치는 등 굉장히 위험했습니다.

롤링게이지의 눈금이 40도를 넘어가면 "복원력이 상실될 우려가 있으므로 신속히 승객들의 안전을 확보할 필요가 있다." 따라서 "실내에 있는 승객들을 최대한 신속하게 갑판 위로 올려 구조하는 게 급선무였다."[315]

실제로는 40도가 아니라 "15도 이상 기울면 매우 위험"한 상태였다.[316]

> 검사: 해경 관계자들은 선박이 40~50도 이상 기울면 평형을 회복하는 것이 사실상 불가능하고, 이에 대부분의 선박에 설치된 롤링게이지도 40도까지만 기울기가 표시되는데 그 이상 넘어가면 복원력을 상실하고 침몰할 수밖에 없으며 어선 같은 작은 배면 몰라도 6,000톤급 되는 배는 복원이 불가능하다고 진술하는데, 어떠한가요.
> 김석균: 네, 맞습니다.
> 검사: 세월호가 이미 50도 정도 기울었고, 선장이 비상탈출 여부를 문의할 정도의 상황에서 퇴선 외에 다른 어떠한 구조 방법이 있는가요.
> 김석균: 이런 상황에서는 퇴선하는 방법밖에 없습니다. 다만 퇴선 여부는 선장이 해야 합니다.[317]

배가 40도 이상 기울어지면 복원성을 상실해 전복이 불가피하다는 것은 선원도 알았고, 해경도 알았다. 침몰할 수밖에 없는 배에 탄 승객들이 살 수 있는 방법은 오직 하나, 배에서 나오는 것밖에 없다. 말할 것도 없다. 해경지휘부도 알고 있었다.[318] 문제는 시간이었다.

2013년 10월 해양경찰청 수색구조과에서 만든 수색구조 매뉴얼[319]은 선박이 기울어지고 공기가 누설되는 상태에서 선체의 부력은 약 30분간 유지된다고 써놓았다.[320] 매뉴얼을 작성한 신광일은 세월호 사고가 전복 사고 유형에 가깝다고 했다.[321]

> 검사: 위 매뉴얼 제57쪽을 보면, "기상 악화 시: 본함과 전복 선박 사이에 풍압 차이가 있음을 감안하여 사고 선박을 풍하 측에 놓고 풍상에서 사고 선박의 선수 또는 선미 방향에서 접근, 선박이 경사되고 공기가 누설되는 상태에서 선체의 부력은 약 30분 정도인 것으로 추정"이라고 기재되어 있는데, '공기가 누설되는 상태'라는 것은 구체적으로 어떠한 상황을 말하는 것인가요.
> 신광일(본청 수색구조과 재난대응계 반장): 선내 파이프나 통풍통 등을 통해서 선체 내에 있던 공기가 밖으로 누설되는 상황을 말합니다.

검사: 세월호 참사 당시 시간대별 기울기를 보면, 공기가 누설되는 상태였던 것이 맞는가요.

신광일: 전복될 때 공기가 누설되기도 했고, 해수도 유입이 되기도 한 상태입니다.

검사: 공기가 누설되는 상태에서 부력이 약 30분간 유지가 된다는 것은 무엇을 근거로 하였는가요.

신광일: 당시 제가 참고했던 책에서 인용을 한 것입니다. 당시 자료가 많이 않았고, 외국 자료가 더 풍부할 것이라고 생각을 해서 미국 유학 경험이 있던 남상욱이 작성했던 책을 인용한 것으로 기억합니다.

검사: 세월호 참사 당시 해상 구조세력 중 가장 먼저 도착한 123정 정장의 보고에 의하면, 도착 당시 선체 기울기가 약 50도 이상 되었던 것으로 확인되는데, 이와 같은 경우에는 매뉴얼상 어떠한 조치가 이루어졌어야 하는가요.

신광일: 제56쪽 중간 부분에 "시간이 경과할수록 침몰의 위험은 증가하고 선박 내에 잔류하는 인명의 위험성도 증가함에 따라 전복 선박 내의 인명 구조 작업은 신속하게 수행하여야 함"이라는 부분에 해당하는 것으로 생각합니다.

"대한민국에서 제일 위험한 배"가, 476명을 태우고 운항하다가 "배로 볼 수도 없는" 상태에 빠졌다. 좌현으로 40도 이상 기울어져 복원력을 완전히 상실했고, 점점 더 기울어지고 있었다. 침몰하는 건 기정사실이었다. 승객을 구하는 방법은 배에서 탈출하는 것밖에 없었다.

선장과 선원을 찾지 않다

그 당시에는 선장이 승객들을 버리고 배를 빠져나왔다는 사실 자체를 몰랐고, 어느 시점에 가서는 선장과 연락 자체가 전혀 안 되었다는 것을 뒤늦게 알게 되었습니다.(해경청장 김석균)[322]

당시에 세월호 선장이 승객들을 구조하지 않고 도망을 가면서 참사가 발생하게 된 것인데, 그런 선장이라면 5년 뒤, 10년 뒤에 같은 사고가 발생하더라도 해경이

할 수 있는 일에는 한계가 있고 결과도 크게 달라지지 않을 거라고 생각합니다.(서해청장 김수현)[323]

저는 여객선 선장이면 해상에서 제일 엘리트들이 하는 것으로 알고 있습니다. 해대를 나온, 그런 사람이 그렇게 조치할지는 상상을 못 했고, 구조라는 것은 거기에서 80퍼센트를 해주고 구조기관이 나머지를 하는 부분인데 거기에서…… 그대로 방치하리라고는 상상을 못 했습니다.(서해청 상황담당관 유연식)[324]

승객을 버리고 도주한 선장의 책임을 강조하는 이 말들은 해경지휘부의 생각을 대변한다. 맞는 말이다. 누가 몇 퍼센트의 역할을 해야 하는지 숫자로 가리기는 어렵겠지만, 조난된 여객선에서 승객을 구조하는 데 선장의 역할이 가장 중요하다는 것은 이론의 여지가 없다. 배의 상태와 구조, 승객의 상황을 누구보다 잘 아는 선장의 역할 없이 침몰하는 여객선에서 승객을 구조하는 것은 어려울 수밖에 없다. 선장에게 선원을 지휘 감독할 권한과 배 안에 있는 사람에게 필요한 명령을 할 수 있는 권한을 주고(「선원법」 6조), "선박에 급박한 위험이 있을 때" "인명, 선박 및 화물을 구조하는 데 필요한 조치를 다"할 의무를 부과하고(「선원법」 11조), "선박의 안전을 위한 선장의 전문적인 판단"에 누구도 방해하거나 간섭할 수 없게 한(「해사안전법」 45조, 「선박안전법」 31조) 것은 선장의 역할을 신뢰하고, 보장하기 위한 것이다.

여객선이 침몰하는데 선장과 선원들이 도망쳐버리는 것은 상상할 수 없는 일이다. 결코 일어나서는 안 될 일이다. 바로 그 이유 때문에 선장 이준석은 무기징역을 선고받았고 선원들도 중형을 선고받았다. 문제는 세월호 선장과 선원들이 하늘로 솟아오르거나 바다로 사라진 것이 아니었다는 점이다. 따로 구명보트를 준비해 도망친 것도 아니었다. 조타실에 모여 있던 그들은 123정에 옮겨 탔다. 현장지휘함 123정, 해경의 손바닥 안에 있었다. 엄밀히 따지면 그들이 123정에 타고 있는 동안은 아직 '도주'했다고 단정하기 힘든 상태였다. 해경은 그들이 123정으로 옮겨 타는 것을 막아야 했고, 옮겨 탄 다음에는 세월호로 돌아가 승객 구조에 나서게 해야 했다. 해경이 끝내 그들을 방치함으로써 '도주'하게 만든 것이다. "상상을 못"한 일을 일어나게 한 게 해경이었다. 선장과 선원들의 도주보다도 그것을 가능하게 만들어준 해경의 행태가 더 상상할 수 없는 일이었다.

"구조라는 것은 거기(선원들)에서 80퍼센트를 해주고 구조기관이 나머지를 하는 부분"이라는 변명이 일리가 있는 만큼, 그 변명이 진정성을 가지려면 "80퍼센트"의 역할을 해야 하는 선장과 선원들을 제일 먼저, 어떻게든 찾아야 했다. 123정으로 하여금 선장과 선원들을 찾게 하는 게 해경지휘부가 해야 할 가장 중요한 일이었다. 기껏해야 나머지 '20퍼센트'의 역할밖에 할 수 없는 해경의 힘만으로, 침몰하는 여객선에서 수백 명의 승객을 구하겠다고 생각했다면 중대한 판단 착오다. 고도의 전문성이 필요한 게 아니었다. 상식이 필요할 뿐이었다. 여객선이 침몰한다는 소식을 듣는다면, 누구든지 제일 먼저 선장과 선원을 찾을 것이다. 해난 전문가 진교중의 말이다.[325]

> 제일 먼저 선원을 찾아야 하는 것은 기본입니다. 123정이 세월호 침몰사고현장으로 이동하면서 교신한 목적이 무엇입니까. 세월호 상황을 파악하기 위한 것인데, 당연히 가장 먼저 선원들을 찾아야 합니다.

123정은 선장과 선원을 찾아 배의 상황이 어떤지, 침몰할 가능성이 있는지, 침수가 진행되는지, 승객의 상황은 어떤지, 퇴선 준비를 하고 있는지, 해경과 어떻게 역할을 나눠 구조할 것인지 묻고 의논해야 했다. 선장을 찾아 상황을 파악하고, 제 역할을 하게 하고, 필요하면 법률이 정한 권한을 발동해야 했다. 해경지휘부가 선장과 선원들을 찾으라고 지시했다면, 상황은 완전히 다른 방향으로 전개됐을 것이다.

세월호 참사에서 해경이 저지른 수많은 잘못 가운데 가장 결정적인 하나를 고른다면 선장과 선원을 찾지 않은 것이다. 출동 후 현장에 도착할 때까지 교신하지 않은 것만이 문제가 아니다. 현장에 도착한 다음, 그리고 세월호에서 123정으로 사람들을 옮겨 태운 다음에도 찾지 않은 것이 치명적 잘못이다.* 해경지휘부가 123정에 단 한 번도 선장과 선원을 찾으라고 지시하지 않은 것은 승객에 무관심했음을 보여준다. 그들은 선장을 탓할 자격이 없다. 책임을 모면하기 위한 사후 변명일 뿐이다.

수난 구조에 관한 해경의 권한

해양에서 조난사고가 일어난 경우 사고의 원인을 제공한 선박의 선장과 승무원은 조난된 사람을 신속히 구조하는 데 필요한 조치를 해야 한다. 선장이 "위험을 방지하기 위하여 신속하게 필요한 조치"를 하지 않거나 선장이 한 조치가 적당하지 않은 경우 지역구조본부장은 선장이나 선박소유자에게 "해양사고를 신속하게 수습 (중략) 하기 위하여 필요한 조치를 취할 것을 명할 수 있다."(「해사안전법」 43조 3항).

현장의 수난구호활동은 관할 지역구조본부장인 해양경찰서장이 하는 것이 원칙이다. 광역구조본부장은 둘 이상의 지역구조본부장이 필요하다고 인정하는 경우 직접 현장지휘를 할 수 있고, 중앙구조본부장은 "인명 또는 재산의 피해

---

* 해경의 매뉴얼은 조난선박의 선장과 선원을 찾아 교신하는 것의 의미를 제대로 이해하지 못한 것처럼 보인다. 내용이 모호하고 일관성이 없기 때문이다. 대형 해상사고 매뉴얼은 "정보입수"와 "사고현장 상황 파악"으로 표현했고(21~25쪽), 수색구조 매뉴얼은 "조난상황에 대한 정보 수집"으로 표현하면서 (21쪽) "선박소유자, 대리점, 관계 당국 등의 관계자와 필요한 연락을 취한다"라고 썼을 뿐(26쪽) 선장 및 선원을 찾는 문제를 언급도 하지 않았다. 함정훈련교범은 현장으로 출동하는 함정이 "조난선 및 인근선단선박과 통신기(SSB 등) 교신설정 정보교환 후 결과 보고"라고 써놓았으나(173쪽) 선장과 선원을 찾아야 하는 문제를 제대로 언급하지는 않았다. 사고 후 구조 실패의 원인을 찾는 과정에서 실제 상황과 해경의 법적 의무로부터 논리와 상식에 기초해서 해경의 잘못을 찾기보다는 당장 매뉴얼들에 있는 기술적인 내용에 의존하다 보니 함정훈련교범의 "교신설정"이라는 표현에 매몰됐고, 123정이 현장에 가는 동안 세월호와 교신하지 않은 것만이 문제인 듯한 착시현상에 빠진 것처럼 보인다. 하지만 조난선박의 선장과 선원을 찾아야 한다는 당연한 상식에 비추어 보면 현장에 가는 동안 '교신'하지 않은 것도 잘못이지만, 현장에 도착한 다음, 특히 세월호에서 '사람들'을 123정으로 옮겨 태운 다음에도 선장과 선원을 찾지 않은 것은 더욱 큰 잘못이다.

정도가 매우 크거나 재난의 영향이 사회적·경제적으로 광범위"한 "대규모의 수난"이 발생하는 경우 직접 현장지휘를 할 수 있다(「수난구호법」 17조, 시행령 19조). 현장지휘의 첫째 항목은 말할 것도 없이 "조난 현장에서의 인명의 수색 구조"다(「수난구호법」 17조 1항, 2항 1호). "수난구호는 사람의 생명을 최우선으로" 해야 하기 때문이다(「수난구호법」 시행령 3조).

해경의 수난구호에는 경찰과 재난관리에 관한 일반법도 적용된다. 「경찰관직무집행법」에 의하면 경찰관은 "사람의 생명 또는 신체에 위해를 끼치거나 재산에 중대한 손해를 끼칠 우려가 있는" 경우에 "그 장소에 모인 사람 …… 에게 필요한 경고를 하는 것", "매우 긴급한 경우에는 위해를 입을 우려가 있는 사람을 필요한 한도에서 억류하거나 피난시키는 것", "그 장소에 있는 사람 …… 에게 위해를 방지하기 위하여 필요하다고 인정되는 조치를 하게 하거나 직접 그 조치를 하는 것" 등을 할 수 있다(5조). "범죄행위가 목전에 행하여지려고 하고 있다고 인정될 때에는 이를 예방하기 위하여 관계인에게 필요한 경고를 하고, 그 행위로 인하여 사람의 생명·신체에 위해를 끼치거나 재산에 중대한 손해를 끼칠 우려가 있는 긴급한 경우에는 그 행위를 제지할 수 있"으며(6조), "위해가 임박한 때에 그 위해를 방지하거나 피해자를 구조하기 위하여 부득이하다고 인정하면 합리적으로 판단하여 필요한 한도에서 다른 사람의 토지·건물·배 또는 차에 출입할 수 있다"(7조).

「재난안전법」에 따르면 지방해경청장과 해양경찰서장은 지역통제단장에 해당하는데(3조 7호, 50조) "재난이 발생하거나 발생할 우려가 있는 경우에 사람의 생명 또는 신체에 대한 위해를 방지하기 위하여 필요하면" 그 지역 또는 위험구역 안에 있는 사람에게 대피[를] …… 명할 수 있"고 "퇴거나 대피명령을 받은 사람이 명령을 이행하지 아니하여 위급하다고 판단되면" 강제로 대피 또는 퇴거시킬 수 있다(40조, 41조).

세월호 사고에서 선장 이준석과 123정장 김경일이 모두 '퇴선명령'을 했다고 주장했다. 둘 다 거짓으로 판명됐지만, 이로 인해 해경이 승객에게 당연히 퇴선명령을 해야 했다는 것을 전제로 모든 논의가 진행됐다. 123정장 사건에서는 법원이 '퇴선방송'을 하지 않은 것을 업무상 과실로 판단했고, 해경지휘부 사건에서는 검찰이 해경지휘부의 '퇴선유도 지휘 소홀'을 업무상 과실로 기소했다. 해경지휘부는 「해사안전법」 45조 1항과 43조 3항을 근거로 승객에 대한 퇴선명령은 선장의 고유권한이며, 해경은 선장과 선박 소유자에게 퇴선명령을 하라고 명할 수 있을 뿐 승객에게 직접 퇴선명령을 할 수는 없다고 주장했다.³²⁶ 하지만 해경은 「경찰관직무집행법」과 「재난안전법」에 따라 조난선박에 올라가 승객에게 퇴거 또는 대피를 명령할 수 있고, 따르지 않는 사람을 강제로 퇴거 또는 대피하게 할 수 있다.

세월호 승객들은 위험을 느끼고 대피하려고 했지만, 선내 대기 방송 때문에 밖으로 나오지 못했다. 해경이 나오라고 하는데 승객이 거부하는 것은 상상할 수 없다. 해경이 승객에게 '퇴선'하라고 말했을 경우, 「재난안전법」에 따른 '대피명령'으로 볼 수도 있지만 「경찰관직무집행법」에 따라 생명에 위해를 받고 있는 사람을 피난시키는 사실행위로 보는 것이 타당하다. 해경은 선장과 선원에게 도주하지 말도록 경고하고, 도주를 막을 수 있는 권한도 있으므로, 해경이 승객에게 퇴선을 명령하는 것이 선장의 권한을 침해한다는 주장은 잘못된 것이지만, '퇴선명령' 개념만으로 해경의 과실을 파악하려고 한 것도 쟁점을 잘못 이해한 측면이 있다. 이 책에서는 '퇴선명령'과 '대피명령'을 같은 뜻으로 함께 사용한다.

"기본 중의 기본"

검사: 승객 350명 이상을 태운 대형 여객선이 침몰하고 있다는 사실을 알았으면 본청 상황실에서 취해야 할 우선 조치는 무엇이었다고 생각하는가요.

김석균(해경청장): 매뉴얼대로 사고 선박과 교신 유지를 해야 합니다. 그래야 정확한 상황을 파악할 수 있으니까요. 그리고 구조세력이 최대한 빨리 사고현장에 도착하도록 조치하여야 합니다. 파악한 상황을 구조세력 및 각 구조본부에 전파를 해야 합니다.³²⁷

해경 본청과 목포해경 상황실이 선장을 찾아야 한다고 생각했고, 연락하려고 시도했나. 하지만 진지하지 않았고 구체적이지 않았다. 연결이 되지 않자 안이하게 포기하고 말았다. 본청에서 유일하게 선장과 연락해야 한다고 생각한 상황실장 황영태는 목포해경에 네 번 지시했지만 더 이상 챙기지 않았다. 목포해경은 실무자의 개인 판단으로 휴가 중인 신보식에게 전화를 걸다가 말았다.* 황영태는 "세월호에 설치된 통신 외에도 선장, 부선장, 기관장 등 승무원들의 개인 핸드폰으로 연락"할 "생각까지는 해보지 못했"고 연락할 방법이 있는지도 몰랐다.[328] 선장과 연락해야 한다고 막연히 생각했지만, 왜 그래야 하는지 제대로 알지 못했고, 깊이 생각하지 않았다.

이들이 헛발질하던 바로 그 시간, 9시 6분부터 36분까지 진도VTS가 세월호와 교신하고 있었다. 앞서 본 것처럼 진도VTS의 교신은 소극적이었다. '배가 기울어져서 움직일 수 없다'는 강원식의 엄살에 압도됐는지, 퇴선 준비 상황에 관해 구체적으로 묻지 않았다. 30분 동안이나 교신하면서, 선원들이 '브리지', 즉 조타실에 모여 있다는 말을 듣고서도 선장이 뭘 하고 있는지 묻지 않았고, 선장을 바꿔달라는 말도 하지 않았다. 사고를 까맣게 모르고 있다가 목포해경의 연락을 받고 당황한 상태에서 뒤늦게 교신하다 보니 그랬을 가능성이 있다.

서해청장 김수현은 "9시 16분경에 50도 기울었다는 내용은 숫자까지는 정확히 기억나지는 않지만 몇도 기울었다고 보고"를 받고서는 "전복이 불가피하고, 퇴선 외에는 사실상 다른 구조 방법이 없다는 점을 알았"지만 선장 및 선원들과 교신해서 대책을 논의할 생각은 하지 않았다. 목포해경이나 서해청 상황실에 세월호와 교신하도록 지시하지 않은 것은 "그때 제가 경황이 없어 놓쳤던 것"이라며 "알았더라면 말씀드렸듯이 신고자나 선원들과 연락을 하도록 했을 것"이라고 했다.[329]

서해청 상황담당관 유연식은 9시 24분경 진도VTS가 퇴선 여부를 결정해달라고 하기 전에 "상황요원 중 누군가"로부터 진도VTS가 세월호와 교신하고 있다는 말을 들었다. 어떤 내용으로 교신하는지는 듣지 못

---

* 목포해경 상황실이 세월호 선장과 연락을 시도한 것은 이 책 548쪽 각주 * 참조.

했고 "일단 세월호와 진도VTS가 교신이 되는구나라고 생각을 하고, 다른 상황을 처리"했다.³³⁰*

세월호가 완전히 침몰해버린 10시 55분, 본청 상황실장 황영태와 서해청 유연식은 여전히 선장의 소재를 파악하지 못하고 있었다.

10:55 본청 상황실(황영태)/ 서해청 상황실(유연식) (경비전화)

본청(황영태): 아까 담당관님이 학생들 안에서 많이 좀 못 나왔다고 말씀하셨지 않습니까?

서해청(유연식): 예, 예.

본청: 그게 얼마 정도 그런 건 추정이 안 되죠?

서해청: 예, 추정이 안 되고, 현장에 선장하고 통화가 돼야 되는데 선장이 지금 확인이 안 되는 거요.

본청: 선장이요?

서해청: 예.

본청: 아…… 배가 침몰한 지는…….

목포서장 김문홍은 선장을 찾는 일이 가장 중요하다는 데 동의했다. 김문홍은 9시 14분에 목포해경 상황실에 연락해 123정이 사고현장에 도착하면 "직원들이 여객선에 직접 승선하여 구명벌을 투하"하고, "선장이 현장 상황을 적의 조치 판단하여 여객선 선내 방송으로 승객에게 퇴선명령 실시"하도록 하는 등 7가지 사항을 지시했다고 주장했다.** 그 내용

---

* 서해청장 김수현은 원래 9시 24분경에야 경비과장이 진도VTS센터장과 통화하면서 퇴선 관련 이야기를 하는 것을 보고 "진도VTS와 세월호가 교신을 하고 있다는 것을 처음 알게 되었"다면서 "그때는 조금 있으면 123정이 …… 현장에 도착을 하므로 시각적으로 직접 확인한 123정으로부터 보고를 받는 것이 낫다고 판단하여 진도VTS에 별다른 조치를 취하지 않"았다고 변명했다. 해경지휘부 사건, 김수현 진술조서(2014. 8. 6.), 증거기록 25권(별책 6권) 7155~7156쪽 참조. 유연식도 "진도VTS에서 교신을 계속하고 있었는데 목포해경 상황실이나 서해청 싱횡실에 보고를 히지 않"다고 주장했지만, 헨기 511호가 최초 보고를 한 9시 27분경까지 세월호 선내 상황을 파악하지도 못했다는 것이다. 해경지휘부 사건, 유연식 진술조서 2회(2014. 8. 5.), 증거기록 25권(별책 6권) 7071~7072쪽 참조.

** 김문홍이 주장한 지시 사항은 ① 123정장에게 직원들이 여객선에 직접 승선하여 구명벌 투하, ②

이 "기본 중의 기본이라 생각했고, 필요한 지시이기 때문에 하였"다는 것이다. "제가 설사 안 했다고 하더라도 상황실에서 당연히 해야 될 일"이라고 했다.[331] 특조위 청문회에서 그의 주장에 의문을 제기하자 항의하며 반문했다.[332]

> 그렇습니다. 아니, 제가 그러지 않습니까? 30년 이상 제가 배에서 선박 생활을 한 뱃사람인데, 그것은 기본 중의 기본 아닙니까? 그러면 안에 가 있으면 다 죽는데 다 나오라 해야지…….

김문홍의 주장은 거짓말이었다. 해경의 구조 실패에 비판이 비등하고, 국회 질의가 빈발하고, 감사원 조사가 예정되자, 하급자들을 시켜 허위 공문서를 작성하게 하고 거짓 주장을 했다. 김문홍은 유죄판결을 받았다.[333] 하지만, 비록 거짓말이긴 해도 김문홍의 주장 자체는 의미가 있다. 당시 상황에서 해경이 세월호에 승선해 구명벌을 투하하고 선장을 찾아 퇴선명령을 하게 하는 것을 "기본 중의 기본"이라고 판단했다는 점이다. "30년 이상 배에서 선박 생활을 한 뱃사람"의 관점에서 볼 때 그렇다는 것이다.

상식적으로도 생각할 수 있는 "기본 중의 기본"을 이행하지 않은 것이 참사로 이어진 결정적 고리였다. 선장과 선원을 찾지 않았으니 침몰이 임박한 세월호 상황을 파악하지 못했고, 승객을 대피시켜야 한다는 데 생각이 미치지 못했다. 123정과 해경지휘부가 바로 그 "기본 중의 기본"을 이행하지 못한 원인을 찾아내는 것이야말로 진상규명의 가장 중요한 과제가 돼야 했다.

선장에게 현장 상황을 적의 조치 판단하여 여객선 선내 방송으로 승객에게 퇴선명령하도록 지시, ③ 목포 122구조대 현장 즉시 투입, ④ 123정장은 현장 도착 시 대공 마이크 이용 즉시 퇴선하도록 방송 실시, ⑤ 여객선 도면 확보, ⑥ 선장 등 사고 당시 조타실 근무자 수배, ⑦ 해상크레인, 예인선 동원 등이다. 해경지휘부 사건, 김문홍 피의자 신문조서(2019. 12. 23.), 증거기록 16권 11793쪽 참조.

'큰 배는 쉽게 침몰하지 않는다'

해경청장 김석균은 9시 28분경 '관매도 근처에서 다수의 승객이 타고 있는 여객선이 침몰 중에 있다'는 정도의 보고만 받고 위기관리회의실에 갔다고 주장했다.

> 검사: 이춘재 경비안전국장은 상황실장 등을 통해 위 목포서 상황보고서 등을 확인하여 위와 같은 세월호의 상황을 파악하고 있었다고 하는데 피의자에게 세월호 상황을 보고하는 과정에서 당연히 자신이 파악한 상황을 보고하였을 것으로 보이는데 어떤가요.
>
> 김석균: 네, 그렇게 말씀하시니 이춘재 국장이 제가 위기관리회의실 임장했을 때 당시 파악했던 세월호의 상황, 즉 승객이 몇 명이고, 침몰 중이라는 등 보다 구체적인 상황을 저에게 보고했던 것 같습니다. 지금 다시 생각해보니 이후에 배가 급속도로 기울고 있다는 상황을 보고받았는데 통상 배가 침몰해도 몇 시간 이상 침몰하지 않고 떠 있는데 왜 그렇게 급속하게 기울고 있는지 확인이 안 돼서 그 부분에 대해 상황 파악이 안 된다면서 역정을 내었던 것 같고, 그 부분에 대해 답답하게 생각했던 기억이 주로 남아서······.[334]

상황실에서 보고 받을 때에는 "상황 파악이 명확하게 되지 않아서" "'곧 침몰하겠다' 또는 '어떻게 되겠다'고 판단할 수 있는 상황이 아니었"다고 변명한 김석균은 현장에 도착한 123정과 헬기의 보고를 받고, 심지어 여인태가 김경일과 통화한 내용을 보고받은 다음에도 생각을 바꾸지 않았다. 여전히 "상황이 구체적으로 파악되지 않았고 화면 자체가 전송되지 않았기 때문에 저희가 본청 지휘부에 앉아서 어떤 상황에 있는지를 명확하게 알 수 있는 상황이 아니었"다고 주장했다.[335]

선박 전문가들도 세월호는 예상보다 굉장히 빨리 침몰했다고 이야기하고 있고, 해경에서 해양사고 대응 사례를 살펴보면 대형 선박이 경사가 있어도 그렇게 빨리 침몰하는 경우는 거의 없습니다. ······ 대형 선박들은 그렇게 빨리 침몰하지 않

습니다. 그래서 누구도 세월호가 그렇게 빨리 침몰할 것으로 예상하기 힘들었습니다.[336]

김석균을 비롯한 지휘부가 상황을 파악하지 못하고 우왕좌왕하는 가운데 "당시 위기관리회의실에서 …… 누군가가 '세월호같이 큰 대형 선박은 그렇게 빨리 넘어가지 않고 침몰하는 데 시간이 많이 걸립니다'라는 말"을 했다. 그 말을 듣고 "청장을 비롯한 지휘부들의 생각도 세월호가 그렇게까지 급하게 침몰할 것이라고는 예상하지 못"했다.[337] 지휘부의 태도는 상황실 전체에 영향을 준 것으로 보인다.

> 검사: 배가 45도 기울고 있고, 선내에 사람이 있다는 TRS 교신 내용을 듣고도 본청 상황실에서는 승객들을 퇴선시켜야 한다는 의견을 낸 사람들이 없었는가요.
> 임근조(상황담당관): 정상적인 배라면 그렇게 빨리 침몰할 것이라고 인식하지 못하였던 것 같고, 저런 TRS 교신 내용을 듣고도 여객선이 구체적으로 어떤 상황인지 머릿속으로 그리지 못하는 분위기였습니다. …… 김석균, 이춘재, 여인태를 비롯한 지휘부들은 그렇게 급박하게 상황이 안 좋아질 것이라고는 미처 생각하지 못했습니다. …… 복원력은 없어도 부력이 있을 것이라고 막연히 낙관하였던 것입니다.[338]

원래부터 복원력이 나쁜 세월호를 더욱 위험하게 만든 제반 상황들, 특히 수밀구획이 모두 열린 채 침수가 진행되고 있다는 사정을 해경지휘부가 알 수는 없었다. 하지만 이미 40~50˚ 이상 기울이저 복원력을 상실한 상태에서 계속 더 기울어지고 있다면, 이유는 알 수 없지만, 예상보다 빨리 침몰하는 게 아닌가 의구심을 가져야 했다. 적어도 그 이유를 알아보거나 재확인하려고는 해야 했다. 아무것도 하지 않았고, 끝까지 상황을 파악하지 못했다. 본청 수색구조과장 박종철이 실상을 말했다.

> 검사: 진술인은 세월호가 많이 기울어 침몰 위험에 있다는 사실을 언제 알았나요.

박종철: 사실 …… 제가 할 말이 없습니다. 세월호가 거의 침몰할 때까지도 제대로 몰랐습니다. …… 결과적으로 보면 상황 파악이 너무 늦었습니다. 수색구조과장으로서 사실 할 말이 없습니다.³³⁹

참사가 벌어지고 일이 걷잡을 수 없게 되자 이런저런 변명을 하지만, 해경 본청 지휘부는 "세월호가 거의 침몰할 때까지도 제대로 몰랐"다. "상황 파악이 너무 늦었"다. '큰 배는 쉽게 침몰하지 않는다'는 고정관념에 사로잡힌 나머지 그에 반하는 현장 정보를 무시한 것이다.

서해청 지휘부도 다르지 않았다. 청장 김수현은 "세월호의 전복이 불가피하고, 퇴선 외에는 사실상 다른 구조 방법이 없다는 점을 알았"다고 인정했다. 그런데도 "그렇게 전복이 빨리 될 것이라고는 생각하지 못했"다고 변명했다.

검사: 피의자가 세월호의 침몰이 불가피하다는 사실, 따라서 퇴선 외에는 다른 구조 방법이 없다는 사실을 인식하게 된 것은 언제인가요.
김수현: (진도VTS 작성의 '진도 여객선(세월호) 전복사고 관련 조치 보고'를 다시 열람하고) 세월호가 50도 정도 기울었다는 진도VTS와 세월호의 09시 16분~09시 18분경 교신 내용을 보고받았을 무렵에는 세월호의 전복이 불가피하고, 퇴선 외에는 사실상 다른 구조 방법이 없다는 점을 알았습니다. 다만, 그렇게 전복이 빨리 될 것이라고는 생각하지 못했습니다.
(중략)
검사: 그렇다면, 당시 피의자는 세월호의 전복까지 남은 시간, 즉 승선원들의 구조를 위해 사용할 수 있는 시간을 대략 얼마 정도로 예상하였는가요.
김수현: 그렇게까지 구체적으로는 생각해보지 않았습니다.³⁴⁰

상황담당관 유연식은 "제가 경험한 여러 해양사고와 함정 경험으로 보면 경사가 지다가 부력이 남는 경우도 있고, 침몰 시간이 장시간인 경우도 있기 때문에 조기 퇴선이 더 큰 피해를 끼칠 수도 있다라고 생각을 했"다고 주장했다.[341] 목포서장 김문홍 역시 "다년간 해상 경험에 비추어 볼 때" 세월호가 급격히 침몰하지는 않을 것이라고 생각했다.

> 검사: 당시 피의자는 세월호의 전복까지 남은 시간, 즉, 승선원들의 구조를 위해 사용할 수 있는 시간을 대략 얼마 정도로 예상하였는가요.
> 김문홍: 시간을 예상하지는 못했고 급격히 침몰하지는 않을 것이라고 생각했습니다.
> 검사: 그렇게 판단하게 된 근거는 무엇인가요.
> 김문홍: 부력이 있기 때문에 그렇습니다. 다년간 해상 경험에 비추어 볼 때 어선 등이 급격하게 침몰하는 것을 보지 못했기 때문입니다.
> 검사: 피의자는 세월호 사고를 경험해보지 못한 초유의 사고라고 진술하였습니다. 그런데 막연한 피의자의 해상 경험에 비추어 세월호가 급격하게 침몰하지 않을 것이라고 판단하였다는 것인가요.
> 김문홍: 대형 선박이라서 부력이 있을 것으로 생각하였습니다.[342]

현장 정보가 전혀 없었다면, 큰 배는 쉽게 침몰하지 않는다는 해경지휘부의 생각을 무조건 틀렸다고 할 수 없다. 세월호는 달랐다. 이유는 알 수 없었겠지만, 침몰이 급속하게 진행되고 있음을 보여주는, 적어도 암시하는 정보가 계속 전달됐다. 그런 상황이라면 '혹시라도' 하는 마음으로 최악의 상황을 생각해야 했다. 그런데도 직접 경험하고 눈으로 본 사람들이 전해 온 말을 외면했다. 천금보다 더 귀한 시간이 속절없이 흘러갔다. 해경지휘부는 전복사고의 경우 선체의 부력이 약 30분 정도 유지된다고 한 수색구조 매뉴얼의 내용도 평가절하했다. "어선 정도에 적용될 수 있는 것이고 대형 여객선에는 적용이 되기 어렵다"라는 것이었다.*

---

* 조금 다른 관점을 가진 해경도 없지는 않았던 것 같다. 서해청 경비안전과장 김정식은 "배가 50도나 기울었다면, 사실상 평형을 회복하는 건 불가능하고 결국에는 침몰할 수밖에 없는데, 그렇다면 신속하게 퇴선을 하는 방법밖에 없기는 했습니다. 만약에 제가 선장이었다면 상층부로 승객들을 집결시켜 구

검사: 해경의 해양(해상) 수색구조 매뉴얼에 따르면 선박이 경사되고 공기가 누설되는 상태에서 선체의 부력은 약 30분 정도로 추정된다고 하는데, 어떠한가요.

김수현: 매뉴얼 내용은 사건 당시에도 알고 있었지만, 그 내용은 어선 정도에 적용될 수 있는 것이고 대형 여객선에는 적용이 되기 어렵다고 생각했습니다. 이 부분은 사안마다 다를 수밖에 없는 측면이 있다고 생각합니다.

검사: 해당 매뉴얼에는 "선체의 부력은 약 30분 정도로 추정된다"라는 부분이 어선에만 적용된다는 기재나, 대형 여객선에는 적용이 되지 않는다는 기재는 없는데, 피의자는 어떠한 점을 근거로 그와 같이 진술한 것인가요.

김수현: 보통 저희가 어선이나 조그마한 화물선을 주로 구조하거든요. 그런데 대형 여객선은 통상 사고에 대한 대비책을 많이 갖추고 다니거든요. 그래서 세월호에도 안전사고에 대비하는 장치들이 많이 있을 걸로 생각했습니다. 그런 이유로 세월호가 침몰할 때까지는 상당히 시간이 걸릴 거라고 예상했습니다.[343]

수색구조 매뉴얼의 내용이 구체적이지 않고, 근거도 충실하지 않기는 했다. 하지만 해경지휘부는 김수현 스스로 말했듯이 "사안마다 다를 수밖에 없는 측면"이 현실화되는 신호를 파악하는 데 실패했다.

사고 초기, 해경 조직 전체가 낙관적인 분위기에 빠져 있었던 것으로 보인다. 세월호 참사로 해경 직원들이 겪은 심리적 외상을 연구한 논문에 나온 해경들의 말에 의하면, 여느 날과 다름없이 출근해 아침 업무를 시작한 그날, 여객선 사고 소식을 듣고 "'당연히' 전원을 '다' 구조할 것이라 낙관"했다. "세월호와 같은 큰 배는 좌초된다 해도 복원력으로 쉽게 '넘어가지 않는' 특성"이 있고, "날씨가 좋았고, 야간이 아니었으므로 구조세력이 이동하고 구조할 사람을 찾는 데 어려움이 없을 것"이며, "구조해야 할 사람은 많지만 구조세력이 다가가서 안에 있는 승객들을 옮겨

조세력이 도착할 때까지 최대한 시간을 벌면서 퇴선 준비를 했다가 수면하고 가까워지면 한 번에 퇴선을 시켰을 텐데 하는 아쉬움이 있습니다"라고 진술했다. 해경 본청이든, 서해청이든, 다양한 의견들을 모아서 더 나은 판단을 할 수 있는 체제가 되지 않은 것이 문제였을 수 있다. 해경지휘부 사건, 김정식 진술조서(2019. 12. 4.), 증거기록 11권 8963쪽 참조.

태우기만 하면 돼"는 걸로 생각했다. "규모는 크지만 구조 성과는 쉽게 올릴 수 있는 사고로 인식"했다. "접안해서 붙여서 실으면 되니까", "당연히 이거는 우리가 가서 다 구한다 생각"했고, '아, 저기 배 특진이 나오겠구나'라고 생각했다.[344]

고정관념에서 나온 낙관적 분위기에 젖은 해경지휘부는 현장에서 올라오는 정보를 제대로 파악하지 못했다. 앞에서 선장과 선원을 찾지 않은 것이 해경의 치명적 잘못임을 설명한 바 있지만, 그 잘못은 '큰 배는 쉽게 침몰하지 않는다'는 선입견과 결합해 상승작용을 일으켰고, 참사로 이어지는 고리를 계속 연결해나갔다.

여기서 선장과 선원들의 도주가 의미하는 바를 다시 생각해볼 필요가 있다. 비록 살인죄로 유죄판결을 받기는 했지만, 선장 이준석이 승객들을 죽이려고 작정한 것은 아니었다. 승객을 구조할 의무를 몰랐을 리도 없다. 선장과 선원들이 승객을 버리고 도주한 것이 의미하는 바는 분명했다. 침몰이 눈앞에 닥쳐왔고, 그것을 알았다는 뜻이다. 구조세력은 부족한데, 승객을 구하려니 자신들의 목숨이 위태롭게 될 수 있음을 느꼈다. 해경이 선장과 선원을 찾았다면, 최소한 선장과 선원이 도주해버렸다는 사실만이라도 확인했다면, 바로 그 상황, 배의 침몰이 임박했다는 사실을 알게 됐을 것이고, 승객을 나오게 해야 한다는 데 생각이 미쳤을 것이다. 선장과 선원이 도망쳐버린 배에 승객을 그대로 둔다는 것은 상상할 수 없기 때문이다. 만일 그랬다면, 아무리 완고한 해경지휘부라도 '큰 배는 쉽게 침몰하지 않는다'는 선입견에서 빠져나올 수 있었을 것이고, 위기의식을 느끼고 '행동'에 나서는 계기가 됐을지 모른다. 그랬다면, 상황은 다르게 전개됐을 것이고 결과도 달라졌을 것이다.

현장에 가지 않은 지휘관들

세월호 사고현장은 목포해경 관할구역이었다. 2012년 12월 목포해경 서장으로 취임한 김문홍은 "해난구조에 대해서 잘 알고 있"었다. 주로 해난사고를 처리하는 부서에서 일했고 함정 근무도 여러 차례 경험했다.[345] 3009함 함장이던 2010년 12월 26일 전남 신안군 만재도 해상에서 뒤집힌 화물선 항로페리2호에서 인명을 구하기도 했다. 그 배에는 방학이 되어 목포로 나가던 교사, 학생 등 15명이 타고 있었다. 한겨울의 차가운 바다에 떨어져 있던 승선원을 모두 구했다. '크리스마스의 기적'이라 불린 이 사건으로 김문홍은 국제해사기구(IMO)로부터 '바다의 의인상'을 받았다.[346] 김문홍은 세월호 사고 전날 1508함을 타고 출항해 불법조업하는 중국 어선 특별단속을 지휘했다.

서해청 차장이자 안전총괄부장인 이평현은 사고 전날 3009함을 타고 출항해 흑산도 부근에서 중국 어선 특별단속을 지휘했다. 원래 서해청장 김수현이 총지휘하기로 했으나 이평현이 대신 나갔다. 「해양법」 박사학위를 받은 후 해경에 특채됐고, 본청 수색구조과장, 서귀포서장, 제주서장을 거쳤다.

4월 16일 아침, 김문홍은 이평현에게 인사하기 위해 1508함에서 헬기 512호로 출발해 9시에 3009함에 내렸다.[347] 3009함은 목포해경의 기함이었다.[348] 9시 3분 조타실로 올라가 이평현을 만났고, 이어 부함장 박경채가 "지금 맹골도 근해에서 여객선이 침몰 중"이라고 보고했다. 곧이어 조타실 TRS에서 목포 상황실장 백남근의 함정 출동 지시가 나왔다.[349] 3009함의 예상 도착 시각은 11시 30분이었다. 헬기 512호는 30분 정도면 갈 수 있었다.*

---

* 헬기 512호는 3009함에서 9시 17분에 이륙해서 28분 만인 9시 45분 세월호 상공에 도착했다. 해경지휘부 사건, 김재전 진술조서(2014. 6. 7.), 증거기록 23권(별책 4권) 1936~1937쪽.

목포서장으로서 지역구조본부장인 김문홍, 광역구조본부인 서해청 차장 이평현이 3009함에서 함께 사고 소식을 들었다. 헬기도 있었다. '골든 타임' 안에 현장에 직접 가서 구조활동을 지휘할 수 있는 최고위 해경지휘관이 두 명이나 있었던 것이다. 현장에 제일 먼저 도착할 123정은 대규모 해상사고 현장에서 지휘해본 경험이 없고, 인적·물적 역량이 모두 취약했다.[350] 김경일의 말이다.

[현장지휘관으로서] 현장을 총괄 지휘해야 하기는 하나, 훈련을 받아본 경험도 없기 때문에 전체 사고현장을 조망하여 총괄 지휘하는 안목은 저에게 없었습니다. …… 1,000톤급 함정은 상황이 발생 시 조타수, 항해사가 배의 운전을 전담할 수 있기 때문에 함장은 전체 상황을 조망하여 지휘를 내릴 수 있으나 100톤급 정은 상황이 발생 시 항해사가 조타, 항해, 통신 등의 포괄적인 업무를 하며 자리를 비울 가능성이 높기 때문에 정장이 조함(배를 운전)하면서 현장지휘관의 업무까지 수행하는 것은 현실적으로 어려운 측면이 있습니다.[351]

현장지휘관이자* 사고 해역이 고향(조도)이어서 현장 사정을 잘 아는 구조전문가 김문홍의 현장지휘가 절실했다.[352] 김문홍이 가지 않는다면 이평현이라도 가야 했다. 이평현은 함정 경험이 많지는 않았지만, 김경일보다는 여러 측면에서 훨씬 나은 조건이었다. 하지만 두 사람 모두 현장에 가지 않았다. 경위는 분명하게 밝혀지지 않았다.

김문홍은 "사고 보고를 받고 헬기를 이용하여 현장으로 즉시 출발해야 하는지 고민을 했"으나 3009함에 남기로 결정했다고 주장했다. ① 인명구조가 목적인 헬기에는 항공구조사를 태우고 가는 게 맞고, ② 헬기는

---

* 당시 목포해경은 중국 어선 특별단속으로 자리를 비운 서장 김문홍의 직무를 경무기획과장인 안병석이 대행했다. 세월호 사고가 일어나자 안병석은 지역구조본부를 가동했다. 하지만 안병석이 대행한 것은 "일반적인 직무 등 제반사항"일 뿐이고 구조본부장의 역할은 김문홍이 해야 하는 것이었다. 김문홍도 세월호 사고에 대해 "수난구호 현장을 관장하는 업무는 안병석이 아닌 당연히 제가 하는 것"이라고 말했다. 해경지휘부 사건, 김문홍 피의자 신문조서(2019. 12. 23.), 증거기록 16권 11790쪽.

소음이 심하고 기장과 부기장 외에는 통신할 수 없어 가는 동안 지휘가 불가능하며, ③ 123정에는 헬기가 착륙할 수 있는 공간이 없고, 서거차도에 내려서 선박으로 이동하려면 시간이 많이 걸리고 지휘 공백이 생길 수 있는 반면 ④ 3009함은 각종 통신장비뿐 아니라 함장과 부장 등 보좌진까지 갖추고 있기 때문에 3009함을 타고 이동하면서 지휘하는 게 나을 것으로 판단했다고 했다.[353] 서해청이나 본청 구조본부가 총괄적인 지휘를 할 것이므로 "전체적인 지휘에 있어서 공백이 생길 것으로 보이지는 않"지만 "목포서 서장으로서 목포서 예하세력에 대한 지휘는 필요했던 상황"인데 지휘 공백이 생기면 안 된다고 생각했다는 것이다.[354]

감사원은 김문홍이 헬기의 승강장치로 123정에 내릴 수 있었고, 헬기에도 통신장비가 있어 이동하는 중에 지휘할 수 있었으며, 123정의 역량이 부족했고, 3009함에 있으면서도 10시경까지 의미 있는 지휘를 하지 않았다는 이유로 징계를 요구했다.[355] 헬기로 현장에 직접 가서 지휘할 것인가, 통신장비와 보좌진이 갖춰진 3009함에 남아서 지휘할 것인가는 지휘관으로서 합리적으로 판단해 결정할 수 있는 문제일 수 있다.* 하지만 지휘관의 판단에는 책임이 따른다. 김문홍의 판단은 결과적으로 중대한 오판이었다. 김경일의 부족한 역량과 결과를 생각할 때 김문홍이 직접 가서 지휘해야 했다.

김문홍의 진실성에도 의문이 제기된다. "서장으로서 책임의식을 가지고 모든 상황을 파악하고 지휘해야 하고 조금이라도 업무 공백이 생기면 안 된다고 생각"해서 3009함에 남았다는 변명[356]이 사실이라면, 그 말 그대로 "책임의식을 가지고 모든 상황을 파악하고 지휘"해야 했다. 하지만 김문홍은 10시경까지, 문자 그대로 구조의 '골든타임'이 다 흘러가고, 운명의 추가 돌이킬 수 없이 기울어지는 동안 어떤 의미 있는 지시도 하지

---

* 사참위도 그렇게 판단했다. 사참위 해경 초동대응 조사보고서, 167쪽.

않았다.* 결과를 좌우한 또 하나의 갈림길이었다.

김문홍은 왜 가지 않았을까? 참사가 벌어진 다음 내세운 '공식적' 변명을 믿기는 어렵다. 특히 그가 내세운 이유와 실제 행동이 모순된다는 점에서 그의 말은 신빙성이 없다. 그럴듯하게 변명하기 위해 앞세운 이유보다는 다른 곳에 진실의 단서가 있을 수 있다.

> …… 또, 세월호처럼 큰 배가 그렇게 급격하게 침몰할 것이라는 예상[을] 하지 못해서 3009함으로 이동하여 현장지휘를 하면 될 것이라고 생각했습니다. 통상 큰 배들은 부력이 있기 때문에 침몰하는 데 장시간의 시간이 소요됩니다.[357]

> [3009함이] 11시 40분경 도착 예정이라는 것은 알고 있으나 배가 가라앉을 줄은 미처 생각하지 못했습니다. …… 제가 450명이 탄 여객선의 조난 보고는 받아본 사실이 없었습니다. 대형 선박이 순간 침몰할 것도 예상하지 못했던 것이 사실입니다. …… 실제 상황이 급변할 줄은 몰랐습니다.[358]

세월호가 급격히 침몰할 수도 있다고 생각하지 않은 것이다. 기존에 경험하지 못한 사태가 벌어졌는데 선입견에 갇혔다. 이렇게 보면 김문홍이 3009함에 남기로 한 결정뿐 아니라 10시경까지 거의 한 시간 동안 아무런 지휘도 하지 않은 이유를 알 수 있다. 그 시간에 김문홍은 지인들과 통화를 했다.** 평소 알고 지내던 사람이나 기자였다. 헬기들과 123정이

---

* 이 점에 관해서는 3009함 조타실에 함께 있던 이평현과 3009함 항해팀장 배안선의 진술이 일치한다. 이평현은 "당시에 시끄러워서 제가 못 들었는지는 모르겠지만", "김문홍 서장이 가만히 있을 성격은 아니고 뭐라도 했을 성격이라서 뭐라도 하긴 했을 텐데"라고 단서를 붙이면서도 김문홍이 "조타실에서 상황을 지휘하거나 그러지는 않았"다고 진술했다. 배안선도 김문홍이 조타실에 있기는 했지만, 김문홍이 무엇을 했는지 "기억나는 것은 없"다고 진술했다. 김문홍이 "자신의 휴대전화로 한 번인가 통화를 하는 것"도 기억했다. 해경지휘부 사건, 이평현 진술조서(2019. 12. 11.), 증거기록 13권 10260~10261쪽; 배안선 진술조서(2019. 11. 29.), 증거기록 9권 8271~8273쪽.

** 김문홍이 10시 이전에 휴대전화로 통화한 내역은 다음과 같다. 이 내역에 대해 김문홍은 상대방이 지인들인 것은 인정하면서도 통화한 기억이 없다고 주장했다, 해경지휘부 사건, 검찰 김문홍 피의자 신문조서(2019. 12. 23.), 증거기록 16권 11834쪽.

막 현장에 도착해 구조활동을 시작해야 할 시점에 엉뚱하게 시간을 보냈다. 침몰하지 않을 것이라고 생각하고 있으니 급할 일이 없었을 것이다. 3009함에 있던 6명의 해상특수기동대원 중 아무도 헬기에 태워 보내지 않은 것도 그래서였을 수 있다.

현장에 가려는 움직임조차 보이지 않은 김문홍과 달리359 이평현은 현장에 가려고 했다. 512호 헬기에 올라타기까지 했다.

> 사고 소식을 접하고 제가 직접 사고현장에 나가서 지휘를 하는 게 맞겠다고 생각해서 내렸던 단정을 급하게 끌어 올리라고 지시하였습니다. 그리고 이름은 기억나지 않지만 직원 1명과 함께 김문홍 서장이 타고 왔던 헬기(B512)에 타서 엔진을 켜고 5분 정도 예열을 하며 이륙 준비를 하고 있었습니다. 그러다가 구조대만 먼저 가기로 해서 저는 다시 조타실로 돌아왔습니다.360

검사는 이평현이 현장에 가지 않은 경위를 더 묻지 않았다. 이평현이 가려고 한 것은 사실로 보인다. 3009함 항해팀장 배안선 역시 이평현이 "사고현장으로 가기 위해 헬기를 타려고 하였으나 헬기가 5인승이라 …… 탈 자리가 없어서 가지 못한 것으로 알고 있"다고 했다.361

헬기 512호의 정원은 12명이지만 가용인원은 5명, 체공 시간은 3시간이다.362 기장 김재전에 의하면 12명을 태울 때 운항 시간은 1시간 정도에 지나지 않는다. 사람을 많이 태울수록 연료 소모가 늘어나기 때문일 것이다. 구조한 사람을 태울 공간도 확보해야 하기 때문에 기장인 김재전과 부기장 김태일, 항공구조사 권재준과 정비사 2명 등 5명만 타고 이

시각	대화 상대방	통화 시간	대화 상대방 발신지
09:36	박○훈(010-****-****)	8초	전남 목포시 용해동 *-*
09:40	박○훈(010-****-****)	34초	전남 목포시 용해동 *-*
09:42	이○란(010-****-****)	13초	전남 목포시 상동 *-*
09:51	이○란(010-****-****)	26초	전남 목포시 상동 *-*

류했다.[363] 김문홍으로부터 아무런 지시도 받지 못한 채 목포항공대 지시로 이륙한 512호 기장 김재전은 세월호의 상황은 물론 3009함에 해상특수기동대원 6명이 타고 있는 것도 몰랐던 것 같다.[364] 3009함 조타실에서는 유리창을 통해 육안으로, 그리고 CCTV로 헬기가 뜨고 내리는 것을 확인할 수 있었다.[365]

앞에서 김문홍이 큰 배는 쉽게 침몰하지 않는다는 고정관념에 빠져 안이하게 생각했을 수 있다는 점을 지적했지만, 배인선은 사참위에서 당시 3009함 조타실 분위기가 어땠는지 보여주는 진술을 했다.[366]

…… 우리는 당시 123정 상 받겠다. 이런 생각했죠. 총원 이런 것도 모르니까, 가서 단정 내려서 구조해야겠다 이런 생각했습니다.

김문홍도, 이평현도 안이했다. "123정 상 받겠다" 같은 생각을 하고 있으니, 급할 게 없었다. 김문홍의 변명처럼 "[123]정장이 지휘를 하는 것이나" 자신이 "지휘를 하는 것이나 큰 차이가 없었을" 수도 있고 "결과가 달라지지는 않았을"지도 모른다. 대형 여객선의 전복사고에 대비한 훈련을 받아본 경험은 김문홍도 없었다.[367] 김문홍이나 이평현이 갔더라도 실패했을 수 있다. 해보지 않은 일의 결과를 알 수는 없는 노릇이다. 하지만 똑같이 처음 겪는 사태라도 100톤급 경비정 정장 김경일과 책임 있는 해경지휘관인 김문홍이나 이평현이 대처하는 역량은 다를 수밖에 없고, 달라야 했다.* 무엇보다도 그들이 현장에 있다면 본청, 서해청, 목포해경

---

* 이평현은 검사와 다음과 같은 질문과 답변을 주고받았다(해경지휘부 사건, 이평현 진술조서(2019. 12. 11.), 증거기록 13권 10265~10266쪽).
검사: 만약에 진술인이 현장지휘관이었다면 그러한 상황에서 어떤 조치를 취했을 것인가요.
이평현: 솔직히 저라면 사고 선박에 빨리 가서 조타실을 장악한 후에 현장 상황을 보고 승선원들의 탈출 가능 여부를 우선적으로 판단하고 조치를 했을 것입니다.
검사: 배가 45도 정도 기울면, 승선원들을 빨리 탈출시키는 방법밖에 없다고 하였는데, 탈출을 위해서는 구체적으로 어떤 조치들을 취해야 하는가요.

상황실에서 이 사람 저 사람 함부로 연락해 영상과 사진을 보내라며 현장지휘관의 정신을 산란하게 만들고 구조작업을 방해하는 일은 일어나지 않았을 것이다.* 그것만으로도 결과는 달라질 수 있었다. 결과를 다르게 만들 수 있는 중요한 기회를 허무하게 놓쳤다. 고정관념의 틀에 갇힌 해경지휘부가 여러 번의 계기를 연달아 놓치는 가운데, 참사의 불씨가 점점 커졌다.

현장 보고 무시한 지휘부

헬기 511호와 123정의 보고

당시 승객들과 선원들, 그리고 현장에서 본 두라에이스호 선장 문예식이 제공한 정보만 제대로 분석해도 세월호가 복원성을 완전히 잃어버렸고, (원인은 알 수 없지만) 계속 기울어지고 있고, 침몰이 임박했을 수 있다는 위험신호를 감지할 수 있었다. 경험한 적 없는 이례적 사태에 맞닥뜨린 해경지휘부가 "구조세력들이 도착해서 육안으로 직접 현장 상황을 보고 나서 판단하는 것이 가장 정확할 것이라고 생각"한 것이 사실이라면,[368] 9시 28분 헬기 511호에 이어 123정이 도착해 보고한 다음에는 달라져야 했다.

9시 28분 세월호 상공에 도착한 헬기 511호가 TRS로 보고했다. 구조세력의 첫 현장 보고였다. 본청, 서해청, 목포해경 상황실, 3009함, 123정이 모두 들을 수 있었다.

이평현: 구명동의를 입고, 미리 정해진 퇴선 장소나 당시 상황에 맞춰서 안전한 장소로 가서 기다리다가, 선장의 지시에 따라서 구명벌이나 구명정에 타야 됩니다.

* 이 점은 이 책 4부 5장 중 '123정은 더 잘할 수 없었나' 항목, 738~750쪽 참조.

09:28 TRS 511호-목포해경 상황실

511호: 타워, 여기 호텔2. 타워, 여기 호텔2. 타워, 호텔2. 타워, 호텔2, 현재 45도 우측[좌측]으로 기울어져 있고 지금 승객들은 대부분 선상, 선상과 배 안에 있음.
목포해경: 밖으로 나와 있는 사람들은 없는지?
511호: 타워, 호텔2. 해상에는 지금 인원이 없고 현재 상황으로는 선상 중간, 중간에 전부 다 있음.[369]

곧이어 9시 29분, 2마일 전방에서 세월호를 발견한 123정장 김경일이 TRS로 보고했다.

"현재 본국 도착 2마일 전. 현재 쌍안경으로 현재 선박 확인 가능. 좌현으로 45도 기울어져 있고 기타 확인되지 않음."

헬기 511호의 보고 가운데 "지금 승객들은 대부분 선상, 선상과 배 안에 있음"이라는 말은 승객들이 갑판에 나와 대피를 준비하고 있는 것처럼 오해를 불러일으킬 여지가 있었다. 서해청 상황담당관 유연식이 그런 경우였다. 유연식은 "선상에 있다는 말을 갑판에 사람이 있다는 말로 이해"했고 "선장이 조치를 했을 거라고 생각"했다고 변명했다.[370] 서해청장 김수현의 말은 달랐다. 헬기 511호와 123정의 보고를 제대로 이해했다. 이미 진도VTS가 세월호와 한 교신을 통해 "세월호의 전복이 불가피하고, 퇴선 외에는 사실상 다른 구조 방법이 없다는 점을 알았"으며 "퇴선 준비가 제대로 되지 않고 있을 수도 있겠다는 생각"도 했는데 "헬기와 123정이 현장에 도착하여 바다에 사람이 없고 승객들이 대부분 선내에 있다는 현장 상황을 처음 보고했을 때" "직접적으로 확인"했다고 했다.[371] 정보는 그것에 그치지 않았다.

9시 34분경 서해청 해상안전과장 박남수가 휴대전화로 123정 기관장 최완식과 통화했다.

박남수: 현장에 도착했어?

최완식: 예, 과장님, 현장에 도착했습니다.

박남수: 지금 현재 상황은 어때?

최완식: 세월호 앞에 왔는데 배는 기울어져 있고 사람이 하나도 안 보입니다. 지금 조종 중입니다. 구조하려고 준비 중입니다.[372]

최완식은 현장에 도착해서 승객이 하나도 보이지 않는 상황에 "깜짝 놀랐"고 "뭐 이런 경우가 있나" 하면서 "승객들이 여객선 안에" "배 안에 갇혀서 못 나오고 있다고 생각"했다.[373] 최완식의 보고는 박남수를 통해 서해청 지휘부에 전달됐을 것이다. 김수현이 "바다에 사람이 없고 승객들이 대부분 선내에 있다는 현장 상황을 처음 보고"받았다고 한 것에는 박남수의 보고가 포함됐을 가능성이 크다.

그 무렵 본청도 123정에 연락했다. 123정 도착 소식을 들은 본청 지휘부는 "왜 현장 보고가 안 들어오냐. 현장 상황을 빨리 확인해서 보고해라"라고 다그쳤다.[374] 목포해경 상황실장에게 전화해 "123정 현장 도착했으면", "TRS로", "상황 보고해라"라고 재촉한 데 이어 경비과장 여인태가 상황요원 김남진에게 "빨리 123정에 확인해봐라"라고 지시했다. 9시 36분, 김남진이 123정 조타실로 전화했다.[375] 구명보트를 내리던 중 김경일이 받았다. 여인태는 "123정을 통해서 현장 상황을 알고 싶어 했는데, …… 김남진 경위가 통화 중에 현장 상황과 관계없이, 시스템도 갖고 있지 않은 영상 시스템이 작동되는지를" 묻고 있었다. 여인태는 "다급한 마음"이 들어 손짓으로 전화기를 달라고 했다.[376] 2분 22초간 현장 보고가 이뤄졌다.*

김경일은 세월호가 "좌현으로 약 45도, 50도 기울었"고, "사람들이 하나도 안 보"인다고 했다. "배에도 안 보이고 바다에도 하나도 없"고, 구명

---

* 여인태와 김경일의 통화 내용은 이 책 1부 4장 중 '123정' 항목, 135~137쪽 참조.

동의와 구명벌도 없다고 전했다. 여인태가 통화하는 동안 경비안전국장 이춘재가 옆에 서 있었다. 여인태가 큰 소리로 이야기해서 내용을 들을 수 있었지만 여인태는 통화 내용을 "요약하여" 보고했다. 그런 다음 위기관리회의실에 들어가 청장 김석균에게 다시 보고했다.

김석균은 "당시 짧은 시간에 상황이 급박하게 전개되어 세월호의 침몰 상황이 정확히 확인되지 않아서 구조계획을 수립하는 데 어려움이 있었"다고 주장했다. 이제 현장에 도착한 해경 구조세력, 그것도 현장지휘관이 직접 확인해서 보고한 내용을 들었다. 과연 달라졌을까?

> 검사: 승객들의 상황만을 놓고 보면…… 세월호에서는 퇴선이 이루어지지 않았고, 퇴선 준비도 진행되고 있지 않다는 사실을 확인하게 되었던 것 아닌가요.
> 김석균: 지금 놓고 보면 퇴선 준비조차 되지 않았던 상황이라고 판단이 되는데, 당시 상황실과 위기관리회의실에서 아무도 그와 같이 생각을 하지 못했던 것 같습니다. 사실 주무부서이고 저보다 경험이 많은 경비안전국, 수색구조과에서도 그와 같이 퇴선 준비조차 되지 않은 상황이라는 것을 생각하지 못했던 것 같습니다.
> 검사: 피의자는…… [헬기 511호, 123정, 여인태의 보고를 통해] 더 이상 지체할 경우 선내 승객 대부분이 익사할 수 있는 급박한 상황임을 충분히 예상할 수 있었던 것 아닌가요.
> 김석균: 지금 판단을 해보면 그렇게 예상할 수 있는 상황이었는데 당시에는 저뿐만 아니라 본청 상황실과 위기관리회의실에서 그와 같은 생각을 미처 하지 못했습니다.[377]

김석균은 현장지휘관이 현장에서 직접 확인해 보고한 상황과 판단도 자기 "눈으로 본 것이 아니라서 구체적으로 어떤 상황인지 정확하게 파악이 되지는 않았"다고 주장했다. 그렇다고 궁금한 것을 추가로 물어보라고 지시하지도 않았다. 그냥 듣기만 했다. 현장지휘관의 보고를 듣고도 "눈으로 본 것이 아니라서…… 정확하게 파악이 되지는 않았"다며 아무것도 하지 않는다면, 상황을 "정확하게 파악"할 방법은 없다. 장면이 바뀔 때마다 반복되듯이, 고정관념에 사로잡혀 있으니 어떤 보고를 받아도 소용이 없었다. "어떤 상황인지 정확하게 파악이 되지는 않았"던 것이 아니라 상황을 파악하려고 하지 않았다.

여인태, 제대로 보고했나?

고정관념에 사로잡혀 현장 보고를 무시한 김석균의 문제와 별도로 여인태가 김경일과 통화한 내용을 얼마나 정확하게 보고했는지는 짚어볼 필요가 있다. 9시 36분, 김남진으로부터 전화를 넘겨받은 여인태가 김경일과 한 2분 22초의 통화는 현장에 막 도착한 현장지휘관과 해경지휘부의 직접 의사소통이라는 점에서 지휘부의 상황 인식과 이후에 이루어질 구조활동에 큰 영향을 줄 수 있었다. 그 매개 역할을 자임한 여인태는 김경일이 보고한 내용을 지휘부에 정확하게 전달해야 했다.

> 검사: 123정장과의 통화 결과를 청장에게 보고하였는가요.
> 여인태: 정확하지는 않은데, 제가 상황실에서 위기관리회의실로 들어가서 보고했을 것으로 생각합니다. 123정장과 통화를 마치고 이춘재 국장에게 바로 "배가 45도, 50도 기운 것 같다, 바다에도 사람이 안 보인다고 한다, 갑판에도 사람이 안 보인다고 한다, 구명벌도 안 터진 것 같다"라는 취지로 보고했고, 위기관리회의실에 가서도 같은 취지로 청장 등 지휘부에도 구두보고 했을 것으로 생각합니다.[378]

> 검사: 여인태 경비과장이 뭐라고 보고를 하였나요.
> 이춘재: 배가 많이 기울어 있고 다수의 사람이 안에 있는 것으로 추정이 된다는 보고를 하였습니다.[379]

> 검사: 조사 결과, 이와 같은 세월호 상황을 여인태 경비과장이 이춘재 경비안전국장에게 보고한 후 위기관리회의실로 들어가 피의자에게 보고하였던 것으로 확인되는데 맞는가요.

김석균: 네, 맞는 것 같습니다.

검사: 위 09시 37분경의 위 김경일의 보고를 종합하면 당시 세월호의 선체가 50도 이상 기울어져 있고, 갑판 위 등 사람들이 배 밖에 하나도 안 보이는 상황으로 세월호 승객 대부분이 선내에 있고, 구명동의, 구명정 등이 하나도 투하되지 않고 그대로 있어 퇴선 준비도 되어 있지 않다는 것을 명확하게 알 수 있지 않은가요.

김석균: 네, 이 녹취록상으로 보면 그렇습니다.*380

보고는 요약해서 하는 것이니, 필연적으로 정보의 누락이 생긴다. 반드시 알아야 할 핵심 내용은 빠뜨리지 않고 부수적인 내용을 걷어내야 한다. 여인태와 이춘재, 김석균의 진술을 얼핏 들으면, 김경일이 한 말을 그대로 정리해 보고한 것처럼 보일 수 있다. 하지만, 핵심이 빠졌을 가능성이 있다.

김석균은 이춘재로부터 헬기 511호와 123정의 도착 보고 내용을 듣고 상황 파악이 되지 않는다고 생각했다. 고정관념 때문이었다. 그러므로 그 시점에서 가장 중요한 것은 김석균의 고정관념을 깨뜨리거나 흔들 수 있는 정보였다. "지금 배가 침몰하고 있다" 혹은 "침몰할 것 같다"는 정보였다. 김경일은 그런 뜻으로 보고했지만, 여인태는 그 정보를 흘려버렸을 가능성이 있다.

여인태: 사람은 전혀 안 보이고 배는 지금 그…….

김경일: 배는 한 좌현 50도로 기울었고요.

여인태: 침몰할 것 같아요, 안 할 것 같아요?

---

* 해경지휘부 사건 재판에서 피고인들은 "지금 승객들은 대부분 선상, 선상과 배 안에 있음"이라는 헬기 511호의 보고 내용을 승객들이 갑판에 있다는 뜻으로 받아들였다고 변명했고 재판부도 그 변명을 받아들였다. "오히려 511호 헬기의 교신 내용에 의하면, 승객들이 선상 중간에 집결해 있거나 적어도 선내에서 퇴선을 위한 대기를 하고 있다고 오인하였을 여지가 충분하였다"라는 것이다(서울중앙지방법원 2020고합128 판결, 74쪽). 하지만 본문에 인용한 이춘재와 김석균의 진술을 보면 재판에서 내놓은 해경지휘부의 변명은 거짓말임을 알 수 있다.

김경일: 현재 봐서는 지금 계속 더 기울어지고 있습니다.
여인태: 계속 기울어지고 있어요?
김경일: 예.

여기까지 얘기한 여인태는 "잠깐만, 전화 끊지 마세요"라고 하더니 갑자기 주제를 돌려 TRS로 실시간 보고하라고 지시하고, 전화를 끊은 다음 다시 TRS로 김경일을 호출해 보고를 독촉했다. 그런 다음 이춘재와 김석균 등에게 보고했다.

감사원: [지휘부에] 보고 드린 내용에 대해 구체적으로 말씀하여주십시오.
여인태: 당시 보고 내용은 45도 내지 50도 정도 기울고 있고, 침몰 위험은 모르겠는데 배는 계속 기울고 있는 것 같다, 갑판상에나 해상에도 사람이 없다, 구명정도 안 보인다고 거의 통화 내용 그대로 말씀드렸습니다.[381]

사고 직후 이루어진 감사원 조사에서 여인태는 보고 내용을 "침몰 위험은 모르겠는데 배는 계속 기울고 있는 것 같다"라고 표현했다. "침몰 위험은 모르겠는데"라는 말의 뜻이 중요하다.

해경지휘부 사건 재판에서 여인태의 변호인은 본청 지휘부와 여인태가 세월호의 급격한 침몰을 "전혀 예상하지 못"했다고 강조했다. "세월호 정도의 대형 선박은…… 50도가 기울어진 상태에서도 쉽게 침몰하지 않"으며 "복원력을 상실하였다고 하여도 곧장 침몰하지는 않고, 배가 기운 채 적게는 수 시간, 많게는 수일을 그 상태로 바다 위에 떠 있"다고 주장했다.[382] 여인태의 변호인은 또 "현재 봐서는 지금 계속 더 기울어지고 있습니다"라는 김경일의 말을 '침몰 위험이 있다'는 뜻으로 받아들인 김남진의 증언에 대해 '김경일은 침몰 이야기를 한 적이 없다'고 반박했다.* 여인태는 "침몰할 것 같아요, 안 할 것 같아요?"라는 질문에 "현재 봐서는 지금 계속 더 기울어지고 있습니다"라고 한 김경일의 말을 '침몰하지 않을 것 같다'는 뜻으로 이해한 것이다.

여인태는 김석균에게 '세월호가 침몰할 가능성이 있다, 침몰 위험이 있다'라고 보고하지 않은 것이 분명하다. "침몰 위험은 모르겠는데 배는 계속 기울고 있는 것 같다"라는 여인태의 보고는 '침몰하지는 않을 것 같다'는 뜻이었고, 그렇게 받아들여졌을 것이다. '큰 배는 쉽게 침몰하지 않는다'는 김석균의 선입견과 일치했다. 김석균도 "지금 판단을 해보면 그렇게 예상할 수 있는 상황이었는데** 당시에는 …… 그와 같은 생각을 미처 하지 못했"다고 변명했다.***383

---

* 재판 과정에서 증인으로 출석한 김남진과 여인태 변호인 사이에 "현재 봐서는 지금 계속 더 기울어지고 있습니다"라고 한 김경일의 보고가 어떤 뜻인가에 관해 논쟁이 벌어졌다. 김남진이 검사 신문에서 '김경일이 침몰하고 있다고 말했다'는 뜻으로 대답하자 여인태의 변호인이 이의를 제기한 것이다. 아래 문답을 보면 김남진은 김경일의 보고를 '침몰 위험이 있다'는 뜻으로 이해한 반면 여인태는 침몰 위험이 없다는 뜻으로 이해한 것으로 보인다. 반면 뒤에 보는 것처럼 이춘재는 김경일의 말을 침몰 위험이 있다는 뜻으로 이해했다.

여인태 변호인: 피고인 여인태가 "침몰, 침몰할 것 같아요, 안 할 것 같아요?"라고 물어보고 김경일이 "현재 봐서는 지금 계속 더 기울어지고 있습니다." 피고인 여인태가 "계속 기울어지고 있어요?"라고 물으니 김경일이 "네, 네." 여기까지만 말하고 침몰 이야기는 김경일 정장이 한 적이 없습니다. 그러면 조금 전 검찰 질문에 증인이 예라고 한 것은 잘못된 것이지요.

김남진: 저 문장을 봤을 때 "침몰할 것 같아요, 안 할 것 같아요?", "현재 봐서는 지금 계속 더 기울어지고 있습니다.", "계속 기울어지고 있어요?" 계속 기울어진다고 하면 변호사님은 그 의미를 어떻게 생각하실 것 같습니까?

김남진의 말을 들은 재판장이 보충해서 물었다.

재판장: 저 녹취록의 대화 내용에 의하면 침몰이라는 표현 자체는 없지만, 문답을 보면 김경일 123정장은 침몰하고 있다는 취지로 이야기한 것으로 해석할 수 있다는 뜻인가요.

김남진: 예.

재판장: 그래서 증인은 검찰 주신문에서 예라고 대답한 것인가요.

김남진: 예.

해경지휘부 사건, 공판기록 5권, 1심, 3회 공판조서 중 김남진 증언 녹취록 11쪽 참조.

** "더 이상 지체할 경우 선내 승객 대부분이 익사할 수 있는 급박한 상황"이었다는 검사의 질문에 동의한다는 뜻이다. "지금"은 2019년 12월 27일이다.

*** 해경지휘부 재판에서 이춘재는 서로 모순되어 보이는 주장을 내세우며 자신을 변호했다. 한편으로는 수밀문 개방 등 선조위가 세월호의 급격한 침몰 원인으로 지적한 내용을 몰랐기 때문에 "그와 같이 짧은 시간 내에 침몰하리라고는 도저히 예견할 수 없었다"고 강조하면서 다른 편으로는 여인태가 김경일과 통화한 다음에 "침몰 가능성이 있다는 것을 파악하고 즉각적인 대응에 나"섰고 9시 44분에

여인태는 김경일로부터 전해 들은 가장 생생한 현장 정보를 김석균에게 반대로 전달했을 가능성이 크다. 고정관념에 빠져 있던 김석균의 안이한 태도가 근본 원인이지만, 잘못 보고한 여인태의 책임이 사라지는 것은 아니다. 여인태가 '김경일의 보고에 의하면 배가 계속 기울어지고 있고 침몰 위험이 있다'고 보고했으면 김석균의 태도가 달라졌을지도 모른다. 김경일에게 전화를 걸든, TRS로 호출하든, 다시 한번 확인했을 수도 있고, 그러다 보면 인식이 달라지고 행동이 달라질 수 있었다. 현장에 도착한 해경 구조세력, 현장지휘관의 보고를 들은 여인태가 핵심 내용을 잘못 이해함으로써 어쩌면 상황을 반전시키는 계기가 될 수도 있었던 기회가 또 사라졌다. 현장지휘관의 보고까지 받은 해경청장이 상황을 파악

"즉각적으로 승객들의 탈출을 선장과 이야기해서 고려하라고 하고, 승객들 해상 탈출에 대비해서 부유물을 띄워라, 경찰관이 세월호에 승선해서 직접 탈출을 유도하라는 지시를 계속적으로 거의 1분 단위로 코스넷으로 지시했"다고 주장했다. "123정과 통화를 하고, 여인태 과장이 통화를 하고, 질문이 그렇게 있습니다. '침몰할 것 같습니까?'라는 질문을 합니다. 123정에서 정확하게 답은 안 하는데, '계속 침수가 되고 있습니다. 경사가 기울고 있습니다.' 정도로 답변을 합니다. 저는 그 당시에 '이게 침몰 가능성이 있구나'라는 생각을 했고, 그래서 바로 승객들 탈출에 대한 지시를 내리게 됩니다"라는 이춘재의 답변을 보면 여인태와 김경일의 통화를 옆에서 들으며 세월호의 침몰이 임박했다고 판단해 승객을 탈출시키라는 지시를 한 것처럼 보이기도 한다. 그러면서도 "초기에는 경사가 심하게 기울지는 않았"고 40~50도 넘어간 상태에서도 "오래가지는 않지만 몇 시간 정도는" 버틸 수 있었다는 주장을 반복하면서 "경사에 대해서는 알고 있었지만, 경사[와] 침몰은 별개의 문제"라고 주장하고 "침몰 가능성, 침몰 소요시간 이런 부분들이 고려되어야" 한다거나 "복원력이 없다고 해서 바로 침몰하는 것은 아니"라고 강조했다. 이춘재의 말을 좋게 이해하면 세월호가 복원력을 상실했다는 점을 알았고, 그 논리적 귀결로 결국 침몰할 수밖에 없고, 승객이 탈출해야 한다는 것도 알았지만, 그래도 큰 배가 부력이 있으므로 상당한 시간 동안 떠 있을 것이라고, 다시 말해 쉽게 침몰하지는 않으리라고 생각했던 것으로 보인다. 급격하게 침몰하지 않으리라고 생각했다는 점을 놓고 보면, 이춘재의 주장이 반드시 모순되는 것은 아니라고 이해할 수 있다. 김석균에 대한 증인 신문에서도 이춘재의 변호인이 수밀문 개방 등을 거론하면서 세월호가 "급격히 침몰할 것이라는 점을 예견하기 어려웠지요"라고 묻고 김석균이 동의했는데, 같은 관점에서 이해할 수 있다. 김석균은 [세월호가 급격히 침몰할 수 있다는] "상황을 전혀 파악할 수 없었"다고 하면서도 "증인은 배가 기울고 있고, 침몰할 거라는 취지의 보고를 받았다는 뜻이지요"라는 재판장의 질문에 "예"라고 대답하고, "증인은 그 당시에 배가 기울고 있다는 보고를 받았음에도 그렇게 급격하게 침몰할 거라는 것은 모르고 있었던 것이지요"라는 여인태 변호인의 질문에도 "예"라고 대답했다. 해경지휘부 사건, 공판기록 6권, 1심, 5회 공판조서(2020. 12. 14. 이춘재 증언 녹취록), 14~50쪽; 공판기록 5권, 1심, 4회 공판조서(2020. 11. 23. 김석균 증언 녹취록), 32쪽 참조.

하지 못했으니 현장 정보를 기초로 제대로 된 대책을 세우는 것은 기대할 수 없게 됐다.

지휘체계 없는 다단계 구조본부

지휘권 확립 없는 현장지휘

세월호 사고에 대해 목포해경은 지역구조본부, 서해청은 광역구조본부, 본청은 중앙구조본부를 설치·운영했다. 세 단계의 구조본부장은 모두 현장지휘를 할 수 있는 권한이 있었다. 다단계 구조본부가 만들어진 것이다. 게다가 목포서장으로 지역구조본부장인 김문홍이 3009함을 타고 바다에 나가 있었으니 123정의 입장에서는 4개의 지휘부가 동시에 가동된 셈이었다. 상황이 불확실하고 시시각각으로 변하는 재난에 대처해 신속하게 구조작전을 수행하려면 일사불란한 지휘·보고 체계가 필수조건인데, 다단계 구조본부 체계는 현장의 구조활동에 혼란을 일으키고 지휘부 사이에 권한과 책임의 소재를 불분명하게 만들 위험이 컸다. 「수난구호법」 및 해경의 규정과 매뉴얼에는 이런 경우에 대비해 중복되는 구조본부 사이에 어떻게 역할을 구분하고 통신과 지휘·보고 체계를 효율적으로 운영할지 정한 바가 없었다.

「재난안전법」은 「수난구호법」과 비슷하지만 조금 더 체계적으로 이 문제를 정했다. 수난구호에서 해경의 지역·광역·중앙구조본부장에 해당하는 시·군·구 긴급구조통제단장, 시·도 긴급구조통제단장, 중앙통제단장의 역할은 거의 같은데(「재난안전법」 52조), 안전행정부가 정한 표준현장지휘체계에 따라야 한다는 점이 달랐다(「재난안전법」 시행령 59조).

안전행정부가 정한 '긴급구조대응활동 및 현장지휘에 관한 규칙'('현장지휘규칙')*은 현장지휘관을 "긴급 구조의 업무를 지휘하는 다음 각목의자"라고 하면서 중앙통제단장, 지역통제단장, 이들의 "사전명령이나 위임에 의하여 현장지휘를 하는 소방관서의 지휘대장 또는…… 선착대의 장"을 열거했다(4조). 선착대란 "재난현장에 가장 먼저 도착한 긴급구조관련기관의 출동대"를 말한다. 현장지휘관은 "재난의 종류·규모 등"과 "재난현장 조치상황과 재난현장지원에 필요한 사항 등"을 통제단장에게 보고해야 하며(4조) 통제단장은 "재난현장에 도착이 지연되어 초기에 적정한 조치를 취할 수 없는 때에는 먼저 도착한 현장지휘관으로 하여금 통제단장의 권한** 중 일부 또는 전부를 행사하도록 할 수 있다"(5조). 그 밖에 "긴급구조기관 및 긴급구조지원기관이 체계적인 현장대응과 상호협조체제를 유지하기 위하여 공통으로 사용하는 표준지휘조직구조, 표준용어 및 재난현장 표준작전절차"의 작성을 소방방재청장에게 위임한 다음, 긴급구조기관의 장은 원칙적으로 '재난현장 표준작전절차'(표준작전절차)***를 사용하게 했다(9~10조).

소방방재청장이 작성한 표준작전절차는 지휘통제절차(1장) 외에 화재유형별(2장), 사고유형별(3장), 구급단계별(4장), 대응단계별(5장) 표준작전절차와 현장 안전관리 표준지침(6장)으로 이루어졌는데 세월호 사고에 대한 해경의 대응과 관련해 중요한 의미가 있는 것은 1장의 지휘통제절차다. 지휘권의 확립과 이양을 정한 것으로, 해경의 결정적 실패 원인 가운데 하나다.

표준작전절차에 따르면 현장에 도착한 선착대장은 지휘권을 선언함으

---

* 안전행정부령 제3호, 2013. 3. 23. 시행.

** 중앙통제단은 1. 국가 긴급구조대책의 총괄·조정, 2. 긴급구조활동의 지휘·통제, 3. 긴급구조지원기관 간의 역할분담 등 긴급구조를 위한 현장활동계획의 수립, 4. 긴급구조대응계획의 집행, 5. 그 밖에 중앙통제단장이 필요하다고 인정하는 사항 등의 기능을 수행하고 지역긴급구조통제단은 중앙통제단의 기능을 준용한다(「재난안전법」 시행령 54, 57조).

*** 표준작전절차는 수시로 개정됐는데 세월호 사고 당시에는 2012년 6월 개정판이 적용됐다. 현재는 2023년판이 발간되어 있다. 소방청, 『재난현장 표준작전절차』(2023), 발간등록번호 11-1661000-0021-14 참조.

로써 현장지휘권을 행사한다. 방법은 상황실에 무전으로 출동대 이름과 선착대장 이름을 보고하는 것이다. 그런 다음 초기 상황을 보고하고 추가 지원을 요청하는데, 그 후에 도착하는 구조대는 현장지휘관에게 보고해 임무를 지정받고 현장에 배치된다. 상급 지휘관이 현장에 도착하거나 지휘권을 이양해야 할 사정이 생기면 지휘권을 이양한다. 지휘권을 이양하는 목적은 "지휘 책임을 인수·인계"하고 "재난현장에 대한 지휘 책임"을 명확하게 하며 "지휘권의 공백이 발생하지 않도록" 하는 것이다. 지휘권 이양은 "공식적인 절차를 통해" 서로 대면해서 하는 것이 원칙인데, '지휘권 이양'을 선언하고 그 사실을 무선통신 등의 방법으로 모든 대원에게 전파한다. 지휘권을 인수하지 않은 상위 지휘관은 하위 지휘관의 지휘권 행사에 개입할 수 없으며, 지휘권을 인계한 지휘관은 지휘권을 인수한 지휘관의 참모 역할을 해야 한다.

표준작전절차가 정한 지휘 활동 기준은 "모든 지시는 수령자에게 확실히 전달하고 전달 여부 재확인", "음성(무선통신)으로 지시하는 것을 원칙", "활동목표는 구체적으로 제시하고, 이행상황을 수시로 확인", "지휘방침(전술)에 따라 일관성을 유지", "인명 구조와 대원의 안전 확보를 가장 우선", "활동목표, 실행방법, 재난정보 등에 대해서 수시로 재평가 실시", "대두되는 난제와 위기를 해결할 수 있는 방안을 제시하거나 해결할 수 있도록 동기 부여" 등이다.

세월호 사고에 대입하면 123정장 김경일은 시·도 지역통제단장인 서해청장(의 위임을 받은 상황담당관 유연식)의 명령에 의해 선착대의 장으로 현장지휘관이 된다. 해경청장과 서해청장, 목포서장은 단계별 통제단장에 해당한다. '표준작전절차'가 제일 앞에 내세운 것처럼 무엇보다 먼저 해야 했던 일은 지휘권 확립이었다.* 김경일은 지휘권을 확립하지 못했고, '현장지휘관'의 지위를 인정받지도 못했다. 다단계 구조본부에서 두서없이 내려오는 온갖 지시에 휘둘리며 지휘다운 지휘는 해보지도 못한 채 책임만 졌다.

해경은 「재난안전법」이 정한 긴급구조기관으로 「재난안전법」에 따른 현장지휘규칙과 표준작전절차의 적용 대상이다. 하지만 해경이 세월호 사고 당시 현장지휘규칙과 표준작전절차를 업무에 적용하거나 내부 규정과 매뉴얼에 반영한 흔적을 찾을 수 없다. 지휘권을 확립하는 문제가 오로지 그 당시 해경지휘부의 판단에 달린 상황이 됐고 결국 참담한 실패로 끝났다. '표준작전절차'가 정한 지휘 활동의 기준 가운데 지켜진 것이 아무것도 없었다. 이유는 알 수 없다. 아무도 관심 갖지 않았기 때문이다.

구조계획 없는 구조본부

9시 16분 서해청 상황실이 코스넷 대화방에 문자를 올렸다. "123정 OSC 지정." 이어서 9시 19분 상황담당관 유연식이 TRS로 123정장 김경일을 호출해 현장지휘관(OSC) 지정을 통보했다.

수색구조 매뉴얼에 의하면 OSC 임명은 임무조정관(SMC)의 권한이다. 어떻게 봐도 유연식을 임무조정관으로 보기는 어려우므로, 그가 김경일을 OSC로 임명한 것은 문제가 있다. 유연식도 자신이 "임무조정관이라는 생각을 갖고 그렇게 한 건 아"니고 "초동조치상 제일 먼저 도착하는 함정을 현장지휘함으로 지정하고, 그 지휘관이 현장지휘관이 되는 거라

---

* 지휘체계의 원리 가운데 핵심은 명령계통(Chain of Command)의 원리와 명령통일(Unity of Command)의 원리다. 명령계통의 원리는 재난관리 조직을 계층화해서 지휘의 서열을 정렬한 다음 지시할 때에는 반드시 직하급자에게 해야 하며, 보고할 때에는 반드시 직상급자에게 해야 한다는 것이다. 명령통일의 원리는 재난관리 조직의 모든 구성원이 단 한 사람의 직속상관으로부터만 명령을 받고, 그에게만 보고해야 한다는 원리다. 명령계통과 명령통일의 원리가 작동해야만 지시와 보고 관계를 명확하게 하고, 중복되거나 상호 모순되는 지시 또는 보고로 일어나는 혼란을 막을 수 있으며, 모든 단계의 지휘관들이 자신의 지휘를 받는 조직원들의 행동을 통제할 수 있게 된다. 황세연 외, 『재난현장 지휘체계(Incident Command System)에 관한 연구』, 소방청(2018. 10.), 15쪽; 김기환 외, '해양 재난사고 시 현장 지휘체계와 현장지휘관의 의사결정과정에 관한 문제점 및 개선방안 - 세월호 사건을 중심으로', 『해양환경안전학회지』 제20권 제6호(2014), 695~696쪽.

통상적인 상황 처리 차원에서 그렇게 한 것"이라고 했다.[384] 그의 말대로 해상 수색구조 매뉴얼은 "OSC가 임명될 때까지 현장에 첫 번째로 도착한 함정이 OSC 임무를 담당"한다고 했고, 123정은 당시 현장에 도착한 유일한 함정이었으므로 현장지휘관의 임무를 수행할 수밖에 없긴 했다. 그렇다고 문제가 없어지는 것은 아니다.

임무조정관의 역할은 "수색구조 업무를 지도"하는 것이다. "모든 수색구조 과정에 대해 잘 훈련되어야" 하고 "조난상황에 대한 정보 수집", "정확하고 실행할 수 있는 SAR* 업무계획의 개발", "SAR 임무를 수행하기 위한 자원의 파견과 조정" 등 "적용 가능한 수색구조계획을 철저히 숙지"하고 수색구조가 진행되는 동안 적극적으로 임무를 수행해야 한다.

현장지휘관의 역할은 "임무조정관에 의해 지시된 수색구조 임무 수행"이다. 임무조정관이 수색 또는 구조활동 계획을 제시해 권고하는 것을 전제한다. 수색구조 활동의 책임자는 어디까지나 임무조정관이고 현장지휘관은 임무조정관의 손발 역할을 하는 셈이다. 하지만 유연식은 아무런 구조계획도 세우지 않았고 세월호와 교신이 되는지 물어본 것 외에는 어떤 지시도 하지 않았다. 할 생각도 없었다.[385]

> 검사: 사고 초기에 서해청에서는 어떠한 구조계획을 수립하였는가요.
> 유연식: 일단 사고현장까지 최대한 빨리 구조세력을 보내는 게 목표였고, 개별적으로 함정이나 항공기에 임무를 부여하지는 않았습니다. 현장지휘함으로 123전을 지정한 상황이기 때문에, 123정장이 현장에서 헬기나 민간 선박들을 적절히 지휘할 것으로 생각했습니다.

현장지휘관을 임명하려면 수색구조계획을 제시하고, 현장 상황을 파악하면서 구조활동을 "지도"해야 하는데 유연식은 그런 인식조차 없었

---

* Search and Rescue, 수색구조를 말한다.

다. 그저 구조세력을 빨리 많이 보내기만 하면 현장에서 알아서 할 것이라고 생각했다. 임무조정관의 역할을 현장지휘관에게 떠넘긴 것이다. 그렇다고 구조세력을 제대로 보낸 것도 아니었다. 누구보다 신속하게 현장에 가야 할 122구조대와 특공대가 헬기와 함정을 구하지 못해 어선을 빌려 타며 시간을 허비했다. 유연식뿐만이 아니었다. 해경 조직 전체를 통틀어 임무조정관 역할을 한 사람이 없었고 구조계획, 구조작전의 개념도 없었다.

목포해경 상황실장 이병윤은 "당시 해경 경비정 등이 위 사고 선박 인근으로 대거 출동하게 되면 선박 안에 있던 많은 승선자들이 이를 보고 선체 밖으로 나와 구조를 요청할 줄 알았"고 "그래서 특별히 123정 등에 선체로 진입하라는 지시를 하지 않았"다.386 상황담당관 조형곤은 한 걸음 더 나갔다. 상황실의 존재 이유는 "신고 전화를 받아서 상황을 신속히 전파했고 모든 국에 출동 지시"를 하는 것이라고 주장했다. "09시 10분에 본청에 중앙구조본부가 설치되었으면 본청이 상황 지휘를 해야 하는 것이고 09시 13분*에 123정이 OSC로 지정이 되었으면 현장지휘관이 적절한 판단을 해서 결정을 할 문제"였다. 목포해경 상황실은 "제일 가까이에 있는 123정에 즉시 출동 지시를 하였고 이후에는 123정이 잘하리라 생각했던 것"이며 "123정이 간 게 제일 중요"했다. 조형곤의 평가다.

> 사고를 접수한 후 초동조치를 신속하게 하였기 때문에 우리는 최선을 다했다고 자부합니다.387

서해청 상황실장 김민철도 구조계획에 관해 "구조할 수 있는 지원세력들을 빨리 동원하는 것 외에는 기억나는 건 없"고, 일단 구조세력이 도착한 후 세월호가 과연 침몰할 것인지, 침몰한다면 시간이 얼마나 남았는

---

* 실제 시각은 9시 16분이다.

지와 같은 "그런 부분에 대한 검토는 없었"다고 말했다.[388] 서해청장 김수현도 구조계획이 없었음을 인정했다. 구조세력을 현장까지 보내기만 하면 되는 걸로 생각했다.

> 그렇게 큰 대형 여객선에 대해서는 사전에 마련된 구조계획이 없었고, 비록 구조계획은 없었지만, 123정이나 헬기에서 각자 매뉴얼에 따라서 대응을 할 걸로 생각했습니다. …… 구조계획을 마련하지 못하기는 했지만, 서해청의 역할은 현장까지 구조세력들을 보내는 것이고, 현장에서 대응을 하는 것은 123정이나 헬기가 현장 상황에 따라 판단할 부분이라고 생각했습니다.[389]

김석균도 다르지 않았다. "저희는 그 상황에서 할 수 있는 역량을 동원하여 조치를 하였다"라고 주장했다. "당시 짧은 시간에 상황이 급박하게 전개되어 세월호의 침몰 상황이 정확히 확인되지 않아서 구조계획을 수립하는 데 어려움이 있었"기 때문에 "해상에서의 사고를 대응하는 것은 123정과 같은 구조세력이 할 수밖에 없었다"는 것이다. 그리고는 "123정이 현장에 도착했을 때 이미 배가 52도로 기울었던 상태로 어떻게 해볼 수 없는 상황이었"다고 둘러댔다. 사실과 동떨어진 인식이었다.[390]

사고 규모가 크든 작든, 시간이 많든 적든, 주어진 정보를 바탕으로 상황을 파악해 구조계획을 세우지 않은 채 다수 인명을 구조한다는 것은 나무에서 물고기를 찾는 것과 다를 게 없다. 결과가 요행에 달리게 되기 때문이다. 구조계획을 세워야 한다는 인식이 없으니 현장 상황을 제대로 파악할 필요성을 느끼지 못했고, 선장과 선원을 찾을 생각도 하지 않았다. 그리고는 "어떻게 해볼 수 없는 상황"이었다고 터무니없는 변명을 내세웠다.*

지휘부가 불러온 지휘체계의 혼란

9시 28분 해경청장 김석균이 위기관리실에 도착해 중앙구조본부가 가동을 시작했다. 상황실장 황영태가 서해청 상황실과 통화했다. "상황 지휘는 지방청에서 직접 하랍니다." 9시 34분, 본청 상황실이 코스넷 대화방에 문자를 띄웠다.** 서해청에 전화로 통보한 내용을 해경 구조 세력에 전파한 것이다.

- 서해청장 현장지휘 바람

9시 37분 본청 상황실이 추가로 문자 지시를 보냈다.

- 목포서장도 현장 복귀 지휘할 것

1차적으로는 현장지휘는 해양경찰서장에게 있으며, 사고 해역을 잘 아는 목포서장으로 하여금 직접 현장지휘를 하도록 한 것이고, 서해청장도 사고 해역을 관할하고 있고, 상황의 중요성에 따라 지방청이 직접 관여하여 현장을 지휘하는 것이 맞다고 생각하고 목포서장과 서해청장에게 현장지휘 지시를 하였습니다. 인천 본청에서 사고현장을 모르면서 직접 지휘하는 것은 맞지 않다고 생각했습니다.

김석균의 말이다. 본청 상황실에는 450여 명이 탄 세월호가 40~50도 정도 기울어졌고 계속 더 기울어지면서 침몰 위험이 있다는 정보가 전달됐다. 김석균은 "최악의 상황을 가정하여 구조계획을 수립하여야" 한다

---

* 당시 해경 상황실 규칙(2013. 10. 14.)에 의하면 "조직 전체에 파급효과가 있는 해상 상황 발생 시 신속하고 체계적인 대응을 위해" 본청, 지방청, 경찰서 별로 상황대책팀을 운영하는데 상황대책팀에는 분석반, 언론대책반, 대응반, 지원반을 두게 되어 있다(6조의 2). 분석반의 역할은 상황 파악 분석, 기록 유지, 상황처리 적합성 검토, 상황 종합분석, 종료 여부 판단 등이다(별표 5). 상황을 파악해서 분석하고, 상황처리의 적합성을 검토하는 것은 모든 상황에 대처하는 기본 기능인데, 세월호 사고 당시 해경 본청, 서해청, 목포해경 모두 필수적인 기능을 수행하지 않았다.

** 이 문자는 이춘재가 "김석균 청장에게 목포서장과 서해청장이 현장지휘를 할 필요가 있다고 보고를 하고 청장의 허락을 받아 지시"한 것이다. 해경지휘부 사건, 이춘재 피의자 신문조서(2019. 12. 4.), 증거기록 11권 9056쪽.

는 데 동의하면서도 2가지 변명을 내세웠다. 하나는 "짧은 시간에 상황이 급박하게 전개되어 세월호의 침몰 상황이 정확히 확인되지 않"았다는 것, 또 하나는 지휘체계의 문제였다.

> 그와 같은 구조계획을 수립해야 할 것은 맞는데 목포서와 서해청이 현장지휘를 하면서 해야 할 내용이고, 123정 같은 경우 목포서와 서해청으로부터 지휘를 받고 있는데 본청까지 나서서 지휘를 한다면 혼선을 가져올 우려가 있고, 지휘체계도 무너지게 됩니다. 그리고 기본적으로 현장지휘관인 123정에게 현장 상황 판단을 맡기고 그가 조치하도록 해야 합니다.

목포서장과 서해청장이 현장지휘를 제대로 하지 못할 경우 "목포서, 서해청 등 예하 기관을 지휘를 해야 하는 것은 맞"지만 "일선 현장 구조 세력에게 직접 지휘하는 것은 지휘체계와 구조 작업에 혼선을 가져올 수도 있"다는 게 그의 주장이었다. 인명 구조를 위한 일조차도 "현장지휘세력이 우선 조치"해야 하며 본청은 "구조세력으로부터 TRS로 현장 보고를 받을 수는 있지만, 본청에서 지시나 지휘를 할 때는 서해청과 목포서에 지시하여 현장지휘자인 서해청과 목포서로 하여금 구조세력에게 지시를 하는 것이 맞다", 어떤 경우에도 본청이 현장 구조세력을 직접 지휘해서는 안 된다고 변명했다.[391]

지휘체계와 구조작업에 혼선을 일으켜서는 안 된다는 김석균의 말 자체는 일리가 있다. 하지만 지휘관의 판단과 결정에는 책임이 따른다. 일단 서해청과 목포서장에게 현장지휘를 하라고 지시했으면, 오해의 여지가 없도록 구체적으로 분명한 역할을 부여한 다음 해경 전체의 지휘·보고 체계를 그에 맞게 정리해야 했다. 그래야만 설득력이 있을 수 있다. 당장 이춘재의 말부터 달랐다.

> 서해청 등에 현장지휘를 하라고 지시했다고 해서 본청이 지휘를 포기한 것은 아니었습니다.[392]

말 따로, 행동 따로였다. 결국 본청, 서해청, 목포해경, 그리고 3009함에 있던 목포서장 김문홍이 모두 '현장지휘'를 하는 4중의 옥상옥이 됐다. 치밀한 역할 분담이 없다면, 이곳저곳에서 중구난방으로 간섭하며 불필요한 보고를 요구해 그렇지 않아도 역량이 취약한 123정을 혼란에 빠뜨리고, 해야 할 지휘는 하지 않으면서 서로 책임을 미룰 수 있는 최악의 체계였다.* 배가 산으로 갈 수밖에 없는 구조였다.

이춘재는 TRS가 해경의 "주된 교신 수단"이고 코스넷 대화방이 "보조적인 교신 수단"이라고 했지만, 김석균은 코스넷 대화방이 지휘부가 지휘하는 수단이고, TRS는 현장으로부터 보고받는 수단이라고 주장했다. 9시 34분 본청 상황실이 "서해청장 현장지휘 바람"이라는 문자를 올릴 때까지 본청 상황실이 코스넷 대화방에 올린 문자 지시는 다음과 같다.

시간	문자 내용
9시 6분	현장 기상 보고
9시 13분	침수인지 침몰인지 다시 파악해서 보고할 것
9시 16분	목포VTS 인근 선박 대상 구조 협조 요청 바람
9시 17분	현장 상황 파악이 우선(침몰 우려, 인명 피해)
9시 22분	여객선 선원 여객 구명동의 착용 조치
9시 23분	민간 어선 최대 동원 구조 바람
	병풍도 민간 어선
	헬기 이륙 여부?
9시 25분	헬기 이륙 여부?
9시 27분	전 가용 세력 총동원 출동 조치 바람
9시 29분	제일 빠른 구조세력 도착 시간?
9시 31분	항공기 도착 시간?
	해군 세력 도착 시간?
9시 33분	여객 및 선원 구명동의 착용 지시 바람
	여객선 자체 구명보트 등 이선 장비 준비 지시 바람
9시 34분	123정 현장 보고 바람

경비전화와 TRS로 보고를 요구한 것을 빼고, 코스넷 대화방에 올린 것

만 보더라도 "목포서장과 서해청장에게 현장지휘 지시"를 했다는 김석균의 말이 무색하다. 본청이 이렇게 개입하는데 서해청과 목포해경이 책임지고 '현장지휘'를 할 수 있을까? 본청이 직접 지휘하는 것으로 받아들여졌을 것이다. 그 점을 드러내는 증거가 있다. 사태 초기인 9시 7분, 목포해경 상황실이 코스넷 대화방에 문자를 올렸다.

- 123정 코스넷 미설치

본청 상황실이 세월호 사고를 막 인지하고 코스넷 대화방에 지시를 올리기 시작하는 시점에 목포해경 상황실이 이런 문자를 올린 것은 본청이 123정을 상대로 직접 현장지휘를 하는 것으로 받아들였음을 보여준다. 123정에는 코스넷이 설치되어 있지 않으니 코스넷에서 지휘해도 전달되지 않는다, 코스넷 대화방에 123정을 대상으로 한 지시를 올리지 말라는 뜻이었다. 본청이 올린 지시를 목포해경이 현장에 전달해야 한다고 생각했으면 이런 문자를 올릴 이유가 없다. 목포해경 상황실에서 코스넷 대화방 입력을 담당한 이치만의 말이다.

> 검사: 코스넷 미설치라는 메시지를 입력한 경위는 어떠한가요.
> 이치만: 이것은 지시를 받아서 작성했는지, 임의로 작성했는지 사실 구분이 가지는 않지만, …… 당시 본청에서 TRS가 아닌 코스넷으로 123정에 지시를 내리는 것처럼 보이는 부분이 있어서 '123정 코스넷 미설치'라는 메시지를 입력하였을 가능성이 있습니다.[393]

---

* 해경지휘부 사건 재판에서 이춘재는 "지휘체계를 분명히 하기 위해서" 9시 34분에 "문자방으로도 모든 세력에게 현장지휘를 서해청장이 한다고 공지를 해줬던 것"이므로 서해청에 "123정이나 헬기 등의 구조세력을 직접 지휘할 임무"가 있다고 주장했다. 목포서의 역할은 무엇인가라는 질문에 "목포서는 어떻게 보면 서해청에 대해서 지원 역할을 해줘야죠. 책임지고 지휘를 하는 그런 개념은 아니고……"라고 대답했다. 해경지휘부 사건, 공판기록 6권, 1심, 5회 공판조서 중 이춘재 증인 신문 녹취록 52쪽. 이런 대답이 9시 37분 "목포서장도 현장 복귀 지휘할 것"이라는 지시와 일치하는지, 서해청과 목포해경이 제대로 이해할 수 있는 의미였는지 매우 의심스럽다.

9시 34분 "서해청장 현장지휘 바람" 지시를 한 다음에도 본청 상황실은 계속 지시를 내려보냈다.

시간	문자 내용	참고 사항
9시 34분	각국 모든 상황은 메신저로 바로바로 보고할 것	
9시 35분	목포, 현장 주변 도서지역 어선 총출동 지원할 것	
9시 36분	123정 영상 시스템 작동할 것 방이름: '여객선 신고 관련' 방타입: '공개' 비밀번호: '공개' 최대인원: '50명'으로 수정	123정 영상 시스템 없음
	현재 여객선 상황 보고	
9시 38분	123정 비디오 콘퍼런스 작동할 것	123정 비디오 콘퍼런스 없음
9시 39분	도착 세력 현장 기상?	
9시 41분	현장 상황 실시간으로 올리기 바람	
	123정 TRS로 송신바람	
9시 42분	각 지방청별로 동원 세력 보고할 것	
9시 44분	현장 상황 판단 선장과 통화 라이프래프트 등 이용 탈출 권고 바람	
	주위 어선 동원 현황 송신	
9시 45분	현장 출동 함정 여객선 라이프래프트 및 구명벌 투하라고 지시할 것	

9시 34분 "각국 모든 상황은 메신저로 바로바로 보고할 것"이라는 지시는 누가 봐도 본청이 직접 현장지휘를 하겠다는 뜻으로 받아들여졌을 것이다. 여기에 여인태가 TRS로 123정에 실시간 보고하라고 요구하면서 "모든 국은 개입하지 말"라고 지시한 것을 더하면 본청이 직접 현장을 지휘하겠다는 의사가 명백했다. 그 후 목포서장에게 "현장 복귀 지휘할 것"이라고 또 지시했지만 본청은 여전히 123정을 직접 지휘하는 것으로 보이는 문자를 띄웠다. 그러자 9시 48분 목포해경 상황실이 다시 한번 "123정 코스넷 안 된다는 사항임"이라고 썼다. 본청이 직접 123정을 지휘하는 것으로 이해한 것이다.

김문홍은 "목포해경서 관내에서 발생하였기 때문에 제가 현장을 책임지고 지휘를 하는 것이고, 제가 지휘를 하는 과정에서 지방청이나 본청의 지휘를 받는 것이 제 임무"라고 하면서도 다음과 같이 서해청과 본청에 책임을 돌렸다.

> 09시 05분경 지역구조본부가 가동되었고, 09시 19분경 서해청은 광역구조본부가 가동되었으므로 저희 지역구조본부는 광역구조본부의 조정·지휘를 받아 임무를 수행하므로 컨트롤타워는 지방청에서 해야 하는 것으로 알고 있기 때문에 지방청에서 모든 것을 종합적으로 판단해서 지휘하였어야 한다고 봅니다. …… 서해청 상황실에서 TRS를 통해 지휘를 하고 있는 것을 들어서 직접 관여하지 않고 TRS에 끼어들지 않았습니다. …… 지역구조본부는 광역구조본부의 지휘를 받는 입장이었기 때문에 서해청이 제반 사항을 관리하고, 구조세력 등에 상황 등을 전파할 의무가 있다고 생각합니다.[394]

다음은 서해청 경비안전과장 김정식의 말이다.[395]

> 일단 본청에서 서해청이 지휘를 하라고 했으면, 본청은 빠지고 행정지원만 담당하거나 했어야 하는데, 계속 현장지휘를 하고, 내용도 잘 맞지 않는 부분도 있다 보니 현장에서는 누구의 말을 들어야 되는지, 누구한테 보고를 해야 하는지가 혼란스러웠을 것 같습니다. 그리고 상급자가 끼어들어서 직접 현장 지시를 하면 다른 사람들이 다른 얘기를 할 수도 없고 그렇지 않습니까?

서해청 상황담당관 유연식은 김문홍에게 책임을 돌렸다. "목포서장이 구체적인 상황 지휘를 하였기 때문에 지휘 일원화 차원에서 상황 대처 개입을 많이 하지 않"았다는 것이다.[396] 그러면서도 세월호 사고에서 지휘체계의 혼란이 가장 큰 문제였음을 인정했다. 유연식의 말을 들어보면 당장 "서해청장 현장지휘 바람"이라는 지시조차 뜻이 제대로 전달되지 않았다. 서해청장이 사고현장으로 직접 가서 지휘하라는 것인지, 이미 하고 있는 것처럼 서해청에서 지휘하라는 것인지도 분명하지 않았다. 본청과 서해청, 목포해경의 역할 분담도 없었다.

> 검사: 광역구조본부와 중앙구조본부, 지역구조본부의 역할 분담은 어떠하였는가요.
> 유연식: 지금 와서 보면 아쉬움이 남는 부분이고, 목포서면 목포서, 서해청이면 서해청 하는 식으로 누가 현장지휘를 할지를 명확히 정했어야 대응을 제대로 할 수 있었는데, 역할 분담이 명확하지 않고 누가 정해주지도 않아서 본청은 본청대로, 서해청은 서해청대로, 목포서는 목포서대로 각자 지휘를 하는 식이었습니다. 나중에 09시 34분 경우 본청에서 "서해청장 현장지휘 바람"이라는 코스넷 메시지가 왔었는데, 이미 서해청에서도 지휘를 하고 있었고 내용이 애매해서 청장님이 사고현장으로 가라는 건가 싶기도 했었습니다. 그런 지시가 오고 나서도 본청에서는 계속 현장지휘를 하고 그랬었습니다.[397]

유연식은 "차라리 한곳에서 책임을 지고 지휘를 했더라면 더 많은 승객들을 구조할 수 있었다"고 단언하면서 "교신체계"의 혼란을 지적했다. "중요한 정보가 공유되지 않아서 판단이 늦어지는 문제도 있었던 것"이다. 세월호가 급격하게 침몰하고 있음을 보여주는 많은 정보가 전달됐지만 지휘부가 제대로 인식하지 못한 것이 바로 그 사례고 실패의 원인이었다.[398]

목포해경 상황담당관 조형곤의 다음과 같은 말은 본청 상황실이 코스넷을 통해 내려보낸 지시가 어떻게 받아들여졌는지 보여준다.

> 지휘부에서 바로 123정에 연락을 해서 현장 상황을 하든지, 저희들을 지휘하든지 해야 했습니다. 그러나 지휘부는 별다른 조치가 없었습니다. 이 사건에 대한 책임은 그런 지휘를 제대로 하지 못한 구조본부장들에게 있다고 생각합니다. …… 저희나 123정 입장에서는 이미 지휘부가 TRS를 듣고, 코스넷을 보면서 지휘를 하고 있었기 때문에 적절히 지휘를 해줄 것으로 생각했습니다.[399]

본청 경비안전국장 이춘재의 말이다.

당시 100톤짜리 함정에는 코스넷 설치가 안 되어 있다는 사실을 알고 있었습니다. 그렇지만 이와 같은 지시를 코스넷을 통해 내리는 이유는 본청의 지시를 서해청이나 목포해경서에서도 알아야 하기 때문에 그렇습니다. 만약 경비전화 등으로 지시를 할 경우 지시 내용을 알지 못하는 서해청이나, 목포해경서에서 본청과 다른 지시를 하면 지휘체계에 혼선이 생길 수가 있습니다. 본청에서 코스넷을 통해 P123정에게 지휘를 내리면 그것을 서해청, 목포해경서 구조세력들이 듣고 P123정에 TRS 등을 통해 조치를 하면 되는 것입니다.[400]

이춘재의 말 자체는 틀렸다고 할 수 없다. 하지만 그 말이 의미를 가지려면 본청의 지시를 서해청이나 목포해경이 TRS 등을 통해 123정에 정확하게 전달하도록 조치하고 확인해야 했다. 코스넷에 올라오는 문자만으로도 서해청과 목포해경이 역할을 하지 않고 있음을 뻔히 알 수 있는데 무의미한 지시를 계속 내려보낸 것은 책임 있는 지휘가 아니다. 본청 차장 최상환은 중앙구조본부에서 김석균과 이춘재가 하는 일을 지켜보고 있었다. 그의 평가를 들어보자.

코스넷도 그렇고 TRS로 지시를 하든지 간에 대상을 명확히 정해놓고 했으면…… 지시를 받은 서해청이나 목포서에서 P123정에게 그와 같은 본청의 지시 사항을 전파할 수 있다고 보는데, 당시 위 코스넷 지시는 누구를 대상으로 지시를 했는지 모르겠습니다. …… 지시가 좀 불명확하고 누구에게 내린 지시인지도 모르겠습니다. 당시 좀 더 명확하게 지시가 내려갔어야 했다고 생각됩니다.[401]

3009함에서 상황을 지켜본 서해청 차장 이평현의 평가는 좀 더 냉정하다.[402]

지휘체계가 명확해져야 한다는 거는 아무래도 명확합니다. 세월호 때도 중간에 서해청장이 지휘하라고 본청에서 지시가 내려왔었는데, 그러고 나서도 본청에서 계속 '이거 해라, 저거 해라'라는 식으로 지시가 계속 내려왔다고 들었습니다. 이런 식으로 큰일이 터지다 보면 경비국장은 경비국장대로, 과장은 과장대로, 저희 청장님한테 바로 지시를 하기는 좀 그러니까 바로 일선 현장의 함정이나 헬기에 연락을 해서 닦달하기도 하고 그래서 무척 혼란했습니다. 그렇게 하더라도 본청장님이 하시거나 그래야 되는데, 상황실에 아무나 그런 식으로 연락을 하면 안 맞죠.

뒤에 123정의 구조 실패에 관한 부분에서 더 살펴보겠지만*, 이평현이 지적한 것처럼 다단계 구조본부 체계에서도 최악의 상황은 이 사람 저 사람이 되는 대로 끼어들어 아무에게나 연락해 질문하고, 지시하고, 그런 다음 제대로 보고하거나 전파하지도 않은 것이었다. 해경들 스스로 '중구난방'이라고 할 만큼 두서가 없고, 지휘체계가 문란했다.

10시 20분 본청 상황실이 두라에이스호 선장 문예식에게 전화를 걸었다. 세월호 상태를 묻더니 세월호를 향해 방송을 하라고 요구했다.[403]

"…… 그쪽 배에다가 좀 알려주세요. 총원 다 구명동의를 다 입고 밖으로 나올 수 있으면 갑판상으로 다 집결하라고 그렇게 방송을 좀 해주세요."

두라에이스호 선장에게는 직접 전화를 걸어 세월호에 방송을 하라고 요구하면서, 123정에는 전화를 걸거나 TRS로 지시하면 안 된다는 게 해경지휘부의 주장이었다. 민간 선박도 구조본부장으로부터 구조 요청을 받으면 "최대한 지원을 제공"할 의무가 있는 구조세력의 일원이다.** 민간 선박에는 본청이 직접 연락해서 지시해도 지휘체계에 혼선이 일어나지 않고, 본청의 지휘권이 곧바로 미치는 123정에는 직접 연락하면 지휘체계에 혼선이 일어난다는 주장은 너무나 터무니없다.

'지휘체계의 혼란'을 내세운 해경지휘부의 변명은 말과 행동이 모순되

---

* 이 책 4부 5장, '123정은 더 잘할 수 없었나' 항목, 738~750쪽 참조.
** 본청 상황실이 문예식의 전화번호를 얻기 위해 연락하자 두라해운 담당자는 "저희가 지금 구조 부분에 대해가지고 업무 지시를 받으려고 대기 중에 있거든요. 어떻게, 어떻게 해야 될지"라고 말했다. 해경지휘부 사건, 녹취록(해경 경비전화 2752), 증거기록 3권 4277쪽.

는, 사후 변명에 지나지 않는다. 실제로는 계속해서 직접 지휘하면서 서해청과 목포서장에게 현장지휘를 지시한 진짜 이유는 무엇일까?

아무래도 청장에게 직접 화가 미치는 것을 피하기 위해 그랬나 싶습니다.[404]

본청 상황담당관 임근조의 평가다. 김석균과 이춘재의 지휘에 대해 임근조마저 그 정도의 평가밖에 하지 않았다는 사실이 의미하는 바는 대단히 무겁다.

혼돈에 빠진 통신체계

해경의 통신체계

세 단계의 구조본부로 이루어진 해경지휘부와 현장 구조세력이 임무를 완수하는 데에는 통일적인 지휘·보고 체계가 필수조건이다. 그것을 가능하게 하는 수단은 통신이다. 당시 해경이 운영한 통신수단 가운데 세월호 구조와 관련된 것은 다음 표와 같다.

해경 구조세력과 세월호 및 두라에이스호의 통신장비

통신장비	해경본청	서해청	목포해경	3009함	123정	헬기	진도 VTS	세월호	두라에이스 (민간 선박)
VHF 지휘통신망	○	○	○	○	○	○	×	×	×
VHF 항무통신망	×	○*	○	○	○	○	○	○	○
경비전화	○	○	○	○	○**	×	○	×	×
TRS	○	○	○	○	○	○	○	×	×
코스넷 (KCG메신저)	○	○	○	○	×	×	○	×	×
SSB	○	○	○	○	○	○	○	○	○

표에서 보는 것처럼 해경의 각 기관과 함정 규모에 따라 설치된 통신수단이 서로 달랐다. 문제는 다양한 통신수단이 반드시 더 신속하고 정확한 교신을 보장하지는 않는다는 점이다. 기술 발전으로 새로운 통신수단이 도입되면서 다양한 통신 시스템이 혼재되는 가운데 난이도는 점점 높아져서 사용자들이 통신설비의 기능을 제대로 활용하지 못하거나 특정 설비의 일부 기능만 활용하고 다른 기능은 활용하지 않는 경향이 나타난다. 이런 양상을 해결하지 않은 채 여러 행위자가 다양한 통신수단으로 결합하면 서로 부분적으로만 결합하게 되어 체계적인 의사소통이 불가능해지고 혼란에 빠질 수 있다.[405]

해경도 그런 문제를 인식한 것 같다. 각급 상황실과 현장 세력 사이에 무질서하게 이루어지던 통신을 체계화하기 위해 2013년 1월 '상황관리 선진화 방안'을 만들었다.*** 상황실과 현장 세력이 실시간으로 정보를 공유하기 위해 코스넷 대화방을 도입하고 2월 25일부터 4월 25일까지 시범 운영한 다음 문제점을 개선하는 대책을 제시했다. 대형 함정이 없는 연안 구역에서 상황이 발생할 경우 현장 세력과 관할 해경 상황실은 TRS를 활용하고, 해경 상황실은 본청 및 지방청 상황실에 문자시스템을 통해 보고하고 지시받는 것이었다.[406] 본청과 지방청 상황실이 지휘하는

---

* 세월호 사고 당시 서해청 상황실에는 VHF 항무통신망이 없었으나 서해청 경무기획과 해양안전통신국에는 2대가 설치되어 있었다. 사참위 해경 초동대응 조사보고서, 45쪽.

** 해경 경비전화는 유선망이기 때문에 함정에는 설치될 수 없다. 하지만 123정을 포함한 각급 해경 함정들에는 함정용 휴대전화를 비치해 경비전화 용도로 사용했다.

*** 이 문서는 "20종의 상황정보 지원시스템과 11종의 통신장비가 비치되어 있으나 이들 시스템을 효율적으로 활용한 상황관리가 이루어지지 않고 있으며, 상황관리자와 일선 함정·항공 세력 간 정보교환 미흡"이라고 해경 통신체계의 문제점을 정확하게 지적했다. "사건 발생 초기 본청·지방청 직접 관여 시 지방청·경찰서의 역할 불명확으로 상황 지휘를 포기한 상황 전달 현상 발생"이라는 내용도 있다. 세월호 사고에서 해경 지휘체계에 일어난 혼란상을 그대로 예견한 셈이다. 해경지휘부 사건, 공판기록 5권 중 여인태 변호인 의견서 2에 첨부한 마 증제3호 참조.

내용을 코스넷 대화방에 올리면 관할 해경 상황실이 TRS로 현장 세력에 전달해 실행하는 방식이 해경 통신망의 기본 틀이 됐다.*

세월호 및 민간 선박(두라에이스호를 비롯한 상선, 어업지도선, 어선 등)과 신속하고 효율적인 통신체계를 확보하는 것도 과제였다. 적절한 구조계획을 세워서 실행하려면 세월호와 승객들의 상황, 승객 구조를 위한 준비 상황 등을 정확하게 파악해야 했다. 세월호 선장 또는 1·2등항해사 등 책임 있는 선원들과 긴밀하게 교신할 수 있는 통로를 확보하는 것이 꼭 필요했다. 민간 선박들 역시 해경 구조세력의 부족한 역량을 보완해 승객을 구조하는 데 큰 역할을 할 수 있었다는 점에서 그들과 원활하게 교신하는 것도 빼놓을 수 없었다.

해경지휘부와 현장 구조세력, 세월호, 두라에이스호를 비롯한 민간 선박 사이에서 다양한 통신설비를 서로 연결해 체계적으로 정보와 의사소통의 흐름을 매개할 수 있는 연결점을 확보하는 것이 긴요한 과제였다. 현장지휘함인 123정이 그 역할을 하는 게 제일 바람직했겠지만, 인력이 부족한 데다가 코스넷이 설치되어 있지 않아 핵심 통신망에서 차단되어 있었다. 모든 통신설비를 다 갖추고 연결할 수 있는 것은 진도VTS

---

* 본청 경비안전국장 이춘재는 해경지휘부 사건 재판에서 코스넷 대화방을 도입한 이유를 다음과 같이 설명했다. "해양경찰은 수십 년 동안 …… 무선을 이용할 수밖에 없었습니다. 해상이기 때문에요. 그래서 통신체계를 개선하기 위해서 많은 노력을 해왔습니다. 대부분 보이스통신, 음성통신인데, 코스넷만 문자통신입니다. 왜 그것을 채택하게 되었느냐 하면 제일 먼저 사고가 발생했을 때 통신량이 폭증합니다. 모든 통신국에서 송수신을 하기 때문에 …… 무선통신 같은 경우는 먹통이 되고 의사소통이 제대로 안 됩니다. 해상에서 사고가 발생하면 기관 엔진 소리, 바람 소리, 파도 소리, 사람이 떠드는 소리 등 제대로 알아듣기가 어렵습니다. 의사소통이 불분명해지기 때문에 그것을 개선하기 위해서 저희들이 코스넷이라는 문자망을 만들어서 교신을 하고 있는 것이고요. …… 두 번째는 지휘체계의 일원화입니다. 세월호 사고 같은 경우 현장에 123정이 한 척 있는데, 중앙구조본부도 지휘를 하고, 광역에서도 하고, 목포서인 지역에서도 하고, 여기저기서 중구난방으로 지휘를 하게 되면 현장에서는 대응을 할 수 없는 것입니다. …… 세 번째로 저희들이 그것을 이용하는 게 음성통신은 그때 듣지 않으면 확인할 방법이 없습니다. 이런 장점들이 있기 때문에 음성통신과 같이 혼용해서 코스넷 문자방을 사용하고 있고요. 가장 중요한 것은, 최종적으로는 현장지휘관이 상부 기관의 지시를 참고해서 본인들이 현장 상황에 맞게 지휘를 할 수 있도록 지휘체계를 일원화시켰다는 게 …… 이유입니다." 해경지휘부 사건, 서울중앙지법 1심, 제5회 공판조서(2020. 12. 14.) 중 이춘재 증언 녹취록, 16쪽.

와 3009함이었다. 3009함은 충분한 인적·물적 자원을 갖추고 있었다. 전문적으로 통신을 담당하는 통신장과 통신담당 직원이 있었고 김문홍이 타고 있던 것도 장점이었다. 진도VTS는 기능 자체가 해상에서 항해하는 선박들과 교신하며 관제하는 것이어서 해경과 민간 선박의 통신을 매개하는 데 적절했다. 사고현장과 거리가 가까운 데다가 VHF 출력이 높고 중계기도 많아 교신이 원활했고 인력도 많았다. 실제로 해경 구조세력 중에 유일하게 세월호와 교신했다.

세월호 사고를 맞닥뜨린 해경지휘부는 다단계 지휘부와 현장 구조세력, 세월호, 민간 구조세력 사이에 신속하고 정확하게 의사소통할 수 있는 체계적 통신망을 구성하는 데 실패했다. 다양하고 비동질적인 통신 시스템을 가진 다수 당사자가 결합할 경우 오히려 의사소통에 혼란이 벌어지는 함정에 빠진 것이다. 해경지휘부가 핵심 통신수단으로 활용한 코스넷 대화방을 중심으로 지휘·보고 체계의 혼란상을 살펴보자.

코스넷 대화방에 쏟아낸 지시

9시 29분 사고현장에 거의 도착한 123정장 김경일이 TRS로 첫 보고를 할 무렵 해경지휘부도 위기관리실에 도착했다. 본청 상황실은 코스넷 대화방에 지시를 쏟아내기 시작했다.[407] "123정 현장 보고 바람"(9시 34분), "123정 영상 시스템 작동할 것"(9시 36분), "123정 비디오 콘퍼런스 작동할 것"(9시 38분)이라고 지시했다. 서해청 상황실도 "123정 모바일 영상회의 시스템 가동"(9시 34분), "123정 현재 계류해서 인원 이송 가능 여부 보고"(9시 36분) 등 보고를 독촉하는 내용에서 구조활동과 관련된 지시로 이어졌다. 코스넷 대화방에 본청이 올린 지시 가운데 승객 대피와 해경의 세월호 승선에 관한 것을 나누어 정리하면 다음과 같다.

- 여객 및 선원 구명동의 착용 지시 바람, 여객선 자체 구명보트 등 이선 장비 준

비 지시 바람(9시 33분), 현장 상황 판단 선장과 통화 라이프래프트 등 이용 탈출 권고 바람(9시 44분), 승객 선원 라이프자켓 착용 필요 시 해상 투신도 검토할 것(9시 52분), 라이프자켓 입고 갑판상으로 집결 조치(9시 53분). 무조건 선내에서 나와 있도록 조치, 선실에 여객 있는지 확인 바람?(9시 56분), 모든 구명벌 및 라이프자켓 투하(9시 57분), 동원 선박은 부유물 최대 동원 투하 조치, 구명벌, 라이프자켓 등 부유물 여객선 주위 투하 조치(9시 58분), 화물선 라이프래프트 보트 동원할 것(10시), 승객들이 선실에서 빠져나올 수 있는지 확인 바람, 해상으로 탈출 가능한지?(10시 4분), 여객선 자체 부력이 있으므로 바로 뛰어내리기보다는 함정에서 차분하게 구조할 것(10시 18분), 승객들 해상 탈출 적극 유도할 것(10시 25분), 출입문 폐쇄로 탈출 못 하는 승객 확인(10시 32분), 승객들이 대부분 나온 것으로 파악되는지?(10시 36분)

- 구조대 특공대 현장 파견 승선시킬 것(9시 47분)*, 123정 현장 사고 선박 내 승선하여 조치 바람, 경찰관이 직접 승선하여 현장 조치 바람(9시 50분), 승선하여 안내할 것(9시 51분), 123정 직원 여객선 편승 여부? 여객선 편승했으면, 여객 퇴선할 수 있도록 안내 조치(9시 55분), 헬기 항공구조사 여객선 편승 후 현장 안내 조치할 것, 무조건 여객선에 편승할 것, 현재 여객선에 경찰관 편승 여부?(10시), 경찰관 사고선박 편승 여부?(10시 2분), 최대한 빠른 시간에 여객선 경찰관 편승할 것(10시 3분), 헬기에서 항공구조사 여객선에 편승(10시 8분), 여객선 경찰관 편승 여부?(10시 18분), 여객선 경찰관 편승 여부?(10시 22분), 경찰관 편승 조치 못했는지?(10시 25분), 123정 동원 세력 현장지휘할 것(10시 29분), 구조대, 특공대 현장 도착하면 여객선에 즉시 편승할 것(10시 30분).

이춘재는 여인태로부터 김경일과 통화한 내용을 보고받은 후 "상황의 심각성을 인지하고 비상조치가 필요하다고 판단"했고 "당시 상황으로는 무조건 탈출시켜야 한다는 판단이 들었기 때문에" 자신이 "지시를 했"다

---

* 앞서 '어선 타고 간 122구조대와 특공대' 항목에서 살펴본 것처럼 목포해경 구조대와 서해청 특공대는 항공 또는 함정 이동편을 제공받지 못해 차량과 어선 등을 이용해 이동했고 세월호가 완전히 침몰한 다음 현장에 도착했다.

고 주장했다.* 본청 상황실이 쏟아낸 지시를 모아놓으면, 이춘재의 주장처럼 본청 지휘부가 승객을 구조하기 위해 적극적으로 노력한 것처럼 보인다. 그 뜻이 무엇이건, 이춘재가 주도해 본청 상황실이 코스넷 대화방에 올린 일련의 지시가 123정에 제대로 전달됐다면, 구조에 도움이 될 여지가 있긴 했다.

특히 9시 33분 "여객선 자체 구명보트 등 이선 장비 준비 지시 바람", 9시 44분 "현장 상황 판단 선장과 통화 라이프래프트 등 이용 탈출 권고 바람" 지시는 123정 대원을 세월호에 승선시키고 선장을 찾아내는 방향으로 작용할 수 있었다. 9시 52분 "승객 선원 라이프재킷 착용 필요 시 해상 투신도 검토할 것", 9시 56분 "무조건 선내에서 나와 있도록 조치"도 마찬가지였다. 선내 대기 방송에 발이 묶인 승객들에게 배 밖으로 나오라는 뜻만 전달했어도 참사를 막는 데 도움이 될 수 있었다. 그에 이어 무려 17번에 걸쳐 경찰관과 항공구조사의 "승선" 또는 "편승"을 지시하거나 질문한 것을 보면, 해경이 세월호에 올라가 뭔가 해야 한다고 생각하기는 한 것 같다.

하지만, 소용없는 지시였다. 123정에는 코스넷 대화방이 없었기 때문이다. 목포해경 상황실은 9시 7분에 이어 9시 48분에도 "123정 코스넷

---

* 이춘재의 진술을 자세히 보면 그가 본문에 열거한 지시를 하면서 123정 대원이나 항공구조사가 세월호 선내에 진입해 승객을 찾아 퇴선시키는 적극적 조치까지도 의도했는지는 의심스럽다.
검사: 당시 현장에는 세월호가 45도 이상 기운 상태로 배 안에 450여 명의 승객들이 …… 있는 상황인 반면, 구조세력으로 100톤급의 123정, 헬기 3대 정도에 불과하여, 선 밖으로 나온 사람들을 실어 나르는 것보다 적극적으로 항공구조사를 선내에 투입하여 선내 상황을 확인하고 승객들로 하여금 퇴선을 유도하는 조치를 했어야 하는 것 아닌가요.
이춘재: 그런 방법까지 고려해서 구조를 하였으면 좋았을 것인데 그렇게 되지 못해서 아쉽게 생각합니다.
검사: 그러나 승선 명령은 P123정에 내리는 명령이었고, 헬기로 하여금 세월호에 하강하여 선내에 진입할 수 있도록 세월호 승선 지시를 내린 사실은 없지 않은가요.
이춘재: 예. 그 부분에 대해서는 아쉽게 생각을 하고 있습니다.
해경지휘부 사건, 이춘재 피의자 신문조서(2019. 12. 4.), 증거기록 11권 9070~9071쪽.

안 된다는 사항임"이라고 대화방에 알렸지만, 본청 지휘부는 상황을 파악하지 못한 채 전달되지도 않을 지시를 계속해서 코스넷 대화방에 쏟아냈다.[408] 사고 발생 후 1시간이 지나도록 통신체계조차 파악하지 못한 채 '지휘'한 것이다.

난장판이 된 코스넷 대화방

목포해경 상황실은 코스넷 대화방을 열 때 본청과 서해청 상황실을 초대했고, 점차 참여자를 확대했다. 초기에는 참여자가 적어 그런대로 원활하게 소통이 이루어졌으나 참여자가 점점 늘어나면서 상황이 급격히 나빠졌다. 새로운 참여자가 들어올 때마다 "○○○님이 입장하셨습니다"라고 새 입장자를 알리는 문자가 떴고, 기존 참여자들의 환영 인사가 올라왔다. "안녕하세요. '△△△'입니다. '○○○'님을 환영합니다." 참여자가 늘수록 알림 문자와 환영 인사가 늘면서 도배를 하다시피 했다. 상당수 해경 기관과 함정, 직원들이 새 입장자에 대한 환영 인사를 자동 설정해놓은 탓이었다.

아무리 중요한 지시와 보고가 이루어지고 있어도 소용없었다. 새 참여자가 들어오면 여지없이 끊고 알림 문자와 환영 인사가 떴다. 보고와 지시의 흐름이 끊어지기 일쑤였고, 보고와 지시가 있었는지조차 인식하기 어려워졌다. 현장 상황은 점점 위급해지는데 신규 입장자는 더욱 늘어나면서 혼란도 커졌다. 촌각을 다투는 재난 상황에서 한 치의 어긋남 없이 작동해야 할 지휘·보고 체계가 난장판으로 변해갔다.

9시 36분 본청 상황실이 "현재 여객선 상황 보고"라는 지시를 올렸다. 그 직후 '장기은'이 입장했고, 서해청 상황실이 "123정 현지 계류해서 인원 이송 가능 여부 보고"라는 지시를 올렸다. 그때부터 코스넷 대화방에서 이어진 '대화'는 장기은에 대한 환영 인사 7개, '박신영' 환영 인사 8개, '이치만' 환영 인사 9개, '오한양' 환영 인사 11개였다. 그런 다음 제주

P-19정님의 대화(오전 9:36):
안녕하세요 'P-19정'입니다. '278함'님을 환영합니다.
513함님이 입장하셨습니다.
1508함님의 대화(오전 9:36):
안녕하세요 '1508함'입니다. '278함'님을 환영합니다.
1509함님의 대화(오전 9:36):
안녕하세요 '1509함'입니다. '278함'님을 환영합니다.
3009함님의 대화(오전 9:36):
안녕하세요 '3009함'입니다. '278함'님을 환영합니다.
완도상황실님의 대화(오전 9:36):
안녕하세요 '완도상황실'입니다. '513함'님을 환영합니다.
인천상황실님의 대화(오전 9:36):
안녕하세요 '인천상황실'입니다. '513함'님을 환영합니다.
목포상황실님의 대화(오전 9:36):
안녕하세요 '목포상황실'입니다. '513함'님을 환영합니다.
P-19정님의 대화(오전 9:36):
안녕하세요 'P-19정'입니다. '513함'님을 환영합니다.
1508함님의 대화(오전 9:36):
안녕하세요 '1508함'입니다. '513함'님을 환영합니다.
1509함님의 대화(오전 9:36):
안녕하세요 '1509함'입니다. '513함'님을 환영합니다.
3009함님의 대화(오전 9:36):
안녕하세요 '3009함'입니다. '513함'님을 환영합니다.
본청상황실님의 대화(오전 9:36):
현재 여객선 상황 보고
장기은님이 입장하셨습니다.
서해지방청상황실님의 대화(오전 9:36):
P정 현지 계류해서 인원 이송 가능여부 보고

완도상황실님의 대화(오전 9:36):
안녕하세요 '완도상황실'입니다. '장기은'님을 환영합니다.
목포상황실님의 대화(오전 9:36):
안녕하세요 '목포상황실'입니다. '장기은'님을 환영합니다.
P-19정님의 대화(오전 9:36):
안녕하세요 'P-19정'입니다. '장기은'님을 환영합니다.
1508함님의 대화(오전 9:36):
안녕하세요 '1508함'입니다. '장기은'님을 환영합니다.
3009함님의 대화(오전 9:36):
안녕하세요 '3009함'입니다. '장기은'님을 환영합니다.
인천상황실님의 대화(오전 9:36):
안녕하세요 '인천상황실'입니다. '장기은'님을 환영합니다.
1509함님의 대화(오전 9:36):
안녕하세요 '1509함'입니다. '장기은'님을 환영합니다.
박신영님이 입장하셨습니다.
완도상황실님의 대화(오전 9:37):
안녕하세요 '완도상황실'입니다. '박신영'님을 환영합니다.
인천상황실님의 대화(오전 9:37):
안녕하세요 '인천상황실'입니다. '박신영'님을 환영합니다.
장기은님의 대화(오전 9:37):
안녕하세요 '장기은'입니다. '박신영'님을 환영합니다.
목포상황실님의 대화(오전 9:37):
안녕하세요 '목포상황실'입니다. '박신영'님을 환영합니다.
P-19정님의 대화(오전 9:37):
안녕하세요 'P-19정'입니다. '박신영'님을 환영합니다.
1509함님의 대화(오전 9:37):
안녕하세요 '1509함'입니다. '박신영'님을 환영합니다.
3009함님의 대화(오전 9:37):

코스넷 대화방 기록

안녕하세요 '3009함'입니다. '박신영'님을 환영합니다.
1508함님의 대화(오전 9:37):
안녕하세요 '1508함'입니다. '박신영'님을 환영합니다.
이치만이 입장하셨습니다.
완도상황실님의 대화(오전 9:37):
안녕하세요 '완도상황실'입니다. '이치만'님을 환영합니다.
목포상황실님의 대화(오전 9:37):
안녕하세요 '목포상황실'입니다. '이치만'님을 환영합니다.
P-19정님의 대화(오전 9:37):
안녕하세요 'P-19정'입니다. '이치만'님을 환영합니다.
인천상황실님의 대화(오전 9:37):
안녕하세요 '인천상황실'입니다. '이치만'님을 환영합니다.
279함이 입장하셨습니다.
박신영님의 대화(오전 9:37):
안녕하세요 '박신영'입니다. '이치만'님을 환영합니다.
장기은님의 대화(오전 9:37):
안녕하세요 '장기은'입니다. '이치만'님을 환영합니다.
1508함님의 대화(오전 9:37):
안녕하세요 '1508함'입니다. '이치만'님을 환영합니다.
1509함님의 대화(오전 9:37):
안녕하세요 '1509함'입니다. '이치만'님을 환영합니다.
3009함님의 대화(오전 9:37):
안녕하세요 '3009함'입니다. '이치만'님을 환영합니다.
윤종일이 입장하셨습니다.
오한양님이 입장하셨습니다.
이치만님의 대화(오전 9:37):
안녕하세요 '이치만'입니다. '오한양'님을 환영합니다.
인천상황실님의 대화(오전 9:37):

안녕하세요 '인천상황실'입니다. '오한양'님을 환영합니다.
박신영님의 대화(오전 9:37):
안녕하세요 '박신영'입니다. '오한양'님을 환영합니다.
장기은님의 대화(오전 9:37):
안녕하세요 '장기은'입니다. '오한양'님을 환영합니다.
완도상황실님의 대화(오전 9:37):
안녕하세요 '완도상황실'입니다. '오한양'님을 환영합니다.
목포상황실님의 대화(오전 9:37):
안녕하세요 '목포상황실'입니다. '오한양'님을 환영합니다.
P-19정님의 대화(오전 9:37):
안녕하세요 'P-19정'입니다. '오한양'님을 환영합니다.
윤종일님의 대화(오전 9:37):
안녕하세요 '윤종일'입니다. '오한양'님을 환영합니다.
3009함님의 대화(오전 9:37):
안녕하세요 '3009함'입니다. '오한양'님을 환영합니다.
1509함님의 대화(오전 9:37):
안녕하세요 '1509함'입니다. '오한양'님을 환영합니다.
1508함님의 대화(오전 9:37):
안녕하세요 '1508함'입니다. '오한양'님을 환영합니다.
제주청상황실님의 대화(오전 9:37):
09:32분 제주청 고정익(B702), 제주청 카모프 (B505) stand by 중
1506함이 입장하셨습니다.
완도상황실님의 대화(오전 9:37):
안녕하세요 '완도상황실'입니다. '1506함'님을 환영합니다.
오한양님의 대화(오전 9:37):
안녕하세요 '오한양'입니다. '1506함'님을 환영합니다.
윤종일님의 대화(오전 9:37):
안녕하세요 '윤종일'입니다. '1506함'님을 환영합니다.

인천상황실님의 대화(오전 9:37):
안녕하세요 '인천상황실'입니다. '1506함'님을 환영합니다.
박신영님의 대화(오전 9:37):
안녕하세요 '박신영'입니다. '1506함'님을 환영합니다.
목포상황실님의 대화(오전 9:37):
안녕하세요 '목포상황실'입니다. '1506함'님을 환영합니다.
이치만님의 대화(오전 9:37):
안녕하세요 '이치만'입니다. '1506함'님을 환영합니다.
장기은님의 대화(오전 9:37):
안녕하세요 '장기은'입니다. '1506함'님을 환영합니다.
P-19정님의 대화(오전 9:37):
안녕하세요 'P-19정'입니다. '1506함'님을 환영합니다.
1508함님의 대화(오전 9:37):
안녕하세요 '1508함'입니다. '1506함'님을 환영합니다.
3009함님의 대화(오전 9:37):
안녕하세요 '3009함'입니다. '1506함'님을 환영합니다.
1509함님의 대화(오전 9:37):
안녕하세요 '1509함'입니다. '1506함'님을 환영합니다.
1009함님이 입장하셨습니다.
윤종일님의 대화(오전 9:37):
안녕하세요 '윤종일'입니다. '1009함'님을 환영합니다.
이치만님의 대화(오전 9:37):
안녕하세요 '이치만'입니다. '1009함'님을 환영합니다.
오한양님의 대화(오전 9:37):
안녕하세요 '오한양'입니다. '1009함'님을 환영합니다.
인천상황실님의 대화(오전 9:37):
안녕하세요 '인천상황실'입니다. '1009함'님을 환영합니다.
완도상황실님의 대화(오전 9:37):

안녕하세요 '완도상황실'입니다. '1009함'님을 환영합니다.
박신영님의 대화(오전 9:37):
안녕하세요 '박신영'입니다. '1009함'님을 환영합니다.
장기은님의 대화(오전 9:37):
안녕하세요 '장기은'입니다. '1009함'님을 환영합니다.
목포상황실님의 대화(오전 9:37):
안녕하세요 '목포상황실'입니다. '1009함'님을 환영합니다.
P-19정님의 대화(오전 9:37):
안녕하세요 'P-19정'입니다. '1009함'님을 환영합니다.
1508함님의 대화(오전 9:37):
안녕하세요 '1508함'입니다. '1009함'님을 환영합니다.
1509함님의 대화(오전 9:37):
안녕하세요 '1509함'입니다. '1009함'님을 환영합니다.
3009함님의 대화(오전 9:37):
안녕하세요 '3009함'입니다. '1009함'님을 환영합니다.
1006함님이 입장하셨습니다.
인천상황실님의 대화(오전 9:37):
안녕하세요 '인천상황실'입니다. '1006함'님을 환영합니다.
오한양님의 대화(오전 9:37):
안녕하세요 '오한양'입니다. '1006함'님을 환영합니다.
윤종일님의 대화(오전 9:37):
안녕하세요 '윤종일'입니다. '1006함'님을 환영합니다.
완도상황실님의 대화(오전 9:37):
안녕하세요 '완도상황실'입니다. '1006함'님을 환영합니다.
이치만님의 대화(오전 9:37):
안녕하세요 '이치만'입니다. '1006함'님을 환영합니다.
박신영님의 대화(오전 9:37):
안녕하세요 '박신영'입니다. '1006함'님을 환영합니다.

장기은님의 대화(오전 9:37):

안녕하세요 '장기은'입니다. '1006함'님을 환영합니다.

목포상황실님의 대화(오전 9:37):

안녕하세요 '목포상황실'입니다. '1006함'님을 환영합니다.

P-19정님의 대화(오전 9:37):

안녕하세요 'P-19정'입니다. '1006함'님을 환영합니다.

3009함님의 대화(오전 9:37):

안녕하세요 '3009함'입니다. '1006함'님을 환영합니다.

1509함님의 대화(오전 9:37):

안녕하세요 '1509함'입니다. '1006함'님을 환영합니다.

1508함님의 대화(오전 9:37):

안녕하세요 '1508함'입니다. '1006함'님을 환영합니다.

277함님이 입장하셨습니다.

오한양님의 대화(오전 9:37):

안녕하세요 '오한양'입니다. '277함'님을 환영합니다.

윤종일님의 대화(오전 9:37):

안녕하세요 '윤종일'입니다. '277함'님을 환영합니다.

완도상황실님의 대화(오전 9:37):

안녕하세요 '완도상황실'입니다. '277함'님을 환영합니다.

이치만님의 대화(오전 9:37):

안녕하세요 '이치만'입니다. '277함'님을 환영합니다.

인천상황실님의 대화(오전 9:37):

안녕하세요 '인천상황실'입니다. '277함'님을 환영합니다.

장기은님의 대화(오전 9:37):

안녕하세요 '장기은'입니다. '277함'님을 환영합니다.

박신영님의 대화(오전 9:37):

안녕하세요 '박신영'입니다. '277함'님을 환영합니다.

목포상황실님의 대화(오전 9:37):

안녕하세요 '목포상황실'입니다. '277함'님을 환영합니다.

P-19정님의 대화(오전 9:37):

안녕하세요 'P-19정'입니다. '277함'님을 환영합니다.

1006함님의 대화(오전 9:37):

안녕하세요 '1006함'입니다. '277함'님을 환영합니다.

3009함님의 대화(오전 9:37):

안녕하세요 '3009함'입니다. '277함'님을 환영합니다.

1509함님의 대화(오전 9:37):

안녕하세요 '1509함'입니다. '277함'님을 환영합니다.

1508함님의 대화(오전 9:37):

안녕하세요 '1508함'입니다. '277함'님을 환영합니다.

김지현님이 입장하셨습니다.

오한양님의 대화(오전 9:37):

안녕하세요 '오한양'입니다. '김지현'님을 환영합니다.

완도상황실님의 대화(오전 9:37):

안녕하세요 '완도상황실'입니다. '김지현'님을 환영합니다.

인천상황실님의 대화(오전 9:37):

안녕하세요 '인천상황실'입니다. '김지현'님을 환영합니다.

이치만님의 대화(오전 9:37):

안녕하세요 '이치만'입니다. '김지현'님을 환영합니다.

윤종일님의 대화(오전 9:37):

안녕하세요 '윤종일'입니다. '김지현'님을 환영합니다.

장기은님의 대화(오전 9:37):

안녕하세요 '장기은'입니다. '김지현'님을 환영합니다.

박신영님의 대화(오전 9:37):

안녕하세요 '박신영'입니다. '김지현'님을 환영합니다.

목포상황실님의 대화(오전 9:37):

안녕하세요 '목포상황실'입니다. '김지현'님을 환영합니다.

청 상황실이 고정익(B702)과 카모프 헬기(B505)가 대기 중이라는 문자를 올렸고 다시 환영 인사로 도배되었다. '1506함', '1009함', '1006함'이 각각 12개, '277함'과 '김지현'은 하나 더 많은 13개씩의 환영 인사를 받았다. 다시 본청 상황실 지시가 떴다. "목포서장도 현장 복귀 지휘할 것." 애초에 본청과 서해청 상황실이 한 지시는 누가 받았는지, 누가 전달했는지, 감감무소식 상태에서 그냥 사라졌다. 이따금 "수신 완료"라는 확인 문자가 뜨긴 했지만, 극소수 예외에 지나지 않았다.

9시 2분부터 10시 35분까지 코스넷 대화방에 올라온 문자는 1,190개였다. 그중 입장과 퇴장을 알리는 문자와 환영 인사, 설정 변경을 요구한 목포해경 상황실의 문자처럼 세월호 사고와 아무런 관계도 없이 소통을 방해한, 무의미한 문자가 770개(64.7%)였다. 실제로 의미가 있었는지를 불문하고 형식적으로라도 세월호 사고와 조금이라도 관계 있는 것은 420개(35.3%)에 불과했다. 목포해경 상황실이 "환영 멘트 안 함으로 설정"할 것을 요청할 때 신규 입장자에 대한 평균 환영 인사는 6.1개였는데 그 후에는 12.6개로 2배 이상 늘었다.* 신규 입장자가 늘어나면서 환영 인사도 점점 늘어난 것이다. 코스넷 대화방의 혼란상도 더 심해졌다. 형식적으로나마 세월호와 관련된 420개의 문자는 어땠을까? 의미가 있었을까? 대답은 역시 부정적이다. 9시 12분 목포해경 상황실이 코스넷 대화방에 보고 문자를 올렸다.

- 512호기 헬기 이동

---

* 목포해경 상황실이 "환영 멘트 안 함으로 설정"할 것을 처음 요청할 때까지 신규 입장자는 모두 43개 기관 또는 개인이었고 환영 인사는 261개였는데 그 후에는 32개 기관 또는 개인에 대해 402개의 환영 인사가 쏟아졌다. 전체는 75개 기관 또는 개인에 대해 663개로 평균 8.8개였다.

서해청 상황실이 곧바로 질문했다. "512 어디에서 이동 중인가요?" 서해청 소속 헬기 512호는 서해청 항공대에서 소식을 듣고 출동했다. 서해청이 몰랐다면 말이 아니다. 하지만 바다에 나가 있던 3009함에서 이륙했으므로 물어볼 수도 있다고 치자. 목포해경이 대답했다. "가거도 북서 20해리에서 이동 중." 9시 13분, 서해청이 512호기 도착 예정 시간(ETA, Estimated Time of Arrival)을 물었다. "512 ETA."

답이 없자 9시 14분 서해청이 다시 물었다. "512 ETA." 여전히 답이 없었다. 9시 17분 또 질문했다. 이번에는 수신을 확인하라는 지시를 덧붙였다. "512호기 ETA 수신 여부?" 여전히 답은 올라오지 않았고 시간이 흘러갔다. 9시 29분 서해청이 문자를 띄웠다.

- 512호기 09시 27분입니다.

헬기 512호가 현장에 도착한 것은 9시 45분이었다. 침몰하는 여객선에서 수백 명의 승객을 구조해야 하는 급박한 상황에서 서해청은 자기가 가장 잘 알 수 있고 또 알아야 하는 정보를 하급 기관에 보고하라고 반복 지시하다가 결국 스스로 올렸다. 그런데 그 정보마저 엉터리였다. 도저히 이해할 길이 없는 초현실적 상황이었다.

본청이 지시했는데 서해청이나 목포해경, 3009함 등이 응답하지 않은 경우, 반대로 보고했는데 본청 상황실이 해야 할 응답과 지시를 하지 않은 경우도 많았다. 9시 6분 본청 상황실이 지시했다.

- 현지 기상 보고

아무도 응답하지 않았다. 바다에서 기상 상황은 구조의 조건을 근본적으로 규정한다는 점에서 무엇보다 중요한, 제일 먼저 확인해야 할 정보다.* 본청이 파악해서 알려줄 만도 하지만 현장에 가까운 서해청이나 목포해경에 확인하라고 지시할 수도 있다고 치자. 그 지시에 목포해경이 "123정 코스넷 미설치"라는 문자를 달았을 뿐 아무도 응답하지 않았다. 33분이 지난 9시 39분 서해청이 같은 지시를 올렸다.

- 현지 기상 보고 바람

역시 보고는 없었다. 서해청이 거듭 지시했다. "현지 기상 송신 바람"(10시 2분), "현지 기상 송신 바람"(10시 5분), "현지 기상 파악 바로 보고 바람"(10시 9분).

세월호가 침몰할 때까지 현지 기상을 보고한 내용은 없다. 그럼 아무도 몰랐을까? 본청 상황실은 이미 알고 있었다. 9시 22분 중앙119와 통화하면서 "일단은 뭐 침수가 됐다가 침몰 위기가 있는 모양인데 지금 날씨도 좋고 인근 함정도 있기 때문에 최대한 가서 구조를 해야지요"라고 말했다. 안전행정부도 알고 있었다. 9시 40분 "기상은 파도는 별로 없네요. 그러면 그 구명정이나 이런 거 타고 내리면 천천히 내리면 크게 문제는 없을 수 있겠네요"라고 핵심을 말했다. 지시에 대해 하급 기관이 보고하기 전에 답을 알았으면 스스로 전파해서 부담을 줄여주는 게 구조작전에 참여한 자의 도리 아닐까?** 그랬다면 서해청이 뒷북이나 치는 답답한 지

---

* 대형 해상사고 매뉴얼은 수색 및 구조활동에서 파악해야 할 현장 상황의 하나로 "기상특보, 풍향·풍속, 파고, 시정, 해류 등" 기상 상황을 열거했다. 25쪽.

** 서해청 상황담당관 유연식은 본청과 서해청 상황실이 코스넷 대화방으로 123정에 현지 기상 상황을 보고하라고 반복 지시한 것에 대해 상황보고서를 쓰다가 물어본 것 같다고 말했다.
"그건 제가 한 건 아녔는데, 짐작에는 상황보고서 맨 마지막인가에 현지 기상을 쓰는 난이 있습니다. 아마 상황보고서를 쓰다가 물어본 것 같습니다. 그렇게 지시를 하면 목포상황실에서 답을 해야 할 텐데, 한참 현장에 대응하고 구조가 진행 중일 때에 꼭 필요한 정보는 아녔던 것 같습니다. 당시에 초기에 현지 기상이 파악이 안 된 것도 아니었구요." 이미 알고 있는 정보인데도 상황보고서를 쓰는 과정에서 직접 확인하는 대신 현장에 있는 123정에 보고하라고 지시한 것이다. 인명 구조보다 관료적 편의를 우선하는 해경 조직의 심각한 폐해를 드러내는 하나의 징표라고 할 수 있다. 해경지휘부 사건, 유연식 피

시를 반복하지 않았을 것이다. 이런 사례가 한둘이 아니다.

당시 코스넷 대화방에 올라온 지시와 보고 가운데 겉으로는 세월호와 관련된 것처럼 보이는 420개 문자도 이처럼 시간과 노력을 무의미하게 소모하고 관심을 엉뚱한 데로 돌리게 만드는 것이 대부분이었다.

앞서의 대화방 그림은 당시 해경 상황실에 설치된 상황판의 대화방 모습이 아니다. 검찰이 서해청 상황실을 압수수색하는 과정에서 코스넷 대화방 메시지를 출력한 출력물이다.[409] 실제 상황판을 확인하지 못했지만, 하나의 화면에 들어가는 메시지 수는 앞의 그림보다 훨씬 적었을 게 틀림없다. 화면 전체가 신규 입장자 소개와 환영 인사로 가득 채워진 채 몇 번씩 넘어가는 일이 다반사였다는 얘기다. 그 중간에 가물에 콩 나듯 끼어 있는 지시나 보고가 상황요원들 눈에 제대로 들어왔을지 의문이다.

코스넷 대화방을 보기는 했을까?

목포해경 상황실장 이병윤은 "코스넷 시스템상 대화창이 빠르게 지나가서 지휘부의 지시 사항을 못 볼 수도 있나요"라는 질문에 그런 일은 없다고 단언했다.

> 지휘부나 서장의 지시 사항에 대한 보고가 누락되는 경우는 없다고 보시면 됩니다. 중요 사항의 경우 상황실 멀티큐브 창에 기존의 화면을 내리고 코스넷 내화방 창을 전체 화면으로 띄워서 전파를 하기도 합니다.

그런데 세월호 사고 당시에는 상황판 전체 화면에 코스넷 대화방을 띄운 경우는 "기억은 나지 않"는다고 했다. "다만 사고 당일은 매우 긴박하

의자 신문조서(2019. 12. 3.), 증거기록 10권 8713쪽.

게 돌아가는 상황이라 지시 사항을 캐치한 이치만 경장 등이" "상황실장 등에게 직접 바로 와서 보고를 하였던 것 같"다고 했다.[410]

이치만의 말도 이병윤과 같았다. "코스넷에 올라오는 상황이나 지시 사항은" 자신이 "하나도 빠짐없이 상황실장에게 가서 보고를 하였"으며 "상황실장 2명이 나란히 앉아 있고 그 옆에 바로 상황담당관이 상황을 주시하고 있었기 때문에 대부분의 보고 사항이 위 3명에게 함께 보고가 되었"다고 주장했다.[411] 김석균 역시 "실시간으로 문자로 지시하면 서해청이나 목포서에서도 바로 지휘를 할 수 있는 상황이어서 시간 차이가 거의 나지 않"는다고 주장했다.[412] 과연 그랬을까? 그렇지 않았음을 보여주는 증거가 넘친다. 목포해경 상황실부터 살펴보자.*

9시 39분, 대화방이 환영 인사로 도배되는 것을 보다 못한 목포해경 상황실이 문자를 띄웠다.

- 각 국들 설정 들어가셔서 환영 멘트 안 함으로 설정해주세요.

소용없었다. 그 문자 직후에 참여한 '서승현'을 환영하는 인사가 순식간에 13개나 이어졌다. 목포해경 상황실이 다시 문자를 올렸다.

- 각 국들 설정 들어가셔서 환영 멘트 안 함으로 설정해주세요.

그에 이어 본청 상황실이 "도착 세력 현장 기상?"이라고 물음표까지 달아서 지시했지만, '배근국'을 환영하는 인사와 '방제13정'을 환영하는 인사가 길게 이어졌다. 서해청 상황실이 "현지 기상 보고 바람"이라고 반복했지만, "현재 해상 추락자 없는 것으로 파악 중"이라는, 뜬금없고 사

---

* 본청과 서해청 상황실의 상황은 뒤의 '아수라장'이 된 본청 상황실' 항목, 674~685쪽 참조.

실관계도 잘못된 목포해경 상황실의 보고가 올라오더니 '김경철'을 환영하는 인사가 또 줄을 이었다. 세월호가 침몰할 때까지, 침몰한 후에도 계속 그 모양이었다. 그렇다면 "각 국들 설정 들어가셔서 환영 멘트 안 함으로 설정해주세요"라고 요청한 목포해경 상황실은 어땠을까?

"환영 멘트 안 함으로 설정"하라고 한 첫 번째 문자 직후 입장한 '서승현'을 환영하는 목포해경 상황실의 인사가 올라갔다.

09:39 목포상황실님의 대화
안녕하세요. '목포상황실입니다,' '서승현'님을 환영합니다.

목포해경 상황실은 계속해서 신규 입장자를 환영했다. 목포해경 상황실 코스넷 대화방 운영자인 '이치만'*도 마찬가지였다. 계속해서 신규 입장자들을 환영하는 인사를 쏘아 올렸다. 목포해경 상황실이 "환영 멘트 안 함으로 설정"하라는 문자를 두 번째로 올린 다음에도 달라지지 않았다. '목포상황실님' 스스로 '배근국', '방제13정', '김경철', '강병용', '이병훈', '송진혁', '1503함', '308함', '조성훈', '최일주', '여수연안VTS', '동해지방청상황실', '조소형', '박달성', '517함', '평택 상황실', '302함', '1502함', '통영상황실',** '이형필', '서귀포 상황실', '308함', '1005함', '주은희', '박정노', '517함'***, '서해지방청상황실'****, '1502함'*****, '류동

---

* 목포해경 상황요원으로 코스넷 대화방 담당자인 이치만은 '목포상황실' 명의의 계정 외에 '이치만' 개인 명의로 별도의 계정을 만들어 운영했다. 함정들이 보내오는 출항 보고, 도착 보고 등 각종 보고가 많이 올라오는데 그것을 '목포상황실' 계정으로 받으면 너무 복잡해지기 때문에 '이치만' 개인 명의 계정을 열어 따로 받았는데 다른 상황요원인 김갑수가 사용했다고 주장했다. 사참위, 이치만 1회 조사대상자 진술조서(2019. 11. 6.), 18~20쪽.

** '통영상황실'이 입장하자 목포해경 상황실은 10시 7분 "회의방이 넘쳐서요"라는 문자를 올렸다. 정원인 50명이 찼다는 뜻으로 보인다. 10시 9분 '302함'이 퇴장했다. 그러자 '이형필'이 입장했다. 그런데 그다음에는 퇴장자가 없는데도 신규 입장이 계속됐다. 코스넷 대화방의 운영 방식은 관계자들이 한 진술과 다를 가능성이 크다.

*** '517함'은 9시 54분에 입장했는데 10시 17분 다시 입장했다.

준', '1006함', '517함'*에 이르기까지 빠짐없이 환영했다. 10시 30분 세월호가 침몰한 후에도 신규 입장자는 이어졌고, '목포상황실님'의 환영인사도 계속됐다.**

목포해경 상황실이 "환영 멘트 안 함으로 설정"하라고 두 번째 문자를 올린 다음 입장자들만 열거했지만 그 전에도 신규 입장자들이 있었고, 그때마다 환영 인사가 이어졌다. 초기에는 대부분 세월호 구조에 직간접으로 참여해야 하는 해경 기관이나 함정이었는데 9시 36분경부터 해경 관계자들이 개인 명의로 참여하는 경우가 급격히 늘어났다. 이들이 모두 세월호 구조작전에서 해야 할 역할이 있어서 목포해경이 초대한 것은 아닐 것이다. 본청 경비계장 윤태연은 "구조와 아무런 관련이 없는 타 지역 직원들"이 대화방에 입장한 이유를 묻는 검사의 질문에 "세월호 사고의 상황이 궁금해서 코스넷에 접속한 직원들도 꽤 있었던 것 같"다고 대답했다.[413]

다른 대화방 참가자들이 목포해경 상황실의 문자를 읽지 않은 채 만연히 환영 인사를 보내 대화방을 어지럽힌 것도 큰 문제였지만, 목포해경 상황실 스스로 계속해서 환영 인사를 날린 것은 정말 심각한 문제였다. 구조작전의 핵심기관인 목포해경 상황실에서 상황요원들이 대화방을 제대로 보지 않고 있었다는 사실을 증명하기 때문이다. 이런 상황에서 상황실이 제 역할을 하리라 기대할 수 있을까? 본청이나 서해청의 지시를 제대로 파악해서 이행할 수 있었을까? 목포해경 상황실의 난맥상은 그것으로 그치지 않는다.

**** 서해청 상황실은 10시 18분에 퇴장했다가 10시 19분 다시 입장했다.

***** '1502함'은 10시 5분에 입장했는데 10시 21분 다시 입장했다.

* '517'함은 10시 29분에 세 번째 다시 입장했다.

** 목포해경 상황실은 9시 58분에도 "환영 멘트 꺼주세요"라는 문자를 입력했지만, 상황은 달라지지 않았다.

9시 16분 3009함이 갑자기 코스넷 대화방에서 퇴장했다.* 9시 22분부터 28분까지 목포해경 상황실과 본청 상황실 사이에 대화가 이어졌다. 목포해경이 본청에 3009함을 회의실에 입장하게 해달라고 요구하다가 답이 없자 방장 권한을 넘겨달라고 요구했다. 중간에 본청 상황실의 지시와 목포해경 상황실의 보고, 신규 입장자 알림 문자와 환영 인사가 마구 뒤섞인 것은 말할 것도 없다.

목포해경: 본청 상황실(9시 22분)
목포해경: 3009함 회의실 입장 조치 해주세요(9시 22분)
목포해경: 본청 상황실(9시 25분)
목포해경: 방장 권한 넘겨주세요(9시 26분)
목포해경: 본청 상황실 방장 권한을 줘야 함정들을 초대하죠(9시 27분)
본청 상황실: 목포서에서 초대하십시오(9시 28분)

이 대화방은 목포해경 상황실 이치만이 개설했다.[414] 코스넷 대화방 설명서에 따르면 개설자는 대화방을 열 때 공개회의실, 비공개회의실, 비밀회의실 가운데 선택할 수 있다. 비공개회의실과 비밀회의실은 방장이 참가자를 초대해야 하지만 공개회의실은 프로그램의 대화방 메뉴에서 개설된 대화방 목록을 볼 수 있기 때문에 누구든지 참여할 수 있었다. 대화방을 개설한 방장은 방의 유형을 정하거나 변경할 수 있고 참여자 숫자도 정할 수 있다.[415] 이치만이 개설한 세월호 관련 대화방은 공개 대화방으로 누구든지 참여할 수 있었던 것으로 보인다.**

---

* 3009함이 코스넷 대화방에서 퇴장한 이유는 분명하지 않다. 3009함장 이재두는 "문자 단체방에서 에러가 생겨서 튕겨 나가버"렸다고 주장했다. 김문홍은 9시 25분, 26분 3009함이 대화방에 접속할 수 있도록 조치해달라고 목포해경 상황실에 요청했다. 3009함은 문자로 "서장님, 지금 노발대발하십니다"라고 목포해경에 전달했다. 특조위, 제1차 청문회 자료집(2016. 3.); 특조위, 목포해경서장 문자 지시 사항 내용(상황실-3009함)(2014. 4. 16.), 1쪽.

** 이 대화방이 공개 대화방이었는지를 조사한 흔적은 없다. 하지만 본문에서 보는 것처럼 세월호 구

목포서장이 타고 있는 3009함이 대화방에서 퇴장했는데 목포해경 상황실은 6분이나 지나서 본청에 3009함을 "입장 조치"해달라고 요구했다. 본청이 답을 하지 않으니 방장 권한을 넘겨달라고 요구했다. 그제야 본청이 대답했다. "목포서에서 초대하십시오." 직접 하라는 것이었다. 그새 6분이 또 지나갔다. 그로부터 5분이 더 지난 9시 33분, 3009함이 입장했다. 무려 17분 동안 지역구조본부장이 핵심 통신망에서 배제된 것이다. 3009함이 입장하자 다시 환영 인사가 이어졌다. 목포해경 상황실은 스스로 개설한 공개 대화방인 것도 모른 채 17분을 허비했다.

그런 상황도 문제지만, 그렇다면, 세월호 관련 코스넷 대화방에는 초대받지 않아도 입장할 수 있다는 뜻이고, '튕겨 나간' 3009함이 누구나 참여할 수 있는 공개 대화방인 것도 모른 채 다시 참여하게 해달라고 재촉하며 17분을 흘려보낸 것은 말이 되지 않는다. 더욱 중요한 문제는 진도VTS다. 애초에 목포해경 상황실이 대화방을 열면서 진도VTS를 초대하지 않은 것은 큰 잘못이지만*, '초대받지 못해 대화방에 참여하지 못했다'는 진도VTS의 주장은 거짓말일 가능성이 크다.

9시 16분 목포해경 상황실이 123정 도착 예정 시간을 보고했다. "123 ETA 09:40." 목포해경은 이미 9시 6분 123정이 "현지 가장 근접 함정으로 현장 전속 이동 중"이라고 보고했고 9시 16분에는 서해청이 123정을 OSC로 지정한다는 문자를 올렸으므로 123정이 제일 먼저 현장에 도착

조와 아무런 관련이 없는 해경 직원들이 대화방에 대거 참여해서 난장판을 만든 것을 보면 공개 대화방으로 보인다.

* 대화방을 연 이치만은 사참위에서 진술하면서 2년 동안 상황요원을 하면서 '진도VTS'라는 단어를 들어본 적도 없다고 주장했다. 다만 이치만이 대화방에 진도VTS를 초대하지 않은 이유를 물은 것이 아니고 전후 맥락이 연결되지 않는 질문과 답변이었기 때문에 그 의미가 분명하지는 않다. 사참위, 이치만 1회 조사대상자 진술조서(2019. 11. 6.), 14쪽 참조.
문(사참위): 2년 동안 상황요원2 자리에서 진도VTS라는 단어를 들어본 적이 있나요.
답(이치만): 없는 것 같습니다.
문: 정말 한 번도 없습니까.
답: 딱히 기억나는 게 없는데요, 통신실에서 VTS라고 들은 적은 없습니다.

하는 것은 기정사실이었다. 9시 20분과 25분, 인천서가 초계기 703호의 도착 예정 시간을 반복 보고했다. "인천 고정익 703호기 도착 예정 09:35입니다", "인천 고정익 09:35분 도착 예정." 그 보고를 보고 생각이 났는지, 9시 23분과 24분 본청 상황실이 "헬기 이륙 여부?"를 거듭 물었다. 9시 26분, 제주청이 헬기 513호의 도착 예정 시간을 보고했다. "팬더(513) ETA: 09:35." 9시 28분, 헬기 511호는 TRS로 현장 도착과 함께 세월호 상황을 보고했다. 9시 29분, 본청이 문자를 올렸다.

- 제일 빠른 구조세력 도착 시간?

그 시각, 123정장 김경일은 TRS로 현장 도착 2마일 전 보고를 하고 있었다. 헬기 511호 보고와 같은 내용이었다. 곧이어 헬기 512호가 9시 27분 도착했다고 서해청이 보고했다. 출동한 현장 구조세력의 도착 시간이 모두 보고됐다. 9시 31분, 본청 상황실이 코스넷 대화방에 문자를 올렸다.

- 항공기 도착 시간?

이런 상황을 도대체 어떻게 이해할 수 있을까? 상황실에서 코스넷 대화방을 제대로 보고 있었다면 절대로 일어날 수 없는 일이었다.

서해청도 본청에 못지않았다. 본청의 지시 사항을 재탕하거나 이미 보고가 끝난 사항을 다시 올리는 등 뒷북을 쳤다. 서해청이 올린 수많은 지시 가운데 본청의 지시를 현장 구조세력이 이행하도록 구체화하거나 본청이 미처 생각하지 못한 새로운 내용을 제기한 것은 없었다. 본청의 지시를 이행하도록 촉구하는 의미였다면, 그 상대방에게 직접 연락하거나 상대방을 특정하기라도 해야 했다. 서해청이 코스넷 대화방에 올린 지시나 정보는 대부분 의미가 없었다. '우리도 뭔가 열심히 하고 있다'는 것을 보여주기 위한 것이라고 하면 지나친 평가일까?

시간	기관	내용	참고 사항
09:06	서해청	123정 전속으로 현장 이동	목포해경이 이미 조치
09:07	목포해경	123정 코스넷 미설치 현지 가장 근접 함정으로 현장 전속 이동 중	
09:18	서해청	123정 전속 대응	
09:19~09:20	목포해경	세월호 위치 34-10.24 125-57.29	
09:20	서해청	34-11N 125-56E	
09:19	목포해경	각 함정 ETA 송신, 전문은 오한양 경장 메신저로	
09:27	서해청	각 대형 함정들 ETA 송신	
09:34	본청	123정 현장 보고 바람	
	서해청	123 모바일 영상회의 시스템 가동	
09:36	본청	123정 영상 시스템 작동할 것	
09:39	서해청	123정 현장 사진 카톡으로 송신	
09:39	본청	도착 세력 현장 기상?	
	서해청	현장 기상 보고 바람	
09:36	본청	현재 여객선 상황 보고	
09:48	서해청	123정 여객선 상태 보고 바람	
09:52	목포해경	현재 약 50명 123정에 편승	
09:55	서해청	123정 50명 편승	
10:02	본청	경찰관 사고 선박 편승 여부?	본청이 이미 여러 번 반복
10:03	서해청	경찰관 사고 여객선 편승 여부 보고	
10:14	서해청	여객선 내 경찰관 편승 여부?	
10:10	목포해경	123정 승객 52명 전남 707에 인계	
10:11	서해청	진도707 행정선에서 50명 구조	잘못된 보고 집계 오류 초래
10:13	서해청	123정에서 전남707로 50명 편승 조치	

코스넷 대화방은 시간이 지나면서 불필요한 기관이나 함정, 개인이 점점 더 많이 참여했다. 들어올 필요가 없는 참여자는 늘어난 반면 참여해야 할 기관이나 함정은 참여하지 않는 경우가 많았는데, 누가 참여하고

참여하지 않았는지도 확인하지 않은 채 아직 참여하지도 않은 기관이나 함정을 상대로 지휘하는, 웃지 못할 상황도 벌어졌다. 제주해경과 제주청이 대표적이다.

9시 19분 제주해경이 "제주3002함 전속 이동"을 지시했다. 세월호가 침몰할 때까지 코스넷 대화방에 입장하지 않은 3002함이 응답할 리 없었다. 9시 23분과 24분, 제주해경은 방제17호와 "제주3002, 3012, 302, 129, 302"호에 이동을 지시했다. 이들 중에 302함만 9시 37분에 뒤늦게 입장하더니 퇴장과 재입장을 반복하며 대화방을 어지럽혔다. 제주청은 9시 30분 서귀포해경 출동 함정에 52번 채널에 합류하라고 지시한 다음 32분에는 "제주, 서귀포 가용 세력 전속 기동"을 지시하고 42분에 "서귀포 가용 세력 함정 및 eta 송신바랍니다", 43분에 "1505함, 방제17호정 현장 eta 송신바랍니다"라고 지시했다. 10시 8분에도 "서귀포 지원함정세력 및 eta 송신"을 지시했다. 하지만 서귀포해경은 10시 10분에야 12개의 환영 인사를 받으며 입장했다. 1505함은 10시 30분까지도 입장하지 않았다. 그에 앞선 9시 38분 제주청은 "129정은 전속 기동 바람"이라고 제주해경의 지시를 재탕하더니 44분에는 "129정 ais 확인 바랍니다", 49분에는 "현재 129정 위치 송신바랍니다"라고 하면서 입장하지도 않은 129정을 찾고 있었다.

앞에서 본 것처럼 코스넷 대화방에서 가장 많은 지시를 쏟아낸 것은 본청 상황실이었다. 승객 탈출과 경찰관 편승에 관련된 내용이 대부분이었다. 이춘재의 지시는 123정에 전달되지 않았다. 본청이 직접 현장을 지휘하는 것으로 이해한 서해청과 목포해경은 그냥 지켜보기만 했다. 목포해경이 9시 48분 "123정 코스넷 안 된다는 사항임"이라고 지적하고 서해청이 9시 52분 TRS로 해경청장과 서해청장의 지시라면서 "123 직원들이 안전 장구 갖추고 여객선 올라가가지고 승객들이 동요하지 않도록 안정시키기 바람"이라고 지시한 것 정도가 예외였다.* 그 외에 123정에 도달되지 않는 본청 상황실의 지휘를 대신 전달하거나 본청에 그런 사실을 알려주고 TRS나 경비전화를 이용해서 직접 연락하라고 한 것은 없었다. 서해청은 123정에 코스넷이 설치되지 않은 것을 몰라서 그랬다 치더라도 그 사실을 알고 있던 목포해경까지도 수수방관한 것은 이해하기 어렵다.

9시 52분, 123정 대원들이 여객선에 올라가 승객을 안정시키라고 서해청 상황실이 TRS로 지시했을 때 김경일은 "수신 완료"라고 대답했지만 그 직후 교신에서 "현재 경사가 너무 심해가지고 본 함 직원을 승선시켜 가지고 올라갈 길이 없"다고 한 다음 "현재 가능한 저희 직원들을 승선시키려 하는데 너무 경사가 심해가지고 못 들어가고 있음"이라고 했다. 당시 4명의 항공구조사가 세월호에 내려가 승객을 구조하고 있었다. 그런데도 코스넷 대화방에서 경찰관 편승을 계속해서 반복 지시하고, 항공구조사를 두 번이나 특정해 편승하라고 한 것을 보면, 이춘재는 TRS 교신을 듣지도, 보고받지도 않았고**, 세월호 현장의 구조 작업 상황도 파

---

* 여러 정황을 볼 때 9시 52분 서해청 상황실이 김경일에게 TRS로 지시한 것이 본청 상황실의 경찰관 편승 지시를 전달한 것인지는 불확실하다. "승객들이 동요하지 않도록 안정시키기 바람"이라는 말은 코스넷 대화방에서 본청 상황실이 한 지시와 의미가 상당히 다르게 보이기 때문이다. 한편 목포해경은 9시 33분 "여객선 자체 구명보트 등 이선 장비 준비 지시 바람"이라는 지시에 대해 9시 34분 "수신 완료"라고 응답했고 서해청은 9시 56분 "무조건 선내에서 나와 있도록 조치"라는 본청 지시에 "수신 완료"라고 응답했다. 하지만 그 지시들을 이행하기 위해 무언가를 한 흔적은 없다. "여객선 자체 구명보트 등 이선 장비 준비 지시 바람"이라는 지시를 목포해경이 이행하려면 123정에 선장을 찾아서 교신하라고 하거나 123정 대원을 세월호에 올려 보내 직접 조치하라고 지시해야 했다. 서해청이 "수신 완료"한 9시 56분 "무조건 선내에서 나와 있도록 조치" 지시도 마찬가지다. 123정에 지시해서 해경대원을 세월호에 올려 보내게 하거나 방송을 하게 하는 방법밖에 없었지만 서해청은 아무것도 하지 않았다. 목포해경은 또 9시 58분 "123정 구명벌 투하 지시"라고 보고했는데, 목포해경이 123정에 그렇게 지시했다는 것인지, 123정이 현장의 다른 구조세력에 그렇게 지시했다는 것인지 의미가 분명하지 않지만, 둘 다 사실이 아니었다.

** 당시 본청 상황실에서 상황요원들은 TRS 교신을 제대로 듣지 않고 있었다. 그런 점에서 본청 상황실 자체가 TRS 교신 내용을 파악하지 못하고 있었을 가능성이 높지만, 누군가 듣고서 보고하지 않았을 수도 있다. 한편, 이춘재는 김경일이 TRS로 "직원 한 명을 승선시켜가지고 안전 유도"하겠다고 보고한 것을 들었다면서 "지시가 전달이 되고 있는 것으로 저희들은 판단할 수밖에 없었다"고 주장했다. 해경지휘부 사건, 공판기록 6권, 1심, 5회 공판조서(2020. 12. 14.) 중 이춘재 증언 녹취록 35, 49쪽.

악하지 않고 있었음을 알 수 있다. TRS 교신을 듣거나 보고받았다면, 그리고 현장 상황을 파악했다면 저런 식의 지시를 계속 반복해서 쏟아낼 수는 없었다.

해경의 "승선"과 "편승"을 계속해서 반복 지시한 것은 자신의 지시가 123정에 전달되지 않고 있거나 이행되고 있지 않음을 알았기 때문이라고 볼 수밖에 없다. 이춘재의 주장처럼 "지시가 전달이 되고 있는 것으로 판단할 수밖에 없었"다면 한두 번도 아니고 17번이나 반복한 것은 말이 되지 않는다. 이춘재는 경비과장 여인태가 직접 김경일과 통화하는 것을 옆에서 보았고 보고도 받았다. TRS를 이용하면 서해청과 목포해경도 함께 들을 수 있기 때문에 지휘체계를 흔들 염려도 없었다. 얼마든지 123정장에게 직접 연락해서 지시하거나, 상황을 묻거나, 지시를 이행하고 있는지 확인해볼 수 있는데도 그렇게 하지 않고 응답도 없는 지시를 코스넷 대화방에 반복한 이유는 무엇일까? 이춘재는 무슨 생각을 했던 것일까? 이해할 길이 없다.

> 검사: 코스넷을 통한 상황 보고는 [본청] 상황실에서 누가 체크하고 보고를 하였나요.
>
> 이춘재: 따로 보고하지 않고, 멀티큐브 앞에 문자메시지를 볼 수 있는 화면을 세워놓았기 때문에 코스넷으로 올라오는 상황 정보를 따로 챙기는 사람이 없었습니다.
>
> 검사: 그럼 코스넷을 통한 지시는 누가 지시하고, 누가 문자 입력을 하였나요.
>
> 이춘재: 현지 기상 문의나, 123정이 현장 도착했는지 등 사실 확인과 같은 간단한 내용은 상황실장이 했고, 구명벌 투하 등 지시 사항과 관련된 내용은 저의 판단으로 직접 지시하거나, 청장의 지시를 받아 지시하였습니다. 그와 같은 지시 내용은 상황실 직원 중 1명을 지정하여 입력하도록 하였는데, 당시 누가 코스넷에 지시를 입력하였는지는 잘 기억이 나지 않습니다.
>
> 검사: 세월호와 같은 대형 해상사고 발생 시 코스넷을 통한 보고가 쇄도하기 때문에 화면에 보고된 내용이 바로 밀려 올라갈 경우 중요 정보를 놓칠 염려가 있는데 코스넷 보고를 별도로 챙긴 직원이 없었다는 말인가요.

이춘재: 예, 상황실에 있는 직원 모두가 다 볼 수 있도록 해놓았고 별도 담당자를 지정해주지는 않았습니다.[416]

본청 상황실 상황요원들이 코스넷 대화방을 제대로 살펴보지 않고 있었다는 점은 앞에서 본 바와 같다. 지휘체계의 혼란을 막기 위해 코스넷 대화방으로 지휘한다고 말은 그럴듯하게 했지만, 본청 상황실부터 목포해경 상황실까지 제대로 보는 사람이 없었다. 지휘체계를 운영하는 핵심 통신수단인데도 "상황실에 있는 직원 모두가 다 볼 수 있도록" 해놓았으니 "코스넷으로 올라오는 상황 정보를 따로 챙기는 사람"을 지정하지 않았다는 이춘재의 말은 믿기가 어려울 정도다. "다들 자기 업무가 있"는 상황에서 "모두가 다 볼 수 있"다는 것은 '아무도 보지 않는' 결과로 이어진다는 것을 정말 몰랐던 것일까?

검사: 상황실 요원들은 TRS나 코스넷 등을 집중하여 들으면서 현장 상황을 파악하고 있던가요.

박종철(본청 수색구조과장): TRS 무전 소리는 들리긴 했는데, 잘 듣고 있는 것 같지는 않았습니다. 누가 제대로 듣고 있는 게 아니고, 무전 소리는 들리는데 그 소리보다는 상황요원들 각자가 전화를 받고 서로 말하는 데 정신이 없었습니다.

검사: 코스넷 대화는 유심히 보고 있던가요.

박종철: 아니요, 전면 멀티큐브에 표시가 되기는 했는데, 그것도 누가 제대로 보면서 상황 전파를 하는 것 같지는 않습니다. 사실 세월호 참사와 관련하여, 상황실에서 현장 상황을 코스넷이나 TRS를 통해 파악하고 전파하는 것에 실패하였다고 보아 여러 대책을 세웠습니다.[417]

검사: 본청 상황실 요원들은 TRS나 코스넷 등을 집중하여 들으면서 현장 상황을 파악하고 있던가요.

오상권(본청 해상안전과장): 상황실에 사람이 너무 많고 시끄러워서 제대로 듣지 못하고 있었던 것으로 생각됩니다. 각자가 다 경비전화를 걸고 받는 등 상황에서 TRS나 코스넷 문자방 내용을 정확하게 확인하지 못했던 것으로 기억됩니다. 당시 상황실 요원들이 TRS를 제대로 듣지 못하고, 코스넷(문자방) 화면이 금방 넘어가버려 내용을 파악하지 못하였다는 것이 문제였던 것으로 압니다.[418]

9시 37분 본청 상황실이 "목포서장도 현장 복귀 지휘할 것"이라고 지시했다. 코스넷 대화방에 본청 상황실이 올린 지시 가운데 가장 중요한 것 하나를 고른다면 바로 그 지시라고 할 수 있다. 사고 초기에 해야 했던 것으로, 너무 늦어서 소용이 없긴 하지만, 어쨌거나 김문홍이 현장에 가서 지휘해야 했기 때문이다. 김문홍은 그 지시를 어떻게 받아들였을까?

그거 몰랐습니다.[419]

몰랐다고 했다. 앞서 본 코스넷 대화방의 혼돈 상황을 고려하면 김문홍을 탓하기도 쉽지 않다. 지역구조본부장인 목포서장에게조차 전달되지 않는 통신수단을 가지고 세월호 구조작전을 지휘했다는 게 해경지휘부의 주장이고 수준이었다.

공적 과업을 수행하는 국가공권력의 핵심 통신수단인데, 아무짝에도 쓸모없이 혼란만을 초래하는, 무의미한 환영 인사를 기본 설정으로 해놓는 발상부터 말이 되지 않는다. 사적 단체에서도 생각하기 힘든 행태다. 세월호가 침몰하는 한 시간 가까이 신규 입장자를 환영하는 인사가 거의 3분의 2를 차지하며 대화방을 도배한, 나머지 3분의 1 또한 '봉숭아학당'보다 낫다고 하기 힘든, 그 처참한 상황을 아무도 시정하지 않았다. 인식조차 하지 못했다. '혼돈'이라는 단어조차 무색할 지경이었다.

코스넷 대화방을 통한 해경지휘부의 지휘는 완벽한 실패로 끝났다. 코스넷 대화방을 주축으로 한 해경 지휘체계의 난맥상은 세월호 사고를 참사로 이끈 핵심 원인 가운데 하나다. 본청, 서해청, 목포해경 지휘부 가운데 코스넷 대화방을 제 눈으로 본 사람이 하나라도 있는지 의문이다. 지휘부의 지시가 어떻게 전달되는지, 서해청과 목포해경과 3009함, 그리고 123정을 비롯한 현장 구조세력에게 전달되는지, 보고는 제대로 올라오는지, 털끝만큼이라도 궁금해한 지휘관이 있었다면 이런 일은 일어날 수 없었을 것이다. 엉망진창이 된 통신체계를 방치한 채, 유례없는 대규모 구조작전을 지휘할 수 있다고 생각한 것일까?

저는 이런 문제가 있었는지 미처 몰랐고, 지휘 전달에 문제가 있다고 생각합니다.

환영 인사로 도배가 된 코스넷 대화방 출력물을 보여주며 "이와 같은 상황에서 지휘가 제대로 전달되겠는가요"라고 묻자 김석균이 한 대답이다.[420] 그는 정말로 상황을 몰랐을까?

목포해경 상황실의 허위 보고

무게추가 참사를 향해 급격히 기울어지던 10시 직후 목포해경 상황실이 코스넷 대화방에 매우 중요한 보고를 잇따라 올렸다.

10:01 목포상황실님의 대화
- 승객 해상으로 구명의 입고 나오라고 지시 중

10:05 목포상황실님의 대화
- 탈출하라고 대공 방송 중

9시 53분경 서해청 상황실이 "본청 1번님하고 명인집타워 1번님 지시사항"으로 "123직원들이 안전 장구 갖추고 여객선 올라"가라는 지시를 내놓은 후 김문홍이 지시를 시작했다. 너무 늦기는 했지만, 방향 자체는 맞는 것이었다.

"배가 기울었으면 그 근처에 어선들도 많이 있고 하니까 그 배에서 뛰어내리라고 고함을 치거나 마이크를 이용해서 뛰어내리라고 하면 안 되나? 반대 방향으로?"(9시 59분)

"차분하게 마이크를 이용해서 활용을 하고 그다음에 우리가 당황하지 말고 우리 직원들도 올라가서 하고 그렇게 안 하면 마이크를 이용해가지고 최대한 안전하게 해서 행동할 수 있도록 하시기 바랍니다."(10시)

"정장, 그러면 다시 한번 침착하게 방송을 해가지고 반대 방향 쪽으로 뛰어내리게끔 그렇게 좀 유도를 해봐. 지금 그 안에 갇힌 사람들이 다 웅성웅성하고 있는 상황에서 제일 먼저 한 사람만 밖으로 빠져나오면 따라서 줄줄이 함께 따라 나오니까 방송을 해가지고 그 방송 내용이 안에까지 전파될 수 있도록 한번 해보세요."(10시 6분)

그 와중에 목포해경 상황실이 "승객 해상으로 구명의 입고 나오라고 지시 중", "탈출하라고 대공 방송 중"이라는 보고를 올린 것이다. 김석균과 김수현에 이은 김문홍의 지시에 따라 마침내 123정이 적극적으로 승객을 퇴선시키려 시도하고 있다는 뜻으로 이해하기에 충분했다. 지휘부가 상황을 잘못 파악할 수 있는 내용이었다. 하지만 123정은 그런 시도를 한 적이 없다. 허위 보고였다. 목포해경의 허위 보고가 어떻게 올라왔을까? 검찰은 10시 5분 "탈출하라고 대공 방송 중" 보고에 관심을 가졌다.

목포해경 상황실에서 코스넷 대화방 입력 담당자는 이치만이었다. 기상 상황이나 지시에 대한 간단한 대답 등 "매우 기초적인 사항"은 "임의로 입력을 하고" "구조 인원이라든지 뭔가 지시 사항에 대한 이행이 있는 경우 상황실장까지 보고를 하고 입력"했다. "지극히 단순한 것을 제외하면 모두 지시를 받아 입력"했다는 것이 그의 주장이었다.

상황담당관 조형곤은 이치만에게 책임을 돌리는 듯한 답변을 했다. "제가 위 코스넷 메시지를 입력한 것이 아니고, 위와 같이 입력하라고 지시한 사실도 없어서 위 코스넷 메시지가 어떠한 경위로 입력되었는지 알지 못"하고 입력을 지시한 사람도 누군지 모르겠다면서 추측을 덧붙였다.

그러나 추측을 해본다면 09시 44분경부터 10시경까지 사이에 서장님이 123정 정장에게 TRS를 이용해서 '세월호에 사람이 있으니 대공 방송을 실시하고, 승선을 하라'는 지시를 하셨던 것으로 기억하는데, 그러한 사유로 코스넷 입력자가 입력하지 않았나 추측이 됩니다.

123정장이 대공 방송을 했다는 것을 알지 못하는데 추측으로 입력할 수 있느냐는 질문에 조형곤은 "저도 왜 그랬는지는 잘 모르겠습니다"라고 둘러댔다.[421] 상황실장 백남근도 모른다고 했다. "경위는 잘 모르겠"는데 "목포서 상황실은 123정 등 누군가로부터 대공 방송을 하고 있다는 것을 들었기 때문에 대공 방송을 하고 있다는 문자메시지를 입력했을 것"이라면서 "하지도 않는 대공 방송을 했다고 허위로 입력할 수는 없"다고 말했다.[422] 또 다른 상황실장 이병윤은 "저는 오늘 '탈출하라고 대공 방송 중'이라는 내용은 처음 봤"다고 주장했다. "오늘"은 2019년 12월 3일이다. 누가 입력을 지시했는지, 확인되지 않은 내용을 입력한 이유가 무엇인지, 모두 모르겠다는 이병윤은 이 문자를 상황실의 자체 판단으로 입력할 수는 없다고 했다. 누군가 지시했다면 "김문홍 서장님이거나 그 윗선"일 거라고 말했다.[423]

이치만은 그 문자가 "정보를 담고 있기 때문에 임의로 입력할 수 있는 메시지가 아"니므로 "상황실장이나 상황담당관으로부터 지시를 받아 입력한 메시지"라고 주장했다. 누가 지시했는지 "기억에는 없는데, 일단 누구로부터 지시를 받는다고 하더라도 해당 메시지를 입력한다는 사실은 상황실장 백남근, 이병윤, 상황담당관 조형곤과 모두 공유"했다는 것이다. 김문홍이나 그 윗선의 지시 가능성도 부인했다. "저는 상황실장 혹은 상황담당관으로부터 지시를 받을 뿐이기 때문에 다른 지휘부로부터 지시를 받는 입장이 아니"고 "제가 누구로부터 지시를 받는다고 한들 상황실장 등에게 보고하지 않고 입력할 수 있는 시스템도 아니"라면서 오히려 "상황실장 등이 지시를 받았는지는 모르겠"다고 덧붙였다. "당시 목포해경 상황실은 123정이 대공 퇴선 방송을 한 것으로 인식하는 분위기"였고 "TRS 교신 내용을 보면 김문홍이 김경일보고 탈출하라고 지시하는 부분이 있는데, 그 후 TRS를 통해 마치 김경일이 김문홍의 지시 사항을 이행한 것처럼 답변한 부분이 있었기 때문에 착각을 했을 수도 있"다고 했다.[424]

다른 상황요원들도 모른다고 주장했다. 고성은은 검찰에서 그 문자를 처음 봤다면서 "코스넷 입력을 담당한 사람이 임의로 위 메시지 내용을 입력하지는 않"고 "현장에서 보고가 들어오고 확인된 사항만 입력을 하기 때문에 목포해경 상황실 자체 판단으로 미확인된 사항을 입력할 가능성은 없"다고 주장했다. "누군가로부터 지시를 받았거나 현장에서 보고가 왔기 때문에 입력을 하였을 것"이라고 했다.[425] 상황요원 문명일도 "코스넷 입력을 담당하지 않기 때문에" 모른다고 했다.[426]

그 무렵 코스넷 대화방은 통신체계의 기능을 상실하고 있었다. 본청은 현장에 도달되지 않고 서해청과 목포해경이 전달하지도 않는, '경찰관 편승'과 '구조 상황 보고' 지시만 반복했다. 구조에 실질적으로 도움되는 지시는 없었다. 다행인지 불행인지, 목포해경의 허위 보고를 본 상급 기관도 없었다. "승객 해상으로 구명의 입고 나오라고 지시"는 방송으로 하는지, 경찰관이 배에 올라가 하는지, 아무도 궁금해하지 않았다. "탈출하라고 대공 방송 중" 문자도 마찬가지였다. 승객들이 나오고 있는지, 나오는 승객을 어떻게 구조하고 있는지, 당연히 따라야 할 응답은 없었다. 그렇다고 그 중차대한 시점에 이루어진 허위 보고 문제가 사라지는 것은 아니다. 목포해경 상황담당관과 두 명의 상황실장, 상황요원들이 모두 몰랐다고 주장한 그 상황 속에서, 엄청나게 중요한 허위 보고가 입력됐다. 그리고 아무도 보지 않았다.

'아수라장'이 된 본청 상황실

정보를 전파하지 않는 본청 상황실

9시 19분경, 본청 수색구조과 신광일이 서해청 상황실장에게 전화를 걸어 세월호가 "약 40도 경사졌"다는 정보를 파악했다.

신광일: 배가 항해가 가능하면 되도록 좌주*시키는,
서해청: 항해 불가능하대요.
신광일: 항해 불가능해요?
서해청: 예, 예.
신광일: 그러면 닻을 놓으면 안 되나요?
서해청: 아이고, 그래서 지금 우리가 통화를 하고 해도 좌현으로 약 40도 경사졌는데 지금 그럴 경황도 없고,
신광일: 그러면 구명동의 빨리 착용해야겠네요.

거의 같은 시각, 본청 상황실장 황영태도 목포해경 경무기획과장**과 통화해서 세월호가 "좌현 50도로 기울어"졌다는 정보를 파악했다.

황영태: 세월호 선장하고 통화한 거 맞냐고요?
목포해경: 선장은 지금 현재 통화가 안 되고, 승객 중에 한 사람이 우리들한테 전화해가지고 지금 좌현 50도로 기울어가지고……

---

* '좌주'란 배가 연안으로 접근한다는 의미다. 신광일은 세월호가 움직일 수 있는 것으로 잘못 알고 파도와 바람의 영향을 덜 받는 얕은 수심 해역으로 이동시키라는 해상 수색구조 매뉴얼 내용을 전한 것이다. "닻을 놓으면 안 되나요"라는 말은 배가 깊은 바다로 떠밀려 가지 않게 하라는 뜻이었다. 해경지휘부 사건, 신광일 진술조서(2019. 12. 10.), 증거기록 13권 10138~10139쪽.

** 황영태가 경비전화로 통화한 녹취록에서 목포해경 경무기획과장은 자신을 '정보과장'이라고 소개했고 그런 이유로 이 통화 내용을 다룬 수사기록에 '정보과장'으로 표기되어 있다. 목포해경 상황실 고성은은 전화 녹취음성을 듣고 '경무기획과장'이라고 확인했다. 해경지휘부 사건, 고성은 진술조서(2019. 12. 9.), 증거기록 12권 9736~9737쪽.

황영태: 좌현 50도요?

목포해경: 예, 그리고 구명정을 내릴 수가 없답니다. 지금.

9시 20분경, 세월호가 40도 또는 50도 기울어졌다는 정보가 처음으로 본청 상황실에 전달됐다. 40도는 선박에 있는 기울기측정기(롤링게이지)의 한계선이다. 40도를 넘으면 "배가 아니"라는 뜻이다. 시간이 문제일 뿐 결국 침몰할 수밖에 없음을 뜻하는 정보였다. 현장에 출동한 구조세력과 지휘부에 전파해야 했지만 신광일도, 황영태도 하지 않았다.

검사: 09시 19분경 수색구조과 재난대응계 신광일 경감은 서해청 상황실에 연락해서 닻을 놓으면 안 되냐고 물었고, 이에 서해청 상황실장으로부터 그럴 겨를이 없어 배가 40도 기운 상태라는 답을 들었는데, 이러한 내용이 상황실에 전파되었나요.

이항아(본청 상황요원): 저는 문자를 보내기 때문에 위 내용이 확인되었다면 제가 코스넷으로 문자를 보냈을 것으로 보이는데, 코스넷 문자 내역을 보니 기울기 40도와 관련된 내용이 확인되지 않는 것으로 보아 전파가 안 된 것으로 보입니다. 기울기는 매우 중요한 내용이어서 반드시 전파가 됐어야 하는데 아쉬운 부분입니다.

검사: …… 1분 후 상황실장 황영태는 정보과장이라 불리는 사람과 경비전화로 통화하면서 세월호가 50도 기울었고, 구명정을 내릴 수 없는 긴박한 상황이라는 사실을 들어 알았는데, 이를 전달받았나요.

이항아: 코스넷 문자 내역을 보니 위 내용이 없습니다. 저한테도 아무런 기억이 없습니다. 진달이 안 된 것으로 보입니다.[427]

검사: 신광일은 서해청으로부터 세월호가 40도 기울어진 사실을 전달받은 것인데, 이에 관해 전파하였나요.

한상윤(본청 상황실 C팀 부실장): 아니요. 지금 처음 듣습니다. 9시 19분에 신광일 경감이 세월호가 40도나 기울어졌다는 말을 들었으면 이를 전파했어야 하는데 제 기억에는 그런 사실이 없었습니다.

검사: 세월호가 얼마나 기울었는지는 중요한 정보 아닌가요.

한상윤: 네 맞습니다. 40도 정도 기울었으면 복원력을 잃어 매우 위험한 상황이라는 것입니다. 상당히 중요한 정보입니다. 왜 전파가 제대로 되지 않았는지 모르겠습니다.

검사: 그로부터 1분 후 상황실장 황영태는 정보과장이라 불리는 사람과 경비전화로 통화하면서 세월호가 50도 정도 기울었고 구명정을 내릴 수 없는 긴박한 상황이라는 사실을 들어 알았는데, 이를 전달받았나요.

한상윤: …… 몰랐습니다. 황영태 실장이 목포서 정보과장이랑 통화를 했네요. 이렇게 순식간에 50도가량 넘어갔다는 것은 정말 위험한 상황이라는 건데 왜 전파가 안 되었는지…… 이야기를 해줘야 알지요…… 정말 답답합니다.[428]

본청 상황실은 다양한 통로로 올라오는 정보를 신속하게 정리·분석해서 지휘부에 보고하는 한편 그 정보와 지휘부의 지시 사항을 구조세력에 다시 전파하는 중추 신경망의 역할을 해야 한다. 그런 본청 상황실이 중간 간부들의 임무 방기로 오히려 깜깜한 상태에 빠졌다. 상황요원들도 마찬가지였다. 9시 39분, 상황요원 손용수는 경찰청 위기관리실의 전화를 받았다. 구조가 가능하냐는 질문에 "전부 가능"하다고 큰소리를 치고, "저희 육경에서 도와드릴 거 없"냐는 질문에 "육경이죠? 우리가 다 했으니까. 우리 해경하고 해군하고 다 하고 있으니까, 뭐"라며 거절했다. 그러고는 지휘부에 보고하지도 않았다. 상황실장 황영태는 그 "일이 있었다는 것은 몇 달 지나 녹취록을 보고 알았"다.[429]

본청 상황실의 어처구니없는 상황은 해군 연락장교* 김태균의 진술에서도 드러난다. 해군 연락장교는 상황실 직원들로부터 보고를 받지 않기 때문에 주로 코스넷 대화방을 통해 상황을 파악했고, "직원들에게 조심해서 다가가서 묻거나 간혹 TRS로 전파되는 내용을 듣거나, 아님 책상

---

* 해군과 해경의 정보 공유를 위해 당시 해경 본청에 3명의 해군 장교와 이들의 지휘관이 파견되어 있었다. 연락장교 3명은 본청 상황실에서 24시간 3교대로 근무했다. 세월호 사고 당시 근무한 연락장교는 김태균이었다.

위에 놓여 있는 자료나 메모지 등을 보고 상황을 파악"해 해군에 보고했다. "다른 해경분들이 알고 계신 내용 정도나 그것보다 조금 덜 정도밖에는" 알 수 없었다. 그런 김태균이 9시 19분 해군 작전사에 사람들이 "바다에 떠 있는 게 아니라 여객선 안에 있"다고 보고했고, 9시 21분에도 사람들이 "아직 배 안에" "여객선 안에 다 있는 거 같"다고 보고했다. 이때까지 코스넷 대화방에 올라오거나 TRS를 통해 본청 상황실에 보고된 바 없는 중요한 정보였다. 9시 19분 신광일과 황영태가 서해청 및 목포해경과 통화할 때도 나오지 않았다. 이 정보를 본청 상황실이 보고하거나 논의한 흔적이 전혀 없다. 어떻게든 본청 상황실에 왔으니 김태균이 해군에 보고했을 텐데, 어떤 경로로, 누가 받았고, 누구에게 보고했고, 어떻게 처리했는지 알 길이 없다. 현장에서 올라온 중요 정보를 정리도, 분석도, 보고도, 전파도 하지 않는 본청 상황실의 모습은, 위에서부터 아래까지 기강이 무너져버린 해경의 실태를 보여준다.* 이렇게 중간에서 사라져버린 정보가 얼마나 될지, 짐작조차 할 길이 없다.

혼란을 더한 여인태

혼돈에 빠진 본청의 지휘체계를 더욱 혼란스럽게 만든 것이 경비과장 여인태였다. 여인태가 9시 36분부터 123정장 김경일과 통화한 다음 가장 중요한 내용, 즉 배가 침몰할 위험이 있다는 점을 빠뜨리고 보고했을 가능성이 크다는 점은 이미 지적했다.** 김경일의 보고는 앞서 신광일과 황영태가 들은 것보다 훨씬 중요했다. 내용도 구체적이었지만, 현장지휘

---

* 이 모든 정보가 지휘부에 보고됐는데 아무것도 하지 않아 참사를 일으킨 지휘부가 모른 척하는 것일 가능성이 있다는 의견도 있다. 그렇게 보더라도 김태균이 파악한 정보가 언제, 어디서 왔고, 누가 전달받아 누구에게 보고하고 전파했는지 전혀 알 수 없는 것은 심각한 문제다. 이 점에 관해서도 조사가 이루어지지 않았다.

** 앞의 '여인태, 제대로 보고했나?' 항목, 622~627쪽 참조.

관이 직접 확인한 정보라는 점에서 그 전에 온 어떤 것보다 더 중요했다. 서해청과 목포해경, 김문홍도 알아야 하는 정보였다. 여인태는 그 정보를 지휘부에 제대로 보고하지 않았을 뿐 아니라 상황실에 전파하지도 않았다. 여인태의 잘못은 그것으로 그치지 않는다.

여인태: 잠깐만, 전화 끊지 마세요.
김경일: 저희들이……
여인태: 그다음에, 여보세요.
김경일: 네.
여인태: 정장님, TRS 돼요, 안 돼요?
김경일: 다시 한번요.
여인태: TRS 돼요, 안 돼요?
김경일: 되고 있습니다.
여인태: 자, 지금부터 전화기 다 끊고 모든 상황은 TRS로 다 실시간 보고하세요.
김경일: 네, 알겠습니다.
여인태: TRS 52번.
김경일: 네, 알겠습니다.
여인태: 우리 정장님, 무조건 실시간으로 계속 보고하세요.
김경일: 네, 알겠습니다.

김경일이 "저희들이……"라고 뭔가 말하려는 순간 여인태가 말을 끊었다. 김경일에게 TRS가 되는지 묻더니 "지금부터 전화기 다 끊고 모든 상황은 TRS로 다 실시간 보고"하라고 지시했다. "무조건 실시간으로 계속 보고"하라고 거듭 확인했다. 전화를 끊은 여인태는 다시 TRS로 123정을 불렀다.

"모든 국 잠시 대기, 지금 현재 123 함정이 TRS 일일 상황 보고할 테니까 모든 국은 본 네트 개입하지 말고 청취할 수 있도록."

"123정, 123정, 123, 123은 현장 상황 빨리 보고 바람. 현장 상황 보고 바람. 이상. 123정, 123정, 모든 국 잠시 대기. 123정 모든 국 잠시 대기. 모든 국 본 네트에 개입하지 말고 123정, 123정"*

9시 41분 여인태가 TRS로 한 번 더 재촉했다.

"목포 123정, 목포 123정. 아, 각 국들 잠시 대기, 목포 123정은 현재 상황을 실시간으로 계속 보고해주시고 그다음에 만약에 인명을 구조한다든지 긴급상황 외에는 본 네트 개입하지 말고. 목포 123정이 실시간으로 보고하십시오."

첫째, 여인태가 김경일에게 TRS로 실시간 보고를 거듭 요구하고, "모든 국 개입하지 말"라고 반복 지시한 것은 월권이었다. 여인태는 "어떤 사람의 지시는 없었지만, 지휘부에서 현장 상황을 보고하라는 내용이 있었기 때문에 당연히 저로서는 TRS로 현장 상황을 보고하는 것이 맞다고 해서 그렇게 얘기"했다고 주장했지만[430] 그가 임의로 결정할 수 있는 문제가 아니었다. 당시 본청 상황실에서는 TRS를 제대로 듣지 않고 있었다. 상황요원들이 제대로 들을 수 있는 여건도 되지 않았다. 한상윤이 인정한 것처럼 "본청 상황실에서는 사실상 TRS를 형식으로 비치만 해둔 것" 같은 상황이었는데[431] 여인태가 김경일에게 "무조건 실시간으로" TRS로 보고하라고 지시한 것이다.

재판장: [TRS를] 막상 켜두거나 볼륨을 키워놓지는 않는 경우가 많은가요.
김남진: 켜두기는 하거든요. 그런데 볼륨을 많이 줄여놓습니다.
재판장: 상황실에서도 그랬나요. 여러 사람들이 크게 켜놓지는 않았나요.
김남진: 예.

---

* 이때 목포해경 상황실이 가담해 "123정 현장 상황 빨리 보고하기 바람"이라고 또 채근했다. 123정은 "현재 여기 TRS(안 들림) 무선 통화가 잘 안 됩니다, 이상"이라고 대답했다.

재판장: TRS는 누군가가 크게 켜두면 옆에 사람들도 들을 수 있는 구조인가요.
김남진: 예. 우리 스마트폰의 스피커폰을 켰다고 생각하면 되겠습니다.
재판장: 상황실 내 한두 명이라도 TRS 볼륨을 키워놓고 있는 상황이었다면 다른 사람들이 TRS의 내용을 들을 수도 있을 것 같은데, 당시의 상황은 그러했나요, 아니면 그렇지 못했나요.
김남진: TRS를 켜두었다고 하더라도 그때 상황실이 정말 많이 시끄러웠습니다. 그래서 정말 집중해서 듣지 않았다면, 그거 하나만 듣고 정리했다면 가능했을지 모르지만, 그때 상황으로 봤을 때는 어렵지 않았나 생각합니다.[432]

둘째, 본청 상황실은 9시 34분 코스넷 대화방에 "서해청장 현장지휘 바람"이라고 올린 데 이어 9시 37분에는 "목포서장도 현장 복귀 지휘할 것"이라고 썼다. 본청 상황실은 그 지시를 한 다음에도 직접 현장지휘를 하는 것으로 인식될 수 있는 지시를 계속 내려보내 지휘체계에 혼선을 일으키고 있었다. 여인태가 여기에 대못을 박았다. 9시 39분경 TRS로 "모든 국, 잠시 대기", "모든 국 개입하지 말고", "긴급상황 외에는 본 네트 개입하지 말"라고 거듭 지시했다. 서해청과 목포해경, 목포서장 김문홍에게 여인태의 지시는 어떻게 봐도 본청이 직접 현장을 지휘할 테니 나서지 말고 가만히 있으라는 뜻으로 받아들여지기에 충분했다. 책임의식이 옅어질 수밖에 없었다.

셋째, 여인태는 김경일과 통화한 내용만 지휘부에 부실하게 보고했을 뿐 TRS로 실시간 보고하라고 되풀이 지시한 사실은 보고하지 않았고 상황실에도 알려주지 않았다. 현장과 각급 구조본부, 본청 지휘부 사이에서 정보와 지시의 흐름을 조절해야 하는 본청 상황실을 더 깊은 혼돈으로 몰아넣었다.

검사: [여인태가 김경일과] 이와 같이 통화한 사실을 몰랐나요.
한상윤: 네, 당시는 몰랐습니다. 지금 듣고 보니 마지막에 여인태 과장이 김경일 정장에게 앞으로 TRS로만 상황을 전파하라고 하는데, 아까 말씀드렸듯이 당시

저희는 TRS 듣는 것을 소홀히 하고 있었습니다. 여인태 과장이 김경일 정장과 그와 같은 통화를 하였다면 저희에게 TRS 잘 들으라고 했으면 좋았을 텐데 그런 언급 없었고, 제가 기억하기로는 김남진 요원 자리에서 누군가와 전화를 하더니 바로 위기관리회의실로 들어갔었습니다.[433]

여인태는 다른 사람에게 전파하는 것은 "제 일이 아니"라고 변명했다.[434] 김경일과 한 통화는 "지휘부에서 상황 파악을 잘하기 위해 한 좋은 뜻으로 한 것"이며, 그 내용을 전파하는 것은 자기 업무가 아니었고, 전파하라는 지시도 받지 못했으므로 전파하지 않았다는 것이다.*

> 검사: 경비전화 녹취록을 보면, 피의자가 "자, 지금부터 전화기 다 끊고 모든 상황은 TRS로 다 실시간 보고하세요"라고 123정장에게 지시하였는데, 피의자는 앞서부터 계속하여 경비과장이자 상황반원으로서 피의자는 운영계획상의 업무만 하는 것이 업무이고, 상황 전파 등의 업무는 해당 업무가 아니라고 주장하였는데, 피의자의 주장대로라면 피의자가 123정장에게 지시할 권한도 없는 것 아닌가요.
> 여인태: 제 권한이 아닌 것은 맞습니다. 그렇지만 저는 지휘부에서 상황 파악을 잘하기 위해 한 좋은 뜻으로 한 것이라고 말씀드리고 싶습니다.
> 검사: 결국, 피의자는 123정장에게 휴대전화를 사용하지 말 것을 지시하였고, TRS만 사용하라고 한 결과, 이후 123정장과의 연락도 잘되지 않게 되었고, TRS 사용 시에도 "인명 구조 등 긴급상황 이외에는 본 네트를 개입하지 말고"라고 지시하여, 지역구조본부와 광역구조본부에서 TRS로 지시를 내리지 않게 되었는데, 그러면서도 피의자는 자신은 상황반원이기는 하였지만, 자신의 업무는 아니었다고 주장하는 것은 이해가 되지 않는데 어떤가요.
> 여인태: 저는 혼자 좋은 뜻으로 결정을 해서 지시를 한 것인데, 상황 전파 등은 제

---

* 여인태의 지시를 받고 김경일에게 전화했던 김남진도 상황실에 상황을 알려주지 않았다. "저는 상황 파악을 해서 보고하면, 실장 등의 지시에 따라 행동을 하는 것입니다. 즉, 알려주라고 하는 실장 등의 지시가 없기 때문에 행동하지 않은 것"이라고 주장했다. 해경지휘부 사건, 김남진 진술조서(2019. 12. 5.), 증거기록 8권 9174쪽.

임무가 아니었다고 생각합니다. 당시 지휘부에서는 현장을 지휘하라거나 어떤 상황을 처리하라는 내용이 아니고 단지 현장 상황을 빨리 보고하라는 지시가 있었을 뿐이기 때문에 저로서는 제 직접적인 업무 소관은 아니었음에도 현장 상황을 파악해서 알려주었던 것뿐입니다.

검사: [지휘부] 외의 사람들에게 전파한 사실은 없는가요.

여인태: 제가 직접 전파를 한 것은 없습니다. 경비안전국장에게 이야기한 것이 전부입니다. TRS가 있는 사람들은 통화 내용은 인지했을 수 있습니다. 그 외에 제가 전파를 한 것은 없습니다.[435]*

매우 잘못된 주장이다. 본래 업무가 무엇이든, 해경 간부로서 지휘부와 123정 사이에 끼어들어 중대한 정보를 입수하고 새로운 사항을 지시했으면 지휘부에 보고하고 상황실에 전파해야 했다. 상황실의 역할을 모를 리 없는 여인태가 그렇게 하지 않은 것은 중대한 잘못이다. 전파하는 게 자기 일이 아니라고 생각했으면 처음부터 끼어들지 말아야 했다. 참여한 이상 책임을 다해야 했다. 여인태의 행태와 변명은 기강이 무너진 해경 지휘부의 민낯을 보여준다. 하지만 더 큰 잘못은 이제 막 현장에 도착한 김경일의 주의와 관심을 엉뚱한 데로 돌린 것이다. 어쩌면 적절한 방향으로 나아갈 수도 있었던 123정의 구조활동을 실질적으로 방해했고, 참사로 이어지는 고리를 차단할 수도 있었던 기회를 흘려버리게 만들었다. 이 점은 뒤에서 따로 살펴본다.**

지휘부는 상황을 몰랐을까?

뒤늦게 상황실에 도착한 본청 지휘부는 상황도 제대로 파악하지 않은 채 코스넷 대화방에 현장을 향한 지시를 쏟아냈다. "123정 같은 경우 목

---

* 여인태는 재판에서도 그 주장으로 일관했다. 해경지휘부 사건, 여인태 변호인 의견서, 공판기록 5권; 1심, 6회 공판조서(2021. 1. 11.) 중 피고인 여인태 최후진술 부분, 공판기록 7권.

** 이 책 4부 5장 중 '김경일의 관심과 시간을 빼앗은 보고 요구' 항목. 741~745쪽 참조.

포서와 서해청으로부터 지휘를 받고 있는데 본청까지 나서서 지휘를 한다면 혼선을 가져올 우려가 있고, 지휘체계도 무너지게" 될 우려가 있으므로 "본청에서 지시나 지휘를 할 때는 서해청과 목포해경에 지시하여 현장지휘자인 서해청과 목포해경으로 하여금 구조세력에게 지시를 하는 것이 맞다"라는 명분을 내세웠지만[436] 123정에 전달되지 않았다. 김석균에 따르면 그 지시는 서해청과 목포해경을 향한 것이었지만, 서해청과 목포해경은 본청이 직접 123정을 지휘하는 것으로 알았다면서 손을 놓고 있었다. 그 지시를 입력한 본청 상황요원들도 지휘부가 123정을 직접 지휘하는 걸로 생각했다. 코스넷 대화방의 난맥상에 대해 한상윤이 대답을 못 하고, 이항아가 "죄송합니다. 할 말이 없습니다"라며 사과한 이유가 그것이었다. 본청 지휘부의 변명을 받아들이기 어려운 이유다. 본청 상황실은 어수선했다. 해경 통신망의 핵심인 코스넷 대화방과 TRS를 전담해서 살피고 듣는 상황요원이 아무도 없이 우왕좌왕했다. 지휘부는 그런 상황을 몰랐을까?

본청 상황실은 전면에 상황판(멀티큐브)이 있고 그 앞에 상황요원들이 두 줄로 앉았다. 그 뒷줄, 제3열에 상황실장 자리가 있었다. 지휘부는 상황실 옆 위기관리실에서 보고받고 지시했다. 위기관리실에서도 전면에 있는 대형 TV 모니터 3대로 상황실 상황판을 볼 수 있었다. 상황실과 위기관리실 사이는 유리로 되어 상황실을 볼 수 있었다. 김석균은 주로 이춘재로부터 보고를 받았지만 가끔은 "조금 더 자세하게 파악할 일이 생기면 상황실로 나와서 파악"하기도 했다.[437] 상황실의 상황을 모를 수 없었다.

상황실에서는 "사고 초반에 신속하고 효율적으로 각 과장이나 직원들에게 임무가 전파되었어야 하는데, 그러지 못하고 혼란스러운 시간이 계속"됐다. 수색구조과장 박종철이 보기에 "전화는 계속 걸려 오고 50~60명 되는 사람들이 상황실에 몰려 아수라장"이었다. 위기관리실에는 "김석균 청장, 최상환 차장이 있었고, 이춘재 경비안전국장은 왔다 갔다 했"

다. "10명 이상 꽉 차 있었고, 과장급도 간이 의자를 가져다 두고 앉았다 가 나갔다 왔다 반복하는 그런 상황"이었다. 해상안전과장 오상권에게 도 "지금까지 보아왔던 중 가장 많은 인원"이었다. "상황실 안에 직원들 이 약 40~50명 정도", "위기관리실 안에만 20~30명"이 있었다. 숫자도 숫자지만, 진짜 문제는 "우왕좌왕하는 분위기로 상황실 전체가 통제되 지 않"았다는 점이다. "상황실의 출입은 명부를 작성해서 인가된 직원들 만 출입해야 하는데, 업무와 무관한 직원들"까지 들어와서 "우왕좌왕하 는 분위기"를 조성했다. 그런데도 김석균 등 지휘부와 상황실 간부들은 "도대체 어떻게 된 것이냐고 말하면서 시끄러웠"을 뿐 그대로 방치했 다. "현장을 지휘하는 위계질서나 업무체계가 무질서하고 잡히지 않아서 누가 보더라도 중앙구조본부 운영계획에 따라 이루어지지 않았"다. "상 황실과 위기관리실에 지휘부, 상황요원 등 많은 직원들이 있었지만 제대 로 현장에 대응하지 못하였고 신속하고 정확한 의사 결정이 이루어지지 못"했다. "이렇게까지 대형 재난 사고로 이어질 것이라고는 생각을 못 했 던 것"은 필연적이었다.[438]

김석균도 "혼란스럽고 경황이 없었던 상황이었고 사고 상황이 잘 파 악이 되지 않았고, 질서정연하게 지휘가 내려가는 상황이 아니었던 것은 맞"다고 인정했다. "TRS나 코스넷, 경비전화를 통해 현장 상황에 대한 보고가 올라오는데 각각 전담 인원을 지정하여 보고 내용을 정확히 파악 하라고 지시할 수는 없었"냐는 질문에 뜻밖의 대답을 했다.

> 상황실에 있는 경비안전국장이나 상황담당관이 지시할 사항이지 제가 나서서까 지 할 것은 아니었습니다.[439]

「수난구호법」이 정한 각급 구조본부의 역할 가운데 첫 번째, 가장 중요 한 것이 "총괄·조정"과 "지휘·통제"다. "총괄·조정"과 "지휘·통제"를 하 는 게 지휘부다. 세월호 사고에서 해경지휘부는 "총괄·조정"과 "지휘·통제"를 하지 않았다. 상황 파악도 하지 않은 채, 그럴 수 있는 조건도 마련하지 않은 채, '아수라장'이 된 상황실을 방치했다. 그런 상황을 뻔히 지켜보면서도 오불관언, 내 일 아니라고 생각했다. 지휘부가 왜 존재하는지, 자신이 누군지 모르는 지휘부였다. 본청 상황담당관 임근조의 말이다.

> 사실 저도 왜 저렇게 했는지 이해가 가지 않습니다.[440]

책임 떠넘기는 책임자들

중앙구조본부장 김석균

해경청장 김석균은 9시 28분경 상황실 옆 위기관리실에 왔다. 차장 최상환, 경비안전국장 이춘재, 정보수사국장 이용욱, 장비기술국장 고명석, 오염방제국장 김상운, 경비과장 여인태, 수색구조과장 박종철 등이 있었다. 9시 28분, 상황실장 황영태가 서해청 상황실장에게 경비전화로 서해청장이 "상황 지휘"를 하라는 지시를 전달했다. 본청 상황실은 코스넷 대화방으로도 지시했다. "서해청장 현장지휘 바람"(9시 34분), "목포서장도 현장 복귀 지휘할 것"(9시 37분).

김석균은 서해청장과 목포서장에게 현장지휘를 지시했으므로 할 일 다했다는 태도로 일관했다. 본청은 "현장 세력에게 직접 지시할 임무"가 없어 123정에 세월호와 교신하라고 지시하지 않았고 승객을 탈출시키라고 지휘하지 않았다고 주장했다. 본청의 역할은 사고현장 지휘가 아니라 상급 부서 보고라고 주장하기도 했다.

> 검사: 위와 같은 지시를 내린 이유가 무엇이었나요.
> 김석균: 1차적으로 현장지휘는 해경경찰서장에게 있으며, 사고 해역을 잘 아는 목포서장으로 하여금 직접 현장지휘를 하도록 한 것이고, 서해청장도 사고 해역

을 관할하고 있고, 상황의 중요성에 따라 지방청이 직접 관여하여 현장을 지휘를 하는 것이 맞다고 생각하고 목포서장과 서해청장에게 현장지휘 지시를 하였습니다. 인천 본청에서 사고현장을 모르면서 직접 지휘라는 것은 맞지 않다고 생각했습니다. 본청은 구조세력 동원 등 정책적인 지휘나 지원, 유관기관, 민간 세력에 상황 전파 및 협조 요청 및 상급 부서에 보고하는 것이 주요 역할입니다.[441]

김석균의 지시는 아무 효과가 없었고, 부작용만 일으켰다. "서해청장"에게 "상황 지휘"와 "현장지휘"를 지시하고 "목포서장"에게 "현장 복귀 지휘"를 지시했지만 구체적으로 무엇을 하라는 것인지 분명하지 않았다. 지휘계통에 따른 역할 분담도 없어 혼선을 일으켰다. 서로 역할을 떠넘기고 책임을 회피할 명분만 주었다. 서해청장과 목포서장이 그 문자를 보고 제대로 지휘하고 있는지도 확인하지 않았다.

김석균의 안이한 태도는 헬기 511호와 123정장의 보고를 전달받은 후에도, 여인태로부터 김경일과 통화한 내용을 보고받은 후에도 달라지지 않았다. 그는 보고가 잘못됐다고 판단한 것 같다. 큰 배가 그렇게 빨리 침몰할 리 없다고 생각했기 때문이다. "답답하게 생각"한 그는 "상황 파악이 안 된다면서 역정을" 냈다. 그는 "당시에는 저뿐만 아니라 본청 상황실과 위기관리회의실에서 그와 같은 생각을 미처 하지 못했"다고 변명했지만,[442] 진짜 원인은 다른 데 있었을 수도 있다. 김석균은 9시 37분 업무용 휴대전화로 3분 47초 동안 데이터 통화를 했고, 9시 56분에도 4분 40초 동안 데이터 통화를 했다.* 첫 번째 통화는 여인태가 보고한 시간이다. 김석균은 휴대전화를 들여다보면서 여인태의 보고를 건성으로 들었을 가능성이 있다. 9시 48분경에는 여인태를 통해 항공기 준비를 지시했

---

* 김석균은 데이터 접속에 대해 잘 기억이 안 난다거나 위기관리회의실에서 인터넷 접속을 할 상황이 아니라며 "왜 이런 기록이 있는지 잘 모르겠"다고 발뺌했으나 검사는 더 이상 추궁하지 않았다. 해경지휘부 사건, 검찰 김석균 피의자 신문조서(2019. 12. 27.). 증거기록 17권 12190~12191쪽.

다. 현장에 가겠다는 것이었다.

> 검사: 2014년 4월 16일 09시 48분경 진술인은 경비전화로 인천 회전익 항공대에 연락하여 챌린저(제트기)를 스탠바이 해놓으라고 지시하는데, 진술인은 누구로부터 지시를 받아 비행기를 대기시켜놓으라고 하였나요.
>
> 윤태연(본청 경비계장): (이때 진술인은 위 녹취록에 해당하는 녹음 파일을 듣고 난 후) 제가 혼자서 알아서 비행기를 대기시킨 것은 아니었고, 여인태 과장이 저에게 처음에는 챌린저를 대기시키라고 지시했습니다.
>
> 검사: 여인태 과장이 구체적으로 어떻게 지시하였나요.
>
> 윤태연: 제가 인천 회전익 항공대와 09시 48분경 통화했으니까 그보다 1~2분 이전인 09시 46~47분경 본청 상황실에서 여인태 과장이 저에게 "청장님이 현장 갈 테니까 항공기 준비해라"라고 지시하였고, 지금 녹취록 목소리를 보니까 제가 상황실 이항아 책상 자리에서 경비전화(2742번)를 이용해서 인천 회전익 항공대에 전화했습니다. (중략)
>
> 검사: 09시 44분~46분경 당시에는 본청 상황실과 중앙구조본부에서는 이미 김석균이 세월호 사고현장으로 떠날 것이 결정된 상황이었나요.
>
> 윤태연: 예, 그 시각 무렵에 김석균 청장이 중앙구조본부에서 여인태 과장 등 지휘부들과 의논해서 세월호 사고현장으로 떠날 것을 결정하였을 것입니다. 그러니까 저에게 지시가 하달되었겠지요.

김석균이 현장에 날아가기로 한 결정은 현장 구조세력의 주의를 분산하고 활동을 방해했다. 구조에 필요한 정보는 한 번도 전달하지 않고,* 구조활동에 도움이 될 만한 지시는 코스넷 대화방에 잠시 올라왔다가 그대로 사라졌지만, 해경청장이 움직인다는 소식은 달랐다. 한 치 오차 없이 현장에 전달됐다. 9시 58분, 703호 초계기 기장 강두성이 헬기들에게 알렸다.

---

* 김석균은 "항공 구조세력의 지휘에 대해서는 생각해보지 못했다"고 말했다. 해경지휘부 사건, 검찰 김석균 피의자 신문조서(2019. 12. 27.), 증거기록 17권 12171쪽.

"잠시 후에 잠시 후에 본청1번님께서 출발하셔서가지고 현장에 오실 예정이니까 너무 임무에 집착하지 말고 안전에 유의하세요."

"사태의 심각성을 제대로 느끼지 못하고 상공에서 헬기 충돌 방지 조정을 하고" 있던 강두성이 "갑자기 해경청장이 올 것이라고 위성전화"를 받고 한 말443이지만, 부기장 이교민의 지적처럼 "위급한 상황에서 할 말은 아닌 것"이고 "할 수 없는 말"이었다. 문제는 조난선박에서 승객을 구하는 일보다 해경청장의 움직임, 의전을 더 중요하게 여기는 해경 조직에 있었다. '해야 하는 일'은 하지 않고, "할 수 없는 말"은 하게 만들었다. 이교민의 말이다.

> 현장 상황을 알려주거나 구조 임무를 지시하는 연락은 단 한 번도 없었고, 본청장이 비행기 타고 현장으로 오고 있는 중이라는 연락을 취했다는 것을 생각하니 같은 경찰로서 부끄럽습니다.444

10시 16분, 인천해경은 코스넷 대화방에 김석균이 이동할 것이라는 소식을 전했다.

"청장님 인천 회전익 517호기 이용 이동 예정."

김석균은 아직 출발도 하지 않았다. 그가 위기관리실을 떠난 것은 10시 18분경, "집무실에 들러 야전복 등 필요한 물품을 준비한 다음 …… 본청 정문을 통과한 시각은 10시 29분"이었다.445 현장에 도착해 3009함에 내린 것은 12시 30분경이었다. 10시 40분, 강두성이 다시 헬기들에게 알렸다. 김석균이 도착하려면 아직 두 시간 가까이 남아 있었다.

"지금 저 1번님 출발하셨으니까 일단 저 전체적으로 보고 준비가 완전하게 될 수 있도록 그 임무 수행한 결과들을 잘 작성하기 바랍니다."446

김석균의 이동 소식은 계속 전달됐다. "청장님 10시 48분 인천 헬기 517호기 이용 현장 이동 차 이륙(도착 예정 12시 20분)"(인천해경, 10시 50분), "12시 10분에 청장님 B-517호기 타고 1508 착함"(목포해경, 11시 7분)

> 이용욱(본청 정보수사과장): 당시 저는 청장이 사고현장으로 가는 것을 좀 부정적으로 보았습니다. 왜냐하면 당시 상황이 매우 위급한 상황이어서 중앙구조본부에서 지휘를 하는 것이 더욱 중요했다고 보고, 헬기를 타고 떠나는 동안 실질적인 지휘 공백이 발생할 수밖에 없었기 때문입니다.[447]

> 검사: 진술인이 세월호 침몰 현장에 가기 위하여 헬기에 탑승한 때부터 착륙할 때까지 보고받은 사항 및 그에 따라 취한 조치 내지 지시는 무엇인가요.
> 김석균: 헬기는 휴대폰 통화 및 무전기 송수신이 여의치 않았으며, 이용한 헬기 조종사들에게 새롭게 접수된 상황이 있으면 전달해달라고 얘기한 바 있으나, 특별히 보고받은 사항은 없습니다.[448]

703호 기장 강두성은 김석균이 현장에 온다는 연락을 받은 심정을 토로했다.

> 중앙구조본부가 꾸려졌으면 그것을 포인트로 하여, 해경청장이 신속 정확한 지휘를 했어야 하는데, 아무런 지휘도 하지 않다가 비행기를 타고 3009함으로 날아온 것이 너무 어이가 없었습니다. 중앙구조본부의 장이 본부를 비워두고 3009함에 와서 뭘 한단 말입니까. 그리고 인천에서 목포까지 날아오는 동안 지휘 공백은 어떻게 해결할 것입니까. …… 지휘관은 항상 정위치에 있으면서 정확히 지휘해야 합니다. 소위 골든타임이라고 하는 시기에 현장에 있었던 구조세력은 저희 703호 초계기, 헬기 3대, 100톤짜리 함정 1척이 전부였고, 구조 대상은 6,000톤이 넘고 승객이 400명 이상 타고 있는 대형 여객선입니다. 본청장이 뭘 어떻게 하라고 이야기를 해줘야 할 것 아닙니까.[449]

김석균은 검찰에서 "10시경 배가 너무 많이 기울었고, 10시 17분경에는 침몰할 것이 확실시되어 상황실에 있어 봤자 소용이 없을 것 같아 참모들에게 사건 현장으로 가자"고 말했다고 주장했다. 9시 48분경 여인태가 항공기 준비를 지시한 것에 대해서는 "잘 모르겠"다, "기억이 없"다, "어떤 상황인지 잘 모르는 상황", "아는 바가 전혀 없"다고 둘러댔다.⁴⁵⁰ 재판에서는 말을 바꿨다. 9시 48분경 세월호가 "상당히 많이 기울어져 있는 상황이었기 때문에 '내가 현장에 직접 가봐야 되는 것이 아니냐'고 하니까 해당 과에서는 필요할 때 언제든지 이동할 수 있도록 헬기를 준비했"다는 것이다.⁴⁵¹

김석균은 자신이 현장을 지휘하는 것은 "맞지 않다"면서 서해청과 목포해경에 책임을 돌렸다. 그런 사람이 9시 48분경, 현장에서 본격적으로 구조작업을 시작해야 하는 시점에 굳이 현장에 가겠다고 한 이유는 무엇일까? "몇 시간 이상 침몰하지 않고 떠 있는" 게 맞는 배를 놓고 자꾸만 "급속도로 기울고 있다"고 보고한 것이 '잘못'된 것임을 직접 확인하겠다는 뜻은 아니었을까? 최고 지휘관이 선입견에 빠져 쓸데없는 생각을 하는 사이에 승객을 구할 수 있는 짧은 시간, '골든타임'이 속절없이 흘러갔다.

최고책임자로서 할 일을 하지 않은 책임을 아래에 미룬 김석균은 본청 상황실이 한, 그럴듯해 보이는 지시는 자기가 했다고 주장했다. 9시 47분 이후 구조대와 특공대를 파견해 승선시키라거나 경찰관을 승선시키라는 등 코스넷 대화방으로 내린 지시들이었다.⁴⁵² 그렇다면 구조작업만 해도 버거운 123정에 끊임없이 영상과 사진을 요구해 구조에 전념할 수 없게 만든 지시는 뭐라고 했을까?

> 일부 지시 사항을 보니 청장이 지시한 것이라고 하는데 제가 직접 그와 같은 지시를 한 적은 없습니다. 본청 상황실에서 청장 이름을 빌려 그런 지시와 요구를 한 것은 분명 잘못된 부분이라고 생각합니다.⁴⁵³

광역구조본부장 김수현

본청으로부터 "상황 지휘"와 "현장지휘"를 지시받은 김수현은 어떻게 했을까? 그는 9시 5분경 서해청 상황실에 들어가 CVMS, 코스넷 대화방, 기상, 함정 ENG 화면이 잘 보이는 앞자리에 앉아 있다가 11시 30분경 팽목항으로 떠났다.[454] 그동안 아무것도 하지 않았다. 상황담당관 유연식은 김수현에게 "지시를 받은 것[이] 없"다고 말했다.[455] 경비안전과장 김정식도 김수현이 상황실에서 TRS로 직접 교신하거나 구조 지휘하는 것을 보지 못했다고 진술했다.[456]

세월호가 70도나 기울어진 상황에서 김수현은 승객을 구할 방도를 지시하는 대신 "배가 침몰 안 되도록 배수 작업을 좀 실시했으면 좋겠"다거나 "일단 배를 가라앉지 않은 상태로 유지시켜 놓"으라고 터무니없는 소리를 반복했다. 그뿐 아니었다. 그는 현장 상황은 물론 구조세력의 움직임도 전혀 모르고 있었다. "항공구조사들은 못 내려가기 때문에 가용 헬기를 요청"했다는 둥, "250톤급 이상이 투입되면 …… 더 이상 침몰 안 되도록 배를 세우는 것이 좋은 방법"이라는 둥, 황당한 얘기를 했다.

10:08 TRS 서해청장 김수현-목포해경서장 김문홍

김수현: 일단 배가 60도 정도 기울었다고 하니까 배가 커서 좀 어려움이 있을지 몰라도 배가 침몰이 안 되게 배수 작업을 좀 실시했으면 좋겠는데 그게 가능하겠어요?

김문홍: 일단 배수 작업노 생각을 하고 있고요. 일난 거기에 지금 올라갈 수 있도록 조치를 하고 있는 중입니다. (중략)

김수현: 일단 배를 가라앉지 않는 상태로 유지시켜 놓고 그 이후에 다른 조치를 취하면 될 것 같고. 그 다음에 항공구조사들은 못 내려가기 때문에 이쪽에서 가용 헬기를 요청한 상태니까. 250톤급 이상이 투입되게 되면 그쪽으로 배수 작업을 전력으로 해서 배가 더 이상 침몰 안 되도록 그 배를 세우는 것이 좋은 방법 중 하나가 아닌가 싶으니까. 직원들 투입시켜 놓고 그 부분에 대해서 검토를 집중적으로 해봐요.

그 상황에서 도대체 누구 보고 "배수 작업"을 하라는 말인가? 무슨 방법으로 "더 이상 침몰 안 되도록 배를 세우"라는 말인가? 선장과 선원을 찾을 생각, 사람을 구할 생각은 하지 않은 채 황당한 공상이나 하고 앉아 있는 게 그날, 해경 광역구조본부장이었다. 20분이 더 흐른 10시 27분, 김수현은 여전히 "침수가 안 되고 배를 세울 수 있는 방법" 타령을 하고 있었다. 해경차장 최상환이 "지금 그거 방법이 없잖아요"라고 지적하자 "현재는 방법이 없는데……"라고 인정했다.

10:27 해경차장 최상환(본청 상황실 2042)-서해청장 김수현
최상환: 지금 현장에 헬기에서 구조사가 한두 명이 구조하는 게 문제가 아니고 (중략) 일단 그 여객선에 내려서 여객선이 지금 얼마만큼 기울어졌고 일단은 무조건 물에 뛰어내리겠다는 것이 낫겠다든지 아니면 나올 때 순서대로 나온다든지 이렇게 지휘할 사람이 필요하거든요, 현장에서.
김수현: (중략) 어떻게든지 저걸 더 이상 침수가 안 되고 저 배를 세울 수 있는 방법을 강구하고 있거든요.
최상환: 지금 그거 방법이 없잖아요.
김수현: 현재는 방법이 없는데…….
최상환: 그냥 우리 헬기 구조사 중에 일단은 거기 내려가 문을 열어줘야 된단 말입니다. [승객이] 나올 수 있도록. 어떤 형태로든 그게 제일 급하고 거기 먼저 내려가 그 위험 속에서 구조한 놈은 나중에 정말 공을 세울 수 있는 거 아니에요. 누구 특정인을 딱 찍어가 무조건 거기 좀 내려가 현장 상황을 계속 좀 알려주라 하세요. 그게 제일 급합니다.
김수현: 예, 알겠습니다.

최상환이 거듭해서 "우리 헬기 구조사 중에 일단은 내려가 문을 열어줘야 된단 말입니다. …… 그게 제일 급합니다"라고 하자 — 너무 늦어 소용없는 말이었지만 — 김수현은 마지 못해 "예, 알겠습니다"라고 대답했다. 그리고 역시 아무것도 하지 않았다. 헬기 구조사를 내려보낼 방법이 있는지 알아보려고도 하지 않았다.

김수현이 "배를 세울 수 있는 방법"을 공상하는 동안 현장에서는 마지막 사투가 벌어지고 있었다. 대기 방송을 믿고 기다리다 시간을 놓친 승객들이 걷잡을 수 없이 침몰하는 배에서 빠져나오기 위해 사력을 다하고 있었다. 멀찍이 떨어져 지켜보는 123정을 대신해 어선들과 어업지도선들이 위험을 무릅쓴 채 세월호에 달라붙어 승객을 구하고 있었다.

감사원은 김수현이 ① 특공대와 122구조대를 함정과 헬기로 신속하게 이동시켜야 했고, ② 탑승 인원 등을 구조세력에 전파, 지휘해야 했으며, ③ 김문홍이 제대로 지휘하지 못할 때 적극 개입해 구조활동을 지휘해야 했다면서 오히려 "상식 밖 지시", "말도 안 되는 지시만 반복"했다고 지적했다.[457] 틀린 말은 아니지만, 이 또한 부질없는 지적이었다. 김수현이 한 말을 들어보면 광역구조본부장다운 역량은커녕 시민의 상식적 판단력조차 갖추지 못했던 것처럼 보이기 때문이다.*

김수현은 뭐라고 변명했을까? 위로는 본청, 아래로는 123정과 헬기, 세월호 선장에게 떠넘겼다. "9시 10분경 중앙구조본부가 설치됨으로써 해양경찰청과 경비국장이 현장에서 총괄 지휘"했고 "중앙구조본부장이 존재하기 때문에" 자신은 지휘부가 아니라 "스태프가 되었"다고 변명했다. "서해청의 역할은 현장까지 구조세력들을 보내는 것이고, 현장에서 대응을 하는 것은 123정이나 헬기가 현장 상황에 따라 판단할 부분"이며, "퇴선이나 퇴선 준비는 선장이 결정해야 하는 부분"이라고 했다.[458]

123정장이 잘못했다는 뜻도 아니었다. "많은 인원을 구조했음에두 123정장을 처벌한 것"은 "취재가 과열"되고 "엄청나게 사실이 왜곡된 언론 보도들"로 "국민들이 많이 분노"했기 때문인데, "사회의 정의는 사라졌고 붓은 꺾였다"라고 주장했다. "역사적인 평가가 있을 거"라고도 했

---

* 40킬로미터 떨어진 진도 벽파 지역에서 불법 어업을 단속하다가 소식을 듣고 달려와 구조작업을 한 전남201호 고속보트 항해사 박승기는 '배수 작업'을 거론한 김수현의 말에 대해 "현장 상황하고는 전혀 맞지가 않는 어처구니가 없는 대화"라고 지적했다. 해경지휘부 사건, 박승기 진술조서(2019. 12. 16.), 증거기록 14권 10735쪽.

다. 자신은 최선을 다했다면서 "뛰어내리기만 하면 대부분 살 수 있었"는데 "뛰어내리지 않았던" 희생자들을 탓했다.

> 당시에 세월호 선장이 승객들을 구조하지 않고 도망을 가면서 참사가 발생하게 된 것인데, 그런 선장이라면 5년 뒤, 10년 뒤에 같은 사고가 발생하더라도 해경이 할 수 있는 일에는 한계가 있고 결과도 크게 달라지지 않을 거라고 생각합니다. 당시에 해경이 무능하다는 비판이 많이 있었지만, 그 부분에 대해서는 역사적 평가가 있을 거라고 생각합니다. …… 당시 제가 했던 일이 다소 아쉬운 부분은 있을지언정, 그 당시 여건에서는 최선을 다했다고 생각합니다.[459]

> 검사: 제한된 시간에 476명을 구조하려면 단순히 구조세력을 현장에 빨리 보내는 것만이 아니라, 최소한의 역할 분담과 계획은 있어야 했던 것 아닌가요.
> 김수현: 당시에 수온이 차갑지는 않아서 바깥으로 뛰어내리기만 하면 대부분 살 수가 있었거든요. 그런데 사람들이 뛰어내리지 않았던 부분이 아쉽습니다. 엄청 안타깝죠.[460]

지역구조본부장 김문홍

3009함에 남는 것을 선택한 목포서장 김문홍은 현장으로 가면서 세월호와 교신하지 않았다. 3009함에는 여러 통신장비가 있었고 통신을 전담하는 통신장과 대원도 있었다. VHF 채널 67번을 켜놓았다면 진도VTS와 세월호의 교신을 들을 수 있었고 비상호출 채널인 16번을 켜놓았다면 9시 25분 세월호가 '해양경찰'을 호출할 때 답해야 했다. 그러나 어느 것도 하지 않았다. 세월호와 교신하는 데 관심이 없었다는 뜻이다.

김문홍은 "64마일이나 떨어져 있어서 VHF 통달 거리가 미치지 못할 것 같아서" VHF 채널 67번을 켜지 않았다고 주장했다.[461] 2014년 5월 22일 감사원이 64마일 떨어진 3009함과 307함 사이에 VHF로 교신해보니 감도가 좋았다. 3009함이 채널 67번으로 세월호를 호출했다면 교신할 수 있었다는 얘기다. 김문홍은 "오직 함정들과 122구조대의 신속한 출동에만 몰두하는 바람에 미처 [세월호와 교신을] 생각하지 못했다. 죄송하다"라고 둘러댔다.[462]* 3009함은 현장을 향해 전속력으로 가고 있었으므로 거리가 점점 줄어들었는데 한 번도 교신을 시도하지 않은 것은 설명할 길이 없다. "함정들과 122구조대의 신속한 출동"을 위해 한 일도 없었다. 김문홍은 세월호가 빨리 침몰하지 않을 것이라고 생각했다.[463]

> 검사: 다시 피의자는 세월호의 전복까지 남은 시간, 즉, 승선원들의 구조를 위해 사용할 수 있는 시간을 대략 얼마 정도로 예상하였는가요.
> 김문홍: 시간을 예상하지 못했고, 급격히 침몰하지 않을 것이라고 생각했습니다.
> 검사: 그렇게 판단하게 된 근거는 무엇인가요.
> 김문홍: 부력이 있기 때문에 그렇습니다. 다년간 해상 경험에 비추어 볼 때 어선 등이 급격하게 침몰하는 것을 보지 못했기 때문입니다.

제대로 지휘하지 않은 책임은 서해청장에게 돌렸다. 9시 34분 본청이 "목포해경 서장도 현장 복귀 지휘할 것"이라고 지시했지만 서해청장도 같은 지시를 받았기 때문에 그의 책임이라는 것이다.

> 09시 5분경 지역구조본부가 가동되었고, 09시 10분경 서해청은 광역구조본부가 가동되었으므로 저희 지역구조본부는 광역구조본부의 조정·지휘를 받아 임무를 수행하므로 컨트롤타워는 지방청에서 해야 하는 것으로 알고 있기 때문에 지방청에서 모든 것을 종합적으로 판단해서 지휘하였어야 한다고 봅니다.[464]

"서장으로서 책임의식을 가지고 모든 상황을 파악하고 지휘해야 하고 조금이라도 업무 공백이 생기면 안 된다고 생각"해서 3009함에 남았다고 변명한 것[465]과 딴판이었다. 그는 김경일에게도 책임을 미뤘다. "함

---

* 김문홍은 특조위 청문회에서도 "현장 근무를 한 30년 했"지만 "VHF 통달 거리가 아주 기상이 좋은 상황이 아니고서는", "25에서 30마일이라는 것이 머리에 박혀 있었다"는 주장을 되풀이했다.

정이 해야 할 기본은 123정이 지킬 것으로 생각했고, 123정이 규정에 근거하여 세월호와 교신하고, 현장에 도착하여 승객들을 퇴선시키고, 옮겨 실을 것으로 생각"했기 때문에 123정에 승객을 퇴선시키라고 지시하지 않았다는 것이다.[466]

> 김문홍: 워낙 인명 구조에 급박한 상황이라 그다음은 정장이 다 알아서 판단해서 잘할 것이라고 믿었습니다.
> 감사원: 잘 알아서 했을 것으로 믿는 것은 상당히 위험합니다. 잘 알아서 하는지 지켜보다가 잘못한 점이 있으면 지시를 내려 바로잡는 것이 지휘관의 임무 아닙니까. 알아서 할 것이라고 지휘를 하지 않는다면 뭐하러 지휘관이 필요합니까.
> 김문홍: 123정장이 경험도 있고 적극적인 성격이라 신뢰를 하였던 탓에 믿었던 것이라는 의미이지 알아서 하도록 내버려둔다는 의미는 아닙니다. 죄송합니다.[467]

"123정장이 경험도 있고 적극적인 성격이라 신뢰를 하였던 탓에 믿었"다는 것이다. 자신을 탓하는 말이 아니라 그 믿음에 값하지 못한 123정장을 탓하는 말이었다. 지휘체계의 혼선도 내세웠다. "모든 체계가 상황실 체계로 되어 있어서 제가 직접 TRS로 123정을 지휘하는 것은 혼선이 따를 거라 생각했"다고 주장했다.[468] 목포서장이자 지역구조본부장으로서, 해경청장으로부터 현장지휘를 하도록 지시받은 김문홍이 목포해경 소속 123정을 직접 지휘하는 데 "혼선이 따를 거"를 염려했다는 것이다.

김문홍은 특조위 청문회에서 태도를 바꿨다. VHF 통달 거리 때문에 세월호와 직접 교신할 수 없었다면 목포해경 상황실과 123정에 세월호와 교신하라고 지시했어야 하지 않느냐는 질문에 "신이 아닌 이상 어떻게 이것을 다 챙"기냐, "한 일이 있는데, 그중에 없는 것만 골라서 말하"냐고 화를 냈다.[469]

2014년 4월 28일, 김경일이 진도군 서망항에서 123정 직원들과 함께 기자회견을 열고 퇴선 방송을 했다고 거짓말을 했다. 퇴선 방송을 하지 않았다는 비판이 제기되자 김석균의 지시로 본청이 주선한 것이었다. 김문홍은 그날 아침 8시 25분부터 44분까지 여섯 번이나 김경일과 통화했다. 왜 그렇게 많은 통화를 했을까?

> 진도 서망항은 얕은 곳이어서 100톤급 정이 들어가기에 위험한 곳이기 때문에 조심해서 들어가라는 내용, 비가 오니 미끄러지지 않게 조심하라는 내용, 복장을 단정하라는 내용, 사실대로 이야기하라는 내용으로 통화를 하였습니다.[470]

세월호 구조작업은 김경일이 "경험도 있고 적극적인 성격이라 신뢰"한 나머지 "다 알아서 판단해서 잘할 것"으로 믿어서 아무런 지시도 하지 않았다고 우긴 게 김문홍이었다. 김경일이 거짓 기자회견을 하러 가는 길에는 항구가 "얕은 곳이어서…… 조심해서 들어가라"고 하고, "비가 오니 미끄러지지 않게 조심하라" 따위의 말을 하려고 여섯 번에 걸쳐 20분이나 통화했다고 주장했다.

해경이 본 해경지휘부

> 저희에게 주어진 역할은 다 했다고 생각합니다.(해경청장 김석균)
> 그 당시 여건에서는 최선을 다했다고 생각합니다.(서해청장 김수현)
> 해야 할 지휘는 모두 다 했습니다.(목포서장 김문홍)

이렇게 주장한 지휘부를 해경 구성원들은 어떻게 평가했을까? "해야 할 지휘는 모두 다 했"고, "그 당시 여건에서는 최선을 다했"고, "주어진 역할은 다 했"던, 그래서 비록 결과는 나빴지만 과정은 아쉬움이 없는, 그런 지휘부로 평가했을까? 세월호 사고에서 그들을 보좌하고 그들의 지휘를 받아 역할을 수행한, '같은 배를 탔던' 해경 구성원들의 말을 들어보자.

> 제가 나중에 지휘부의 지휘 등이 확인되는 TRS나 코스넷 등을 …… 보니까 진짜 말도 안 되는 지시를 자기들끼리 지시라고 우기면 과연 지휘관이라고 할 수 있는지 의문스럽습니다. …… 지휘부에서 제대로 상황을 전파하고 지시를 해주었다면 결과가 많이 달라졌을 것 같습니다. 지휘부는 반드시 책임을 져야 합니다. …… 지휘관이라고 하면 잘못된 부분을 인정하고 깨끗하게 사퇴할 부분은 사퇴하고 조직이 원래 그런 것인데 지위가 가장 높은 청장부터 몸 사려버리고 결국은 모든 책임을 123정에게만 지게 하고…… 이게 조직인지 모르겠습니다. 지휘부는 반드시 책임을 져야 합니다.

123정 항해팀장 박성삼의 말이다. 박성삼은 "퇴선 방송을 저희 123정에서 못한 부분은 분명 책임이 있다는 것을 인정"한다면서 지휘부의 책임을 지적했다.[471] 지휘부의 지시를 현장에서 몸으로 실행해야 하는 대원들에게 그 정도의 평가밖에 받지 못하는 게 그날의 해경지휘부였다.

> 군대에서 이러한 큰 규모의 작전을 이렇게 구심점도 없고 계획도 없이 한다면 전멸입니다. …… 책임지지 않는 지휘관은 지휘관이 아니라고 생각합니다.

현장에 도착해 "어마어마하게" 큰 배가 쓰러져 있는 것을 보고 "패닉 상태"에 빠진 나머지 상황을 제대로 파악하지 못해 구조에 실패했고, 개인적인 책임을 인정하며 "뼈저리게 반성"한다고 한 초계기 703호 기장 강두성의 말이다.[472] 703호 부기장으로 강두성과 함께 탄 이교민은 "당시 지휘부의 무능함을 직접 알게 되니 해경으로서 참으로 부끄럽"다고 말했다. 703호 전탐사 유도원은 "당시 초계기 탑승 근무자로서 세월호 참사에 책임이 있음을 인정합니다. 저의 책임과 함께 해경지휘부의 무능함이 엄청난 참사를 발생하게 한 것 같아 안타깝습니다"라고 했다.[473] 목포해경 상황담당관 조형곤도 구조본부장들에게 책임을 돌렸다.

> 지휘부에서 바로 123정에 연락을 해서 현장 상황을 [지휘]하든지, 저희들을 지휘

하든지 해야 했습니다. 그러나 지휘부는 별다른 조치가 없었습니다. …… 책임은 그런 지휘를 제대로 하지 못한 구조본부장들에게 있다고 생각합니다.[474]

누가 지휘체계를 명확히 해주지 않으면 일을 제대로 할 수가 없습니다. 그런다고 자기들이 결과에 책임을 지는 것도 아니구요. 여기저기서 지시를 받다 보면 내용이 상반될 수도 있는데, 그러면 현장에서 누구의 지시를 따라야 하겠습니까? 그러면 아무래도 상급 기관인 본청의 지시를 따를 수밖에 없는데, 그러다가 일이 잘못되면 본청은 오리발이죠. 그러면 일을 할 수가 없습니다.[475]

서해청 차장 이평현의 말이다. "일을 제대로 할 수가 없"게 만들고는 "결과에 책임을 지는 것도 아니"고 "일이 잘못되면 본청은 오리발"이라고 했다.

본청 상황요원 이항아와 부팀장 한상윤은 해경 직원들의 여론을 전했다.

제가 아는 해경 직원들의 경우 123정 정장만 처벌을 받은 것은 너무 억울한 부분이라고 생각하고 있습니다. 목포해양경찰서장, 서해청장, 해경청장 또한 책임을 물을 필요가 있다고 생각합니다. …… 구조본부가 꾸려졌으니 구조본부장들이 제대로 상황을 파악해서 전파해주고, 구체적인 구조계획을 하달해줬어야 합니다. 그럼에도 책임질 부분을 책임지지 않고 현장에 있는 사람들에게 떠넘기는 모습을 보고 안 좋았습니다. 청장, 서해청장, 목포서장이 계급에 맞지 않게 행동하여 직원들이 욕을 많이 했고, 그런 지휘관들을 모시기 싫다고 말했었으며, 저도 완전히 같은 생각이고, 그런 사람을 상사로 두기 싫습니다.[476]

123정이 현장에서 벌어진 사태를 모두 책임진다는 것은 동의할 수 없습니다. 구조본부가 괜히 설치된 것이 아니지 않습니까. 당시 현장에 출동했던 헬기, 초계기, 123정 그 외 기타 구조세력들을 통할해서 지휘하기 위해서는 구조본부장들이 적시에 상황을 파악·전파하고 구조계획을 세워주었어야 하는데 그러지 못했습니다. 물론 그 과정에서 본청 상황실 업무를 세심히 관리하지 못한 저희들의 책임도 있었습니다.[477]

본청 경비계장 윤태연도 조기에 세월호의 현장 상황을 제대로 파악하지 못했고, 승객을 구조하기 위한 조치를 하지 않은 것에 대해 "많이 잘 못하였고 크게 반성"한다면서 "당연히" "최고 지휘부에서 책임을 져야" 한다고 말했다.

> 중앙, 광역, 지역구조본부가 가동된 이유가 바로 이러한 대규모의 재난 상황에서 구조본부를 중심으로 신속하게 현장 상황을 파악하여 구조세력에게 전파하고, 구조계획을 수립하여 하달하는 것인데, 전혀 그러지 못했다는 것이 부끄럽습니다. …… 각 구조본부장 등을 비롯한 최고 지휘부에서 책임을 져야 합니다.[478]

본청 해상안전과장 오상권은 "상급자와 지휘자들부터 평소에 안이한 태도로 근무하면서 세월호 사고 같은 대형 사고가 터지니까 당황해서 지휘체계가 망가졌고 하위 직원들도 교육훈련이 부족해서 총체적인 문제가 불거진 것"으로 규정했다. "한 사람만 제대로 대응했더라도 수많은 인명이 구조될 수 있었는데 모든 시스템이 엉망이었고, 지휘부의 지휘 능력부터 하위직의 간단한 신고 전화 응대까지 제대로 된 것이 하나도 없"다면서 지휘부의 잘못을 지적했다.

> 해경지휘부가 세월호가 침몰해가는 순간에 지휘체계의 혼란으로 제대로 된 상황파악을 못 하고 구체적인 구조계획을 세워주지 못한 것으로 압니다. …… 지휘부에서는 승객의 퇴선조치에 대해서 세월호 선장이 전적으로 결정할 일이라고 안이하게 판단한 것 아닌가 싶습니다. …… 123정장 등 구조세력을 지휘 통제하는 각 구조본부 지휘부의 잘못도 더 크다고 생각합니다.[479]

본청 수색구조과장 박종철은 "지휘체계가 무너진 것"을 근본 문제로 지적했다.

> 지휘체계의 혼선입니다. 일사불란한 지휘체계가 이루어지지 않은 것이 아쉽습니

다. 제가 위기관리회의실이나 상황실에 있으면서 구조본부장이 정위치하고 나머지 참모들이 정숙하게 앉아서 현장 상황을 파악하여 보고받고 지휘하는 통일적인 지휘체계가 전혀 없었다는 생각이 많이 들었습니다. …… 지휘체계가 제대로 잡혀야지 인력과 장비가 효율적으로 투입되고 그에 따른 구체적인 구조계획이 수립되어 전파될 텐데 지휘체계부터 잡혀있지 않아 여러 사람이 말을 하고 중구난방으로 보고하는 사태가 벌어졌습니다. 보고 내용도 뒤늦은 보고, 중복 보고였습니다. 도대체 무슨 상황을 파악했는지도 알 수가 없었지요. …… 지휘관들이 TRS를 집중해서 듣거나 TRS를 통한 통일적인 지시 사항 전파가 제대로 되지 않은 것도 아쉽고, 코스넷 대화방에 너무 많이 사람이 들어와 교신 내역 확인을 어렵게 한 것도 아쉬울 따름입니다. 이러한 대형 재난 시 통일적으로 상황을 파악하고 보고받고 전파하고 구조계획을 수립하여 지시하기 위해 구조본부가 있는 것인데, 구조본부 자체의 지휘체계가 무너진 것이 가장 아쉽습니다."[480]

본청 상황담당관 임근조의 평가는 어떨까? 임근조는 이춘재 다음으로 가까이에서 김석균을 보좌했다.

일단 전체 책임은 청장에게 있다고 보아야 합니다. 특히 해경지휘부는 현장 경험이 부족하여 구체적인 상황 파악이나 지휘를 제대로 하지 못한 채 안일하게 대처하였고, 조직 문화도 구조 기능보다는 경찰 업무 쪽에 치중하였기 때문에 구조에는 소홀히 하였던 것입니다. 저도 …… 1998년경 이후부터는 현장 경험이 없었기 때문에 상황이 벌어져도 머릿속에 그려지지 않아 현장 감각이 떨어졌습니다. 다른 지휘부도 저와 큰 차이가 없이 해상 근무경력이 부족해서 실질적으로 필요한 퇴선조치 등을 적시에 하지 못하게 된 것입니다.[481]

5장
구조 실패

123정의 가능성과 의문

9시 34분경 123정이 도착했다. 세월호에서 100미터 정도 떨어진 거리에서 구명보트를 내렸다. 9시 36분 본청 상황실에서 김경일에게 경비전화를 걸었다. 다짜고짜 "현재 상황을 바로바로 보고 좀 해"달라면서 "영상 시스템 작동 안 됩니까?"라고 묻는 김남진에게 김경일은 "사람들이 하나도 안 보"이고 "구명벌 투하도 없"다면서 "헬기 쪽에 문의 좀 해볼랍니다. 아마 선상 안에 있는가 봅니다"라고 대답했다. 동문서답이었지만, 중요한 이야기였다.

9시 39분 123정 구명보트가 세월호 좌현 중앙부에 접안해 기관장 박기호 등 선원 7명을 태워 돌아왔다. 조타수 박경남이 조타실 윙브리지에서 "기관부 먼저 탈출한다"라고 소리 질렀고[482] 123정 대원이 그 모습을 봤다.[483] 9시 45분, 세월호 조타실 쪽에 접안하며 김경일이 TRS로 보고했다.[484]

"현재 승선객이 안에 있는데 배가 기울어져가지고 현재 못 나오고 있답니다. 그래서 일단 이곳 직원을 한 명을 배에 승선시켜가지고 안전 유도하게끔 유도하겠습니다."

선원들이 나왔다. 1등항해사 강원식을 시작으로 조타수 박경남, 선장 이준석이 123정으로 건너왔다.

9시 48분 목포해경 상황실이 123정을 불러 "미인집 1번", 즉 목포서장의 첫 지시를 전했다.

"123, 파파123, 미인집 1번 지시 사항임, 미인집 1번 지시 사항임. 귀국은 너무 과승, 과승해서 편승하지 말고 안전하게, 안전하게 서거차도로, 서거차도로 편승 조치 바람, 이상."

9시 52분 김경일이 승객 상황을 다시 보고했다.

"목포타워, 여기는 123. 현재 승객이 절반 이상이 지금 안에 있는데 갇혀서 못 나온답니다. 빨리 122구조대가 와서 빨리 와서 빨리 구조해야 될 것 같습니다."

그러자 서해청 상황실이 해경청장과 서해청장의 지시를 전했다. "명인집타워"는 서해청을 말한다.

"본청 1번님하고 명인집타워 1번님 지시 시항임. 123 직원들이 안전 장구 갖추고 여객선 올라가가지고 승객들이 동요하지 않도록 안정시키기 바람."

일단 "수신 완료"라고 응답한 김경일은 잠시 후 9시 56분, 승선이 불가능하다고 보고했다.

"현재 경사가 너무 심해가지고 본 함 직원을 승선시키려고 해도 올라갈 길이 없는데요. 일단 항공 지금 현재 3대가 지금 계속 구조하고 있습니다. 현재 가능한 한 저희 직원들을 승선시키려고 하는데 너무 경사가 심해서 못 들어가고 있습니다."

9시 59분 김문홍이 지시했다. "배에서 뛰어내리라고 고함을 치거나 마이크를 이용해서 뛰어내리라고" 하라거나 "정장이 잘 판단해가지고 우현* 쪽으로 좀 난간 잡고 올라가서 뛰어내리게 해가지고 바다에서 구조하는 방법을 빨리 검토"하라고 했다. 김문홍이 거듭 재촉하자 김경일은 마지못한 듯 "일단 1번님이 지시한 대로 좌현 쪽으로 한번 해상으로 투하하라고 이렇게 계도하겠다"고 대답했지만, 아무것도 하지 않았다. 여전히 멀찍이 떨어져 거리를 유지한 채 지켜보기만 했다.

123정이 세월호에 마지막으로 가까이 간 것은 10시 6분이었다. S-1호실에서 불빛을 발견한 세월호 2등항해사 김영호의 제안에 따라 김경일이 다시 접안했다.[485] 해경 박상욱과 이형래가 조타수 오용석과 함께 객실 유리창을 깨고 6명의 승객을 구한 다음 물러났다.** 다시는 가까이 가지 않았다.[486]

여기서 의문이 제기된다. 침몰하는 여객선에서 승객을 구하려면 무엇보다 먼저 선장과 선원을 찾아야 한다. 그런 점에서 123정이 현장에 도착 후 10여 분 만에 조타실 쪽에 접안한 것은 적절한 행동이었다. 선장과 항해사 등 책임 있는 선원들이 조타실에 있을 가능성이 높기 때문이다. 결국 그들을 확보했다. 김경일은 승객들이 보이지 않고 바다에 구명벌도 없는 데 의문을 품고 승객들이 "선상 안에" 있다고 추측하면서 "헬기 쪽에 문의 좀 해"보겠다고 했다. 그 통화를 하기 전에 TRS로 헬기 511호를

---

* "우현 쪽" 난간 잡고 올라가라는 김문홍의 지시는 세월호 상황을 제대로 파악하지 못하고 한 것이었다. 세월호가 좌현으로 기울어지면서 우현은 하늘을 향했고 배 아랫부분이 물 위로 올라왔기 때문에 우현 쪽 난간을 잡고 올라가는 것은 불가능했다.

** 세월호 조타수 박경남은 항해사 강원식과 "4층 3등 객실을 보면서 그쪽 창문도 깨뜨리자고 얘기했으나 세월호 기울기가 너무 심해 123정이 접안하기에 위험하다며" 물러났다고 주장했다. 123정장 사건, 박경남 진술조서(2014. 6. 2.), 16~18쪽.

호출하기도 했다. 기관부 선원들에게 들은 내용을 보고하면서는 "일단 이곳 직원을 1명 배에 승선시켜가지고 안전 유도하게끔 유도하겠습니다"라고 했다. 비록 출동 중에는 세월호와 교신하지 않았지만, 현장 도착 후 김경일의 행동과 말을 보면 최적의 구조활동을 할 수 있는 조건을 갖추고 있었다.

결과는 딴판이었다. 상황 파악조차 못 하는 상황실과 무능하고 무책임한 지휘부의 문제를 살펴봤지만, 그 모든 것을 감안하더라도 123정의 구조 실패는 설명하기 힘든 수준이었다. 드디어 본격적인 구조활동으로 나아가야 할 순간 태도가 돌변했다. 해야 할 일, 하겠다고 한 일을 하지 않은 채, 세월호에서 멀찍이 떨어져 구명보트가 구해 오는 승객만 받았다. 이해할 수 없을 정도로 소극적인 123정의 태도는 온갖 의혹과 음모론의 근원이 됐고* 대통령의 '해경 해체' 선언을 불러왔다.

김경일이 갑자기 태도를 바꾼 이유를 밝히는 게 진상규명의 핵심 과제 가운데 하나였다. 선장과 선원을 찾지 않고, 헬기와 교신하거나 직원을 승선시키겠다는 생각을 접은 이유가 무엇인지, "배에서 뛰어내리라고 고함치거나 마이크로 뛰어내리라고" 하라는 김문홍의 지시조차 이행하지 않은 이유를 밝혀야 했다. 10시 6분경 세월호에 접안한 이유도 석연치 않다. 직원을 승선시키는 것은 위험해서 못 했다고 치더라도 세월호에 접근해 "뛰어내리라"라고 방송하는 것조차 마다하던 김경일이 김영호의 제안을 받아들여 접안한 이유는 무엇일까? 그때도 방송을 하지 않고 물러나버린 이유는 무엇일까?

결과를 놓고 처벌을 요구하는 분위기 속에서 이런 의문은 관심의 대상이 되지 않았다. 김경일이 형사처벌을 받고, 오랜 논란 끝에 해경지휘부

---

* 세월호가 급격하게 우회전한 원인에 대한 의문이 음모론을 촉발했지만, 123정의 구조 실패와 세월호 선장과 선원들의 도주가 음모론을 증폭시켰다. 해경이 최선을 다해 구조했다면 음모론이 설 자리를 잃었을 것이다. 그런 점에서 세월호 참사와 관련된 모든 의혹의 뿌리는 123정의 소극적 태도라고 할 수 있다.

가 수사와 재판을 받는 과정에서도 이 문제에는 관심을 두지 않았다. 이제 진실을 밝히는 것은 불가능하게 됐다. 부실한 기록에 산발적으로 흩어져 있는 단서들을 찾아 추측해보는 수밖에 없다.

"어떻게 선원인 줄 몰라요?"

선장과 선원들을 도주시킨 것에 비판이 거세지자 김경일과 123정 대원들은 조타실에서 '구한 사람들'이 선원이라는 사실을 11시 10분경에야 알게 됐다고 둘러댔다. "구조 당시 선원인지 전혀 몰랐"다는 것이다. 병기팀장 이형래만이 "눈으로 봐서 선원이라는 것은 알 수 있었으나 별 의미를 두지 않았다"라며 여지를 남겼다.[487] 조타실에서 옮겨 태운 사람들이 선원인 것을 과연 몰랐을까?

> 말도 안 됩니다. 작업복을 입고 있는데 어떻게 선원인 줄 몰라요? 기름이고 뭐고 범벅이었을 텐데.(강혜성)[488]

선원 중 절반 이상은 상·하의 일체형 작업복인 '스즈키복'을 입고 있었다. 구명보트가 제일 먼저 태워 온 기관실 선원 가운데 3등기관사 이수진, 조기수 이영재·박성용은 파란색 작업복, 1등기관사 손지태는 황토색 분리형 작업복을 입었다. 이수진은 "옷이 전부 기름때가 묻고 지저분해서 선원인지 알 수 있었을 것"이라고 말했다.[489] 조타실에서 나온 1등항해사 강원식은 왼쪽 가슴에 청해진해운 마크가 선명한 파란색 근무복, 조타수 조준기는 주황색 작업복, 3등항해사 박한결과 2등항해사 김영호는 파란색 작업복 차림이었다.[490] 김영호는 무전기도 매고 있었다. 조타실은 일반 승객이 출입할 수 없는 곳이다.

> 조타실에서 나오는 사람이 선원이라는 것은 누구나 알 수 있는 것 아닌가요. 하물며 배를 타는 해경들인데요.(김영호)[491]

123정 해경들은 "제복을 입지 않아서", "구명조끼를 입고 있어서", "경황이 없어서" 신분을 확인하지 않았다고 주장했다.[492] 김경일은 조타실(윙브리지)에 있던 사람들이 승객인 줄 알았다면서 "선원들은 유니폼을 입을 것으로 생각하였는데 유니폼을 입지 않아 선원인 줄 몰랐"다고 변명했다.[493] 부정장 김종인은 구조자들 중에 선장과 선원이 있었다는 것을 "TV를 보고 알았"다면서 "응급 상황에서 여러 사람을 구조하다 보니 선원인지 승객인지를 파악할 겨를이 없었"다고 주장했다.[494] 기관장 최완식은 "경황이 너무 없었고, 여자분들이 있어서 미처 생각하지 못했"고, 선장과 선원을 찾는 문제는 "기관 조종을 하고 있어서 …… 생각하지 못했"다고 주장했다.*[495]

선원들은 123정에 옮겨 탄 뒤 선원임을 밝혔다고 주장했다. 강원식은 처음 123정에 올라타서는 신분을 밝히지 않았지만 "아무래도 선원이라는 것을 밝혀야 할 것 같아서 바로 1등항해사 신정훈이 저희들이 선원이라는 것을 먼저 밝"혔다면서 "사실 해경들은 브리지윙에서 저희들을 구조했기 때문에 저희들이 선원이라는 것은 처음부터 알고 있었을 것"이라고 주장했다.[496]

박경남에 의하면 123정에 건너가자 "정복을 입은 나이를 좀 드신 해경"**이 신원을 물었다. "세월호 갑판부 조타수입니다." "승객들이 지금

---

* 해경지휘부 사건 수사 과정에서 최완식이 쓴 진술서에 "구조된 사람들 중에 알고 보니 세월호 선원인 줄도 알았습니다"라는 문장이 나오는데 구체적인 내용이 없다. 전후 문장과 맥락도 맞지 않아 추측할 단서도 없다. 2014년에는 왜 몰랐다고 주장했는지도 설명하지 않았다. 하지만 검찰은 최완식에게 이 문제를 묻지 않고 넘어갔다. 해경지휘부 사건, 최완식 진술서(2019. 11. 22.), 증거기록 5권 5619쪽; 최완식 피의자 신문조서(2019. 11. 27.), 증거기록 8권 7877~7895쪽.

** 세월호 조타수 박경남과 대화한 해경은 123정 기관장 최완식으로 추정된다. 박경남은 10시 이후 세월호 3층 객실 창문을 깰 때 "나이 드신 해경이 마침 해머를 들고 나오고 있기에 그 해머를 받아서 앞

도 남아 있습니까?" "남아 있을 것입니다."[497] 123정 선수에 있던 강원식과 신정훈에게 해경이 배 안쪽으로 들어가라고 했을 때 강원식이 "선원이라는 것을 밝히고 구조하는 것을 돕겠다고 해서" 그대로 있었다.[498] 김영호가 123정에 옮겨타자 해경이 "어디 있을래요?"라고 묻기에 "조타실에 있을게요"라고 말하고 조타실로 들어갔다. 다른 해경이 "종이와 볼펜을 건네주면서 성명, 주소, 연락처, 직책 등 인적사항을 적으라고 했"고 적어서 건네주었다.[499]

김경일은 TRS 교신 때문에 조타실 밖으로 나가지 않았다.[500] 그는 '승객 절반 이상이 안에 갇혀서 못 나온다'는 상황을 어떻게 알았을까? 해경을 제외하고 조타실에 들어간 사람은 세월호 선원들뿐이다. 승객들은 조타실 하부 침실에 머물렀지만 선원들은 갑판과 조타실을 자유롭게 오갔다. '선원'이라고 밝히면 123정을 돌아다녀도 해경이 제지하지 않았다.[501] 김영호가 "조타실에 들어가 보니 함장님 포함 해경대원 2~3명이 있었는데 계속 어딘가와 교신을 하고 있었"다. "해경끼리 상부에 보고하면서 뭐가 맞지 않는다고 서로 짜증만 내고 있었."[502]

10시 6분 123정은 김영호의 제안에 따라 세월호 3층 S-1호실로 다가가 승객을 구조했다. 김영호가 조타실로 돌아오자 해경이 물었다.

"저 안에 사람들이 많이 있겠지요?"
"예, 그럴 겁니다."[503]

김경일도 그 말을 들었다고 인정했다. "누군가 와서 '저 안에 사람들이 많이 있습니다'라고 말해 TRS로 상황실에 보고"했다. 그러나 그 말을 한

사람에게 건네"주었다고 진술했다. 최완식은 검찰에서 "유리창을 깰 때 조타실 뒤로 나가 상부 갑판에 있는 기구보관함에서 망치와 도끼를 꺼내 대원들에게 준 적이 있었"다고 진술했다. 선원 사건, 1심, 27회 공판조서(2014. 10. 20.)(박경남 증인 신문 부분), 50쪽; 123정 사건, 검찰 최완식 3회 진술조서(2014. 7. 25.), 수사기록 3645쪽.

"사람이 선원인지 승객인지는 모른"다고 주장했다.[504] 선원들은 해경의 휴대전화를 빌려 집에 전화했다. 김경일과 박은성의 휴대전화 통화 내역을 보면, 김영호 자택 번호가 여러 번 찍혀 있다. 박경남도 김경일의 휴대전화로 가족으로 추정되는 인물과 접촉한 다음 10시 30분 이후 박은성의 휴대전화로 5차례나 더 전화했다.[505]

123정 조타실에 있던 해경들은 선원들이 "조타실에 들어온 줄 몰랐다"라고 주장했다. 박성삼은 "조타실에서 대부분 앞쪽을 바라보고 있기 때문에 그 내용은 잘 모"른다고 말했다.[506] 최완식도 "기관 조종을 하고 있어서 알지 못 했"다고 둘러댔다.[507] 조타실에서 김경일의 휴대전화를 빌려 아내에게 전화를 건 김영호는 선원들에게 휴대전화를 빌려준 적이 없다는 김경일의 진술에 대해 "눈 감고 아웅하는 식이고 말이 안 되게 거짓말하는 것"이라면서 "정말 어이가 없"다고 했다.[508]

9시 58분 123정은 구조한 승객들을 전남707호에 옮겨 태웠다. 승객들에게 "육지로 나가는 배"로 가라고 하자 강원식, 김영호, 박경남, 신정훈, 오용석이 "못 가겠다"라며 123정에 남았다.[509] 승객이라면 "육지로 나가는 배"에 옮겨 타지 않을 이유가 없다. 버티는 것도 말이 안 되지만, 그런다고 그대로 남겨둔 것은 더 말이 안 된다.

10시 4분 김경일은 TRS로 "현재 707 행정선에 약 52명 인계"했다고 보고했다.[510] 세월호 선원 5명이 남았으니 실제로 인계한 숫자는 47명이었다.

10시 30분 목포해경 상황실이 "현재까지 구조 완료 52명 말고 다른 인원이 있는지" 묻자 김경일은 "현재 전남 707에 47명이고 현재 본함에도 한 20 몇 명 더 있는 것 같습니다"라고 대답했다. 그 와중에도 행정선에 인계한 수를 정확하게 기억한 김경일이 123정에 남은 5명의 신원을 몰랐을까?

팽목항 상황판에도 '선원 구조'의 증거가 있다. 4월 16일 《뉴스1》이 촬영해 보도한 팽목항 임시상황실 상황판 장면에 "10시 10분, 47명 조도면

급수선 이용 팽목항에서 각 병원 후송, 일반 37명, 선원 10명*(중증은 분류 후 후송 조치)"이라고 적혀 있는 것이 보인다.511 123정이 행정선 707호에 구조 인계하기 전에 신원을 확인했을 가능성을 보여준다.

123정 대원들은 일부가 선원이라는 사실을 11시 10분경에 알았다고 입을 맞췄다. 2014년 5월 30일 해경 본청은 '초동조치 및 수색구조 쟁점'이라는 문서를 작성했는데 여기서 123정은 "선장 및 선원을 구별할 수 없는 상황이었으며 선원들을 찾아내 같이 구조하겠다는 생각을 못 한 것은 사실"이라면서 "11시 10분경 일부가 선원인 것을 인지"했다고 적어놓았다.512

사참위는 기관부 선원들이 123정에 옮겨 탈 때부터 123정 승조원들이 선원들을 인지했다고 판단했다. 하지만 선원들을 먼저 구조하기 위해 해경이 미리 연락했거나 외부에서 개입한 근거는 찾지 못했다.513 사참위 보고서가 언급했듯이 이 문제는 해경이 의도적으로 혹은 사전 연락하에 제일 먼저 선원들을 '구조'한 것 아닌가 하는 의혹과 관련해 논의됐다. 하지만 그럴 가능성은 희박했다. 중요한 것은 선장과 선원들을 손안에 넣었고, 알았을 가능성이 큰데도 찾지 않은 이유, 그들과 함께 구조작업을 하려고 하지 않은 이유가 무엇인가 하는 점이었다.** 세월호 사고가 참사로 이어지게 만든 결정적 고리의 하나인데도 조사가 이루어지지 않았다. 진실을 밝히는 것은 불가능하게 됐다.

한편 세월호 선원들의 주장을 얼마나 믿을 수 있는가 하는 문제가 있다. 침몰하는 배에 승객을 내팽개친 채 자기들끼리 도주한 선원들이 그

---

* 세월호 조타실에서 123정으로 옮겨 탄 선원(외국인 가수 부부 포함)은 10명이다.
** 해양대학교 해사대학장인 이은방은 "조타실에서 내려오는 사람이 누구이든 간에, 구조를 하기 위해 현장에 출동한 경찰관이라면 그 사람이 배와 어떤 관계에 있는지는 당연히 물어봐야 합니다. 설사 조타실에서 누가 내려왔든지 간에 배에 대해 중요한 정보를 알고 있는 사람이기 때문에 당연히 물어봐야 합니다"라고 말했다. 해경지휘부 사건, 이은방 진술조서(2014. 8. 7.), 증거기록 25권(별책 6권) 7261~7262쪽.

래도 구조하러 갔던 해경에게 책임을 전가하는 듯한 말을 하는 것은 거부감을 준다. 해경과 그들 사이에는 이해관계 충돌이 있다.* 선원들의 진술을 평가할 때는 그런 점을 고려해 검증할 필요가 있다. 하지만 123정장 김경일과 대원들의 진술도 신빙성이 부족하긴 마찬가지다. 그들은 서로 공모해 퇴선방송을 했다고 거짓 주장을 하면서 공문서를 변조하고 허위 공문서를 작성했다. 김경일은 해경지휘부의 지시를 받아 퇴선방송을 했다고 거짓말한 정황이 있음에도** 끝까지 자기가 지휘부를 속였다고 주장했다.

모든 정황을 종합하면, 123정 해경 중 일부는 세월호에서 옮겨 탄 사람 중에 선원들이 있음을 '인식'했다고 볼 수밖에 없다. 모를 수 없는 상황이었다. 사참위는 두루뭉술하게 "123정 승조원들"이라고 표현했지만 개별적으로는 달랐을 것이다. 선원임을 분명히 인식한 경우도 있지만, 대강 추측한 경우, 몰랐거나 관심이 없는 경우도 있었을 것이다. 가장 중요한 정장 김경일은 어땠을까? 첫째 아니면 둘째일 것이다. 둘째일 수도 있는 것은 김경일이 적극적으로 확인하지는 않은 것으로 보이기 때문이다. 선

---

* 세월호에서 제일 먼저 도주한 기관장 박기호는 검찰 세월호 특수단에서 "제 말이 어떻게 들릴지 모르나 혹시 나중에 세월호에 대한 저희 선원들의 형사재판 결과에 대해 재심 절차가 이루어지게 될 경우도 있다고 생각해서 저는 수감되어 있는 중이지만 세월호 사고와 관련된 언론 보도나 기타 참고 자료를 계속 수집하고" 있다고 말했다. 해경지휘부 사건, 박기호 진술조서(2019. 12. 27.), 증거기록 16권 12016쪽.

** 검찰은 ① 김경일이 지휘부 지시로 원하지 않는 기자회견을 했다고 인정했고, ② 사고 후 퇴선방송을 하지 않아 피해가 커졌다는 비난 여론이 고조됐고, ③ 123정이 퇴선 방송을 했는지 지휘부가 확인한 적이 없고, ④ 기자회견 때 본청 대변인이 서망항에 내려왔고, 서해청 홍보계장 등이 미리 질문 사항을 알려주었고, ⑤ 기자회견 직전 김문홍과 여섯 차례나 통화한 다음 회견 내용을 보고했고, ⑥ 박성삼 등 123정 대원들도 김경일이 윗선과 연락을 주고받았고, 퇴선 방송을 하지 않은 사실을 모두 알고 있었다고 했고, ⑦ 지휘부의 지시가 없었다면 김경일이 2014년 4월 16일 자 함정일지에 "지휘부의 지시 등에 의거" 퇴선 방송을 했다고 기재할 이유가 없다는 점을 근거로 거짓 회견과 함정일지 조작은 지휘부의 지시에 따른 것이라고 의심했다. 한편 김경일은 출소 후 김문홍이 고문으로 있던 목포해진해운의 향하도 관리소장으로 근무했다. 해경지휘부 사건, 김경일 피의자 신문조서(2019. 11. 27.), 증거기록 8권 7706, 7740~7741쪽.

원일 것으로 추측했지만 확인해볼 상황이 되지 않았거나 회피했을 수도 있다.

그 문제와 별도로 해경이 선원들과 협력해 구조작업을 하려고 하지 않은 것은 확실하다. 당장 선장을 찾으려고 한 흔적이 없다. 123정에 옮겨 탄 후 객실에 머문 선장 이준석은 해경이 신분을 확인하지 않았고 자신이 밝히지도 않았다고 말했다. 이준석은 "제가 먼저 세월호 선장임을 밝히고 대처를 했어야 하는데, 제가 무능하여 미처 밝히지 못했습니다." "정신이 없다 보니 멍하니 앉아만 있었던 모양입니다." "만약에 해경이 저에게 세월호 선원인지를 물어봤다면 정신을 차리고 선장이라는 사실을 말하지 않았을까 싶은데……"라고 했다.[514] 해경에게 신분을 밝혔다고 주장한 선원들 중에 해경이 선장을 찾았다고 말한 사람은 없었다. 강원식도 "세월호가 완전 침몰할 때까지는 해경들이 선원들에게 아무런 관심이 없었습니다. 세월호의 선내 상황 등에 대해서도 물어본 해경도 전혀 없었"다고 말했다.[515]

김경일은 세월호 조타실에서 나와 123정에 옮겨 탄 사람들 가운데 선원들이 있음을 인식했거나, 선원들이 있을 수도 있다고 추측했을 것으로 보인다. 어느 경우든, 선장을 찾으려 하거나, 그들에게 승객의 상황을 알아보려 하거나, 함께 구조작업을 하려고 하지는 않았다. 그 이유가 무엇인지, 그리고 전반적으로 승객 구조에 소극적인 태도로 임한 이유가 무엇인지 밝히는 것을 진실규명의 과제로 삼아야 했다.

왜 가까이 가지 않았나

9분만 접안한 123정

123정은 현장에 도착한 9시 34분부터 세월호가 침몰한 10시 30분까지

56분 동안 단 9분만 세월호에 접안했다. 4분간 조타실에서 선장과 선원 등 10명을 옮겨 실었고 5분간 유리창을 깨고 승객 6명을 구조했다. 123정은 왜 세월호에 적극적으로 접안하지 않았을까?

123정은 도착하자마자 "금방 침몰할 것 같은" 세월호를 목격했다.[516] "6,000톤짜리라 금방 침몰되지는 않을" 것으로 판단한 본청 상황실과 달랐다. 123정이 도착한 후 세월호는 더 빠르게 기울어졌다. 9시 54분 이후에는 1분에 5도씩 넘어가 뒤집혔다.[517] 123정 안전팀장 박은성이 구명보트로 세월호에 접근해 현측을 손으로 잡았더니 "손에 배가 기울고 있다는 느낌이 올 정도로 빠르게 기울고 있었"다. "해경이라면 누구라도 50도 이상 기운 세월호를 보고 침몰할 것을 예상할 수 있었"다.[518] 그래서인지 123정은 세월호에 다가가지 않고 세월호 좌현과 평행선을 그으며 옆으로 운항했다.[519] 가까이 가야 선내 상황을 확인할 수 있었지만 거리를 좁히지 않았다.

김경일은 "123정을 세월호 좌현 선미 쪽에 붙이려고 하였는데 사정이 여의치 않아 붙이지 못하였"고 "다시 좌현 선수 쪽에 붙이려고 하였는데 그것도 사정이 여의치 않아 붙이지 못"했다고 주장했다.[520] 부정장 김종인도 선미에 계류하려 했으나 접안 장소를 찾지 못해 "300미터 정도 떨어진 곳에 멈추"어 고무보트를 내렸고 "접안할 수 있는 곳을 찾"던 중 "세월호의 선체와 123정의 선체가 만났을 때 어느 쪽도 눌리지 않고 계류할 수 있는 가장 적합한 장소"가 조타실 쪽이었다고 주장했다.[521]

성말 그랬을까?* 123정이 찍은 동영상을 보면 세월호 선미에 컨테이너가 떠 있기는 했지만 123정은 그 근처에 다가가지도 않았다. 구명보트를 내린 후에는 선미 방향으로 움직였지만 접안은 시도하지 않았다. 주

---

* 김경일은 세월호 사고 직후 123정 스피커로 퇴선방송을 하는 등 승객을 구조하기 위해 노력한 것처럼 거짓으로 주장하면서 다른 대원들과 입을 맞췄다. 123정이 세월호 선미에 계류하려고 시도했고 다시 좌현 선수 쪽에 접안하려고 했다거나, 사람들을 구조하기 위해 적극적으로 접안할 장소를 찾았다는 김경일과 김종인의 주장은 그런 거짓말의 일환일 가능성이 크다.

위를 돌아보지도 않았다.522

123정 병기팀장 이형래는 "세월호가 기울어져 있는 상태라서 배를 가까이 대면 서로 부딪치기 때문에 선체 중간으로는 배를 붙일 수가 없"었다고 변명했다. "결국 선미나 선수 쪽에 배를 붙여야 하는데 무턱대고 아무 데나 붙일 수는 없고 탈출하는 승객들이 있는 곳에 배를 붙여서 승객을 태워야" 했는데 마침 그곳이 세월호 조타실이었다는 것이다.523 "세월호가 좀 더 기울어지면서 쉽게 접안이 가능"했다는 주장도 했다.524 전기팀장 박상욱은 현장 도착 후 10분간 세월호에 접안하지 않은 이유를 "세월호 조타실과 123정의 선수 높이가 맞지 않았"기 때문이라고 했다.525 세월호 윙브리지 난간과 123정 갑판 높이는 엇비슷했다.526

123정은 접안할 때마다 구조할 인원이 남아 있는데도 뒤로 물러났다. 9시 45분 처음 접안했을 때 해경 박상욱과 선원 조준기가 세월호 윙브리지에 남아 있는데 급히 뒤로 물러났다. 10시 6분 두 번째 접안 때도 승객들이 미처 다 빠져나오지 못했는데 뒷걸음질 쳤다.527

김경일은 9시 49분에 "왼쪽에서 컨테이너가 조류에 밀려와서 컨테이너에 부딪혀 위험할까 봐" 후진했다고 주장했다.528 해경들은 조류 속도가 빠르고 조종이 어려워 123정 좌현이 세월호 선수 갑판 쪽에 부딪힐 수 있었고, 선수 갑판에 실린 컨테이너가 123정 쪽으로 떨어지거나 선수 갑판에 설치된 크레인 구조물과 충돌할 위험이 있었다고 주장했다.529 크레인 구조물이란 붐대를 말한다. 123정 선수에 서 있던 박경남은 "컨테이너 등을 옮겨 실을 때 사용하는 붐대"가 123정과 가까이 있었고 "세월호가 조금만 더 기울어지면 123정에 붐대가 닿을 수 있어서 위험"했다고 말했다.530

"123정에는 해경 대원들뿐만 아니라 승객들이 타고 있"었다는 박상욱의 말처럼 123정의 안전도 중요했다.531 배끼리 접안하는 것도 쉬운 일은 아니었다. 가장 먼저 현장에 간 두라에이스호 선장 문예식도 "육상 부두에 계류하는 것도 힘든데 아무런 보강 시설도 없이 경사지고 움직이는

배에는 계류할 수가 없"다고 말했다.[532]

배의 엔진 형태도 영향을 미친다. "함정은 기동성이 둔하고 흘수선이 깊고 선수 모양이 뾰족해 접안이 쉽지 않"고 "123정 접근 시 오히려 구조 활동에 방해될 것 같다"는 부정장 김종인의 주장도 일리가 있다.[533] 당시 123정 외에도 선내기 엔진(보트 안에 설치된 엔진)인 배들은 조타하기 어려워서 세월호에 접근하는 데 어려움을 겪었다. 반면 123정 구명보트나 전남201호 고속보트 같은 선외기 엔진(보트의 후미나 선체의 공간에 노출된 엔진)인 배들은 세월호에 붙어 승객을 구조했다.[534]

싣고만 다닌 방송장비

123정은 퇴선 방송을 할 수 있었다. 세월호에 가까이 다가가 대공 마이크*로 "배 밖으로 나와서 바다로 뛰어들라"고 소리치기만 하면 됐다. 123정 조타실에서 마이크로 방송하면 잡음이 거의 없었다. 123정 선수, 선미 방향 스피커로 방송이 깔끔하게 나왔다. 마이크보다 소리는 작지만 사이렌(3~4가지 신호음을 낼 수 있으며 응급 환자 이동, 외부 선박 경고 등 비상시 사용)과 기적(좌·우현 변침과 후진시 사용), 경광등(긴급함을 알리는 붉은빛의 등)도 있었다.[535]

당시 세월호 4층 좌현 갑판 출입문은 열려 있었다. 배는 밖에서 들어오는 바람, 물 등을 막기 위해 출입문이 밖으로 열리게 설계돼 있다. 좌현 쪽으로 배가 기울어지면서 문이 저절로 열렸다.[536] 그 문 바로 안쪽에 단원고 학생들이 모여 있었다. 학생들은 친구, 가족과 카카오톡을 주고받으며 해경의 구조를 기다렸다. 123정이 다가가 배 밖으로 나오라고 방송했다면 출입문 가까이 있던 학생들이 들었을 것이고, 복도와 객실에 있

---

* 대공 방송(마이크) 장치는 평소 타 선박을 호출하거나 의심 선박을 검문하기 위해 정선 명령을 할 때 사용한다. 갑판에서 업무 중인 대원을 호출할 때 사용하기도 한다. 123정 사건, 검찰 이형래 진술조서 (2014. 6. 4.), 수사기록 1031쪽.

던 다른 학생과 승객에게 빠르게 전할 수 있었다. 휴대전화로 알릴 수도 있었다.

대피방송은 아무런 위험 없이 승객을 배 밖으로 나오게 할 수 있는 수단이었다. "퇴선 방송은 기본"인데도 하지 않았다.[537] 그 이유는 무엇일까? 김경일은 헬기 탓에 123정이 방송을 했더라도 선내에 있는 승객들이 듣지 못했을 것이라고 변명했다. 그러나 세월호 갑판 부근에는 헬기 소음이 거의 영향을 미치지 않았다. 거대한 세월호 선체가 우현 상공에 떠 있는 헬기 소음을 가로막았다. 세월호는 길이 146미터, 너비 22미터로 기울어진 상태에서 높이가 일반 건물 5~6층 규모를 넘었다. 6,000톤에 이르는 철판이 기울어지면서 방음 효과가 생겼다.

전남 201호에서 찍은 동영상을 보면, 하늘에 헬기가 있지만 선미 난간에 있던 승객과 이야기할 수 있었다. 고속보트에서 항해사가 "어이, 아저씨"라고 외치자 승객이 "예"라고 답했다. 항해사가 "앉으세요"라고 하자 승객이 앉았다. 세월호 갑판과 가까워질수록 헬기 소음은 줄어들었다.[538] 세월호 선내 방송이 123정에서도 들렸다. 9시 45분, 123정이 세월호 조타실에 접안할 때 선원 강혜성의 목소리가[539] 10여 미터 이상 떨어진 123정에서 촬영한 이민우의 휴대전화 영상에 담겼다.[540]

123정이 승객들에게 배 밖으로 나와서 바다로 뛰어내리라고 방송했다면 많은 승객을 구할 수 있었다. 김경일은 9시 53분 "현재 승객이 절반 이상이 지금 안에 있는데 갇혀서 못 나온"다고 보고하면서도 퇴선 방송을 하지 않았다. 9시 59분 김문홍이 TRS로 "배에서 뛰어내리라고 …… 마이크로 뛰어내리라고 하면 안 되지, 반대 방향으로"라고 지시했지만 끝까지 하지 않았다.

멀찍이 떨어져 지켜본 123정

굳이 세월호에 접안까지는 하지 않더라도 선미에 좀 더 가까이 가야 했다. 당장 구명보트가 구조한 승객을 더 빨리 태울 수 있었고, 더 많은 승객을 구할 수 있었다. 선내 상황도 파악할 수 있었다. 하지만 123정은 멀찍이 떨어진 채, '강 건너 불 보듯' 소극적으로 임했다. 10시 15분경 선미에서 단원고 학생들이 쏟아져 나왔을 때에도 123정은 100미터 이상 거리를 두고 구명보트와 어선들이 구해 오는 사람들만 태웠다. 에이스호 선장 장원희는 "123정은 (세월호) 선수 50~100미터 정도 멀리" 떨어져 있었고 "헬기가 구조하는 것만 쳐다보고 있어서 '다 구조되었나 보다'라고 생각"할 정도였다.[541]

123정이 되도록 세월호에서 멀리 떨어지려고 한 이유가 무엇인지 알 수 없지만 단서가 있다. "직원들한테 들은 이야기는 세월호가 침몰하는데 123정이 가까이 있으면 같이 침몰하게 되니까 배를 뺐다"는 의경 박○○의 진술이다.[542] 구명보트에 탄 123정 보수팀장 김용기는 "세월호에 접안을 시도했는데 강한 조류와 세월호의 경사각 때문에 구명보트가 빨려들어갈 것 같아서 처음에는 접안에 실패"했다고 주장했다.[543] 두라에이스호 선장 문예식도 "세월호가 침몰한다면 블랙홀이 생긴다고 예상"했고 "그곳으로 사람이 접근하는 것은 위험하지 않겠느냐고 생각"했다.[544] 결과적으로 판단 착오였다.

증거는 사람이다. 바다에 뛰어든 사람들이 세월호에 빨려들어가지 않았다. 123정이 촬영한 동영상을 보면 9시 39분경 조기수 박성용은 헤엄을 쳐서 세월호에서 50미터 이상 멀어졌다.[545] 9시 45분경 구명보트를 발견하고 바다로 뛰어내린 화물차 기사 최재영도 마찬가지였다. 특조위 청문회에서 "당시 와류가 심했느냐"라는 질문에 "그랬다면 제가 여기 없었을 겁니다"라고 답했다.[546] 헬기 512호에서 뛰어내린 항공구조사 권재준도 세월호 좌현이 완전히 바다에 잠길 때까지 주변을 헤엄쳐 다니며 승객을 구했다.[547] 주변에서 헤엄치는 사람들을 보면서도 100톤이나 되는 123정이 빨려들어갈까 두려워한 것은 정당화할 여지가 없다.[548]

지나치게 거리를 두다 보니, 세월호에 대원을 진입시키는 것은 고사하고 승객들을 향해 방송할 생각조차 하지 못했을 가능성이 있다. 법원은 김경일의 업무상 과실치사죄를 인정하면서 123정을 어선과 비교했다.

피고인은 세월호 사고 발생 당일 사고현장에 가장 먼저 출동하여 '현장지휘관'으로 지정되었음에도 123정 대원들에게 눈앞에 보이는 사람들을 건져 올리도록 지시했다. 많은 승객들이 세월호를 빠져나오지 못하였다는 사실을 알면서도 승객들의 퇴선 유도를 위한 적극적인 조치를 이행하지 않았다. 당시 무능한 세월호 선장과 선원들이 아무런 조치 없이 해경의 출동만 기다리는 상황이었는데 피고인의 구조 지휘는 훈련받지 않은 어선이나 민간인과 다를 바 없었다.[549]

김경일도 인정했다. "진술인을 비롯한 123정 대원들은 세월호 승객들을 구조하기 위하여 위험을 무릅쓴 것이 무엇이 있는가"라는 질문에 묵묵부답, 대답하지 않았다.[550] 하지만 법원의 판단은 사실오인이다. 123정은 어선보다, 해경은 민간인보다 못했다. 태도가 달랐고, 결과도 달랐다.

선원을 찾은 '관청 사람'?

세월호 선원 가운데 처음으로 도주한 기관장 박기호는 구조된 지 15분 만에 해경의 요청으로 "관청 사람"과 전화 통화를 했다고 주장했다.

"'지금 구조된 사람들 중에 세월호 직원이 있느냐, 책임자 있으면 이 전화 좀 받아보라'라고 소리를 치기에 선장도 없고 하여……"[551] 자기가 통화했다면서 "휴대전화 통화 상대방이 정확히 누구인지 모르겠는데 관청 사람인 거 같았다"고 진술했다.

검사: 전화로 상대방과 어떤 대화를 나누었나요.
박기호: 세월호 상태가 어떤지, 승객은 어떻게 됐는지 물어봐서 저는 …… 내부 상황은 잘 모르겠다는 식으로 말을 했습니다.
검사: 타를 잡고 있는 사람이 [휴대전화를] 바꿔주었다고 했는데 그러면 그곳이 조타실이었나요.

박기호: 네. 123정은 문을 열고 안으로 들어가면 바로 조타실과 연결이 되어 있고 그 뒤쪽에 밑으로 내려가는 계단이 있어서 숙소로 연결되어 있었습니다. 제가 그림을 한번 그려보겠습니다.[552]

박기호의 주장은 123정이 계획적으로 선원들을 먼저 구조했다는 의혹을 키웠다. 그러나 사참위는 박기호가 전남707호 조타실에서 문재광 기관장의 휴대전화로 기자와 통화한 것으로 결론지었다.[553] 박기호는 10시 4분까지 123정에 있다가 전남707호에 옮겨 탔는데 그동안 123정 함정용 휴대전화와 해경 휴대전화 통화 기록 가운데 박기호의 주장에 부합하는 내용이 없고, 전남707호 기관장 문재광이 123정으로부터 구조 인원을 인계받아 팽목항으로 가던 중 기자의 전화를 받고 세월호 기관장에게 넘겨준 적이 있다고 확인했으며, 박기호와 함께 있던 이수진도 그렇게 진술했다. 사참위는 박기호가 그린 조타실 그림 역시 123정보다 전남707호 조타실과 더 비슷하다고 판단했다. 123정에서 "관청 사람"과 통화했다는 의혹은 박기호의 착오였다.

해경은 왜 이준석을 집으로 데려갔나

그날 9시 45분경 세월호 조타실에서 123정으로 옮겨 탄 다음 동선이 명확하지 않았던 선장 이준석이 목포해경 수사관의 집에 머물렀다는 사실이 드러났다. 이 문제는 4월 18일 《JTBC》의 "'먼저 탈출' 세월호 선장, 영상 포착…구조 뒤 어디로 갔나' 보도를 통해 핵심 조사 대상자에게 지나친 편의를 봐줬다는 내용으로 제기됐는데 5월 3일 《MBC》의 '세월호 선장 묵은 해경 수사관 아파트 CCTV 기록 2시간 삭제됐나'라는 보도를 계기로 의혹의 차원이 달라졌다. '해경 2명이 이준석을 데려가 해경의 아파트에 재웠는데, 아파트 CCTV에서 이준석이 머문 시간대 중 2시간 분량의 영상이 삭제됐다'는 것이었다. 그동안 누군가가 이준석을 만나 진상을 은폐·조작했다는 의혹이 뒤따랐다.

이준석의 동선

이준석은 10시 4분경 123정에서 전남707호에 옮겨 탔다. 전남707호는 11

시 10분경 팽목항에 도착했고, 이준석은 12시경 진도 한국병원에서 진료를 받은 후 오후 3시까지 응급실에 있었다. 오후 3시경 해경이 다른 선원들과 함께 경찰 버스에 태웠다. 이동하던 중 3시 15분경 목포해경 경사 박동현이 이준석을 내리게 했다. 3009함으로 데리고 오라는 지시를 받은 것이다. 이준석은 박동현과 팽목항에서 기다리다가 오후 5시 30분경 헬기 515호를 타고 5시 43분 3009함에 내렸다.[554]

검사: 3009함에서 어떤 일을 하였나요.
이준석: 세월호 구조 관련해서 세월호 구조와 승객 위치를 물어봤습니다. 조타실로 기억하고 지위가 높으신 분이셨습니다. …… 제가 객실 위치와 선박 내 통로, 사고 원인에 대해서 이야기를 했습니다. 사고 원인에 대해서는 저도 경황이 없어 말하지 못했던 것 같습니다.
검사: 당시 3009함 내 상황은 어떠하였나요.
이준석: 헬기로 3009함에 도착하신 높으신 분들이 있던 조타실에 5분 정도 대화를 하고 바로 나와 다른 곳에서 육지로 나갈 배를 1시간 정도 기다렸던 것 같습니다. 함 내 상황은 별다르게 기억나는 것 없습니다.

이준석은 3009함에 1시간 정도 있다가 오후 6시 40분경 강원식과 함께 경비정을 타고 9시경 팽목항에 도착했다. 10시 20분경 목포해경에 도착했고 자정을 넘긴 4월 17일 0시 30분경부터 새벽 4시까지 첫 조사를 받았다.[555] 그 다음에는 목포해경 민원인 대기실에서 눈을 붙인 다음 구내식당에서 아침 식사를 하고 대기하다가 오후 2시부터 밤 9시경까지 두 번째 조사를 받았다.

목포해경 수사관 집으로 간 이준석

목포해경은 17일 오후 6시경 3등항해사 박한결, 조타수 조준기와 함께 이준석을 긴급체포하겠다고 보고했다. 검찰은 긴급체포를 막고 "선원들이 언제든지 조사를 받을 수 있게 소재 및 동향 파악"을 하고 "도주나 신변 비관에 따른 자살 등이 발생하지 않게 유의"하라고 지시했다. 해경은 이준석과 선원들을 모텔에 투숙시키기로 했다.[556]
17일 밤 9시 30분경 경사 박동현이 이준석을 데리고 다른 선원들이 머물던 모텔로 가려고 경찰서를 나오는데 취재 차량 한 대가 따라붙었다. 박동현은 취재 차량을 따돌리기 위해 시내를 몇 차례 돌았으나 계속 따라왔다. 기자가 모텔까지 쫓아오면 실랑이가 벌어져 투숙 자체가 불가능할 것으로 염려한 박동현이 이준석에게 "지금 기자가 따라오니까 여관은 안 될 것 같고, 조금만 더 가면 우리 집이 있는데 거기에 가 있을까요?"라고 물었다. 이준석이 그러라고 했다. 박동현은 목포해경 경장 김준한에게 전화를 걸어 자기 집으로 오라고 했다. 그때 차량에 주유 경고등이 켜졌고 박동현이 주유소에 들러 주유구를 여는 순간 뒤쫓아온 《JTBC》 기자가 뒷좌석 문을 열고 올라탔다. 내리라고 요구했지만 기자는 꿈쩍도 하지 않았고, 박동현은 주유를 하지 못한 채 집으로 향했다.[557] 밤 10시 30분경 아파트에 도착한 박동현이 김준한과 합류해 이준석을 데리고 엘리베이터를 타는 순간 《JTBC》 기자가 올라타려 했고 제지하는 박동현과 몸싸움이 벌어졌다. 여기까지는 박동현과 이준석의 진술이 일치한다.

박동현에 의하면, 마침 같은 층 주민이 엘리베이터에 타자 이준석만 태워 올려 보내면서 김준한을 따라 올라가게 했다. 비상계단으로 올라간 김준한에게 박동현은 집 호수와 비밀번호를 알려줬고, 김준한과 이준석은 10시 39분경 박동현의 아파트에 들어갔다. 박동현은 인터뷰를 요청하는 《JTBC》 기자를 뿌리치고 밖으로 나갔다가 뒷문으로 돌아 들어와 집에 들어갔다. 10시 50분경이었다. 이준석은 박동현의 아파트에 도착해 "차량 운전을 했던 경찰관 1명, 연락을 받고 온 경찰관 1명 등 총 3명이 함께 그곳 아파트 현관을 통하여 엘리베이터에 탑승"했다고 진술했다.[558]

이준석을 데려온 것에 아내가 화를 내자 박동현은 밤 11시 10분경 이준석을 다시 모텔로 데려다주기로 하고 아내에게 운전을 부탁한 다음 이준석, 김준한과 함께 지하 주차장으로 내려갔다. 하지만 거기에도 기자가 기다리고 있자 집으로 돌아갔다. 밤 11시 30분경 박동현은 김준한에게 이준석을 맡기고 목포해경 사무실로 나갔다. 그날 발견된 희생자 8명의 변사발생보고서를 써야 했기 때문이다. 박동현은 집에 있던 김준한으로부터 문자메시지 세 통을 받았다.

- 4.18. 00:10 형님 어케 기자들이 집까지 알고 문 앞에 왔어요.
- 4.18. 00:18 계속 벨 누르고 문 열어주라고 앞에까지 와서 형수한테 얘기 좀 하자고 해서 형수가 아까 형님 나갈 때 나갔다고 했어요.
- 4.18. 00:19 믿진 않는 듯한데 애들 자고 형수 출근한다니까 일단 갔어요.

이렇게 해서 그날 박동현의 아내와 아이 둘, 이준석과 김준한 등 5명이 박동현의 집에서 밤을 보냈다. 김준한이 이준석과 같은 방에 있었다. 이준석의 말도 일치했다. 이준석의 답변은 다음과 같다.

> 저는 경찰관이 하라는 대로만 한 것입니다. 당시 구속영장이 안 떨어져서 그런지 경찰에서 계속 있을 수 없는 상황이었던 것 같습니다. 경찰관 집으로 간 것은 저도 알 수 없는 일이지만, 경찰관 집에 있다가 나가려고 했던 것 같습니다. 그런데 기자들이 집 문을 계속하여 두드려서 밖으로 나갈 생각을 더 이상 하지 못했던 것 같습니다.

박동현은 18일 새벽 4시경까지 변사발생보고서를 작성하고 찜질방에 갔다가 7시 30분경 사무실로 돌아왔다. 9시경 광주지검 목포지청에 가서 담당 검사에게 지휘를 받은 뒤 10시경 돌아왔다. 11시 45분경 검경합수부 직원 3명과 함께 출발해 11시 57분 아파트에 도착했는데 입구에 《KBS》 취재 차량이 있었다. 집 앞에는 《KBS》 기자가 의자를 놓고 앉아 있었다. 기자를 뿌리치며 이준석을 데리고 나와 승합차에 태워 목포해경으로 갔다. 목포해경이 이준석을 조사하는 동안 구속영장이 발부되어 집행했다. 이준석은 박동현의 집에서 김준한과 같은 방에 있었고, 목포해경에서 조사받는 동안 국정원을 포함해 해경이 아닌 다른 사람을 만나거나 면담한 적은 없다고 말했다.[559]

이 문제에 관해 2014년 5월 해경 본청의 감사가 이루어졌고 2020년 검찰 특수단이 수사했다. 그 결과 박동현의 아파트 CCTV에서 영상이 삭제되거나 편집된 것은 없었다. 2시간 삭제 의혹은 CCTV가 움직이는 사람이나 사물이 없을 때 녹화가 되지 않는 동작감응방식이어서 1시간 45분가량 녹화되지 않은 것을 삭제된 것으로 오인한 것이었다.

사참위도 이 문제를 조사했다. 사참위는 수사기관이 선원들을 모텔에 단체로 투숙시키고 선장을 해경 직원 집에 투숙시킨 것은 증거인멸과 공모 가능성이 있어 적절하지 않았다고 지적했지만 진상을 은폐·축소할 목적으로 그랬다고 볼 증거는 찾지 못했다고 했다.[560]

정말로 승객을 못 봤을까

123정 대원 이형래

9시 43분경 123정이 세월호 좌현 조타실 쪽에 접안했을 때 이형래는 별다른 어려움 없이 세월호 3층으로 올라갔다.[561] 이형래가 올라간 3층 난간에서 안내데스크까지는 불과 2미터 정도 거리였다. 고개만 돌려도 출입문이 보였다. 안내데스크에는 선내 대기 방송을 하던 선원 강혜성이 있었다. 3층으로 물이 들어오기 시작한 10시까지는 선내 방송을 할 수 있었다.[562] 하지만 이형래는 승객을 보지 못했다고 주장했다. 이형래가 구명뗏목을 떨어뜨릴 때 선내 대기 방송이 나오고 있었다. 123정에서도 들렸다.

> 해경이 단 한 명이라도 세월호 안으로 들어가서 나오라고 방송만 했어도, 그 소리가 "야 나오란다" 이렇게 전달돼 다 나왔을 거여.

피시헌터호 선장 김현호의 말이다. 피시헌터호는 세월호에 달라붙어 승객을 구하다가 뱃머리가 세월호 후미 난간에 걸리는 바람에 함께 빨려 들어갈 뻔한 위기를 가까스로 넘겼다.[563] 배 안에 승객들이 있고, 밖으로 나오라고 방송을 해야 한다는 것은 현장에 달려간 어민들도 생각했다.

항공구조사들

해경 가운데 유일하게 항공구조사들이 세월호에서 구조활동을 했다. 항공구조사 제도는 해양에서 일어난 긴급사고에서 신속하게 인명을 구조하기 위해 2014년 2월 도입됐다. 주요 항공대 5곳(인천, 동해, 목포, 부산, 제주)에 20명을 배치했는데[564] 세월호는 항공구조사들이 처음 맞닥뜨린 대형 조난사고였다. 하지만 항공구조사들은 인명 구조를 목적으로 해경 특공대나 특수부대 출신 중에서 선발한 정예요원들이었고, "능력은 122구조대나 특공대나 못지 않"았다.*565

헬기는 상공에서 세월호와 주변 상황을 한눈에 볼 수 있었고 필요한 곳에 접근해 항공구조사를 내려줄 수 있는 것이 큰 장점이었다. 방송을 할 수 있는 5층 조타실, 3층 안내데스크에도 접근할 수 있었다. 전체 상황을 파악하고 승객을 대피시킬 수 있는 최선의 대안이었고 구조 방향과 결과에 전환점을 만들 수 있었다. 123정은 몸을 사리며 어떤 위험도 감수하려고 하지 않았지만 헬기에서 내린 항공구조사들은 위험을 무릅쓰며 마지막까지 구조활동을 했다. 513호 기장 고영주는 세월호가 침몰한 다음 류규석이 보이지 않자 "희생당하지 않았을까 전전긍긍"했다.[566]

제일 먼저 도착한 511호 박훈식은 "조종석에서 사고 선박이 보인다라는 말을 하여 조종석 사이로 확인해보았더니 커다란 배가 좌현 방향으로 상당히 많이 기울어져 있는 모습이 보였"는데 "선박 밖으로 나와 있거나 물 위에 표류하는 사람은 한 명도 보이지 않"아 "이상하다는 생각을 했"다. "상황 자체는 배 안에 사람이 있을 것으로 예상되는 상황"인데 당시에는 "세월호에 대한 정보를 전혀 듣지 못해서 미처 배 안에 사람이 갇혀 있다는 생각을 하지 못"했다. 511호가 세월호를 한 바퀴 선회하던 중 기장 양회철이 "우현 난간 통로 쪽에 사람이 보인다. 구조사 내릴 준비하라"라고 지시했다. 박훈식이 먼저 내려가 뒤따라 내려온 김재현과 4층 통로에 4~5명의 승객이 있는 것을 보고 함께 이동했다. 승객을 바구니에

---

* 헬기 511호를 타고 간 목포항공대 항공구조팀장 박훈식은 해병대 출신으로 잠수 경력 25년, 구조 임무 18년차의 베테랑이고 김재현은 해군 항공구조사 출신으로 서해청과 남해청 특공대에서 5년을 근무했다. 헬기 512호에 타고 있던 권재준은 2010년부터 동해청 특공대에서 근무했다. 제주항공대 소속 헬기 513호의 류규석은 122구조대와 동해해경 특공대에서 8년을 근무했다. 박훈식, 김재현, 권재준은 잠수기능사 자격이 있고, 김재현은 레스큐 다이버 자격도 있었다. 123정 사건, 검찰 박훈식 진술조서(2014. 6. 7.), 수사기록 1507~1508쪽; 검찰 류규석 진술조서(2014. 6. 10.), 수사기록 1690쪽; 권재준 진술조서(2014. 6. 7.), 증거기록 23권(별책 4권) 2016쪽; 검찰 수사보고(2014. 7. 15.), 해양경찰청 작성 초동조치 및 수색구조 쟁점 압수물, 수사기록 2901쪽.

태워 구조하는 동안 배가 점점 더 기울어져 "난간 안쪽에 있는 사람들이 자력으로 배 밖으로 나오지 못하게 되"자 김재현이 난간 안쪽으로 들어갔다. 김재현이 승객을 무등 태워 일어서면 승객이 위쪽 중간 난간을 잡고 김재현이 다시 팔을 뻗어 승객을 위로 밀어 올리면 박훈식이 위에서 끌어 올려 바구니에 태웠다.

6명을 태운 511호가 서거차도로 이동한 사이에 513호에서 류규석이 내려왔다. 셋이 함께 구조하던 중 승객들이 계속 나오는 것을 보고 난간에 매달려 이동하던 김재현이 4~5층 사이 중간 난간에서 4층으로 떨어져 오른쪽 무릎에 부상을 입었다. 그 상태에서 구조작업을 계속하다 보니 체력이 고갈됐다. 박훈식은 김재현과 류규석에게 선미 쪽으로 가라고 지시한 다음 5층 난간에서 혼자 사람들을 끌어 올려 헬기에 올려 보냈다. 그들을 모두 구조했을 때 배가 90도 기울어졌고, 김재현 쪽으로 이동해 구조작업을 도왔다. 선체가 빠른 속도로 기울어지자 박훈식은 수신호로 512호를 불러 선체와 불과 수십 센티미터 간극을 두고 제자리 비행을 하게 한 다음 승객을 직접 헬기에 태웠다. 위험한 시도였다.* 그들을 구한 다음 더 이상 사람이 보이지 않았다. "배는 100도 이상 기울어져 빠르게 침몰하는 상태였고 헬기에서도 정비사가 빨리 헬기에 타라고 독촉하는 상태였기 때문에" 구조를 완료한 것으로 생각해 512호기에 올랐다. "배 안쪽에 사람이 있는지에 대하여 생각할 겨를이 없었"다. 512호는 승객들과 부상당한 김재현을 서거차도에 내려준 다음 박훈식을 태우고 다시 현장으로 갔다.567

512호기에 타고 "서거차도로 향하던 도중 헬기 소음 때문에 대화는 불가능하였지만", 박훈식과 김재현, 정비사 전찬호는 "'우리가 무엇인가 해

---

* 512호기 기장 김재전은 이 상황에 대해 "세월호 침몰 속도가 빨라져 마음이 급해서 선미 측면에 헬기 우측 바퀴를 대고 3명을 직접 헬기로 끌어당겨서 태웠"다고 설명했다. 해경지휘부 사건, 김재전 피의자 신문조서(2019. 12. 18.), 증거기록 15권 11974쪽.

냈다'는 눈빛을 주고 받았"다. 김재현은 자신이 '이렇게 몸을 다치면서 힘들게 일했지만, 많은 인명을 성공적으로 구조하였다'는 생각에 "스스로 말할 수 없을 만큼 벅찬 감동과 자부심이 들었"다. 10시 45분경 목포항공대에 복귀하니 TV에 "세월호 승객 전원 구조"라는 자막이 떴는데 잠시 후 정정 보도가 나왔다. '선내에 다수의 승객이 남아 있다'는 보도를 보고 오보라고 생각했다. "그 현실을 부정하고 싶었"다.[568]

헬기 513호는 세월호 주변을 선회하며 표류자를 수색하다가 511호가 빠지자 류규석을 내려주었다. "우현 약간 아래쪽으로 올라와 있던 승객들을 빨리 구해야겠다는 생각밖에 없"던 류규석은 박훈식, 김재현과 함께 구조 작업을 하면서 "'승객들이 구조를 기다리고 있나 보다' 하고 짐작만 했"다. 그들은 "항공구조사니까 별다른 지시가 없으면 보이는 인원에 대해서만 헬기 구조에 힘을 쓰고, 이미 다른 구조세력들이 구조를 했을 수도 있기 때문에 승객들이 선내에 있으리라고는" "생각을 할 겨를이 없었"다. 박훈식의 지시에 따라 김재현과 선미 쪽으로 가서 승객을 헬기에 올려 보낸 류규석은 어떤 승객으로부터 '선미 밑부분에 또 다른 승객들이 있다'는 말을 들었다. 혼자 선미 밑부분으로 내려가니 남자 승객 3명과 여자 승객 1명이 있었다. 마침 어업지도선을 보고 그 방향으로 승객 4명을 유도해 태웠다. 그런 다음 선미 쪽에서 권재준과 함께 승객 10여 명을 구조해 어업지도선에 태웠다. 다른 승객을 구하기 위해 위로 올라가려고 하는데 배가 "급격히 기우는 것을 보고 올라갈 수 없겠다고 판단하여 바다로 뛰어들었"다. 약 50미터를 헤엄쳐 어선에 올라탔는데 어선 선장으로부터 배에 아직도 승객들이 많이 있다는 말을 들었다.[569]

9시 45분 512호기가 도착했을 때 511호기와 513호기가 승객을 구조하고 있었다. 512호까지 구조작업을 하기엔 위험했는데 "조타실 쪽 해상에 10~20명의 사람들이 둥둥 떠 있는 것"이 보였다. 항공구조사 권재준은 기장 김재준의 지시에 따라 정비사와 함께 "구명벌을 세월호 좌측에 투하하여 펼친 후 …… 바다로 뛰어내렸"다. 바구니로 구조할 계획이었지만, 배로 구조하는 게 더 빠를 것 같아 "헬기에게 필요 없다고 손짓으로 가라고" 했다. "30미터 정도를 헤엄쳐 …… 구명벌을 끌고 …… 다가가 승객 10여 명을 구명벌 위로 태"운 다음 123정 구명보트에 넘겼다. "좌측 5층 객실 난간에 여자 승객 2명이 매달려 있는 것을 보고 …… 헤엄쳐 …… 가서" 끌고 나와 구명보트에 태웠다. 그사이 세월호는 더 기울어져 좌측 5층 갑판이 거의 잠겼다. "혹시 사람들이 더 있을까 봐 수색을 하기 위해 헤엄쳐 반쯤 잠긴 갑판으로 들어갔고, 안에 사람이 없음을 확인한 후 반대편인 선미 쪽으로 헤엄쳐 이동"했다. 그곳에서 여학생을 발견해 구조한 다음 선미 쪽에 있던 사람들을 구명보트와 어업지도선에 타게 했다. 그런 다음 "난간을 잡고 우측 객실 난간 끝까지 올라가 중간 부분으로 이동을 하려고 하였는데" "우측 객실 난간 끝까지 올라갔을 때" "세월호가 바닷속으로 급격하게 들어가면서 채 1미터도 남지 않"았다. "세월호와 함께 바다로 빨려들어갈 것 같아서 바다로 뛰어내렸"다. 침몰로 인한 와류에 휩쓸리지 않기 위해 눈앞에 보이는 어선을 향해 필사적으로 헤엄쳤고, 어선에 있던 사람들이 발견해 올려줬다. "체력이 완전히 방전된" 권재준을 헬기 512호가 발견해 끌어 올렸다. 권재준은 선미 난간에서 오른쪽 발목이 꺾이는 부상을 당했지만 아픈 줄도 몰랐다.[570]

검사: 선내에 다수의 승객이 대기 중인 사실을 알았다면 어떠한 조치를 취하는 것이 옳은가요.
김새현: 우선 어떠한 방법을 동해서라도 지원세력을 부르기 위하여 힌 명의 항공구조사라도 항공기에 올라가 보고를 하고, 나머지 항공구조사는 내부 진입을 통하여 승객의 탈출로를 확보하기 위하여 노력하였을 것입니다. 저는 다시 그와 같은 상황이 온다면 제 생명을 버리고라도 내부에 진입하였을 것입니다. 그것은 저뿐 아니라 항공구조사 모두가 느끼는 심정입니다.[571]

위험을 무릅쓴 이들의 구조활동을 볼 때 김재현의 말을 사후 변명으로만 치부하기는 어렵다. 그렇지만 헬기들, 항공구조사들의 구조활동을 긍정적으로 평가하기는 어렵다. 무엇이 문제였을까?

구조 방식이 문제였다. 항공구조사들은 선체에서 갑판으로 올라온 승객들을 바구니에 태워 올려 보냈다. 바구니에는 1명만 탈 수 있었다. 한 사람을 올리는 데 짧게는 2분, 길게는 5분이 걸렸다. 바구니에 사람을 태우고, 끌어 올린 바구니에서 헬기로 옮겨 태우는 일은 생각보다 복잡하고 위험했다.* 이렇게 4~6명의 승객이 타면 헬기는 서거차도 방파제로 이동했다. 대기하던 다른 헬기가 빈자리를 채웠다.

소방헬기 대원들은 항공구조사들이 승객을 1명씩 구조할 것이 아니라 승객이 "탈출할 수 있는 방법"을 만들어줘야 했다고 지적했다.[572] 바구니는 극히 제한된 공간에서, 구조 인원이 적을 때 쓸 수 있는 장비인데 수백 명이 구조를 기다리는 상황에서 사용하기엔 적절하지 않다는 것이다. 전남 소방헬기 2호 기장 최순연의 말이다.[573]

> 아쉬운 것은…… 구조요원(항공구조사)이 세월호 우현 난간에서 선내로 진입하지 않은 …… 것입니다. 구조 동영상을 보면 승객들이 전부 다 구명조끼를 입고 있는데 그 경우에는 선체 난간으로 나온 승객들을 바다로 뛰어들도록 하더라도 생명에는 지장이 없기 때문에 일단 구명조끼를 착용한 승객들은 바다에 뛰어들도록

---

* 513호 기장 고영주에 의하면, 당시 목포해경과 서해청이 공통주파수를 알려주지 않아 다른 헬기 및 초계기 703호와도 교신이 원활하지 않았고 헬기 기장들끼리 눈이 마주칠 정도로 가까이 붙어서 임무를 수행하며 더 이상 붙지 말라고 수신호를 할 정도로 충돌 위험이 컸다. 헬기가 제자리 비행을 하며 승객을 끌어 올리는 것도 간단치 않은 작업이었다. 제자리 비행을 하는 데에는 "고도의 난이도와 집중력을 요하기 때문에 [기장은] 조종간을 잡고 고도를 유지하고 움직이지 않게 하는 데 전념"해야 한다. 부기장은 "통신 연락, 고도 상황 복창, 외부 경계, 부가적인 시간 기록 등의 임무"를 맡는다. 세월호에 내려간 항공구조사가 승객을 바구니에 태워주면 "정비사가 호이스트로 끌어 올려가지고 바구니가 항공기 밖에 대롱대롱 매달려 있으면, 전탐사와 정비사가 같이 바구니를 끌어서 기내 안쪽으로 끌고 안에 있는 사람을 기내 한쪽으로 정렬"하게 한다. 그 과정에서 부기장은 "고도 1피트 올라갑니다, 내려갑니다, 하며 계속 호창해주어야 하고, 정비사는 바구니 호이스트 작업을 하면서 항공기 유동이 있기 때문에 앞으로 1미터 가세요, 뒤로 1미터 가세요, 계속 호창"을 한다. "말 그대로 상황이 전쟁"이라서 "쏟아져 올라오는 인원 구해내기에 정신이 없"었고 교신에 신경 쓸 겨를이 없었다. 해경지휘부 사건, 고영주 피의자 신문조서(2019. 12. 30.), 증거기록 17권 12523쪽; 고영주 진술조서(2014. 6. 10.), 증거기록 23권(별책 4권) 2446~2462쪽.

하고 나중에 건져 올리면 되는 것이지 그 사람들을 레스큐 바스켓에 태워 한 명 한
명 구조하다가는 선내에 있는 많은 사람들을 구조할 기회를 놓쳐버립니다. 구조
요원은 …… 선내로 진입을 하여 다른 승객들이 선체 밖으로 나오도록 해야 하는
것입니다.[574]

광주 소방헬기 기장 이정곤도 헬기는 "탈출할 수 있는 방법을 만들어
주는 역할"을 해야 한다고 했다.

> 검사: [해경의 구조작업이 적절하지 않은] 이유가 무엇인가요.
> 이정곤: (중략) 동영상을 살펴보면 상당수의 선실이 유리창으로 막혀 있어서 출구
> 가 확보되지 않은 상태이고, 외곽에 나와 있는 사람이 거의 없고, 유리창을 통해
> 서 선실 안에 다수의 승객들이 모여 있는 모습을 눈으로 확인할 수 있었을 것인
> 데, 그렇다면 무엇보다 유리창을 깨뜨려 승객들의 탈출구를 확보하는 것이 우
> 선이었다고 생각됩니다. …… 당시 상황이 배 밖으로만 빠져나오면 구조가 될
> 수 있는 상황이었기 때문에 배 밖으로 나와 있는 사람을 구조할 것이 아니라 배
> 안에서 빠져나오지 못하고 있는 사람을 구하는 것이 우선적 조치였었다고 생각
> 합니다.
> 검사: 당시 상황에서 탈출구를 우선적으로 확보해줘야 한다는 판단이 어려웠을
> 것으로 보이는가요.
> 이정곤: 아닙니다. 동영상을 살펴보면 구조대원들이 우현의 유리창을 통해서 선
> 실 안쪽에 모여 있는 승객들을 볼 수 있는 상황이었고, 그렇다면 당연히 탈출구
> 확보 및 갇혀 있는 승객들을 구조해야 한다는 생각을 할 수 있었을 것 같습니다.
> 다만 제 생각으로는 해경의 구조대들이 유리창을 깰 수 있는 연장을 소지하지
> 않아서 외곽에 나와 있는 사람만 구출한 것이 아닐까 하는 생각이 듭니다.[575]

헬기 기장들도 동의했다. 기장들 모두 배 안에 수백 명의 승객이 있는
것을 알았다면 선내로 들어가 승객들을 나오게 했을 것이라고 말했다.
다만 "세월호 내에 그 많은 승객이 있는 줄 알지 못하였고, 승객들이 우
현이나 좌현으로 모두 다 나오고 있는 것으로 생각하였기 때문에 선체에

진입할 생각을 하지 못한 것"이 문제였다.⁵⁷⁶ 513호 기장 고영주는 해경 지휘부가 511호기에 타고 있던 2명의 항공구조사 중 1명은 조타실을 장악하고 1명은 구조활동을 하도록 지시해야 했다고 지적했다.⁵⁷⁷

항공구조사 박훈식은 "배 안에 400명의 승객이 갇혀 있다는 사실을 알았"다면, "배 안쪽으로 진입을 시도하여 승객들이 얼마나 남아 있는지 확인하고 밖으로 나오라고 소리도 지르고 승객들을 배 밖으로 구조하여 나올 수 있도록 노력했을 것"이라고 말했다.⁵⁷⁸ 김재현도 "요구조자(要救助者)의 수를 알고 가는 것과 모르고 가는 것은 큰 차이가 있을 수" 있다면서 항공구조사들이 "선상에 진입하였을 때 들은 요구조자의 수와 실제 요구조자의 수가 상이하게 다르면 …… 남은 요구조자를 찾기 위해 조타실 등으로 진입하여 방송이나 다른 노력을 하였을 것"이라고 했다.⁵⁷⁹ 류규석 역시 "승객들이 배 안에 있다는 말을 들었다면 선내 진입을 시도하였을 것"이라면서 "지휘부에서 신속히 상황을 파악하여 모든 구조세력들에게 정확한 지시를 내렸다면 더 많은 승객을 구조할 수 있었을 것"이라고 말했다.⁵⁸⁰

> 검사: 만일 진술인이 세월호 선내에 구조를 기다리는 승객들이 훨씬 더 많았다는 것을 출동 과정에서 미리 알았다면 세월호 사고로 인한 희생자가 적었을 거라고 보는가요.
> 권재준: 장담할 수는 없는 말이지만 그대로 일단 승객이 많다는 구체적인 정보가 더 있었다면 구조 방법을 보다 효율적으로 진행해서 신속하게 좀 더 많은 인원이 구조되는 방향으로 노력이라도 해볼 수 있었을 텐데 그 점은 아쉽게 생각합니다. 제가 미리 정보를 알았다면 여객선이 기울기 전에 배에서 나가라는, 즉 퇴선명령을 내렸을 것입니다. 또한 배 뒤쪽으로 출입문이 있는 것을 알았다면, 우현에서 로프를 타고 내려가서 그곳에 있는 사람들에게 배 뒤로 가라고 안내했을 것입니다. 배에 대한 정부가 없었던 것이 아쉽습니다.
> 검사: 그렇다면 결국 지휘부가 제대로 알리지 못한 것인데 맞는가요.
> 권재준: 네, 맞습니다. 직접 헬기를 운전해 가거나, 인명을 구조하는 입장에서는

현장에 집중할 수밖에 없습니다. 따라서 상황실이든 구조본부든 인명 구조를 지휘하는 입장에서 정보를 저희에게 주었어야 합니다.
검사: 세월호 사고에서 아쉬웠던 점은 어떤가요.
권재준: 구조세력이 더 많았으면 좋았겠지만, 현실적으로는 더 많은 탑승객이 살기 위해서는 신속한 퇴선명령만이 최선이었던 것으로 생각됩니다.
검사: 만일 상황실 또는 구조본부에서 세월호 안으로 들어가 승객들을 퇴선시키라고 지시했다면 그곳으로 들어가서 승객들을 퇴선시킬 수 있었나요.
권재준: 네, 들어가야 한다고 생각합니다. 머리로는 혹시라도 못 나올지 모른다고 생각했을지 몰라도, 몸은 이미 들어가고 있었을 것입니다. 제가 가서 퇴선을 유도했다면 그곳에 타고 있던 사람들은 저보다도 여객선 내 통로 등을 더 잘 알기 때문에 알아서 잘 나갔을 것 같습니다. 사실상 퇴선명령만 내려졌다면 거의 전부 구조되었을 수도 있었을 것이라고 생각합니다.[581]

서해청 상황실 등 지휘부가 승객 정보를 전달하지 않은 것이 근본 문제지만, 항공구조사들이 구조활동 과정에서 배 안에 승객들이 갇혀 있는 것을 정말 몰랐던 것인지 의문이 제기되는 것도 사실이다.

김재현은 배에 내려갔을 때 구조활동을 하는 일반승객 3~4명을 발견했다.[582] 화물차 기사 김동수, 심상길, 일반 승객 김성묵 등이었다.[583] 이들은 4층 복도에 있는 2개의 출입구에서 소방호스를 로프처럼 묶어 늘어뜨린 뒤 선내에 있는 승객들을 외부 갑판 복도로 끌어 올리고 있었다.[584] 김재현이 멀리서 손동작으로 "몇 명 있는지" 물어봤다.[585]

검사: 일반 승객들이었나요.
김재현: 예, 그래서 제일 처음 내려가서 안에 몇 명 있는지부터 물어봤어요. 헬기 소리도 들리고 시끄럽기도 하고 또 멀리 있으니까 잘 안 들려서 제가 손짓하고 고함을 치니까 알아듣더라고요. 저쪽에 당기시는 분인가가 저에게 이렇게(이때 증인이 손가락 5개를 펴 보이며) 하더라고요. 안 들리니까.
검사: 증인에게 손가락 5개를 다 펴서 보여줬다는 것인가요.
김재현: 예, 그래서 제가 "몇 명, 몇 명요?"라고 소리쳤고 "5명요, 5명?"이라고 하

니까 다시 보시더라고요. 그러더니 이렇게(이때 증인이 오른쪽 손가락 5개와 왼쪽 엄지를 펴 보이며) 하더라고요.

검사: 오른손 손가락을 다 펴고, 왼손 엄지를 펴서 보여주었다는 것인가요.

김재현: 예, 안 들리니까 이렇게(이때 증인이 다시 손가락 6개를 펴 보이며) 하시더라고요. 그래서 제가 "6명요, 6명?"이라고 하니까 맞다 하더라고요.[586]

김재현과 대화한 김성묵의 말은 정반대였다. "안에 몇 명 있는지" 물어본 게 아니라 헬기에 '몇 명 탈 수 있으니까 올려 보내달라'는 뜻으로 받아들였다.[587] 어쩌면 구조 방향에 영향을 줄 수도 있었을 중요한 소통에 오류가 생긴 것이다.

검사: 그다음에 헬기에서 내려온 경찰관을 봤나요.

김성묵: 그분이 소방대원인지 경찰관인지 모르겠지만 한 분 내려왔었습니다.

검사: 그래서 거기에 계신 승객분들 구출하는 작업을 도와주었나요.

김성묵: 예, 5층에 있던 분들을 먼저 우선적으로 구조하셨던 것 같고요. 저한테 손가락으로 몇 명 탈 수 있으니까 올려 보내 달라 이런 식으로 표현을 하셨습니다.

검사: 그러면 의사소통도 됐고요.

김성묵: 예, 그 표현을 듣고 아이들 먼저 올려 보냈습니다.[588]

검사: 증인은 처음 내려갔을 때 출입문에서 승객들을 구조하고 있는 다른 승객들을 봤다고 하였는데, 그 출입문을 통해서 선내에 사람들이 있는 것을 보지 못했나요.

김재현: 그쪽으로 안 갔죠.

검사: 출입문 근처로 아예 안 갔나요.

김재현: 예, 바로…….

검사: 출입문에서 올라오는 사람들만 위로 올린 것인가요.

김재현: 예, 그쪽에 부탁을 드리고 저는 올리는 작업을 바로 했죠.[589]

선내에 있는 사람들을 보지 못했다는 김재현의 진술도 마찬가지다. 절박하게 구조를 기다리는 승객의 눈에는 전혀 다른 그림이 그려질 수 있다. 4층 복도에서 김동수, 김성묵의 도움으로 탈출한 단원고 신○○은 5층으로 올라가는 계단 앞에서 김재현을 봤다. 그는 "해경이 어떤 조치"를 하리라 기대하고 "계속 기다렸"다. 그러나 해경은 "한 명씩 올라오라"는 말만 했다. 신○○은 혼자 힘으로 "배 벽면을 기어 올라가서 헬기로 탈출"했다.[590] 123정 사건 재판에서 신○○이 증언했다.

검사: 그때 당시에는 해경을 봤나요.
신○○(단원고 학생): 그때 제가 해경을 처음 봤고, 배가 평소 상태로 유지하고 있으면 옆에 있는 안전, 그런 부분을, 펜슬[펜스]을 밟고 서 있었습니다. 왜냐하면 배가 넘어갔기 때문에 밟고 서서 대기하고 있던 상태였습니다.
검사: 증인이 본 해경은 그럼 뭘 하고 있었을까요.
신○○: 전혀 아무것도 하지 않은 채 대기하고 있었습니다.
검사: 객실 안에 있는 승객들을 구하러 가지 않고 거기 서 있다가 나오는 애들만 헬기에 태웠다는 이야기인 건가요.
신○○: 예, 그렇습니다.[591]

김성묵, 김동수도 항공구조사의 도움을 받지 못했다고 말했다.

검사: 그 당시 아이들을 구하는 동안에 해경의 도움을 받으신 적이 있나요.
김성묵: 처음 그 몇 명 올려달라는 수신호로 보내줬던 그분이 한 번 내려왔다가 올라가시고는 안 내려오셨고요. 그리고 두 번째 홀 구조작업을 할 때 아무도 볼 수 없었습니다.[592]
검사: 헬기 오는 것을 확인하고 4층으로 내려갔다고 이렇게 말씀하셨는데, 커튼, 수도 호스, 소방 호스 이렇게 여러 가지를 이용해서 승객 구조하는 동안에 헬기에서 내려오는 해경이 도와준 것이 있었나요.
김동수: 없습니다. 한번 해경이 한번 내려와서 한번 학생을 인도해가서 그다음은 내려오지 않았습니다.[593]

9시 49분경 3층에서 나오는 승객들을 발견한 박훈식의 지시로 김재현과 류규석이 선수 쪽 5층에서 선미 쪽 3층으로 가로질러 이동했다.[594] 선실 창문들을 지나갔다.

검사: 동영상을 보면 류규석 경장도 그렇지만 증인이 선실의 창문을 이용해서 움직이고 있던데 창문을 통해서 선내에 승객들이 많이 남아 있다는 것을 보지 못했나요.
김재현: 거기가 선실인지도 몰랐을뿐더러, 저 같은 경우는 오르락내리락하다가 떨어져서 무릎을 이미 다쳤던 상황이었거든요. 그런 상황에 저기까지 가야 하는데 배가 기울어진 상태였거든요. 동영상을 보시면 아시겠지만 저는 서지를 못하고 거의 붙어서 갔기 때문에 이걸 보는 게 아니라 저 사람들을 구하러 가야 되니까 저는 안 떨어지려고…….
검사: 저 사람들이면 밑에 잡고 있는 사람들을 말하는 것인가요.
김재현: 예, 거기 계신 분들 쪽을 보고 가는 거예요. 저게 미끄러우니까 안 떨어지려고 최선을……. 그러니까 서지도 못하고 붙어서 가면서 이쪽(외벽 우현)을 보고 간 거죠. 이렇게(선실 안쪽) 보고 간 게 아니라.
검사: 그래서 증인은 창문 밑으로는 전혀 보지 않았다는 것인가요.
김재현: 그렇죠, 그 상황에서는 선실이라는 것도 몰랐죠.
검사: 몰랐다 하더라도 눈에 보일 수 있지 않나요.
김재현: 이렇게(이때 증인, 뭔가 내다보는 듯한 행동을 취하며) 봤으면 모르겠어요. 근데 저는 움직이는 방향 쪽으로 보고 간 거니까.
검사: 눈앞에 있는 승객들만 쳐다봤기 때문에 유리창 밑에 있는 승객들은 전혀 보지 않았다는 것인가요.
김재현: (대답 없음)
검사: 시선을 돌린 적이 없다는 것인가.
김재현: 그렇죠, 저도.[595]

류규석은 "두 손으로 주위를 가리고 얼굴을 창문에 들이대고 자세히 살펴보았는데 객실 안에는 승객들이 아무도 없었"다고 주장했다. 그는 "한 객실만 살펴보았"다.[596]

> 검사: 진술인이 4층 객실 유리창들을 지나 이동을 하는데 당시 객실 안이 보이던가요.
> 류규석: 예, 보였습니다.
> 검사: 객실 안에 승객들이 있었나요.
> 류규석: 아니요, 아무도 없었습니다.
> 검사: 정말 승객들이 아무도 없었는가요. 자세히 들여다보지도 않고 단순히 퇴선하였을 것이라 생각한 것 아닌가요.
> 류규석: 아닙니다. 두 손으로 주위를 가리고 얼굴을 창문에 들이대고 자세히 살펴보았는데, 객실 안에는 승객들이 아무도 없었습니다.
> 검사: 동영상에 창문이 여러 개 나오는데, 그 창문 뒤에 있는 것이 객실이었다는 말인가요.
> 류규석: 예, 침대가 있는 조그마한 객실이었습니다. 그리고 승객은 없었습니다.
> 검사: 진술인은 각 창문마다 살펴보며 승객의 유무를 확인하였는가요.
> 류규석: 그렇게 하지는 않았습니다. 한 객실만 살펴보았습니다.[597]

류규석은 "자세히 살펴보았"다고 말했지만, 기울어지는 배 위를 이동하며 잠시 곁눈으로 본 데 지나지 않을 것이다. 그 아래 객실에 승객이 없었을 수도 있고, 있었지만 잘 안 보였을 가능성도 배제하기 어렵다. 전기가 나간 세월호 실내는 어두웠고, 바깥은 날씨가 좋아 두꺼운 유리창 아래 선실 안이 잘 보이지 않았을 것이다. 유리창에 반사되는 햇빛은 시야를 더 나쁘게 만들었을 것이다. 다음 말이 실제 상황에 가까워 보인다.

> 재빨리 선미로 이동하는 과정에서 잠깐만 들여다보았는데, 해당 객실에는 사람이 없었던 것으로 기억하고, 이리저리 둘러본 것도 아니고 유리에 반사가 되었기 때문에 정확히 확인하지는 못했습니다.[598]

헬기에서 촬영한 영상을 보면 김재현과 류규석의 주장에 신빙성이 있어 보인다. 선미로 이동하는 그들은 미끄러지지 않으려고 객실 창틀에 두 발을 딛고 두 손은 창문과 외벽을 짚으면서 기다시피 이동했다. 세월호 선체 외벽에는 손으로 잡거나 발을 딛고 몸을 지탱할 만한 것이 없어서 이동 자체가 상당히 어려웠던 것 같다. 그런 상황에서 두 발에만 의지해 두 손으로 눈 주위를 가리고 선실 창문을 들여다보는 것은 — 그 안에 사람이 있다는 것을 알고 찾으려 하지 않는 한 — 쉽지 않았을 것이다.[599] 더구나 선미 쪽에는 구조를 기다리는 승객들이 있었다. 위험과 부상을 무릅쓰고 끝까지 구조활동을 한 이들이 배 안에 승객들이 갇혀 있는 것을 알면서 방치했다고 생각하기는 어렵다. 그럴 이유가 없었다.

하지만 승객 입장에서는 그림이 완전히 달라진다. 어두운 배 안에서 공포에 떨며 구조의 손길만을 기다리던 승객들에게는 바깥쪽 유리창 위에서 움직이는 항공구조사가 선명하게 보였을 것이고, 그들의 움직임 하나하나에 모든 관심을 집중하며 의미를 부여했을 것이다. SP-3호실* 맞은편 SP-2호실에 있던 단원고 학생 양○○은 "SP-3호실 창문에 줄과 그 줄을 타고 내려오는 사람들"을 봤다. "다른 칸 친구들이 SP-3호실 창문을 보며 특공대원 분에게 계속 얘기"했지만 "그분이 양팔로 X자를 해보였다"라고 말했다.[600] 함께 SP-2호실에 있던 단원고 학생 박○○은 "그 당시 해경이 나오라고 소리를 쳤다면 비상구로 전부 탈출할 수 있었"다고 했다.[601] 전남 소방헬기 구조대원 최남곤도 "적어도 창문을 두드리고 눈을 맞춘 뒤 밖으로 나오라는 손동작을 했다면 탈출이 가능했을 것 같다"고 했다.[602] 안에 승객이 있는 것을 알았을 때 얘기다.

항공구조사의 교육훈련이 물에 빠진 사람 또는 표류하는 사람을 건져 올리는 것으로만 이루어졌다. 세월호 같은 대형 여객선이 연안을 운항하는데도 여객선 침몰을 가정한 훈련이 없었다. 항공구조 매뉴얼도 마찬가지였다. 항공구조에 대한 해경의 시야가 극히 좁았다.** 항공구조사 수

---

* 4층 SP-3호실에서는 모두 52명의 희생자가 발견됐다. 해경지휘부 사건, 수사보고(2019. 11. 30. 사망자 통계, 발견 지점 관련), 증거기록 9권 8316~8326쪽.

도 너무 적었다. 모두 4명이었는데, 곧바로 바다에 뛰어든 권재준을 뺀 3명만으로는 당장 눈앞에 나타나는 승객들을 구하는 것만으로도 버거웠을 것이다. 구조를 기다리는 승객은 답답하기 짝이 없었겠지만 항공구조사들 처지에서는 물리적 위험과 체력 소모도 만만치 않았을 것이다. 이들의 역량만으로는 한계가 명백했다.

사고 직후 목포해경 122구조대와 서해청 특공대가 헬기로 출동했다면 더 많은 구조요원이 세월호에서 활동했을 것이고, 비록 사전 교육이나 훈련이 없고 정보가 부족했더라도 자연스럽게 배 안에 갇혀 있는 승객들에게 눈길이 갔을 수 있다. 이런 점에서 3009함에 있던 6명의 해상특수기동대원들이 헬기 512호를 타고 가지 않은 것은 안타깝기 짝이 없다. 상황실이 이동 편을 수배해야 했던 122구조대나 특공대와 달리 3009함 대원들은 이륙을 준비하던 헬기 512호에 타기만 하면 됐다. 잠수까지 가능했던 그들이 일부라도 현장에 갔더라면 항공구조사들의 역량을 크게 보충했을 것이고 구조작업의 전기를 마련했을지도 모른다. 3009함 해상특수기동대원들을 512호기에 태우지 않은 것은, 눈에 띄지 않지만 김문홍이 저지른, 현장에 직접 가지 않은 것에 못지않은 큰 실책이었다.*

위험을 무릅쓰며 노력했지만, 항공구조사들의 구조는 실패했다. 513호 기장 고영주가 지적한 것처럼 "1차적으로 선장의 잘못이 크"지만 "2차적으로는 …… 해경에서 시기를 놓친 구조"였고 "그 많은 인원들이 생매장된 거나 마찬가지"였다.[603] 항공구조가 제 역할을 하지 못한 책임은 해경

** 선내 진입 훈련을 한 기록이 있는 해경 구조세력은 122구조대가 유일하다. 122구조대의 평소 자체 훈련 프로그램은 심폐소생술 및 응급처치, 단정 구조, 잠수, 헬기 레펠 강하 등으로 구성돼 있었다. 2013년 10월 남해지방청의 해상종합구조훈련은 2명이 바다에 빠져 있고 2명이 선박에 고립된 상황을 전제로 했는데, 이때 122구조대는 차량과 단정으로 현장에 접근한 뒤 선내에 진입해 고립된 요구조자를 헬기 승강장치에 태워 올리는 역할을 했다. 사참위 해경 초동대응 조사보고서, 124쪽.

* 김문홍이 해상특수기동대원들을 헬기 512호에 태워 보내지 않은 이유에 대해서는 조사가 이루어지지 않았다.

지휘부에 있다.

123정은 더 잘할 수 없었나

김경일은 왜 그렇게 소극적이었나

이건 구조를 하러 간 것이 아니라 거의 취재를 하러 가거나 구경을 하러 간 정도로 밖에 보이지 않습니다. 아니면 이 사람들이 무엇을 해야 할지 아무런 생각이 없었던 것 같습니다. 최소한 해야 할 기본적인 조치가 이루어지지 않아 많은 생명이 목숨을 잃은 것 같아 안타깝습니다.

광주소방안전본부 감찰조정관 황인의 평가다.[604] 구할 수 있었던 많은 승객을 구하지 못한 결과도 문제지만, '강 건너 불 보듯' 한 소극적 태도가 더욱 문제였다. 도대체 왜 그랬을까?

첫째로 생각할 수 있는 것은 예상을 훨씬 뛰어넘는 세월호의 규모에 압도됐을 가능성이다. 김경일은 "승객 350명이 탄 여객선"이라는 말 외에 구체적 정보를 받지 못했다. 배가 어느 정도 규모인지 그림을 그리지 못한 채 도착해 어마어마하게 큰 배가 침몰하는 것을 보고 당황한 나머지 상황에 대처할 수 있는 정신적 역량을 상실했을 수 있다. 512호기 기장 김재전도 "엄청나게 큰 배가 침몰하고 있는 것을 보고 당황스러웠"다고 했고,[605] 항공구조사 권재준도 "당황스럽다"라는 표현을 썼다.[606] 세월호를 맞닥뜨린 느낌을 가장 구체적으로 솔직하게 말한 이는 703호 기장 강두성이다.[607]

이미이미히게 컸습니다. 지는 그냥 배인데 조금 큰 화물선 징도가 아닐까 헸는데 어마어마하게 큰 여객선이었습니다. …… 정말 당황스러웠습니다. 솔직히 그때 당시에 제가 뭘 해야 할지, 어떻게 해야 할지, 뭐를 해야 제 임무를 완수하는 것인지 아무 생각이 나지 않을 정도로 너무 큰 사건이었습니다. 군 시절을 포함하여 거의 30여 년간 비행기를 조종하며 각종 구조, 수색 작전에 동원되었지만 이렇게 규모가 큰 사고는 처음이었습니다. …… '이 배가 왜 이렇게 있냐', '이 배가 왜 이러냐', 솔직히 이 생각밖에 머릿속에 남은 게 없었습니다. 사람이 얼마 타고 있는지 생각할 겨를도 없었습니다. …… 패닉 상태였습니다.

공중에서 내려다본, 수색·구조 경력 30여 년의 기장이 "아무 생각이 나지 않을 정도"로 "패닉 상태"에 빠졌다면 해수면에서 그 배를 마주한 김경일은 더하면 더했지 덜하지는 않았을 것이다. 김경일과 123정 대원들이 "경황이 없었다"라고 반복해서 주장하는 것이 그런 상태를 표현한 것일 수 있다.

두 번째는 공포감이다. 출렁이는 바다는 그 자체로 생명을 위협하는 두려운 존재다. 그런 바다에서 침몰하는 배에서 승객을 구조하는 작업은 더욱 위험하고 두려울 수밖에 없다. 빠른 속도로 기울어지는 세월호에 접근해 승객을 구조하는 것은 누구라도 공포심을 느낄 일이었다. 김경일 역시 그랬을 것이다. 세월호의 거대한 규모에 압도되고 당황한 상태에서 두려움이 더 커졌을 것이다. 두려움 때문에 세월호에 다가가지 않고 멀찍이 떨어져 있다 보니 점점 더 소극적으로 바뀌었을 수 있다.

세 번째는 안전에 대한 염려다. 지휘관은 국민의 생명을 구하는 일과 구조대원의 안전 사이에 미묘하고 긴장된 균형을 찾아야 한다. 재난 현장에서 구조대원이 어떠한 위험도 감수하지 않고 임무를 수행할 수는 없다. 그렇다고 구조대원의 생명을 가볍게 여겨도 안 된다. 경계선을 어디에, 어떻게 그을 것인가를 판단해 실행하는 것이 지휘관의 책임이자 권한이다. 김경일은 123정 대원을 세월호에 진입하게 하지 않은 것을 "대원들의 안전도 챙겨야 하기 때문에 그런 것"이라고 변명했다. 대원들에게 어떠한 위험도 감수하게 하려고 하지 않다 보니 "일반 어선의 구조활동과 다를 것이 없"게 됐을 것이다.[608]

이는 인간이라면 누구나 느낄 수밖에 없는 것이다.* 하지만 재난에서 국민의 생명을 구조해야 하는 공무원으로서는 당황스러움과 두려움을 무릅쓰고 냉정하게 상황을 판단해 적절한 수준의 위험을 감수하며 임무를 수행해야 한다. 그것을 가능하게 하는 것이 평소의 교육과 훈련을 통해 얻은 판단력과 대처 능력, 용기, 지휘관의 격려와 지시라 할 수 있다. 현장지휘관이 그런 역량을 발휘하지 못할 때 책임자들이 보충해야 한다. 불행하게도 해경에는 그런 지휘관이 없었다. 123정의 역량이 부족한 것을 뻔히 알면서 그냥 방치했다. 정신을 가다듬고 용기를 내라고 격려 한마디 한 지휘관이 없었다. 9시 48분 목포해경 상황실장 이병윤이 TRS로 김경일을 불러 구조 상황을 보고하라고 지시한 다음** 목포서장 김문홍의 첫 지시를 전달했다. 직속 상관의 첫 지시는 구조 작업의 방향을 설정하는 이정표라고 할 수 있다.

> "파파123, 파파123, 미인집〔목포해경〕 1번 지시 사항, 미인집 1번 지시 사항임. 귀국은 너무 과승, 과승으로 편승하지 말고 안전하게, 안전하게 서거차도, 서거차도로 편승 조치 바람, 이상."

사람 많이 태우지 말라는 것이 첫 지시였다. "너무 과승, 과승으로 편승하지 말고 안전하게, 안전하게", "과승"과 "안전하게"를 두 번씩 반복했다. 김문홍은 "사람들이 많이 타서 위험할까 봐서 그런 것"이라며 "또 다른 사고가 발생할 우려가 있기 때문에 위와 같은 지시를 하였던 것"이라

---

* 해양대학교 해사대학장 이은방도 "그 당시 상황에서 공포감, 위험, 생존자에 대한 집중을 하느라 선내 진입을 저해하는 요소로 작용한 것 같다"면서 위협감을 느껴서 "눈에 보이는 생존자에 집착을 했던 것 같다"고 했다. 또 "희생까지도 감수하는 것이 비상 대응 리더십인데…… 그것이 부족했다"고 평가했다. 해경지휘부 사건, 이은방 진술조서(2014. 8. 7.), 증거기록 25권(별책 6권) 7260~7261쪽.

** "파파 123, 파파 123, 구조 상황, 구조 상황 보고 바람, 보고 바람, 보고 바람." "보고 바람"을 세 번이나 반복했다.

고 변명했다.⁶⁰⁹ 123정의 안전이 중요한 것은 말할 것도 없다. 하지만 이제 막 '구조'를 시작하려는 시점에 격려 한마디 없이 사람 많이 태우지 말라는 지시부터 해야 했을까? 그러잖아도 당황한 상태에서 두려움에 빠져 있던 김경일에게 김문홍의 지시가 어떤 영향을 주었을까? 더욱 소극적으로, 어떤 위험도 감수하지 않는 방향으로 몰아가지 않았을까? 여러모로 부적절한 지시였다.* 다음에 살펴볼 과도한 보고 지시와 함께 김경일을 소극적 태도로 몰아간 네 번째의 결정적 요인은 지도부의 잘못된 지시였다고 할 수 있다.

김경일의 관심과 시간을 빼앗은 보고 요구

검사: 위 시기**에 피의자는 사진이나 영상을 찍어 보내라는 지시를 받은 사실이 있는가요.

김경일: 예, 경비정 휴대폰인지 제 휴대폰인지(혹은 순경 이민우)는 모르겠으나 사진이나 영상을 찍어 보내라는 지시를 받아 이민우와 제가 사진을 찍게 되었습니다. 저는 한두 장 찍었던 것으로 기억하고, 남은 사진들은 이민우가 찍은 것으로 기억합니다.

검사: 몇 분경, 누구로부터, 어떠한 내용으로 사진을 찍어 어디에 보내라는 지시를 받았는지 기억이 나는가요.

김경일: 현장 도착 전후로 윗분이 사진을 찍으라고 지시한 기억만 있고, 누구에게 보내라는 등의 지시는 기억이 나지 않습니다.⁶¹⁰

---

* 해경은 123정 정원을 50명이라고 주장했다. 하지만 당시 출동한 전남201호 어업지도선 항해사 박승기는 123정에 200명 정도 태울 수 있다고 주장했다. "최대 승선 인원이 있기는 하나 위 상황에서는 무시해야 합니다. 10톤급 어선도 최대 승선 인원이 10명 정도밖에 안 되는데, 60~70명을 태워도 아무런 문제가 없습니다. 100톤급 정이라면 200명은 넉넉히 태울 수 있습니다. …… 버스를 생각해보시면 의자 개수만큼 사람을 실을 수 있는 것이 아니고 빈공간 만큼 사람을 실을 수 있는 것과 동일한 이치입니다." 검찰 세월호 특수단은 123정의 최대 승선 인원을 "제한 없음"으로 표시했다. 해경지휘부 사건, 박승기 진술조서(2019. 12. 16), 증거기록 14권 10732, 10741쪽; 수사보고(세월호 사고 관련 '14. 4. 16. 11:00까지의 구조세력 현황 자료 첨부)(2019. 12. 3.), 증거기록 10권 8621쪽.

** 123정이 현장에 거의 도착한 9시 30분부터 고무보트를 내려 세월호에 접근하려던 36분 사이를 말한다.

김경일은 '윗분'이 누구인지 "정말 기억이 나지 않"는다며 끝까지 밝히지 않았지만, 이미 "현장 도착 전후로" "사진이나 영상을 찍어 보내라는 지시"부터 받았다. 현장에 가까이 간 9시 30분경부터 10시까지 김경일이 받은 지시와 활동을 정리하면 다음과 같다.*[611]

시간	상황	123정이 받은 지시 및 통신과 김경일 활동
9시 31분	현장 도착 전	● 123정, TRS 채널94(목포해경)로 31분 20초(8초간), 36초(6초간), 50초(6초간) 연결** ● 123정, TRS 채널52(서해청)로 31분 58초(29초간) 연결
9시 33분		● 123정, TRS 채널52로 33분 7초(6초간), 17초(27초간) 연결
9시 34분	현장 도착	김경일에 사진 촬영 지시('윗분') 본청, 123정 현장 보고 지시(코스넷) 서해청, 모바일 영상 가동 지시(코스넷) 본청(황영태), 123정 영상 시스템 작동 지시(목포해경, 경비전화) 서해청(박남수), 현장 상황 확인(기관장 최완식, 휴대전화) ● 박성삼, 인터넷 접속(34분 12초부터 1분 18초간) ● 123정, TRS 채널 94로 34분 22초(5초간) 연결
9시 35분		목포해경(문명일), 휴대전화로 123정 휴대전화 통화(28초간)*** ● 123정, TRS 채널 94로 35분 51초(7초간) 연결
9시 36분	구명보트 내림	서해청, 현장 사진 카톡 송신 지시(코스넷) 서해청 홍보계, 사진 촬영 지시(박성삼, 공용 전화) 본청, 123정에 22초간 통화 ● 김경일, 인터넷 접속(36분 25초부터 9초간) 본청(김남진, 여인태), 영상 시스템, TRS 실시간 보고 지시(2분 22초간)
9시 37분		● 123정, TRS 채널 52로 37분 5초(4초간) 연결 본청, 37분 49초에 6초간 연결(공용전화)

---

* 이 표에는 김경일, 박성삼이 9시 34분 이전과 10시 이후에 인터넷에 접속한 기록과 구조활동에 참여하지 않고 채증만 한 이민우의 촬영과 인터넷 접속 기록은 포함하지 않았다.

** 123정의 TRS 연결 내역은 KT-파워텔의 TRS 교신 내역에 123정이 발신한 것으로 기록되어 있으나 음성 파일이 존재하지 않아 발신자와 통화 내용이 확인되지 않는다. 사참위는 김경일이 조타실에서 사용한 것으로 판단했으나 확실하지 않다. 사참위 해경 초동대응 조사보고서, 327쪽.

*** 목포해경 상황요원 문명일은 9시 35분, 자신의 휴대전화로 123정 휴대전화에 전화를 걸어 통화했는데, 누구와 어떤 내용으로 통화했는지는 기억이 나지 않는다고 주장했다. 해경지휘부 사건, 문명일 진술조서(2014. 7. 1.), 증거기록 24권(별책 5권) 4018쪽.

9시 38분		본청(여인태), 123정 상황 보고와 모든 국 개입 금지 지시(TRS) 목포해경, 123정 현장 상황 보고 지시 목포해경 방제과, 38분 47초에 37초간 연결(공용전화)
9시 39분	구명보트, 기관부 선원들 태워 복귀	
9시 40분		본청(황영태), 서해청(류명호)에 영상과 사진 지시
9시 41분		본청(여인태), 123정 실시간 보고, 각 국 개입 금지 지시(TRS)
9시 42분		● 김경일, 사진 1(42분 00초), 2(07초), 3(49초), 4(54초) 촬영 ● 123정, TRS 채널 52로 42분 28초(45초간) 연결
9시 43분		● 김경일, 사진 5(43분 12초) 촬영
9시 44분		서해청, 현장 상황과 구조 사항 보고 지시(코스넷) 513함, 44분 00초에 34초간 연결(공용 전화) ● 김경일, 사진 6(44분 27초), 사진 7(32초) 촬영
9시 45분	123정 조타실 접안, 선장과 갑판부 선원들 태움	● 123정, TRS 채널 52로 45분 00초(23초간) 연결 ● 김경일, 사진 8(45분 22초), 사진 9(30초) 촬영 513함, 45분 36초에 21초간 연결(공용 전화) ● 김경일, 승객 못 나오고 있고, 직원 한 명 배에 승선시켜 안전 유도(TRS)
9시 46분		목포해경(이병윤), 123정 상황 보고 지시 ● 김경일, 사진 10(46분 20초) 촬영 목포해경(고성은), 구조 상황 보고 지시
9시 47분		목포해경(이병윤), 구조 상황 보고 지시 안행부, 영상 연결 요구(본청) 본청, 123정 영상 연결 지시(목포해경) 목포해경, 과승 금지 목포서장 지시 전달 ● 김경일, 잠시 후 침몰 예상 보고(TRS)
9시 48분		● 김경일, 인터넷 접속(48분 51초부터 48초간)
9시 49분		● 김경일, 사진 11(49분 15초) 촬영
9시 50분	123정 후진	● 김경일, 사진 12(50분 02초) 촬영 ● 김경일, 60도 경사, 좌측 침수, 50명 승선 보고(TRS) ■ 박성삼, 인터넷 접속(33초부터 1분 3초간)
9시 52분		● 김경일, 승객 절반 이상 갇혀 못 나온다 보고(TRS) 서해청, 123정 직원 올라가 승객 안정 지시(TRS) ● 김경일, 경사 심해 직원 승선 불가 보고(TRS)
9시 55분		● 김경일, 사진 13(09초) 촬영 김문홍, 뛰어내리라고 고함, 마이크 사용 지시
10시 ~		● 김경일, 10시 21분까지 사진 14~21 촬영

해경지휘부는 김경일이 현장에 도착할 무렵부터 상황 보고, 특히 영상과 사진을 촬영해 송신하라고 되풀이해서 독촉했다.* 김경일이 마음을 추스르며 상황을 파악하고 구조계획을 세우기에도 부족한 시간이었다. 승객을 구조하는 데 훨씬 유리했던 초기 시간에 당장 영상과 사진을 촬영해 보내라는 지시가 쏟아진 것이다.** 구조에 도움이 되는 지시나 질문, 격려는 한마디도 없었다. 김경일은 계속해서 사진을 찍고***, 전화

---

* 해경지휘부가 현장 구조세력에게 영상과 사진 송출을 요구한 데에는 해경의 자체 요인과 외부 요인이 함께 작용한 것으로 보인다. 먼저, 해경은 "모든 사고 상황에서" 현장 출동 세력에게 "도착 후 영상을 전송하고, 현장 상황 정보를 문자 상황 보고하는 것이 상황 대응의 기본이라고 생각하고 실제 교육원에서도 가르"쳤다. 또 당시 대통령비서실이 9시 20분부터 10시 38분까지 대통령 보고용으로 모두 8회에 걸쳐 현장 영상과 사진 전송을 지시 및 독촉했고, 해양수산부는 9시 46분부터 10시 46분까지 6회에 걸쳐 영상 전송을 지시하고 독촉했다. 해경지휘부가 대규모 조난사고를 지휘할 역량도 없으면서 현장 영상을 직접 보는 데 과도하게 집착하다 보니 대통령비서실과 해양수산부의 영상 요구에 더 흔들렸을 가능성이 있다. 해경지휘부 사건, 신민규 진술조서(2019. 12. 11.), 증거기록 13권 10279, 10282쪽.

** 본청 상황실은 세월호 근처에서 대기하던 두라에이스호 선장 문예식에게까지 영상을 요구했다. 10시 26분, 전화를 걸어 온 번호로 문예식이 연락해 본청 상황실임을 확인했다. 본청이 "구조에 협조 바랍니다"라고 하자 문 선장이 "예, 협조하고 있습니다" 하고, "영상 보고 싶으면 우리 회사에 갖다 연락을 해주세요, 두라해운에"라고 대답하면서 "사진…… 몇 커트 지금 찍어 보내놨으니까"라고 했다. 본청 상황실이 영상을 찍어 보내라고 하려는 것을 미리 알고 두라해운에서 받으라고 하는 것을 보면 그 전에 두라해운이 본청의 요구를 받고 문예식에게 연락해 사진을 찍어 보내게 했음을 알 수 있다. 10시 31분 본청 상황실은 다시 문예식에게 전화해 "사진을 핸드폰으로 전송"해달라고 요구했다. 문예식은 "아니, 지금 상황이 급하니까요. 아, 좀, 계속 이것저것 연결이, 통화하기가 거북스럽네요", "아 지금 상황이 지금 (안 들림) 말이 아닙니다. 현재 지금 침몰 중입니다. 지금 세월호는"이라고 대답했다. 본청 상황실의 영상에 대한 집착이 어느 정도였는지 알 수 있다.

*** 김경일의 휴대전화에 있는 사진을 누가 찍었는가는 분명하게 밝혀지지 않았다. 김경일은 "윗분"으로부터 사진이나 영상을 찍어 보내라는 지시를 받아 이민우와 함께 사진을 찍게 됐는데 "저는 1~2장 정도 찍었던 것으로 기억하고, 남은 사진들은 이민우가 찍은 것으로 기억"한다고 주장했다. 한편, 123정 병기팀장 이형래는 현장에 도착한 후 채증을 담당한 이민우에게 자신의 휴대전화를 넘겨주었다. 김경일의 진술이 사실이라면 이민우는 자신과 이형래의 휴대전화에 더해 김경일의 휴대전화까지 건네받아 사진을 찍은 셈인데, 믿기 어렵다. 특히 도주한 세월호 항해사 김영호 등은 123정 조타실에서 김경일의 휴대전화를 빌려 가족과 통화했는데, 김경일이 이민우에게 휴대전화를 주었다면 일어날 수 없는 일이다. 김경일의 휴대전화에 있는 사진은, 이민우가 찍었다는 사실이 증명되지 않는 한, 김경일이 찍었다고 보는 것이 타당하다. 항해팀장 박성삼도 사진을 찍어 이민우에게 보내주었다. 해경지휘부 사건, 김경일 피의자 신문조서(2019. 11. 27.), 증거기록 8권 7715쪽; 이형래 3회 진술조서(2014. 8. 3.), 증거기록 6권 6815쪽; 박성삼 피의자 신문조서(2019. 11. 27.), 증거기록 8권 7834쪽; 김영호 진술조서(2019. 12. 27.), 증거기록 16권 12085~12086쪽.

를 받고, 인터넷에 접속해 송신하고, TRS로 보고했다. 지시를 받은 시간과 지시를 이행한 시간을 빼면 독자적으로 판단하고 행동할 시간은 거의 없을 정도였다. 지휘부의 잘못된 지시는 김경일의 역량을 크게 잠식했을 것으로 보인다.

헬기와 선원에 대한 관심을 흩뜨린 여인태

김경일: 네, 여보세요.
김남진(본청 상황요원): 예, 정장님.
김경일: 네.
김남진: 여기 본청인데요. 지금 저 현재 상황을 좀 빨리빨리 보고 좀 해주세요. 그리고…….
김경일: 현재 지금 도착했는데요. 선원들이 하나도 안 보이고 헬기가 요 위에서 [구조]하는데, 계류가 아직 없네요. 그래서 현재 지금 상황이…….
김남진: 지금 영상 시스템 작동 안 됩니까?
김경일: 구명벌도 투하한 것도 없고. 구명벌 투하가 없는데 현재 여기 사람이 안 보여가지고요. 헬기 쪽으로 문의 한번 해볼랍니다. 아마 선박 안에 다 있는가 봅니다.
김남진: 선원들 전혀 안 보여요?
김경일: 예예, 지금 현재.
김남진: 잠시만, 잠시만요.

9시 36분 본청 김남진이 김경일에게 경비진화를 건 다음 경비과장 여인태에게 넘길 때까지 통화한 내용이다. 김남진이 김경일에게 한 첫 말은 "현재 상황을 좀 빨리빨리 보고"하라는 지시였는데 김경일은 '엉뚱한' 대답을 했다. "선원들이 하나도 안 보"인다는 것이었다. 동문서답이 이어졌다. 김남진이 김경일의 말을 무시한 채 "영상 시스템 작동" 안 되냐고 되풀이하자 김경일도 다시 한번 자신의 관심사를 말했다.

"구명벌도 투하한 것도 없고. 구명벌 투하가 없는데 현재 여기 사람이 안 보여가지고요. 헬기 쪽으로 문의 한번 해볼랍니다. 아마 선박 안에 다 있는가 봅니다."

김남진이 그제야 "선원들 전혀 안 보여요?"라고, 맥락이 닿는 질문으로 응답했다. 그 순간 여인태가 전화를 가로채는 바람에 대화가 중단됐다. 김경일이 두 번이나 엉뚱한 대답을 했다는 것은 매우 중요한 의미가 있다. 현장 도착 직후 "선원들"과 승객이 보이지 않는 상황에 김경일이 의문을 가졌고, 헬기와 교신해 상황을 파악해보려고 했음을 보여주기 때문이다. 김경일은 이미 김남진과 통화하기 직전인 9시 33분에 TRS로 헬기 511호를 호출했으나* 헬기가 응답하지 않아 교신하지 못했다. 그랬던 김경일이 여인태와 통화를 끝낸 후 선원을 찾거나 헬기와 교신하지 않았다. 왜 그랬을까?

아무도 이 문제에 관심을 갖지 않았고, 김경일에게 묻지도 않았다. 진실은 알 수 없게 됐고, 추측해볼 수밖에 없다. 김경일은 눈앞에 보이는 상황에 의문을 품고 헬기와 교신해서 상황을 알아봐야겠다고 생각했는데, 전화기를 넘겨받은 여인태와 통화하면서 잊어버렸다고 보는 것이 합리적이다. 여인태와 통화한 시간이 매우 길었고 특히 마지막에 "모든 상황은 TRS로" "무조건 실시간으로 계속 보고"하라는 지시를 받은 데다가, 여인태가 TRS로 두 번이나 다시 불러 재촉하는 것을 듣다 보니 원래 생각을 놓친 것이다.** 여인태가 김경일에게 월권적 지시를 하지 않아 김

---

* "호텔2, 여기 P123, 호텔2, 호텔2, 여기 P123". 해경지휘부 사건, 해경 TRS녹취록, 증거기록 별책 24권 1639쪽.

** 2019년 검찰 특수단 조사에서 김경일은 헬기와 교신하려고 생각했다는 사실 자체를 기억하지 못하는 것처럼 대답했다. 김남진과 통화할 때는 현장에서 공중에 떠 있는 헬기를 보며 교신해야겠다고 생각했지만, 여인태와 통화하면서 잊어버리는 바람에 교신하지 않았고, 또 검사가 "헬기를 지휘하여 항공구조사를 선내로 진입시키는 등의 조치를 취하지 못한 이유"를 물었기 때문일 수도 있다. 김경일은 "제가 현장 지휘를 해본 경험이 없고, 헬기는 본인들이 알아서 구조한다는 생각만 가지고 있었으며, 계급도 저보다 높고, 소속도 지방청이었기 때문에 지휘를 할 생각 자체를 가지지 못했"다고 했다. 해경지

경일이 원래 생각대로 헬기와 교신했다면, 실마리가 풀렸을지도 모른다. 헬기 기장과 의논했다면 항공구조사를 내려보내 승객을 찾아보게 하는 데 생각이 미쳤을 수도 있기 때문이다.

문제는 그것으로 끝나지 않는다. 여인태가 전화기를 넘겨받기 직전 김남진이 한 말이 "선원들 전혀 안 보여요?"였다. 김경일이 "선원들이 하나도 안 보"인다고 했기 때문이다. 김남진이 계속 통화했다면, '선원들이 어디 있을까'라는 질문으로 이어지며 선장과 선원을 찾는 쪽으로 관심이 연결됐을 가능성을 배제할 수 없다. 마침 구명보트가 기관부 선원들을 태워 오고 있었다. 그들에게 물어볼 수도 있었고, 세월호 조타실에 접안해 선장과 갑판부 선원들을 옮겨 태울 때 찾았을 수도 있다.*

기관장 최완식은 정장 김경일, 부정장 김종인과 함께 조타실에 있었다. 현장에 도착해서 갑판이나 바다에 사람이 하나도 없는 것을 보고 "깜짝 놀랐"고 "뭐 이런 경우가 있나" 생각했으며 승객들이 "배 안에 갇혀서 못 나오고 있다고 생각"했다. "충분히 선내에 진입이 가능한 상황"이었기 때문에 지휘관인 정장이 "현장 파악을 하고 지시를 내렸으면 많은 사람들이 살 수 있었"다. 구명보트가 실어 온 기관부 선원들의 신원을 확인해 "현장 파악을 했어야" 했다. 그런데 "당시 123정장은 조타실 내에서 전화를 받고 보고를 하느라 그 부분을 파악하지 못했"다.[612] 김경일이 "전화를 받고 보고를 하느라" 정신이 팔리지 않았다면 다른 방향으로 나아가게 됐을 수 있다.

현장에 도착할 즈음부터 영상과 사진을 보내라는 지휘부의 지시가 여

휘부 사건, 김경일 피의자 신문조서(2019. 11. 27.), 증거기록 8권 7711쪽.

* 김경일과 김남진의 통화에서 "선원"은 세월호의 선원을 말하는 것이 아니라 '사람' 또는 '승객'을 의미하는 것으로 봐야 한다는 의견도 있다. 당시 해경의 구조활동이 소형선에 한정되어 구조 대상이 대부분 '선원'들이었기 때문이다. 그렇게 본다고 하더라도 당시 상황에서 '선원' 이야기를 하다 보면 진짜 세월호 선원에 생각이 미쳤을 가능성을 배제할 수 없다.

러 경로로 전달되면서 김경일이 구조에 집중할 수 없게 됐다. 그중에서도 여인태의 행위는 자연스럽게 이어질 수도 있었던 정상적 구조작업의 길을 차단했을 가능성이 크다. 선장을 찾고 헬기와 교신하는 것으로 연결될 수도 있던 김남진과 김경일의 대화를 끊어버렸다. 가장 중요한 시점에 가장 중요한 문제에 관한 김경일의 관심을 엉뚱한 방향으로 돌리고 시간을 빼앗았다. 여인태의 주장처럼 "지휘부에서 상황 파악을 잘하기 위해 좋은 뜻으로 한 것"이라면, 처음에 지시한 대로 김남진이 통화하게 두어야 했고, 기왕 전화를 넘겨받았다면 상황만 빨리 파악하고 끝내야 했다. 권한도 없으면서 전화를 뺏고, 시간을 끌며 엉뚱한 지시를 한 여인태는, 눈에는 잘 띄지 않지만, 구조의 첫 단계를 뒤엉키게 했다.

도주한 세월호 2등항해사 김영호는 123정으로 옮겨 탄 다음 조타실에 들어가 김경일의 휴대전화를 빌려 아내에게 전화를 걸기도 했다. 김영호가 본 상황이다.

> 조타실에 들어갔을 때 조타실에 있던 정장(성명 불상), 해경 직원(성명 불상)이 해경 상급청이나 상급자가 통신으로 구조 인원을 빨리 파악해서 보고해라, 구조 인원이 왜 자꾸 틀리는지 등 세월호 승선원의 인명 구조하고 전혀 관련 없는 보고에만 열중하고 있었고, 침몰하는 세월호를 눈앞에 두고 123정과 123정 대원들은 어떤 방법으로 더 많은 승선원을 구조할지에 대해서는 관심이 별로 없었고, 통신을 주고받은 해경 상대방들도 인명 구조에 대한 지시는 하지 않고 구조 인원이 몇 명인지 파악해서 보고하라는 지시만 계속 들어왔습니다.[613]

김경일의 허위보고?

9시 45분 세월호 조타실에 접안하며 김경일이 TRS로 보고했다.

> "현재 승선객이 안에 있는데 배가 기울어져가지고 현재 못 나오고 있답니다. 그래서 일단 이곳 직원을 한 명을 배에 승선시켜가지고 안전 유도하게끔 유도하겠습니다."

이 말은 그 직전, 여인태와 통화하는 도중 구명보트가 태워 온 기관부 선원들의 말을 전해 들은 것이다. 승선객이 "배가 기울어져" "못 나오고 있"어서 "직원을 한 명을 배에 승선시켜 안전 유도"하겠다는 것은 매우 중요한 의미를 가질 수 있다. 123정 대원을 세월호에 올려 보내 적극적으로 승객을 대피시키겠다는 뜻으로 볼 수 있기 때문이다. 하지만 김경일은 "직원을 한 명을 배에 승선"시키지 않았다. 김경일은 왜 그 말을 했고, 왜 지키지 않았을까?

그 전인 9시 36분, 안전팀장 박은성과 보수팀장 김용기가 구명보트를 타고 간 다음 이형래가 조타실에 와서 "지금 저 사람들 다 구하려면 구명벌이라도 떨어뜨려야겠습니다. 제가 한번 올라가 보겠습니다"라고 말했다. 123정이 세월호에 접안하자 이형래는 세월호 좌현 3층 난간을 넘어 5층까지 올라가 구명벌 2개를 떨어뜨렸다.[614] "직원을 한 명을 배에 승선시켜서 안전 유도"하겠다는 김경일의 보고는 그 당시 세월호에 올라가고 있던 이형래의 활동을 과장해서 전달한 것일 수 있다.

다르게 볼 여지도 있다. "구명벌이라도 떨어뜨"리기 위해 세월호에 올라간 이형래의 활동과 "배가 기울어져가지고 현재 못 나오고 있"는 승객들을 "안전 유도"하는 것은 너무 다르기 때문이다. 김경일이 TRS 보고를 시작할 무렵 서해청 홍보계가 공용 전화로 현장 상황과 구조 상황을 보고하라는 지시를 전달했다.[615] 김경일의 보고가 끝난 9시 46분, 이번에는 목포해경 상황실장 이병윤이 TRS로 상황 보고를 지시했고 김경일이 사진을 찍었다. 이렇게 이어지는 일련의 흐름 속에서 김경일이 "직원을 한 명을 배에 승선"시키겠다고 한 말 또한 잊어버렸을 가능성도 배제하기 어렵다.

석연치 않은 점은 있다. 9시 48분 목포해경 상황실이 "과승"하지 말라는 목포서장의 첫 지시 사항을 전달할 때 김경일은 "잠시 후에 곧 침몰할 걸로 추정됩니다"라고 반복하면서 "현재 승객이 절반 이상이 지금 안에 있는데 갇혀서 못 나온답니다. 빨리 122구조대가 와서, 빨리 와서, 빨리 구조를 해야 될 것 같습니다"라고 보고했다. 조금 전에 자신이 했던, 123정 대원을 승선시켜서 승객을 "안전 유도"하겠다는 말은 하지 않았다. 9시 53분 서해청 상황실이 "본청 1번님하고 명인집타워 1번님", 즉 해경청장과 서해청장의 지시 사항이라며 "123 직원들이 …… 여객선 올라가가지고 승객들이 동요하지 않도록 안정시키기 바람"이라고 전달했다. 김경일이 답했다. "여기는 123, 수신 완료, 수신 완료."

그런데도 김경일은 직원을 올려 보내지 않았다. 거리를 둔 채 지켜보기만 했다. 9시 54분에는 좌현이 완전히 침수되어 "좌현 쪽에서는 구조할 수 없고 현재 상태로 봐서 항공, 헬기를 이용한 구조가 가능할 것 같"다고 보고했다. "최대한으로 승선원을 구조할 수 있도록 그렇게 조치"하라는 지시에 "현재 가능한 저희 직원들을 승선시키려고 하는데 너무 경사가 심해가지고 못 들어가고 있음"이라고 했다. 하지만 "직원들을 승선시키려고" 한 적은 없었다. 10시 6분 123정이 세월호 S-1호실 앞에 접안해 창문을 깨고 승객을 구할 때에도 직원을 승선시키려는 시도는 하지 않았다. "승객이 절반 이상이 지금 안에 갇혀서 못 나온다"고 자기 입으로 말하고서도 승객을 더 구하려고 하지 않은 채 123정을 뒤로 뺀 것은 이해하기 어렵다. 이런 정황을 보면 김경일의 진의를 의심하지 않을 수 없다. 승객을 적극적으로 대피시킬 생각이 처음부터 없었다고 볼 여지도 없지 않다. 해난 전문가 진교중의 말이다.[616]

> 올라갈 수 없다는 것은 말이 되지 않습니다. 그 많은 인원이 배 속에 있는데 죽든 살든 올라가야죠.

김경일과 해경지휘부 재판

해경의 구조 실패에 대한 비판과 분노가 거세지자 검찰은 123정장 김경일을 구속 기소했다. 김경일이 현장지휘관으로서 방송장비를 이용하거나 123정 대원들을 승선시켜 세월호 안에 있던 승객들의 퇴선을 유도해야 했는데 그렇게 하지 않고 배 밖으로 빠져나온 사람들만 소극적으로 구조하는 데 그친 것을 업무상 과실치사죄로 기소했다.*

1심은 김경일의 과실을 인정했지만, 책임이 발생하는 시점을 "9시 44분** 이후"로 봤다. "현재 승선객이 안에 있는데 배가 기울어져가지고 현재 못 나오고 있답니다"라고 한 TRS 보고를 근거로 "승객들이 대피하지 못하고 있다는 사실을 인식할 수 있었던" 시점을 9시 44분으로 본 것이다. 그 시점에 "방송장비로 … 퇴선방송을 실시하거나" 123정 대원을 통해 "세월호의 갑판에서 퇴선 유도 조치를 실시하였다면" 승객들이 "세월호 선체를 빠져나와 생존할 수 있었"다고 보고 4층 선미 SP-1, SP-2, SP-3 호실에서 사망한 56명을 피해자로 특정했다. 법원은 김경일에게 4년 징역형을 선고했다.

2심은 1심 판단을 뒤집고 피해자를 303명으로 확대했다. 과실도 추가했다. ① 현장에 도착하기 전에 선장 또는 선원과 교신해 선내 상황을 확인하고 적절한 구조 지휘를 해야 했음에도 단 한 번도 교신하지 않았고, ② 9시 30분경에 승객 대부분이 퇴선하지 않고 아직 세월호 로비, 복도 또는 객실 등에서 대기하고 있다는 것을 인식했다고 봤다. 그때부터 선원과 교신해 퇴선방송을 지시하거나 123정의 방송장비로 직접 퇴선방송

---

* 검찰은 과실범의 공동정범 이론을 적용해 김경일을 청해진해운 임직원, 세월호 선장과 선원, 고박 업체 임직원 및 운항관리자들과 공동정범으로 기소했다. 하지만 법원은 김경일이 세월호의 침몰과 아무런 관계가 없고, 세월호 사고로 승객의 생명에 위험이 발생한 상태에서 승객을 구조하기 위해 현장에 출동했기 때문에 사고의 원인을 제공한 사람들과 사이에 공동의 목표나 의사 연락이 있었다고 볼 수 없다는 점 등을 근거로 공동정범의 성립을 인정하지 않았다. 1, 2, 3심의 판단은 일치했다. 검찰의 기소는 과실범의 공동정범 이론을 지나치게 확장해 적용한, 무리한 것이었다. 광주지방법원 2015. 2. 11. 선고 2014고합436 판결; 광주고등법원 2015. 7. 14. 선고 2015노177 판결; 대법원 2015. 11. 27. 선고 2015도11610 판결; 황용현, '과실범의 공동정범에 관한 판례의 연구 및 비판', 서울대학교 법학석사 논문(2020. 8.), 86쪽 참조.

** 법원은 녹취록을 인용해 TRS 교신 시간이 9시 44분이라고 명시했지만 실제 시간은 9시 45분이다.

을 하거나 대원들을 갑판에 올려 보내 퇴선하라고 소리치게 해야 했다고 보고 희생자 303명*과 부상자 142명을 피해자로 특정했다. 대법원은 2심을 확정했다.

2심은 김경일의 책임을 확대하면서도 형량은 3년으로 낮추었다. 사고에 대한 기본적인 책임이 청해진해운과 선장·선원들에게 있다는 점, 김경일이 평소 대형 여객선 조난사고에 대한 훈련을 받지 못했고, 해경지휘부가 김경일을 현장지휘관으로 지정한 다음에도 전화 통화와 TRS 보고를 요구함으로써 "구조활동에 전념하기 어렵게" 했고, 해경들에 대한 교육훈련을 소홀히 하는 등 "해경지휘부나 사고현장에 같이 출동한 해경들에게 …… 공동책임"이 있다는 이유를 들었다.

123정 사건에서 2심 법원이 김경일로 하여금 "구조활동에 전념하기 어렵게" 한 해경지휘부의 책임을 거론하기까지 했지만 검찰은 해경지휘부를 수사하지 않았다. 유가족과 사회단체들의 고소·고발과 사참위의 수사 의뢰가 이어지면서 비판 여론이 계속됐다. 5년 반이 지난 2019년 11월 11일 검찰은 '세월호 참사 특별수사단'을 설치해 세월호에 관련된 모든 의혹을 수사하겠다고 발표했다. 검찰 특수단은 2020년 2월 8일 사고 당시 해경청장 김석균 등 10명의 해경지휘부를 업무상 과실치사상죄로 기소했다.**

---

* 전체 사망·실종자 304명에서 사고 직후 바다로 추락해 실종된 교사 양승진을 제외한 숫자다.

** 검찰이 기소한 해경지휘부는 해경청장 김석균, 본청 경비안전국장 이춘재, 해경차장 최상환, 본청 경비과장 여인태, 상황담당관 임근조, 서해청장 김수현, 경비안전과장 김정식, 상황담당관 유연식, 목포서장 김문홍, 상황담당관 조형곤이다. 김문홍에 대해서는 사고 당시 퇴선방송 등 7개 항목을 목포해경에 지시했다는 내용의 허위공문서를 작성하고 행시한 혐의도 적용했다. 검찰 특수단은 2020년 5월 28일 특조위 방해 사건으로 당시 이병기 대통령비서실장, 현정택 정책조정수석비서관, 현기환 정무수석 등 9명을 불구속 기소하고, DVR 등 '증거자료의 조작·편집 의혹 사건'은 특별검사에게 인계했다. 2021년 1월 19일에는 단원고 학생 임경빈에 대한 구조 방기, 법무부의 검찰 수사 외압, 청와대의 감사원 감사 외압, 기무사와 국정원의 세월호 유가족 사찰 등의 혐의에 대해 모두 무혐의 처리하고 수사를 종결했다. 서울중앙지방검찰청, 보도자료 세월호참사 특별수사단 수사결과(2021. 1. 19.) 참조.

검찰은 공소장에서 관련 법령 및 대형 해상사고 매뉴얼과 해상 수색구조 매뉴얼을 기초로 해경지휘부의 임무를 정리했는데 요약하면 다음 표와 같다.

구분	이름 직위	법령상 임무	매뉴얼상 임무	
			구조본부 공통	구조본부별 임무
해경 본청	김석균 해경청장	① 중앙구조본부장 ② 수난구호 총괄 조정 ③ 각급 구조본부 지휘·통제	① 구조함정 사고 해역 이동 등 초동조치 ② 현장 상황 파악 ③ 구조계획 수립 ④ 신속하고 효율적 수색·구조 활동	① 긴급 구조활동 총괄·지휘·조정·통제 ② 지원기관 역할 분담 ③ 현장 활동 계획 수립 ④ 긴급사태 단계별 조치 ⑤ 전복사고 인명 구조 ⑥ 합리적 구조계획 수립 ⑦ 일사불란한 지휘 통솔
	최상환 차장	① 해경청장 보좌 ② 사무업무 총괄		
	이춘재 경비안전국장	① 중앙조정관 ② 상황반장 ③ 종합상황실 지휘·통제 ④ 해경청장 보좌		
	여인태 경비과장	① 이춘재 보좌 ② 상황반원 ③ 구조 정보 수집·전파		
	임근조 상황담당관	① 김석균·이춘재 보좌 ② 상황 총괄·통합 ③ 각급 상황실 지휘·감독		
서해청	김수현 서해청장	① 광역구조본부장 ② 관할 해역 수난구호 총괄·조정·지휘 ③ 관할 해역 수난구호 현장 지휘		
	김정식 경비안전과장	① 구난조정관 ② 김수현 보좌 ③ 구조대 및 직원 지휘·감독		
	유연식 상황담당관	① 김수현 보좌 ② 상황 총괄·통합 ③ 각급 상황실 지휘·감독		
목포 해경	김문홍 목포서장	① 지역구조본부장 ② 관할 해역 수난구호 ③ 구조대 편성·운영 ④ 현장 구조활동 지휘·통제		
	조형곤 상황담당관	① 상황담당관 ② 김문홍 보좌 ③ 주요 상황 총괄·통합 ④ 상황실 지휘 감독		

공소장에 따르면 당시 항공구조사가 탑승한 헬기들에 이어 123정이 현장에 도착했고, 이미 현장에 있던 두라에이스호를 비롯해 다수의 어업지도선, 어선과 상선, 해군 헬기와 함정이 도착하고 있었는데 현장지휘관으로 지정된 123정은 역량이 부족했다. 해경지휘부는 123정을 비롯한 현장 구조세력과 진도VTS 등과 실시간으로 정보를 공유·전파하면서 현장을 지휘·통제할 수 있었다.

중앙·광역·지역 구조본부를 책임진 해경지휘부는 출동하는 구조세력에게 지시하거나 직접 세월호와 교신해 선내 상황을 파악하고 전파해야 했지만 하지 않았고, 진도VTS가 세월호와 교신하고 있다는 사실을 파악하지 못했거나 전파하지 않았다. 그 결과 123정은 승객들이 선내에 대기하고 있다는 상황을 제대로 파악하지 못했고 헬기와 초계기 등 항공 구조세력이 승객 숫자도 모른 채 현장에 도착하게 되어 구조계획을 세우지 못하게 됐다. 구조세력이 현장에 도착하기 전 해경지휘부의 주의의무와 임무 위배 사항으로 공소장이 제시한 내용을 정리하면 다음과 같다.

구조세력 현장 도착 전 해경지휘부의 주의의무와 임무 위배		
주의의무의 내용	구분	임무 위배 내용

① 각 구조본부 상황실과 VTS, 구조세력에 VHF, 휴대전화 등 모든 교신 수단 활용
② 세월호 선장, 선원과 직접 교신 또는 교신 유지하게 해 세월호 상황 확인·전파
③ 각 구조본부와 구조세력에 전파
④ 구조계획 수립
  - 승객 구명동의 착용, 구조 용이 장소 대기
  - 선장, 선원에게 구명벌 등 투하 지시
  - 다수 승객을 구조할 위치 확인
⑤ 현장 구조세력이 즉시 구조하도록 지휘
	목포해경 상황실 (3009함 김문홍)	- 세월호 승객 및 선원과 통화 시도 않음
		- 항공 구조세력에 승객 수 전파 않음

	서해청 상황실	- 진도VTS의 승객 비상탈출 문의 경우, 퇴선 준비 상황 파악 않음 - 승객 비상탈출 문의 각 구조본부와 구조세력에 전파 않음 - 진도VTS에 전파 지시 않음 - 항공 구조 세력에 승객 수 전파 않음
	본청 상황실	- 122 신고 선원·승객과 교신 시도 지시하지 않음 - 직접 세월호와 교신해 상태 파악 않음 - 항공 구조세력에 승객 수 전파 않음

해경지휘부는 현장에 도착한 구조세력으로부터 세월호가 점점 더 기울어지면서 빠르게 침몰하고 있는데 승객들이 밖으로 나오지 못하고 있다는 사실을 보고받았으므로 더 이상 지체하면 승객 대부분이 익사할 수 있음을 예상할 수 있었다. 그런데도 현장 구조세력에게 승객 퇴선조치를 하도록 지휘하지 않은 반면 과도하거나 불필요한 보고와 영상 전송 요구 등을 함으로써 결국 많은 승객들을 사망하게 하거나 상해를 입게 했다는 것이 공소사실이다. 김경일과 업무상 과실치사상죄의 공동정범이라는 것이다.

구조세력 현장 도착 후 해경지휘부의 주의의무와 임무 위배	
주의의무의 내용	임무 위배 내용
① 세월호 선장·선원과 교신해 승객 퇴선 유도 의무 ② 123정 방송장비 및 대원 통해 승객 퇴선 유도 의무 ③ 헬기 항공구조사에 의한 승객 퇴선 유도 의무	- 퇴선 유도 조치 지휘하지 않음 ※ 오히려, - 긴박한 구조 상황에서 구조 인원과 구조 상황 보고 강요 - 현장 사진과 영상 자료 전송 요구 반복 - 123정과 항공 구조세력에 전달 불가능한 코스넷 대화방으로 지휘

법원은 검찰이 주장한 해경지휘부의 주의의무와 임무를 인정했다. 해경지휘부가 112신고를 한 세월호 직원 강혜성이나 진도VTS를 통해 선내 상황을 상세하게 확인했다면 퇴선 준비가 이루어지지 않고 있음을 알았을 것이고, 그런 상황을 각급 구조본부와 구조세력에 공유하는 한편, 123정 도착 즉시 재차 확인해서 승객을 퇴선 가능한 장소에 집결시켰다가 해상으로 투신하게 했다면 대부분을 안전하게 구조할 수 있었을 것이라고 했다. 헬기들에 대한 정보 제공이 미흡했고, 대형 해상사고에 대한 훈련이 부족했으며, 지휘 통제가 체계적으로 이루어지지 않은 점도 인정했다. 그러면서도 무죄를 선고했다. 1, 2, 3심 모두 같았다.

법원은 판단의 전제로 2가지를 제시했다. 첫째, 구조 실패에 대해 형사책임을 묻기 위해서는 "피고인들에게 구체적인 과실이 인정되어야 한다"라고 했다. 과실범의 공동정범 이론이다. 결과에 대해 형사책임을 물으려면 해경지휘부가 각자 무엇을 어떻게 해야 했는데 하지 않았거나 잘못했다는 것을 구체적으로 입증해야 한다는 뜻이다. 나아가 각자의 행위가 그 앞뒤에 이어진 다른 행위자들의 과실과 어떻게 연관되고, 전체적으로 결과 발생의 원인이 됐음을 밝혀야 한다. 둘째는 피고인들에게 유리한 사유다. 결과 발생을 예견했거나 예견할 수 있었음에도 주의의무를 이행하지 않아 결과를 발생하게 하는 것이 과실범이므로 예견 가능성을 배제하는 사정은 면책사유가 될 수 있다. 법원은 ① 선장과 선원이 승객을 버리고 도주하면서 선내 대기 방송을 통해 승객들의 탈출 기회를 빼앗은 점, ② 세월호 선체의 여러 문제로 침몰이 급격하게 진행된 점, ③ 123정과 헬기 도착 후 "불과 20분 만에 구조 세력의 조치에 따른 실질적인 구조 가능성이 사라지고* 세월호가 침몰에 이른 점"을 들었다.

법원은 공소사실에 따라 구조 세력 도착 전과 후로 나눠서 업무상 과

---

* 해경지휘부 사건에서 검찰은 9시 50분을 "해경의 선내진입 및 퇴선유도에 의한 구조 가능성이 희박해진 시점"이라고 특정했다. 법원은 공소사실에 따라 9시 50분을 "구조세력의 조치에 따른 실질적인 구조 가능성이 사라"진 시점으로 전제했다. 검찰이 그렇게 규정한 이유는 분명하지 않은데 123정 사건에서 1심 법원이 9시 50분 이후에는 김경일이 퇴선명령을 하지 않았어도 업무상 과실이 성립하지 않는다고 한 것을 확대해석한 것이 아닐까 생각된다. 사참위의 조사 결과에 따르면 이는 사실오인일 가능성이 크고 검찰이 세월호의 침몰 상황을 정밀하게 조사하지 않은 채 공소사실을 특정한 데서 비롯된 것으로 보인다. 그러다 보니, 헬기와 123정이 9시 30분경에 도착했으므로 해경지휘부로서는 구조세력으로부터 상황을 파악하고 구조활동을 할 시간이 불과 20분에 지나지 않았다고 주장할 수 있게 됐다. 이 문제는 형사처벌을 전제로 진상을 규명하려고 할 때 일어날 수 있는 위험을 보여주는 측면이 있다. 9시 50분 이후에도 해경이 세월호에 승선하거나 퇴선방송을 함으로써 승객을 대피시킬 수 있는 가능성이 남아 있었다는 것이 사회적인 '진실'이다. 그 가능성 여부를 떠나서 해경은 세월호가 침몰할 때까지 퇴선방송만은 계속해야 했다. 해경에게 아무런 위험도 초래하지 않는데도 퇴선방송조차 하지 않은 것은 중대한 잘못이다. 하지만 형사재판에서는 얘기가 달라진다. 어떤 행위를 '범죄'로 규정하려면 범죄 구성요건에 해당하는 행위를 "합리적 의심의 여지가 없는 확신"에 이를 정도로 증명해야 하기 때문이다. 퇴선방송을 하지 않은 것을 처벌하려면 퇴선방송을 했을 경우 그것을 듣고 탈출할 수 있었던 피해자가 누구인지를 특정해야 하고, 특정하지 못하면 무죄가 될 수밖에 없는 문제가 있다. 형사처벌을 목표로 하면 사실을 인식하는 관점이 좁아질 수밖에 없고 사회적·역사적 '진상규명'이 왜곡될 위험이 있다.

실 여부를 판단했다.

먼저 구조세력이 도착하기 전에는 서해청 상황실을 중심으로 판단했는데, 세월호와 승객들의 상황을 파악하고 구조계획을 수립하는 데 한계가 있었다고 봤다. 법원은 ① 9시 25분 서해청 상황실이 진도VTS로부터 비상탈출 문의를 보고받았을 때 퇴선 준비를 하지 않은 상태였다는 것을 인식할 수 없었고, ② 진도VTS의 교신 내용을 전파하지 않은 것이 구조 실패에 결정적 영향을 미쳤다고 볼 수 없고, ③ 123정이 아무런 노력도 하지 않은 채 세월호와 교신되지 않는다고 응답하고, 또 세월호의 호출에 응답도 하지 않은 상황을 예상할 수 없었고, ④ 다수 상황실과 항공기, 함정 등이 같은 TRS 채널로 교신하면서 통신 간섭, 잡음 등으로 교신이 원활하지 않았다는 점을 인정했다. 이를 근거로 첫째, "선원들이 대기 방송만 하면서 승객들을 대책 없이 선내에 머무르게 하고 있으리라고 예상하기 어려웠기 때문에 즉각적인 퇴선조치가 필요한지 판단할 수 없었을 것"이고, 둘째, TRS 교신을 통해 "구조 헬기 등이 세월호의 승선원 수나 침몰 상태를 확인하였다고 생각하였을 것"이며, 셋째, "가급적 많은 구조세력을 현장에 집결시키는 한편, 먼저 현장에 도착하게 될 구조세력으로부터 현장 상황을 파악한 뒤 어떤 조치를 취할지 결정할 수밖에 없었다"라고 했다.

구조세력이 도착한 다음의 상황에 대해서는 ① 선장과 선원의 도주를 예상할 수 없었고, 그들과 교신해 퇴선 준비를 지시했더라도 "묵살하거나 이미 탈출 방송을 했다고 거짓말했을 가능성"이 있기 때문에 교신하지 않은 데 과실이 없고, ② 헬기 511호와 123정의 보고를 통해 "승객들이 선상 중간에 집결해 있거나 적어도 선내에서 퇴선을 위한 대기를 하고 있다고 오인하였을 여지"와 "선장과 선원들에 의하여 대피 및 퇴선조치가 이루어져 이에 따라 구조작업이 진행되고 있다고 생각"했을 가능성이 있고, 김경일의 보고를 통해 "123정의 승조원들이 선내에 진입하여 승객들을 차례로 퇴선시키고 있다고 상황을 오인"했을 가능성이 있기 때문에 지휘부가 "대부분의 승객들이 선내 방송에 따라 선내에 그냥 머물러 있을 가능성까지 염두에 두고 구조 업무를 지휘하기는 어려웠"다고 봤다. 세월호는 복원성 부족, 수밀문과 맨홀 개방, 고박 불량과 과적 등으로 급격하게 침몰해 "09시 50분경 이미 선내 진입을 통한 구조 가능성이 희박해졌"는데 이처럼 "구조세력 도착 후 20분 만에, 123정이 보고한 09시 38분 이후 불과 10분 남짓 만에 선내 진입을 통한 구조 기회가 사라질 것을 예상하기 어려웠다"라고 했다.

법원은 해경지휘부가 코스넷 대화방에 올린 각종 지시를 주의의무 이행으로 봤다. 본청 지휘부는 9시 44분 이후 코스넷으로 '선장에게 탈출 권고할 것'을 비롯해 경찰관 승선과 퇴선 유도, 구명벌 투하, 갑판 집결과 해상 투신 검토 등을 지시했는데, 법원은 "지금 보면 시기를 놓치거나 현장 상황에 맞지 않는 지시로 보이나" "당시 시점에 파악한 정보를 토대로" 보면 "적절한 조치에 해당하고, 세월호 침몰이 다소 늦어졌다면 충분히 유효한 것으로서 많은 승객을 구조할 수도 있었던 것들"이라고 평가했다. 코스넷 대화방에 "문제가 있었던 것은 사실이나" 상황실에 "코스넷 교신 전담 상황요원"을 배치하고 "수신 완료 등으로 확인"할 수 있었으므로 이를 통한 지휘가 불합리했다고 볼 수 없다고 했다. 결국 "사후적으로 확인된 사정에 기초하여 피고인들의 위 조치들이 현저하게 불합리하거나 명백하게 잘못된 것이었다고 볼 수는 없다"라는, 요컨대, 해경지휘부는 할 일을 다 했다는 것이 법원의 판단이었다.

해경지휘부 사건 판결을 검증하는 것은 매우 어렵고 복잡한 일이다. 세월호 구조에 실패했다고 해서 해경지휘부가 형사적으로 처벌받아야 할 '범죄'를 저질렀다고 볼 것인지는 쉽게 판단할 수 없는 문제다. 가치관과 세계관의 차이에서 오는 본질적 의견 차이가 있을 수 있지만, 형사사건의 관점에서 해경지휘부 사건의 수사기록과 재판기록을 검토해봐도 의견이 일치하기는 어려워 보인다. 양과 질 모두 방대한 수사기록과 판결문을 검토하는 것 자체가 쉽지 않다. 이 책의 범위를 벗어나는 일이다. 여기서는 잠정적인 의견만을 간략히 밝혀둔다.

먼저 지적할 것은 기술적인 측면, 즉 사실인정의 오류다. 지휘부의 업무상 과실을 부인한 근거로 내세운 법원의 사실 판단에 오류가 적지 않다. 예컨대 법원은 해경지휘부가 코스넷 대화방을 통해 지휘한 것이 "불합리했다고 볼 수 없다"라면서 각급 상황실에 "코스넷 교신 전담 상황요원"을 배치하고 "수신완료 등으로 확인"할 수 있었다는 점 등을 근거로 내세웠다. 이는 이춘재의 변명과 목포해경 상황실 이치만의 주장을 그대로 받아들인 것인데, 사실과 다르다. 앞에서 본 것처럼 코스넷 대화방의 난맥상은 믿기 어려울 정도로 심각했으며, 구조 실패의 중요한 원인을 제공했다. 김석균과 이춘재 등 지휘부는 그런 사정을 뻔히 알았거나 알 수 있었고, 바로잡아야 했음에도 방치했다. 해경지휘부의 결정적 과실 가운데 하나라는 것이 이 책의 주장이다. 또 다른 예로 해경지휘부가 "구조세력 현장 도착 전 세월호와 교신을 통하여 자세한 선내 상황을 파악하거나 구조계획을 수립하는 데 한계가 있었"다는 근거로 제시한 헬기 511호의 보고도 마찬가지다. 서해청 상황담당관 유연식은 그 보고를 듣고 '승객들이 선상 중간에 집결해 있거나 적어도 선내에서 퇴선을 위한 대기를 하고 있다'는 뜻으로 오인했다고 주장했다. 하지만 대부분의 지휘부는 그렇지 않았다. 이어진 보고들을 통해 세월호가 침몰할 수밖에 없는데 퇴선 준비가 이루어지지 않고 있는 위급한 상황임을 인식했거나 인식할 수 있었다고 볼 수 있는 증거들이 많다. 이런 사례들은 증거를 꼼꼼히 들여다보고 검증하지 않은 채 당사자의 변명과 관련자들의 진술을 액면 그대로 받아들인 데서 비롯됐는데, 검찰의 공소유지가 매우 미흡했음을 보여준다.

검찰이 과실범의 공동정범 이론을 제대로 이해하고 적용했는지도 의문이다. 법원이 지적했듯이 과실범의 공동정범으로 처벌하려면 결과 발생에 기여한 행위자들의 과실 행위를 구체적으로 입증해야 한다. 하지만 본청, 서해청, 목포해경과 3009함 등 물리적으로 떨어져 있던 10명의 지휘부가 저지른 구체적 과실 행위가 무엇이며, 그 행위들 사이에 어떤 연관성이 있는지 충실히 밝혀낸 것 같지 않다. 공소사실은 두루뭉실했다. 피고인들이 그 점을 비판하며 석명을 요구했고 재판장도 특정을 요구했다. 결국 공소장을 변경했지만 근본적으로 달라진 것 같지는 않다. 뒤에 더 보겠지만 이는 검찰이 해경의 구조 실패를 종합적이고 체계적으로 이해하지 못한 데에서 비롯됐을 수 있다. 예컨대, 검찰은 본청 상황담당관 임근조가 지휘부 보고를 늦추는 바람에 지휘부가 뒤늦게 보고받고 상황실에 도착함으로써 일어난 문제를 인식하지 못한 것 같다. 이춘재와 김석균의 입장에서는 상황을 파악할 시간이 절대적으로 부족했다. 해경지휘부 전체를 놓고 보면 중대한 과실이지만 이춘재와 김석균만 떼어놓으면 면책 근거가 될 수도 있는 사정이었다. 법원이 그 점을 따로 판단하지는 않았지만, 123정과 헬기 도착 시점을 기준으로 "불과 20분 만에 구조세력의 조치에 따른 실질적인 구조 가능성이 사라지고 세월호가 침몰에 이른 점"을 주요한 이유로 삼은 것을 보면 업무상 과실을 부인하는 데 상당한 영향을 끼친 것으로 보인다. 검찰이 임근조의 보고 지연을 업무상 과실로 포함하면서 이춘재와 김석균의 대처 부실과 연결해 설명했다면 상황이 달라졌을 가능성을 배제하기 어렵다.

검찰은 해경의 업무 지침(매뉴얼)을 토대로 주의의무의 내용과 임무 위배 사항을 구성했다. 그동안 이루어진 사회적 논의의 틀을 따른 것이지만 그런 방식의 타당성에는 의문이 있다. 상식적으로 생각할 때 매뉴얼이란 평소의 교육과 훈련을 통해 재난에 대처할 수 있는 판단력과 임기응변 능력을 기르는 데 필요한 기본적인 내용을 제시한 것이다. 매뉴얼대로 진행되는 재난 사태는 없으므로 실제 재난 상황에서 그대로 적용할 수 있는 것은 아니다. 매뉴얼에는 도움이 되지 않거나 잘못된 내용도 많았다. 나아가 해경이 누구며, 왜 존재하는지, 재난 상황에서 어떤 책임을 지고 어떤 자세로 임해야 하는지 같은, 인간을 움직이는 정신적·윤리적 요소에 대한 고려와 교육 훈련이 전혀 없는 상태에서 기술적 내용으로 이루어진 매뉴얼은 위급한 상황에서 필요한 판단력과 행동력을 불러일으키는 데 아무 소용이 없었다. 예컨대 거의 모든 매뉴얼이 조난선박과 교신할 것을 주문했지만, 123정부터 해경지휘부에 이르기까지 이행한 사람은 아무도 없었다. 왜 교신해야 하는지 상식 수준의 이해조차 없었기 때문이다. 검찰 역시 교신 실패를 지적했지만, 교신해야 하는 이유와 결과를 제대로 설명하지 못했다. 매뉴얼들의 제일 큰 결함은 지휘관의 역할과 책임에 관심을 두지 않았다는 점이다. 부실한 매뉴얼에 의존하다 보니, 해경지휘부가 어떤 책임이 있고, 어떻게 대처해야 했는지를 시민의 상식과 정의감 및 일반 법원칙을 토대로 설명하지 못했다. 복잡하고 난삽한 매뉴얼의 여기저기에서 기술적 내용을 뽑아내 그들의 과실을 증명하려는 것은 설득력을 갖기 어려웠다. 이 책이 검찰의 공소사실과 근본적으로 의견을 달리하는 점이다.

깊게 고민해야 할 것은 법원이 제시한 면책 근거들, 즉 세월호가 선체 결함, 고박 불량, 과적, 수밀문 개방 등의 문제로 급격하게 침몰한 사실과 선장과 선원들이 도주한 사실을 어떻게 이해하고 어떻게 설명할 것인가 하는 문제다. 검찰은, 세월호 구조작전에 큰 영향을 준 2가지 전제 사실이 해경지휘부의 과실과 참사의 결과에 어떻게 관련됐는지 밝히지 못했다. 예상할 수 없던 그 2가지 사실은 해경에게 최악의 조건이었다. 아마도 그런 점 때문에 검찰은 그것들을 거론하면 해경지휘부에게 책임을 묻는 데 장해가 되지 않을까 염려해서 회피한 것이 아닌가 싶기도 하다. 그러자 해경지휘부가 그것을 면책사유로 내세웠다. 검찰은 적절하게 대응하지 못했고, 법원은 피고인들의 주장을 받아들였다. 이 책의 관점은 다르다. 그 문제와 정면으로 대결해야 했다. 해경지휘부가 해야 했고, 하지 않은 일은 그 2가지, 움직일 수 없는 사실을 전제로 파악해야 했다. 면책사유가 될 수도, 책임 경감사유가 될 수도 있지만, 있는 사실은 인정해야 하는 것이다. 그리고 이것들은 해경지휘부를 면책하는 근거가 될 수 없다는 것이 이 책의 주장이다. 해경지휘부는 제일 먼저, 어떻게든, 무조건 선장과 선원을 찾아야 했다. 선장과 선원은 현장지휘함인 123정에 있었다. 해경이 그들을 도주하게 만들었다. 그들을 찾지 않았기 때문이다. 선장과 선원을 찾았다면, 도주를 막을 수 있었고, 침몰이 임박했다는 사실도 알 수 있었다. 검찰이 이 문제에 정면으로 맞닥뜨리지 않은 것은 단지 소송 기술적인 선택이 아니라 '진실'에 대한 근본적 태도와 관련됐을 수도 있어 보인다. 있는 사실을 부정하고 외면하면서 '진상'을 '규명'한다는 것은 모순이다. 있는 사실을 있는 그대로 인정한 다음, 의미를 제대로 이해하는 것이 진상규명이다. 책임을 묻는 것은 다음 문제다. 원칙에서 벗어나 처벌하려는 뜻만 앞세우다 보니 해경지휘부의 결정적 과실을 뒷받침할 수도 있는 사실들을 면책사유로 만들어주었다.

이와 관련해 더 검토할 문제가 있다. 1심 법원은 "승객을 구조하는 데 중요한 역할을 해야 하는 선장과 선원들이 도주하리라고 예상할 수 없었고, 그들과 교신해서 필요한 명령을 했더라도 그냥 무시하거나 거짓말을 하고 도주했을 가능성이 있기 때문에 그들과 교신하지 않고, 필요한 명령을 하지 않았더라도 과실로 볼 수 없다"라고 했다. 선원들이 진도VTS에 '탈출할 수 있는 사람들은 탈출 시도하라고 방송했다'며 허위 교신을 하고 도망가버린 결과를 놓고 보면 법원의 판단에 일리가 없지 않다. 하지만 우리가 과거를 성찰하는 것은 변화 가능성 때문이다. 인간의 생각과 행동은 고정된 것이 아니다. 연쇄적으로 이어지는 상호작용 과정에서 상대방의 말과 행동에 서로 영향을 주고받는다. 인간의 상호작용이 가진 역동성 때문이다. 대화가 처음 예상한 것과 전혀 다른 결말로 이어지는 것이 상례인 이유다. 진도VTS 부분에서 설명한 것처럼 해경이 선장 및 선원과 반드시 교신해야 했던 이유는 교신을 통해 그들의 생각과 행동에 영향을 미칠 수 있었기 때문이다. 위기 상황에서 움츠리고, 도망치는 것은 본능이다. 하지만 해경이 신속하게 개입했다면 그들을 몰아가던 본능을 억제하고 직업적 윤리 의식을 촉발할 가능성이 있었다. 그 과정에서 도주도 막을 수 있었다. 선장과 선원이 아무 데도 도주할 수 없었다는 사실을 잊지 말아야 한다. 123정, 해경의 손바닥에 올라간 것이 전부였다. 신분을 감추려고 하지도 않았다. 그것을 '도주'로 만든 것이 해경이었다. 선장과 선원을 찾았다면 '도주'를 막을 수 있었다. 사실관계를 정밀하게 들여다보고 의미를 이해하지 않은 채, 단편적으로 파악하니 면책사유가 될 수 없는 것이 면책사유가 됐다.

해경지휘부에 대한 공소장과 판결문이 안고 있는 가장 근본적인 문제는 지휘관이 누구인가, 왜 존재하는가에 대한 성찰이 없다는 점이다. 판결문에 따르면 해경지휘부는 있을 필요가 없는 사람들이다. 보고는 득달같이 요구하지만, 현장에서 보내오거나 하급자들이 전달해준 보고는 그저 듣기만 할 뿐이다. 적극적으로, 비판적으로 평가하고 행동할 능력은 없다. 불확실하거나 잘못된 정보를 보내오면 의문을 제기하거나 확인하는 대신 그냥 '오인'해버린다. 지휘체계의 근간인 코스넷 대화방과 TRS가 작동하지 않고 '중구난방'이 돼도, 상황실이 '아수라장'이 돼도 그저 지켜볼 뿐 바로잡지 않는다. 현장에서 할 일을 하지 않아도 그냥 두고 본다. 어떠한 목표도, 지침도 제시하지 않는다. 해경의 성과는 오직 재난 현장을 몸으로 감당하는 일선 지휘관과 대원들에게 달려 있다. 그들이 판단하고 행동한 만큼이 해경의 성과다. 부족한 점, 잘못된 점을 깨우치고, 격려하고, 독려하고, 보충해서 성과를 높이는 일은 없다. 그런 역할을 하지 않은 것이 해경지휘부의 과실인데, 법원은 그런 역할을 하지 않았다는 이유로 면죄부를 주었다. 이렇게 되면 지휘부는 위기 상황에서 아무것도 할 필요가 없다. 하지 않을수록 안전하다. 위험을 떠안는 것은 하급자의 몫이고 지휘부는 성과만 누리면 된다. 잘못된 공소사실과 부실한 공소유지가 근본 원인이지만, 법원은 국민에 대한 책임성을 잊어버린, 자신이 누군지도 모르는, 해경지휘부의 관료주의적 행태를 정당화했다.

6장
정말 구할 수 있었나

9시 34분경 123정이 사고 해역에 도착했다. 헬기 511호는 먼저 도착해 항공구조사가 선체에 내려갔다. 배는 빠른 속도로 기울어지며 침몰하고 있었다. 승객이 살아남을 수 있는 방법은 배 밖으로 나오는 것밖에 없었다. 하지만 대부분의 승객은 선내 대기 방송에 발목을 잡혀 배 안에서 해경의 구조를 기다리고 있었다. 승객을 나오게 하려면 123정을 타고 온 해경이나 헬기에서 내린 항공구조사가 배 안으로 들어가 "배 밖으로 나가라"라고 지시하거나 123정이 대공 마이크로 방송해야 했다. 123정은 100톤급 경비정으로 정원이 많지 않았다. 세월호가 침몰하기 전에 도착할 수 있는 다른 해경 함정은 없었다. 먼바다에서 빠른 속도로 기울어지며 침몰하던 세월호에서 승객들이 탈출하는 것이 가능했을까? 탈출한 승객을 모두 구할 수 있었을까?

구조세력과 시간

9시 18분경 두라에이스호가 제일 먼저 세월호에 다가갔다. 2,720톤의

시간대별 '구조' 현황

시간	기울기	헬기511호	헬기512호	헬기513호	123정·구명보트	어업지도선·어선	합계
09:35	51.5	1					1
09:38		2					3
09:39					5 (기관부선원)		8
09:41	53.3	3			4		15
09:45	54.3			4	9 (선장·갑판부선원)		28
09:47					9		37
09:49					7		44
09:50	61.8	4층 좌현 갑판 선수 부분 침수					
09:51					13		57
09:55					6		63
09:58	68.5	4층 좌현 갑판 선미 부분 침수					
09:59	68.7						
10:00		1	5				69
10:02		2					71
10:05	75.6						
10:07		2					73
10:08						1	74
10:09	80.6	5층 갑판 침수 시작				9	83
10:10	82.9	1		5			89
10:11	89.7				6		95
10:17	113.1				7	47*	102
10:18	115.3						
10:19							149
10:20	118.6		5			6	160
10:21					7	1	168 + 4**
10:30				침몰			
계		12	10	9	73	64	172

[해경지휘부 사건, 수사보고(시간대별 구조 현황 및 피의자들의 부적정 지시와의 관계 분석)(2019. 12. 1.), 증거기록 9권 8396~8397쪽; 사참위 해경 초동대응 조사보고서, 439~441쪽. 다만, 기울기와 침수 상황은 선조위 종합보고서(내인설), 195~196쪽 내용을 따랐다.]

두라에이스호는 길이 94.5미터, 폭 15미터로 세월호 승객 전원을 옮겨 태울 수 있었다.[617] 선장을 포함한 선원 12명 중 가용 인원이 8명이었고, 15인승 구명뗏목 1개, 구명조끼 16개, 라이프링, 라이프라인이 있었다. 기름을 채운 상태라 수면과 높이 차가 1.5~2미터밖에 되지 않았다. 표류하는 승객은 사다리로 유조선에 올라탈 수 있었다.[618] 선장 문예식은 구조할 수 있는 환경이 좋았다고 말했다. 승객들이 구명조끼를 입거나 구명환을 착용하고 구명뗏목에 탑승해 떠 있었다면 주변에 와 있던 많은 선박이 구조할 수 있었다는 것이다.[619]

9시 34분경 123정에 이어 어업지도선과 어선들이 잇따라 도착했다. 9시 40분경 전남707호, 9시 42분경 상선 드래곤에이스11호***, 9시 55분경 전남207호 고속보트, 10시경 전남201호 고속보트와 진도아리랑호가 어선들과 함께 속속 도착했다. 10시 30분경까지 50여 척의 어선이 현장에 도착했다. 어선들은 세월호에 "이물을 그냥 무조건 들이대고" 승객들을 "끄잡아냈"다.[620] 전남201호 기관사 임종택은 세월호가 80도 이상

---

* 어선들과 어업지도선들이 구조한 인원의 구조 시간을 특정하는 것이 불가능한 경우는 10시 19분까지 합쳐서 표시했다.

** 해경은 헬기 비행결과보고서를 토대로 511호가 12명, 512호가 10명, 513호가 13명(1, 2차 각 4명, 3차 5명) 등 모두 35명을 구조했다고 발표했고 검찰도 그에 따라 헬기 513호가 13명을 구조한 것으로 정리했다. 사참위는 목포해경 진도파출소 서거차출장소의 구조 인원 관련 메모와 당시 채증 영상을 분석한 결과 이 숫자에 오류가 있음을 밝혔다. 헬기 513호의 구조 인원은 1차 4명, 2차 5명이고 3차는 없었다. 결국 513호의 구조 인원은 9명이며, 전체 헬기 구조 인원은 31명이고 나머지 4명은 123정이나 어선, 어업지도선들이 구조한 셈이 되는데 분명하지 않다. 항공구조사들이 해상 또는 세월호 선상에서 구조해 123정 구명보트나 어업지도선 또는 어선에 인계한 수도 상당한데 이들을 포함하면 헬기 구조 인원이 많이 늘어날 수 있다. 대신 123정과 어업지도선 및 어선의 구조 인원이 그만큼 줄어들 것이다. 구조 과정에서 항공구조사(헬기), 123정, 어선, 어업지도선들의 역할이 중첩된 경우가 많기 때문에 누가 몇 명을 구했는지 정확하게 구분하는 것은 불가능하다. 한편, 키즈оном서 놀던 권○○을 끝까지 돌보다 밖으로 내보내고, 친구들의 탈출을 돕기 위해 위험을 무릅쓴 다운이 학생들, 4층 우현 갑판에서 소방호스로 많은 학생과 승객을 구한 김동수, 김성묵, 심상길처럼 다른 승객의 탈출을 도운 승객도 많았다. 위험을 무릅쓰며 다른 승객의 탈출을 돕고 구조한 일부 승객과 어선, 그리고 어업지도선의 활동을 제대로 복원할 필요가 있다.

*** 길이 86.3미터, 무게 1,986톤이다.

기울어진 10시 9분에 배에 올라가 선미 쪽 난간에 있던 사람들을 구했다.[621] 어업지도선과 어선들은 세월호가 침몰하는 마지막 순간까지 위험을 무릅쓰고 달라붙어 승객을 구했다.

소방헬기에 이어 해군 함정들, 해·공군과 경찰청 헬기도 도착했다. 바다에 떠 있는 승객을 충분히 구조할 수 있었다. 헬기들과 항공기는 표류하는 승객을 추적할 수 있었다. 헬기 511호와 512호, 항공기 703호는 구명뗏목도 갖추고 있었다. 당시 해역 수온은 12.6도였다.[622] 최악의 경우 승객들이 구명조끼만 입은 채 바닷물에 떠 있기만 해도 3시간 이상 버틸 수 있었다.* 승객들이 세월호에서 탈출할 수만 있었다면 충분히 구할 수 있었다. 구조할 세력도, 시간도 부족하지 않았다.

승객들은 탈출할 수 있었나

가천대 보고서와 수정 논문

세월호 선원들은 "움직일 수 없다"고 엄살을 부렸지만 사실이 아니었다. 배가 크게 기울어졌으니 당연히 움직이기 어렵고 위험도 있었지만 이동할 수 있었다. 선원들 스스로 배 안에서 이동했다. 1등항해사 강원

---

* 해상 수색구조 매뉴얼에 의하면 수온이 섭씨 10~15도일 경우 익수자의 생존 시간을 6시간 이하(8쪽), 대형 해상사고 매뉴얼에 의하면 수온이 섭씨 10도일 경우 생존 시간은 2.62~3.8시간, 15도일 경우 4.11~5.96시간이다(48쪽). 해상 조난 시 보온복 등 보호복을 착용하지 않은 익수자의 생존 시간은 다음과 같다.

해상 수색구조 매뉴얼				대형 해상사고 매뉴얼			
수온	생존 시간	수온	생존 시간	구분	5도	10도	15도
2도	45분 이하	10~15도	6시간 이하	가만히 누워 있을 때	1.96시간	2.62시간	4.11시간
2~4도	1시간 30분 이하	15~20도	12시간 이하	부유물에 의지할 때	2.87시간	3.80시간	5.96시간
4~10도	3시간 이하	20도 이상	미상				

식은 조타실에 있다가 객실로 돌아가 휴대전화를 가져왔고 기관장 박기호와 사무장 양대홍도 다른 장소로 이동했다. 박기호로부터 탈출 지시를 받은 기관부 선원들은 가장 아래층 기관실에서 3층까지 올라와 도주했고, 조리부 선원 김종임과 조리장 최찬열은 함께 이동해 첫 도주자가 됐다. 선내 대기 방송을 무시한 일부 승객도 배 밖으로 빠져나왔다. 구조된 승객들은 모두 자신의 판단으로 탈출했다. 그러므로 해경이나 항공구조사가 배 안에 들어가서 혹은 123정이 대공 마이크를 이용해 탈출하라고 지시했다면 더 많은 승객이 탈출할 수 있었다고 봐야 한다. 초기에 123정 또는 해경지휘부가 선장과 선원에게 지시해 승객을 비상 대피 장소로 모이게 했다면 최선의 결과를 낳았을 것이다.[623]

해양심판원은 보고서에서 "사고 당시 바다가 잔잔하였고 수온이 약 12도로 생존에 급박한 위험을 초래하지 않았고 주변에 구조세력이 많이 있었던 점 등을 고려하면, 사고 발생 후 선장 등이 일반적인 선원의 상무*에 따라 여객을 적절하게 대피시켰다면 인명 손실은 없었거나 있었더라도 극소수에 그쳤을 것으로 예상할 수 있다"라고 했다.[624] 상식적 판단이었다. 하지만 형사처벌을 예정한 사법절차에서는 그것으로 부족했다. 선장과 선원에게 살인죄 또는 유기치사죄를 적용하고 해경에게 업무상 과

---

* 선원의 상무(Ordinary Practice of Seaman, OPS)란 1972년 국제해상충돌예방규칙협약(Convention on the International Regulations for Preventing Collisions at Sea, 1972)의 부속서인 1972년 국제해상충돌예방규칙(International Regulations for Preventing Collisions at Sea, COLREG 1972) 2조 1항에 정한 개념으로 선원이 직무상 주의의무를 다했는지를 판단하는 기준이다. "보통의 해기능력을 갖춘 선원의 관행·지식·경험에 따라 당연히 해야 할 임무와 행동규범으로 오랜 해상 생활을 통해 선원들이 터득한 전통적인 관습" 또는 "해상에서 선원들이 이행하도록 기대되는 일반적인 행동 원칙"을 말한다. 해상에서 일어나는 모든 상황을 미리 다 예상해 선원의 임무를 일일이 정해놓을 수 없기 때문에 구체적인 상황에 맞게 "합리적이고 신중하게(reasonably and prudently)" 행동할 일반적 의무를 선원들에게 부괴힘으로써 빔령을 보충하는 역할을 한다. 따라서 선원은 법령과 선장의 명령, 그리고 소속 해운사의 규정 외에 "선원의 상무"를 이행해야 하며, 이를 위반하면 과실이 인정되고 민사, 형사 및 행정적 책임을 질 수 있다. 우리나라는 「선원법」 16조와 164조, 시행규칙 10조가 항해의 안전 확보를 위한 선장의 의무 사항으로 "국제해상충돌방지규칙의 준수"를 정하고 있다.

실치사죄를 물으려면 그들의 행위로 '인하여' 사망한 피해자가 누군지 특정해야 하기 때문이다.

검찰은 가천대학교 초고층방재융합연구소 교수 박형주에게 분석을 의뢰했다.[625] 박형주가 제출한 가천대 보고서는 국제해사기구(IMO) 규정*이 정한 필요대피소요시간(RSET, Required Safe Evacuation Time) 산정 기법에 따라 세월호의 내부 구조를 기초로 피난 대피 소프트웨어를 사용해 퇴선명령이 내려진 경우 배의 기울기에 따라 선택할 수 있는 탈출 경로와 탈출 소요시간을 예측했다.

보고서에 따르면 필요대피소요시간은 인지(Cognition)시간**, 대피이동(Travel)시간***, 탑승·진수(Embarkation & Launch)시간****으로 구성된다. IMO는 여객선 운항 중에 비상상황이 발생할 경우 선실 안에 있는 승선원이 갑판으로 나온 다음 구명벌을 타고 해상으로 내려갈 때까지 허용되는 최대 시간을 1시간으로 정했는데, 이를 최대 허용대피소요시간(ASET, Allowable Safe Evacuation Time)이라고 한다. 인지시간, 대피이동시간, 탑승·진수시간을 합한 필요대피소요시간은 최대 허용대피소요시간인 1시간보다 작아야 한다. 탑승·진수시간은 30분 이내, 인지시간을 포함한 대피개시시간은 주간 5분, 야간 10분 이내로 제한되므로 대피이동

---

* IMO, Guidelines for Evacuation Analysis for New and Existing Passenger Ships: MSC.1/Circ.1238 ANNEX2 3.2 Assumptions.

** 인지시간은 재난 발생을 물리적·기계적으로 탐지한 뒤 통보하여 승선원이 비상상황을 인지하는 데까지 걸리는 시간을 말한다. 박형주의 보고서는 승선원이 비상상황을 인지한 후에 대피를 결정하여 대피 이동을 개시할 때까지 걸리는 대피개시시간(pre-movement time)을 인지시간과 따로 계산했다. 하지만 사참위의 의뢰를 받아 박형주의 논문을 분석한 보고서에 의하면 대피개시시간은 인지시간에 포함되는 개념으로, 박형주가 중복 계산했다. 김현철, 세월호 시뮬레이션 분석 자문 보고서(2022. 1. 3.).

*** 대피이동시간은 대피 개시 후 피난 경로를 따라 갑판으로 이동하기 위해서 이루어지는 대피보행시간과 출구유출시간을 합한 시간을 말한다.

**** 탑승·진수시간은 갑판으로 올라온 승선원들이 구명벌을 펼친 후 슈터 또는 크레인을 이용해 해상에 진수하는 데 걸리는 시간을 말한다.

시간은 주간 25분, 야간 20분 이내에서 허용된다.[626]

가천대 보고서는 객실에서 대기하라는 지시가 있었던 점을 고려해 승객들이 '최초 배정된 객실'에서 대피를 시작해 좌현으로 탈출하되, 선원들이 승객의 대피를 안내하는 것으로 가정했다.[627] 헬기에 의한 구조는 고려하지 않았다.[628] 비상상황에서 많은 사람이 몰려 이동하므로 속도가 늦어지고, 출입문같이 병목현상이 생기는 곳에서 속도가 늦어지는 점을 반영했다. 여성의 속도는 남성의 80퍼센트로 가정했고, 5층 좌현 갑판이 침수된 10시 6분 44초를 탈출이 불가능해진 시점으로 잡았다.[629]

첫째, 사고 발생 직후인 8시 50분경, 둘째, 진도VTS가 선장에게 탈출을 결정하라고 재촉한 9시 23분경, 셋째, 세월호 조타실에 계류한 123정이 선장과 선원들을 옮겨 태운 9시 45분에 대피명령을 했다고 가정하고 3개의 시나리오로 나누어 대피시간을 계산한 결과, 첫째 경우는 5분 5초, 둘째 경우는 9분 28초, 셋째 경우는 6분 28초 만에 승객 전원이 탈출할 수 있는 것으로 나타났다.[630]

가천대 보고서는, 선원들이 승객의 대피를 안내한다고 가정했을 때, 승객들이 탈출하는 데 생각보다 오래 걸리지 않았고, 실제로 가능했다는 전반적인 그림을 보여주는 자료로 의미가 있었다.* 어차피 여러 가정을 전제한 모의실험에 지나지 않았으므로** 실제 상황이 보고서 내용대로

---

* 해난전문가 진교중은 가천대 보고서 내용에 대해 "그건 100퍼센트 공감합니다. 제가 봤을 때 6분까지도 아니고 3~4분 내에 다 나오지 않았을까 싶습니다"라고 동의하면서 "전부는 그렇고 거의 대부분입니다. 여기에 혹시 다친 사람이 있을 경우 나오기 힘들었을 수도 있습니다"라고 했다. 해경지휘부 사건, 진교중 진술조서(2014. 8. 4.), 증거기록 24권(별책 5권) 6931~6936쪽.

** 특히 IMO 규정에서 상해 또는 장애로 인해 대피하지 못하거나 대피하는 과정에 보조를 맞추지 못하는 승선원이 없다는 가정은 세월호의 실제 상황과 크게 다르고 '피해자 특정' 문제와 관련해 논란을 일으킬 수 있었다. 8시 49분경 세월호가 갑자기 좌현 쪽으로 기울어지면서 왼쪽으로 굴러떨어져 벽이나 집기, 다른 사람과 부딪치며 부상을 입은 승객과 승무원들이 상당수 있었다. 그들의 정확한 수나 부상 상황, 탈출에 미친 영향과 정도는 알 수 없지만, 이동에 지장을 받거나 탈출할 수 없을 정도로 부상당한 승객이 있었을 가능성이 상당하다. 가천대 보고서는 세월호가 계속 기울어지면서 승객의 대피가 시시각각 더 어려워진 상황, 배가 기울어지면서 넘어지거나 떨어진 각종 집기들로 인한 장해, 배가 왼

전개됐으리라고 단정하는 것은 불가능했다. 선원들은 재판에서 이 보고서가 "실제 상황과 다른 전제를 하였기 때문에 모든 승객들이 탈출할 수 있는 시간을 측정하는 것과 관련된 증명력이 부족하다"고 주장했다.

선원 사건 1심 법원은 이 보고서가 설정한 전제조건들이 세월호의 실제 상황과 일치하지 않는다는 점을 인정하면서도, ① 이 보고서가 선원들이 9시 26분경 구호 조치를 시작했다면 3층 출입구가 침수된 9시 47분경까지 약 20분의 시간 동안 승객들이 탈출할 수 있었다는 사실을 보여주며, ② 단원고 학생들을 비롯한 많은 승객들이 이미 복도에 나와 있었기 때문에 보고서에서 가정한 것보다 탈출하는 데 걸리는 시간이 더 짧았을 수 있고, ③ 학생들의 경우 "서로 적극적으로 탈출을 도와주었을 것이므로 일반인 승객들보다 더 쉽게 탈출하였을 것으로 예상되는 점" 등을 들어 선원들의 주장을 배척했다.[631]

해경지휘부 사건 재판에서는 상황이 달라졌다. 우선 2016년 박형주가 수정 논문[632]을 발표했다. 수정 논문은 사고 직후인 8시 50분경('시나리오 1')과 123정이 도착한 9시 34분('시나리오 2'), 2가지만 분석했는데, (기울기 30도를 가정한) 시나리오 1의 경우에는 전원 탈출이 가능하지만, 시나리오 2의 경우에는 전원 탈출이 불가능하며, 이 시나리오에 따라 계산한 승객의 갑판 소집 완료 시점('9시 47분 28초')에 "세월호의 탈출 갑판이 모두 침수되었으며 경사각이 60도를 넘어서 당초 설정한 시나리오의 입력조건에 상낭히 빗어난 것으로 판단되어 재택할 수 없었다"라고 밝혔다. 또 세월호 승선 정원 957명을 대상으로 한 갑판 소집 필요 시간을 계산하면서 "경사각이 30도인 상황에서 대피 유도 조치가 취해져야만" IMO 규정이 정한 최대 허용대피시간(ASET)을 충족할 수 있다고 덧붙였다.[633]

수정 논문은 사실상 가천대 보고서 내용을 뒤집는 것처럼 보였다.* 특

---

* 쪽으로 크게 기울어지면서 복도 왼쪽 벽이 바닥으로 바뀌면서 출입문들이 대피에 지장을 주는 함정으로 변한 점도 반영하지 않은 한계가 있다.

히 시나리오 2를 "채택할 수 없었다"라는 부분은 123정이 도착한 9시 34분 대피방송을 했어도 큰 의미가 없었다는 뜻으로 읽힐 수 있었고, "경사각이 30도인 상황에서 대피 유도 조치가 취해져야만" 최대 허용 대피시간을 충족할 수 있다고 한 부분은, 사고 초기에 이미 45도 정도 기울어진 세월호에서 승객을 구조하는 것은 처음부터 불가능했던 것처럼 착각을 일으킬 여지가 있었다. 대피시간을 계산하는 과정에서 저지른 여러 오류**는 오해의 가능성을 더 높였다. 해경지휘부는 이 논문을 편의적으로 인용하고 공격하면서[634] 123정이 퇴선방송을 했어도 승객을 전원 구조하는 것은 불가능했고, 퇴선방송을 하지 않은 것과 승객들의 사망 사이에 인과관계가 없다고 주장했다. 검찰은 반박하지 않았다. 가천대 보고서와 수정 논문이 판결에 어떤 영향을 끼쳤는지는 알 수 없지만, 업무상 과실 판단에 간접으로 영향을 주었을 가능성을 배제하기는 어렵다.

가천대 보고서와 수정 논문은 세월호의 구조 실패를 이해하는 데 도움

---

* 박형주는 사참위 조사관에게 이 수정 논문은 "일반적인 정상 피난 상황에서의 세월호의 피난 안정성을 평가를 해본 적이 없었다는 사실을 알고 그것을 확인해보기 위한 것"이며 "세월호 참사 당시의 탈출 가능성과는 무관한 내용"이라고 말했다. 또 시나리오 2를 "채택할 수 없었다"라는 말은 "논문의 목적과 실험의 전제에 있어 맞지 않는 부분이 있어 의미 있게 다루지 않았다는 의미이지, 그 자체로 탈출 가능성과 관련된 어떠한 결론이나 주장을 담고 있지 않"다고 주장했다. 사참위, [직나-1] 탈출 시뮬레이션 검토 자문회의 결과 보고(2022. 2. 17.), 3, 5쪽.

** 수정 논문은 시나리오 1에서 필요대피시간을 인지시간 10분(야간 기준), 대피개시시간 2분, 대피이동시간 5분 5초 등 17분 5초로 계산했다. 대피개시시간은 인지시간에 포함되는데 당시는 오전이었으므로 주간 5분을 적용하는 것이 맞았다. 결국 시나리오 1의 필요대피시간은 10분 5초가 돼야 한다. 반면 당시 기울기는 45도 정도였는데, 수정 논문은 30도로 추정했으므로 승객의 대피필요시간은 10분 5초보다 길어진다고 봐야 한다. 시나리오 2에서는 대피이동시간을 9분 28초로 계산한 다음 야간 기준 인지시간 10분, 대피개시시간 2분을 더해 필요대피시간을 21분 28초라고 한 다음 "대피개시시점이 사고발생 후 44분여가 경과되었기에 …… 최대인지시간(야간 10분)을 별도로 고려하지 않고, 대피개시 지연시간인 2분만을 고려할 경우 13분 28초"라고 했으나 대피개시시간 2분은 인지시간에 포함되는 것이므로 중복 계산된 셈이다. 이 경우에는 대피개시시간이 필요하지 않으므로 대피이동시간 9분 28초만 적용하는 게 맞다. 이렇게 보면 9시 34분 123정이 도착해서 대피방송을 했을 경우 승객들은 9시 44분경 대피 장소에 도착할 수 있었고, 그 시간 세월호의 기울기는 54도 정도였으므로[선조위 종합보고서(내인설), 195쪽] 계산상으로는 승객 전원이 충분히 탈출할 수 있었다고 해야 한다.

을 줄 수 있는 참고자료였지만, 결과적으로는 제 역할을 하지 못한 채 역효과를 일으킨 측면이 있다. 본질적으로 현실과 다른 가정을 전제한 모의실험 결과를 형사재판에서 유죄의 증거로 사용하는 데 한계가 있었고, 사실관계의 오류, 계산 착오, 결과의 해석과 적용의 잘못이 겹쳐 논문의 의미를 덮어버렸다. 보고서와 논문의 취지를 제대로 이해해서 해경지휘부의 왜곡된 주장을 반박하려는 검찰의 노력도 없었다.

잘못 설정한 쟁점, '전원 구조'

세월호의 실제 상황을 제대로 파악할 수 없었던 2014년 9월 시점에서 모의실험을 토대로 승객 '전원'을 구조할 수 있었다고 결론 내린 가천대 보고서와 면밀한 검토 없이 그것을 그대로 받아들인 검찰의 기소와 법원의 판결은 세월호 사고와 구조 실패를 이해하는 데 부작용을 불러일으킨 측면이 있다.

승객 전원을 구조해야 했다는 데에는 누구도 이의를 제기할 수 없다. 애초에 사고가 일어나지 말아야 했고, 일어난 이상 승객을 모두 구해야 했다. '당위명제'다. 그런데 현실과 다른 조건을 가정한 모의실험을 토대로 '전원' 구조가 가능했다고 한 가천대 보고서의 결론을 검찰과 법원이 그대로 받아들임으로써 당위명제가 '사실명제'로 인식되게 됐다. 승객 '전원'을 구조할 수 있었다는 '사실'이 증거에 근거해 객관적으로 '확인'된 것 같은 착시현상이 일어났다. 이는 세월호와 승객들의 실제 상황을 정밀하게 조사할 필요성을 잊게 만드는 원인이 됐을 수 있다.

이는 또 해경의 구조 실패 과정을 정밀하게 조사할 필요성을 인식하는 데에도 방해가 됐을 수 있다. 전원 구조 가능성을 확인된 기정사실로 삼고, 수사와 재판을 통해 '진상'규명을 추진하다 보니 '범죄사실'을 직접 증명하는 데 도움이 되지 않아 보이는 부분을 조사하는 데 소홀하게 됐다. 앞에서 여러 번 지적한 것처럼 현장 구조세력과 해경지휘부가 한 행위도 제대로 조사하지 않은 것이 많지만, 해야 했는데 하지 않은 부작위의 내용과 이유를 깊게 들여다보지 않고 넘어간 부분이 너무 많았다. 유죄판결을 받지 않으면 아무런 잘못도 없는 것 같은 인식이 널리 확산된 사회에서, 형사책임과 무관하게 실제로 해경이 해야 했던 일이 무엇이었는지에 대해 관심을 기울이지 않았고 결국 구조 실패의 원인을 종합적으로 밝혀내고 이해하는 데 실패하는 원인을 제공했다.

한편, 세월호에서 승객 전원을 구조할 수 있었는가는 어차피 증명할 수 없는 문제였는데, 가천대 보고서가 전제한 가정은 알려진 실제 상황과 어긋나는 점이 있었기 때문에 반론에 답할 수 없는 취약점을 갖게 됐다. 사회적으로는 '전원' 구조 가능성을 사실명제로 인식하고, 전원 구조에 실패한 이상 당연히 형사책임이 있다는 식의 오해가 확산됐지만, 해경지휘부에 대한 재판에서는 '전원' 구조가 불가능했음을 증명하면 구조 실패가 아니게 되는 것 같은 착시현상이 벌어졌다.

선조위는 이 문제에 조심스럽게 접근했다. 네덜란드 해양연구소 마린에 의뢰해 진행한 침수 과정 모의실험 결과, 건현갑판* 아래 수밀구획을 제대로 관리했을 경우 세월호의 횡경사는 좌현 65도까지 진행된 다음 그치는 것으로 나타났다.** 선조위는 이 결과를 토대로 수밀구획을 제대로 관리했을 경우 세월호가 횡경사 좌현 65도 정도에서 더 오래 떠 있었을 것으로 판단했지만, 그 상태에서 얼마나 오랫동안 버틸 수 있었는지, 얼마나 많은 승객을 더 구할 수 있었는지는 추정하지 않았다.[635]

그런 점에서 123정이 도착한 후 세월호가 50도 이상 기울어진 실제 상황을 기초로 승객들의 탈출 가능성을 검토해볼 필요가 있다.

---

* '건현갑판'이란 선박의 복원력이 유지된 해상 상태에서 물이 선내로 침입하지 않는 조건의 기준선이 되는 전통 갑판을 말하는데, 건현갑판 아래는 수밀 또는 풍우밀 구조로 되어 있다. '상갑판'이라고도 하며 세월호의 건현갑판은 1층 D갑판이다.

** 세월호가 65도 기울어진 시점은 9시 50분에서 54분 사이였다. 선조위 종합보고서(내인설), 180~196쪽.

9시 43분경, 123정이 좌현 윙브리지에 접안했을 때 이형래가 세월호에 올라가 구명벌을 떨어뜨렸다. 동영상을 보면 이형래는 ① 세월호 3층 난간을 넘어 갑판 위로 올라간 후(수직 이동) ② 3층 난간을 따라 선미 쪽으로 간 뒤(수평 이동) ③ 계단을 통해 5층까지 올라갔고(수직 이동) ④ 난간을 따라 조타실 부근까지 걸어가 구명벌에 도착했는데(수평 이동) 채 1분이 걸리지 않았다.[636] 이형래는 3층과 5층에서 걸어갈 때나, 3층에서 계단을 따라 5층으로 올라갈 때 별다른 지장이 없었다고 말했다.[637] 항공구조사들도 이동할 수 있었다. 점점 기울어지는 배 바깥에서 활동했기 때문에 더 위험한 측면이 있었지만, 침몰하기 직전까지 수평 이동을 할 수 있었고, 10시 이전까지는 수직 이동도 비교적 원활하게 했으며, 그 후에도 제한적으로 할 수 있었다.[638]

물론 배 안의 상황은 달랐다. 배 밖에서 이동하는 데에 나름의 위험이 있었던 것처럼, 배 안도 위험이 있었다. 이춘재 등 해경지휘부가 강조한 경사나 장애물, 특히 좌측 선실의 오른쪽에 있는 문이 열리면서 바닥에 구멍이 뚫려 함정으로 변하는 문제가 있었다. 4층의 경우 배가 좌현으로 기울어지면서 좌현 벽부터 우현 벽까지 뚫려 있던 중앙홀이 깊이 22미터의 깊은 계곡으로 변해 우현 쪽 키즈룸에 있다가 뒤늦게 탈출을 시도한 학생들에게 심각한 난관을 만들었다.* 하지만 그런 예외를 제외하며, 특히 사고 초기에는 배 안에서 이동하는 데 전반적으로 심각한 어려움은 없었던 것으로 보인다. 선원들의 엄살과 달랐다. 대부분의 승객에게 이동해야 하는 거리가 얼마 되지 않았다. 객실은 3층과 4층에 있었다. 있던 층에서 곧바로, 혹은 한 층 또는 두 층을 올라가거나 내려가면 갑판으로 나갈 수 있었다. 배의 앞과 뒤에 양쪽으로 계단이 있었기 때문에 객실에서 계단까지 거리도 생각보다 가까웠다. 이동하는 데 어려움이 생긴

---

* 이 점은 이 책 1부 5장 중 '소방호스의 기적' 항목 158~161쪽 참조.

것은 틀림없고, 일부 부상자, 어린이, 노인 등 다른 사람의 도움이 필요한 승객들은 어려움이 더 컸겠지만, 부상자라 할지라도 심각한 경우가 아닌 한 탈출할 수 있었다. 위험을 무릅쓴 채 다른 승객의 탈출을 도운 승객들도 많았다.

사참위는 9시 50분 이후 승객의 탈출 경로와 가능성을 구체적으로 검토했다. 사고 당시 로비에서 대기하던 승객 중 13명은 9시 48분 이후 매점 벽에 의자를 놓고 4층으로 올라간 다음 로비 계단과 우현 출입구에서 연결한 소방호스를 이용해 10시 18분부터 20분 사이에 우현 출입구로 탈출했다. 그 무렵 3층 선수 구역 객실에 상당수의 승객이 대기하고 있던 것으로 추정되는데, 그들에게 대피지시가 전달됐다면 곧바로 로비로 나와 함께 탈출할 수 있었다. 4층 선수 구역에도 S-4호실에 단원고 남학생 50명, 좌현 F-1-3호실과 B-4-11호실에 67명, 우현 B-12-19호실과 F-4-6호실에 65명이 탑승했는데 이들 중에도 로비와 복도 출구 쪽으로 나와 대기하고 있던 승객은 탈출에 성공한 반면 객실에 남아 대기하던 승객들은 희생됐다. 그들에게 대피명령이 전달됐다면 9시 50분 이후에도 로비로 나오는 데 어려움이 없었기 때문에 탈출할 가능성이 있었다. 4층 중간 구역은 좌현 쪽 B-20-23호실에 단원고 여학생 32명, F-7호실에 아르바이트생 7명, 우현 쪽 F-28호실에 여학생 8명, F-27호실에 일반 승객 4명이 배정됐는데 우현 쪽 객실은 일반 승객 주도로 대부분 탈출한 반면, 좌현 쪽 객실은 7명을 제외하고 모두 희생됐다. 이들 역시 9시 50분 이후에도 대피명령만 전달됐다면 로비로 나오는 데 어려움이 없었기 때문에 우현 출입구로 탈출할 수 있었다. 4층 선미 객실 구역에는 단원고 여학생 112명이 배정되어 있었다. 선체가 급격히 침수된 10시 10분부터 10시 17분까지도 상대적으로 쉽게 탈출할 수 있는 곳이었지만 선내 대기 방송에 붙잡힌 나머지 상당수가 희생되고 말았다. 전남201호의 채증 영상에 의하면 선미 출입구는 10시 16분까지 침수되지 않았는데, SP-3호실에 있던 단원고 여학생 상당수는 선미 출입구 가까운 복도에 나란히 앉아 대기하

고 있었다.[639]

　10시 12분에서 13분 사이, 전남201호 고속보트가 세월호 선미에 접근하는 순간 4층 출입문이 열리면서 안에 있던 승객들이 몰려나왔다. 전남201호 항해사 박승기는 그 전에 출입문이 수면에 닿기 전에 문을 열었다면 많은 승객들이 탈출할 수 있었을 것이라고 말했다.[640]

　해경이 대피명령을 했다면, 많은 승객이 서로 협력해 어려움을 극복하며 탈출할 수 있었을 것이다. 특히 사망자의 대부분을 차지하는 단원고 학생들은 선내 대기 방송에 따라 대부분 객실 안이나 객실 부근 복도에서 구조를 기다리고 있었다. 학생들은 학급 단위로, 또 친한 친구들끼리 다양한 카톡방을 개설해 대화하고 정보를 주고받았는데, 대화방에서 오고 간 대화를 보면 상당수의 학생들이 10시 이후에도 시급히 탈출해야 할 상황임을 인식하지 못하고 있었다.[641] 카톡방이 오히려 선내 대기 지시를 반복 전달하며 학생들을 주저앉히는 역할을 했다. 해경이 대피명령을 했다면, 구두로는 물론 카톡방으로도 전달되면서 탈출 동기를 부추겼을 것이고 생명력이 넘치는 학생들은 서로 도와가며 탈출했을 것이다. 학생들의 그런 모습은 일반 승객들에게도 영향을 주었을 것이다. 구체적으로 몇 명, 누구라고는 말할 수 없지만, 아무리 보수적으로 평가해도, 더 많은 승객을 구할 수 있었다.

　침몰하는 배에 사람이 남아 있는 한, 해경은 "생존자가 없는 것이 확인"될 때까지[642] 최선을 다해 수색과 구조를 해야 한다. 승객을 대피시키는 데 너무 늦은 시간이란 없다. 실제로 상당수의 승객이 마지막 순간에 탈출했고, 선내 대기 방송에 발목을 잡힌 나머지 끝까지 선내에서 구조를 기다리다가 때를 놓친 승객이 많았다는 점에서, 해경이 도착한 후 언제라도 퇴선방송만 했다면, '전원'이라고는 말할 수 없지만, 더 많은 승객을 구할 수 있었다.

생사를 가른 변수와 해경의 실패

검찰은 직군별, 객실별로 사망자와 생존자의 현황을 조사했다.[643] 전체 승선원 476명 중 생존자는 172명, 사망·실종자는 304명으로 평균 생존율은 36퍼센트다. 직군별로는 다음과 같다.

	학생	교사	일반 승객	선박직 선원	서비스 선원	합계
탑승자	325	14	108	15	14	476
구조자	75	2	75	15	5	172
사망·실종	250	12	33	0	9	304
생존율	23%	14%	70%	100%	36%	36%

〔해경지휘부 사건, 수사보고(세월호 탑승 승객의 직군, 객실 위치 등에 따른 생존율 분석)(2019. 12. 5.), 증거기록 11권 9242쪽〕

선원 가운데 제일 책임이 큰 선박직은 모두 도주했고 전원 생존했다. 반면 서비스직은 14명 중 5명만 생존했다. 일반 승객은 상대적으로 탈출에 불리한 3층에 있었지만 70퍼센트가 생존했다. 단원고 학생들은 탈출하기가 더 쉬운 4층에 있었는데도 23퍼센트에 불과한 75명만 생존했다. 단원고 교사는 14명 중 2명, 14퍼센트만 구조됐다.

희생자의 대부분을 차지한 단원고 학생들의 선실 위치에 따른 생존율도 검토해볼 필요가 있다.* 선박의 구조만 놓고 보면 선미 쪽이 탈출에 유리하고 선수 쪽이 불리했다. 배가 좌현으로 심하게 기울어지면서 좌현 쪽 선실에 있던 승객은 급경사를 기어 올라가야 탈출할 수 있었으므로, 이춘재의 주장에 따른다면 우현 쪽 선실 승객에 비해 탈출하기가 더 어

---

* 선실 위치에 따른 생존율을 해석하는 데에는 한계가 있다. 승객 가운데 객실에 머무른 인원수와 객실 밖에 나와 있던 인원수를 정확하게 알 수 없기 때문이다. 사고 직후에는 식당이나 로비, 갑판 등에 있던 승객이 상대적으로 많았을 것이다. 하지만 선내 대기 방송 후 다시 객실로 돌아가거나 객실 부근 복도에서 대기한 승객도 상당수였던 것으로 보인다. 이 통계는 탈출 가능성을 평가할 때 흔히 예측하는 변수가 실제로는 큰 의미가 없을 수 있음을 보여주는 정황 정도로 이해할 수 있다.

려웠을 수 있다.

	선수	선중	선미	생존율
좌현	23명 중 2명 8.7%	32명 중 10명 31.3%	30명 중 15명 50%	85명 중 27명 31.8%
중간	124명 중 25명 20.2%	-	50명 중 7명 14%	174명 중 32명 18.4%
우현	28명 중 7명 25%	8명 중 2명 25%	30명 중 7명 23.3%	66명 중 16명 24.2%
생존율	175명 중 34명 19.4%	40명 중 12명 30%	110명 중 29명 26.4%	325명 중 75명 23.1%

해경지휘부 사건, 수사보고(세월호 탑승 승객의 직군, 객실 위치 등에 따른 생존율 분석)(2019. 12. 5.), 증거기록 11권 9245쪽에 있는 2개의 표 통합, 수정

　상대적으로 탈출에 유리한 선미 쪽 객실에 있던 학생들의 생존율이 선수 쪽 객실보다 다소 높았지만, 선미보다는 불리한 선중 객실의 생존율이 제일 높았다. 또 좌현 쪽이 우현 쪽보다 높았다. 반별 생존율을 보면 7반 3.1퍼센트, 10반 4.8퍼센트, 8반 6.5퍼센트, 9반 9.1퍼센트의 순으로 낮았는데, 7·8반은 선수, 9·10반은 선미 객실이었다. 남학생은 175명 가운데 34명(19.4%)이 생존했고, 여학생은 150명 가운데 41명(27.3%)이 생존했다. 가장 희생자가 많은 4개반 가운데 7반과 8반은 남학생, 9반과 10반은 여학생반이었다.*

　이렇게 보면 생존을 좌우한 결정적 변수는 선실의 위치, 배의 기울기에 따라 생긴 물리적 이동의 어려움, 출입구까지의 거리, 나이, 남녀 차이 같은 것이 아니었음을 알 수 있다. 추상적으로 생각할 때 쉽게 떠올릴 수 있는 변수들이 실제로는 큰 영향을 주지 않았다는 뜻이다. 심지어 부상 여부조차도, 예외적으로 심각한 경우가 아닌 한, 결정적 변수가 되지 않

* 해경지휘부 사건, 수사보고(세월호 탑승 승객의 직군, 객실 위치 등에 따른 생존율 분석)(2019. 12. 5.), 증거기록 11권 9247, 9251~9253쪽 표 참조.

앉을 수 있다. 예컨대 환갑을 기념해 동창들과 제주도 여행을 떠났던 김
○○은 선수 우현 쪽 객실에 있다가 배가 기울어질 때 굴러떨어진 사람
들과 부딪쳐 갈비뼈 3개와 등뼈에까지 금이 가는 부상을 입었다. 하지만
"무의식적으로 방에 있으면 안좋[은] 일이 생기거나 죽을 수도 있겠다라
는 생각이 들어 바로 뛰쳐나와" 안내데스크 쪽에서 대기하다가 "죽기 살
기로 기어서 올라"가 탈출했다.[644] 다음 표를 보자. 희생자 304명의 발견
장소다.[645]

발견 지점	인원	상세 장소	인원	비고
사고현장 해상	40	사고현장 해상	40	
3층 (일반 승객 108)	45	로비	13	로비 식수대 2
		객실	7	
		식당	7	
		기타	18	선원 식당, 식당 주변 통로, 연돌, 계단 등
4층 (단원고 학생 325, 교사 6)	192	객실	184	
		기타	8	통로, 화장실 등
5층 (교사 8)	16	로비	14	
		객실	2	
인근 해상	2	기타	2	인근 150미터 해상, 신안 매물도 북동방
인양 후 발견	4		4	
실종	5		5	
계	304		304	

일반 승객 108명과 선박직 직원 7명이 탑승한 3층은 상대적으로 탈출
하기에 불리한 위치였지만, 도주한 선박직 직원 7명을 포함해 81명이 생
존했다. 3층 객실에서 발견된 희생자가 7명이었다는 사실은 일반 승객들
이 시간의 선후를 불문하고 적극적으로 탈출을 시도했음을 보여준다. 반
면 단원고 학생과 교사들이 있었던 4층에서는 192명의 희생자가 발견됐
는데 거의 전부라고 할 수 있는 184명(95.8%)이 객실 안에 남아 있었다.
최후의 순간까지 객실에서 구조를 기다렸다는 뜻이다.

바다에서 배가 기울어지면 누구든 위험과 공포를 느끼고 밖으로 나오게 되어 있다. 본능이다. 생명력이 넘치는 고등학생들로 하여금 배가 뒤집히고 바닷물이 들이치는 마지막 순간까지 본능을 거스르며 객실 안에 머무르게 한 것은 무엇이었을까?

선내 대기 방송이었다. 거의 다 성인이고, 개인적으로 또는 소규모로 탑승한 일반 승객은 선내 대기 방송의 영향을 상대적으로 덜 받았다. 독자적으로 상황을 판단해 탈출을 감행한 경우가 많았고, 생존율이 높았다. 특히 화물차 기사들은 배를 타본 경험이 많았다. 그들의 진술에는 "본능적으로", "직감적으로", "무의식적으로"라는 표현이 많이 등장한다. '안에 있으면 뭔가 잘못될 수도 있다'고 생각해 밖으로 나갔다는 이야기도 많이 했다.646 독자적으로 상황을 판단해 선내 대기 방송을 뿌리칠 수 있는 내면의 힘이 발동한 것이다. 일반 승객들도 처음에는 선내 대기 방송을 믿고 선실 안에 머무르거나 밖으로 나갔다가도 다시 객실로 돌아가 대기한 경우가 많았다. 선실에 따라서는 선내 대기 방송에 따라 다른 승객의 탈출 움직임을 강하게 억제한 경우도 있었다. 하지만 배가 점점 더 기울어지고 바닷물이 들어오는 것을 보고는 위험을 느끼고 탈출을 시도했다.* 예컨대, 3층 선수 쪽 선실에 있던 김○○, 유○○의 경우 "방송에서 가만히 대기하라고 하여 우리 어른들이 가만히 있어야 아이들도 가만히 있을 것이라고 판단하여 어른들이 솔선수범하자고 하여 방송에서 시키는 대로 가만히 있었"나. 50분 정도를 그렇게 기다렸으나 창문으로 바다가 점점 가까워지는 것을 보고는 일행 5명이 서로 도우며 탈출했다.

---

* 예컨대, 3층 선수 좌현쪽 선실에 묵은 김○○는 사고 당시 선실에 있다가 배가 기울어지면서 미끄러진 사람들과 부딪치면서 오른쪽 다리에 금이 가는 부상을 당했다. 처음에 선실 밖으로 나갔는데 선내 대기 방송을 듣고는 다시 선실로 들어가 대기하던 중 바깥을 보니 "바닷물이 난간을 통해 넘어오고 있었고 좀 있으면 방안도 물이 금방 찰 것 같아 이대로 있으면 곧 죽을 것 같다는 생각"에 다시 밖으로 나왔고, 4층 우현 갑판을 통해 탈출했다. 선실 안에서는 "사람들이 조금만 움직이면 서로에게 배가 기운다면서 화를 내고 하는 분위기였기 때문에 움직이지도 않고 있었"다. 해경지휘부 사건, 김○○ 진술조서(2014. 4. 27.), 증거기록 25권(별책 6권) 4094~4100쪽.

다른 사람들은 "다치기도 하고 안내방송에서 가만히 있으라고 하였다며 움직일 기미를 보이지 않고" "좌현 쪽의 비상구를 열려고 해도 물이 들어오는데 왜 열려고 하느냐"고 하며 움직이지 않았다.647

단체로 탑승한 단원고 학생들과 교사들의 상황은 정반대였다. 선내 대기 방송에 쉽게 얽매일 수밖에 없는 불리한 조건을 갖추고 있었다. 배를 타본 경험이 적고, 선원의 판단을 존중하고 지시에 따르는 경향이 훨씬 강했을 것이다. 선원들과 해경이 구해주리라는 믿음도 컸을 것이다. 단체였기에 더 그랬다. 학급 단위 또는 친구들끼리 만든 카톡방들을 통해 선내 대기 방송을 서로 전달하면서 탈출 동기와 시도를 억제했다. 본능적으로 위험을 느끼고 탈출하려고 생각해도 집단적 억제 효과가 작용하면서 독자적 판단과 행동을 제약했다.*

일반 승객이든, 학생이든, 선실 안에 적극적으로 탈출을 시도한 누군가가 있는 경우 더 많이 생존했고, 없는 경우에는 희생된 비율이 높아졌는데, 일반 승객은 주체적으로 탈출한 사례가 더 많았다. 화물차 기사 윤길옥의 말처럼 "탈출하지 못한 승객들 대부분은 안내방송에 따라 대기하고 있던 사람들"이었다.648 이렇게 보면, 세월호의 기울기로 인해 생긴 여러 어려움은, 비록 사실이긴 했지만, 결코 결정적 변수가 아니었다. 해경의 구조 실패를 가리기 위해 과장한 측면이 많다는 것을 알 수 있다.

세월호에서 희생된 많은 학생과 일반 승객을 구하는 데 필요했던 것은, 무슨 대단한 위험을 무릅써야 하거나 영웅적인 어떤 행동이 아니었다. 터무니없기 짝이 없는 선내 대기 방송의 족쇄에서 그들의 발목을 풀어줄 수 있는 약간의 자극이면 충분했다. 조금도 어려울 것이 없었다. 해

---

* 단원고 학생 신승희가 10시 9분까지 아버지와 주고받은 문자가 그 점을 잘 보여준다. 침몰 위험을 정확히 예견한 아버지는 밖으로 나가라고 거듭 재촉했지만 신승희는 움직이지 말라는 안내방송에 발목을 잡힌 데다가, 함께 대기하고 있던 다른 학생들 때문에 움직일 용기를 내지 못했다. "움직이지 말래", "아니 아빠 지금 걸어갈 수 없어 복도에 애들 다 있어서 그리고 너무 기울어서", "…… 지금은 한 명 움직이면 다 움직여서 절대 안 돼." 이 책 1부 6장 '몰라요, 구조해준다는데' 항목, 180~186쪽 참조.

경이 배에 올라 질서 있게 승객을 대피시켰으면 더 바랄 나위가 없었겠지만, 그것이 두려웠다면 그저 세월호에 다가가 123정에 달린 대공 마이크로 "승객들은 빨리 밖으로 나와 대피하라"고 방송하며 독려하기만 하면 되는 일이었다.* 바다로 나오기만 했다면, 위험을 무릅쓰고 달려들어 승객을 구하려는 어선들과 어업지도선들이 있었고, 그 뒤에는 대형 상선들이 있었다. 바다는 잔잔했고, 날씨도 좋았다. 수온도 낮지 않았다. 누구라도 생각할 수 있는 일이었다. 해경은 아무런 위험도 감수할 필요가 없었다. 하는 것보다 하지 않는 것이 더 어려운 일이었다. 현장에 있는 123정의 독자적 판단과 활동을 방해하며 일을 제대로 할 수 없는 조건을 계속 만들어내다가 결국 참담한 실패를 불러일으키고는 온갖 변명을 늘어놓으며 아래위로 책임만 전가하는 해경지휘부를 가진 것이 비극이었다.

훨씬 더 많은 승객을 구할 수 있었고, 구해야 했다. 세월호 사고가 참사로 끝나야 할 어떤 필연성도 없었다.

---

* 광주소방학교 감찰조정관 황인은 "저희는 사람들을 구조하러 간 것이기 때문에 우선 방송을 해주는 것이 효과적입니다. …… 구명조끼를 착용하고 빨리 배 밖으로 나오라고 계속해서 방송을 해야 합니다"라고 말했다. 해경지휘부 사건, 황인 진술조서(2014. 8. 7.), 증거기록 25권(별책 6권) 7291쪽.

5부
다시 그날로 돌아가서

『세월호, 다시 쓴 그날의 기록』이 던지는 질문과 대답

『세월호, 다시 쓴 그날의 기록』은 2가지 질문에 대한 답을 찾고자 했다. 첫째, 세월호는 어떻게 그처럼 위험한 배가 되어 마침내 침몰했을까? 둘째, 여객선 세월호 침몰 사고는 어떻게 304명의 목숨을 앗아간 참사로 확대됐을까? 이 책은 '어떻게'에 초점을 맞춘다. 세월호가 4월 15일 위험한 상태로 출항한 것은 우연이나 불운이 아니라 많은 사람, 조직, 기관의 행위가 오랜 시간에 걸쳐 축적된 결과였다. 4월 16일 많은 승객이 배 안에서 구조를 기다리다가 사망한 것은 배가 빠르게 가라앉았기 때문이 아니라 해경 본청부터 현장 출동 세력까지 구조 임무를 띤 이들의 무능, 태만, 오판, 비겁이 조직 전체에 걸쳐 반복된 결과였다. 『세월호, 다시 쓴 그날의 기록』은 이 참사에서 법적, 윤리적 책임을 져야 할 이들을 지목하는 데에 그치지 않고, 이들의 구체적인 판단과 행위가 4월 16일 하루 동안 비극적으로 결합하는 과정을 보여주고자 했다.

그날 이후 10년 동안 쌓인 기록을 통해 우리는 세월호의 침몰과 304명의 죽음에 관해 다음과 같은 설명을 제시한다.

첫째, 세월호가 4월 15일에 출항하기까지 있었던 일은 승객의 생명을 걸고 하는 모래뺏기 놀이와 같았다. 한 사람씩 돌아가면서 모래더미 가운데 꽂아놓은 막대기가 쓰러지지 않을 정도로 야금야금 모래를 자기 쪽으로 빼내는 놀이였다. 청해진해운과 하청업체들, 한국선급, 한국해운조합과 운항관리자, 선장과 선원, 해경 등은 승객 수백 명이 타는 배를 가운데 올려두고 주위의 모래를 빼내듯이 배를 변형시키고, 과도하게 화물을 싣고, 서류를 꾸미고, 규제를 무력화했다. 내켜서 했든 억지로 했든 자기 차례가 오면 모래를 빼냈다. 자신이 빼낸 모래 때문에 배가 쓰러지지는 않을 거라고 스스로 속이면서 했다. 위험한 놀이를 끝낼 위치에 있는 사람도 있었지만 그렇게 하지 않았다. 결국 놀이는 막대기가 쓰러질 때까지 계속됐다.

4월 16일에 그렇게 침몰하도록 계획한 사람은 없었으나, 세월호의 침몰은 많은 이들이 오랜 시간 야금야금 관여했고, 그로 인해 언젠가는 일어나도록 예정된 사건이었다. 막대기 주위의 모래를 빼내듯 오랜 시간 안전 규제를 외면한 결과, 4월 16일의 세월호는 모래를 살짝 움직이는 손짓, 대수롭지 않은 고장에도 무너질 만큼 약해져 있었다. 각각은 결정적이지 않았던 잘못의 연쇄가 치명적인 결과로 이어졌다. 그 연쇄에는 아무런 필연이 없었다. 이렇게 계속 모래를 빼내다간 순식간에 무너질 것이라는 사실을 아는 이들이 언제든지 그만두면 되는 일이었다. 4월 16일 세월호는 침몰하지 않을 수 있었다.

세월호는 하루아침에 침몰하지 않았다. 배의 상태는 도입 때부터 마지막 출항 때까지 지속적으로 악화됐다. 인천-제주 항로에 다른 선사가 진입하기 쉽도록 기준이 완화될 예정이라는 소식을 들은 청해진해운은 일본에서 18년 된 선박을 들여왔다. 최대 30년까지 선박을 사용할 수 있도록 정부가 선령 제한을 완화했기 때문에 이 오래된 배가 물망에 올랐다. 도입 규정에 맞도록 서류의 수치를 조작해 겨우 들여온 배를 대폭 개조했다. 여객 정원을 늘리고 실소유주 유병언이 지시한 전시실을 만들기 위해 벌인 증개축은 배의 균형을 무너뜨리고 무게중심을 크게 악화시켰다. 세월호는 경하상태로는 바다에 뜰 수 없는 배였는데도 복원성계산서가 승인됐다. 평형수 없이는 물에 뜰 수 없는 배, 배가 아닌 배에 승인을 내준 것이다. 한국선급이 복원성계산서를 승인한 배 가운데 경하상태에서 바로 설 수 없는 배는 세월호가 유일했다. 한국선급의 세월호 복원성계산서 승인 과정은 불법은 아닐지 몰라도 현실에서 결코 지켜질 수 없는 화물량 수치를 기계적으로 제시한 것이었다. 안전한 선박 운항을 위해 실시한다는 경사시험의 본래 의도는 사라지고, 선사의 편의를 봐주며 여러 조건을 어긴 채 진행됐다. 복원성계산서는 단순한 수치 계산, 문서 작업으로 전락했다. 이는 결국 과적 운항으로 이어졌고, 짐을 서둘러 싣고 떠나기 위해 대충 고박한 화물은 배를 더 위험하게 만들었다.

증개축과 복원성계산서 승인 후에도 선박의 안전 운항을 위한 절차는 더 있었다. 먼저 선박이 취항하려면 그 선박의 운항관리규정을 승인받아야 한다. 그러나 세월호 운항관리규정 승인 과정은 해경을 접대하는 절차로 변질됐다. 시험운항을 빌미로 제주도 관광 접대를 받은 해경 등은 운항관리규정 심사를 형식적으로 진행했고, 세월호의 위험한 운항을 바로잡을 기회를 다시 한번 놓쳤다. 기회는 또 있었다. 취항한 선박이 운항할 때마다 운항관리자가 화물량을 확인하고 복원성을 계산해야 했다. 운항관리자는 화물 고박 상태도 검사하게 되어 있었다. 그러나 배 바깥에서 육안으로 흘수선만 대충 확인하다 보니, 청해진해운이 화물을 더 많이 싣고 평형수를 빼내는 방식으로 눈을 속여 배가 더욱 전도되기 쉽게 만든 것을 잡아낼 수 없었다. 도입부터 마지막 출항까지, 배가 위험한 상태에 빠지는 것을 막을 수 있었던 사람들 그 누구도 침몰을 의도하지는 않았을 것이다. 누군가는 부주의했고 누군가는 방관한 그 일련의 연쇄가 2014년 4월 16일 세월호 침몰의 조건을 형성했다.

출항 때부터 복원성이 좋지 않았던 세월호는 정상적인 배였다면 작은 소동으로 끝났어야 할 오작동으로 시작된 선회와 횡경사를 견뎌내지 못해 큰 사고에 이르렀다. 세월호는 매우 조심스럽게 운항해야 하는 위험한 배였다. 평소 선장과 항해사들은 증개축, 과적, 평형수 감축 등으로 복원성이 악화된 세월호를 조종하면서 방향타를 한 번에 3도 정도만 돌리도록 주의했다. 선체가 급하게 선회하면 쉽게 위험해질 수 있음을 모두 알고 있었던 것이다. 4월 16일 아침 8시 49분쯤 타기실에서 방향타를 좌우로 밀어주는 타기 펌프 내에 있는 솔레노이드 밸브가 고착되면서 오작동하여 방향타가 우현 방향으로 큰 각도로 돌아갔다. 배는 오른쪽으로 빠르게 선회하면서 왼쪽으로 기울어지기 시작했다. 정상적인 배라면 방향타가 우현으로 크게 돌더라도 선체가 좌현으로 약간 기울어진 상태에서 원을 그리며 도는 정도의 소동으로 끝나야 했다. 정상적인 배가 아닌 세월호는 20도 정도 기울어지자 불량하게 고박된 화물들이 왼쪽으로 쏠리면서 45도까지 기울어졌고 회복 불가능한 상태에 빠졌다. 세월호를 침몰에 이르게 한 조건들의 연쇄 중 세월호 운항에 관련된 이들이 미리 알지 못한 것은 솔레노이드 밸브 고착 발생뿐이었다. 그 밖의 모든 조건들은 선사, 선원, 하청업체, 감독기관이 결정하고, 실행하고, 방관하면서 만들어냈다. 사고 당일 휴가 중이던 세월호 선장 신보식의 말처럼 "언젠가는 발생할 사고"였다.

세월호가 빠르게 선회하면서 기울어진 것이 잠수함과 같은 외부 물체의 충돌 때문이라는 주장은 검증을 통과하지 못했다. 사고 당일 해군 잠수함 운항기록에는 세월호와 충돌할 만한 잠수함이 없었다. 2017년 3월 인양 후 실시한 조사에서도 세월호 선체에 잠수함이 충돌한 흔적이 발견되지 않았다. 선체 일부에서 볼 수 있는 변형은 세월호가 해저면에 가라앉으면서 또는 선체를 인양하는 과정에서 발생한 것이었다. AIS 항적 데이터나 선체 기울기 데이터에서 어떤 특징을 찾아내고 그로부터 잠수함의 충돌을 추정하려는 시도는 모두 데이터를 잘못된 방식으로 적용한 것으로 드러났다. 대한조선학회와 네덜란드 해양연구소 마린은 잠수함이 충돌했다는 가설은 근거가 없으므로 기각해야 한다고 판단했다. 컴퓨터 모의실험 결과는, 잠수함 충돌설을 내세운 사람들의 주장과 반대로, 설사 잠수함이 충돌했다고 가정하더라도 세월호와 같은 대형 여객선을 넘어뜨리는 것은 불가능하다는 사실을 보여준다. 세월호는 신비하게 숨어 있던 잠수함에 부딪혀 침몰한 것이 아니라, 선박을 관리하고 감독하고 운항하는 이들의 잘못으로 침몰했다.

복원력을 상실한 세월호는 101분 만에 빠르게 침몰했다. 이것도 출항 전부터 예정된 일이었다. 아침 8시 49분경 세월호가 45도 이상 기울어졌을 때 바닷물이 배 안으로 들어오기 시작했다. 2층 C갑판 통풍구로 들어온 물은 환풍 통로를 타고 지하층 E갑판에 있는 핀안정기실까지 내려갔다. 기관부의 각 구역을 연결하는 수밀문과 맨홀은 활짝 열려 있었고, 해수는 아무런 제약 없이 기관부 전체로 퍼져나가면서 선체를 가라앉게 했다. 평소에 불편을 핑계로 수밀문과 맨홀을 열어놓고 다니던 기관부 선원들은 승객을 버리고 도주할 때에도 문을 닫지 않았다. 이런 사실을 모르고 3층과 4층 객실에서 구조를 기다리던 승객들은 잠시 후 선내 모든 공간으로 흘러들어간 물에 잠기고 말았다. 선원들이 평소에 수밀문과 맨홀을 제대로 관리했다면, 또는 적어도 그날 배를 빠져나가면서라도 수밀문과 맨홀을 찾아 닫았다면, 배는 101분보다 오래 바다에 떠 있었을 것이다. 승객들이 탈출할 수 있는 시간이 훨씬 길어졌을 것이고, 어쩌면 해경이 적극적으로 구조를 시도했을 수도 있다.

기관실 내부가 활짝 열려 있었다는 사실은 세월호를 "대한민국에서 제일 위험한 배"로 만든 요소 중 하나였다. 세월호는 약간의 선회와 경사도 견디지 못할 만큼 복원성이 취약했을 뿐 아니라, 일단 사고가 발생하면 배 전체가 빠르게 침수되면서 침몰할 수밖에 없는 배였다. 배의 수밀구획을 안전하게 관리할 임무를 방기한 선원들 때문에 침몰 시각이 앞당겨졌다. 이 사실은 2017년 선체 인양 후 조사관들이 세월호 기관부에 진입했을 때 비로소 알려졌다. 수밀구획 관리는 너무나 당연한 임무라 조사관들이 세월호 기관부 상태를 실제로 목격하기 전까지는 아무도 생각하지 못했다. 청해진해운과 선원들이 벌인, 상상하기 어려울 정도로 비상식적이고 비현실적인 행태였다.

둘째, 4월 16일 세월호의 전복과 침몰은 언젠가 벌어지고 말 일이었다고 할 수 있지만, 그 배가 수많은 승객을 태운 채 가라앉은 사건은 결코 그렇지 않았다. 세월호가 아무리 위험한 상태로 출항했다고 하더라도 승객들이 배와 함께 희생돼야 할 이유는 전혀 없었다. 빠르게 기울어지는 배의 안팎에서 선원과 해경이 했거나 하지 않은 일들이 승객들의 생사를 갈랐다. 배 안에서 구조를 기다리는 승객들에게 "가만히 있으라"고 계속 방송한 것, 배가 승객들을 삼키며 물속으로 사라질 때까지도 "밖으로 나오라"는 지시를 하지 않은 것이 결정적 잘못이었다. 세월호 선장에서 해경청장에 이르기까지 급박한 상황을 인지하고 퇴선조치를 할 수 있는 자리에 있던 사람들 중 누구도 그런 판단과 지시를 하지 않았다. 왜 아무도 승객들을 퇴선시키지 않았는가? 모든 승객을 퇴선시켜야 한다는 상식적인 판단을 왜 끝까지 하지 않았는가? 이것이 구조 실패를 설명하는 데 핵심적인 질문이다.

"가만히 있으라"는 선내 방송은 승객들이 탈출할 수 있는 기회를 빼앗았다. 승객들이 선내 방송에 발목을 잡혀 있는 동안 선장과 선원들은 배를 빠져나갔다. 여객부 매니저 강혜성이 첫 안내방송을 한 것은 세월호가 크게 기울어지고 3분 정도 지난 8시 52분경이었다. 움직이면 위험하니 안내봉을 잡고 대기하라는 내용이었다. 이후 계속 반복된 선내 방송은 "현재 위치에서 절대 이동하지 마시고 대기"하라고 했다. 승객들은 선실 밖으로 나오지 말라는 뜻으로 해석할 수밖에 없었다. 511호 헬기가 세월호 상공에 도착한 9시 28분경에는 아예 "선실이 더 안전하겠습니다"라고 방송했다. 기관부 선원들이 123정 구명보트로 도주하기 직전인 9시 38분경에는 승객들에게 구명동의에 끈이 잘 묶여 있는지 확인하라고 방송했다. 9시 45분경에 나온 마지막 선내 방송도 여전히 승객들에게 선실에 머물도록 종용했다. "현재 위치에서 대기하시고 더 이상 밖에 나오지 마시기 바랍니다." 이 무렵 선장과 갑판부 선원들은 123정으로 옮겨 타고 있었다.

선원들을 통솔해 비상사태 시 규정된 임무를 다하도록 하면서 승객들이 안전하게 퇴선하도록 지휘하는 선장은 없었다. 선장 이준석은 승객을 향한 퇴선명령을 내리지 않은 채 배를 버리고 도주했다. 퇴선 훈련을 제대로 받지 못한 세월호 선원들은 비상시 해야 하는 역할도 알지 못했다. 정상적인 지휘체계가 무너진 배에서 이들은 승객을 구하는 대신 각자 살길을 찾기에 바빴다. 현장에 도착한 해경 123정이 승객들을 모두 태울 수 없을 것이며 따라서 자신들의 자리도 없으리라고 직감한 항해사들은 승객을 남겨두고 먼저 빠져나가기로 결정했다. 승객들을 대피시키지 않으면 곧 수장된다는 사실을 알면서도 그랬다.

사고 발생 해역의 관제를 맡은 진도VTS는 변칙 근무와 직무 태만으로 세월호 사고를 실시간으로 인지하지 못했고, 이로 인해 초기 대응 시간이 6분 이상, 관점에 따라서는 15분 이상 낭비됐다. 8시 49분부터 진도VTS 관제 모니터에서 세월호의 움직임을 나타내는 실선의 방향과 속도가 바뀌다가 마침내 사라질 때까지 당시 관제실에 있던 누구도 알아채지 못했다. 이는 이날 아침 우연히 발생한 일이 아니었다. 진도VTS에서는 두 명이 구역을 나누어 맡아 관제하도록 한 원칙을 따르지 않고 한 사람에게 양쪽 구역을 모두 맡겨두고 나머지 한 사람은 쉬거나 자는 식으로 변칙 근무를 해왔다. 세월호 참사 얼마 전 그런 사실이 적발되어 경고를 받았지만 4월 16일 아침에도 여전히 한 명이 전체 구역을 관제하고 있었다. 아침 9시부터 시작하는 다음 조로 정보를 넘기는 인수인계도 허술했고, 8시 45분부터 15분간 해야 하는 합동 근무도 하지 않았다. 출동 지시를 받고 사고현장으로 가던 123정이 세월호를 호출하는 것도 듣지 못했다. 결국 9시 4분에 목포해경의 전화를 받고서야 사고를 알게 됐다.

진도VTS 관제 실패의 결과는 단지 6분 또는 15분 정도 대응이 늦어졌다는 말로 다 표현할 수 없다. 진도VTS가 허비한 15분은 세월호 선장과 선원이 극도의 혼란 상태에 빠져 있고 해경의 최초 대응 방향이 급박하게 설정되어가는 시간이었다. 진도VTS가 체계적으로 세월호와 교신하고 해경에 상황을 전파했다면 대응의 첫 단추를 제대로 끼울 수 있던 결정적 단계였다. 진도VTS는 해경 조직 중 유일하게 세월호와 30분 동안 교신해서 상황을 파악했지만 그 정보를 서해청에 다소 부실하게 보고했을 뿐 본청 상황실, 123정, 헬기 등에 전파하지 않았다. 진도VTS는 또 세월호 가까이에서 상황을 확인한 두라에이스호 선장 문예식과 제대로 교신하지 않아 결정적으로 중요한 정보를 흘려버렸다. 문예식의 상황 인식이 해경지휘부에 전달됐다면 보다 적극적인 구조 결정으로 이어졌을 수도 있다.

비록 법원은 진도VTS 관제사들의 직무유기 혐의에 대해 무죄판결을 내렸지만, 세월호의 이상을 실시간으로 파악하지 못한 진도VTS의 관제 실패는 이후 해경의 구조작전이 걷잡을 수 없이 뒤틀리게 된 경위를 이해하는 데 필수 요소다. 진도VTS의 초기 대응이 적절했다면 세월호 선장과 선원에게 제 역할을 하도록 경각심을 줄 수도 있었고, 해경의 최초 출동 방식이나 현장 도착 시간도 달라질 수 있었기 때문이다.

세월호가 침몰하는 101분 동안 해경은 세월호의 상황을 정확하게 인식하는 데 완전히 실패했고, 이는 구조를 위한 판단과 실행을 가로막았다. 승객 대부분이 선내에 있는 채로 배가 빠르게 기울어지고 있다는 중요한 정보는 지휘체계를 따라 제때 전파되지 않았다. 관료주의가 보고를 지연시켰고 보고가 늦어진 만큼 지휘부의 상황 파악도 늦어졌다. 준비되지 않은 지휘부가 뒤늦게 본청 상황실을 지휘하면서 빈틈이 생겼다. 목포서장 김문홍이 조기에 현장으로 가서 직접 지휘하도록 하지 못했고, 현장 구조작전의 흐름을 바꿀 수 있는 기회를 놓쳤다.

선장과 선원을 찾아내서 교신하고 선내 상황을 파악하는 조치도 하지 않았다. 본청 상황실이 목포해경 상황실에 세월호 선장과 교신해보라고 지시했으나 이행되지 않았다. 진도VTS가 세월호와 교신해서 얻은 정보를 모르는 채 출동한 123정은 출동 중에 세월호를 세 번 호출해서 응답을 듣지 못한 다음에는 더 이상 교신을 시도하지 않았다. 세월호와 교신하지 않았기 때문에 현장 도착 후 세월호에 바로 접안해 구조활동을 시작하지 못하고 멀찍이 정지해 보트를 내렸다. 그러느라 귀중한 시간을 허비했다.

세월호는 101분 만에 빠르게 침몰했다. 그러나 이것은 해경이 구조에 실패한 이유가 될 수 없다. '큰 배는 부력이 있어 쉽게 침몰하지 않는다'는 통념은 배의 수밀구획이 적절히 유지되는 상태에서 선장과 선원이 침몰을 막거나 늦추기 위해 필요한 조치를 할 때 성립하는 말이다. 즉, 큰 배가 비교적 오랜 시간 물에 떠 있을 수 있는 것은 과학적으로 입증된, 항상 참인 사실이 아니라 제대로 교육받고 최소한의 직업윤리를 갖춘 선장과 선원이 임무를 수행할 때에만 비로소 성립하는 현상이다. 세월호는 정상적인 배가 아니었고, 123정이 현장에 도착한 무렵에는 이미 비정상적으로 가라앉고 있었다.

해경은 선장과 선원들을 찾아 상황을 파악해야 했지만 하지 않았고, 상황 파악이 늦어지면서 퇴선조치에 대한 판단도 지연됐다. 해경지휘부는 세월호가 45도 이상 크게 기울어졌고 점점 더 기울어지고 있다는 보고를 받고서도 여전히 '큰 배는 쉽게 침몰하지 않는다'는 통념에 사로잡혀 신속한 판단과 조치를 하지 않았다. 세월호에는 전혀 적용되지 않는 통념 때문에 지휘부는 선원과 승객이 신고한 내용을 무시했다. 현장에 출동한 123정장이 눈으로 확인하고 보고한 내용마저도 흘려들었다. 선입견에서 벗어나 새로운 상황에 맞는 판단을 내릴 수 있는 정보가 입력됐지만 거부한 것이다. 시시각각 변하는 세월호의 실제 상황을 파악하지도 않은 채 큰 배라서 구조할 시간이 많이 있다고 생각했다면 구조할 의지가 없었다는 말과 다를 바 없다.

현장에 출동한 해경은 침몰하는 배 앞에서 상황을 판단하고 필요한 조치를 실행하는 의지도 능력도 없었다. 123정은 세월호에서 떨어진 채 구조에 소극적인 태도로 일관했다. 급박하게 해야 할 일은 하지 않고 구명보트가 구해 오는 승객만 배에 올렸다. 세월호가 침몰할 때까지 123정은 단 9분 동안만 세월호에 접안했다. 123정의 구조활동은 당시 현장으로 달려온 민간 어선들보다도 소극적이었다. 더 결정적인 문제는 배를 버리고 123정에 옮겨 타고 있던 세월호 선장과 선원의 존재를 파악하지 않은 것이다. 그들을 찾았다면, 배의 침몰이 임박했다는 사실을 알게 됐을 것이고 어떻게든 승객을 배에서 나오게 해야 한다는 데 생각이 미쳤을 것이다. 결국 대공 마이크를 이용한 퇴선방송조차 하지 않았다. 퇴선방송은 움직이지 말고 제자리에 있으라는 선내 방송의 족쇄로부터 승객들을 풀어줄 수 있는 결정적 수단이었다. 어떤 위험도 감수할 필요가 없었다. 해경지휘부와 123정이 하지 않은 일들이 결과를 판가름했다.

반면 세월호 상황을 비교적 잘 예측하고 선내 진입까지도 고려했던 전남 119 소방헬기는 안개 등으로 출동이 지연되는 바람에 이미 세월호 상공을 채우고 있던 해경 헬기들에 막혀 허탕을 쳤다. 제일 먼저 투입돼야 할 122구조대와 특공대는 차량과 어선을 옮겨 타며 이동하느라 도착이 늦어졌다. 결국 122구조대와 특공대는 세월호에서 승객을 직접 구조하는 시도조차 하지 못했다.

세월호가 침몰하는 101분 동안 해경지휘부는 지휘하지 않았고 책임도 지지 않았다. 해경지휘부의 행태는 '할 수 있었고 해야 했지만 아무것도 하지 않았다'라는 말로 요약할 수 있다. 침몰하는 배에 타고 있던 승객을 구해야 한다는 것은 알았지만, 결국 아무것도 하지 않았다. 현장에 가서 지휘해야 할 지휘관은 가지 않았고, 상황실은 상황을 파악하지 못했다. 침몰하는 배의 선장과 선원을 찾아야 한다는 생각조차 하지 못했다. 침몰이 확실해졌을 때도 승객을 탈출시켜야 한다는 판단을 하지 않았다.

지휘부의 무능과 오판으로, 구조작전의 방향을 돌릴 수 있는 기회를 몇 차례나 놓쳤다. 지휘부는 그저 "경황이 없었다"는 변명을 내놓았지만, 책임질 일을 만들지 않으려고 지휘를 회피한 것으로 보아야 할 것이다. 퇴선명령을 내렸다가 혹시 사망자가 발생할 것이 두려워 아예 퇴선명령에 관한 판단을 하지 않았다. 자신에게 부여된 책임과 권한을 받아들이고 위험을 감수하면서 인명 구조 결정을 내리고 지시하는 해경 지휘관은 없었다. 비겁한 판단 유예와 책임 회피는 해경 조직 전체의 관행이자 문화처럼 작동했다. 승객을 살리는 방향으로든 다른 방향으로든 아무런 결정을 하지 않은 해경지휘부는 그 부작위를 내세워 아무런 책임도 없다고 주장했다.

그날 해경의 통신기록은 지휘체계가 무너진 해경 조직의 모습을 비극적으로 또 희극적으로 보여준다. 아무런 역할 분담 없이 본청–서해청–목포해경으로 이루어진 옥상옥 구조본부는 해경 지휘체계를 혼돈 속에 몰아넣었다. 상황 보고와 공유, 지휘를 위한 통신망은 중구난방 그 자체였다. 해경은 코스넷 대화방을 개설하면서 진도VTS를 초대하지 않았다. 결국 해경 조직 가운데 유일하게 세월호와 교신한 진도VTS는 그 내용을 해경지휘부와 현장 구조세력에 체계적으로 전파하지 않았다. 해경지휘부는 현장에 전달되지도 않는 지시, 승객 구조에 아무런 도움도 되지 않는 지시, 지시 아닌 지시를 코스넷 대화방에 쏟아냈다. 새로 대화방에 입장하는 사용자를 환영하는 자동 메시지들이 대화방의 절반 이상을 차지했다. 코스넷이 설치되지 않은 123정은 그런 지시를 볼 수도 없었다. 그런 와중에도 영상과 사진을 집요하게 요구하는 해경지휘부의 지시는 현장에 어김없이 전달됐고, 그러잖아도 역량이 크게 부족한 123정장의 주의와 관심을 엉뚱한 방향으로 돌려 구조작업을 방해했다. 코스넷 대화방을 비롯한 그날 해경의 통신기록이 드러낸 모습은 상식적으로 도저히 믿을 수 없을 정도였다.

그날, 해경의 실패는 조직적이고 체계적이었다. 최고 지휘관부터 현장의 실무자에 이르기까지 모든 구성원의 무능과 무책임이 조직 시스템을 통해 증폭되면서 상승작용을 일으킨 결과였다. 비록 법원이 그들의 손을 들어줬지만, 해경지휘부의 책임이 대단히 무겁고 크다는 것이 우리의 판단이다.

왜 그날을 다시 기록하는가

이 책의 초판 『세월호, 그날의 기록』은 특조위가 활동하던 2016년 봄에 나왔다. 2016년 9월 박근혜 정부가 특조위를 강제 해산하면서 『세월호, 그날의 기록』과 상호 보완 관계를 이룰 수도 있었던 특조위의 종합보고서는 발간되지 못했다. 이후 정권이 두 차례 바뀌는 동안 조사위원회 두 곳이 새로 설립되어 세월호 참사를 조사했다. 특조위와 달리 선조위와 사참위는 종합보고서를 발간할 수 있었고, 이 두 보고서는 세월호 참사에 관한 한국 정부의 (아마도 최종적인) 공식 조사 기록으로 남을 것이다. 『세월호, 그날의 기록』 초판 출간 이후 8년이 지나고, 참사 발생 10년이 다 되어가는 지금, 2개의 조사위원회가 펴낸 종합보고서들이 이미 나와 있는 상황에서 다시 그날의 기록을 들추고 분석하여 발간하는 이유는 무엇인가.

하나의 참사, 3개의 위원회, 2개의 보고서

세월호 참사가 한국 사회에 준 충격은 매우 커서, 검경의 수사와 재판이라는 기존의 사후 재난 대응과는 다른 방식, 즉 독립적인 조사위원회 구성을 통한 진상규명이 진행됐다. 이는 정부가 자연스레 승인한 것은 아니었고, 유가족, 시민사회의 지속적인 노력과 광범위한 여론의 지지에 힘입어 가능했다. 지금까지 3개의 위원회가 세월호 참사를 조사했다.

첫 번째는 2015년 3월부터 2016년 9월까지 활동한 특조위다. 특조위는 활동하는 내내 여당 추천 위원과 야당 추천 위원 간의 갈등, 활동 기한을 둘러싼 논란 등에 시달리다 종합보고서를 제출하지 못하고 강제 종료됐다. 특조위가 조사 성과를 거의 내지 못한 데에는 조사 방해라는 내외부의 조건 외에도, 스스로 조사 계획을 세우지 않고 피해자들의 신청 사건을 통해 조사를 진행하려고 했다는 문제가 있었다. 세월호 참사라는 하나의 사건을 200여 개의 사건으로 나누고 조사관들에게 사건을 배분한 후, 방향 설정이나 중간 점검을 위한 종합 토론 없이 사건 조사를 진행한 결과, 대부분의 조사 결과가 의결되지 못했다. 또한 '진상규명'과 '안전사회', 즉 재난의 원인 조사와 재발 방지를 담당하는 부서를 분리하여, 전자는 사법적 처벌로 이어질 수 있는 직접 원인 조사에 집중하고 후자는 정책 연구에 집중했다. 이는 근본적이고 구조적인 원인 규명이라는 초기의 문제의식을 약화시켰다. 결국 이러한 신청 사건 위주의 조사를 반면교사 삼아 이후의 조사위원회는 몇 가지 조사 쟁점을 '직권 사건'이라는 이름으로 설정해 조사를 진행했다. 그러나 '진상규명'과 '안전사회'의 분리는 계속 이어졌고, 세 번째 조사위원회인 사참위도 한계를 노정했다.

두 번째는 2017년 4월부터 2018년 8월까지 활동한 선조위다. 선조위는 세 위원회 중 조사 범위를 가장 좁게 설정해 주로 세월호의 침몰 원인을 조사했다. 구조 실패(방기)나 언론 문제, 진상규명 방해 등 특조위와 사참위에서 다룬 여러 사안은 선조위의 조사 대상이 아니었다. 선조위는 특조위가 강제 종료된 상황에서 세월호 인양이 가시화되자 선체 보존과 침몰 원인 조사를 위해 구성된 위원회였다. 위원 추천 방식은 특조위와 유사했지만, 세월호선조위법에 위원 중 3분의 2 이상을 해양 선박 및 해양 구조 관련 전문가로 두어야 한다는 조항이 있어 위원은 물론 조사관까지 선박의 항해, 설계, 검사 분야에서 경력을 쌓은 공학자, 기술자가 다수였다. 선조위는 세월호 인양을 통해 확보한 새로운 증거를 바탕으로 화물량 재계산, 경사시험 시 누락된 재화중량 확인, 기관부 수밀문 개방 상태, 초기 화물 이동 양상 등 많은 것을 밝혀냈으나, 결론을 합의하지 못하고 2개로 나뉜 보고서를 제출하고 말았다. 위원회 활동 막바지에 세월호의 복원성 문제와 기계 오작동(솔레노이드 밸브 고착)을 중요하게 보는 '내인설'과 잠수함 등 외부 물체 충돌 가능성을 제기하는 '열린안' 사이의 대립이 해소되지 않은 채 활동을 종료하고 2개의 보고서를 발간함으로써, '조사를 했지만 아무것도 밝혀지지 않았다'는 인상을 강화했다. 이는 어떤 사람들에게는 조사가 계속되어야 한다는 메시지로 받아들여졌으나, 다른 이들에게는 조사위원회라는 제도는 물론 조사위원회 구성을 요구한 유가족과 시민사회운동에 대한 불신을 싹트게 했다.

세 번째는 2018년 3월부터 2022년 9월까지 활동한 사참위다. 사참위의 세월호 참사 조사는 침몰 원인, 구조 실패는 물론 참사 이후 유가족에 대한 사찰, 특조위 당시의 조사 방해, 피해자 지원의 문제까지 포괄했다. 사참위는 참사 이전부터 이후까지 긴 시간을 종합적으로 보고서에 담아내려 시도했으며, 정부가 세월호 참사의 책임을 회피하고, 진상규명을 방해하고, 피해자를 괴롭힌 일, 즉 재난 이후의 과정에 관한 상세한 조사 결과를 남겼다. 그러나 침몰 원인 규명에서는 세월호의 복원성 문제를 지적한 선조위 조사 결과를 부정하고 잠수함 충돌 가능성을 찾는 데 집착했다. 이로 인해 잠수함설이 기각됐다는 것인지 여전히 조사가 필요하다는 것인지 정확히 알 수 없는 모호한 결론을 제시했다. 또 세월호의 AIS 항적이나 선내 CCTV 등이 조작됐다는 의혹을 제기하면서 상당한 시간과 노력을 들여 조사했으나 의혹을 입증하지 못했고 위원회는 이를 공식 조사 결과로 인정하지 않았다.

우리는 지금까지 활동한 3개의 세월호 참사 조사위원회의 특징과 한계로 다음 3가지를 지목한다.

첫 번째는 처벌 중심 조사이다.

세월호 참사 조사위원회에는 처음부터 검찰이 하지 못한 해경지휘부 및 청와대 등에 대한 처벌 기능을 대신해줬으면 하는 바람이 투영되어 있었다. 동시에 법적 책임으로 한정되지 않는 구조적 원인 규명 역시 주요한 과제로 제기됐다. 그러나 세 위원회 모두에서 후자는 거의 이뤄지지 못했다. 특조위, 사참위는 개인의 잘잘못을 따지는 데 집중하며 특검을 요청할 수 있는 증거만을 찾고자 했다. 조사위원회가 형사처벌을 최우선 목표로 삼아 범죄행위를 찾는 데 집중함으로써 법적으로 처벌할 수는 없지만 세월호 침몰과 구조 실패에 영향을 미친 많은 문제들, 예를 들어 복원성계산서 승인, 해경 지휘체계와 통신의 혼란상, 구조 훈련 미실시, 지휘부의 역할과 책임 등은 시야에서 사라지거나 부차적인 것으로 여겨졌다. 더 나아가 형사처벌이라는 목표에 도움이 되지 않을 것 같은 사실관계와 증거는 적극적으로 배제되기도 했다. 잠수함 충돌설을 염두에 둔 '열린안'이 솔레노이드 밸브 고착설에 비해 설명력이 현저히 부족했음에도 선조위에서 동등한 지위로 다뤄진 것, 해경의 구조 훈련이 부실했고 그나마 제대로 이뤄지지도 않았다는 사참위 조사 결과가 해경의 책임을 면제해줄 우려가 있다며 그 내용을 공표하지 않으려 했던 것 등이 그런 사례다. 형사처벌을 우선하려는 의도가 진상규명을 오히려 방해한 셈이다.

객관적 진실과 형사재판에서 인정받는 사실은 일치하지 않을 수 있다. 형사처벌은 '범죄'의 성립을 전제로 하는데, '범죄'는 인간이 저지르는 여러 잘못 가운데 국가가 형벌권을 행사해야 할 필요가 있는 좁은 범위의 특정 행위를 대상으로 삼는다. 개념 자체가 포괄적인 사회적 '진실'과 다른 셈이다. 더구나 형사재판에서는 증거능력을 제한하는 엄격한 기준을 통과한 증거를 통해 "합리적 의심의 여지가 없을 정도"의 높은 수준으로 증명해야만 유죄판결을 받을 수 있다. 형사재판은 '실체적 진실'을 밝혀내는 것뿐만 아니라 국가권력을 제한하고 인권을 보호한다는 이념을 동시에 추구하기 때문이다. 형사재판에서 유죄판결을 얻어내도 진실을 온전히 밝히는 데 실패할 수 있고, 유죄판결을 받지 못할 경우에는 실제 있었던 사실조차 없었던 일처럼 되는 상황이 벌어질 수도 있다. 예를 들어 해경지휘부의 잘못된 지휘가 구조 실패의 주요 원인이었다는 사실을 밝혀내더라도 법적으로는 이들이 유죄판결을 피해갈 수 있으며, 그럴 경우 마치 아무런 잘못이 없었다는 식의 사회적 기억이 생성될 수 있는 것이다. 해경지휘부가 전원 무죄판결을 받은 지금 우리가 당면하고 있는 현실이다.

세월호 참사에서 잘못을 저지른 사람들은 2014년 당시에도 대체로 드러나 있었다. 한국 사회가 답을 찾아야 할 질문은 조직과 사회가 어떻게 구성되고 작동했길래 그들이 그런 잘못을 저질렀는지, 왜 책임 있는 위치에 있는 사람일수록 책임 있게 직무를 수행하지 않게 됐는지, 어떤 방식으로 조직과 사회를 재구성할 때 유사한 잘못이 반복되지 않을 수 있는지에 관한 것이었다. 조사위원회 세 곳이 추구한 처벌 중심 조사는 이러한 질문들을 삭제했다.

두 번째는 조사 대상의 분할과 단절이다.

조사위원회가 특정 '사건'을 설정해 조사하고 위원회 의결 과정을 통해 사실로 인정하는 절차는 의문사진상규명위원회(2000~2004), 진실·화해를위한과거사정리위원회(2005~2010) 등 과거사위원회의 틀을 본뜬 것이다. 특조위 당시의 가장 큰 문제는 '신청 사건'에 대한 과도한 의존이었다. 과거사 조사에서도 신청 사건 조사 방식이 구조적이고 역사적인 문제를 개별 사건으로 해체해버린다는 문제가 지적된 바 있다. 그런 평가를 충분히 검토하지 않은 채, 스스로 조사 계획을 세우지 않고 세월호 참사라는 거대한 사건을 여러 사건으로 분할해 접근한 것은 큰 패착이었다. 선조위, 사참위에서 '신청 사건'을 최소화하고 '직권 사건'을 통해 조사를 진행하기로 한 것은 진전이었으나, 서로 연결된 조사 쟁점이 별도의 사건으로 다뤄지는 문제는 여전히 남아 있었다. '조타장치 고장에 따른 세월호 전타 선회현상 검증', '세월호 횡경사 원인과 침수 과정 분석', '세월호 참사에서 해경 등 초동 대응의 적정성 조사' 등으로 이름 붙여진 '사건'은 조사관들이 조사하고 전원위원회 회의를 통해 의결하는 방식이었는데, 그 과정은 사건마다 독립적으로 진행됐다. 특히 사참위에서는 침몰 원인 관련 다른 조사 과제가 제대로 검토되기 전에 조타장치 고장 관련 사건이 전원위원회에 상정되어 통과된 것이 침몰 원인에 대한 종합적 설명을 곤란하게 만들었다.

세 번째는 기우제식 외력 침몰설 조사이다.

세월호가 선박 복원성 문제가 아니라 외부 물체의 충돌 때문에 침몰했을 것이라는 가설은 선조위 활동 기간 막바지인 2018년 4월에 공식적으로 제시됐다. '외력 검증'을 위한 팀이 꾸려지고 네덜란드 마린에 의뢰하여 모형 배 외부에서 힘을 가하는 시험을 했다. 마린은 외력이 작용했다고(즉, 잠수함 같은 물체가 충돌했다고) 볼 근거를 찾지 못했다는 보고서를 선조위에 제출했다. 외력 가설을 기각하면 된다는 얘기였다. 외력 가설을 두고 위원장을 포함한 위원 6명의 견해가 반반으로 나누어져 있던 선조위는 외력 가설을 기각하고 그때까지 확인된 복원성, 솔레노이드 밸브 고착, 화물 이동 등으로 세월호 침몰을 설명하는 하나의 결론을 내리지 못했다. 복원성 등 선박 자체의 문제를 강조하는 '내인설' 보고서와 잠수함 충돌 가능성을 열어놓은 '열린안' 보고서를 나란히 발간함으로써 선조위는 결과적으로 침몰 원인 진상규명 작업을 지연시켰다.

이렇게 살아남은 외력설 혹은 잠수함설은 선조위의 진상규명 과제를 이어받은 사참위의 조사 방향에 큰 영향을 미쳤다. 선조위에서 외력설을 지지했던 일부 조사관들이 사참위로 자리를 옮겨 침몰 원인 조사를 계속했고, 사참위에 새로 합류하여 침몰 원인 조사를 맡은 이들 일부도 외력설에 경도되어 있었기 때문이다. 사참위는 선조위의 '내인설' 조사 결과를 최대한 반박하고 잠수함 충돌 가능성을 조금이라도 찾아내는 쪽으로 조사 방향을 설정했다. 사참위 위원 중 조선해양(造船海洋) 전문가가 없는 상황에서 조사 방향과 과정에 대한 합리적 검증과 제어는 어려웠다. 위원회 외부의 조선공학 분야 전문가들의 조언과 비판은 건성으로 듣고 넘겼다. 네덜란드 마린은 사참위의 의뢰로 재차 모형시험을 실시한 후 외력 가설은 진지하게 검토할 가치가 없다는 결론을 담은 보고서를 제출했으나 사참위의 담당 부서는 이를 애써 무시했다. 오히려 마린의 모형시험 데이터를 마린이 인정하지 않는 방식으로 가공한 다음 마치 모형시험 결과가 잠수함 충돌 가능성을 시사하는 것처럼 제시했다. 잠수함 충돌을 입증할 물리적 근거가 나오지 않는 상태에서 컴퓨터 시뮬레이션을 사용해서 어떻게든 잠수함 충돌을 구현해보려 했으나 그마저도 성공하지 못했다. 잠수함 충돌은 상상의 세계에서는 만들어낼 수 있었지만, 가상(假想)의 세계에서조차 구현해내는 것이 불가능했다. 그런데도 자체 보고서에는 마치 그 가능성을 엿본 것처럼 서술했다.

한마디로 기우제식 잠수함 찾기 조사였다. 잠수함 충돌설을 굳게 믿는 이들이 그 믿음에 부합하는 결과가 나올 때까지 공식 조사위원회의 자원과 인력과 시간을 투입한 것이다. 인양한 선체에서 충돌 흔적이 보이지 않으면, 모형시험 데이터에서 빈틈을 찾아내 거기에 비밀이 담겨 있을 것이라 추측했다. 선조위 때는 세월호가 우현 쪽으로 선회하는 속도 데이터에 잠수함 충돌을 시사하는 지점이 있다고 했다가, 사참위 때는 세월호가 좌현으로 기울어지는 속도 데이터에 잠수함 충돌을 의심할 수 있는 지점이 있다고 했다. 2가지 모두 네덜란드 마린의 보고서와 대한조선학회의 의견서에서 타당성을 인정받지 못했으나, 잠수함 충돌이 있었다고 가정한 이들은 굴하지 않았다. 비가 내릴 때까지 기우제를 지내듯이 잠수함이 나올 때까지 조사를 계속해야 한다는 식이었다. 조사 방법과 결과를 엄중하게 검토해 위원회의 공식 기록으로 승인하는 역할을 맡은 전원위원회는 사참위가 종료할 때까지 판단을 미루기만 했다. 결국 가장 합리적인 방식으로 조사해 가장 권위 있는 결과를 내놓아야 할 독립적인 참사 조사위원회가 침몰 원인에 관해 국내외 전문가 그룹에게 전혀 인정받지 못하는 사태가 벌어졌다.

세월호 침몰 관련 증거가 조작됐다는 의혹에서 출발한 사참위 조사도 기우제처럼 계속됐다. 세월호가 잠수함 충돌 등으로 급격하게 움직였음을 숨기기 위해 누군가 AIS 항적을 사후에 조작했다는 의혹은 선조위와 검찰 특수단이 근거 없다는 결론을 내렸다. 세월호 침몰의 비밀과 해경의 고의적 구조 방기 증거가 담겨 있을 선내 CCTV를 누군가 조작해 진실을 감추려 했다는 의혹도 검찰 특수단과 특별검사 수사를 통해 사실무근으로 정리됐다. 그럼에도 사참위는 조작 사실이 밝혀질 때까지 조사를 멈추지 않겠다는 태도로 인력과 예산을 계속 투입했다. 결국 사참위 진상규명국이 제출한 AIS와 CCTV 조사보고서는 마지막 심의 단계에서 채택이 부결됐다. 이로써 오래 이어진 세월호 침몰 관련 증거 조작 의혹은 공식적으로 기각됐다.

위와 같은 문제들은 조사위원회가 참사와 관련된 핵심 질문을 설정하고, 이에 답하기 위해 수집한 모든 증거와 자료를 과학적으로 검증·분석하여 사실을 판단하고 결론을 도출하는 과정, 즉 참사에 관한 지식을 생산하는 일에 적합하지 않은 조직이었음을 말해준다. 밝혀내야 할 것이 감옥에 가야 할 책임자인지 사건의 원인과 경과인지, 그것을 밝혀내는 데 필요한 수단과 절차는 무엇인지, 제기된 의혹이 사실과 상식에 부합하지 않을 때는 어떻게 해야 하는지 사전에 합의하지 못한 상태에서 위원회가 꾸려지고 운영됐다. 즉, 조사위원회 구성원들은 조사 대상인 참사를 공통된 틀 안에서 인식하고 접근하지 않았다. 참사에 관해 가장 체계적이고 구체적인 지식을 생산해야 하는 조직으로서 위원회가 어떻게 작동해야 하는지 자기 인식과 고민이 없었다.

이는 어쩌면 세월호진상규명법 제정 단계부터 예정된 일이었다. 극심한 정치적 대립구도 속에서 형식적으로 공정성을 담보한다며 여당, 야당, 국회의장 등 주요 정치주체가 조사위원을 나누어 추천하도록 한 것은 조사위원회가 최선의 지식을 생산해내는 조직이 되기 어렵게 만들었다. 조사위원회는 진상규명을 위해 정치적 다툼을 잠시 중단한 공간이 아니라 그 다툼을 이어가는 공간이 되고 말았다.

그러나 갖은 진통 끝에 조사위원회가 출범할 때 우리가 기대한 것은 그러한 정치적 구도나 개인적 신념에 휘둘리지 않는 공적 책임감, 엇갈리는 주장 속에서 증거와 사실을 존중하는 태도, 상식적이고 합리적으로 추론하고 그 결과를 참사의 사회적 기록으로 남기려는 의지였다. 각 조사위원회가 내놓은 아쉬운 결과물은 이 모든 것의 부재와 무관하지 않다. 정부의 방해나 상대 진영의 억지만을 탓할 수는 없는 일이다. 특별법을 제정할 정도로 기존 조직과 지식의 틀에 담기 어려운 참사를 어떻게 조사하고 그 결과를 공유해야 하는지 한국 사회는 아직도 알지 못한다.

『세월호, 다시 쓴 그날의 기록』과 참사의 진실

아직 첫 번째 조사위원회가 활동 중이던 2016년 3월과 모든 조사위원회가 종료되고 참사 10년을 맞이한 지금 세월호 기록을 쓰고 읽는 경험은 다를 수밖에 없다. 2016년 『세월호, 그날의 기록』은 당시 특조위의 조사에 도움이 되고자 사실을 정리했다. 그때 우리는 "구할 수 있었다"라는 결론을 내렸지만 세월호 참사 전체에 관한 규정은 하지 않았다. 그것이

'진실의 힘 세월호 기록팀'의 역할은 아니라고 생각했기 때문이다. 2016년의 『세월호, 그날의 기록』은 특조위 종합보고서로 가는 징검다리가 되고자 했다.

그러나 2014년과 2015년에는 더할 수 없이 강렬했던 세월호 진상규명에 대한 열망이 특조위의 강제 해산, 선조위의 분열된 결론을 거치며 조금씩 약해졌다. 매년 4월이면 여전히 진상규명과 책임자 처벌의 구호가 울려 퍼졌지만, 모두가 바라는 '진상'이 과연 무엇인지, 그것은 어떤 형태를 띠고 있으며 어떻게 하면 드러날 수 있는지에 관한 논의로 이어지지 못했다. 진상규명을 위해 설립된 조사위원회가 어떤 질문을 던져야 하는지, 어떤 역량을 가진 이들이 어떤 방식으로 답을 찾아나가야 하는지에 대한 고민은 더욱 적었다. 사참위가 활동하던 2021년 4월 세월호 참사 7주기 무렵에는 조사위원회를 통한 진상규명에 대한 시민들의 기대나 언론의 관심이 예전과 같지 않다는 것을 느낄 수 있었다. 2022년 4월 8주기가 지나고 그해 여름 사참위가 침몰 원인에 관해 모호한 결론을 제시하며 종료하자 그런 느낌은 더 강해졌다. 특별법 제정을 통한 공적 진상규명 활동이 왜 항상 미흡한 결과를 내고 마는지, 진상규명의 전제, 절차, 방식에 어떤 문제가 있는지 따지려는 시도도 없었다. 특조위에 이어 선조위, 사참위 등 모든 세월호 참사 조사위원회가 종료되었는데도 4월 16일 그날을 종합적으로 이해할 수 있다고 느끼는 이들이 별로 없었다.

국가 차원의 공적 조사가 진행될수록 오히려 세월호 참사 진상규명의 열망과 의지가 흐려지고 실망이 커지는 것을 목격하면서 우리는 『세월호, 그날의 기록』을 확장하고 심화하는 작업이 필요하다고 의견을 모았다. 2022년 사참위 종료 이후 공식적인 추가 조사나 새로운 공식 보고서를 기대할 수는 없었다. 이제 필요한 것은 10년 동안 한국 사회가 알아낸 세월호 참사의 사실을 모두 엮어내는 일이었다. '진실의 힘 세월호 기록팀'은 직접 조사에 뛰어들어 새로운 사실을 발굴할 수는 없었지만, 지금까지 각종 조사, 수사, 재판, 보도, 연구를 통해 드러난 사실을 최대한 검토하고 분석해 세월호의 침몰과 구조 실패의 과정을 일관된 질문과 논리로 엮어내려고 했다. 이는 곧 2016년 『세월호, 그날의 기록』 초판이 당시 구할 수 있었던 모든 자료를 가지고 해낸 일이기도 했다.

2024년 『세월호, 다시 쓴 그날의 기록』을 펴내면서 우리는 지난 10년 동안 세월호 참사에 관해 상당히 많이 알게 됐다고 판단한다. 위에서 지적한 위원회들의 여러 한계에도 불구하고 많은 진실의 조각들이 떠올랐다. 이는 오랫동안 진상규명을 위해 싸워온 유가족들과 세월호 특별법을 만들고 조사위원회를 지지한 시민들이 만들어낸 성과다.

개정판 『세월호, 다시 쓴 그날의 기록』은 세월호 조사위원회들의 조사 결과를 최대한 반영하고자 했다. 특히 세월호 선체 인양 이후 진행한 침몰 원인 조사는 2016년 『세월호, 그날의 기록』 초판 출간 당시에는 알 수 없었던 많은 사실을 밝혀냈다. 또 개정판은 초판 발행 이후 진행된 세월호 참사 관계자에 대한 수사와 재판 기록을 분석하고 인용하여 그날 있었던 일을 재구성했다. 수사와 재판 과정을 통해 생산된 방대한 기록은 여전히 세월호 참사를 이해하는 데 중요한 자료다.

개정판 『세월호, 다시 쓴 그날의 기록』은 조사위원회나 검찰과 똑같은 질문을 던지지 않는다. 오히려 조사위원회와 검찰이 세월호 참사를 다룬 프레임 안에서 제대로 묻기 어려웠던 질문을 던지고 답을 찾고자 했다. 우리는 다른 프레임과 질문을 통해 참사를 더 깊이 이해할 수 있다고 믿는다. 『세월호, 다시 쓴 그날의 기록』은 '누가 잘못했는가'라는 질문에서 멈추지 않고 '어떻게 이런 일이 일어났는가'라는 질문을 서술의 중심에 놓는다. 최종 결과를 아는 상태에서 그 결과에 책임이 있는 사람을 지목하는 것은 쉽다. 그러나 잘 들리지 않는 무전과 스쳐 지나가는 통화가 난무하던 현장에서 벌어진 일의 책임을 매뉴얼 속 조직도만 가지고 따지는 것은 참사의 진상규명으로 부족하다. 우리는 결과론적 해석을 지양하면서 그 결과에 이르기까지 각 국면에서 구체적으로 어떤 판단, 결정, 행동이 있었는지 또는 꼭 있어야 할 것이 왜 없었는지 설명하는 데 초점을 두었다. 그렇게 함으로써 우리는 배가 침몰하지 않게 하려면 어떻게 해야 했는지, 승객을 구조하려면 어떻게 해야 했는지 알 수 있다.

2022년 9월에 발간된 사참위 종합보고서가 세월호 침몰 이후 수년에 걸친 국가의 대응과 피해자의 고통을 긴 재난의 일부로 간주하여 비중 있게 다뤘던 것과 달리 우리는 다시 4월 16일로 돌아가 침몰과 구조 실패, 즉 '그날'을 만들어낸 원인과 '그날'의 실패에 집중했다.『세월호, 다시 쓴 그날의 기록』은 재난 이후의 과정을 상세히 서술한 사참위 보고서의 의의를 인정하면서도, 재난 초기의 원인과 경과를 구체적으로 밝히는 일의 중요성을 강조한다. 선조위와 사참위를 거친 후에도 4월 16일 그날 구체적으로 어떤 일이 있었는지 명확하게 정리되지 않았다는 아쉬움에 응답하기 위해『세월호, 다시 쓴 그날의 기록』은 현재까지 쌓인 자료를 바탕으로 최선의 서술을 시도했다. 그와 동시에 세월호 침몰 직후에는 주목받았으나 시간이 흐르면서 점점 잊힌 재난의 전사(前史)에 주목한다. 재난은 어느 날 갑자기 일어나는 것이 아니라 오랜 시간 쌓여온 모순이 특정한 계기를 만나 발현되는 것이다. 그러므로 '그날'을 온전히 이해하려면 시간을 거슬러 올라가야 한다. 재난이 만들어지는 긴 과정을 독자들이 함께 이해할 수 있도록, 우리는 초판에서 후반부에 배치했던 세월호 도입부터 출항까지 과정을 2부로 옮겼다. 세월호의 침몰을 설명하기 위해 우리는 배가 도입되던 그날로 돌아갔다. 이 책이 말하는 '그날'은 2014년 4월 16일에 국한되지 않는다.

세월호 참사 이후 널리 불린 노래 제목처럼 "진실은 침몰하지 않는다." 진상규명을 간절히 바랐던 모두가 이 말을 되뇌었을 것이다. 그러나 진실이 스스로 떠오르는 것은 아니다. 진실은 대체로 모호하고 복잡한 형태로 떠다니고 있어 한 손에 꽉 잡히지도 않는다. 의지가 있는 이들이 기록과 데이터를 수집하고, 정리하고, 독해하고, 분석하고, 검증해서 하나

하나의 사실을 확립하고, 이를 다시 커다란 그림으로 꿰어내려고 분투할 때만 우리는 겨우 진실에 다가갈 수 있다.『세월호, 다시 쓴 그날의 기록』은 세월호 참사의 유일한 진실, 모든 진실을 담고 있지 않다. 다만 우리는 참사의 진실을 그려내는 데 필요한 사실의 조각들을 단단히 붙잡으려 노력했다.

감사의 글

『세월호, 그날의 기록』과 『세월호, 다시 쓴 그날의 기록』은 그 제목이 말하는 것처럼 세월호가 남긴 기록, 세월호로 인해 생산된 기록을 모으고, 정리하고, 분석한 결과물입니다. 그러나 초판과 개정판 집필을 맡은 진실의 힘 세월호 기록팀이 모든 세월호 기록을 직접 생산하고, 모으고, 정리하고, 분석한 것은 아닙니다. 지난 10년간 우리가 다 알지도 못하고 다 열거할 수도 없는 많은 분들이 조사, 수사, 재판, 취재, 연구를 통해 세월호 참사를 기록하는 일에 참여해왔습니다. 2016년에 나온 『세월호, 그날의 기록』이 그랬던 것처럼 2024년에 내는 『세월호, 다시 쓴 그날의 기록』도 그들의 노력과 헌신에 빚지고 있습니다.

2016년 이후 축적된 세월호 참사 관련 기록을 정리하고 분석하여 개정판을 집필하면서 우리는 다양한 분야에서 세월호 관련 활동을 해오신 분들께 도움을 청했습니다. 모두 흔쾌히 시간을 내주시고 지식과 경험을 보태주셨습니다. 해경 구조 동영상 분석을 도와주신 한국영상대학교 구재모 교수, 해경의 초동대응 관련 자료를 제공하고 자문에 응해주신 이준태 전 사참위 조사관, 세월호 AIS 항적 분석을 도와주신 이상길 GCSC 대표와 이인규 전 선조위 조사과장, 세월호 선체 구조에 관한 자문에 응해주신 서승택 전 선조위 및 사참위 조사관, 잠수함 충돌 시뮬레이션 연구에 관한 자문에 응해주신 주신 이상갑 한국해양대학교 조선해양시스템공학부 명예교수, 세월호 DVR 하드디스크 분석을 도와주신 이상진 고려대 정보보호대학원 교수와 전유형 한국디지털포렌식센터 기술이사, 세월호 화물칸 차량 블랙박스 동영상 복구를 담당하신 이요민 모바일랩 대표, 참사 당일 각종 교신기록을 다시 정리하는 데 도움을 주신 김지우 《뉴스타파》 펠로, 선체 관련 데이터 정리에 도움을 주신 인하대학교 대학원생 권도영, 윤호진 씨, 각종 자료 수집과 정리에 도움을 주신 변바른 전 사참위 팀장, 카이스트 대학원생 강미량, 김성은, 이슬기 씨, 모형시험 관련 데이터와 사진을 제공해주신 네덜란드 해양연구소 마린(MARIN)의 헹크 판덴봄(Henk van den Boom), 빅토르 페라리(Victor Ferrari), 리너르트 판바스턴 바텐뷔르흐(Rinnert van Basten Batenburg) 씨께 감사드립니다. 인하대학교 조선해양공학과 정준모 교수는 3부 원고를, 정은주 《한겨레》 기자는 4부 원고를 검토하고 수정 방향을 제안해주셨습니다.

여러 사람이 참여한 집필과 편집의 모든 과정을 꼼꼼히 점검하고 조율해주신 임순영 출판팀장 등 진실의 힘 관계자 여러분 덕분에 책이 무사히 나올 수 있었습니다. 빠듯한 일정에도 불구하고 무거운 내용을 담은 두꺼운 책을 만드는 일에 동참해주신 편집자 김현림 선생, 디자이너 공미경 선생의 노고에 감사드립니다. 개정판 기획 단계에서 함께 고민하고 토론한 김정은 전 출판팀장께도 감사의 마음을 전합니다.

모두 고맙습니다.

2024년 3월
진실의 힘 세월호 기록팀
김성수 박상은 이정일 전치형 조용환

『세월호, 그날의 기록』 후기

"세월호 현재 좌현 20 경사(제주 운항관리실 정보)."

2014년 4월 16일 오전 9시 25분 해경 문자상황보고시스템에 기록된 문자 메시지입니다. 제주해경 상황실이 제주 운항관리실에서 보낸 정보라며 해경 내부 메신저로 남겼습니다.

"제주 운항관리실이 어떻게 세월호 기울기를 알고 있지?" 의문이 생겼습니다. 사고 발생 후 세월호와 교신을 유지한 곳은 진도VTS밖에 없는 걸로 알려져 있었기 때문입니다. 선원 사건을 맡은 박수빈 변호사가 말했습니다.

"1등항해사 신정훈이 제주 운항관리실하고 9시 20분 언저리에 SSB로 통신했습니다." 무슨 얘기를 나눴는지 확인해야 했습니다.

"우리 SSB 통신 기록 있나요?"

"있어요."

사고 당일 통신기록을 검토해온 박다영 씨가 대답했습니다. SSB 통신은 어선들이 주로 사용하는 무선 시스템입니다. 파일을 열어보니 무려 143개의 음성파일이 들어차 있었습니다.

"녹취록은 없고요?"

"없어요."

박현진 씨가 말했습니다.

답을 얻으려면 이 파일을 다 들어야 합니다. 하루 종일 SSB 통신 음성을 들었지만 아무것도 나오지 않았습니다. '이번에도 허탕인가' 허탈감이 밀려들었습니다. 그 순간, 9시 40분 승객을 버리고 도주하기 직전, 선원이 남긴 마지막 음성이 들렸습니다.

> "지금 경비정 옆에 와 있습니다. 그리고 지금 승객이 450명이라서 지금 경비정 이거 한 척으로는 부족할 것 같고, 추가적으로 구조를 하러 와야 될 것 같습니다."

세월호의 '마지막 교신'입니다. 공개되지 않았던 이 교신을 통해 세월호 선원들이 100톤급 해경 경비정으로 승객을 다 구하는 게 불가능하다고 인식한 상태에서 도주했다는 사실이 드러났습니다. 그런데도 이들은 수백 명의 승객을 내팽개치고 해경 경비정에 옮겨 탔습니다. 머뭇거렸다가는, 혹은 승객을 먼저 탈출시키면 자기들은 살아 나올 기회를 놓칠 수도 있으니까 말입니다.

대법원은 세월호 선장에게만 살인죄를 인정했습니다. 간부 선원들에게는 살인의 고의가 인정되지 않는다고 했습니다. 세월호의 '마지막 교신'이 드러나기 전의 판단입니다. 만약 이 교신이 알려졌다면 수사와 재판 결과가 달라질 수 있었을까요? '세월호 기록팀이 진실의 조각을 너무 늦게 발굴한 것은 아닐까' 하는 아쉬움이 컸습니다. 감사원과 검찰은 왜 이 교신을 확인하지 않았을까요?

1.

'진실의 힘 세월호 기록팀'은 세월호 사고가 발생한 지 1년이 지나 꾸려졌습니다. 출발은 한 아빠와의 만남이었습니다.

아빠는 매일 새벽 3시에 일어났습니다. 2014년 4월 15일 수학여행을 떠난 후 돌아오지 않는 아들의 방에서 기록을 읽었습니다. '왜 구하지 않았는가?' 수만 장의 기록 속에 답이 숨겨져 있을지도 모르기 때문이었습니다. 아빠는 전국을 돌아다니며 기록을 모았습니다. 침몰하는 배를 지켜본 어민을 만나고, 국회에서 위증하는 공직자와 법정에서 발뺌하는 선원의 발언을 하나하나 받아 적었습니다. 그 기록 속에 파묻혀 살았지만, 불안했습니다. '과연 밝혀낼 수 있을까.'

'진실의 힘'은 진실을 밝히는 길이 얼마나 고된지 몸으로 알고 있습니다. 국가의 책임을 추궁하는 길이 얼마나 외로운지 겪어서 알고 있습니다. 그래서 그 길을 걸어가는 아빠에게 연대의 손길을 건넸습니다.

2015년 5월 각자 소중한 삶의 계획들을 뒤로 물린 채 박다영 씨, 박수빈 변호사, 박현진 씨가 '세월호 기록'이라는 이유만으로 선뜻 참여했습니다. 《한겨레21》이 입수한 기록으로 출발했지만 기록과 자료는 빠른 속도로 불어났습니다. 그동안 구하지 못했던 기록들, 계속 진행 중이던 관련 재판의 기록들, 세월호 특조위의 활동 기록과 그 밖의 자료들이 점점 쌓여갔습니다. 이 책은 15만 장에 가까운 재판 기록과 3테라바이트(TB)의 자료를 분석해 정리한 결과물입니다.

2.

1부에서는 기록을 토대로 그날을 재현했습니다. 2014년 4월 15일 저녁 인천항에 모여 세월호를 타고 수학여행을 떠난 단원고 학생들이 다음 날 오전 10시 30분 배가 침몰할 때까지 경험한 일을 현장 모습 그대로 담으려 노력했습니다. 마지막 순간까지 동영상과 카카오톡으로 상황을 기록한 희생자들, 참혹했던 순간을 증언해준 생존자들 덕분에 가능했습니다. 그들의 기록과 증언이 헛되지 않도록, 동영상을 보고 또 보고, 진술서를 읽고 또 읽고, 다른 기록과 대조하며 그날로 돌아갔습니다.

2부, 3부, 4부에서는 여전히 맴도는 질문을 찾아봤습니다. "왜 못 구했나." "왜 침몰했나." "대한민국에서 제일 위험한 배, 어떻게 태어났나."

101분 동안 기울어져가는 배에서 해경이 승객을 구하지 못한 이유를 짚었습니다. 지휘하지 않는 지휘부, 상황을 파악하지 못하는 상황실, 현장에 가지 않은 현장 책임자가 있었습니다. 구조를 '뒤흔든' 손도 확인했습니다. 해경 지휘부는 실패를 감추기 위해 거짓 기자회견을 하고 핵심 교신 기록을 숨겼습니다.

침몰 원인과 위험한 배의 탄생은 동전의 앞·뒷면과 같습니다. 배는 복원력이 있어서 기울어졌다가도 원래 상태로 돌아와 바로 섭니다. 그래서 배입니다. 그러나 세월호는 무리한 증개축으로 복원력이 나빠진 데다 화물을 지나치게 많이 실었습니다. 규정보다 화물을 많이 싣다 보니 고박을 제대로 할 수 없었습니다. 평형수도 빼내야 했습니다.

상습 과적과 부실 고박 때문에 기울어진 배가 오히려 더 기울어져 30도가 됐습니다. 그러자 바닷물이 들어오기 시작했습니다. 닫혀 있어야 할 문들이 열려 있고 밀폐돼야 할 문들 틈새가 벌어져 있었기 때문입니다. 사고 후 40분 동안, 1층과 화물칸이 침수됐습니다. 더 이상 기울어지지 않는 듯 느껴졌지만 물이 차고 있었던 것입니다. 3층까지 물에 잠기자 배는 빠르게 기울어졌고 결국 뒤집어졌습니다.

정작 8시 49분 배가 급속히 오른쪽으로 돌며 왼쪽 방향으로 기울어진 원인은 밝혀지지 않았습니다. 수사기관은 사고 다음 날부터 '미숙한 선원의 조타 과실'을 원인으로 지목했지만 법원은 인정하지 않았습니다.

AIS 항적도와 국정원같이, 의심의 눈초리를 받는 주제들도 들여다봤습니다. 기록 속에 흩어져 있는 단서들을 모아 어떤 의문은 털어내기도 하고 어떤 의문은 새로 제기하기도 했습니다.

5부는 이 책의 결론이자 가장 가슴 아픈 대목입니다. 구할 수 있었음을 확인하는 과정이기 때문입니다. 구조할 시간도 구조할 세력도 부족하지 않았습니다. 없었던 것은 구조 계획과 책임자였습니다. 여객선이 재난에 처했을 때 선장과 선원들, 그리고 해경이 무엇을 어떻게 해야 하는지 밝혔습니다. 선장의 '도주' 명령을 따랐다는 이유로 간부 선원들의 살인 혐의를 벗겨준 대법원 판결의 문제점도 짚었습니다.

3.

세월호의 '마지막 교신'과 같은, 새로 발굴한 진실의 조각들을 이 책을 통해 처음 공개합니다. 핵심 조각 10개를 다시 정리합니다.

'현장지휘자'는 서해청장 김수현과 목포서장 김문홍으로 드러났습니다. 9시 10분 해경 본청 상황실이 중앙구조본부를 꾸리면서 현장지휘자를 명시했습니다. 그러나 123정 정장 김경일만이 '현장지휘관(OSC)'으로 지목돼 구조 실패 책임을 떠안고 형사처벌을 받았습니다.

해경지휘부는 사고 이후에도 책임을 미뤘습니다. 해경청장 김석균은 해경 본청의 역할을 "상급 부서에 보고하는 것"이라고 규정했습니다. 현장 지휘는 서해청의 몫이라는 것입니다. 하지만 서해청장 김수현은 본청이 "현장에서 총괄 지휘하였"고 자신은 지휘 라인이 아니라 "스태프가 되었"다고 주장했습니다.

해경이 최소 5개 이상의 서로 다른, 그러나 모두 부실한 TRS 녹취록을 만들었다는 사실을 확인했습니다. 교신의 일부를 통째로 삭제하기도 했고 의도적으로 표현을 바꾼 것으로 의심되는 부분도 있습니다. 해경이 제출한 녹취록을, 녹음 파일을 들으며 '검증'한 곳이 지금껏 아무 데도 없었다는 놀라운 사실도 알게 됐습니다.

123정은 사고현장에 도착하자마자 '인증 사진'을 찍었습니다. 123정 정장 김경일의 휴대전화에 담겨 있던 그 사진을 처음 공개합니다. 기울어지는 배 안으로 뛰어들어 승객을 탈출시켜야 할 해경은 배 밖에서 사진과 영상을 찍어 해경 지휘부에 보내느라 시간을 허비했습니다.

전남 119상황실의 신고 전화는 쉼 없이 울렸습니다. "배가 기울었어요. 살려주세요." "빨리 좀 와주세요." 아우성이었습니다. 세월호 관련 119, 112, 122 신고 내용을 확보해 검증해보니 완전하지 않았습니다. 오전 10시 이후 "문이 잠겨 못 나오고 있다"는 단원고 학생의 신고가 119 녹취록에 빠져 있었습니다. 누가, 왜 뺐는지, 녹취록에 누락된 신고 전화가 더 있는지도 밝혀야 합니다.

지금까지 인천해경은 오전 9시 5분경 목포해경 상황실에서 사고를 통보받아 처음 알게 되었다고 주장해왔습니다. 그러나 9시 이전에 인천해경 상황실이 이미 세월호 사고를 알고 있었다는 증거가 발견됐습니다. 인천해경은 언제, 어떤 경위로, 어떤 내용을 알게 됐는지, 지금까지 사실과 다른 주장을 한 이유가 무엇인지 조사해야 합니다.

승객들이 촬영한 동영상과 선원들의 진술을 토대로 열두 차례의 선내 방송을 순서대로 복원했습니다. 선내에 대기하라는 방송이 있었다는 사실은 알려졌지만, 한 시간여 동안 그렇게 많이, 그렇게 집요하게 되풀이한 사실은 드러나지 않았습니다. 탈출하려는 승객들의 의지를 꺾고 주저앉히는 데 선내 방송이 한 역할과 책임을 새롭게 조명할 필요가 있습니다.

사고 발생 직후 세월호가 병풍도 북쪽 해상에서 멈춘 채 표류하던 시각에 해경의 AIS에는 세월호가 "이동 중"인 것으로 표시됐습니다. 목포해경 상황실뿐 아니라 해경 본청 상황실도 그랬습니다. 세월호 사고를 목격한 두라에이스호 문예식 선장은 세월호 AIS가 꺼져 있었다고 증언했습니다. AIS를 둘러싼 끝나지 않은 의문을 조사해야 합니다.

진도VTS 관제사가 승객 퇴선을 지시하지 않은 이유를 밝혔습니다. "세월호 선장에게 승객을 퇴선시키라고 지시했는데 세월호가 침몰하지 않는 상황이 발생해 결국 진도VTS의 지시에 따라 퇴선한 사람들이 죽거나 실종되었다고 가정할 때 그때 책임은 누가 지겠습니까?"

혹시라도 나중에 책임질 일이 생길까 두려워서 침몰하는 배에 승객을 남겨두었을 가능성이 있습니다.

9시 40~50분경 승객을 버리고 해경 123정으로 도주한 세월호 선원들은 123정 조타실을 자유로이 출입했습니다. "승객이 절반 이상 갇혀서 못 나온답니다." 123정 정장 김경일은 선원들에게 그 말을 듣고 해경 지휘부에 보고했습니다. 세월호 기관장 박기호는 그 조타실에서 해경이 바꿔준 전화로 "관청 사람"과 통화를 하기도 했습니다. 다른 선원들은 해경의 휴대전화를 이용해 가족에게 안부를 전했습니다.

4.

123정의 첫 현장 보고는 1년간 베일에 싸여 있었습니다. 그때까지는 9시 45분에 한 TRS 교신("현재 승객이 안에 있는데 배가 기울어갖고 현재 못 나오고 있답니다")이 첫 보고*로 알려져 있었습니다.

1년 동안이나 첫 보고를 찾지 못한 것은 '시간 오차' 탓이었습니다. 해경이 본청 상황실 경비전화 음성파일과 녹취록을 공개하면서 붙인 단서 조항이 비밀을 푸는 열쇠였습니다.

"실제 시간 = 기록파일 시간 - 12분"

해경이 표시한 기록파일 시간에 "9시 12분"이라고 적혀 있으면 실제 시간은 '9시'라는 뜻입니다. "9시 49분"이라고 쓰인 경비전화 음성파일과 녹취록이 있었습니다. 123정 정장 김경일과 해경 본청 상황실의 휴대전화 통화를 기록한 것이었습니다. 해경이 표시한 기록파일 시간(9시 49분)만 보면 첫 TRS 보고(9시 45분경)보다 늦은 것처럼 보입니다. 하지만 시간 오차를 조정해 실제 시간(9시 49분-12분)을 따져보면 이것이 바로 '9시 37분'**의 첫 현장 보고였던 것입니다. 해경이 표시한 시간에서 오차를 바로잡으니 보이지 않던 진실이 드러났습니다.

해경은 시간 오차를 적극적으로 밝히는 대신 책임을 모면하는 빌미로

---

* 해경 사건 1심 재판부는 123정 정장 김경일이 9시 44분 승객이 선내에 있다는 것을 인지했다며, 이때 퇴선 유도를 했다면 승객 56명을 더 구할 수 있었다고 판단했다. 그러나 9시 36분 첫 보고가 확인되면서 2심에서 피해자가 303명으로 늘어났다.

** 김경일의 휴대전화 통화 내역에는 본청 상황실과 9시 36분 23초에 통화한 것으로 기록돼 있다.

「세월호, 그날의 기록」 후기

활용했습니다. 그 누구도 시간 오차를 눈여겨보지 않았기에 가능한 일이 었습니다. 해경이 내놓은 수많은 기록 가운데 정확한 것을 찾기 어려울 정도입니다. 양쪽이 함께 교신해놓고는 각자 다른 시간으로 기록해 혼란을 일으켰습니다. 하지만 국회도, 감사원도, 검찰도, 법원도, 이것을 바로잡지 않았습니다. 몇 분 차이를 대수롭지 않게 넘겨버렸습니다. 그러니 사실관계를 제대로 파악하지 못하게 되고, 짚어야 할 의문점을 흘려버렸습니다. 그 몇 분의 차이가 수백 명의 삶과 죽음을 갈랐습니다.

기록팀은 시간 오차를 바로잡기로 했습니다. 본청 상황실 경비전화처럼 일단 작성 주체가 실제 시간과 기록파일 시간이 다르다고 밝힌 오차를 먼저 고쳤습니다. TRS처럼 음성파일이 있는 경우에는 일일이 들으며 관련 자료와 대조해서 시간을 확인했습니다. 국회, 감사원, 검찰에 낸 녹취록에 표시된 시간이 다를 때에는 관련자들의 진술을 검토해 실제 시간과 가장 가깝다고 판단되는 시간을 선택했습니다. 그러므로 이 책에 표시한 시간은 법원 판결문과도, 감사원 보고서와도 다른 것이 많습니다. 그러나 실제 시간에 더 가깝습니다. 그렇게 하나하나 뜯어고친 시간에는 명암을 넣어 '공식 문서'에 나타난 시간과 다름을 표시했습니다. 해경의 공식 기록이 안고 있는 시간 오차를 정리하면 아래와 같습니다.

기록물	기록 형태	시간 오차
해경 TRS	음성, 녹취록	국회, 검찰 제출 녹취록 + 1분 = 실제 시간
해경 본청 경비전화	음성, 녹취록	국회 제출 녹취록 - 12분 = 실제 시간
해경 화상전화	음성, 녹취록	녹취록 + 9분 = 실제 시간
서해해경청 경비전화	음성, 녹취록	녹취록 - 1분 30초 = 실제 시간 (통화 종료 시간 기준)
목포해경 경비전화	통화 내역	녹취록 + 8분 = 실제 시간
문자상황보고시스템	출력물	국회 제출 자료 + 3분 = 실제 시간
진도VTS	영상, 녹취록	녹취록 + 2분 = 실제 시간
제주해경 경비전화	통화 내역	통화 내역 + 2분 = 실제 시간
제주 SSB	제주 SSB	음성파일 + 3분 = 실제 시간

이 책에서 바로잡은 또 하나의 중요한 시각이 있습니다. 세월호가 기울어지기 시작한 시점입니다. 세월호는 8시 49분에 급격히 우회전해 10시 30분에 침몰했습니다. 지금껏 세월호 최종 항적도는 8시 48분 44초~8시 49분 13초 사이의 29초 구간이 누락된 상태로 공개됐습니다. 검찰과 법원은 항적이 밝혀지지 않은 8시 48분부터 배가 급선회한 것으로 추정했습니다. 그러나 기록팀은 2014년 9월 30일 해양심판원이 레이더 항적 데이터를 이용해 세월호의 항적을 보완한 것을 확인했습니다. 해양심판원은 해양사고를 조사해 사고의 원인을 규명하는 곳입니다. 이에 따르면, 세월호는 정상적으로 변침하다가 8시 49분 9초~8시 49분 13초에 급선회했습니다. 이 책에서 사고 발생 시점을 8시 48분에서 49분으로 바로잡은 이유입니다.

침몰 시간은 위성조난신호(Emergency Position Indicating Radio Beacon, EPIRB)를 기준으로 삼았습니다. 배에 설치된 EPIRB는 선박이 침몰하면 수심 4미터에서 자동 부양해 조난신호를 발신합니다. 해경 위성조난수신소(LUT)에서 최초 확인한 세월호의 EPIRB는 10시 30분 29초였습니다.

5.

"바보 같은 진실은 바보같이 말하고, 마음에 들지 않는 진실은 마음에 들지 않게 말하고, 슬픈 진실은 슬프게 말하라."

르몽드의 창간자 위베르 뵈브메리가 말한 것처럼, 이 책은 바보같이 말하고, 마음에 들지 않게 말하고, 슬프게 말합니다. 읽는 동안 덮어버리고, 집어던지고, 찢어버리고 싶은 순간이 수시로 찾아왔을 것입니다.

기록팀은 이 기록을 정리하는 동안 한 사람을 생각하며 포기하고 싶은 유혹을 견뎌냈습니다. 10년쯤 지난 후에 이 책을 읽어주기를 바라는 사람입니다.

2014년 4월 16일 오전 8시 49분, 다섯 살 권○○ 양은 세월호 4층 키즈룸에서 오빠와 놀고 있었습니다. 갑자기 아수라장이 된 배 안에서 부모와 떨어져 울고 있는 '애기'를 본 단원고 학생들은 구명조끼를 입혀주고 안아서 달래주었습니다. 점점 기울어지는 컴컴한 배 안에서 자기들도 무서워 울면서 권 양을 보듬었습니다. "울지 마, 괜찮아." 애기를 잃고 애타할 부모를 찾아주려고 소리도 질렀습니다. "애기, 여있어요."

10시 19분, 뒤집어지는 세월호 우현 난간에서 승객 10여 명이 솟구쳐 나왔습니다. 한 남학생이 큰 소리로 외쳤습니다.

"애기요, 애기!"

배 안으로 바닷물이 쏟아져 들어오자 학생들과 승객들이 손을 모아 난간 밖으로 애기를 밀어 올려 보낸 것입니다. 권 양은 그렇게 살아남았습니다. 평범한 사람들이 만들어낸 기적이었습니다.

10년 후, 별이 된 아이들만큼 자란 권 양이 이 책을 읽을 수 있기를 바랍니다. 기록팀은 권 양에게 부끄럽지 않을 만한 책을 만들겠다는 마음으로 정성을 다했습니다.

6.

산산조각 난 채 온갖 잡동사니 속에 뒤섞여 있는 진실의 조각들을 하나하나 찾아서 닦아내고 맞춰나갔습니다. 손에 잡히지 않는 기록 앞에서 절망하고, 가슴 아픈 사연에 눈물을 쏟은 나날들이었습니다. 도망가고 싶은 순간들이 끊임없이 닥쳐왔지만 세월호에서 승객을 내버리고 도주한 사람들처럼은 되지 않겠다는 다짐으로 견뎌냈습니다. 수많은 밤을 지새우며 할 수 있는 힘을 다한 지금 '진실의 힘 세월호 기록팀' 박다영, 박수빈, 박현진, 정은주는 아쉽고 설렙니다. 그동안 믿고 격려해준 모든 분들께 감사를 드립니다.

《한겨레21》 안수찬 편집장은 감당할 수 없는 일이라고 물러나려는 정은주를 돌려세웠습니다. 그때는 원망스러웠는데 지금은 고맙습니다. 구성원으로서 제 몫을 해내지 못하는데도 보듬고 채워준 선후배들에게도 큰 빚을 졌습니다.

교열자 허선주 씨는 '세월호'라서 다시 빨간 펜을 잡았습니다. 디자이너 공미경 씨는 믿을 수 없을 정도로 빠른 속도로, 밤낮을 가리지 않고 이 책을 완성했습니다. 최우성, 박민지, 홍은아, 김경이, 구둘래, 김동은, 김정현, 엄태운 씨는 그날을 잊지 않는 마음으로 힘을 보탰습니다. 기록 정리를 도와준 '진실의 힘' 자원활동가 김시은, 오효정, 이서연 학생, 사진을 선명하게 다듬어주고, 자료 복사와 관련된 궂은일을 헌신적으로 도와준 분들께도 고마운 마음을 전합니다. 그 밖에도 곳곳에서 진실이 밝혀지기를 기원하며 소리 없이 동참하신 분들께도 감사드립니다. 그분들의 노력이 언젠가는 열매를 맺으리라고 믿습니다.

수만 쪽의 기록을 부둥켜안은 채 어쩔 줄 모르고 있을 때 진실의 힘이 손을 내밀었습니다. 끝까지 잡은 손을 놓지 않고 모든 과정을 함께하며 이끌어주고 기다려주신 진실의 힘에 더없는 감사를 드립니다. 조용환 변호사님과 송소연, 강용주 이사님, 이사랑 간사님의 끝없는 격려와 조언, 아낌없는 지원이 없었다면 '세월호 프로젝트'는 시작되지도, 끝나지도 않았을 것입니다.

세월호의 진실을 밝히는 일은 작은 손전등 하나로 깊은 바다 속에 가라앉은 배를 비추는 것과 같습니다. 비록 최선을 다했지만, 이 책만으로는 새로운 손전등을 하나 더 보태는 정도에 지나지 않습니다. 희미한 불빛에 어렴풋이 보이는 모습만으로는 진실이라고 말할 수 없습니다. 그러나 수십 개, 수백 개의 손전등으로 배 전체를 환하게, 또렷하게 비출 수 있다면, 그때는 우리가 본 것을 진실이라고 말할 수 있을 것입니다. 그런 날이 오는 데 이 책이 조금이라도 이바지하기를 바랍니다.

2014년 여름 뙤약볕 아래에서 무릎을 끌어안고 울던 엄마들과 쏟아지는 장맛비를 맞으며 소리를 감춘 채 울던 아빠들을 기억합니다. 그분들께 작은 위로라도 드릴 수 있다면 큰 보람입니다. 박수현 학생의 아빠 박종대 씨와 엄마 이영옥 씨, 이창현 학생의 아빠 이남석 씨와 엄마 최순화 씨, 김동혁 학생의 아빠 김영래 씨와 엄마 김성실 씨, 김다영 학생의 아빠 김현동 씨의 지지와 응원은 기록팀을 여기까지 오게 하는 힘이 됐습니다. 끝으로 심장이 쿵쾅거려 읽을 자신이 없다면서도 피해자들의 이름을 밝힐 수 있도록 허락해주신 김동협, 김시연, 박영란, 박예슬, 신승희, 유미지, 유예은, 정예진, 최덕하 학생의 아빠, 엄마, 그리고 4·16 세월호 참사 가족대책협의회, 고맙고 또 고맙습니다.

2016년 2월
진실의 힘 세월호 기록팀
박다영 박수빈 박현진 정은주

주

1부 그날, 101분의 기록

1. 청해진해운 사건, 수사보고(2014. 10. 13.), 세월호 피해자 휴대전화 포렌식 자료, 김동협 휴대폰 동영상, 수사기록 18791쪽.
2. 청해진해운 사건, 수사보고(2014. 10. 13.), 세월호 피해자 휴대전화 포렌식 자료, 김동협 휴대폰 동영상, 수사기록 18791쪽.
3. 국회 국정조사 특위, 해양경찰청이 제출한 TRS 음성 파일.
4. 국회 국정조사 특위, 해양경찰청이 제출한, TRS 음성 파일.
5. 청해진해운 사건, 수사보고(2014. 10. 13.), 세월호 피해자 휴대전화 포렌식 자료, 김동협 휴대폰 동영상, 수사기록 18791쪽.
6. 청해진해운 사건, 수사보고(2014. 10. 13.), 세월호 피해자 휴대전화 포렌식 자료, 김동협 휴대폰 동영상, 수사기록 18791쪽.
7. 청해진해운 사건, 수사보고(2014. 10. 13.), 세월호 피해자 휴대전화 포렌식 자료, 김동협 휴대폰 동영상, 수사기록 18791쪽.
8. 청해진해운 사건, 수사보고(2014. 10. 13.), 세월호 피해자 휴대전화 포렌식 자료, 김동협 휴대폰 동영상, 수사기록 18791쪽.
9. 123정 사건, 수사보고(2014. 6. 12.), 511호 촬영 동영상, 수사기록 2172쪽.
10. 국회 국정조사 특위, 해양경찰청 제출, TRS 음성 파일.
11. 국회 국정조사 특위, 해양경찰청 제출, TRS 음성 파일.
12. 국회 국정조사 특위, 해양경찰청 제출, TRS 음성 파일.
13. 세월호 피해자 휴대전화 포렌식 자료.
14. 청해진해운 사건, 경찰 강민규 진술조서(2014. 4. 16.), 2~3쪽.
15. 청해진해운 사건, 경찰 강민규 진술조서(2014. 4. 16.), 2~3쪽.
16. 세월호 피해자 휴대전화 포렌식 자료.
17. 청해진해운 사건, 경찰 김병규 진술조서(2014. 4. 24.), 3쪽; 사정원, 생존자들 "눈만 감으면 악몽,

수면제로…",《KBS》(2015. 4. 6.).
18. 국회 국정조사 특위 조사록(부록)(2014. 7. 4), 61쪽; 청해진해운 사건, 경찰 조용준 진술조서(2014. 5. 1.), 3쪽.
19. 미주가 없는 카카오톡은 선원 사건, 경찰 수사보고(승선객 카카오톡 내용 2차 분석 결과)(2014. 5. 29.), 수사기록 4983~5023쪽.
20. 세월호 피해자 휴대전화 포렌식 자료.
21. 청해진해운 사건, 검찰 전정윤 4회 피의자 신문조서(2014. 6. 3.), 17~18쪽.
22. 청해진해운 사건, 경찰 김○○ 진술조서(2014. 4. 29.), 2쪽; 경찰 강민규 진술서(2014. 4. 16.), 1~2쪽.
23. 청해진해운 사건, 경찰 강민규 진술서(2014. 4. 16.), 3쪽.
24. 청해진해운 사건, 경찰 박희석 진술조서(2014. 5. 8.), 15쪽; 검찰 남호만 5회 피의자 신문조서(2014. 5. 16.), 5쪽.
25. 세월호 인허가 사건, 검찰 홍영기 진술조서(2014. 5. 14.), 20~21쪽.
26. 청해진해운 사건, 세월호 승선자 명부(2014. 4. 15.), 수사기록 136~158쪽; 세월호 인허가 사건, 검찰 박희석 진술조서(2014. 5. 13.), 15쪽; 국회 국정조사 특위 조사록(부록)(2014. 7. 4), 62쪽.
27. 청해진해운 사건, 검찰 남호만 5회 피의자 신문조서(2014. 5. 16.), 5쪽.
28. 청해진해운 사건, 경찰 박한결 1회 피의자 신문조서(2014. 4. 18.), 7~8쪽.
29. 청해진해운 사건, 경찰 김정수 진술조서(2014. 4. 20.), 8쪽.
30. 청해진해운 사건, 1심, 16회 공판조서(2014. 10. 23.), 4~5쪽; 적하운임목록(2014. 4. 15.), 수사기록 285~315쪽.
31. 청해진해운 사건, 1심 판결문(2014. 11. 20.), 16쪽.
32. 청해진해운 사건, 2013~2014년 세월호 화물 수송 내역, 수사기록 6070~6108쪽; 검찰 김정수 2회 피의자 신문조서(2014. 5. 9.), 5쪽; 경찰 수사보고(선사 측이 세월호 복원성 문제를 사전 인지한 정황 확인)(2014. 4. 28.), 제주 항로 선박 운영 구조조정안(2013. 11. 18.), 수사기록 5860~5866쪽; 1심, 16회 공판조서(2014. 10. 23.), 3~5쪽; 1심, 4회 공판조서(2014. 8. 28.)(김재범 증인 신문 부분), 4~11, 21~22쪽.
33. 청해진해운 사건, 검찰 최찬열 진술조서(2014. 5. 10.), 4쪽; 경찰 박희석 진술조서(2014. 5. 8.), 15쪽.
34. 청해진해운 사건, 경찰 최승필 진술조서(2014. 4. 27.), 2쪽; 박소희, "아이들 웃고 장난쳤는데…물이 다 쓸고 갔다",《오마이뉴스》(2014. 8. 11.).
35. 청해진해운 사건, 검찰 박한결 2회 피의자 신문조서(2014. 4. 28.), 15~18쪽.
36. 청해진해운 사건, 검찰 전정윤 3회 피의자 신문조서(2014. 6. 2.), 3쪽.
37. 청해진해운 사건, 경찰 전정윤 진술조서(2014. 4. 20.)(출항 전 여객선 안전검점보고서), 수사기록 1373쪽.
38. 청해진해운 사건, 검찰 박한결 2회 피의자 신문조서(2014. 4. 28.), 15~18쪽.
39. 청해진해운 사건, 검찰 강원식 7회 피의자 신문조서(2014. 5. 13.), 5~6쪽; 검찰 박한결 2회 피의자신문조서(2014. 4. 28.), 15~19쪽; 검찰 전정윤 3회 피의자 신문조서(2014. 6. 2.), 3~7쪽.
40. 청해진해운 사건, 검찰 박한결 2회 피의자 신문조서(2014. 4. 28.), 17쪽.
41. 청해진해운 사건, 검찰 박한결 2회 피의자 신문조서(2014. 4. 28.), 15~16쪽.
42. 청해진해운 사건, 검찰 박한결 2회 피의자 신문조서(2014. 4. 28.), 15~16쪽.
43. 청해진해운 사건, 출항 전 점검 보고서 서면 확인 관련 업무 지시(2011. 9. 27), 수사기록 11637쪽.

44. 청해진해운 사건, 검찰 김주성 1회 피의자 신문조서(2014. 6. 3.), 7쪽.
45. 청해진해운 사건, 검찰 김주성 1회 피의자 신문조서(2014. 6. 3.), 9쪽.
46. 청해진해운 사건, 검찰 전정윤 2회 피의자 신문조서(2014. 5. 25.), 16쪽.
47. 세월호 피해자 휴대전화 포렌식 자료.
48. 청해진해운 사건, 경찰 강민규 진술조서(2014. 4. 16.), 3쪽.
49. 국회 국정조사 특위 조사록(부록)(2014. 7. 4.), 61쪽.
50. 청해진해운 사건, 검찰 김주성 1회 피의자 신문조서(2014. 6. 3.), 12쪽; 경찰 전정윤 2회 진술조서(2014. 5. 2.), 7쪽.
51. 청해진해운 사건, 경찰 양○○ 진술조서(2014. 5. 16.)(시정주의보 해제 이전 인천VTS와 선박 간 교신 기록), 수사기록 11651~11653쪽.
52. 청해진해운 사건, 검찰 전정윤 2회 진술조서(2014. 5. 2.), 6쪽.
53. 청해진해운 사건, 경찰 전정윤 진술조서(2014. 4. 20.), 4쪽.
54. 청해진해운 사건, 2심, 5회 공판조서(2015. 4. 21.)(이준수 피고인 신문 부분), 공판기록 13929쪽.
55. 청해진해운 사건, 검찰 전정윤 1회 피의자 신문조서(2014. 5. 23.), 11쪽; 경찰 김주성 피의자 신문조서(2014. 5. 19.), 13쪽; 경찰 홍영기 진술조서(2014. 5. 9.), 3쪽.
56. 청해진해운 사건, 1심, 15회 공판조서(2014. 10. 22.)(김정수 피고인 신문 부분), 공판기록 4796~4797쪽.
57. 사참위 종합보고서, 55~57쪽; 청해진해운 사건, 1심 판결문(2014. 11. 20.), 18쪽.
58. 청해진해운 사건, 경찰 수사보고(세월호 출항 통제(시정주의보) 해제 경위 등에 대한)(2014. 4. 30.), 수사기록 6879~6881쪽.
59. 청해진해운 사건, 경찰 수사보고(세월호 출항 통제(시정주의보) 해제 경위 등에 대한)(2014. 4. 30.), 122 세월호 출항 관련 녹취록, 수사기록 6905~6907쪽.
60. 청해진해운 사건, 경찰 수사보고(세월호 출항 통제(시정주의보) 해제 경위 등에 대한)(2014. 4. 30.), 운항관리실 전화 연락 기록부, 수사기록 6882~6883쪽.
61. 청해진해운 사건, 검찰 전정윤 4회 피의자 신문조서(2014. 6. 3.), 5쪽.
62. 청해진해운 사건, 검찰 전정윤 4회 피의자 신문조서(2014. 6. 3.), 3~6쪽; 검찰 김주성 1회 피의자 신문조서(2014. 6. 3.), 13쪽; 경찰 수사보고(세월호 출항 통제(시정주의보) 해제 경위 등에 대한)(2014. 4. 30.), 수사기록 6879~6881쪽.
63. 청해진해운 사건, 검찰 전정윤 4회 피의자 신문조서(2014. 6. 3.), 4쪽.
64. 청해진해운 사건, 검찰 김주성 2회 피의자 신문조서(2014. 6. 4.), 2~5쪽.
65. 청해진해운 사건, 2심, 2회 공판조서(2015. 3. 17.)(김주성 피고인 신문 부분), 공판기록 11026쪽.
66. 청해진해운 사건, 검찰 김주성 2회 피의자 신문조서(2014. 6. 4.), 6쪽.
67. 청해진해운 사건, 검찰 김주성 1회 피의자 신문조서(2014. 6. 3.), 14쪽.
68. 청해진해운 사건, 검찰 박희석 2회 진술조서(2014. 5. 21.), 11쪽; 세월호 인허가 사건, 검찰 홍영기 진술조서(2014. 5. 14.), 20쪽.
69. 청해진해운 사건, 경찰 강민규 진술조서(2014. 4. 16.), 3쪽.
70. 청해진해운 사건, 1심, 21회 공판조서(2014. 11. 6.), 공판기록 8457쪽; 검찰 박희석 2회 진술조서(2014. 5. 21.), 11쪽; 세월호 인허가 사건, 검찰 홍영기 진술조서(2014. 5. 14.), 20쪽.
71. 청해진해운 사건, 검찰 전정윤 2회 피의자 신문조서(2014. 5. 25.), 16쪽.
72. 청해진해운 사건, 검찰 박한결 2회 피의자 신문조서(2014. 4. 28.), 6~7쪽.
73. 청해진해운 사건, 경찰 전정윤 2회 피의자 신문조서(2014. 5. 13.), 10~12쪽.
74. 선원 사건, 검찰 감정서(2014. 9. 30.), 별첨 1, 세월호 선내 CCTV의 '화질 개선 동영상' 자료 표, 세

월호 선내 CCTV(화질 개선), 수사기록 13952쪽.
75. 선원 사건, 경찰 박한결 진술조서(2014. 4. 16.), 수사기록 19241~19242쪽.
76. 선원 사건, 검찰 강원식 7회 피의자 신문조서(2014. 5. 13.), 수사기록 9776~9777쪽.
77. 선원 사건, 경찰 박한결 진술조서(2014. 4. 16.), 수사기록 19241~19242쪽.
78. 선원 사건, 1심, 21회 공판조서(2014. 10. 6.)(박한결 피고인 신문 부분), 45쪽.
79. 인천항·경인아라뱃길 해상교통관제 운영 규정 6조, 7조 참조(개정 2014. 4. 1., 인천지방해양항만청 고시 제2014-50호).
80. 연안해상교통 관제구역 고시 5조, 6조(개정 2012. 10. 30., 해양경찰청 고시 제2012-8호).
81. 부산지방해양항만청 제주해양관리단 해상교통관제 운영 규정 8조, 9조(개정 2014. 3. 31., 부산지방해양항만청 고시 제2014-035호).
82. 선원 사건, 경찰 박한결 3회 피의자 신문조서(2014. 4. 22.), 수사기록 19495쪽.
83. 선원 사건, 1심, 22회 공판조서(2014. 10. 7.)(이준석 피고인 신문 부분), 59쪽.
84. 선원 사건, 1심, 11회 공판조서(2014. 8. 26.)(신보식 증인 신문 부분), 5쪽.
85. 진도VTS 사건, 1심, 검찰 최종 의견서(2015. 1. 20.), 공판기록 2418쪽.
86. 선원 사건, 1심, 10회 공판조서(2014. 8. 20.)(문예식 증인 신문 부분), 1~3쪽.
87. 해양심판원 보고서, 39쪽.
88. 선원 사건, 검찰 박한결 3회 피의자 신문조서(2014. 4. 30.), 수사기록 20810쪽; 경찰 박한결 3회 피의자 신문조서(2014. 4. 22.), 수사기록 19492쪽.
89. 청해진해운 사건, 경찰 수사보고(세월호 선원 및 청해진해운 관계자 통화 내역 분석)(2014. 4. 29.), 수사기록 2769~2771쪽; 경찰 하○○ 진술조서(2014. 4. 30.), 3쪽.
90. 청해진해운 사건, 경찰 수사보고(세월호 선원 및 청해진해운 관계자 통화 내역 분석)(2014. 4. 29.), 수사기록 2769~2771쪽; 경찰 박기훈 진술조서(2014. 4. 29.), 3쪽.
91. 선원 사건, 1심, 19회 공판조서(2014. 9. 30.)(박기호 피고인 신문 부분), 51쪽.
92. 선원 사건, 검찰 감정서(2014. 9. 30.), 별첨 1. 세월호 선내 CCTV의 '화질 개선 동영상' 자료표, 세월호 선내 CCTV(화질 개선), 수사기록 13952쪽.
93. 선원 사건, 검찰 박기호 3회 피의자 신문조서(2014. 5. 2.), 수사기록 8283쪽.
94. 선원 사건, 검찰 박기호 4회 피의자 신문조서(2014. 5. 3.), 수사기록 8493쪽; 청해진해운 사건, 승무 경력 증명서(이준석), 수사기록 18559쪽.
95. 선원 사건, 검찰 박기호 피의자 신문조서(2014. 4. 29.), 수사기록 7882쪽.
96. 선원 사건, 검찰 감정서(2014. 9. 30.), 별첨 1. 세월호 선내 CCTV의 '화질 개선 동영상' 자료 표, 세월호 선내 CCTV(화질 개선), 수사기록 13952쪽.
97. 선원 사건, 경찰 박한결 5회 피의자 신문조서(2014. 4. 24.), 수사기록 19774~19775쪽.
98. 선원 사건, 검찰 박기호 피의자 신문조서(2014. 4. 29.), 수사기록 7882~7883쪽.
99. 선원 사건, 경찰 박한결 5회 피의자 신문조서(2014. 4. 24.), 수사기록 19774~19775쪽.
100. 100 선원 사건, 검찰 강원식 7회 피의자 신문조서(2014. 5. 13.), 수사기록 9783쪽.
101. 선원 사건, 검찰 박한결 3회 피의자 신문조서(2014. 4. 30.), 수사기록 20814쪽.
102. 선원 사건, 검찰 조준기 피의자 신문조서(2014. 4. 27.), 수사기록 20556쪽; 해양심판원 보고서, 39쪽.
103. 해양심판원 보고서, 39쪽.
104. 선원 사건, 검찰 박한결 3회 피의자 신문조서(2014. 4. 30.), 수사기록 20815~20816쪽.
105. 선원 사건, 검찰 박한결 3회 피의자 신문조서(2014. 4. 30.), 수사기록 20815~20816쪽.
106. 선원 사건, 검찰 조준기 3회 피의자 신문조서(2014. 5. 1.), 수사기록 20840~20842쪽.

107. 선원 사건, 1심, 19회 공판조서(2014. 9. 30.)(박기호 피고인 신문 부분), 53쪽.
108. 선원 사건, 검찰 김영호 피의자 신문조서(2014. 4. 29.), 수사기록 7846~7847쪽.
109. 선원 사건, 경찰 김영호 3회 피의자 신문조서(2014. 4. 24.), 수사기록 1921쪽.
110. 선원 사건, 검찰 김영호 피의자 신문조서(2014. 4. 29.), 수사기록 7846~7847쪽.
111. 선원 사건, 경찰 김영호 3회 피의자 신문조서(2014. 4. 24.), 수사기록 1923쪽.
112. 선원 사건, 검찰 김영호 피의자 신문조서(2014. 4. 29.), 수사기록 7846~7847쪽.
113. 선원 사건, 검찰 조준기 6회 피의자 신문조서(2014. 5. 7.), 수사기록 21136쪽.
114. 선원 사건, 검찰 김영호 피의자 신문조서(2014. 4. 29.), 수사기록 7846~7847쪽.
115. 선원 사건, 경찰 이준석 진술조서(2014. 4. 17.), 수사기록 248쪽.
116. 선원 사건, 검찰 오용석 3회 피의자 신문조서(2014. 5. 4.), 수사기록 3770~3771쪽.
117. 선원 사건, 경찰 신정훈 피의자 신문조서(2014. 4. 20.), 수사기록 934쪽.
118. 선원 사건, 검찰 강원식 3회 피의자 신문조서(2014. 5. 2.), 수사기록 8307쪽.
119. 선원 사건, 검찰 박기호 2회 피의자 신문조서(2014. 5. 1.), 수사기록 8000~8001쪽.
120. 선원 사건, 검찰 김영호 피의자 신문조서(2014. 4. 29.), 수사기록 7860쪽.
121. 선원 사건, 검찰 박기호 2회 피의자 신문조서(2014. 5. 1.), 수사기록 8000~8001쪽.
122. 선원 사건, 검찰 박경남 3회 피의자 신문조서((2014. 5. 4.), 수사기록 21053쪽.
123. 선원 사건, 검찰 박기호 2회 피의자 신문조서(2014. 5. 1.), 수사기록 8007쪽.
124. 선원 사건, 검찰 신정훈 3회 피의자 신문조서(2014. 5. 3.), 수사기록 8559~8560쪽.
125. 선원 사건, 검찰 조준기 6회 피의자 신문조서(2014. 5. 7.), 수사기록 21136쪽.
126. 선원 사건, 검찰 최찬열 진술조서(2014. 5. 10.), 수사기록 9555쪽.
127. 선원 사건 검찰 감정서(2014. 9. 30.), 별첨 1, 세월호 선내 CCTV의 '화질 개선 동영상' 자료 표, 세월호 선내 CCTV(화질 개선), 수사기록 13952쪽.
128. 123정 사건, 검찰 추가 증거 제출(2015. 6. 23.), 정○○ 진술서, 수사기록 6289쪽; 검찰 추가 증거 제출(2015. 6. 23.), 김○○ 진술서, 수사기록 6385쪽.
129. 123정 사건, 검찰 추가 증거 제출(2015. 6. 23.), 정○○ 진술서, 수사기록 6289쪽.
130. 123정 사건, 검찰 추가 증거 제출(2015. 6. 23.), 김○○ 진술서, 수사기록 6328쪽.
131. 선원 사건, 경찰 심상길 진술조서(2014. 5. 10.), 수사기록 4268쪽.
132. 123정 사건, 검찰 추가 증거 제출(2015. 6. 23.), 정○○ 진술서, 수사기록 6289쪽.
133. 청해진해운 사건, 경찰 최승필 진술조서(2014. 4. 27.), 수사기록 3822쪽; 123정 사건, 검찰 추가 승거 제출(2015. 6. 23.), 김○○ 진술서, 수사기록 6385쪽; 송대성, 일본 후지TV, 세월호 참사 집중 재조명,《CBS 노컷뉴스》(2014. 9. 22.).
134. 123정 사건, 검찰 추가 증거 제출(2015. 6. 23.), 정○○ 진술서, 수사기록 6289쪽.
135. 선원 사건, 1심, 공판기일 외 증인 신문조서(2014. 7. 28.)(최재영 증인 신문 부분), 3쪽; 박수지, 학생 탈출 돕다가 화상… 세월호 의상자로 인정,《한겨레》(2015. 3. 19.).
136. 선원 사건, 1심, 6회 공판조서(2014. 7. 24.)(김○○ 증인 신문 부분), 7쪽.
137. 선원 사건, 검찰 강인환 진술조서(2014. 5. 10.), 수사기록 4241쪽; 이대건, 세월호 생존자 "쾅 소리와 함께 침몰 시작",《YTN》(2014. 4. 16.).
138. 청해진해운 사건, 검찰 강○○ 진술서(2014. 5. 9.), 수사기록 9402쪽; 선원 사건, 경찰 이용주 진술조서(2014. 5. 10.), 수사기록 4256쪽; 조희선, 눈 감으면 출렁거리던 시커먼 바닷물 그 속으로 가라앉는 배가 자꾸 생각나,《서울신문》(2014. 6. 4.).
139. 선원 사건, 검찰 세월호 녹취록(단원고 학생 동영상); 경찰 수사보고(2014. 4. 28.), JTBC 동영상 파일 임의 제출에 따른 압수 및 분석에 대한, CD(휴대진화 촬영 동영상 파일).

140. 선원 사건, 1심, 공판기일 외 증인 신문조서(2014. 7. 29.)(손○○ 증인 신문 부분), 5쪽.
141. 선원 사건, 검찰 세월호 녹취록(단원고 학생 동영상); 경찰 수사보고(2014. 4. 28.), JTBC 동영상 파일 임의 제출에 따른 압수 및 분석에 대한, CD(휴대전화 촬영 동영상 파일).
142. 세월호 피해자 휴대전화 포렌식 자료, 김시연 촬영 동영상.
143. 선원 사건, 1심, 공판기일 외 증인 신문조서(2014. 7. 29.)(양○○ 증인 신문 부분), 2쪽.
144. 청해진해운 사건, 경찰 최승필 진술조서(2014. 4. 27.), 수사기록 3821쪽; 박소희, "아이들 웃고 장난쳤는데…물이 다 쓸고 갔다", 《오마이뉴스》(2014. 8. 11.).
145. 선원 사건, 검찰 세월호 녹취록(단원고 학생 동영상); 경찰 수사보고(2014. 4. 28.), JTBC 동영상 파일 임의 제출에 따른 압수 및 분석에 대한, CD(휴대전화 촬영 동영상 파일).
146. 선원 사건, 검찰 강혜성 진술조서(2014. 5. 4.), 수사기록 8876, 8879쪽.
147. 123정 사건, 검찰 추가 증거 제출(2015. 6. 23.)(김○○ 진술서), 수사기록 6385쪽.
148. 세월호 피해자 휴대전화 포렌식 자료, 김시연 촬영 동영상.
149. 선원 사건, 검찰 세월호 녹취록(단원고 학생 동영상); 경찰 수사보고(JTBC 동영상 파일 임의 제출에 따른 압수 및 분석에 대한)(2014. 4. 28.), 수사기록 5451~5452쪽, 첨부 CD(휴대전화 촬영 동영상 파일).
150. 선원 사건, 검찰 세월호 녹취록(단원고 학생 동영상); 경찰 수사보고(JTBC 동영상 파일 임의 제출에 따른 압수 및 분석에 대한)(2014. 4. 28.), 수사기록 5451~5452쪽, 첨부 CD(휴대전화 촬영 동영상 파일).
151. 전남 119 신고 전화 음성 파일, 4·16세월호참사가족협의회 자료실.
152. 123정 사건, 검찰 백남근 진술조서(2014. 6. 11.), 수사기록 2100쪽.
153. 선원 사건, 검찰 김영호 4회 피의자 신문조서(2014. 5. 4.), 수사기록 8744쪽.
154. 선원 사건, 검찰 조준기 6회 피의자 신문조서(2014. 5. 7.), 수사기록 21137쪽.
155. 선원 사건, 검찰 김영호 피의자 신문조서(2014. 4. 29.), 수사기록 7846쪽.
156. 선원 사건, 검찰 강원식 피의자 신문조서(2014. 4. 29.), 수사기록 20791쪽.
157. 선원 사건, 경찰 신정훈 피의자 신문조서(2014. 4. 20.), 수사기록 935쪽.
158. 선원 사건, 검찰 강원식 7회 피의자 신문조서(2014. 5. 13.), 수사기록 9788쪽.
159. 국회 국정조사 특위, 해양수산부 제출, (0700~1200) 제주VTS 교신 음성 파일.
160. 청해진해운 사건, 경찰 전정윤 진술조서(2014. 4. 20.), 2쪽.
161. 청해진해운 사건, 경찰 전정윤 2회 진술조서(2014. 5. 2.), 19~20쪽.
162. 청해진해운 사건, 검찰 박희석 2회 진술조서(2014. 5. 21.), 11쪽.
163. 청해진해운 사건, 검찰 홍영기 진술조서(2014. 5. 8.), 9~10쪽.
164. 청해진해운 사건, 경찰 김혜경 진술서(2014. 4. 29.), 1쪽.
165. 청해진해운 사건, 검찰 홍영기 진술조서(2015. 5. 8.), 9~10쪽; 경찰 조용준 진술조서(2014. 5. 1.), 5쪽.
166. 선원 사건, 검찰 강혜성 진술조서(2014. 5. 4.), 수사기록 8884~8885쪽.
167. 청해진해운 사건, 경찰 박기훈 진술조서(2014. 4. 29.), 4~5쪽.
168. 청해진해운 사건, 경찰 박기훈 진술조서(2014. 4. 29.), 4~5쪽.
169. 청해진해운 사건, 경찰 조용준 진술조서(2014. 5. 1.), 5쪽.
170. 청해진해운 사건, 검찰 홍영기 진술조서(2014. 5. 8.), 11~13쪽.
171. 청해진해운 사건, 검찰 박희석 2회 진술조서(2014. 5. 21.), 11~21쪽.
172. 청해진해운 사건, 경찰 조용준 진술조서(2014. 5. 1.), 7~8쪽; 경찰 김혜경 진술조서(2014. 5. 10.), 10~11쪽; 검찰 박희석 2회 진술조서(2014. 5. 21.), 11~12쪽.

173. 청해진해운 사건, 경찰 이성희 진술조서(2014. 4. 29.), 7쪽.
174. 청해진해운 사건, 1심, 8회 공판조서(2014. 9. 12.)(이성희 증인 신문 부분), 3쪽; 경찰 이성희 진술조서(2014. 4. 29.), 7쪽.
175. 청해진해운 사건, 경찰 이성희 진술조서(2014. 4. 29.), 16~18쪽.
176. 청해진해운 사건, 경찰 박기훈 진술조서(2014. 4. 29.), 7~11, 20쪽.
177. 청해진해운 사건, 경찰 박기훈 진술조서(2014. 4. 29.), 7~11, 20쪽.
178. 청해진해운 사건, 검찰 남호만 5회 피의자 신문조서(2014. 5. 16.), 6쪽.
179. 청해진해운 사건, 경찰 김정수 3회 피의자 신문조서(2014. 5. 3.), 4쪽.
180. 청해진해운 사건, 1심, 15회 공판조서(2014. 10. 22.)(김정수 피고인 신문 부분), 공판기록 4801쪽.
181. 청해진해운 사건, 검찰 남호만 6회 피의자 신문조서(2014. 5. 19.), 4쪽.
182. 청해진해운 사건, 1심, 15회 공판조서(2014. 10. 22.)(김정수 피고인 신문 부분), 공판기록 4801쪽.
183. 청해진해운 사건, 경찰 손○○ 진술조서(2014. 5. 2.), 10~12쪽.
184. 청해진해운 사건, 경찰 김혜경 진술조서(2014. 5. 10.), 5쪽.
185. 청해진해운 사건, 경찰 수사보고(김한식 모바일 포렌식 및 통화 내역 분석 결과에 대한)(2014. 5. 9.), 수사기록 11716~11733쪽.
186. 청해진해운 사건, 검찰 김영붕 7회 피의자 신문조서(2014. 5. 25.), 6~8쪽.
187. 청해진해운 사건, 경찰 김혜경 진술조서(2014. 5. 10.), 5쪽.
188. 국회 국정조사 특위, 국가정보원 제출, 국조특위 제출 요구 자료(2014. 7. 10.)(정진후 의원실), 5~6쪽; 청해진해운 사건, 경찰 분석보고서(2014. 4. 28.), 통화 내역 분석 결과 CD.
189. 청해진해운 사건, 경찰 박기훈 진술조서(2014. 4. 29.), 10쪽.
190. 청해진해운 사건, 경찰 박기훈 진술조서(2014. 4. 29.), 20쪽.
191. 청해진해운 사건, 1심, 4회 공판조서(2014. 8. 28.)(조용준 증인 신문 부분), 5~6쪽.
192. 청해진해운 사건, 경찰 임○○ 진술조서(2014. 4. 30.), 4쪽.
193. 청해진해운 사건, 검찰 안기현 2회 피의자 신문조서(2014. 5. 9), 13쪽.
194. 선원 사건, 1심, 13회 공판조서(2014. 9. 2.)(이수진 피고인 신문 부분), 80쪽; 경찰 이수진 진술조서(2014. 4. 16.), 수사기록 233쪽.
195. 선원 사건, 검찰 박기호 2회 피의자 신문조서(2014. 5. 1.), 수사기록 8005쪽.
196. 선원 사건, 성실 박성용 진술주서(2014. 4. 16.), 수사기록 302쪽.
197. 선원 사건, 1심, 13회 공판조서(2014. 9. 2.)(이수진 피고인 신문 부분), 80쪽; 겨찰 이수진 진술조서(2014. 4. 16.), 수사기록 233쪽.
198. 선원 사건, 검찰 박기호 2회 피의자 신문조서(2014. 5. 1.), 수사기록 8005쪽.
199. 선원 사건, 검찰 박경남 4회 피의자 신문조서(2014. 5. 7.), 수사기록 9143쪽.
200. 선원 사건, 1심, 13회 공판조서(2014. 9. 2.)(이수진 피고인 신문 부분), 86쪽.
201. 선원 사건, 검찰 손지태 피의자 신문조서(2014. 4. 30.), 수사기록 7969쪽.
202. 선원 사건, 검찰 손지태 4회 피의자 신문조서(2014. 5. 7.), 수사기록 9134쪽.
203. 선원 사건, 검찰 이수진 2회 피의자 신문조서(2014. 5. 2.), 수사기록 8386쪽; 1심, 13회 공판조서(2014. 9. 2)(이수진 피고인 신문 부분), 90쪽.
204. 선원 사건, 검찰 손지태 피의자 신문조서(2014. 4. 30.), 수사기록 7970쪽.
205. 선원 사건, 검칠 분석보고서, 통화 내역 분석 결과, 수사기록 5480~5481쪽.
206. 선원 사건, 1심, 13회 공판조서(2014. 9. 2.)(이수진 피고인 신문 부분), 91쪽.

207. 선원 사건, 1심, 13회 공판조서(2014. 9. 2), 손지태 피고인 신문 부분), 30~31쪽.
208. 선원 사건, 검찰 손지태 4회 피의자 신문조서(2014. 5. 7.), 수사기록 9129~9132쪽.
209. 선원 사건, 검찰 이영재 6회 피의자 신문조서(2014. 5. 13.), 수사기록 9857~9858쪽.
210. 선원 사건, 1심, 14회 공판조서(2014. 9. 3.)(이수진 피고인 신문 부분), 7쪽.
211. 청해진해운 사건, 경찰 최승필 진술조서(2014. 4. 27.), 수사기록 3823쪽; 송대성, 일본 후지TV, 세월호 참사 집중 재조명,《CBS 노컷뉴스》(2014. 9. 22.).
212. 선원 사건, 경찰 이○○ 진술조서(2014. 4. 28.), 수사기록 4164쪽.
213. 청해진해운 사건, 경찰 한승석 진술조서(2014. 4. 23.), 수사기록 3723쪽; 박상욱, 세월호 생존자들의 증언 "조타실에 탈출 여부 물었지만…",《JTBC》(2014. 5. 16.).
214. 선원 사건, 검찰 강혜성 진술조서(2014. 5. 4.), 수사기록 8881~8883쪽.
215. 세월호 피해자 휴대전화 포렌식 자료, 김시연 촬영 동영상.
216. 국회 국정조사 특위, 경찰청 제출, '세월호' 관련 전남청 112 신고 녹취록.
217. 123정 사건, 검찰 백남근 진술조서(2014. 6. 11.), 수사기록 2101쪽; 123정 사건, 1심 판결문(2015. 2. 11.), 6쪽.
218. 123정 사건, 2심, 2회 공판조서(2015. 6. 16.)(박성삼 증인 신문 부분), 공판기록 1421쪽.
219. 123정 사건, 검찰 이형래 진술조서(2014. 6. 4.), 수사기록 1035~1036쪽.
220. 123정 사건, 검찰 박성삼 7회 진술조시(2014. 7. 22.), 수사기록 3308쪽.
221. 123정 사건, 검찰 김경일 3회 피의자 신문조서(2014. 8. 5.), 수사기록 4391~4392쪽.
222. 123정 사건, 검찰 박성삼 2회 진술조서(2014. 7. 22.), 수사기록 3302~3305쪽.
223. 123정 사건, 검찰 박성삼 2회 진술조서(2014. 7. 22.), 수사기록 3302~3305쪽.
224. 123정 사건, 이민우 진술조서(2014. 6. 4.), 수사기록 960~961쪽.
225. 123정 사건, 검찰 박은성 2회 진술조서(2014. 7. 14.), 수사기록 2573쪽; 검찰 이형래 2회 진술조서(2014. 7. 14.), 수사기록 2620쪽.
226. 123정 사건, 이민우 진술조서(2014. 6. 4.), 수사기록 960~961쪽.
227. 123정 사건, 검찰 김태호 2회 진술조서(2014. 7. 17.), 수사기록 3064~3065쪽.
228. 123정 사건, 검찰 김태호 진술조서(2014. 6. 10.), 수사기록 1710쪽; 검찰 김재현 진술조서(2014. 6. 7.), 수사기록 1530, 1532쪽.
229. 선원 사건, 1심, 공판기일 외 증인 신문조서(2014. 7. 28.)(최재영 증인 신문 부분), 5쪽; 박수지, 학생 탈출 돕다가 화상… 세월호 의상자로 인정,《한겨레》(2015. 3. 19.).
230. 청해진해운 사건, 경찰 한승석 진술조서(2014. 4. 23.), 수사기록 3720쪽; 박상욱, 세월호 생존자들의 증언 "조타실에 탈출 여부 물었지만…",《JTBC》(2014. 5. 16.).
231. 청해진해운 사건, 경찰 최승필 진술조서(2014. 4. 27.), 수사기록 3823쪽; 박소희, "아이들 웃고 장난쳤는데…물이 다 쓸고 갔다",《오마이뉴스》(2014. 8. 11.).
232. 청해진해운 사건, 경찰 수사보고(승선객 카카오톡 분석 결과에 대한)(2014. 4. 25.), 수사기록 4110~4115; 경찰 수사보고(승선객 카카오톡 내용 2차 분석 결과)(2014. 5. 29.), 수사기록 13798~13840쪽; 세월호 참사 피해자 휴대전화 포렌식 자료.
233. 선원 사건, 검찰 김영호 피의자 신문조서(2014. 4. 29.), 수사기록 7849, 7852쪽.
234. 선원 사건, 경찰 신정훈 3회 피의자 신문조서(2014. 4. 24.), 수사기록 1877~1878쪽.
235. 선원 사건, 1심, 25회 공판조서(2014. 10. 14.)(김영호 피고인 신문 부분), 28쪽.
236. 선원 사건, 검찰 세월호 녹취록(단원고 학생 동영상); 검찰 수사보고(2014. 4. 28.), JTBC 동영상 파일 임의 제출에 따른 압수 및 분석에 대한, CD(휴대전화 촬영 동영상 파일).
237. 청해진해운 사건, 경찰 최승필 진술조서(2014. 4. 27.), 수사기록 3825쪽; 송대성, 일본 후지TV,

세월호 참사 집중 재조명, 《CBS 노컷뉴스》(2014. 9. 22.).
238. 청해진해운 사건, 경찰 최승필 진술조서(2014. 4. 27.), 수사기록 3825쪽; 송대성, 일본 후지TV, 세월호 참사 집중 재조명, 《CBS 노컷뉴스》(2014. 9. 22.).
239. 윤철원, "누난 너희들 탈출하면 나갈게" 구명조끼 양보한 고(故) 박지영 씨, 《CBS 노컷뉴스》(2014. 4. 17.),
240. 선원 사건, 경찰 이〇〇 진술조서(2014. 4. 29.), 수사기록 4051쪽.
241. 선원 사건, 경찰 양〇〇 진술조서(2014. 4. 29.), 수사기록 4038, 4040쪽; 경찰 차〇〇 진술조서(2014. 4. 28.), 수사기록 3995쪽.
242. 김동수 휴대전화 촬영 동영상, 김성수, [영상 타임라인] '세월호 구조 참사' 110분의 기록, 《뉴스타파》(2020. 2. 27.).
243. 청해진해운 사건, 경찰 김병규 진술조서(2014. 4. 24.), 수사기록 3788~3790쪽; 사정원, 생존자들 "눈만 감으면 악몽, 수면제로…", 《KBS》(2015. 4. 6.).
244. 국회 국정조사 특위, 경찰청 제출, [140416] 세월호 관련 112 신고 내역 및 최초 신고 녹취록.
245. 청해진해운 사건, 경찰 임〇〇 진술서(2014. 4. 24.), 수사기록 3708쪽.
246. 청해진해운 사건, 경찰 김병규 진술조서(2014. 4. 24.), 수사기록 3788~3790쪽; 사정원, 생존자들 "눈만 감으면 악몽, 수면제로…", 《KBS》(2015. 4. 6.).
247. 진도VTS 사건, 검찰 문예식 진술조서(2014. 6. 13.), 9~11쪽.
248. 선원 사건, 1심, 10회 공판조서(2014. 8. 20.)(문예식 증인 신문 부분), 4쪽; 진도VTS 사건 검찰 문예식 진술조서(2014. 6. 13.), 13쪽.
249. 선원 사건, 검찰 박경남 2회 피의자 신문조서(2014. 5. 3.), 8쪽.
250. 선원 사건, 1심, 10회 공판조서(2014. 8. 20.)(문예식 증인 신문 부분), 5쪽.
251. 진도VTS 사건, 검찰 문예식 진술조서(2014. 6. 13.), 12쪽.
252. 선원 사건, 1심, 10회 공판조서(2014. 8. 20.)(문예식 증인 신문 부분), 17쪽.
253. 선원 사건, 1심, 27회 공판조서(2014. 10. 20.)(박경남 피고인 신문 부분), 32쪽.
254. 선원 사건, 검찰 신정훈 5회 피의자 신문조서(2014. 5. 7.), 8쪽; 이후 미주 없는 SSB 통신 대화는 국회 국정조사 특위, 한국해운조합 제출, 제주 운항관리실 SSB 음성 파일.
255. 미주 없는 진도VTS 교신은 국회 국정조사 특위, 진도VTS 제출, 진도VTS 교신 음성 파일 0700~1200.
256. 신조위 종합보고서(내인설), 180~189쪽.
257. 123정 사건, 검찰 류규석 진술조서(2014. 6. 10.), 수사기록 1695~1697쪽.
258. 123정 사건, 검찰 고영주 진술조서(2014. 6. 10.), 수사기록 1640쪽.
259. 123정 사건, 검찰 류규석 진술조서(2014. 6. 10.), 수사기록 1693~1694쪽.
260. 123정 사건, 검찰 고영주 진술조서(2014. 6. 10.), 수사기록 1644쪽.
261. 특조위, 제1차 청문회 자료집(2016. 3.), 191쪽.
262. 선원 사건, 1심, 27회 공판조서(2014. 10. 20.)(신정훈 피고인 신문 부분), 9쪽.
263. 선원 사건, 122 신고 접수 녹취록, 수사기록 3682쪽.
264. 국회 국정조사 특위, 진도VTS 제출, 진도VTS 교신 음성 파일 0700~1200.
265. 국회 국정조사 특위, 진도VTS 제출, 진도VTS 교신 음성 파일 0700~1200.
266. 진도VTS 사건, 검찰 문예식 진술조서(2014. 6. 13.), 14~16쪽.
267. 선원 사건, 1심, 10회 공판조서(2014. 8. 20.)(문예식 증인 신문 부분), 21쪽.
268. 국회 국정조사 특위, 진도VTS 제출, 진도VTS 교신 음성 파일 0700~1200.
269. 선원 사건, 검찰 오용석 5회 피의자 신문조서(2014. 5. 8.), 수사기록 9361쪽.

270. 선원 사건, 교신 녹취록, 수사기록 11718쪽.
271. 국회 국정조사 특위, 진도VTS 제출, 진도VTS 교신 음성 파일 0700~1200.
272. 국회 국정조사 특위, 진도VTS 제출, 진도VTS 교신 음성 파일 0700~1200.
273. 감사원, 김형준 문답서(2014. 5. 26.), 127쪽.
274. 감사원, 김정식 등 문답서(2014. 5. 21.), 11~12쪽.
275. 국회 국정조사 특위, 진도VTS 제출, 진도VTS 교신 음성 파일 0700~1200.
276. 선원 사건, 1심, 10회 공판조서(2014. 8. 20.)(문예식 증인 신문 부분), 7쪽.
277. 선원 사건, 1심, 27회 공판조서(2014. 10. 20.)(신정훈 피고인 신문 부분), 4쪽.
278. 선원 사건, 2심, 3회 공판조서(2015. 3. 10.)(김영호 피고인 신문 부분), 공판기록 11615쪽.
279. 선원 사건, 검찰 박경남 4회 피의자 신문조서(2015. 5. 7.), 수사기록 9149쪽.
280. 특조위, 제1차 청문회 자료집(2016. 3.), 135~144쪽.
281. 국회 국정조사 특위, 해양경찰청 제출, TRS 음성 파일.
282. 국회 국정조사 특위, 해양경찰청 제출, TRS 음성 파일.
283. 국회 국정조사 특위, 진도VTS 제출, 진도VTS 교신 음성 파일 0700~1200.
284. 선원 사건, 검찰 박경남 4회 피의자 신문조서(2014. 5. 7.), 수사기록 9156쪽.
285. 국회 국정조사 특위, 진도VTS 제출, 진도VTS 교신 음성 파일 0700~1200.
286. 청해진해운 사건, 수사보고(2014. 10. 13.), 김동협 휴대폰 동영상, 수사기록 18791쪽.
287. 선원 사건, 검찰 박경남 4회 피의자 신문조서(2015. 5. 7.), 수사기록 9149쪽.
288. 선원 사건, 1심, 공판기일 외 증인 신문조서(2014. 7. 28.)(최재영 증인 신문 부분), 6쪽; 박수지, 학생 탈출 돕다가 화상… 세월호 의상자로 인정,《한겨레》(2015. 3. 19.).
289. 청해진해운 사건, 수사보고(2014. 10. 13.), 김동협 휴대폰 동영상, 수사기록 18791쪽.
290. 123정 사건, 검찰 김경일 피의자 신문조서(2014. 7. 28.), 수사기록 3911쪽.
291. 미주가 없는 TRS는 국회 국정조사 특위, 해양경찰청 제출, TRS 음성 파일.
292. 123정 사건, 검찰 김태호 2회 진술조서(2014. 7. 17.), 수사기록 3085, 3088쪽.
293. 123정 사건, 검찰 김재현 진술조서(2014. 6. 7), 수사기록 1536쪽.
294. 선원 사건, 1심, 8회 공판조서(2014. 8. 13.)(권재준 증인 신문 부분), 13쪽.
295. 123정 사건, 검찰 김태호 2회 진술조서(2014. 7. 17.), 수사기록 3090쪽.
296. 이병한, "옆방 문 열었더니 여학생 한 명만 있었다",《오마이뉴스》(2014. 5. 15.).
297. 123정 사건, 1심, 4회 공판조서(2015. 1. 27.)(김성묵 피의자 증인 신문 부분), 공판기록 887~888쪽; 마지막 탈출자 "홀에 아이들 수십 명..보고도 못 구했다",《CBS》김현정의 뉴스쇼 (2014. 4. 17.).
298. 123정 사건, 검찰 고영주 진술조서(2014. 6. 10.), 수사기록 1645~1646쪽.
299. 123정 사건, 검찰 고영주 진술조서(2014. 6. 10.), 수사기록 1645~1646쪽.
300. 123정 사건, 검찰 박상욱 2회 진술조서(2014. 7. 16.), 수사기록 2965쪽.
301. 123정 사건, 검찰 이종운 진술조서(2014. 6. 4.), 수사기록 1079쪽.
302. 123정 사건, 검찰 박○○ 진술조서(2014. 6. 4.), 수사기록 1321쪽.
303. 123정 사건, 검찰 이형래 진술조서(2014. 6. 4.), 수사기록 1038쪽.
304. 123정 사건, 검찰 수사보고(2014. 9. 3.), 123정 고무단정 엔진 고장 관련 언론 보도에 따른 고무단정 엔진 조정 담당 경사 김용기 진술 청취 보고, 수사기록 4698쪽.
305. 123정 사건, 검찰 이형래 진술조서(2014. 6. 4.), 수사기록 1060쪽.
306. 123정 사건, 검찰 수사보고(2014. 9. 3.), 123정 고무 단정 엔진 고장 관련 언론 보도에 따른 고무 단정 엔진 조정 담당 경사 김용기 진술 청취 보고, 수사기록 4698쪽.

307. 123정 사건, 검찰 박상욱 4회 진술조서(2014. 8. 3.), 수사기록 4204쪽.
308. 123정 사건, 검찰 수사보고(2014. 6. 12.), 123정 촬영 동영상, 수사기록 2172쪽.
309. 세월호 참사 피해자 휴대전화 포렌식 자료, 박예슬 촬영 동영상.
310. 김홍경 진술은 허재현, "아이들 끌어 올릴 때 해경 구조대는 뒤에서 지켜만 봤다",《한겨레》(2014. 5. 3.); 고아름, "더 구할 수 있었는데…" 학생 20여 명 살린 '용감한 승객들',《KBS》(2014. 4. 17.).
311. 선원 사건, 1심, 공판기일 외 증인 신문조서(2014. 7. 29.)(이○○ 증인 신문 부분), 2, 5쪽.
312. 청해진해운 사건, 수사보고(2014. 10. 13.), 김동협 휴대폰 동영상, 수사기록 18791쪽.
313. 선원 사건, 1심, 공판기일 외 증인 신문조서(2014. 7. 29.)(신○○ 증인 신문 부분), 3쪽.
314. 선원 사건, 1심, 공판기일 외 증인 신문조서(2014. 7. 29.)(이○○ 증인 신문 부분), 8쪽.
315. 선원 사건, 1심, 공판기일 외 증인 신문조서(2014. 7. 29.)(신○○ 증인 신문 부분), 11쪽.
316. 선원 사건, 1심, 공판기일 외 증인 신문조서(2014. 7. 29.)(신○○ 증인 신문 부분), 3쪽.
317. 선원 사건, 1심, 공판기일 외 증인 신문조서(2014. 7. 29.)(김○○ 증인 신문 부분), 4쪽.
318. 선원 사건, 1심, 공판기일 외 증인 신문조서(2014. 7. 29.)(이○○ 증인 신문 부분), 3쪽.
319. 123정 사건, 검찰 추가 증거 제출(2015. 6. 23.)(전○○ 진술서), 수사기록 6297쪽.
320. 선원 사건, 1심, 공판기일 외 증인 신문조서(2014. 7. 29.)(이○○ 증인 신문 부분), 3쪽.
321. 123정 사건, 검찰 류규석 진술조서(2014. 6. 10.), 수사기록 1701~1702쪽.
322. 123정 사건, 검찰 이성환 진술조서(2014. 6. 10.), 수사기록 1685쪽.
323. 123정 사건, 검찰 고영주 진술조서(2014. 6. 10.), 수사기록 1644쪽.
324. 선원 사건, 검찰 오용석 4회 피의자 신문조서(2014. 5. 5.), 수사기록 8936쪽; 경찰 조준기 5회 피의자 신문조서(2014. 4. 24.), 수사기록 19657쪽.
325. 선원 사건, 검찰 오용석 3회 피의자 신문조서(2014. 5. 4.), 수사기록 8794쪽; 1심, 27회 공판조서(2014. 10. 20.)(박경남 피의자 신문 부분), 52쪽.
326. 선원 사건, 검찰 오용석 3회 피의자 신문조서(2014. 5. 4.), 수사기록 8794쪽.
327. 국회 국정조사 특위, 진도VTS 제출, 진도VTS 교신 녹음파일 0700-1200.
328. 선원 사건, 1심, 14회 공판조서(2014. 9. 3.)(이수진 피고인 신문 부분), 5~19쪽.
329. 123정 사건, 검찰 수사보고(2014. 6. 12.), 123정 촬영 동영상, 수사기록 2172쪽.
330. 선원 사건, 경찰 임○○ 진술서(2014. 4. 24.), 수사기록 3709쪽.
331. 123정 사건, 검찰 박기호 진술조서(2014. 6. 2.), 수사기록 531~532쪽.
332. 선원 사건, 1심, 14회 공판조서(2014. 9. 3.)(이수진 피고인 신문 부분), 20쪽.
333. 123정 사건, 검찰 박은성 진술조서(2014. 6. 4.), 수사기록 1118쪽.
334. 선원 사건, 검찰 박기호 10회 피의자 신문조서(2014. 5. 13.), 28쪽.
335. 123정 사건, 검찰 이수진 진술조서(2014. 6. 2.), 수사기록 468~469쪽; 선원 사건, 1심, 14회 공판조서(2014. 9. 3.)(이수진 피고인 신문 부분), 32쪽.
336. 선원 사건, 1심, 27회 공판조서(2014. 10. 20.)(박경남 피고인 신문 부분), 41, 45쪽.
337. 선원 사건, 검찰 박한결 4회 피의자 신문조서(2014. 5. 2.), 수사기록 20915쪽.
338. 선원 사건, 1심, 27회 공판조서(2014. 10. 20.)(박경남 피고인 신문 부분), 41, 45쪽.
339. 국회 국정조사 특위, 한국해운조합 제출, 제주 운항관리실 SSB 음성 파일.
340. 선원 사건, 검찰 조준기 9회 피의자 신문조서(2014. 5. 12.), 수사기록 21251쪽.
341. 국회 국정조사 특위, 해양심판원 제출, 세월호 3항사 박한결 1차 추가 질문 조서(2014. 5. 27.), 12쪽.
342. 선원 사건, 1심, 6회 공판조서(2014. 7. 24.)(김정근 증인 신문 부분), 5, 6쪽.

343. 특조위, 제1차 청문회 자료집(2016. 3.), 111~112쪽.
344. 123정 사건, 검찰 박기호 진술조서(2014. 6. 2.), 수사기록 531~532쪽.
345. 선원 사건, 검찰 박성용 2회 진술조서(2014. 4. 21.), 16쪽.
346. 선원 사건, 1심, 18회 공판조서(2014. 9. 24.)(박성용 피고인 신문 부분), 24쪽.
347. 청해진해운 사건, 경찰 임○○ 진술서(2014. 4. 24.), 수사기록 3709쪽.
348. 선원 사건, 1심, 19회 공판조서(2014. 9. 30.)(김규찬 피고인 신문 부분), 14~15쪽.
349. 123정 사건, 검찰 이형래 3회 진술조서(2014. 8. 3.), 수사기록 4238~4239쪽.
350. 123정 사건, 검찰 수사보고(2014. 6. 12.), 123정 촬영 동영상, 수사기록 2172쪽.
351. 선원 사건, 경찰 김○○ 진술조서(2014. 4. 29.), 수사기록 4083쪽.
352. 123정 사건, 검찰 수사보고, (2014. 6. 12.), 123정 촬영 동영상, 수사기록 2172쪽.
353. 123정 사건, 검찰 수사보고, (2014. 6. 12.), 123정 촬영 동영상, 수사기록 2172쪽.
354. 123정 사건, 검찰 이형래 2회 진술조서(2014. 7. 14.), 수사기록 2630쪽.
355. 123정 사건, 1심, 4회 공판조서(2015. 1. 27.)(김진태 증인 신문 부분), 공판기록 878쪽.
356. 123정 사건, 검찰 이형래 진술조서(2014. 6. 4.), 수사기록 1048~1049쪽.
357. 123정 사건, 검찰 이형래 진술조서(2014. 6. 4.), 수사기록 1048~1049쪽.
358. 123정 사건, 검찰 수사보고, (2014. 6. 12.), 123정 촬영 동영상, 수사기록 2172쪽.
359. 123정 사건, 검찰 추가 증거 제출(2015. 6. 23.)(김○○ 진술서), 수사기록 6385쪽.
360. 123정 사건, 검찰 추가 증거 제출(2015. 6. 23.)(정○○ 진술서), 수사기록 6289쪽.
361. 123정 사건, 검찰 추가 증거 제출(2015. 6. 23.)(김○○ 진술서), 수사기록 6385쪽.
362. 청해진해운 사건, '세월호(선박)의 좌현 난간 침수 모습 분석표', 수사기록 15245쪽.
363. 123정 사건, 검찰 수사보고(2014. 6. 11.), 세월호 기울기 분석, 수사기록 1767쪽.
364. 선원 사건, 1심, 7회 공판조서(2014. 8. 12.)(박성삼 증인 신문 부분), 19~20쪽.
365. 123정 사건, 검찰 박상욱 2회 진술조서(2014. 7. 16.), 수사기록 2966쪽.
366. 123정 사건, 검찰 수사보고(2014. 6. 12.), 123정 촬영 동영상, 수사기록 2172쪽.
367. 123정 사건, 검찰 강원식 진술조서(2014. 6. 2.), 수사기록 408쪽.
368. 선원 사건, 1심, 10회 공판조서(2014. 8. 20.)(이형래 증인 신문 부분), 17쪽.
369. 123정 사건, 검찰 박한결 진술조서(2014. 6. 2.), 수사기록 455쪽.
370. 선원 사건, 1심, 공판기일 외 증인 신문조서(2014. 7. 28.)(알○○ 증인 신문 부분), 21쪽.
371. 123정 사건, 검찰 수사보고(2014. 6. 12.), 123정 촬영 동영상, 수사기록 2172쪽.
372. 123정 사건, 검찰 김영호 진술조서(2014. 6. 1.), 수사기록 390쪽.
373. 선원 사건, 1심, 10회 공판조서(2014. 8. 20.)(이형래 증인 신문 부분), 13쪽.
374. 123정 사건, 검찰 신정훈 진술조서(2014. 6. 2.), 수사기록 512쪽.
375. 123정 사건, 검찰 수사보고(2014. 7. 15.), 이형래, 박상욱이 세월호 진입해 방송 가능 여부 검토 결과 보고, 수사기록 2838쪽.
376. 123정 사건, 검찰 강원식 진술조서(2014. 6. 1.), 수사기록 411~412쪽.
377. 123정 사건, 검찰 수사보고(2014. 7. 15.), 이형래, 박상욱이 세월호 진입해 방송 가능 여부 검토 결과 보고, 수사기록 2838쪽.
378. 123정 사건, 검찰 박상욱 5회 진술조서(2014. 8. 4.), 수사기록 4301쪽.
379. 123정 사건, 검찰 수사보고(2014. 6. 12.), 123정 촬영 동영상, 수사기록 2172쪽.
380. 선원 사건, 1심, 20회 공판조서(2014. 10. 1.)(조준기 피고인 신문 부분), 67~68쪽.
381. 특조위, 제1차 청문회 자료집(2016. 3.), 172쪽.
382. 선원 사건, 1심, 27회 공판조서(2014. 10. 20.)(박경남 피고인 신문 부분), 50쪽.

383. 123정 사건, 검찰 최완식 2회 진술조서(2014. 7. 23.), 수사기록 3404쪽.
384. 선원 사건, 1심, 27회 공판조서(2014. 10. 20.)(박경남 피고인 신문 부분), 50쪽.
385. 국회 국정조사 특위, 해양경찰청 제출, TRS 음성 파일.
386. 청해진해운 사건, 세월호(선박)의 좌현 난간 침수 모습 분석표, 수사기록 15245쪽.
387. 청해진해운 사건, 수사보고(2014. 10. 13.), 김동협 휴대폰 동영상, 수사기록 18791쪽.
388. 선원 사건, 1심, 공판기일 외 증인 신문조서(2014. 7. 28.)(최재영 증인 신문 부분), 6쪽; 박수지, 학생 탈출 돕다가 화상… 세월호 의상자로 인정,《한겨레》(2015. 3. 19.).
389. 선원 사건, 1심, 공판기일 외 증인 신문조서(2014. 7. 28.)(최재영 증인 신문 부분), 6쪽; 박수지, 학생 탈출 돕다가 화상… 세월호 의상자로 인정,《한겨레》(2015. 3. 19.).
390. 123정 사건, 검찰 추가 증거 제출(2015. 6. 23.)(김○○ 진술서), 수사기록 6385쪽.
391. 특조위, 제1차 청문회 자료집(2016. 3.), 112쪽.
392. 123정 사건, 검찰 추가 증거 제출(2015. 6. 23.)(김○○ 진술서), 수사기록 6385쪽.
393. 선원 사건, 1심, 공판기일 외 증인 신문조서(2014. 7. 28.)(최재영 진술 부분), 7쪽; 특조위, 제1차 청문회 자료집(2016. 3.), 112쪽; 박수지, 학생 탈출 돕다가 화상… 세월호 의상자로 인정,《한겨레》(2015. 3. 19.).
394. 선원 사건, 경찰 윤길옥 진술조서(2014. 4. 28), 수사기록 3939쪽; 전진식, "아직도 세월호 안에 갇힌 것 같아요",《한겨레21》(2015. 4. 20.).
395. 선원 사건, 경찰 전○○ 진술조서(2014. 4. 29.), 수사기록 4097쪽.
396. 선원 사건, 검찰 강인환 진술조서(2014. 5. 10.), 수사기록 4246쪽; 이대건, 세월호 생존자 "쾅 소리와 함께 침몰 시작",《YTN》(2014. 4. 16.).
397. 123정 사건, 검찰 추가 증거 제출(2015. 6. 23.), 김○○ 진술서, 수사기록 6330쪽; 검찰 추가 증거 제출(2015. 6. 23.)(김○○ 진술서), 수사기록 6385쪽.
398. 123정 사건, 검찰 김○○ 진술서(2015. 1. 24.), 수사기록 6236쪽.
399. 123정 사건, 검찰 김○○ 진술서(2015. 1. 24.), 수사기록 6236쪽.
400. 123정 사건, 검찰 김○○ 진술서(2015. 1. 24.), 수사기록 6236쪽.
401. 123정 사건, 검찰 추가 증거 제출(2015. 6. 23.), 김○○ 진술서, 수사기록 6330쪽; 검찰 추가 증거 제출(2015. 6. 23.)(김○○ 진술서), 수사기록 6385쪽.
402. 특조위, 제1차 청문회 자료집(2016. 3.), 113쪽.
403. 선원 사건, 1심, 8회 공판조서(2014. 8. 13.)(권재준 증인 신문 부분), 1쪽.
404. 123정 사건, 검찰 김재전 진술조서(2014. 6. 7.), 수사기록 1496쪽.
405. 123정 사건, 검찰 수사보고(2014. 6. 12.), 512호 촬영 동영상, 수사기록 2172쪽.
406. 123정 사건, 검찰 수사보고(2014. 6. 12.), 512호 촬영 동영상, 수사기록 2172쪽.
407. 123정 사건, 검찰 권재준 진술조서(2014. 6. 7.), 수사기록 1579~1581쪽.
408. 123정 사건, 1심, 4회 공판조서(2015. 1. 27.)(김동수 증인 신문 부분), 공판기록 899쪽; 진송민, 파란 바지의 구조자 "내 딸 안에 있다고 생각하니…",《SBS》(2014. 4. 23.).
409. 선원 사건, 1심, 공판기일 외 증인 신문조서(2014. 7. 29.)(이○○ 증인 신문 부분), 3쪽.
410. 123정 사건, 1심, 4회 공판조서(2015. 1. 27.)(김동수 증인 신문 부분), 공판기록 899쪽; 진송민, 파란 바지의 구조자 "내 딸 안에 있다고 생각하니…",《SBS》(2014. 4. 23.).
411. 123정 사건, 1심, 4회 공판조서(2015. 1. 27.)(신○○ 증인 신문 부분), 공판기록 863쪽.
412. 선원 사건, 1심, 8회 공판조서(2014. 8. 13.)(김재현 증인 신문 부분), 3, 11쪽.
413. 123정 사건, 1심, 4회 공판조서(2015. 1. 27.)(김성묵 증인 신문 부분), 공판기록 890쪽; 선원 사건, 1심, 5회 공판조서(2014. 7. 23.)(김동수 증인 신문 부분), 6쪽; 진송민, 파란 바지의 구조자

"내 딸 안에 있다고 생각하니…",《SBS》(2014. 4. 23.).; 마지막 탈출자 "홀에 아이들 수십 명… 보고도 못 구했다",《CBS》김현정의 뉴스쇼(2014. 4. 17.).
414. 123정 사건, 1심, 4회 공판조서(2015. 1. 27.)(김성묵 증인 신문 부분), 공판기록 887쪽; 마지막 탈출자 "홀에 아이들 수십 명… 보고도 못 구했다",《CBS》김현정의 뉴스쇼(2014. 4. 17.).
415. 선원 사건, 1심, 8회 공판조서(2014. 8. 13.)(김재현 증인 신문 부분), 4~5쪽.
416. 123정 사건, 1심, 4회 공판조서(2015. 1. 27.)(김성묵 증인 신문 부분), 공판기록 887쪽; 마지막 탈출자 "홀에 아이들 수십 명..보고도 못 구했다",《CBS》김현정의 뉴스쇼(2014. 4. 17.).
417. 123정 사건, 검찰 수사보고(2014. 7. 15.), 해양경찰청 작성 초동 조치 및 수색 구조 쟁점 압수물, 수사기록 2915쪽.
418. 선원 사건, 1심, 8회 공판조서(2014. 8. 13.)(김재현 증인 신문 부분, 5쪽; 해경 사건 검찰 김재현 진술조서(2014. 6. 7.), 수사기록 1537쪽.
419. 123정 사건, 1심, 4회 공판조서(2014. 1. 27.)(김동수 증인 신문 부분), 공판기록 900쪽; 진송민, 파란 바지의 구조자 "내 딸 안에 있다고 생각하니…",《SBS》(2014. 4. 23.).
420. 선원 사건, 1심, 8회 공판조서(2014. 8. 13.)(김재현 증인 신문 부분), 4~5쪽.
421. 허재현, "아이들 끌어 올릴 때 해경 구조대는 뒤에서 지켜만 봤다,《한겨레》(2014. 5. 3.); 김성수, [영상 타임라인] '세월호 구조 참사' 110분의 기록,《뉴스타파》(2020. 2. 27.).
422. 선원 사건, 1심, 8회 공판조서(2014. 8. 13.)(박훈식 증인 신문 부분), 10, 12쪽.
423. 123정 사건, 검찰 수사보고(2014. 6. 12.), 511호 촬영 동영상, 수사기록 2172쪽.
424. 선원 사건, 1심, 8회 공판조서(2014. 8. 13.)(박훈식 증인 신문 부분), 6쪽.
425. 123정 사건, 검찰 수사보고(2014. 6. 12.), 511호 촬영 동영상, 수사기록 2172쪽.
426. 선원 사건, 1심, 5회 공판조서(2014. 7. 23.)(김동수 증인 신문 부분), 7쪽; 진송민, 파란 바지의 구조자 "내 딸 안에 있다고 생각하니…",《SBS》(2014. 4. 23.).
427. 세월호 참사 피해자 휴대전화 포렌식 자료, 손○○ 학생 촬영 동영상.
428. 선원 사건, 경찰 심상길 진술조서(2014. 5. 10.), 수사기록 4271쪽.
429. 선원 사건, 1심, 5회 공판조서(2014. 7. 23.)(김동수 증인 신문 부분), 8쪽; 경찰 심상길 진술조서(2014. 5. 10.), 수사기록 4271쪽; 세월호 피해자 휴대전화 포렌식 자료, 손○○ 학생 촬영 동영상; 진송민, 파란 바지의 구조자 "내 딸 안에 있다고 생각하니…",《SBS》(2014. 4. 23.).
430. 신용철, "구하지 못한 권혁규 군, 제일 미안해요.",《오마이뉴스》(2015. 4. 16.).
431. 선원 사건, 1심, 28회 공판조서(2014. 10. 21.)(김동수 증인 신문 부분), 2쪽; 진송민, 파란 바지의 구조자 "내 딸 안에 있다고 생각하니…",《SBS》(2014. 4. 23.).
432. 123정 사건, 검찰 김재현 진술조서(2014. 6. 7.), 수사기록 1538쪽.
433. 123정 사건, 검찰 수사보고(2014. 6. 12.), 511호, 512호 촬영 동영상, 수사기록 2172쪽.
434. 123정 사건, 검찰 수사보고(2014. 6. 12.), 511호, 512호 촬영 동영상, 수사기록 2172쪽.
435. 123정 사건, 검찰 추가 증거 제출(2015. 6. 23.), 양○○ 진술서, 수사기록 6315쪽.
436. 123정 사건, 검찰 추가 증거 제출(2015. 6. 23.), 양○○ 진술서, 수사기록 6315쪽.
437. 123정 사건, 검찰 추가 증거 제출(2015. 6. 23.), 양○○ 진술서, 수사기록 6315쪽.
438. 123정 사건, 검찰 수사보고(2014. 6. 12.), 511호, 512호 촬영 동영상, 수사기록 2172쪽.
439. 123정 사건, 검찰 추가 증거 제출(2015. 6. 23.), 양○○ 진술서, 수사기록 6315쪽.
440. 선원 사건, 1심, 8회 공판조서(2014. 8. 13.)(김재현 증인 신문 부분), 6쪽.
441. 123정 사건, 검찰 류규석 진술조서(2014. 6. 10.), 수사기록 1699쪽.
442. 선장은 도망쳤지만 내 동생은 끝까지 남아 학생들 지켰다,《YTN》김윤경의 생생경제(2014. 4. 18.).

443. 김영환, "아이들 구하러 가야 돼" 의인 양대홍 끝내…, 《한겨레》(2014. 5. 15.).
444. 선원 사건, 검찰 강혜성 진술조서(2014. 5. 4.), 수사기록 8876쪽.
445. 선원 사건, 경찰 오○○ 진술조서(2014. 4. 28.), 수사기록 3970쪽.
446. 선원 사건, 1심, 4회 공판조서(2014. 7. 22.)(김○○ 증인 신문 부분), 7쪽.
447. 선원 사건, 검찰 조준기 9회 피의자 신문조서(2014. 5. 12.), 수사기록 21239쪽; 검찰 마○○ 진술조서(2014. 5. 7.), 수사기록 9189쪽.
448. 선원 사건, 1심, 6회 공판조서(2014. 7. 24.)(송○○ 증인 신문 부분), 4~9쪽; 경찰 김종임 진술조서(2014. 4. 19.), 수사기록 617쪽.
449. 선원 사건, 1심, 6회 공판조서(2014. 7. 24.)(송○○ 증인 신문 부분), 4~9쪽; 경찰 김종임 진술조서(2014. 4. 19.), 수사기록 617쪽.
450. 선원 사건, 1심, 6회 공판조서(2014. 7. 24.)(김도영 증인 신문 부분), 3쪽; "배 기운 뒤, 입을 수 있으면 안전조끼 입으라", 《CBS》 시사자키 정관용입니다(2014. 4. 16.).
451. 청해진해운 사건, 경찰 김○○ 진술조서(2014. 4. 27.), 수사기록 3839쪽.
452. 선원 사건, 경찰 유○○ 진술서(2014. 4. 30.), 수사기록 4148쪽.
453. 선원 사건, 경찰 김도영 진술조서(2014. 4. 29.), 수사기록 4122쪽; 경찰 유○○ 진술조서(2014. 4. 30.), 수사기록 4149쪽; "배 기운 뒤, 입을 수 있으면 안전조끼 입으라", 《CBS》 시사자키 정관용입니다(2014. 4. 16.).
454. 선원 사건, 경찰 유○○ 진술조서(2014. 4. 30.), 수사기록 4151쪽.
455. 선원 사건, 1심, 6회 공판조서(2014. 7. 24.)(김도영 증인 신문 부분), 5쪽; "배 기운 뒤, 입을 수 있으면 안전조끼 입으라", 《CBS》 시사자키 정관용입니다(2014. 4. 16.).
456. 선원 사건, 경찰 유○○ 진술조서(2014. 4. 30.), 수사기록 4151쪽.
457. 선원 사건, 경찰 김도영 진술조서(2014. 4. 29.), 수사기록 4125쪽; "배 기운 뒤, 입을 수 있으면 안전조끼 입으라", 《CBS》 시사자키 정관용입니다(2014. 4. 16.).
458. 선원 사건, 1심, 5회 공판조서(2014. 7. 23.)(김○○ 증인 신문 부분), 3쪽.
459. 선원 사건, 1심, 6회 공판조서(2014. 7. 24.)(김도영 증인 신문 부분), 9쪽; "배 기운 뒤, 입을 수 있으면 안전조끼 입으라", 《CBS》 시사자키 정관용입니다(2014. 4. 16.).
460. 선원 사건, 1심, 5회 공판조서(2014. 7. 23.)(김○○ 증인 신문 부분), 5쪽.
461. 이병한, 의사자 박지영을 4층으로 올린 건 고 안현영이었다, 《오마이뉴스》(2014. 6. 4.).
462. 선원 사건 1심 공판기일 외 증인 신문조서(2014. 7. 29.)(김○○ 증인 신문 부분), 4쪽.
463. 선원 사건, 1심, 5회 공판조서(2014. 7. 23.)(김○○ 증인 신문 부분), 5쪽; 이병한, 의사자 박지영을 4층으로 올린 건 고 안현영이었다, 《오마이뉴스》(2014. 6. 4.).
464. 선원 사건, 1심, 6회 공판조서(2014. 7. 24.)(김도영 증인 신문 부분), 7쪽; 1심, 5회 공판조서(2014. 7. 23.)(최승필 증인 신문 부분), 3~4쪽; "배 기운 뒤, 입을 수 있으면 안전조끼 입으라"(2014. 4. 16.), 《CBS》 시사자키 정관용입니다(2014. 4. 16.); 박소희, "아이들 웃고 장난쳤는데…물이 다 쓸고 갔다", 《오마이뉴스》(2014. 8. 11.).
465. 선원 사건, 1심, 5회 공판조서(2014. 7. 23.)(최승필 증인 신문 부분), 4쪽; 박소희, "아이들 웃고 장난쳤는데…물이 다 쓸고 갔다", 《오마이뉴스》(2014. 8. 11.).
466. 선원 사건, 1심, 24회 공판조서(2014. 10. 13.)(강혜성 증인 신문 부분), 3쪽; 이병한, 의사자 박지영을 4층으로 올린 건 고 안현영이었다, 《오마이뉴스》(2014. 6. 4.).
467. 선원 사건, 경찰 유○○ 진술조서(2014. 4. 30.), 수사기록 4152~4153쪽.
468. 선원 사건, 경찰 유○○ 진술조서(2014. 4. 30.), 수사기록 4152~4153쪽.
469. 선원 사건, 1심, 공판기일 외 증인 신문조서(2014. 7. 29.)(나○○ 증인 신문 부분), 4~5쪽.

470. 선원 사건, 1심, 5회 공판조서(2014. 7. 23.)(최승필 증인 신문 부분), 5쪽; 박소희, "아이들 웃고 장난쳤는데…물이 다 쓸고 갔다",《오마이뉴스》(2014. 6. 4.).
471. 선원 사건, 1심, 5회 공판조서(2014. 7. 23.)(김○○ 증인 신문 부분), 6쪽; 경찰 유○○ 진술조서(2014. 4. 30.), 수사기록 4151쪽.
472. 123정 사건, 검찰 추가 증거 제출(2015. 6. 23.), 박○○ 진술서, 수사기록 6428쪽.
473. 선원 사건, 검찰 세월호 녹취록(단원고 학생 동영상); 경찰 수사보고(2014. 4. 28.), JTBC 동영상 파일 임의 제출에 따른 압수 및 분석에 대한, CD(휴대전화 촬영 동영상 파일).
474. 청해진해운 사건, 수사보고(2014. 10. 13.), 김동협 휴대폰 동영상, 수사기록 18791쪽.
475. 세월호 피해자 휴대전화 포렌식 자료, 손○○ 휴대폰 동영상.
476. 123정 사건, 검찰 강원식 2회 진술조서(2014. 7. 10.), 수사기록 2398~2399쪽.
477. 선원 사건, 검찰 김영호 5회 피의자 신문조서(2014. 5. 5.), 8~9쪽.
478. 123정 사건, 검찰 이수진 진술조서(2014. 6. 2.), 수사기록 470쪽.
479. 선원 사건, 1심, 14회 공판조서(2014. 9. 3.)(이수진 피고인 신문 부분), 23쪽.
480. 선원 사건, 검찰 김영호 5회 피의자 신문조서(2014. 5. 5.), 8~9쪽.
481. 선원 사건, 검찰 김영호 5회 피의자 신문조서(2014. 5. 5.), 8~9쪽.
482. 선원 사건, 1심, 6회 공판조서(2014. 7. 24.)(강○○ 증인 신문 부분), 7쪽.
483. 선원 사건, 경찰 이용주 진술조서(2014. 5. 10.), 수사기록 4258~4259쪽; 조희선, 눈 감으면 출렁거리던 시커먼 바닷물 그 속으로 가라앉는 배가 자꾸 생각나,《서울신문》(2014. 6. 4.).
484. 123정 사건, 검찰 김영호 진술조서(2014. 6. 1.), 수사기록 396쪽; 검찰 이형래 2회 진술조서(2014. 7. 14.), 수사기록 2642쪽.
485. 123정 사건, 검찰 김영호 진술조서(2014. 6. 1.), 수사기록 396쪽; 검찰 최완식 3회 진술조서(2014. 7. 25.), 수사기록 3645쪽.
486. 선원 사건, 1심, 29회 공판조서(2014. 10. 27.)(오용석 피고인 신문 부분), 3쪽.
487. 선원 사건, 1심, 27회 공판조서(2014. 10. 20.)(박경남 피고인 신문 부분), 50, 65쪽.
488. 선원 사건, 1심, 27회 공판조서(2014. 10. 20.)(박경남 피고인 신문 부분), 65쪽.
489. 선원 사건, 1심, 7회 공판조서(2014. 8. 12.)(이종운 증인 신문 부분), 10쪽.
490. 선원 사건, 1심, 10회 공판조서(2014. 8. 20.)(이형래 증인 신문 부분), 11쪽; 1심, 29회 공판조서(2014. 10. 17.)(오용석 피고인 신문 부분), 4쪽.
491. 123정 사건, 검찰 수사보고(2014. 6. 12.), 123정 촬영 동영상, 수사기록 2172쪽.
492. 선원 사건, 1심, 27회 공판조서(2014. 10. 20.)(박경남 피고인 신문 부분), 65쪽.
493. 청해진해운 사건, 검찰 수사 협조 의뢰에 대한 회신(2014. 10. 10.), 세월호 내부 수습 현황(2014. 10. 8.), 수사기록 19207쪽; 검찰 수사 협조 의뢰에 대한 회신(2014. 10. 10.), 세월호 침몰사고 희생자 현황, 수사기록 19208~19217쪽.
494. 123정 사건, 수사보고(2014. 6. 12.), 123정 촬영 동영상, 수사기록 2172쪽.
495. 선원 사건, 1심, 10회 공판조서(2014. 8. 20.)(이형래 증인 신문 부분), 13쪽.
496. 선원 사건, 1심, 10회 공판조서(2014. 8. 10.)(이형래 증인 신문 부분), 5~6쪽.
497. 123정 사건, 검찰 김영호 진술조서(2014. 6. 1.), 수사기록 397쪽.
498. 123정 사건, 검찰 추가 증거 제출(2015. 6. 23.), 박○○ 진술서, 수사기록 6428쪽; 정빛나, 고 남윤철 단원고 교사 유가족 "희생 헛되지 않기를",《연합뉴스》(2014. 7. 31.).
499. 청해진해운 사건, 수사보고(2014. 10. 13.), 김동협 휴대폰 동영상, 수사기록 18791쪽.
500. 선원 사건, 1심, 공판기일 외 증인 신문조서(2014. 7. 29.)(김○○ 증인 신문 부분), 3쪽.
501. 123정 사건, 검찰 추가 증거 제출(2015. 6. 23.), 박○○ 진술서, 수사기록 6359쪽.

502. 청해진해운 사건, 수사보고(2014. 10. 13.), 김동협 휴대폰 동영상, 수사기록 18791쪽.
503. 선원 사건, 1심, 공판기일 외 증인 신문조서(2014. 7. 28.)(이○○ 증인 신문 부분), 4쪽.
504. 123정 사건, 검찰 추가 증거 제출(2015. 6. 23.), 김○○ 진술서, 수사기록 6340쪽.
505. 선원 사건, 1심, 공판기일 외 증인 신문조서(2014. 7. 28.)(이○○ 증인 신문 부분), 4쪽; 123정 사건, 검찰 추가 증거 제출(2015. 6. 23.), 류○○ 진술서, 수사기록 6376쪽.
506. 123정 사건, 검찰 추가 증거 제출(2015. 6. 23.), 장○○ 진술서, 수사기록 6325쪽.
507. 선원 사건, 1심, 공판기일 외 증인 신문조서(2014. 7. 28.)(설○○ 증인 신문 부분), 4쪽.
508. 선원 사건, 1심, 공판기일 외 증인 신문조서(2014. 7. 28.)(오○○ 증인 신문 부분), 7쪽.
509. 선원 사건, 1심, 공판기일 외 증인 신문조서(2014. 7. 29.)(양○○ 증인 신문 부분), 3~4쪽.
510. 선원 사건, 1심, 5회 공판조서(2014. 7. 23.)(최승필 증인 신문 부분), 5쪽; 박소희, "아이들 웃고 장난쳤는데…물이 다 쓸고 갔다", 《오마이뉴스》(2014. 8. 11.).
511. 선원 사건, 1심, 5회 공판조서(2014. 7. 23.)(강혜성 증인 신문 부분), 10쪽.
512. 선원 사건, 1심, 공판기일 외 증인 신문조서(2014. 7. 29.)(나○○ 증인 신문 부분), 6쪽.
513. 선원 사건, 1심, 공판기일 외 증인 신문조서(2014. 7. 29.)(양○○ 증인 신문 부분), 3~4쪽.
514. 123정 사건, 검찰 추가 증거 제출(2015. 6. 23), 구○○ 진술서, 수사기록 6277~6278쪽.
515. 123정 사건, 검찰 추가 증거 제출(2015. 6. 23.), 구○○ 진술서, 수사기록 6277~6278쪽.
516. 선원 사건, 1심, 10회 공판조서 (2014. 8. 10.)(장원희 증인 신문 부분), 6쪽; 123정 사건, 검찰 박승기 진술조서(2014. 6. 2.), 수사기록 550쪽.
517. 123정 사건, 검찰 수사보고(2014. 6. 3.), 세월호 침몰사고 당시 구조 동영상 첨부(항해사 박승기 촬영), 수사기록 563쪽.
518. 123정 사건, 검찰 수사보고(2014. 6. 3.), 세월호 침몰사고 당시 구조 동영상 첨부(항해사 박승기 촬영), 수사기록 563쪽; 선원 사건, 1심, 10회 공판조서(2014. 8. 10.)(장원희 증인 신문 부분), 6, 8, 10쪽.
519. 123정 사건, 검찰 박승기 진술조서(2014. 6. 2.), 수사기록 551~552쪽.
520. 123정 사건, 검찰 수사보고(2014. 6. 11.), 세월호 기울기 분석, 수사기록 1767쪽.
521. 123정 사건, 검찰 추가 증거 제출(2015. 6. 23.), 장○○ 진술서, 수사기록 6368쪽.
522. 123정 사건, 검찰 추가 증거 제출(2015. 6. 23.), 설○○ 진술서, 수사기록 6394~6395쪽.
523. 선원 사건, 1심, 공판기일 외 증인 신문조서(2014. 7. 29.)(김○○ 증인 신문 부분), 6쪽.
524. 선원 사건, 1심, 공판기일 외 증인 신문조서(2014. 7. 28.)(오○○ 증인 신문 부분), 10쪽.
525. 123정 사건, 검찰 추가 증거 제출(2015. 6. 23.), 장○○ 진술서, 수사기록 6368쪽.
526. 123정 사건, 검찰 추가 증거 제출(2015. 6. 23.), 김○○ 진술서, 수사기록 6341쪽.
527. 선원 사건, 1심, 공판기일 외 증인 신문조서(2014. 7. 28.)(오○○ 증인 신문 부분), 9쪽.
528. 123정 사건, 검찰 추가 증거 제출(2015. 6. 23.), 설○○ 진술서, 수사기록 6394~6395쪽.
529. 123정 사건, 검찰 수사보고(2015. 6. 3.), 세월호 침몰사고 당시 구조 동영상 첨부(항해사 박승기 촬영), 수사기록 563쪽.
530. 123정 사건, 검찰 수사보고(2014. 6. 11.), 세월호 기울기 분석, 수사기록 1767쪽.
531. 선원 사건, 1심, 5회 공판조서(2014. 7. 23.)(최승필 증인 신문 부분), 4~5쪽; 송대성, 일본 후지TV, 세월호 참사 집중 재조명, 《CBS 노컷뉴스》(2014. 9. 22.).
532. 선원 사건, 1심, 공판기일 외 증인 신문조서(2014. 7. 29.)(나○○ 증인 신문 부분), 6~8쪽.
533. 선원 사건, 1심, 8회 공판조서(2014. 8. 13.)(김재현 증인 신문 부분), 11~12쪽.
534. 선원 사건, 1심, 8회 공판조서(2014. 8. 13.)(김재현 증인 신문 부분), 11~12쪽.
535. 123정 사건, 검찰 김재현 2회 진술조서(2014. 7. 15.), 수사기록 2696쪽; 선원 사건, 1심, 8회 공

536. 청해진해운 사건, 경찰 수사보고(승선객 카카오톡 분석 결과에 대한)(2014. 4. 25.), 수사기록 4110~4115-36쪽; 경찰 수사보고(승선객 카카오톡 내용 2차 분석 결과)(2014. 5. 29.), 수사기록 13798~13840쪽; 세월호 피해자 휴대전화 포렌식 자료.
537. 123정 사건, 검찰 수사보고(2014. 6. 11.), 세월호 기울기 분석, 수사기록 1767쪽.
538. 123정 사건, 검찰 추가 증거 제출(2015. 6. 23.), 양○○ 진술서, 수사기록 6315쪽.
539. 123정 사건, 검찰 추가 증거 제출(2015. 6. 23.), 양○○ 진술서, 수사기록 6315쪽.
540. 선원 사건, 1심, 공판기일 외 증인 신문조서(2014. 7. 29.)(최○○ 증인 신문 부분), 3~7쪽.
541. 123정 사건, 검찰 추가 증거 제출(2015. 6. 23.), 양○○ 진술서, 수사기록 6315쪽.
542. 선원 사건, 1심, 공판기일 외 증인 신문조서(2014. 7. 29.)(최○○ 증인 신문 부분), 3~7쪽.
543. 123정 사건, 검찰 수사보고(2014. 6. 3.), 세월호 침몰사고 당시 구조 동영상 첨부(항해사 박승기 촬영), 수사기록 563쪽.
544. 123정 사건, 검찰 수사보고(2014. 6. 11.), 세월호 기울기 분석, 수사기록 1767쪽.
545. 희망은 왜 가라앉았나?-'세월호 침몰'의 불편한 진실, 《SBS》 그것이 알고 싶다(2014. 4. 26.).
546. 강현석, 해경이 선장 구할 때 배 뒤쪽엔 학생 수십 명 매달려 있었다, 《경향신문》(2014. 4. 29.).
547. 123정 사건, 검찰 수사보고(2014. 6. 12.), 123정 촬영 동영상, 수사기록 2172쪽; 김성수, [영상 타임라인]'세월호 구조 참사' 110분의 기록, 《뉴스타파》(2020. 2. 27.).
548. 123정 사건, 검찰 수사보고(2014. 6. 12.), 123정 촬영 동영상, 수사기록 2172쪽; 김성수, [영상 타임라인]'세월호 구조 참사' 110분의 기록, 《뉴스타파》(2020. 2. 27.).
549. 신용철, "구하지 못한 권혁규 군, 제일 미안해요.", 《오마이뉴스》(2015. 4. 16.).
550. 123정 사건, 검찰 수사보고(2014. 6. 12.), 123정 촬영 동영상, 수사기록 2172쪽; 김성수, [영상 타임라인]'세월호 구조 참사' 110분의 기록, 《뉴스타파》(2020. 2. 27.).
551. 선원 사건, 1심, 공판기일 외 증인 신문조서(2014. 7. 29.)(나○○ 증인 신문 부분), 6~8쪽.
552. 123정 사건, 검찰 수사보고(2014. 6. 12.), 123정 촬영 동영상, 수사기록 2172쪽; 김성수, [영상 타임라인]'세월호 구조 참사' 110분의 기록, 《뉴스타파》(2020. 2. 27.).
553. 123정 사건, 검찰 수사보고(2014. 6. 12.), 123정 촬영 동영상, 수사기록 2172쪽; 김성수, [영상 타임라인]'세월호 구조 참사' 110분의 기록, 《뉴스타파》(2020. 2. 27.).
554. 선원 사건, 1심, 28회 공판조서(2014. 10. 21.)(김동수 증인 신문 부분), 2쪽; 진송민, 파란 바지의 구조자 "내 딸 안에 있다고 생각하니…", 《SBS》(2014. 4. 23.).
555. 123정 사건, 검찰 수사보고(2014. 6. 12.), 123정 촬영 동영상, 수사기록 2172쪽; 김성수, [영상 타임라인]'세월호 구조 참사' 110분의 기록, 《뉴스타파》(2020. 2. 27.).
556. 허재현, 아이들 끌어 올릴 때 해경 구조대는 뒤에서 지켜만 봤다, 《한겨레》(2014. 5. 2.).
557. 123정 사건, 검찰 수사보고(2014. 6. 12.), 123정 촬영 동영상, 수사기록 2172쪽; 김성수, [영상 타임라인]'세월호 구조 참사' 110분의 기록, 《뉴스타파》(2020. 2. 27.).

2부 "대한민국에서 제일 위험한 배", 어떻게 태어났나

1. 선원 사건, 1심, 13회 공판조서(2014. 9. 2.)(이수진 피고인 신문 부분), 67쪽.
2. 청해진해운 사건, 검찰 안기현 13회 피의자 신문조서(2014. 5. 23.), 2쪽.
3. 세월호 인허가 사건, 검찰 송기채 2회 진술조서(2014. 5. 14.), 4쪽.
4. 청해진해운 사건, 검찰 김영붕 피의자 신문조서(2014. 5. 12.), 7쪽.

5. 세월호 인허가 사건, 검찰 수사보고(인천/제주항로 해상여객운송사업 면허 신청 반려 서류 첨부)(2014. 5. 21.), 수사기록 1261~1262쪽.
6. 세월호 인허가 사건, 검찰 수사보고(인천/제주항로 해상여객운송사업 면허 신청 반려 서류 첨부)(2014. 5. 21.), 인천-제주항로 해상여객운송사업 면허 신청서 반려, 수사기록 1300~1309쪽.
7. 청해진해운 사건, 검찰 남호만 2회 피의자 신문조서(2014. 5. 11.), 2쪽.
8. 선원 사건, 검찰 조용준 4회 진술조서(2014. 5. 23.), 2~4쪽.
9. 세월호 인허가 사건, 검찰 박기청 3회 피의자 신문조서(2014. 5. 28.), 3~4쪽.
10. 청해진해운 사건, 검찰 김한식 6회 피의자 신문조서(2014. 5. 16.), 2~3쪽.
11. 세월호 인허가 사건, 검찰 조용준 4회 진술조서(2014. 5. 23.), 6쪽.
12. 청해진해운사건, 검찰 김한식 6회 피의자 신문조서(2014. 5. 16.), 2~3쪽.
13. 청해진해운사건, 검찰 김한식 6회 피의자 신문조서(2014. 5. 16.), 2~3쪽.
14. 청해진해운사건, 검찰 김한식 6회 피의자 신문조서(2014. 5. 16.), 7~8쪽.
15. 청해진해운사건, 검찰 김한식 6회 피의자 신문조서(2014. 5. 16.), 3~4쪽.
16. 세월호 인허가 사건, 검찰 박기청 피의자 신문조서(2014. 5. 27.), 4쪽.
17. 세월호 인허가 사건, 검찰 김한식 진술조서(2014. 6. 3.), 2쪽.
18. 세월호 인허가 사건, 1심, 2회 공판조서(2014. 9. 15.)(송기채 증인 신문 부분), 공판기록 444쪽.
19. 세월호 인허가 사건, 검찰 조용준 4회 진술조서(2014. 5. 23.), 7쪽.
20. 선조위 종합보고서(내인설), 25~26쪽.
21. 세월호 인허가 사건, 1심, 1회 공판조서(2014. 8. 18.)(박기청 증인 신문 부분), 공판기록 364~365쪽.
22. 세월호 인허가 사건, 검찰 김한식 진술조서(2014. 6. 3.), 6쪽.
23. 세월호 인허가 사건, 검찰 조용준 피의자 신문조서(2014. 5. 27.), 10쪽.
24. 청해진 해운사건, 검찰 김한식 2회 피의자 신문조서(2014. 5. 10.), 11쪽.
25. 세월호 인허가 사건, 검찰 조용준 피의자 신문조서(2014. 5. 27.), 7쪽.
26. 세월호 인허가 사건, 검찰 박기청 3회 피의자 신문조서(2014. 5. 28.), 3~4쪽.
27. 세월호 인허가 사건, 검찰 김한식 진술조서(2014. 6. 3.), 4~6쪽.
28. 세월호 인허가 사건, 검찰 박기청 3회 피의자 신문조서(2014. 5. 28.), 3~4쪽.
29. 세월호 인허가 사건, 2심 판결문(2015. 6. 23.), 56쪽; 검찰 조용준 피의자 신문조서(2014. 5. 27.), 8~9, 15~16쪽.
30. 세월호 인허가 사건, 검찰 송기채 4회 피의자 신문조서(2014. 5. 26), 3쪽; 2심 판결문(2015. 6. 23.), 15~17쪽.
31. 세월호 인허가 사건, 2심 판결문(2015. 6. 23.), 15~16쪽.
32. 세월호 인허가 사건, 검찰 수사보고(세월호 제주항로의 조건부 복선 면허 취득 관련 서류 첨부)(2014. 5. 21.), 수사기록 1360~1362쪽; 감사원 보고서, 115~121쪽.
33. 세월호 인허가 사건, 검찰 수사보고(세월호 제주항로의 조건부 복선 면허 취득 관련 서류 첨부)(2014. 5. 21.), 인천-제주 항로 사업계획변경(증선) 검토, 수사기록 1418~1423쪽.
34. 세월호 인허가 사건, 검찰 수사보고(세월호 제주항로의 조건부 복선 면허 취득 관련 서류 첨부)(2014. 5. 21.), 해상여객운송사업면허(증선) 기한 연장 건, 수사기록 1428~1429쪽.
35. 세월호 인허가 사건, 검찰 수사보고(세월호 제주항로의 조건부 복선 면허 취득 관련 서류 첨부)(2014. 5. 21.), 해상여객운송사업면허(증선) 기한 연장 요청 관련, 수사기록 1430쪽.
36. 세월호 인허가 사건, 검찰 수사보고(세월호 제주항로의 조건부 복선 면허 취득 관련 서류 첨부)(2014. 5. 21.), 해상여객운송사업면허(증선) 기한 연장 관련 추기 자료 제출, 수사기록 1431쪽;

인천/제주 항로 카페리선 증선 투입 관련 조건부 면허 기한 연장 처리 알림, 수사기록 1469쪽; 감사원 보고서, 124~126쪽.
37. 세월호 인허가 사건, 검찰 수사보고(세월호 제주항로의 조건부 복선 면허 취득 관련 서류 첨부)(2014. 5. 21.), 해상여객운송사업계획 변경 인가 알림(청해진해운), 수사기록 1537~1541쪽.
38. 청해진해운 사건, 경찰 수사보고(과적 여부 확인을 위한 재화중량 톤수 산정 필요성에 대하여)(2014. 4. 25.), 수사기록 4396쪽.
39. 감사원 보고서, 115, 122쪽.
40. 감사원 보고서, 118~119쪽.
41. 감사원 보고서, 125~127쪽.
42. 감사원 보고서, 121~122쪽.
43. 박다해, 정부, 세월호 책임 공무원 징계 감경… "제 식구 감싸기",《머니투데이》(2015. 9. 11.).
44. 해양수산부 보도자료, 세월호 후속조치법 개정안 국회 통과(2014. 12. 10.), 3쪽.
45. 감사원 보고서, 227쪽.
46. 세월호 인허가 사건, 검찰 박기청 3회 피의자 신문조서(2014. 5. 28.), 5~6쪽.
47. 세월호 인허가 사건, 검찰 송기채 3회 진술조서(2014. 5. 15.), 1~2쪽.
48. 세월호 인허가 사건, 검찰 송기채 피의자 신문조서(2014. 5. 20.), 18~19쪽.
49. 세월호 인허가 사건, 검찰 송기채 7회 피의자 신문조서(2014. 5. 30.), 8~10쪽.
50. 세월호 인허가 사건, 검찰 송기채 피의자 신문조서(2014. 5. 20.), 22쪽.
51. 세월호 인허가 사건, 검찰 송기채 7회 피의자 신문조서(2014. 5. 30.), 8~10쪽.
52. 세월호 인허가 사건, 검찰 안기현 진술조서(2014. 6. 9.), 4쪽.
53. 세월호 인허가 사건, 검찰 송기채 10회 피의자 신문조서(2014. 6. 2.), 10~11쪽.
54. 세월호 인허가 사건, 검찰 김한식 피의자 신문조서(2014. 6. 10.), 8~10쪽.
55. 세월호 인허가 사건, 검찰 김한식 피의자 신문조서(2014. 6. 10.), 8~10쪽.
56. 세월호 인허가 사건, 검찰 김혜경 진술조서(2014. 5. 21.), 8~10쪽.
57. 세월호 인허가 사건, 검찰 김봉섭 2회 피의자 신문조서(2014. 6. 6.), 17쪽.
58. 세월호 인허가 사건, 검찰 박성규 3회 피의자 신문조서(2014. 6. 6.), 16~19쪽.
59. 세월호 인허가 사건, 검찰 곽○○ 진술조서(2014. 5. 30.), 22~23쪽.
60. 세월호 인허가 사건, 검찰 박성규 5회 피의자 신문조서(2014. 6. 9.)(송기채 대질 부분), 5~12쪽.
61. 세월호 인허가 사건, 1심, 2회 공판조서(2014. 9. 15.)(송기채 증인 신문 부분), 공판기록 458쪽.
62. 세월호 인허가 사건, 1심, 2회 공판조서(2014. 9. 15.)(송기채 증인 신문 부분), 공판기록 481쪽.
63. 세월호 인허가 사건, 1심, 3회 공판조서(2014. 9. 15.)(김한식 증인 신문 부분), 공판기록 545쪽.
64. 세월호 인허가 사건, 1심 판결문(2014. 12. 11.), 3~4쪽.
65. 세월호 인허가 사건, 2심 판결문(2015. 6. 23.), 4, 67~70쪽.
66. 세월호 인허가 사건, 2심 판결문(2015. 6. 23.), 20~22, 25~38쪽.
67. 세월호 인허가 사건, 대법원 2016. 5. 24. 선고 2015도10459 판결.
68. 세월호 인허가 사건, 검찰 조용준 3회 진술조서(2014. 5. 22.), 3쪽; 검찰 김혜경 2회 진술조서(2014. 5. 23.)(청해진해운 차입금 현황), 수사기록 2107쪽.
69. 세월호 인허가 사건, 검찰 김혜경 2회 진술조서(2014. 5. 23.), 4쪽.
70. 세월호 인허가 사건, 검찰 수사보고서(선박 수리비를 선박 원가로 계상한 분식회계 내역)(2014. 5. 27.), 수사기록 3172~3187쪽.
71. 세월호 인허가 사건, 검찰 조용준 진술조서(2014. 5. 19.), 3~4쪽.
72. 청해진해운 사건, 검찰 김한식 2회 피의자 신문조서(2014. 5. 10.), 12쪽; 세월호 인허가 사건, 검

찰 조용준 2회 진술조서(2014. 5. 21.)(세월호 자금 수지 현황), 수사기록 1601쪽.
73. 세월호 인허가 사건, 검찰 수사보고(세월호 도입과 관련된 한국산업은행 시설자금 대출 서류 첨부)(2014. 5. 28.), 차입신청서, 수사기록 3210~3211쪽.
74. 세월호 인허가 사건, 검찰 수사보고(세월호 도입과 관련된 한국산업은행 시설자금 대출 서류 첨부)(2014. 5. 28.), 사업계획서, 수사기록 3212~3240쪽.
75. 세월호 인허가 사건, 검찰 수사보고(세월호 도입과 관련된 한국산업은행 시설자금 대출 서류 첨부)(2014. 5. 28.), 수사기록 3204~3207쪽.
76. 청해진해운 사건, 검찰 김한식 6회 피의자 신문조서(2014. 5. 16.), 4쪽.
77. 세월호 인허가 사건, 검찰 조용준 2회 진술조서(2014. 5. 21.)(세월호 자금 수지 현황), 수사기록 1601쪽.
78. 국회 국정감사 정무위원회 회의록(2014. 10. 21.), 10~11쪽.
79. 국회 국정감사 정무위원회 회의록(2014. 10. 21.), 37쪽.
80. 세월호 인허가 사건, 검찰 수사보고(세월호 도입과 관련된 한국산업은행 시설자금 대출 서류 첨부)(2014. 5. 28.), 감정평가서, 수사기록 3314~3341쪽.
81. 국회 국정감사 정무위원회 회의록(2014. 10. 21.), 39쪽.
82. 세월호 인허가 사건, 검찰 수사보고(세월호 화물 적재 가능량 관련)(2014. 5. 16.), 완성복원성계산서, 수사기록 609~634쪽.
83. 세월호 인허가 사건, 검찰 수사보고(세월호 도입과 관련된 한국산업은행 시설자금 대출 서류 첨부)(2014. 5. 28.), 감정평가서, 수사기록 3314~3341쪽.
84. 청해진해운 사건, 경찰 수사보고(선사 측이 세월호 복원성 문제를 사전 인지한 정황 확인)(2014. 4. 28.), 제주항로 선박운영 구조조정안(2013. 11. 18.), 수사기록 5860~5866쪽.
85. 국회 국정감사 정무위원회 회의록(2014. 10. 21.), 39쪽.
86. 국회 국정감사 정무위원회 회의록(2014. 10. 21.), 11쪽.
87. 세월호 인허가 사건, 검찰 조용준 3회 진술조서(2014. 5. 22.), 2쪽.
88. 세월호 인허가 사건, 검찰 길○○ 진술조서(2014. 5. 15.), 7~8쪽; 검찰 조용준 3회 진술조서(2014. 5. 22.), 3~6쪽; 검찰 수사보고(세월호 도입과 관련된 한국산업은행 시설자금 대출 서류 첨부)(2014. 5. 28.), 세월호 기성 및 자금 집행 건, 수사기록 3342~3359쪽; 검찰 조용준 2회 진술조서(2014. 5. 21.)(대금 회수(선급금) 처리 현황), 수사기록 1600쪽.
89. 금융감독원, 한국산업은행 제재 공시(2014. 12. 26.).
90. 세월호 인허가 사건, 검찰 수사보고(청해진해운 임직원 수첩 기재 내용 발췌 첨부)(2014. 5. 26.), 남호만 수첩 '기재 내용 요약서', 수사기록 2817~2820쪽; 청해진해운 사건, 검찰 김한식 6회 피의자 신문조서(2014. 5. 16.), 6쪽.
91. 청해진해운 사건, 검찰 김한식 6회 피의자 신문조서(2014. 5. 16.), 6쪽.
92. 특조위, 중간점검보고서, 88쪽.
93. 4.16재단, 4.16세월호참사가족협의회, 4월16일의약속국민연대, 민주사회를위한변호사모임, 『4.16세월호참사 판결 및 특수단 1차 결과 비평』(2021), 284쪽.
94. 청해진해운 사건, 경찰 안기현 3회 피의자 신문조서(2014. 5. 1.), 3~4쪽.
95. 청해진해운 사건, 검찰 안기현 14회 피의자 신문조서(2014. 5. 24.), 4쪽.
96. 청해진해운 사건, 검찰 김한식 2회 피의자 신문조서(2014. 5. 10.), 14쪽.
97. 청해진해운 사건, 경찰 안기현 진술조서(2014. 4. 21.), 6쪽.
98. 청해진해운 사건, 검찰 안기현 14회 피의자 신문조서(2014. 5. 24.), 4쪽.
99. 청해진해운 사건, 경찰 조○○ 2회 진술조서(2014. 5. 1.), 11쪽.

100. 세월호 인허가 사건, 검찰 박기청 피의자 신문조서(2014. 5. 27.), 6쪽.
101. 청해진해운 사건, 검찰 안기현 피의자 신문조서(2014. 5. 8.), 24~25쪽.
102. 청해진해운 사건, 검찰 안기현 피의자 신문조서(2014. 5. 8.), 32쪽.
103. 청해진해운 사건, 경찰 윤영국 진술조서(2014. 4. 24.)(세월호 개조 범위 및 복원 성능), 수사기록 3583~3598쪽; 경찰 안기현 3회 피의자 신문조서(2014. 5. 1.), 5쪽.
104. 청해진해운 사건, 검찰 안기현 7회 피의자 신문조서(2014. 5. 5.), 7쪽.
105. 청해진해운 사건, 검찰 안기현 피의자 신문조서(2014. 5. 8.), 24~25쪽.
106. 청해진해운 사건, 검찰 김한식 8회 피의자 신문조서(2014. 5. 28.), 3쪽.
107. 청해진해운 사건, 검찰 김한식 피의자 신문조서(2014. 5. 24.), 3~4쪽.
108. 청해진해운 사건, 검찰 안기현 피의자 신문조서(2014. 5. 8.), 31~33쪽.
109. 청해진해운 사건, 검찰 안기현 14회 피의자 신문조서(2014. 5. 24.), 3쪽.
110. 청해진해운 사건, 검찰 김한식 6회 피의자 신문조서(2014. 5. 16.), 3쪽; 검찰 안기현 피의자 신문조서(2014. 5. 8.), 4~5쪽.
111. 청해진해운 사건, 검찰 안기현 피의자 신문조서(2014. 5. 8.), 31~33쪽.
112. 청해진해운 사건, 검찰 안기현 14회 피의자 신문조서(2014. 5. 24.), 3쪽.
113. 청해진해운 사건, 검찰 안기현 피의자 신문조서(2014. 5. 8.), 25쪽.
114. 선원 사건, 검찰 신보식 진술조서(2014. 4. 28.), 8~9쪽.
115. 청해진해운 사건, 1심, 19회 공판조서(2014. 10. 30.)(신보식 피고인 신문 부분), 공판기록 5369~5370쪽.
116. 청해진해운 사건, 경찰 김○○ 진술서(2014. 5. 7.), 1~4쪽.
117. 청해진해운 사건, 경찰 조○○ 진술조서(2014. 4. 22.), 6~7쪽.
118. 세월호 인허가 사건, 검찰 박기청 피의자 신문조서(2014. 5. 27.), 8~9쪽.
119. 청해진해운 사건, 경찰 조○○ 진술조서(2014. 4. 22.), 6~7쪽.
120. 청해진해운 사건, 검찰 안기현 14회 피의자 신문조서(2014. 5. 24.), 4쪽.
121. 세월호 인허가 사건, 검찰 박기청 피의자 신문조서(2014. 5. 27.), 8~9쪽.
122. 선원 사건, 검찰 신보식 진술조서(2014. 4. 28.), 10쪽.
123. 세월호 인허가 사건, 검찰 김○○ 진술조서(2014. 5. 23.)(박○○ 대질 부분), 12~13쪽.
124. 청해진해운 사건, 경찰 배○○ 진술조서(2014. 5. 3.), 1~5쪽.
125. 세월호 인허가 사건, 검찰 김혜경 2회 진술조서(2014. 4. 28.)(모래알디자인 지급 내역), 수사기록 6543쪽.
126. 청해진해운 사건, 검찰 김한식 8회 피의자 신문조서(2014. 5. 28.), 5쪽.
127. 청해진해운 사건, 경찰 배○○ 진술조서(2014. 5. 3.), 1~5쪽.
128. 세월호 인허가 사건, 검찰 김○○ 진술조서(2014. 5. 23.)(박○○ 대질 부분), 12~13쪽.
129. 청해진해운 사건, 경찰 윤영국 진술조서(2014. 4. 24.), 2~3쪽.
130. 세월호 인허가 사건, 검찰 수사보고(세월호 도입과 관련된 한국산업은행 시설자금 대출 서류 첨부)(2014. 5. 28.), 기술용역약정서, 수사기록 3360~3366쪽.
131. 한국선급 사건, 제조 후 등록 선박 도면 검토 요청에 대한 회신, 수사기록 1784~1817쪽.
132. 청해진해운 사건, 검찰 안기현 피의자 신문조서(2014. 5. 8.), 33~34쪽.
133. 한국선급 사건, 제조 후 등록 선박 도면 검토 요청에 대한 회신, 수사기록 1784~1817쪽.
134. 청해진해운 사건, 경찰 조○○ 3회 진술조서(2014. 5. 4.), 4쪽.
135. 청해진해운 사건, 경찰 조○○ 3회 진술조서(2014. 5. 4.), 4쪽.
136. 감사원 보고서, 148~150쪽.

137. 청해진해운 사건, 경찰 배○○ 진술조서(2014. 5. 3.), 5~6쪽.
138. 청해진해운 사건, 경찰 김○○ 진술조서(2014. 5. 2.), 5쪽.
139. 감사원 보고서, 148~150쪽.
140. 감사원 보고서, 150쪽.
141. 세월호 인허가 사건, 검찰 김○○ 진술조서(2014. 5. 23.)(박○○ 대질 부분), 5쪽.
142. 세월호 인허가 사건, 검찰 김○○ 진술조서(2014. 5. 23.)(박○○ 대질 부분), 세월호 건급 입급 검사 수리비, 수사기록 2024~2027쪽.
143. 세월호 인허가 사건, 검찰 김○○ 진술조서(2014. 5. 23.)(박○○ 대질 부분), 19~21쪽.
144. 세월호 인허가 사건, 검찰 김○○ 진술조서(2014. 5. 23.)(박○○ 대질 부분), 13쪽.
145. 세월호 인허가 사건, 검찰 김○○ 진술조서(2014. 5. 23.)(박○○ 대질 부분), 19~21쪽.
146. 청해진해운 사건, 1심 판결문(2014. 11. 20.), 38~39쪽.
147. 선조위 종합보고서(내인설), 41쪽.
148. 청해진해운 사건, 경찰 이호철 진술조서(2014. 4. 24.), 10~11쪽.
149. 선조위 종합보고서(내인설), 42쪽.
150. 감사원 보고서, 153~154쪽.
151. 선조위 종합보고서(내인설), 43쪽; 선조위 종합보고서(열린안), 45쪽.
152. 청해진해운 사건, 경찰 이호철 진술조서(2014. 4. 24.), 1~3쪽.
153. 청해진해운 사건, 경찰 윤영국 진술조서(2014. 4. 24.), 8~9쪽; 경찰 이호철 진술조서(2014. 4. 24.), 10~11쪽; 경찰 조○○ 2회 진술조서(2014. 5. 1.), 12쪽.
154. 선원 사건, 검찰 신보식 진술조서(2014. 4. 28.), 10~11쪽.
155. 한국선급 사건, 검찰 전종호 피의자 신문조서(2014. 5. 29.), 수사기록 506쪽.
156. 한국선급 사건, 선급검사내규, 수사기록 1792쪽.
157. 한국선급 사건, 선급검사내규, 수사기록 1792쪽.
158. 한국선급 사건, 검찰 전종호 피의자 신문조서(2014. 5. 29.), 수사기록 515쪽.
159. 감사원 보고서, 162~163쪽.
160. 청해진해운 사건, 경찰 수사보고(세월호 화물 적재 가능량)(2014. 4. 29.), 완성복원성계산서, 수사기록 6319~6342쪽.
161. 청해진해운 사건, 경찰 윤영국 진술조서(2014. 4. 24.), 14~15쪽.
162. 선조위 종합보고서(내인설), 27쪽.
163. 청해진해운 사건, 경찰 이호철 진술조서(2014. 4. 24.), 7~12쪽.
164. 청해진해운 사건, 1심, 8회 공판조서(2014. 9. 12.)(이호철 증인 신문 부분), 3~4쪽.
165. 청해진해운 사건, 1심, 8회 공판조서(2014. 9. 12.)(이호철 증인 신문 부분), 10쪽.
166. 청해진해운 사건, 검찰 안기현 14회 피의자 신문조서(2014. 5. 24.), 14쪽.
167. 청해진해운 사건, 검찰 안기현 피의자 신문조서(2014. 5. 8.), 35쪽; 경찰 윤영국 2회 진술조서(2014. 4. 27.), 8~9쪽.
168. 청해진해운 사건, 검찰 안기현 피의자 신문조서(2014. 5. 8.), 35~36쪽.
169. 청해진해운 사건, 검찰 안기현 14회 피의자 신문조서(2014. 5. 24.), 6쪽.
170. 세월호 인허가 사건, 검찰 박기청 3회 피의자 신문조서(2014. 5. 28.), 8~9쪽.
171. 청해진해운 사건, 검찰 안기현 14회 피의자 신문조서(2014. 5. 24.), 6쪽.
172. 세월호 인허가 사건, 검찰 박기청 3회 피의자 신문조서(2014. 5. 28.), 8~9쪽.
173. 선원 사건, 검찰 신보식 진술조서(2014. 4. 28.), 10~11쪽.
174. 선원 사건, 검찰 신보식 진술조서(2014. 4. 28.), 10~11쪽.

175. 청해진해운 사건, 1심, 19회 공판조서(2014. 10. 30.)(신보식 피고인 신문 부분), 공판기록 5370쪽.
176. 청해진해운 사건, 1심, 5회 공판조서(2014. 8. 29.)(이준석 증인 신문 부분) 3-4쪽.
177. 청해진해운 사건, 1심, 5회 공판조서(2014. 8. 29.)(강원식 증인 신문 부분) 3쪽.
178. 한국선급 사건, 검찰 이○○ 진술조서(2014. 5. 27.), 수사기록 1201쪽.
179. 한국선급 사건, 검찰 전종호 피의자 신문조서(2014. 5. 29.), 수사기록 502쪽.
180. 감사원 보고서, 138~140쪽.
181. 감사원 보고서, 138~140쪽.
182. 감사원 보고서, 138~140쪽.
183. 감사원 보고서, 138~140쪽.
184. 감사원 보고서, 141~142쪽.
185. 감사원 보고서, 141~142쪽.
186. 박다해, 세월호 부실 검사한 '한국선급'… 지난해 성과급 2배 인상, 《머니투데이》(2015. 9. 17.).
187. 304명 죽음 앞에서도 제 식구만 감싸는 그들, 《한겨레21》(2015. 9. 13.).
188. 한국선급 사건, 1심 한국선급 탄원서(2015. 2. 5.), 공판기록 1013쪽.
189. 한국선급 사건, 1심 한국선급 사실조회 회신(2014. 9. 17.), 공판조서 261~293쪽.
190. 한국선급 사건, 1심 한국선급 탄원서(2015. 2. 5.), 공판기록 1013쪽.
191. 한국선급 사건, 1심, 5회 공판조서(2015. 1. 6.)(이상락 증인 신문 부분), 공판기록 519~522쪽.
192. 한국선급 사건, 1심 판결문(2015. 2. 12.), 11쪽.
193. 한국선급 사건, 2심, 2회 공판조서(2015. 7. 7.)(박준현 증인 신문 부분), 공판기록 1224쪽.
194. 한국선급 사건, 검찰 상고이유서(2015. 8. 20.), 19쪽.
195. 대법원 2018. 7. 24. 선고 2015도12094 판결; 광주고등법원 2019. 1. 31. 선고 2018노318 판결; 대법원 2019. 5. 10. 선고 2019도3060 판결.
196. 감사원 보고서, 189~190쪽.
197. 특조위, 제2차 청문회 자료집(2016. 6. 23.), 214쪽.
198. 세월호 인허가 사건, 검찰 이성일 피의자 신문조서(2014. 5. 26.), 21쪽.
199. 세월호 인허가 사건, 출장신청서, 수사기록 3993~3994쪽.
200. 세월호 인허가 사건, 검찰 수사보고(세월호 운항관리규정 심사증명서 발급 관련 서류 일체 첨부)(2014. 5. 21.), 카페리 여객선 세월호 시험운항 참석 협조 요청, 수사기록 1194쪽.
201. 세월호 인허가 사건, 검찰 이성일 피의자 신문조서(2014. 5. 26.), 2~4쪽.
202. 세월호 인허가 사건, 검찰 장지명 피의자 신문조서(2014. 5. 31.), 11쪽.
203. 세월호 인허가 사건, 검찰 이성일 피의자 신문조서(2014. 5. 26.), 19~20쪽.
204. 세월호 인허가 사건, 출장신청서, 수사기록 3993~3994쪽.
205. 세월호 인허가 사건, 검찰 송기채 8회 피의자 신문조서(2014. 5. 31.), 13~14쪽.
206. 세월호 인허가 사건, 검찰 장지명 2회 피의자 신문조서(2014. 6. 1.), 8쪽; 검찰 김재학 피의자 신문조서(2014. 5. 26.), 5쪽.
207. 세월호 인허가 사건, 검찰 송기채 8회 피의자 신문조서(2014. 5. 31.), 13~14쪽.
208. 인선회 사건, 2심 판결문(2015. 1. 30.), 5쪽.
209. 세월호 인허가 사건, 검찰 이성일 피의자 신문조서(2014. 5. 26.), 22쪽.
210. 세월호 인허가 사건, 증빙 내역, 수사기록 2250~2251쪽.
211. 세월호 인허가 사건, 감사원 수사 요청서, 수사기록 2176~2179쪽; 검찰 김재학 피의자 신문조서(2014. 5. 26.), 10~21쪽.

212. 감사원, 이성일 문답서(2014. 5. 21.), 1~2쪽.
213. 세월호 인허가 사건, 검찰 장지명 2회 피의자 신문조서(2014. 6. 1.), 40쪽.
214. 세월호 인허가 사건, 검찰 장지명 2회 피의자 신문조서(2014. 6. 1.), 40쪽.
215. 세월호 인허가 사건, 검찰 한병천 진술조서(2014. 5. 31.), 24~25쪽.
216. 세월호 인허가 사건, 검찰 이성일 피의자 신문조서(2014. 5. 26.), 31~32쪽.
217. 세월호 인허가 사건, 검찰 김재학 피의자 신문조서(2014. 5. 26.), 22~23쪽.
218. 세월호 인허가 사건, 검찰 장지명 2회 피의자 신문조서(2014. 6. 1.), 15~16쪽.
219. 세월호 인허가 사건, 검찰 김재학 피의자 신문조서(2014. 5. 26.), 22~23쪽.
220. 세월호 인허가 사건, 검찰 장지명 2회 피의자 신문조서(2014. 6. 1.), 15~16쪽.
221. 세월호 인허가 사건, 검찰 홍영기 7회 진술조서(2014. 6. 9.), 3~5쪽; 검찰 수사보고(장지명 과장의 취업 청탁 내용 확인)(2014. 6. 9.), 수사기록 4764~4766쪽.
222. 인선회 사건, 1심 판결문(2014. 8. 28.), 4쪽.
223. 인선회 사건, 2심 판결문(2015. 1. 30.), 2~5쪽.
224. 인선회 사건, 1심 판결문(2014. 8. 28.), 4쪽.
225. 인선회 사건, 2심 판결문(2015. 1. 30.), 7쪽.
226. 인선회 사건, 1심 판결문(2014. 8. 28.), 4쪽.
227. 인선회 사건, 1심 판결문(2014. 8. 28.), 5쪽.
228. 인선회 사건, 1심 판결문(2014. 8. 28.), 5쪽.
229. 인선회 사건, 2심 판결문(2015. 1. 30.), 8~10쪽.
230. 인선회 사건, 1심 판결문(2014. 8. 28.), 6쪽.
231. 인선회 사건, 2심 판결문(2015. 1. 30.), 8~9쪽.
232. 인선회 사건, 1심 판결문(2014. 8. 28.), 5~6쪽.
233. 인선회 사건, 1심 판결문(2014. 8. 28.), 1쪽.
234. 세월호 인허가 사건, 1심 판결문(2014. 12. 11.), 3~4쪽; 2심 판결문(2015. 6. 23.), 4쪽.
235. 인선회 사건, 2심 판결문(2015. 1. 30.), 9~11쪽.
236. 전해철 의원, 세월호 특별 감사 감사원 처분 요구 이행 결과(2015. 9.).
237. 인천지방법원 2014. 7. 24. 선고 2014고단3206 판결; 2014. 10. 16. 선고 2014노2732 판결.
238. 세월호 인허가 사건, 출장신청서, 수사기록 3993~3994쪽.
239. 감사원 보고서, 164~166쪽.
240. 선원 사건, 1심, 11회 공판조서(2014. 8. 26.)(신보식 증인 신문 부분), 23~24쪽.
241. 선원 사건, 1심, 11회 공판조서(2014. 8. 26.)(신보식 증인 신문 부분), 23~24쪽.
242. 세월호 인허가 사건, 검찰 홍영기 4회 진술조서(2014. 5. 25.), 2쪽.
243. 세월호 인허가 사건, 검찰 홍영기 진술서(2014. 5. 31.), 3쪽.
244. 세월호 인허가 사건, 검찰 박기청 4회 피의자 신문조서(2014. 5. 29.), 10쪽.
245. 세월호 인허가 사건, 검찰 홍영기 6회 진술조서(2014. 6. 1.), 2~3쪽.
246. 세월호 인허가 사건, 검찰 수사보고(운항관리규정 관리 체계)(2014. 5. 12.), 수사기록 11~13쪽.
247. 세월호 인허가 사건, 검찰 수사보고(세월호 운항관리규정 심사증명서 발급 관련 서류 일체 첨부)(2014. 5. 21.), 수사기록 1192~1193쪽.
248. 세월호 인허가 사건, 검찰 홍영기 6회 진술조서(2014. 6. 1.), 2~3쪽.
249. 세월호 인허가 사건, 검찰 송기채 8회 피의자 신문조서(2014. 5. 31.), 8쪽.
250. 세월호 인허가 사건, 검찰 박기청 4회 피의자 신문조서(2014. 5. 29.), 11쪽.
251. 세월호 인허가 사건, 검찰 수사보고(운항관리규정 관리 체계)(2014. 5. 12.), 운항관리규정, 수

사기록 34~66쪽; 검찰 수사보고(인천해경의 운항관리규정 심사 증명 공문 첨부)(2014. 5. 12.), 차량적재도, 화물고박장치도, 수사기록 77~85쪽.
252. 세월호 인허가 사건, 검찰 수사보고(세월호 운항관리규정 심사증명서 발급 관련 서류 일체 첨부)(2014. 5. 21.), 카페리 여객선(세월호) 시험운항 및 운항관리규정 심사 계획 알림, 수사기록 1195~1197쪽.
253. 세월호 인허가 사건, 검찰 이성일 피의자 신문조서(2014. 5. 26.), 19~20쪽.
254. 세월호 인허가 사건, 검찰 홍영기 6회 진술조서(2014. 6. 1.), 4~5쪽.
255. 세월호 인허가 사건, 검찰 홍영기 5회 진술조서(2014. 5. 27.), 7쪽.
256. 세월호 인허가 사건, 검찰 수사보고(세월호 운항관리규정 심사증명서 발급 관련 서류 일체 첨부)(2014. 5. 21.), 여객선(세월호) 운항관리규정 심사 결과 보고, 수사기록 1205~1206쪽.
257. 감사원, 오상권 문답서(2014. 6. 13.), 6쪽.
258. 감사원, 오상권 문답서(2014. 6. 13.), 6쪽.
259. 세월호 인허가 사건, 검찰 수사보고('세월호' 운항관리규정 심사 당시 심사위원 명단)(2014. 5. 24.), 수사기록 1822~1823쪽.
260. 세월호 인허가 사건, 검찰 한병천 진술조서(2014. 5. 31.), 5~6쪽.
261. 세월호 인허가 사건, 검찰 이성일 피의자 신문조서(2014. 5. 26.), 35쪽.
262. 세월호 인허가 사건, 검찰 수사보고(목포해양경찰서 여객선 운항관리규정 담당 경찰관 진술 청취)(2014. 6. 3.), 수사기록 4401~4402쪽.
263. 세월호 인허가 사건, 검찰 한병천 진술조서(2014. 5. 31.), 8~9쪽.
264. 세월호 인허가 사건, 검찰 홍영기 진술조서(2014. 5. 14.), 9~10쪽.
265. 세월호 인허가 사건, 검찰 송기채 12회 피의자 신문조서(2014. 6. 8.)(홍영기·이상우 대질 부분), 11쪽.
266. 세월호 인허가 사건, 검찰 이성일 피의자 신문조서(2014. 5. 26.), 40쪽.
267. 세월호 인허가 사건, 운항관리규정 심사회의록(세월호), 수사기록 1207~1212쪽.
268. 세월호 인허가 사건, 검찰 홍영기 진술조서(2014. 5. 14.), 9~10쪽.
269. 세월호 인허가 사건, 검찰 수사보고(세월호 운항관리규정 심사증명서 발급 관련 서류 일체 첨부)(2014. 5. 21.), 운항관리규정 심사회의록(세월호), 수사기록 1207~1212쪽.
270. 세월호 인허가 사건, 검찰 한병천 진술조서(2014. 5. 31.), 17쪽; 검찰 송기채 12회 피의자 신문조서(2014. 6. 8.)(홍영기·이상우 대질 부분), 11~15쪽; 검찰 나형진 진술조서(2014. 5. 25.), 9~10 쪽; 감사원 정철락 진술서(2014. 5. 9.), 3~5쪽.
271. 세월호 인허가 사건, 검찰 한병천 진술조서(2014. 5. 31.), 12~13쪽.
272. 세월호 인허가 사건, 검찰 송기채 12회 피의자 신문조서(2014. 6. 8.)(홍영기·이상우 대질 부분), 11~15쪽.
273. 세월호 인허가 사건, 검찰 수사보고(세월호 운항관리규정 심사증명서 발급 관련 서류 일체 첨부)(2014. 5. 21.), 여객선(세월호) 운항관리규정 심사 결과 보완·변경 사항 통보, 수사기록 1200~1203쪽.
274. 세월호 인허가 사건, 검찰 홍영기 6회 진술조서(2014. 6. 1.), 10~15쪽; 검찰 홍영기 4회 진술조서(2014. 5. 25.), 7~8쪽.
275. 세월호 인허가 사건, 검찰 홍영기 6회 진술조서(2014. 6. 1.), 11~14쪽.
276. 세월호 인허가 사건, 검찰 송기채 8회 피의자 신문조서(2014. 5. 31.), 15~16쪽.
277. 세월호 인허가 사건, 검찰 홍영기 6회 진술조서(2014. 6. 1.), 16쪽.
278. 세월호 인허가 사건, 검찰 송기채 8회 피의자 신문조서(2014. 5. 31.), 25~27쪽.

279. 세월호 인허가 사건, 검찰 송기채 8회 피의자 신문조서(2014. 5. 31.), 25~27쪽.
280. 세월호 인허가 사건, 검찰 홍영기 6회 진술조서(2014. 6. 1.), 12~13, 19~20쪽.
281. 세월호 인허가 사건, 검찰 홍영기 6회 진술조서(2014. 6. 1.), 12~13, 19~20쪽.
282. 세월호 인허가 사건, 검찰 이성일 피의자 신문조서(2014. 5. 26.), 41~45쪽; 1심 판결문(2014. 12. 11.), 40쪽.
283. 세월호 인허가 사건, 검찰 수사보고(인천해경의 운항관리규정 심사증명 공문 첨부)(2014. 5. 12.), 여객선(세월호) 운항관리규정 심사증명서 발급 알림, 수사기록 76쪽.
284. 세월호 인허가 사건, 검찰 송기채 8회 피의자 신문조서(2014. 5. 31.), 20~28쪽.
285. 감사원 보고서, 245~248쪽.
286. 세월호 인허가 사건, 1심, 5회 공판조서(2014. 11. 3.)(박기청 증인 신문 부분), 공판기록 1006~1007, 1013쪽.
287. 세월호 인허가 사건, 1심, 5회 공판조서(2014. 11. 3.)(송기채 증인 신문 부분), 공판기록 964~965, 967~968, 979~986쪽.
288. 세월호 인허가 사건, 1심 판결문(2014. 12. 11.), 37~40쪽.
289. 세월호 인허가 사건, 2심 판결문(2015. 6. 23.), 39~42쪽.
290. 특조위, 박희석 진술조서(2016. 6. 4.), 6~7쪽.
291. 청해진해운 사건, 경찰 압수물 사본 첨부에 대한 수사보고(세월호 화물 파손 내역 첨부)(2014. 4. 28.), 세월호 사고보고서 사본(2013. 11. 29.), 수사기록 6046~6058쪽.
292. 청해진해운 사건, 검찰 김한식 2회 피의자 신문조서(2014. 5. 10.), 17쪽.
293. 청해진해운 사건, 검찰 남호만 7회 피의자 신문조서(2014. 5. 20.), 18쪽.
294. 청해진해운 사건, 경찰 압수물 사본 첨부에 대한 수사보고(세월호 화물 파손 내역 첨부)(2014. 4. 28.), 세월호 사고보고서 사본(2013. 11. 29.), 수사기록 6046~6058쪽.
295. 청해진해운 사건, 경찰 안기현 5회 피의자 신문조서(2014. 5. 3.), 14쪽.
296. 청해진해운 사건, 검찰 김정수 4회 피의자 신문조서(2014. 5. 15.), 8~9쪽.
297. 청해진해운 사건, 검찰 김정수 4회 피의자 신문조서(2014. 5. 15.), 8~9쪽.
298. 청해진해운 사건, 경찰 수사보고(선사 측이 세월호 복원성 문제를 사전 인지한 정황 확인)(2014. 4. 28.), 세월호 1월 20일 제주 지연 출항 경위서, 수사기록 5875~5876쪽; 1심, 8회 공판조서(2014. 9. 12.)(이성희 증인 신문 부분), 5쪽.
299. 청해진해운 사건, 경찰 수사보고(선사 측이 세월호 복원성 문제를 사전 인지한 정황 확인)(2014. 4. 28.), 세월호 1월 20일 제주 지연 출항 경위서, 수사기록 5875~5876쪽.
300. 청해진해운 사건, 1심, 6회 공판조서(2014. 9. 4.)(김영호 증인 신문 부분), 8~9쪽.
301. 청해진해운 사건, 검찰 김영붕 3회 피의자 신문조서(2014. 5. 20.), 2~3쪽.
302. 청해진해운 사건, 검찰 박희석 진술조서(2014. 5. 20.), 15~16쪽; 1심 판결문(2014. 11. 20.), 16~17쪽.
303. 청해진해운 사건, 1심, 17회 공판조서(2014. 10. 24.)(김한식 피고인 신문 부분), 공판기록 5129~5130쪽.
304. 청해진해운 사건, 경찰 수사보고(선사 측이 세월호 복원성 문제를 사전 인지한 정황 확인)(2014. 4. 28.), 청해진해운 제주지역본부장 이성희 수첩 사본, 수사기록 5879~5901쪽.
305. 청해진해운 사건, 검찰 오용석 피의자 신문조서(2014. 5. 2.), 12쪽.
306. 청해진해운 사건, 검찰 신보식 진술조서(2014. 4. 28.), 26~27쪽.
307. 청해진해운 사건, 검찰 신보식 진술조서(2014. 4. 28.), 44쪽.
308. 청해진해운 사건, 1심, 19회 공판조서(2014. 10. 30.)(신보식 피고인 신문 부분), 공판기록 5384쪽.

309. 청해진해운 사건, 검찰 신보식 피의자 신문조서(2014. 5. 30.), 12쪽.
310. 선원 사건, 1심, 11회 공판조서(2014. 8. 26.)(안기현 증인 신문 부분), 5쪽.
311. 청해진해운사건, 검찰 김정수 피의자 신문조서(2014. 5. 8.), 10쪽; 검찰 김정수 2회 피의자 신문조서(2014. 5. 9.), 8~9쪽.
312. 청해진해운 사건, 검찰 김영붕 5회 피의자 신문조서(2014. 5. 22.), 2쪽.
313. 청해진해운 사건, 경찰 수사보고(선사측이 세월호 복원성 문제를 사전인지한 정황 확인)(2014. 4. 28.), 제주항로 선박운영 구조조정안(2013. 11. 18.), 수사기록 5860~5866쪽; 검찰 김한식 3회 피의자 신문조서(2014. 5. 11.), 3쪽.
314. 청해진해운 사건, 검찰 김한식 3회 피의자 신문조서(2014. 5. 11.), 3~8쪽.
315. 청해진해운 사건, 2심 판결문(2015. 5. 12.), 67쪽.
316. 청해진해운 사건, 1심, 17회 공판조서(2014. 10. 24.)(김한식 피고인 신문 부분), 공판기록 5125~5126쪽.
317. 청해진해운 사건, 검찰 안기현 15회 피의자 신문조서(2014. 5. 25.), 11~13쪽.
318. 청해진해운 사건, 검찰 안기현 2회 피의자 신문조서(2014. 5. 9.), 2쪽.
319. 청해진해운 사건, 검찰 김영붕 5회 피의자 신문조서(2014. 5. 22.), 2~3쪽.
320. 청해진해운 사건, 검찰 신보식 진술조서(2014. 4. 28.), 48쪽.
321. 대검찰청 보도자료, 세월호 침몰사고 관련 수사 설명자료(2014. 10. 6.)
322. 대법원 2021. 3. 11. 선고 2016도14415.
323. 광주지방법원 2021. 8. 11. 선고 2021노747 판결.
324. 국회 국정조사 특위, 해양경찰청 제출, 국정조사 요구자료(2014. 7.), 206, 213쪽.
325. 감사원 보고서, 207~209쪽.
326. 인천지방해양심판원, 재결서 제2014-029호(2014. 7. 8.), 여객선 데모크라시 5호·어선 은석5호 충돌사건, 2~6쪽.
327. 감사원 보고서, 207~209쪽.
328. 감사원 보고서, 1쪽.
329. 대검찰청 보도자료, 세월호 침몰 사고 관련 수사 설명자료(2014. 10. 6.), 20쪽.
330. 세월호 인허가 사건, 1심, 1회 공판조서(2014. 8. 18.)(김혜경 증인 신문 부분), 공판기록 410쪽.
331. 세월호 인허가 사건, 검찰 김혜경 진술조서(2014. 5. 21.), 6쪽.
332. 청해진해운 사건, 검찰 김영붕 4회 피의자 신문조서(2014. 5. 21.), 8~10쪽.
333. 세월호 인허가 사건, 검찰 송기채 6회 피의자 신문조서(2014. 5. 29.), 15쪽.
334. 세월호 인허가 사건, 검찰 송기채 진술서(2014. 5. 19.), 2~3쪽; 청해진해운 사건, 검찰 안기현 3회 피의자 신문조서(2014. 5. 10.), 3쪽.
335. 세월호 인허가 사건, 검찰 박기청 4회 피의자 신문조서(2014. 5. 29.), 9쪽.
336. 청해진해운 사건, 검찰 안기현 8회 피의자 신문조서(2014. 5. 15.), 3~4쪽.
337. 세월호 인허가 사건, 검찰 송기채 7회 피의자 신문조서(2014. 5. 30.), 12쪽.
338. 청해진해운 사건, 검찰 안기현 8회 피의자 신문조서(2014. 5. 15.), 6쪽.
339. 세월호 인허가 사건, 검찰 송기채 4회 진술조서(2014. 5. 26.), 6~8쪽.
340. 청해진해운 사건, 검찰 김한식 2회 피의자 신문조서(2014. 5. 3.), 13쪽.
341. 청해진해운 사건, 검찰 안기현 3회 피의자 신문조서(2014. 5. 10.), 17~18쪽.
342. 세월호 인허가 사건, 검찰 김혜경 진술조서(2014. 5. 21.), 8~9쪽.
343. 세월호 인허가 사건, 검찰 김혜경 진술조서(2014. 5. 21.), 4쪽.
344. 세월호 인허가 사건, 검찰 김혜경 진술조서(2014. 5. 21.), 8~9쪽.

345. 세월호 인허가 사건, 검찰 김한식 진술조서(2014. 6. 3.), 11쪽.
346. 세월호 인허가 사건, 2심, 2회 공판조서(2015. 5. 19.)(박기청 증인 신문 부분), 공판기록 2228~2229쪽.
347. 세월호 인허가 사건, 검찰 송기채 3회 진술조서(2014. 5. 15.), 13~14쪽; 청해진해운 사건, 경찰 안기현 6회 피의자 신문조서(2014. 5. 4.), 8쪽.
348. 청해진해운 사건, 검찰 길○○ 진술조서(2014. 5. 6.), 5~8쪽.
349. 청해진해운 사건, 검찰 김○○ 진술조서(2014. 5. 6.), 3~4쪽.
350. 청해진해운 사건, 검찰 길○○ 진술조서(2014. 5. 6.), 5~8쪽.
351. 청해진해운 사건, 검찰 김○○ 진술조서(2014. 5. 6.), 3~4쪽.
352. 세월호 인허가 사건, 1심 판결문(2014. 12. 11.), 43~45, 62~66쪽.
353. 청해진해운 사건, 1심 판결문(2014. 11. 20.), 40~41, 88~90쪽.
354. 세월호 인허가 사건, 대법원 2016. 5. 24. 선고 2015도10459 판결.
355. 청해진해운 사건, 1심 판결문(2014. 11. 20.), 9쪽; 2심 판결문(2015. 5. 12.), 63쪽.
356. 청해진해운 사건, 2심 판결문(2015. 5. 12.), 55쪽.
357. 청해진해운 사건, 2심 판결문(2015. 5. 12.), 63쪽.
358. 청해진해운 사건, 경찰 수사보고((주)청해진해운 인원 현황 첨부)(2014. 5. 9.), 수사기록 11365~11369쪽.
359. 청해진해운 사건, 1심, 17회 공판조서(2014. 10. 24.)(김한식 피고인 신문 부분), 공판기록 5118~5119쪽.
360. 청해진해운 사건, 검찰 김한식 3회 피의자 신문조서(2014. 5. 11.)(2013년 3월 급여 대장, 2014년 1월 급여·상여 대장, 2014년 2월 급여·상여 대장), 수사기록 12239~12242쪽.
361. 세월호 인허가 사건, 김혜경 진술조서(2014. 4. 27.), 6쪽.
362. 청해진해운 사건, 검찰 유병일 2회 피의자 신문조서(사본)(2014. 6. 13.), 22쪽; 2심 판결문(2015. 5. 12.), 81쪽.
363. 청해진해운 사건, 검찰 유병일 피의자 신문조서(사본)(2014. 5. 11.), 8~9쪽.
364. 청해진해운 사건, 2심 판결문(2015. 5. 12.), 53, 117~123쪽; 세월호 인허가 사건, 검찰 김혜경 2회 진술조서(2014. 4. 28.)(모래알디자인 지급 내역), 수사기록 6543쪽.
365. 청해진해운 사건, 검찰 김한식 피의자 신문조서(2014. 4. 28.), 15쪽.
366. 세월호 인허가 사건, 김혜경 진술조서(2014. 4. 27.), 9~11쪽.
367 세월호 인허가 사건, 검찰 김혜경 2회 진술조서(2014. 4. 28.)(달력/전시작품 지급 내역), 수사기록 6545쪽.
368. 청해진해운 사건, 2심 판결문(2015. 5. 12.), 53쪽.
369. 청해진해운 사건, 검찰 김한식 2회 피의자 신문조서(2014. 5. 3.), 18쪽.
370. 청해진해운 사건, 검찰 김한식 6회 피의자 신문조서(2014. 5. 16.), 29쪽.
371. 청해진해운 사건, 검찰 김정수 3회 피의자 신문조서(2014. 5. 10.), 8쪽.
372. 청해진해운 사건, 경찰 안기현 7회 피의자 신문조서(2014. 5. 5.), 6~7쪽.
373. 세월호 인허가 사건, 검찰 김혜경 진술조서(2014. 5. 21.), 6쪽.
374. 세월호 인허가 사건, 검찰 김혜경 4회 진술조서(2014. 6. 4.), 9쪽.
375. 세월호 인허가 사건, 1심, 1회 공판조서(2014. 8. 18.)(김혜경 증인 신문 부분), 공판기록 402쪽.
376. 세월호 인허가 사건, 1심, 3회 공판조서(2014. 9. 15.)(김한식 증인 신문 부분), 공판기록 539~540쪽.
377. 청해진해운 사건, 2심 판결문(2015. 5. 12.), 55쪽.

378. 청해진해운 사건, 2심 판결문(2015. 5. 12.), 55, 113~123쪽.
379. 청해진해운 사건, 1심, 17회 공판조서(2014. 10. 24.)(김한식 피고인 신문 부분), 공판기록 5138쪽.
380. 청해진해운 사건, 검찰 김한식 4회 피의자 신문조서(2014. 5. 13.), 3쪽.
381. 청해진해운 사건, 검찰 김한식 피의자 신문조서(2014. 5. 24.), 13~14쪽.
382. 세월호 인허가 사건, 검찰 박희석 진술조서(2014. 5. 13.), 2쪽.
383. 청해진해운 사건, 경찰 안기현 5회 피의자 신문조서(2014. 5. 3.), 3~4쪽.
384. 청해진해운 사건, 경찰 안기현 5회 피의자 신문조서(2014. 5. 3.), 3~4쪽.
385. 청해진해운 사건, 경찰 김재범 진술조서(2014. 5. 7.), 2~3쪽.
386. 인천지방해양심판원, 재결서 제2001-023호(2001. 6. 5.), 여객선 데모크라시2호 화재 사건; 목포지방해양심판원, 재결서 제2002-024호(2002. 5. 16.), 여객선 데모크라시3호 화재 사건.
387. 청해진해운 사건, 경찰 안기현 5회 피의자 신문조서(2014. 5. 3.), 5쪽.
388. 정대하 등, 1990년도 한강 세모유람선 침몰 사고로 떠들썩 오대양 사건 관련 조사받아… 일가 재산 2400억대, 《한겨레》(2014. 4. 23.).
389. 청해진해운 사건, 경찰 김재범 진술조서(2014. 5. 7.), 2~3쪽; 경찰 이성희 진술조서(2014. 4. 29.), 2쪽; 검찰 박희석 피의자 신문조서(2014. 5. 28.), 4~5쪽; 검찰 김정수 피의자 신문조서(2014. 5. 8.), 3쪽; 검찰 남호만 피의자 신문조서(2014. 5. 8.), 3쪽; 세월호 인허가 사건, 검찰 조용준 진술조서(2014. 5. 19.), 2쪽; 검찰 김혜경 진술조서(2014. 5. 21.), 2쪽.
390. 청해진해운 사건, 경찰 안기현 5회 피의자 신문조서(2014. 5. 3.), 5쪽; 금융감독원 전자공시시스템, 세모해운주식회사 재무제표에 대한 감사보고서(2000. 2. 2.), 11쪽.
391. 청해진해운 사건, 경찰 안기현 5회 피의자 신문조서(2014. 5. 3.), 5쪽.
392. 청해진해운 사건, 검찰 안기현 13회 피의자 신문조서(2014. 5. 23.), 2쪽.
393. 청해진해운 사건, 경찰 안기현 5회 피의자 신문조서(2014. 5. 3.), 5쪽.
394. 광주지방법원 2014구합11401호 판결문(2014. 5. 29.).
395. 성혜미, 세월호 희생자 16명에 총 66억 2천만 원 지급 결정, 《연합뉴스》(2015. 11. 27.).
396. 이승환, 세월호 보상비 1878억 정부, 청해진해운에 청구 소송, 《파이낸셜뉴스》(2015. 11. 19.).
397. 폐업한 줄 알았던 '청해진해운'… 구원파 '1인 기업 운영', 《JTBC》(2019. 12. 16.).
398. 청해진해운 구상권 판결(2020. 1. 10.) 서울중앙지방법원 2015가합579799, 2016가합526204(병합).

3부 왜 침몰했나

1. 청해진해운 사건, 경찰 수사보고(세월호 적재 차량에 대한 중량 확인 수사)(2014. 4. 28.), 수사기록 10185~10190쪽.
2. 청해진해운 사건, 경찰 수사보고(세월호 자동화물 등 적재 중량 확인에 대한)(2014. 5. 21.), 수사기록 12920~12921쪽.
3. 선조위 종합보고서(내인설), 46~47쪽; 선조위 종합보고서(열린안), 50~51쪽.
4. 사참위 종합보고서, 55~56쪽.
5. 세월호 인허가 사건, 경찰 수사보고(세월호 제주항로의 조건부 복선 면허 취득 관련 서류 첨부)(2014. 5. 21.), 해상여객운송사업계획 변경 인가 알림(청해진해운), 수사기록 1537~1541쪽.
6. 청해진해운 사건, 1심, 4회 공판조서(2014. 8. 28.)(김재범 증인 신문 부분), 24쪽.

7. 청해진해운 사건, 경찰 김재범 진술조서(2014. 5. 7.), 12쪽.
8. 청해진해운 사건, 경찰 수사보고(매 항차별 과적으로 인한 이익금 확인에 대한)(2014. 4. 30.), 2014년 세월호 화물 추가 적재로 인한 이득금 내역, 6776~6788쪽.
9. 청해진해운 사건, 1심, 4회 공판조서(2014. 8. 28.)(김재범 증인 신문 부분), 21~22쪽.
10. 청해진해운 사건, 경찰 수사보고(선사 측이 세월호 복원성 문제를 사전 인지한 정황 확인)(2014. 4. 28.), 제주항로 선박운영 구조조정안(2013. 11. 18.), 수사기록 5860~5866쪽.
11. 청해진해운 사건, 검찰 안기현 5회 피의자 신문조서(2014. 5. 12.), 6쪽.
12. 청해진해운 사건, 검찰 김정수 1회 피의자 신문조서(2014. 5. 8.), 12쪽.
13. 청해진해운 사건, 검찰 남호만 8회 피의자 신문조서(2014. 5. 21.)(김정수 대질 부분), 4~7쪽.
14. 청해진해운 사건, 검찰 남호만 8회 피의자 신문조서(2014. 5. 21.)(김정수 대질 부분), 4~7쪽.
15. 청해진해운 사건, 1심, 19회 공판조서(2014. 10. 30.)(박희석 피고인 신문 부분), 공판기록 5348쪽.
16. 청해진해운 사건, 검찰 남호만 8회 피의자 신문조서(2014. 5. 21.)(김정수 대질 부분), 5쪽.
17. 청해진해운 사건, 검찰 김한식 6회 피의자 신문조서(2014. 5. 16.), 25쪽.
18. 청해진해운 사건, 검찰 김영붕 2회 피의자 신문조서(2014. 5. 16.), 6쪽.
19. 청해진해운 사건, 검찰 남호만 4회 피의자 신문조서(2014. 5. 14.), 4쪽.
20. 청해진해운 사건, 검찰 김정수 1회 피의자 신문조서(2014. 5. 8.), 17쪽; 검찰 남호만 4회 피의자 신문조서(2014. 5. 14.), 6쪽.
21. 청해진해운 사건, 경찰 구○○ 진술조서(2014. 5. 2.), 7쪽; 검찰 남호만 6회 피의자 신문조서(2014. 5. 19.), 19쪽.
22. 청해진해운 사건, 검찰 김정수 1회 피의자 신문조서(2014. 5. 8.), 15쪽.
23. 청해진해운 사건, 2심, 3회 공판조서(2015. 3. 31.)(김정수 증인 신문 부분), 공판기록 11595쪽.
24. 청해진해운 사건, 1심, 15회 공판조서(2014. 10. 22.)(남호만 피고인 신문 부분), 공판기록 4865~4866쪽.
25. 청해진해운 사건, 경찰 이○○ 진술서(2014. 5. 19.), 1~2쪽.
26. 청해진해운 사건, 1심, 9회 공판조서(2014. 9. 18.)(이○○ 증인 신문 부분), 4쪽.
27. 청해진해운 사건, 경찰 윤○○ 진술조서(2014. 4. 21.)(계약서), 수사기록 2276~2281쪽.
28. 청해진해운 사건, 1심, 15회 공판조서(2014. 10. 22.)(남호만 피고인 신문 부분), 공판기록 4878쪽.
29. 청해진해운 사건, 경찰 유○○ 진술조서(2014. 5. 13.), 6쪽.
30. 청해진해운 사건, 검찰 남호만 3회 피의자 신문조서(2014. 5. 13.), 19쪽.
31. 청해진해운 사건, 검찰 문기한 2회 피의자 신문조서(2014. 6. 2.), 15~16쪽.
32. 청해진해운 사건, 검찰 안기현 13회 피의자 신문조서(2014. 5. 23.), 2쪽.
33. 청해진해운 사건, 검찰 남호만 1회 피의자 신문조서(2014. 5. 10.), 5쪽.
34. 청해진해운 사건, 2심, 2회 공판조서(2015. 3. 17.)(김정수 증인 신문 부분), 공판기록 10899~10900쪽.
35. 청해진해운 사건, 검찰 문기한 1회 피의자 신문조서(2014. 5. 31.), 9쪽.
36. 청해진해운 사건, 경찰 윤○○ 진술조서(2014. 4. 21.)(계약서), 수사기록 2276~2281쪽.
37. 청해진해운 사건, 경찰 김영붕 2회 피의자 신문조서(2014. 5. 6.), 3쪽.
38. 청해진해운 사건, 검찰 남호만 3회 피의자 신문조서(2014. 5. 13.), 19~20쪽.
39. 청해진해운 사건, 선내 고박 도급 계약서, 수사기록 1307~1309쪽.
40. 청해진해운 사건, 경찰 안○○ 진술조서(2014. 4. 25.)(원광공사 조직도, 사업자등록증, 항만운송 관련 사업등록증), 수사기록 4082~4084쪽.

41. 청해진해운 사건, 검찰 문기한 4회 피의자 신문조서(2014. 6. 4.), 14~17쪽.
42. 청해진해운 사건, 경찰 수사보고(원광공사 고박비 지급 및 법률 의율에 대한)(2014. 5. 21.), 수사기록 12950~12951쪽.
43. 청해진해운 사건, 경찰 안○○ 진술조서(2014. 4. 25.), 5~6쪽.
44. 청해진해운 사건, 경찰 안○○ 진술조서(2014. 4. 25.), 5~6쪽.
45. 청해진해운 사건, 2심, 3회 공판조서(2015. 3. 31.)(윤○○ 증인 신문 부분), 11555~11556쪽.
46. 청해진해운 사건, 경찰 윤○○ 진술조서(2014. 4. 21.)(계약서), 수사기록 2276~2281쪽.
47. 청해진해운 사건, 경찰 압수물 사본 첨부에 대한 수사보고(세월호 화물 파손 내역 첨부)(2014. 4. 28.), 세월호 사고보고서 사본(2013. 11. 29.), 수사기록 6046~6058쪽.
48. 청해진해운 사건, 1심, 9회 공판조서(2014. 9. 18.)(이○○ 증인 신문 부분), 17쪽.
49. 청해진해운 사건, 1심, 12회 공판조서(2014. 10. 2.)(고재성 증인 신문 부분), 3~4쪽.
50. 청해진해운 사건, 검찰 이준수 2회 피의자 신문조서(2014. 6. 1.), 3쪽.
51. 선원 사건, 검찰 강원식 2회 피의자 신문조서(2014. 5. 1.), 19쪽.
52. 청해진해운 사건, 검찰 김정수 2회 피의자 신문조서(2014. 5. 9.), 8쪽.
53. 청해진해운 사건, 1심, 15회 공판조서(2014. 10. 22.)(김정수 피고인 신문 부분), 공판기록 4816~4817쪽.
54. 청해진해운 사건, 1심, 15회 공판조서(2014. 10. 22.)(김정수 피고인 신문 부분), 공판기록 4796~4797쪽.
55. 청해진해운 사건, 검찰 김정수 2회 피의자 신문조서(2014. 5. 9.), 8쪽.
56. 청해진해운 사건, 경찰 김정수 3회 진술조서(2014. 4. 23.), 7쪽.
57. 청해진해운 사건, 경찰 하○○ 진술조서(2014. 4. 30.), 8~9쪽.
58. 청해진해운 사건, 경찰 김정수 3회 피의자 신문조서(2014. 5. 3.), 6쪽.
59. 청해진해운 사건, 경찰 하○○ 진술조서(2014. 4. 30.), 8~9쪽.
60. 선원 사건, 1심, 12회 공판조서(2014. 8. 24.)(김정수 증인 신문 부분), 7~8쪽.
61. 청해진해운 사건, 검찰 김정수 2회 피의자 신문조서(2014. 5. 9.), 9~11쪽.
62. 청해진해운 사건, 검찰 김정수 2회 피의자 신문조서(2014. 5. 9.), 9~11쪽.
63. 청해진해운 사건, 경찰 이○○ 진술조서(2014. 4. 21.), 4쪽.
64. 청해진해운 사건, 경찰 홍○○ 진술조서(2014. 4. 21.), 6쪽; 청해진해운 사건, 검찰 김정수 2회 피의자 신문조서(2014. 5. 9.), 11쪽.
65. 선조위 종합보고서(내인설), 52쪽.
66. 청해진해운 사건, 경찰 홍○○ 진술조서(2014. 4. 21.), 6쪽.
67. 청해진해운 사건, 경찰 수사보고(세월호에 적재된 차량 및 컨테이너 등 화물 적재 위치에 대하여)(2014. 4. 25.), 세월호 화물 적재도, 수사기록 4388~4391쪽.
68. 선조위 종합보고서(내인설), 51쪽; 선조위 종합보고서(열린안), 56쪽.
69. 청해진해운 사건, 검찰 김정수 2회 피의자 신문조서(2014. 5. 9.), 10쪽.
70. 선조위 종합보고서(내인설), 50쪽.
71. 선조위 종합보고서(내인설), 51쪽; 선조위 종합보고서(열린안), 55쪽.
72. 선조위 종합보고서(내인설), 51쪽; 선조위 종합보고서(열린안), 55~56쪽.
73. 선조위 종합보고서(내인설), 50쪽; 선조위 종합보고서(열린안), 54쪽.
74. 청해진해운 사건, 검찰 김정수 2회 피의자 신문조서(2014. 5. 9.), 11쪽.
75. 청해진해운 사건, 검찰 남호만 4회 피의자 신문조서(2014. 5. 14.), 5쪽.
76. 청해진해운 사건, 검찰 남호만 4회 피의자 신문조서(2014. 5. 14.), 5쪽.

77. 청해진해운 사건, 경찰 윤○○ 3회 진술조서(2014. 5. 19.), 3쪽.
78. 청해진해운 사건, 경찰 정○○ 진술조서(2014. 4. 24.), 10~11쪽.
79. 청해진해운 사건, 경찰 유○○ 2회 진술조서(2014. 4. 24.), 2~3쪽.
80. 청해진해운 사건, 경찰 장○○ 진술조서(2014. 4. 24.), 10쪽.
81. 청해진해운 사건, 검찰 남호만 7회 피의자 신문조서(2014. 5. 20.), 11쪽.
82. 청해진해운 사건, 경찰 이준수 진술조서(2014. 4. 18.), 5쪽.
83. 청해진해운 사건, 경찰 수사보고(세월호 차량 및 화물 고박 배치도 전문가 검토 의견)(2014. 4. 18.), 수사기록 1028~1042쪽.
84. 청해진해운 사건, 검찰 김정수 2회 피의자 신문조서(2014. 5. 9.), 12~14쪽.
85. 청해진해운 사건, 경찰 장○○ 진술조서(2014. 4. 24.), 11쪽.
86. 청해진해운 사건, 검찰 김정수 2회 피의자 신문조서(2014. 5. 9.), 12~14쪽.
87. 청해진해운 사건, 1심, 3회 공판조서(2014. 8. 22.)(하○○ 증인 신문 부분), 21~22쪽.
88. 청해진해운 사건, 검찰 신보식 피의자 신문조서(2014. 5. 30.), 15~16쪽.
89. 세월호 인허가 사건, 검찰 박희석 진술조서(2014. 5. 26.), 7쪽.
90. 청해진해운 사건, 경찰 수사보고(매 항차별 과적으로 인한 이익금 확인에 대한)(2014. 4. 30.), 수사기록 6769쪽.
91. 청해진해운 사건, 경찰 수사보고(원광공사 고박비 지급 및 법률 의율에 대한)(2014. 5. 21.), 수사기록 12950~12951쪽.
92. 청해진해운 사건, 1심 판결문(2014. 11. 20.), 87~88쪽.
93. 청해진해운 사건, 2심 판결문(2015. 5. 12.), 28~33, 93~94쪽.
94. 감사원 보고서, 146쪽.
95. 청해진해운 사건, 검찰 신보식 진술조서(2014. 4. 28.), 15쪽.
96. 청해진해운 사건, 1심, 19회 공판조서(2014. 10. 30.)(신보식 피고인 신문 부분), 공판기록 5374쪽.
97. 청해진해운 사건, 1심, 15회 공판조서(2014. 10. 22.)(김정수 피고인 신문 부분), 공판기록 4838쪽.
98. 청해진해운 사건, 1심, 15회 공판조서(2014. 10. 22.)(남호만 피고인 신문 부분), 공판기록 4846~4848쪽.
99. 선원 사건, 1심, 11회 공판조서(2014. 8. 26.)(홍영기 증인 신문 부분), 7쪽.
100. 청해진해운 사건, 검찰 2회 홍영기 진술조서(2014. 5. 20.), 10~11쪽.
101. 천해진해우 사건, 검찰 2회 홍영기 진술조서(2014. 5. 20.), 10~11쪽.
102. 청해진해운 사건, 1심, 15회 공판조서(2014. 10. 22.)(님호민 피고인 신문 부분), 공판기록 4868쪽.
103. 청해진해운 사건, 경찰 윤영국 2회 진술조서(2014. 4. 27.), 7~8쪽.
104. 청해진해운 사건, 검찰 신보식 진술조서(2014. 4. 28.), 45~46쪽.
105. 선원 사건, 1심, 11회 공판조서(2014. 8. 26.)(신보식 증인 신문 부분), 36~37쪽.
106. 청해진해운 사건, 2심, 한국해운조합 사실조회서 회신(2015. 2. 17.), 공판기록 23669쪽.
107. 청해진해운 사건, 2심, 2회 공판조서(2015. 3. 17.)(김주성 피고인 신문 부분), 공판기록 11038쪽.
108. 청해진해운 사건, 2심 판결문(2015. 5. 12.), 23쪽.
109. 청해진해운 사건, 검찰 강원식 5회 피의자 신문조서(2014. 5. 7.), 22쪽.
110. 천해진해우 사건, 1심, 19회 공판조서(2014. 10. 30.)(신보식 피고인 신문 부분), 공판기록 5373쪽.

111. 선조위 종합보고서(내인설), 54~59쪽; 선조위 종합보고서(열린안), 58~65쪽.
112. 해양심판원 보고서, 60쪽.
113. 선원 사건, 1심, 26회 공판조서(2014. 10. 15.)(김선영 증인 신문 중 이동곤 대질 부분), 14~15쪽.
114. 선원 사건, 1심, 26회 공판조서(2014. 10. 15.)(김선영 증인 신문 중 이동곤 대질 부분), 14~15쪽.
115. 선원 사건, 1심, 26회 공판조서(2014. 10. 15.)(김선영 증인 신문 중 이동곤 대질 부분), 14~15쪽.
116. 선원 사건, 1심, 26회 공판조서(2014. 10. 15.)(김선영 증인 신문 부분), 14쪽.
117. 선원 사건, 1심, 26회 공판조서(2014. 10. 15.)(김선영 증인 신문 중 이동곤 대질 부분), 16~17쪽.
118. 선원 사건, 1심, 26회 공판조서(2014. 10. 15.)(김선영 증인 신문 중 이동곤 대질 부분), 16~17쪽.
119. 선원 사건, 1심, 26회 공판조서(2014. 10. 15.)(김선영 증인 신문 중 이동곤 대질 부분), 16~17쪽.
120. 해양심판원 보고서, 63쪽.
121. 선조위 종합보고서(내인설), 60~66쪽; 선조위 종합보고서(열린안), 66~74쪽.
122. 선조위 종합보고서(열린안), 75쪽.
123. 나미노우에호 해상공시운전성적서(1994. 6. 20.).
124. 청해진해운 사건, 2심, 판결문(2015. 5. 12.), 37쪽.
125. 청해진해운 사건, 2심, 판결문(2015. 5. 12.), 37쪽.
126. 감사원 보고서, 168~169쪽.
127. 청해진해운 사건, 1심, 14회 공판조서(2014. 10. 17.)(공길영 증인 신문 부분), 공판기록 4271쪽.
128. 청해진해운 사건, 1심, 8회 공판조서(2014. 9. 12.)(조준기 증인 신문 부분), 2쪽.
129. 선원 사건, 1심, 12회 공판조서(2014. 8. 27.)(김정수 증인 신문 부분), 5쪽.
130. 선원 사건, 1심, 29회 공판조서(2014. 10. 27.)(오용석 피고인 신문 부분), 5쪽.
131. 선원 사건, 1심, 27회 공판조서(2014. 10. 20.)(박경남 피고인 신문 부분), 58쪽.
132. 선원 사건, 경찰 신보식 진술조서(2014. 4. 20.), 21~23쪽
133. 선원 사건, 경찰 신보식 진술조서(2014. 4. 20.), 12~14쪽.
134. 선원 사건, 경찰 신보식 진술조서(2014. 4. 20.), 18쪽.
135. 선조위 종합보고서(내인설), 179쪽; 선조위 종합보고서(열린안), 213쪽.
136. 선조위 종합보고서(내인설), 176~179쪽; 선조위 종합보고서(열린안), 210~213쪽.
137. 선조위 종합보고서(내인설), 178쪽; 선조위 종합보고서(열린안), 212쪽.
138. 박성용 선조위 진술조서(2018. 2. 9.). 선조위 종합보고서(내인설 75쪽, 열린안 84쪽)에서 재인용.
139. 선조위 종합보고서(내인설), 77~78쪽.
140. 선조위 종합보고서(내인설), 80, 96쪽.
141. 청해진해운 사건, 검찰 신보식 진술조서(2014. 4. 28.), 30쪽.
142. 청해진해운 사건, 검찰 신보식 진술조서(2014. 4. 28.), 31쪽.
143. 청해진해운 사건, 검찰 신보식 진술조서(2014. 4. 28.), 29쪽.
144. 박태근, 무리한 급선회가 결정적 원인, 왜 방향 틀었나, 《동아닷컴》(2014. 4. 17.).
145. 해양심판원 신보식 질문조서(2014. 4. 20.), 6~7쪽.
146. 선원 사건, 2심 판결문(2015. 4. 28.), 51쪽.
147. 선원 사건, 대법원 판결문(2015. 11. 12.), 36쪽.
148. 선원 사건, 1심, 공소장 변경 허가 신청(2014. 10. 1.), 16~17쪽.
149. 선원 사건, 1심, 21회 공판조서(2014. 10. 6.)(박한결 피고인 신문 부분), 60~61쪽.
150. 선원 사건, 1심, 20회 공판조서(2014. 10. 1.)(조준기 피고인 신문 부분), 36, 43쪽.
151. 자문단 보고서, 42쪽.
152. 선원 사건, 1심, 15회 공판조서(2014. 9. 16.)(허용범 증인 신문 부분), 56쪽.

153. 선원 사건, 1심, 26회 공판조서(2014. 10. 15.)(김선영 증인 신문 중 이동곤과 대질 부분), 35쪽.
154. 선원 사건, 1심, 26회 공판조서(2014. 10. 15.)(김선영 증인 신문 중 이동곤과 대질 부분), 45쪽.
155. 선원 사건, 1심, 26회 공판조서(2014. 10. 15.)(검사 서증조사 부분), 6쪽.
156. 선원 사건, 1심 판결문(2014. 11. 11.), 49~55쪽.
157. 선원 사건, 1심 판결문(2014. 11. 11.), 47~48쪽.
158. 선원 사건, 2심, 4회 공판조서(2015. 3. 24.)(김진동 증인 신문 부분), 공판기록 12098~12099쪽.
159. 선원 사건, 2심, 4회 공판조서(2015. 3. 24.)(김진동 증인 신문 부분), 공판기록 12132쪽.
160. 선원 사건, 2심, 4회 공판조서(2015. 3. 24.)(정대진 증인 신문 부분), 공판기록 12160~12161쪽.
161. 선원 사건, 2심, 4회 공판조서(2015. 3. 24.)(정대진 증인 신문 부분), 공판기록 12167쪽.
162. 선원 사건, 2심, 4회 공판조서(2015. 3. 24.)(정대진 증인 신문 부분), 공판기록 12172~12173쪽.
163. 선원 사건, 1심, 20회 공판조서(2014. 10. 1.)(조준기 피고인 신문 부분), 47쪽.
164. 선원 사건, 2심 판결문(2015. 4. 28.), 51~57쪽.
165. 선원 사건, 2심 판결문(2015. 4. 28.), 51~57쪽.
166. 선조위 종합보고서(내인설), 94~97쪽.
167. 선조위 종합보고서(내인설), 94~97쪽.
168. 선조위 종합보고서(내인설), 95~96쪽.
169. 선조위 종합보고서(내인설), 96쪽.
170. 선조위 종합보고서(내인설), 96~97쪽.
171. 선조위 종합보고서(내인설), 97쪽.
172. 선조위 종합보고서(내인설), 90쪽.
173. 선조위 종합보고서(내인설), 97쪽.
174. 사참위 '조타장치 모형시험'으로 '세월호 내인설' 기각됐다?,《뉴스타파》(2020. 12. 16.).
175. 정준모, 세월호 타기에 관한 의견서(2023. 12. 13.).
176. 선조위 종합보고서(내인설), 99쪽.
177. 자문단 보고서, 69쪽.
178. 해양심판원 보고서, 1쪽.
179. 해양심판원 보고서, 89~91쪽.
180. 선조위 종합보고서(내인설), 100~102쪽; 선조위 종합보고서(열린안), 109~110쪽.
181. 선조위 종합보고서(내인설), 102~106쪽.
182. 선조위 종합보고서(내인설), 107~108쪽.
183. 마린 선회 및 횡경사 보고서.
184. 마린 선회 및 횡경사 보고서, 61쪽; 마린 요약보고서, 22쪽.
185. 선조위 종합보고서(내인설); 136쪽; 선조위 종합보고서(열린안), 168쪽.
186. 선조위 종합보고서(내인설), 135쪽; 선조위 종합보고서(열린안), 167쪽.
187. H. van den Boom, V. Ferrari, R. van Basten Batenburg, and S. T. Seo, "Sewol Ferry Capsizing and Flooding," Sustainable and Safe Passenger Ships, 4 March 2020, Athens, Greece, p.7. ISO MSC Intact Stability Code 2008은 여객선, 화물선 등 다양한 선박의 안전한 운항을 보장하기 위해 국제해사기구에서 채택한 비손상 복원성 관련 규정을 담은 문서다.
188. 선조위 종합보고서(내인설), 156쪽; 선조위 종합보고서(열린안), 186쪽.
189. 선조위 종합보고서(내인설), 158쪽; 선조위 종합보고서(열린안), 192쪽.
190. 선조위 종합보고서(내인설), 179쪽; 선조위 종합보고서(열린안), 213쪽.
191. 선조위 종합보고서(내인설), 186~192쪽; 선소위 종합보고서(열린안), 220~225쪽.

192. 선조위 종합보고서(내인설), 192-197쪽; 선조위 종합보고서(열린안), 226~231쪽.
193. 선조위 종합보고서(내인설), 159쪽; 선조위 종합보고서(열린안), 193쪽.
194. 선조위 종합보고서(내인설), 143쪽.
195. 선조위 종합보고서(내인설), 144~145쪽.
196. 선조위 종합보고서(내인설), 149쪽.
197. 선조위 종합보고서(내인설), 145~155쪽; 선조위 종합보고서(열린안), 179~185쪽.
198. 마린 추가시험 보고서, 5쪽.
199. 마린 추가시험 보고서, 29, 32쪽.
200. 마린 추가시험 보고서, 30쪽. 마린 보고서 영문 원본을 참고하여 번역 문구를 일부 수정하였음.
201. H. van den Boom, V. Ferrari, R. van Basten Batenburg, and S. T. Seo, "Sewol Ferry Capsizing and Flooding," Sustainable and Safe Passenger Ships, 4 March 2020, Athens, Greece, p.7.
202. H. van den Boom, V. Ferrari, R. van Basten Batenburg, and S. T. Seo, "Sewol Ferry Capsizing and Flooding," Sustainable and Safe Passenger Ships, 4 March 2020, Athens, Greece, p.7.
203. 선조위 종합보고서(내인설), 145~148쪽; 선조위 종합보고서(열린안), 179~181쪽.
204. 사참위 진상규명 소위 보고서, 83~101쪽.
205. 사참위 종합보고서, 80~81쪽.
206. 사참위 진상규명 소위, 세월호 횡경사 원인과 침수과정 분석 조사결과보고서(직나-10)(2022. 7. 28.), 94~95쪽.
207. 사참위 진상규명 소위 보고서, 105쪽.
208. 해양안전기술 보고서, 13, 14, 39, 68쪽
209. 해양안전기술 보고서, 125~126쪽.
210. 사참위 진상규명 소위 보고서, 77~79쪽; 해양안전기술 보고서, 68, 101~109, 124쪽.
211. 사참위 진상규명 소위 보고서, 79쪽; 해양안전기술 보고서, 126쪽.
212. 사참위 진상규명 소위 보고서, 105, 158쪽.
213. 세월호 침몰 원인 보고서 직나-09 및 직나-10에 대한 대한조선학회 공식 의견서(2022. 6. 17.), 4~6쪽.
214. 세월호 침몰 원인 보고서 직나-09 및 직나-10에 대한 대한조선학회 공식 의견서(2022. 6. 17.), 8~10쪽.
215. 세월호 침몰 원인 보고서 직나-09 및 직나-10에 대한 대한조선학회 공식 의견서(2022. 6. 17.), 11쪽.
216. 세월호 침몰 원인 보고서 직나-09 및 직나-10에 대한 대한조선학회 공식 의견서(2022. 6. 17.), 13쪽.
217. MARIN, Sewol Additional Turning and Heeling Model Tests Final Report(33705-1-SMB), May 2022, pp.27~28.
218. MARIN, Sewol Additional Turning and Heeling Model Tests Final Report(33705-1-SMB), May 2022, p.6.
219. 사참위 종합보고서, 87~89쪽.
220. 사참위 종합보고서, 89쪽.
221. 조상래, '8년여의 세월호 사고원인 규명활동 결과의 정리와 분석', 대한조선학회 미래기술연구소 보고서 2023-005호, 38쪽.

222. 청해진해운 사건, 검찰 신보식 진술조서(2014. 4. 28.), 47~48쪽.
223. 해양심판원 보고서, 101~102쪽.
224. 해양심판원 보고서, 104~105쪽.
225. 해양심판원 심판 근거 자료, 151~152쪽.
226. 이종구, 잃어버린 36초 놓고 해수부-해경 엇박자, 《YTN》(2014. 4. 25.).
227. 자문단 보고서, 10~12쪽.
228. 해양심판원 보고서, 106~107쪽.
229. 해양심판원 심판 근거 자료, 734쪽; 김성수, 세월호 항적 '사라진 29초' 복원… "4초간 11도 변침", 《뉴스타파》(2014. 10. 10.).
230. 국회 국정조사 특위, 해양수산부 제출, 세월호의 최종 항적도.
231. 자문단 보고서, 29~34쪽.
232. 해양심판원 보고서, 108~109쪽.
233. 선조위 종합보고서 부속서I, 58~77쪽.
234. 국회 국정조사 특위, 해양수산부 제출, 세월호 AIS 항적 기록 엑셀 파일(시간, 위치, 속력 등 포함).
235. 청해진해운 사건, 경찰 전정윤 진술조서(2014. 4. 20.), 2쪽.
236. 국회 국정조사 특위, 해양수산부 제출, 세월호 AIS 항적 기록 엑셀 파일(시간, 위치, 속력 등 포함).
237. 선원 사건, 경찰 박기훈 진술조서(2014. 4. 29.), 수사기록 3304~3305쪽.
238. 국회 국정조사 특위, 해양수산부 제출, 세월호 AIS 항적 기록 엑셀 파일(시간, 위치, 속력 등 포함).
239. 특조위 AIS 데이터 보고서, 39~53쪽.
240. 선조위 종합보고서 부속서I, 142~156쪽.
241. 국제전기통신연합 라디오주파수대역 통신규약(ITU-R), 111쪽.
242. 국회 국정조사 특위, 해양경찰청 제출, 해양경찰청 상황실 경비전화(2142) 음성파일.
243. 국회 국정조사 특위, 해양경찰청 제출, 해양경찰청 상황실 경비전화(2242) 음성파일.
244. 감사원 자료, 4월 16일 09:00~09:30 122 신고접수 통화 내역.
245. 국회 국정조사 특위, 해양수산부 제출, 세월호 AIS 항적 기록 엑셀 파일(시간, 위치, 속력 등 포함).
246. 김성수, 누구의 '인벤션'인기?, … 세월호 항적소작과 앵기설 검증, 《뉴스타파》(2018. 7. 13.).
247. 선조위 종합보고서(내인설), 114~115쪽.
248. 서울중앙지방검찰청 보도자료, 세월호 참사 특별수사단 수사결과(2021. 1. 21.), 4쪽.
249. 사참위 보도자료, 참사 당일 세월호 항적 발표 및 증거보전 관련 조사결과 발표(2020. 12. 17.), 3쪽.
250. 김성수, "세월호 항적 2개 있었다?"… 사참위, '또 부실조사', 《뉴스타파》(2021. 1. 26.).
251. 사참위 보도자료, 세월호 CCTV DVR 관련 조사내용 중간발표(2019. 3. 28.), 3쪽.
252. 416기록단 촬영 영상(2014. 6. 24.).
253. 특조위, 세월호 CCTV 감정 보고서(2016. 9. 22.), 8~24쪽.
254. 소중한, 세월호 CCTV 갑자기 꺼졌다… 누군가 작동 멈춘 것, 《오마이뉴스》(2014. 8. 22.).
255. 김성수, [세월호 CCTV 1차 분석] 실제보다 15분 21초 지연… 급변침 때 꺼졌다, 《뉴스타파》(2014. 9. 3.).
256. 특조위, 조사개시여부 결정(안), 2015-99-가-29 특정 시각 세월호 CCTV 영상 부재와 전원 꺼

짐 현상의 원인에 대한 조사의 건(2015. 12. 28.), 2쪽.
257. 특조위, 제22차 전원위원회 회의록(2015. 12. 28.), 43쪽.
258. 특조위, 제2차 청문회 자료집(2016. 6. 23.), 156쪽.
259. 특조위, 제3차 청문회 자료집(2016. 9. 30.), 39~40쪽.
260. 특조위, 제3차 청문회 자료집(2016. 9. 30.), 41쪽.
261. 특조위, 제3차 청문회 자료집(2016. 9. 30.), 42쪽.
262. 사참위 보도자료, 세월호 CCTV DVR 관련 조사내용 중간발표(4·16 세월호 참사 증거자료의 조작·편집 제출 의혹 등에 대한 조사 관련)(2019. 3. 28.).
263. 김성수, [세월호 CCTV 의혹 검증②] DVR 바꿔치기, 과연 가능했나,《뉴스타파》(2019. 8. 20.).
264. 김성수, [세월호 CCTV 의혹 검증①] DVR은 언제, 왜 꺼졌나,《뉴스타파》(2019. 8. 19.).
265. 김성수, [세월호 CCTV 의혹 검증①] DVR은 언제, 왜 꺼졌나,《뉴스타파》(2019. 8. 19.).
266. 세월호 특수단, 경빈 군 헬기 이송 지연 '무혐의' 내부 결론,《뉴스타파》(2020. 3. 3.); 김성수, 세월호 특수단 수사가 남긴 것… '풀지 못한 모순'과 '사참위 낙제 성적표',《뉴스타파》(2021. 1. 21.).
267. 사참위 보도자료, '세월호 블랙박스' CCTV 조작 관련 특별검사 요청(2021. 9. 22.), 2~3쪽.
268. 사참위 발표자료, 'DVR 조작' 관련 조사결과 발표(2021. 9. 22.), 22쪽.
269. 세월호 특검 보도자료, 4·16세월호 참사 증거자료의 조작·편집 의혹 사건 수사결과(2021. 8. 10.), 47~48쪽.
270. 세월호 특검 보도자료, 4·16 세월호 참사 증거자료의 조작·편집 의혹 사건 수사결과(2021. 8. 10.), 90~91쪽; 백승우, '세월호 CCTV' 복원했더니… '1박 2일'·'강남스타일'이?,《MBC》(2021. 7. 13.).
271. 사참위 보도자료, '세월호 블랙박스' CCTV 조작 관련 특별검사 요청(2021. 9. 22.), 4쪽.
272. 세월호 특검 보도자료, 4·16 세월호 참사 증거자료의 조작·편집 의혹 사건 수사결과(2021. 8. 10.), 48쪽.
273. 김성수, 세월호 특검 "CCTV 조작 없다"… 본질은 '사참위 부실조사',《뉴스타파》(2021. 8. 13.).
274. 세월호 특검 보도자료, 4·16 세월호참사 증거자료의 조작·편집 의혹 사건 수사결과(2021. 8. 10.), 76~78쪽.
275. 세월호 특검 보도자료, 4·16 세월호참사 증거자료의 조작·편집 의혹 사건 수사결과(2021. 8. 10.), 81쪽.
276. 세월호 특검 보도자료, 4·16 세월호참사 증거자료의 조작·편집 의혹 사건 수사결과(2021. 8. 10.), 81~84쪽.
277. 세월호 특검 보도자료, 4·16 세월호참사 증거자료의 조작·편집 의혹 사건 수사결과(2021. 8. 10.), 86쪽.
278. 세월호 특검 보도자료, 4·16 세월호참사 증거자료의 조작·편집 의혹 사건 수사결과(2021. 8. 10.), 90~104쪽.
279. 세월호 특검 보도자료, 4·16 세월호참사 증거자료의 조작·편집 의혹 사건 수사결과(2021. 8. 10.), 24~30쪽.
280. 사참위, 제148차 전원위원회 회의록(2022. 5. 24.), 36쪽.
281. 사참위 진상규명 소위, 세월호 횡경사 원인과 침수과정 분석 조사결과보고서(직나-10)(2022. 7. 28.), 10~15쪽.

4부 왜 못 구했나

1. Japan Transport Safety Board, Ro-Ro Passenger Ferry ARIAKE Marine Accident Investigation Report(2011. 2. 25.).
2. 123정 사건, 수사보고(2014. 7. 29.), 이탈리아 유람선 '코스타 콩코르디아호' 침몰 사건 보도 내용, 수사기록 3993~4038쪽.
3. Costa Concordia transcript: coastguard orders captain to return to stricken ship, 《The Guardian》(2012. 1. 17.), https://www.theguardian.com/world/2012/jan/17/costaconcordia-transcript-coastguard-captain.
4. 구정은, 이탈리아판 세월호' 콩코르디아 선장 16년형…"형량 가볍다" 비판도, 《경향신문》(2015. 2. 12.).
5. Costa Concordia coastguard rejects 'hero' label, 《The Guardian》(2012. 1. 18.), https://www.theguardian.com/world/2012/jan/18/costa-concordia-coastguard-rejects-hero.
6. 선원 사건, 검찰 강혜성 진술조서(2014. 5. 4.), 수사기록 8880쪽.
7. 선원 사건, 1심, 공판기일 외 증인 신문조서(2014. 7. 29.)(신○○ 증인 신문 부분), 2쪽; 123정 사건, 검찰 추가 증거 제출(2015. 6. 23.), 정○○ 진술서, 수사기록 6289쪽.
8. 사참위 해경 초동대응 조사보고서, 467쪽.
9. 선원 사건, 1심, 5회 공판조서(2014. 7. 23.)(강혜성 증인 신문 부분), 9쪽; 선원 사건, 1심, 6회 공판조서(2014. 7. 24.)(김정근 증인 신문 부분), 5쪽.
10. 선원 사건, 검찰 이준석 4회 피의자 신문조서(2014. 4. 30.), 수사기록 7902~7904쪽.
11. 선원 사건, 검찰 오용석 5회 피의자 신문조서(2014. 5. 8.), 수사기록 9345~9346쪽.
12. 선원 사건, 경찰 조준기 진술조서(2014. 4. 16.), 수사기록 10289~19290쪽.
13. 선원 사건, 검찰 이준석 4회 피의자 신문조서(2014. 4. 30.), 수사기록 7902~7904쪽.
14. 선원 사건, 검찰 강원식 3회 피의자 신문조서(2014. 5. 2.), 수사기록 8310쪽.
15. 선원 사건, 검찰 강원식 피의자 신문조서(2014. 4. 29.), 수사기록 20791쪽.
16. 123정 사건, 검찰 수사보고서(2014. 6. 12.), 123정 촬영 동영상, 수사기록 2176쪽.
17. 선원 사건, 검찰 강혜성 진술조서(2014. 5. 4.), 수사기록 8881쪽; 선원 사건, 검찰 김영호 피의자 신문조서(2014. 4. 29.), 수사기록 7849쪽; 선원 사건, 경찰 신정훈 2회 피의자 신문조서(2014. 4. 21.), 수사기록 979쪽.
18. 123정 사건, 검실 깅헤성 진술조서(2014. 7. 11.), 수사기록 2504, 2507, 2508쪽.
19. 청해진해운 사건, 경찰 수사보고(2014. 4. 25.), 세월호 선내 방송 캡처 시진, 수사기록 4127~4129쪽.
20. 선원 사건, 1심, 공판기일 외 증인 신문조서(2014. 7. 28.)(오○○ 증인 신문 부분), 10, 12쪽.
21. 청해진해운 사건, 수사보고서(123정 등 촬영 동영상의 세월호 침수 모습 분석)(2014. 6. 3.), 수사기록 15245쪽.
22. 청해진해운 사건, 수사보고(2014. 10. 13.), 김동협 휴대폰 동영상, 수사기록 18791쪽.
23. 사참위, 해경 초동대응 조사보고서, 464~466쪽.
24. 박찬규, 방송 불가능이라더니…"선실이 안전" 안내, 《채널A》(2014. 4. 21.).
25. 선원 사건, 1심, 6회 공판조서(2014. 7. 24.)(김도영 증인 신문 부분), 3쪽; "배 기운 뒤, 입을 수 있으면 안전조끼 입으라", 《CBS》 시사자키 정관용입니다(2014. 4. 16.).
26. 선원 사건, 검찰 이준석 3회 피의자 신문조서(2014. 4. 29.), 수사기록 20743쪽.
27. 선원 사건, 검찰 이준석 4회 피의자 신문조서(2014. 4. 30.), 수사기록 7913쪽.

28. 선원 사건, 검찰 강원식 3회 피의자 신문조서(2014. 5. 2.), 수사기록 8324쪽.
29. 선원 사건, 검찰 박한결 10회 피의자 신문조서(2014. 5. 12.), 수사기록 15399~15400쪽.
30. 선원 사건, 2심 판결문(2015. 4. 28.), 25쪽.
31. 청해진해운 사건, 한국해양수산연수원, 여객선 교재 발췌본, 수사기록 15198~15206쪽.
32. 청해진해운 사건, 한국해양수산연수원, 여객선 교재 발췌본, 수사기록 15198~15206쪽.
33. 123정 사건, 검찰 수사보고(2014. 6. 12.), 511호 촬영 동영상, 수사기록 2176쪽.
34. 123정 사건, 검찰 수사보고(2014. 6. 12.), 123정 촬영 동영상, 수사기록 2176쪽.
35. 선원 사건, 검찰 이준석 4회 피의자 신문조서(2014. 4. 30.), 수사기록 7901쪽.
36. 선원 사건, 경찰 전○○ 진술조서(2014. 4. 29.), 수사기록 4096쪽.
37. 선원 사건, 1심, 공판기일 외 증인 신문조서(2014. 7. 29.)(이○○ 증인 신문 부분), 8쪽.
38. 선원 사건, 1심, 17회 공판조서(2014. 9. 23.)(이윤철 증인 신문 부분), 4쪽.
39. 선원 사건, 검찰 강혜성 진술조서(2014. 5. 4.), 수사기록 8870쪽.
40. 청해진해운 사건, 검찰 신보식 2회 진술조서(2014. 5. 26.), 수사기록 10422~10424쪽.
41. 선원 사건, 경찰 손지태 피의자 신문조서(2014. 4. 21.), 수사기록 960쪽.
42. 선원 사건, 검찰 박기호 2회 피의자 신문조서(2014. 5. 1.), 수사기록 8005~8006쪽.
43. 선조위 종합보고서(내인설), 180~189쪽.
44. 선원 사건, 경찰 변○○ 진술조서(2014. 4. 28.), 수사기록 3951쪽.
45. 선원 사건, 검찰 최찬열 진술조서(2014. 5. 10.), 수사기록 9557~9668쪽.
46. 선원 사건, 검찰 최찬열 진술조서(2014. 5. 10.), 수사기록 9559쪽.
47. 선원 사건, 검찰 최찬열 진술조서(2014. 5. 10.), 수사기록 9560쪽.
48. 선원 사건, 1심, 4회 공판조서(2014. 7. 22.)(김종임 증인 신문 부분), 2~14쪽.
49. 선원 사건, 검찰 최찬열 진술조서(2014. 5. 10.), 수사기록 9560~9562쪽.
50. 선원 사건, 1심, 4회 공판조서(2014. 7. 22.)(김종임 증인 신문 부분), 6쪽.
51. 선원 사건, 검찰 최찬열 진술조서(2014. 5. 10.), 수사기록 9563~9564쪽.
52. 선원 사건, 1심, 4회 공판조서(2014. 7. 22.)(김종임 증인 신문 부분), 10쪽.
53. 선원 사건, 1심, 13회 공판조서(2014. 9. 2.)(손지태 증인 신문 부분), 36~37쪽.
54. 선원 사건, 1심, 6회 공판조서(2014. 7. 24.)(송○○ 증인 신문 부분), 7쪽.
55. 선원 사건, 검찰 강원식 8회 피의자 신문조서(2014. 5. 13.), 수사기록 9804~9805쪽.
56. 선원 사건, 검찰 이준석 8회 피의자 신문조서(2014. 5. 6.), 수사기록 9023쪽.
57. 특조위, 신정훈 조사대상자 진술조서(2016. 4. 6.), 9쪽.
58. 특조위, 신정훈 조사대상자 진술조서(2016. 4. 6.), 13쪽.
59. 특조위, 조준기 조사대상자 진술조서(2016. 2. 18.), 21쪽.
60. 특조위, 조준기 2회 조사대상자 진술조서(2016. 2. 26.), 8쪽.
61. 특조위, 조준기 조사대상사 진술조서(2016. 2. 18.), 20쪽.
62. 특조위, 조준기 2회 조사대상자 진술조서(2016. 2. 26.), 8~10쪽.
63. 특조위, 조준기 조사대상자 진술조서(2016. 2. 18.), 22쪽.
64. 특조위, 신정훈 조사대상자 진술조서(2016. 4. 6.), 18쪽.
65. 선원 사건, 검찰 신정훈 6회 피의자 신문조서(2014. 5. 8.), 수사기록 9317쪽.
66. 선원 사건, 검찰 강원식 피의자 신문조서(2014. 4. 29.), 수사기록 20798~20800쪽.
67. 선원 사건, 검찰 강원식 8회 피의자 신문조서(2014. 5. 13.), 수사기록 9803~9804쪽.
68. 선원 사건, 검찰 강혜성 진술조서(2014. 5. 4.), 수사기록 8897쪽.
69. 선원 사건, 1심 판결문(2014. 11. 11.), 124쪽.

70. 선원 사건, 1심 판결문(2014. 11. 11.), 127~138쪽.
71. 선원 사건, 2심 판결문(2015. 4. 28.), 88쪽.
72. 선원 사건, 2심 판결문(2015. 4. 28.), 21~28쪽.
73. 선원 사건, 대법원 판결문(2015. 11. 12.), 21~23쪽.
74. 선원 사건, 대법원 판결문(2015. 11. 12.), 41~54쪽.
75. 선원 사건, 검찰 박한결 5회 피의자 신문조서(2014. 5. 3.). 16쪽.
76. 선원 사건, 대법원 판결문(2015. 11. 12.), 26쪽.
77. 선원 사건, 대법원 판결문(2015. 11. 12.), 8쪽.
78. 123정 사건, 대법원 판결문(2015. 11. 27.); 김경일의 과실에 관한 구체적인 내용은 123정 사건, 2심 판결문(2015. 7. 14.), 22~28쪽 참조.
79. 선원 사건, 대법원 판결문(2015. 11. 12.), 16, 19쪽.
80. 선원 사건, 대법원 판결문(2015. 11. 12.), 20쪽.
81. 선원 사건, 대법원 판결문(2015. 11. 12.), 24쪽.
82. 선원 사건, 대법원 판결문(2015. 11. 12.), 20쪽.
83. 진도VTS 사건, 디브리핑 동영상.
84. 진도VTS 사건, 검찰 이갑열 진술조서(2014. 6. 18.), 수사기록 426~427쪽.
85. 진도VTS 사건, 검찰 이갑열 8회 피의자 신문조서(2014. 7. 14.), 수사기록 2564쪽.
86. 진도VTS 사건, 검찰 이갑열 진술조서(2014. 6. 18.), 수사기록 426~427쪽.
87. 진도VTS 사건, 디브리핑 동영상.
88. 진도VTS 사건, 1심 판결문(2015. 1. 29.), 8쪽.
89. 진도VTS 사건, 검찰 수사보고서(2014. 6. 30.), 진도VTS 현장답사 보고, 수사기록 4~6쪽.
90. 진도VTS 사건, 검찰 정영민 진술조서(2014. 6. 18.), 수사기록 454~455쪽.
91. 진도VTS 사건, 디브리핑 동영상.
92. 진도VTS 사건, 검찰 기선영 2회 피의자 신문조서(2014. 6. 29.), 수사기록 1909, 1911쪽.
93. 진도VTS 사건, 검찰 기선영 2회 피의자 신문조서(2014. 6. 29.), 수사기록 1909, 1911쪽.
94. 진도VTS 사건, 검찰 이건호 3회 피의자 신문조서(2014. 7. 6.), 수사기록 2315~2318쪽.
95. 진도VTS 사건, 1심 판결문(2015. 1. 29.), 10쪽.
96. 진도VTS 사건, 1심 판결문(2015. 1. 29.), 10쪽.
97. 진도VTS 사건, 수사보고(2014. 7. 15.), CCTV 영상 자료 관련, 이갑열 면담 및 분석 보고, 수사기록 2660~2697쪽.
98. 진도VTS 사건, 1심 판결문(2015. 1. 29.), 12쪽.
99. 진도VTS 사건, 검찰 이건호 3회 피의자 신문조서(2014. 7. 6.), 수사기록 2317~2318쪽.
100. 진도VTS 사건, 검찰 이건호 3회 피의자 신문조서(2014. 7. 6.), 수사기록 2336쪽.
101. 진도VTS 사건, 검찰 이원영 진술조서(2014. 6. 18.), 수사기록 385쪽.
102. 진도VTS 사건, 검찰 수사보고서(2014. 6. 30.), 진도VTS 현장답사 보고, 수사기록 4~6쪽.
103. 진도VTS 사건, 검찰 이건호 진술서(2014. 7. 12.), 수사기록 2429쪽.
104. 진도VTS 사건, 디브리핑 동영상.
105. 진도VTS 사건, 디브리핑 동영상.
106. 진도VTS 사건, 검찰 정영민 5회 피의자 신문조서(2014. 7. 18.)(기선영·이갑열 대질 부분), 수사기록 2798~2799쪽.
107. 진도VTS 사건, 검찰 이건호 진술서(2014. 7. 12.), 수사기록 2429쪽.
108. 진도VTS 사건, 검찰 정영민 5회 피의자 신문조서(2014. 7. 18.)(기선녕·이갑열 대질 부분), 수사

기록 2798~2799쪽.
109. 진도VTS 사건, 검찰 정영민 5회 피의자 신문조서(2014. 7. 18.)(기선영·이갑열 대질 부분), 수사기록 2798~2799쪽.
110. 진도VTS 사건, 검찰 정영민 5회 피의자 신문조서(2014. 7. 16.), 수사기록 2701쪽.
111. 진도VTS 사건, 디브리핑 동영상.
112. 진도VTS 사건, 검찰 이건호 3회 피의자 신문조서 (2014. 7. 6.), 수사기록 2322쪽.
113. 해양심판원 보고서, 41~42쪽.
114. 진도VTS 사건, 검찰 정영민 5회 피의자 신문조서(2014. 7. 16.), 수사기록 2702~2705쪽.
115. 진도VTS 사건, 검찰 이건호 3회 피의자 신문조서 (2014. 7. 6.), 수사기록 2322쪽; 검찰 이건호 진술서(2014. 7. 12.), 수사기록 2429쪽; 검찰 정영민 5회 피의자 신문조서(2014. 7. 16.), 수사기록 2702~2705쪽.
116. 진도VTS 사건, 관제 영상 캡처 화면 '세월호 사고 당시 속도 벡터 및 진로'.
117. 진도VTS 사건, 1심 판결문(2015. 1. 29.), 49쪽.
118. 진도VTS 사건, 검찰 이건호 3회 피의자 신문조서(2014. 7. 6.), 수사기록 2323쪽.
119. 진도VTS 사건, 검찰 이건호 진술서(2014. 7. 12.), 수사기록 2429~2430쪽.
120. 진도VTS 사건, 검찰 이원영 2회 피의자 신문조서(2014. 7. 15.), 수사기록 2636쪽.
121. 진도VTS 사건, 검찰 정영민 5회 피의자 신문조서(2014. 7. 18.)(기선영·이갑열 대질 부분), 수사기록 2799~2800쪽.
122. 진도VTS 사건, 검찰 정영민 5회 피의자 신문조서(2014. 7. 16.), 수사기록 2706쪽.
123. 진도VTS 사건, 검찰 정영민 5회 피의자 신문조서(2014. 7. 18.)(기선영·이갑열 대질 부분), 수사기록 2800쪽.
124. 진도VTS 사건, 검찰 이갑열 8회 피의자 신문조서(2014. 7. 14.), 수사기록 2557~2558쪽.
125. 진도VTS 사건, 검찰 이갑열 8회 피의자 신문조서(2014. 7. 14.), 수사기록 2557~2558쪽.
126. 진도VTS 사건, 검찰 정영민 5회 피의자 신문조서(2014. 7. 16.), 수사기록 2712쪽.
127. 국회 국정조사 특위, 진도VTS 제출, 진도VTS 녹취록 0700-1200.
128. 진도VTS 사건, 검찰 이갑열 8회 피의자 신문조서(2014. 7. 14.), 수사기록 2562쪽.
129. 진도VTS 사건, 검찰 기선영 진술서(2014. 7. 12.), 수사기록 2532쪽.
130. 진도VTS 사건, 검찰 이갑열 8회 피의자 신문조서(2014. 7. 14.), 수사기록 2559쪽.
131. 진도VTS 사건, 검찰 정영민 진술서(2014. 7. 15.), 수사기록 2575쪽.
132. 진도VTS 사건, 검찰 이원영 진술서(2014. 7. 12.), 수사기록 2452쪽; 국회 국정조사 특위, 진도VTS 제출, 진도VTS 녹취록 0700-1200.
133. 진도VTS 사건, 검찰 이갑열 8회 피의자 신문조서(2014. 7. 14.), 수사기록 2559쪽.
134. 진도VTS 사건, 검찰 정영민 진술서(2014. 7. 15.), 수사기록 2576쪽.
135. 선원 사건, 1심, 10회 공판조서(2014. 8. 20.)(문예식 증인 신문 부분), 1쪽.
136. 진도VTS 사건, 검찰 정영민 진술서(2014. 7. 15.), 수사기록 2576쪽.
137. 국회 국정조사 특위, 진도VTS 제출, 진도VTS 녹취록 0700-1200.
138. 진도VTS 사건, 검찰 정영민 진술서(2014. 7. 15.), 수사기록 2576쪽.
139. 국회 국정조사 특위, 진도VTS 제출, 진도VTS 녹취록 0700-1200.
140. 진도VTS 사건, 이건호 3회 피의자 신문조서(2014. 7. 6.), 수사기록 2324~2325쪽.
141. 진도VTS 사건, 검찰 정영민 5회 피의자 신문조서(2014. 7. 16.), 수사기록 2707쪽.
142. 진도VTS 사건, 검찰 수사보고(2014. 7. 15.), CCTV 영상자료 관련, 이갑열 면담 및 분석 보고, 수사기록 2660~2697쪽.

143. 감사원 보고서, 15~16쪽.
144. 진도VTS 사건, 1심 판결문(2015. 1. 29.), 52~55쪽.
145. 진도VTS 사건, 2심 판결문(2015. 6. 30.), 13~14쪽.
146. 진도VTS 사건, 대법원 판결(2015. 11. 27. 선고 2015도10460).
147. 감사원, 세월호 사고 최초 신고 자료.
148. 123정 사건, 검찰 백남근 진술조서(2014. 6. 11.), 수사기록 2100~2102쪽.
149. 감사원, 세월호 사고 최초 신고 자료.
150. 123정 사건, 검찰 조형곤 진술조서(2014. 6. 11.), 수사기록 2072~2073쪽.
151. 123정 사건, 검찰 백남근 진술조서(2014. 6. 11.), 수사기록 2100~2102쪽.
152. 감사원, 세월호 사고 최초 신고 자료.
153. 해경지휘부 사건, 고성은 진술조서(2014. 6. 9.), 증거기록 23권(별책 4권) 2408~2409쪽.
154. 123정 사건, 검찰 백남근 진술조서(2014. 6. 11.), 수사기록 2100~2102쪽.
155. 123정 사건, 검찰 백남근 진술조서(2014. 6. 11.), 수사기록 2107쪽.
156. 123정 사건, 검찰 조형곤 진술조서(2014. 6. 11.), 수사기록 2072~2073쪽.
157. 선원 사건, 경찰 신정훈 피의자 신문조서(2014. 4. 20.), 12쪽.
158. 선원 사건, 경찰 신정훈 피의자 신문조서(2014. 4. 20.), 12쪽.
159. 국회 국정조사 특위, 제주VTS와 세월호·해경 간 교신·통화 내역.
160. 감사원 보고서, 76~77쪽.
161. 국회 국정조사 특위, 제주VTS 제출, 제주VTS와 세월호·해경 간 교신·통화 내역.
162. 국회 국정조사 특위, 제주VTS와 세월호·해경 간 교신·통화 내역.
163. 감사원, 박원부 문답서(2014. 5. 26.), 3쪽; 정수홍 문답서(2014. 5. 26.), 2쪽; 제주해양경찰서 사고 당일 시간대별 조치 사항, 49쪽.
164. 정은주, 여전히 책임은 현장에, 권한은 책상에, 《한겨레21》(2014. 6. 2.).
165. 정은주, 누구도 세월호를 관제하지 않았다, 《한겨레21》(2015. 12. 14.).
166. 감사원 보고서, 18~19쪽.
167. 감사원 보고서, 18~19쪽.
168. 감사원, 김형준 문답서(2014. 5. 26.), 128쪽.
169. 해경지휘부 사건, 김수현 진술조서(2014. 8. 6.), 증거기록 25권(별책 6권) 7155~7156쪽.
170. 해경지휘부 사건, 진도 여객선[세월호] 전복사고 관련 조치 보고, 증거기록 12권 9774~9775쪽.
171. 특조위, 제1차 청문회 자료집(2016. 3.), 116쪽
172. 해경지휘부 사건, 김민철 진술조서(2014. 6. 7.), 증거기록 23권(별책 4권) 2286쪽; 김형준 진술조서(2019. 12. 9.) 증거기록 12권 9756~9757쪽; 특조위, 제1차 청문회 자료집(2016. 3.), 118쪽; 사참위 해경 초동대응 조사보고서, 240~241쪽.
173. 해경지휘부 사건, 1심, 3회 공판조서(2020.11. 2.) 중 김형준 증언 녹취록, 26쪽.
174. 해경지휘부 사건, 문예식 진술조서(2014. 6. 13.), 증거기록 18권 15592~15606쪽.
175. 123정 사건, 검찰 백남근 진술조서(2014. 6. 11.), 수사기록 2120쪽; 해경지휘부 사건, 한상윤 진술조서(2019. 12. 4.) 2411쪽. 증거기록 11권 8981~8982쪽.
176. 사참위, 해경 초동대응 조사보고서, 160쪽; 해경지휘부 사건, 고성은 진술조서(2014. 6. 9.), 증거기록 23권(별책 4권) 241쪽; 박신영 진술조서(2014. 7. 1.), 증거기록 24권(별책 5권) 4035쪽.
177. 해경지휘부 사건, 한상윤 진술조서(2019. 12. 4.), 증거기록 11권 8981~8982쪽.
178. 감사원, 황영태·한상윤 확인서(2014. 5. 19.), 80~82쪽; 김정식·유연식·김민철·류명호 문답서(2014. 5. 27.), 71쪽.

179. 감사원, 황영태·한상윤 확인서(2014. 5. 19.), 80~82쪽; 김정식·유연식·김민철·류명호 문답서(2014. 5. 27.), 71쪽.
180. 감사원, 세월호 침몰 사고 대응 실태 중간 발표 별첨 자료(2014. 7. 8.), 6쪽.
181. 해경지휘부 사건, 황영태 진술조서(2019. 12. 4.), 증거기록 10권 8852쪽.
182. 선원 사건, 검찰 강혜성 진술조서(2014. 5. 4.), 24쪽.
183. 감사원 보고서, 33쪽.
184. 감사원, 4월 16일 09:00~09:30 122 신고 접수 통화 내역.
185. 국회 국정조사 특위, 해양경찰청 제출, 해양경찰청 상황실 경비전화(2242) 녹취록; 감사원, 4월 16일 09:00~09:30 122 신고 접수 통화 내역.
186. 국회 국정조사 특위, 해양경찰청 제출, 해양경찰청 상황실 경비전화(2242) 녹취록.
187. 감사원, 4월 16일 09:00~09:30 122 신고 접수 통화 내역.
188. 청해진해운 사건, 한국해양수산연수원, 여객선 교재 발췌본, 수사기록 15154~15208쪽.
189. 해경지휘부 사건, 문명일 진술조서(2014. 7. 1.), 증거기록 24권(별책 5권) 4008쪽.
190. 123정 사건, 검찰 조형곤 진술조서(2014. 6. 11.), 수사기록 2077쪽.
191. 해경지휘부 사건, 수사보고 중 목포해경 122신고 접수 통화 내역, 증거기록 10권 8591~9592쪽.
192. 해경지휘부 사건, 문명일 진술조서(2014. 7. 1.), 증거기록 24권(별책 5권) 4009쪽.
193. 감사원, 문명일 문답서(2014. 6. 5.), 2~3쪽.
194. 해경지휘부 사건, 고성은 진술조서(2019. 12. 9.), 증거기록 12권 9732쪽.
195. 해경지휘부 사건, 문명일 진술조서(2014. 7. 1.), 증거기록 24권(별책 5권) 4007쪽.
196. 해경지휘부 사건, 박신영 진술조서(2014. 7. 1.), 증거기록 24권(별책 5권) 4046쪽.
197. 해경지휘부 사건, 황영태 진술조서(2014. 8. 7.), 증거기록 25권(별책 6권) 7218쪽.
198. 해경지휘부 사건, 백남근 피의자 신문조서(2019. 12. 30.), 증거기록 17권 12476쪽.
199. 해경지휘부 사건, 이병윤 피의자 신문조서(2019. 12. 3.), 증거기록 10권 8641, 8666쪽.
200. 해경지휘부 사건, 고성은 진술조서(2019. 12. 9.), 증거기록 12권 9735쪽; 문명일 진술조서(2019. 12. 11.), 증거기록 13권 10225쪽.
201. 감사원, 김문홍·조형곤·백남근·이병윤 문답서(2014. 5. 27.), 5~9쪽.
202. 감사원, 김문홍·조형곤·백남근·이병윤 문답서(2014. 5. 27.), 5~9쪽.
203. 감사원, 김문홍·조형곤·백남근·이병윤 문답서(2014. 5. 27.), 5~9쪽.
204. 해경지휘부 사건, 조형곤 피의자 신문조서(2019. 12. 2.), 증거기록 10권 8525~8530쪽; 조형곤 진술조서(2014. 6. 11.), 증거기록 23권(별책 4권) 2941~2943, 2953쪽.
205. 국회 국정조사 특위, 해양경찰청 제출, 목포해경 상황실 통화 내역(2014. 4. 16.).
206. 123정 사건, 검찰 김경일 진술조서(2014. 6. 4.), 수사기록 989쪽.
207. 123정 사건, 검찰 백남근 진술조서(2014. 6. 11.), 수사기록 2101쪽.
208. 123정 사건, 2심, 2회 공판조서(2015. 6. 16.)(박성삼 증인 신문 부분), 공판기록 1421쪽.
209. 사참위 해경 초동대응 조사보고서, 306쪽.
210. 감사원 보고서, 55쪽.
211. 123정 사건, 검찰 수사보고(2014. 8. 6.), 함정훈련교범 및 함정훈련 파일철 첨부 보고, 3~4쪽.
212. 해경지휘부 사건, 김문홍 진술조서(2014. 7. 4.), 증거기록 9권 8198쪽.
213. 감사원, 김정식·유연식·김민철·류명호 문답서(2014. 5. 2.), 8쪽.
214. 123정 사건, 검찰 김종인 2회 진술조서(2014. 7. 10.), 수사기록 2468쪽.
215. 감사원, 김경일 문답서(2014. 5. 22.), 10쪽.

216. 123정 사건, 검찰 최완식 2회 진술조서(2014. 7. 23.), 수사기록 3388쪽; 검찰 수사보고(2014. 7. 24.), 123정 현장검증 사항 정리, 수사기록 3430쪽.
217. 특조위, 제1차 청문회 자료집(2016. 3.), 458쪽.
218. 123정 사건, 검찰 김경일 피의자 신문조서(2014. 7. 28.), 수사기록 3905쪽.
219. 123정 사건, 검찰 박성삼 2회 진술조서(2014. 7. 22.), 수사기록 3307쪽.
220. 123정 사건, 검찰 이은방 진술조서(2014. 8. 7.), 수사기록 4441~4442쪽.
221. 123정 사건, 검찰 심동보 진술조서(2014. 8. 7.), 수사기록 4501쪽.
222. 123정 사건, 검찰 이은방 진술조서(2014. 8. 7.), 수사기록 4441~4442쪽.
223. 123정 사건, 2심, 2회 공판조서(2015. 6. 16.)(박성삼 증인 신문 부분), 공판기록 1442쪽.
224. 사참위 해경 초동대응 조사보고서, 163, 217, 312쪽.
225. 123정 사건, 검찰 양회철 진술조서(2014. 6. 7.), 수사기록 1552쪽; 해경지휘부 사건, 김태호 1회 진술조서(2019. 12. 9.), 증거기록 12권 9584~9588쪽.
226. 해경지휘부 사건, 양회철 피의자 신문조서(2019. 12. 9.), 증거기록 12권 9660~9661쪽.
227. 123정 사건, 검찰 류규석 진술조서(2014. 6. 10.), 수사기록 1640~1641쪽.
228. 123정 사건, 검찰 고영주 진술조서(2014. 6. 10.), 수사기록 1642쪽.
229. 해경지휘부 사건, 고영주 피의자 신문조서(2019. 12. 30.), 증거기록 17권 12519~12520쪽.
230. 해경지휘부 사건, 김재전 진술조서(2014. 6. 7.), 증거기록 23권(별책 4권) 1936~1937쪽.
231. 선원 사건, 1심, 9회 공판조서(2014. 8. 19.)(김재전 증인 신문 부분), 4쪽.
232. 해경지휘부 사건, 김재전 피의자 신문조서(2019. 12. 18.), 증거기록 15권 10965~10968, 10974쪽.
233. 선원 사건, 1심, 10회 공판조서(2014. 8. 19.)(양회철 증인 신문 부분), 9쪽.
234. 123정 사건, 검찰 고영주 진술조서(2014. 6. 10.), 수사기록 1641쪽.
235. 선원 사건, 1심, 10회 공판조서(2014. 8. 19.)(양회철 증인 신문 부분), 18쪽.
236. 123정 사건, 검찰 김태호 진술조서(2014. 6. 10.), 수사기록 1713쪽.
237. 선원 사건, 1심, 10회 공판조서(2014. 8. 20.)(고영주 증인 신문 부분), 9쪽.
238. 미주 없는 TRS 음성은 국회 국정조사 특위, 해양경찰청 제출, TRS 음성 파일.
239. 선원 사건, 1심, 9회 공판조서(2014. 8. 19.)(김재전 증인 신문 부분), 4쪽.
240. 123정 사건, 검찰 김태일 진술조서(2014. 6. 10.), 수사기록 1749쪽.
241. 123전 사건, 검찰 김태일 진술조서(2014. 6. 10.), 수사기록 1751쪽.
242. 123정 사건, 검찰 김태호 진술조서(2014. 6. 10.), 수사기록 1719쪽.
243. 해경지휘부 사건, 백남근 진술조서(2014. 6. 11.), 증거기록 23권(별책 4권) 3021쪽.
244. 해경지휘부 사건, 유연식 진술조서(2014. 7. 3.), 증거기록 24권(별책 5권) 4089쪽.
245. 해경지휘부 사건, 김민철 진술조서(2014. 6. 7.), 증거기록 23권(별책 4권) 2288~2290쪽.
246. 해경지휘부 사건, 김석균 피의자 신문조서(2019. 11. 29.), 증거기록 17권 12158쪽.
247. 해경지휘부 사건, 강두성 피의자 신문조서(2019. 11. 29.), 증거기록 9권 8084~8106쪽.
248. 감사원, 조상현 문답서(2014. 5. 20.), 3~4쪽.
249. 감사원, 조상현 문답서(2014. 5. 20.), 3~4쪽.
250. 해경지휘부 사건, 신화철 진술조서(2014. 6. 3.), 증거기록 22권(별책 3권) 1073쪽.
251. 해경지휘부 사건, 신화철 진술조서(2014. 6. 3.), 증거기록 22권(별책 3권) 1072~1074쪽; 최남곤 진술조서(2014. 7. 21.), 증거기록 24권 5262쪽.
252. 123정 사건, 검찰 최남곤 진술조서(2014. 7. 21.), 수사기록 3197~3201쪽.
253. 123정 사건, 검찰 신화철 진술조서(2014. 6. 3.), 수사기록 867~868, 873쪽.

254. 123정 사건, 검찰 최순연 진술조서(2014. 6. 3.), 수사기록 851쪽.
255. 123정 사건, 검찰 신화철 진술조서(2014. 6. 3.), 수사기록 867~868, 873쪽.
256. 해경지휘부 사건, 최남곤 진술조서, 증거기록 24권(별책 5권) 5262쪽.
257. 123정 사건, 검찰 수사보고(2014. 6. 3.), 세월호 침몰 사고 당시 구조 동영상 첨부(항해사 박승기 촬영), 수사기록 563쪽; 검찰 수사보고(2014. 6. 12.), 123정 촬영 동영상, 수사기록 2172쪽.
258. 해양수산부 보도자료, 연안어선, 복지 공간 늘리고 안전 강화한다(2015. 3. 2.).
259. 선원 사건, 1심, 10회 공판조서(2014. 8. 20.)(장원희 증인 신문 부분), 1~8쪽.
260. 최성진, 살려달라 소리치던 아이들 생각에… "술 없이 잠을 못 이뤘제",《한겨레》(2014. 5. 25.).
261. 주변해역 대형 해상사고 대응 매뉴얼, 27쪽.
262. 감사원, 김윤철·한원산 확인서(2014. 5. 19.), 26쪽.
263. 감사원, 김윤철·한원산 등 문답서(2014. 6. 10.); 김윤철 경위서(2014. 6. 5.), 37쪽.
264. 감사원, 백남근 확인서(2014. 6. 2.), 47~48쪽.
265. 감사원, 조형곤 문답서(2014. 6. 12.), 107쪽.
266. 감사원, 김윤철·한원산 문답서(2014. 5. 19.), 163쪽.
267. 감사원, 백남근 확인서(2014. 6. 2.), 47~48쪽.
268. 감사원, 김윤철·한원산 문답서(2014. 5. 19.), 12쪽.
269. 감사원, 김윤철·한원산 문답서(2014. 5. 19.), 18쪽.
270. 해경지휘부 사건, 류명호 진술조서(2019. 12. 13.), 증거기록 14권 10681쪽.
271. 감사원, 최의규 문답서(2014. 6. 5.), 104~112쪽.
272. 감사원, 최의규 문답서(2014. 6. 5.), 104~112쪽.
273. 감사원, 최의규 문답서(2014. 6. 5.), 104~112쪽.
274. 감사원, 특공대, 구조대 출동 관련 BH 보고; 최의규 문답서(2014. 6. 5.), 104~112쪽.
275. 국회 국정조사 특위, 해양경찰청 제출, 서해해경청 상황실 경비전화(2342) 녹취록.
276. 감사원, 최의규 문답서(2014. 6. 5.), 104~112쪽.
277. 해경지휘부 사건, 고영주 진술조서(2014. 6. 10.), 증거기록 23권(별책 4권) 2462~2463쪽.
278. 해경지휘부 사건, 백남근 피의자 신문조서(2019. 12. 30.), 증거기록 17권 12484쪽.
279. 해경지휘부 사건, 김재전 진술조서(2014. 6. 7.), 증거기록 23권(별책 4권) 1938쪽.
280. 해경지휘부 사건, 이상수 진술조서(2014. 6. 9.), 증거기록 23권(별책 4권) 2358~2359쪽.
281. 해경지휘부 사건, 김민철 진술조서(2014. 6. 7.), 증거기록 23권(별책 4권) 2293~2294쪽.
282. 해경지휘부 사건, 속기법인 대한 녹취서, 해양경찰청 경비전화(2142), 증거기록 3권 3990쪽.
283. 해경지휘부 사건, 김정식 피의자 신문조서(2020. 1. 15.), 증거기록 18권 15290~15292쪽.
284. 해경지휘부 사건, 해양경찰청 '2014년도 수난대비집행계획', 증거기록 19권(추가 증거 1권) 16294쪽 이하.
285. 해경지휘부 사건, 임근조 피의자 신문조서(2020. 1. 2.), 증거기록 17권 11557쪽.
286. 해경지휘부 사건, 황영태 진술조서(2019. 12. 4.), 증거기록 10권 8861쪽.
287. 해경지휘부 사건, 이춘재 피의자 신문조서(2019. 12. 4.), 증거기록 11권 9018쪽; 최상환 피의자 신문조서(2019. 12. 12.), 증거기록 14권 10474~10475쪽.
288. 해경지휘부 사건, 김석균 피의자 신문조서(2019. 12. 27.), 증거기록 17권 12128~12134쪽.
289. 해경지휘부 사건, 임근조 피의자 신문조서(2020. 1. 2.), 증거기록 17권 11549~11550쪽.
290. 해경지휘부 사건, 임근조 피의자 신문조서(2019. 12. 26.), 증거기록 16권 11919쪽.
291. 해경지휘부 사건, 임근조 피의자 신문조서(2020. 1. 2.), 증거기록 17권 11553쪽.
292. 해경지휘부 사건, 박종철 진술조서(2019. 12. 10.), 증거기록 13권 9302~9303쪽.

293. 해경지휘부 사건, 1심, 5회 공판조서(2020. 12. 14.) 중 이춘재 증언 녹취록, 공판기록 5권 17쪽.
294. 해경지휘부 사건, 김석균 증언, 1심, 4회 공판조서(2020. 11. 23.) 중 김석균 증언 녹취록 21쪽.
295. 해경지휘부 사건, 이춘재 피의자 신문조서(2019. 12. 4.), 증거기록 11권 9039쪽.
296. 해경지휘부 사건, 임근조 피의자 신문조서(2020. 1. 2.), 증거기록 17권 11599~11560쪽.
297. 해경지휘부 사건, 1심, 3회 공판조서(2020. 11. 2.) 중 김형준 증언 녹취서, 공판기록 5권 5~6, 17쪽.
298. 해경지휘부 사건, 김민철 진술조서(2019. 12. 1.), 증거기록 9권 8462~8464쪽; 이상수 진술조서(2019. 12. 1.), 증거기록 9권 8343쪽.
299. 해경지휘부 사건, 이상수 진술조서(2019. 12. 1.), 증거기록 9권 8338~8341쪽.
300. 해경지휘부 사건, 김수현 피의자 신문조서(2019. 12. 20.), 증거기록 15권 11709~11711쪽.
301. 해경지휘부 사건, 김수현 피의자 신문조서(2019. 12. 20.), 증거기록 15권 11712~11713쪽.
302. 감사원, 정영민 문답서(2014. 5. 24.), 46쪽.
303. 해경지휘부 사건, 김수현 피의자 신문조서(2019. 12. 20.), 증거기록 15권 11725~11726쪽.
304. 해경지휘부 사건, 1심, 3회 공판조서(2020. 11. 2.) 중 김형준 증언 녹취서, 공판기록 5권 8, 23쪽.
305. 해경지휘부 사건, 김수현 피의자 신문조서(2019. 12. 20.), 증거기록 15권 11714쪽, 11742~11743쪽.
306. 해경지휘부 사건, 김민철 진술조서(2019. 12. 1.), 증거기록 9권 8473쪽.
307. 해경지휘부 사건, 류명호 진술조서(2019. 12. 13.), 증거기록 14권 10686~10687쪽.
308. 해경지휘부 사건, 한상윤 진술조서(2019. 12. 4.), 증거기록 11권 8985~8986, 9000~9003쪽.
309. 해경지휘부 사건, 이항아 진술조서(2019. 12. 5.), 증거기록 11권 9304, 9313, 9325~9325쪽.
310. 감사원, 황영태 문답서(2014. 5. 22.), 3~12쪽.
311. 미수 없는 해경 본청 상황실 경비전화(2742)는 국회 국정조사 특위, 해양경찰청 제출, 해양경찰청 상황실 경비전화(2742) 녹취록.
312. 해경지휘부 사건, 이용욱 진술조서(2019. 12. 11.), 증거기록 13권 10346쪽. 양종타 진술조서(2019. 12. 11.), 증거기록 13권 10327쪽도 같은 내용의 진술을 담고 있다.
313. 해경지휘부 사건, 배안선 진술조서 2회(2019. 12. 10.), 증거기록 13권 9844~9845쪽.
314. 해경지휘부 사건, 이평현 진술조서(2019. 12. 11.), 증거기록 13권 수사기록 10256쪽.
315. 해경지휘부 사건, 이용욱 진술조서(2019. 12. 11.), 증거기록 13권 10353쪽.
316. 해경지휘부 사건, 정영곤 진술조서(2019. 12. 13.), 증거기록 14권 10662쪽.
317. 해경지휘부 사건, 김석균 피의자 신문조서(2019. 12. 27.), 증거기록 17권 12154쪽.
318. 해경지휘부 사건, 검찰 김수현 피의자 신문조서(2019. 12. 20.), 수사기록 11724쪽.
319. 해경지휘부 사건, 검찰 신광일 진술조서(2019. 12. 10.), 수사기록 10104쪽
320. 국회 국정조사 특위, 해양경찰청 제출, 해상 수색구조 매뉴얼, 58쪽.
321. 해경지휘부 사건, 검찰 신광일 진술조서(2019. 12. 10.), 수사기록 10125~10133쪽.
322. 해경지휘부 사건, 6회 공판조서(2021. 1. 21.) 중 피고인 김석균에 대한 피고인 신문 녹취서, 공판기록 7권 24쪽.
323. 해경지휘부 사건, 김수현 피의자 신문조서(2019. 12. 20.), 증거기록 15권 11697쪽.
324. 특조위, 제1차 청문회 자료집(2016. 3.), 87쪽.
325. 해경지휘부 사건, 진교중 진술조서(2014. 8. 4.), 증거기록 24권(별책 5권) 6932쪽.
326. 해경지휘부 사건, 1심, 5회 공판소서(2020. 12. 14.) 중 이춘재 증언 녹취록, 공판기록 6권 23~25쪽.

327. 해경지휘부 사건, 김석균 피의자 신문조서(2019. 12. 27.), 증거기록 17권 12151쪽.
328. 해경지휘부 사건, 황영태 진술조서(2019. 12. 4.), 증거기록 10권 8879쪽.
329. 해경지휘부 사건, 김수현 피의자 신문조서(2019. 12. 20.), 증거기록 10권 11707~11723쪽.
330. 해경지휘부 사건, 유연식 피의자 신문조서(2019. 12. 3.), 증거기록 10권 8695~8697쪽.
331. 해경지휘부 사건, 김문홍 피의자 신문조서(2019. 12. 23.), 증거기록 16권 11793~11798쪽.
332. 특조위, 제1차 청문회 자료집(2016. 3.), 477~478쪽.
333. 해경지휘부 사건, 서울중앙지방법원 2021. 1. 15. 선고 2020고합128 판결, 10쪽~14쪽; 서울고등법원 2023. 2. 7. 선고 2021노453 판결, 31~37쪽.
334. 해경지휘부 사건, 김석균 피의자 신문조서(2019. 12. 27.), 증거기록 17권 12510~12151쪽.
335. 해경지휘부 사건, 1심, 4회 공판조서(2020. 11. 23.) 중 김석균 증언 녹취록, 공판기록 5권 29쪽.
336. 해경지휘부 사건, 1심, 5회 공판조서(2020. 12. 14.), 이춘재 증언 녹취록, 14쪽.
337. 해경지휘부 사건, 이용욱 진술조서(2019. 12. 11.), 증거기록 13권 10346~10347쪽.
338. 해경지휘부 사건, 임근조 진술조서(2019. 12. 4.), 증거기록 11권 8924쪽.
339. 해경지휘부 사건, 박종철 진술조서(2019. 12. 10.), 증거기록 13권 9305~9306쪽.
340. 해경지휘부 사건, 김수현 피의자 신문조서(2019. 12. 20.), 증거기록 15권 11,712쪽.
341. 해경지휘부 사건, 유연식 진술조서(2014. 7. 3.), 증거기록 24권(별책 5권) 4090쪽.
342. 해경지휘부 사건, 김문홍 피의자 신문조서(2019. 12. 23.), 증거기록 16권 11830쪽.
343. 해경지휘부 사건, 김수현 피의자 신문조서(2019. 12. 20.), 증거기록 15권 11722~11723쪽.
344. 박경련, '해양경찰공무원의 세월호 침몰사고 대응과 조직변화에 따른 심리적 경험에 대한 현상학적 연구', 차의과학대학교 일반대학원 의학과 박사학위 논문(2020. 8.), 40~41쪽.
345. 123정 사건, 검찰 김문홍 진술조서(2014. 7. 4.), 수사기록 2305~2306쪽.
346. 조근영, '中 어선 단속왕' 김문홍, 목포해경서장 취임, 《연합뉴스》(2012. 12. 3.).
347. 해경지휘부 사건, 이평현 진술조서(2019. 12. 11.), 증거기록 13권 10258~10259쪽.
348. 사참위, 배안선 조사대상자 진술조서(2019. 5. 2.), 10쪽.
349. 123정 사건, 검찰 백남근 진술조서(2014. 6. 11.), 수사기록 2102쪽.
350. 감사원 보고서, 35~37쪽.
351. 해경지휘부 사건, 김경일 피의자 신문조서(2019. 11. 27.), 증거기록 8권 7712~7723쪽.
352. 123정 사건, 검찰 김문홍 진술조서(2014. 7. 4.), 수사기록 2305~2306쪽.
353. 감사원 보고서, 35~37쪽.
354. 해경지휘부 사건, 김문홍 진술조서(2014. 7. 4.), 증거기록 9권 8185~8187쪽; 김문홍 진술조서 2회 (2014. 8. 5.), 증거기록 25권(별책 6권) 7114~7118쪽.
355. 감사원 보고서, 35~37쪽.
356. 해경지휘부 사건, 김문홍 진술조서 2회(2014. 8. 5.), 증거기록 25권(별책 6권) 7117쪽.
357. 해경지휘부 사건, 김문홍 진술조서(2014. 7. 4.), 증거기록 9권 8187쪽.
358. 해경지휘부 사건, 김문홍 피의자 신문조서(2019. 12. 23.), 증거기록 16권 11792, 11805쪽.
359. 해경지휘부 사건, 배안선 진술조서(2019. 11. 29.), 증거기록 9권 8270~8271쪽.
360. 해경지휘부 사건, 이평현 진술조서(2019. 12. 11.), 증거기록 13권 10260쪽.
361. 해경지휘부 사건, 배안선 진술조서(2019. 11. 29.), 증거기록 9권 8270쪽.
362. 항공구조 매뉴얼, 41쪽.
363. 해경지휘부 사건, 김재전 진술조서(2014. 6. 7.), 증거기록 23권(별책 4권) 1935~1937쪽.
364. 해경지휘부 사건, 김재전 피의자 신문조서(2019. 12. 18), 증거기록 15권 10965쪽; 김재전 진술조서(2014. 6. 7.), 증거기록 23권(별책 4권) 1938쪽.

365. 해경지휘부 사건, 이재두 피의자 신문조서(2019. 12. 6.), 증거기록 12권 9425쪽.
366. 사참위, 배안선 조사대상자 진술조서(2019. 5. 2.), 16쪽.
367. 해경지휘부 사건, 김문홍 진술조서(2014. 7. 4.), 증거기록 9권 8189~8190쪽; 김문홍 피의자 신문조서(2019. 12. 23.), 증거기록 16권 11827쪽.
368. 해경지휘부 사건, 김수현 피의자 신문조서(2019. 12. 20.), 증거기록 15권 11705~11706쪽.
369. 국회 국정조사 특위, 해양경찰청 제출, TRS 음성 파일.
370. 해경지휘부 사건, 유연식 피의자 신문조서(2019. 12. 3.), 증거기록 10권 8719쪽.
371. 해경지휘부 사건, 김수현 피의자 신문조서(2019. 12. 20.), 증거기록 15권 11721~11724쪽.
372. 123정 사건, 검찰 최완식 2회 진술조서(2014. 7. 23.), 수사기록 3387쪽.
373. 해경지휘부 사건, 최완식 2회 진술조서(2014. 7. 23.), 증거기록 24권 5483쪽.
374. 감사원, 여인태 문답서(2014. 7. 14.), 2~4쪽.
375. 감사원, 여인태 문답서(2014. 7. 14.), 2~4쪽.
376. 해경지휘부 사건, 여인태 피의자 신문조서(2019. 12. 5.), 증거기록 11권 9205~9206쪽.
377. 해경지휘부 사건, 김석균 피의자 신문조서(2019. 12. 27.), 증거기록 17권 12162~12167, 12171~12173쪽.
378. 해경지휘부 사건, 여인태 피의자 신문조서(2019. 12. 5.), 증거기록 11권 9215쪽.
379. 해경지휘부 사건, 이춘재 피의자 신문조서(2019. 12. 4.), 증거기록 11권 9059쪽.
380. 해경지휘부 사건, 김석균 피의자 신문조서(2019. 12. 27.), 증거기록 17권 12173쪽.
381. 감사원, 여인태 문답서(2014. 7. 14.), 4쪽.
382. 해경지휘부 사건, 변호인 의견서 3(여인태), 공판기록 6권.
383. 해경지휘부 사건, 김석균 피의자 신문조서(2019. 11. 27.), 증거기록 17권 12174쪽.
384. 해경지휘부 사건, 유연식 피의자 신문조서(2019. 12. 3.), 증거기록 10권 8694쪽.
385. 해경지휘부 사건, 유연식 피의자 신문조서(2019. 12. 3.), 증거기록 10권 8706쪽.
386. 해경지휘부 사건, 이병윤 진술조서(2014. 6. 9.), 증거기록 9권 8229쪽.
387. 해경지휘부 사건, 조형곤 진술조서(2014. 6. 11.), 증거기록 23권 2943~2953쪽.
388. 해경지휘부 사건, 김민철 진술조서(2019. 12. 1.), 증거기록 9권 8468~8477쪽.
389. 해경지휘부 사건, 김수현 피의자 신문조서(2019. 12. 20.), 증거기록 15권 11718, 11743쪽.
390. 해경지휘부 사건, 김석균 피의자 신문조서(2019. 12. 27.), 증거기록 17권 12126~12162쪽.
391. 해성지휘부 사건, 김석균 피의자 신문조서(2019. 12. 27.), 증거기록 17권 12127, 12161~12175쪽.
392. 해경지휘부 사건, 이춘재 피의자 신문조서(2019. 12. 4.), 증거기록 11권 9057쪽.
393. 해경지휘부 사건, 조형곤 피의자 신문조서(2019. 12. 2.)(이치만 진술 부분), 증거기록 10권 8547쪽.
394. 해경지휘부 사건, 김문홍 피의자 신문조서(2019. 12. 23.), 증거기록 16권 11786~11824쪽.
395. 해경지휘부 사건, 김정식 진술조서(2019. 12. 4.), 증거기록 11권 8951쪽.
396. 해경지휘부 사건, 유연식 2회 진술조서(2014. 8. 5.), 증거기록 25권(별책 6권) 7088쪽.
397. 해경지휘부 사건, 유연식 피의자 신문조서(2019. 12. 3.), 증거기록 10권 8694쪽.
398. 해경지휘부 사건, 유연식 피의자 신문조서(2019. 12. 3.), 증거기록 10권 8719~8720쪽.
399. 해경지휘부 사건, 조형곤 피의자 신문조서(2019. 12. 2.), 증거기록 10권 8555쪽.
400. 해경지휘부 사건, 이춘재 피의자 신문조서(2019. 12. 4.), 증거기록 11권 9065~9066쪽.
401. 해경지휘부 사건, 최상환 피의자 신문소서(2019. 12. 12.), 증거기록 14권 10507~10508쪽.
402. 해경지휘부 사건, 이평현 진술조서(2019. 12. 11.), 증거기록 13권 10262~10263쪽.

403. 해경지휘부 사건, 녹취록(해경 경비전화 2752), 증거기록 3권 4279쪽.
404. 해경지휘부 사건, 임근조 진술조서(2019. 12. 4.), 증거기록 11권 8926쪽.
405. 김성원, '세월호 참사 당시 재난통신 행위자-네트워크 구성의 실패', 『과학기술학연구』 제21권 제2호(통권 제45호), 2021년 7월, 140쪽 이하.
406. 사참위 해경 초동대응 조사보고서, 218, 284쪽.
407. 123정 사건, 검찰 수사보고(문자상황보고 내용 첨부, 2014. 6. 11.), 수사기록 1839쪽.
408. 해경지휘부 사건, 조형곤 피의자 신문조서(2019. 12. 2.). 수사기록 8547쪽.
409. 해경지휘부 사건, 수사보고서(문자상황보고 내용 첨부, 2014. 6. 11.), 증거기록 20권(별책 1권) 194쪽.
410. 해경지휘부 사건, 이병윤 피의자 신문조서(2019. 12. 3.), 증거기록 10권 8642쪽.
411. 해경지휘부 사건, 조형곤 피의자 신문조서(2019. 12. 2.), 증거기록 10권 8545~8546쪽.
412. 해경지휘부 사건, 검찰 김석균 피의자 신문조서(2019. 12. 27.), 증거기록 17권 12176쪽.
413. 해경지휘부 사건, 윤태연 진술조서(2019. 12. 5.), 증거기록 11권 9274쪽.
414. 사참위, 이치만 1회 조사대상자 진술조서(2019. 11. 6.), 17~18쪽.
415. 해양경찰청, Messenger Manual 사용자용(User), 17~18쪽.
416. 해경지휘부 사건, 이춘재 피의자 신문조서(2019. 12. 4.), 증거기록 11권 9030~9031쪽.
417. 해경지휘부 사건, 박종철 진술조서(2019. 12. 10.), 증거기록 13권 9904~9905쪽.
418. 해경지휘부 사건, 오상권 진술조서(2019. 12. 9.), 증거기록 12권 9514쪽.
419. 특조위, 제1차 청문회 자료집(2016. 3.), 305쪽.
420. 해경지휘부 사건, 김석균 피의자 신문조서(2019. 12. 27.), 증거기록 17권 12180쪽.
421. 해경지휘부 사건, 조형곤 피의자 신문조서(2019. 12. 2.), 증거기록 10권 8517~8518, 8546~8547쪽.
422. 해경지휘부 사건, 백남근 피의자 신문조서(2019. 12. 30.), 증거기록 17권 12474~12475쪽.
423. 해경지휘부 사건, 이병윤 피의자 신문조서(2019. 12. 3.), 증거기록 10권 8677~8678쪽.
424. 해경지휘부 사건, 조형곤 피의자 신문조서(2019. 12. 2.)(이치만 진술 부분), 증거기록 10권 8534~8536쪽.
425. 해경지휘부 사건, 고성은 진술조서(2019. 12. 9.), 증거기록 12권 9739~9740쪽.
426. 해경지휘부 사건, 문명일 진술조서(2019. 12. 11.), 증거기록 13권 10228쪽.
427. 해경지휘부 사건, 이항아 진술조서(2019. 12. 5.), 증거기록 11권 9318~9321쪽.
428. 해경지휘부 사건, 한상윤 진술조서(2019. 12. 4.), 증거기록 11권 8891~8895쪽.
429. 해경지휘부 사건, 황영태 진술조서(2019. 12. 4.), 증거기록 10권 8887쪽.
430. 해경지휘부 사건, 여인태 피의자 신문조서(2019. 12. 5.), 증거기록 11권 9211쪽.
431. 해경지휘부 사건, 임근조 진술조서(2019. 12. 4.), 증거기록 11권 8914, 8924쪽; 한상윤 진술조서(2019. 12. 4.), 증거기록 11권 8995~8998쪽; 이항아 진술조서(2019. 12. 5.), 증거기록 11권 9321쪽.
432. 해경지휘부 사건, 1심, 3회 공판조서(2020. 11. 2.) 중 김남진 증언 녹취록, 공판기록 5권 28~29쪽.
433. 해경지휘부 사건, 한상윤 진술조서(2019. 12. 4.), 증거기록 11권 8889쪽.
434. 해경지휘부 사건, 여인태 피의자 신문조서(2019. 12. 5.), 증거기록 11권 9211~9214쪽.
435. 해경지휘부 사건, 여인태 피의자 신문조서(2019. 12. 5.), 증거기록 11권 9209~9214쪽.
436. 해경지휘부 사건, 김석균 피의자 신문조서(2019. 12. 27.), 증거기록 17권 12127~12128쪽.
437. 해경지휘부 사건, 이춘재 피의자 신문조서(2019. 12. 4.), 증거기록 11권 9027~9029쪽; 윤태연

진술조서(2019. 12. 5), 증거기록 11권 9271~9272쪽.
438. 해경지휘부 사건, 박종철 진술조서(2019. 12. 10.), 증거기록 13권 9902~9903쪽; 오상권 진술조서(2019. 12. 9), 증거기록 12권 9507~9509, 9514쪽.
439. 해경지휘부 사건, 김석균 피의자 신문조서(2019. 12. 27.), 증거기록 17권 12143~12144쪽.
440. 해경지휘부 사건, 임근조 진술조서(2019. 12. 4.), 증거기록 11권 8932~8933쪽.
441. 해경지휘부 사건, 김석균 피의자 신문조서(2019. 12. 27.), 증거기록 17권 12138쪽.
442. 해경지휘부 사건, 김석균 피의자 신문조서(2019. 12. 27.), 증거기록 17권 12174쪽.
443. 해경지휘부 사건, 강두성 피의자 신문조서(2019. 11. 29.), 증거기록 9권 8107쪽.
444. 해경지휘부 사건, 이교민 피의자 신문조서(2019. 12. 12.), 증거기록 14권 10383쪽.
445. 해경지휘부 사건, 김석균 피의자 신문조서(2019. 12. 27.), 증거기록 17권 12189쪽.
446. 해경지휘부 사건, 강두성 피의자 신문조서(2019. 11. 29.), 증거기록 9권 8106~8107쪽.
447. 해경지휘부 사건, 이용욱 진술조서(2019. 12. 11.), 증거기록 13권 10340쪽.
448. 해경지휘부 사건, 김석균 진술서(날짜 미상)(2014형제33785 최상환 등 직권남용권리행사방해 등 사건 기록 일부), 증거기록 1권 2497쪽
449. 해경지휘부 사건, 강두성 피의자 신문조서(2019. 11. 29.), 증거기록 9권 8099~8103쪽.
450. 해경지휘부 사건, 김석균 피의자 신문조서(2019. 12. 27.), 증거기록 17권 12192~12195쪽.
451. 해경지휘부 사건, 1심, 6회 공판조서 중 김석균에 대한 변호인신문 녹취록(검사 반대신문 부분), 공판기록 7권 24쪽.
452. 해경지휘부 사건, 김석균 피의자 신문조서(2019. 12. 27.), 증거기록 17권 12175쪽.
453. 해경지휘부 사건, 김석균 피의자 신문조서(2019. 12. 27.), 증거기록 17권 12188쪽.
454. 123정 사건, 검찰 김정식 진술조서(2014. 7. 4.), 수사기록 2369~2370쪽.
455. 특조위, 제1차 청문회 자료집(2016. 3.), 90쪽.
456. 123정 사건, 검찰 김정식 진술조서(2014. 7. 4.), 수사기록 2369~2370쪽.
457. 감사원, [표] 음성 및 문자 지시 사항 분석 내용, 18쪽.
458. 해경지휘부 사건, 김수현 피의자 신문조서(2019. 12. 20.), 증거기록 15권 11743.
459. 해경지휘부 사건, 김수현 피의자 신문조서(2019. 12. 20.), 증거기록 15권 11695~11697쪽.
460. 해경지휘부 사건, 김수현 피의자 신문조서(2019. 12. 20.), 증거기록 15권 11725쪽.
461. 감사원, 김문홍 문답서(2014. 5. 20.), 7~8쪽.
462. 감사원, 김문홍 문답서(2014. 5. 20.), 7~8쪽.
463. 해경지휘부 사건, 김문홍 피의자 신문조서(2019. 12. 23.), 수사기록 16권 11830쪽~11831쪽.
464. 해경지휘부 사건, 김문홍 피의자 신문조서(2019. 12. 23.), 증거기록 16권 11786~11787쪽
465. 해경지휘부 사건, 김문홍 2회 진술조서(2014. 8. 5.), 증거기록 25권(별책 6권) 7117쪽.
466. 해경지휘부 사건, 김문홍 피의자 신문조서(2019. 12. 23.), 증거기록 16권 11786쪽.
467. 감사원, 김문홍 문답서(2014. 5. 20.), 14쪽.
468. 해경지휘부 사건, 김문홍 피의자 신문조서(2019. 12. 23.), 증거기록 16권 11804쪽.
469. 특조위, 제1차 청문회 자료집(2016. 3.), 468~469쪽.
470. 해경지휘부 사건, 김문홍 피의자 신문조서(2019. 12. 23.), 증거기록 16권 11856쪽.
471. 해경지휘부 사건, 박성삼 피의자 신문조서(2019. 11. 27.), 증거기록 8권 7835쪽.
472. 해경지휘부 사건, 강두성 피의자 신문조서(2019. 11. 29.), 증거기록 9권 8099~8120쪽.
473. 해경지휘부 사건, 이교민 피의자 신문조서(2019. 12. 12.), 증거기록 14권 10365, 10386쪽.
474. 해경지휘부 사건, 조형곤 피의자 신문조서(2019. 12. 7.), 증거기록 10권 8555쪽.
475. 해경지휘부 사건, 이평현 진술조서(2019. 12. 11.), 증거기록 13권 11262쪽.

476. 해경지휘부 사건, 이항아 진술조서(2019. 12. 15.), 증거기록 11권 9330~9331쪽.
477. 해경지휘부 사건, 한상윤 진술조서(2019. 12. 4.), 증거기록 11권 9005쪽.
478. 해경지휘부 사건, 윤태연 진술조서(2019. 12. 5.), 증거기록 11권 9296~9297쪽.
479. 해경지휘부 사건, 오상권 진술조서(2019. 12. 9.), 증거기록 12권 9528쪽.
480. 해경지휘부 사건, 박종철 진술조서(2019. 12. 9), 증거기록 13권 9914쪽.
481. 해경지휘부 사건, 임근조 진술조서(2019. 12. 4.), 증거기록 11권 8838쪽.
482. 선원 사건, 1심, 27회 공판조서(2014. 10. 20.)(박경남 피고인 신문 부분), 45쪽.
483. 123정 사건, 검찰 수사보고(2014. 6. 12.), 123정 촬영 동영상, 수사기록 2172쪽.
484. 미주가 없는 TRS는 국회 국정조사 특위, 해양경찰청 제출, TRS 음성 파일.
485. 선원 사건, 검찰 김영호 5회 피의자 신문조서(2014. 5. 5.), 9쪽.
486. 123정 사건, 검찰 수사보고(2014. 6. 12.), 123정 촬영 동영상, 수사기록 2172쪽.
487. 123정 사건, 검찰 이형래 2회 진술조서(2014. 7. 14.), 수사기록 2641쪽.
488. 123정 사건, 검찰 강혜성 진술조서(2014. 7. 11.), 수사기록 2510쪽.
489. 123정 사건, 검찰 이수진 진술조서(2014. 6. 2.), 수사기록 468~469쪽.
490. 123정 사건, 검찰 박한결 진술조서(2014. 6. 2.), 수사기록 457쪽.
491. 123정 사건, 검찰 김영호 2회 진술조서(2014. 7. 10.), 수사기록 2429쪽; 2심, 2회 공판조서(2015. 6. 16.)(박성삼 증인 신문 부분), 공판기록 1425쪽.
492. 123정 사건, 검찰 김경일 2회 피의자 신문조서(2014. 7. 29.), 수사기록 4112, 4115쪽.
493. 해경지휘부 사건, 김경일 진술조서(2014. 6. 4.), 증거기록 6권 6354쪽.
494. 123정 사건, 검찰 김종인 진술조서(2014. 6. 4.), 31쪽.
495. 123정 사건, 검찰 최완식 2회 진술조서(2014. 7. 23.), 23쪽.
496. 해경지휘부 사건, 강원식 진술조서(2019. 12. 26.), 증거기록 16권 11947~11948쪽.
497. 선원 사건, 1심, 27회 공판조서(2014. 10. 20.)(박경남 증인 신문 부분), 50쪽.
498. 해경지휘부 사건, 강원식 진술조서(2019. 12. 26.), 증거기록 16권 11948쪽.
499. 해경지휘부 사건, 김영호 진술조서(2019. 12. 27.), 증거기록 16권 12078쪽.
500. 123정 사건, 검찰 이형래 진술조서(2014. 6. 4.), 수사기록 1045쪽.
501. 123정 사건, 검찰 강원식 2회 진술조서(2014. 7. 10.), 수사기록 2398~2399쪽.
502. 123정 사건, 검찰 김영호 2회 진술조서(2014. 7. 10.), 수사기록 2431쪽.
503. 123정 사건, 검찰 김영호 진술조서(2014. 6. 1.), 수사기록 395~398쪽.
504. 123정 사건, 검찰 김경일 2회 피의자 신문조서(2014. 7. 29.), 수사기록 4118~4119쪽.
505. 123정 사건, 검찰 수사보고(통신사실 확인자료 제공요청 허가서 집행 결과 보고)(2014. 6. 13.), 수사기록 2179쪽.
506. 선원 사건, 1심, 7회 공판조서(2014. 8. 12.)(박성삼 증인 신문 부분), 14쪽.
507. 123정 사건, 검찰 최완식 2회 진술조서(2014. 7. 23.), 수사기록 3403쪽.
508. 해경지휘부 사건, 김영호 진술조서(2019. 12. 27.), 증거기록 16권 12086~12087쪽.
509. 123정 사건, 검찰 박경남 2회 진술조서(2014. 7. 16.), 수사기록 3051쪽.
510. 국회 국정조사 특위, 해양경찰청 제출, TRS 음성 파일.
511. 이계덕, 사고 첫날, 10시 30분 팽목항 상황판 353명 구조?, 《고발뉴스》(2014. 5. 16.).
512. 123정 사건, 검찰 수사보고(2014. 7. 15.), 해양경찰청 작성 초동조치 및 수색구조 쟁점 압수물, 수사기록 2911쪽.
513. 사참위 해경 초동대응 조사보고서, 395쪽.
514. 해경지휘부 사건, 이준석 진술조서(2019. 12. 26.), 증거기록 16권 11977쪽.

515. 해경지휘부 사건, 강원식 진술조서(2019. 12. 26.), 증거기록 16권 11950쪽.
516. 123정 사건, 검찰 박은성 진술조서(2014. 6. 4.), 수사기록 1120쪽.
517. 123정 사건, 검찰 수사보고(2014. 6. 11.), 세월호 기울기 분석, 수사기록 1767쪽.
518. 123정 사건, 검찰 박은성 진술조서(2014. 6. 4.), 수사기록 1111쪽.
519. 123정 사건, 검찰 수사보고(2014. 6. 12.), 123정 촬영 동영상, 수사기록 2172쪽.
520. 해경지휘부 사건, 김경일 진술조서(2014. 6. 4.), 증거기록 6권 6354쪽.
521. 123정 사건, 검찰 김종인 진술조서(2014. 6. 4.), 수사기록 1254~1259쪽.
522. 123정 사건, 검찰 수사보고(2014. 6. 12.), 123정 촬영 동영상, 수사기록 2172쪽.
523. 123정 사건, 검찰 이형래 진술조서(2014. 6. 4.), 수사기록 1056쪽.
524. 123정 사건, 검찰 최완식 진술조서(2014. 6. 4.), 수사기록 1228쪽.
525. 123정 사건, 검찰 박상욱 2회 진술조서(2014. 7. 16.), 수사기록 2966쪽.
526. 123정 사건, 검찰 수사보고(2014. 6. 12.), 123정 촬영 동영상, 수사기록 2172쪽.
527. 123정 사건, 검찰 수사보고(2014. 6. 12.), 123정 촬영 동영상, 수사기록 2172쪽.
528. 해경지휘부 사건, 김경일 진술조서(2014. 6. 4.), 증거기록 6권 6357쪽.
529. 123정 사건, 검찰 이민우 진술조서(2014. 6. 4.), 수사기록 973쪽.
530. 선원 사건, 1심, 27회 공판조서(2014. 10. 20.)(박경남 피고인 신문 부분), 65쪽.
531. 123정 사건, 검찰 박상욱 5회 진술조서(2014. 8. 4.), 수사기록 4301~4302쪽.
532. 선원 사건, 1심, 10회 공판조서(2014. 8. 20.)(문예식 증인 신문 부분), 13쪽.
533. 123정 사건, 검찰 김종인 진술조서(2014. 6. 4.), 수사기록 1265~1266쪽.
534. 선원 사건, 1심, 10회 공판조서(2014. 8. 20.)(장원희 증인 신문 부분), 6쪽.
535. 123정 사건, 검찰 이형래 진술조서(2014. 6. 4.), 수사기록 1032쪽.
536. 123정 사건, 재판부의 석명 요구에 대한 검찰 의견(2015. 1. 27.), 123정의 방송장비 또는 123정 승조원 헬기 인명구조사에 의한 갑판에서의 직접 승객 퇴선 유도 지휘 소홀 과실 관련, 공판기록 783쪽.
537. 123정 사건, 검찰 김경일 진술조서(2014. 6. 4.), 수사기록 998쪽.
538. 123정 사건, 재판부의 석명 요구에 대한 검찰 의견(2015. 1. 27.), 123정의 방송장비 또는 123정 승조원 헬기 인명구조사에 의한 갑판에서의 직접 승객 퇴선 유도 지휘 소홀 과실 관련, 공판기록 785~787쪽.
539. 123정 사건, 검찰 수사보고(2014. 6. 12.), 123정 촬영 동영상, 수사기록 3184쪽.
540. 123정 사건, 2심, 2회 공판조서(2015. 6. 16.), 공판기록 1403, 1407쪽.
541. 선원 사건, 1심, 10회 공판조서(2014. 8. 20.)(장원희 증인 신문 부분), 5쪽.
542. 123정 사건, 검찰 박○○ 진술조서(2014. 6. 4.), 수사기록 1328쪽.
543. 123정 사건, 검찰 김용기 2회 진술조서(2014. 7. 16.), 수사기록 3012쪽.
544. 선원 사건, 1심, 10회 공판조서(2014. 8. 20.)(문예식 증인 신문 부분), 13쪽.
545. 123정 사건, 검찰 수사보고(2014. 6. 12.), 세월호 구조 동영상 검토, 123정 촬영 동영상, 수사기록 2172쪽.
546. 특조위, 제1차 청문회 자료집(2016. 3.), 113쪽.
547. 123정 사건, 검찰 권재준 진술조서(2014. 6. 7.), 수사기록 1580쪽.
548. 123정 사건, 검찰 박상욱 진술조서(2014. 6. 4.), 수사기록 1160쪽.
549. 123정 사건, 2심 판결문(2015. 7. 14.), 33쪽.
550. 123정 사건, 검찰 김경일 진술조서(2014. 6. 4.), 37~39쪽.
551. 123정 사건, 검찰 박기호 진술조서(2014. 6. 2.), 수사기록 537~539쪽.

552. 123정 사건, 검찰 박기호 진술조서(2014. 6. 2.), 수사기록 537~539쪽.
553. 사참위 해경 초동대응 조사보고서, 373~385쪽.
554. 해경지휘부 사건, 검찰 이준석 진술조서(2019. 12. 26.), 증거기록 16권 11981~11982쪽.
555. 해경지휘부 사건, 검찰 이준석 진술조서(2019. 12. 26.), 증거기록 16권 11,988쪽.
556. 사참위 진상규명 소위 보고서(부속서 II), 289~290쪽.
557. 123정장 사건, 검찰 박동현 진술조서(2014. 8. 8.), 수사기록 7,408쪽.
558. 해경지휘부 사건, 이준석 진술조서(2019 .12 .26.), 증거기록 16권 11983~11986쪽.
559. 해경지휘부 사건, 이준석 진술조서(2019. 12. 26), 증거기록 16권 11986~11987쪽;《뉴스타파》, 세월호, 사실과 기록(https://sewol-fact.newstapa.org/QF) 참조.
560. 사참위 진상규명 소위 보고서, 291~293쪽.
561. 123정 사건, 검찰 이형래 진술조서(2014. 6. 4.), 수사기록 1048쪽.
562. 123정 사건, 2심, 2회 공판조서(2015. 6. 16.)(강혜성 증인 신문 부분), 공판기록 1581쪽.
563. 최성진, 살려달라 소리치던 아이들 생각에… "술 없인 잠을 못 이뤘제",《한겨레》(2014. 5. 25.).
564. 해양경찰청 보도자료, 해양경찰청 5개 항공대에 항공구조팀 신설(2014. 2. 9.).
565. 123정 사건, 검찰 고영주 진술조서(2014. 6. 10.), 수사기록 1641쪽.
566. 해경지휘부 사건, 고영주 진술조서(2014. 6. 10.), 증거기록 23권 2459쪽.
567. 해경지휘부 사건, 박훈식 진술조서(2014. 6. 7.), 증거기록 23권(별책 4권) 1961~1966쪽; 김재현 진술조서(2014. 6. 7.), 증거기록 23권(별책 4권) 1985~1988쪽.
568. 해경지휘부 사건, 김재현 진술조서(2014. 6. 7.), 증거기록 23권(별책 4권) 1988~1990쪽.
569. 해경지휘부 사건, 류규석 진술조서(2019. 12. 10.), 증거기록 13권 9848~9851쪽.
570. 해경지휘부 사건, 권재준 진술조서(2014. 6. 7.), 증거기록 23권(별책 4권) 2028~2031쪽.
571. 해경지휘부 사건, 김재현 진술조서(2014. 6. 7.), 증거기록 23권(별책 4권) 1990쪽.
572. 123정 사건, 검찰 이정곤 진술조서(2014. 6. 3.), 수사기록 930쪽.
573. 123정 사건, 검찰 최순연 진술조서(2014. 6. 3.), 수사기록 853쪽.
574. 123정 사건, 검찰 최순연 진술조서(2014. 6. 3.), 수사기록 854쪽.
575. 123정 사건, 검찰 이정곤 진술조서(2014. 6. 3.), 수사기록 930쪽.
576. 123정 사건, 검찰 양회철 진술조서(2014. 6. 7.), 수사기록 1557~1558쪽; 해경지휘부 사건, 김재전 피의자 신문조서(2019. 12. 18.), 증거기록 15권 10978쪽; 고영주 피의자 신문조서(2019. 12. 30.), 증거기록 17권 12523~12529쪽.
577. 해경지휘부 사건. 고영주 피의자 신문조서(2019. 12. 30.), 증거기록 17권 12523~12529쪽.
578. 해경지휘부 사건, 박훈식 진술조서(2014. 6. 7.), 증거기록 23권(별책 4권) 1970쪽.
579. 해경지휘부 사건, 김재현 2회 진술조서(2014. 7. 15.), 증거기록 24권(별책 5권) 4665쪽.
580. 해경지휘부 사건, 류규석 진술조서(2019. 12. 10.), 증거기록 13권 9853~9855쪽.
581. 해경지휘부 사건, 권재준 진술조서(2019. 12. 10.), 증거기록 13권 9882~9883쪽.
582. 선원 사건, 1심, 8회 공판조서(2014. 8. 13.)(김재현 증인 신문 부분), 공판기록 5353~5355쪽.
583. 123정 사건, 1심, 4회 공판조서(2015. 1. 27.)(김성묵 증인 신문 부분), 공판기록 890쪽; 선원 사건, 1심, 5회 공판조서(2014. 7. 23.)(김동수 증인 신문 부분), 6쪽; 마지막 탈출자 "홀에 아이들 수십 명… 보고도 못 구했다",《CBS》김현정의 뉴스쇼(2014. 4. 17.); 진송민, 파란 바지의 구조자 "내 딸 안에 있다고 생각하니…",《SBS》(2014. 4. 23.).
584. 123정 사건, 1심, 4회 공판조서(2015. 1. 27.)(김동수 증인 신문 부분), 공판기록 899쪽; 진송민, 파란 바지의 구조자 "내 딸 안에 있다고 생각하니…",《SBS》(2014. 4. 23.).
585. 123정 사건, 1심, 4회 공판조서(2015. 1. 27.)(김성묵 증인 신문 부분), 공판기록 887쪽; 마지막

586. 탈출자 "홀에 아이들 수십 명… 보고도 못 구했다", 《CBS》 김현정의 뉴스쇼(2014. 4. 17.).
586. 선원 사건, 1심, 8회 공판조서(2014. 8. 13.)(김재현 증인 신문 부분), 공판기록 5353~5355쪽.
587. 123정 사건, 1심, 4회 공판조서(2015. 1. 27.)(김성묵 증인 신문 부분), 공판기록 887쪽; 마지막 탈출자 "홀에 아이들 수십 명… 보고도 못 구했다", 《CBS》 김현정의 뉴스쇼(2014. 4. 17.).
588. 123정 사건, 1심, 4회 공판조서(2015. 1. 27.)(김성묵 증인 신문 부분), 공판기록 887쪽; 마지막 탈출자 "홀에 아이들 수십 명… 보고도 못 구했다", 《CBS》 김현정의 뉴스쇼(2014. 4. 17.).
589. 선원 사건, 1심, 8회 공판조서(2014. 8. 13.)(김재현 증인 신문 부분), 공판기록 5356쪽.
590. 선원 사건, 1심, 6회 공판조서(2014. 7. 29.)(신○○ 증인 신문 부분), 4쪽.
591. 123정 사건, 1심, 4회 공판조서(2015. 1. 27.)(신○○ 증인 신문 부분), 공판기록 864쪽.
592. 123정 사건, 1심, 4회 공판조서(2015. 1. 27.)(김성묵 증인 신문 부분), 공판기록 890쪽; 마지막 탈출자 "홀에 아이들 수십 명… 보고도 못 구했다", 《CBS》 김현정의 뉴스쇼(2014. 4. 17.).
593. 123정 사건, 1심, 4회 공판조서(2015. 1. 27.)(김동수 증인 신문 부분), 공판기록 900쪽; 진송민, 파란 바지의 구조자 "내 딸 안에 있다고 생각하니…", 《SBS》(2014. 4. 23.).
594. 123정 사건, 검찰 김재현 진술조서(2014. 6. 7.), 수사기록 1538쪽.
595. 선원 사건, 1심, 8회 공판조서(2014. 8. 13.)(김재현 증인 신문 부분), 공판기록 5356쪽.
596. 123정 사건, 검찰 류규석 진술조서(2014. 6. 10.), 수사기록 1699쪽.
597. 123정 사건, 검찰 류규석 진술조서(2014. 6. 10.), 수사기록 1699쪽.
598. 해경지휘부 사건, 류규석 진술조서(2019. 12. 10.), 증거기록 13권 9852쪽.
599. 123정 사건, 검찰 수사보고(2014. 6. 12.), 511호·512호 촬영 동영상, 수사기록 2172쪽.
600. 123정 사건, 검찰 추가 증거 제출(2015. 6. 23.)(양○○ 진술서), 수사기록 6315쪽.
601. 123정 사건, 검찰 추가 증거 제출(2015. 6. 23.)(양○○ 진술서), 수사기록 6315쪽.
602. 123정 사건, 검찰 최남곤 진술조서(2014. 7. 21.), 수사기록 3211쪽.
603. 해경지휘부 사건. 고영주 피의자 신문조서(2019. 12. 30.), 증거기록 17권 12523~12529쪽.
604. 해경지휘부 사건, 황인 진술조서(2014. 8. 7.), 증거기록 25권(별책 6권) 7295쪽.
605. 해경지휘부 사건, 김재전 피의자 신문조서(2019. 12. 18.), 증거기록 15권 11974쪽.
606. 해경지휘부 사건, 권재준 진술조서(2019. 12. 10.), 증거기록 13권 6354쪽.
607. 해경지휘부 사건, 강두성 피의자 신문조서(2019. 11. 29.), 증거기록 9권 8102~8104쪽.
608. 해경지휘부 사건, 김경일 진술조서(2014. 6. 4.), 증거기록 6권 6357쪽.
609. 해경지휘부 사건, 김문홍 피의자 신문조서(2019. 12. 23.), 증거기록 16권 11838~11839쪽.
610. 해경지휘부 사건, 김경일 피의자 신문조서(2019. 11. 27.), 증거기록 8권 7715쪽..
611. 김경일과 박성삼 인터넷 접속기록은 123정 사건, 검찰 수사보고(2014. 6. 10.), 통신시실 확인 자료 제공 요청 허가서 집행 결과 보고, 수사기록 2191쪽; 사참위 해경 초동대응 조사보고서, 327~328쪽.
612. 해경지휘부 사건, 최완식 2회 진술조서(2014. 7. 23.), 증거기록 24권(별책 5권) 5483~5488쪽.
613. 해경지휘부 사건, 김영호 진술조서(2019. 12. 27.), 증거기록 16권 12077쪽.
614. 해경지휘부 사건, 이형래 3회 진술조서(2014. 8. 3.), 증거기록 6권 6816~6823쪽.
615. 해경지휘부 사건, 박성삼 피의자 신문조서(2019. 11. 27.), 증거기록 8권 7834쪽.
616. 해경지휘부 사건, 진교중 진술조서(2014. 8. 4.), 증거기록 24권(별책 5권) 6933쪽.
617. 선원 사건, 1심, 10회 공판조서(2014. 8. 20.)(문예식 증인 신문 부분), 1, 9쪽.
618. 선원 사건, 1심, 10회 공판조서(2014. 8. 20.)(문예식 증인 신문 부분), 11~12, 17~18쪽.
619. 선원 사건, 1심, 10회 공판조서(2014. 8. 20.)(문예식 증인 신문 부분), 11~12, 17~18쪽.
620. 최성진, 살려달라 소리치던 아이들 생각에… "술 없인 잠을 못 이뤘제", 《한겨레》(2014. 6. 25.).

621. 해경지휘부 사건, 박승기 진술조서(2019. 12. 16.), 증거기록 14권 10739쪽; 선조위 종합보고서 (내인설), 196쪽.
622. 청해진해운 사건, 검찰 수사보고(해수 온도에 따른 생존 시간 관련 검토)(2014. 8. 14.), 수사기록 15743쪽.
623. 123정 사건, 2심 판결문(2015. 7. 14.), 18쪽.
624. 해양심판원 보고서, 95쪽.
625. 가천대 보고서.
626. 가천대 보고서, 5~7쪽.
627. 가천대 보고서, 20쪽.
628. 선원 사건, 1심, 18회 공판조서(2014. 9. 24.)(박형주 증인 신문 부분), 4쪽.
629. 가천대 보고서, 30쪽.
630. 가천대 보고서, 57쪽.
631. 선원 사건, 1심 판결[광주지방법원 2014고합180, 2014고합384(병합)], 98~100쪽. 2심 판결(광주고등법원 2014노490)은 1심 판결의 증거를 그대로 인용했다.
632. 박형주·이영재, '세월호 침몰사고 사례 분석을 통한 갑판소집 허용한계대피시간의 설정 연구', 『한국방재학회 논문집』 제16권 제2호(2016. 4.), 495~503쪽.
633. 박형주·이영재, 앞의 논문, 502~503쪽.
634. 해경지휘부 사건, 1심, 5회 공판조서(2020. 12. 14.) 중 이춘재 증언 녹취록, 공판기록 6권 26~30쪽; 이춘재 변호인 의견서(2020. 11. 25.).
635. 선조위 종합보고서(내인설), 197쪽.
636. 해경지휘부 사건, 수사보고(2020. 2. 3.), 증거기록 18권 15401쪽.
637. 해경지휘부 사건, 이형래 3회 진술조서(2014. 8. 3.), 증거기록 6권 6488쪽.
638. 사참위 해경 초동대응 조사보고서, 430쪽.
639. 사참위 해경 초동대응 조사보고서, 99~114쪽.
640. 해경지휘부 사건, 박승기 진술조서(2019. 12. 16.), 증거기록 14권 10743~10744쪽.
641. 사참위 해경 초동대응 조사보고서, 111~112쪽.
642. 수색구조 매뉴얼, 59쪽.
643. 해경지휘부 사건, 수사보고(2019. 12. 5.), 증거기록 11권 9242~9253쪽 내용 재구성.
644. 해경지휘부 사건, 김○○ 진술조서(2014. 4. 27.), 증거기록 26권(별책 7권) 4139~4146쪽.
645. 해경지휘부 사건, 수사보고(사망자 통계, 발견지점 관련)(2019. 11. 30.), 증거기록 9권 8304쪽; 수사보고(세월호 탑승 승객의 직군, 객실 위치 등에 따른 생존율 분석)(2019. 12. 5.), 증거기록 11권 9242~9243쪽.
646. 해경지휘부 사건, 수사보고(피해자들의 진술조서 첨부)(2014. 6. 16.), 증거기록 25권(별책 6권) 3973쪽 이하 42명의 진술서 참조.
647. 해경지휘부 사건, 김○○ 진술조서(2014. 4. 27.), 증거기록 26권(별책 7권) 4130쪽; 유○○ 진술조서(2014. 4. 30.), 증거기록 26권(별책 7권) 4367쪽.
648. 해경지휘부 사건, 윤길옥 진술조서(2014. 4. 28.), 증거기록 26권(별책 7권) 4202쪽.